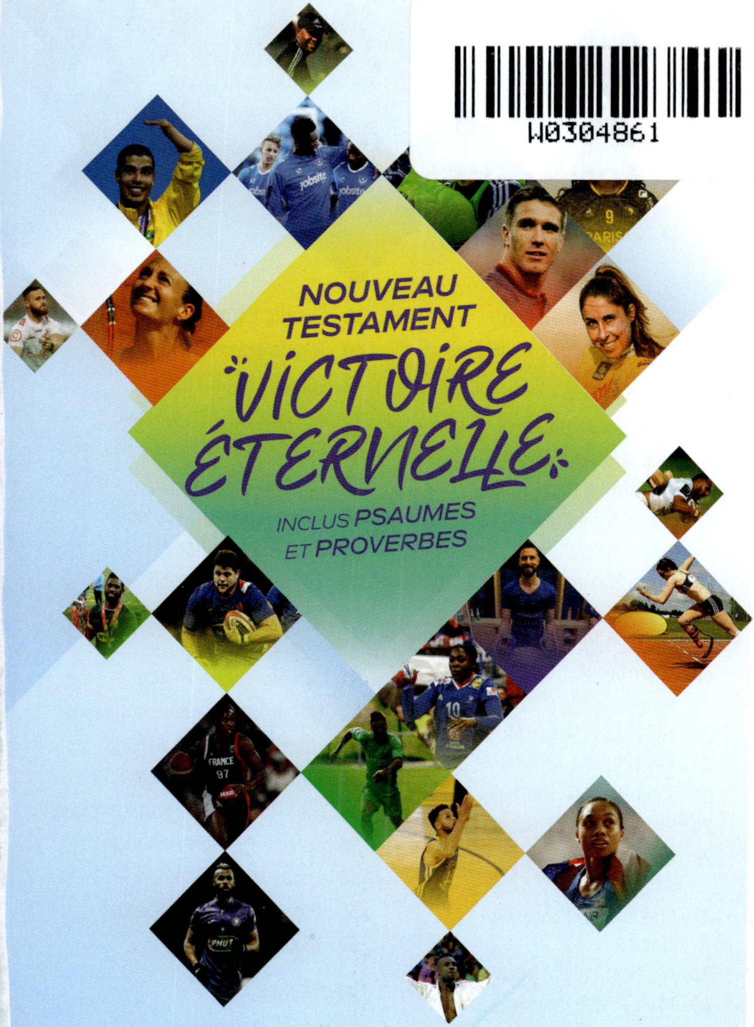

NOUVEAU TESTAMENT

Victoire éternelle

INCLUS PSAUMES ET PROVERBES

Holistic SPORTS

www.PLUS QUE SPORTIFS.org

Société Biblique de Genève

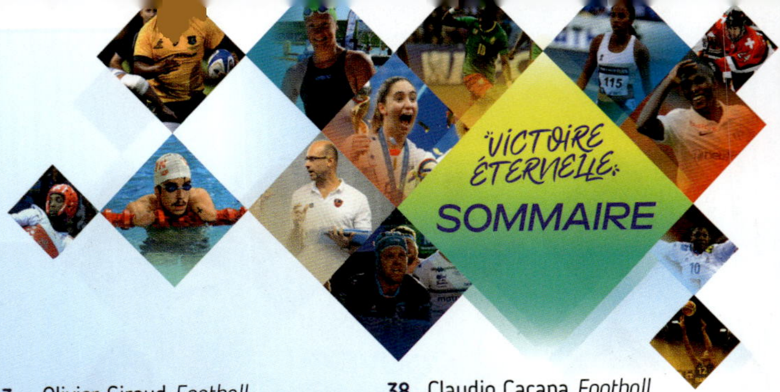

Victoire éternelle
SOMMAIRE

PRÉFACE OLIVIER GIROUD

Cher lecteur, chère lectrice, passionné(e)s de sports,

Je suis honoré de pouvoir à nouveau contribuer à ce beau projet qui met en lumière des témoignages de sportifs de haut niveau transformés par l'amour de Dieu. Mon expérience personnelle à travers la relation intime que j'ai développée avec Jésus m'a toujours aidé à surmonter les difficultés de la vie. On a comparé quelquefois mon parcours à Joseph, personnage biblique de l'Ancien Testament que j'aime beaucoup. Tout comme lui, rien n'a jamais été facile pour moi et il a fallu placer ma confiance en Dieu pour développer une solide force de caractère. J'ai également la chance d'être entouré de personnes de valeur avec qui j'ai l'occasion d'étudier la Bible et de prier, afin de mieux connaître la volonté de Dieu. Vous savez sûrement que j'aime beaucoup méditer le Psaume 23 mais aussi l'Évangile de Jean, avec ce verset-clé comme fondement de ma vie : *« Jésus est le chemin, la vérité et la vie »* dans Jean 14.6. Je l'ai affiché sous mon sous tee-shirt en finale de Cup en 2017, tout comme Romains 8.37 : *« Nous sommes plus que vainqueurs en Jésus-Christ qui nous a aimés »*, en finale de la Ligue des Champions gagnée en 2021 ! Lire régulièrement la Bible, c'est se nourrir d'un message plein d'amour, d'espoir et d'humilité : autant de valeurs qui me sont chères ! Dans ces pages, vous découvrirez l'impact de la Bible dans la vie de tous ces sportifs que je considère comme mes frères et sœurs. De la consécration de Kakà, qui m'a inspiré dans ma jeunesse à l'encouragement de Grâce Zaadi à pardonner face à la méchanceté... Du courage de Paul Willemse face aux épreuves de la vie à l'humilité d'un immense champion comme Stephen Curry qui joue pour la gloire de Dieu, en passant par tant d'autres sportifs qui nous ouvrent leur coeur !

J'espère et je prie pour qu'ils vous bouleversent, car ils sont le reflet d'une relation véritable avec notre sauveur Jésus-Christ.

PRIÈRES D'AVANT-COMPÉTITION

La prière du *Notre Père* du sportif

Dieu, notre Père du ciel et de la terre

Cette terre, tu l'as créée ronde comme un ballon !

Que ton nom soit respecté par tous les joueurs, dirigeants, arbitres et spectateurs !

Que ton règne de joie, d'accueil, d'amitié, de paix, de justice

de fraternité, soit au milieu de nous !

Que ta volonté soit fête, faite d'amour et d'espérance!

Comme Jésus, ton Fils bien-aimé, a su nous montrer le chemin, donne-nous un esprit persévérant.

Par ton Esprit Saint, tu nous rassembles, tu nous veux unis,

Aide-nous à respecter les adversaires, à apprendre dans la défaite.

Et, si on est vainqueur, à féliciter les perdants par des poignées de mains.

Pardonne-nous nos tricheries, nos attitudes égoïstes,

nos paroles blessantes, nos rejets des autres, nos découragements.

Comme nous pardonnons à ceux qui se sont moqués de nous,

Qui ne nous font pas confiance, pardonne ceux qui nous ont contrés.

Ne nous soumets à la tentation de dominer les autres,

d'écraser les autres, de jouer trop personnel pour nous mettre en valeur.

Mais délivre nous du Mal.

Pour que notre vie et notre jeu t'honorent sur et en dehors des terrains. Amen

« En effet, ce n'est pas un esprit de timidité que Dieu nous a donné, mais un esprit de force, d'amour et de sagesse. »

– 2 Timothée 1.7

Pendant que je me prépare pour la compétition, il y a de la peur dans mon cœur, de l'anxiété dans mon esprit et de la tension dans mon corps.

Dieu, je te remercie en Jésus-Christ d'avoir accès à toutes les ressources dont j'ai besoin pour m'aider à dépasser mes peurs les plus profondes. Je reconnais ma dépendance complète en toi.

Je te remercie de me communiquer la force par ton esprit saint; pour que je puisse donner le meilleur de moi-même pour t'honorer.

Je te remercie pour ton amour parfait qui chasse toutes mes peurs; accorde-moi l'assurance de voir que quoi qu'il arrive aujourd'hui, tu l'utiliseras pour mon bien et pour ta gloire.

Je te remercie pour ton Esprit de sagesse; renouvelle mon esprit pour qu'à chaque fois, je réponde au cœur de la compétition de manière à manifester les fruits de ton Esprit. (bonté, patience, maîtrise de soi...)

Lorsque j'entrerai en compétition, je demande ta grâce afin d'être prêt à donner le meilleur de moi de manière à respecter mes entraîneurs, mes coéquipiers, mes adversaires et les officiels. Que ton amour m'accompagne dans tout ce que je fais !

Je demande toutes ces choses dans le nom de mon Seigneur et Sauveur Jésus-Christ.

Amen

– Joel Thibault, pasteur et aumônier du sport

ALLER PLUS LOIN →
Faut il prier pour gagner ?

Handball
Internationale française
CSM Bucarest

GRÂCE ZAADI

"Toutes mes médailles sont éphémères. Une fois la compétition finie, elles sont déjà remises en jeu, alors que ma joie en Dieu est éternelle"

Grâce Zaadi vient d'une famille croyante mais très peu pratiquante où chacun avait le choix d'aller ou de ne pas aller à l'église. Ayant appris le Notre Père par cœur, elle avait l'habitude de prier le soir, au lever ou avant les repas. Pourtant, elle n'y accordait pas plus d'importance que cela. Dès 13, 14 ans, Grâce commence à voyager grâce à son niveau exceptionnel en handball. « *J'avais toujours avec moi une Bible que ma grand-mère maternelle m'avait offerte. Sa simple présence dans mon sac me rassurait. Quand je l'ouvrais, je me rappelle qu'il y avait une feuille avec quelques versets à lire que ma mère m'avait laissés.* »

À 17 ans, elle quitte le cocon familial pour s'installer à Metz, pour son premier contrat professionnel dans un club phare du championnat de France « *Je n'avais pas vraiment de source de motivation. Je jouais au handball parce que j'étais bonne et que j'avais suivi naturellement le processus des jeunes de mon âge.* » Quel paradoxe ! Elle n'a pas vraiment d'ambition précise alors qu'elle est déjà handballeuse professionnelle et même joueuse de l'équipe de France.

Son frère et sa sœur se sont fait baptiser dans une église évangélique à quelques mois d'intervalle. Elle regarde tout cela d'un œil extérieur, sans se positionner elle-même dans sa foi intime. Malgré tout, elle envie cette relation nouvelle que sa petite sœur entretient avec Dieu : « *Je voulais moi aussi connaître ce Jésus qui était devenu son sauveur mais je croyais que je devais mériter son amour en étant parfaite. Quand je regardais à moi, je voyais bien que je ne l'étais pas et je ne voulais surtout pas m'engager pour ensuite faire marche arrière !* »

A l'été 2019, lors d'un culte auquel elle assiste avec une coéquipière, Dieu touche son cœur. « *J'ai enfin pris conscience que tout le monde péchait et que personne n'était parfait mis à part Jésus. J'ai compris le sens de la grâce de Dieu. Les larmes ont commencé à monter, car la veille, j'avais demandé à Dieu de me parler : cette prédication était la réponse à ma prière. Jésus est mort pour mes péchés afin que je sois libre.* » A 26 ans, Grâce décide alors de se faire baptiser.

Alors qu'elle a déjà remporté tous les titres et toutes les médailles dans son sport, elle se sent enfin apaisée. « *Dieu m'a montré concrètement que je pouvais être la même personne en dehors et sur le terrain, que ce soit en terme d'intention ou de comportement.* » Elle en fait d'ailleurs l'amère expérience lors des Jeux Olympiques de Tokyo en 2021. Alors que la France est déjà qualifiée pour la suite de la compétition, elle a le pénalty de la gagne en main, dans les dernières secondes d'un match de poule contre la Suède. Elle le rate, ce qui provoque le déchaînement des parieurs déçus sur les réseaux sociaux. Insultes, menaces, cyber-harcèlement, tout y passe, alors même que la France sera sacrée championne olympique quelques jours plus tard. « *Ma foi chrétienne définit beaucoup la personne que je suis, je prône la paix et le pardon. Dans une telle situation je n'ai pas été en colère, j'ai eu de la pitié pour ces personnes. Comment est-ce possible d'être aussi méchant ? Mais il n'était pas question de les insulter à mon tour. Je ne rendrai pas le mal pour le mal.* » Un beau principe biblique que l'on retrouve dans Romains 12.21 « *Sois vainqueur du mal par le bien.* »

Aujourd'hui, Jésus est sa source d'inspiration : « *J'ai vu le changement qu'Il était en train d'opérer en moi, par rapport à mon caractère et surtout la paix qu'Il me donne. Je veux affirmer ma foi et rendre gloire à Dieu. Car c'est grâce à Lui que je brille, grâce au don qu'Il m'a donné.* »

Son verset préféré :
Luc 18.26-27

PALMARÈS

Médaillée d'Or Olympique Tokyo 2020, Championne du Monde 2017, Championne d'Europe 2018 (Equipe de France) / 8 fois Championne de France (entre 2011 & 2022), 5 fois vainqueur de la Coupe de France, 2 fois vainqueur de la Coupe de la Ligue (Metz Handball) / Coupe de Russie 2021 (Rostov-Don)

VOIR LA VIDÉO →

Rugby
Montpellier Hérault
Rugby Top 14

PAUL WILLEMSE

"Mon père m'a dit 'Il faut que tu dégages !' Ça été dur parce que mon père était mon idole."

Paul a grandi dans une famille chrétienne, avec un père très impliqué dans l'église. Pour lui, cela a toujours été naturel d'être croyant. A 13 ans, il se fait baptiser sans vraiment avoir réfléchi aux implications de son acte. *« Lorsque j'ai eu 16 ans, cela s'est très mal passé avec mon père. J'ai quitté l'Afrique du Sud pour vivre en Namibie avec ma mère... Je rêvais de jouer au rugby depuis mon plus jeune âge, mais c'est à ce moment qu'il a pris la première place dans ma vie ! »* Le sport l'aide à faire face, à ne pas sombrer. Depuis la Namibie, pays où rien n'arrive au rugby, il devient le premier écolier de l'histoire à obtenir un contrat professionnel en Afrique du Sud.

Pour lui, c'est le signe que Dieu a un destin pour lui à travers ce sport. *« J'avais un plan pour devenir un joueur de rugby international : obtenir le contrat, jouer pour l'équipe, jouer pour l'équipe régionale, être sélectionné pour les Springboks juniors, etc. Et tout s'est passé exactement comme prévu ! »* Tout ? Jusqu'à la dernière étape : la compétition junior la plus huppée d'Afrique du Sud. Il se déchire les ligaments juste avant, puis enchaîne avec une autre blessure majeure qui le tient éloigné des terrains pendant 10 mois. C'est le début de sa crise existentielle, à seulement 18 ans. *« J'ai commencé à me poser des questions sur le rôle que Dieu, et ma foi, jouent dans mes rêves et mes projets. Mes rêves étaient-ils les mêmes que ceux de Dieu pour moi ? C'est à ce moment-là que ma foi est réellement devenue la mienne.* »

Cette étape est essentielle dans la vie de Paul : il comprend qu'il ne doit pas permettre au rugby de contrôler ses émotions et ses sentiments, d'être euphorique quand il gagne et au bord de la dépression quand il perd. « *Maintenant que j'ai une relation avec Jésus, je ne place plus mes émotions dans ce qui se passe sur un terrain de rugby. Je suis en paix quoi qu'il arrive. 'Jésus est stable et la constante qui ne change jamais.' C'était une chose difficile à faire, car jouer au rugby était le seul rêve que j'avais. Mais donner son rêve à Dieu est merveilleux parce que c'est libérateur, parce que sa puissance est sans limite, et qu'Il peut tout accomplir.* »

Pourtant, les défis restent de taille dans son témoignage quotidien. Être chrétien, dans le monde sportif professionnel, c'est aussi accepter d'être différent : « *Il y a certaines certaines limites que vous devez mettre en place, quitte à être à contre-courant de certains modes de vie de mes coéquipiers. Mais cela en vaut la peine, car cela me permet d'atteindre mon objectif : ressembler davantage à Jésus. Je sais aussi que la vie sera différente après le rugby, et ma meilleure préparation est d'accepter que ce sera différent, et de m'entourer de personnes en dehors de la bulle du rugby. Des gens qui se soucient de moi et m'aiment en tant que personne, et non en tant que joueur de rugby. Des gens qui se soucient de moi et de ma famille, et pas seulement de mes performances sur le terrain, et c'est là que ma famille d'église est si importante, elle me donne ce soutien et cet amour.* »

Paul a reçu beaucoup de sollicitations de club dans le Top14 mais son attachement à son église locale a souvent joué dans la balance.

Son passage préféré :
Psaume 51

VOIR LA VIDÉO →
plusquesportifs.org

PALMARÈS

Tournoi des Six Nations 2022 (XV de France)
Champion de France 2022, Challenge Européen 2016 & 2021 (Montpellier Hérault Rugby)

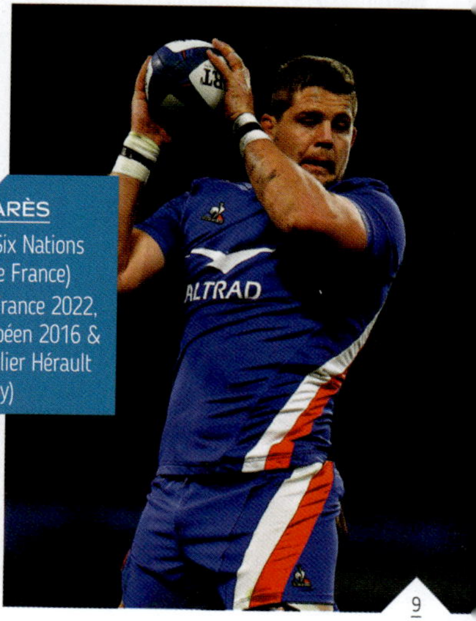

Rugby
Racing 92

BERNARD LE ROUX

"J'ai perdu mon père à un an, mon beau-père à 18. Il n'y a qu'en Dieu que j'ai trouvé la figure paternelle qui me manquait !"

« *J'ai eu la chance de grandir dans une famille qui croyait en Jésus. Nous priions tous ensemble et allions à l'église chaque semaine.* » Originaire d'une petite ville de la campagne sud-africaine, Bernard Le Roux fréquentait les enfants de son âge à l'école du dimanche, sans toutefois être particulièrement proche de Dieu. Il suivait juste le rythme de vie d'une famille croyante et aimante, sans avoir fait ce choix personnellement.

Son père décède lorsqu'il a un an. Il grandit sans figure paternelle et cela se révèle très difficile pour lui : « *Je recherchais constamment cet amour protecteur ailleurs. J'étais très peu sûr de moi.* » Après quelques années sans papa, il a la chance d'avoir un beau-père extraordinaire, cette figure paternelle qui manquait tellement à sa vie et qui devient même mon meilleur ami. « *Malheureusement, je l'ai aussi perdu dans un accident de moto quand j'avais 18 ans. Ce fut un moment extrêmement dur !* »

Suite à ces deux deuils successifs, Bernard devient un jeune homme très frustré et en colère contre tout et tout le monde. En manque de repères, il s'enfonce petit à petit dans une vie où il accumule des choix catastrophiques. A cette période, il commence à jouer au rugby à un niveau proche des professionnels en Afrique du Sud.

Heureusement, des gens de son entourage prient pour lui et sans l'expliquer, il sent malgré tout que Dieu n'est jamais très loin. Il décide de se tourner réellement vers Lui en septembre 2007, peu après ses 18 ans : « *Je lui ai complètement donné ma vie. J'ai commencé à prier, à étudier la Bible et à avoir une véritable relation avec Lui. J'ai réalisé qu'Il était là depuis le début, qu'Il ne m'avait jamais abandonné et j'ai trouvé en Lui la meilleure figure paternelle que je pouvais espérer !* »

Peu après, sa vie entière se met en place. « *Je me sentais plus sûr de moi, plus confiant, plus concentré. Avant, le rugby était l'endroit où je me débarrassais de toute ma colère et de ma frustration. J'étais un joueur très agressif et brouillon.* » Un an avant son arrivée en France, en 2009, il est déjà devenu un bien meilleur joueur : plus concentré, plus discipliné et plus motivé ! Il débarque au Racing après une saison seulement en tant que professionnel. En 2013, il connaît ses premières sélections en Equipe de France où il joue pendant 8 ans, cumulant près d'une cinquantaine d'apparitions sous le maillot bleu. Dans ce milieu aux émotions exacerbées, il y a une bonne dose de pression et de nombreuses déceptions sportives et humaines, mais il sait comment les gérer : « *Je suis tellement reconnaissant d'avoir eu Dieu tout au long de ma carrière. J'ai également la chance d'avoir une église, une communauté concernée, qui prie les uns pour les autres. Le pouvoir de la prière, je l'ai d'ailleurs expérimenté à maintes reprises tout au long de ma carrière.* » Son souhait le plus cher est que chaque jeune athlète ait l'occasion de commencer son parcours sportif en connaissant Dieu, et en reconnaissant en Lui ce Père céleste aimant et compatissant. Parce que par Lui, comme le disent les versets 29, 30 et 31 d'Esaïe 40, tout est possible ! « *Il donne de la force à celui qui est épuisé et il augmente la vigueur de celui qui est à bout de ressources. Les adolescents s'épuisent, ils se fatiguent, les jeunes gens finissent par trébucher ; mais ceux qui espèrent dans le Seigneur renouvellent leur force. Ils prennent leur essor comme les aigles ; ils courent et ne se fatiguent pas, ils marchent et ne s'épuisent pas.* »

PALMARÈS
Champion de France 2016 (Racing 92)

Football
92 sélections avec
la Seleçao
Real Madrid 2009-2013

RICARDO IZECSSON LEITE DIT KAKÁ

"Ma foi était juste basée sur les résultats. Si tout se passait bien, j'avais eu beaucoup de foi. Quand ça n'allait pas, je devais forcément avoir quelque chose qui n'allait pas."

Né dans une famille évangélique, Ricardo Kaká a grandi dans un cadre chrétien. Ses parents lui ont enseigné les valeurs de la Bible depuis tout petit, et il s'est attaché à les respecter toute son enfance. A l'âge de 12, 13 ans, il décide donc de se faire baptiser pour vivre ses propres expériences avec Dieu. Sa foi grandit au fur et à mesure que sa carrière footballistique prend de l'ampleur. Elle commence par le club de Sao Paulo en 2001, avant un an plus tard seulement, d'être sacré Champion du Monde avec le Brésil en étant le plus jeune joueur de l'effectif. En 2003, il part pour l'Europe et le Milan AC où il remporte la prestigieuse Ligue des Champions en 2007. La même année, il est sacré Ballon d'or, meilleur joueur du monde : c'est la consécration.

« *Je crois qu'au début ma foi était juste basée sur les résultats. Donc, si tout se passait bien, ça voulait dire que j'avais eu beaucoup de foi. Et quand ça n'allait pas, ça voulait dire que j'avais quelque chose qui n'allait pas.* » Freiné par plusieurs blessures, la machine s'enraye et son transfert au Real Madrid se révèle peu convaincant. « *Je me disais 'Mince, qu'est-ce que j'ai fait de mal ? Est-ce que je suis dans le péché ? Est-ce que je me trompe sur quelque chose ?' Et là, j'ai commencé à apprendre à avoir une foi différente, une foi réelle en Jésus. Et j'ai réalisé que je ne méritais rien.*

Tout ce que j'ai m'a été donné par grâce ! »

Il prend alors conscience que son rôle est de se concentrer sur l'aspect professionnel et de continuer à donner le meilleur de lui-même. « *Je me prépare du mieux possible. Je fais tout ce que je peux faire. Je plante, j'arrose et le fruit vient de Lui. Cela ne veut pas dire que si je gagne, si je suis champion, si je suis le meilleur joueur du monde, Dieu est avec moi et que celui qui ne l'est pas, Dieu n'est pas avec lui.* » Ces moments de blessures à part, dans un des plus grands clubs du monde, le font mûrir dans sa foi comme dans sa vie personnelle. « *Comme beaucoup de footballeurs, mon identité était dans mon sport. Le jour où j'ai compris cette dérive, j'ai dû réaliser que ce n'était pas le football qui me définissait, mais que j'étais un enfant de Dieu. Ce que je SUIS doit imprégner ce que je FAIS, et non l'inverse : c'est la chose la plus importante que j'ai apprise au cours de ma carrière.* »

PALMARÈS

Ballon d'Or 2007 / Vainqueur de la Coupe du Monde 2002, 2 fois vainqueur de la Coupe des Confédérations 2005 & 2009 (Equipe du Brésil) / Vainqueur de la Ligue des Champions UEFA 2006-2007, Champion d'Italie 2003-2004 (Milan AC) / Champion d'Espagne 2011-2012, Vainqueur de la Coupe du Roi 2010-2011 (Real Madrid)

Ricardo Kaká s'applique alors à vivre ses valeurs, sur le terrain comme en dehors, et il veut être un exemple pour son entourage. « *Je crois que mes émotions et mon comportement parlent beaucoup plus que mes paroles : ça n'avance à rien d'être quelqu'un devant les caméras et quelqu'un d'autre à côté.* » Toujours prêt à aider son prochain, beaucoup de joueurs qui passent par un moment difficile défilent chez lui pour demander conseil. « *Certains me demandent : Aide-moi à prier. Comment vais-je faire pour prendre cette décision ? Je dois décider si je reste dans ce club ou si je pars dans un autre.Ce sont autant des situations du quotidien que des problèmes plus importants.* » Kaká prend le temps avec chacun, comme Jésus l'aurait aussi fait... parce ce n'est pas parce qu'on est riche et célèbre que l'on n'a pas besoin de Lui : « *sinon Dieu serait un Dieu très injuste ! Pourquoi le riche n'en aurait pas besoin et le pauvre, oui ? Pourquoi le blanc en aurait besoin et le noir, non ? La question ne se pose même pas : nous avons tous besoin de Lui. Il est l'arbre et je suis la branche.* »

Selon Ricardo Kaká, le monde d'aujourd'hui peut offrir un grand nombre de possibilités, mais seul Jésus peut te donner ce qui manque, donner un sens à ta vie. Quelle que soit ta profession ou ta carrière, chacun de nous a besoin de lui et parce qu'il est l'unique et seul Sauveur.

Judo

Judoka et entraîneur national

DARCEL YANDZI

"Déraciné et oppressé par l'occultisme, j'ai trouvé ma sécurité et ma joie en Jésus !"

Né au Congo Brazzaville, ses parents envoient Darcel chez un oncle en région parisienne dès l'âge de 7 ans. Bien que son père soit mécanicien dans l'aviation et sa mère professeure à l'université, son oncle empoche tout l'argent sans lui donner quoique ce soit. Ils vivent entassés à huit enfants dans une chambre, avec un seul repas par jour, selon l'humeur de l'oncle en question. Un jour, un ami l'invite au dojo. Le courant passe, et il finit par y aller tous les mercredis, sans avouer qu'il n'a pas d'argent pour s'inscrire. Jusqu'au jour où son futur prof lui offre un kimono et l'accès aux cours gratuitement. Depuis ce jour, il n'a plus quitté le tatami.

« *Sans être soutenu par ma famille, j'ai commencé à progresser dans ce sport. Je voulais absolument devenir champion pour quitter ce milieu défavorisé et toxique.* » Malheureusement, à l'âge de 15 ans, il se fracture bêtement le tibia et le péroné. Après une rééducation insuffisante, il trafique son certificat médical et remporte les Championnats de France Cadets haut la main. « *A partir de là, ma carrière décolle et j'enchaîne les bonnes perfs : 3ème en France Junior, puis champion l'année suivante. Après avoir revu mes parents, je reviens en France pour remporter les championnats du Monde junior, puis ceux d'Europe, en étant surclassé... je fais encore 3ème aux championnats du Monde en sénior... »* Pour me donner encore plus de force, son père l'emmène voir un pseudo-pasteur animiste qui pactise avec le monde occulte. Naïf, il ne sait pas encore qu'il va payer le prix fort.

PALMARÈS

Champion d'Europe & Médaillé de bronze des Championnats du monde des -78 kg en 1993 / Champion de France des -78 kg en 1992 & 1995

« Je commence alors à avoir galère sur galère : accidents de voiture, blessures, opérations multiples... Personne ne comprend ce qui m'arrive, et je commence petit à petit à être mis de côté. » En 1996, il perd sa place de titulaire au profit de Djamel Bourras qui sera champion olympique lors des Jeux d'Atlanta la même année. Lui termine à une triste 7ème place dans la catégorie de poids supérieur. Ne voyant aucune issue à sa carrière, il décide d'arrêter et de laisser filer son rêve. C'est la fin du *« petit Mozart des tatamis. »*

Parti en Angleterre pour une nouvelle vie, il sombre dans des excès en tout genre : alcool, drogue... *« Mon état me poussait à chercher Dieu mais je ne trouvais aucune réponse. En pleine souffrance intérieure, j'arrive à décrocher le poste d'entraîneur national pour la Grande-Bretagne et l'Ecosse. »* Après de très bons résultats, l'équipe de France s'intéresse enfin à lui et, plébiscité par Teddy Riner et Hugo Legrand, les stars masculines du moment, il intègre un staff qui ne lui fait aucun cadeau. *« Pendant 5 ans, je suis isolé, méprisé et mon état s'aggrave. Je tombe en dépression... je me réveille avec le corps marqué de cicatrices et je me sens sans arrêt oppressé. Lors d'un voyage au Sénégal dans le cadre du judo, je suis au bout du rouleau. »* On lui présente un marabout et un pasteur. Après avoir encore fait le mauvais choix, son manque d'argent l'oblige pourtant à s'orienter vers le plan B : le pasteur. Il vit alors un moment incroyable de prière et de délivrance. *« J'en sors transformé et totalement apaisé. Depuis ces 5 dernières années, je ne peux plus vivre sans Dieu. Voilà pourquoi mon sourire et mon amour pour mon prochain ne me quittent plus. »* Seul Jésus a pu le libérer de tous ces liens occultes et Il l'a fait, après tant de souffrances.

Natation Handisport
La Roche Sur Yon

PIERRE RABINE

"Je suis passé des ténèbres du coma à la lumière de Jésus-Christ."

Né dans une famille agnostique, Pierre grandit en étant vaguement persuadé qu'il y a *« quelqu'un là-haut. »* Tout juste majeur, il veut s'engager dans l'armée de terre et rejoindre le VIe régiment du génie à Angers. Mais le jeune homme n'a pas une très bonne hygiène de vie. *« Je sortais beaucoup, je buvais et je fumais sans que cela ne me pose de souci. »*

Lors d'une mission d'intérim, un grutier touche un câble de 63 000 volts créant un arc électrique qui traverse tout son corps. Pierre est complètement brûlé à l'intérieur comme à l'extérieur. Rapidement, les pompiers décident de le plonger dans un coma artificiel sans aucune certitude de réveil. Transféré à l'hôpital de Nantes, on commence à l'amputer d'un membre tous les 2 jours en espérant que son état se stabilise. Malheureusement, ses 2 bras et ses 2 jambes y passent. Il se réveille 20 jours après ces opérations délicates. *« Lors de mon coma, je me rappelle que tout était noir comme les ténèbres... comme si j'étais mort un moment, puis ressuscité. Quelques jours après, j'ai commencé à relativiser mon accident sans réaliser ce qui m'était arrivé. De manière assez inexplicable, j'avais le nom de Jésus en tête à ma sortie du coma. Un ami m'a alors dit une phrase qui m'a fait réfléchir : 'si tu es encore là, c'est que Dieu à des projets pour toi.' Petit à petit, j'ai découvert Jésus et aujourd'hui la foi chrétienne guide ma vie. »* Avoir perdu ses 4 membres a été terrible, mais il a aujourd'hui l'assurance de la vie éternelle. Lors d'un séjour au centre de rééducation de Kerpape, le staff médical lui fait découvrir la natation. *« J'ai senti que c'était cela, le projet que Dieu avait pour moi. »* Un an seulement après son accident, il rentre enfin chez lui et commence sa première saison de natation. Après 4 ans, il est aux portes de l'équipe de France, multimédaillé et titulaire de 5 records de France. Son objectif : les JO 2024 sur le sol français ! *« Je remets toute chose dans la prière et je fais confiance à Dieu. Je suis en paix quoiqu'il arrive car Dieu m'a fait passer de pécheur à miraculé. »*

Son verset marquant : Matthieu 18:6-9

PALMARÈS
Recordman de France et double vice-champion de France du 50 mètres brasse

VOIR LA VIDÉO →

La Bible

extraits

Le Nouveau Testament
Les Psaumes
Les Proverbes

Segond 21

L'ORIGINAL
AVEC LES MOTS
D'AUJOURD'HUI

Société Biblique
de Genève

Les Psaumes, les Proverbes et le Nouveau Testament Segond 21

1ère édition 2023

Une coédition SBG / Holistic sports

ISBN 978-2-608-12707-5 reliure brochée

Contact et diffusion pour l'Europe:

La Maison de la Bible
CP 151, Praz-Roussy 4bis
1032 Romanel-sur-Lausanne, Suisse
info@bible.ch - ventes@bible.ch - www.maisonbible.net

Holistic Sports
contact@holisticsports.fr

Imprimé par Printcorp

La Bible

Comment se fait-il que des écrits millénaires comme la Bible fascinent toujours autant? La Bible reste aujourd'hui encore en tête du classement des livres les plus diffusés au monde: des dizaines de millions d'exemplaires par année, en plus de 2400 langues.

Une empreinte

«La pomme d'Adam», «jeter la pierre à quelqu'un», «s'en laver les mains», «rendre à César ce qui est à César», les Droits de l'homme ou tout simplement les jours fériés comme Noël ou Pâques: autant d'expressions, de fêtes et de valeurs qui montrent l'impact de la Bible sur notre société. Des penseurs, des scientifiques, des politiciens et des artistes de toutes les époques s'y sont référés et s'en inspirent encore. La Bible a durablement marqué l'histoire et notre culture. C'est un document incontournable!

Une réponse

Tout le monde se pose un jour la question de savoir d'où nous venons. Le récit biblique sur les origines de l'homme a traversé les siècles et offre une réponse originale et transcendante. Aujourd'hui encore, cette réponse alimente la réflexion d'individus du monde entier.

Un homme

Qui n'a jamais entendu parler de Jésus-Christ? La Bible retrace sa vie, son message d'amour et de paix, sa mort et sa résurrection. Il est pour les chrétiens la plus grande révélation de Dieu lui-même. En comprenant l'histoire du Christ, les croyants ont trouvé un sens à la vie et une espérance pour l'avenir.

Des témoins

Qui n'a jamais écouté ou suivi les expériences des autres? La Bible contient de nombreux récits de vie de femmes et d'hommes dont le destin a été marqué par une rencontre avec Dieu. Des interventions divines ont transformé leur existence, parfois le destin d'un peuple. Leurs prières ont été exaucées, leur situation a changé ou ils ont reçu une paix intérieure, la paix de l'âme.

Nous espérons que la lecture de ce livre marquera votre vie et vous enrichira...

Bonne lecture!

Les éditeurs

Qu'est-ce que la Bible?

La Bible n'est pas un roman qui se lit d'un trait. C'est un ensemble de 66 ouvrages collectés au cours des siècles et rédigés par de nombreux auteurs. Elle se divise en deux parties, l'Ancien Testament et le Nouveau Testament.

Le mot Testament signifie «alliance». C'est sous cette forme que la Bible présente les relations entre Dieu et les hommes.

Ces textes recèlent quantité d'histoires passionnantes. Le saviez-vous? La Bible, c'est 75% de récits, 15% de poésie et 10% de textes de doctrine.

L'Ancien Testament (seuls les livres des Psaumes et des Proverbes sont inclus dans cette édition)

L'Ancien Testament retrace la création du monde, la naissance et l'histoire du peuple hébreu. Tant d'histoires merveilleuses sont racontées dans l'Ancien Testament: celle d'Abraham, père de tous les croyants, de l'arche de Noé, de Moïse et des dix commandements, de Samson et de sa force surhumaine, de David et du géant Goliath, des histoires de rois et de reines, de déportations, des joies et des malheurs.

Mais au-delà de ces récits, l'Ancien Testament montre aussi la relation que Dieu a voulue avec l'homme. Il indique les conséquences de la désobéissance d'Adam et Eve. Tout au long des textes, quelquefois compliqués, Dieu et l'homme vont chercher à se retrouver. Malgré tous les efforts, toutes les règles établies, tous les commandements donnés, la relation entre Dieu et l'homme reste rompue, ce dernier étant incapable de rester fidèle à Dieu.

Des prophètes comme Esaïe annoncent alors la venue d'un Messie, un libérateur.

L'Ancien Testament est composé de 39 livres. Il est reconnu comme sacré aussi bien par les juifs que par les chrétiens.

Les recherches archéologiques et historiques ont montré qu'il a été rédigé entre le 15e et le 5e siècle avant Jésus-Christ. Les originaux ont été rédigés en hébreu, à l'exception de quelques textes en araméen.

Le Nouveau Testament

Le Nouveau Testament répond à l'Ancien par la venue du Messie, Jésus. Il raconte sa vie extraordinaire et son message universel qui sera porté ensuite par ses disciples jusqu'aux quatre coins du monde.

Quatre témoins racontent, chacun à leur manière, la vie de Jésus, ses enseignements, ses miracles, sa mort sur une croix et sa résurrection: ce sont les Evangiles.

Les livres suivants racontent comment ses disciples ont vécu la mort de leur maître, sa résurrection et son départ (Ascension), les débuts de l'Eglise, ses persécutions, ses problèmes et la manière dont cette bonne nouvelle s'est ensuite propagée très vite dans l'Empire romain. Ce qui est original, c'est qu'une bonne partie de ces livres sont des lettres envoyées par des disciples de Jésus-Christ pour s'encourager, se corriger ou enseigner les premiers chrétiens de la première Eglise.

Le Nouveau Testament se referme sur l'Apocalypse, en grande partie «récit d'anticipation», véritable dernier chapitre de l'histoire de l'humanité qui s'ouvre sur l'éternité.

C'est de cette deuxième partie de la Bible que les chrétiens tirent leur compréhension du salut et de l'accès à la vie éternelle.

Le Nouveau Testament est constitué de 27 livres écrits par différents auteurs et témoins de la vie de Jésus-Christ, au cours du premier siècle de notre ère (1er siècle après Jésus-Christ). Les originaux ont été rédigés en grec.

Comment lire la Bible?

Il existe plusieurs manières de découvrir la Bible. Voici quelques éléments qui pourront guider le lecteur:

Quelques remarques

– Un verset biblique n'a vraiment de sens que dans son contexte ou l'ensemble dans lequel il se trouve. A garder à l'esprit si vous prenez quelques passages au hasard!

– Certains passages sont plus difficiles à comprendre car des siècles nous séparent des coutumes et du contexte où ils ont été écrits.

– La traduction Segond 21 évite autant que possible d'utiliser un vocabulaire trop spécifique, cependant, si vous rencontrez des mots dont la définition ne vous semble pas claire, n'hésitez pas à prendre le dictionnaire!

Plan de lecture pour une première prise en main

Il peut être utile, lorsqu'on ne connaît pas du tout la Bible, de commencer par parcourir quelques textes clés. Voici le programme de lecture proposé pour une première découverte en 6 étapes:

1. Jean chapitres 1–4 .... Jésus, Dieu révélé sur la terre
2. Matthieu chapitres 5–7; 24–25 ..... Des enseignements de Jésus
3. Jean chapitres 17–21 .... Mort et résurrection de Jésus
4. Romains chapitres 1–4 .... Dieu et la justice
5. Romains chapitres 5–8 .... Les conséquences de la foi en Jésus
6. Apocalypse chapitres 18–22 .... Le fin mot de l'histoire

Des plans de lecture sont disponibles sur les sites Internet www.MaBible.net et www.universdelabible.net, de même que des informations supplémentaires sur la Bible. Il est aussi possible d'y poser des questions, d'y faire des remarques, etc.

Comment la Bible nous est-elle parvenue?

La transmission des textes

L'invention de l'imprimerie remonte à Gutenberg au milieu du 15e siècle. Celle de la photocopie et du scanner est encore plus récente. Il a donc fallu copier et recopier à la main (d'où le terme «manuscrits») tous les textes. Les moines ont succédé aux scribes juifs pour transmettre la Bible à travers les générations et les siècles jusqu'à nous.

Quelques témoins connus du texte

Nous disposons de milliers de manuscrits, complets ou fragmentaires, sur papyrus ou parchemin, du texte biblique. Voici quelques-uns des plus connus.

– Le codex de Léningrad: avec le codex d'Alep, c'est le seul représentant complet du texte massorétique (Ancien Testament hébreu); tous deux datent du 10e siècle de notre ère.

– Les manuscrits de la mer Morte: découverts en 1947 dans une grotte par un Bédouin, ils remontent à la période située entre le 3e siècle av. J.-C. et le 1er siècle de notre ère et confirment la fiabilité du texte massorétique.

– Le codex Sinaïticus et le codex Vaticanus: découverts au 19e siècle, ils datent du 4e siècle de notre ère et portent le texte de l'Ancien Testament dans la version grecque des Septante ainsi que le Nouveau Testament.

Pour en savoir plus

Il est inévitable, lorsque des textes sont recopiés à la main, que des erreurs de copie apparaissent et que l'on débouche, au fil des siècles, sur des textes légèrement différents. Les recherches et la découverte de manuscrits ont permis de progresser dans la compréhension aussi exacte que possible des originaux.

La *Segond 21 avec notes de référence* mentionne ces «variantes». Il est intéressant de constater que ces différences ne changent rien au message de la Bible.

La traduction des textes

Chaque langue a sa manière de dire les choses, et c'est ce qui rend la traduction difficile. On observe deux écoles de traduction principales.

– Celle qui privilégie la correspondance formelle ou littérale: on cherche à laisser voir dans la langue réceptrice la manière dont la chose est dite dans l'original. En d'autres termes, on reste le plus proche possible du texte source.

– Celle qui opte pour l'équivalence dynamique ou fonctionnelle: on cherche à rendre le sens original en s'affranchissant des correspondances formelles et en essayant de produire les mêmes impressions et réactions que le texte original auprès du lecteur. En d'autres termes, on dissocie le contenu de la forme de la langue d'origine et on le transpose dans la forme de la langue cible.

La version Louis Segond de la Bible est une des plus répandues dans le monde francophone. Parue à la fin du 19e siècle, sa première mouture était l'œuvre d'un pasteur genevois né de parents français.

La version Segond 21

Le texte biblique Segond 21 est une nouvelle traduction de la Bible, éditée pour la première fois en 2007, qui s'en inspire. Elle est le fruit de 12 ans de travail sur les textes hébreu, araméen et grec et tient compte des nouvelles informations à disposition. Son objectif? Proposer une formulation française fidèle à l'original, dans le langage actuel, d'où la formule «L'original, avec les mots d'aujourd'hui».

L'original

Le premier objectif de la Segond 21, c'est de rester le plus fidèle possible à ce que dit le texte biblique dans les langues originales, c'est-à-dire l'hébreu et l'araméen pour l'Ancien Testament, et le grec pour le Nouveau Testament. Traduire, c'est forcément interpréter un peu, mais les traducteurs ont voulu éviter d'introduire une trop grande part d'interprétation dans la version française, pour que les lecteurs gardent le maximum de liberté dans la compréhension du texte.

Avec les mots d'aujourd'hui

Le deuxième objectif de la Segond 21, c'est de recourir à un langage courant, compréhensible pour les jeunes du 21e siècle. C'est vrai, la Bible a une longue histoire derrière elle, mais ses premiers lecteurs n'avaient pas besoin d'un dictionnaire à côté d'eux pour la comprendre! L'équipe de traduction – composée d'hommes et de femmes âgés de 25 à 80 ans, pasteurs et enseignants, au bénéfice de formations en théologie, en langues bibliques, en français ou en histoire ancienne, venus de Suisse, de France, du Cameroun et des Etats-Unis – a donc cherché à employer un vocabulaire courant, toujours utilisé dans la vie actuelle.

Editer et diffuser la Bible pour promouvoir la connaissance de Dieu, c'est en effet la raison d'être de la Société Biblique de Genève. Ses responsables sont convaincus que la Bible n'est pas seulement un livre d'histoires anciennes, mais qu'elle peut nous servir de point de repère, aujourd'hui encore, et nous aider à entrer dans une vie meilleure, celle que Dieu veut nous offrir.

Quelques choix de présentation

Comme toutes les versions de la Bible, le texte biblique de la Segond 21 est découpé en *chapitres* et *versets*, mais il faut savoir que ce découpage ne figurait pas dans les manuscrits originaux, et il ne doit donc pas influencer outre mesure la compréhension.

Il est aussi utile de savoir que les manuscrits originaux ne faisaient pas la différence entre *majuscules* et *minuscules*. La présence ou l'absence de capitale, qui oriente inévitablement la compréhension en français, peut parfois être discutée. Le cas se présente notamment avec le mot «esprit», qui renvoie à l'esprit humain avec une minuscule, et à l'Esprit de Dieu avec une majuscule, alors que le texte original ne permet pas de faire la différence.

Par ailleurs, des *titres* ont été intégrés dans le texte biblique pour faciliter le repérage. Ils ne figuraient pas dans les manuscrits originaux et peuvent être laissés de côté pour l'interprétation.

Des *guillemets* ont été ajoutés pour faciliter la compréhension du texte. Ils ne figuraient pas dans les manuscrits originaux et, parfois, pourraient être placés ailleurs. De plus, seuls deux niveaux de guillemets ont été intégrés («' et '») alors que dans certains cas il en aurait fallu trois ou quatre. Les guillemets de deuxième niveau (' et ') ont été insérés là où cela a paru le plus utile pour la compréhension (parfois au troisième niveau).

Les guillemets fermants en début de paragraphe signalent que ce paragraphe poursuit un discours commencé plus haut.

Certains passages sont en *italique*:
- il peut s'agir d'indications littéraires, de sortes de titres présents dans le texte hébreu ou grec (par exemple *Psaume de David*);
- dans le Nouveau Testament, la plupart du temps, il s'agit de citations de l'Ancien Testament.

Deux sigles ont été insérés dans le texte biblique:
- l'*astérisque* * signale que les mots qui suivent sont cités ailleurs ou citent un passage du même Testament;
- les *crochets* [ ] encadrent un mot ou un passage qui est absent de certains manuscrits jugés importants.

Quelques choix de traduction

Les *repères géographiques* présents dans le texte original n'étant pas toujours évidents pour le lecteur d'aujourd'hui, la Segond 21 intègre parfois le nom moderne de l'endroit, dans un anachronisme voulu. C'est notamment le cas, dans l'Ancien Testament, de la mer Méditerranée, qui n'a reçu ce nom que plus tard.

La transcription des *noms propres* n'est pas toujours aisée. La Segond 21 a suivi la politique adoptée par Louis Segond, qui consistait à franciser au maximum les noms (Samuel au lieu de Shemou'el, par exemple), et a donc gardé sa transcription, remplaçant seulement le «sch» par «sh». Le lecteur désireux de retrouver les sonorités originales pourra prononcer les «j» comme s'il s'agissait de «y», les «u» comme des «ou» et les «ch» à l'allemande, comme des «r» gutturaux.

Les abréviations et symboles utilisés

Indication des références bibliques

.	=	«verset», après un numéro de chapitre *Es 5.6 = Esaïe chapitre 5 verset 6*
-	=	«à», entre 2 versets *Es 5.6-8 = Esaïe chapitre 5 versets 6 à 8*
,	=	«et», entre 2 versets *Es 5.6, 8 = Esaïe chapitre 5 versets 6 et 8*
–	=	«à», entre 2 chapitres *Es 5–7 = Esaïe chapitres 5 à 7*
;	=	«et», entre 2 chapitres *Es 5.1; 7.8 = Esaïe chapitre 5 verset 1 et chapitre 7 verset 8*

Autres abréviations et symboles

av. J.-C.	avant Jésus-Christ
apr. J.-C.	après Jésus-Christ
ou	figure devant une autre traduction possible du même texte original
s(s)	et suivant(s)
n	en exposant, signale qu'il y a une note de bas de page sur le verset
=	passage parallèle
( )	dans les notes de bas de page, dans une traduction littérale, signale les mots sous-entendus dans le texte original
*	dans le texte biblique, signale que le passage est cité ailleurs dans la Bible ou qu'il cite un texte du même Testament
[ ]	signale que le mot ou le passage ainsi encadré est absent de certains manuscrits jugés importants

Table des matières

INTRODUCTION À LA BIBLE

ANCIEN TESTAMENT

NOUVEAU TESTAMENT

Livres historiques

Evangiles (vie de Jésus)

Débuts de l'Eglise

Lettres de Paul

Lettres générales

Le Nouveau Testament

Matthieu

L'*Evangile de Matthieu* est attribué à Matthieu ou Lévi, ancien collecteur d'impôts et l'un des douze disciples de Jésus, et est généralement daté des années 50 à 80 apr. J.-C. Il contient 5 cycles de discours et de nombreuses citations de l'Ancien Testament: l'auteur s'adresse aux Juifs avec l'intention évidente de montrer que Jésus était bien le libérateur annoncé. Avec Marc et Luc, Matthieu forme le groupe des Evangiles dits «synoptiques» car ils présentent la vie de Jésus dans une perspective similaire.

NAISSANCE DE JÉSUS ET DÉBUT DE SON MINISTÈRE 1.1–4.25

Généalogie et naissance de Jésus-Christ

1 Voici la généalogie de Jésus-
Christ, fils de David, fils d'Abra-
ham. 2 Abraham eut pour fils Isaac;
Isaac eut Jacob; Jacob eut Juda et
ses frères; 3 Juda eut Pérets et Zé-
rach de Tamar; Pérets eut Hetsrom;
Hetsrom eut Aram; 4 Aram eut pour
fils Aminadab; Aminadab eut Nach-
shon; Nachshon eut Salmon; 5 Sal-
mon eut Boaz de Rahab; Boaz eut
Obed de Ruth; 6 Obed eut pour fils
Isaï; Isaï eut David.
Le roi David eut Salomon de la
femme d'Urie; 7 Salomon eut pour
fils Roboam; Roboam eut Abija;
Abija eut Asa; 8 Asa eut pour fils Jo-
saphat; Josaphat eut Joram; Joram
eut Ozias; 9 Ozias eut pour fils Jo-
tham; Jotham eut Achaz; Achaz
eut Ezéchias; 10 Ezéchias eut pour
fils Manassé; Manassé eut Amon;
Amon eut Josias; 11 Josias eut pour
descendants Jéconias et ses frères,
à l'époque de la déportation à Ba-
bylone.
12 Après la déportation à Babylone,
Jéconias eut pour fils Shealthiel;
Shealthiel eut Zorobabel; 13 Zoro-
babel eut pour fils Abiud; Abiud eut
Eliakim; Eliakim eut Azor; 14 Azor
eut pour fils Sadok; Sadok eut
Achim; Achim eut Eliud; 15 Eliud eut
pour fils Eléazar; Eléazar eut Mat-
than; Matthan eut Jacob; 16 Jacob
eut pour fils Joseph, l'époux de Ma-
rie, de laquelle est né Jésus, qu'on
appelle le Christ[n].
17 Il y a donc en tout 14 générations
depuis Abraham jusqu'à David, 14
générations depuis David jusqu'à la
déportation à Babylone et 14 géné-
rations depuis la déportation à Ba-
bylone jusqu'au Christ.
18 Voici de quelle manière arriva
la naissance de Jésus-Christ. Ma-
rie, sa mère, était fiancée à Joseph;
or, avant qu'ils aient habité ensem-
ble, elle se trouva enceinte par l'ac-
tion du Saint-Esprit. 19 Joseph, son
fiancé, qui était un homme juste et
qui ne voulait pas l'exposer au dés-
honneur, se proposa de rompre se-
crètement avec elle. 20 Comme il y
pensait, un ange du Seigneur lui
apparut dans un rêve et dit: «Joseph,
descendant de David, n'aie pas peur
de prendre Marie pour femme, car
l'enfant qu'elle porte vient du Saint-
Esprit. 21 Elle mettra au monde un

1.16 *Le Christ*: c'est-à-dire l'oint de Dieu ou le Messie que les Juifs attendaient et qui, d'après l'Ancien Testament, devait apporter la délivrance et exercer une autorité universelle.

fils et tu lui donneras le nom de Jé-
sus[n] car c'est lui qui sauvera son
peuple de ses péchés.»
22 Tout cela arriva afin que s'accom-
plisse ce que le Seigneur avait an-
noncé par le prophète: 23 *La vierge
sera enceinte, elle mettra au monde
un fils et on l'appellera Emmanuel*[n],
ce qui signifie «Dieu avec nous».
24 A son réveil, Joseph fit ce que l'an-
ge du Seigneur lui avait ordonné et
il prit sa femme chez lui, 25 mais
il n'eut pas de relations conjuga-
les avec elle jusqu'à ce qu'elle ait
mis au monde un fils [premier-né]
auquel il donna le nom de Jésus.

Les mages et Hérode

2 Jésus naquit à Bethléhem en
Judée, à l'époque du roi Héro-
de. Or, des mages[n] venus d'Orient
arrivèrent à Jérusalem 2 et dirent:
«Où est le roi des Juifs qui vient de
naître? En effet, nous avons vu son
étoile en Orient et nous sommes ve-
nus pour l'adorer.»
3 Quand le roi Hérode apprit cela, il
fut troublé et tout Jérusalem avec
lui. 4 Il rassembla tous les chefs des
prêtres[n] et spécialistes de la loi que
comptait le peuple et leur demanda
où le Messie devait naître. 5 Ils lui
dirent: «A Bethléhem en Judée, car
voici ce qui a été écrit par le pro-
phète: 6 *Et toi, Bethléhem, terre de
Juda, tu n'es certes pas la plus petite
parmi les principales villes de Juda,
car de toi sortira un chef qui prendra
soin d'Israël, mon peuple.*[n]»
7 Alors Hérode fit appeler en secret
les mages; il s'informa soigneu-
sement auprès d'eux du moment
où l'étoile était apparue, 8 puis il
les envoya à Bethléhem en disant:
«Allez prendre des informations
exactes sur le petit enfant. Quand
vous l'aurez trouvé, faites-le-moi
savoir, afin que j'aille moi aussi
l'adorer.»
9 Après avoir entendu le roi, ils par-
tirent. L'étoile qu'ils avaient vue en
Orient allait devant eux jusqu'au
moment où, arrivée au-dessus de
l'endroit où était le petit enfant, elle
s'arrêta. 10 Quand ils aperçurent
l'étoile, ils furent remplis d'une très
grande joie. 11 Ils entrèrent dans la
maison, virent le petit enfant avec
Marie, sa mère, se prosternèrent
et l'adorèrent. Ensuite, ils ouvri-
rent leurs trésors et lui offrirent
en cadeau de l'or, de l'encens et de
la myrrhe. 12 Puis, avertis dans un
rêve de ne pas retourner vers Héro-
de, ils regagnèrent leur pays par un
autre chemin.
13 Lorsqu'ils furent partis, un ange
du Seigneur apparut dans un rêve
à Joseph et dit: «Lève-toi, prends
le petit enfant et sa mère, fuis en
Egypte et restes-y jusqu'à ce que je
te parle, car Hérode va rechercher
le petit enfant pour le faire mourir.»
14 Joseph se leva, prit de nuit le pe-
tit enfant et sa mère et se retira en
Egypte. 15 Il y resta jusqu'à la mort
d'Hérode, afin que s'accomplisse ce
que le Seigneur avait annoncé par
le prophète: *J'ai appelé mon fils à
sortir d'Egypte.*[n]
16 Quand Hérode vit que les ma-
ges l'avaient trompé, il se mit dans
une grande colère, et il envoya tuer
tous les enfants de deux ans et au-
dessous qui étaient à Bethléhem
et dans tout son territoire, selon la
date qu'il s'était fait préciser par les
mages. 17 Alors s'accomplit ce que

1.21 *Jésus*: nom qui signifie *l'Eternel sauve, l'Eternel délivre*. **1.23** *La vierge... Emmanuel*: citation d'Esaïe 7.14 (8e siècle av. J.-C.). **2.1** *Mages*: c'est-à-dire des sages chez les Mèdes, les Perses et les Babyloniens. **2.4** *Prêtres*: ils officiaient dans le temple de Jérusalem. **2.6** *Et toi... peuple*: citation de Michée 5.1 (8e siècle av. J.-C.) complétée par 2 Samuel 5.2, texte relatif à l'ancien grand roi d'Israël David. **2.15** *J'ai appelé... d'Egypte*: citation d'Osée 11.1 (8e siècle av. J.-C.).

le prophète Jérémie avait annon-
cé: 18 *On a entendu des cris à Rama,
des pleurs et de grandes lamenta-
tions: c'est Rachel qui pleure ses en-
fants et n'a pas voulu être consolée,
parce qu'ils ne sont plus là.*[n]

19 Après la mort d'Hérode, un ange
du Seigneur apparut dans un
rêve à Joseph, en Egypte, 20 et dit:
«Lève-toi, prends le petit enfant et
sa mère et va dans le pays d'Israël,
car ceux qui en voulaient à la vie
du petit enfant sont morts.» 21 Jo-
seph se leva, prit le petit enfant et
sa mère et alla dans le pays d'Is-
raël. 22 Cependant, quand il apprit
qu'Archélaüs régnait sur la Judée à
la place de son père Hérode, il eut
peur de s'y rendre. Averti dans un
rêve, il se retira dans le territoire
de la Galilée 23 et vint habiter dans
une ville appelée Nazareth, afin
que s'accomplisse ce que les pro-
phètes avaient annoncé: «Il sera
appelé nazaréen.»

Ministère de Jean-Baptiste

3 A cette époque-là parut Jean-
Baptiste, qui prêchait dans le
désert de Judée. 2 Il disait: «Chan-
gez d'attitude, car le royaume des
cieux est proche.» 3 Jean est celui
que le prophète Esaïe avait annon-
cé lorsqu'il a dit: *C'est la voix de ce-
lui qui crie dans le désert: 'Préparez
le chemin du Seigneur, rendez ses
sentiers droits.'*[n]

4 Jean portait un vêtement en poil
de chameau et une ceinture de
cuir autour de la taille. Il se nour-
rissait de sauterelles et de miel sau-
vage. 5 Les habitants de Jérusalem,
de toute la Judée et de toute la ré-
gion du Jourdain se rendaient vers
lui. 6 Reconnaissant publiquement
leurs péchés, ils se faisaient bap-
tiser par lui dans les eaux du Jour-
dain.

7 Cependant, quand il vit beaucoup
de pharisiens[n] et de sadducéens[n]
venir se faire baptiser par lui, il leur
dit: «Races de vipères, qui vous a ap-
pris à fuir la colère à venir? 8 Produi-
sez donc du fruit qui confirme votre
changement d'attitude 9 et ne vous
avisez pas de dire en vous-mêmes:
'Nous avons Abraham pour ancê-
tre!' En effet, je vous déclare que
de ces pierres Dieu peut faire naî-
tre des descendants à Abraham.
10 Déjà la hache est mise à la racine
des arbres; tout arbre qui ne produit
pas de bons fruits sera donc coupé
et jeté au feu. 11 Moi, je vous bapti-
se d'eau en vue de la repentance[n],
mais celui qui vient après moi est
plus puissant que moi et je ne suis
pas digne de porter ses sandales.
Lui, il vous baptisera du Saint-Esprit
et de feu. 12 Il a sa pelle à la main;
il nettoiera son aire de battage et
il amassera son blé dans le grenier,
mais il brûlera la paille dans un feu
qui ne s'éteint pas.»

13 Alors Jésus vint de la Galilée
jusqu'au Jourdain vers Jean, pour
être baptisé par lui, 14 mais Jean s'y
opposait en disant: «C'est moi qui ai
besoin d'être baptisé par toi, et c'est
toi qui viens vers moi?» 15 Jésus lui
répondit: «Laisse faire maintenant,
car il est convenable que nous ac-
complissions ainsi tout ce qui est
juste», et Jean ne lui résista plus.

2.18 Citation de Jérémie 31.15. **3.3** *C'est la voix… droits*: citation d'Esaïe 40.3. **3.7** *Pharisiens*: membres d'un courant du judaïsme caractérisé par un fort intérêt pour les questions de pureté rituelle et par le souci de respecter le plus strictement possible la loi de Moïse ainsi que les traditions. **3.7** *Sadducéens*: membres d'un courant du judaïsme souvent associé aux prêtres et à l'aristocratie. **3.11** *Repentance*: même mot grec que *changement d'attitude* (verset 8); désignant littéralement un changement de pensée, il renvoie à une transformation radicale de la personne, qui renonce à ses attitudes fautives pour adopter un nouveau comportement et une nouvelle perspective, conformes à la volonté de Dieu.

16 Dès qu'il fut baptisé, Jésus sortit
de l'eau. Alors le ciel s'ouvrit [pour
lui] et il vit l'Esprit de Dieu des-
cendre comme une colombe et ve-
nir sur lui. 17 Au même instant, une
voix fit entendre du ciel ces paroles:
«Celui-ci est mon Fils bien-aimé, qui
a toute mon approbation.»

Tentation de Jésus-Christ

4 Puis Jésus fut emmené par l'Es-
prit dans le désert pour être
tenté par le diable. 2 Après avoir
jeûné 40 jours et 40 nuits, il eut
faim. 3 Le tentateur s'approcha et
lui dit: «Si tu es le Fils de Dieu, or-
donne que ces pierres deviennent
des pains.» 4 Jésus répondit: «Il est
écrit: *L'homme ne vivra pas de pain*
seulement, mais de toute parole qui
sort de la bouche de Dieu.[n]»
5 Le diable le transporta alors dans
la ville sainte[n], le plaça au sommet
du temple 6 et lui dit: «Si tu es le Fils
de Dieu, jette-toi en bas! En effet, il
est écrit: *Il donnera des ordres à ses*
anges à ton sujet et ils te porteront
sur les mains, de peur que ton pied
ne heurte une pierre.[n]» 7 Jésus lui dit:
«Il est aussi écrit: *Tu ne provoqueras*
pas le Seigneur, ton Dieu.[n]»
8 Le diable le transporta encore sur
une montagne très élevée, lui mon-
tra tous les royaumes du monde et
leur gloire 9 et lui dit: «Je te donne-
rai tout cela, si tu te prosternes pour
m'adorer.» 10 Jésus lui dit alors: «Re-
tire-toi, Satan! En effet, il est écrit:
C'est le Seigneur, ton Dieu, que
tu adoreras et c'est lui seul que tu
serviras.[n]» 11 Alors le diable le lais-
sa. Et voici que des anges s'appro-
chèrent de Jésus et le servirent.

Début du ministère de Jésus

12 Lorsqu'il apprit que Jean avait
été arrêté, Jésus se retira en Galilée.
13 Il quitta Nazareth et vint habiter
à Capernaüm, ville située près du
lac, dans le territoire de Zabulon et
de Nephthali, 14 afin que s'accom-
plisse ce qu'avait annoncé le pro-
phète Esaïe: 15 *Territoire de Zabu-*
lon et de Nephthali, route de la mer,
région située de l'autre côté du Jour-
dain, Galilée à la population étran-
gère! 16 *Le peuple assis dans les ténè-*
bres a vu une grande lumière, et sur
ceux qui se trouvaient dans le pays
de l'ombre de la mort une lumière
s'est levée.[n]
17 Dès ce moment, Jésus commença
à prêcher et à dire: «Changez d'atti-
tude, car le royaume des cieux est
proche.»
18 Comme il marchait le long du
lac de Galilée, il vit deux frères, Si-
mon, appelé Pierre, et son frère An-
dré, qui jetaient un filet dans le lac;
c'étaient en effet des pêcheurs. 19 Il
leur dit: «Suivez-moi et je ferai de
vous des pêcheurs d'hommes.»
20 Aussitôt, ils laissèrent les filets
et le suivirent. 21 Il alla plus loin et
vit deux autres frères, Jacques, fils
de Zébédée, et son frère Jean, qui
étaient dans une barque avec leur
père Zébédée et qui réparaient
leurs filets. Il les appela, 22 et aus-
sitôt ils laissèrent la barque et leur
père et le suivirent.
23 Jésus parcourait toute la Galilée;
il enseignait dans les synagogues[n],
proclamait la bonne nouvelle du
royaume et guérissait toute mala-
die et toute infirmité parmi le peu-
ple. 24 Sa réputation gagna toute la

4.4 *L'homme… de Dieu*: citation de Deutéronome 8.3. **4.5** *La ville sainte*: c'est-à-dire Jérusalem. **4.6** *Il donnera… pierre*: citation du Psaume 91.11-12. **4.7** *Tu ne… ton Dieu*: citation de Deutéronome 6.16. **4.10** *C'est le… serviras*: citation de Deutéronome 6.13. **4.15-16** *Territoire… levée*: citation d'Esaïe 8.23–9.1. **4.23** *Synagogues*: lieux de rencontre fréquentés par les Juifs, le sabbat et les jours de fête, pour prier et pour entendre la lecture et l'explication des livres de l'Ancien Testament. Tout membre mâle de l'assistance pouvait être invité à prendre la parole.

Syrie et on lui amenait tous ceux
qui souffraient de maladies et de
douleurs de divers genres, des dé-
moniaques, des épileptiques, des
paralysés; et il les guérissait. 25 De
grandes foules le suivirent, venues
de la Galilée, de la Décapole, de Jé-
rusalem, de la Judée et de l'autre
côté du Jourdain.

LE SERMON SUR LA MONTAGNE
5.1–7.29

Les béatitudes

5 A la vue de ces foules, Jésus
monta sur la montagne. Il s'as-
sit et ses disciples s'approchèrent
de lui. 2 Puis il prit la parole pour
les enseigner; il dit:
3 «Heureux ceux qui reconnaissent
leur pauvreté spirituelle[n], car le
royaume des cieux leur appartient!
4 Heureux ceux qui pleurent, car ils
seront consolés! 5 Heureux ceux qui
sont doux, car ils hériteront la terre!
6 Heureux ceux qui ont faim et soif
de la justice, car ils seront rassasiés!
7 Heureux ceux qui font preuve de
bonté, car on aura de la bonté pour
eux! 8 Heureux ceux qui ont le cœur
pur, car ils verront Dieu! 9 Heureux
ceux qui procurent la paix, car ils
seront appelés fils de Dieu! 10 Heu-
reux ceux qui sont persécutés pour
la justice, car le royaume des cieux
leur appartient! 11 Heureux serez-
vous lorsqu'on vous insultera, qu'on
vous persécutera et qu'on dira faus-
sement de vous toute sorte de mal
à cause de moi. 12 Réjouissez-vous
et soyez dans l'allégresse, parce
que votre récompense sera gran-
de au ciel. En effet, c'est ainsi qu'on
a persécuté les prophètes qui vous
ont précédés.
13 »Vous êtes le sel de la terre. Mais
si le sel perd sa saveur, avec quoi la
lui rendra-t-on? Il ne sert plus qu'à
être jeté dehors et piétiné par les
hommes. 14 Vous êtes la lumière
du monde. Une ville située sur une
montagne ne peut pas être cachée,
15 et on n'allume pas non plus une
lampe pour la mettre sous un seau,
mais on la met sur son support et
elle éclaire tous ceux qui sont dans
la maison. 16 Que, de la même ma-
nière, votre lumière brille devant
les hommes afin qu'ils voient vo-
tre belle manière d'agir et qu'ainsi
ils célèbrent la gloire de votre Père
céleste.

Christ et la loi

17 »Ne croyez pas que je sois venu
pour abolir la loi ou les prophètes;
je suis venu non pour abolir, mais
pour accomplir. 18 En effet, je vous
le dis en vérité, tant que le ciel et la
terre n'auront pas disparu, pas une
seule lettre ni un seul trait de lettre
ne disparaîtra de la loi avant que
tout ne soit arrivé. 19 Celui donc qui
violera l'un de ces plus petits com-
mandements et qui enseignera aux
hommes à faire de même sera ap-
pelé le plus petit dans le royaume
des cieux; mais celui qui les mettra
en pratique et les enseignera aux
autres, celui-là sera appelé grand
dans le royaume des cieux. 20 En
effet, je vous le dis, si votre justice
ne dépasse pas celle des spécialis-
tes de la loi et des pharisiens, vous
n'entrerez pas dans le royaume des
cieux.
21 »Vous avez appris qu'il a été dit
aux anciens: '*Tu ne commettras pas
de meurtre*[n]; celui qui commet un
meurtre mérite de passer en juge-
ment.' 22 Mais moi je vous dis: Tout

5.3 *Ceux qui… spirituelle*: ou *les humbles*, littéralement *les pauvres par* (ou *pour*) *l'esprit* (ou *l'Esprit*).
5.21 *Tu… meurtre*: citation du 6e des dix commandements (Exode 20.13; Deutéronome 5.17).

homme qui se met [sans raison] en
colère contre son frère mérite de
passer en jugement; celui qui traite
son frère d'imbécile[n] mérite d'être
puni par le tribunal, et celui qui le
traite de fou mérite d'être puni par
le feu de l'enfer. 23 Si donc tu pré-
sentes ton offrande vers l'autel et
que là tu te souviennes que ton frè-
re a quelque chose contre toi, 24 lais-
se ton offrande devant l'autel et va
d'abord te réconcilier avec ton frè-
re, puis viens présenter ton offran-
de. 25 Mets-toi rapidement d'accord
avec ton adversaire, pendant que tu
es en chemin avec lui, de peur qu'il
ne te livre au juge, que le juge ne te
livre à l'officier de justice et que tu
ne sois mis en prison. 26 Je te le dis
en vérité, tu n'en sortiras pas avant
d'avoir remboursé jusqu'au dernier
centime.
27 »Vous avez appris qu'il a été dit:
Tu ne commettras pas d'adultère.[n]
28 Mais moi je vous dis: Tout hom-
me qui regarde une femme pour la
convoiter a déjà commis un adul-
tère avec elle dans son cœur. 29 Si
ton œil droit te pousse à mal agir,
arrache-le et jette-le loin de toi, car
il vaut mieux pour toi subir la per-
te d'un seul de tes membres que
de voir ton corps entier jeté en en-
fer. 30 Et si ta main droite te pousse
à mal agir, coupe-la et jette-la loin
de toi, car il vaut mieux pour toi su-
bir la perte d'un seul de tes mem-
bres que de voir ton corps entier
jeté en enfer.
31 »Il a été dit: *Que celui qui ren-
voie sa femme lui donne une lettre
de divorce.*[n] 32 Mais moi, je vous dis:
Celui qui renvoie sa femme, sauf
pour cause d'infidélité, l'expose à
devenir adultère, et celui qui épou-
se une femme divorcée commet un
adultère.
33 »Vous avez encore appris qu'il a
été dit aux anciens: *Tu ne violeras
pas ton serment, mais tu accompli-
ras ce que tu as promis au Seigneur.*[n]
34 Mais moi je vous dis de ne pas ju-
rer du tout, ni par *le ciel*, parce que
c'est *le trône de Dieu*, 35 ni par *la ter-
re*, parce que c'*est son marchepied*,[n]
ni par Jérusalem, parce que c'est la
ville du grand roi. 36 Ne jure pas non
plus par ta tête, car tu ne peux pas
rendre blanc ou noir un seul che-
veu. 37 Que votre parole soit 'oui'
pour oui, 'non' pour non; ce qu'on
y ajoute vient du mal[n].
38 »Vous avez appris qu'il a été dit:
Œil pour œil et dent pour dent.[n]
39 Mais moi je vous dis de ne pas
résister au méchant. Si quelqu'un
te gifle sur la joue droite, tends-lui
aussi l'autre. 40 Si quelqu'un veut te
faire un procès et prendre ta che-
mise, laisse-lui encore ton man-
teau. 41 Si quelqu'un te force à faire
un kilomètre, fais-en deux avec lui.
42 Donne à celui qui t'adresse une
demande et ne te détourne pas de
celui qui veut te faire un emprunt.
43 »Vous avez appris qu'il a été dit:
'*Tu aimeras ton prochain*[n] et tu dé-
testeras ton ennemi.' 44 Mais moi je
vous dis: Aimez vos ennemis, [bé-
nissez ceux qui vous maudissent,
faites du bien à ceux qui vous dé-
testent] et priez pour ceux [qui
vous maltraitent et] qui vous per-
sécutent, 45 afin d'être les fils de vo-
tre Père céleste. En effet, il fait lever
son soleil sur les méchants et sur

5.22 *Traite son frère d'imbécile*: littéralement *dit à son frère: 'Raca'*. **5.27** *Tu… adultère*: citation du 7e des dix commandements (Exode 20.14; Deutoronome 5.18). **5.31** *Que celui… divorce*: citation de Deutéronome 24.1. **5.33** *Tu ne… Seigneur*: citation de Nombres 30.3. **5.34-35** *Le ciel… marchepied*: renvoi à Esaïe 66.1. **5.37** *Du mal*: ou *du mauvais*, c'est-à-dire du diable. **5.38** *Œil… dent*: citation d'Exode 21.24 (principe répété en Lévitique 24.20; Deutéronome 19.21). **5.43** *Tu aimeras ton prochain*: citation de Lévitique 19.18.

les bons, et il fait pleuvoir sur les
justes et sur les injustes. 46 Si vous
aimez ceux qui vous aiment, quelle
récompense méritez-vous? Les col-
lecteurs d'impôts n'agissent-ils pas
de même? 47 Et si vous saluez seu-
lement vos frères, que faites-vous
d'extraordinaire? Les membres des
autres peuples n'agissent-ils pas de
même? 48 Soyez donc parfaits com-
me votre Père céleste est parfait.

Les pratiques religieuses

6 »Gardez-vous bien de faire des
dons devant les hommes pour
qu'ils vous regardent; sinon, vous
n'aurez pas de récompense auprès
de votre Père céleste. 2 Donc, lors-
que tu fais un don à quelqu'un, ne
sonne pas de la trompette devant
toi, comme le font les hypocrites
dans les synagogues et dans les
rues afin de recevoir la gloire qui
vient des hommes. Je vous le dis
en vérité, ils ont leur récompense.
3 Mais toi, quand tu fais un don,
que ta main gauche ne sache pas
ce que fait ta droite, 4 afin que ton
don se fasse en secret; et ton Père,
qui voit dans le secret, te le rendra
[lui-même ouvertement].
5 »Lorsque tu pries, ne sois pas
comme les hypocrites: ils aiment
prier debout dans les synagogues
et aux coins des rues pour être vus
des hommes. Je vous le dis en véri-
té, ils ont leur récompense. 6 Mais
toi, quand tu pries, entre dans ta
chambre, ferme ta porte et prie ton
Père qui est là dans le lieu secret; et
ton Père, qui voit dans le secret, te
le rendra [ouvertement].
7 »En priant, ne multipliez pas les
paroles comme les membres des
autres peuples: ils s'imaginent en
effet qu'à force de paroles ils seront
exaucés. 8 Ne les imitez pas, car vo-
tre Père sait de quoi vous avez be-
soin avant que vous le lui deman-
diez.
9 »Voici donc comment vous devez
prier: 'Notre Père céleste! Que la
sainteté de ton nom soit respectée,
10 que ton règne vienne, que ta vo-
lonté soit faite sur la terre comme
au ciel. 11 Donne-nous aujourd'hui
notre pain quotidien[n]; 12 pardonne-
nous nos offenses, comme nous
aussi nous pardonnons à ceux qui
nous ont offensés; 13 ne nous expo-
se pas à la tentation, mais délivre-
nous du mal[n], [car c'est à toi qu'ap-
partiennent, dans tous les siècles,
le règne, la puissance et la gloire.
Amen!]'
14 »Si vous pardonnez aux hommes
leurs fautes, votre Père céleste vous
pardonnera aussi; 15 mais si vous ne
pardonnez pas aux hommes, votre
Père ne vous pardonnera pas non
plus vos fautes.
16 »Lorsque vous jeûnez, ne prenez
pas un air triste comme les hypo-
crites. En effet, ils présentent un
visage tout défait pour montrer
aux hommes qu'ils jeûnent. Je vous
le dis en vérité, ils ont leur récom-
pense. 17 Mais toi, quand tu jeû-
nes, parfume ta tête et lave ton vi-
sage 18 afin de ne pas montrer que
tu jeûnes aux hommes, mais à ton
Père qui est là dans le lieu secret; et
ton Père, qui voit dans le secret, te
le rendra.

Les biens matériels

19 »Ne vous amassez pas des trésors
sur la terre, où les mites et la rouille
détruisent et où les voleurs percent
les murs pour voler, 20 mais amassez-
vous des trésors dans le ciel, où les
mites et la rouille ne détruisent pas

6.11 *Quotidien*: *du jour* ou *du lendemain* ou *nécessaire*; le sens du mot grec est incertain. **6.13** *Du mal*: ou *du mauvais*, c'est-à-dire du diable.

et où les voleurs ne peuvent pas
percer les murs ni voler! 21 En ef-
fet, là où est ton trésor, là aussi sera
ton cœur.
22 »L'œil est la lampe du corps. Si ton
œil est en bon état[n], tout ton corps
sera éclairé; 23 mais si ton œil est en
mauvais état, tout ton corps sera
dans les ténèbres. Si donc la lumiè-
re qui est en toi est ténèbres, com-
bien ces ténèbres seront grandes!
24 »Personne ne peut servir deux
maîtres, car ou il détestera le pre-
mier et aimera le second, ou il s'at-
tachera au premier et méprisera le
second. Vous ne pouvez pas servir
Dieu et l'argent[n].
25 »C'est pourquoi je vous dis: Ne
vous inquiétez pas de ce que vous
mangerez [et boirez] pour vivre,
ni de ce dont vous habillerez vo-
tre corps. La vie n'est-elle pas plus
que la nourriture et le corps plus
que le vêtement? 26 Regardez les
oiseaux du ciel: ils ne sèment pas
et ne moissonnent pas, ils n'amas-
sent rien dans des greniers, et vo-
tre Père céleste les nourrit. Ne valez-
vous pas beaucoup plus qu'eux?
27 Qui de vous, par ses inquiétudes,
peut ajouter un instant à la durée
de sa vie? 28 Et pourquoi vous in-
quiéter au sujet du vêtement? Etu-
diez comment poussent les plus
belles fleurs des champs: elles ne
travaillent pas et ne tissent pas;
29 cependant je vous dis que Salo-
mon[n] lui-même, dans toute sa gloi-
re, n'a pas eu d'aussi belles tenues
que l'une d'elles. 30 Si Dieu habille
ainsi l'herbe des champs, qui exis-
te aujourd'hui et qui demain sera
jetée au feu, ne le fera-t-il pas bien
plus volontiers pour vous, gens
de peu de foi? 31 Ne vous inquié-
tez donc pas et ne dites pas: 'Que
mangerons-nous? Que boirons-
nous? Avec quoi nous habillerons-
nous?' 32 En effet, tout cela, ce sont
les membres des autres peuples qui
le recherchent. Or, votre Père cé-
leste sait que vous en avez besoin.
33 Recherchez d'abord le royaume et
la justice de Dieu, et tout cela vous
sera donné en plus. 34 Ne vous in-
quiétez donc pas du lendemain,
car le lendemain prendra soin de
lui-même. A chaque jour suffit sa
peine.

Les relations humaines

7 »Ne jugez pas afin de ne pas
être jugés, 2 car on vous juge-
ra de la même manière que vous
aurez jugé et on utilisera pour vous
la mesure dont vous vous serez ser-
vis. 3 Pourquoi vois-tu la paille qui
est dans l'œil de ton frère et ne re-
marques-tu pas la poutre qui est
dans ton œil? 4 Ou comment peux-
tu dire à ton frère: 'Laisse-moi enle-
ver la paille de ton œil', alors que toi,
tu as une poutre dans le tien? 5 Hy-
pocrite, enlève d'abord la poutre de
ton œil, et alors tu verras clair pour
retirer la paille de l'œil de ton frère.
6 »Ne donnez pas les choses saintes
aux chiens et ne jetez pas vos perles
devant les porcs, de peur qu'ils ne
les piétinent et qu'ils ne se retour-
nent pour vous déchirer.
7 »Demandez et l'on vous donnera,
cherchez et vous trouverez, frappez
et l'on vous ouvrira. 8 En effet, toute
personne qui demande reçoit, celui
qui cherche trouve et l'on ouvre à
celui qui frappe. 9 Qui parmi vous
donnera une pierre à son fils, s'il lui
demande du pain? 10 Ou s'il deman-
de un poisson, lui donnera-t-il un

6.22 *En bon état*: littéralement *simple*. **6.24** *L'argent*: littéralement *mamon*, transcription d'un mot araméen désignant la richesse, personnifiée comme une divinité. **6.29** *Salomon*: l'un des plus grands rois d'Israël, fils de David.

serpent? 11 Si donc, mauvais com-
me vous l'êtes, vous savez donner
de bonnes choses à vos enfants,
votre Père céleste donnera d'autant
plus volontiers de bonnes choses à
ceux qui les lui demandent.
12 »Tout ce que vous voudriez que
les hommes fassent pour vous,
vous aussi, faites-le de même pour
eux, car c'est ce qu'enseignent la loi
et les prophètes[n].

L'entrée dans le royaume

13 »Entrez par la porte étroite! En
effet, large est la porte, spacieux le
chemin menant à la perdition, et il
y en a beaucoup qui entrent par là,
14 mais étroite est la porte, resserré
le chemin menant à la vie, et il y en
a peu qui les trouvent.
15 »Méfiez-vous des prétendus pro-
phètes! Ils viennent à vous en vête-
ments de brebis, mais au-dedans ce
sont des loups voraces. 16 Vous les
reconnaîtrez à leurs fruits. Cueille-
t-on des raisins sur des ronces ou
des figues sur des chardons? 17 Tout
bon arbre produit de bons fruits,
mais le mauvais arbre produit de
mauvais fruits. 18 Un bon arbre ne
peut pas porter de mauvais fruits,
ni un mauvais arbre porter de bons
fruits. 19 Tout arbre qui ne produit
pas de bons fruits est coupé et jeté
au feu. 20 C'est donc à leurs fruits
que vous les reconnaîtrez.
21 »Ceux qui me disent: 'Seigneur,
Seigneur!' n'entreront pas tous
dans le royaume des cieux, mais
seulement celui qui fait la volonté
de mon Père céleste. 22 Beaucoup
me diront ce jour-là: 'Seigneur, Sei-
gneur, n'avons-nous pas prophéti-
sé en ton nom? N'avons-nous pas
chassé des démons en ton nom?
N'avons-nous pas fait beaucoup
de miracles en ton nom?' 23 Alors je
leur dirai ouvertement: 'Je ne vous
ai jamais connus. *Eloignez-vous de
moi, vous qui commettez le mal!*[n]'
24 »C'est pourquoi, toute personne
qui entend ces paroles que je dis
et les met en pratique, je la com-
parerai à un homme prudent qui
a construit sa maison sur le rocher.
25 La pluie est tombée, les torrents
sont venus, les vents ont soufflé et
se sont déchaînés contre cette mai-
son; elle ne s'est pas écroulée, par-
ce qu'elle était fondée sur le rocher.
26 Mais toute personne qui entend
ces paroles que je dis et ne les met
pas en pratique ressemblera à un
fou qui a construit sa maison sur le
sable. 27 La pluie est tombée, les tor-
rents sont venus, les vents ont souf-
flé et se sont abattus sur cette mai-
son; elle s'est écroulée et sa ruine a
été grande.»
28 Quand Jésus eut fini de pronon-
cer ces paroles, les foules restèrent
frappées par son enseignement,
29 car il enseignait avec autorité, et
non comme leurs spécialistes de
la loi.

MINISTÈRE DE JÉSUS EN GALILÉE
8.1–12.50

Guérison d'un lépreux

8 Lorsque Jésus fut descendu de
la montagne, une grande foule
le suivit. 2 Alors un lépreux s'appro-
cha, se prosterna devant lui et dit:
«Seigneur, si tu le veux, tu peux me
rendre pur.» 3 Jésus tendit la main,
le toucha et dit: «Je le veux, sois
pur.» Aussitôt il fut purifié de sa lè-
pre. 4 Puis Jésus lui dit: «Fais bien
attention de n'en parler à personne,
mais va te montrer au prêtre et pré-

7.12 *La loi et les prophètes*: c'est-à-dire l'Ancien Testament. **7.23** *Eloignez-vous… mal*: citation du Psaume 6.9.

sente l'offrande que Moïse a pres-
crite, afin que cela leur serve de té-
moignage.»

Guérisons à Capernaüm

5 Alors que Jésus entrait dans Ca-
pernaüm, un officier romain l'abor-
da et le supplia 6 en disant: «Sei-
gneur, mon serviteur est couché à
la maison, atteint de paralysie, et
il souffre beaucoup.» 7 Jésus lui dit:
«J'irai et je le guérirai.» 8 L'officier
répondit: «Seigneur, je ne suis pas
digne que tu entres sous mon toit,
mais dis seulement un mot et mon
serviteur sera guéri. 9 En effet, moi
aussi je suis un homme soumis à
des supérieurs, j'ai des soldats sous
mes ordres, et je dis à l'un: 'Pars!' et
il part, à un autre: 'Viens!' et il vient,
et à mon esclave: 'Fais ceci!' et il le
fait.» 10 Après l'avoir entendu, Jé-
sus fut dans l'admiration, et il dit à
ceux qui le suivaient: «Je vous le dis
en vérité, même en Israël je n'ai pas
trouvé une aussi grande foi. 11 Or,
je vous le déclare, beaucoup vien-
dront de l'est et de l'ouest et seront à
table avec Abraham, Isaac et Jacob
dans le royaume des cieux. 12 Mais
ceux à qui le royaume était destiné
seront jetés dans les ténèbres exté-
rieures, où il y aura des pleurs et des
grincements de dents.» 13 Puis Jésus
dit à l'officier: «Vas-y [et] sois traité
conformément à ta foi.» Et au mo-
ment même le serviteur fut guéri.
14 Jésus se rendit ensuite à la mai-
son de Pierre. Il vit la belle-mère de
celui-ci couchée, avec de la fièvre.
15 Il lui toucha la main et la fièvre la
quitta; puis elle se leva et le servit.
16 Le soir venu, on amena vers Jésus
de nombreux démoniaques. Il chas-
sa les esprits par sa parole et guérit
tous les malades. 17 Ainsi s'accom-
plit ce que le prophète Esaïe avait
annoncé: *Il a pris nos faiblesses et il
s'est chargé de nos maladies.*[n]

Jésus, plus fort que la nature et les démons

18 Voyant une grande foule autour
de lui, Jésus donna l'ordre de passer
de l'autre côté du lac. 19 Un spécia-
liste de la loi s'approcha et lui dit:
«Maître, je te suivrai partout où tu
iras.» 20 Jésus lui répondit: «Les re-
nards ont des tanières et les oiseaux
du ciel ont des nids, mais le Fils de
l'homme[n] n'a pas un endroit où il
puisse reposer sa tête.» 21 Un autre,
parmi les disciples, lui dit: «Sei-
gneur, permets-moi d'aller d'abord
enterrer mon père.» 22 Mais Jésus
lui répondit: «Suis-moi et laisse les
morts enterrer leurs morts.»
23 Il monta dans la barque et ses
disciples le suivirent. 24 Soudain, il
s'éleva sur le lac une si grande tem-
pête que la barque était recouverte
par les vagues. Et lui, il dormait.
25 Les disciples s'approchèrent et
le réveillèrent en disant: «Seigneur,
sauve-nous, nous allons mourir!»
26 Il leur dit: «Pourquoi êtes-vous si
craintifs, hommes de peu de foi?»
Alors il se leva, menaça les vents du
lac et il y eut un grand calme. 27 Ces
hommes furent très étonnés et di-
rent: «Quel genre d'homme est-ce?
Même les vents et la mer lui obéis-
sent!»
28 Lorsqu'il fut arrivé sur l'autre
rive, dans le pays des Gadaréniens,
deux démoniaques qui sortaient
des tombeaux vinrent à sa rencon-
tre. Ils étaient si dangereux que
personne n'osait passer par là. 29 Et
voilà qu'ils se mirent à crier: «Que
nous veux-tu, [Jésus,] Fils de Dieu?
Es-tu venu ici pour nous tourmen-

8.17 *Il a pris… maladies*: citation d'Esaïe 53.4. **8.20** *Fils de l'homme*: expression par laquelle Jésus se désignait fréquemment lui-même, avec un probable renvoi à Daniel 7.13.

ter avant le moment fixé?» 30 Il y
avait loin d'eux un grand troupeau
de porcs en train de chercher à
manger. 31 Les démons suppliaient
Jésus: «Si tu nous chasses, permets-
nous d'aller dans ce troupeau de
porcs.» 32 «Allez-y!» leur dit-il. Ils
sortirent des deux hommes et en-
trèrent dans les porcs. Alors tout le
troupeau se précipita du haut de
la falaise dans le lac, et ils mou-
rurent dans l'eau. 33 Les gardiens
du troupeau s'enfuirent et allèrent
dans la ville rapporter tout ce qui
s'était passé et ce qui était arrivé
aux démoniaques. 34 Alors tous les
habitants de la ville sortirent à la
rencontre de Jésus et, dès qu'ils le
virent, ils le supplièrent de quitter
leur territoire.

Guérison d'un paralysé

9 Jésus monta dans une barque,
traversa le lac et se rendit dans
sa ville. 2 Des personnes lui amenè-
rent un paralysé couché sur une ci-
vière. Voyant leur foi, Jésus dit au
paralysé: «Prends courage, mon
enfant, tes péchés te sont pardon-
nés.»
3 Alors, quelques spécialistes de la
loi se dirent en eux-mêmes: «Cet
homme blasphème.» 4 Mais Jésus
connaissait leurs pensées; il dit:
«Pourquoi avez-vous de mauvaises
pensées en vous-mêmes? 5 En effet,
qu'est-ce qui est le plus facile à dire:
'Tes péchés te sont pardonnés', ou:
'Lève-toi et marche'? 6 Afin que vous
sachiez que le Fils de l'homme a sur
la terre le pouvoir de pardonner les
péchés, lève-toi – dit-il alors au pa-
ralysé –, prends ta civière et retour-
ne chez toi.» 7 L'homme se leva et
rentra chez lui. 8 Quand la foule vit
cela, elle fut émerveillée et célébra
la gloire de Dieu, qui a donné un tel
pouvoir aux hommes.

Réactions face à Jésus

9 Jésus partit de là. En passant, il
vit un homme assis au bureau des
taxes et qui s'appelait Matthieu. Il
lui dit: «Suis-moi.» Cet homme se
leva et le suivit.
10 Comme Jésus était à table dans
la maison, beaucoup de collec-
teurs d'impôts et de pécheurs[n] vin-
rent se mettre à table avec lui et
avec ses disciples. 11 Les pharisiens
virent cela et dirent à ses disciples:
«Pourquoi votre maître mange-t-il
avec les collecteurs d'impôts et les
pécheurs?» 12 Mais Jésus, qui avait
entendu, leur dit: «Ce ne sont pas
les bien portants qui ont besoin de
médecin, mais les malades. 13 Allez
apprendre ce que signifie: *Je désire
la bonté, et non les sacrifices.*[n] En ef-
fet, je ne suis pas venu appeler des
justes, mais des pécheurs, [à chan-
ger d'attitude].»
14 Alors les disciples de Jean vinrent
vers Jésus et dirent: «Pourquoi nous
et les pharisiens jeûnons-nous [sou-
vent], tandis que tes disciples ne
jeûnent pas?» 15 Jésus leur répon-
dit: «Les invités à[n] la noce peuvent-
ils être tristes tant que le marié est
avec eux? Les jours viendront où le
marié leur sera enlevé, et alors ils
jeûneront. 16 Personne ne coud un
morceau de tissu neuf sur un vieil
habit, car la pièce ajoutée arrache
une partie de l'habit et la déchirure
devient pire. 17 On ne met pas non
plus du vin nouveau dans de vieilles
outres, sinon les outres éclatent, le
vin coule et les outres sont perdues;
mais on met le vin nouveau dans
des outres neuves, et le vin et les
outres se conservent.»

9.10 *Pécheurs*: c'est-à-dire jugés comme tels par ceux qui se croyaient justes. **9.13** *Je désire… sacrifices*: citation d'Osée 6.6. **9.15** *Les invités à*: littéralement *les fils de*.

Guérison d'une femme et résurrection d'une fillette

18 Tandis qu'il leur adressait ces pa-
roles, un chef arriva, se prosterna
devant lui et dit: «Ma fille est mor-
te il y a un instant; mais viens, pose
ta main sur elle et elle vivra.» 19 Jé-
sus se leva et le suivit avec ses dis-
ciples.
20 C'est alors qu'une femme qui
souffrait d'hémorragies depuis 12
ans s'approcha par-derrière et tou-
cha le bord de son vêtement, 21 car
elle se disait: «Si je peux seulement
toucher son vêtement, je serai gué-
rie.» 22 Jésus se retourna et dit en la
voyant: «Prends courage, ma fille,
ta foi t'a sauvée.» Et cette femme
fut guérie dès ce moment.
23 Lorsque Jésus fut arrivé à la mai-
son du chef, il vit les joueurs de flû-
te et la foule bruyante. 24 Il leur dit:
«Retirez-vous, car la jeune fille n'est
pas morte, mais elle dort», et ils se
moquaient de lui. 25 Quand la fou-
le eut été renvoyée, il entra, prit la
main de la jeune fille, et la jeune
fille se leva. 26 Cette nouvelle se pro-
pagea dans toute la région.

Guérison de deux aveugles et d'un démoniaque

27 Quand Jésus partit de là, il fut sui-
vi par deux aveugles qui criaient:
«Aie pitié de nous, Fils de David[n]!»
28 Lorsqu'il fut arrivé à la maison,
les aveugles s'approchèrent de lui et
Jésus leur dit: «Croyez-vous que je
puisse faire cela?» «Oui, Seigneur»,
lui répondirent-ils. 29 Alors il tou-
cha leurs yeux en disant: «Soyez
traités conformément à votre foi»,
30 et leurs yeux s'ouvrirent. Jésus
leur recommanda avec sévérité:
«Faites bien attention que person-
ne ne le sache!» 31 mais, à peine sor-
tis, ils parlèrent de lui dans toute la
région.
32 Comme ils s'en allaient, on ame-
na à Jésus un démoniaque muet.
33 Il chassa le démon et le muet se
mit à parler. La foule disait, émer-
veillée: «On n'a jamais rien vu de
pareil en Israël», 34 mais les pha-
risiens disaient: «C'est par le prin-
ce des démons qu'il chasse les dé-
mons.»

Mission des douze apôtres

35 Jésus parcourait toutes les villes
et les villages; il enseignait dans
les synagogues, proclamait la bon-
ne nouvelle du royaume et guéris-
sait toute maladie et toute infirmité.
36 A la vue des foules, il fut rempli
de compassion pour elles, car elles
étaient blessées et abattues, *com-
me des brebis qui n'ont pas de ber-
ger*[n]. 37 Alors il dit à ses disciples:
«La moisson est grande, mais il y
a peu d'ouvriers. 38 Priez donc le
maître de la moisson d'envoyer des
ouvriers dans sa moisson.»

10 Puis Jésus appela ses dou-
ze disciples et leur donna le
pouvoir de chasser les esprits im-
purs et de guérir toute maladie et
toute infirmité. 2 Voici les noms des
douze apôtres: le premier, Simon,
appelé Pierre, et André, son frère;
Jacques, fils de Zébédée, et Jean,
son frère; 3 Philippe et Barthélémy;
Thomas et Matthieu, le collecteur
d'impôts; Jacques, fils d'Alphée, et
[Lebbée, surnommé] Thaddée; 4 Si-
mon le Cananite[n] et Judas l'Iscariot[n],
celui qui trahit Jésus. 5 Ce sont les
douze que Jésus envoya, après leur

9.27 *Fils de David*: titre donné au Messie attendu par les Juifs, sur la base notamment de 2 Samuel 7.12-16; Esaïe 9.5-6. **9.36** *Comme... berger*: comparaison reprise de Nombres 27.17. **10.4** *Cananite*: terme qui désignait le membre d'un parti de patriotes juifs créé afin de résister aux Romains ou, plus généralement, une personne zélée pour la loi de Moïse. **10.4** *Iscariot*: c'est-à-dire homme de Karioth, ville de Judée.

avoir donné les instructions sui-
vantes: «N'allez pas vers les non-
Juifs et n'entrez pas dans les villes
des Samaritains. 6 Allez plutôt vers
les brebis perdues de la commu-
nauté[n] d'Israël. 7 En chemin, prê-
chez en disant: 'Le royaume des
cieux est proche.' 8 Guérissez les
malades, [ressuscitez les morts,]
purifiez les lépreux, chassez les
démons. Vous avez reçu gratuite-
ment, donnez gratuitement. 9 Ne
prenez ni or, ni argent, ni monnaie
dans vos ceintures, 10 ni sac pour le
voyage, ni deux chemises, ni sanda-
les, ni bâton, car l'ouvrier mérite sa
nourriture.
11 »Dans chaque ville ou village où
vous arrivez, informez-vous pour
savoir qui est digne de vous ac-
cueillir et restez chez lui jusqu'à
votre départ. 12 En entrant dans la
maison, saluez ses habitants 13 et,
s'ils en sont dignes, que votre paix
vienne sur eux; mais, s'ils n'en sont
pas dignes, que votre paix revien-
ne à vous. 14 Lorsqu'on ne vous ac-
cueillera pas et qu'on n'écoute-
ra pas vos paroles, sortez de cette
maison ou de cette ville et secouez
la poussière de vos pieds[n]. 15 Je vous
le dis en vérité, le jour du jugement,
le pays de Sodome et de Gomor-
rhe[n] sera traité moins sévèrement
que cette ville-là.
16 »Voici que je vous envoie com-
me des brebis au milieu des loups.
Soyez donc prudents comme les
serpents et purs comme les colom-
bes. 17 Méfiez-vous des hommes,
car ils vous livreront aux tribunaux
et vous fouetteront dans leurs syna-
gogues. 18 A cause de moi vous serez
conduits devant des gouverneurs et
devant des rois pour leur apporter
votre témoignage, à eux et aux non-
Juifs. 19 Mais, quand on vous fera
arrêter, ne vous inquiétez ni de la
manière dont vous parlerez ni de ce
que vous direz: ce que vous aurez
à dire vous sera donné au moment
même. 20 En effet, ce n'est pas vous
qui parlerez, c'est l'Esprit de votre
Père qui parlera en vous.
21 »Le frère livrera son frère à la mort
et le père son enfant; les enfants se
soulèveront contre leurs parents et
les feront mourir. 22 Vous serez dé-
testés de tous à cause de mon nom,
mais celui qui persévérera jusqu'à
la fin sera sauvé. 23 Quand on vous
persécutera dans une ville, fuyez
dans une autre. Je vous le dis en vé-
rité, vous n'aurez pas fini de par-
courir les villes d'Israël avant que
le Fils de l'homme ne vienne.
24 »Le disciple n'est pas supérieur
au maître, ni le serviteur supérieur
à son seigneur. 25 Il suffit au disci-
ple d'être traité comme son maître,
et au serviteur comme son seigneur.
S'ils ont appelé le maître de la mai-
son Béelzébul[n], ils appelleront
d'autant plus volontiers ainsi les
gens de sa maison! 26 N'ayez donc
pas peur d'eux, car il n'y a rien de
caché qui ne doive être découvert,
ni de secret qui ne doive être connu.
27 Ce que je vous dis dans les ténè-
bres, dites-le en plein jour; et ce qui
vous est dit à l'oreille, proclamez-le
sur les toits. 28 Ne redoutez pas ceux
qui tuent le corps mais qui ne peu-
vent pas tuer l'âme. Redoutez plu-
tôt celui qui peut faire périr l'âme
et le corps en enfer[n]. 29 Ne vend-on
pas deux moineaux pour une pe-
tite pièce? Cependant, pas un ne

10.6 *Communauté*: ou *famille*, littéralement *maison*. **10.14** *Secouez... pieds*: les Juifs avaient l'habitude de secouer la poussière de leurs pieds en quittant une ville non juive; ils exprimaient ainsi leur séparation d'avec ceux qui n'adoraient pas le vrai Dieu. **10.15** *Sodome... Gomorrhe*: villes connues pour leur immoralité et punies par Dieu à l'époque d'Abraham. **10.25** *Béelzébul*: terme de mépris pour désigner Satan. **10.28** *Celui... en enfer*: c'est-à-dire Dieu.

tombe par terre sans l'accord de[n]
votre Père. 30 Même vos cheveux
sont tous comptés. 31 N'ayez donc
pas peur: vous valez plus que beau-
coup de moineaux.
32 »C'est pourquoi, toute person-
ne qui se déclarera publiquement
pour moi, je me déclarerai moi aus-
si pour elle devant mon Père céles-
te; 33 mais celui qui me reniera de-
vant les hommes, je le renierai moi
aussi devant mon Père céleste.
34 »Ne croyez pas que je sois venu
apporter la paix sur la terre! Je ne
suis pas venu apporter la paix, mais
l'épée, 35 car je suis venu mettre la
division entre l'homme et son père,
entre la fille et sa mère, entre la
belle-fille et sa belle-mère, 36 et *l'on
aura pour ennemis les membres de
sa famille*[n]. 37 Celui qui aime son
père ou sa mère plus que moi n'est
pas digne de moi, et celui qui aime
son fils ou sa fille plus que moi n'est
pas digne de moi. 38 Celui qui ne
prend pas sa croix et ne me suit pas
n'est pas digne de moi. 39 Celui qui
conservera sa vie la perdra, et celui
qui perdra sa vie à cause de moi la
retrouvera.
40 »Si quelqu'un vous accueille,
c'est moi qu'il accueille, et celui
qui m'accueille accueille celui qui
m'a envoyé. 41 Celui qui accueille
un prophète en qualité de pro-
phète recevra une récompense de
prophète, et celui qui accueille un
juste en qualité de juste recevra
une récompense de juste. 42 Et si
quelqu'un donne à boire ne serait-
ce qu'un verre d'eau froide à l'un de
ces petits parce qu'il est mon disci-
ple, je vous le dis en vérité, il ne per-
dra pas sa récompense.»

11 Lorsque Jésus eut fini de
donner ses instructions à
ses douze disciples, il partit de là
pour enseigner et prêcher dans
leurs villes.

Jean-Baptiste vu par Jésus

2 Or, dans sa prison, Jean[n] avait en-
tendu parler de ce que faisait Christ.
Il envoya deux de ses disciples lui
demander: 3 «Es-tu celui qui doit
venir ou devons-nous en attendre
un autre?» 4 Jésus leur répondit:
«Allez rapporter à Jean ce que vous
entendez et ce que vous voyez: 5 *les
aveugles voient, les boiteux mar-
chent*, les lépreux sont purifiés, *les
sourds entendent*, les morts ressus-
citent et *la bonne nouvelle est an-
noncée aux pauvres*[n]. 6 Heureux ce-
lui pour qui je ne représenterai pas
un obstacle!»
7 Comme ils s'en allaient, Jésus se
mit à dire à la foule au sujet de Jean:
«Qu'êtes-vous allés voir au désert?
Un roseau agité par le vent? 8 Mais
qu'êtes-vous allés voir? Un hom-
me habillé de [tenues] élégantes?
Ceux qui portent des tenues élé-
gantes sont dans les maisons des
rois. 9 Qu'êtes-vous donc allés voir?
Un prophète? Oui, je vous le dis, et
plus qu'un prophète, 10 [car] c'est
celui à propos duquel il est écrit:
*Voici, j'envoie mon messager devant
toi pour te préparer le chemin.*[n]
11 »Je vous le dis en vérité, parmi
ceux qui sont nés de femmes, il n'est
venu personne de plus grand que
Jean-Baptiste. Cependant, le plus
petit dans le royaume des cieux est
plus grand que lui. 12 Depuis l'épo-
que de Jean-Baptiste jusqu'à pré-
sent, le royaume des cieux est as-

10.29 *Sans l'accord de*: ou *à l'insu de* ou *sans la volonté de*, littéralement *sans*. **10.36** *L'on aura… famille*: citation de Michée 7.6. **11.2** *Jean*: Jean-Baptiste, arrêté par Hérode. Voir 14.3. **11.5** *Les aveugles… pauvres*: Jésus répond à Jean en faisant allusion à des textes du prophète Esaïe (Esaïe 35.5-6 et 61.1) qui décrivent l'époque messianique et le serviteur de l'Eternel. **11.10** *Voici… chemin*: citation de Malachie 3.1.

sailli avec force[n], et des violents
s'en emparent. 13 En effet, tous les
prophètes et la loi ont prophétisé
jusqu'à Jean. 14 Si vous voulez bien
l'accepter, c'est lui l'Elie qui devait
venir[n]. 15 Que celui qui a des oreilles
pour entendre entende.
16 »A qui comparerai-je cette gé-
nération? Elle ressemble à des en-
fants assis sur des places publiques
et qui s'adressent à d'autres enfants
17 en disant: 'Nous vous avons joué
de la flûte et vous n'avez pas dan-
sé, nous [vous] avons entonné des
chants funèbres et vous ne vous
êtes pas lamentés.' 18 En effet, Jean
est venu, il ne mange pas et ne boit
pas, et l'on dit: 'Il a un démon.' 19 Le
Fils de l'homme est venu, il mange
et il boit, et l'on dit: 'C'est un glou-
ton et un buveur, un ami des col-
lecteurs d'impôts et des pécheurs.'
Mais la sagesse a été reconnue jus-
te par ses enfants.»
20 Alors Jésus se mit à faire des re-
proches aux villes dans lesquel-
les avaient eu lieu la plupart de ses
miracles, parce qu'elles n'avaient
pas changé d'attitude: 21 «Malheur
à toi, Chorazin, malheur à toi, Beth-
saïda, car si les miracles accomplis
au milieu de vous l'avaient été dans
Tyr et dans Sidon, il y a longtemps
que leurs habitants se seraient re-
pentis[n], habillés d'un sac et assis
dans la cendre[n]. 22 C'est pourquoi je
vous le dis: le jour du jugement, Tyr
et Sidon seront traitées moins sé-
vèrement que vous. 23 Et toi, Caper-
naüm, seras-tu élevée jusqu'au ciel?
Non. Tu seras abaissée jusqu'au sé-
jour des morts, car si les miracles
accomplis au milieu de toi l'avaient
été dans Sodome, elle subsisterait
encore aujourd'hui. 24 C'est pour-
quoi je vous le dis: le jour du juge-
ment, le pays de Sodome sera traité
moins sévèrement que toi.»
25 A ce moment-là, Jésus prit la pa-
role et dit: «Je te suis reconnaissant,
Père, Seigneur du ciel et de la ter-
re, de ce que tu as caché ces choses
aux sages et aux intelligents et les
as révélées aux enfants. 26 Oui, Père,
je te suis reconnaissant car c'est ce
que tu as voulu. 27 Mon Père m'a
tout donné, et personne ne connaît
le Fils, si ce n'est le Père; personne
non plus ne connaît le Père, si ce
n'est le Fils et celui à qui le Fils veut
le révéler.
28 »Venez à moi, vous tous qui êtes
fatigués et courbés sous un fardeau,
et je vous donnerai du repos. 29 Ac-
ceptez mes exigences[n] et laissez-
vous instruire par moi, car je suis
doux et humble de cœur, et *vous
trouverez le repos pour votre âme*[n].
30 En effet, mes exigences sont bon-
nes et mon fardeau léger.»

Jésus et le sabbat

12 A cette époque-là, Jésus tra-
versa des champs de blé un
jour de sabbat. Ses disciples, qui
avaient faim, se mirent à arracher
des épis et à manger. 2 A cette vue,
les pharisiens lui dirent: «Regar-
de, tes disciples font ce qu'il n'est
pas permis de faire pendant le
sabbat[n].» 3 Mais Jésus leur répon-
dit: «N'avez-vous pas lu ce qu'a
fait David lorsqu'il a eu faim, lui
et ses compagnons? 4 Il est entré

11.12 *Est assailli avec force*: le verbe grec peut signifier soit que le royaume subit la violence – de ses opposants, ou au contraire de ceux qui sont déterminés à y entrer –, soit qu'il fait preuve de violence, au sens où il fait irruption avec puissance. **11.14** *L'Elie qui devait venir*: le prophète Malachie (5e siècle av. J.-C.) avait prédit l'envoi du prophète *Elie* avant le jour de l'Eternel (Malachie 3.23). **11.21** *Se seraient repentis*: même verbe grec que *avaient changé d'attitude* (verset 20). **11.21** *Habillés... cendre*: tenue et attitude exprimant le deuil ou la tristesse. **11.29** *Mes exigences*: littéralement *mon joug* (idem verset 30). **11.29** *Vous trouverez... âme*: renvoi à Jérémie 6.16. **12.2** *Sabbat*: jour du repos, où l'on ne devait faire aucun travail pénible (voir Exode 20.8-11).

dans la maison de Dieu et a man-
gé les pains consacrés que ni lui ni
ses compagnons n'avaient le droit
de manger et qui étaient réservés
aux prêtres seuls! 5 Ou n'avez-vous
pas lu dans la loi que, les jours de
sabbat, les prêtres violent le sabbat
dans le temple sans se rendre cou-
pables? 6 Or, je vous le dis, il y a ici
plus grand que le temple. 7 Si vous
saviez ce que signifie: *Je désire la
bonté, et non les sacrifices*[n], vous
n'auriez pas condamné des inno-
cents. 8 En effet, le Fils de l'homme
est le Seigneur du sabbat.»
9 Jésus partit de là et entra dans
la synagogue. 10 Il s'y trouvait un
homme qui avait la main paraly-
sée. Ils demandèrent à Jésus: «Est-il
permis de faire une guérison le jour
du sabbat?» C'était afin de pouvoir
l'accuser. 11 Il leur répondit: «Le-
quel de vous, s'il n'a qu'une brebis
et qu'elle tombe dans un trou le
jour du sabbat, n'ira pas la retirer
de là? 12 Or, un homme vaut beau-
coup plus qu'une brebis! Il est donc
permis de faire du bien les jours de
sabbat.» 13 Alors il dit à l'homme:
«Tends la main.» Il la tendit, et elle
devint saine [comme l'autre].

Jésus, le serviteur de l'Eternel contesté

14 Les pharisiens sortirent et tinrent
conseil sur les moyens de le faire
mourir. 15 Jésus le sut et s'éloigna
de là. Une grande foule le suivit. Il
guérit tous les malades 16 et leur re-
commanda sévèrement de ne pas le
faire connaître, 17 afin que s'accom-
plisse ce que le prophète Esaïe avait
annoncé: 18 *Voici mon serviteur que
j'ai choisi, mon bien-aimé qui a tou-
te mon approbation. Je mettrai mon
Esprit sur lui, et il annoncera la jus-
tice aux nations.* 19 *Il ne conteste-
ra pas, il ne criera pas, et person-
ne n'entendra sa voix dans les rues.*
20 *Il ne cassera pas le roseau abîmé
et n'éteindra pas la mèche qui fume
encore, jusqu'à ce qu'il ait fait triom-
pher la justice.* 21 *Les nations espére-
ront en son nom.*[n]
22 Alors on lui amena un démonia-
que aveugle et muet, et il le guérit,
de sorte que le muet parlait et voyait.
23 Toute la foule disait, étonnée:
«N'est-ce pas là le Fils de David[n]?»
24 Lorsque les pharisiens enten-
dirent cela, ils dirent: «Cet hom-
me ne chasse les démons que par
Béelzébul[n], le prince des démons.»
25 Comme Jésus connaissait leurs
pensées, il leur dit: «Tout royaume
confronté à des luttes internes est
dévasté, et aucune ville ou famille
confrontée à des luttes internes
ne peut subsister. 26 Si Satan chas-
se Satan, il lutte contre lui-même.
Comment donc son royaume sub-
sistera-t-il? 27 Et si moi, je chasse les
démons par Béelzébul, vos disci-
ples[n], par qui les chassent-ils? C'est
pourquoi ils seront eux-mêmes vos
juges. 28 Mais si c'est par l'Esprit
de Dieu que je chasse les démons,
alors le royaume de Dieu est venu
jusqu'à vous. 29 Ou encore, com-
ment quelqu'un peut-il entrer dans
la maison d'un homme fort et piller
ses biens, s'il n'a pas d'abord atta-
ché cet homme fort? Alors seule-
ment il pillera sa maison. 30 Celui
qui n'est pas avec moi est contre
moi, et celui qui ne rassemble pas
avec moi disperse.
31 »C'est pourquoi je vous dis: Tout
péché, tout blasphème sera par-
donné aux hommes, mais le blas-

12.7 *Je désire... sacrifices*: citation d'Osée 6.6. **12.18-21** *Voici... son nom*: citation d'Esaïe 42.1-4. **12.23** *Le Fils de David*: c'est-à-dire le Messie. **12.24** *Béelzébul*: voir la note 10.25. **12.27** *Disciples*: littéralement *fils*.

phème contre l'Esprit ne leur sera
pas pardonné. 32 Celui qui parlera
contre le Fils de l'homme, cela lui
sera pardonné; mais celui qui par-
lera contre le Saint-Esprit, le par-
don ne lui sera accordé ni dans le
monde présent ni dans le monde à
venir. 33 Dites que l'arbre est bon et
que son fruit est bon, ou bien di-
tes que l'arbre est mauvais et que
son fruit est mauvais, car on re-
connaît l'arbre à son fruit. 34 Ra-
ces de vipères, comment pour-
riez-vous dire de bonnes choses,
mauvais comme vous l'êtes? En
effet, la bouche exprime ce dont
le cœur est plein. 35 L'homme bon
tire de bonnes choses de son bon
trésor et l'homme mauvais tire de
mauvaises choses de son mauvais
trésor. 36 Je vous le dis: le jour du
jugement, les hommes rendront
compte de toute parole inutile
qu'ils auront prononcée. 37 En ef-
fet, d'après tes paroles tu seras dé-
claré juste et d'après tes paroles tu
seras condamné.»
38 Alors quelques-uns des spécia-
listes de la loi et des pharisiens pri-
rent la parole et dirent: «Maître,
nous voudrions voir un signe mira-
culeux de ta part.» 39 Il leur répon-
dit: «Une génération mauvaise et
adultère réclame un signe miracu-
leux, il ne lui sera pas donné d'autre
signe que celui du prophète Jonas.
40 En effet, de même que *Jonas fut
trois jours et trois nuits dans le ven-
tre d'un grand poisson*[n], de même le
Fils de l'homme sera trois jours et
trois nuits dans la terre. 41 Lors du
jugement, les habitants de Ninive
se lèveront avec cette génération et
la condamneront, parce qu'ils ont
changé d'attitude à la prédication
de Jonas. Or, il y a ici plus que Jo-
nas. 42 Lors du jugement, la reine
du Midi[n] se lèvera avec cette gé-
nération et la condamnera, parce
qu'elle est venue des extrémités de
la terre pour entendre la sagesse de
Salomon. Or, il y a ici plus que Sa-
lomon.
43 »Lorsqu'un esprit impur est sor-
ti d'un homme, il va dans des en-
droits arides pour chercher du re-
pos, et il n'en trouve pas. 44 Alors il
dit: 'Je retournerai dans ma maison,
d'où je suis sorti.' A son arrivée, il
la trouve vide, balayée et bien ran-
gée. 45 Alors il s'en va prendre avec
lui sept autres esprits plus mauvais
que lui; ils entrent dans la maison,
s'y installent, et la dernière condi-
tion de cet homme est pire que la
première. Il en ira de même pour
cette génération mauvaise.»
46 Comme Jésus parlait encore à
la foule, sa mère et ses frères, qui
étaient dehors, cherchaient à lui
parler. 47 [Quelqu'un lui dit: «Ta
mère et tes frères sont dehors et
cherchent à te parler.»] 48 Mais Jésus
répondit à celui qui lui parlait: «Qui
est ma mère et qui sont mes frères?»
49 Puis il tendit la main vers ses dis-
ciples et dit: «Voici ma mère et mes
frères. 50 En effet, celui qui fait la vo-
lonté de mon Père céleste, celui-là
est mon frère, ma sœur, ma mère.»

PARABOLES DU ROYAUME DES CIEUX 13.1-53

Le semeur et les terrains

13 Ce jour-là, Jésus sortit de la
maison et s'assit au bord du
lac. 2 La foule se rassembla autour
de lui, si nombreuse qu'il monta

12.40 *Jonas... poisson*: citation de Jonas 2.1; Jésus annonce sa mort et sa résurrection. **12.42** *La reine du Midi*: elle est venue du Séba (aujourd'hui le Yémen) pour mettre à l'épreuve la sagesse du roi Salomon (10e siècle av. J.-C.; voir 1 Rois 10).

dans une barque où il s'assit. Tou-
te la foule se tenait sur le rivage. 3 Il
leur parla en paraboles[n] sur beau-
coup de choses. Il dit: 4 «Un semeur
sortit pour semer. Comme il semait,
une partie de la semence tomba le
long du chemin; les oiseaux vinrent
et la mangèrent. 5 Une autre partie
tomba dans un sol pierreux où elle
n'avait pas beaucoup de terre; elle
leva aussitôt, parce qu'elle ne trou-
va pas un terrain profond, 6 mais
quand le soleil parut, elle fut brû-
lée et sécha, faute de racines. 7 Une
autre partie tomba parmi les ron-
ces; les ronces poussèrent et l'étouf-
fèrent. 8 Une autre partie tomba
dans la bonne terre; elle donna
du fruit avec un rapport de 100, 60
ou 30 pour 1. 9 Que celui qui a des
oreilles [pour entendre] entende.»
10 Les disciples s'approchèrent et lui
dirent: «Pourquoi leur parles-tu en
paraboles?» 11 Jésus [leur] répon-
dit: «Parce qu'il vous a été donné, à
vous, de connaître les mystères du
royaume des cieux, mais qu'à eux
cela n'a pas été donné. 12 En effet,
on donnera à celui qui a et il sera
dans l'abondance, mais à celui qui
n'a pas on enlèvera même ce qu'il
a. 13 C'est pourquoi je leur parle en
paraboles, parce qu'en voyant ils
ne voient pas et qu'en entendant
ils n'entendent pas et ne compren-
nent pas. 14 Pour eux s'accomplit
cette prophétie d'Esaïe: *Vous aurez
beau entendre, vous ne comprendrez
pas, vous aurez beau regarder, vous
ne verrez pas.* 15 *En effet, le cœur de
ce peuple est devenu insensible; ils
se sont bouché les oreilles et ils ont
fermé les yeux de peur que leurs yeux
ne voient, que leurs oreilles n'enten-
dent, que leur cœur ne comprenne,
qu'ils ne se convertissent et que je ne
les guérisse.*[n] 16 Mais heureux sont
vos yeux parce qu'ils voient, et vos
oreilles parce qu'elles entendent!
17 Je vous le dis en vérité, beaucoup
de prophètes et de justes ont dési-
ré voir ce que vous voyez et ne l'ont
pas vu, entendre ce que vous enten-
dez et ne l'ont pas entendu.
18 »Vous donc, écoutez ce que signi-
fie la parabole du semeur. 19 Lors-
qu'un homme entend la parole du
royaume et ne la comprend pas, le
mauvais[n] vient et enlève ce qui a
été semé dans son cœur: cet hom-
me est celui qui a reçu la semence le
long du chemin. 20 Celui qui a reçu
la semence dans le sol pierreux,
c'est celui qui entend la parole et
l'accepte aussitôt avec joie; 21 mais
il n'a pas de racines en lui-même, il
est l'homme d'un moment et, dès
que surviennent les difficultés ou
la persécution à cause de la paro-
le, il trébuche. 22 Celui qui a reçu
la semence parmi les ronces, c'est
celui qui entend la parole, mais les
préoccupations de ce monde et l'at-
trait trompeur des richesses étouf-
fent cette parole et la rendent in-
fructueuse. 23 Celui qui a reçu la
semence dans la bonne terre, c'est
celui qui entend la parole et la com-
prend; il porte du fruit avec un rap-
port de 100, 60 ou 30 pour 1.»

La mauvaise herbe et le bon grain

24 Il leur proposa une autre para-
bole: «Le royaume des cieux ressem-
ble à un homme qui avait semé une
bonne semence dans son champ.
25 Mais, pendant que les gens dor-
maient, son ennemi vint, sema de
la mauvaise herbe parmi le blé et
s'en alla. 26 Lorsque le blé eut pous-

13.3 *Paraboles*: histoires visant à faire comprendre une vérité spirituelle au moyen d'un exemple tiré de la vie courante. **13.14-15** *Vous aurez… guérisse*: citation d'Esaïe 6.9-10. **13.19** *Le mauvais*: c'est-à-dire le diable.

sé et donné du fruit, la mauvaise
herbe apparut aussi. 27 Les servi-
teurs du maître de la maison vin-
rent lui dire: 'Seigneur, n'as-tu pas
semé une bonne semence dans ton
champ? Comment se fait-il donc
qu'il y ait de la mauvaise herbe?'
28 Il leur répondit: 'C'est un ennemi
qui a fait cela.' Les serviteurs lui di-
rent: 'Veux-tu que nous allions l'ar-
racher?' 29 'Non, dit-il, de peur qu'en
arrachant la mauvaise herbe vous
ne déraciniez en même temps le blé.
30 Laissez l'un et l'autre pousser en-
semble jusqu'à la moisson et, au
moment de la moisson, je dirai aux
moissonneurs: Arrachez d'abord la
mauvaise herbe et liez-la en gerbes
pour la brûler, mais amassez le blé
dans mon grenier.'»

La graine de moutarde et le levain

31 Il leur proposa une autre para-
bole: «Le royaume des cieux res-
semble à une graine de moutar-
de qu'un homme a prise et semée
dans son champ. 32 C'est la plus pe-
tite de toutes les semences, mais
quand elle a poussé, elle est plus
grande que les légumes et devient
un arbre, de sorte que les oiseaux
du ciel viennent habiter dans ses
branches.»
33 Il leur dit cette autre parabole:
«Le royaume des cieux ressemble
à du levain qu'une femme a pris et
mis dans trois mesures de farine
pour faire lever toute la pâte.»
34 Jésus dit toutes ces choses en pa-
raboles à la foule, et il ne lui parlait
pas sans parabole 35 afin que s'ac-
complisse ce que le prophète avait
annoncé: *J'ouvrirai ma bouche pour
parler en paraboles, je proclamerai
des choses cachées depuis la créa-
tion [du monde].*[n]

Explication de la parabole de la mauvaise herbe

36 Alors Jésus renvoya la foule et
entra dans la maison. Ses disciples
s'approchèrent de lui en disant:
«Explique-nous la parabole de la
mauvaise herbe dans le champ.»
37 Il [leur] répondit: «Celui qui sème
la bonne semence, c'est le Fils de
l'homme; 38 le champ, c'est le mon-
de; la bonne semence, ce sont les
enfants du royaume; la mauvaise
herbe, ce sont les enfants du mal[n];
39 l'ennemi qui l'a semée, c'est le
diable; la moisson, c'est la fin du
monde; les moissonneurs, ce sont
les anges. 40 Tout comme on arra-
che la mauvaise herbe et la jette
au feu, on fera de même à la fin du
monde: 41 le Fils de l'homme enver-
ra ses anges; ils arracheront de son
royaume tous les pièges et ceux qui
commettent le mal, 42 et ils les jet-
teront dans la fournaise de feu où
il y aura des pleurs et des grince-
ments de dents. 43 Alors les justes
resplendiront comme le soleil dans
le royaume de leur Père. Que celui
qui a des oreilles [pour entendre]
entende.

Comparaisons diverses

44 »Le royaume des cieux ressem-
ble [encore] à un trésor caché dans
un champ. L'homme qui l'a trouvé
le cache et, dans sa joie, il va ven-
dre tout ce qu'il possède et achète
ce champ.
45 »Le royaume des cieux ressemble
encore à un marchand qui cherche
de belles perles. 46 Lorsqu'il a trou-
vé une perle de grande valeur, il est
allé vendre tout ce qu'il possédait
et l'a achetée.
47 »Le royaume des cieux ressem-
ble encore à un filet jeté dans la

13.35 *J'ouvrirai... du monde*: citation du Psaume 78.2. **13.38** *Du mal*: ou *du mauvais* (c'est-à-dire le diable).

mer et qui ramène des poissons de
toutes sortes. 48 Quand il est rem-
pli, les pêcheurs le tirent sur le ri-
vage et s'asseyent; puis ils mettent
dans des paniers ce qui est bon et
jettent ce qui est mauvais. 49 Il en
ira de même à la fin du monde: les
anges viendront séparer les mé-
chants d'avec les justes 50 et les jet-
teront dans la fournaise de feu, où
il y aura des pleurs et des grince-
ments de dents.»
51 [Jésus leur dit:] «Avez-vous com-
pris tout cela?» «Oui, [Seigneur]»,
répondirent-ils. 52 Et il leur dit:
«C'est pourquoi, tout spécialiste de
la loi instruit de ce qui concerne le
royaume des cieux ressemble à un
maître de maison qui tire de son
trésor des choses nouvelles et des
choses anciennes.» 53 Lorsque Jé-
sus eut fini de dire ces paraboles, il
partit de là.

FIN DU MINISTÈRE DE JÉSUS EN GALILÉE ET AU-DELÀ 13.54–18.35

Jésus rejeté à Nazareth

54 Il se rendit dans sa patrie, et il
enseignait dans la synagogue, de
sorte que ceux qui l'entendirent
étaient étonnés et disaient: «D'où
lui viennent cette sagesse et ces mi-
racles? 55 N'est-il pas le fils du char-
pentier? N'est-ce pas Marie qui est
sa mère? Jacques, Joseph, Simon et
Jude ne sont-ils pas ses frères? 56 Et
ses sœurs ne sont-elles pas toutes
parmi nous? D'où lui vient donc
tout cela?» 57 Et il représentait un
obstacle pour eux. Mais Jésus leur
dit: «Un prophète n'est méprisé que
dans sa patrie et dans sa famille.»
58 Il ne fit pas beaucoup de mira-
cles à cet endroit à cause de leur in-
crédulité.

Exécution de Jean-Baptiste

14 A cette époque-là, Hérode
le tétrarque[n] entendit parler
de Jésus, 2 et il dit à ses serviteurs:
«C'est Jean-Baptiste! Il est ressusci-
té, et c'est pour cela qu'il a le pou-
voir de faire des miracles.»
3 En effet, Hérode avait fait arrê-
ter Jean; il l'avait enchaîné et mis
en prison à cause d'Hérodiade, la
femme de son frère Philippe, 4 car
Jean lui disait: «Il ne t'est pas per-
mis de l'avoir pour femme.» 5 Il vou-
lait le faire mourir, mais il redou-
tait les réactions de la foule parce
qu'elle considérait Jean comme
un prophète. 6 Or, lorsqu'on célé-
bra l'anniversaire d'Hérode, la fille
d'Hérodiade dansa au milieu des
invités et plut à Hérode, 7 de sor-
te qu'il promit avec serment de lui
donner ce qu'elle demanderait. 8 A
l'instigation de sa mère, elle dit:
«Donne-moi ici, sur un plat, la tête
de Jean-Baptiste.» 9 Le roi fut attris-
té, mais, à cause de ses serments et
des invités, il ordonna de la lui don-
ner 10 et il envoya décapiter Jean
dans la prison. 11 Sa tête fut appor-
tée sur un plat et donnée à la jeune
fille, qui l'apporta à sa mère. 12 Les
disciples de Jean vinrent prendre
son corps et l'ensevelirent. Puis ils
allèrent l'annoncer à Jésus.

Multiplication des pains pour 5000 hommes

13 A cette nouvelle, Jésus partit de
là dans une barque pour se reti-
rer à l'écart dans un endroit désert;
l'ayant appris, la foule sortit des vil-
les et le suivit à pied. 14 Quand Jésus

14.1 *Tétrarque*: titre donné par les Romains aux princes de moins grande importance que les rois. C'étaient les Romains qui, en tant que puissance occupante, nommaient et destituaient les rois et autres roitelets des territoires placés sous leur autorité.

sortit de la barque, il vit une grande
foule et fut rempli de compassion
pour elle, et il guérit les malades.
15 Le soir venu, les disciples s'appro-
chèrent de lui et dirent: «Cet endroit
est désert et l'heure est déjà avan-
cée; renvoie la foule, afin qu'elle
aille dans les villages pour s'acheter
des vivres.» 16 Jésus leur répondit:
«Ils n'ont pas besoin de s'en aller.
Donnez-leur vous-mêmes à man-
ger!» 17 Mais ils lui dirent: «Nous
n'avons ici que cinq pains et deux
poissons.» 18 «Apportez-les-moi ici»,
leur dit Jésus. 19 Il fit asseoir la foule
sur l'herbe, prit les cinq pains et les
deux poissons, leva les yeux vers le
ciel et prononça la prière de béné-
diction. Puis il rompit les pains et
les donna aux disciples, qui les dis-
tribuèrent à la foule. 20 Tous man-
gèrent et furent rassasiés, et l'on
emporta douze paniers pleins des
morceaux qui restaient. 21 Ceux qui
avaient mangé étaient environ 5000
hommes, sans compter les femmes
et les enfants.
22 Aussitôt après, Jésus obligea les
disciples à monter dans la barque et
à le précéder sur l'autre rive pendant
qu'il renverrait la foule. 23 Quand il
l'eut renvoyée, il monta sur la mon-
tagne pour prier à l'écart et, le soir
venu, il était là seul.
24 La barque se trouvait déjà au mi-
lieu du lac, battue par les vagues,
car le vent était contraire. 25 A la
fin de la nuit, Jésus alla vers eux en
marchant sur le lac. 26 Quand les
disciples le virent marcher sur le lac,
ils furent affolés et dirent: «C'est un
fantôme!» et, dans leur frayeur, ils
poussèrent des cris. 27 Jésus leur dit
aussitôt: «Rassurez-vous, c'est moi.
N'ayez pas peur!» 28 Pierre lui ré-
pondit: «Seigneur, si c'est toi, or-
donne-moi d'aller vers toi sur l'eau.»
29 Jésus lui dit: «Viens!» Pierre sor-
tit de la barque et marcha sur l'eau
pour aller vers Jésus, 30 mais, voyant
que le vent était fort, il eut peur et,
comme il commençait à s'enfoncer,
il s'écria: «Seigneur, sauve-moi!»
31 Aussitôt Jésus tendit la main,
l'empoigna et lui dit: «Homme de
peu de foi, pourquoi as-tu douté?»
32 Ils montèrent dans la barque, et
le vent tomba. 33 Ceux qui étaient
dans la barque vinrent se proster-
ner devant Jésus en disant: «Tu es
vraiment le Fils de Dieu.»
34 Après avoir traversé le lac, ils ar-
rivèrent dans la région de Génésa-
reth. 35 Les habitants de cet endroit
reconnurent Jésus; ils envoyèrent
des messagers dans tous les envi-
rons et on lui amena tous les ma-
lades. 36 Ils le suppliaient de leur
permettre seulement de toucher le
bord de son vêtement, et tous ceux
qui le touchèrent furent guéris.

Le cœur humain

15 Alors des pharisiens et des
spécialistes de la loi vinrent
de Jérusalem trouver Jésus et dirent:
2 «Pourquoi tes disciples transgres-
sent-ils la tradition des anciens? En
effet, ils ne se lavent pas les mains
quand ils prennent leur repas.» 3 Il
leur répondit: «Et vous, pourquoi
transgressez-vous le commande-
ment de Dieu au profit de[n] votre
tradition? 4 En effet, Dieu a dit: *Ho-
nore ton père et ta mère*[n] et: *Celui
qui maudira son père ou sa mère
sera puni de mort*[n]. 5 Mais d'après
vous, celui qui dira à son père ou à
sa mère: 'Ce dont j'aurais pu t'assis-
ter est une offrande à Dieu' 6 n'est

15.3 *Au profit de*: littéralement *à cause de*. **15.4** *Honore... mère*: citation du 5e des dix commandements (Exode 20.12; Deutéronome 5.16). **15.4** *Celui qui... mort*: citation d'Exode 21.17 (repris en Lévitique 20.9).

pas tenu d'honorer son père [ou sa
mère]. Vous annulez ainsi la parole
de Dieu au profit de votre tradition.
7 Hypocrites, Esaïe a bien prophéti-
sé sur vous, quand il a dit: 8 *Ce peu-
ple [prétend s'approcher de moi et]
m'honore des lèvres, mais son cœur
est éloigné de moi.* 9 *C'est fausse-
ment qu'ils m'honorent en donnant
des enseignements qui sont des com-
mandements humains.*[n]»
10 Jésus appela la foule à lui et dit:
«Ecoutez-moi et comprenez bien:
11 ce n'est pas ce qui entre dans la
bouche qui rend l'homme impur,
mais ce qui sort de la bouche. Voilà
ce qui rend l'homme impur.»
12 Alors ses disciples s'approchèrent
et lui dirent: «Sais-tu que les pha-
risiens ont été scandalisés d'en-
tendre ces paroles?» 13 Il répondit:
«Toute plante que n'a pas plantée
mon Père céleste sera déracinée.
14 Laissez-les: ce sont des aveugles
qui conduisent des aveugles; si
un aveugle conduit un aveugle, ils
tomberont tous les deux dans un
fossé.»
15 Pierre prit la parole et lui dit: «Ex-
plique-nous cette parabole.» 16 Jé-
sus dit: «Vous aussi, vous êtes en-
core sans intelligence? 17 Ne com-
prenez-vous pas encore que tout ce
qui entre dans la bouche va dans
le ventre, puis est évacué dans les
toilettes? 18 Mais ce qui sort de la
bouche vient du cœur, et c'est ce
qui rend l'homme impur. 19 En ef-
fet, c'est du cœur que viennent les
mauvaises pensées, les meurtres,
les adultères, l'immoralité sexuelle,
les vols, les faux témoignages, les
calomnies. 20 Voilà ce qui rend
l'homme impur; mais manger sans
s'être lavé les mains, cela ne rend
pas l'homme impur.»

Jésus et la femme non juive

21 Jésus partit de là et se retira dans
le territoire de Tyr et de Sidon.
22 Alors une femme cananéenne[n]
qui venait de cette région lui cria:
«Aie pitié de moi, Seigneur, Fils de
David[n]! Ma fille est cruellement
tourmentée par un démon.» 23 Il ne
lui répondit pas un mot; ses disci-
ples s'approchèrent et lui demandè-
rent: «Renvoie-la, car elle crie der-
rière nous.» 24 Il répondit: «Je n'ai
été envoyé qu'aux brebis perdues
de la communauté d'Israël.» 25 Mais
elle vint se prosterner devant lui et
dit: «Seigneur, secours-moi!» 26 Il
répondit: «Il n'est pas bien de pren-
dre le pain des enfants et de le jeter
aux petits chiens.» 27 «Oui, Seigneur,
dit-elle, mais les petits chiens man-
gent les miettes qui tombent de la
table de leurs maîtres.» 28 Alors Jé-
sus lui dit: «Femme, ta foi est gran-
de. Sois traitée conformément à
ton désir.» A partir de ce moment,
sa fille fut guérie.
29 Jésus quitta cet endroit et vint sur
les bords du lac de Galilée. Il monta
sur la montagne et s'y assit. 30 Une
grande foule s'approcha de lui; il
y avait parmi eux des boiteux, des
aveugles, des muets, des estropiés
et beaucoup d'autres malades. On
les amena aux pieds de Jésus et il
les guérit, 31 de sorte que la foule
était émerveillée de voir les muets
parler, les estropiés être guéris, les
boiteux marcher, les aveugles voir,
et elle célébrait la gloire du Dieu
d'Israël.

Multiplication des pains pour 4000 hommes

32 Jésus appela ses disciples et leur
dit: «Je suis rempli de compassion
pour cette foule, car voilà trois

15.8-9 *Ce peuple... humains*: citation d'Esaïe 29.13. **15.22** *Cananéenne*: nom des occupants de la région avant que les Israélites n'en fassent la conquête. **15.22** *Fils de David*: voir la note 9.27.

jours qu'ils sont près de moi et ils
n'ont rien à manger. Je ne veux pas
les renvoyer à jeun, de peur que les
forces ne leur manquent en che-
min.» 33 Les disciples lui dirent:
«Comment nous procurer dans cet
endroit désert assez de pains pour
rassasier une si grande foule?» 34 Jé-
sus leur demanda: «Combien avez-
vous de pains?» «Sept, répondirent-
ils, et quelques petits poissons.»
35 Alors il fit asseoir la foule par ter-
re, 36 prit les sept pains et les pois-
sons et, après avoir remercié Dieu,
il les rompit et les donna à ses disci-
ples, qui les distribuèrent à la foule.
37 Tous mangèrent et furent rassa-
siés, et l'on emporta sept corbeilles
pleines des morceaux qui restaient.
38 Ceux qui avaient mangé étaient
4000 hommes, sans compter les
femmes et les enfants.
39 Ensuite, il renvoya la foule, mon-
ta dans la barque et se rendit dans
la région de Magdala.

16 Les pharisiens et les saddu-
céens abordèrent Jésus et,
pour le mettre à l'épreuve, lui de-
mandèrent de leur faire voir un si-
gne venant du ciel. 2 Jésus leur ré-
pondit: «[Le soir, vous dites: 'Il fera
beau, car le ciel est rouge', et le ma-
tin: 3 'Il y aura de l'orage aujourd'hui,
car le ciel est d'un rouge sombre.'
Hypocrites! Vous savez discerner
l'aspect du ciel et vous ne pouvez
pas discerner les signes des temps.]
4 Une génération mauvaise et adul-
tère réclame un signe, il ne lui sera
pas donné d'autre signe que celui de
Jonas [le prophète].» Puis il les quit-
ta et s'en alla.
5 En passant sur l'autre rive, les dis-
ciples avaient oublié de prendre des
pains. 6 Jésus leur dit: «Attention,
méfiez-vous du levain des phari-
siens et des sadducéens.» 7 Les dis-
ciples raisonnaient en eux-mêmes
et disaient: «C'est parce que nous
n'avons pas pris de pains.» 8 Jé-
sus, le sachant, leur dit: «Hommes
de peu de foi, pourquoi raisonnez-
vous en vous-mêmes sur le fait que
vous n'avez pas pris de pains? 9 Ne
comprenez-vous pas encore et ne
vous rappelez-vous plus les cinq
pains des 5000 hommes et combien
de paniers vous avez emportés, 10 ni
les sept pains des 4000 hommes et
combien de corbeilles vous avez
emportées? 11 Comment ne com-
prenez-vous pas que ce n'est pas de
pains que je vous ai parlé? Méfiez-
vous du levain des pharisiens et des
sadducéens.» 12 Alors ils comprirent
que ce n'était pas du levain du pain
qu'il leur avait dit de se méfier, mais
de l'enseignement des pharisiens et
des sadducéens.

Pierre reconnaît Jésus comme le Messie

13 Jésus arriva dans le territoire de
Césarée de Philippe. Il demanda à
ses disciples: «Qui suis-je, d'après
les hommes, moi le Fils de l'hom-
me?» 14 Ils répondirent: «Les uns
disent que tu es Jean-Baptiste; les
autres, Elie; les autres, Jérémie ou
l'un des prophètes.» 15 «Et d'après
vous, qui suis-je?» leur dit-il. 16 Si-
mon Pierre répondit: «Tu es le Mes-
sie, le Fils du Dieu vivant.»
17 Jésus reprit la parole et lui dit: «Tu
es heureux, Simon, fils de Jonas, car
ce n'est pas une pensée humaine[n]
qui t'a révélé cela, mais c'est mon
Père céleste. 18 Et moi, je te dis que
tu es Pierre et que sur ce rocher[n] je
construirai mon Eglise, et les por-
tes du séjour des morts ne l'empor-
teront pas sur elle. 19 Je te donnerai

16.17 *Une pensée humaine*: littéralement *la chair et le sang.* **16.18** *Pierre… ce rocher*: jeu de mots en grec, *Pierre* se disant *petros* et *rocher, petra.*

les clés du royaume des cieux: ce
que tu lieras sur la terre aura été lié
au ciel et ce que tu délieras sur la
terre aura été délié au ciel.» 20 Alors
il ordonna aux disciples de ne dire à
personne qu'il était le Messie.
21 Dès ce moment, Jésus commen-
ça à montrer à ses disciples qu'il
devait aller à Jérusalem, beaucoup
souffrir de la part des anciens, des
chefs des prêtres et des spécialistes
de la loi, être mis à mort et ressusci-
ter le troisième jour. 22 Alors Pierre
le prit à part et se mit à le repren-
dre en disant: «Que Dieu t'en garde,
Seigneur! Cela ne t'arrivera pas.»
23 Mais Jésus se retourna et dit à
Pierre: «Arrière, Satan, tu es un piè-
ge pour moi, car tes pensées ne sont
pas les pensées de Dieu, mais celles
des hommes.»
24 Alors Jésus dit à ses disciples: «Si
quelqu'un veut être mon disciple,
qu'il renonce à lui-même, qu'il se
charge de sa croix et qu'il me sui-
ve! 25 En effet, celui qui voudra sau-
ver sa vie la perdra, mais celui qui
la perdra à cause de moi la retrou-
vera. 26 Que servira-t-il à un hom-
me de gagner le monde entier, s'il
perd son âme? Ou que pourra don-
ner un homme en échange de son
âme? 27 En effet, le Fils de l'homme
va venir dans la gloire de son Père,
avec ses anges, et alors *il traitera
chacun conformément à sa maniè-
re d'agir*[n]. 28 Je vous le dis en vérité,
quelques-uns de ceux qui sont ici
ne mourront pas avant d'avoir vu
le Fils de l'homme venir dans son
règne.»

La transfiguration

17 Six jours après, Jésus prit
avec lui Pierre, Jacques et
son frère Jean, et il les conduisit à
l'écart sur une haute montagne. 2 Il
fut transfiguré devant eux; son vi-
sage resplendit comme le soleil et
ses vêtements devinrent blancs
comme la lumière. 3 Et voici que
Moïse et Elie leur apparurent; ils
s'entretenaient avec lui. 4 Pierre prit
la parole et dit à Jésus: «Seigneur,
il est bon que nous soyons ici. Si
tu le veux, faisons ici trois abris:
un pour toi, un pour Moïse et un
pour Elie.» 5 Comme il parlait en-
core, une nuée lumineuse les cou-
vrit. De la nuée une voix fit enten-
dre ces paroles: «Celui-ci est mon
Fils bien-aimé, qui a toute mon ap-
probation: écoutez-le!» 6 Lorsqu'ils
entendirent cette voix, les disciples
tombèrent le visage contre terre et
furent saisis d'une grande frayeur.
7 Mais Jésus s'approcha d'eux, les
toucha et dit: «Levez-vous, n'ayez
pas peur!» 8 Ils levèrent les yeux et
ne virent plus que Jésus seul.
9 Comme ils descendaient de la
montagne, Jésus leur donna cet
ordre: «Ne parlez à personne de ce
que vous avez vu jusqu'à ce que le
Fils de l'homme soit ressuscité.»
10 Les disciples lui posèrent cette
question: «Pourquoi donc les spé-
cialistes de la loi disent-ils qu'Elie
doit venir d'abord?» 11 Jésus leur ré-
pondit: «Il est vrai qu'Elie doit venir
[d'abord] et rétablir toutes choses,
12 mais je vous le dis: Elie est déjà
venu, ils ne l'ont pas reconnu et ils
l'ont traité comme ils ont voulu. De
même le Fils de l'homme souffrira
de leur part.» 13 Les disciples com-
prirent alors qu'il leur parlait de
Jean-Baptiste.

Guérison d'un épileptique

14 Lorsqu'ils furent arrivés près de
la foule, un homme vint se jeter à
genoux devant Jésus et dit: 15 «Sei-
gneur, aie pitié de mon fils qui est

16.27 *Il traitera… d'agir*: principe repris de Psaume 62.13; Proverbes 24.12.

épileptique et qui souffre cruelle-
ment; il tombe souvent dans le feu
ou dans l'eau. 16 Je l'ai amené à tes
disciples et ils n'ont pas pu le gué-
rir.» 17 «Génération incrédule et
perverse, répondit Jésus, jusqu'à
quand serai-je avec vous? Jusqu'à
quand devrai-je vous supporter?
Amenez-le-moi ici.» 18 Jésus mena-
ça le démon, qui sortit de l'enfant,
et celui-ci fut guéri à partir de ce
moment-là.
19 Alors les disciples s'approchè-
rent de Jésus et lui dirent en pri-
vé: «Pourquoi n'avons-nous pas pu
chasser ce démon?» 20 «C'est parce
que vous manquez de foi, leur dit
Jésus. Je vous le dis en vérité, si vous
aviez de la foi comme un grain de
moutarde, vous diriez à cette mon-
tagne: 'Déplace-toi d'ici jusque-là',
et elle se déplacerait; rien ne vous
serait impossible. 21 [Cependant,
cette sorte de démon ne sort que
par la prière et par le jeûne.]»
22 Pendant qu'ils parcouraient la
Galilée, Jésus leur dit: «Le Fils de
l'homme doit être livré entre les
mains des hommes; 23 ils le feront
mourir et le troisième jour il ressus-
citera.» Ils furent profondément at-
tristés.
24 Lorsqu'ils arrivèrent à Caper-
naüm, ceux qui percevaient l'im-
pôt annuel s'approchèrent de Pierre
et lui dirent: «Votre maître ne paie-
t-il pas l'impôt annuel?» 25 «Si», dit-
il. Quand il fut entré dans la maison,
Jésus prit les devants et dit: «Qu'en
penses-tu, Simon? Les rois de la ter-
re, de qui perçoivent-ils des taxes
ou des impôts? De leurs fils ou des
étrangers?» 26 Il lui dit: «Des étran-
gers.» Jésus lui répondit: «Les fils en
sont donc exemptés. 27 Cependant,
pour ne pas les choquer, va au lac,
jette l'hameçon et tire le premier
poisson qui viendra; ouvre-lui la
bouche et tu trouveras de l'argent[n].
Prends-le et donne-le-leur pour
moi et pour toi.»

Petits et grands dans le royaume des cieux

18 A ce moment-là, les disci-
ples s'approchèrent de Jé-
sus et dirent: «Qui donc est le plus
grand dans le royaume des cieux?»
2 Jésus appela un petit enfant, le
plaça au milieu d'eux 3 et dit: «Je
vous le dis en vérité, si vous ne vous
convertissez pas et si vous ne deve-
nez pas comme les petits enfants,
vous n'entrerez pas dans le royau-
me des cieux. 4 C'est pourquoi, ce-
lui qui se rendra humble comme ce
petit enfant sera le plus grand dans
le royaume des cieux, 5 et celui qui
accueille en mon nom un petit en-
fant comme celui-ci m'accueille
moi-même. 6 Mais si quelqu'un fait
trébucher un seul de ces petits qui
croient en moi, il vaudrait mieux
pour lui qu'on suspende à son cou
une meule de moulin et qu'on le
jette au fond de la mer.
7 »Malheur au monde à cause des
pièges! Les pièges sont inévitables,
mais malheur à l'homme qui en
est responsable! 8 Si ta main ou ton
pied te poussent à mal agir, coupe-
les et jette-les loin de toi. Mieux
vaut pour toi entrer dans la vie boi-
teux ou manchot que d'avoir deux
pieds ou deux mains et d'être jeté
dans le feu éternel. 9 Et si ton œil te
pousse à mal agir, arrache-le et jette-
le loin de toi. Mieux vaut pour toi
entrer dans la vie avec un seul œil
que d'avoir deux yeux et d'être jeté
dans l'enfer de feu.
10 »Faites bien attention de ne pas

17.27 *De l'argent*: littéralement *un statère*, le montant exact de l'impôt annuel du temple pour deux personnes.

mépriser un seul de ces petits, car
je vous dis que leurs anges dans le
ciel sont continuellement en pré-
sence de mon Père céleste. 11 [En ef-
fet, le Fils de l'homme est venu sau-
ver ce qui était perdu.]
12 »Qu'en pensez-vous? Si un hom-
me a 100 brebis et que l'une d'elles
se perde, ne laisse-t-il pas les 99
autres sur les montagnes pour aller
chercher celle qui s'est perdue? 13 Et
s'il la trouve, je vous le dis en véri-
té, il en a plus de joie que des 99 qui
ne se sont pas perdues. 14 De même,
ce n'est pas la volonté de votre Père
céleste qu'il se perde un seul de ces
petits.

Le pardon

15 »Si ton frère a péché [contre toi], va
et reprends-le seul à seul. S'il t'écou-
te, tu as gagné ton frère. 16 Mais s'il
ne t'écoute pas, prends avec toi une
ou deux personnes, afin que *toute
l'affaire se règle sur la déclaration de
deux ou de trois témoins*[n]. 17 S'il re-
fuse de les écouter, dis-le à l'Eglise;
et s'il refuse aussi d'écouter l'Eglise,
qu'il soit à tes yeux comme le mem-
bre d'un autre peuple et le collecteur
d'impôts. 18 Je vous le dis en vérité,
tout ce que vous lierez sur la ter-
re aura été lié au ciel et tout ce que
vous délierez sur la terre aura été
délié au ciel.
19 »Je vous dis encore que si deux
d'entre vous s'accordent sur la ter-
re pour demander quoi que ce soit,
cela leur sera accordé par mon Père
céleste. 20 En effet, là où deux ou
trois sont rassemblés en mon nom,
je suis au milieu d'eux.»
21 Alors Pierre s'approcha de Jésus
et lui dit: «Seigneur, combien de
fois pardonnerai-je à mon frè-
re, lorsqu'il péchera contre moi?
Est-ce que ce sera jusqu'à 7 fois?»
22 Jésus lui dit: «Je ne te dis pas jus-
qu'à 7 fois, mais jusqu'à 70 fois 7
fois.
23 »C'est pourquoi, le royaume des
cieux ressemble à un roi qui vou-
lut régler ses comptes avec ses ser-
viteurs. 24 Quand il se mit à l'œu-
vre, on lui en amena un qui devait
10'000 sacs d'argent. 25 Comme il
n'avait pas de quoi payer, son maî-
tre ordonna de le vendre, lui, sa
femme, ses enfants et tout ce qu'il
avait, afin d'être remboursé de
cette dette. 26 Le serviteur se jeta
par terre et se prosterna devant lui
en disant: '[Seigneur,] prends pa-
tience envers moi et je te paierai
tout.' 27 Rempli de compassion, le
maître de ce serviteur le laissa par-
tir et lui remit la dette. 28 Une fois
sorti, ce serviteur rencontra un de
ses compagnons qui lui devait 100
pièces d'argent. Il l'attrapa à la gor-
ge et se mit à l'étrangler en disant:
'Paie ce que tu me dois.' 29 Son com-
pagnon tomba [à ses pieds] en le
suppliant: 'Prends patience envers
moi et je te paierai.' 30 Mais l'autre
ne voulut pas et alla le faire jeter
en prison jusqu'à ce qu'il ait payé
ce qu'il devait. 31 A la vue de ce qui
était arrivé, ses compagnons fu-
rent profondément attristés, et ils
allèrent raconter à leur maître tout
ce qui s'était passé. 32 Alors le maî-
tre fit appeler ce serviteur et lui dit:
'Méchant serviteur, je t'avais remis
en entier ta dette parce que tu m'en
avais supplié. 33 Ne devais-tu pas,
toi aussi, avoir pitié de ton com-
pagnon comme j'ai eu pitié de toi?'
34 Et son maître, irrité, le livra aux
bourreaux jusqu'à ce qu'il ait payé
tout ce qu'il devait. 35 C'est ainsi
que mon Père céleste vous traitera,
si chacun de vous ne pardonne pas
à son frère de tout son cœur.»

18.16 *Toute… témoins*: principe cité de Deutéronome 19.15.

MINISTÈRE DE JÉSUS EN JUDÉE
19.1–23.39

Divorce et célibat

19 Lorsque Jésus eut fini de pro-
noncer ces paroles, il quitta
la Galilée et alla dans le territoire
de la Judée, de l'autre côté du Jour-
dain. 2 De grandes foules le suivi-
rent, et là il guérit les malades.
3 Les pharisiens l'abordèrent et,
pour lui tendre un piège, ils lui di-
rent: «Est-il permis à un homme
de divorcer de sa femme pour
n'importe quel motif?» 4 Il répon-
dit: «N'avez-vous pas lu que le
Créateur, au commencement, *a fait*
l'homme et la femme[n] 5 et qu'il a
dit: *C'est pourquoi l'homme quitte-*
ra son père et sa mère et s'attache-
ra à sa femme, et les deux ne feront
qu'un[n]? 6 Ainsi, ils ne sont plus deux
mais ne font qu'un. Que l'homme
ne sépare donc pas ce que Dieu a
uni.» 7 «Pourquoi donc, lui dirent-
ils, Moïse a-t-il prescrit *de donner*
une lettre de divorce à la femme
lorsqu'on la renvoie[n]?» 8 Il leur ré-
pondit: «C'est à cause de la dure-
té de votre cœur que Moïse vous a
permis de divorcer de vos femmes;
au commencement, ce n'était pas le
cas. 9 Mais je vous le dis, celui qui
renvoie sa femme, sauf pour cause
d'infidélité, et qui en épouse une
autre commet un adultère, [et ce-
lui qui épouse une femme divorcée
commet un adultère].»
10 Ses disciples lui dirent: «Si telle
est la condition de l'homme vis-à-
vis de la femme, il vaut mieux ne
pas se marier.» 11 Il leur répondit:
«Tous ne comprennent pas cette
parole, mais seulement ceux à qui
cela est donné. 12 En effet, il y a des
eunuques qui le sont dès le ventre
de leur mère, d'autres le sont deve-
nus par les hommes, et il y en a qui
se sont faits eux-mêmes eunuques[n]
à cause du royaume des cieux. Que
celui qui peut comprendre com-
prenne.»

Les premiers et les derniers

13 Alors des gens lui amenèrent
des petits enfants afin qu'il pose
les mains sur eux et prie pour eux.
Mais les disciples leur firent des re-
proches. 14 Jésus dit: «Laissez les
petits enfants, ne les empêchez
pas de venir à moi, car le royaume
des cieux est pour ceux qui leur res-
semblent.» 15 Il posa les mains sur
eux et partit de là.
16 Un homme s'approcha et dit à Jé-
sus: «[Bon] Maître, que dois-je faire
de bon pour avoir la vie éternelle?»
17 Il lui répondit: «Pourquoi m'ap-
pelles-tu bon? Personne n'est bon,
si ce n'est Dieu seul. Si tu veux en-
trer dans la vie, respecte les com-
mandements.» «Lesquels?» lui dit-il.
18 Et Jésus répondit: «*Tu ne commet-*
tras pas de meurtre; tu ne commet-
tras pas d'adultère; tu ne commet-
tras pas de vol; tu ne porteras pas
de faux témoignage; 19 *honore ton*
père et ta mère[n] et *tu aimeras ton*
prochain comme toi-même[n].» 20 Le
jeune homme lui dit: «J'ai respec-
té tous ces commandements [dès
ma jeunesse]. Que me manque-
t-il encore?» 21 Jésus lui dit: «Si tu
veux être parfait, va vendre ce que
tu possèdes, donne-le aux pauvres
et tu auras un trésor dans le ciel.
Puis viens et suis-moi.» 22 Lorsqu'il
entendit cette parole, le jeune

19.4 *A fait l'homme et la femme*: citation de Genèse 1.27. **19.5** *C'est pourquoi… qu'un*: citation de Genèse 2.24. **19.7** *De donner… renvoie*: allusion à Deutéronome 24.1. **19.12** *Qui… eunuques*: c'est-à-dire qui ont renoncé au mariage. **19.18-19** *Tu ne commettras pas de meurtre… ta mère*: citation de cinq des dix commandements (Exode 20.12-16; Deutéronome 5.16-20). **19.19** *Tu aimeras… toi-même*: citation de Lévitique 19.18.

homme s'en alla tout triste, car il
avait de grands biens. 23 Jésus dit à
ses disciples: «Je vous le dis en vé-
rité, il est difficile à un riche d'en-
trer dans le royaume des cieux. 24 Je
vous le dis encore, il est plus faci-
le à un chameau de passer par un
trou d'aiguille qu'à un riche d'en-
trer dans le royaume de Dieu.»
25 Quand les disciples entendirent
cela, ils furent très étonnés et di-
rent: «Qui peut donc être sauvé?»
26 Jésus les regarda et leur dit: «Aux
hommes cela est impossible, mais
à Dieu tout est possible.»
27 Pierre prit alors la parole et dit:
«Voici, nous avons tout quitté et
nous t'avons suivi. Que se passera-
t-il pour nous?» 28 Jésus leur répon-
dit: «Je vous le dis en vérité, quand
le Fils de l'homme, au renouvelle-
ment de toutes choses, sera assis
sur son trône de gloire, vous qui
m'avez suivi, vous serez de même
assis sur douze trônes et vous ju-
gerez les douze tribus d'Israël. 29 Et
toute personne qui aura quitté à
cause de moi ses maisons ou ses
frères, ses sœurs, son père, sa mère,
sa femme, ses enfants ou ses terres,
recevra le centuple et héritera de la
vie éternelle. 30 Bien des premiers
seront les derniers et bien des der-
niers seront les premiers.

20 »En effet, le royaume des
cieux ressemble à un pro-
priétaire qui sortit dès le matin afin
d'embaucher des ouvriers pour sa
vigne. 2 Il se mit d'accord avec eux
pour un salaire d'une pièce d'ar-
gent par jour et les envoya dans sa
vigne. 3 Il sortit vers neuf heures du
matin et en vit d'autres qui étaient
sur la place, sans travail. 4 Il leur dit:
'Allez aussi à ma vigne et je vous
donnerai ce qui sera juste.' 5 Et ils
y allèrent. Il sortit de nouveau vers
midi et vers trois heures de l'après-
midi et il fit de même. 6 Il sortit en-
fin vers cinq heures de l'après-midi
et en trouva d'autres qui étaient là,
[sans travail]. Il leur dit: 'Pourquoi
vous tenez-vous ici toute la jour-
née sans travailler?' 7 Ils lui répon-
dirent: 'C'est que personne ne nous
a embauchés.' 'Allez aussi à ma vi-
gne, leur dit-il, [et vous recevrez ce
qui sera juste].' 8 Le soir venu, le
maître de la vigne dit à son inten-
dant: 'Appelle les ouvriers et paie-
leur le salaire, en allant des der-
niers aux premiers.' 9 Ceux de cinq
heures de l'après-midi vinrent et
reçurent chacun une pièce d'argent.
10 Quand les premiers vinrent à leur
tour, ils pensèrent recevoir davan-
tage, mais ils reçurent aussi chacun
une pièce d'argent. 11 En la recevant,
ils murmurèrent contre le proprié-
taire 12 en disant: 'Ces derniers ar-
rivés n'ont travaillé qu'une heu-
re et tu les as traités comme nous,
qui avons supporté la fatigue du
jour et de la chaleur!' 13 Il répondit
à l'un d'eux: 'Mon ami, je ne te fais
pas de tort. N'as-tu pas été d'accord
avec moi pour un salaire d'une piè-
ce d'argent? 14 Prends ce qui te re-
vient et va-t'en. Je veux donner à ce
dernier arrivé autant qu'à toi. 15 Ne
m'est-il pas permis de faire ce que
je veux de mes biens? Ou vois-tu
d'un mauvais œil que je sois bon?'
16 Ainsi les derniers seront les pre-
miers et les premiers seront les der-
niers. [Beaucoup sont invités mais
peu sont choisis.]»

Demande de la mère de Jacques et de Jean

17 Pendant qu'il montait à Jérusalem,
Jésus prit à part les douze disci-
ples et leur dit en chemin: 18 «Nous
montons à Jérusalem et le Fils de
l'homme sera livré aux chefs des
prêtres et aux spécialistes de la loi.
Ils le condamneront à mort 19 et le
livreront aux non-Juifs pour qu'ils

se moquent de lui, le fouettent et le
crucifient; le troisième jour il res-
suscitera.»
20 Alors la mère des fils de Zébédée
s'approcha de Jésus avec ses fils et
se prosterna pour lui faire une de-
mande. 21 Il lui dit: «Que veux-tu?»
«Ordonne, lui dit-elle, que dans ton
royaume mes deux fils que voici
soient assis l'un à ta droite et l'autre
à ta gauche.» 22 Jésus répondit:
«Vous ne savez pas ce que vous de-
mandez. Pouvez-vous boire la cou-
pe que je vais boire [ou être baptisés
du baptême dont je vais être bapti-
sé]?» «Nous le pouvons», dirent-ils.
23 Il leur répondit: «Vous boirez en
effet ma coupe [et vous serez bap-
tisés du baptême dont je vais être
baptisé]. Mais quant à être assis à
ma droite et à ma gauche, cela ne
dépend pas de moi et ne sera don-
né qu'à ceux pour qui mon Père
l'a préparé.» 24 Après avoir enten-
du cela, les dix autres furent indi-
gnés contre les deux frères. 25 Jésus
les appela et leur dit: «Vous savez
que les chefs des nations dominent
sur elles et que les grands les tien-
nent sous leur pouvoir. 26 Ce ne sera
pas le cas au milieu de vous, mais
si quelqu'un veut être grand par-
mi vous, il sera votre serviteur; 27 et
si quelqu'un veut être le premier
parmi vous, qu'il soit votre esclave.
28 C'est ainsi que le Fils de l'homme
est venu, non pour être servi, mais
pour servir et donner sa vie en ran-
çon pour beaucoup.»

Guérison de deux aveugles

29 Lorsqu'ils sortirent de Jéricho,
une grande foule suivit Jésus.
30 Deux aveugles, assis au bord du
chemin, entendirent que Jésus pas-
sait et crièrent: «Aie pitié de nous,
Seigneur, Fils de David[n]!» 31 La fou-
le les reprenait pour les faire taire,
mais ils crièrent plus fort: «Aie pitié
de nous, Seigneur, Fils de David!»
32 Jésus s'arrêta, les appela et dit:
«Que voulez-vous que je fasse pour
vous?» 33 Ils lui dirent: «Seigneur,
que nos yeux s'ouvrent.» 34 Rempli
de compassion, Jésus toucha leurs
yeux; aussitôt ils retrouvèrent la
vue et ils le suivirent.

Entrée triomphale de Jésus à Jérusalem

21 Lorsqu'ils approchèrent de
Jérusalem et qu'ils furent
arrivés à Bethphagé, vers le mont
des Oliviers, Jésus envoya deux
disciples 2 en leur disant: «Allez au
village qui est devant vous; vous y
trouverez tout de suite une ânesse
attachée et un ânon avec elle; dé-
tachez-les et amenez-les-moi. 3 Si
quelqu'un vous dit quelque chose,
vous répondrez: 'Le Seigneur en a
besoin.' Et à l'instant il les laisse-
ra aller.»
4 Or [tout] ceci arriva afin que s'ac-
complisse ce que le prophète avait
annoncé: 5 *Dites à la fille de Sion:*
'Voici ton roi qui vient à toi, plein de
douceur et monté sur un âne, sur un
ânon, le petit d'une ânesse.'[n]
6 Les disciples allèrent faire ce que
Jésus leur avait ordonné. 7 Ils ame-
nèrent l'ânesse et l'ânon, mirent
leurs vêtements sur eux, et Jésus
s'assit dessus. 8 Une grande foule
de gens étendirent leurs vêtements
sur le chemin; d'autres coupèrent
des branches aux arbres et en jon-
chèrent la route. 9 Ceux qui pré-
cédaient et ceux qui suivaient Jé-
sus criaient: «*Hosanna*[n] au Fils de

20.30 *Fils de David*: voir la note 9.27. **21.5** *Dites… ânesse*: citation de Zacharie 9.9 introduite par Esaïe 62.11. **21.9** *Hosanna*: transcription d'une expression signifiant *sauve donc!* et reprise du Psaume 118.25; c'était devenu une exclamation de joie ou un cri de bienvenue.

David[n]! *Béni soit celui qui vient au*
nom du Seigneur![n] Hosanna dans
les lieux très hauts!»
10 Lorsqu'il entra dans Jérusalem,
toute la ville fut troublée. On disait:
«Qui est cet homme?» 11 La foule ré-
pondait: «C'est Jésus, le prophète de
Nazareth en Galilée.»

Jésus dans le temple

12 Jésus entra dans le temple [de
Dieu]. Il chassa tous ceux qui ven-
daient et qui achetaient dans le
temple, et il renversa les tables des
changeurs de monnaie et les sièges
des vendeurs de pigeons. 13 Il leur
dit: «Il est écrit: *Mon temple sera*
appelé une maison de prière[n], mais
vous, vous en avez fait *une caverne*
de voleurs[n].»
14 Des aveugles et des boiteux s'ap-
prochèrent de lui dans le temple,
et il les guérit. 15 Mais les chefs des
prêtres et les spécialistes de la loi
furent indignés à la vue des cho-
ses merveilleuses qu'il avait faites
et des enfants qui criaient dans le
temple: «Hosanna au Fils de Da-
vid!» 16 Ils lui dirent: «Entends-tu
ce qu'ils disent?» «Oui, leur répon-
dit Jésus. N'avez-vous jamais lu ces
paroles: *Tu as tiré des louanges de*
la bouche des enfants et des nourris-
sons[n]?» 17 Puis il les laissa et sortit
de la ville pour aller à Béthanie où
il passa la nuit.
18 Le lendemain matin, en retour-
nant à la ville, il eut faim. 19 Il vit un
figuier sur le bord du chemin et s'en
approcha, mais il n'y trouva que des
feuilles. Il lui dit: «Que jamais plus
tu ne portes de fruit!» Le figuier sé-
cha immédiatement. 20 Voyant cela,
les disciples furent étonnés et di-
rent: «Comment ce figuier a-t-il
pu devenir immédiatement sec?»
21 Jésus leur dit alors: «Je vous le dis
en vérité, si vous avez de la foi et
que vous ne doutez pas, non seu-
lement vous ferez ce qui a été fait
à ce figuier, mais même si vous di-
tes à cette montagne: 'Retire-toi de
là et jette-toi dans la mer', cela ar-
rivera. 22 Tout ce que vous deman-
derez avec foi par la prière, vous le
recevrez.»
23 Jésus se rendit dans le temple et,
pendant qu'il enseignait, les chefs
des prêtres et les anciens du peuple
vinrent lui dire: «Par quelle autori-
té fais-tu ces choses, et qui t'a don-
né cette autorité?» 24 Jésus leur ré-
pondit: «Je vous poserai moi aussi
une question et, si vous m'y répon-
dez, je vous dirai par quelle autori-
té je fais ces choses. 25 Le baptême
de Jean, d'où venait-il? Du ciel ou
des hommes?» Mais ils raisonnè-
rent ainsi entre eux: «Si nous répon-
dons: 'Du ciel', il nous dira: 'Pour-
quoi donc n'avez-vous pas cru en
lui?' 26 Et si nous répondons: 'Des
hommes', nous avons à redouter
les réactions de la foule, car tous
considèrent Jean comme un pro-
phète.» 27 Alors ils répondirent à
Jésus: «Nous ne savons pas.» Il leur
dit à son tour: «Moi non plus, je ne
vous dirai pas par quelle autorité
je fais ces choses.

Parabole des deux fils

28 »Qu'en pensez-vous? Un homme
avait deux fils. Il s'adressa au pre-
mier et lui dit: 'Mon enfant, va tra-
vailler aujourd'hui dans ma vigne.'
29 Il répondit: 'Je ne veux pas' mais,
plus tard, il montra du regret et y
alla. 30 Le père s'adressa à l'autre
et lui dit la même chose. Ce fils

21.9 *Fils de David*: titre du Messie. **21.9** *Béni… Seigneur*: citation du Psaume 118.26. **21.13** *Mon temple… prière*: citation d'Esaïe 56.7. **21.13** *Une caverne de voleurs*: repris de Jérémie 7.11. **21.16** *Tu as tiré… nourrissons*: citation du Psaume 8.3.

répondit: 'Je veux bien, seigneur',
mais il n'y alla pas. 31 Lequel des
deux a fait la volonté du père?» Ils
répondirent: «Le premier.» Et Jé-
sus leur dit: «Je vous le dis en vé-
rité, les collecteurs d'impôts et les
prostituées vous précéderont dans
le royaume de Dieu, 32 car Jean est
venu à vous dans la voie de la justi-
ce et vous n'avez pas cru en lui. En
revanche, les collecteurs d'impôts
et les prostituées ont cru en lui et
vous, qui avez vu cela, vous n'avez
pas ensuite montré de regret pour
croire en lui.

Parabole des vignerons

33 »Ecoutez une autre parabole. Il
y avait un propriétaire, qui planta
une vigne. Il l'entoura d'une haie,
y creusa un pressoir et construisit
une tour; puis il la loua à des vigne-
rons et partit en voyage. 34 Lorsque
le temps de la récolte fut arrivé, il
envoya ses serviteurs vers les vi-
gnerons pour recevoir sa part de
récolte. 35 Mais les vignerons s'em-
parèrent de ses serviteurs; ils batti-
rent l'un, tuèrent l'autre et lapidè-
rent le troisième. 36 Il envoya encore
d'autres serviteurs, en plus grand
nombre que les premiers, et les vi-
gnerons les traitèrent de la même
manière. 37 Enfin, il envoya vers
eux son fils en se disant: 'Ils auront
du respect pour mon fils.' 38 Mais,
quand les vignerons virent le fils,
ils se dirent entre eux: 'Voilà l'hé-
ritier. Venez, tuons-le et emparons-
nous de son héritage!' 39 Et ils s'em-
parèrent de lui, le jetèrent hors de
la vigne et le tuèrent. 40 Maintenant,
lorsque le maître de la vigne vien-
dra, que fera-t-il à ces vignerons?»
41 Ils lui répondirent: «Il fera mourir
misérablement ces misérables et il
louera la vigne à d'autres vignerons
qui lui donneront sa part de récolte
au moment voulu.»
42 Jésus leur dit: «N'avez-vous ja-
mais lu dans les Ecritures: *La pierre*
qu'ont rejetée ceux qui construisaient
est devenue la pierre angulaire; c'est
l'œuvre du Seigneur, et c'est un pro-
dige à nos yeux[n]? 43 C'est pourquoi,
je vous le dis, le royaume de Dieu
vous sera enlevé et sera donné à un
peuple qui en produira les fruits.
44 Celui qui tombera sur cette pierre
s'y brisera et celui sur qui elle tom-
bera sera écrasé.»
45 Après avoir entendu ses parabo-
les, les chefs des prêtres et les pha-
risiens comprirent que c'était d'eux
que Jésus parlait. 46 Ils cherchaient
à l'arrêter, mais ils redoutaient les
réactions de la foule, parce qu'elle
considérait Jésus comme un pro-
phète.

Parabole du festin des noces

22 Jésus prit la parole et leur
parla de nouveau en pa-
raboles. Il dit: 2 «Le royaume des
cieux ressemble à un roi qui fit des
noces pour son fils. 3 Il envoya ses
serviteurs appeler ceux qui étaient
invités aux noces, mais ils ne vou-
lurent pas venir. 4 Il envoya enco-
re d'autres serviteurs, avec cet or-
dre: 'Dites aux invités: J'ai préparé
mon festin; mes bœufs et mes bê-
tes grasses sont tués, tout est prêt,
venez aux noces.' 5 Mais eux, né-
gligeant l'invitation, s'en allèrent
l'un à son champ, un autre à ses
affaires. 6 Les autres s'emparèrent
des serviteurs, les maltraitèrent et
les tuèrent. 7 [A cette nouvelle,] le
roi se mit en colère; il envoya ses
troupes, fit mourir ces meurtriers
et brûla leur ville. 8 Alors il dit à ses
serviteurs: 'Les noces sont prêtes,
mais les invités n'en étaient pas di-

21.42 *La pierre... yeux*: citation du Psaume 118.22-23.

gnes. 9 Allez donc dans les carre-
fours et invitez aux noces tous ceux
que vous trouverez.' 10 Ces servi-
teurs s'en allèrent sur les routes,
ils rassemblèrent tous ceux qu'ils
trouvèrent, mauvais et bons, et la
salle des noces fut remplie d'invi-
tés. 11 Le roi entra pour les voir, et
il aperçut là un homme qui n'avait
pas mis d'habit de noces. 12 Il lui
dit: 'Mon ami, comment as-tu pu
entrer ici sans avoir d'habit de no-
ces?' Cet homme resta la bouche
fermée. 13 Alors le roi dit aux ser-
viteurs: 'Attachez-lui les pieds et
les mains, [emmenez-le et] jetez-
le dans les ténèbres extérieures, où
il y aura des pleurs et des grince-
ments de dents.' 14 En effet, beau-
coup sont invités, mais peu sont
choisis.»

Tentatives de piéger Jésus

15 Alors les pharisiens allèrent tenir
conseil sur les moyens de prendre
Jésus au piège de ses propres paro-
les. 16 Ils envoyèrent vers lui leurs
disciples avec les hérodiens[n]. Ils lui
dirent: «Maître, nous savons que
tes paroles sont vraies et que tu en-
seignes le chemin de Dieu en toute
vérité, sans te laisser influencer
par personne, car tu ne regardes
pas à l'apparence des personnes.
17 Dis-nous donc ce que tu en pen-
ses: est-il permis, ou non, de payer
l'impôt à l'empereur?» 18 Mais Jésus,
connaissant leur méchanceté, ré-
pondit: «Pourquoi me tendez-vous
un piège, hypocrites? 19 Montrez-
moi la monnaie avec laquelle on
paie l'impôt.» Ils lui présentèrent
une pièce de monnaie. 20 Il leur de-
manda: «De qui porte-t-elle l'ef-
figie et l'inscription?» 21 «De l'em-
pereur», lui répondirent-ils. Alors
il leur dit: «Rendez donc à l'em-
pereur ce qui est à l'empereur et à
Dieu ce qui est à Dieu.» 22 Etonnés
de ce qu'ils entendaient, ils le quit-
tèrent et s'en allèrent.

23 Le même jour, les sadducéens,
qui disent qu'il n'y a pas de résur-
rection, vinrent trouver Jésus et lui
posèrent cette question: 24 «Maî-
tre, Moïse a dit: *Si quelqu'un meurt
sans enfants, son frère épousera la
veuve et donnera une descendance
à son frère.*[n] 25 Or, il y avait parmi
nous sept frères. Le premier s'est
marié et est mort et, comme il
n'avait pas d'enfants, il a laissé sa
femme à son frère. 26 Il en est allé
de même pour le deuxième, puis
le troisième, et ce jusqu'au septiè-
me. 27 Après eux tous, la femme est
morte [aussi]. 28 A la résurrection,
duquel des sept sera-t-elle donc la
femme? En effet, tous l'ont épou-
sée.» 29 Jésus leur répondit: «Vous
êtes dans l'erreur parce que vous
ne connaissez ni les Ecritures, ni
la puissance de Dieu. 30 En effet, à
la résurrection, les hommes et les
femmes ne se marieront pas, mais
ils seront comme les anges de Dieu
dans le ciel. 31 En ce qui concerne
la résurrection des morts, n'avez-
vous pas lu ce que Dieu vous a dit:
32 *Je suis le Dieu d'Abraham, le Dieu
d'Isaac et le Dieu de Jacob*[n]? Dieu
n'est pas le Dieu des morts, mais
des vivants.» 33 La foule qui écou-
tait fut frappée par l'enseignement
de Jésus.

34 Les pharisiens apprirent qu'il
avait réduit au silence les saddu-
céens. Ils se rassemblèrent 35 et
l'un d'eux, professeur de la loi, lui
posa cette question pour le mettre
à l'épreuve: 36 «Maître, quel est le
plus grand commandement de la

22.16 *Hérodiens*: partisans de la dynastie des Hérode et donc de l'occupant romain. **22.24** *Si quelqu'un… à son frère*: citation de Deutéronome 25.5-6. **22.32** *Je suis… Jacob*: citation d'Exode 3.6.

loi?» 37 Jésus lui répondit: «*Tu aime-*
ras le Seigneur, ton Dieu, de tout ton
cœur, de toute ton âme et de toute
ta pensée.[n] 38 C'est le premier com-
mandement et le plus grand. 39 Et
voici le deuxième, qui lui est sem-
blable: *Tu aimeras ton prochain*
comme toi-même.[n] 40 De ces deux
commandements dépendent toute
la loi et les prophètes.»

Reproches de Jésus aux chefs religieux

41 Comme les pharisiens se trou-
vaient rassemblés, Jésus les inter-
rogea 42 en ces termes: «Que pensez-
vous du Messie? De qui est-il le
fils?» Ils lui répondirent: «De Da-
vid.» 43 Et Jésus leur dit: «Comment
donc David, animé par l'Esprit,
peut-il l'appeler Seigneur lorsqu'il
dit: 44 *Le Seigneur a dit à mon Sei-*
gneur: 'Assieds-toi à ma droite
jusqu'à ce que j'aie fait de tes enne-
mis ton marchepied'[n]? 45 Si donc
David l'appelle Seigneur, comment
peut-il être son fils?» 46 Aucun ne
put lui répondre un mot. Et, depuis
ce jour, personne n'osa plus lui po-
ser de questions.

23 Alors Jésus s'adressa à la
foule et à ses disciples 2 en
disant: «Les spécialistes de la loi et
les pharisiens se sont faits les in-
terprètes de Moïse. 3 Tout ce qu'ils
vous disent [de respecter], faites-le
donc et respectez-le, mais n'agis-
sez pas comme eux, car ils disent et
ne font pas. 4 Ils lient des fardeaux
pesants et les mettent sur les épau-
les des hommes, mais ils ne veu-
lent pas les remuer du doigt. 5 Tou-
tes leurs actions, ils les font pour
se faire remarquer des hommes.
Ainsi, ils portent de grands phy-
lactères[n] et allongent les franges[n]
[de leurs vêtements]. 6 Ils aiment
occuper la meilleure place dans
les festins et les sièges d'honneur
dans les synagogues. 7 Ils aiment
être salués sur les places publi-
ques et être appelés par les hom-
mes 'Maître, [Maître]'. 8 Mais vous,
ne vous faites pas appeler maî-
tres, car un seul est votre maître,
[c'est le Christ,] et vous êtes tous
frères. 9 N'appelez personne sur la
terre votre père, car un seul est vo-
tre Père, c'est celui qui est au ciel.
10 Ne vous faites pas appeler chefs,
car un seul est votre chef, c'est le
Christ. 11 Le plus grand parmi vous
sera votre serviteur. 12 Celui qui
s'élèvera sera abaissé et celui qui
s'abaissera sera élevé.

13 »Malheur à vous, spécialistes de
la loi et pharisiens hypocrites, par-
ce que vous fermez aux hommes
l'accès au royaume des cieux; vous
n'y entrez pas vous-mêmes et vous
ne laissez pas entrer ceux qui le
voudraient.

14 »[Malheur à vous, spécialistes de
la loi et pharisiens hypocrites, par-
ce que vous dépouillez les veuves
de leurs biens tout en faisant pour
l'apparence de longues prières; à
cause de cela, vous serez jugés plus
sévèrement.]

15 »Malheur à vous, spécialistes de
la loi et pharisiens hypocrites, par-
ce que vous parcourez la mer et
la terre pour faire un converti et,
quand il l'est devenu, vous en fai-
tes un fils de l'enfer deux fois pire
que vous.

16 »Malheur à vous, conducteurs
aveugles! Vous dites: 'Si quelqu'un

22.37 *Tu aimeras... pensée*: citation de Deutéronome 6.5. **22.39** *Tu aimeras... toi-même*: citation de Lévitique 19.18. **22.44** *Le Seigneur... marchepied*: citation du Psaume 110.1. **23.5** *Phylactères*: bandes de parchemin où sont inscrits des passages de la loi et contenues dans des étuis, portées par les Juifs pieux sur le front et le poignet pour respecter à la lettre Deutéronome 6.8. **23.5** *Franges*: prescrites par Nombres 15.38 comme rappel des commandements de l'Eternel.

jure par le temple, cela ne comp-
te pas, mais si quelqu'un jure par
l'or du temple, il est engagé.' 17 Es-
pèces de fous aveugles! Lequel
est le plus grand: l'or ou le tem-
ple qui consacre l'or? 18 Vous di-
tes encore: 'Si quelqu'un jure par
l'autel, cela ne compte pas, mais si
quelqu'un jure par l'offrande qui
est sur l'autel, il est engagé.' 19 Es-
pèces de fous aveugles! Lequel est
le plus grand: l'offrande ou l'autel
qui consacre l'offrande? 20 Celui
qui jure par l'autel jure par l'autel
et par tout ce qui est dessus, 21 ce-
lui qui jure par le temple jure par
le temple et par celui qui l'habite,
22 et celui qui jure par le ciel jure
par le trône de Dieu et par celui qui
y est assis.
23 »Malheur à vous, spécialistes
de la loi et pharisiens hypocrites,
parce que vous versez la dîme de
la menthe, de l'aneth et du cumin
et que vous laissez ce qu'il y a de
plus important dans la loi: la justi-
ce, la bonté et la fidélité. C'est cela
qu'il fallait pratiquer, sans négli-
ger le reste. 24 Conducteurs aveu-
gles! Vous filtrez vos boissons pour
éliminer le moucheron, mais vous
avalez le chameau.
25 »Malheur à vous, spécialistes de
la loi et pharisiens hypocrites, par-
ce que vous nettoyez l'extérieur de
la coupe et du plat, alors qu'à l'in-
térieur ils sont pleins du produit de
vos vols et de vos excès. 26 Pharisien
aveugle! Nettoie d'abord l'intérieur
de la coupe et du plat, afin que l'ex-
térieur aussi devienne pur.
27 »Malheur à vous, spécialistes
de la loi et pharisiens hypocrites,
parce que vous ressemblez à des
tombeaux blanchis qui paraissent
beaux de l'extérieur et qui, à l'in-
térieur, sont pleins d'ossements de
morts et de toutes sortes d'impure-
tés. 28 Vous de même, de l'extérieur,
vous paraissez justes aux hommes,
mais à l'intérieur vous êtes pleins
d'hypocrisie et d'injustice.
29 »Malheur à vous, spécialistes de
la loi et pharisiens hypocrites, parce
que vous construisez les tombeaux
des prophètes et que vous décorez
les tombes des justes, 30 et vous di-
tes: 'Si nous avions vécu à l'époque
de nos ancêtres, nous ne nous se-
rions pas joints à eux pour verser le
sang des prophètes.' 31 Vous témoi-
gnez ainsi contre vous-mêmes que
vous êtes les descendants de ceux
qui ont tué les prophètes. 32 Por-
tez donc à son comble la mesure
de vos ancêtres! 33 Serpents, race
de vipères! Comment échapperez-
vous au jugement de l'enfer? 34 C'est
pourquoi, je vous envoie des pro-
phètes, des sages et des spécialis-
tes de la loi. Vous tuerez et cruci-
fierez les uns, vous fouetterez les
autres dans vos synagogues et
vous les persécuterez de ville en
ville, 35 afin que retombe sur vous
tout le sang innocent versé sur la
terre, depuis le sang d'Abel le jus-
te jusqu'au sang de Zacharie, fils de
Bérékia, que vous avez tué entre le
temple et l'autel. 36 En vérité je vous
le dis, tout cela retombera sur cette
génération.
37 »Jérusalem, Jérusalem, toi qui
tues les prophètes et qui lapides
ceux qui te sont envoyés! Combien
de fois j'ai voulu rassembler tes en-
fants, comme une poule rassemble
ses poussins sous ses ailes, et vous
ne l'avez pas voulu! 38 Voici que vo-
tre maison vous sera laissée déserte
39 car, je vous le dis, vous ne me ver-
rez plus désormais, jusqu'à ce que
vous disiez: *'Béni soit celui qui vient
au nom du Seigneur!'*[n]»

23.39 *Béni... Seigneur*: citation du Psaume 118.26.

DISCOURS SUR LE MONT DES OLIVIERS
24.1–25.46

Destruction de Jérusalem et
retour du Fils de l'homme

24 Jésus sortit du temple et,
comme il s'en allait, ses dis-
ciples s'approchèrent pour lui en
faire remarquer les constructions.
2 Mais il leur dit: «Vous voyez tout
cela? Je vous le dis en vérité, il ne
restera pas ici pierre sur pierre, tout
sera détruit.»
3 Il s'assit sur le mont des Oliviers.
Les disciples vinrent en privé lui
poser cette question: «Dis-nous,
quand cela arrivera-t-il et quel sera
le signe de ton retour et de la fin du
monde[n]?»
4 Jésus leur répondit: «Faites bien at-
tention que personne ne vous éga-
re. 5 En effet, beaucoup viendront
sous mon nom et diront: 'C'est moi
qui suis le Messie', et ils trompe-
ront beaucoup de gens. 6 Vous en-
tendrez parler de guerres et de me-
naces de guerres: ne vous laissez
pas effrayer, car il faut que toutes
ces choses arrivent. Cependant, ce
ne sera pas encore la fin. 7 *Une na-*
tion se dressera contre une nation et
un royaume contre un royaume[n], et
il y aura en divers endroits des fa-
mines, [des pestes] et des trem-
blements de terre. 8 Tout cela sera
le commencement des douleurs.
9 Alors on vous livrera à la persécu-
tion et l'on vous fera mourir; vous
serez détestés de toutes les na-
tions à cause de mon nom. 10 Beau-
coup trébucheront alors, et ils se
trahiront, se détesteront les uns les
autres. 11 Beaucoup de prétendus
prophètes surgiront et ils trompe-
ront beaucoup de gens. 12 A cause
de la progression du mal, l'amour
du plus grand nombre se refroi-
dira, 13 mais celui qui persévére-
ra jusqu'à la fin sera sauvé. 14 Cette
bonne nouvelle du royaume sera
proclamée dans le monde entier
pour servir de témoignage à toutes
les nations. Alors viendra la fin.
15 »C'est pourquoi, lorsque vous ver-
rez l'abominable dévastation[n] dont
a parlé le prophète Daniel établie
dans le lieu saint – que celui qui lit
fasse attention! – 16 alors, que ceux
qui seront en Judée s'enfuient dans
les montagnes, 17 que celui qui sera
sur le toit ne descende pas pour
prendre ce qui est dans sa maison,
18 et que celui qui sera dans les
champs ne retourne pas en arrière
pour prendre son manteau. 19 Mal-
heur aux femmes qui seront encein-
tes et à celles qui allaiteront durant
ces jours-là! 20 Priez pour que vo-
tre fuite n'arrive pas en hiver, ni un
jour de sabbat, 21 car *alors la détres-*
se sera si grande qu'il n'y en a pas
eu de pareille depuis le commence-
ment du monde jusqu'à présent[n] et
qu'il n'y en aura jamais plus. 22 Et si
ces jours n'étaient pas abrégés, per-
sonne ne serait sauvé; mais à cause
de ceux qui ont été choisis, ces jours
seront abrégés. 23 Si quelqu'un vous
dit alors: 'Le Messie est ici', ou: 'Il est
là', ne le croyez pas, 24 car de préten-
dus messies et de prétendus prophè-
tes surgiront; ils feront de grands
prodiges et des signes miraculeux
au point de tromper, si c'était pos-
sible, même ceux qui ont été choi-
sis. 25 Voilà, je vous l'ai annoncé
d'avance. 26 Si donc on vous dit: 'Le
voici, il est dans le désert', n'y allez
pas, ou: 'Le voilà, il est dans un lieu
secret', ne le croyez pas. 27 En effet,

24.3 *La fin du monde*: littéralement *l'achèvement de l'ère.* **24.7** *Une nation... royaume*: renvoi à Esaïe 19.2. **24.15** *L'abominable dévastation*: littéralement *l'abomination de la dévastation*, expression reprise de Daniel 11.31; 12.11. **24.21** *Alors... présent*: citation de Daniel 12.1.

tout comme l'éclair part de l'est et
apparaît jusqu'à l'ouest, ainsi sera
le retour du Fils de l'homme. 28 *Là
où sera le cadavre, là se rassemble-
ront les vautours.*[n]
29 »Aussitôt après ces jours de dé-
tresse, *le soleil s'obscurcira, la lune
ne donnera plus sa lumière, les étoi-
les tomberont du ciel*[n] et les puis-
sances célestes seront ébranlées.
30 Alors le signe du Fils de l'homme
apparaîtra dans le ciel; tous les
peuples de la terre se lamenteront
et ils verront *le Fils de l'homme ve-
nir sur les nuées du ciel*[n] avec beau-
coup de puissance et de gloire. 31 Il
enverra ses anges avec la trompette
retentissante et ils rassembleront
ceux qu'il a choisis des quatre coins
du monde, d'une extrémité du ciel à
l'autre. 32 Tirez instruction de la pa-
rabole du figuier: dès que ses bran-
ches deviennent tendres et que les
feuilles poussent, vous savez que
l'été est proche. 33 De même, quand
vous verrez toutes ces choses, sa-
chez que le Fils de l'homme est pro-
che, qu'il est à la porte. 34 Je vous le
dis en vérité, cette génération ne
passera pas avant que tout cela
n'arrive. 35 Le ciel et la terre dispa-
raîtront, mais mes paroles ne dis-
paraîtront pas.

Appel à la vigilance

36 »Quant au jour et à l'heure, per-
sonne ne les connaît, pas même les
anges du ciel, [ni même le Fils]: mon
Père seul les connaît. 37 Ce qui est
arrivé à l'époque de Noé arrivera de
même au retour du Fils de l'homme.
38 En effet, dans les jours précédant
le déluge, les hommes mangeaient
et buvaient, se mariaient et ma-
riaient leurs enfants, jusqu'au jour
où Noé est entré dans l'arche. 39 Ils
ne se sont doutés de rien jusqu'à ce
que le déluge vienne et les empor-
te tous. Il en ira de même au retour
du Fils de l'homme. 40 Alors, deux
hommes seront dans un champ:
l'un sera pris et l'autre laissé; 41 deux
femmes moudront à la meule: l'une
sera prise et l'autre laissée. 42 Restez
donc vigilants, puisque vous igno-
rez à quel moment votre Seigneur
viendra. 43 Vous le savez bien, si le
maître de la maison savait à quelle
heure de la nuit le voleur doit venir,
il resterait éveillé et ne laisserait
pas percer les murs de sa maison.
44 C'est pourquoi, vous aussi, tenez-
vous prêts, car le Fils de l'homme
viendra à l'heure où vous n'y pen-
serez pas.
45 »Quel est donc le serviteur fidè-
le et prudent que son maître a éta-
bli responsable des gens de sa mai-
son pour leur donner la nourriture
en temps voulu? 46 Heureux le ser-
viteur que son maître, à son arrivée,
trouvera occupé à son travail! 47 Je
vous le dis en vérité, il l'établira res-
ponsable de tous ses biens. 48 Mais
si c'est un mauvais serviteur, qui
se dit en lui-même: 'Mon maître
tarde à venir', 49 s'il se met à battre
ses compagnons, s'il mange et boit
avec les ivrognes, 50 le maître de ce
serviteur viendra le jour où il ne
s'y attend pas et à l'heure qu'il ne
connaît pas. 51 Il le punira sévère-
ment et lui fera partager le sort des
hypocrites: c'est là qu'il y aura des
pleurs et des grincements de dents.

Parabole des dix jeunes filles

25 »Alors le royaume des cieux
ressemblera à dix jeunes
filles qui ont pris leurs lampes
pour aller à la rencontre du marié.
2 Cinq d'entre elles étaient folles

24.28 *Là où… vautours*: citation de Job 39.30. **24.29** *Le soleil… ciel*: citation combinée d'Esaïe 13.10 et Esaïe 34.4. **24.30** *Le Fils… du ciel*: citation de Daniel 7.13.

et cinq étaient sages. 3 Celles qui
étaient folles ne prirent pas d'huile
avec elles en emportant leurs lam-
pes, 4 tandis que les sages prirent,
avec leurs lampes, de l'huile dans
des vases. 5 Comme le marié tardait,
toutes s'assoupirent et s'endormi-
rent. 6 Au milieu de la nuit, on cria:
'Voici le marié, allez à sa rencontre!'
7 Alors toutes ces jeunes filles se ré-
veillèrent et préparèrent leurs lam-
pes. 8 Les folles dirent aux sages:
'Donnez-nous de votre huile, car nos
lampes s'éteignent.' 9 Les sages ré-
pondirent: 'Non, il n'y en aurait pas
assez pour nous et pour vous. Allez
plutôt chez ceux qui en vendent et
achetez-en pour vous.' 10 Pendant
qu'elles allaient en acheter, le ma-
rié arriva. Celles qui étaient prêtes
entrèrent avec lui dans la salle des
noces et la porte fut fermée. 11 Plus
tard, les autres jeunes filles vin-
rent et dirent: 'Seigneur, Seigneur,
ouvre-nous!' 12 mais il répondit:
'Je vous le dis en vérité, je ne vous
connais pas.' 13 Restez donc vigi-
lants, puisque vous ne savez ni le
jour ni l'heure [où le Fils de l'hom-
me viendra].

Parabole des serviteurs et des récompenses

14 »Ce sera en effet pareil au cas d'un
homme qui, partant pour un voya-
ge, appela ses serviteurs et leur re-
mit ses biens. 15 Il donna cinq sacs
d'argent à l'un, deux à l'autre et un
au troisième, à chacun selon sa ca-
pacité, puis il partit aussitôt. 16 Ce-
lui qui avait reçu les cinq sacs d'ar-
gent s'en alla travailler avec eux et
gagna cinq autres sacs d'argent.
17 De même, celui qui avait reçu les
deux sacs d'argent en gagna deux
autres. 18 Celui qui n'en avait reçu
qu'un alla creuser un trou dans la
terre et cacha l'argent de son maî-
tre. 19 Longtemps après, le maître de
ces serviteurs revint et leur fit ren-
dre des comptes. 20 Celui qui avait
reçu les cinq sacs d'argent s'appro-
cha, en apporta cinq autres et dit:
'Seigneur, tu m'as remis cinq sacs
d'argent. En voici cinq autres que
j'ai gagnés.' 21 Son maître lui dit:
'C'est bien, bon et fidèle serviteur;
tu as été fidèle en peu de chose, je
te confierai beaucoup. Viens par-
tager la joie de ton maître.' 22 Celui
qui avait reçu les deux sacs d'argent
s'approcha aussi et dit: 'Seigneur, tu
m'as remis deux sacs d'argent. En
voici deux autres que j'ai gagnés.'
23 Son maître lui dit: 'C'est bien,
bon et fidèle serviteur; tu as été fi-
dèle en peu de chose, je te confierai
beaucoup. Viens partager la joie de
ton maître.' 24 Celui qui n'avait reçu
qu'un sac d'argent s'approcha en-
suite et dit: 'Seigneur, je savais que
tu es un homme dur: tu moissonnes
où tu n'as pas semé et tu récoltes où
tu n'as pas planté. 25 J'ai eu peur et
je suis allé cacher ton sac d'argent
dans la terre. Le voici, prends ce qui
est à toi.' 26 Son maître lui répondit:
'Serviteur mauvais et paresseux, tu
savais que je moissonne où je n'ai
pas semé et que je récolte où je n'ai
pas planté. 27 Il te fallait donc remet-
tre mon argent aux banquiers et à
mon retour j'aurais retiré ce qui est
à moi avec un intérêt. 28 Prenez-lui
donc le sac d'argent et donnez-le à
celui qui a les dix sacs d'argent. 29 En
effet, on donnera à celui qui a et il
sera dans l'abondance, mais à ce-
lui qui n'a pas on enlèvera même ce
qu'il a. 30 Quant au serviteur inutile,
jetez-le dans les ténèbres extérieu-
res: c'est là qu'il y aura des pleurs et
des grincements de dents.'

Jugement des nations

31 »Lorsque le Fils de l'homme vien-
dra dans sa gloire avec tous les
[saints] anges, il s'assiéra sur son

trône de gloire. 32 Toutes les nations
seront rassemblées devant lui. Il sé-
parera les uns des autres, comme le
berger sépare les brebis des boucs;
33 il mettra les brebis à sa droite et
les boucs à sa gauche. 34 Alors le roi
dira à ceux qui seront à sa droite:
'Venez, vous qui êtes bénis par mon
Père, prenez possession du royau-
me qui vous a été préparé dès la
création du monde! 35 En effet, j'ai
eu faim et vous m'avez donné à
manger; j'ai eu soif et vous m'avez
donné à boire; j'étais étranger et
vous m'avez accueilli; 36 j'étais nu et
vous m'avez habillé; j'étais malade
et vous m'avez rendu visite; j'étais
en prison et vous êtes venus vers
moi.' 37 Les justes lui répondront:
'Seigneur, quand t'avons-nous vu
affamé et t'avons-nous donné à
manger, ou assoiffé et t'avons-nous
donné à boire? 38 Quand t'avons-
nous vu étranger et t'avons-nous
accueilli, ou nu et t'avons-nous ha-
billé? 39 Quand t'avons-nous vu ma-
lade ou en prison et sommes-nous
allés vers toi?' 40 Et le roi leur répon-
dra: 'Je vous le dis en vérité, toutes
les fois que vous avez fait cela à l'un
de ces plus petits de mes frères, c'est
à moi que vous l'avez fait.' 41 Ensuite
il dira à ceux qui seront à sa gau-
che: 'Eloignez-vous de moi, mau-
dits, allez dans le feu éternel qui a
été préparé pour le diable et pour
ses anges! 42 En effet, j'ai eu faim et
vous ne m'avez pas donné à man-
ger; j'ai eu soif et vous ne m'avez
pas donné à boire; 43 j'étais étran-
ger et vous ne m'avez pas accueilli;
j'étais nu et vous ne m'avez pas ha-
billé; j'étais malade et en prison et
vous ne m'avez pas rendu visite.'
44 Ils répondront aussi: 'Seigneur,
quand t'avons-nous vu affamé, ou
assoiffé, ou étranger, ou nu, ou ma-
lade ou en prison et ne t'avons-nous
pas servi?' 45 Et il leur répondra: 'Je
vous le dis en vérité, toutes les fois
que vous n'avez pas fait cela à l'un
de ces plus petits, c'est à moi que
vous ne l'avez pas fait.' 46 Et ils iront
à la peine éternelle, tandis que les
justes iront à la vie éternelle.»

MORT ET RÉSURRECTION DE JÉSUS
26.1–28.20

Complot contre Jésus

26 Lorsque Jésus eut fini de
donner toutes ces instruc-
tions, il dit à ses disciples: 2 «Vous
savez que la Pâque[n] a lieu dans
deux jours et que le Fils de l'homme
sera arrêté pour être crucifié.»
3 Alors les chefs des prêtres, [les
spécialistes de la loi] et les anciens
du peuple se réunirent dans la cour
du grand-prêtre, appelé Caïphe, 4 et
ils décidèrent d'arrêter Jésus par
ruse et de le faire mourir. 5 Cepen-
dant, ils se dirent: «Que ce ne soit
pas pendant la fête, afin qu'il n'y ait
pas d'agitation parmi le peuple.»

Une femme verse du parfum sur Jésus

6 Comme Jésus était à Béthanie,
dans la maison de Simon le lépreux,
7 une femme s'approcha de lui avec
un vase qui contenait un parfum de
grande valeur. Pendant qu'il était à
table, elle versa le parfum sur sa
tête. 8 A cette vue, les disciples s'in-
dignèrent et dirent: «A quoi bon un
tel gaspillage? 9 On aurait pu ven-
dre ce parfum très cher et donner
l'argent aux pauvres.» 10 Le sachant,

26.2 *La Pâque*: grande fête juive qui commémorait le départ d'Egypte des Israélites, leur délivrance de l'esclavage et le fait que la vie de leurs fils aînés avait été épargnée. Pendant toute la semaine qui suivait la Pâque, on mangeait des pains sans levain.

Jésus leur dit: «Pourquoi faites-vous
de la peine à cette femme? Elle a
accompli une bonne action envers
moi. 11 En effet, vous avez toujours
des pauvres avec vous, mais vous
ne m'aurez pas toujours. 12 En ver-
sant ce parfum sur mon corps, elle
l'a fait pour mon ensevelissement.
13 Je vous le dis en vérité, partout où
cette bonne nouvelle sera procla-
mée, dans le monde entier, on ra-
contera aussi en souvenir de cette
femme ce qu'elle a fait.»
14 Alors l'un des douze, appelé Judas
l'Iscariot, alla vers les chefs des prê-
tres 15 et dit: «Que voulez-vous me
donner pour que je vous livre Jé-
sus?» Ils lui payèrent 30 pièces d'ar-
gent. 16 Dès ce moment, il se mit à
chercher une occasion favorable
pour trahir Jésus.

Institution de la cène

17 Le premier jour des pains sans
levain, les disciples s'adressèrent
à Jésus pour lui dire: «Où veux-tu
que nous te préparions le repas de
la Pâque?» 18 Il répondit: «Allez à la
ville chez un tel et vous lui direz:
'Le maître dit: Mon heure est pro-
che. Je célébrerai la Pâque chez toi
avec mes disciples.'» 19 Les disciples
firent ce que Jésus leur avait ordon-
né et préparèrent la Pâque.
20 Le soir venu, il se mit à table avec
les douze. 21 Pendant qu'ils man-
geaient, il dit: «Je vous le dis en vé-
rité, l'un de vous me trahira.» 22 Ils
furent profondément attristés et
chacun se mit à lui dire: «Est-ce
moi, Seigneur?» 23 Il répondit: «Ce-
lui qui a mis la main dans le plat
avec moi, c'est celui qui me tra-
hira. 24 Le Fils de l'homme s'en va,
conformément à ce qui est écrit à
son sujet, mais malheur à l'homme
par qui le Fils de l'homme est tra-
hi! Mieux vaudrait pour cet homme
qu'il ne soit pas né.» 25 Judas, celui
qui le trahissait, prit la parole et
dit: «Est-ce moi, maître?» Jésus lui
répondit: «Tu le dis.»
26 Pendant qu'ils mangeaient, Jésus
prit du pain et prononça la priè-
re de bénédiction, puis il le rom-
pit et le donna aux disciples en di-
sant: «Prenez, mangez, ceci est mon
corps.» 27 Il prit ensuite une coupe
et remercia Dieu, puis il la leur don-
na en disant: «Buvez-en tous, 28 car
ceci est mon sang, le sang de la
[nouvelle] alliance, qui est versé
pour beaucoup, pour le pardon des
péchés. 29 Je vous le dis, je ne boi-
rai plus désormais de ce fruit de la
vigne, jusqu'au jour où je le boirai
nouveau avec vous dans le royau-
me de mon Père.»
30 Après avoir chanté les psaumes,
ils se rendirent au mont des Oli-
viers. 31 Alors Jésus leur dit: «Vous
trébucherez tous, cette nuit, à cau-
se de moi, car il est écrit: *Je frappe-
rai le berger et les brebis du troupeau
seront dispersées.*[n] 32 Mais, après ma
résurrection, je vous précéderai en
Galilée.» 33 Pierre prit la parole et
lui dit: «Même si tous trébuchent à
cause de toi, ce ne sera jamais mon
cas.» 34 Jésus lui dit: «Je te le dis en
vérité, cette nuit même, avant que
le coq chante, trois fois tu me renie-
ras.» 35 Pierre lui répondit: «Même
s'il me faut mourir avec toi, je ne te
renierai pas.» Et tous les disciples
dirent la même chose.

Arrestation de Jésus

36 Là-dessus, Jésus se rendit avec
eux dans un endroit appelé Geth-
sémané et il dit aux disciples: «As-
seyez-vous [ici] pendant que je
m'éloignerai pour prier.» 37 Il prit
avec lui Pierre et les deux fils de

26.31 *Je frapperai… dispersées*: citation de Zacharie 13.7.

Zébédée et il commença à être saisi de tristesse et d'angoisse. 38 Il leur dit alors: «Mon âme est triste à en mourir. Restez ici, éveillés avec moi.» 39 Puis il avança de quelques pas, se jeta le visage contre terre et fit cette prière: «Mon Père, si cela est possible, que cette coupe s'éloigne de moi! Toutefois, non pas ce que je veux, mais ce que tu veux.» 40 Il revint vers les disciples, qu'il trouva endormis, et dit à Pierre: «Vous n'avez donc pas pu rester éveillés une seule heure avec moi! 41 Restez vigilants et priez pour ne pas céder à la tentation. L'esprit est bien disposé, mais par nature l'homme[n] est faible.» 42 Il s'éloigna une deuxième fois et fit cette prière: «Mon Père, s'il n'est pas possible que cette coupe s'éloigne [de moi] sans que je la boive, que ta volonté soit faite!»
43 Il revint et les trouva encore endormis, car ils avaient les paupières lourdes. 44 Il les quitta, s'éloigna de nouveau et pria pour la troisième fois, répétant les mêmes paroles.
45 Puis il revint vers ses disciples et leur dit: «Vous dormez maintenant et vous vous reposez! Voici, l'heure est proche et le Fils de l'homme est livré entre les mains des pécheurs.
46 Levez-vous, allons-y! Celui qui me trahit s'approche.»
47 Il parlait encore quand Judas, l'un des douze, arriva avec une foule nombreuse armée d'épées et de bâtons, envoyée par les chefs des prêtres et par les anciens du peuple. 48 Celui qui le trahissait leur avait donné ce signe: «L'homme auquel je donnerai un baiser, c'est lui. Arrêtez-le!» 49 Aussitôt, il s'approcha de Jésus en disant: «Salut, maître!», et il l'embrassa. 50 Jésus lui dit: «Mon ami, ce que tu es venu faire, fais-le.» Alors ces gens s'avancèrent, mirent la main sur Jésus et l'arrêtèrent.
51 Un de ceux qui étaient avec Jésus mit la main sur son épée et la tira; il frappa le serviteur du grand-prêtre et lui emporta l'oreille. 52 Alors Jésus lui dit: «Remets ton épée à sa place, car tous ceux qui prendront l'épée mourront par l'épée. 53 Penses-tu que je ne puisse pas faire appel à mon Père, qui me donnerait à l'instant plus de douze légions d'anges?
54 Comment donc s'accompliraient les Ecritures, d'après lesquelles cela doit se passer ainsi?»
55 A ce moment, Jésus dit à la foule: «Vous êtes venus vous emparer de moi avec des épées et des bâtons, comme pour un brigand. J'étais tous les jours assis [parmi vous], enseignant dans le temple, et vous ne m'avez pas arrêté. 56 Mais tout cela est arrivé afin que les écrits des prophètes soient accomplis.» Alors tous les disciples l'abandonnèrent et prirent la fuite.

Jésus devant le conseil juif

57 Ceux qui avaient arrêté Jésus l'emmenèrent chez le grand-prêtre Caïphe, où les spécialistes de la loi et les anciens étaient rassemblés.
58 Pierre le suivit de loin jusqu'à la cour du grand-prêtre, y entra et s'assit avec les serviteurs pour voir comment cela finirait.
59 Les chefs des prêtres, [les anciens] et tout le sanhédrin[n] cherchaient un faux témoignage contre Jésus afin de le faire mourir, 60 mais ils n'en trouvèrent pas, quoique beaucoup de faux témoins se soient présentés. Enfin, il en vint deux qui dirent:

26.41 *Par nature l'homme*: littéralement *la chair*. **26.59** *Sanhédrin*: conseil juif présidé par le grand-prêtre, qui faisait office de gouvernement et de tribunal pour les affaires qui n'étaient pas du ressort des Romains.

61 «Celui-ci a dit: 'Je peux détruire
le temple de Dieu et le reconstruire
en trois jours.'» 62 Le grand-prêtre
se leva et lui dit: «Ne réponds-tu
rien? Pourquoi ces hommes témoi-
gnent-ils contre toi?» 63 Mais Jésus
gardait le silence. Le grand-prêtre
[prit la parole et] lui dit: «Je t'adju-
re, par le Dieu vivant, de nous dire
si tu es le Messie, le Fils de Dieu.»
64 Jésus lui répondit: «Tu le dis. De
plus, je vous le déclare, vous verrez
désormais *le Fils de l'homme assis
à la droite du Tout-Puissant* et *ve-
nant sur les nuées du ciel*[n].» 65 Alors
le grand-prêtre déchira ses vête-
ments en disant: «Il a blasphémé!
Qu'avons-nous encore besoin de té-
moins? Vous venez d'entendre son
blasphème. 66 Qu'en pensez-vous?»
Ils répondirent: «Il mérite la mort.»
67 Là-dessus, ils lui crachèrent au
visage et le frappèrent à coups de
poing; certains lui donnaient des
gifles en disant: 68 «Christ, prophé-
tise-nous qui t'a frappé!»
69 Or Pierre était assis dehors dans
la cour. Une servante s'approcha de
lui et dit: «Toi aussi, tu étais avec Jé-
sus le Galiléen.» 70 Mais il le nia de-
vant tous en disant: «Je ne sais pas
ce que tu veux dire.» 71 Comme il
se dirigeait vers la porte, une autre
servante le vit et dit à ceux qui se
trouvaient là: «Cet homme [aussi]
était avec Jésus de Nazareth.» 72 Il
le nia de nouveau, avec serment: «Je
ne connais pas cet homme.» 73 Peu
après, ceux qui étaient là s'appro-
chèrent et dirent à Pierre: «Certai-
nement, toi aussi tu fais partie de
ces gens-là, car ton langage te fait
reconnaître.» 74 Alors il se mit à ju-
rer en lançant des malédictions: «Je
ne connais pas cet homme.» Aussi-
tôt un coq chanta. 75 Pierre se sou-
vint alors de ce que Jésus [lui] avait
dit: «Avant que le coq chante, tu me
renieras trois fois.» Il sortit et pleu-
ra amèrement.

Jésus devant le gouverneur romain

27 Le matin venu, tous les chefs
des prêtres et les anciens du
peuple tinrent conseil contre Jésus
pour le faire mourir. 2 Après l'avoir
attaché, ils l'emmenèrent et le li-
vrèrent à [Ponce] Pilate, le gouver-
neur.
3 Alors Judas, celui qui l'avait tra-
hi, voyant qu'il était condamné, fut
pris de remords et rapporta les 30
pièces d'argent aux chefs des prê-
tres et aux anciens 4 en disant: «J'ai
péché en faisant arrêter un inno-
cent.» Ils répondirent: «En quoi cela
nous concerne-t-il? C'est toi que
cela regarde.» 5 Judas jeta les piè-
ces d'argent dans le temple, se reti-
ra et alla se pendre. 6 Les chefs des
prêtres les ramassèrent en disant:
«Il n'est pas permis de les mettre
dans le trésor sacré puisque c'est le
prix du sang.» 7 Après en avoir déli-
béré, ils achetèrent avec cet argent
le champ du potier, pour y enseve-
lir les étrangers. 8 C'est pourquoi
ce champ a été appelé «champ du
sang» jusqu'à aujourd'hui. 9 Alors
s'accomplit ce que le prophète Jé-
rémie avait annoncé: *Ils ont pris
les 30 pièces d'argent, la valeur à la-
quelle il a été estimé par les Israéli-
tes,* 10 *et ils les ont données pour le
champ du potier, comme le Seigneur
me l'avait ordonné.*[n]
11 Jésus comparut devant le gou-
verneur. Celui-ci l'interrogea: «Es-
tu le roi des Juifs?» Jésus lui répon-
dit: «Tu le dis.» 12 Mais il ne répondit

26.64 *Le Fils… ciel*: citation combinant le Psaume 110.1 et Daniel 7.13; Jésus s'identifie ainsi au Messie qui, dans la vision de Daniel, reçoit le gouvernement de l'univers. **27.9-10** *Ils ont pris… ordonné*: citation de Zacharie 11.12-13. Le renvoi à *Jérémie* peut s'expliquer par le fait que c'était un des prophètes les plus connus, qui figurait en tête des écrits prophétiques dans le Talmud babylonien.

rien aux accusations des chefs des
prêtres et des anciens. 13 Alors Pi-
late lui dit: «N'entends-tu pas tous
ces témoignages qu'ils portent
contre toi?» 14 Mais Jésus ne répon-
dit sur aucun point, ce qui étonna
beaucoup le gouverneur.
15 A chaque fête, le gouverneur avait
pour habitude de relâcher un pri-
sonnier, celui que la foule voulait.
16 Ils avaient alors un prisonnier
célèbre, un dénommé Barabbas.
17 Comme ils étaient rassemblés,
Pilate leur dit: «Lequel voulez-vous
que je vous relâche: Barabbas ou
Jésus qu'on appelle le Christ?» 18 En
effet, il savait que c'était par jalou-
sie qu'ils avaient fait arrêter Jésus.
19 Pendant qu'il siégeait au tribunal,
sa femme lui fit dire: «N'aie rien à
faire avec ce juste, car aujourd'hui
j'ai beaucoup souffert dans un rêve
à cause de lui.» 20 Les chefs des prê-
tres et les anciens persuadèrent la
foule de demander Barabbas et de
faire mourir Jésus. 21 Le gouver-
neur prit la parole et leur dit: «Le-
quel des deux voulez-vous que je
vous relâche?» Ils répondirent: «Ba-
rabbas.» 22 Pilate répliqua: «Que
ferai-je donc de Jésus qu'on appelle
le Christ?» Tous répondirent: «Qu'il
soit crucifié!» 23 «Mais quel mal a-t-il
fait?» dit le gouverneur. Ils criè-
rent encore plus fort: «Qu'il soit
crucifié!» 24 Voyant qu'il ne gagnait
rien mais que le tumulte augmen-
tait, Pilate prit de l'eau, se lava les
mains en présence de la foule et
dit: «Je suis innocent du sang de ce
juste. C'est vous que cela regarde.»
25 Et tout le peuple répondit: «Que
son sang retombe sur nous et sur
nos enfants!»
26 Alors Pilate leur relâcha Barab-
bas; et, après avoir fait fouetter Jé-
sus, il le livra à la crucifixion.
27 Les soldats du gouverneur con-
duisirent Jésus dans le prétoire
et rassemblèrent toute la troupe
autour de lui. 28 Ils lui enlevèrent
ses vêtements et lui mirent un
manteau écarlate. 29 Ils tressèrent
une couronne d'épines qu'ils po-
sèrent sur sa tête, et ils lui mirent
un roseau dans la main droite; puis,
s'agenouillant devant lui, ils se mo-
quaient de lui en disant: «Salut,
roi des Juifs!» 30 Ils crachaient sur
lui, prenaient le roseau et le frap-
paient sur la tête. 31 Après s'être
ainsi moqués de lui, ils lui enlevè-
rent le manteau, lui remirent ses
vêtements et l'emmenèrent pour le
crucifier.

Crucifixion et mort de Jésus

32 Lorsqu'ils sortirent, ils rencon-
trèrent un homme de Cyrène ap-
pelé Simon et le forcèrent à por-
ter la croix de Jésus. 33 Arrivés à un
endroit appelé Golgotha – ce qui
signifie «lieu du crâne» –, 34 ils lui
donnèrent à boire du vinaigre mêlé
de fiel; mais quand il l'eut goûté, il
ne voulut pas boire.
35 Ils le crucifièrent, puis ils se par-
tagèrent ses vêtements en tirant
au sort [afin que s'accomplisse ce
que le prophète avait annoncé: *Ils
se sont partagé mes vêtements et ils
ont tiré au sort mon habit*[n]].
36 Puis ils s'assirent et le gardèrent.
37 Pour indiquer le motif de sa
condamnation, on écrivit au-dessus
de sa tête: «Celui-ci est Jésus, le roi
des Juifs.» 38 Avec lui furent cruci-
fiés deux brigands, l'un à sa droite
et l'autre à sa gauche.
39 Les passants l'insultaient et se-
couaient la tête 40 en disant: «Toi
qui détruis le temple et qui le re-
construis en trois jours, sauve-toi
toi-même! Si tu es le Fils de Dieu,

27.35 *Ils se sont... mon habit*: citation du Psaume 22.19.

descends de la croix!» 41 Les chefs
des prêtres, avec les spécialistes de
la loi et les anciens, se moquaient
aussi de lui et disaient: 42 «Il en a
sauvé d'autres et il ne peut pas se
sauver lui-même! S'il est roi d'Is-
raël, qu'il descende maintenant de
la croix et nous croirons en lui. 43 *Il
s'est confié en Dieu; que Dieu le dé-
livre maintenant, s'il l'aime!*[n] En ef-
fet, il a dit: 'Je suis le Fils de Dieu.'»
44 Les brigands crucifiés avec lui
l'insultaient eux aussi de la même
manière.
45 De midi jusqu'à trois heures
de l'après-midi, il y eut des ténè-
bres sur tout le pays. 46 Vers trois
heures de l'après-midi, Jésus s'écria
d'une voix forte: *«Eli, Eli, lama sa-
bachthani?»* – c'est-à-dire: *Mon
Dieu, mon Dieu, pourquoi m'as-tu
abandonné?*[n] 47 Quelques-uns de
ceux qui étaient là, après l'avoir en-
tendu, disaient: «Il appelle Elie.»
48 Aussitôt l'un d'eux courut pren-
dre une éponge qu'il imbiba de vi-
naigre; il la fixa à un roseau et lui
donna à boire. 49 Mais les autres di-
saient: «Laisse donc, voyons si Elie
viendra le sauver.»
50 Jésus poussa de nouveau un
grand cri et rendit l'esprit. 51 Et voi-
ci que le voile du temple[n] se déchira
en deux depuis le haut jusqu'en bas,
la terre trembla, les rochers se fen-
dirent, 52 les tombeaux s'ouvrirent
et les corps de plusieurs saints[n]
qui étaient morts ressuscitèrent.
53 Etant sortis des tombes, ils entrè-
rent dans la ville sainte après la ré-
surrection de Jésus et apparurent à
un grand nombre de personnes.
54 A la vue du tremblement de terre
et de ce qui venait d'arriver, l'offi-
cier romain et ceux qui étaient avec
lui pour garder Jésus furent sai-
sis d'une grande frayeur et dirent:
«Cet homme était vraiment le Fils
de Dieu.»
55 Il y avait là bien des femmes qui
regardaient de loin; elles avaient
accompagné Jésus depuis la Gali-
lée pour le servir. 56 Parmi elles fi-
guraient Marie de Magdala, Marie
la mère de Jacques et de Joseph, et
la mère des fils de Zébédée.

Mise au tombeau du corps de Jésus

57 Le soir venu arriva un homme
riche d'Arimathée, du nom de Jo-
seph, qui lui aussi était un disciple
de Jésus. 58 Il alla trouver Pilate et
demanda le corps de Jésus. Alors
Pilate ordonna de le lui remettre.
59 Joseph prit le corps, l'envelop-
pa dans un drap de lin pur 60 et
le déposa dans un tombeau neuf
qu'il s'était fait creuser dans la ro-
che. Puis il roula une grande pierre
à l'entrée du tombeau et s'en alla.
61 Marie de Magdala et l'autre Ma-
rie étaient là, assises vis-à-vis du
tombeau.
62 Le lendemain, qui était le jour
après la préparation du sabbat,
les chefs des prêtres et les phari-
siens allèrent ensemble chez Pi-
late 63 et dirent: «Seigneur, nous
nous souvenons que cet impos-
teur a dit, quand il vivait encore:
'Après trois jours je ressusciterai.'
64 Ordonne donc que le tombeau
soit gardé jusqu'au troisième jour,
afin que ses disciples ne viennent
pas voler le corps et dire au peu-
ple: 'Il est ressuscité.' Cette derniè-
re imposture serait pire que la pre-
mière.» 65 Pilate leur dit: «Vous avez
une garde. Allez-y, gardez-le com-
me vous le souhaitez!» 66 Ils s'en

27.43 *Il s'est confié… l'aime*: citation du Psaume 22.9. **27.46** *Mon Dieu… abandonné*: citation du Psaume 22.2. **27.51** *Le voile du temple*: celui qui séparait le lieu saint du lieu très saint, accessible seulement au grand-prêtre, et ce une fois par an. **27.52** *Saints*: c'est-à-dire croyants.

allèrent et firent surveiller le tom-
beau par la garde après avoir scel-
lé la pierre.

Résurrection de Jésus

28 Après le sabbat, à l'aube du
dimanche, Marie de Mag-
dala et l'autre Marie allèrent voir
le tombeau. 2 Soudain, il y eut un
grand tremblement de terre, car un
ange du Seigneur descendit du ciel,
vint rouler la pierre [de devant l'ou-
verture] et s'assit dessus. 3 Il avait
l'aspect de l'éclair et son vêtement
était blanc comme la neige. 4 Les
gardes tremblèrent de peur et de-
vinrent comme morts, 5 mais l'an-
ge prit la parole et dit aux femmes:
«Quant à vous, n'ayez pas peur, car
je sais que vous cherchez Jésus, ce-
lui qui a été crucifié. 6 Il n'est pas
ici, car il est ressuscité, comme il
l'avait dit. Venez voir l'endroit où le
Seigneur était couché 7 et allez vite
dire à ses disciples qu'il est res-
suscité. Il vous précède en Galilée.
C'est là que vous le verrez. Voilà, je
vous l'ai dit.»
8 Elles s'éloignèrent rapidement du
tombeau, avec crainte et une gran-
de joie, et elles coururent porter la
nouvelle aux disciples. 9 Et voici que
Jésus vint à leur rencontre et dit: «Je
vous salue.» Elles s'approchèrent,
s'agrippèrent à ses pieds et se pros-
ternèrent devant lui. 10 Alors Jésus
leur dit: «N'ayez pas peur! Allez dire
à mes frères de se rendre en Galilée:
c'est là qu'ils me verront.»
11 Pendant qu'elles étaient en che-
min, quelques hommes de la gar-
de entrèrent dans la ville et annon-
cèrent aux chefs des prêtres tout
ce qui était arrivé. 12 Après s'être
réunis avec les anciens pour tenir
conseil, ceux-ci donnèrent une forte
somme d'argent aux soldats 13 avec
cette consigne: «Dites que ses disci-
ples sont venus de nuit voler le corps
pendant que vous dormiez. 14 Et si le
gouverneur l'apprend, nous l'apai-
serons et nous ferons en sorte que
vous n'ayez pas d'ennuis.» 15 Les sol-
dats prirent l'argent et se conformè-
rent aux instructions reçues. Et ce
récit des événements s'est propagé
parmi les Juifs jusqu'à aujourd'hui.

Mission confiée aux disciples

16 Les onze disciples allèrent en
Galilée, sur la montagne que Jésus
leur avait désignée. 17 Quand ils le
virent, ils se prosternèrent [devant
lui], mais quelques-uns eurent des
doutes. 18 Jésus s'approcha et leur
dit: «Tout pouvoir m'a été donné
dans le ciel et sur la terre. 19 Allez
[donc], faites de toutes les nations
des disciples, baptisez-les au nom
du Père, du Fils et du Saint-Esprit
20 et enseignez-leur à mettre en pra-
tique tout ce que je vous ai prescrit.
Et moi, je suis avec vous tous les
jours, jusqu'à la fin du monde.»

Marc

L'*Evangile de Marc* est le plus court des quatre que compte le Nouveau Testament. Généralement daté des années 63 à 68 apr. J.-C., il est unanimement attribué par la tradition à Jean surnommé Marc, un proche de l'apôtre Pierre. Probablement destiné à des lecteurs d'origine non juive, il relate essentiellement les actes (guérisons, miracles, etc.) de Jésus. Avec Matthieu et Luc, il forme le groupe des Evangiles dits «synoptiques» car ils présentent la vie de Jésus dans une perspective similaire.

DE JEAN-BAPTISTE À JÉSUS 1.1-20

Ministère de Jean-Baptiste

1 Voici le commencement de
l'Evangile[n] de Jésus-Christ[n],
Fils de Dieu, 2 conformément à ce
qui est écrit dans les prophètes: *Voi-*
ci, j'envoie mon messager devant toi
pour te préparer le chemin. 3 *C'est la*
voix de celui qui crie dans le désert:
'Préparez le chemin du Seigneur, ren-
dez ses sentiers droits.'[n]
4 Jean parut; il baptisait dans le dé-
sert et prêchait le baptême de re-
pentance[n] pour le pardon des pé-
chés. 5 Toute la région de Judée et
tous les habitants de Jérusalem se
rendaient vers lui. Reconnaissant
publiquement leurs péchés, ils se
faisaient baptiser par lui dans l'eau
du Jourdain.
6 Jean portait un vêtement en poil
de chameau et une ceinture de cuir
autour de la taille. Il se nourrissait
de sauterelles et de miel sauvage.
7 Il proclamait: «Après moi vient
celui qui est plus puissant que moi,
et je ne suis pas digne de me bais-
ser pour détacher la courroie de
ses sandales. 8 Moi, je vous ai bap-
tisés d'eau; lui, il vous baptisera du
Saint-Esprit.»
9 A cette époque-là, Jésus vint de
Nazareth en Galilée, et il fut bap-
tisé par Jean dans le Jourdain. 10 Au
moment où il sortait de l'eau, il vit
le ciel s'ouvrir et l'Esprit descendre
sur lui comme une colombe, 11 et
une voix se fit entendre du ciel: «Tu
es mon Fils bien-aimé, tu as toute
mon approbation[n].»
12 Aussitôt, l'Esprit poussa Jésus
dans le désert 13 où il passa 40 jours,
tenté par Satan. Il était avec les bê-
tes sauvages et les anges le ser-
vaient.

Premiers disciples de Jésus

14 Après que Jean eut été arrêté, Jé-
sus alla en Galilée. Il proclamait la
bonne nouvelle [du royaume] de
Dieu 15 et disait: «Le moment est ar-
rivé et le royaume de Dieu est pro-
che. Changez d'attitude et croyez
à la bonne nouvelle!»
16 Comme il marchait le long du lac

1.1 *Evangile*: transcription d'un mot grec signifiant littéralement *bonne nouvelle*. **1.1** *Jésus*: littéralement *l'Eternel sauve, l'Eternel délivre*. *Christ*: littéralement *oint*, correspond à l'hébreu qui a donné *Messie*. Les Juifs attendaient, d'après les promesses de l'Ancien Testament, la venue de l'oint de Dieu qui leur apporterait la délivrance. **1.2-3** *Voici... droits*: citation de Malachie 3.1 complétée par Esaïe 40.3. **1.4** *Repentance*: désignant littéralement un changement de pensée, le mot renvoie à une transformation radicale de la personne, qui renonce à ses attitudes fautives pour adopter un nouveau comportement et une nouvelle perspective, conformes à la volonté de Dieu. **1.11** *Tu as... approbation*: ou *tu as ma faveur* ou *en toi j'ai pris plaisir*.

de Galilée, il vit Simon et André,
frère de Simon, qui jetaient un fi-
let dans le lac; c'étaient en effet des
pêcheurs. 17 Jésus leur dit: «Suivez-
moi, et je ferai de vous des pêcheurs
d'hommes.» 18 Aussitôt, ils laissè-
rent leurs filets et le suivirent. 19 Il
alla un peu plus loin et vit Jacques,
fils de Zébédée, et son frère Jean,
qui étaient eux aussi dans une bar-
que et réparaient les filets. 20 Aussi-
tôt, il les appela; ils laissèrent leur
père Zébédée dans la barque avec
les ouvriers et le suivirent.

MINISTÈRE DE JÉSUS EN GALILÉE 1.21–9.50

Miracles à Capernaüm

21 Ils se rendirent à Capernaüm. Dès
le jour du sabbat, Jésus entra dans
la synagogue et se mit à enseigner.
22 On était frappé par son enseigne-
ment, car il enseignait avec autori-
té, et non pas comme les spécialis-
tes de la loi.
23 Il y avait dans leur synagogue un
homme qui avait un esprit impur.
Il s'écria: 24 «[Ah!] Que nous veux-
tu, Jésus de Nazareth? Es-tu venu
pour nous perdre? Je sais qui tu es:
le Saint de Dieu.» 25 Jésus le mena-
ça en disant: «Tais-toi et sors de cet
homme.» 26 L'esprit impur sortit de
cet homme en le secouant violem-
ment et en poussant un grand cri.
27 Tous furent si effrayés qu'ils se
demandaient les uns aux autres:
«Qu'est-ce que ceci? Quel est ce nou-
vel enseignement? Il commande
avec autorité même aux esprits im-
purs, et ils lui obéissent!» 28 Et sa ré-
putation gagna aussitôt toute la ré-
gion de la Galilée.
29 En sortant de la synagogue, ils se
rendirent avec Jacques et Jean à la
maison de Simon et d'André. 30 La
belle-mère de Simon était couchée
avec de la fièvre; aussitôt on par-
la d'elle à Jésus. 31 Il s'approcha, la
fit lever en lui prenant la main, et
[à l'instant] la fièvre la quitta. Puis
elle se mit à les servir.
32 Le soir, après le coucher du soleil,
on lui amena tous les malades et les
démoniaques. 33 Toute la ville était
rassemblée devant la porte. 34 Il
guérit beaucoup de personnes qui
souffraient de diverses maladies; il
chassa aussi beaucoup de démons,
et il ne leur permettait pas de parler,
parce qu'ils le connaissaient.

Guérisons en Galilée

35 Vers le matin, alors qu'il faisait
encore très sombre, il se leva et sor-
tit pour aller dans un endroit dé-
sert où il pria. 36 Simon et ceux qui
étaient avec lui se mirent à sa re-
cherche; 37 quand ils l'eurent trou-
vé, ils lui dirent: «Tout le monde te
cherche.» 38 Il leur répondit: «Allons
[ailleurs,] dans les villages voisins,
afin que j'y prêche aussi, car c'est
pour cela que je suis sorti.» 39 Et il
prêchait dans leurs synagogues
par toute la Galilée et chassait les
démons.
40 Un lépreux vint à lui et, se jetant
à genoux, lui dit en suppliant: «Si
tu le veux, tu peux me rendre pur.»
41 Rempli de compassion, Jésus ten-
dit la main, le toucha et dit: «Je le
veux, sois pur.» 42 Aussitôt la lèpre
le quitta et il fut purifié. 43 Jésus le
renvoya sur-le-champ avec de sé-
vères recommandations; 44 il lui dit:
«Fais bien attention de ne [rien] dire
à personne, mais va te montrer au
prêtre et présente pour ta purifica-
tion ce que Moïse a prescrit, afin
que cela leur serve de témoignage.»
45 Cependant cet homme, une fois
parti, se mit à proclamer partout
la nouvelle et à la propager, de sorte
que Jésus ne pouvait plus entrer pu-
bliquement dans une ville. Il se te-

nait dehors, dans des lieux déserts,
et l'on venait à lui de partout.

Guérison d'un paralysé

2 Quelques jours après, Jésus
revint à Capernaüm. On ap-
prit qu'il était à la maison, 2 et un si
grand nombre de personnes se ras-
semblèrent qu'il n'y avait plus de
place, pas même devant la porte. Il
leur annonçait la parole.
3 On vint lui amener un paralysé
porté par quatre hommes. 4 Com-
me ils ne pouvaient pas l'aborder à
cause de la foule, ils découvrirent le
toit au-dessus de l'endroit où il se
tenait et descendirent par cette ou-
verture le brancard sur lequel le pa-
ralysé était couché. 5 Voyant leur foi,
Jésus dit au paralysé: «Mon enfant,
tes péchés te sont pardonnés.» 6 Il
y avait là quelques spécialistes de
la loi qui étaient assis et qui se di-
saient en eux-mêmes: 7 «Pourquoi
cet homme parle-t-il ainsi? Il blas-
phème. Qui peut pardonner les pé-
chés, si ce n'est Dieu seul?» 8 Jésus
sut aussitôt dans son esprit qu'ils
raisonnaient ainsi en eux-mêmes,
et il leur dit: «Pourquoi raisonnez-
vous ainsi dans vos cœurs? 9 Qu'est-
ce qui est le plus facile à dire au pa-
ralysé: 'Tes péchés sont pardonnés',
ou: 'Lève-toi, prends ton brancard
et marche'? 10 Afin que vous sachiez
que le Fils de l'homme[n] a sur la terre
le pouvoir de pardonner les péchés,
11 je te l'ordonne – dit-il au paraly-
sé –, lève-toi, prends ton brancard
et retourne chez toi.» 12 Aussitôt il
se leva, prit son brancard et sor-
tit devant tout le monde, de sorte
qu'ils étaient tous très étonnés et
célébraient la gloire de Dieu en di-
sant: «Nous n'avons jamais rien vu
de pareil.»

Réactions face à Jésus

13 Jésus sortit de nouveau du côté
du lac. Toute la foule venait à lui et
il l'enseignait. 14 En passant, il vit
Lévi, fils d'Alphée, assis au bureau
des taxes. Il lui dit: «Suis-moi.» Lévi
se leva et le suivit.
15 Comme Jésus était à table dans la
maison de Lévi, beaucoup de col-
lecteurs d'impôts et de pécheurs[n]
se mirent aussi à table avec lui et
avec ses disciples, car ils étaient
nombreux à le suivre. 16 Le voyant
manger avec les collecteurs d'im-
pôts et les pécheurs, les spécialis-
tes de la loi et les pharisiens[n] dirent
à ses disciples: «Pourquoi mange-
t-il avec les collecteurs d'impôts
et les pécheurs?» 17 Jésus, qui avait
entendu, leur dit: «Ce ne sont pas
les bien portants qui ont besoin de
médecin, mais les malades. Je ne
suis pas venu appeler des justes,
mais des pécheurs, [à changer d'at-
titude].»
18 Les disciples de Jean et les pha-
risiens jeûnaient. Ils vinrent dire
à Jésus: «Pourquoi les disciples de
Jean et ceux des pharisiens jeûnent-
ils, tandis que tes disciples ne jeû-
nent pas?» 19 Jésus leur répondit:
«Les invités à[n] la noce peuvent-ils
jeûner pendant que le marié est
avec eux? Aussi longtemps que le
marié est avec eux, ils ne peuvent
pas jeûner. 20 Les jours viendront
où le marié leur sera enlevé, et
alors ils jeûneront durant ces jours-
là. 21 Personne ne coud un morceau
de tissu neuf sur un vieil habit, si-
non la pièce neuve ajoutée arrache

2.10 *Fils de l'homme*: expression par laquelle Jésus se désignait fréquemment lui-même, avec une probable allusion à Daniel 7.13. **2.15** *Pécheurs*: c'est-à-dire jugés comme tels par ceux qui se croyaient justes. **2.16** *Pharisiens*: membres d'un courant du judaïsme caractérisé par un fort intérêt pour les questions de pureté rituelle et par le souci de respecter le plus strictement possible la loi de Moïse ainsi que les traditions. **2.19** *Les invités à*: littéralement *les fils de*.

une partie du vieux, et la déchirure
devient pire. 22 Et personne ne met
du vin nouveau dans de vieilles
outres, sinon les outres éclatent, le
vin coule et les outres sont perdues;
mais [il faut mettre] le vin nouveau
dans des outres neuves.»

Jésus et le sabbat

23 Un jour de sabbat, Jésus traver-
sait des champs de blé. Tout en
marchant, ses disciples se mirent à
arracher des épis. 24 Les pharisiens
lui dirent: «Regarde! Pourquoi font-
ils ce qui n'est pas permis pendant
le sabbat[n]?» 25 Jésus leur répondit:
«N'avez-vous jamais lu ce qu'a fait
David, lorsqu'il a été dans le besoin
et qu'il a eu faim, lui et ses compa-
gnons? 26 Il est entré dans la mai-
son de Dieu, à l'époque du grand-
prêtre Abiathar, a mangé les pains
consacrés qu'il n'est permis qu'aux
prêtres de manger et en a même
donné à ses compagnons!» 27 Puis
il leur dit: «Le sabbat a été fait pour
l'homme, et non l'homme pour le
sabbat, 28 de sorte que le Fils de
l'homme est le Seigneur même du
sabbat.»

3 Jésus entra de nouveau dans
la synagogue. Il s'y trouvait un
homme qui avait la main paralysée.
2 Ils observaient Jésus pour voir s'il
le guérirait le jour du sabbat: c'était
afin de pouvoir l'accuser. 3 Jésus dit
à l'homme qui avait la main paraly-
sée: «Lève-toi, là au milieu.» 4 Puis
il leur dit: «Est-il permis, le jour du
sabbat, de faire du bien ou de faire
du mal, de sauver une personne ou
de la tuer?» Mais ils gardèrent le si-
lence. 5 Alors il promena sur eux un
regard de colère et, peiné de l'en-
durcissement de leur cœur, il dit à
l'homme: «Tends ta main.» Il la ten-
dit, et sa main fut guérie.
6 Les pharisiens sortirent et tinrent
aussitôt conseil avec les hérodiens[n]
sur les moyens de le faire mourir.
7 Jésus se retira au bord du lac avec
ses disciples. Une foule nombreuse
le suivit, venue de la Galilée, de la
Judée, 8 de Jérusalem, de l'Idumée,
de l'autre côté du Jourdain et des
environs de Tyr et de Sidon; cette
foule vint à lui car elle avait appris
tout ce qu'il faisait. 9 Il dit à ses dis-
ciples de tenir toujours à sa dispo-
sition une petite barque afin de ne
pas être écrasé par la foule. 10 En ef-
fet, comme il guérissait beaucoup
de gens, tous ceux qui avaient des
maladies se jetaient sur lui pour
le toucher. 11 Les esprits impurs,
quand ils le voyaient, se proster-
naient devant lui et s'écriaient: «Tu
es le Fils de Dieu.» 12 Mais il leur re-
commandait très sévèrement de ne
pas le faire connaître.

Choix des douze apôtres

13 Il monta ensuite sur la montagne;
il appela ceux qu'il voulait, et ils
vinrent vers lui. 14 Il en établit dou-
ze [auxquels il donna le nom d'apô-
tres,] pour qu'ils soient avec lui, et
pour les envoyer prêcher 15 avec
le pouvoir [de guérir les maladies
et] de chasser les démons. 16 [Voi-
ci les douze qu'il établit:] Simon,
qu'il appela Pierre; 17 Jacques, fils
de Zébédée, et Jean, frère de Jac-
ques, auxquels il donna le nom de
Boanergès, qui signifie «fils du ton-
nerre»; 18 André; Philippe; Barthé-
lémy; Matthieu; Thomas; Jacques,
fils d'Alphée; Thaddée; Simon le
Cananite[n]; 19 et Judas l'Iscariot[n],
celui qui trahit Jésus.

2.24 *Sabbat*: jour de repos, où l'on ne devait faire aucun travail pénible. **3.6** *Hérodiens*: partisans de la dynastie des Hérode et donc de l'occupant romain. **3.18** *Cananite*: terme qui désignait le membre d'un parti de patriotes juifs créé afin de résister aux Romains ou, plus généralement, une personne zélée pour la loi de Moïse. **3.19** *Iscariot*: c'est-à-dire homme de Karioth, ville de Judée.

Jésus contesté

20 Ils se rendirent à la maison, et la
foule se rassembla de nouveau, de
sorte qu'ils ne pouvaient même
pas prendre leur repas. 21 Lorsqu'ils
l'apprirent, les membres de la fa-
mille de Jésus vinrent pour s'empa-
rer de lui, car ils disaient: «Il a per-
du la raison.»
22 Les spécialistes de la loi qui
étaient descendus de Jérusalem di-
saient: «Il a en lui Béelzébul[n]; c'est
par le prince des démons qu'il chas-
se les démons.» 23 Jésus les appela et
leur dit sous forme de paraboles[n]:
«Comment Satan peut-il chasser Sa-
tan? 24 Si un royaume est confron-
té à des luttes internes, ce royaume
ne peut pas subsister, 25 et si une
famille est confrontée à des luttes
internes, cette famille ne peut pas
subsister. 26 Si donc Satan se dresse
contre lui-même, s'il est divisé, il ne
peut pas subsister, c'en est fini de
lui. 27 Personne ne peut entrer dans
la maison d'un homme fort et piller
ses biens sans avoir d'abord attaché
cet homme fort; alors seulement il
pillera sa maison. 28 Je vous le dis
en vérité, tous les péchés seront
pardonnés aux hommes, ainsi que
les blasphèmes qu'ils auront pro-
férés, 29 mais celui qui blasphéme-
ra contre le Saint-Esprit n'obtien-
dra jamais de pardon: il mérite une
condamnation éternelle.» 30 Jésus
parla de cette manière parce qu'ils
disaient: «Il a un esprit impur.»
31 Sa mère et ses frères arrivè-
rent donc. Ils se tenaient dehors
et l'envoyèrent appeler. 32 La foule
était assise autour de lui, et on lui
dit: «Voici, ta mère et tes frères [et
sœurs] sont dehors et te cherchent.»
33 Il répondit: «Qui est ma mère, et
qui sont mes frères?» 34 Puis il pro-
mena le regard sur ceux qui étaient
assis tout autour de lui et dit: «Voi-
ci ma mère et mes frères. 35 En ef-
fet, celui qui fait la volonté de Dieu,
celui-là est mon frère, ma sœur, ma
mère.»

Le semeur et les terrains

4 Jésus se mit de nouveau à en-
seigner au bord du lac. La foule
se rassembla autour de lui, si nom-
breuse qu'il monta dans une bar-
que où il s'assit, sur le lac. Toute la
foule était à terre sur le rivage. 2 Il
leur enseignait beaucoup de cho-
ses en paraboles. Il leur disait dans
son enseignement: 3 «Ecoutez! Un
semeur sortit pour semer. 4 Com-
me il semait, une partie de la se-
mence tomba le long du chemin;
les oiseaux vinrent et la mangè-
rent. 5 Une autre partie tomba dans
un sol pierreux, où elle n'avait pas
beaucoup de terre; elle leva aussi-
tôt, parce qu'elle ne trouva pas un
terrain profond, 6 mais quand le
soleil parut, elle fut brûlée et sécha,
faute de racines. 7 Une autre partie
tomba parmi les ronces; les ronces
poussèrent et l'étouffèrent, et elle
ne donna pas de fruit. 8 Une autre
partie tomba dans la bonne terre;
elle donna du fruit qui montait et
se développait, avec un rapport de
30, 60 ou 100 pour 1.» 9 Puis il dit:
«Que celui qui a des oreilles pour
entendre entende.»
10 Lorsqu'il fut seul avec eux, ceux
qui l'entouraient avec les douze
l'interrogèrent sur cette parabole.
11 Il leur dit: «C'est à vous qu'il a été
donné de connaître le mystère du
royaume de Dieu, mais pour ceux
qui sont à l'extérieur tout est pré-
senté en paraboles, 12 *afin qu'en re-
gardant ils regardent et ne voient*

3.22 *Béelzébul*: terme de mépris pour désigner Satan. **3.23** *Paraboles*: histoires visant à faire comprendre une vérité spirituelle au moyen d'un exemple tiré de la vie courante.

pas, et qu'en entendant ils enten-
dent et ne comprennent pas, de peur
qu'ils ne se convertissent et que leurs
péchés ne soient pardonnés[n].»
13 Il leur dit encore: «Vous ne com-
prenez pas cette parabole? Com-
ment donc comprendrez-vous tou-
tes les autres? 14 Le semeur sème la
parole. 15 Certains sont le long du
chemin où la parole est semée: dès
qu'ils l'ont entendue, Satan vient
et enlève la parole qui a été semée
en eux. 16 De même, d'autres reçoi-
vent la semence dans un sol pier-
reux: quand ils entendent la paro-
le, ils l'acceptent aussitôt avec joie,
17 mais ils n'ont pas de racines en
eux-mêmes, ils sont les hommes
d'un moment et, dès que survien-
nent les difficultés ou la persécu-
tion à cause de la parole, ils trébu-
chent. 18 D'autres encore reçoivent
la semence parmi les ronces: ils
entendent la parole, 19 mais les pré-
occupations de ce monde, l'attrait
trompeur des richesses et les pas-
sions en tout genre pénètrent en
eux, étouffent la parole et la ren-
dent infructueuse. 20 D'autres enfin
reçoivent la semence dans la bon-
ne terre: ce sont ceux qui entendent
la parole, l'accueillent et portent du
fruit, avec un rapport de 30, 60 ou
100 pour 1.»
21 Il leur dit encore: «Apporte-t-on la
lampe pour la mettre sous un seau
ou sous le lit? N'est-ce pas pour la
mettre sur son support? 22 Il n'y a
en effet rien de caché qui ne doive
être mis en lumière, rien de secret
qui ne doive être mis au jour. 23 Si
quelqu'un a des oreilles pour en-
tendre, qu'il entende.»
24 Il leur dit encore: «Prêtez bien
attention à ce que vous entendez.
On utilisera pour vous la même me-
sure que celle dont vous vous serez
servis, et on y ajoutera pour vous
[qui écoutez]. 25 En effet, on donne-
ra à celui qui a, mais à celui qui n'a
pas on enlèvera même ce qu'il a.»

La semence et la graine de moutarde

26 Il dit encore: «Voici à quoi res-
semble le royaume de Dieu. Il est
semblable à un homme qui jette de
la semence en terre; 27 qu'il dorme
ou qu'il reste éveillé, nuit et jour la
semence germe et pousse sans qu'il
sache comment. 28 [En effet,] d'elle-
même la terre produit d'abord l'her-
be, puis l'épi, enfin le grain tout for-
mé dans l'épi, 29 et, dès que le fruit
est mûr, on y met la faucille, car
c'est le moment de la moisson.»
30 Il dit encore: «A quoi compare-
rons-nous le royaume de Dieu ou
par quelle parabole le représen-
terons-nous? 31 Il est comme une
graine de moutarde: lorsqu'on la
sème en terre, c'est la plus petite de
toutes les semences qui sont sur la
terre. 32 Mais lorsqu'elle a été semée,
elle monte, devient plus grande
que tous les légumes et développe
de grandes branches, de sorte que
les oiseaux du ciel peuvent habiter
sous son ombre.»
33 C'est par beaucoup de parabo-
les de ce genre qu'il leur annon-
çait la parole, dans la mesure où ils
étaient capables de l'entendre. 34 Il
ne leur parlait pas sans parabole,
mais en privé il expliquait tout à
ses disciples.

Jésus, plus fort que la nature et les démons

35 Ce jour-là, le soir venu, Jésus
leur dit: «Passons sur l'autre rive.»
36 Après avoir renvoyé la foule, ils
l'emmenèrent dans la barque où il
se trouvait; il y avait aussi d'autres

4.12 *Afin qu'en... pardonnés*: citation d'Esaïe 6.9-10.

barques avec lui. 37 Un vent violent
s'éleva et les vagues se jetaient sur
la barque, au point qu'elle se rem-
plissait déjà. 38 Et lui, il dormait à
l'arrière sur le coussin. Ils le ré-
veillèrent et lui dirent: «Maître, cela
ne te fait rien que nous soyons en
train de mourir?» 39 Il se réveilla,
menaça le vent et dit à la mer: «Si-
lence! Tais-toi!» Le vent tomba et il
y eut un grand calme. 40 Puis il leur
dit: «Pourquoi êtes-vous si crain-
tifs? Comment se fait-il que vous
n'ayez pas de foi?» 41 Ils furent sai-
sis d'une grande frayeur et ils se di-
saient les uns aux autres: «Qui est
donc cet homme? Même le vent et
la mer lui obéissent!»
5 Ils arrivèrent sur l'autre rive
du lac, dans le pays des Gada-
réniens. 2 Dès que Jésus fut hors de
la barque, un homme vint à sa ren-
contre; il sortait des tombeaux et
il était animé par un esprit impur.
3 Cet homme habitait dans les tom-
beaux, et personne ne pouvait plus
l'attacher, même avec une chaîne.
4 En effet, souvent on l'avait atta-
ché avec des fers aux pieds et des
chaînes, mais il avait cassé les chaî-
nes et brisé les fers, et personne
n'avait la force de le maîtriser. 5 Il
était sans cesse, nuit et jour, dans
les tombeaux et sur les montagnes;
il criait et se blessait lui-même avec
des pierres. 6 Il vit Jésus de loin, ac-
courut, se prosterna devant lui 7 et
s'écria d'une voix forte: «Que me
veux-tu, Jésus, Fils du Dieu très-
haut? Je t'en supplie au nom de
Dieu, ne me tourmente pas.» 8 En
effet, Jésus lui disait: «Sors de cet
homme, esprit impur!» 9 Il lui de-
manda: «Quel est ton nom?» «Mon
nom est légion, car nous sommes
nombreux», répondit-il. 10 Et il le
suppliait avec insistance de ne
pas les envoyer hors du pays. 11 Il y
avait là, vers la montagne, un grand
troupeau de porcs en train de cher-
cher à manger. 12 Tous les démons
le supplièrent: «Envoie-nous dans
ces porcs afin que nous entrions
en eux.» 13 Il le leur permit [aussi-
tôt]. Les esprits impurs sortirent de
l'homme, entrèrent dans les porcs,
et le troupeau se précipita du haut
de la falaise dans le lac; il y avait en-
viron 2000 porcs, et ils se noyèrent
dans le lac. 14 Les gardiens du trou-
peau s'enfuirent et allèrent le ra-
conter dans la ville et dans les cam-
pagnes. Les gens allèrent voir ce qui
était arrivé. 15 Ils vinrent vers Jésus
et virent le démoniaque, celui qui
avait eu la légion de démons, assis,
habillé et dans son bon sens; et ils
furent saisis de frayeur. 16 Ceux qui
avaient été témoins de la scène leur
racontèrent ce qui était arrivé au
démoniaque et aux porcs. 17 Alors
ils se mirent à supplier Jésus de
quitter leur territoire.
18 Comme il montait dans la bar-
que, celui qui avait été démonia-
que le suppliait, demandant à l'ac-
compagner. 19 Jésus ne le lui permit
pas mais lui dit: «Va dans ta mai-
son, vers les tiens, et raconte-leur
tout ce que le Seigneur a fait pour
toi, comment il a eu pitié de toi.»
20 Il s'en alla et se mit à proclamer
dans la Décapole tout ce que Jésus
avait fait pour lui. Et tous étaient
dans l'étonnement.

Guérison d'une femme et résurrection d'une fillette

21 Jésus regagna en barque l'autre
rive, où une grande foule se ras-
sembla autour de lui. Il était au
bord du lac. 22 Alors vint un des
chefs de la synagogue, du nom de
Jaïrus. Lorsqu'il aperçut Jésus, il
se jeta à ses pieds 23 et le supplia
avec insistance: «Ma petite fille est
sur le point de mourir. Viens, pose
les mains sur elle afin qu'elle soit

sauvée, et elle vivra.» 24 Jésus s'en
alla avec lui. Une grande foule le
suivait et le pressait de tous côtés.
25 Or, il y avait une femme attein-
te d'hémorragies depuis 12 ans.
26 Elle avait beaucoup souffert en-
tre les mains de nombreux mé-
decins. Elle avait dépensé tout ce
qu'elle possédait, mais cela n'avait
servi à rien; au contraire, son état
avait plutôt empiré. 27 Elle entendit
parler de Jésus, vint dans la foule
par-derrière et toucha son vête-
ment, 28 car elle se disait: «Même si
je ne touche que ses vêtements, je
serai guérie.» 29 A l'instant même,
son hémorragie s'arrêta, et elle
sentit dans son corps qu'elle était
guérie de son mal. 30 Jésus se rendit
aussitôt compte qu'une force était
sortie de lui; il se retourna au mi-
lieu de la foule et dit: «Qui a touché
mes vêtements?» 31 Ses disciples
lui dirent: «Tu vois la foule qui te
presse et tu dis: 'Qui m'a touché?'»
32 Jésus regardait autour de lui pour
voir celle qui avait fait cela. 33 La
femme, effrayée et tremblante, sa-
chant ce qui lui était arrivé, vint se
jeter à ses pieds et lui dit toute la vé-
rité. 34 Alors il lui dit: «Ma fille, ta foi
t'a sauvée. Pars dans la paix et sois
guérie de ton mal.»
35 Il parlait encore quand des gens
arrivèrent de chez le chef de la sy-
nagogue et lui dirent: «Ta fille est
morte. Pourquoi déranger encore
le maître?» 36 Dès qu'il entendit
cette parole, Jésus dit au chef de la
synagogue: «N'aie pas peur, crois
seulement.» 37 Et il ne laissa per-
sonne l'accompagner, sauf Pierre,
Jacques et Jean, le frère de Jacques.
38 Ils arrivèrent à la maison du chef
de la synagogue où Jésus vit du tu-
multe, des gens qui pleuraient et
poussaient de grands cris. 39 Il en-
tra et leur dit: «Pourquoi faites-
vous ce tumulte et pourquoi pleu-
rez-vous? L'enfant n'est pas morte,
mais elle dort.» 40 Ils se moquaient
de lui. Alors il les fit tous sortir, prit
avec lui le père et la mère de l'en-
fant et ceux qui l'avaient accompa-
gné, et il entra là où l'enfant était
[couchée]. 41 Il la prit par la main
et lui dit: «Talitha koumi», ce qui
signifie: «Jeune fille, lève-toi, je te
le dis». 42 Aussitôt la jeune fille se
leva et se mit à marcher, car elle
avait 12 ans. Ils furent [aussitôt]
remplis d'un grand étonnement.
43 Jésus leur adressa de fortes re-
commandations pour que person-
ne ne le sache et demanda qu'on
donne à manger à la jeune fille.

Jésus rejeté à Nazareth

6 Jésus partit de là et se rendit
dans sa patrie. Ses disciples le
suivirent. 2 Le jour du sabbat, il se
mit à enseigner dans la synagogue.
Beaucoup de gens l'entendirent; ils
étaient étonnés et disaient: «D'où
cela lui vient-il? Quelle est cette sa-
gesse qui lui a été donnée? Et com-
ment de tels miracles se font-ils par
son intermédiaire? 3 N'est-il pas le
charpentier, le fils de Marie, le frè-
re de Jacques, de Joses, de Jude et de
Simon? Et ses sœurs ne sont-elles
pas ici parmi nous?» Et il représen-
tait un obstacle pour eux. 4 Mais
Jésus leur dit: «Un prophète n'est
méprisé que dans sa patrie, parmi
ses parents et dans sa famille.» 5 Il
ne put faire là aucun miracle, si ce
n'est qu'il guérit quelques malades
en posant les mains sur eux. 6 Et il
s'étonnait de leur incrédulité.

Mission des douze apôtres

Jésus parcourait les villages des en-
virons en enseignant. 7 Alors il ap-
pela les douze et commença à les
envoyer deux à deux, et il leur don-
na autorité sur les esprits impurs.
8 Il leur recommanda de ne rien

prendre pour le voyage, sauf un bâ-
ton, de n'avoir ni pain, ni sac, ni ar-
gent dans la ceinture, 9 de chausser
des sandales et de ne pas mettre
deux chemises.
10 Puis il leur dit: «Si quelque part
vous entrez dans une maison,
restez-y jusqu'à votre départ. 11 Et
si, dans une ville, les gens ne vous
accueillent pas et ne vous écoutent
pas, retirez-vous de là et secouez
la poussière de vos pieds[n] en té-
moignage contre eux. [Je vous le
dis en vérité, le jour du jugement,
Sodome et Gomorrhe seront trai-
tées moins sévèrement que cette
ville-là.]»
12 Ils partirent et prêchèrent en ap-
pelant chacun à changer d'attitude.
13 Ils chassaient beaucoup de dé-
mons, appliquaient de l'huile à
beaucoup de malades et les gué-
rissaient.

Exécution de Jean-Baptiste

14 Le roi Hérode entendit parler de
Jésus, car son nom était devenu
célèbre. Il disait: «Jean-Baptiste
est ressuscité, et c'est pour cela
qu'il a le pouvoir de faire des mi-
racles.» 15 D'autres disaient: «C'est
Elie.» Et d'autres disaient: «C'est un
prophète comme l'un de nos pro-
phètes.» 16 Mais Hérode, en appre-
nant cela, disait: «Ce Jean que j'ai
fait décapiter, c'est lui, il est res-
suscité.»
17 En effet, Hérode lui-même avait
fait arrêter Jean et l'avait fait en-
chaîner en prison à cause d'Héro-
diade, la femme de son frère Phi-
lippe, qu'il avait épousée, 18 car
Jean lui disait: «Il ne t'est pas per-
mis d'avoir pour femme l'épouse de
ton frère.» 19 Furieuse contre Jean,
Hérodiade voulait le faire mourir,
mais elle ne le pouvait pas, 20 car
Hérode redoutait Jean, sachant que
c'était un homme juste et saint, et il
le protégeait. Après l'avoir entendu,
il était souvent perplexe, et c'était
avec plaisir qu'il l'écoutait.
21 Cependant, un jour propice ar-
riva lorsque Hérode, pour son an-
niversaire, donna un festin à ses
grands, aux chefs militaires et
aux personnalités de la Galilée.
22 La fille d'Hérodiade entra dans
la salle, elle dansa et plut à Hérode
et à ses invités. Le roi dit à la jeu-
ne fille: «Demande-moi ce que tu
veux, et je te le donnerai.» 23 Il ajou-
ta avec serment: «Ce que tu me de-
manderas, je te le donnerai, même
si c'était la moitié de mon royau-
me.» 24 Elle sortit et dit à sa mère:
«Que demanderai-je?» Sa mère ré-
pondit: «La tête de Jean-Baptiste.»
25 Elle s'empressa aussitôt de ren-
trer vers le roi et lui fit cette de-
mande: «Je veux que tu me donnes
à l'instant, sur un plat, la tête de
Jean-Baptiste.» 26 Le roi fut attris-
té, mais, à cause de ses serments et
des invités, il ne voulut pas refuser.
27 Il envoya sur-le-champ un gar-
de, avec ordre d'apporter la tête de
Jean-Baptiste. Le garde alla décapi-
ter Jean dans la prison 28 et appor-
ta la tête sur un plat. Il la donna à
la jeune fille et la jeune fille la don-
na à sa mère. 29 Quand les disciples
de Jean apprirent cette nouvelle, ils
vinrent prendre son corps et le mi-
rent dans un tombeau.

Multiplication des pains pour 5000 hommes

30 Les apôtres se rassemblèrent
autour de Jésus et lui racontèrent
tout ce qu'ils avaient fait et tout ce
qu'ils avaient enseigné. 31 Jésus leur

6.11 *Secouez... pieds*: les Juifs avaient l'habitude de secouer la poussière de leurs pieds en quittant une ville non juive; ils exprimaient ainsi leur séparation d'avec ceux qui n'adoraient pas le vrai Dieu.

dit: «Venez à l'écart dans un endroit
désert et reposez-vous un peu.» En
effet, il y avait beaucoup de monde
qui allait et venait, et ils n'avaient
même pas le temps de manger.
32 Ils partirent donc dans une bar-
que pour aller à l'écart dans un en-
droit désert. 33 Beaucoup de gens les
virent s'en aller et le reconnurent,
et de toutes les villes on accourut à
pied et on les devança à l'endroit où
ils se rendaient. 34 Quand il sortit de
la barque, Jésus vit une grande fou-
le et fut rempli de compassion pour
eux, parce qu'ils étaient *comme des
brebis qui n'ont pas de berger*[n], et il
se mit à leur enseigner beaucoup
de choses.
35 Comme l'heure était déjà bien
tardive, ses disciples s'approchè-
rent de lui et dirent: «Cet endroit
est désert, et il est déjà tard. 36 Ren-
voie-les afin qu'ils aillent dans
les campagnes et dans les villa-
ges des environs pour s'acheter du
pain, car ils n'ont rien à manger.»
37 Jésus leur répondit: «Donnez-
leur vous-mêmes à manger!» Mais
ils lui dirent: «Faut-il aller acheter
des pains pour 200 pièces d'argent
et leur donner à manger?» 38 Il leur
dit: «Combien de pains avez-vous?
Allez voir.» Ils s'en assurèrent et ré-
pondirent: «Cinq, et deux poissons.»
39 Alors il leur ordonna de les faire
tous asseoir par groupes sur l'herbe
verte; 40 ils s'assirent par rangées de
100 et de 50. 41 Il prit les cinq pains
et les deux poissons, leva les yeux
vers le ciel et prononça la prière
de bénédiction. Puis il rompit les
pains et les donna aux disciples
afin qu'ils les distribuent à la foule.
Il partagea aussi les deux poissons
entre tous. 42 Tous mangèrent et
furent rassasiés, 43 et l'on emporta
douze paniers pleins de morceaux
de pain et de ce qui restait des pois-
sons. 44 Ceux qui avaient mangé les
pains étaient au nombre de 5000
hommes.
45 Aussitôt après, il obligea ses dis-
ciples à monter dans la barque et
à le précéder sur l'autre rive, vers
Bethsaïda, pendant que lui-même
renverrait la foule. 46 Quand il l'eut
renvoyée, il s'en alla sur la monta-
gne pour prier.
47 Le soir venu, la barque était au
milieu du lac et Jésus était seul à
terre. 48 Il vit qu'ils avaient beau-
coup de peine à ramer, car le vent
leur était contraire. Vers la fin de la
nuit, il alla vers eux en marchant
sur le lac, et il voulait les dépasser.
49 Quand ils le virent marcher sur le
lac, ils crurent que c'était un fantô-
me et ils poussèrent des cris, 50 car
ils le voyaient tous et ils étaient af-
folés. Jésus leur parla aussitôt et
leur dit: «Rassurez-vous, c'est moi.
N'ayez pas peur!» 51 Puis il monta
près d'eux dans la barque, et le vent
tomba. Ils étaient en eux-mêmes
extrêmement stupéfaits [et éton-
nés] 52 car ils n'avaient pas compris
le miracle des pains, parce que leur
cœur était endurci.
53 Après avoir traversé le lac, ils ar-
rivèrent dans la région de Génésa-
reth et y abordèrent. 54 Dès qu'ils
furent sortis de la barque, les gens
reconnurent Jésus 55 et parcouru-
rent tous les environs; ils se mi-
rent à apporter les malades sur des
brancards là où ils apprenaient sa
présence. 56 Partout où il arrivait,
dans les villages, dans les villes ou
dans les campagnes, on mettait les
malades sur les places publiques
et on le suppliait de leur permet-
tre seulement de toucher le bord
de son vêtement. Tous ceux qui le
touchaient étaient guéris.

6.34 *Comme… berger*: citation de Nombres 27.17.

Le cœur humain

7 Les pharisiens et quelques spécialistes de la loi, venus de Jérusalem, se rassemblèrent auprès de Jésus. 2 Ils virent quelques-uns de ses disciples prendre leur repas avec des mains impures, c'est-à-dire non lavées. 3 – Or, les pharisiens et tous les Juifs ne mangent pas sans s'être lavé soigneusement les mains, conformément à la tradition des anciens. 4 Et quand ils reviennent de la place publique, ils ne mangent pas avant de s'être purifiés. Ils tiennent encore à beaucoup d'autres traditions comme le lavage des coupes, des cruches et des vases de bronze. – 5 Alors les pharisiens et les spécialistes de la loi lui demandèrent: «Pourquoi tes disciples ne suivent-ils pas la tradition des anciens mais prennent-ils au contraire leur repas avec des mains non lavées?»

6 Jésus leur répondit: «Hypocrites, Esaïe a bien prophétisé sur vous, comme il est écrit: *Ce peuple m'honore des lèvres, mais son cœur est éloigné de moi.* 7 *C'est faussement qu'ils m'honorent en donnant des enseignements qui sont des commandements humains.*[n] 8 Vous abandonnez le commandement de Dieu et vous gardez la tradition des hommes [car vous lavez les pots et les coupes et vous faites beaucoup d'autres choses semblables].» 9 Il leur dit encore: «Vous rejetez très bien le commandement de Dieu pour garder votre tradition. 10 En effet, Moïse a dit: *Honore ton père et ta mère*[n] et: *Celui qui maudira son père ou sa mère sera puni de mort*[n]. 11 Mais d'après vous, si un homme dit à son père ou à sa mère: 'Ce dont j'aurais pu t'assister est corban, c'est-à-dire une offrande à Dieu', 12 alors il peut ne plus rien faire pour son père ou pour sa mère. 13 Vous annulez ainsi la parole de Dieu par la tradition que vous avez établie et vous faites beaucoup d'autres choses semblables.»

14 Ensuite, Jésus appela toute la foule et lui dit: «Ecoutez-moi tous et comprenez. 15 Il n'y a rien d'extérieur à l'homme qui puisse le rendre impur en pénétrant en lui, mais c'est ce qui sort de l'homme qui le rend impur. 16 [Si quelqu'un a des oreilles pour entendre, qu'il entende.]»

17 Lorsqu'il fut entré dans la maison, loin de la foule, ses disciples l'interrogèrent sur cette parabole. 18 Il leur dit: «Vous aussi, vous êtes donc sans intelligence? Ne comprenez-vous pas que rien de ce qui, de l'extérieur, entre dans l'homme ne peut le rendre impur? 19 En effet, cela n'entre pas dans son cœur, mais dans son ventre, puis est évacué dans les toilettes.» Il déclarait ainsi que tous les aliments sont purs. 20 Il dit encore: «C'est ce qui sort de l'homme qui le rend impur. 21 En effet, c'est de l'intérieur, c'est du cœur des hommes que sortent les mauvaises pensées, les adultères, l'immoralité sexuelle, les meurtres, 22 les vols, la soif de posséder, les méchancetés, la fraude, la débauche, le regard envieux, la calomnie, l'orgueil, la folie. 23 Toutes ces choses mauvaises sortent du dedans et rendent l'homme impur.»

Jésus et la femme non juive

24 Jésus partit de là et s'en alla dans le territoire de Tyr et de Sidon. Il entra dans une maison, désirant que personne ne le sache, mais il ne put rester caché, 25 car une femme

7.6-7 *Ce peuple… humains*: citation d'Esaïe 29.13.
7.10 *Honore… mère*: citation du 5e des dix commandements (Exode 20.12; Deutéronome 5.16).
7.10 *Celui qui… mort*: citation d'Exode 21.17.

dont la fillette avait un esprit im-
pur entendit parler de lui et vint
se jeter à ses pieds. 26 Cette femme
était une non-Juive d'origine syro-
phénicienne. Elle le pria de chas-
ser le démon hors de sa fille. Jésus
lui dit: 27 «Laisse d'abord les enfants
se rassasier, car il n'est pas bien de
prendre le pain des enfants et de le
jeter aux petits chiens.» 28 «Oui, Sei-
gneur, lui répondit-elle, mais les pe-
tits chiens, sous la table, mangent
les miettes des enfants.» 29 Alors il
lui dit: «A cause de cette parole, tu
peux t'en aller: le démon est sorti de
ta fille.» 30 Et quand elle rentra chez
elle, elle trouva l'enfant couchée sur
le lit: le démon était sorti.
31 Jésus quitta le territoire de Tyr et
revint par Sidon vers le lac de Gali-
lée en traversant la région de la Dé-
capole. 32 On lui amena un sourd
qui avait de la difficulté à parler et
on le supplia de poser la main sur
lui. 33 Il le prit à part loin de la foule,
lui mit les doigts dans les oreilles et
lui toucha la langue avec sa propre
salive. 34 Puis il leva les yeux au ciel,
soupira et dit: «Ephphatha» – c'est-
à-dire «Ouvre-toi». 35 Aussitôt ses
oreilles s'ouvrirent, sa langue se
délia et il se mit à parler correcte-
ment. 36 Jésus leur recommanda de
n'en parler à personne, mais plus
il le leur recommandait, plus ils le
proclamaient. 37 Remplis d'éton-
nement, ils disaient: «Il fait tout à
merveille; il fait même entendre les
sourds et parler les muets.»

Multiplication des pains pour 4000 hommes

8 Ces jours-là, une foule [très]
nombreuse s'était [de nou-
veau] réunie et n'avait pas de quoi
manger. Jésus appela ses disciples
et leur dit: 2 «Je suis rempli de com-
passion pour cette foule, car voilà
trois jours qu'ils sont près de moi, et
ils n'ont rien à manger. 3 Si je les ren-
voie chez eux à jeun, les forces leur
manqueront en chemin, car quel-
ques-uns d'entre eux sont venus
de loin.» 4 Ses disciples lui répon-
dirent: «Comment pourrait-on leur
donner assez de pains à manger, ici,
dans un endroit désert?» 5 Jésus leur
demanda: «Combien avez-vous de
pains?» «Sept», répondirent-ils.
6 Alors il fit asseoir la foule par ter-
re, prit les sept pains et, après avoir
remercié Dieu, il les rompit et les
donna à ses disciples pour les dis-
tribuer; et ils les distribuèrent à la
foule. 7 Ils avaient encore quelques
petits poissons; Jésus [les] bénit et
les fit aussi distribuer. 8 Ils mangè-
rent et furent rassasiés, et l'on em-
porta sept corbeilles pleines des
morceaux qui restaient. 9 Ceux qui
mangèrent étaient environ 4000.
Ensuite Jésus les renvoya.
10 Aussitôt il monta dans la barque
avec ses disciples et se rendit dans
la région de Dalmanutha. 11 Les
pharisiens arrivèrent, se mirent à
discuter avec Jésus et, pour le met-
tre à l'épreuve, lui demandèrent un
signe venant du ciel. 12 Jésus soupi-
ra profondément dans son esprit et
dit: «Pourquoi cette génération de-
mande-t-elle un signe? Je vous le
dis en vérité, il ne sera pas donné
de signe à cette génération.» 13 Puis
il les quitta et remonta [dans la bar-
que] pour passer sur l'autre rive.
14 Les disciples avaient oublié de
prendre des pains; ils n'en avaient
qu'un seul avec eux dans la barque.
15 Jésus leur fit cette recomman-
dation: «Attention, méfiez-vous
du levain des pharisiens et du le-
vain d'Hérode.» 16 Les disciples rai-
sonnaient entre eux [et disaient]:
«C'est parce que nous n'avons pas
de pains.» 17 Jésus, le sachant, leur
dit: «Pourquoi raisonnez-vous sur
le fait que vous n'avez pas de pains?

Ne comprenez-vous pas et ne sai-
sissez-vous pas encore? 18 Avez-
vous [encore] le cœur endurci?
*Vous avez des yeux et vous ne voyez
pas? Vous avez des oreilles et vous
n'entendez pas?*[n] Ne vous rappelez-
vous pas? 19 Quand j'ai rompu les
cinq pains pour les 5000 hommes,
combien de paniers pleins de mor-
ceaux avez-vous emportés?» «Dou-
ze», lui répondirent-ils. 20 «Et quand
j'ai rompu les sept [pains] pour les
4000 hommes, combien de cor-
beilles pleines de morceaux avez-
vous emportées?» «Sept», répondi-
rent-ils. 21 Et il leur dit: «[Comment]
se fait-il que vous ne compreniez
pas [encore]?»
22 Ils se rendirent à Bethsaïda; on
amena un aveugle vers Jésus et on
le supplia de le toucher. 23 Il prit
l'aveugle par la main et le condui-
sit à l'extérieur du village; puis il lui
mit de la salive sur les yeux, posa
les mains sur lui et lui demanda s'il
voyait quelque chose. 24 Il regar-
da et dit: «J'aperçois les gens, je les
vois comme des arbres, et ils mar-
chent.» 25 Jésus lui mit de nouveau
les mains sur les yeux et, quand
l'aveugle regarda fixement, il fut
guéri et vit tout distinctement.
26 Alors Jésus le renvoya chez lui en
disant: «N'entre pas dans le village
[et n'en parle à personne].»

Pierre reconnaît Jésus comme le Messie

27 Jésus s'en alla avec ses disciples
dans les villages voisins de Césa-
rée de Philippe. Il leur posa en che-
min cette question: «Qui suis-je,
d'après les hommes?» 28 Ils répon-
dirent: «Jean-Baptiste; d'après cer-
tains, Elie; d'après d'autres, l'un des
prophètes.» 29 «Et d'après vous, qui
suis-je?» leur demanda-t-il. Pierre
lui répondit: «Tu es le Messie.»
30 Jésus leur recommanda sévère-
ment de n'en parler à personne.
31 Alors il commença à leur en-
seigner qu'il fallait que le Fils de
l'homme souffre beaucoup, qu'il
soit rejeté par les anciens, par les
chefs des prêtres et par les spécia-
listes de la loi, qu'il soit mis à mort
et qu'il ressuscite trois jours après.
32 Il leur disait cela ouvertement.
Alors Pierre le prit à part et se mit
à le reprendre, 33 mais Jésus se re-
tourna, regarda ses disciples et ré-
primanda Pierre en disant: «Arrière,
Satan, car tes pensées ne sont pas
les pensées de Dieu, mais celles des
hommes.»
34 Puis il appela la foule avec ses
disciples et il leur dit: «Si quelqu'un
veut être mon disciple, qu'il renon-
ce à lui-même, qu'il se charge de
sa croix et qu'il me suive! 35 En ef-
fet, celui qui voudra sauver sa vie
la perdra, mais celui qui la perdra
à cause de moi et de la bonne nou-
velle la sauvera. 36 Et que servira-
t-il à un homme de gagner le mon-
de entier, s'il perd son âme? 37 Que
donnera un homme en échange de
son âme? 38 En effet, celui qui aura
honte de moi et de mes paroles au
milieu de cette génération adul-
tère et pécheresse, le Fils de l'hom-
me aura aussi honte de lui quand il
viendra dans la gloire de son Père
avec les saints anges.»
9 Il leur dit encore: «Je vous le
dis en vérité, quelques-uns de
ceux qui sont ici ne mourront pas
avant d'avoir vu le royaume de Dieu
venir avec puissance.»

La transfiguration

2 Six jours après, Jésus prit avec
lui Pierre, Jacques et Jean, et il les
conduisit seuls à l'écart sur une

8.18 *Vous avez des yeux… n'entendez pas*: citation de Jérémie 5.21.

haute montagne. Il fut transfigu-
ré devant eux; 3 ses vêtements de-
vinrent resplendissants et d'une
telle blancheur que personne sur la
terre ne peut blanchir ainsi. 4 Elie et
Moïse leur apparurent; ils s'entrete-
naient avec Jésus. 5 Pierre prit la pa-
role et dit à Jésus: «Maître, il est bon
que nous soyons ici. Faisons trois
abris: un pour toi, un pour Moïse
et un pour Elie.» 6 Il ne savait que
dire, car ils étaient effrayés. 7 Une
nuée vint les couvrir, et de la nuée
sortit une voix: «Celui-ci est mon
Fils bien-aimé: écoutez-le!» 8 Aus-
sitôt les disciples regardèrent tout
autour et ils ne virent plus que Jé-
sus seul avec eux.

9 Comme ils descendaient de la
montagne, Jésus leur recomman-
da de ne dire ce qu'ils avaient vu à
personne jusqu'à ce que le Fils de
l'homme soit ressuscité. 10 Ils retin-
rent cette parole, se demandant en-
tre eux ce que signifiait ressusciter.
11 Puis ils lui posèrent cette ques-
tion: «Pourquoi les spécialistes de
la loi disent-ils qu'Elie doit venir
d'abord?» 12 Il leur répondit: «Elie
doit venir d'abord pour rétablir tou-
tes choses. Et pourquoi est-il écrit,
à propos du Fils de l'homme, qu'il
doit souffrir beaucoup et être mé-
prisé? 13 Mais je vous le dis: Elie est
déjà venu et ils l'ont traité comme
ils ont voulu, conformément à ce
qui est écrit à son sujet.»

Guérison d'un démoniaque

14 Lorsqu'ils revinrent vers les dis-
ciples, ils virent autour d'eux une
grande foule et des spécialistes
de la loi qui discutaient avec eux.
15 Dès que les gens virent Jésus,
ils furent surpris et accoururent
pour le saluer. 16 Il leur demanda:
«De quoi discutez-vous avec eux?»
17 Un homme de la foule lui répon-
dit: «Maître, je t'ai amené mon fils
qui a un esprit muet. 18 Partout où
l'esprit s'empare de lui, il le jette par
terre; l'enfant écume, grince des
dents et devient tout raide. J'ai prié
tes disciples de chasser l'esprit et ils
n'ont pas pu.» 19 «Génération incré-
dule, leur dit Jésus, jusqu'à quand
serai-je avec vous? Jusqu'à quand
devrai-je vous supporter? Amenez-
le-moi.» On le lui amena. 20 Dès que
l'enfant vit Jésus, l'esprit l'agita avec
violence; il tomba, et il se roulait
par terre en écumant. 21 Jésus de-
manda au père: «Depuis combien
de temps cela lui arrive-t-il?» «De-
puis son enfance, répondit-il, 22 et
souvent l'esprit l'a jeté dans le feu
et dans l'eau pour le faire mourir.
Mais si tu peux faire quelque chose,
viens à notre secours, aie compas-
sion de nous.» 23 Jésus lui dit: «Si tu
peux! Tout est possible à celui qui
croit.» 24 Aussitôt le père de l'enfant,
[en larmes,] s'écria: «Je crois, [Sei-
gneur,] viens au secours de mon
incrédulité!» 25 Voyant accourir la
foule, Jésus menaça l'esprit impur
en lui disant: «Esprit muet et sourd,
je te l'ordonne, sors de cet enfant et
n'y rentre plus.» 26 L'esprit sortit de
l'enfant en poussant des cris et en le
secouant très violemment. L'enfant
devint comme mort, de sorte que
beaucoup disaient qu'il était mort,
27 mais Jésus le prit par la main, le
fit lever, et il se tint debout.

28 Quand Jésus entra dans la mai-
son, ses disciples lui demandèrent
en privé: «Pourquoi n'avons-nous
pas pu chasser cet esprit?» 29 Il leur
dit: «Cette espèce-là ne peut sortir
que par la prière [et par le jeûne].»
30 Ils partirent de là et traversè-
rent la Galilée. Jésus ne voulait
pas qu'on le sache, 31 car il ensei-
gnait ses disciples et il leur disait:
«Le Fils de l'homme sera livré entre
les mains des hommes; ils le feront
mourir et, trois jours après avoir été

mis à mort, il ressuscitera.» 32 Ce-
pendant, les disciples ne compre-
naient pas cette parole et ils avaient
peur de l'interroger.

Petits et grands dans le royaume de Dieu

33 Ils arrivèrent à Capernaüm.
Lorsqu'il fut dans la maison, Jésus
leur demanda: «De quoi discutiez-
vous en chemin?» 34 Mais ils gar-
dèrent le silence, car en chemin ils
avaient discuté entre eux pour sa-
voir qui était le plus grand. 35 Alors
il s'assit, appela les douze et leur
dit: «Si quelqu'un veut être le pre-
mier, il sera le dernier de tous et le
serviteur de tous.» 36 Il prit un pe-
tit enfant, le plaça au milieu d'eux
et, après l'avoir pris dans ses bras,
il leur dit: 37 «Celui qui accueille en
mon nom un de ces petits enfants,
c'est moi-même qu'il accueille, et
celui qui m'accueille, ce n'est pas
moi qu'il accueille, mais celui qui
m'a envoyé.»
38 Jean lui dit: «Maître, nous avons
vu quelqu'un chasser des démons
en ton nom, et nous l'en avons em-
pêché parce qu'il ne nous suit pas.»
39 «Ne l'en empêchez pas, répondit
Jésus, car personne ne peut faire
un miracle en mon nom et aussi-
tôt après dire du mal de moi. 40 En
effet, qui n'est pas contre nous est
pour nous. 41 Et celui qui vous don-
nera à boire un verre d'eau en mon
nom, parce que vous appartenez à
Christ, je vous le dis en vérité, il ne
perdra pas sa récompense. 42 Mais
si quelqu'un fait trébucher un seul
de ces petits qui croient en moi, il
vaudrait mieux pour lui qu'on atta-
che à son cou une grosse meule de
moulin et qu'on le jette à la mer.
43 »Si ta main te pousse à mal agir,
coupe-la. Mieux vaut pour toi en-
trer manchot dans la vie que d'avoir
les deux mains et d'aller en enfer,
dans le feu qui ne s'éteint pas, 44 [là
où *le ver ne meurt pas et où le feu ne
s'éteint pas*[n]]. 45 Si ton pied te pous-
se à mal agir, coupe-le. Mieux vaut
pour toi entrer boiteux dans la vie
que d'avoir les deux pieds et d'être
jeté en enfer, [dans le feu qui ne
s'éteint pas, 46 là où *le ver ne meurt
pas et où le feu ne s'éteint pas*[n]]. 47 Et
si ton œil te pousse à mal agir, ar-
rache-le. Mieux vaut pour toi en-
trer dans le royaume de Dieu avec
un seul œil que d'avoir deux yeux et
d'être jeté dans l'enfer [de feu], 48 là
où *le ver ne meurt pas et où le feu ne
s'éteint pas*[n]. 49 En effet, tout homme
sera salé de feu [et tout sacrifice
sera salé de sel]. 50 Le sel est une
bonne chose, mais s'il perd sa sa-
veur, avec quoi la lui rendrez-vous?
Ayez du sel en vous-mêmes et soyez
en paix les uns avec les autres.»

MINISTÈRE DE JÉSUS EN JUDÉE 10.1–13.37

Le divorce

10 Jésus partit de là et se rendit
dans le territoire de la Judée,
de l'autre côté du Jourdain. La foule
se rassembla de nouveau près de lui
et, conformément à son habitude,
il se mit encore à l'enseigner.
2 Les pharisiens l'abordèrent et,
pour lui tendre un piège, ils lui de-
mandèrent s'il est permis à un hom-
me de divorcer de sa femme. 3 Il leur
répondit: «Que vous a prescrit Moï-
se?» 4 «Moïse, dirent-ils, nous a per-
mis d'*écrire une lettre de divorce et
de renvoyer notre femme*[n].» 5 Jésus
leur dit: «C'est à cause de la dure-
té de votre cœur que Moïse vous a

9.44, 46, 48 *Le ver… s'éteint pas*: citation d'Esaïe 66.24. **10.4** *Ecrire… notre femme*: renvoi à Deutéronome 24.1.

donné cette règle. 6 Mais au com-
mencement de la création, *Dieu
a fait l'homme et la femme;* 7 *c'est
pourquoi l'homme quittera son père
et sa mère [et s'attachera à sa fem-
me],* 8 *et les deux ne feront qu'un*[n].
Ainsi, ils ne sont plus deux mais ne
font qu'un. 9 Que l'homme ne sépa-
re donc pas ce que Dieu a uni.»
10 Lorsqu'ils furent dans la maison,
les disciples l'interrogèrent encore
là-dessus. 11 Il leur dit: «Celui qui
renvoie sa femme et qui en épouse
une autre commet un adultère en-
vers elle, 12 et si une femme divorce
de son mari et en épouse un autre,
elle commet un adultère.»

Les petits enfants et l'homme riche

13 Des gens lui amenaient des petits
enfants afin qu'il les touche, mais
les disciples leur firent des repro-
ches. 14 Voyant cela, Jésus fut in-
digné et leur dit: «Laissez les pe-
tits enfants venir à moi et ne les en
empêchez pas, car le royaume de
Dieu est pour ceux qui leur ressem-
blent. 15 Je vous le dis en vérité: ce-
lui qui n'accueille pas le royaume
de Dieu comme un petit enfant n'y
entrera pas.» 16 Puis il les prit dans
ses bras et les bénit en posant les
mains sur eux.
17 Comme Jésus se mettait en che-
min, un homme accourut et se jeta
à genoux devant lui: «Bon maître,
lui demanda-t-il, que dois-je faire
pour hériter de la vie éternelle?»
18 Jésus lui dit: «Pourquoi m'ap-
pelles-tu bon? Personne n'est bon,
si ce n'est Dieu seul. 19 Tu connais
les commandements: *Tu ne com-
mettras pas d'adultère; tu ne com-
mettras pas de meurtre; tu ne com-
mettras pas de vol; tu ne porteras
pas de faux témoignage*; tu ne fe-
ras de tort à personne; *honore ton
père et ta mère*[n].» 20 Il lui répondit:
«Maître, j'ai respecté tous ces com-
mandements dès ma jeunesse.»
21 L'ayant regardé, Jésus l'aima, et
il lui dit: «Il te manque une chose:
va vendre tout ce que tu as, donne-
le aux pauvres, et tu auras un tré-
sor dans le ciel. Puis viens, [charge-
toi de la croix] et suis-moi.» 22 Mais
l'homme s'assombrit à cette parole
et s'en alla tout triste, car il avait de
grands biens. 23 Regardant autour
de lui, Jésus dit à ses disciples:
«Qu'il est difficile à ceux qui ont des
richesses d'entrer dans le royaume
de Dieu!» 24 Les disciples furent ef-
frayés de ce que Jésus parlait ain-
si. Il reprit: «Mes enfants, qu'il est
difficile [à ceux qui se confient
dans les richesses] d'entrer dans le
royaume de Dieu! 25 Il est plus faci-
le à un chameau de passer par un
trou d'aiguille qu'à un riche d'en-
trer dans le royaume de Dieu.»
26 Les disciples furent encore plus
étonnés et se dirent les uns aux
autres: «Qui donc peut être sau-
vé?» 27 Jésus les regarda et dit: «Aux
hommes cela est impossible, mais
non à Dieu, car tout est possible à
Dieu.»
28 Alors Pierre lui dit: «Nous avons
tout quitté et nous t'avons suivi.»
29 Jésus répondit: «Je vous le dis
en vérité, personne n'aura quitté à
cause de moi et à cause de la bon-
ne nouvelle sa maison ou ses frères,
ses sœurs, sa mère, son père, [sa
femme,] ses enfants ou ses terres,
30 sans recevoir au centuple, dans
le temps présent, des maisons, des
frères, des sœurs, des mères, des
enfants et des terres, avec des per-
sécutions et, dans le monde à venir,
la vie éternelle. 31 Bien des premiers

10.6-8 *Dieu a fait… qu'un*: citation de Genèse 1.27 puis 2.24. **10.19** *Tu ne commettras… ta mère*: citation de cinq des dix commandements (Exode 20.12-16; Deutéronome 5.16-20).

seront les derniers et bien des der-
niers seront les premiers.»

Demande de Jacques et Jean

32 Ils étaient en chemin pour
monter à Jérusalem et Jésus allait
devant eux. Les disciples étaient
effrayés et ceux qui le suivaient
étaient dans la crainte. Jésus prit de
nouveau les douze avec lui et com-
mença à leur dire ce qui devait lui
arriver: 33 «Nous montons à Jérusa-
lem et le Fils de l'homme sera livré
aux chefs des prêtres et aux spécia-
listes de la loi. Ils le condamneront
à mort et le livreront aux non-Juifs.
34 Ils se moqueront de lui, crache-
ront sur lui, le fouetteront et le fe-
ront mourir, et trois jours après il
ressuscitera.»
35 Jacques et Jean, les fils de Zébé-
dée, s'approchèrent de Jésus et lui
dirent: «Maître, nous voudrions
que tu fasses pour nous ce que
nous te demanderons.» 36 Il leur
dit: «Que voulez-vous que je fas-
se pour vous?» 37 «Accorde-nous,
lui dirent-ils, d'être assis l'un à ta
droite et l'autre à ta gauche, quand
tu seras dans ta gloire.» 38 Jésus leur
répondit: «Vous ne savez pas ce que
vous demandez. Pouvez-vous boire
la coupe que je vais boire ou être
baptisés du baptême dont je vais
être baptisé?» «Nous le pouvons»,
dirent-ils. 39 Jésus leur répondit:
«Vous boirez en effet la coupe que
je vais boire et vous serez baptisés
du baptême dont je vais être bapti-
sé. 40 Mais quant à être assis à ma
droite ou à ma gauche, cela ne dé-
pend pas de moi et ne sera donné
qu'à ceux pour qui cela est prépa-
ré.» 41 Après avoir entendu cela, les
dix autres commencèrent à s'indi-
gner contre Jacques et Jean. 42 Jésus
les appela et leur dit: «Vous savez
que ceux que l'on considère comme
les chefs des nations dominent sur
elles et que leurs grands les tien-
nent sous leur pouvoir. 43 Ce n'est
pas le cas au milieu de vous, mais
si quelqu'un veut être grand parmi
vous, il sera votre serviteur; 44 et
si quelqu'un veut être le premier
parmi vous, qu'il soit l'esclave de
tous. 45 En effet, le Fils de l'homme
est venu non pour être servi, mais
pour servir et donner sa vie en ran-
çon pour beaucoup.»

Guérison d'un aveugle

46 Ils arrivèrent à Jéricho. Lorsque
Jésus sortit de la ville avec ses dis-
ciples et une assez grande fou-
le, Bartimée, le fils aveugle de Ti-
mée, était assis en train de mendier
au bord du chemin. 47 Il entendit
que c'était Jésus de Nazareth et se
mit à crier: «Fils de David[n], Jésus,
aie pitié de moi!» 48 Beaucoup le
reprenaient pour le faire taire,
mais il criait beaucoup plus fort:
«Fils de David, aie pitié de moi!»
49 Jésus s'arrêta et dit: «Appelez-le.»
Ils appelèrent l'aveugle en lui disant:
«Prends courage, lève-toi, il t'ap-
pelle.» 50 L'aveugle jeta son manteau
et, se levant d'un bond, vint vers Jé-
sus. 51 Jésus prit la parole et lui dit:
«Que veux-tu que je fasse pour toi?»
«Mon maître, lui répondit l'aveugle,
que je retrouve la vue.» 52 Jésus lui
dit: «Vas-y, ta foi t'a sauvé.» Aussitôt
il retrouva la vue et il suivit Jésus sur
le chemin.

Entrée triomphale de Jésus à Jérusalem

11 Lorsqu'ils approchèrent de
Jérusalem, près de Bethpha-
gé et de Béthanie, vers le mont des

10.47 *Fils de David*: titre donné au Messie, le Sauveur attendu par les Juifs, sur la base notamment de 2 Samuel 7.12-16; Esaïe 9.5-6.

Oliviers, Jésus envoya deux de ses
disciples 2 en leur disant: «Allez
au village qui est devant vous. Dès
que vous y serez entrés, vous trou-
verez un ânon attaché, sur lequel
personne n'est encore monté. Déta-
chez-le et amenez-le. 3 Si quelqu'un
vous demande: 'Pourquoi faites-
vous cela?' répondez: 'Le Seigneur
en a besoin', et à l'instant il le lais-
sera venir ici.»
4 Les disciples partirent; ils trou-
vèrent l'ânon attaché dehors près
d'une porte, dans la rue, et ils le dé-
tachèrent. 5 Quelques-uns de ceux
qui étaient là leur dirent: «Que
faites-vous? Pourquoi détachez-
vous cet ânon?» 6 Ils répondirent
comme Jésus le leur avait dit, et
on les laissa faire. 7 Ils amenèrent
l'ânon à Jésus, jetèrent leurs vête-
ments sur lui, et Jésus s'assit des-
sus. 8 Beaucoup de gens étendirent
leurs vêtements sur le chemin, et
d'autres des branches qu'ils cou-
pèrent dans les champs. 9 Ceux
qui précédaient et ceux qui sui-
vaient Jésus criaient: «*Hosanna!*[n]
Béni soit celui qui vient au nom du
Seigneur![n] 10 Béni soit le règne qui
vient [au nom du Seigneur], le rè-
gne de David, notre père! Hosanna
dans les lieux très hauts!»
11 Jésus entra à Jérusalem et se ren-
dit au temple. Après avoir tout re-
gardé autour de lui, comme il était
déjà tard, il sortit pour aller à Bé-
thanie avec les douze.

Jésus dans le temple

12 Le lendemain, comme ils quit-
taient Béthanie, Jésus eut faim. 13 Il
aperçut de loin un figuier qui avait
des feuilles et alla voir s'il y trou-
verait quelque chose, mais quand
il se fut approché, il ne trouva que
des feuilles, car ce n'était pas la sai-
son des figues. 14 Alors Jésus prit la
parole et lui dit: «Que plus jamais
personne ne mange de ton fruit!» Et
ses disciples l'entendirent.
15 Ils arrivèrent à Jérusalem, et Jé-
sus entra dans le temple. Il se mit
à chasser ceux qui vendaient et qui
achetaient dans le temple, et il ren-
versa les tables des changeurs de
monnaie et les sièges des vendeurs
de pigeons. 16 Il ne laissait person-
ne transporter un objet à travers le
temple 17 et il les enseignait en di-
sant: «N'est-il pas écrit: *Mon tem-*
ple sera appelé une maison de priè-
re pour toutes les nations[n]? Mais
vous, vous en avez fait *une caver-*
ne de voleurs[n].» 18 Les chefs des
prêtres et les spécialistes de la loi
l'entendirent, et ils cherchaient les
moyens de le faire mourir; ils le re-
doutaient en effet, parce que toute
la foule était frappée par son ensei-
gnement. 19 Le soir venu, Jésus sor-
tit de la ville.
20 Le lendemain matin, en pas-
sant, les disciples virent le figuier:
il était desséché jusqu'aux racines.
21 Se rappelant ce qui s'était passé,
Pierre dit à Jésus: «Maître, regarde,
le figuier que tu as maudit est des-
séché.» 22 Jésus leur dit alors: «Ayez
foi en Dieu. 23 Je vous le dis en vé-
rité, si quelqu'un dit à cette mon-
tagne: 'Retire-toi de là et jette-toi
dans la mer', et s'il ne doute pas
dans son cœur mais croit que ce
qu'il dit arrive, il le verra s'accom-
plir. 24 C'est pourquoi je vous le dis:
tout ce que vous demanderez en
priant, croyez que vous l'avez reçu
et cela vous sera accordé. 25 Et lors-
que vous êtes debout pour prier,

11.9 *Hosanna*: expression signifiant *sauve donc* et devenue une exclamation de joie ou un cri de bienvenue. **11.9** *Hosanna… Seigneur*: citation du Psaume 118.25, 26. **11.17** *Mon temple… nations*: citation d'Esaïe 56.7. **11.17** *Une caverne de voleurs*: renvoi à Jérémie 7.11.

si vous avez quelque chose contre
quelqu'un, pardonnez-lui afin que
votre Père céleste vous pardonne
aussi vos fautes. 26 [Mais si vous ne
pardonnez pas, votre Père céleste
ne vous pardonnera pas non plus
vos fautes.]»
27 Ils se rendirent de nouveau à Jé-
rusalem et, pendant que Jésus se
promenait dans le temple, les chefs
des prêtres, les spécialistes de la
loi et les anciens vinrent vers lui
28 et lui dirent: «Par quelle autori-
té fais-tu ces choses et qui t'a don-
né l'autorité de les faire?» 29 Jésus
leur répondit: «Je vous poserai [moi
aussi] une question; répondez-
moi, et je vous dirai par quelle au-
torité je fais ces choses. 30 Le baptê-
me de Jean venait-il du ciel ou des
hommes? Répondez-moi.» 31 Mais
ils raisonnèrent ainsi entre eux: «Si
nous répondons: 'Du ciel', il dira:
'Pourquoi donc n'avez-vous pas
cru en lui?' 32 Et si nous répondons:
'Des hommes...'» Ils redoutaient les
réactions du peuple, car tous consi-
déraient réellement Jean comme un
prophète. 33 Alors ils répondirent à
Jésus: «Nous ne savons pas.» Jésus
leur répondit: «Moi non plus, je ne
vous dirai pas par quelle autorité je
fais ces choses.»

Parabole des vignerons

12 Jésus se mit ensuite à leur
parler en paraboles: «Un
homme planta une vigne. Il l'en-
toura d'une haie, creusa un pres-
soir et construisit une tour. Puis
il la loua à des vignerons et quit-
ta le pays. 2 Le moment venu, il en-
voya un serviteur vers les vignerons
pour recevoir d'eux une part de ré-
colte de la vigne. 3 Ils s'emparèrent
de lui, le battirent et le renvoyèrent
les mains vides. 4 Il envoya de nou-
veau vers eux un autre serviteur;
ils [lui jetèrent des pierres,] le frap-
pèrent à la tête et l'insultèrent. 5 Il
en envoya un troisième et ils le tuè-
rent, puis beaucoup d'autres qu'ils
battirent ou tuèrent. 6 Il avait en-
core un fils bien-aimé; il l'envoya
vers eux en dernier, disant: 'Ils
auront du respect pour mon fils.'
7 Mais ces vignerons dirent entre
eux: 'Voilà l'héritier. Venez, tuons-
le et l'héritage sera à nous.' 8 Et ils
s'emparèrent de lui, le tuèrent et
le jetèrent hors de la vigne. 9 Que
fera donc le maître de la vigne? Il
viendra, fera mourir les vignerons
et donnera la vigne à d'autres.
10 »N'avez-vous pas lu cette parole
de l'Ecriture: *La pierre qu'ont reje-
tée ceux qui construisaient est deve-
nue la pierre angulaire;* 11 *c'est l'œu-
vre du Seigneur, et c'est un prodige à
nos yeux*[n]?»
12 Ils cherchaient à l'arrêter, mais ils
redoutaient les réactions de la foule.
Ils avaient compris que c'était pour
eux que Jésus avait dit cette para-
bole. Ils le laissèrent alors et s'en al-
lèrent.

Tentatives de piéger Jésus

13 Ils envoyèrent auprès de Jésus
quelques pharisiens et des héro-
diens, afin de le prendre au piège de
ses propres paroles. 14 Ils vinrent lui
dire: «Maître, nous savons que tes
paroles sont vraies et que tu ne te
laisses influencer par personne, car
tu ne regardes pas à l'apparence des
gens et tu enseignes le chemin de
Dieu en toute vérité. Est-il permis,
ou non, de payer l'impôt à l'empe-
reur? Devons-nous payer ou ne
pas payer?» 15 Mais Jésus, connais-
sant leur hypocrisie, leur répon-
dit: «Pourquoi me tendez-vous un
piège? Apportez-moi une pièce de

12.10-11 *La pierre... yeux*: citation du Psaume 118.22-23.

monnaie afin que je la voie.» 16 Ils
en apportèrent une. Jésus leur de-
manda: «De qui porte-t-elle l'effi-
gie et l'inscription?» «De l'empe-
reur», lui répondirent-ils. 17 Alors
il leur dit: «Rendez à l'empereur ce
qui est à l'empereur et à Dieu ce qui
est à Dieu.» Et ils furent dans l'éton-
nement à son sujet.
18 Les sadducéens[n], qui disent qu'il
n'y a pas de résurrection, vinrent
auprès de Jésus et lui posèrent cet-
te question: 19 «Maître, voici ce
que Moïse nous a prescrit: *Si un*
homme meurt et laisse une fem-
me *sans avoir d'enfants, son frè-*
re épousera la veuve et donnera
une descendance à son frère.[n] 20 Or,
il y avait sept frères. Le premier
s'est marié et est mort sans lais-
ser de descendance. 21 Le deuxiè-
me a pris la veuve pour femme et
est mort sans laisser de descen-
dance. Il en est allé de même pour
le troisième, 22 et aucun des sept
n'a laissé de descendance. Après
eux tous, la femme est morte aus-
si. 23 A la résurrection, duquel d'en-
tre eux sera-t-elle la femme? En ef-
fet, les sept l'ont eue pour épouse.»
24 Jésus leur répondit: «N'êtes-vous
pas dans l'erreur parce que vous
ne connaissez ni les Ecritures ni
la puissance de Dieu? 25 En effet, à
la résurrection, les hommes et les
femmes ne se marieront pas, mais
ils seront comme les anges dans
le ciel. 26 En ce qui concerne la ré-
surrection des morts, n'avez-vous
pas lu dans le livre de Moïse ce que
Dieu lui a dit, dans l'épisode du
buisson: *Je suis le Dieu d'Abraham,*
le Dieu d'Isaac et le Dieu de Jacob[n]?
27 Dieu n'est pas le Dieu des morts,
mais des vivants. Vous êtes com-
plètement dans l'erreur.»
28 Un des spécialistes de la loi, qui
les avait entendus discuter, vit que
Jésus avait bien répondu aux saddu-
céens. Il s'approcha et lui deman-
da: «Quel est le premier de tous les
commandements?» 29 Jésus répon-
dit: «Voici le premier: *Ecoute, Israël,*
le Seigneur, notre Dieu, est l'unique
Seigneur[n] 30 et *tu aimeras le Sei-*
gneur, ton Dieu, de tout ton cœur, de
toute ton âme, de toute ta pensée et
de toute ta force[n]. 31 Voici le deuxiè-
me: *Tu aimeras ton prochain com-*
me toi-même.[n] Il n'y a pas d'autre
commandement plus grand que
ceux-là.» 32 Le spécialiste de la loi
lui dit: «Bien, maître. Tu as dit avec
vérité que *Dieu est unique*, qu'*il n'y*
en a pas d'autre que lui[n] 33 et que
l'aimer de tout son cœur, de toute
son intelligence, [de toute son âme]
et de toute sa force, et aimer son pro-
chain comme soi-même, c'est plus
que tous les holocaustes et tous les
sacrifices.» 34 Voyant qu'il avait ré-
pondu avec intelligence, Jésus lui
dit: «Tu n'es pas loin du royaume de
Dieu.» Personne n'osa plus lui poser
de questions.

Reproches de Jésus aux chefs religieux

35 Jésus continuait à enseigner dans
le temple; il dit: «Comment les spé-
cialistes de la loi peuvent-ils dire
que le Messie est le fils de David[n]?
36 [En effet,] David lui-même, ani-
mé par l'Esprit saint, a dit: *Le Sei-*
gneur a dit à mon Seigneur: 'Assieds-
toi à ma droite jusqu'à ce que j'aie

12.18 *Sadducéens*: membres d'un courant du judaïsme souvent associé aux prêtres et à l'aristocratie. **12.19** *Si un homme… son frère*: citation de Deutéronome 25.5. **12.26** *Je suis… Jacob*: citation d'Exode 3.6. **12.29** *Ecoute… Seigneur*: citation de Deutéronome 6.4. **12.30** *Tu aimeras… ta force*: citation de Deutéronome 6.5. **12.31** *Tu aimeras… toi-même*: citation de Lévitique 19.18. **12.32** *Il n'y en a pas d'autre que lui*: conséquence de la citation faite précédemment, explicitement formulée en Deutéronome 4.35. **12.35** *Fils de David*: voir la note 10.47.

fait de tes ennemis ton marchepied.'[n]
37 David lui-même l'appelle Sei-
gneur. Comment peut-il donc
être son fils?» Et une grande foule
l'écoutait avec plaisir.
38 Il leur disait dans son enseigne-
ment: «Attention aux spécialistes
de la loi qui aiment se promener en
longues robes et être salués sur les
places publiques! 39 Ils recherchent
les sièges d'honneur dans les sy-
nagogues et les meilleures places
dans les festins; 40 ils dépouillent
les veuves de leurs biens tout en
faisant pour l'apparence de lon-
gues prières. Ils seront jugés plus
sévèrement.»
41 Jésus était assis vis-à-vis du tronc
et regardait comment la foule y
mettait de l'argent. De nombreux
riches mettaient beaucoup. 42 Une
pauvre veuve vint aussi; elle y mit
deux petites pièces, une toute peti-
te somme. 43 Alors Jésus appela ses
disciples et leur dit: «Je vous le dis
en vérité, cette pauvre veuve a don-
né plus que tous ceux qui ont mis
dans le tronc, 44 car tous ont pris
de leur superflu pour mettre dans
le tronc, tandis qu'elle, elle a mis
de son nécessaire, tout ce qu'elle
possédait, tout ce qu'elle avait pour
vivre.»

Discours sur le mont des Oliviers

13 Lorsque Jésus sortit du
temple, un de ses disciples
lui dit: «Maître, regarde: quelles
pierres et quelles constructions!»
2 Jésus lui répondit: «Vois-tu ces
grandes constructions? Il ne res-
tera pas pierre sur pierre, tout sera
détruit.»
3 Puis il s'assit sur le mont des Oli-
viers, en face du temple. Pierre, Jac-
ques, Jean et André lui posèrent en
privé cette question: 4 «Dis-nous:
quand cela arrivera-t-il et à quel si-
gne reconnaîtra-t-on que tous ces
événements vont s'accomplir?»
5 Jésus se mit alors à leur dire: «Fai-
tes bien attention que personne ne
vous égare. 6 En effet, beaucoup
viendront sous mon nom et diront:
'C'est moi.' Et ils tromperont beau-
coup de gens. 7 Quand vous enten-
drez parler de guerres et de mena-
ces de guerres, ne vous laissez pas
effrayer, car il faut que ces choses
arrivent. Cependant, ce ne sera pas
encore la fin. 8 *Une nation se dresse-
ra contre une nation et un royaume
contre un royaume*[n]; en divers en-
droits il y aura des tremblements
de terre, il y aura des famines [et
des troubles]. Ce sera le commen-
cement des douleurs. 9 Faites atten-
tion à vous-mêmes. On vous livrera
aux tribunaux et vous serez battus
dans les synagogues; vous compa-
raîtrez devant des gouverneurs et
devant des rois à cause de moi pour
leur apporter votre témoignage.
10 Il faut d'abord que la bonne nou-
velle soit proclamée à toutes les na-
tions. 11 Quand on vous emmènera
pour vous faire arrêter, ne vous in-
quiétez pas d'avance de ce que vous
direz, mais dites ce qui vous sera
donné au moment même. En effet,
ce n'est pas vous qui parlerez, mais
l'Esprit saint. 12 Le frère livrera son
frère à la mort, et le père son enfant;
les enfants se soulèveront contre
leurs parents et les feront mourir.
13 Vous serez détestés de tous à cau-
se de mon nom, mais celui qui per-
sévérera jusqu'à la fin sera sauvé.
14 »Lorsque vous verrez l'abomina-
ble dévastation[n] [dont a parlé le

12.36 *Le Seigneur... marchepied*: citation du Psaume 110.1. **13.8** *Une nation... royaume*: renvoi à Esaïe 19.2. **13.14** *L'abominable dévastation*: littéralement *l'abomination de la dévastation*, expression reprise de Daniel 11.31; 12.11.

prophète Daniel] établie là où elle
ne doit pas être – que celui qui lit
fasse attention – alors, que ceux
qui seront en Judée s'enfuient dans
les montagnes, 15 que celui qui sera
sur le toit ne descende pas et n'en-
tre pas dans sa maison pour pren-
dre quelque chose, 16 et que celui
qui sera dans les champs ne re-
tourne pas en arrière pour prendre
son manteau. 17 Malheur aux fem-
mes qui seront enceintes et à celles
qui allaiteront durant ces jours-là!
18 Priez pour que cela n'arrive pas
en hiver, 19 *car ces jours-là, la dé-
tresse sera telle qu'il n'y en a pas eu
de pareille depuis le commencement
du monde*[n] que Dieu a créé jusqu'à
présent et qu'il n'y en aura jamais
plus. 20 Et si le Seigneur n'avait pas
abrégé ces jours, personne ne se-
rait sauvé; mais il les a abrégés à
cause des élus, de ceux qu'il a choi-
sis. 21 Si quelqu'un vous dit alors:
'Le Messie est ici' ou: 'Il est là', ne
le croyez pas, 22 car de prétendus
messies et de prétendus prophè-
tes surgiront; ils feront des prodi-
ges et des signes miraculeux pour
tromper, si c'était possible, [même]
ceux qui ont été choisis. 23 Soyez sur
vos gardes: je vous ai tout annoncé
d'avance. 24 Mais ces jours-là, après
ce temps de détresse, *le soleil s'obs-
curcira, la lune ne donnera plus sa
lumière,* 25 *les étoiles tomberont du
ciel*[n] et les puissances célestes se-
ront ébranlées. 26 Alors on verra *le
Fils de l'homme venir sur les nuées*[n]
avec beaucoup de puissance et de
gloire. 27 Il enverra ses anges et ras-
semblera ceux qu'il a choisis des
quatre coins du monde, de l'extré-
mité de la terre jusqu'à l'extrémité
du ciel. 28 Tirez instruction de la pa-
rabole du figuier: dès que ses bran-
ches deviennent tendres et que les
feuilles poussent, vous savez que
l'été est proche. 29 De même, quand
vous verrez ces choses arriver, sa-
chez que le Fils de l'homme est pro-
che, qu'il est à la porte. 30 Je vous le
dis en vérité, cette génération ne
passera pas avant que tout cela
n'arrive. 31 Le ciel et la terre dispa-
raîtront, mais mes paroles ne dis-
paraîtront pas.
32 »Quant au jour et à l'heure, per-
sonne ne les connaît, pas même les
anges dans le ciel ni le Fils: le Père
seul les connaît. 33 Faites bien at-
tention, restez en éveil et priez, car
vous ignorez quand ce temps vien-
dra. 34 Cela se passera comme pour
un homme qui part en voyage: il
laisse sa maison, remet l'autorité à
ses serviteurs, indique à chacun son
travail et ordonne au portier de res-
ter éveillé. 35 Restez donc vigilants,
car vous ne savez pas quand viendra
le maître de la maison: le soir, ou au
milieu de la nuit, ou au chant du coq,
ou le matin. 36 Qu'il ne vous trou-
ve pas endormis quand il arrive-
ra tout à coup! 37 Ce que je vous dis,
je le dis à tous: Restez vigilants.»

MORT ET RÉSURRECTION DE JÉSUS
14.1–16.20

Complot contre Jésus

14 La fête de la Pâque et des
pains sans levain devait
avoir lieu deux jours après. Les
chefs des prêtres et les spécialis-
tes de la loi cherchaient les moyens
d'arrêter Jésus par ruse et de le fai-
re mourir. 2 Ils se disaient en effet:
«Que ce ne soit pas pendant la fête,
afin qu'il n'y ait pas d'agitation par-
mi le peuple.»

13.19 *Car… monde*: citation de Daniel 12.1. **13.24-25** *Le soleil… ciel*: citation combinée d'Esaïe 13.10 et 34.4. **13.26** *Le Fils… nuées*: citation de Daniel 7.13.

Une femme verse du parfum sur Jésus

3 Comme Jésus était à Béthanie,
dans la maison de Simon le lépreux,
une femme entra pendant qu'il se
trouvait à table. Elle tenait un vase
qui contenait un parfum de nard[n]
pur très cher. Elle brisa le vase et
versa le parfum sur la tête de Jésus.
4 Quelques-uns exprimèrent leur
indignation entre eux: «A quoi bon
gaspiller ce parfum? 5 On aurait pu
le vendre plus de 300 pièces d'ar-
gent et les donner aux pauvres» et
ils s'irritaient contre cette femme.
6 Mais Jésus dit: «Laissez-la. Pour-
quoi lui faites-vous de la peine?
Elle a fait une bonne action envers
moi. 7 En effet, vous avez toujours
les pauvres avec vous et vous pou-
vez leur faire du bien quand vous le
voulez, mais vous ne m'aurez pas
toujours. 8 Elle a fait ce qu'elle a pu,
elle a d'avance parfumé mon corps
pour l'ensevelissement. 9 Je vous le
dis en vérité, partout où cette bon-
ne nouvelle sera proclamée, dans le
monde entier, on racontera aussi en
souvenir de cette femme ce qu'elle
a fait.»
10 Judas l'Iscariot, l'un des douze,
alla vers les chefs des prêtres afin
de leur livrer Jésus. 11 Ils se réjoui-
rent en l'entendant et promirent de
lui donner de l'argent. Quant à Ju-
das, il se mit à chercher une occa-
sion favorable pour le trahir.

Institution de la cène

12 Le premier jour des pains sans
levain, où l'on sacrifiait l'agneau
pascal, les disciples de Jésus lui di-
rent: «Où veux-tu que nous allions
te préparer le repas de la Pâque[n]?»
13 Il envoya deux de ses disciples et
leur dit: «Allez à la ville. Vous ren-
contrerez un homme qui porte une
cruche d'eau: suivez-le. 14 Là où il
entrera, dites au propriétaire de
la maison: 'Le maître dit: Où est la
salle où je mangerai la Pâque avec
mes disciples?' 15 Alors il vous mon-
trera une grande chambre à l'éta-
ge, aménagée et toute prête: c'est
là que vous nous préparerez la Pâ-
que.» 16 Ses disciples partirent, ar-
rivèrent à la ville et trouvèrent tout
comme il le leur avait dit, et ils pré-
parèrent la Pâque.
17 Le soir venu, il s'y rendit avec les
douze. 18 Pendant qu'ils étaient à ta-
ble et qu'ils mangeaient, Jésus dit:
«Je vous le dis en vérité, l'un de vous,
qui mange avec moi, me trahira.»
19 Ils devinrent tout tristes et lui di-
rent l'un après l'autre: «Est-ce moi?»
20 Il leur répondit: «C'est l'un des
douze, celui qui met la main dans
le plat avec moi. 21 Le Fils de l'hom-
me s'en va conformément à ce qui
est écrit à son sujet, mais malheur à
l'homme par qui le Fils de l'homme
est trahi! Mieux vaudrait pour cet
homme qu'il ne soit pas né.»
22 Pendant qu'ils mangeaient, Jésus
prit du pain et, après avoir pronon-
cé la prière de bénédiction, il le
rompit et le leur donna en disant:
«Prenez, [mangez,] ceci est mon
corps.» 23 Il prit ensuite une cou-
pe et, après avoir remercié Dieu, il
la leur donna et ils en burent tous.
24 Il leur dit: «Ceci est mon sang, le
sang de la [nouvelle] alliance, qui
est versé pour beaucoup. 25 Je vous
le dis en vérité, je ne boirai plus ja-
mais du fruit de la vigne, jusqu'au
jour où je le boirai nouveau dans le
royaume de Dieu.»
26 Après avoir chanté les psaumes,
ils se rendirent au mont des Oli-
viers. 27 Jésus leur dit: «Vous tré-

14.3 *Nard*: plante. **14.12** *La Pâque*: fête juive qui commémorait la sortie d'Egypte des Israélites, leur libération de l'esclavage et le fait que la vie de leurs fils aînés avait été épargnée.

bucherez tous, [cette nuit, à cause
de moi,] car il est écrit: *Je frappe-
rai le berger, et les brebis seront
dispersées.*[n] 28 Mais, après ma ré-
surrection, je vous précéderai en
Galilée.» 29 Pierre lui dit: «Même
si tous trébuchent, ce ne sera pas
mon cas.» 30 Jésus lui dit: «Je te le
dis en vérité, aujourd'hui, cette
nuit même, avant que le coq chan-
te [deux fois], toi, tu me renieras
trois fois.» 31 Mais Pierre reprit plus
fortement: «Même s'il me faut mou-
rir avec toi, je ne te renierai pas.» Et
tous dirent la même chose.

Arrestation de Jésus

32 Ils se rendirent ensuite dans un
endroit appelé Gethsémané, et Jé-
sus dit à ses disciples: «Asseyez-
vous ici pendant que je prierai.»
33 Il prit avec lui Pierre, Jacques et
Jean, et il commença à être saisi de
frayeur et d'angoisse. 34 Il leur dit:
«Mon âme est triste à en mourir;
restez ici, éveillés.» 35 Puis il avança
de quelques pas, se jeta contre ter-
re et pria que, si cela était possible,
cette heure s'éloigne de lui. 36 Il di-
sait: «Abba, Père, tout t'est possible.
Eloigne de moi cette coupe! Toute-
fois, non pas ce que je veux, mais ce
que tu veux.» 37 Il vint vers les disci-
ples, qu'il trouva endormis, et il dit
à Pierre: «Simon, tu dors! Tu n'as
pas pu rester éveillé une seule heu-
re! 38 Restez vigilants et priez pour
ne pas céder à la tentation. L'esprit
est bien disposé, mais par nature
l'homme[n] est faible.» 39 Il s'éloigna
de nouveau et fit la même prière.
40 Il revint et les trouva encore en-
dormis, car ils avaient les paupiè-
res lourdes. Ils ne surent que lui ré-
pondre. 41 Il revint pour la troisième
fois et leur dit: «Vous dormez main-
tenant et vous vous reposez! C'est
assez! L'heure est venue; voici que
le Fils de l'homme est livré entre les
mains des pécheurs. 42 Levez-vous,
allons-y! Celui qui me trahit s'ap-
proche.»
43 Il parlait encore quand soudain
arriva Judas, l'un des douze, avec
une foule armée d'épées et de bâ-
tons envoyée par les chefs des prê-
tres, par les spécialistes de la loi et
par les anciens. 44 Celui qui le tra-
hissait leur avait donné ce signe:
«L'homme auquel je donnerai un
baiser, c'est lui. Arrêtez-le et em-
menez-le sous bonne garde!» 45 Dès
qu'il fut arrivé, il s'approcha de Jé-
sus en disant: «Maître!» et il l'em-
brassa. 46 Alors ces gens mirent la
main sur Jésus et l'arrêtèrent.
47 Un de ceux qui étaient là tira
l'épée, frappa le serviteur du grand-
prêtre et lui emporta l'oreille. 48 Jé-
sus prit la parole et leur dit: «Vous
êtes venus vous emparer de moi
avec des épées et des bâtons, com-
me pour un brigand. 49 J'étais tous
les jours parmi vous, enseignant
dans le temple, et vous ne m'avez
pas arrêté. Mais c'est afin que les
Ecritures soient accomplies.»
50 Alors tous l'abandonnèrent et
prirent la fuite. 51 Un jeune homme
le suivait, habillé d'un simple drap.
On l'attrapa, 52 mais il lâcha le drap
et se sauva tout nu.

Jésus devant le conseil juif

53 Ils emmenèrent Jésus chez le
grand-prêtre, où se rassemblèrent
tous les chefs des prêtres, les an-
ciens et les spécialistes de la loi.
54 Pierre le suivit de loin jusqu'à l'in-
térieur de la cour du grand-prêtre;
il s'assit avec les serviteurs et il se
chauffait près du feu.

14.27 *Je frapperai… dispersées*: citation de Zacharie 13.7. **14.38** *Par nature l'homme*: littéralement *la chair.*

55 Les chefs des prêtres et tout
le sanhédrin[n] cherchaient un
témoignage contre Jésus pour le
faire mourir, et ils n'en trouvaient
pas. 56 Beaucoup rendaient en ef-
fet de faux témoignages contre lui,
mais les témoignages n'étaient pas
concordants. 57 Quelques-uns se le-
vèrent et portèrent un faux témoi-
gnage contre lui en disant: 58 «Nous
l'avons entendu dire: 'Je détruirai ce
temple fait par la main de l'homme,
et en trois jours j'en construirai un
autre qui ne sera pas fait de main
d'homme.'» 59 Même sur ce point-
là, leurs témoignages ne concor-
daient pas. 60 Alors le grand-prêtre
se leva au milieu de l'assemblée et
interrogea Jésus en disant: «Ne ré-
ponds-tu rien? Pourquoi ces gens
témoignent-ils contre toi?» 61 Mais
Jésus gardait le silence et ne ré-
pondit rien. Le grand-prêtre l'in-
terrogea de nouveau et lui dit: «Es-
tu le Messie, le Fils du Dieu béni?»
62 Jésus répondit: «Je le suis. Et vous
verrez *le Fils de l'homme assis à la
droite du Tout-Puissant* et *venant sur
les nuées du ciel.*[n]» 63 Alors le grand-
prêtre déchira ses vêtements et dit:
«Qu'avons-nous encore besoin de
témoins? 64 Vous avez entendu le
blasphème. Qu'en pensez-vous?»
Tous le condamnèrent, déclarant
qu'il méritait la mort. 65 Quelques-
uns se mirent à cracher sur lui, à
lui mettre un voile sur le visage et
à le frapper à coups de poing en lui
disant: «Devine!» Même les servi-
teurs le frappaient en lui donnant
des gifles.
66 Pendant que Pierre était en bas
dans la cour, une des servantes du
grand-prêtre arriva. 67 Elle vit Pierre
qui se chauffait, le regarda et lui dit:
«Toi aussi, tu étais avec Jésus de Na-
zareth.» 68 Il le nia en disant: «Je ne
sais ni ne comprends ce que tu veux
dire.» Puis il sortit pour aller dans
le vestibule. [Alors un coq chanta.]
69 La servante le vit et se mit à dire
de nouveau à ceux qui étaient pré-
sents: «Il fait partie de ces gens-là.»
Il le nia de nouveau. 70 Peu après,
ceux qui étaient présents dirent
encore à Pierre: «Certainement, tu
fais partie de ces gens-là, car tu es
galiléen, [tu as le même langage].»
71 Alors il se mit à jurer en lançant
des malédictions: «Je ne connais
pas cet homme dont vous parlez.»
72 [Aussitôt,] pour la seconde fois,
un coq chanta. Pierre se souvint
alors de ce que Jésus lui avait dit:
«Avant que le coq chante deux fois,
tu me renieras trois fois.» Et en y ré-
fléchissant, il pleurait.

Jésus devant le gouverneur romain

15 Dès le matin, les chefs des
prêtres tinrent conseil avec
les anciens, les spécialistes de la loi
et tout le sanhédrin. Après avoir at-
taché Jésus, ils l'emmenèrent et le
livrèrent à Pilate. 2 Pilate l'interro-
gea: «Es-tu le roi des Juifs?» Jésus lui
répondit: «Tu le dis.» 3 Les chefs des
prêtres portaient contre lui beau-
coup d'accusations. 4 Pilate l'inter-
rogea de nouveau: «Ne réponds-
tu rien? Vois tous les témoignages
qu'ils portent contre toi.» 5 Mais
Jésus ne répondit plus rien, ce qui
étonna Pilate.
6 A chaque fête, il relâchait un pri-
sonnier, celui que le peuple récla-
mait. 7 Il y avait en prison le dénom-

14.55 *Sanhédrin*: conseil juif présidé par le grand-prêtre, qui faisait office de gouvernement et de tribunal pour les affaires qui n'étaient pas du ressort des Romains. **14.62** *Le Fils... ciel*: citation combinant le Psaume 110.1 et Daniel 7.13; Jésus s'identifie ainsi au Messie qui, dans la vision de Daniel, reçoit le gouvernement de l'univers.

mé Barabbas avec ses complices,
pour un meurtre qu'ils avaient
commis lors d'une émeute. 8 La
foule se mit à demander à grands
cris ce qu'il avait l'habitude de leur
accorder. 9 Pilate leur répondit:
«Voulez-vous que je vous relâche
le roi des Juifs?» 10 En effet, il sa-
vait que c'était par jalousie que les
chefs des prêtres avaient fait arrêter
Jésus. 11 Cependant, les chefs des
prêtres excitèrent la foule afin que
Pilate leur relâche plutôt Barabbas.
12 Pilate reprit la parole et leur dit:
«Que voulez-vous donc que je fas-
se de celui que vous appelez le roi
des Juifs?» 13 Ils crièrent de nou-
veau: «Crucifie-le!» 14 «Quel mal
a-t-il fait?» leur dit Pilate. Ils criè-
rent encore plus fort: «Crucifie-le!»
15 Voulant satisfaire la foule, Pila-
te leur relâcha Barabbas et, après
avoir fait fouetter Jésus, il le livra à
la crucifixion.
16 Les soldats conduisirent Jésus à
l'intérieur de la cour, c'est-à-dire
dans le prétoire, et ils rassemblè-
rent toute la troupe. 17 Ils lui mi-
rent un habit pourpre et posèrent
sur sa tête une couronne d'épines
qu'ils avaient tressée. 18 Puis ils se
mirent à le saluer: «Salut, roi des
Juifs!» 19 Ils lui frappaient la tête
avec un roseau, crachaient sur
lui et se mettaient à genoux pour
se prosterner devant lui. 20 Après
s'être ainsi moqués de lui, ils lui
enlevèrent l'habit pourpre, lui re-
mirent ses vêtements et l'emmenè-
rent pour le crucifier.

Crucifixion et mort de Jésus

21 Ils forcèrent un passant qui reve-
nait des champs à porter la croix de
Jésus. C'était Simon de Cyrène, le
père d'Alexandre et de Rufus. 22 Ils
conduisirent Jésus à l'endroit appe-
lé Golgotha, ce qui signifie «lieu du
crâne». 23 Ils lui donnèrent [à boire]
du vin mêlé de myrrhe, mais il ne
le prit pas.
24 Ils le crucifièrent, puis ils se par-
tagèrent ses vêtements en tirant
au sort pour savoir ce que cha-
cun aurait. 25 C'était neuf heures
du matin quand ils le crucifièrent.
26 L'inscription indiquant le mo-
tif de sa condamnation portait ces
mots: «Le roi des Juifs». 27 Ils cru-
cifièrent avec lui deux brigands,
l'un à sa droite et l'autre à sa gau-
che. 28 [Ainsi fut accompli ce que
dit l'Ecriture: *Il a été compté parmi
les criminels.*[n]]
29 Les passants l'insultaient et se-
couaient la tête en disant: «Hé! toi
qui détruis le temple et qui le re-
construis en trois jours, 30 sauve-
toi toi-même, descends de la croix!»
31 Les chefs des prêtres, avec les
spécialistes de la loi, se moquaient
aussi entre eux et disaient: «Il en a
sauvé d'autres et il ne peut pas se
sauver lui-même! 32 Que le Messie,
le roi d'Israël, descende maintenant
de la croix, afin que nous voyions
et que nous croyions!» Ceux qui
étaient crucifiés avec lui l'insul-
taient aussi.
33 A midi, il y eut des ténèbres sur
tout le pays, jusqu'à trois heures
de l'après-midi. 34 Et à trois heures
de l'après-midi, Jésus s'écria d'une
voix forte: «*Eloï, Eloï, lama sa-
bachthani?*» – ce qui signifie: *Mon
Dieu, mon Dieu, pourquoi m'as-tu
abandonné?*[n] 35 Quelques-uns de
ceux qui étaient là, après l'avoir en-
tendu, disaient: «Voici qu'il appelle
Elie.» 36 Et l'un d'eux courut remplir
une éponge de vinaigre; il la fixa à
un roseau et lui donna à boire en
disant: «Laissez donc, voyons si
Elie viendra le descendre de là.»

15.28 *Il a… criminels*: citation d'Esaïe 53.12. **15.34** *Mon Dieu… abandonné*: citation du Psaume 22.2.

37 Cependant, Jésus poussa un grand
cri et expira. 38 Le voile du temple[n]
se déchira en deux, depuis le haut
jusqu'en bas. 39 Quand l'officier ro-
main qui se tenait en face de Jésus
[entendit son cri et] le vit expirer de
cette manière, il dit: «Cet homme
était vraiment le Fils de Dieu.»
40 Il y avait aussi des femmes qui
regardaient de loin. Parmi elles
étaient Marie de Magdala, Marie,
mère de Jacques le jeune et de Joses,
ainsi que Salomé, 41 qui le suivaient
et le servaient lorsqu'il était en Ga-
lilée, et beaucoup d'autres femmes
qui étaient aussi montées avec lui
à Jérusalem.

Mise au tombeau du corps de Jésus

42 Le soir venu, comme c'était le
jour de la préparation, c'est-à-dire
la veille du sabbat, 43 Joseph d'Ari-
mathée arriva. C'était un mem-
bre éminent du conseil, qui atten-
dait lui aussi le royaume de Dieu. Il
osa se rendre vers Pilate pour de-
mander le corps de Jésus. 44 Pilate
s'étonna qu'il soit déjà mort; il fit ve-
nir l'officier et lui demanda si Jésus
était mort depuis longtemps. 45 Une
fois renseigné par l'officier, il fit re-
mettre le corps à Joseph. 46 Joseph
acheta un drap de lin, descendit
Jésus de la croix, l'enveloppa dans
le drap de lin et le déposa dans un
tombeau taillé dans la roche. Puis il
roula une pierre à l'entrée du tom-
beau. 47 Marie de Magdala et Marie
la mère de Joses regardaient où l'on
déposait Jésus.

Résurrection de Jésus

16 Lorsque le sabbat fut passé,
Marie de Magdala, Marie la
mère de Jacques et Salomé achetè-
rent des aromates afin d'aller em-
baumer Jésus. 2 Le dimanche, elles
se rendirent au tombeau de grand
matin, au lever du soleil. 3 Elles se
disaient entre elles: «Qui nous rou-
lera la pierre qui ferme l'entrée du
tombeau?» 4 Mais quand elles le-
vèrent les yeux, elles s'aperçurent
que la pierre, qui était très gran-
de, avait été roulée. 5 Elles péné-
trèrent dans le tombeau, virent un
jeune homme assis à droite, habillé
d'une robe blanche, et elles furent
épouvantées. 6 Il leur dit: «N'ayez
pas peur. Vous cherchez Jésus de
Nazareth, celui qui a été crucifié. Il
est ressuscité, il n'est pas ici! Voici
l'endroit où on l'avait déposé. 7 Mais
allez dire à ses disciples et à Pierre
qu'il vous précède en Galilée: c'est
là que vous le verrez, comme il vous
l'a dit.» 8 Elles sortirent du tombeau
et s'enfuirent, toutes tremblantes
et bouleversées, et elles ne dirent
rien à personne car elles étaient ef-
frayées.

Apparitions de Jésus ressuscité

9 [Ressuscité le dimanche matin,
Jésus apparut d'abord à Marie de
Magdala, dont il avait chassé sept
démons. 10 Elle partit l'annoncer à
ceux qui avaient été avec lui et qui
étaient tristes et pleuraient, 11 mais
quand ils entendirent qu'il était
vivant et qu'elle l'avait vu, ils ne la
crurent pas.
12 Après cela, il apparut sous une
autre forme à deux d'entre eux qui
se rendaient à la campagne. 13 Eux
aussi revinrent l'annoncer aux
autres, qui ne les crurent pas non
plus.
14 Enfin, il apparut aux onze pen-
dant qu'ils étaient à table, et il leur
reprocha leur incrédulité et la du-
reté de leur cœur, parce qu'ils

15.38 *Voile du temple*: celui qui séparait le lieu saint du lieu très saint, accessible au grand-prêtre seulement, et ce une fois par an.

n'avaient pas cru ceux qui l'avaient
vu ressuscité.
15 Puis il leur dit: «Allez dans le
monde entier proclamer la bonne
nouvelle à toute la création. 16 Ce-
lui qui croira et qui sera baptisé
sera sauvé, mais celui qui ne croi-
ra pas sera condamné. 17 Voici les si-
gnes qui accompagneront ceux qui
auront cru: en mon nom, ils pour-
ront chasser des démons, parler de
nouvelles langues, 18 attraper des
serpents, et s'ils boivent un breu-
vage mortel, celui-ci ne leur fera
aucun mal; ils poseront les mains
sur les malades et ceux-ci seront
guéris.»
19 Après leur avoir parlé, le Sei-
gneur fut enlevé au ciel, et il s'assit
à la droite de Dieu. 20 Quant à eux,
ils s'en allèrent prêcher partout.
Le Seigneur travaillait avec eux et
confirmait la parole par les signes
qui l'accompagnaient.]

Luc

L'*Evangile de Luc* est attribué à un médecin non juif compagnon de voyage de l'apôtre Paul. Il se présente comme la première partie d'un ouvrage en deux volumes adressé aux Grecs et aux Romains cultivés (le 2e volume étant constitué par les Actes), et l'on situe traditionnellement sa rédaction dans les années 60 à 80 apr. J.-C. Il cherche à montrer que Jésus est venu pour être le Sauveur de tous les hommes, qu'ils soient juifs ou non, en relatant ses actes et ses paroles. Avec Matthieu et Marc, Luc forme le groupe des Evangiles dits «synoptiques» car ils présentent la vie de Jésus dans une perspective similaire.

NAISSANCE ET JEUNESSE DE JÉSUS
1.1–4.13

Objectif de l'auteur

1 Plusieurs ont entrepris de com-
poser un récit des événements
qui se sont accomplis parmi nous,
2 d'après ce que nous ont transmis
ceux qui ont été des témoins ocu-
laires dès le commencement et
qui sont devenus des serviteurs de
la parole. 3 Il m'a donc paru bon à
moi aussi, qui me suis soigneuse-
ment informé sur toutes ces choses
dès l'origine, de te les exposer par
écrit d'une manière suivie, excel-
lent Théophile, 4 afin que tu recon-
naisses la certitude des enseigne-
ments que tu as reçus.

Annonce de la naissance de Jean-Baptiste

5 Durant le règne d'Hérode sur la
Judée, il y avait un prêtre du nom
de Zacharie, de la classe d'Abia; sa
femme était une descendante d'Aa-
ron et s'appelait Elisabeth. 6 Tous
deux étaient justes devant Dieu, ils
suivaient d'une manière irrépro-
chable tous les commandements
et toutes les lois du Seigneur. 7 Ils
n'avaient pas d'enfant, parce qu'Eli-
sabeth était stérile, et ils étaient
l'un et l'autre d'un âge avancé.
8 Or, pendant que Zacharie rem-
plissait sa fonction de prêtre de-
vant Dieu – c'était le tour de sa
classe – 9 il fut désigné par le sort,
d'après la règle en vigueur pour les

prêtres, pour entrer dans le tem-
ple du Seigneur et y brûler le par-
fum. 10 Toute la multitude du peu-
ple était dehors en prière, à l'heure
de l'offrande du parfum. 11 Alors
un ange du Seigneur apparut à
Zacharie et se tint debout à droite
de l'autel des parfums. 12 Zacharie
fut troublé en le voyant et la peur
s'empara de lui. 13 Mais l'ange lui
dit: «N'aie pas peur, Zacharie, car
ta prière a été exaucée. Ta fem-
me Elisabeth te donnera un fils
et tu l'appelleras Jean[n]. 14 Il sera
pour toi un sujet de joie et d'allé-
gresse et beaucoup se réjouiront
de sa naissance, 15 car il sera grand
devant le Seigneur. Il ne boira ni
vin ni boisson alcoolisée et il sera
rempli de l'Esprit saint dès le ven-
tre de sa mère. 16 Il ramènera beau-
coup d'Israélites au Seigneur, leur
Dieu. 17 Il marchera devant Dieu
avec l'esprit et la puissance d'Elie
pour ramener le cœur des pères vers
leurs enfants[n] et les rebelles à la sa-
gesse des justes, afin de préparer
pour le Seigneur un peuple bien
disposé.» 18 Zacharie dit à l'ange:
«A quoi reconnaîtrai-je cela? En
effet, je suis vieux et ma femme
est d'un âge avancé.» 19 L'ange lui
répondit: «Je suis Gabriel, je me
tiens devant Dieu; j'ai été envoyé
pour te parler et pour t'annoncer
cette bonne nouvelle. 20 Voici, tu
seras muet et tu ne pourras plus
parler jusqu'au jour où cela arrive-
ra, parce que tu n'as pas cru à mes
paroles qui s'accompliront au mo-
ment voulu.»
21 Cependant, le peuple attendait
Zacharie et s'étonnait qu'il s'at-
tarde si longtemps dans le temple.
22 Quand il sortit, il ne pouvait pas
leur parler, et ils comprirent qu'il
avait eu une vision dans le temple;
il s'exprimait par signes et il resta
muet. 23 Lorsque ses jours de ser-
vice furent terminés, il rentra chez
lui. 24 Quelque temps après, sa fem-
me Elisabeth fut enceinte. Elle se
cacha pendant cinq mois, disant:
25 «C'est l'œuvre que le Seigneur a
faite quand il a porté le regard sur
moi pour enlever ce qui faisait ma
honte parmi les hommes.»

Annonce de la naissance de Jésus

26 Le sixième mois, l'ange Gabriel fut
envoyé par Dieu dans une ville de
Galilée, appelée Nazareth, 27 chez
une vierge fiancée à un homme de
la famille de David[n], appelé Joseph.
Le nom de la vierge était Marie.
28 L'ange entra chez elle et dit: «Je te
salue, toi à qui une grâce a été faite,
le Seigneur est avec toi. [Tu es bénie
parmi les femmes.]» 29 Troublée par
cette parole, Marie se demandait ce
que pouvait signifier une telle salu-
tation. 30 L'ange lui dit: «N'aie pas
peur, Marie, car tu as trouvé grâce
auprès de Dieu. 31 Voici que tu se-
ras enceinte. Tu mettras au monde
un fils et tu lui donneras le nom de
Jésus. 32 Il sera grand et sera appe-
lé Fils du Très-Haut, et le Seigneur
Dieu lui donnera le trône de David,
son ancêtre. 33 Il régnera sur la fa-
mille de Jacob éternellement, son
règne n'aura pas de fin.» 34 Marie dit
à l'ange: «Comment cela se fera-t-il,
puisque je n'ai pas de relations avec
un homme?» 35 L'ange lui répondit:
«Le Saint-Esprit viendra sur toi et la
puissance du Très-Haut te couvri-
ra de son ombre. C'est pourquoi le
saint enfant qui naîtra sera appelé
Fils de Dieu. 36 Voici qu'Elisabeth,

1.13 *Jean*: équivalent de l'hébreu *Yochanan*, littéralement *l'Eternel fait grâce*. **1.17** *Pour... enfants*: citation de Malachie 3.24. **1.27** *David*: premier grand roi d'Israël; il avait reçu la promesse que le libérateur envoyé par Dieu (le Messie) serait issu de sa dynastie.

ta parente, est elle aussi devenue
enceinte d'un fils dans sa vieillesse.
Celle que l'on appelait 'la stérile'
est dans son sixième mois. 37 En ef-
fet, rien n'est impossible à Dieu.»
38 Marie dit: «Je suis la servante du
Seigneur. Que ta parole s'accom-
plisse pour moi!» Et l'ange la quitta.
39 A la même époque, Marie s'em-
pressa de se rendre dans une ville
de la région montagneuse de Juda.
40 Elle entra dans la maison de Za-
charie et salua Elisabeth. 41 Dès
qu'Elisabeth entendit la salutation
de Marie, son enfant remua brus-
quement en elle et elle fut remplie
du Saint-Esprit. 42 Elle s'écria d'une
voix forte: «Tu es bénie parmi les
femmes et l'enfant que tu portes
est béni. 43 Comment m'est-il ac-
cordé que la mère de mon Seigneur
vienne vers moi? 44 En effet, dès que
j'ai entendu ta salutation, l'enfant a
tressailli de joie en moi. 45 Heureu-
se celle qui a cru, parce que ce qui
lui a été dit de la part du Seigneur
s'accomplira.»
46 Marie dit:

«Mon âme célèbre la grandeur du
Seigneur
47 et mon esprit se réjouit en Dieu,
mon Sauveur,
48 parce qu'il a porté le regard sur
son humble servante.
En effet, voici, désormais toutes les
générations me diront heureuse,
49 parce que le Tout-Puissant a fait
de grandes choses pour moi.
Son nom est saint,
50 *et sa bonté s'étend de génération
en génération
sur ceux qui le craignent*[n].
51 Il a agi avec la force de son bras,
il a dispersé ceux qui avaient dans
le cœur des pensées orgueilleuses.
52 Il a renversé les puissants de
leurs trônes
et il a élevé les humbles.
53 Il a rassasié de biens les affamés
et il a renvoyé les riches les mains
vides.
54 Il a secouru Israël, son serviteur,
et *il s'est souvenu de sa bonté*[n]
55 – comme il l'avait dit à nos an-
cêtres –
en faveur d'Abraham et de sa des-
cendance pour toujours.»

56 Marie resta environ trois mois
avec Elisabeth, puis elle retourna
chez elle.

Naissance de Jean-Baptiste

57 Le moment où Elisabeth devait
accoucher arriva et elle mit au
monde un fils. 58 Ses voisins et ses
parents apprirent que le Seigneur
avait fait preuve d'une grande bonté
envers elle, et ils se réjouirent avec
elle. 59 Le huitième jour, ils vinrent
pour circoncire l'enfant. Ils vou-
laient l'appeler Zacharie, d'après le
nom de son père, 60 mais sa mère
prit la parole et dit: «Non, il sera ap-
pelé Jean.» 61 Ils lui dirent: «Il n'y a
dans ta parenté personne qui por-
te ce nom» 62 et ils firent des signes
à son père pour savoir comment
il voulait qu'on l'appelle. 63 Zacha-
rie demanda une tablette et il écri-
vit: «Son nom est Jean.» Tous furent
dans l'étonnement. 64 Immédiate-
ment sa bouche s'ouvrit, sa langue
se délia, et il parlait et bénissait
Dieu. 65 La crainte s'empara de tous
les habitants des environs, et dans
toute la région montagneuse de Ju-
dée on s'entretenait de tous ces évé-
nements. 66 Tous ceux qui les appri-
rent les gardèrent dans leur cœur,
et ils disaient: «Que sera donc cet

1.50 *Et sa bonté... craignent*: citation du Psaume 103.17. **1.54** *Il s'est souvenu de sa bonté*: citation du Psaume 98.3.

enfant?» Et [en effet] la main du
Seigneur était avec lui.
67 Son père Zacharie fut rempli du
Saint-Esprit et prophétisa en ces
termes:

68 «Béni soit le Seigneur, le Dieu
d'Israël,
parce qu'il a visité et racheté son
peuple.
69 Il nous a donné un puissant Sau-
veur
dans la famille de son serviteur
David.
70 C'est ce qu'il avait annoncé
par la bouche de ses saints prophè-
tes des temps anciens:
71 un Sauveur qui nous délivre de
nos ennemis
et de la domination de tous ceux
qui nous détestent!
72 Ainsi, il manifeste sa bonté en-
vers nos ancêtres
et se souvient de sa sainte alliance,
73 conformément au serment qu'il
avait fait à Abraham, notre ancê-
tre:
74 il avait juré qu'après nous avoir
délivrés de nos ennemis
il nous accorderait de le servir sans
crainte,
75 en marchant devant lui dans la
sainteté et dans la justice
tous les jours de notre vie.
76 Et toi, petit enfant, tu seras appe-
lé prophète du Très-Haut,
car tu marcheras sous le regard du
Seigneur pour préparer ses che-
mins
77 et pour donner à son peuple la
connaissance du salut
par le pardon de ses péchés,
78 à cause de la profonde bonté de
notre Dieu.
Grâce à elle, le soleil levant nous a
visités d'en haut
79 pour *éclairer ceux qui sont assis
dans les ténèbres et dans l'ombre de
la mort*[n],
pour diriger nos pas sur le chemin
de la paix.»

80 L'enfant grandissait et se forti-
fiait en esprit. Il resta dans les dé-
serts jusqu'au jour où il se présenta
devant Israël.

Naissance de Jésus à Bethléhem

2 A cette époque-là parut un édit
de l'empereur Auguste qui or-
donnait le recensement de tout
l'Empire. 2 Ce premier recensement
eut lieu pendant que Quirinius était
gouverneur de Syrie. 3 Tous allaient
se faire inscrire, chacun dans sa
ville d'origine.
4 Joseph aussi monta de la Gali-
lée, de la ville de Nazareth, pour se
rendre en Judée dans la ville de Da-
vid, appelée Bethléhem, parce qu'il
était de la famille et de la lignée de
David. 5 Il y alla pour se faire ins-
crire avec sa femme Marie qui était
enceinte. 6 Pendant qu'ils étaient là,
le moment où Marie devait accou-
cher arriva, 7 et elle mit au monde
son fils premier-né. Elle l'envelop-
pa de langes et le coucha dans une
mangeoire parce qu'il n'y avait pas
de place pour eux dans la salle des
hôtes.
8 Il y avait dans la même région
des bergers qui passaient la nuit
dans les champs pour y garder leur
troupeau. 9 Un ange du Seigneur
leur apparut et la gloire du Sei-
gneur resplendit autour d'eux. Ils
furent saisis d'une grande frayeur.
10 Mais l'ange leur dit: «N'ayez pas
peur, car je vous annonce une bon-
ne nouvelle qui sera une source
de grande joie pour tout le peuple:
11 aujourd'hui, dans la ville de Da-
vid, il vous est né un Sauveur qui

1.79 *Eclairer... mort*: citation d'Esaïe 9.1.

est le Messie[n], le Seigneur. 12 Voici
à quel signe vous le reconnaîtrez:
vous trouverez un nouveau-né en-
veloppé de langes et couché dans
une mangeoire.» 13 Et tout à coup
une foule d'anges de l'armée céles-
te se joignit à l'ange. Ils adressaient
des louanges à Dieu et disaient:
14 «Gloire à Dieu dans les lieux très
hauts, paix sur la terre et bien-
veillance parmi les hommes!»
15 Lorsque les anges les eurent quit-
tés pour retourner au ciel, les ber-
gers se dirent les uns aux autres:
«Allons jusqu'à Bethléhem pour
voir ce qui est arrivé, ce que le Sei-
gneur nous a fait connaître.» 16 Ils
se dépêchèrent d'y aller et ils trou-
vèrent Marie et Joseph, ainsi que le
nouveau-né couché dans la man-
geoire. 17 Après l'avoir vu, ils racon-
tèrent ce qui leur avait été dit au su-
jet de ce petit enfant. 18 Tous ceux
qui entendirent les bergers furent
étonnés de ce qu'ils leur disaient.
19 Marie gardait le souvenir de tout
cela et le méditait dans son cœur.
20 Puis les bergers repartirent en
célébrant la gloire de Dieu et en lui
adressant des louanges à cause de
tout ce qu'ils avaient entendu et vu
et qui était conforme à ce qui leur
avait été annoncé.

Jésus présenté dans le temple

21 Huit jours plus tard, ce fut le mo-
ment de circoncire l'enfant; on
lui donna le nom de Jésus[n], nom
que l'ange avait indiqué avant sa
conception. 22 Quand la période de
leur purification prit fin, confor-
mément à la loi de Moïse, Joseph
et Marie l'amenèrent à Jérusa-
lem pour le présenter au Seigneur
23 – suivant ce qui est écrit dans la
loi du Seigneur: *Tout mâle premier-
né sera consacré au Seigneur*[n] – 24 et
pour offrir en sacrifice *un couple de
tourterelles ou deux jeunes pigeons*[n],
comme cela est prescrit dans la loi
du Seigneur.
25 Or il y avait à Jérusalem un hom-
me appelé Siméon. Cet homme
était juste et pieux, il attendait la
consolation d'Israël et l'Esprit saint
était sur lui. 26 Le Saint-Esprit lui
avait révélé qu'il ne mourrait pas
avant d'avoir vu le Messie du Sei-
gneur. 27 Il vint au temple, poussé
par l'Esprit. Et quand les parents
amenèrent le petit enfant Jésus
pour accomplir à son sujet ce que
prescrivait la loi, 28 il le prit dans ses
bras, bénit Dieu et dit:
29 «Maintenant, Seigneur, tu laisses
ton serviteur
s'en aller en paix, conformément à
ta promesse,
30 car mes yeux ont vu ton salut,
31 salut que tu as préparé devant
tous les peuples,
32 lumière pour éclairer les nations
et gloire d'Israël, ton peuple.»
33 Joseph et la mère [de Jésus]
étaient émerveillés de ce qu'on di-
sait de lui. 34 Siméon les bénit et dit
à Marie, sa mère: «Cet enfant est
destiné à amener la chute et le re-
lèvement de beaucoup en Israël et
à devenir un signe qui provoquera
la contradiction. 35 Toi-même, une
épée te transpercera l'âme. Ainsi,
les pensées de beaucoup de cœurs
seront révélées.»
36 Il y avait aussi une prophétesse,
Anne, fille de Phanuel, de la tribu
d'Aser. Elle était d'un âge très avan-
cé. Elle n'avait vécu que 7 ans avec
son mari après son mariage. 37 Res-
tée veuve et âgée de 84 ans, elle ne

2.11 *Messie*: ou *oint de Dieu*, en grec *Christos*. Les Juifs attendaient, d'après les promesses de l'Ancien Testament, une personne désignée par Dieu, qui leur apporterait la délivrance. **2.21** *Jésus*: littéralement *l'Eternel sauve*. **2.23** *Tout mâle… Seigneur*: principe énoncé en Exode 13.2 au moment de la sortie d'Egypte des Israélites. **2.24** *Un couple… pigeons*: commandement tiré de Lévitique 12.8.

quittait pas le temple; elle servait
Dieu nuit et jour dans le jeûne et
dans la prière. 38 Arrivée elle aussi
à la même heure, elle disait publi-
quement sa reconnaissance envers
Dieu et parlait de Jésus à tous ceux
qui attendaient la délivrance à Jé-
rusalem.
39 Après avoir accompli tout ce que
prescrivait la loi du Seigneur, Jo-
seph et Marie retournèrent en Gali-
lée, à Nazareth, leur ville. 40 Or l'en-
fant grandissait et se fortifiait [en
esprit]. Il était rempli de sagesse et
la grâce de Dieu était sur lui.

Jésus à 12 ans dans le temple

41 Les parents de Jésus allaient cha-
que année à Jérusalem pour la
fête de la Pâque. 42 Lorsqu'il eut 12
ans, ils y montèrent avec lui com-
me c'était la coutume pour cette
fête. 43 Puis, quand la fête fut ter-
minée, ils repartirent, mais l'en-
fant Jésus resta à Jérusalem sans
que sa mère et Joseph s'en aper-
çoivent. 44 Croyant qu'il était avec
leurs compagnons de voyage, ils fi-
rent une journée de chemin, tout en
le cherchant parmi leurs parents et
leurs connaissances. 45 Mais ils ne
le trouvèrent pas et ils retournèrent
à Jérusalem pour le chercher.
46 Au bout de trois jours, ils le trou-
vèrent dans le temple, assis au mi-
lieu des maîtres; il les écoutait et
les interrogeait. 47 Tous ceux qui
l'entendaient étaient stupéfaits de
son intelligence et de ses répon-
ses. 48 Quand ses parents le virent,
ils furent frappés d'étonnement, et
sa mère lui dit: «Mon enfant, pour-
quoi as-tu agi ainsi avec nous? Ton
père et moi, nous te cherchions
avec angoisse.» 49 Il leur dit: «Pour-
quoi me cherchiez-vous? Ne saviez-
vous pas qu'il faut que je m'occupe
des affaires de mon Père[n]?» 50 Mais
ils ne comprirent pas ce qu'il leur
disait. 51 Puis il descendit avec eux
pour aller à Nazareth et il leur était
soumis. Sa mère gardait précieu-
sement toutes ces choses dans son
cœur. 52 Jésus grandissait en sages-
se, en taille et en grâce devant Dieu
et devant les hommes.

Ministère de Jean-Baptiste

3 La quinzième année du règne
de l'empereur Tibère, Ponce
Pilate était gouverneur de la Judée,
Hérode tétrarque[n] de la Galilée, son
frère Philippe tétrarque du terri-
toire de l'Iturée et de la Trachonite,
Lysanias tétrarque de l'Abilène,
2 et Anne et Caïphe étaient grands-
prêtres. C'est alors que la parole
de Dieu fut adressée à Jean, fils de
Zacharie, dans le désert, 3 et Jean
parcourut toute la région du Jour-
dain; il prêchait le baptême de re-
pentance[n] pour le pardon des pé-
chés, 4 conformément à ce qui est
écrit dans le livre des paroles du
prophète Esaïe: *C'est la voix de ce-*
lui qui crie dans le désert: 'Préparez
le chemin du Seigneur, rendez ses
sentiers droits.' 5 *Toute vallée sera*
comblée, toute montagne et toute
colline seront abaissées; ce qui est
tortueux sera redressé et les chemins
rocailleux seront aplanis. 6 *Et tout*
homme verra le salut de Dieu.[n]
7 Il disait donc aux foules qui ve-

2.49 *Mon Père*: Jésus parlait de Dieu, par opposition à Joseph qui n'était son père que d'un point de vue légal et social. **3.1** *Tétrarque*: titre donné par les Romains aux princes de moins grande importance que les rois. C'étaient les Romains qui, en tant que puissance occupante, nommaient et destituaient les rois et autres roitelets des territoires placés sous leur autorité. **3.3** *Repentance*: même mot grec que *changement d'attitude* (verset 8); désignant littéralement un changement de pensée, le mot renvoie à une transformation radicale de la personne, qui renonce à ses attitudes fautives pour adopter un nouveau comportement et une nouvelle perspective, conformes à la volonté de Dieu. **3.4-6** *C'est la voix... de Dieu*: citation d'Esaïe 40.3-5.

naient se faire baptiser par lui: «Ra-
ces de vipères, qui vous a appris à
fuir la colère à venir? 8 Produisez
donc des fruits qui confirment vo-
tre changement d'attitude et ne
vous mettez pas à dire en vous-
mêmes: 'Nous avons Abraham pour
ancêtre!' En effet, je vous déclare
que de ces pierres Dieu peut faire
naître des descendants à Abraham.
9 Déjà la hache est mise à la racine
des arbres: tout arbre qui ne pro-
duit pas de bons fruits sera donc
coupé et jeté au feu.»
10 La foule l'interrogeait: «Que de-
vons-nous donc faire?» 11 Il leur ré-
pondit: «Que celui qui a deux che-
mises partage avec celui qui n'en a
pas, et que celui qui a de quoi man-
ger fasse de même.» 12 Des collec-
teurs d'impôts vinrent aussi pour
se faire baptiser; ils lui dirent:
«Maître, que devons-nous faire?»
13 Il leur répondit: «N'exigez rien de
plus que ce qui vous a été ordon-
né.» 14 Des soldats aussi lui deman-
dèrent: «Et nous, que devons-nous
faire?» Il leur répondit: «Ne com-
mettez ni extorsion ni tort envers
personne et contentez-vous de vo-
tre solde.»
15 Le peuple était dans l'attente
et tous se demandaient en eux-
mêmes si Jean n'était pas le Mes-
sie. 16 Alors il leur dit: «Moi, je vous
baptise d'eau; mais il vient, celui
qui est plus puissant que moi, et
je ne suis pas digne de détacher
la courroie de ses sandales. Lui, il
vous baptisera du Saint-Esprit et
de feu. 17 Il a sa pelle à la main; il
nettoiera son aire de battage et il
amassera le blé dans son grenier,
mais il brûlera la paille dans un
feu qui ne s'éteint pas.»
18 C'est ainsi, avec encore beaucoup
d'autres encouragements, que Jean
annonçait la bonne nouvelle au
peuple. 19 Cependant, Hérode le té-
trarque, à qui Jean faisait des repro-
ches au sujet d'Hérodiade, la fem-
me de son frère [Philippe], et de
toutes les mauvaises actions qu'il
avait commises, 20 ajouta encore à
toutes les autres celle d'enfermer
Jean en prison.
21 Comme tout le peuple était bapti-
sé, Jésus aussi fut baptisé. Pendant
qu'il priait, le ciel s'ouvrit 22 et le
Saint-Esprit descendit sur lui sous
une forme corporelle, comme une
colombe. Et une voix fit entendre
du ciel ces paroles: «Tu es mon Fils
bien-aimé, tu as toute mon appro-
bation.»

Généalogie de Jésus

23 Jésus avait environ 30 ans lors-
qu'il commença son ministère. Il
était, comme on le croyait, fils de
Joseph, fils d'Héli, 24 fils de Mat-
that, fils de Lévi, fils de Melchi,
fils de Jannaï, fils de Joseph, 25 fils
de Mattathias, fils d'Amos, fils de
Nahum, fils d'Esli, fils de Naggaï,
26 fils de Maath, fils de Mattathias,
fils de Séméï, fils de Josech, fils de
Joda, 27 fils de Joanan, fils de Rhé-
sa, fils de Zorobabel, fils de Sheal-
thiel, fils de Néri, 28 fils de Melchi,
fils d'Addi, fils de Kosam, fils d'El-
madam, fils d'Er, 29 fils de Joses, fils
d'Eliézer, fils de Jorim, fils de Mat-
that, fils de Lévi, 30 fils de Siméon,
fils de Juda, fils de Joseph, fils de
Jonam, fils d'Eliakim, 31 fils de Mé-
léa, fils de Menna, fils de Mattatha,
fils de Nathan, fils de David, 32 fils
d'Isaï, fils d'Obed, fils de Booz, fils
de Salmon, fils de Nachshon, 33 fils
d'Aminadab, fils d'Admin, fils d'Ar-
ni, fils d'Hetsrom, fils de Pérets, fils
de Juda, 34 fils de Jacob, fils d'Isaac,
fils d'Abraham, fils de Thara, fils de
Nachor, 35 fils de Seruch, fils de Ra-
gau, fils de Phalek, fils d'Eber, fils
de Sala, 36 fils de Kaïnam, fils d'Ar-
pacshad, fils de Sem, fils de Noé,

fils de Lamech, 37 fils de Mathusa-
la, fils d'Hénoc, fils de Jared, fils
de Maléléel, fils de Kaïnan, 38 fils
d'Enos, fils de Seth, fils d'Adam,
fils de Dieu.

Tentation de Jésus

4 Jésus, rempli du Saint-Esprit,
revint du Jourdain. Il fut
conduit par l'Esprit dans le désert
2 où il fut tenté par le diable pen-
dant 40 jours. Il ne mangea rien
durant ces jours-là et, quand cette
période fut passée, il eut faim. 3 Le
diable lui dit: «Si tu es le Fils de
Dieu, ordonne à cette pierre de de-
venir du pain.» 4 Jésus lui répondit:
«Il est écrit: *L'homme ne vivra pas
de pain seulement [mais de toute
parole de Dieu].*[n]»
5 Le diable l'emmena plus haut, [sur
une haute montagne,] et lui montra
en un instant tous les royaumes de
la terre. 6 Puis il lui dit: «Je te donne-
rai toute cette puissance et la gloi-
re de ces royaumes, car elle m'a été
donnée et je la donne à qui je veux.
7 Si donc tu te prosternes devant
moi, elle sera toute à toi.» 8 Jésus lui
répondit: «[Retire-toi, Satan! En ef-
fet,] il est écrit: *C'est le Seigneur, ton
Dieu, que tu adoreras et c'est lui seul
que tu serviras.*[n]»
9 Le diable le conduisit encore à
Jérusalem, le plaça au sommet du
temple et lui dit: «Si tu es le Fils de
Dieu, jette-toi d'ici en bas, car il
est écrit: 10 *Il donnera, à ton sujet,
ordre à ses anges de te garder* 11 et:
*Ils te porteront sur les mains, de peur
que ton pied ne heurte une pierre.*[n]»
12 Jésus lui répondit: «Il est dit: *Tu
ne provoqueras pas le Seigneur, ton
Dieu.*[n]»
13 Après l'avoir tenté de toutes ces
manières, le diable s'éloigna de lui
jusqu'à un moment favorable.

MINISTÈRE DE JÉSUS EN GALILÉE
4.14–9.50

Jésus à Nazareth

14 Jésus, revêtu de la puissance de
l'Esprit, retourna en Galilée, et sa
réputation gagna toute la région.
15 Il enseignait dans les synagogues
et tous lui rendaient gloire.
16 Jésus se rendit à Nazareth où il
avait été élevé et, conformément à
son habitude, il entra dans la syna-
gogue le jour du sabbat. Il se leva
pour faire la lecture, 17 et on lui re-
mit le livre du prophète Esaïe. Il le
déroula[n] et trouva l'endroit où il
était écrit: 18 *L'Esprit du Seigneur
est sur moi, parce qu'il m'a consacré
par onction pour annoncer la bonne
nouvelle aux pauvres; il m'a envoyé
[pour guérir ceux qui ont le cœur
brisé,]* 19 *pour proclamer aux pri-
sonniers la délivrance et aux aveu-
gles le recouvrement de la vue, pour
renvoyer libres les opprimés, pour
proclamer une année de grâce du
Seigneur.*[n]
20 Ensuite, il roula le livre, le remit
au serviteur et s'assit. Tous ceux
qui se trouvaient dans la synago-
gue avaient les regards fixés sur lui.
21 Alors il commença à leur dire:
«Aujourd'hui cette parole de l'Ecri-
ture, que vous venez d'entendre, est
accomplie.» 22 Tous lui rendaient té-
moignage; ils étaient étonnés des
paroles de grâce qui sortaient de
sa bouche et ils disaient: «N'est-ce
pas le fils de Joseph?» 23 Jésus leur
dit: «Vous allez sans doute me citer
ce proverbe: 'Médecin, guéris-toi

4.4 *L'homme... de Dieu*: citation de Deutéronome 8.3. **4.8** *C'est le... serviras*: citation de Deutéronome 6.13. **4.10-11** *Il donnera... pierre*: citation du Psaume 91.11-12. **4.12** *Tu ne... Dieu*: citation de Deutéronome 6.16. **4.17** *Il le déroula*: les anciens manuscrits étaient des rouleaux de papyrus ou de parchemin. **4.18-19** *L'Esprit... du Seigneur*: citation d'Esaïe 61.1-2.

toi-même', et vous me direz: 'Fais
ici, dans ta patrie, tout ce que, à ce
que nous avons appris, tu as fait à
Capernaüm.'» 24 Il leur dit encore:
«Je vous le dis en vérité, aucun pro-
phète n'est bien accueilli dans sa
patrie. 25 Je vous le déclare en toute
vérité: il y avait de nombreuses
veuves en Israël à l'époque d'Elie,
lorsque le ciel a été fermé 3 ans
et 6 mois et qu'il y a eu une gran-
de famine dans tout le pays. 26 Ce-
pendant, Elie n'a été envoyé vers
aucune d'elles, mais seulement vers
une veuve de Sarepta, dans le pays
de Sidon. 27 Il y avait aussi de nom-
breux lépreux en Israël à l'époque
du prophète Elisée, et cependant
aucun d'eux n'a été purifié, mais
seulement Naaman le Syrien.»
28 Ils furent tous remplis de colère
dans la synagogue, lorsqu'ils enten-
dirent ces paroles. 29 Ils se levèrent,
le chassèrent de la ville et le me-
nèrent jusqu'à un escarpement de
la montagne sur laquelle leur ville
était construite, afin de le précipi-
ter dans le vide. 30 Mais Jésus passa
au milieu d'eux et s'en alla.

Miracles à Capernaüm

31 Il descendit à Capernaüm, ville
de la Galilée, et il les enseignait le
jour du sabbat. 32 On était frappé
par son enseignement, car il par-
lait avec autorité. 33 Dans la syna-
gogue se trouvait un homme qui
avait un esprit démoniaque impur.
Il s'écria d'une voix forte: 34 «Ah!
Que nous veux-tu, Jésus de Naza-
reth? Es-tu venu pour nous perdre?
Je sais qui tu es: le Saint de Dieu.»
35 Jésus le menaça en disant: «Tais-
toi et sors de cet homme.» Le dé-
mon jeta l'homme au milieu de l'as-
semblée et sortit de lui sans lui faire
aucun mal. 36 Tous furent saisis de
frayeur, et ils se disaient les uns aux
autres: «Quelle est cette parole? Il
commande avec autorité et puis-
sance aux esprits impurs, et ils sor-
tent!» 37 Et sa réputation gagna tou-
te la région.
38 En sortant de la synagogue, il se
rendit à la maison de Simon. La
belle-mère de Simon avait une forte
fièvre et on lui demanda d'interve-
nir en sa faveur. 39 Il se pencha sur
elle, menaça la fièvre, et la fièvre la
quitta. Elle se leva immédiatement
et se mit à les servir.
40 Au coucher du soleil, tous ceux
qui avaient des malades atteints
de diverses maladies les lui ame-
nèrent. Il guérit chacun d'eux en
posant les mains sur lui. 41 Des dé-
mons aussi sortirent de beaucoup
de personnes en criant et en di-
sant: «Tu es [le Messie,] le Fils de
Dieu.» Mais il les reprenait sévère-
ment et ne leur permettait pas de
parler, parce qu'ils savaient qu'il
était le Messie.
42 Quand il fit jour, il sortit et se reti-
ra dans un endroit désert. Une foule
de gens se mirent à sa recherche et
arrivèrent jusqu'à lui; ils voulaient
le retenir afin qu'il ne les quitte pas,
43 mais il leur dit: «Il faut aussi que
j'annonce aux autres villes la bonne
nouvelle du royaume de Dieu, car
c'est pour cela que j'ai été envoyé.»
44 Et il prêchait dans les synagogues
de la Galilée.

La pêche miraculeuse

5 Un jour, Jésus se trouvait au
bord du lac de Génésareth et la
foule se pressait autour de lui pour
entendre la parole de Dieu. 2 Il vit
au bord du lac deux barques; les pê-
cheurs en étaient descendus pour
laver leurs filets. 3 Il monta dans
l'une de ces barques, qui apparte-
nait à Simon, et il le pria de s'éloi-
gner un peu du rivage. Puis il s'as-
sit, et de la barque il enseignait la
foule.

4 Quand il eut fini de parler, il dit à
Simon: «Avance là où l'eau est pro-
fonde et jetez vos filets pour pê-
cher.» 5 Simon lui répondit: «Maî-
tre, nous avons travaillé toute la
nuit sans rien prendre; mais sur
ta parole, je jetterai les filets.» 6 Ils
les jetèrent et prirent une grande
quantité de poissons, et leurs filets
se déchiraient. 7 Ils firent signe à
leurs compagnons qui étaient dans
l'autre barque de venir les aider. Ils
vinrent et remplirent les deux bar-
ques, au point qu'elles s'enfon-
çaient. 8 Quand il vit cela, Simon
Pierre tomba aux genoux de Jésus
et dit: «Seigneur, éloigne-toi de moi,
parce que je suis un homme pé-
cheur.» 9 En effet, lui et tous ceux
qui étaient avec lui étaient remplis
de frayeur à cause de la pêche qu'ils
avaient faite. 10 Il en allait de même
pour Jacques et Jean, les fils de Zé-
bédée, les associés de Simon. Jésus
dit à Simon: «N'aie pas peur, désor-
mais tu seras pêcheur d'hommes.»
11 Alors ils ramenèrent les barques à
terre, laissèrent tout et le suivirent.

Guérison d'un lépreux et d'un paralysé

12 Alors que Jésus était dans une des
villes[n], un homme couvert de lèpre
le vit, tomba le visage contre ter-
re et lui adressa cette prière: «Sei-
gneur, si tu le veux, tu peux me ren-
dre pur.» 13 Jésus tendit la main, le
toucha et dit: «Je le veux, sois pur.»
Aussitôt la lèpre le quitta. 14 Puis
Jésus lui ordonna de n'en parler à
personne. «Mais, dit-il, va te mon-
trer au prêtre et offre pour ta pu-
rification ce que Moïse a prescrit,
afin que cela leur serve de témoi-
gnage.»
15 On parlait de plus en plus de lui et
les gens venaient en foule pour l'en-
tendre et pour être guéris [par lui]
de leurs maladies. 16 Mais lui, il se
retirait dans les déserts et priait.
17 Un jour, Jésus enseignait. Des
pharisiens[n] et des professeurs de
la loi, venus de tous les villages de
la Galilée, de la Judée et de Jérusa-
lem, étaient assis là et la puissance
du Seigneur se manifestait par des
guérisons. 18 Et voici que des hom-
mes qui portaient un paralysé sur
une civière cherchaient à le faire
entrer et à le placer devant Jésus.
19 Comme ils n'avaient pas trouvé
moyen de l'introduire à cause de
la foule, ils montèrent sur le toit et,
par une ouverture, ils le descendi-
rent sur sa civière au milieu de l'as-
semblée, devant Jésus. 20 Voyant
leur foi, Jésus dit: «Mon ami, tes
péchés te sont pardonnés.» 21 Les
spécialistes de la loi et les phari-
siens se mirent à raisonner et à dire:
«Qui est cet homme qui profère des
blasphèmes? Qui peut pardonner
les péchés, si ce n'est Dieu seul?»
22 Jésus connaissait leurs pensées;
il prit la parole et leur dit: «Pour-
quoi raisonnez-vous ainsi dans vos
cœurs? 23 Qu'est-ce qui est le plus
facile à dire: 'Tes péchés [te] sont
pardonnés', ou: 'Lève-toi et mar-
che'? 24 Afin que vous sachiez que
le Fils de l'homme[n] a sur la terre le
pouvoir de pardonner les péchés, je
te l'ordonne – dit-il au paralysé –,
lève-toi, prends ta civière et rentre
chez toi.» 25 Celui-ci se leva immé-
diatement en leur présence, prit la
civière sur laquelle il était couché
et rentra chez lui en rendant gloire
à Dieu. 26 Tous étaient dans l'éton-
nement et célébraient la gloire de

5.12 *Une des villes*: c'est-à-dire de Galilée. **5.17** *Pharisiens*: membres d'un courant du judaïsme caractérisé par un fort intérêt pour les questions de pureté rituelle et par le souci de respecter le plus strictement possible la loi de Moïse ainsi que les traditions. **5.24** *Fils de l'homme*: expression par laquelle Jésus se désignait fréquemment lui-même, avec une probable allusion à Daniel 7.13.

Dieu; remplis de crainte, ils di-
saient: «Nous avons vu aujourd'hui
des choses extraordinaires.»

Réactions face à Jésus

27 Après cela, Jésus sortit et il vit
un collecteur d'impôts du nom de
Lévi assis au bureau des taxes. Il lui
dit: «Suis-moi.» 28 Et laissant tout, il
se leva et le suivit. 29 Lévi lui offrit
un grand festin dans sa maison,
et beaucoup de collecteurs d'im-
pôts et d'autres personnes étaient
à table avec eux. 30 Les pharisiens
et leurs spécialistes de la loi mur-
murèrent et dirent à ses disciples:
«Pourquoi mangez-vous et buvez-
vous avec les collecteurs d'impôts
et les pécheurs?» 31 Jésus prit la pa-
role et leur dit: «Ce ne sont pas les
gens en bonne santé qui ont besoin
de médecin, mais les malades. 32 Je
ne suis pas venu appeler des justes,
mais des pécheurs, à changer d'at-
titude.»
33 Ils lui dirent: «Pourquoi les disci-
ples de Jean, tout comme ceux des
pharisiens, jeûnent-ils fréquem-
ment et font-ils des prières, tandis
que les tiens mangent et boivent?»
34 Jésus leur répondit: «Pouvez-vous
faire jeûner les invités à[n] la noce
pendant que le marié est avec eux?
35 Les jours viendront où le marié
leur sera enlevé, alors ils jeûneront
durant ces jours-là.» 36 Il leur dit
aussi une parabole[n]: «Personne ne
déchire un morceau de tissu d'un
habit neuf pour le mettre à un vieil
habit, sinon il déchire l'habit neuf
et le morceau qu'il en a pris n'est
pas assorti avec le vieux. 37 Et per-
sonne ne met du vin nouveau dans
de vieilles outres, sinon le vin nou-
veau fait éclater les outres, il coule
et les outres sont perdues. 38 Mais
il faut mettre le vin nouveau dans
des outres neuves [et les deux se
conservent]. 39 Et [aussitôt] après
avoir bu du vin vieux, personne ne
veut du nouveau, car il dit: 'Le vieux
est meilleur.'»

Jésus et le sabbat

6 Un jour de sabbat [appelé
second-premier], Jésus tra-
versait des champs de blé. Ses dis-
ciples arrachaient des épis et les
mangeaient après les avoir froissés
dans leurs mains. 2 Quelques phari-
siens leur dirent: «Pourquoi faites-
vous ce qu'il n'est pas permis de fai-
re pendant le sabbat?» 3 Jésus leur
répondit: «N'avez-vous pas lu ce
qu'a fait David, lorsqu'il a eu faim,
lui et ses compagnons? 4 Il est entré
dans la maison de Dieu, a pris les
pains consacrés, en a mangé et en
a donné même à ses compagnons,
bien qu'il ne soit permis qu'aux prê-
tres de les manger!» 5 Puis il leur dit:
«Le Fils de l'homme est le Seigneur
[même] du sabbat.»
6 Un autre jour de sabbat, Jésus en-
tra dans la synagogue et se mit à
enseigner. Là se trouvait un homme
dont la main droite était paralysée.
7 Les spécialistes de la loi et les pha-
risiens observaient Jésus pour voir
s'il ferait une guérison le jour du
sabbat, afin d'avoir un motif pour
l'accuser. 8 Mais Jésus connaissait
leurs pensées et il dit à l'homme
qui avait la main paralysée: «Lève-
toi et tiens-toi là au milieu.» Il se
leva et se tint debout. 9 Jésus leur
dit: «Je vous demande s'il est per-
mis, le jour du sabbat, de faire du
bien ou de faire du mal, de sauver
une personne ou de la tuer.» 10 Alors
il promena son regard sur eux tous
et dit à l'homme: «Tends ta main.»

5.34 *Les invités à*: littéralement *les fils de*. **5.36** *Parabole*: histoire visant à faire comprendre une vérité spirituelle au moyen d'un exemple tiré de la vie courante.

Il le fit et sa main fut guérie, [elle
fut saine comme l'autre]. 11 Ils fu-
rent remplis de fureur et se consul-
tèrent pour savoir ce qu'ils feraient
à Jésus.

Choix des douze apôtres

12 A cette époque-là, Jésus se retira
sur la montagne pour prier; il passa
toute la nuit à prier Dieu. 13 Quand
le jour fut levé, il appela ses disci-
ples et il en choisit parmi eux douze
auxquels il donna le nom d'apôtres:
14 Simon, qu'il appela aussi Pierre;
André, son frère; Jacques; Jean;
Philippe; Barthélémy; 15 Matthieu;
Thomas; Jacques, fils d'Alphée;
Simon, appelé le zélote[n]; 16 Jude,
fils de Jacques; et Judas l'Iscariot[n],
celui qui devint un traître.
17 Il descendit avec eux et s'arrêta
sur un plateau où se trouvaient une
foule de ses disciples et une multi-
tude de personnes de toute la Ju-
dée, de Jérusalem et du littoral de
Tyr et de Sidon. 18 Ils étaient venus
pour l'entendre et pour être guéris
de leurs maladies. Ceux qui étaient
tourmentés par des esprits impurs
étaient guéris, 19 et toute la foule
cherchait à le toucher parce qu'une
force sortait de lui et les guérissait
tous.

Sermon sur la montagne

20 Alors Jésus leva les yeux sur ses
disciples et dit: «Heureux vous
qui êtes pauvres, car le royau-
me de Dieu est à vous! 21 Heureux
vous qui avez faim maintenant,
car vous serez rassasiés! Heureux
vous qui pleurez maintenant, car
vous rirez! 22 Heureux serez-vous
lorsque les hommes vous détes-
teront, lorsqu'ils vous chasseront,
vous insulteront et vous rejetteront
comme des êtres infâmes à cause
du Fils de l'homme! 23 Réjouissez-
vous, ce jour-là, et sautez de joie,
parce que votre récompense sera
grande dans le ciel. En effet, c'est
de la même manière que leurs an-
cêtres traitaient les prophètes.
24 »Mais malheur à vous, riches, car
vous avez votre consolation! 25 Mal-
heur à vous qui êtes comblés [main-
tenant], car vous aurez faim! Mal-
heur à vous qui riez maintenant,
car vous serez dans le deuil et dans
les larmes! 26 Malheur lorsque tous
les hommes diront du bien de vous,
car c'est de la même manière que
leurs ancêtres traitaient les préten-
dus prophètes!
27 »Mais je vous dis, à vous qui m'é-
coutez: Aimez vos ennemis, faites
du bien à ceux qui vous détestent,
28 bénissez ceux qui vous maudis-
sent, priez pour ceux qui vous mal-
traitent. 29 Si quelqu'un te frappe
sur une joue, présente-lui aussi
l'autre. Si quelqu'un prend ton man-
teau, ne l'empêche pas de pren-
dre encore ta chemise. 30 Donne à
toute personne qui t'adresse une
demande et ne réclame pas ton
bien à celui qui s'en empare. 31 Ce
que vous voulez que les hommes
fassent pour vous, faites-le [vous
aussi] de même pour eux. 32 Si
vous aimez ceux qui vous aiment,
quelle reconnaissance en avez-
vous? En effet, les pécheurs aussi
aiment ceux qui les aiment. 33 Si
vous faites du bien à ceux qui vous
font du bien, quelle estime en avez-
vous? [En effet,] les pécheurs aussi
agissent de même. 34 Et si vous prê-
tez à ceux dont vous espérez rece-
voir en retour, quel gré vous en sait-
on? [En effet,] les pécheurs aussi
prêtent aux pécheurs afin de re-

6.15 *Zélote*: terme qui désignait une personne zélée pour la loi ou le membre d'un parti de patriotes juifs créé afin de résister aux Romains. **6.16** *Iscariot*: c'est-à-dire homme de Karioth, ville de Judée.

cevoir l'équivalent. 35 Mais aimez
vos ennemis, faites du bien et prê-
tez sans rien espérer en retour. Vo-
tre récompense sera grande et
vous serez fils du Très-Haut, car il
est bon pour les ingrats et pour les
méchants. 36 Soyez donc pleins de
compassion, tout comme votre Père
[aussi] est plein de compassion.
37 »Ne jugez pas et vous ne serez pas
jugés; ne condamnez pas et vous ne
serez pas condamnés; pardonnez et
vous serez pardonnés. 38 Donnez et
on vous donnera: on versera dans le
pan de votre vêtement une bonne
mesure, tassée, secouée et qui dé-
borde, car on utilisera pour vous la
même mesure que celle dont vous
vous serez servis.»
39 Il leur dit aussi cette parabole:
«Un aveugle peut-il conduire un
aveugle? Ne tomberont-ils pas tous
deux dans un fossé? 40 Le disciple
n'est pas supérieur à son maître,
mais tout disciple bien formé sera
comme son maître.
41 »Pourquoi vois-tu la paille qui
est dans l'œil de ton frère et ne re-
marques-tu pas la poutre qui est
dans ton propre œil? 42 Ou com-
ment peux-tu dire à ton frère: 'Frè-
re, laisse-moi enlever la paille qui
est dans ton œil', toi qui ne vois pas
la poutre qui est dans le tien? Hy-
pocrite, enlève d'abord la poutre de
ton œil, et alors tu verras clair pour
retirer la paille qui est dans l'œil de
ton frère.
43 »Un bon arbre ne porte pas de
mauvais fruits ni un mauvais arbre
de bons fruits. 44 En effet, chaque
arbre se reconnaît à son fruit. On
ne cueille pas des figues sur des
ronces et l'on ne vendange pas des
raisins sur des ronces. 45 L'homme
bon tire de bonnes choses du bon
trésor de son cœur, et celui qui est
mauvais tire de mauvaises choses
du mauvais [trésor de son cœur].
En effet, sa bouche exprime ce dont
son cœur est plein.
46 »Pourquoi m'appelez-vous 'Sei-
gneur, Seigneur!' et ne faites-vous
pas ce que je dis? 47 Je vais vous
montrer à qui ressemble tout hom-
me qui vient à moi, entend mes pa-
roles et les met en pratique: 48 il
ressemble à un homme qui, pour
construire une maison, a creusé,
creusé profondément et a posé les
fondations sur le rocher. Une inon-
dation est venue, le torrent s'est
jeté contre cette maison sans pou-
voir l'ébranler, parce qu'elle était
fondée sur le rocher. 49 Mais celui
qui entend et ne met pas en prati-
que est semblable à un homme qui
a construit une maison sur la ter-
re, sans fondations. Le torrent s'est
jeté contre elle et aussitôt elle s'est
écroulée; la ruine de cette maison
a été grande.»

Guérison d'un esclave à Capernaüm

7 Après avoir prononcé toutes
ces paroles devant le peuple
qui l'écoutait, Jésus entra dans Ca-
pernaüm. 2 Un officier romain avait
un esclave auquel il était très atta-
ché et qui était malade, sur le point
de mourir. 3 Il entendit parler de
Jésus et il lui envoya quelques an-
ciens des Juifs pour lui demander
de venir guérir son esclave. 4 Ils ar-
rivèrent vers Jésus et le supplièrent
avec insistance, disant: «Il méri-
te que tu lui accordes cela, 5 car il
aime notre nation et c'est lui qui a
fait construire notre synagogue.»
6 Jésus partit avec eux. Il n'était
plus très loin de la maison quand
l'officier envoya des amis [vers lui]
pour lui dire: «Seigneur, ne prends
pas tant de peine, car je ne suis pas
digne que tu entres sous mon toit.
7 C'est aussi pour cela que je n'ai
pas jugé bon d'aller en personne

vers toi. Mais dis un mot et mon
serviteur sera guéri. 8 En effet, moi
aussi je suis un homme soumis à
des supérieurs et j'ai des soldats
sous mes ordres; je dis à l'un: 'Pars!'
et il part, à un autre: 'Viens!' et il
vient, et à mon esclave: 'Fais ceci!'
et il le fait.» 9 Lorsque Jésus enten-
dit ces paroles, il admira l'officier
et, se tournant vers la foule qui le
suivait, il dit: «Je vous le dis, même
en Israël je n'ai pas trouvé une aussi
grande foi.» 10 De retour à la maison,
les personnes envoyées par l'offi-
cier trouvèrent l'esclave [qui avait
été malade] en bonne santé.

Résurrection à Naïn

11 Le jour suivant, Jésus alla dans
une ville appelée Naïn; ses disci-
ples [en assez grand nombre] et
une grande foule faisaient route
avec lui. 12 Lorsqu'il fut près de la
porte de la ville, voici qu'on por-
tait en terre un mort, fils unique de
sa mère qui était veuve; beaucoup
d'habitants de la ville l'accompa-
gnaient. 13 En voyant la femme, le
Seigneur fut rempli de compas-
sion pour elle et lui dit: «Ne pleu-
re pas!» 14 Il s'approcha et toucha le
cercueil; ceux qui le portaient s'ar-
rêtèrent. Il dit: «Jeune homme, je te
le dis, lève-toi!» 15 Et le mort s'assit
et se mit à parler. Jésus le rendit à sa
mère. 16 Tous furent saisis de crain-
te et ils rendaient gloire à Dieu en
disant: «Un grand prophète a surgi
parmi nous» et: «Dieu a visité son
peuple.» 17 Cette déclaration sur Jé-
sus se propagea dans toute la Judée
et dans toute la région.

Jean-Baptiste vu par Jésus

18 Jean fut informé de tout cela par
ses disciples. 19 Il en appela deux
qu'il envoya vers Jésus pour lui
dire: «Es-tu celui qui doit venir ou
devons-nous en attendre un autre?»
20 Arrivés vers Jésus, ils dirent:
«Jean-Baptiste nous a envoyés vers
toi pour te demander: 'Es-tu celui
qui doit venir ou devons-nous en
attendre un autre?'» 21 A ce moment-
là, Jésus guérit de nombreuses per-
sonnes de maladies, d'infirmités et
d'esprits mauvais et il rendit la vue
à bien des aveugles. 22 Puis il leur
répondit: «Allez rapporter à Jean
ce que vous avez vu et entendu: *les
aveugles voient, les boiteux mar-
chent,* les lépreux sont purifiés, *les
sourds entendent,* les morts ressus-
citent, *la bonne nouvelle est annon-
cée aux pauvres*[n]. 23 Heureux celui
pour qui je ne représenterai pas un
obstacle!»
24 Lorsque les messagers de Jean
furent partis, Jésus se mit à dire à
la foule au sujet de Jean: «Qu'êtes-
vous allés voir au désert? Un roseau
agité par le vent? 25 Mais qu'êtes-
vous allés voir? Un homme habillé
de tenues élégantes? Ceux qui por-
tent des tenues somptueuses et qui
vivent dans le luxe se trouvent dans
les maisons des rois. 26 Qu'êtes-
vous donc allés voir? Un prophète?
Oui, je vous le dis, et plus qu'un
prophète. 27 C'est celui à propos du-
quel il est écrit: *Voici, j'envoie mon
messager devant toi pour te prépa-
rer le chemin.*[n]
28 »Je vous le dis, parmi ceux qui
sont nés de femmes, aucun [pro-
phète] n'est plus grand que Jean[-
Baptiste]. Cependant, le plus petit
dans le royaume de Dieu est plus
grand que lui. 29 Tout le peuple qui
l'a entendu et même les collecteurs
d'impôts ont reconnu la justice de
Dieu en se faisant baptiser du bap-

7.22 *Les aveugles… pauvres*: citation d'extraits d'Esaïe 35.5-6 et 61.1, passages relatifs à l'ère messianique et au serviteur de l'Eternel (le Messie). **7.27** *Voici… chemin*: citation de Malachie 3.1.

tême de Jean; 30 mais les pharisiens
et les professeurs de la loi, en ne se
faisant pas baptiser par lui, ont reje-
té le plan de Dieu pour eux. 31 A qui
donc comparerai-je les hommes de
cette génération, à qui ressemblent-
ils? 32 Ils ressemblent à des enfants
assis sur la place publique, qui se
parlent les uns aux autres et disent:
'Nous vous avons joué de la flûte et
vous n'avez pas dansé; nous avons
entonné des chants funèbres et
vous n'avez pas pleuré.' 33 En effet,
Jean-Baptiste est venu, il ne mange
pas de pain et ne boit pas de vin, et
vous dites: 'Il a un démon.' 34 Le Fils
de l'homme est venu, il mange et il
boit, et vous dites: 'C'est un glou-
ton et un buveur, un ami des col-
lecteurs d'impôts et des pécheurs.'
35 Mais la sagesse a été reconnue
juste par tous ses enfants.»

Une femme verse du parfum sur Jésus

36 Un pharisien invita Jésus à man-
ger avec lui. Jésus entra dans la
maison du pharisien et se mit à
table. 37 Une femme pécheresse
qui se trouvait dans la ville apprit
qu'il était à table dans la maison
du pharisien. Elle apporta un vase
plein de parfum 38 et se tint derriè-
re, aux pieds de Jésus. Elle pleurait,
et bientôt elle lui mouilla les pieds
de ses larmes, puis les essuya avec
ses cheveux, les embrassa et versa
le parfum sur eux. 39 Quand le pha-
risien qui avait invité Jésus vit cela,
il se dit en lui-même: «Si cet hom-
me était prophète, il saurait qui
est celle qui le touche et de quel
genre de femme il s'agit, il saurait
que c'est une pécheresse.» 40 Jésus
prit la parole et lui dit: «Simon, j'ai
quelque chose à te dire.» «Maître,
parle», répondit-il. 41 «Un créancier
avait deux débiteurs: l'un d'eux lui
devait 500 pièces d'argent, et l'autre
50. 42 Comme ils n'avaient pas de
quoi le rembourser, il leur remit
à tous deux leur dette. Lequel des
deux l'aimera le plus?» 43 Simon ré-
pondit: «Celui, je pense, auquel il a
remis la plus grosse somme.» Jésus
lui dit: «Tu as bien jugé.» 44 Puis il
se tourna vers la femme et dit à Si-
mon: «Tu vois cette femme? Je suis
entré dans ta maison et tu ne m'as
pas donné d'eau pour me laver les
pieds; mais elle, elle les a mouillés
de ses larmes et les a essuyés avec
ses cheveux. 45 Tu ne m'as pas don-
né de baiser; mais elle, depuis que
je suis entré, elle n'a pas cessé de
m'embrasser les pieds. 46 Tu n'as
pas versé d'huile sur ma tête; mais
elle, elle a versé du parfum sur mes
pieds. 47 C'est pourquoi je te le dis,
ses nombreux péchés ont été par-
donnés, puisqu'elle a beaucoup
aimé[n]. Mais celui à qui l'on par-
donne peu aime peu.» 48 Et il dit à
la femme: «Tes péchés sont pardon-
nés.» 49 Les invités se mirent à dire
en eux-mêmes: «Qui est cet homme
qui pardonne même les péchés?»
50 Mais Jésus dit à la femme: «Ta foi
t'a sauvée. Pars dans la paix!»

8 Ensuite, Jésus alla de ville en
ville et de village en village.
Il prêchait et annonçait la bonne
nouvelle du royaume de Dieu. Les
douze l'accompagnaient, 2 avec
quelques femmes qui avaient été
guéries d'esprits mauvais et de ma-
ladies: Marie, dite de Magdala, dont
étaient sortis sept démons, 3 Jeanne,
femme de Chuza l'intendant d'Hé-
rode, Susanne et beaucoup d'autres,
qui le servaient en l'assistant de
leurs biens.

7.47 *Puisqu'elle a beaucoup aimé*: l'attitude de cette femme envers Christ démontrait qu'elle avait conscience de ses péchés et de son besoin de pardon.

Le semeur et les terrains

4 Une grande foule se rassembla et
des gens vinrent vers lui de diver-
ses villes. Alors il dit cette para-
bole: 5 «Un semeur sortit pour se-
mer sa semence. Comme il semait,
une partie de la semence tomba le
long du chemin; elle fut piétinée
et les oiseaux du ciel la mangèrent.
6 Une autre partie tomba sur un sol
pierreux; quand elle eut poussé,
elle sécha, parce qu'elle manquait
d'humidité. 7 Une autre partie tom-
ba au milieu des ronces; les ronces
poussèrent avec elle et l'étouffè-
rent. 8 Une autre partie tomba dans
la bonne terre; quand elle eut pous-
sé, elle produisit du fruit au centu-
ple.» Après cela, Jésus dit à haute
voix: «Que celui qui a des oreilles
pour entendre entende.»
9 Ses disciples lui demandèrent ce
que signifiait cette parabole. 10 Il
répondit: «Il vous a été donné, à
vous, de connaître les mystères du
royaume de Dieu; mais pour les
autres, cela est dit en paraboles,
afin qu'en voyant ils ne voient pas
et qu'en entendant ils ne compren-
nent pas[n]. 11 Voici ce que signifie
cette parabole: la semence, c'est la
parole de Dieu. 12 Ceux qui sont le
long du chemin, ce sont ceux qui
entendent; puis le diable vient et
enlève la parole de leur cœur, de
peur qu'ils ne croient et soient sau-
vés. 13 Ceux qui sont sur le sol pier-
reux, ce sont ceux qui, lorsqu'ils en-
tendent la parole, l'acceptent avec
joie; mais ils n'ont pas de racine, ils
croient pour un temps et abandon-
nent au moment de l'épreuve. 14 Ce
qui est tombé parmi les ronces, ce
sont ceux qui ont entendu la parole,
mais en cours de route ils la laissent
étouffer par les préoccupations, les
richesses et les plaisirs de la vie, et
ils ne parviennent pas à maturité.
15 Ce qui est tombé dans la bonne
terre, ce sont ceux qui ont enten-
du la parole avec un cœur honnête
et bon, la retiennent et portent du
fruit avec persévérance.
16 »Personne n'allume une lampe
pour la couvrir d'un vase ou la
mettre sous un lit, mais il la met
sur un support, afin que ceux qui
entrent voient la lumière. 17 Il n'y a
en effet rien de caché qui ne doive
être mis en lumière, rien de secret
qui ne doive être connu et mis au
jour. 18 Faites donc bien attention à
la manière dont vous écoutez, car
on donnera à celui qui a, mais à ce-
lui qui n'a pas on enlèvera même ce
qu'il croit avoir.»
19 La mère et les frères de Jésus vin-
rent le trouver, mais ils ne pou-
vaient pas l'approcher à cause de la
foule. 20 On lui dit: «Ta mère et tes
frères sont dehors et ils désirent te
voir.» 21 Mais il répondit: «Ma mère
et mes frères, ce sont ceux qui écou-
tent la parole de Dieu et qui la met-
tent en pratique.»

Jésus plus fort que la nature et les démons

22 Un jour, Jésus monta dans une
barque avec ses disciples. Il leur dit:
«Passons sur l'autre rive du lac.» Et
ils partirent. 23 Pendant qu'ils navi-
guaient, Jésus s'endormit. Un tour-
billon s'abattit sur le lac, la barque
se remplissait d'eau et ils étaient en
danger. 24 Ils s'approchèrent et le ré-
veillèrent en disant: «Maître, maître,
nous allons mourir.» Il se réveilla et
menaça le vent et les flots. Ceux-ci
s'apaisèrent et il y eut un calme plat.
25 Puis il leur dit: «Où est votre foi?»
Saisis de frayeur et d'étonnement,
ils se dirent les uns aux autres: «Qui
est donc cet homme? Il donne des

8.10 *Afin... comprennent pas*: citation d'Esaïe 6.9-10.

ordres même au vent et à l'eau, et
ils lui obéissent!»
26 Ils abordèrent dans le pays des
Gadaréniens, qui est vis-à-vis de
la Galilée. 27 Lorsque Jésus fut des-
cendu à terre, un homme de la ville
vint à sa rencontre; il avait des dé-
mons depuis assez longtemps. Il ne
portait pas de vêtement et n'habitait
pas dans une maison, mais dans les
tombeaux. 28 Quand il vit Jésus, il
poussa un cri, se jeta à ses pieds et
dit d'une voix forte: «Que me veux-
tu, Jésus, Fils du Dieu très-haut? Je
t'en supplie, ne me tourmente pas.»
29 Jésus ordonnait en effet à l'esprit
impur de sortir de cet homme, car
il s'était emparé de lui depuis long-
temps. On attachait le démoniaque
avec des chaînes et on lui mettait les
fers aux pieds pour le garder, mais il
rompait les liens et il était entraîné
par le démon dans les endroits dé-
serts. 30 Jésus lui demanda: «Quel
est ton nom?» «Légion», répondit-
il, car de nombreux démons étaient
entrés en lui. 31 Ils suppliaient Jésus
de ne pas leur ordonner d'aller dans
l'abîme. 32 Il y avait là, sur la monta-
gne, un grand troupeau de porcs en
train de chercher à manger. Les dé-
mons supplièrent Jésus de leur per-
mettre d'entrer dans ces porcs. Il
le leur permit. 33 Les démons sorti-
rent de cet homme, entrèrent dans
les porcs, et le troupeau se précipita
du haut de la falaise dans le lac et se
noya. 34 Quand les gardiens du trou-
peau virent ce qui était arrivé, ils
s'enfuirent et rapportèrent la nou-
velle dans la ville et dans les campa-
gnes. 35 Les gens allèr*ent voir* ce qui
était *arrivé. Ils* vinrent vers Jésus et
trouvèrent assis à ses pieds l'hom-
me dont les démons étaient sortis;
il était habillé et dans son bon sens.
Ils furent saisis de frayeur. 36 Ceux
qui avaient été témoins de la scè-
ne leur racontèrent comment le dé-
moniaque avait été guéri. 37 Alors
tous les habitants du pays des Ga-
daréniens demandèrent à Jésus de
s'en aller de chez eux, car ils étaient
saisis d'une grande crainte. Jésus
monta dans la barque pour repar-
tir. 38 L'homme dont les démons
étaient sortis le priait de le laisser
rester avec lui, mais Jésus le ren-
voya en disant: 39 «Retourne dans ta
maison et raconte tout ce que Dieu a
fait pour toi.» Il s'en alla et proclama
dans toute la ville tout ce que Jésus
avait fait pour lui.

Guérison d'une femme et résurrection d'une fillette

40 A son retour, Jésus fut accueilli
par la foule, car tous l'attendaient.
41 Voici qu'arriva un homme du
nom de Jaïrus; il était chef de la sy-
nagogue. Il se jeta à ses pieds et le
supplia d'entrer dans sa maison,
42 parce qu'il avait une fille unique
d'environ 12 ans qui était mouran-
te. Pendant que Jésus s'y rendait, la
foule le serrait de tous côtés.
43 Or il y avait une femme qui souf-
frait d'hémorragies depuis 12 ans;
elle avait dépensé tout son bien
chez les médecins, mais aucun
n'avait pu la guérir. 44 Elle s'appro-
cha par-derrière et toucha le bord
du vêtement de Jésus. Son hémor-
ragie s'arrêta immédiatement. 45 Jé-
sus dit: «Qui m'a touché?» Comme
tous s'en défendaient, Pierre et ceux
qui étaient avec lui dirent: «Maître,
la foule t'entoure et te presse, [et tu
dis: 'Qui m'a touché?']» 46 Mais Jé-
sus répondit: «Quelqu'un m'a tou-
ché, car j'ai senti qu'une force était
sortie de moi.» 47 Voyant qu'elle
n'était pas passée inaperçue, la
femme vint toute tremblante se je-
ter à ses pieds; elle déclara devant
tout le peuple pourquoi elle l'avait
touché et comment elle avait été
immédiatement guérie. 48 Alors il

lui dit: «Ma fille, [prends courage,]
ta foi t'a sauvée. Pars dans la paix!»
49 Jésus parlait encore quand quel-
qu'un arriva de chez le chef de la
synagogue et [lui] dit: «Ta fille est
morte, ne dérange plus le maître.»
50 Mais Jésus, qui avait entendu, dit
au chef de la synagogue: «N'aie pas
peur, crois seulement, et elle sera
sauvée.» 51 Lorsqu'il fut arrivé à la
maison, il ne laissa personne entrer
[avec lui], sauf Pierre, Jean et Jac-
ques, ainsi que le père et la mère de
l'enfant. 52 Tous pleuraient et se la-
mentaient sur elle. Alors Jésus dit:
«Ne pleurez pas, [car] elle n'est pas
morte, mais elle dort.» 53 Ils se mo-
quaient de lui, sachant qu'elle était
morte. 54 Mais il [les fit tous sortir,]
prit la jeune fille par la main et dit
d'une voix forte: «Mon enfant, lève-
toi.» 55 Son esprit revint en elle et
elle se leva immédiatement; Jésus
ordonna de lui donner à manger.
56 Les parents de la jeune fille fu-
rent remplis d'étonnement; il leur
recommanda de ne dire à personne
ce qui était arrivé.

Mission des douze apôtres

9 Jésus rassembla les douze [apô-
tres] et leur donna puissance
et autorité pour chasser tous les dé-
mons et guérir les maladies. 2 Il les
envoya proclamer le royaume de
Dieu et guérir les malades. 3 «Ne
prenez rien pour le voyage, leur dit-
il, ni bâtons, ni sac, ni pain, ni ar-
gent, et n'ayez pas deux chemises
[chacun]. 4 Quelle que soit la mai-
son où vous entrez, restez-y, et c'est
de là que vous partirez. 5 Si l'on ne
vous accueille pas, sortez de cette
ville et secouez la poussière de vos
pieds[n] en témoignage contre eux.»
6 Ils partirent et allèrent de village
en village; ils annonçaient la bon-
ne nouvelle et faisaient partout des
guérisons.
7 Hérode le tétrarque entendit par-
ler de tout ce qui se passait; il ne sa-
vait que penser, car les uns disaient
que Jean était ressuscité, 8 d'autres
qu'Elie était apparu et d'autres
qu'un des prophètes d'autrefois
était ressuscité. 9 Mais Hérode di-
sait: «J'ai fait décapiter Jean. Qui
donc est cet homme à propos du-
quel j'entends dire de telles cho-
ses?» et il cherchait à le voir.

Multiplication des pains pour 5000 hommes

10 A leur retour, les apôtres racon-
tèrent à Jésus tout ce qu'ils avaient
fait. Il les prit avec lui et se retira
à l'écart, du côté d'une ville appe-
lée Bethsaïda. 11 Mais les gens l'ap-
prirent et le suivirent. Jésus les ac-
cueillit; il leur parlait du royaume
de Dieu et il guérissait ceux qui en
avaient besoin.
12 Comme le jour commençait à
baisser, les douze s'approchè-
rent et lui dirent: «Renvoie la fou-
le, afin qu'elle aille dans les villages
et dans les campagnes des envi-
rons pour se loger et pour trouver
de quoi manger, car nous sommes
ici dans un endroit désert.» 13 Mais
Jésus leur dit: «Donnez-leur vous-
mêmes à manger!» Ils répondirent:
«Nous n'avons pas plus de cinq
pains et deux poissons, à moins
d'aller nous-mêmes acheter des vi-
vres pour tout ce peuple.» 14 En ef-
fet, il y avait environ 5000 hommes.
Jésus dit à ses disciples: «Faites-les
asseoir par groupes de 50.» 15 C'est
ce qu'ils firent, et tout le monde
s'assit. 16 Jésus prit les cinq pains
et les deux poissons, leva les yeux

9.5 *Secouez... pieds*: les Juifs avaient l'habitude de secouer la poussière de leurs pieds en quittant une ville non juive; ils exprimaient ainsi leur séparation d'avec ceux qui n'adoraient pas Dieu.

vers le ciel et les bénit. Puis il les
rompit et les donna aux disciples
afin qu'ils les distribuent à la foule.
17 Tous mangèrent et furent rassa-
siés, et l'on emporta douze paniers
pleins des morceaux qui restaient.

Pierre reconnaît Jésus comme le Messie

18 Un jour, Jésus priait à l'écart et
ses disciples étaient avec lui. Il leur
posa cette question: «Qui suis-je,
d'après les foules?» 19 Ils répondi-
rent: «D'après les uns, Jean-Baptiste;
d'après certains, Elie; d'après d'au-
tres, un des prophètes d'autrefois
qui est ressuscité.» 20 «Et d'après
vous, qui suis-je?» leur demanda-
t-il. Pierre répondit: «Le Messie de
Dieu.» 21 Jésus leur recommanda sé-
vèrement de ne le dire à personne.
22 Il ajouta qu'il fallait que le Fils de
l'homme souffre beaucoup, qu'il
soit rejeté par les anciens, par les
chefs des prêtres et par les spécia-
listes de la loi, qu'il soit mis à mort
et qu'il ressuscite le troisième jour.
23 Puis il dit à tous: «Si quelqu'un
veut être mon disciple, qu'il renon-
ce à lui-même, qu'il se charge [cha-
que jour] de sa croix et qu'il me sui-
ve, 24 car celui qui voudra sauver
sa vie la perdra, mais celui qui la
perdra à cause de moi la sauvera.
25 Que sert-il à un homme de gagner
le monde entier, s'il se perd ou se
détruit lui-même? 26 En effet, celui
qui aura honte de moi et de mes pa-
roles, le Fils de l'homme aura hon-
te de lui, quand il viendra dans sa
gloire et dans celle du Père et des
saints anges. 27 Je vous le dis en vé-
rité, quelques-uns de ceux qui sont
ici ne mourront pas avant d'avoir
vu le royaume de Dieu.»

La transfiguration

28 Environ huit jours après avoir
dit ces paroles, Jésus prit avec lui
Pierre, Jean et Jacques, et il monta
sur la montagne pour prier. 29 Pen-
dant qu'il priait, l'aspect de son vi-
sage changea et son vêtement de-
vint d'une blancheur éclatante. 30 Et
voici que deux hommes s'entrete-
naient avec lui: c'étaient Moïse et
Elie; 31 apparaissant dans la gloire,
ils parlaient de son prochain départ
qui allait s'accomplir à Jérusalem.
32 Pierre et ses compagnons étaient
accablés de sommeil mais, restés
éveillés, ils virent la gloire de Jésus
et les deux hommes qui étaient
avec lui. 33 Au moment où ces hom-
mes se séparaient de Jésus, Pierre
lui dit: «Maître, il est bon que nous
soyons ici. Faisons trois abris: un
pour toi, un pour Moïse et un pour
Elie.» Il ne savait pas ce qu'il disait.
34 Il parlait encore quand une nuée
vint les couvrir; les disciples furent
saisis de frayeur en les voyant dis-
paraître dans la nuée. 35 Et de la
nuée sortit une voix qui dit: «Celui-
ci est mon Fils bien-aimé: écoutez-
le!» 36 Quand la voix se fit entendre,
Jésus se retrouva seul. Les disci-
ples gardèrent le silence et, à cette
époque-là, ils ne racontèrent rien
à personne de ce qu'ils avaient vu.

Guérison d'un démoniaque

37 Le lendemain, lorsqu'ils furent
descendus de la montagne, une
grande foule vint à la rencontre de
Jésus. 38 Alors, du milieu de la foule,
un homme s'écria: «Maître, je t'en
prie, jette les regards sur mon fils,
car c'est mon fils unique. 39 Un es-
prit s'empare de lui et tout à coup
il pousse des cris; l'esprit le secoue
violemment, le fait écumer et le
quitte à grand-peine, après l'avoir
tout brisé. 40 J'ai prié tes disciples
de le chasser et ils n'ont pas pu.»
41 «Génération incrédule et perverse,
répondit Jésus, jusqu'à quand serai-
je avec vous et devrai-je vous sup-

porter? Amène ton fils ici.» 42 Tandis
que l'enfant s'approchait, le démon
le jeta par terre et le secoua violem-
ment, mais Jésus menaça l'esprit
impur, guérit l'enfant et le rendit à
son père. 43 Tous furent frappés par
la grandeur de Dieu. Alors que cha-
cun s'émerveillait de tout ce que
faisait Jésus, il dit à ses disciples:
44 «Quant à vous, écoutez bien ceci:
le Fils de l'homme doit être livré en-
tre les mains des hommes.» 45 Ce-
pendant, ils ne comprenaient pas
cette parole; elle était voilée pour
eux afin qu'ils n'en saisissent pas le
sens, et ils avaient peur de l'interro-
ger à ce sujet.

Petits et grands dans le royaume de Dieu

46 Ils eurent une discussion entre
eux pour savoir lequel parmi eux
était le plus grand. 47 Jésus connais-
sait la pensée de leur cœur; il prit
un petit enfant, le plaça près de lui
48 et leur dit: «Celui qui accueille
en mon nom ce petit enfant, c'est
moi-même qu'il accueille, et celui
qui m'accueille accueille celui qui
m'a envoyé. En effet, celui qui est
le plus petit parmi vous tous, c'est
celui-là qui est grand.»
49 Jean prit la parole et dit: «Maî-
tre, nous avons vu quelqu'un chas-
ser des démons en ton nom et nous
l'en avons empêché, parce qu'il
ne nous suit pas.» 50 «Ne l'en em-
pêchez pas, lui répondit Jésus, car
celui qui n'est pas contre nous est
pour nous.»

DE LA GALILÉE À JÉRUSALEM 9.51–21.38

Jésus en Samarie

51 Lorsque approchèrent les jours
où il devait être enlevé du mon-
de, Jésus prit la décision de se ren-
dre à Jérusalem. 52 Il envoya devant
lui des messagers qui se mirent en
route et entrèrent dans un village
samaritain pour lui préparer un
logement. 53 Mais on refusa de l'ac-
cueillir parce qu'il se dirigeait vers
Jérusalem. 54 Voyant cela, ses dis-
ciples Jacques et Jean dirent: «Sei-
gneur, veux-tu que nous ordon-
nions au feu de descendre du ciel
et de les consumer [comme l'a fait
Elie]?» 55 Jésus se tourna vers eux et
leur adressa des reproches [en di-
sant: «Vous ne savez pas de quel es-
prit vous êtes animés. 56 En effet, le
Fils de l'homme n'est pas venu pour
perdre les âmes des hommes, mais
pour les sauver.»] Et ils allèrent
dans un autre village.
57 Pendant qu'ils étaient en chemin,
un homme lui dit: «[Seigneur,] je te
suivrai partout où tu iras.» 58 Jé-
sus lui répondit: «Les renards ont
des tanières et les oiseaux du ciel
ont des nids, mais le Fils de l'hom-
me n'a pas un endroit où il puis-
se reposer sa tête.» 59 Il dit à un
autre: «Suis-moi.» Il répondit: «Sei-
gneur, permets-moi d'aller d'abord
enterrer mon père.» 60 Mais Jé-
sus lui dit: «Laisse les morts enter-
rer leurs morts et toi, va annoncer
le royaume de Dieu.» 61 Un autre
dit: «Je te suivrai, Seigneur, mais
permets-moi d'aller d'abord faire
mes adieux à ceux de ma maison.»
62 Jésus lui répondit: «Celui qui met
la main à la charrue et regarde en
arrière n'est pas fait pour le royau-
me de Dieu.»

Mission des 70 disciples

10 Après cela, le Seigneur dési-
gna encore 70 autres disci-
ples et les envoya devant lui deux
par deux dans toutes les villes et
dans tous les endroits où lui-même
devait aller. 2 Il leur dit: «La moisson
est grande, mais il y a peu d'ouvriers.
Priez donc le maître de la moisson

d'envoyer des ouvriers dans sa
moisson. 3 Allez-y! Je vous envoie
comme des agneaux au milieu des
loups. 4 Ne prenez ni bourse, ni sac,
ni sandales et ne saluez personne
en chemin. 5 Dans toute maison où
vous entrerez, dites d'abord: 'Que la
paix soit sur cette maison!' 6 Et s'il
se trouve là un homme de paix, vo-
tre paix reposera sur lui; sinon, elle
reviendra sur vous. 7 Restez dans
cette maison, mangez et buvez ce
qu'on vous donnera, car *l'ouvrier
mérite son salaire[n]. N'allez pas
de maison en maison. 8 Dans tou-
te ville où vous entrerez et où l'on
vous accueillera, mangez ce que
l'on vous offrira, 9 guérissez les ma-
lades qui s'y trouveront et dites-leur:
'Le royaume de Dieu s'est approché
de vous.' 10 Mais dans toute ville où
vous entrerez et où l'on ne vous ac-
cueillera pas, allez dans les rues et
dites: 11 'Nous secouons contre vous
même la poussière de votre ville
qui s'est attachée à nos pieds. Sa-
chez cependant que le royaume de
Dieu s'est approché [de vous].' 12 Je
vous dis que, ce jour-là, Sodome[n]
sera traitée moins sévèrement que
cette ville-là.
13 »Malheur à toi, Chorazin, mal-
heur à toi, Bethsaïda, car si les mi-
racles accomplis au milieu de vous
l'avaient été dans Tyr et dans Sidon,
il y a longtemps que leurs habitants
se seraient repentis[n], habillés d'un
sac et assis dans la cendre[n]. 14 C'est
pourquoi, lors du jugement Tyr et
Sidon seront traitées moins sévè-
rement que vous. 15 Et toi, Caper-
naüm[n], qui as été élevée jusqu'au
ciel, tu seras abaissée jusqu'au sé-
jour des morts. 16 Celui qui vous
écoute m'écoute, celui qui vous re-
jette me rejette, et celui qui me re-
jette rejette celui qui m'a envoyé.»
17 Les 70 revinrent tout joyeux et di-
rent: «Seigneur, même les démons
nous sont soumis en ton nom.»
18 Jésus leur dit: «Je regardais Satan
tomber du ciel comme un éclair.
19 Voici, je vous ai donné le pouvoir
de marcher sur les serpents et les
scorpions et sur toute la puissan-
ce de l'ennemi, et rien ne pourra
vous nuire. 20 Cependant, ne vous
réjouissez pas de ce que les esprits
vous sont soumis, mais réjouissez-
vous de ce que vos noms sont ins-
crits dans le ciel.»
21 A ce moment même, Jésus fut
rempli de joie par le Saint-Esprit et
il dit: «Je te suis reconnaissant, Père,
Seigneur du ciel et de la terre, de ce
que tu as caché ces choses aux sa-
ges et aux intelligents et les as ré-
vélées aux enfants. Oui, Père, je te
suis reconnaissant car c'est ce que
tu as voulu. 22 Mon Père m'a tout
donné et personne ne sait qui est
le Fils, si ce n'est le Père, ni qui est
le Père, si ce n'est le Fils et celui à
qui le Fils veut le révéler.» 23 Puis il
se tourna vers les disciples et leur
dit en privé: «Heureux les yeux qui
voient ce que vous voyez! 24 En effet,
je vous le dis, beaucoup de prophè-
tes et de rois ont désiré voir ce que
vous voyez et ne l'ont pas vu, enten-
dre ce que vous entendez et ne l'ont
pas entendu.»

Parabole du bon Samaritain

25 Un professeur de la loi se leva et
dit à Jésus pour le mettre à l'épreu-
ve: «Maître, que dois-je faire pour
hériter de la vie éternelle?» 26 Jésus

10.7 *L'ouvrier mérite son salaire*: cité par l'apôtre Paul en 1 Timothée 5.18. **10.12** *Sodome*: ville connue pour son immoralité et détruite par Dieu à l'époque d'Abraham. **10.13** *Se seraient repentis*: ou *auraient changé d'attitude*. **10.13** *Habillés… cendre*: tenue et attitude exprimant le deuil ou la tristesse. **10.15** *Capernaüm*: la ville au nord du lac de Galilée dont Jésus avait fait sa base pour son ministère en Galilée.

lui dit: «Qu'est-il écrit dans la loi?
Qu'y lis-tu?» 27 Il répondit: «*Tu
aimeras le Seigneur, ton Dieu, de
tout ton cœur, de toute ton âme, de
toute ta force* et de toute ta pensée,
et *ton prochain comme toi-même*[n].»
28 «Tu as bien répondu, lui dit Jésus.
Fais cela et tu vivras.» 29 Mais lui,
voulant se justifier, dit à Jésus: «Et
qui est mon prochain?» 30 Jésus re-
prit la parole et dit: «Un homme
descendait de Jérusalem à Jéricho.
Il tomba entre les mains de bri-
gands qui le dépouillèrent, le rouè-
rent de coups et s'en allèrent en le
laissant à moitié mort. 31 Un prê-
tre qui, par hasard, descendait par
le même chemin vit cet homme et
passa à distance. 32 De même aus-
si un Lévite arriva à cet endroit; il
le vit et passa à distance. 33 Mais
un Samaritain qui voyageait arriva
près de lui et fut rempli de compas-
sion lorsqu'il le vit. 34 Il s'approcha
et banda ses plaies en y versant de
l'huile et du vin; puis il le mit sur sa
propre monture, le conduisit dans
une auberge et prit soin de lui. 35 Le
lendemain, [à son départ,] il sortit
deux pièces d'argent, les donna à
l'aubergiste et dit: 'Prends soin de
lui, et ce que tu dépenseras en plus,
je te le rendrai à mon retour.' 36 Le-
quel de ces trois te semble avoir été
le prochain de celui qui était tombé
au milieu des brigands?» 37 «C'est
celui qui a agi avec bonté envers
lui», répondit le professeur de la loi.
Jésus lui dit [donc]: «Va agir de la
même manière, toi aussi.»

Marthe et Marie

38 Comme Jésus était en chemin avec
ses disciples, il entra dans un villa-
ge, et une femme du nom de Marthe
l'accueillit dans sa maison. 39 Elle
avait une sœur appelée Marie, qui
s'assit aux pieds de Jésus et écoutait
ce qu'il disait. 40 Marthe était affai-
rée aux nombreuses tâches du servi-
ce. Elle survint et dit: «Seigneur, cela
ne te fait-il rien que ma sœur me
laisse seule pour servir? Dis-lui donc
de venir m'aider.» 41 Jésus lui répon-
dit: «Marthe, Marthe, tu t'inquiètes
et tu t'agites pour beaucoup de cho-
ses, 42 mais une seule est nécessaire.
Marie a choisi la bonne part, elle ne
lui sera pas enlevée.»

Enseignement de Jésus sur la prière

11 Jésus priait un jour dans un
certain endroit. Quand il
eut fini, un de ses disciples lui dit:
«Seigneur, enseigne-nous à prier,
tout comme Jean l'a enseigné à
ses disciples.» 2 Il leur dit: «Quand
vous priez, dites: '[Notre] Père [cé-
leste]! Que la sainteté de ton nom
soit respectée, que ton règne vien-
ne, [que ta volonté soit faite sur la
terre comme au ciel.] 3 Donne-nous
chaque jour notre pain quotidien[n];
4 pardonne-nous nos péchés, car
nous aussi nous pardonnons à tou-
te personne qui nous offense, et
ne nous expose pas à la tentation,
[mais délivre-nous du mal[n].]'»
5 Il leur dit encore: «Supposons que
l'un de vous ait un ami et qu'il aille
le trouver au milieu de la nuit pour
lui dire: 'Mon ami, prête-moi trois
pains, 6 car un de mes amis est arri-
vé de voyage chez moi et je n'ai rien
à lui offrir.' 7 Supposons que, de
l'intérieur de sa maison, cet ami lui
réponde: 'Ne m'ennuie pas, la por-
te est déjà fermée, mes enfants et
moi sommes au lit, je ne peux pas
me lever pour te donner des pains.'

10.27 *Tu aimeras... force*: citation de Deutéronome 6.5. *Ton prochain comme toi-même*: citation de Lévitique 19.18. **11.3** *Quotidien*: le sens du mot grec est incertain; il peut signifier *du jour, du lendemain* ou *nécessaire*. **11.4** *Du mal*: ou *du mauvais*, c'est-à-dire du diable.

8 Je vous le dis, même s'il ne se lève
pas pour les lui donner parce que
c'est son ami, il se lèvera à cause de
son insistance et lui donnera tout
ce dont il a besoin. 9 Et moi, je vous
dis: Demandez et l'on vous donnera;
cherchez et vous trouverez; frappez
et l'on vous ouvrira. 10 En effet, tous
ceux qui demandent reçoivent, ce-
lui qui cherche trouve et l'on ouvri-
ra à celui qui frappe. 11 Quel père
parmi vous donnera une pierre à
son fils, s'il lui demande du pain?
Ou bien s'il demande un poisson,
lui donnera-t-il un serpent au lieu
d'un poisson? 12 Ou bien s'il de-
mande un œuf, lui donnera-t-il un
scorpion? 13 Si donc, mauvais com-
me vous l'êtes, vous savez donner
de bonnes choses à vos enfants, le
Père céleste donnera d'autant plus
volontiers le Saint-Esprit à ceux qui
le lui demandent.»

Jésus contesté après un miracle

14 Jésus chassa un démon qui était
muet. Lorsque le démon fut sorti, le
muet se mit à parler, et la foule fut
dans l'admiration. 15 Cependant,
quelques-uns dirent: «C'est par
Béelzébul[n], le prince des démons,
qu'il chasse les démons.» 16 D'autres,
pour le mettre à l'épreuve, lui de-
mandaient un signe venant du ciel.
17 Comme Jésus connaissait leurs
pensées, il leur dit: «Tout royaume
confronté à des luttes internes est
dévasté et les maisons s'écroulent
l'une sur l'autre. 18 Si donc Satan lut-
te contre lui-même, comment son
royaume subsistera-t-il, puisque
vous dites que je *chasse les démons
par Béelzébul*? 19 Et si moi, je chasse
les démons par Béelzébul, vos disci-
ples[n], par qui les chassent-ils? C'est
pourquoi ils seront eux-mêmes vos
juges. 20 Mais si c'est par le doigt de
Dieu que je chasse les démons, alors
le royaume de Dieu est venu jusqu'à
vous. 21 Lorsqu'un homme fort et
bien armé garde sa maison, ce qu'il
possède est en sécurité. 22 Mais, si
un autre plus fort que lui survient
et le maîtrise, il lui enlève toutes les
armes sur lesquelles il comptait et
distribue ses biens à d'autres. 23 Ce-
lui qui n'est pas avec moi est contre
moi et celui qui ne rassemble pas
avec moi disperse.
24 »Lorsqu'un esprit impur est sor-
ti d'un homme, il va dans des en-
droits arides pour chercher du re-
pos. Comme il n'en trouve pas, il
dit: 'Je retournerai dans ma maison,
d'où je suis sorti.' 25 A son arrivée,
il la trouve balayée et bien rangée.
26 Alors il s'en va prendre sept autres
esprits plus mauvais que lui; ils en-
trent dans la maison, s'y installent,
et la dernière condition de cet hom-
me est pire que la première.»
27 Jésus parlait encore quand une
femme se mit à lui dire, du milieu
de la foule: «Heureux le ventre qui
t'a porté! Heureux les seins qui t'ont
allaité!» 28 Il répondit: «Heureux
plutôt ceux qui écoutent la parole
de Dieu et qui la gardent!»
29 Comme la foule s'amassait, il se
mit à dire: «Cette génération est
une génération mauvaise; elle ré-
clame un signe miraculeux, il ne
lui sera pas donné d'autre signe
que celui de Jonas [le prophète].
30 En effet, de même que Jonas a
été un signe pour les Ninivites, de
même le Fils de l'homme en sera un
pour cette génération. 31 Lors du ju-
gement, la reine du Midi[n] se lève-
ra avec les hommes de cette géné-

11.15 *Béelzébul*: terme de mépris pour désigner Satan. **11.19** *Vos disciples*: littéralement *vos fils*. **11.31** *La reine du Midi*: elle est venue du Séba (aujourd'hui le Yémen) pour mettre à l'épreuve la sagesse légendaire du roi Salomon (10e siècle av. J.-C.).

ration et les condamnera, parce
qu'elle est venue des extrémités de
la terre pour entendre la sagesse de
Salomon. Or, il y a ici plus que Sa-
lomon. 32 Lors du jugement, les ha-
bitants de Ninive se lèveront avec
cette génération et la condamne-
ront, parce qu'ils ont changé d'at-
titude à la prédication de Jonas. Or,
il y a ici plus que Jonas.
33 »Personne n'allume une lampe
pour la mettre dans un endroit ca-
ché ou sous un seau, mais on la met
sur son support, afin que ceux qui
entrent voient la lumière. 34 Ton œil
est la lampe de ton corps. Lorsque
ton œil est en bon état[n], tout ton
corps est éclairé; mais lorsque ton
œil est en mauvais état, ton corps
aussi est dans les ténèbres. 35 Veille
donc à ce que la lumière qui est en
toi ne soit pas ténèbres. 36 Si donc
ton corps tout entier est éclai-
ré, sans aucune partie dans les té-
nèbres, il sera entièrement éclairé
comme lorsque la lampe t'éclaire
de sa lueur.»

Jésus condamne les pharisiens et les spécialistes de la loi

37 Pendant que Jésus parlait, un
pharisien l'invita à dîner chez lui.
Il entra et se mit à table. 38 Le pha-
risien vit avec étonnement qu'il
ne s'était pas lavé avant le repas.
39 Mais le Seigneur lui dit: «Vous,
pharisiens, vous nettoyez l'exté-
rieur de la coupe et du plat, mais
à l'intérieur vous êtes pleins d'avi-
dité et de méchanceté. 40 Hommes
dépourvus de bon sens! Celui qui a
fait l'extérieur n'a-t-il pas fait aussi
l'intérieur? 41 Faites plutôt don de ce
que vous avez à l'intérieur, et alors
tout sera pur pour vous. 42 Mais
malheur à vous, pharisiens, parce
que vous payez la dîme de la men-
the, de la rue et de chaque plante
et que vous négligez la justice et
l'amour de Dieu; voilà ce qu'il fal-
lait pratiquer, sans négliger le reste.
43 Malheur à vous, pharisiens, par-
ce que vous aimez occuper les siè-
ges d'honneur dans les synagogues
et être salués sur les places publi-
ques. 44 Malheur à vous, [spécialis-
tes de la loi et pharisiens hypocri-
tes,] parce que vous êtes comme
des tombeaux qu'on ne remarque
pas et sur lesquels on marche sans
le savoir.»
45 Un des professeurs de la loi prit
la parole et lui dit: «Maître, en par-
lant ainsi, c'est aussi nous que tu in-
sultes.» 46 Jésus répondit: «Malheur
à vous aussi, professeurs de la loi,
parce que vous chargez les hommes
de fardeaux difficiles à porter, que
vous ne touchez pas vous-mêmes
d'un seul doigt. 47 Malheur à vous,
parce que vous construisez les tom-
beaux des prophètes que vos ancê-
tres ont tués. 48 Vous rendez donc
témoignage aux actes de vos ancê-
tres et vous les approuvez, car eux,
ils ont tué les prophètes et vous,
vous construisez [leurs tombeaux].
49 C'est pourquoi la sagesse de Dieu
a dit: 'Je leur enverrai des prophètes
et des apôtres, ils tueront les uns et
persécuteront les autres', 50 afin qu'il
soit demandé compte à cette géné-
ration du sang de tous les prophè-
tes qui a été versé depuis la création
du monde, 51 depuis le sang d'Abel
jusqu'au sang de Zacharie, tué en-
tre l'autel et le temple. Oui, je vous
le dis, il en sera demandé compte à
cette génération. 52 Malheur à vous,
professeurs de la loi, parce que vous
avez enlevé la clé de la connais-
sance; vous n'êtes pas entrés vous-
mêmes et ceux qui voulaient entrer,
vous les en avez empêchés.»

11.34 *En bon état*: littéralement *simple*.

53 Comme il leur disait cela, les spé-
cialistes de la loi et les pharisiens
commencèrent à s'acharner contre
lui et à le faire parler sur bien des
sujets; 54 ils lui tendaient des pièges
pour surprendre une parole sortie
de sa bouche [afin de pouvoir l'ac-
cuser].

12 Pendant ce temps, les gens
s'étaient rassemblés par mil-
liers, au point de s'écraser les uns les
autres. Jésus se mit à dire à ses dis-
ciples: «Avant tout, méfiez-vous du
levain des pharisiens, qui est l'hy-
pocrisie. 2 Il n'y a rien de caché qui
ne doive être découvert, ni de se-
cret qui ne doive être connu. 3 C'est
pourquoi tout ce que vous aurez dit
dans l'obscurité sera entendu en
plein jour et ce que vous aurez dit à
l'oreille dans les chambres sera pro-
clamé sur les toits. 4 Je vous le dis,
à vous qui êtes mes amis: ne re-
doutez pas ceux qui tuent le corps
et qui, après cela, ne peuvent rien
faire de plus. 5 Je vais vous montrer
qui vous devez redouter: redoutez
celui qui, après avoir tué, a le pou-
voir de jeter en enfer. Oui, je vous
le dis, c'est lui que vous devez re-
douter. 6 Ne vend-on pas cinq moi-
neaux pour deux petites pièces? Ce-
pendant, aucun d'eux n'est oublié
devant Dieu. 7 Même vos cheveux
sont tous comptés. N'ayez donc pas
peur: vous valez plus que beaucoup
de moineaux.

8 »Je vous le dis, toute personne qui
se déclarera pour moi devant les
hommes, le Fils de l'homme se dé-
clarera aussi pour elle devant les an-
ges de Dieu; 9 mais celui qui m'aura
renié devant les hommes sera renié
devant les anges de Dieu. 10 Toute
personne qui dira une parole contre
le Fils de l'homme, cela lui sera par-
donné; mais celui qui aura blasphé-
mé contre le Saint-Esprit, le pardon
ne lui sera pas accordé.

11 »Quand on vous conduira dans
les synagogues, ou devant les ma-
gistrats et les autorités, ne vous in-
quiétez pas de la manière dont vous
vous défendrez ni de ce que vous di-
rez. 12 En effet, le Saint-Esprit vous
enseignera au moment même ce
qu'il faudra dire.»

Les biens matériels

13 Du milieu de la foule, quelqu'un
dit à Jésus: «Maître, dis à mon frè-
re de partager notre héritage avec
moi.» 14 Jésus lui répondit: «Qui m'a
établi pour être votre juge ou pour
faire vos partages?» 15 Puis il leur
dit: «Gardez-vous avec soin de tou-
te soif de posséder, car la vie d'un
homme ne dépend pas de ses biens,
même s'il est dans l'abondance.»
16 Il leur dit cette parabole: «Les
terres d'un homme riche avaient
beaucoup rapporté. 17 Il raisonnait
en lui-même, disant: 'Que vais-je
faire? En effet, je n'ai pas de pla-
ce pour rentrer ma récolte. 18 Voici
ce que je vais faire, se dit-il: j'abat-
trai mes greniers, j'en construirai
de plus grands, j'y amasserai toute
ma récolte et tous mes biens, 19 et
je dirai à mon âme: Mon âme, tu as
beaucoup de biens en réserve pour
de nombreuses années; repose-toi,
mange, bois et réjouis-toi.' 20 Mais
Dieu lui dit: 'Homme dépourvu
de bon sens! Cette nuit même, ton
âme te sera redemandée, et ce que
tu as préparé, pour qui cela sera-
t-il?' 21 Voilà quelle est la situation
de celui qui amasse des trésors
pour lui-même et qui n'est pas ri-
che pour Dieu.»

22 Jésus dit ensuite à ses disciples:
«C'est pourquoi je vous le dis: ne
vous inquiétez pas pour votre
vie de ce que vous mangerez, ni
pour votre corps de ce dont vous
serez habillés. 23 La vie est plus
que la nourriture et le corps plus

que le vêtement. 24 Observez les
corbeaux: ils ne sèment pas et
ne moissonnent pas, ils n'ont ni
cave ni grenier, et Dieu les nourrit.
Vous valez beaucoup plus que les
oiseaux! 25 Qui de vous peut, par
ses inquiétudes, ajouter un ins-
tant à la durée de sa vie? 26 Si donc
vous ne pouvez rien faire, même
pour si peu, pourquoi vous in-
quiétez-vous du reste? 27 Observez
comment poussent les plus belles
fleurs: elles ne travaillent pas et
ne tissent pas; cependant je vous
dis que Salomon[n] lui-même, dans
toute sa gloire, n'a pas eu d'aus-
si belles tenues que l'une d'elles.
28 Si Dieu habille ainsi l'herbe qui
est aujourd'hui dans les champs
et qui demain sera jetée au feu,
il le fera d'autant plus volontiers
pour vous, gens de peu de foi! 29 Et
vous, ne cherchez pas ce que vous
mangerez ni ce que vous boirez
et ne soyez pas inquiets. 30 En ef-
fet, tout cela, ce sont les membres
des autres peuples du monde qui
le recherchent. Votre Père sait que
vous en avez besoin. 31 Recher-
chez plutôt le royaume de Dieu
et [tout] cela vous sera donné en
plus. 32 N'aie pas peur, petit trou-
peau, car votre Père a trouvé bon
de vous donner le royaume.
33 »Vendez ce que vous possédez et
faites don de l'argent. Faites-vous
des bourses qui ne s'usent pas, un
trésor inépuisable dans le ciel, où
le voleur n'approche pas et où la
mite ne détruit pas. 34 En effet, là
où est votre trésor, là aussi sera vo-
tre cœur.

Appel à être prêts

35 »Mettez une ceinture à votre
taille et tenez vos lampes allumées.
36 Soyez comme des hommes qui
attendent que leur maître revien-
ne des noces, afin de lui ouvrir dès
qu'il arrivera et frappera. 37 Heu-
reux ces serviteurs que le maître,
à son arrivée, trouvera éveillés! Je
vous le dis en vérité, il mettra sa
ceinture, les fera prendre place à
table et s'approchera pour les ser-
vir. 38 Qu'il arrive au milieu ou vers
la fin de la nuit, heureux sont ces
serviteurs, s'il les trouve éveillés!
39 Vous le savez bien, si le maître de
la maison connaissait l'heure à la-
quelle le voleur doit venir, il reste-
rait éveillé et ne laisserait pas per-
cer les murs de sa maison. 40 Vous
[donc] aussi, tenez-vous prêts, car
le Fils de l'homme viendra à l'heu-
re où vous n'y penserez pas.»
41 Pierre lui dit: «Seigneur, est-ce
à nous que tu adresses cette para-
bole, ou bien à tout le monde?»
42 Le Seigneur dit: «Quel est donc
l'intendant fidèle et prudent que le
maître établira responsable de ses
employés pour leur donner la nour-
riture au moment voulu? 43 Heu-
reux le serviteur que son maître, à
son arrivée, trouvera occupé à son
travail! 44 Je vous le dis en vérité, il
l'établira responsable de tous ses
biens. 45 Mais si ce serviteur se dit
en lui-même: 'Mon maître tarde à
venir', s'il se met à battre les autres
serviteurs et servantes, à manger, à
boire et à s'enivrer, 46 alors le maî-
tre de ce serviteur viendra le jour
où il ne s'y attend pas et à l'heu-
re qu'il ne connaît pas. Il le puni-
ra sévèrement et lui fera partager
le sort des infidèles. 47 Le servi-
teur qui a connu la volonté de son
maître mais qui n'a rien préparé ni
fait pour s'y conformer sera bat-
tu d'un grand nombre de coups.
48 En revanche, celui qui ne l'a pas
connue et qui a fait des choses

12.27 *Salomon*: l'un des plus grands rois d'Israël, fils de David.

dignes de punition sera battu de
peu de coups. On demandera beau-
coup à qui l'on a beaucoup donné,
et l'on exigera davantage de celui à
qui l'on a beaucoup confié.
49 »Je suis venu jeter un feu sur la
terre; combien je voudrais qu'il soit
déjà allumé! 50 Il y a un baptême
dont je dois être baptisé, et quelle
angoisse pour moi jusqu'à ce qu'il
soit accompli! 51 Pensez-vous que
je sois venu apporter la paix sur la
terre? Non, vous dis-je, mais la di-
vision. 52 En effet, désormais, s'il y
a cinq personnes dans une famille,
elles seront divisées, trois contre
deux et deux contre trois, 53 le père
contre le fils et le fils contre le père,
la mère contre la fille et la fille
contre la mère, la belle-mère contre
la belle-fille et la belle-fille contre la
belle-mère.»
54 Il dit encore aux foules: «Quand
vous voyez un nuage se lever à l'ouest,
vous dites aussitôt: 'La pluie vient',
et c'est ce qui se passe. 55 Quand
vous voyez souffler le vent du sud,
vous dites: 'Il fera chaud', et c'est ce
qui arrive. 56 Hypocrites! Vous sa-
vez reconnaître l'aspect de la terre
et du ciel; comment se fait-il que
vous ne reconnaissiez pas ce temps-
ci? 57 Et pourquoi ne discernez-
vous pas par vous-mêmes ce qui est
juste? 58 Lorsque tu vas avec ton ad-
versaire devant le magistrat, tâche
en chemin de t'arranger avec lui, de
peur qu'il ne te traîne devant le juge,
que le juge ne te livre à l'officier de
justice et que celui-ci ne te mette en
prison. 59 Je te le dis, tu n'en sortiras
pas avant d'avoir *payé jusqu*'au *der-*
nier centime.»

13 A ce moment-là, quelques
personnes qui se trouvaient
là racontèrent à Jésus ce qui était
arrivé à des Galiléens dont Pilate
avait mélangé le sang avec celui de
leurs sacrifices. 2 Jésus leur répon-
dit: «Pensez-vous que ces Galiléens
étaient de plus grands pécheurs
que tous les autres Galiléens, par-
ce qu'ils ont subi un tel sort? 3 Non,
je vous le dis. Mais si vous ne chan-
gez pas d'attitude, vous périrez tous
de même. 4 Ou bien ces 18 person-
nes sur qui la tour de Siloé est tom-
bée et qu'elle a tuées, pensez-vous
qu'elles étaient plus coupables que
tous les autres habitants de Jéru-
salem? 5 Non, je vous le dis. Mais
si vous ne changez pas d'attitude,
vous périrez tous de même.»
6 Il dit aussi cette parabole: «Un
homme avait un figuier planté
dans sa vigne. Il vint y chercher du
fruit et il n'en trouva pas. 7 Alors il
dit au vigneron: 'Voilà trois ans que
je viens chercher du fruit sur ce fi-
guier et je n'en trouve pas. Coupe-le:
pourquoi occupe-t-il la terre inuti-
lement?' 8 Le vigneron lui répondit:
'Seigneur, laisse-le encore cette an-
née! Je creuserai tout autour et j'y
mettrai du fumier. 9 Peut-être à
l'avenir donnera-t-il du fruit; sinon,
tu le couperas.'»

Guérison de la femme courbée

10 Jésus enseignait dans une des sy-
nagogues, le jour du sabbat. 11 Or il
y avait là une femme habitée par
un esprit qui la rendait infirme de-
puis 18 ans; elle était courbée et ne
pouvait pas du tout se redresser.
12 Lorsqu'il la vit, Jésus lui adressa
la parole et lui dit: «Femme, tu es
délivrée de ton infirmité.» 13 Il posa
les mains sur elle; immédiatement
elle se redressa, et elle se mit à cé-
lébrer la gloire de Dieu. 14 Mais le
chef de la synagogue, indigné de
ce que Jésus avait fait une guérison
un jour de sabbat, dit à la foule: «Il
y a six jours pour travailler, venez
donc vous faire guérir ces jours-là
et non pas le jour du sabbat.» 15 Le
Seigneur lui répondit en ces termes:

«Hypocrites! Le jour du sabbat, cha-
cun de vous ne détache-t-il pas son
bœuf ou son âne de la mangeoire
pour le mener boire? 16 Et cette fem-
me, qui est une fille d'Abraham et
que Satan tenait attachée depuis
18 ans, ne fallait-il pas la délivrer
de cette chaîne le jour du sabbat?»
17 Ces paroles remplirent de hon-
te tous ses adversaires, et la foule
entière se réjouissait de toutes les
merveilles qu'il faisait.

La graine de moutarde et le levain

18 Il dit encore: «A quoi le royaume
de Dieu ressemble-t-il et à quoi le
comparerai-je? 19 Il ressemble à une
graine de moutarde qu'un homme
a prise et plantée dans son jardin;
elle pousse, devient un [grand] ar-
bre, et les oiseaux du ciel habitent
dans ses branches.»
20 Il dit encore: «A quoi comparerai-
je le royaume de Dieu? 21 Il ressem-
ble à du levain qu'une femme a pris
et mis dans trois mesures de farine
pour faire lever toute la pâte.»

L'entrée dans le royaume

22 Jésus traversait les villes et les vil-
lages, et il enseignait en faisant rou-
te vers Jérusalem. 23 Quelqu'un lui
dit: «Seigneur, n'y a-t-il que peu de
gens qui soient sauvés?» Il leur ré-
pondit: 24 «Efforcez-vous d'entrer
par la porte étroite. En effet, je vous
le dis, beaucoup chercheront à en-
trer et ne le pourront pas. 25 Quand
le maître de la maison se sera levé
et aura fermé la porte, vous qui êtes
dehors, vous commencerez à frap-
per à la porte en disant: 'Seigneur,
[Seigneur,] ouvre-nous!' Il vous ré-
pondra: 'Je ne sais pas d'où vous
êtes.' 26 Alors vous vous mettrez à
dire: 'Nous avons mangé et bu de-
vant toi, et tu as enseigné dans nos
rues.' 27 Il répondra: 'Je vous le dis,
je ne sais pas d'où vous êtes; éloi-
gnez-vous de moi, vous tous qui
commettez l'injustice.' 28 C'est là
qu'il y aura des pleurs et des grin-
cements de dents, quand vous ver-
rez Abraham, Isaac, Jacob et tous
les prophètes dans le royaume de
Dieu et que vous, vous serez jetés
dehors. 29 On viendra de l'est et de
l'ouest, du nord et du sud, et l'on
se mettra à table dans le royau-
me de Dieu. 30 Certains parmi les
derniers seront les premiers, et
d'autres parmi les premiers seront
les derniers.»
31 Ce même jour, des pharisiens vin-
rent lui dire: «Va-t'en, pars d'ici, car
Hérode veut te faire mourir.» 32 Il
leur répondit: «Allez dire à ce re-
nard: 'Voici, je chasse les démons et
je fais des guérisons aujourd'hui et
demain, et le troisième jour j'aurai
fini. 33 Mais il faut que je poursuive
ma route aujourd'hui, demain et le
jour suivant, car il ne convient pas
qu'un prophète meure ailleurs qu'à
Jérusalem.'
34 »Jérusalem, Jérusalem, toi qui
tues les prophètes et qui lapides
ceux qui te sont envoyés, combien
de fois j'ai voulu rassembler tes en-
fants comme une poule rassemble
sa couvée sous ses ailes, et vous ne
l'avez pas voulu! 35 Voici que votre
maison vous sera laissée [déserte].
Je vous le dis, vous ne me verrez
plus jusqu'à ce que vienne le temps
où vous direz: *'Béni soit celui qui
vient au nom du Seigneur!'*[n] »

L'invitation au festin

14 Un jour de sabbat, Jésus
était allé dans la maison de
l'un des chefs des pharisiens pour
prendre un repas, et les pharisiens
l'observaient. 2 Or un homme rem-

13.35 *Béni… Seigneur*: citation du Psaume 118.26.

pli d'œdème se trouvait devant lui.
3 Jésus prit la parole et dit aux pro-
fesseurs de la loi et aux pharisiens:
«Est-il permis [ou non] de faire une
guérison le jour du sabbat?» 4 Ils
gardèrent le silence. Alors Jésus
toucha le malade, le guérit et le ren-
voya. 5 Puis il leur dit: «Lequel de
vous, si son fils ou son bœuf tom-
be dans un puits, ne l'en retire pas
aussitôt, même le jour du sabbat?»
6 Et ils furent incapables de répon-
dre à cela.
7 Il adressa ensuite une parabole
aux invités, en voyant qu'ils choi-
sissaient les meilleures places. Il
leur dit: 8 «Lorsque tu es invité par
quelqu'un à des noces, ne te mets
pas à la meilleure place, de peur
qu'il n'y ait parmi les invités une
personne plus importante que toi
9 et que celui qui vous a invités l'un
et l'autre ne vienne te dire: 'Laisse-
lui la place!' Tu aurais alors la hon-
te d'aller occuper la dernière pla-
ce. 10 Mais lorsque tu es invité, va
te mettre à la dernière place, afin
qu'au moment où celui qui t'a invi-
té arrive, il te dise: 'Mon ami, mon-
te plus haut.' Alors tu seras honoré
devant [tous] ceux qui seront à ta-
ble avec toi. 11 En effet, toute per-
sonne qui s'élève sera abaissée, et
celle qui s'abaisse sera élevée.»
12 Il dit aussi à celui qui l'avait invi-
té: «Lorsque tu organises un dîner
ou un souper, n'invite pas tes amis,
ni tes frères, ni tes parents, ni des
voisins riches, de peur qu'ils ne t'in-
vitent à leur tour pour te rendre la
pareille. 13 Lorsque tu organises un
festin, invite au *contraire* des pau-
vres, des estropiés, des boiteux, des
aveugles, 14 et tu seras heureux, car
ils ne peuvent pas te rendre la pa-
reille. En effet, cela te sera rendu à
la résurrection des justes.»
15 Après avoir entendu ces paroles,
un de ceux qui étaient à table dit à
Jésus: «Heureux celui qui prendra
son repas dans le royaume de Dieu!»
16 Jésus lui répondit: «Un homme
organisa un grand festin et invita
beaucoup de gens. 17 A l'heure du
festin, il envoya son serviteur dire
aux invités: 'Venez, car tout est déjà
prêt.' 18 Mais tous sans exception
se mirent à s'excuser. Le premier
lui dit: 'J'ai acheté un champ et
je suis obligé d'aller le voir, excuse-
moi, je t'en prie.' 19 Un autre dit:
'J'ai acheté cinq paires de bœufs et
je vais les essayer, excuse-moi, je
t'en prie.' 20 Un autre dit: 'Je viens
de me marier, c'est pourquoi je ne
peux pas venir.' 21 A son retour, le
serviteur rapporta ces paroles à
son maître. Alors le maître de la
maison, en colère, dit à son servi-
teur: 'Va vite sur les places et dans
les rues de la ville et amène ici les
pauvres, les estropiés, les aveu-
gles et les boiteux.' 22 Le serviteur
dit: 'Maître, ce que tu as ordonné a
été fait et il reste encore de la pla-
ce.' 23 Le maître dit alors au servi-
teur: 'Va sur les chemins et le long
des haies, et ceux que tu trouve-
ras, oblige-les à entrer, afin que ma
maison soit remplie. 24 En effet, je
vous le dis, aucun de ces hommes
qui avaient été invités ne goûtera
de mon festin.'»

Conditions pour être disciple

25 De grandes foules faisaient route
avec Jésus. Il se retourna et leur dit:
26 «Si quelqu'un vient à moi sans
me préférer à son père, sa mère, sa
femme, ses enfants, ses frères et ses
sœurs, et même à sa propre vie, il
ne peut pas être mon disciple. 27 Ce-
lui qui ne porte pas sa croix et ne
me suit pas ne peut pas être mon
disciple. 28 En effet, si l'un de vous
veut construire une tour, il s'assied
d'abord pour calculer la dépen-
se et voir s'il a de quoi la terminer.

29 Autrement, si après avoir posé
les fondations il ne peut pas la ter-
miner, tous ceux qui le verront se
mettront à se moquer de lui 30 en
disant: 'Cet homme a commencé
à construire, et il n'a pas pu finir.'
31 De même, si un roi part en guer-
re contre un autre roi, il s'assied
d'abord pour examiner s'il peut,
avec 10'000 hommes, affronter ce-
lui qui vient l'attaquer avec 20'000.
32 Si ce n'est pas le cas, alors que
l'autre roi est encore loin, il lui en-
voie une ambassade pour deman-
der la paix. 33 Ainsi donc aucun de
vous, à moins de renoncer à tout
ce qu'il possède, ne peut être mon
disciple.
34 »Le sel est une bonne chose, mais
si le sel perd sa saveur, avec quoi la
lui rendra-t-on? 35 Il n'est bon ni
pour la terre, ni pour le fumier; on
le jette dehors. Que celui qui a des
oreilles pour entendre entende.»

Paraboles de la brebis et de la pièce perdues

15 Tous les collecteurs d'im-
pôts et les pécheurs s'ap-
prochaient de Jésus pour l'écouter.
2 Mais les pharisiens et les spécia-
listes de la loi murmuraient, disant:
«Cet homme accueille des pécheurs
et mange avec eux.»
3 Alors il leur dit cette parabole:
4 «Si l'un de vous a 100 brebis et qu'il
en perde une, ne laisse-t-il pas les
99 autres dans le désert pour aller
à la recherche de celle qui est per-
due jusqu'à ce qu'il la retrouve?
5 Lorsqu'il l'a retrouvée, il la met
avec joie sur ses épaules 6 et, de re-
tour à la maison, il appelle ses amis
et ses voisins et leur dit: 'Réjouis-
sez-vous avec moi, car j'ai retrou-
vé ma brebis qui était perdue.' 7 De
même, je vous le dis, il y aura plus
de joie dans le ciel pour un seul pé-
cheur qui se repent que pour 99 jus-
tes qui n'ont pas besoin de changer
d'attitude.
8 »Ou bien, si une femme a 10 piè-
ces d'argent et qu'elle en perde une,
ne va-t-elle pas allumer une lampe,
balayer la maison et chercher avec
soin jusqu'à ce qu'elle la retrouve?
9 Lorsqu'elle l'a retrouvée, elle ap-
pelle ses amies et ses voisines et dit:
'Réjouissez-vous avec moi, car j'ai
retrouvé la pièce que j'avais perdue.'
10 De même, je vous le dis, il y a de
la joie parmi les anges de Dieu pour
un seul pécheur qui se repent.»

Parabole du fils perdu et de son frère

11 Il dit encore: «Un homme avait
deux fils. 12 Le plus jeune dit à son
père: 'Mon père, donne-moi la part
de l'héritage qui doit me revenir.' Le
père leur partagea alors ses biens.
13 Peu de jours après, le plus jeune
fils ramassa tout et partit pour un
pays éloigné, où il gaspilla sa for-
tune en vivant dans la débauche.
14 Alors qu'il avait tout dépensé, une
importante famine survint dans ce
pays et il commença à se trouver
dans le besoin. 15 Il alla se mettre au
service d'un des habitants du pays,
qui l'envoya dans ses champs garder
les porcs. 16 Il aurait bien voulu
se nourrir des caroubes que man-
geaient les porcs, mais personne ne
lui en donnait. 17 Il se mit à réfléchir
et se dit: 'Combien d'ouvriers chez
mon père ont du pain en abondance
et moi, ici, je meurs de faim! 18 Je
vais retourner vers mon père et je
lui dirai: Père, j'ai péché contre le
ciel et contre toi, 19 je ne suis plus di-
gne d'être appelé ton fils, traite-moi
comme l'un de tes ouvriers.' 20 Il se
leva et alla vers son père. Alors qu'il
était encore loin, son père le vit et fut
rempli de compassion, il courut se
jeter à son cou et l'embrassa. 21 Le fils
lui dit: 'Père, j'ai péché contre le ciel

et contre toi, je ne suis plus digne
d'être appelé ton fils.' 22 Mais le père
dit à ses serviteurs: 'Apportez [vite]
le plus beau vêtement et mettez-le-
lui; passez-lui un anneau au doigt et
mettez-lui des sandales aux pieds.
23 Amenez le veau qu'on a engraissé
et tuez-le! Mangeons et réjouissons-
nous, 24 car mon fils que voici était
mort et il est revenu à la vie, il était
perdu et il est retrouvé.' Et ils com-
mencèrent à faire la fête.
25 »Or le fils aîné était dans les
champs. Lorsqu'il revint et appro-
cha de la maison, il entendit la mu-
sique et les danses. 26 Il appela un
des serviteurs et lui demanda ce
qui se passait. 27 Le serviteur lui dit:
'Ton frère est de retour et ton père a
tué le veau engraissé parce qu'il l'a
retrouvé en bonne santé.' 28 Le fils
aîné se mit en colère et il ne voulait
pas entrer. Son père sortit le sup-
plier d'entrer, 29 mais il répondit à
son père: 'Voilà tant d'années que
je suis à ton service sans jamais dé-
sobéir à tes ordres, et jamais tu ne
m'as donné un chevreau pour que je
fasse la fête avec mes amis. 30 Mais
quand ton fils est arrivé, celui qui
a mangé tes biens avec des prosti-
tuées, pour lui tu as tué le veau en-
graissé!' 31 'Mon enfant, lui dit le
père, tu es toujours avec moi et tout
ce que j'ai est à toi, 32 mais il fallait
bien faire la fête et nous réjouir, par-
ce que ton frère que voici était mort
et il est revenu à la vie, il était perdu
et il est retrouvé.'»

Parabole de l'intendant infidèle

16 Jésus dit aussi à ses disciples:
«Un homme riche avait un in-
tendant. On vint lui rapporter qu'il
gaspillait ses biens. 2 Il l'appela et
lui dit: 'Qu'est-ce que j'entends dire
à ton sujet? Rends compte de ta ges-
tion, car tu ne pourras plus gérer
mes biens.' 3 L'intendant se dit en
lui-même: 'Que vais-je faire, puis-
que mon maître m'enlève la gestion
de ses biens? Travailler la terre? Je
n'en ai pas la force. Mendier? J'en ai
honte. 4 Je sais ce que je ferai pour
qu'il y ait des gens qui m'accueillent
chez eux quand je serai renvoyé de
mon emploi.' 5 Il fit venir chacun des
débiteurs de son maître et dit au pre-
mier: 'Combien dois-tu à mon maî-
tre?' 6 'Je dois 100 tonneaux d'huile
d'olive', répondit-il. Il lui dit: 'Voi-
ci ton reçu, assieds-toi vite et écris
50.' 7 Il dit ensuite à un autre: 'Et toi,
combien dois-tu?' 'Je dois 100 me-
sures de blé', répondit-il. Et il lui dit:
'Voici ton reçu, écris 80.' 8 Le maître
fit l'éloge de l'intendant malhonnête
à cause de l'habileté dont il avait fait
preuve. En effet, les enfants de ce
monde sont plus habiles vis-à-vis
de leur génération que ne le sont les
enfants de la lumière.
9 »Et moi, je vous dis: Faites-vous
des amis avec les richesses injustes,
afin qu'ils vous accueillent dans les
habitations éternelles lorsqu'elles
viendront à vous manquer. 10 Celui
qui est fidèle dans les petites choses
l'est aussi dans les grandes, et celui
qui est malhonnête dans les petites
choses l'est aussi dans les grandes.
11 Si donc vous n'avez pas été fidèles
dans les richesses injustes, qui vous
confiera les biens véritables? 12 Et si
vous n'avez pas été fidèles dans ce
qui est à autrui, qui vous donnera ce
qui est à vous? 13 Aucun serviteur ne
peut servir deux maîtres, car ou il
détestera le premier et aimera le se-
cond, ou il s'attachera au premier et
méprisera le second. Vous ne pou-
vez pas servir Dieu et l'argent[n].»

16.13 *L'argent*: littéralement *mamon*, transcription d'un mot araméen désignant la richesse, personnifiée comme une divinité.

14 En entendant tout cela, les pha-
risiens qui aimaient l'argent se
moquaient de lui. 15 Jésus leur dit:
«Vous, vous cherchez à paraître jus-
tes devant les hommes, mais Dieu
connaît votre cœur. De fait, ce qui
est très estimé parmi les hommes
est abominable devant Dieu. 16 La
loi et les prophètes ont subsisté
jusqu'à Jean; depuis lors, la bonne
nouvelle du royaume de Dieu est
annoncée et chacun cherche avec
force à y entrer. 17 Le ciel et la terre
disparaîtront plus facilement que
ne tombera un seul trait de lettre de
la loi. 18 Tout homme qui renvoie sa
femme et en épouse une autre com-
met un adultère, et tout homme qui
épouse une femme divorcée de son
mari commet un adultère.

Histoire de l'homme riche et du pauvre Lazare

19 »Il y avait un homme riche, qui
s'habillait de pourpre et de fin lin
et qui chaque jour menait joyeu-
se et brillante vie. 20 Un pauvre du
nom de Lazare était couché de-
vant son portail, couvert d'ulcè-
res. 21 Il aurait bien voulu se rassa-
sier des miettes qui tombaient de
la table du riche, cependant même
les chiens venaient lécher ses ulcè-
res. 22 Le pauvre mourut et fut por-
té par les anges auprès d'Abraham.
Le riche mourut aussi et fut enter-
ré. 23 Dans le séjour des morts, en
proie à une grande souffrance il
leva les yeux et vit de loin Abraham,
avec Lazare à ses côtés. 24 Il s'écria:
'Père Abraham, aie pitié de moi et
envoie Lazare pour qu'il trempe le
bout de son doigt dans l'eau afin de
me rafraîchir la langue, car je souf-
fre cruellement dans cette flam-
me.' 25 Abraham répondit: 'Mon
enfant, souviens-toi que tu as reçu
tes biens pendant ta vie et que La-
zare a connu les maux pendant la
sienne; maintenant, il est conso-
lé ici et toi, tu souffres. 26 De plus,
il y a un grand abîme entre nous
et vous, afin que ceux qui vou-
draient passer d'ici vers vous, ou
de chez vous vers nous, ne puis-
sent pas le faire.' 27 Le riche dit: 'Je
te prie alors, père, d'envoyer Laza-
re chez mon père, car j'ai cinq frè-
res. 28 C'est pour qu'il les avertisse,
afin qu'ils n'aboutissent pas, eux
aussi, dans ce lieu de souffran-
ces.' 29 Abraham [lui] répondit: 'Ils
ont Moïse et les prophètes, qu'ils
les écoutent.' 30 Le riche dit: 'Non,
père Abraham, mais si quelqu'un
vient de chez les morts vers eux,
ils changeront d'attitude.' 31 Abra-
ham lui dit alors: 'S'ils n'écoutent
pas Moïse et les prophètes, ils ne
se laisseront pas persuader, même
si quelqu'un ressuscite.'»

Le pardon et la foi

17 Jésus dit à ses disciples: «Il
est inévitable qu'il y ait des
pièges, mais malheur à celui qui
en est responsable! 2 Il vaudrait
mieux pour lui qu'on attache à son
cou une meule de moulin et qu'on
le jette à la mer, plutôt qu'il ne fas-
se trébucher un seul de ces pe-
tits. 3 Faites bien attention à vous-
mêmes. Si ton frère a péché [contre
toi], reprends-le et, s'il reconnaît
ses torts, pardonne-lui. 4 S'il a pé-
ché contre toi 7 fois dans une jour-
née et que 7 fois [dans la journée]
il revienne [vers toi] et dise: 'J'ai eu
tort'[n], tu lui pardonneras.»
5 Les apôtres dirent au Seigneur:
«Augmente notre foi.» 6 Le Seigneur
dit: «Si vous aviez de la foi comme
une graine de moutarde, vous di-
riez à ce mûrier: 'Déracine-toi et

17.4 *J'ai eu tort*: ou *je me repens* ou *je vais changer d'attitude* (même verbe grec qu'au verset 3).

va te planter dans la mer', et il vous
obéirait.
7 »Si l'un de vous a un esclave qui
laboure ou garde les troupeaux, lui
dira-t-il, à son retour des champs:
'Viens tout de suite te mettre à ta-
ble'? 8 Ne lui dira-t-il pas au con-
traire: 'Prépare-moi à souper, ajus-
te ta tenue pour me servir jusqu'à
ce que j'aie mangé et bu; après
cela, toi, tu mangeras et tu boiras'?
9 A-t-il de la reconnaissance envers
cet esclave parce qu'il a fait ce qui
lui était ordonné? [Je ne pense pas.]
10 Vous de même, quand vous avez
fait tout ce qui vous a été ordon-
né, dites: 'Nous sommes des ser-
viteurs inutiles, nous avons fait ce
que nous devions faire.'»

Guérison de dix lépreux

11 Alors qu'il se rendait à Jérusalem,
Jésus passa entre la Samarie et la
Galilée. 12 Comme il entrait dans
un village, dix lépreux vinrent à sa
rencontre. Ils se tinrent à distance
13 et se mirent à lui dire: «Jésus, maî-
tre, aie pitié de nous!» 14 Lorsqu'il les
vit, Jésus leur dit: «Allez vous mon-
trer aux prêtres.» Pendant qu'ils y
allaient, ils furent guéris. 15 L'un
d'eux, se voyant guéri, revint sur ses
pas en rendant gloire à Dieu à hau-
te voix. 16 Il tomba le visage contre
terre aux pieds de Jésus et le remer-
cia. C'était un Samaritain. 17 Jésus
prit la parole et dit: «Les dix n'ont-ils
pas été guéris? Et les neuf autres, où
sont-ils? 18 Ne s'est-il trouvé que cet
étranger pour revenir et rendre gloi-
re à Dieu?» 19 Puis il lui dit: «Lève-toi,
vas-y, ta foi t'a sauvé.»

La venue du royaume de Dieu

20 Les pharisiens demandèrent à Jé-
sus quand viendrait le royaume de
Dieu. Il leur répondit: «Le royaume
de Dieu ne vient pas en se faisant
remarquer. 21 On ne dira pas: 'Il est
ici', ou: 'Il est là.' En effet, le royau-
me de Dieu est au milieu de vous.»
22 Puis il dit aux disciples: «Un
temps viendra où vous désirerez
voir même un seul des jours du
Fils de l'homme, et vous ne le ver-
rez pas. 23 On vous dira: 'Il est ici',
'Il est là.' N'y allez pas, n'y courez
pas. 24 En effet, tout comme l'éclair
resplendit et brille d'une extrémité
du ciel à l'autre, ainsi sera le Fils de
l'homme dans son jour. 25 Mais il
faut auparavant qu'il souffre beau-
coup et qu'il soit rejeté par cette gé-
nération.
26 »Ce qui est arrivé à l'époque de
Noé arrivera de même aux jours
du Fils de l'homme. 27 Les hommes
mangeaient, buvaient, se mariaient
et mariaient leurs enfants, jus-
qu'au jour où Noé est entré dans
l'arche, puis le déluge est venu et les
a tous fait mourir. 28 Ce sera comme
à l'époque de Lot: les hommes man-
geaient, buvaient, achetaient, ven-
daient, plantaient, construisaient,
29 mais le jour où Lot est sorti de So-
dome, une pluie de feu et de soufre
est tombée du ciel et les a tous fait
mourir. 30 Il en ira de même le jour
où le Fils de l'homme apparaîtra.
31 »Ce jour-là, que celui qui sera sur
le toit et qui aura ses affaires dans
la maison ne descende pas pour les
prendre et que celui qui sera dans
les champs ne retourne pas non
plus en arrière. 32 Souvenez-vous
de *la femme* de Lot[n]. 33 Celui qui
cherchera à sauver sa vie la perdra,
et celui qui la perdra la conservera.
34 Je vous le dis, cette nuit-là, deux
personnes seront dans un même
lit: l'une sera prise et l'autre laissée;

17.32 *La femme de Lot*: transformée en statue de sel pour avoir regardé en arrière lors du départ de Sodome (Genèse 19.26).

35 deux femmes moudront ensem-
ble: l'une sera prise et l'autre lais-
sée; 36 [deux hommes seront dans
un champ: l'un sera pris et l'autre
laissé.]»
37 Les disciples lui dirent: «Où cela
se passera-t-il, Seigneur?» Il répon-
dit: *«Là où sera le corps, là se ras-
semberont [aussi] les vautours.*[n]»

Parabole de la veuve et du juge

18 Jésus leur dit une parabole
pour montrer qu'ils devaient
toujours prier, sans se décourager.
2 Il dit: «Il y avait dans une ville un
juge qui ne craignait pas Dieu et
qui n'avait d'égards pour personne.
3 Il y avait aussi dans cette ville une
veuve qui venait lui dire: 'Rends-
moi justice contre ma partie adver-
se.' 4 Pendant longtemps il refusa.
Mais ensuite il se dit: 'Même si je
ne crains pas Dieu et n'ai d'égards
pour personne, 5 puisque cette veu-
ve me fatigue, je vais lui rendre jus-
tice afin qu'elle ne vienne pas sans
cesse me déranger.'» 6 Le Seigneur
ajouta: «Ecoutez ce que dit le juge
injuste. 7 Et Dieu ne fera-t-il pas
justice à ceux qu'il a choisis et qui
crient à lui jour et nuit? Les fera-t-il
attendre? 8 Je vous le dis, il leur fera
rapidement justice. Mais, quand le
Fils de l'homme viendra, trouvera-
t-il la foi sur la terre?»

Parabole du pharisien et du collecteur d'impôts

9 Il dit encore cette parabole, à l'in-
tention de certaines personnes qui
étaient convaincues d'être justes et
qui méprisaient les autres: 10 «Deux
hommes montèrent au temple pour
prier; l'un était un pharisien, l'autre
un collecteur d'impôts. 11 Le phari-
sien, debout, faisait cette prière en
lui-même: 'O Dieu, je te remercie
de ce que je ne suis pas comme les
autres hommes, qui sont voleurs,
injustes, adultères, ou même com-
me ce collecteur d'impôts. 12 Je jeû-
ne deux fois par semaine et je donne
la dîme de tous mes revenus.' 13 Le
collecteur d'impôts, lui, se tenait à
distance et n'osait même pas lever
les yeux au ciel, mais il se frappait
la poitrine en disant: 'O Dieu, aie
pitié de moi, qui suis un pécheur.'
14 Je vous le dis, lorsque ce dernier
descendit chez lui, il était considéré
comme juste, mais pas le pharisien.
En effet, toute personne qui s'élève
sera abaissée, et celle qui s'abaisse
sera élevée.»

Les petits enfants et l'homme riche

15 Des gens lui amenaient même de
tout petits enfants afin qu'il les tou-
che, mais les disciples, en voyant cela,
leur firent des reproches. 16 Jésus
appela les enfants et dit: «Laissez
les petits enfants venir à moi et ne
les en empêchez pas, car le royau-
me de Dieu est pour ceux qui leur
ressemblent. 17 Je vous le dis en
vérité, celui qui n'accueille pas le
royaume de Dieu comme un petit
enfant n'y entrera pas.»
18 Un chef interrogea Jésus et dit:
«Bon maître, que dois-je faire pour
hériter de la vie éternelle?» 19 Jésus
lui répondit: «Pourquoi m'appelles-
tu bon? Personne n'est bon, si ce
n'est Dieu seul. 20 Tu connais les
commandements: *Tu ne commet-
tras pas d'adultère; tu ne commet-
tras pas de meurtre; tu ne commet-
tras pas de vol; tu ne porteras pas de
faux témoignage; honore ton père et
ta mère.*[n]» 21 «J'ai respecté tous ces
commandements dès ma jeunesse»,
dit-il. 22 Après avoir entendu [cela],

17.37 *Là où… vautours*: citation de Job 39.30. **18.20** *Tu ne commettras… mère*: citation de cinq des dix commandements (Exode 20.12-16; Deutéronome 5.16-20).

Jésus lui dit: «Il te manque encore
une chose: vends tout ce que tu as,
distribue-le aux pauvres, et tu auras
un trésor dans le ciel. Puis viens et
suis-moi.» 23 Lorsqu'il entendit ces
paroles, l'homme devint tout tris-
te, car il était très riche. 24 Voyant
qu'il était devenu tout triste, Jésus
dit: «Qu'il est difficile à ceux qui
ont des richesses d'entrer dans le
royaume de Dieu! 25 En effet, il est
plus facile à un chameau de passer
par un trou d'aiguille qu'à un riche
d'entrer dans le royaume de Dieu.»
26 Ceux qui l'écoutaient dirent: «Qui
donc peut être sauvé?» 27 Jésus ré-
pondit: «Ce qui est impossible aux
hommes est possible à Dieu.»
28 Pierre dit alors: «Voici, nous
avons tout quitté et nous t'avons
suivi.» 29 Jésus leur dit: «Je vous le
dis en vérité, personne n'aura quit-
té à cause du royaume de Dieu sa
maison ou sa femme, ses frères, ses
parents ou ses enfants 30 sans rece-
voir beaucoup plus dans le temps
présent et, dans le monde à venir,
la vie éternelle.»
31 Jésus prit les douze avec lui et
leur dit: «Nous montons à Jérusa-
lem et tout ce qui a été écrit par
les prophètes au sujet du Fils de
l'homme va s'accomplir. 32 En ef-
fet, il sera livré aux non-Juifs, on se
moquera de lui, on l'insultera, on
crachera sur lui 33 et, après l'avoir
fouetté, on le fera mourir; le troisiè-
me jour il ressuscitera.» 34 Mais les
disciples ne comprirent rien à cela:
c'était pour eux un langage obscur,
des paroles dont ils ne saisissaient
pas le sens.

Jésus à Jéricho

35 Comme Jésus était près de Jéricho,
un aveugle était assis au bord du
chemin et mendiait. 36 Il entendit
la foule passer et demanda ce qui
se passait. 37 On lui dit: «C'est Jésus
de Nazareth qui passe.» 38 Alors il
cria: «Jésus, Fils de David[n], aie pitié
de moi!» 39 Ceux qui marchaient de-
vant le reprenaient pour le faire tai-
re, mais il criait beaucoup plus fort:
«Fils de David, aie pitié de moi!»
40 Jésus s'arrêta et ordonna qu'on
le lui amène; quand il fut près de
lui, il lui demanda: 41 «Que veux-tu
que je fasse pour toi?» Il répondit:
«Seigneur, que je retrouve la vue.»
42 Jésus lui dit: «Retrouve la vue, ta
foi t'a sauvé.» 43 Il retrouva immé-
diatement la vue et suivit Jésus en
célébrant la gloire de Dieu. Voyant
cela, tout le peuple se mit à adres-
ser des louanges à Dieu.

19 Jésus était entré dans Jéricho
et traversait la ville. 2 Or, un
homme riche appelé Zachée, chef
des collecteurs d'impôts, 3 cher-
chait à voir qui était Jésus, mais il
n'y parvenait pas à cause de la foule,
car il était de petite taille. 4 Il courut
en avant et monta sur un sycomo-
re pour voir Jésus, parce qu'il devait
passer par là. 5 Lorsque Jésus fut ar-
rivé à cet endroit, il leva les yeux,
[le vit] et lui dit: «Zachée, dépêche-
toi de descendre, car il faut que
je m'arrête aujourd'hui chez toi.»
6 Zachée s'empressa de descendre
et l'accueillit avec joie. 7 En voyant
cela, tous murmuraient en disant:
«Il est allé loger chez un homme pé-
cheur.» 8 Mais Zachée, se tenant de-
vant le Seigneur, lui dit: «Seigneur,
je donne aux pauvres la moitié de
mes biens et, si j'ai causé du tort à
quelqu'un, je lui rends le quadru-
ple.» 9 Alors Jésus dit à son propos:
«Le salut est entré aujourd'hui dans
cette maison, parce que lui aussi

18.38 *Fils de David*: titre donné au Messie, le Sauveur attendu par les Juifs, sur la base notamment de 2 Samuel 7.12-16; Esaïe 9.5-6.

est un fils d'Abraham. 10 En effet, le
Fils de l'homme est venu chercher
et sauver ce qui était perdu.»

Parabole des serviteurs et des récompenses

11 Comme la foule écoutait cela, Jé-
sus ajouta une parabole. En effet,
il était près de Jérusalem et l'on
croyait que le royaume de Dieu
allait apparaître immédiatement.
12 Il dit donc: «Un homme de hau-
te naissance partait dans un pays
lointain pour se faire désigner roi et
revenir ensuite. 13 Il appela dix de
ses serviteurs, leur remit 10 pièces
d'or et leur dit: 'Faites-les fructifier
jusqu'à ce que je revienne.' 14 Ce-
pendant, ses concitoyens le détes-
taient et ils envoyèrent une délé-
gation après lui pour dire: 'Nous
ne voulons pas que cet homme rè-
gne sur nous.' 15 Lorsqu'il fut de re-
tour après avoir été désigné roi, il
fit venir les serviteurs auxquels il
avait donné l'argent afin de savoir
quels bénéfices chacun avait faits.
16 Le premier se présenta et dit:
'Seigneur, ta pièce d'or en a rappor-
té 10.' 17 Il lui dit: 'C'est bien, bon
serviteur. Parce que tu as été fidè-
le dans une petite chose, reçois le
gouvernement de 10 villes.' 18 Le
deuxième vint et dit: 'Seigneur, ta
pièce d'or en a produit 5.' 19 Il lui dit:
'Toi aussi, sois établi responsable
de 5 villes.' 20 Un autre vint et dit:
'Seigneur, voici ta pièce d'or que
j'ai gardée dans un linge. 21 En ef-
fet, j'avais peur de toi parce que tu
es un homme sévère; tu prends ce
que tu n'as pas déposé et tu mois-
sonnes ce que tu n'as pas semé.' 22 Il
lui dit: 'Je vais te juger sur tes pro-
pres paroles, mauvais serviteur; tu
savais que je suis un homme sévè-
re, que je prends ce que je n'ai pas
déposé et que je moissonne ce que
je n'ai pas semé. 23 Pourquoi donc
n'as-tu pas mis mon argent dans
une banque, afin qu'à mon retour
je le retire avec un intérêt?' 24 Puis
il dit à ceux qui étaient là: 'Enlevez-
lui la pièce d'or et donnez-la à ce-
lui qui en a 10.' 25 Ils lui dirent: 'Sei-
gneur, il a déjà 10 pièces d'or.' 26 'Je
vous le dis, répondit-il, on donnera
à toute personne qui a, mais à ce-
lui qui n'a pas on enlèvera même ce
qu'il a. 27 Quant à mes ennemis qui
n'ont pas voulu que je règne sur eux,
amenez-les ici et mettez-les à mort
devant moi.'»

Entrée triomphale de Jésus à Jérusalem

28 Après avoir dit cela, Jésus mar-
cha devant la foule pour monter à
Jérusalem. 29 Lorsqu'il approcha de
Bethphagé et de Béthanie, vers la
colline appelée mont des Oliviers,
Jésus envoya deux de ses disciples
30 en leur disant: «Allez au village
qui est en face. Quand vous y se-
rez entrés, vous trouverez un ânon
attaché sur lequel personne n'est
encore jamais monté. Détachez-le
et amenez-le. 31 Si quelqu'un vous
demande: 'Pourquoi le détachez-
vous?' vous [lui] répondrez: 'Le Sei-
gneur en a besoin.'»
32 Ceux qui étaient envoyés par-
tirent et trouvèrent tout comme
Jésus le leur avait dit. 33 Comme
ils détachaient l'ânon, ses maîtres
leur dirent: «Pourquoi détachez-
vous l'ânon?» 34 Ils répondirent: «Le
Seigneur en a besoin» 35 et ils ame-
nèrent l'ânon à Jésus. Après avoir
jeté leurs manteaux sur son dos,
ils firent monter Jésus. 36 A mesure
qu'il avançait, les gens étendaient
leurs vêtements sur le chemin.
37 Déjà il approchait de Jérusalem,
vers la descente du mont des Oli-
viers. Alors toute la foule des dis-
ciples, remplis de joie, se mirent
à adresser à haute voix des louan-

ges à Dieu pour tous les miracles
qu'ils avaient vus. 38 Ils disaient:
«*Béni soit le roi qui vient au nom du*
Seigneur![n] Paix dans le ciel et gloi-
re dans les lieux très hauts!» 39 Du
milieu de la foule, quelques pha-
risiens dirent à Jésus: «Maître, re-
prends tes disciples.» 40 Il répondit:
«Je vous le dis, si eux se taisent, les
pierres crieront!»
41 Quand il approcha de la ville et
qu'il la vit, Jésus pleura sur elle et
dit: 42 «Si seulement tu avais toi
aussi reconnu, aujourd'hui, ce qui
peut te donner la paix! Mais main-
tenant, cela est caché à tes yeux.
43 Des jours viendront pour toi où
tes ennemis t'entoureront d'ouvra-
ges fortifiés, t'encercleront et te
serreront de tous côtés. 44 Ils te dé-
truiront, toi et tes enfants au mi-
lieu de toi, et ils ne laisseront pas
en toi pierre sur pierre, parce que
tu n'as pas reconnu le moment où
tu as été visitée.»

Jésus dans le temple

45 Jésus entra dans le temple et se
mit à en chasser les marchands.
46 Il leur dit: «Il est écrit: *Mon tem-*
ple sera une maison de prière[n], mais
vous, vous en avez fait *une caverne*
de voleurs[n].»
47 Il enseignait tous les jours dans
le temple. Les chefs des prêtres, les
spécialistes de la loi et les chefs du
peuple cherchaient à le faire mou-
rir; 48 mais ils ne savaient pas com-
ment s'y prendre, car tout le peuple
l'écoutait, suspendu à ses lèvres.
20 Un de ces jours-là, Jésus en-
seignait le peuple dans le
temple et annonçait la bonne nou-
velle. Les [chefs des] prêtres et les
spécialistes de la loi, avec les an-
ciens, survinrent alors 2 et lui di-
rent: «Dis-nous par quelle autorité
tu fais ces choses, ou qui t'a don-
né cette autorité.» 3 Il leur répondit:
«Je vous poserai moi aussi une
question. Dites-moi, 4 le baptême
de Jean venait-il du ciel ou des hom-
mes?» 5 Mais ils raisonnèrent ainsi
entre eux: «Si nous répondons: 'Du
ciel', il dira: 'Pourquoi n'avez-vous
pas cru en lui?' 6 Et si nous répon-
dons: 'Des hommes', tout le peuple
nous lapidera, car il est persuadé
que Jean était un prophète.» 7 Alors
ils répondirent qu'ils ne savaient
pas d'où il venait. 8 Jésus leur dit:
«Moi non plus, je ne vous dirai
pas par quelle autorité je fais ces
choses.»

Parabole des vignerons

9 Il se mit ensuite à dire cette para-
bole au peuple: «Un homme planta
une vigne, la loua à des vignerons et
quitta pour longtemps le pays. 10 Le
moment venu, il envoya un servi-
teur vers les vignerons pour qu'ils
lui donnent sa part de récolte de la
vigne. Mais les vignerons le batti-
rent et le renvoyèrent les mains vi-
des. 11 Il envoya encore un autre
serviteur; ils le battirent lui aussi,
l'insultèrent et le renvoyèrent les
mains vides. 12 Il en envoya encore
un troisième, mais ils le blessèrent
aussi et le chassèrent. 13 Le maître
de la vigne se dit alors: 'Que faire?
J'enverrai mon fils bien-aimé, peut-
être [en le voyant] auront-ils du res-
pect pour lui.' 14 Mais quand les vi-
gnerons le virent, ils raisonnèrent
entre eux et dirent: 'Voilà l'héritier.
Tuons-le, afin que l'héritage soit à
nous.' 15 Ils le jetèrent hors de la vi-
gne et le tuèrent. Maintenant, que
leur fera donc le maître de la vi-
gne? 16 Il viendra, fera mourir ces

19.38 *Béni... Seigneur*: citation du Psaume 118.26. **19.46** *Mon temple... prière*: citation d'Esaïe 56.7.
19.46 *Une caverne de voleurs*: expression tirée de Jérémie 7.11.

vignerons et donnera la vigne à
d'autres.»
En entendant cela, ils dirent: «Cer-
tainement pas!» 17 Mais Jésus jeta
les regards sur eux et dit: «Que si-
gnifie donc ce qui est écrit: *La pierre
qu'ont rejetée ceux qui construisaient
est devenue la pierre angulaire*[n]?
18 Toute personne qui tombera sur
cette pierre s'y brisera, et celui sur
qui elle tombera sera écrasé.» 19 Les
chefs des prêtres et les spécialistes
de la loi cherchèrent à l'arrêter au
moment même, mais ils redoutaient
les réactions [du peuple]. Ils avaient
compris que c'était pour eux que Jé-
sus avait dit cette parabole.

Tentatives de piéger Jésus

20 Ils se mirent à observer Jésus
et ils envoyèrent des hommes qui
faisaient semblant d'être des jus-
tes pour le prendre au piège de ses
propres paroles, afin de le livrer au
pouvoir et à l'autorité du gouver-
neur. 21 Ils lui posèrent cette ques-
tion: «Maître, nous savons que tu
parles et enseignes avec droiture
et que tu ne tiens pas compte de
l'apparence, mais que tu enseignes
le chemin de Dieu en toute vérité.
22 Nous est-il permis, ou non, de
payer l'impôt à l'empereur?» 23 Jé-
sus discerna leur ruse et leur ré-
pondit: «[Pourquoi me tendez-vous
un piège?] 24 Montrez-moi une piè-
ce de monnaie. De qui porte-t-elle
l'effigie et l'inscription?» «De l'em-
pereur», répondirent-ils. 25 Alors il
leur dit: «Rendez donc à l'empereur
ce qui est à l'empereur et à Dieu ce
qui est à Dieu.» 26 Ils ne purent pas
le prendre en défaut dans ce qu'il
disait devant le peuple; étonnés
de sa réponse, ils gardèrent le si-
lence.
27 Quelques-uns des sadducéens[n],
qui disent qu'il n'y a pas de résur-
rection, s'approchèrent et posèrent
à Jésus cette question: 28 «Maître,
voici ce que Moïse nous a prescrit:
*Si un homme marié meurt sans
avoir d'enfants, son frère épouse-
ra la veuve et donnera une descen-
dance à son frère.*[n] 29 Or, il y avait
sept frères. Le premier s'est ma-
rié et est mort sans enfants. 30 Le
deuxième [a épousé la veuve et est
mort sans enfants], 31 puis le troi-
sième l'a épousée; il en est allé de
même pour les sept: ils sont morts
sans laisser d'enfants. 32 Enfin, la
femme est morte aussi. 33 A la ré-
surrection, duquel d'entre eux sera-
t-elle donc la femme? En effet, les
sept l'ont eue pour épouse.» 34 Jé-
sus leur répondit: «Les hommes
et les femmes de ce monde se ma-
rient, 35 mais celles et ceux qui se-
ront jugés dignes de prendre part
au monde à venir et à la résurrec-
tion ne se marieront pas. 36 Ils ne
pourront pas non plus mourir, car
ils seront semblables aux anges,
et ils seront enfants de Dieu en
tant qu'enfants de la résurrection.
37 Que les morts ressuscitent, c'est
ce que Moïse a indiqué, dans l'épi-
sode du buisson, quand il appelle
le Seigneur *le Dieu d'Abraham, le
Dieu d'Isaac et le Dieu de Jacob*[n].
38 Or Dieu n'est pas le Dieu des
morts, mais des vivants, car tous
sont vivants pour lui.» 39 Quelques
spécialistes de la loi prirent la pa-
role et dirent: «Maître, tu as bien
parlé», 40 et ils n'osaient plus lui
poser aucune question.

20.17 *La pierre qu'ont... angulaire*: citation du Psaume 118.22. **20.27** *Sadducéens*: membres d'un courant du judaïsme souvent associé aux prêtres et à l'aristocratie. **20.28** *Si... frère*: citation de Deutéronome 25.5-6. **20.37** *Le Dieu... de Jacob*: citation d'Exode 3.6. Jésus répond aux sadducéens par un passage tiré des cinq livres de Moïse, car les sadducéens ne reconnaissaient qu'eux comme Ecriture.

Reproches de Jésus aux chefs religieux

41 Alors Jésus leur dit: «Comment
peut-on dire que le Messie est le fils
de David[n]? 42 David lui-même dit
[en effet] dans le livre des Psaumes:
Le Seigneur a dit à mon Seigneur:
'Assieds-toi à ma droite 43 *jusqu'à*
ce que j'aie fait de tes ennemis ton
marchepied.'[n] 44 David l'appelle
donc Seigneur. Comment peut-il
être son fils?»
45 Tandis que tout le peuple l'écou-
tait, il dit à ses disciples: 46 «Méfiez-
vous des spécialistes de la loi qui
aiment se promener en longues ro-
bes et être salués sur les places pu-
bliques; ils recherchent les sièges
d'honneur dans les synagogues et
les meilleures places dans les fes-
tins; 47 ils dépouillent les veuves
de leurs biens tout en faisant pour
l'apparence de longues prières. Ils
seront jugés plus sévèrement.»
21 Jésus leva les yeux et vit les
riches qui mettaient leurs
offrandes dans le tronc. 2 Il vit aussi
une pauvre veuve, qui y mettait deux
petites pièces. 3 Alors il dit: «Je vous
le dis en vérité, cette pauvre veuve
a mis plus que tous les autres, 4 car
eux tous ont pris de leur superflu
pour mettre des offrandes [à Dieu]
dans le tronc, mais elle, elle a mis
de son nécessaire, tout ce qu'elle
avait pour vivre.»

Discours sur le mont des Oliviers

5 Comme quelques-uns parlaient
du temple, qui était orné de belles
pierres et d'objets apportés en of-
frandes, Jésus dit: 6 «*Les jours vien-*
dront où il ne restera pas pierre sur
pierre de ce que vous voyez, tout
sera détruit.» 7 Ils lui demandèrent:
«Maître, quand donc cela arrivera-
t-il et à quel signe reconnaîtra-t-on
que ces événements vont se pro-
duire?»
8 Jésus répondit: «Faites bien at-
tention à ne pas vous laisser égarer.
En effet, beaucoup viendront sous
mon nom en disant: 'C'est moi', et:
'Le moment est arrivé.' Ne les suivez
[donc] pas. 9 Quand vous entendrez
parler de guerres et de soulève-
ments, ne vous laissez pas effrayer,
car il faut que ces choses arrivent
d'abord. Cependant, ce ne sera pas
encore la fin.»
10 Puis il leur dit: «*Une nation se dres-*
sera contre une nation et un royau-
me contre un royaume[n]; 11 il y aura
de grands tremblements de terre en
divers endroits, ainsi que des pes-
tes et des famines; il y aura des phé-
nomènes terrifiants et de grands si-
gnes dans le ciel. 12 Mais, avant tout
cela, on mettra la main sur vous et
l'on vous persécutera, on vous livre-
ra aux synagogues, on vous jettera
en prison, on vous traînera devant
des rois et devant des gouverneurs
à cause de mon nom. 13 Cela vous
donnera une occasion de témoi-
gnage. 14 Mettez-vous donc dans
l'esprit de ne pas préparer votre dé-
fense, 15 car je vous donnerai des pa-
roles et une sagesse telles qu'aucun
de vos adversaires ne pourra s'y op-
poser ni les contredire. 16 Vous se-
rez trahis même par vos parents,
par vos frères, par vos proches et
par vos amis, et l'on fera mourir plu-
sieurs d'entre vous. 17 Vous serez dé-
testés de tous à cause de mon nom,
18 mais pas un seul cheveu de votre
tête ne sera perdu. 19 Par votre per-
sévérance vous sauverez votre âme.
20 »Lorsque vous verrez Jérusalem
encerclée par des armées, sachez
que sa destruction est proche.

20.41 *Fils de David*: voir la note 18.38. **20.42-43** *Le Seigneur… marchepied*: citation du Psaume 110.1.
21.10 *Une nation… contre un royaume*: renvoi à Esaïe 19.2.

21 Alors, que ceux qui seront en Ju-
dée s'enfuient dans les montagnes,
que ceux qui seront à l'intérieur de
Jérusalem en sortent et que ceux qui
seront dans les champs n'entrent
pas dans la ville, 22 car ce seront des
jours de vengeance, où s'accompli-
ra tout ce qui est écrit. 23 Malheur
aux femmes qui seront enceintes
et à celles qui allaiteront durant
ces jours-là, car il y aura une gran-
de détresse dans le pays et de la co-
lère contre ce peuple. 24 Ils tombe-
ront sous le tranchant de l'épée, ils
seront emmenés prisonniers dans
toutes les nations et Jérusalem sera
piétinée par des non-Juifs jusqu'à
ce que la période accordée aux na-
tions prenne fin.

25 »Il y aura des signes dans le so-
leil, dans la lune et dans les étoiles.
Et sur la terre, les nations seront
dans l'angoisse, épouvantées par le
bruit de la mer et des vagues. 26 Des
hommes rendront l'âme de terreur
dans l'attente de ce qui surviendra
sur la terre, car les puissances cé-
lestes seront ébranlées. 27 Alors on
verra *le Fils de l'homme venir sur
une nuée*[n] avec beaucoup de puis-
sance et de gloire. 28 Quand ces évé-
nements commenceront à se pro-
duire, redressez-vous et relevez la
tête, parce que votre délivrance est
proche.»

29 Puis il leur dit une parabole: «Re-
gardez le figuier et tous les autres
arbres. 30 Dès qu'ils bourgeonnent,
vous savez de vous-mêmes que
déjà l'été est proche. 31 De même,
quand vous verrez ces choses ar-
river, sachez que le royaume de
Dieu est proche. 32 Je vous le dis
en vérité, cette génération ne pas-
sera pas avant que tout cela n'arri-
ve. 33 Le ciel et la terre disparaîtront,
mais mes paroles ne disparaîtront
pas. 34 Faites bien attention à vous-
mêmes, de peur que votre cœur ne
devienne insensible, au milieu des
excès du manger et du boire et des
soucis de la vie, et que ce jour ne
fonde sur vous à l'improviste. 35 En
effet, il s'abattra comme un piège
sur tous les habitants de la terre.
36 Restez donc en éveil, priez en tout
temps, afin d'avoir la force d'échap-
per à tous ces événements à venir et
de vous présenter debout devant le
Fils de l'homme.»

37 Pendant la journée, Jésus ensei-
gnait dans le temple, et il allait pas-
ser la nuit à la colline appelée mont
des Oliviers. 38 Tout le peuple se
rendait dès le matin vers lui dans
le temple pour l'écouter.

MORT ET RÉSURRECTION DE JÉSUS
22.1–24.53

Complot contre Jésus

22 La fête des pains sans le-
vain, appelée la Pâque, ap-
prochait. 2 Les chefs des prêtres et
les spécialistes de la loi cherchaient
les moyens de faire mourir Jésus,
car ils redoutaient les réactions du
peuple. 3 Or Satan entra dans Ju-
das, surnommé l'Iscariot, qui fai-
sait partie des douze, 4 et Judas alla
s'entendre avec les chefs des prê-
tres et les chefs des gardes sur la
manière de le leur livrer. 5 Ils s'en
réjouirent et convinrent de lui don-
ner de l'argent. 6 Judas accepta et se
mit à chercher une occasion favo-
rable pour leur livrer Jésus à l'insu
de la foule.

Institution de la cène

7 Le jour des pains sans levain où
l'on devait sacrifier l'agneau pascal
arriva. 8 Jésus envoya Pierre et Jean

21.27 *Le Fils… nuée*: citation de Daniel 7.13.

en leur disant: «Allez nous prépa-
rer la Pâque, afin que nous la man-
gions.» 9 Ils lui dirent: «Où veux-tu
que nous la préparions?» 10 Il leur
répondit: «Quand vous serez en-
trés dans la ville, vous rencontre-
rez un homme qui porte une cru-
che d'eau; suivez-le dans la maison
où il entrera 11 et dites au proprié-
taire de la maison: 'Le maître te de-
mande: Où est la salle où je man-
gerai la Pâque avec mes disciples?'
12 Alors il vous montrera une gran-
de pièce aménagée à l'étage: c'est là
que vous préparerez la Pâque.» 13 Ils
partirent et trouvèrent tout comme
il le leur avait dit, et ils préparèrent
la Pâque.
14 Quand l'heure fut venue, il se mit
à table avec les [douze] apôtres. 15 Il
leur dit: «J'ai vivement désiré man-
ger cette Pâque avec vous avant de
souffrir 16 car, je vous le dis, je ne
la mangerai plus jusqu'à ce qu'elle
soit accomplie dans le royaume de
Dieu.» 17 Puis il prit une coupe, re-
mercia Dieu et dit: «Prenez cette
coupe et partagez-la entre vous
18 car, je vous le dis, [désormais] je
ne boirai plus du fruit de la vigne
jusqu'à ce que le royaume de Dieu
soit venu.»
19 Ensuite il prit du pain et, après
avoir remercié Dieu, il le rompit et
le leur donna en disant: «Ceci est
mon corps qui est donné pour vous.
Faites ceci en souvenir de moi.»
20 Après le souper il prit de même
la coupe et la leur donna en disant:
«Cette coupe est la nouvelle allian-
ce en mon sang qui est versé pour
vous. 21 Cependant celui qui me tra-
hit est avec moi à cette table. 22 Le
Fils de l'homme s'en va conformé-
ment à ce qui a été fixé, mais mal-
heur à l'homme par qui il est trahi!»
23 Ils commencèrent à se demander
les uns aux autres lequel d'entre
eux ferait cela.
24 Il y eut aussi une rivalité entre les
disciples pour déterminer qui de-
vait être considéré comme le plus
grand parmi eux. 25 Jésus leur dit:
«Les rois des nations dominent sur
leurs peuples et ceux qui exercent
le pouvoir se font appeler bienfai-
teurs. 26 Que cela ne soit pas votre
cas, mais que le plus grand parmi
vous soit comme le plus jeune, et
celui qui commande comme celui
qui sert. 27 En effet, qui est le plus
grand: celui qui est à table ou celui
qui sert? N'est-ce pas celui qui est
à table? Et moi, cependant, je suis
au milieu de vous comme celui qui
sert. 28 Vous, vous êtes ceux qui
avez persévéré avec moi dans mes
épreuves; 29 c'est pourquoi je dis-
pose du royaume en votre faveur,
comme mon Père en a disposé en
ma faveur. 30 Ainsi, vous mange-
rez et boirez à ma table dans mon
royaume et vous serez assis sur
des trônes pour juger les douze tri-
bus d'Israël.»
31 [Le Seigneur dit:] «Simon, Simon,
Satan vous a réclamés pour vous pas-
ser au crible comme le blé. 32 Mais
moi, j'ai prié pour toi, afin que ta
foi ne disparaisse pas; et toi, quand
tu seras revenu à moi, affermis tes
frères[n].» 33 «Seigneur, lui dit Pierre,
je suis prêt à aller en prison avec
toi, et même jusqu'à la mort.» 34 Jé-
sus dit: «Pierre, je te le dis, le coq
ne chantera pas aujourd'hui avant
que tu n'aies trois fois nié me
connaître.»
35 Il leur dit encore: «Quand je vous
ai envoyés sans bourse, ni sac, ni
sandales, avez-vous manqué de
quelque chose?» Ils répondirent:
«De rien.» 36 Il leur dit: «Maintenant,
au contraire, que celui qui a une

22.32 *Tes frères*: c'est-à-dire les autres disciples.

bourse la prenne, que celui qui a
un sac le prenne également, et que
celui qui n'a pas d'épée vende son
vêtement et en achète une. 37 En ef-
fet, je vous le dis, il faut que s'ac-
complisse [encore] dans ma per-
sonne ce texte de l'Ecriture: *Il a été
compté parmi les criminels.*[n] Et ce
qui me concerne est sur le point de
se réaliser.» 38 Ils dirent: «Seigneur,
voici deux épées.» Il leur dit: «Cela
suffit.»

Arrestation de Jésus

39 Il sortit et se rendit comme d'ha-
bitude au mont des Oliviers. Ses
disciples le suivirent. 40 Lorsqu'il
fut arrivé à cet endroit, il leur dit:
«Priez pour ne pas céder à la tenta-
tion.» 41 Puis il s'éloigna d'eux à la
distance d'environ un jet de pierre,
se mit à genoux et pria 42 en disant:
«Père, si tu voulais éloigner de moi
cette coupe! Toutefois, que ce ne
soit pas ma volonté qui se fasse,
mais la tienne.»
43 [Alors un ange lui apparut du ciel
pour le fortifier. 44 Saisi d'angoisse,
Jésus priait avec plus d'insistance,
et sa sueur devint comme des cail-
lots de sang qui tombaient par
terre.] 45 Après avoir prié, il se releva
et vint vers les disciples, qu'il trou-
va endormis de tristesse. 46 Alors il
leur dit: «Pourquoi dormez-vous?
Levez-vous et priez pour ne pas cé-
der à la tentation.»
47 Il parlait encore quand une fou-
le arriva. Celui qui s'appelait Judas,
l'un des douze, marchait devant
elle. Il s'approcha de Jésus pour
l'embrasser. 48 Jésus lui dit: «Judas,
c'est par un baiser que tu trahis le
Fils de l'homme!»
49 Voyant ce qui allait arriver, ceux
qui étaient avec Jésus dirent: «Sei-
gneur, devons-nous frapper avec
l'épée?» 50 Et l'un d'eux frappa le
serviteur du grand-prêtre et lui em-
porta l'oreille droite. 51 Mais Jésus
prit la parole et dit: «Laissez faire,
arrêtez!» Puis il toucha l'oreille de
cet homme et le guérit.
52 Jésus dit ensuite aux chefs des
prêtres, aux chefs des gardes du
temple et aux anciens qui étaient
venus pour l'arrêter: «Vous êtes ve-
nus comme pour un brigand, avec
des épées et des bâtons. 53 J'étais
tous les jours avec vous dans le
temple et vous n'avez pas mis la
main sur moi. Mais c'est mainte-
nant votre heure et celle du pou-
voir des ténèbres.»

Jésus devant le conseil juif

54 Après avoir arrêté Jésus, ils l'em-
menèrent et le conduisirent dans
la maison du grand-prêtre. Pierre
suivait de loin. 55 Ils allumèrent un
feu au milieu de la cour et s'assirent
ensemble. Pierre s'assit au milieu
d'eux. 56 Une servante qui l'avait
vu assis devant le feu et l'avait ob-
servé dit: «Cet homme aussi était
avec lui.» 57 Mais il le renia en di-
sant: «Femme, je ne le connais
pas.» 58 Peu après, un autre le vit et
dit: «Toi aussi tu fais partie de ces
gens-là.» Et Pierre dit à l'homme:
«Je n'en fais pas partie.» 59 Environ
une heure plus tard, un autre in-
sistait, disant: «Certainement cet
homme était aussi avec lui, car il
est galiléen.» 60 Pierre répondit: «Je
ne sais pas de quoi tu parles.» Im-
médiatement, alors qu'il parlait en-
core, un coq chanta. 61 Le Seigneur
se retourna et regarda Pierre. Pier-
re se souvint alors de ce que le Sei-
gneur lui avait dit: «Avant que le
coq chante [aujourd'hui], tu me re-
nieras trois fois.» 62 Il sortit et pleu-
ra amèrement.

22.37 *Il a… criminels*: citation d'Esaïe 53.12.

63 Les hommes qui gardaient Jésus
se moquaient de lui et le frappaient.
64 Ils lui mirent un voile sur le vi-
sage et ils l'interrogeaient en di-
sant: «Devine qui t'a frappé!» 65 Et
ils proféraient contre lui beaucoup
d'autres insultes.
66 Au lever du jour, le collège des
anciens du peuple, les chefs des
prêtres et les spécialistes de la loi
se rassemblèrent et firent amener
Jésus devant leur sanhédrin[n]. 67 Ils
dirent: «Si tu es le Messie, dis-le-
nous.» Jésus leur répondit: «Si je
vous le dis, vous ne le croirez pas,
68 et si je vous interroge, vous ne
[me] répondrez pas [et vous ne me
relâcherez pas non plus]. 69 Désor-
mais *le Fils de l'homme sera assis
à la droite du Dieu tout-puissant*[n].»
70 Tous dirent: «Tu es donc le Fils
de Dieu?» Il leur répondit: «Vous le
dites, je le suis.» 71 Alors ils dirent:
«Qu'avons-nous encore besoin de
témoignages? Nous l'avons enten-
du nous-mêmes de sa bouche.»

Jésus devant le gouverneur romain et le roi Hérode

23 Ils se levèrent tous et con-
duisirent Jésus devant Pila-
te. 2 Ils se mirent à l'accuser, disant:
«Nous avons trouvé cet homme qui
sème le désordre dans notre nation;
il empêche de payer les impôts à
l'empereur et se présente lui-même
comme le Messie, le roi.» 3 Pilate lui
demanda: «Es-tu le roi des Juifs?»
Jésus lui répondit: «Tu le dis.»
4 Pilate dit aux chefs des prêtres et à
la foule: «Je ne trouve chez cet hom-
me aucun motif de le condamner.»
5 Mais ils insistèrent en disant: «Il
excite le peuple à la révolte en en-
seignant dans toute la Judée, de-
puis la Galilée où il a commencé et
jusqu'ici.»
6 A ces mots, Pilate demanda si cet
homme était galiléen. 7 Lorsqu'il
apprit qu'il relevait bien de l'autori-
té d'Hérode, il le lui envoya, car lui
aussi se trouvait à Jérusalem ces
jours-là. 8 Lorsque Hérode vit Jésus,
il en eut une grande joie, car de-
puis longtemps il désirait le voir à
cause de tout ce qu'il avait entendu
dire de lui, et il espérait le voir fai-
re un signe miraculeux. 9 Il lui posa
beaucoup de questions, mais Jésus
ne lui répondit rien. 10 Les chefs
des prêtres et les spécialistes de la
loi étaient présents et accusaient
violemment Jésus. 11 Alors Hérode,
avec ses gardes, le traita avec mé-
pris et se moqua de lui. Puis, après
lui avoir mis un habit magnifique,
il le renvoya à Pilate. 12 Ce jour-là, Pi-
late et Hérode devinrent amis, d'en-
nemis qu'ils étaient auparavant.
13 Pilate rassembla les chefs des prê-
tres, les magistrats et le peuple 14 et
leur dit: «Vous m'avez amené cet
homme sous prétexte qu'il excitait
le peuple à la révolte. Or, je l'ai inter-
rogé devant vous et je ne l'ai trouvé
coupable d'aucun des actes dont
vous l'accusez; 15 Hérode non plus,
puisqu'il nous l'a renvoyé. Ainsi cet
homme n'a rien fait qui soit digne
de mort. 16 Je vais donc le relâcher
après l'avoir fait fouetter.»
17 [A chaque fête, il devait leur re-
lâcher un prisonnier.] 18 Ils s'écriè-
rent tous ensemble: «Fais mourir
celui-ci et relâche-nous Barabbas.»
19 Cet homme avait été mis en pri-
son pour une émeute qui avait eu
lieu dans la ville et pour un meur-
tre. 20 Pilate [leur] parla de nou-
veau dans l'intention de relâcher

22.66 *Sanhédrin*: conseil juif présidé par le grand-prêtre, qui faisait office de gouvernement et de tribunal pour les affaires qui n'étaient pas du ressort des Romains. **22.69** *Le Fils... tout-puissant*: citation combinant le titre employé dans Daniel 7.13 *(Fils de l'homme)* et le Psaume 110.1.

Jésus, 21 mais ils criaient: «Cruci-
fie-le, crucifie-le!» 22 Pour la troi-
sième fois, Pilate leur dit: «Quel
mal a-t-il fait? Je n'ai rien trouvé en
lui qui mérite la mort. Je vais donc
le relâcher après l'avoir fait fouet-
ter.» 23 Cependant ils insistaient à
grands cris, demandant qu'il soit
crucifié, et leurs cris l'emportèrent,
[avec ceux des chefs des prêtres.]
24 Pilate décida de leur accorder ce
qu'ils demandaient. 25 Il relâcha ce-
lui qui avait été mis en prison pour
émeute et pour meurtre, et qu'ils
réclamaient, et il livra Jésus à leur
volonté.

Crucifixion et mort de Jésus

26 Comme ils l'emmenaient, ils
s'emparèrent d'un certain Simon
de Cyrène, qui revenait des champs,
et ils le chargèrent de la croix pour
qu'il la porte derrière Jésus. 27 Il
était suivi par une grande foule
composée de membres du peuple
et de femmes qui se frappaient la
poitrine et se lamentaient sur lui.
28 Jésus se tourna vers elles et dit:
«Femmes de Jérusalem, ne pleurez
pas sur moi, mais pleurez sur vous
et sur vos enfants. 29 En effet, voici
que viennent des jours où l'on dira:
'Heureuses celles qui sont stériles,
heureuses celles qui n'ont pas eu
d'enfant et celles qui n'ont pas allai-
té!' 30 Alors on se mettra à *dire aux
montagnes: 'Tombez sur nous!' et
aux collines: 'Couvrez-nous!'*[n] 31 En
effet, si l'on traite ainsi le bois vert,
qu'arrivera-t-il au bois sec?»
32 On conduisait aussi deux malfai-
teurs qui devaient être mis à mort
avec lui. 33 Lorsqu'ils furent arri-
vés à l'endroit appelé «le Crâne», ils
le crucifièrent là ainsi que les deux
malfaiteurs, l'un à droite, l'autre à
gauche.
34 [Jésus dit: «Père, pardonne-leur,
car ils ne savent pas ce qu'ils font.»]
Ils se partagèrent ses vêtements en
tirant au sort. 35 Le peuple se te-
nait là et regardait. Les magistrats
eux-mêmes se moquaient de Jésus
[avec eux] en disant: «Il en a sauvé
d'autres; qu'il se sauve lui-même,
s'il est le Messie choisi par Dieu!»
36 Les soldats aussi se moquaient de
lui; ils s'approchaient pour lui pré-
senter du vinaigre 37 en disant: «Si
tu es le roi des Juifs, sauve-toi toi-
même!» 38 Il y avait au-dessus de lui
cette inscription [écrite en grec, en
latin et en hébreu]: «Celui-ci est le
roi des Juifs.»
39 L'un des malfaiteurs crucifiés
avec lui l'insultait en disant: «Si tu
es le Messie, sauve-toi toi-même,
et nous avec toi!» 40 Mais l'autre le
reprenait et disait: «N'as-tu aucu-
ne crainte de Dieu, toi qui subis la
même condamnation? 41 Pour nous,
ce n'est que justice, puisque nous
recevons ce qu'ont mérité nos actes,
mais celui-ci n'a rien fait de mal.»
42 Et il dit à Jésus: «[Seigneur,] sou-
viens-toi de moi quand tu viendras
régner.» 43 Jésus lui répondit: «Je te
le dis en vérité, aujourd'hui tu seras
avec moi dans le paradis.»
44 C'était déjà presque midi, et il y
eut des ténèbres sur tout le pays
jusqu'à trois heures de l'après-midi.
45 Le soleil s'obscurcit et le voile du
temple se déchira par le milieu.
46 Jésus s'écria d'une voix forte:
«Père, *je remets mon esprit entre tes
mains*[n].» Après avoir dit ces paro-
les, il expira.
47 Voyant ce qui était arrivé, l'offi-
cier romain rendit gloire à Dieu en
disant: «Certainement, cet hom-
me était juste.» 48 Après avoir vu
ce qui était arrivé, tous ceux qui
en foule assistaient à ce spectacle

23.30 *Dire… Couvrez-nous*: citation d'Osée 10.8.

23.46 *Je remets… mains*: citation du Psaume 31.6.

repartirent en se frappant la poitri-
ne. 49 Tous ceux qui connaissaient
Jésus, et en particulier les femmes
qui l'avaient accompagné depuis
la Galilée, étaient restés à distance
et regardaient ce qui se passait.

Mise au tombeau du corps de Jésus

50 Il y avait un membre du sanhé-
drin du nom de Joseph; homme
bon et juste, 51 il ne s'était pas as-
socié à la décision et aux actes des
autres. Il était d'Arimathée, ville
des Juifs, et il attendait lui aussi le
royaume de Dieu. 52 Il alla trouver
Pilate et demanda le corps de Jésus.
53 Il le descendit de la croix, l'enve-
loppa dans un drap de lin et le dé-
posa dans un tombeau taillé dans
la roche, où personne n'avait enco-
re été mis. 54 C'était le jour de la pré-
paration du sabbat, le sabbat allait
commencer.
55 Des femmes qui étaient venues
de la Galilée avec Jésus accompa-
gnèrent Joseph. Elles virent le tom-
beau et la manière dont le corps de
Jésus y fut déposé. 56 Puis elles re-
partirent et préparèrent des aroma-
tes et des parfums. Le jour du sab-
bat elles se reposèrent, comme le
prescrit la loi.

Résurrection de Jésus

24 Le dimanche, elles se ren-
dirent au tombeau de grand
matin [avec quelques autres] en
apportant les aromates qu'elles
avaient préparés. 2 Elles découvri-
rent que la pierre avait été roulée
de devant le tombeau. 3 Elles entrè-
rent, mais elles ne trouvèrent pas
le corps du Seigneur Jésus. 4 Com-
me elles ne savaient que penser de
cela, voici que deux hommes leur
apparurent, habillés de vêtements
resplendissants. 5 Saisies de frayeur,
elles tenaient le visage baissé vers le
sol. Les hommes leur dirent: «Pour-
quoi cherchez-vous parmi les morts
celui qui est vivant? 6 Il n'est pas ici,
mais il est ressuscité. Souvenez-
vous de ce qu'il vous a dit, lorsqu'il
était encore en Galilée: 7 'Il faut que
le Fils de l'homme soit livré entre
les mains des pécheurs, qu'il soit
crucifié et qu'il ressuscite le troisiè-
me jour.'» 8 Elles se souvinrent alors
des paroles de Jésus.
9 A leur retour du tombeau, elles
annoncèrent tout cela aux onze et à
tous les autres. 10 Celles qui racontè-
rent cela aux apôtres étaient Marie
de Magdala, Jeanne, Marie la mère
de Jacques et les autres femmes qui
étaient avec elles, 11 mais ils prirent
leurs discours pour des absurdi-
tés, ils ne crurent pas ces femmes.
12 Cependant, Pierre se leva et cou-
rut au tombeau. Il se baissa et ne vit
que les bandelettes [qui étaient par
terre]; puis il s'en alla chez lui, tout
étonné de ce qui était arrivé.

Apparitions de Jésus ressuscité

13 Ce même jour, deux disciples se
rendaient à un village appelé Em-
maüs, éloigné de Jérusalem d'une
douzaine de kilomètres. 14 Ils dis-
cutaient ensemble de tout ce qui
s'était passé. 15 Pendant qu'ils par-
laient et discutaient, Jésus lui-
même s'approcha et fit route avec
eux, 16 mais leurs yeux étaient em-
pêchés de le reconnaître. 17 Il leur
dit: «De quoi parlez-vous en mar-
chant, pour avoir l'air si tristes?»
18 L'un d'eux, un dénommé Cléopas,
lui répondit: «Es-tu le seul en séjour
à Jérusalem qui ne sache pas ce qui
y est arrivé ces jours-ci?» 19 «Quoi?»
leur dit-il. Ils lui répondirent: «Ce
qui est arrivé à Jésus de Nazareth,
qui était un prophète puissant en
actes et en paroles devant Dieu et
devant tout le peuple, 20 et comment
les chefs des prêtres et nos magis-
trats l'ont fait arrêter pour qu'il soit

Rugby
Montpellier Hérault
Rugby Top 14

BRANDON PAENGA-AMOSA

"Le succès ou l'échec ne modifieront pas mon identité, donc je peux être joyeux, que nous gagnions ou perdions."

Lorsqu'il a 13 ans, Brandon assiste, impuissant, au déclin du mariage de ses parents. Ils divorcent en continuant à entretenir entre eux une relation très toxique. *« Ma petite sœur, qui avait 11 ans à l'époque, a été atteinte d'un cancer au même moment, et suivait une chimiothérapie. Inutile de vous dire que j'étais une personne complètement brisée. Je ressassais toutes les choses difficiles de ma vie sans avoir aucune réponse à mes questions. »* Le rugby devient petit à petit un échappatoire à son quotidien. *« J'y ai mis tout ce que j'avais, tout ce que j'étais. Pourtant, il ne m'apportait pas la sécurité dont j'avais besoin. »* A l'âge de 16 ans, son meilleur ami l'invite à une réunion dans une église : *« ça m'a plu alors j'y suis retourné quelques fois jusqu'à ce que je participe à un camp de jeunes qui a bouleversé ma vie. J'ai crié à Dieu : j'ai besoin de Toi !! Et après avoir fait cette prière, j'ai senti une présence qui m'a donné une paix inexplicable. »*

A partir de ce moment-là, il devient maître de sa vie : *« J'ai repris en main ma sexualité, mon langage et le rugby, qui était devenu une idole pour moi. »* Brandon n'a pas du tout suivi la voie traditionnelle pour devenir professionnel : jamais dans les meilleures écoles, jamais sélectionné dans une équipe provinciale, il n'obtient son premier contrat professionnel qu'à 22 ans. *« Avant cela, j'étais éboueur afin de gagner suffisamment d'argent pour pouvoir m'entraîner ! Ma carrière est une anomalie, mais si Dieu me demande d'arrêter, je serais capable de tout lâcher immédiatement ! »*

Ses coéquipiers savent que sa foi l'aide à gérer la pression incroyable que l'on peut vivre dans une carrière sportive professionnelle. Il essaie toujours de montrer l'exemple de Jésus en apportant de la joie sur et en dehors du terrain. *« Après une défaite, le club peut devenir un endroit très déprimant alors j'essaie d'être la lumière de Jésus particulièrement dans ces moments-là. Dieu m'en rend capable parce que justement, le rugby n'a pas la première et unique place dans ma vie. »*

PALMARÈS

Champion de France 2022 (Montpellier Hérault Rugby) / Vainqueur du Super Rugby AU 2021 (Queensland Reds)

“Alors que j’étais au plus bas, isolé et gravement blessé, j’ai donné ma vie à Jésus.”

Handball
Congo

JOHAN KIANGEBENI

Congolais de naissance, Johan s’installe à l’âge de quatre ans à Dreux avec l’ensemble de sa famille. Malgré une passion pour le football, c’est au handball qu’il excelle rapidement. Du Pôle Espoir au centre de formation US Ivry, il devient même Champion de France de D1 à 21 ans, dans une équipe menée par Luc Abalo. Mais le handball professionnel accapare son temps et bien que fils de pasteur, il se détache petit à petit de la foi chrétienne pour vivre sa vie comme il le souhaite… jusqu’à sa signature à Billère, en 2013. « *J’avais délaissé la lecture de la Bible, je n’allais plus à l’église et j’étais en plein divorce.* » Isolé, il se blesse gravement dès les premiers mois de son contrat. Sa saison est terminée. « *Au final, j’ai rencontré des chrétiens qui m’ont encouragé. J’ai remis de l’ordre dans ma vie ; Dieu m’a montré les mauvais choix que j’avais fait et alors que j’étais au plus bas, j’ai donné ma vie à Jésus.* » Il rompt sa dernière année de contrat pour retourner auprès de sa famille, se ressourcer et retrouver l’église de son enfance. Là-bas, il y rencontre Fanny, son épouse depuis 10 ans maintenant. « *Elle a joué un grand rôle dans mon attachement à Christ. Aujourd’hui, même si je rentre très tard d’un déplacement avec mon équipe, je suis le lendemain à l’église pour louer Dieu, en famille.* » Capitaine de la sélection congolaise depuis 2009, il a également pris conscience du monde spirituel et des choses occultes qui gangrènent le milieu sportif, notamment sur le sol africain. Il institue un temps de prières avec ses coéquipiers avant chaque match. Il a été le premier capitaine de la RDC à emmener son équipe au Mondial de handball en 2021. Johan a terminé meilleur marqueur avec huit buts lors de la première victoire historique de son pays en mondial.

PALMARÈS
Champion de France en 2007 avec Ivry

"Tout ce que je fais, petite chose ou grande, c'est pour la gloire de Dieu !"

Football
US Rumelange (Luxembourg)

HERVAINE MOUKAM

Passionné de football, le jeune Hervaine Moukam intègre le centre de formation du FC Metz. Tout le temps surclassé, il est souvent mis en avant grâce à son talent. « *Toute ma vie tournait autour du foot, rien d'autre ne comptait !* » Durant cette période, il expérimente avec ses coéquipiers, souvent plus âgés que lui, de nombreux excès dans le domaine du sexe et de l'alcool. Tout est prétexte à tester ses limites et à découvrir un semblant de liberté. Son parcours l'emmène ensuite à l'étranger, avec un salaire confortable mais un temps de jeu famélique. « *Je pensais être au top car je gagnais beaucoup d'argent, mais ma vie ne s'améliorait pas !* » Sa future femme l'encourage à chercher Dieu pour trouver un sens à sa vie. Il rejette toute discussion avec elle avant de se laisser tenter, en voyant le changement de son épouse. Il commence à se renseigner sur ce Jésus et ce qu'il découvre lui donne envie d'aller plus loin. En 2016, il met de côté le football professionnel et devient chauffeur-livreur, tout en jouant en N2 ! « *Cette période a été la plus heureuse de ma vie. J'ai accepté de suivre Christ qui a changé mon côté impulsif, excessif, et m'a préparé pour la suite.* » 6 mois après, épanoui, jeune marié, et devenu chrétien, il reprend sa carrière footballistique professionnelle, conscient de son rôle à jouer : « *que ce soit à la maison ou sur le terrain, je veux refléter l'amour de Dieu pour mon prochain !* »

PALMARÈS

Champion de Biélorussie en 2018 avec Bate Borisov

"Je voulais réussir, gagner des titres et de l'argent, [...] mais Dieu m'a montré que j'avais juste besoin de Son amour"

Basket-ball

Basket Landes

KENDRA CHÉRY

Dès son enfance, Kendra subit des moqueries et laisse les autres profiter de sa douceur et sa gentillesse. *« Pour me protéger, je me suis endurcie à l'extérieur mais à l'intérieur, j'étais souvent triste. Ma priorité était clairement le basket et je m'entraînais tout le temps. »* Se sentant incomprise, elle exprime tout ce mal-être en se mettant en colère et en étant très dure avec les autres sur le terrain. Pourtant, c'est le seul endroit où elle se sent vraiment libre. *« Tout ce qui m'intéressait, c'était de gagner des titres, de l'argent et prouver à tout le monde que je savais faire de grandes choses. Je voulais être reconnue, acceptée, bref, être aimée. »*

Pour elle, Dieu ne représente encore que « quelque chose » après la mort. Lorsque le COVID surgit, elle commence à vraiment y réfléchir. Et si Jésus revenait alors qu'elle ne connaît même pas son histoire ? *« Alors, j'ai acheté une Bible et commencé à la lire. L'évangile de Jean m'a percutée : j'ai compris qu'à travers le sacrifice de Jésus, je pouvais avoir une relation avec Dieu. Qu'Il pouvait me parler, m'aider, me comprendre et surtout me remplir de joie alors que j'étais triste sans arrêt. »* Elle comprend aussi qu'elle s'auto-détruit petit à petit, en faisant du sport son seul et unique objectif. Et ce, même si elle est précieuse à Ses yeux. *« La preuve : j'ai remporté de nombreux titres avec mon équipe et je suis même devenue la première Guadeloupéenne à jouer en Equipe de France ! Qui d'autre que Dieu peut permettre ça ? »*

Dieu lui permet même d'être encore meilleure sur le terrain ! Très stéréotypée, centrée sur ses capacités physiques, elle étoffe son jeu sans faire attention à toutes les critiques blessantes qui la minaient autrefois. *« Je me souviens d'un tir à 3 points lors de la finale de la Coupe de France qui a laissé tout le monde sidéré ! Les gens disaient : mais Kendra ne shoote jamais comme ça ! Ils avaient raison : ce n'était pas moi ! C'était juste grâce au don que Dieu m'a donné. »* Comme le dit Romains 8.28, *« Toutes choses concourent au bien de ceux qui aiment Dieu. »* Tout ce qu'elle possède aujourd'hui, elle sait que c'est par Sa grâce.

PALMARÈS

Championne d'Europe U16 2017 (Equipe de France) / Championne de France 2019 (Lyon ASVEL) & 2021 (Basket Landes) / Vainqueur de la Coupe de France 2022 & 2023 (Basket Landes)

Football
Canet En Roussillon (N2)

LUCAS LLORT

“J’ai été frappé par cette parole que j’ai lue dans la Bible un jour : ‘(...) que sert-il à un homme de gagner tout le monde, s’il perd son âme ?’”

Né dans une famille d’amoureux du ballon rond, Lucas Llort a toujours rêvé de devenir footballeur professionnel. Il fait donc naturellement du football, de ses entraînements et de ses matches, une priorité absolue : *« J’ai très rapidement été galvanisé par la reconnaissance que le football m’apportait. En réalité, au fond de moi, je ne savais même pas qui j’étais. Je me cachais derrière mes succès sportifs pour exister et je me sentais fort. »* Il se construit à travers les autres dans l’ego, l’amitié, le succès à n’importe quel prix et les excès en tous genres : l’argent, les filles lui ouvrent beaucoup de portes qui lui paraissent tellement satisfaisantes au premier abord !

Au centre de formation, il rencontre un ami musulman qui pratique sa religion pieusement. Son envie de bien faire pour Dieu l’interpelle : *« Je trouvais ça intéressant, une sorte de truc en plus pour m’aider à accomplir mon rêve. Avoir Dieu avec soi pour y arriver, ça sonnait plutôt pas mal, non ? »* Puis, son arrière-grand-mère décède. À l’enterrement religieux, toute sa famille fait une prière collective en espérant qu’elle aille au paradis. Il se dit alors : *« Je prie Dieu uniquement quand ça ne va pas... ça serait peut-être bien que je m’y intéresse un peu plus ! »*

Il part acheter une Bible alors qu’il ne l’a jamais lue, ni même ouverte : *« Je ne pensais pas qu’un simple livre aurait un impact aussi important sur le reste de ma vie. En la lisant, j’ai découvert celui qui me connaissait profondément, Jésus. Je me rendais compte que toutes Ses paroles me mettaient à nu : qui j’étais, ce que je faisais, tout ce que je ressentais ! »* Petit à petit, Dieu comble ce vide profond en lui. *« Sa force et Son amour m’ont permis de me couper de tous les excès qui m’éloignaient de Lui. Je me suis rendu compte que les joies éphémères du football n’étaient rien comparées à l’espérance de demeurer auprès de Dieu pour l’éternité, sans souffrance, ni deuil, ni larmes. »* Désormais, Lucas sait qui il est : Dieu a donné un sens à sa vie.

PALMARÈS
Vainqueur de la Coupe Gambardella 2017 (Montpellier HSC)

Athlétisme
200 m, 400 m, 4 x 400 m, 4 x 100 m

ALLYSON FELIX

"Ma foi m'aide à ne pas être consumée par la victoire, mais à voir la vie dans son ensemble."

Surnommée "Chicken legs" pour la finesse de ses jambes dans le milieu "musclé" du sprint, Allyson détient aujourd'hui le record du plus grand nombre de médailles d'or aux Mondiaux d'Athlétisme devant un certain... Usain Bolt. *« Ma foi est sans aucun doute l'élément le plus important de ma vie. J'essaie de ne pas me focaliser sur la pression qui m'entoure. J'aime bien ces versets tirés de Philippiens 4.6-7, qui disent : Ne vous inquiétez de rien, mais en toute chose faites connaître vos besoins à Dieu par des prières avec reconnaissance. Et la paix de Dieu, qui dépasse toute intelligence, gardera votre cœur et vos pensées en Jésus-Christ. »* Ce texte l'encourage au quotidien, dans la gestion de son stress comme face aux difficultés de la vie. Cette foi lui a été transmise par ses parents, chrétiens très engagés et modèles qu'elle a eus sous les yeux toute son enfance... *« J'ai accepté Jésus-Christ comme mon Sauveur dès mon plus jeune âge. Depuis, je fais le maximum pour grandir dans ma relation avec Lui. J'ai vécu des moments difficiles et fait des mauvais choix, mais heureusement, Dieu n'arrête pas de m'aimer. J'essaie de rester immergée dans la Bible et je prie beaucoup, je discute avec Lui. »*

La foi vivante d'Alysson l'amène également à lutter contre les injustices dans le sport ! Elle participe volontairement à un programme anti-dopage pour démontrer qu'elle "est propre". Elle milite aussi pour les droits des athlètes après une maternité. *« La grossesse consiste à accepter tout ce que Dieu et cet enfant me réservent... Avoir un enfant semblait être un risque important pour ma carrière et décevoir tous ceux qui s'attendaient à ce que je mette toujours la course en premier. Mais... »* 10 mois seulement après la naissance de sa fille, Allyson remporte une nouvelle médaille d'or aux Mondiaux de Doha. *« Je sens vraiment que j'ai ce cadeau incroyable de Dieu. Mon but, c'est de l'utiliser au mieux de mes capacités. »*

PALMARÈS

6 fois médaillée d'or olympique (2008-2012-2016)

Record du monde du relais 4 × 100 m en 2012

13 fois championne du monde entre 2005 et 2019

Football
Club FC Toulouse
(2018-20)

JOHN BOSTOCK

"Vers 16 ans, pour la première fois de ma vie, je suis allé à l'église."

« *Mon rêve était de devenir footballeur pro. J'étais totalement focalisé sur cet objectif. Ce rêve est devenu réalité vers l'âge de 15 ans, avec Crystal Palace.* » En 2007, John bat deux records : il est le plus jeune à jouer en Premier League et, quelques jours après, le plus jeune à devenir titulaire dans la compétition. Au même moment, sa sœur, très rebelle, change radicalement d'attitude : « *Je la voyais rayonnante et souriante. Je la sentais différente. Je lui ai demandé ce qui s'était passé, et elle m'a répondu: 'John, je suis devenue chrétienne ! Je vis pour Jésus.'* » John est perturbé par cette nouvelle : qui est ce Jésus qui change des vies ? Elle l'invite donc à l'église, mais il hésite, mal à l'aise. « *J'ai grandi à Londres dans une famille non croyante. Mais je voulais voir de mes propres yeux ce que ma sœur avait expérimenté.* »

Pour la première fois de sa vie, il entre dans une église, entend l'Evangile et le Saint-Esprit le convainc de péché. « *Je suis tombé à genoux et j'ai pleuré. J'ai découvert que ce Jésus était réel et qu'Il était mort sur la croix pour me donner une nouvelle vie et m'offrir le pardon de Dieu.* » A partir de ce jour, ses motivations changent. A 17 ans, il prend position face aux pressions de coéquipiers qui veulent qu'il regarde des films pornos dans le car lors des déplacements. « *Certains se moquaient de mon style de vie 'façon Jésus', dans une atmosphère parfois hostile. Je voulais toujours devenir un bon joueur de football, mais je n'étais plus défini par mes performances. Avant, je priais pour que Dieu m'aide à marquer un but ! Désormais, ma prière est : 'Peu importe que je marque, que je gagne ou que je perde, ce qui m'importe, c'est de vivre le message de Jésus : Aime ton ennemi, aime ton prochain et aime Dieu.'* » Il voit sa vie et sa carrière comme un don utilisé pour rendre gloire à Dieu. « *Être chrétien, ce n'est pas lever les mains au ciel après avoir marqué, c'est suivre Jésus tous les jours de la vie en obéissant à sa Parole et en aimant les autres !* »

PALMARÈS

Meilleur joueur de Proximus League (Ligue 2 belge) avec l'OH Leuven en 2016 & de Ligue 2 avec le RC Lens en 2017

VOIR LA VIDÉO →
plusquesportifs.org

Basket-ball
91 sélections
Équipe de France
Roche Vendée 2019-2021

MARIELLE AMANT

"J'ai tout fait, les guérisseurs, les coaches personnels, l'hypnose : il n'y a que Jésus qui a été la solution"

Petite fille, Marielle était déjà très grande parmi les enfants de son âge. « *Je ne pense pas qu'il soit nécessaire de rappeler combien les enfants peuvent être méchants quand ils remarquent des différences entre eux. Jusqu'au collège, j'ai beaucoup été offensée par des moqueries et des remarques désobligeantes sur ma grande taille. Pourtant, à cette même période, j'ai découvert le basket et pris conscience que ma grandeur pouvait être utile dans quelque chose : elle était même valorisée par de nombreuses personnes du milieu sportif.* » Petit à petit est née une passion et une abnégation qui amènent Marielle jusqu'à une carrière professionnelle en première division féminine, puis en équipe de France !

Lors de la saison 2017-18, sa vie prend un tournant complètement inattendu. Cela fait 3 ans qu'elle évolue au sein du club de l'ESBVA à Villeneuve d'Ascq. Solidement installée en équipe de France et médaillée d'argent à l'Euro l'été d'avant, elle est dans une période ascendante dans sa carrière sportive et aborde sa saison avec beaucoup de détermination et d'envie pour confirmer ses performances. Contre toute attente, cette saison se révèle particulièrement compliquée dans tous les domaines. « *J'ai petit à petit perdu tous mes repères en expérimentant des situations totalement inconnues : perte de sensation au niveau du bras droit, crises d'angoisse et insomnies, "airball" lors de mes lancers-francs, puis de mes tirs en match alors que c'était un point fort chez moi. Une catastrophe intégrale !* »

Au départ, cela l'affecte uniquement sur le terrain. Mais au fil des semaines, elle commence à ressentir un climat oppressant, même chez elle... Il y avait des présences invisibles et des bruits dans sa maison. « *Je croyais devenir folle ! J'avais ce sentiment de peur constante qui s'intensifiait de jour en jour. Pour aller mieux, j'ai engagé un coach individuel pour revoir tous mes fondamentaux techniques, physiques et organisationnels... J'ai fait de l'hypnose pour calmer mes crises d'angoisse et je suis même allé voir un "guérisseur" aux Antilles : mais mon cas empirait. Je n'en pouvais plus.* » Née dans une famille de confession catholique, Marielle a toujours gardé au fond d'elle une forme de foi chrétienne. Sans aucune autre solution, elle prie un jour Dieu d'enlever cette peur dans sa vie. Encouragée par des amis, elle rejoint une église qu'elle commence à fréquenter plus assidûment. « *J'y ai découvert qui était réellement Jésus-Christ, ce qu'Il avait fait pour moi lorsqu'Il a été crucifié à la Croix. J'ai compris tout au long de mon nouveau cheminement, qu'en s'offrant en sacrifice à la Croix, Jésus avait en effet pris ma place, payé le prix pour mes péchés, ma guérison, ma délivrance et ma protection : ainsi je n'avais plus à subir ce que je vivais ! Waouh !* »

Toutes ces révélations renouvellent son système de pensée progressivement et Jésus apporte ainsi cette paix qui manquait terriblement dans son cœur ! Il est écrit dans la Bible, que ce n'est ni par le courage ni par la violence que l'on agit mais par Son Esprit ! À travers ce verset, Marielle comprend, après avoir tout essayé, que son problème n'était pas mental : « *Dieu était LA seule et unique solution. Depuis, je laisse son Esprit m'instruire, me guider, et me rendre consciente que Jésus est mon libérateur.* »

PALMARÈS

Championne d'Europe U20 2009, Médaillée d'argent aux Championnats d'Europe 2013 & 2017 (Equipe de France) / Championne de France 2012 (Bourges) & 2017 (Villeneuve d'Ascq) / Vainqueur de l'Eurocoupe 2015 (Villeneuve d'Ascq)

VOIR LA VIDÉO →

Natation paralympique

DANIEL DIAS

"Dans mon miroir, je ne vois pas une personne handicapée mais une créature de Dieu."

Né sans mains ni pieds mais *« avec un très beau sourire »*, Daniel se pose un tas de questions sur son infirmité dès l'école et souffre des moqueries des autres. Après avoir regardé les Jeux paralympiques 2004, il commence la natation handisport à 16 ans. En huit leçons seulement, il maîtrise les quatre nages qui l'emmèneront vers 24 médailles Paralympiques remportées entre 2008 et 2016. Les victoires s'enchaînent mais Daniel perd sa joie de vivre : *« Mon cœur était devenu handicapé ! Je me suis alors rappelé une phrase de mon père : Tu peux gagner toutes les médailles que tu veux, mais ne te laisse jamais gagner par elles. »* Daniel revient à la foi chrétienne partagée dès son plus jeune âge. *« J'avais perdu mon essence : être avec Dieu et marcher avec Lui. Entre 2010 et 2011, je me suis repenti, j'ai prié pour recevoir Son pardon. J'ai compris que sans Lui, je n'étais rien ! Il m'a redonné la joie de vivre ! Mes plus grandes frustrations arrivent quand j'oublie l'importance d'avoir Jésus dans ma vie. Jésus regarde à notre cœur. Peu importe le nombre de médailles gagnées, son Amour est éternel. C'est grâce à cela que je me sens libre et non infirme ! »*

PALMARÈS

Recordman du monde du 100 m nage libre en 2008

14 fois médaillé d'or aux Jeux Paralympiques de 2008, 2012 et 2016

VOIR LA VIDÉO →

Natation

CHARLOTTE MENIERE-VAUCHER

"J'avais envie de mourir parce que je ne pouvais plus nager et mes rêves olympiques se brisaient."

Déterminée à devenir championne olympique, Charlotte est une acharnée de travail : *« Cette idée m'obsédait. Née pour le haut niveau, je ne voyais pas ma vie autrement. »* Son entourage est propice à sa réussite : des parents aimants, des amis sincères, une santé et un mental de fer… que peut-il lui arriver ? Absorbée par les exigences de son sport, elle ne cesse de courir contre une montre invisible, en quête du graal olympique. Sa vie bascule et ni son caractère de guerrière, ni sa détermination sans faille n'y peuvent rien : son corps surentraîné lui dit STOP. La rage et la frustration laissent petit à petit place aux idées de suicide. *« J'y ai pensé plusieurs fois. C'était trop difficile de faire le deuil de ce sport pour lequel j'étais persuadée d'être née. Je ne m'en sortais pas, je suis tombée dans le gouffre de l'anorexie mentale. »* Pendant trois ans, elle ne souhaite qu'une chose : mourir ! Elle n'a jamais entendu parler de Dieu mais une amie chrétienne prie pour elle et lui offre une Bible. *« Pendant ma convalescence, j'ai découvert l'identité du sauveur de l'humanité et en fin de compte mon identité en Christ. C'est la plus belle rencontre de toute ma vie : je n'ai pas besoin de 'faire' pour être aimé. Je n'ai pas eu ma médaille mais j'ai reçu la grâce et l'amour inconditionnel de mon Sauveur. Désormais, je peux refaire du sport, en écoutant mon corps. »* Jésus est venu la guérir complètement de son anorexie : *« Oui, il est possible de s'en sortir ! Je sais qu'Il ne m'abandonnera jamais ! »*

PALMARÈS

Vice championne de Suisse du 10 km en eau libre en 2015

VOIR LA VIDÉO →

Football
Philadelphia Union (MLS) 2019-2021
Entraîneur : Houston Dynamo (MLS)

AURÉLIEN COLLIN

"Le soir de la finale gagnée, qui devait être le plus beau jour de ma vie, j'ai ressenti un vide dans mon cœur ; je n'étais pas heureux !"

Né à Enghien-les-Bains, Aurélien Collin a un parcours de footballeur atypique, marqué par une grande instabilité. Avant son départ aux USA en 2011, il a ainsi évolué dans de nombreux championnats européens. Formé au Stade de Reims, il joue pour Sedan et Amiens avant de rejoindre le club espagnol de Majorque. Puis, il part en Écosse, en Grèce et au Portugal, avant de quitter le « *vieux continent* » pour intégrer la MLS et l'équipe du Sporting Kansas City. Rapidement, il s'y impose comme titulaire indiscutable. En 2013, il est même élu MVP (meilleur joueur) de la finale de la MLS Cup qui opposait son équipe à Real Salt Lake. Il inscrit à cette occasion le penalty victorieux, offrant la Coupe au Sporting Kansas City. « *Le soir de la finale gagnée, qui devait être le plus beau jour de ma vie, je me suis retrouvé tout seul et j'ai ressenti un vide dans mon cœur ; je n'étais pas heureux ! J'ai senti que Dieu me disait : 'Si tu veux être heureux quels que soient les résultats et les circonstances de ta vie, tu as besoin de moi !'* » Quelques mois avant cette finale, Aurélien a

commencé à étudier la Bible avec un pasteur. Il décrit ainsi son cheminement : *« J'éprouvais une envie au fond de moi ; j'avais tout connu dans le football, la célébrité, les femmes, et mon bonheur était défini par les performances lors des matches. Je savais que je ne menais pas une vie saine. Cette remise en question m'a dirigé vers l'église. Par l'intermédiaire de celle qui est devenue ma femme, j'ai découvert les églises protestantes évangéliques, moi qui étais catholique non pratiquant. J'avais soif d'en apprendre plus sur Dieu ! J'ai demandé à un pasteur de l'aide pour me guider dans la lecture de la Bible. La Bible est le livre de la vie, et j'ai commencé à apprendre à vivre ! J'ai découvert en Jésus ce qui définit le mieux l'amour ! Il a comblé le vide qu'il y avait dans mon cœur ! Que je gagne, que je perde, aujourd'hui je suis heureux, et je suis rempli de l'amour de Dieu. »*

VOIR LA VIDÉO →
plusquesportifs.org

PALMARÈS

Vainqueur US Open Cup 2012

Champion de MLS 2013 et MVP de la finale avec Kansas City

Champion 2018 saison régulière MLS avec New-York

Tennis

MARY PIERCE

"Si je n'avais pas découvert l'amour de Dieu, je serais devenue dépressive, ou constamment en colère..."

20 ans après son sacre à Roland Garros, Mary Pierce est rentrée en 2019 au Hall of Fame du tennis ! L'année 2000 représente pourtant pour elle bien plus que cette victoire prestigieuse ! « *J'étais en quête de sens, je ressentais un vide intérieur alors que j'avais tout pour être heureuse : le succès dans ma carrière de joueuse, l'argent, une grande maison... j'ignorais ce qui me manquait.* » Elle s'oriente donc vers le bouddhisme, la philosophie New Age et ses énergies mais rien n'y fait. Sur le circuit WTA, elle remarque toutefois une joueuse qui semble différente. « *Les autres joueuses se moquaient d'elle car elle était toujours souriante, épanouie. Moi, je voyais juste qu'elle avait ce 'quelque chose' qui me manquait ! Je me suis donc rapprochée d'elle, et nous sommes devenues amies.* » Cette amitié naissante débouche naturellement sur de nombreux partages, notamment à propos de la religion. « *Elle me parlait de relation personnelle avec Jésus ! De pardon des péchés, de réconciliation et même de nouvelle naissance ! J'ai vite compris que c'était justement cette relation*

personnelle avec Jésus qui manquait à ma vie. » Un soir, seule dans sa chambre d'hôtel, en mars 2000, elle décide de « *donner sa vie* » au Christ : « *J'ai senti un amour immense me remplir, en même temps qu'une joi indescriptible. Je me suis sentie aimée, pardonnée, et surtout, sauvée !* » Rapidement, elle réalise aussi que c'est Dieu qui lui a donné ce talent si particulier pour jouer au tennis. Sa vision sur ses propres performances change radicalement : « *Je n'avais plus de pression… J'étais sereine car j'avais compris que mon jeu faisait partie des plans de Dieu pour moi ! Ma passion avait désormais un sens profond.* » Sa performance à Roland Garros quelques mois plus tard suscite même les interrogations des journalistes de l'époque, qui lui demandent très sérieusement si elle pratique la sophrologie. Pour Mary, ce n'est pas l'accomplissement d'une carrière sportive, mais le début d'une nouvelle vie, pleine d'espérance et d'amour. « *À partir de ce moment-là, ma vie a complètement changé : je me confie à Dieu chaque jour, je lui parle, je prie et je lis la Bible. Je vis ma foi de manière très simple, au contact des autres membres de mon église. C'est important de prendre soin de ceux qui m'entourent.* » En 2016, Yannick Noah, alors capitaine de l'équipe de France de Fed Cup la contacte pour lui proposer le rôle d'adjointe. « *Il me connaissait et connaissait mes valeurs. Lors de ma mission, j'ai entraîné les filles de l'équipe de France en m'intéressant vraiment à elles et en leur souhaitant le meilleur.* » Une différence notable dans un sport où dominent l'esprit de compétition et la peur de la blessure.

PALMARÈS

2 Fed Cup avec la France (1997 et 2003),
18 titres en tournoi dont deux grand Chelem : Open d'Australie 1995 et Rolland Garros 2000

VOIR LA VIDÉO →
plusquesportifs.org

condamné à mort et l'ont crucifié.
21 Nous espérions que ce serait lui
qui délivrerait Israël, mais avec tout
cela, voici déjà le troisième jour que
ces événements se sont produits.
22 Il est vrai que quelques femmes
de notre groupe nous ont beau-
coup étonnés. Elles se sont ren-
dues de grand matin au tombeau
23 et n'ont pas trouvé son corps;
elles sont venues dire que des an-
ges leur sont apparus et ont annon-
cé qu'il est vivant. 24 Quelques-uns
des nôtres sont allés au tombeau et
ils ont trouvé les choses comme les
femmes l'avaient dit, mais lui, ils ne
l'ont pas vu.» 25 Alors Jésus leur dit:
«Hommes sans intelligence, dont le
cœur est lent à croire tout ce qu'ont
dit les prophètes! 26 Ne fallait-il pas
que le Messie souffre ces choses et
qu'il entre dans sa gloire?» 27 Puis,
en commençant par les écrits de
Moïse et continuant par ceux de
tous les prophètes, il leur expliqua
dans toutes les Ecritures ce qui le
concernait.

28 Lorsqu'ils furent près du village
où ils allaient, il parut vouloir al-
ler plus loin, 29 mais ils le retinrent
avec insistance en disant: «Reste
avec nous car le soir approche, le
jour est [déjà] sur son déclin.» Alors
il entra pour rester avec eux. 30 Pen-
dant qu'il était à table avec eux, il
prit le pain et, après avoir prononcé
la prière de bénédiction, il le rom-
pit et le leur donna. 31 Alors leurs
yeux s'ouvrirent et ils le reconnu-
rent, mais il disparut de devant
eux. 32 Ils se dirent l'un à l'autre:
«Notre cœur ne brûlait-il pas en
nous lorsqu'il nous parlait en che-
min et nous expliquait les Ecritu-
res?» 33 Ils se levèrent à ce moment
même et retournèrent à Jérusalem,
où ils trouvèrent les onze et les
autres qui étaient rassemblés 34 et
qui leur dirent: «Le Seigneur est
réellement ressuscité et il est appa-
ru à Simon.» 35 Alors les deux dis-
ciples racontèrent ce qui leur était
arrivé en chemin et comment ils
l'avaient reconnu au moment où il
rompait le pain.

36 Ils parlaient encore quand [Jé-
sus] lui-même se présenta au mi-
lieu d'eux et leur dit: «Que la paix
soit avec vous!» 37 Saisis de frayeur
et d'épouvante, ils croyaient voir un
esprit, 38 mais il leur dit: «Pourquoi
êtes-vous troublés et pourquoi de
pareilles pensées surgissent-elles
dans votre cœur? 39 Regardez mes
mains et mes pieds: c'est bien moi.
Touchez-moi et regardez: un esprit
n'a ni chair ni os comme, vous le
voyez bien, j'en ai.»

40 En disant cela, il leur montra ses
mains et ses pieds. 41 Cependant,
dans leur joie, ils ne croyaient pas
encore et ils étaient dans l'étonne-
ment. Alors il leur dit: «Avez-vous
ici quelque chose à manger?» 42 Ils
lui présentèrent un morceau de
poisson grillé [et un rayon de miel].
43 Il en prit et mangea devant eux.

44 Puis il leur dit: «C'est ce que je
vous disais lorsque j'étais encore
avec vous: il fallait que s'accom-
plisse tout ce qui est écrit à mon
sujet dans la loi de Moïse, dans les
prophètes et dans les psaumes.»
45 Alors il leur ouvrit l'intelligence
afin qu'ils comprennent les Ecri-
tures 46 et il leur dit: «Ainsi, il était
écrit [–et il fallait que cela arrive–]
que le Messie souffrirait et qu'il res-
susciterait le troisième jour, 47 et
que la repentance[n] et le pardon
des péchés seraient prêchés en son
nom à toutes les nations, à com-
mencer par Jérusalem. 48 Vous êtes
témoins de ces choses. 49 Et voici

24.47 *La repentance*: voir la note 3.3.

que j'enverrai sur vous ce que mon
Père a promis; quant à vous, restez
dans la ville [de Jérusalem] jusqu'à
ce que vous soyez revêtus de la
puissance d'en haut.»

Ascension de Jésus

50 Il les conduisit jusque vers Bétha-
nie, puis il leva les mains et les bénit.
51 Pendant qu'il les bénissait, il les
quitta et fut enlevé au ciel. 52 Quant
à eux, après l'avoir adoré, ils retour-
nèrent à Jérusalem remplis d'une
grande joie. 53 Ils étaient constam-
ment dans le temple, [louant et] bé-
nissant Dieu.

Jean

Se présentant lui-même comme écrit par «le disciple que Jésus aimait» (21.20-25), l'*Evangile de Jean* est traditionnellement attribué à Jean fils de Zébédée, un disciple de Jésus, et sa rédaction située dans le dernier quart du 1er siècle apr. J.-C. Il complète les trois autres Evangiles que contient le Nouveau Testament en relatant des actes et discours de Christ différents, ou dans une autre perspective.

PRÉSENTATION DE JÉSUS 1.1–4.54

L'incarnation de la Parole

1 Au commencement, la Parole[n]
existait déjà. La Parole était
avec Dieu et la Parole était Dieu.
2 Elle était au commencement avec
Dieu. 3 Tout a été fait par elle et rien
de ce qui a été fait n'a été fait sans
elle. 4 En elle il y avait la vie, et cette
vie était la lumière des êtres hu-
mains. 5 La lumière brille dans les
ténèbres, et les ténèbres ne l'ont pas
accueillie.
6 Il y eut un homme envoyé par
Dieu; son nom était Jean[n]. 7 Il vint
comme témoin, pour rendre témoi-
gnage à la lumière afin que tous
croient par lui. 8 Il n'était pas la lu-
mière, mais il vint pour rendre té-
moignage à la lumière. 9 Cette lu-
mière était la vraie lumière qui, en
venant dans le monde, éclaire tout
être humain. 10 Elle était dans le
monde et le monde a été fait par
elle, pourtant le monde ne l'a pas
reconnue. 11 Elle est venue chez les
siens, et les siens ne l'ont pas ac-
cueillie. 12 Mais à tous ceux qui l'ont
acceptée, à ceux qui croient en son
nom, elle a donné le droit de deve-
nir enfants de Dieu, 13 puisqu'ils
sont nés non du fait de la nature, ni
par une volonté humaine, ni par la
volonté d'un mari, mais qu'ils sont
nés de Dieu.
14 Et la Parole s'est faite homme[n],
elle a habité parmi nous, pleine de
grâce et de vérité, et nous avons
contemplé sa gloire, une gloire
comme celle du Fils unique venu
du Père.
15 Jean lui a rendu témoignage et
s'est écrié: «C'est celui à propos du-

1.1 *La Parole*: c'est-à-dire Jésus-Christ. **1.6** *Jean*: c'est-à-dire Jean-Baptiste (idem dans le reste de l'Evangile). **1.14** *S'est faite homme*: littéralement *est devenue chair.*

quel j'ai dit: 'Celui qui vient après
moi m'a précédé, car il était avant
moi.'» 16 Nous avons tous reçu de sa
plénitude, et grâce sur grâce. 17 En
effet, la loi a été donnée à travers
Moïse, mais la grâce et la vérité
sont venues à travers Jésus-Christ.
18 Personne n'a jamais vu Dieu;
Dieu le Fils unique, qui est dans
l'intimité du Père, est celui qui l'a
fait connaître.

Témoignage de Jean-Baptiste sur Jésus

19 Voici le témoignage de Jean lors-
que les Juifs envoyèrent de Jérusa-
lem des prêtres et des Lévites pour
lui demander: «Toi, qui es-tu?» 20 Il
déclara et sans restriction affirma:
«Moi, je ne suis pas le Messie[n].»
21 Ils lui demandèrent: «Qui es-tu
donc? Es-tu Elie?» Et il dit: «Je ne
le suis pas.» «Es-tu le prophète?» Et
il répondit: «Non.» 22 Ils lui dirent
alors: «Qui es-tu? Nous devons
donner une réponse à ceux qui
nous ont envoyés! Que dis-tu de
toi-même?» 23 «Moi, dit-il, je suis
*la voix de celui qui crie dans le dé-
sert: 'Rendez le chemin du Seigneur
droit'*[n], comme l'a dit le prophète
Esaïe.» 24 Ceux qui avaient été en-
voyés étaient des pharisiens[n]. 25 Ils
lui posèrent encore cette question:
«Pourquoi donc baptises-tu, si tu
n'es ni le Messie, ni Elie, ni le pro-
phète?» 26 Jean leur répondit: «Moi,
je baptise d'eau, mais au milieu de
vous se trouve quelqu'un que vous
ne connaissez pas. 27 Il vient après
moi [mais il m'a précédé,] et je ne
suis pas digne de détacher la cour-
roie de ses sandales.» 28 Cela se pas-
sait à Béthanie, de l'autre côté du
Jourdain, où Jean baptisait.
29 Le lendemain, il vit Jésus s'appro-
cher de lui et dit: «Voici l'Agneau[n]
de Dieu qui enlève le péché du
monde. 30 C'est celui à propos du-
quel j'ai dit: 'Après moi vient un
homme qui m'a précédé, car il exis-
tait avant moi.' 31 Pour ma part, je
ne le connaissais pas, mais c'est
afin de le faire connaître à Israël
que je suis venu baptiser d'eau.»
32 Jean rendit aussi ce témoignage:
«J'ai vu l'Esprit descendre du ciel
comme une colombe et s'arrêter
sur lui. 33 Je ne le connaissais pas,
mais celui qui m'a envoyé bapti-
ser d'eau m'a dit: 'Celui sur qui tu
verras l'Esprit descendre et s'arrê-
ter, c'est lui qui baptise du Saint-
Esprit.' 34 Et moi, j'ai vu et j'atteste
qu'il est le Fils de Dieu.»
35 Le lendemain, Jean était encore
là avec deux de ses disciples. 36 Il vit
Jésus passer et dit: «Voici l'Agneau
de Dieu.» 37 Les deux disciples l'en-
tendirent prononcer ces paroles et
suivirent Jésus. 38 Jésus se retour-
na et, voyant qu'ils le suivaient, il
leur dit: «Que cherchez-vous?» Ils
lui répondirent: «Rabbi – ce qui
signifie maître –, où habites-tu?»
39 «Venez, leur dit-il, et voyez.» Ils
y allèrent [donc], virent où il habi-
tait et restèrent avec lui ce jour-là.
C'était environ quatre heures de
l'après-midi.
40 André, le frère de Simon Pierre,
était l'un des deux qui avaient en-
tendu les paroles de Jean et qui
avaient suivi Jésus. 41 Il rencon-
tra d'abord son frère Simon et lui
dit: «Nous avons trouvé le Messie»,

1.20 *Le Messie*: c'est-à-dire l'oint de Dieu, en grec *Christos*. Les Juifs attendaient, d'après les promesses de l'Ancien Testament, la venue d'une personne choisie par Dieu, qui leur apporterait la délivrance. **1.23** *La voix... droit*: citation d'Esaïe 40.3. **1.24** *Pharisiens*: membres d'un courant du judaïsme caractérisé par un fort intérêt pour les questions de pureté rituelle et par le souci de respecter le plus strictement possible la loi de Moïse ainsi que les traditions. **1.29** *L'Agneau*: animal offert en sacrifice pour couvrir les péchés, notamment lors de la Pâque et le jour des expiations.

ce qui correspond à Christ. 42 Il le
conduisit vers Jésus. Jésus le regar-
da et dit: «Tu es Simon, fils de Jonas,
tu seras appelé Céphas», ce qui si-
gnifie Pierre.
43 Le lendemain, Jésus décida de se
rendre en Galilée. Il rencontra Phi-
lippe et lui dit: «Suis-moi.» 44 Philip-
pe était de Bethsaïda, la ville d'An-
dré et de Pierre.
45 Philippe rencontra Nathanaël
et lui dit: «Nous avons trouvé ce-
lui que Moïse a décrit dans la loi
et dont les prophètes ont parlé: Jé-
sus de Nazareth, fils de Joseph.»
46 Nathanaël lui dit: «Peut-il sor-
tir quelque chose de bon de Naza-
reth?» Philippe lui répondit: «Viens
et vois.» 47 Jésus vit Nathanaël s'ap-
procher de lui et dit de lui: «Voici
vraiment un Israélite en qui il n'y a
pas de ruse.» 48 «D'où me connais-
tu?» lui dit Nathanaël. Jésus lui ré-
pondit: «Avant que Philippe t'ap-
pelle, quand tu étais sous le figuier,
je t'ai vu.» 49 Nathanaël répondit:
«Maître, tu es le Fils de Dieu, tu es
le roi d'Israël.» 50 Jésus lui répondit:
«Parce que je t'ai dit que je t'ai vu
sous le figuier, tu crois? Tu verras de
plus grandes choses que celles-ci.»
51 Il ajouta: «En vérité, en vérité, je
vous le dis, vous verrez [désormais]
le ciel ouvert et les anges de Dieu
monter et descendre au-dessus du
Fils de l'homme[n].»

Premier miracle de Jésus en Galilée

2 Or, le troisième jour, il y eut
des noces à Cana en Gali-
lée. La mère de Jésus était là. 2 Jé-
sus fut aussi invité aux noces avec
ses disciples. 3 Comme le vin ve-
nait à manquer, la mère de Jésus
lui dit: «Ils n'ont plus de vin.» 4 Jé-
sus lui répondit: «Que me veux-tu,
femme? Mon heure n'est pas en-
core venue.» 5 Sa mère dit aux ser-
viteurs: «Faites tout ce qu'il vous
dira.» 6 Or il y avait là six jarres
de pierre, destinées aux purifica-
tions des Juifs et contenant cha-
cune une centaine de litres. 7 Jésus
leur dit: «Remplissez d'eau ces jar-
res.» Et ils les remplirent jusqu'au
bord. 8 «Puisez maintenant, leur
dit-il, et apportez-en à l'organisa-
teur du repas.» Et ils lui en appor-
tèrent. 9 L'organisateur du repas
goûta l'eau changée en vin. Ne sa-
chant pas d'où venait ce vin, tandis
que les serviteurs qui avaient pui-
sé l'eau le savaient bien, il appe-
la le marié 10 et lui dit: «Tout hom-
me sert d'abord le bon vin, puis le
moins bon après qu'on s'est eni-
vré; mais toi, tu as gardé le bon vin
jusqu'à présent!»
11 Tel fut, à Cana en Galilée, le pre-
mier des signes miraculeux que fit
Jésus. Il manifesta sa gloire et ses
disciples crurent en lui. 12 Après
cela, il descendit à Capernaüm
avec sa mère, ses frères et ses dis-
ciples, et ils n'y restèrent que peu
de jours.

Jésus dans le temple, à Jérusalem

13 La Pâque juive était proche et Jé-
sus monta à Jérusalem. 14 Il trouva
les vendeurs de bœufs, de brebis et
de pigeons ainsi que les changeurs
de monnaie installés dans le tem-
ple. 15 Alors il fit un fouet avec des
cordes et les chassa tous du temple,
ainsi que les brebis et les bœufs.
Il dispersa la monnaie des chan-
geurs et renversa leurs tables. 16 Et
il dit aux vendeurs de pigeons: «En-
levez cela d'ici, ne faites pas de la
maison de mon Père une maison de
commerce.» 17 Ses disciples se sou-

1.51 *Fils de l'homme*: expression par laquelle Jésus se désignait fréquemment lui-même, avec un probable renvoi à Daniel 7.13.

vinrent qu'il est écrit: *Le zèle de ta
maison me dévore.*[n]
18 Les Juifs prirent la parole et lui
dirent: «Quel signe nous montres-
tu, pour agir de cette manière?»
19 Jésus leur répondit: «Détruisez ce
temple et en 3 jours je le relèverai.»
20 Les Juifs dirent: «Il a fallu 46 ans
pour construire ce temple et toi, en
3 jours tu le relèverais!» 21 Cepen-
dant, lui parlait du temple de son
corps. 22 C'est pourquoi, lorsqu'il
fut ressuscité, ses disciples se sou-
vinrent qu'il avait dit cela et ils cru-
rent à l'Ecriture et à la parole que
Jésus avait dite.
23 Pendant que Jésus était à Jéru-
salem, lors de la fête de la Pâque,
beaucoup crurent en lui en voyant
les signes miraculeux qu'il faisait.
24 Mais Jésus n'avait pas confiance
en eux, parce qu'il les connaissait
tous. 25 Il n'avait pas besoin qu'on
le renseigne sur les hommes, car
il savait lui-même ce qui est dans
l'homme.

Jésus et Nicodème: la nouvelle naissance

3 Or, il y avait parmi les phari-
siens un homme du nom de
Nicodème, un chef des Juifs. 2 Il
vint de nuit trouver Jésus et lui dit:
«Maître, nous savons que tu es un
enseignant envoyé par Dieu, car
personne ne peut faire ces signes
miraculeux que tu fais si Dieu n'est
pas avec lui.» 3 Jésus lui répondit:
«En vérité, en vérité, je te le dis, à
moins de naître de nouveau[n], per-
sonne ne peut voir le royaume de
Dieu.» 4 Nicodème lui dit: «Com-
ment un homme peut-il naître
quand il est vieux? Peut-il une se-
conde fois entrer dans le ventre de
sa mère et naître?»
5 Jésus répondit: «En vérité, en vé-
rité, je te le dis, à moins de naître
d'eau et d'Esprit, on ne peut entrer
dans le royaume de Dieu. 6 Ce qui
est né de parents humains est hu-
main[n] et ce qui est né de l'Esprit
est Esprit. 7 Ne t'étonne pas que
je t'aie dit: 'Il faut que vous nais-
siez de nouveau.' 8 Le vent[n] souffle
où il veut et tu en entends le bruit,
mais tu ne sais pas d'où il vient, ni
où il va. C'est aussi le cas de toute
personne qui est née de l'Esprit.»
9 Nicodème reprit la parole et lui
dit: «Comment cela peut-il se fai-
re?» 10 Jésus lui répondit: «Tu es
l'enseignant d'Israël et tu ne sais
pas cela! 11 En vérité, en vérité, je te
le dis, nous disons ce que nous sa-
vons et nous rendons témoignage
de ce que nous avons vu, et vous ne
recevez pas notre témoignage. 12 Si
vous ne croyez pas quand je vous
parle des réalités terrestres, com-
ment croirez-vous si je vous par-
le des réalités célestes? 13 Person-
ne n'est monté au ciel, sinon celui
qui est descendu du ciel, le Fils de
l'homme [qui est dans le ciel].
14 »Et tout comme Moïse a élevé le
serpent dans le désert[n], il faut aus-
si que le Fils de l'homme soit éle-
vé 15 afin que quiconque croit en
lui [ne périsse pas mais qu'il] ait la
vie éternelle. 16 En effet, Dieu a tant
aimé le monde qu'il a donné son
Fils unique afin que quiconque
croit en lui ne périsse pas mais ait
la vie éternelle. 17 Dieu, en effet, n'a
pas envoyé son Fils dans le monde

2.17 *Le zèle… dévore*: citation du Psaume 69.10. **3.3** *De nouveau*: ou *d'en haut* (idem verset 7); alors que Nicodème comprend manifestement l'expression dans le premier sens (cf. verset 4), la réponse de Jésus semble jouer sur sa double signification. **3.6** *De parents humains… humain*: littéralement *de la chair… chair.* **3.8** *Le vent*: même mot grec que *Esprit*. **3.14** *Moïse… désert*: allusion à l'épisode de Nombres 21.4-9 où les Israélites devaient regarder un serpent en bronze dressé sur une perche pour être guéris de la morsure de serpents.

pour juger le monde, mais pour que
le monde soit sauvé par lui. 18 Celui
qui croit en lui n'est pas jugé, mais
celui qui ne croit pas est déjà jugé
parce qu'il n'a pas cru au nom du
Fils unique de Dieu. 19 Et voici quel
est ce jugement: la lumière est ve-
nue dans le monde et les hommes
ont préféré les ténèbres à la lumière
parce que leur manière d'agir était
mauvaise. 20 En effet, toute person-
ne qui fait le mal déteste la lumiè-
re, et elle ne vient pas à la lumière
pour éviter que ses actes soient dé-
voilés. 21 Mais celui qui agit confor-
mément à la vérité vient à la lumiè-
re afin qu'il soit évident que ce qu'il
a fait, il l'a fait en Dieu.»

Nouveau témoignage de Jean-Baptiste

22 Après cela, Jésus, accompagné de
ses disciples, se rendit en Judée; il
y séjourna avec eux et il baptisait.
23 Jean aussi baptisait à Enon, près
de Salim, parce qu'il y avait là beau-
coup d'eau, et l'on s'y rendait pour
être baptisé. 24 En effet, Jean n'avait
pas encore été mis en prison.
25 Or, une discussion surgit entre
les disciples de Jean et un Juif au
sujet de la purification. 26 Ils vin-
rent trouver Jean et lui dirent: «Maî-
tre, celui qui était avec toi de l'autre
côté du Jourdain et à qui tu as ren-
du témoignage, le voilà qui bap-
tise, et tous vont vers lui.» 27 Jean
répondit: «Un homme ne peut re-
cevoir que ce qui lui a été donné
du ciel. 28 Vous-mêmes m'êtes té-
moins que j'ai dit: 'Moi, je ne suis
pas le Messie, mais j'ai été envoyé
devant lui.' 29 Celui qui a la mariée,
c'est le marié, mais l'ami du marié,
qui se tient là et qui l'entend, éprou-
ve une grande joie à cause de la voix
du marié. Ainsi donc, cette joie qui
est la mienne est parfaite. 30 Il faut
qu'il grandisse et que moi, je dimi-
nue. 31 Celui qui vient d'en haut est
au-dessus de tous; celui qui est de
la terre est de la terre et il parle des
réalités terrestres. Celui qui vient
du ciel est au-dessus de tous, 32 il
rend témoignage de ce qu'il a vu et
entendu, et personne n'accepte son
témoignage. 33 Celui qui a accepté
son témoignage a certifié que Dieu
est vrai. 34 En effet, celui que Dieu a
envoyé dit les paroles de Dieu, par-
ce que Dieu lui donne l'Esprit sans
mesure. 35 Le Père aime le Fils et a
tout remis entre ses mains. 36 Celui
qui croit au Fils a la vie éternelle;
celui qui ne croit pas au Fils ne ver-
ra pas la vie, mais la colère de Dieu
reste au contraire sur lui.»

Jésus et la femme samaritaine

4 Le Seigneur apprit que les pha-
risiens avaient entendu dire
qu'il faisait et baptisait plus de dis-
ciples que Jean. 2 – A vrai dire Jésus
ne baptisait pas lui-même, mais
c'étaient ses disciples qui le fai-
saient. – 3 Alors il quitta la Judée et
retourna en Galilée. 4 Comme il de-
vait traverser la Samarie, 5 il arriva
dans une ville de Samarie appelée
Sychar, près du champ que Jacob
avait donné à son fils Joseph. 6 Là se
trouvait le puits de Jacob. Jésus, fa-
tigué du voyage, était assis au bord
du puits. C'était environ midi.
7 Une femme de Samarie vint pui-
ser de l'eau. Jésus lui dit: «Donne-
moi à boire.» 8 En effet, ses disciples
étaient allés à la ville pour acheter
de quoi manger. 9 La femme sama-
ritaine lui dit: «Comment? Toi qui
es juif, tu me demandes à boi-
re, à moi qui suis une femme sa-
maritaine?» – Les Juifs, en effet,
n'ont pas de relations avec les Sa-
maritains. – 10 Jésus lui répon-
dit: «Si tu savais quel est le ca-
deau de Dieu et qui est celui qui
te dit: 'Donne-moi à boire', tu lui

aurais toi-même demandé à boire
et il t'aurait donné de l'eau vive.»
11 «Seigneur, lui dit la femme, tu
n'as rien pour puiser et le puits est
profond. D'où aurais-tu donc cet-
te eau vive? 12 Es-tu, toi, plus grand
que notre ancêtre Jacob qui nous a
donné ce puits et qui a bu de son
eau, lui-même, ses fils et ses trou-
peaux?» 13 Jésus lui répondit: «Tou-
te personne qui boit de cette eau-
ci aura encore soif. 14 En revanche,
celui qui boira de l'eau que je lui
donnerai n'aura plus jamais soif et
l'eau que je lui donnerai deviendra
en lui une source d'eau qui jaillira
jusque dans la vie éternelle.» 15 La
femme lui dit: «Seigneur, donne-
moi cette eau afin que je n'aie plus
soif et que je n'aie plus à venir pui-
ser ici.» 16 «Va appeler ton mari,
lui dit Jésus, et reviens ici.» 17 La
femme répondit: «Je n'ai pas de
mari.» Jésus lui dit: «Tu as bien fait
de dire: 'Je n'ai pas de mari', 18 car
tu as eu cinq maris et l'homme que
tu as maintenant n'est pas ton mari.
En cela tu as dit la vérité.» 19 «Sei-
gneur, lui dit la femme, je vois que
tu es un prophète. 20 Nos ancê-
tres ont adoré sur cette montagne
et vous dites, vous, que l'endroit
où il faut adorer est à Jérusalem.»
21 «Femme, lui dit Jésus, crois-moi,
l'heure vient où ce ne sera ni sur
cette montagne ni à Jérusalem que
vous adorerez le Père. 22 Vous ado-
rez ce que vous ne connaissez pas;
nous, nous adorons ce que nous
connaissons, car le salut vient des
Juifs. 23 Mais l'heure vient, et elle est
déjà là, où les vrais adorateurs ado-
reront le Père en esprit et en véri-
té. En effet, ce sont là les adorateurs
que recherche le Père. 24 Dieu est
Esprit et il faut que ceux qui l'ado-
rent l'adorent en esprit et en véri-
té.» 25 La femme lui dit: «Je sais que
le Messie doit venir, celui que l'on
appelle Christ. Quand il sera venu,
il nous annoncera tout.» 26 Jésus lui
dit: «Je le suis, moi qui te parle.»
27 Là-dessus arrivèrent ses disciples,
et ils étaient étonnés de ce qu'il
parlait avec une femme. Toutefois,
aucun ne dit: «Que lui demandes-
tu?» ou: «Pourquoi parles-tu avec
elle?» 28 Alors la femme laissa sa cru-
che, s'en alla dans la ville et dit aux
habitants: 29 «Venez voir un homme
qui m'a dit [tout] ce que j'ai fait. Ne
serait-il pas le Messie?» 30 Ils sorti-
rent de la ville et vinrent vers lui.
31 Pendant ce temps, les disciples
le pressaient en disant: «Maître,
mange.» 32 Mais il leur dit: «J'ai à
manger une nourriture que vous
ne connaissez pas.» 33 Les disci-
ples se disaient donc les uns aux
autres: «Quelqu'un lui aurait-il ap-
porté à manger?» 34 Jésus leur dit:
«Ma nourriture est de faire la vo-
lonté de celui qui m'a envoyé et
d'accomplir son œuvre. 35 Ne dites-
vous pas qu'il y a encore quatre
mois jusqu'à la moisson? Eh bien,
je vous le dis, levez les yeux et regar-
dez les champs: ils sont déjà blancs
pour la moisson. 36 Celui qui mois-
sonne reçoit un salaire et amasse
du fruit pour la vie éternelle, afin
que celui qui sème et celui qui
moissonne se réjouissent ensem-
ble. 37 En effet, en cela cette parole
est vraie: 'L'un sème et l'autre mois-
sonne.' 38 Je vous ai envoyés récolter
une moisson qui ne vous a pas de-
mandé de travail; d'autres ont tra-
vaillé et vous êtes entrés dans leur
travail.»
39 Beaucoup de Samaritains de cet-
te ville crurent en Jésus à cause des
paroles de la femme qui rendait
ce témoignage: «Il m'a dit tout ce
que j'ai fait.» 40 Ainsi donc, quand
ils vinrent le trouver, les Samari-
tains le prièrent de rester avec eux.
Il resta là deux jours. 41 Un bien plus

grand nombre crurent à cause des
paroles de Jésus, 42 et ils disaient à
la femme: «Ce n'est plus seulement
à cause de ce que tu as dit que nous
croyons, car nous l'avons entendu
nous-mêmes et nous savons qu'il
est vraiment [le Messie,] le Sauveur
du monde.»

Guérison du fils d'un officier

43 Après ces deux jours, Jésus par-
tit de là pour se rendre en Gali-
lée, 44 car il avait déclaré lui-même
qu'un prophète n'est pas honoré
dans sa propre patrie. 45 Lorsqu'il
arriva en Galilée, il fut bien ac-
cueilli par les Galiléens qui avaient
vu tout ce qu'il avait fait à Jérusa-
lem pendant la fête. En effet, eux
aussi étaient allés à la fête. 46 Jésus
retourna donc à Cana en Galilée, où
il avait changé l'eau en vin. Il y avait
à Capernaüm un officier du roi dont
le fils était malade. 47 Quand il ap-
prit que Jésus était venu de Judée en
Galilée, il alla le trouver et le pria
de descendre guérir son fils, car il
était sur le point de mourir. 48 Jésus
lui dit: «Si vous ne voyez pas des si-
gnes et des prodiges, vous ne croi-
rez donc pas?» 49 L'officier du roi lui
dit: «Seigneur, descends avant que
mon enfant ne meure!» 50 «Vas-y, lui
dit Jésus, ton fils vit.» Cet homme
crut à la parole que Jésus lui avait
dite et s'en alla. 51 Il était déjà en
train de redescendre lorsque ses
serviteurs vinrent à sa rencontre et
lui dirent: «Ton enfant vit.» 52 Il leur
demanda à quelle heure il était allé
mieux et ils lui dirent: «C'est hier,
à une heure de l'après-midi, que
la fièvre l'a quitté.» 53 Le père re-
connut que c'était à cette heure-là
que Jésus lui avait dit: «Ton fils vit.»
Alors il crut, lui et toute sa famille.
54 Jésus fit ce deuxième signe mira-
culeux après être revenu de Judée
en Galilée.

OPPOSITIONS À JÉSUS 5.1–12.50

Guérison à la piscine de Béthesda

5 Après cela, il y eut une fête jui-
ve et Jésus monta à Jérusalem.
2 Or à Jérusalem, près de la porte des
brebis, il y a une piscine qui s'appel-
le en hébreu Béthesda et qui a cinq
portiques. 3 Sous ces portiques un
grand nombre de malades étaient
couchés: des aveugles, des boiteux,
des paralysés; [ils attendaient le
mouvement de l'eau,] 4 [car un ange
descendait de temps en temps dans
la piscine et agitait l'eau; et le pre-
mier qui descendait dans l'eau après
qu'elle avait été agitée était guéri,
quelle que soit sa maladie.]
5 Là se trouvait un homme infirme
depuis 38 ans. 6 Jésus le vit couché
et, sachant qu'il était malade de-
puis longtemps, il lui dit: «Veux-tu
être guéri?» 7 L'infirme lui répon-
dit: «Seigneur, je n'ai personne pour
me plonger dans la piscine quand
l'eau est agitée, et pendant que j'y
vais, un autre descend avant moi.»
8 «Lève-toi, lui dit Jésus, prends ton
brancard et marche.» 9 Aussitôt cet
homme fut guéri; il prit son bran-
card et se mit à marcher.
10 C'était un jour de sabbat. Les
Juifs dirent donc à celui qui avait
été guéri: «C'est le sabbat; il ne
t'est pas permis de porter ton bran-
card.» 11 Il leur répondit: «Celui qui
m'a guéri m'a dit: 'Prends ton bran-
card et marche.'» 12 Ils lui demandè-
rent: «Qui est l'homme qui t'a dit:
'Prends [ton brancard] et marche'?»
13 Mais celui qui avait été guéri ne
savait pas qui c'était, car Jésus avait
disparu dans la foule qui était à
cet endroit. 14 Quelque temps plus
tard, Jésus le retrouva dans le tem-
ple et lui dit: «Te voilà guéri. Ne pè-
che plus, de peur qu'il ne t'arrive
quelque chose de pire.» 15 Cet hom-
me s'en alla annoncer aux Juifs

que c'était Jésus qui l'avait guéri.
16 C'est pourquoi les Juifs poursui-
vaient Jésus [et cherchaient à le fai-
re mourir], parce qu'il avait fait cela
le jour du sabbat.
17 Cependant, Jésus leur répondit:
«Mon Père est à l'œuvre jusqu'à pré-
sent; moi aussi, je suis à l'œuvre.»
18 Voilà pourquoi les Juifs cher-
chaient encore plus à le faire mou-
rir: parce que non seulement il vio-
lait le sabbat, mais il appelait aussi
Dieu son propre Père, se faisant lui-
même égal à Dieu.
19 Jésus reprit donc la parole et leur
dit: «En vérité, en vérité, je vous le
dis, le Fils ne peut rien faire de lui-
même, sinon ce qu'il voit le Père ac-
complir. Tout ce que le Père fait, le
Fils aussi le fait pareillement. 20 En
effet, le Père aime le Fils et lui mon-
tre tout ce que lui-même fait, et il
lui montrera des œuvres plus gran-
des que celles-ci, afin que vous
soyez dans l'étonnement. 21 En effet,
tout comme le Père ressuscite les
morts et donne la vie, le Fils aussi
donne la vie à qui il veut. 22 Le Père
ne juge personne, mais il a remis
tout jugement au Fils 23 afin que
tous honorent le Fils comme ils ho-
norent le Père. Celui qui n'honore
pas le Fils n'honore pas le Père qui
l'a envoyé. 24 En vérité, en vérité, je
vous le dis, celui qui écoute ma pa-
role et qui croit à celui qui m'a en-
voyé a la vie éternelle; il ne vient
pas en jugement, mais il est passé
de la mort à la vie. 25 En vérité, en
vérité, je vous le dis, l'heure vient,
et elle est déjà là, où les morts en-
tendront la voix du Fils de Dieu, et
ceux qui l'auront entendue vivront.
26 En effet, tout comme le Père a la
vie en lui-même, ainsi il a donné
au Fils d'avoir la vie en lui-même.
27 Et il lui a donné [aussi] le pou-
voir de juger, parce qu'il est le Fils
de l'homme. 28 Ne vous en étonnez
pas, car l'heure vient où tous ceux
qui sont dans les tombeaux en-
tendront sa voix et 29 en sortiront:
ceux qui auront fait le bien ressus-
citeront pour la vie, mais ceux qui
auront fait le mal ressusciteront
pour le jugement. 30 Je ne peux rien
faire de moi-même: je juge d'après
ce que j'entends, et mon jugement
est juste parce que je ne cherche
pas à faire ma volonté, mais celle
du Père qui m'a envoyé.
31 »Si je me rends témoignage à moi-
même, mon témoignage n'est pas
valable. 32 C'est un autre qui témoi-
gne en ma faveur, et je sais que le
témoignage qu'il me rend est vrai.
33 Vous avez envoyé une déléga-
tion vers Jean, et il a rendu témoi-
gnage à la vérité. 34 Pour ma part,
ce n'est pas d'un homme que je re-
çois le témoignage, mais je dis cela
afin que vous soyez sauvés. 35 Jean
était la lampe qui brûle et qui brille,
et vous avez voulu vous réjouir une
heure à sa lumière. 36 Pour ma part,
j'ai un témoignage plus grand que
celui de Jean: ce sont les œuvres
que le Père m'a donné d'accomplir.
Ces œuvres mêmes que je fais té-
moignent à mon sujet que c'est le
Père qui m'a envoyé, 37 et le Père
qui m'a envoyé a rendu lui-même
témoignage à mon sujet. Vous
n'avez jamais entendu sa voix, vous
n'avez pas vu son visage 38 et sa pa-
role n'habite pas en vous, puisque
vous ne croyez pas en celui qu'il a
envoyé. 39 Vous étudiez les Ecritu-
res parce que vous pensez avoir par
elles la vie éternelle. Ce sont elles
qui rendent témoignage à mon su-
jet, 40 et vous ne voulez pas venir à
moi pour avoir la vie!
41 »Je ne reçois pas ma gloire des
hommes. 42 Mais je vous connais:
vous n'avez pas l'amour de Dieu en
vous. 43 Je suis venu au nom de mon
Père et vous ne me recevez pas;

si un autre vient en son propre nom,
vous le recevrez. 44 Comment pouvez-
vous croire, vous qui recevez votre
gloire les uns des autres et qui ne
recherchez pas la gloire qui vient
de Dieu seul? 45 Ne pensez pas que
c'est moi qui vous accuserai de-
vant le Père; celui qui vous accuse,
c'est Moïse, celui en qui vous avez
mis votre espérance. 46 En effet, si
vous croyiez Moïse, vous me croi-
riez aussi, puisqu'il a écrit à mon
sujet. 47 Mais si vous ne croyez pas
à ses écrits, comment croirez-vous
à mes paroles?»

Multiplication des pains pour 5000 hommes

6 Après cela, Jésus s'en alla de
l'autre côté du lac de Galilée,
ou lac de Tibériade. 2 Une grande
foule le suivait, parce que les gens
voyaient les signes miraculeux qu'il
faisait sur les malades. 3 Jésus mon-
ta sur la montagne, et là il s'assit
avec ses disciples. 4 Or la Pâque, la
fête juive, était proche.
5 Jésus leva les yeux et vit une gran-
de foule venir vers lui. Il dit à Phi-
lippe: «Où achèterons-nous des
pains pour que ces gens aient à
manger?» 6 Il disait cela pour le
mettre à l'épreuve, car lui-même
savait ce qu'il allait faire. 7 Philip-
pe lui répondit: «Les pains qu'on
aurait pour 200 pièces d'argent ne
suffiraient pas pour que chacun en
reçoive un peu.» 8 Un de ses disci-
ples, André, le frère de Simon Pierre,
lui dit: 9 «Il y a ici un jeune garçon
qui a cinq pains d'orge et deux pois-
sons, mais qu'est-ce que cela pour
tant de monde?» 10 Jésus dit: «Fai-
tes asseoir ces gens.» Il y avait beau-
coup d'herbe à cet endroit. Ils s'as-
sirent donc, au nombre d'environ
5000 hommes. 11 Jésus prit les pains,
remercia Dieu et les distribua [aux
disciples, qui les donnèrent] à ceux
qui étaient là; il leur distribua de
même des poissons, autant qu'ils
en voulurent. 12 Lorsqu'ils furent
rassasiés, il dit à ses disciples: «Ra-
massez les morceaux qui restent,
afin que rien ne se perde.» 13 Ils les
ramassèrent donc et ils remplirent
douze paniers avec les morceaux
qui restaient des cinq pains d'orge
après que tous eurent mangé.
14 A la vue du signe miraculeux que
Jésus avait fait, ces gens disaient:
«Cet homme est vraiment le pro-
phète qui doit venir dans le mon-
de.» 15 Cependant Jésus, sachant
qu'ils allaient venir l'enlever pour
le faire roi, se retira de nouveau sur
la montagne, tout seul.
16 Le soir venu, ses disciples descen-
dirent au bord du lac. 17 Ils montè-
rent dans une barque pour traverser
le lac et se rendre à Capernaüm. Il
faisait déjà nuit et Jésus ne les avait
pas encore rejoints. 18 Le vent souf-
flait avec violence et le lac était agi-
té. 19 Après avoir ramé environ cinq
kilomètres, ils virent Jésus qui mar-
chait sur l'eau et s'approchait de la
barque, et ils eurent peur. 20 Mais
Jésus leur dit: «C'est moi, n'ayez pas
peur!» 21 Ils voulurent alors le pren-
dre dans la barque, et aussitôt celle-
ci aborda à l'endroit où ils allaient.

Jésus, le pain de vie

22 Le lendemain, la foule restée de
l'autre côté du lac remarqua qu'il n'y
avait eu là qu'une seule barque et
que Jésus n'était pas monté dedans
avec ses disciples, mais que ceux-ci
étaient partis seuls. 23 D'autres bar-
ques arrivèrent de Tibériade près
de l'endroit où ils avaient mangé
le pain après que le Seigneur eut
remercié Dieu. 24 Quand les gens
s'aperçurent que ni Jésus ni ses
disciples n'étaient là, ils montèrent
dans ces barques et allèrent à Ca-
pernaüm à la recherche de Jésus.

25 Ils le trouvèrent de l'autre côté du
lac et lui dirent: «Maître, quand es-
tu venu ici?» 26 Jésus leur répondit:
«En vérité, en vérité, je vous le dis,
vous me cherchez non parce que
vous avez vu des signes, mais par-
ce que vous avez mangé du pain et
que vous avez été rassasiés. 27 Tra-
vaillez, non pour la nourriture pé-
rissable, mais pour celle qui subsis-
te pour la vie éternelle, celle que le
Fils de l'homme vous donnera, car
c'est lui que le Père, Dieu lui-même,
a marqué de son empreinte[n].» 28 Ils
lui dirent: «Que devons-nous faire
pour accomplir les œuvres de
Dieu?» 29 Jésus leur répondit: «L'œu-
vre de Dieu, c'est que vous croyiez
en celui qu'il a envoyé.» 30 «Quel si-
gne miraculeux fais-tu donc, lui
dirent-ils, afin que nous le voyions
et que nous croyions en toi? Que
fais-tu? 31 Nos ancêtres ont mangé
la manne[n] dans le désert, comme
cela est écrit: *Il leur a donné le pain
du ciel à manger.*[n]»
32 Jésus leur dit: «En vérité, en vérité,
je vous le dis, ce n'est pas Moïse qui
vous a donné le pain du ciel, mais
c'est mon Père qui vous donne le
vrai pain du ciel. 33 En effet, le pain
de Dieu, c'est celui qui descend du
ciel et qui donne la vie au mon-
de.» 34 Ils lui dirent alors: «Seigneur,
donne-nous toujours ce pain-là!»
35 Jésus leur dit: «C'est moi qui suis
le pain de la vie. Celui qui vient à
moi n'aura jamais faim et celui
qui croit en moi n'aura jamais soif.
36 Mais, je vous l'ai dit, vous m'avez
vu et pourtant vous ne croyez pas.
37 Tous ceux que le Père me donne
viendront à moi et je ne mettrai pas
dehors celui qui vient à moi. 38 En
effet, je suis descendu du ciel pour
faire non pas ma volonté, mais
celle de celui qui m'a envoyé. 39 [Or,
la volonté du Père qui m'a envoyé,]
c'est que je ne perde aucun de tous
ceux qu'il m'a donnés, mais que je
les ressuscite le dernier jour. 40 En
effet, la volonté de mon Père, c'est
que toute personne qui voit le Fils
et croit en lui ait la vie éternelle, et
moi, je la ressusciterai le dernier
jour.»
41 Les Juifs murmuraient à son su-
jet parce qu'il avait dit: «Je suis le
pain descendu du ciel», 42 et ils di-
saient: «N'est-ce pas Jésus, le fils de
Joseph, celui dont nous connais-
sons le père et la mère? Comment
donc peut-il dire: 'Je suis descendu
du ciel'?» 43 Jésus leur répondit: «Ne
murmurez pas entre vous. 44 Per-
sonne ne peut venir à moi, à moins
que le Père qui m'a envoyé ne l'atti-
re, et moi, je le ressusciterai le der-
nier jour. 45 Il est écrit dans les pro-
phètes: *Ils seront tous enseignés de
Dieu.*[n] Ainsi donc, toute personne
qui a entendu le Père et s'est lais-
sé instruire vient à moi. 46 C'est que
personne n'a vu le Père, sauf celui
qui vient de Dieu; lui, il a vu le Père.
47 En vérité, en vérité, je vous le
dis, celui qui croit [en moi] a la vie
éternelle. 48 Je suis le pain de la vie.
49 Vos ancêtres ont mangé la man-
ne dans le désert et ils sont morts.
50 Voici comment est le pain qui
descend du ciel: celui qui en mange
ne mourra pas. 51 Je suis le pain vi-
vant descendu du ciel. Si quelqu'un
mange de ce pain, il vivra éternel-
lement, et le pain que je donnerai,
c'est mon corps, [que je donnerai]
pour la vie du monde.»

6.27 *Son empreinte*: l'empreinte d'un sceau (bague ou objet cylindrique), apposée sur un document, servait à le protéger, à l'authentifier ou à signaler son propriétaire. **6.31** *Manne*: nourriture accordée chaque jour, durant 40 ans, par Dieu aux Israélites après leur sortie d'Egypte, pendant leur parcours dans le désert (voir Exode 16). **6.31** *Il leur... manger*: citation du Psaume 78.24. **6.45** *Ils seront... Dieu*: citation d'Esaïe 54.13.

52 Là-dessus, les Juifs se mirent à
discuter vivement entre eux, disant:
«Comment peut-il nous donner son
corps à manger?» 53 Jésus leur dit:
«En vérité, en vérité, je vous le dis,
si vous ne mangez pas le corps du
Fils de l'homme et si vous ne buvez
pas son sang, vous n'avez pas la vie
en vous-mêmes. 54 Celui qui man-
ge mon corps et qui boit mon sang
a la vie éternelle, et moi, je le res-
susciterai le dernier jour. 55 En effet,
mon corps est vraiment une nour-
riture et mon sang est vraiment une
boisson. 56 Celui qui mange mon
corps et qui boit mon sang demeu-
re en moi, et moi je demeure en
lui. 57 Tout comme le Père qui est
vivant m'a envoyé et que je vis grâ-
ce au Père, ainsi celui qui me man-
ge vivra grâce à moi. 58 Voilà com-
ment est le pain descendu du ciel.
Il n'est pas comme [la manne que
vos] ancêtres ont mangée; eux sont
morts, mais celui qui mange de ce
pain vivra éternellement.»
59 Jésus dit ces paroles alors qu'il
enseignait dans une synagogue, à
Capernaüm. 60 Après l'avoir enten-
du, beaucoup de ses disciples di-
rent: «Cette parole est dure. Qui
peut l'écouter?» 61 Jésus savait en
lui-même que ses disciples mur-
muraient à ce sujet. Il leur dit: «Cela
vous scandalise? 62 Si vous voyiez le
Fils de l'homme monter là où il était
auparavant! 63 C'est l'Esprit qui fait
vivre, l'homme n'arrive à rien[n]. Les
paroles que je vous dis sont Esprit
et vie, 64 mais il y en a parmi vous
quelques-uns qui ne croient pas.»
En effet, Jésus savait dès le début
qui étaient ceux qui ne croyaient
pas et qui était celui qui le trahi-
rait. 65 Il ajouta: «Voilà pourquoi je
vous ai dit que personne ne peut
venir à moi à moins que cela ne lui
soit donné par mon Père.» 66 Dès ce
moment, beaucoup de ses disciples
se retirèrent et arrêtèrent de mar-
cher avec lui.
67 Jésus dit alors aux douze: «Et
vous, ne voulez-vous pas aussi vous
en aller?» 68 Simon Pierre lui répon-
dit: «Seigneur, à qui irions-nous?
Tu as les paroles de la vie éternelle.
69 Et nous, nous croyons et nous sa-
vons que tu es le Messie, le Fils du
Dieu vivant.» 70 Jésus leur répondit:
«N'est-ce pas moi qui vous ai choi-
sis, vous les douze? Et l'un de vous
est un diable!» 71 Il parlait de Judas
l'Iscariot[n], fils de Simon, car c'était
lui qui allait le trahir, lui, l'un des
douze.

Jésus à la fête des tentes

7 Après cela, Jésus continua de
parcourir la Galilée; il ne vou-
lait pas séjourner en Judée car les
Juifs cherchaient à le faire mourir.
2 Or, la fête juive des tentes était
proche. 3 Ses frères lui dirent: «Pars
d'ici et va en Judée afin que tes dis-
ciples voient aussi ce que tu fais.
4 Personne n'agit en secret, s'il cher-
che à être connu. Puisque tu fais
ce genre de choses, montre-toi au
monde!» 5 En effet, ses frères non
plus ne croyaient pas en lui. 6 Jésus
leur dit: «Le moment n'est pas enco-
re venu pour moi, tandis que pour
vous, c'est toujours le bon moment.
7 Le monde ne peut pas vous détes-
ter, tandis que moi, il me déteste
parce que je témoigne à son sujet
que sa manière d'agir est mauvaise.
8 Montez donc à cette fête! Quant à
moi, je n'y monte pas encore parce
que le moment n'est pas encore ar-
rivé pour moi.» 9 Après leur avoir dit
cela, il resta en Galilée.

6.63 *L'homme n'arrive à rien*: littéralement *la chair n'est utile en rien.* **6.71** *Iscariot*: c'est-à-dire homme de Karioth, ville de Judée.

10 Lorsque ses frères furent mon-
tés à la fête, il y monta aussi lui-
même, non pas en se montrant,
mais [comme] en secret. 11 Les Juifs
le cherchaient pendant la fête et di-
saient: «Où est-il?» 12 Dans la foule,
on murmurait beaucoup à son su-
jet. Les uns disaient: «C'est un hom-
me bien.» D'autres disaient: «Non,
au contraire, il égare le peuple.»
13 Personne, toutefois, ne parlait
ouvertement de lui, par crainte des
chefs juifs.
14 C'était déjà le milieu de la fête
lorsque Jésus monta au temple
et se mit à enseigner. 15 Les Juifs
s'étonnaient et disaient: «Comment
connaît-il les Ecritures, lui qui n'a
pas étudié?» 16 Jésus leur répondit:
«Mon enseignement ne vient pas
de moi mais de celui qui m'a en-
voyé. 17 Si quelqu'un veut faire la
volonté de Dieu, il saura si mon en-
seignement vient de Dieu ou si je
parle de ma propre initiative. 18 Ce-
lui qui parle de sa propre initiative
cherche sa propre gloire, mais si
quelqu'un cherche la gloire de celui
qui l'a envoyé, celui-là est vrai et il
n'y a pas d'injustice en lui. 19 Moïse
ne vous a-t-il pas donné la loi? Or,
aucun de vous ne la met en prati-
que. Pourquoi cherchez-vous à me
faire mourir?» 20 La foule répondit:
«Tu as un démon. Qui cherche à te
faire mourir?» 21 Jésus leur répondit:
«Pour une seule œuvre[n] que j'ai fai-
te, vous êtes tous étonnés. 22 Moïse
vous a donné la circoncision[n] – qui
ne vient du reste pas de lui, mais des
patriarches – et vous circoncisez
un homme le jour du sabbat. 23 Si
pour respecter la loi de Moïse un
homme reçoit la circoncision le jour
du sabbat, pourquoi vous irritez-
vous contre moi parce que j'ai gué-
ri un homme tout entier le jour du
sabbat? 24 Ne jugez pas d'après l'ap-
parence, mais portez un jugement
juste.»
25 Quelques habitants de Jérusalem
disaient: «N'est-ce pas celui qu'ils
cherchent à faire mourir? 26 Le voi-
ci qui parle librement et ils ne lui
disent rien! Est-ce que les chefs
auraient vraiment reconnu qu'il
est le Messie? 27 Cependant celui-ci,
nous savons d'où il est, tandis que
le Messie, quand il viendra, person-
ne ne saura d'où il est.» 28 Jésus en-
seignait dans le temple. Il s'écria
alors: «Vous me connaissez et vous
savez d'où je suis! Pourtant je ne
suis pas venu de moi-même. Au
contraire, celui qui m'a envoyé est
vrai et vous ne le connaissez pas.
29 Pour ma part, je le connais, car je
viens d'auprès de lui et c'est lui qui
m'a envoyé.» 30 Ils cherchaient donc
à l'arrêter, mais personne ne mit la
main sur lui parce que son heure
n'était pas encore venue. 31 Beau-
coup parmi la foule crurent en lui,
et ils disaient: «Le Messie, quand il
viendra, fera-t-il plus de signes mi-
raculeux que n'en a fait celui-ci?»
32 Les pharisiens entendirent la fou-
le murmurer ces propos à son su-
jet. Alors les chefs des prêtres et les
pharisiens envoyèrent des gardes
pour l'arrêter.
33 Jésus dit: «Je suis encore avec
vous pour un peu de temps, puis je
m'en vais vers celui qui m'a envoyé.
34 Vous me chercherez et vous ne me
trouverez pas, et là où je serai, vous
ne pouvez pas venir.» 35 Les Juifs se
dirent alors entre eux: «Où ira-t-il,
pour que nous ne le trouvions pas?
Ira-t-il chez ceux qui sont disper-

7.21 *Une seule œuvre*: la guérison d'un malade le jour du sabbat (5.1-9). **7.22** *Circoncision*: cette opération consistant à enlever le prépuce avait été le signe de l'alliance conclue par Dieu avec Abraham, l'ancêtre des Israélites (Genèse 17.9-14). D'après Lévitique 12.3, elle devait intervenir lorsque le garçon avait 8 jours.

sés dans le reste du monde et ensei-
gnera-t-il les non-Juifs? 36 Que si-
gnifie cette parole qu'il a dite: 'Vous
me chercherez et vous ne me trou-
verez pas, et là où je serai, vous ne
pouvez pas venir'?»
37 Le dernier jour, le grand jour de
la fête, Jésus, debout, s'écria: «Si
quelqu'un a soif, qu'il vienne à moi
et qu'il boive. 38 Celui qui croit en
moi, des fleuves d'eau vive coule-
ront de lui, comme l'a dit l'Ecritu-
re.» 39 Il dit cela à propos de l'Es-
prit que devaient recevoir ceux qui
croiraient en lui. En effet, l'Esprit
[saint] n'avait pas encore été don-
né parce que Jésus n'avait pas en-
core été élevé dans sa gloire.
40 Après avoir entendu ces paroles,
beaucoup dans la foule disaient:
«Celui-ci est vraiment le prophète.»
41 D'autres disaient: «C'est le Mes-
sie.» Mais d'autres disaient: «Est-ce
bien de la Galilée que doit venir le
Messie? 42 L'Ecriture ne dit-elle pas
que c'est de la descendance de Da-
vid et du village de Bethléhem où
était David que le Messie doit venir?»
43 Il y eut donc, à cause de lui, divi-
sion parmi la foule. 44 Quelques-uns
d'entre eux voulaient l'arrêter, mais
personne ne mit la main sur lui.
45 Ainsi, les gardes retournèrent vers
les chefs des prêtres et les phari-
siens, qui leur dirent: «Pourquoi ne
l'avez-vous pas amené?» 46 Les gar-
des répondirent: «Jamais personne
n'a parlé comme cet homme.» 47 Les
pharisiens leur répliquèrent: «Est-ce
que vous aussi, vous vous êtes lais-
sé tromper? 48 Y a-t-il quelqu'un par-
mi les chefs ou les pharisiens qui ait
cru en lui? 49 Mais cette foule qui ne
connaît pas la loi, ce sont des mau-
dits!» 50 Nicodème, qui était venu de
nuit vers Jésus et qui était l'un d'eux,
leur dit: 51 «Notre loi condamne-
t-elle un homme avant qu'on l'en-
tende et qu'on sache ce qu'il a fait?»
52 Ils lui répondirent: «Es-tu, toi aus-
si, de la Galilée? Cherche bien et tu
verras que de la Galilée il ne sort pas
de prophète.» 53 [Puis chacun rentra
chez soi.

La femme adultère

8 Jésus se rendit au mont des Oli-
viers. 2 Mais dès le matin il re-
vint dans le temple et tout le peu-
ple s'approcha de lui. Il s'assit et se
mit à les enseigner. 3 Alors les spé-
cialistes de la loi et les pharisiens
amenèrent une femme surprise
en train de commettre un adultère.
Ils la placèrent au milieu de la fou-
le 4 et dirent à Jésus: «Maître, cette
femme a été surprise en flagrant
délit d'adultère. 5 Moïse, dans la loi,
nous a ordonné de lapider de telles
femmes. Et toi, que dis-tu?» 6 Ils di-
saient cela pour lui tendre un piège,
afin de pouvoir l'accuser.
Mais Jésus se baissa et se mit à écri-
re avec le doigt sur le sol. 7 Comme
ils continuaient à l'interroger, il
se redressa et leur dit: «Que celui
d'entre vous qui est sans péché jet-
te le premier la pierre contre elle.»
8 Puis il se baissa de nouveau et se
remit à écrire sur le sol. 9 Quand ils
entendirent cela, accusés par leur
conscience ils se retirèrent un à un,
à commencer par les plus âgés et
jusqu'aux derniers; Jésus resta seul
avec la femme qui était là au milieu.
10 Alors il se redressa et, ne voyant
plus qu'elle, il lui dit: «Femme, où
sont ceux qui t'accusaient? Person-
ne ne t'a donc condamnée?» 11 Elle
répondit: «Personne, Seigneur.» Jé-
sus lui dit: «Moi non plus, je ne te
condamne pas; vas-y et désormais
ne pèche plus.»]

Jésus, la lumière du monde

12 Jésus leur parla de nouveau. Il dit:
«Je suis la lumière du monde. Celui
qui me suit ne marchera pas dans

les ténèbres, mais il aura au con-
traire la lumière de la vie.»
13 Là-dessus, les pharisiens lui di-
rent: «Tu te rends témoignage à toi-
même; ton témoignage n'est pas
vrai.» 14 Jésus leur répondit: «Même
si je me rends témoignage à moi-
même, mon témoignage est vrai, car
je sais d'où je suis venu et où je vais.
Quant à vous, vous ne savez pas
d'où je viens ni où je vais. 15 Vous,
vous jugez de façon humaine[n]; moi,
je ne juge personne. 16 Et si je juge,
mon jugement est vrai, car je ne
suis pas seul, mais le Père qui m'a
envoyé est avec moi. 17 Il est écrit
dans votre loi que le témoignage de
deux personnes est vrai. 18 Or, je me
rends témoignage à moi-même et le
Père qui m'a envoyé me rend aussi
témoignage.» 19 Ils lui dirent donc:
«Où est ton père?» Jésus répondit:
«Vous ne connaissez ni moi ni mon
Père. Si vous me connaissiez, vous
connaîtriez aussi mon Père.»
20 Jésus dit ces paroles alors qu'il
enseignait dans le temple à l'en-
droit où était le trésor, et person-
ne ne l'arrêta parce que son heure
n'était pas encore venue.
21 Jésus leur dit encore: «Je m'en
vais et vous me chercherez, mais
vous mourrez dans votre péché;
vous ne pouvez pas venir là où je
vais.» 22 Là-dessus les Juifs dirent:
«Va-t-il se tuer, puisqu'il dit: 'Vous
ne pouvez pas venir où je vais'?»
23 Il leur dit: «Vous êtes d'en bas;
moi, je suis d'en haut. Vous êtes de
ce monde; moi, je ne suis pas de ce
monde. 24 C'est pourquoi je vous
ai dit que vous mourrez dans vos
péchés. En effet, si vous ne croyez
pas que *moi, je suis*[n], vous mour-
rez dans vos péchés.» 25 «Toi, qui
es-tu?» lui dirent-ils. Jésus leur ré-
pondit: «Ce que je vous dis depuis
le début. 26 J'ai beaucoup de choses
à dire et à juger à votre sujet, mais
celui qui m'a envoyé est vrai, et ce
que j'ai entendu de lui, je le dis au
monde.» 27 Ils ne comprirent pas
qu'il leur parlait du Père. 28 Jésus
leur dit donc: «Quand vous aurez
élevé le Fils de l'homme, alors vous
reconnaîtrez que *moi, je suis* et que
je ne fais rien de moi-même, mais
que je dis ce que mon Père m'a en-
seigné. 29 Celui qui m'a envoyé est
avec moi, il ne m'a pas laissé seul,
parce que je fais toujours ce qui lui
est agréable.»
30 Comme Jésus disait cela, beau-
coup crurent en lui. 31 Alors il dit
aux Juifs qui avaient cru en lui: «Si
vous demeurez dans ma parole,
vous êtes vraiment mes disciples,
32 vous connaîtrez la vérité, et la
vérité vous rendra libres.» 33 Ils
lui répondirent: «Nous sommes la
descendance d'Abraham et nous
n'avons jamais été esclaves de per-
sonne. Comment peux-tu dire:
'Vous deviendrez libres'?» 34 «En vé-
rité, en vérité, je vous le dis, leur ré-
pliqua Jésus, toute personne qui
commet le péché est esclave du pé-
ché. 35 Or, l'esclave ne reste pas pour
toujours dans la famille; c'est le fils
qui y reste pour toujours. 36 Si donc
le Fils vous libère, vous serez réelle-
ment libres. 37 Je sais que vous êtes
la descendance d'Abraham. Pour-
tant, vous cherchez à me faire mou-
rir, parce que ma parole ne pénètre
pas en vous. 38 Je dis ce que j'ai vu
chez mon Père et vous, vous faites
ce que vous avez entendu de la part
de votre père.»
39 Ils lui répondirent: «Notre père,
c'est Abraham.» Jésus leur dit: «Si
vous étiez les enfants d'Abraham,

8.15 *De façon humaine*: littéralement *selon la chair.* **8.24** *Moi, je suis*: nom que Dieu s'est donné quand il s'est révélé à Moïse en Exode 3.14 (idem versets 28, 58). Voir Hébreux 13.8.

vous agiriez comme lui. 40 Mais
en réalité, vous cherchez à me fai-
re mourir, moi qui, en tant qu'être
humain, vous ai dit la vérité que
j'ai entendue de Dieu. Cela, Abra-
ham ne l'a pas fait. 41 Vous, vous
agissez comme votre père.» Ils lui
dirent: «Nous, nous ne sommes
pas des enfants illégitimes; nous
avons un seul Père: Dieu.» 42 Jésus
leur dit: «Si Dieu était votre Père,
vous m'aimeriez, car c'est de Dieu
que je suis sorti et c'est de sa part
que je viens. Je ne suis pas venu de
moi-même, mais c'est au contraire
lui qui m'a envoyé. 43 Pourquoi ne
comprenez-vous pas mon langage?
Parce que vous ne pouvez pas écou-
ter ma parole. 44 Vous, vous avez
pour père le diable et vous voulez
accomplir les désirs de votre père.
Il a été meurtrier dès le commence-
ment et il ne s'est pas tenu dans la
vérité parce qu'il n'y a pas de vérité
en lui. Lorsqu'il profère le menson-
ge, il parle de son propre fond, car il
est menteur et le père du mensonge.
45 Mais moi, parce que je dis la vé-
rité, vous ne me croyez pas. 46 Qui
de vous me convaincra de péché?
Si je dis la vérité, pourquoi ne me
croyez-vous pas? 47 Celui qui est de
Dieu écoute les paroles de Dieu;
vous, vous n'écoutez pas parce que
vous n'êtes pas de Dieu.»
48 Les Juifs lui répondirent: «N'avons-
nous pas raison de dire que tu es
un Samaritain[n] et que tu as un dé-
mon?» 49 Jésus répliqua: «Je n'ai pas
de démon. Au contraire, j'honore
mon Père et vous, vous me désho-
norez. 50 Je ne cherche pas ma gloi-
re. Il y en a un qui la cherche et qui
juge. 51 En vérité, en vérité, je vous
le dis, si quelqu'un garde ma paro-
le, il ne mourra jamais.» 52 «Main-
tenant, lui dirent les Juifs, nous sa-
vons que tu as un démon. Abraham
est mort, les prophètes aussi, et toi,
tu dis: 'Si quelqu'un garde ma paro-
le, il ne mourra jamais.' 53 Serais-tu
plus grand que notre père Abraham,
qui est mort? Les prophètes aussi
sont morts. Pour qui te prends-tu
donc?»
54 Jésus répondit: «Si je me rends
gloire à moi-même, ma gloire ne
vaut rien. Cependant, c'est mon
Père qui me rend gloire, lui que vous
présentez comme votre Dieu 55 alors
que vous ne le connaissez pas. Moi,
je le connais; et si je disais que je
ne le connais pas, je serais comme
vous: un menteur. Mais je le connais
et je garde sa parole. 56 Votre ancê-
tre Abraham a été rempli de joie à la
pensée de voir mon jour; il l'a vu et
il s'est réjoui.» 57 Les Juifs lui dirent:
«Tu n'as pas encore 50 ans et tu as
vu Abraham!» 58 Jésus leur dit: «En
vérité, en vérité, je vous le dis, avant
qu'Abraham soit né, *je suis*.»
59 Là-dessus, ils prirent des pierres
pour les jeter contre lui, mais Jé-
sus se cacha et sortit du temple [en
passant au milieu d'eux. C'est ainsi
qu'il s'en alla].

Guérison d'un aveugle-né

9 Jésus vit, en passant, un hom-
me aveugle de naissance. 2 Ses
disciples lui posèrent cette ques-
tion: «Maître, qui a péché, cet hom-
me ou ses parents, pour qu'il soit né
aveugle?» 3 Jésus répondit: «Ce n'est
pas que lui ou ses parents aient pé-
ché, mais c'est afin que les œu-
vres de Dieu soient révélées en lui.
4 Il faut que je fasse, tant qu'il fait
jour, les œuvres de celui qui m'a en-
voyé; la nuit vient, où personne ne
peut travailler. 5 Pendant que je suis
dans le monde, je suis la lumière du
monde.»

8.48 *Un Samaritain*: terme désignant une population méprisée par les Juifs; voir 4.9.

6 Après avoir dit cela, il cracha par
terre et fit de la boue avec sa salive.
Puis il appliqua cette boue sur les
yeux [de l'aveugle] 7 et lui dit: «Va te
laver au bassin de Siloé», nom qui
signifie «envoyé». Il y alla donc, se
lava et revint voyant clair. 8 Ses voi-
sins et ceux qui l'avaient vu men-
dier auparavant disaient: «N'est-
ce pas celui qui se tenait assis et
qui mendiait?» 9 Les uns disaient:
«C'est lui.» D'autres disaient: «Non,
mais il lui ressemble.» Mais lui af-
firmait: «C'est bien moi.» 10 Ils lui
dirent donc: «Comment [donc] tes
yeux ont-ils été ouverts?» 11 Il ré-
pondit: «L'homme qu'on appelle
Jésus a fait de la boue, l'a appliquée
sur mes yeux et m'a dit: 'Va au bas-
sin de Siloé et lave-toi.' J'y suis donc
allé, je me suis lavé et j'ai pu voir.»
12 Ils lui dirent: «Où est cet homme?»
Il répondit: «Je ne sais pas.»
13 Ils menèrent vers les pharisiens
l'homme qui avait été aveugle. 14 Or
c'était un jour de sabbat que Jésus
avait fait de la boue et lui avait
ouvert les yeux. 15 A leur tour, les
pharisiens lui demandèrent com-
ment il avait pu voir. Il leur dit: «Il
a appliqué de la boue sur mes yeux,
je me suis lavé et je vois.» 16 Là-
dessus, quelques-uns des phari-
siens disaient: «Cet homme ne vient
pas de Dieu, car il ne respecte pas
le sabbat», mais d'autres disaient:
«Comment un homme pécheur
peut-il faire de tels signes mira-
culeux?» Et il y eut division parmi
eux. 17 Ils dirent encore à l'aveugle:
«Toi, que dis-tu de lui, puisqu'il t'a
ouvert les yeux?» Il répondit: «C'est
un prophète.»
18 Les Juifs ne voulurent pas croi-
re qu'il avait été aveugle et qu'il
voyait désormais, avant d'avoir fait
venir ses parents. 19 Ils les interro-
gèrent en disant: «Est-ce bien votre
fils, que vous dites être né aveugle?
Comment donc se fait-il qu'il voie
maintenant?» 20 Ses parents leur ré-
pondirent: «Nous savons que c'est
bien notre fils et qu'il est né aveugle,
21 mais nous ne savons pas com-
ment il se fait qu'il voie maintenant,
ni qui lui a ouvert les yeux. Inter-
rogez-le lui-même, il est assez grand
pour parler de ce qui le concerne.»
22 Ses parents dirent cela parce
qu'ils avaient peur des chefs juifs.
En effet, ceux-ci avaient déjà dé-
cidé d'exclure de la synagogue ce-
lui qui reconnaîtrait Jésus com-
me le Messie. 23 Voilà pourquoi ses
parents dirent: «Il est assez grand,
interrogez-le lui-même.»
24 Les pharisiens appelèrent une
seconde fois l'homme qui avait été
aveugle et lui dirent: «Rends gloire
à Dieu! Nous savons que cet hom-
me est un pécheur.» 25 Il répondit:
«S'il est un pécheur, je n'en sais rien.
Je sais une chose: c'est que j'étais
aveugle et maintenant je vois.» 26 Ils
lui dirent [de nouveau]: «Que t'a-
t-il fait? Comment t'a-t-il ouvert les
yeux?» 27 Il leur répondit: «Je vous
l'ai déjà dit et vous n'avez pas écou-
té. Pourquoi voulez-vous l'entendre
encore? Voulez-vous aussi devenir
ses disciples?» 28 Ils l'insultèrent
et dirent: «C'est toi qui es son dis-
ciple. Nous, nous sommes disci-
ples de Moïse. 29 Nous savons que
Dieu a parlé à Moïse, mais celui-
ci, nous ne savons pas d'où il est.»
30 Cet homme leur répondit: «Voi-
là qui est étonnant: vous ne savez
pas d'où il est, et pourtant il m'a
ouvert les yeux! 31 Nous savons que
Dieu n'exauce pas les pécheurs
mais qu'en revanche, si quelqu'un
l'honore et fait sa volonté, il l'exau-
ce. 32 Jamais encore on n'a enten-
du dire que quelqu'un ait ouvert
les yeux d'un aveugle-né. 33 Si cet
homme ne venait pas de Dieu, il ne
pourrait rien faire.» 34 Ils lui répon-

dirent: «Tu es né tout entier dans le
péché et tu nous enseignes!» Et ils
le chassèrent.
35 Jésus apprit qu'ils l'avaient chassé.
L'ayant rencontré, il [lui] dit: «Crois-
tu au Fils de Dieu?» 36 Il répondit:
«Et qui est-il, Seigneur, afin que je
croie en lui?» 37 «Tu l'as vu, lui dit
Jésus, et celui qui te parle, c'est lui.»
38 Alors il dit: «Je crois, Seigneur.»
Et il se prosterna devant lui.
39 Puis Jésus dit: «Je suis venu dans
ce monde pour un jugement, pour
que ceux qui ne voient pas voient
et pour que ceux qui voient de-
viennent aveugles.» 40 Quelques
pharisiens qui étaient avec lui en-
tendirent ces paroles et lui dirent:
«Nous aussi, sommes-nous aveu-
gles?» 41 Jésus leur répondit: «Si
vous étiez aveugles, vous n'auriez
pas de péché. Mais en réalité, vous
dites: 'Nous voyons.' [Ainsi donc,]
votre péché reste.

Jésus, le bon berger

10 »En vérité, en vérité, je vous
le dis, celui qui n'entre pas
dans l'enclos des brebis par la por-
te mais s'y introduit par un autre
endroit est un voleur et un brigand.
2 Mais celui qui entre par la porte
est le berger des brebis. 3 Le gardien
lui ouvre et les brebis écoutent sa
voix; il appelle par leur nom les
brebis qui lui appartiennent et il
les conduit dehors. 4 Lorsqu'il les a
[toutes] fait sortir, il marche devant
elles et les brebis le suivent, parce
qu'elles connaissent sa voix. 5 Elles
ne suivront pas un étranger, mais
elles fuiront au contraire loin de lui,
parce qu'elles ne connaissent pas la
voix des étrangers.» 6 Jésus leur dit
cette parabole[n], mais ils ne compri-
rent pas de quoi il leur parlait.
7 Jésus leur dit encore: «En vérité, en
vérité, je vous le dis, je suis la por-
te des brebis. 8 Tous ceux qui sont
venus avant moi sont des voleurs
et des brigands, mais les brebis ne
les ont pas écoutés. 9 C'est moi qui
suis la porte. Si quelqu'un entre par
moi, il sera sauvé; il entrera et sorti-
ra, et il trouvera de quoi se nourrir.
10 Le voleur ne vient que pour vo-
ler, égorger et détruire; moi, je suis
venu afin que les brebis aient la vie
et qu'elles l'aient en abondance.
11 »Je suis le bon berger. Le bon ber-
ger donne sa vie pour ses brebis.
12 Le simple salarié, quant à lui, n'est
pas le berger et les brebis ne lui ap-
partiennent pas. Lorsqu'il voit ve-
nir le loup, il abandonne les brebis
et prend la fuite; alors le loup s'en
empare et les disperse. 13 [Le simple
salarié s'enfuit] car il travaille pour
de l'argent et ne se soucie pas des
brebis. 14 Moi, je suis le bon berger.
Je connais mes brebis et elles me
connaissent, 15 tout comme le Père
me connaît et comme je connais le
Père. Je donne ma vie pour mes bre-
bis. 16 J'ai encore d'autres brebis, qui
ne sont pas de cet enclos; celles-là
aussi, il faut que je les amène; elles
écouteront ma voix et il y aura un
seul troupeau, un seul berger. 17 Le
Père m'aime, parce que je donne
ma vie pour la reprendre ensuite.
18 Personne ne me l'enlève, mais je
la donne de moi-même. J'ai le pou-
voir de la donner et j'ai le pouvoir
de la reprendre. Tel est l'ordre que
j'ai reçu de mon Père.»
19 Ces paroles provoquèrent de nou-
veau une division parmi les Juifs.
20 Beaucoup d'entre eux disaient:
«Il a un démon, il est fou. Pourquoi
l'écoutez-vous?» 21 D'autres disaient:
«Ce ne sont pas les paroles d'un dé-

10.6 *Parabole*: histoire visant à faire comprendre une vérité spirituelle au moyen d'un exemple tiré de la vie courante.

moniaque. Un démon peut-il ou-
vrir les yeux des aveugles?»
22 On célébrait alors à Jérusalem la
fête de la dédicace. C'était l'hiver.
23 Jésus marchait dans le temple,
sous le portique de Salomon. 24 Les
Juifs l'entourèrent et lui dirent:
«Jusqu'à quand nous laisseras-tu
dans l'incertitude? Si tu es le Mes-
sie, dis-le-nous franchement.»
25 Jésus leur répondit: «Je vous l'ai
dit et vous ne croyez pas. Les œu-
vres que je fais au nom de mon Père
témoignent en ma faveur, 26 mais
vous ne croyez pas parce que vous
ne faites pas partie de mes brebis,
[comme je vous l'ai dit]. 27 Mes bre-
bis écoutent ma voix, je les connais
et elles me suivent. 28 Je leur donne
la vie éternelle. Elles ne périront ja-
mais et personne ne pourra les ar-
racher à ma main. 29 Mon Père, qui
me les a données, est plus grand
que tous et personne ne peut les ar-
racher à la main de mon Père. 30 Le
Père et moi, nous sommes un.»
31 Alors les Juifs prirent de nouveau
des pierres pour le lapider. 32 Jésus
leur dit: «Je vous ai fait voir beau-
coup de belles œuvres qui viennent
de mon Père. A cause de laquelle
me lapidez-vous?» 33 Les Juifs lui
répondirent: «Ce n'est pas pour une
belle œuvre que nous te lapidons,
mais pour un blasphème, parce que
toi, qui es un être humain, tu te fais
Dieu.» 34 Jésus leur répondit: «N'est-
il pas écrit dans votre loi: *J'ai dit:
'Vous êtes des dieux'*[n]? 35 S'il est vrai
qu'elle a appelé *dieux* ceux à qui la
parole de Dieu a été adressée et si
l'Ecriture ne peut pas être annulée,
36 comment pouvez-vous dire à ce-
lui que le Père a consacré et envoyé
dans le monde: 'Tu blasphèmes', et
cela parce que j'ai affirmé: 'Je suis le
Fils de Dieu'? 37 Si je ne fais pas les
œuvres de mon Père, ne me croyez
pas! 38 Mais si je les fais, même si
vous ne me croyez pas, croyez à ces
œuvres afin de savoir et de recon-
naître que le Père est en moi et que
je suis en lui.» 39 Voilà pourquoi ils
cherchaient encore à l'arrêter, mais
il leur échappa.
40 Jésus retourna de l'autre côté du
Jourdain, à l'endroit où Jean avait
d'abord baptisé, et il y resta. 41 Beau-
coup de gens vinrent vers lui; ils di-
saient: «Jean n'a fait aucun signe
miraculeux, mais tout ce qu'il a dit
à propos de cet homme était vrai.»
42 Et là, beaucoup crurent en lui.

Jésus ressuscite Lazare

11 Il y avait un homme mala-
de; c'était Lazare de Bétha-
nie, le village de Marie et de sa
sœur Marthe. 2 – Marie était celle
qui versa du parfum sur les pieds
du Seigneur et qui les essuya avec
ses cheveux; c'était son frère Laza-
re qui était malade. – 3 Les sœurs
envoyèrent dire à Jésus: «Seigneur,
celui que tu aimes est malade.» 4 A
cette nouvelle, Jésus dit: «Cette ma-
ladie n'aboutira pas à la mort, mais
elle servira à la gloire de Dieu, afin
qu'à travers elle la gloire du Fils
de Dieu soit révélée.»
5 Or, Jésus aimait Marthe, sa sœur
et Lazare. 6 Quand il eut appris que
Lazare était malade, il resta enco-
re deux jours à l'endroit où il était.
7 Puis il dit aux disciples: «Retour-
nons en Judée.» 8 Les disciples lui
dirent: «Maître, tout récemment
les Juifs cherchaient à te lapider et
tu retournes là-bas?» 9 Jésus répon-
dit: «N'y a-t-il pas douze heures de
jour? Si quelqu'un marche pendant
le jour, il ne trébuche pas, parce
qu'il voit la lumière de ce monde;
10 mais si quelqu'un marche pen-

10.34 *J'ai dit... dieux*: citation du Psaume 82.6.

dant la nuit, il trébuche, parce que
la lumière n'est pas en lui.» 11 Après
ces paroles, il leur dit: «Notre ami
Lazare s'est endormi, mais je vais
aller le réveiller.» 12 Les disciples
lui dirent: «Seigneur, s'il s'est en-
dormi, il sera guéri.» 13 En fait, Jé-
sus avait parlé de la mort de La-
zare, mais ils crurent qu'il parlait
de l'assoupissement du sommeil.
14 Jésus leur dit alors ouvertement:
«Lazare est mort. 15 Et à cause de
vous, afin que vous croyiez, je me
réjouis de ce que je n'étais pas là.
Mais allons vers lui.» 16 Là-dessus
Thomas, appelé Didyme, dit aux
autres disciples: «Allons-y, nous
aussi, afin de mourir avec lui.»
17 A son arrivée, Jésus trouva que La-
zare était depuis quatre jours déjà
dans le tombeau. 18 Béthanie était
près de Jérusalem, à moins de trois
kilomètres, 19 et beaucoup de Juifs
étaient venus chez Marthe et Ma-
rie pour les consoler de la mort de
leur frère.
20 Lorsque Marthe apprit que Jésus
arrivait, elle alla à sa rencontre,
tandis que Marie restait assise à la
maison. 21 Marthe dit à Jésus: «Sei-
gneur, si tu avais été ici, mon frère
ne serait pas mort. 22 [Cependant,]
même maintenant, je sais que tout
ce que tu demanderas à Dieu, Dieu
te l'accordera.» 23 Jésus lui dit: «Ton
frère ressuscitera.» 24 «Je sais, lui
répondit Marthe, qu'il ressuscite-
ra lors de la résurrection, le dernier
jour.» 25 Jésus lui dit: «C'est moi qui
suis la résurrection et la vie. Celui
qui croit en moi vivra, même s'il
meurt; 26 et toute personne qui vit
et croit en moi ne mourra jamais.
Crois-tu cela?» 27 Elle lui dit: «Oui,
Seigneur, je crois que tu es le Mes-
sie, le Fils de Dieu, qui devait venir
dans le monde.»
28 Après avoir dit cela, elle alla ap-
peler secrètement sa sœur Marie
en lui disant: «Le maître est ici et
te demande.» 29 A ces mots, Marie
se leva sans attendre et alla vers
lui. 30 Jésus n'était pas encore entré
dans le village, mais il était à l'en-
droit où Marthe l'avait rencontré.
31 Les Juifs qui étaient avec Marie
dans la maison et qui la consolaient
la virent se lever soudain et sortir;
ils la suivirent en disant: «Elle va au
tombeau pour y pleurer.»
32 Marie arriva à l'endroit où était
Jésus. Quand elle le vit, elle tomba
à ses pieds et lui dit: «Seigneur, si tu
avais été ici, mon frère ne serait pas
mort.» 33 En la voyant pleurer, elle
et les Juifs venus avec elle, Jésus
fut profondément indigné et boule-
versé[n]. 34 Il dit: «Où l'avez-vous
mis?» «Seigneur, lui répondit-on,
viens et tu verras.»
35 Jésus pleura. 36 Les Juifs dirent
alors: «Voyez comme il l'aimait!»
37 Et quelques-uns d'entre eux di-
rent: «Lui qui a ouvert les yeux de
l'aveugle, ne pouvait-il pas aussi
faire en sorte que cet homme ne
meure pas?»
38 Jésus, de nouveau profondément
indigné, se rendit au tombeau.
C'était une grotte; une pierre fer-
mait l'entrée. 39 Jésus dit: «Enlevez la
pierre.» Marthe, la sœur du mort, lui
dit: «Seigneur, il sent déjà, car il y a
quatre jours qu'il est là.» 40 Jésus lui
dit: «Ne t'ai-je pas dit que si tu crois,
tu verras la gloire de Dieu?» 41 Ils en-
levèrent donc la pierre [de l'endroit
où le mort avait été déposé]. Jésus
leva alors les yeux et dit: «Père, je te
remercie de ce que tu m'as écouté.

11.33 *Fut… bouleversé*: les termes grecs employés suggèrent que Jésus n'est pas seulement pris de sympathie, mais aussi irrité, probablement par l'absence d'espérance et de foi en la résurrection manifestée par les personnes présentes.

42 Pour ma part, je savais que
tu m'écoutes toujours, mais j'ai par-
lé à cause de la foule qui m'entou-
re, afin qu'ils croient que c'est toi
qui m'as envoyé.» 43 Après avoir dit
cela, il cria d'une voix forte: «Lazare,
sors!» 44 Et le mort sortit, les pieds
et les mains attachés par des ban-
delettes et le visage enveloppé d'un
linge. Jésus leur dit: «Détachez-le
et laissez-le s'en aller.»
45 Beaucoup de Juifs qui étaient ve-
nus auprès de Marie et qui virent
ce que Jésus avait fait crurent en
lui. 46 Mais quelques-uns d'entre
eux allèrent trouver les pharisiens
et leur racontèrent ce que Jésus
avait fait.
47 Alors les chefs des prêtres et les
pharisiens rassemblèrent le san-
hédrin[n] et dirent: «Qu'allons-nous
faire? En effet, cet homme fait
beaucoup de signes miraculeux.
48 Si nous le laissons faire, tous
croiront en lui et les Romains vien-
dront détruire et notre ville et notre
nation.» 49 L'un d'eux, Caïphe, qui
était grand-prêtre cette année-là,
leur dit: «Vous n'y comprenez rien;
50 vous ne réfléchissez pas qu'il est
dans notre intérêt qu'un seul hom-
me meure pour le peuple et que la
nation tout entière ne disparaisse
pas.» 51 Or il ne dit pas cela de lui-
même, mais comme il était grand-
prêtre cette année-là, il prophétisa
que Jésus devait mourir pour la na-
tion. 52 Et ce n'était pas pour la na-
tion seulement, c'était aussi afin de
réunir en un seul corps les enfants
de Dieu dispersés.
53 Dès ce jour, ils tinrent conseil
pour le faire mourir. 54 C'est pour-
quoi Jésus ne se montra plus ouver-
tement parmi les Juifs, mais il se
retira dans la région voisine du
désert, dans une ville appelée
Ephraïm, où il resta avec ses dis-
ciples.
55 La Pâque des Juifs était proche
et beaucoup de gens montèrent de
la campagne à Jérusalem avant la
Pâque pour se purifier. 56 Ils cher-
chaient Jésus et se disaient les uns
aux autres dans le temple: «Qu'en
pensez-vous? Ne viendra-t-il pas à
la fête?» 57 Or les chefs des prêtres
et les pharisiens avaient donné l'or-
dre que, si quelqu'un savait où était
Jésus, il le dénonce, afin qu'on l'ar-
rête.

Marie verse du parfum sur les pieds de Jésus

12 Six jours avant la Pâque, Jé-
sus arriva à Béthanie où était
Lazare qu'il avait ressuscité. 2 Là, on
lui offrit un repas; Marthe servait et
Lazare était parmi ceux qui se trou-
vaient à table avec lui. 3 Marie prit
un demi-litre d'un parfum de nard
pur très cher, en versa sur les pieds
de Jésus et lui essuya les pieds avec
ses cheveux; la maison fut rem-
plie de l'odeur du parfum. 4 Un de
ses disciples, Judas l'Iscariot, [fils
de Simon,] celui qui allait le trahir,
dit: 5 «Pourquoi n'a-t-on pas vendu
ce parfum 300 pièces d'argent pour
les donner aux pauvres?» 6 Il disait
cela non parce qu'il se souciait des
pauvres, mais parce que c'était un
voleur et, comme il tenait la bour-
se, il prenait ce qu'on y mettait. 7 Jé-
sus dit alors: «Laisse-la! Elle a gardé
ce parfum pour le jour de mon en-
sevelissement. 8 En effet, vous avez
toujours les pauvres avec vous, tan-
dis que moi, vous ne m'aurez pas
toujours.»
9 Une foule de Juifs apprirent que
Jésus était à Béthanie; ils y vinrent,

11.47 *Sanhédrin*: conseil juif présidé par le grand-prêtre, qui faisait office de gouvernement et de tribunal pour les affaires qui n'étaient pas du ressort des Romains.

non seulement à cause de lui, mais
aussi pour voir Lazare qu'il avait
ressuscité. 10 Les chefs des prêtres
décidèrent de faire mourir aussi La-
zare 11 parce que beaucoup de Juifs
les quittaient et croyaient en Jésus
à cause de lui.

Entrée triomphale de Jésus à Jérusalem

12 Le lendemain, une foule nom-
breuse de personnes venues à la
fête apprirent que Jésus se rendait
à Jérusalem. 13 Elles prirent des
branches de palmiers et allèrent à
sa rencontre en criant: «*Hosanna!*
Béni soit celui qui vient au nom du
Seigneur[n], le roi d'Israël!» 14 Jésus
trouva un ânon et s'assit dessus,
conformément à ce qui est écrit:
15 *N'aie pas peur, fille de Sion! Voi-*
ci ton roi qui vient, assis sur le petit
d'une ânesse.[n]
16 Sur le moment, ses disciples ne
comprirent pas ce qui se passait,
mais, lorsque Jésus fut dans sa gloi-
re, ils se souvinrent que ces choses
étaient écrites à son sujet et qu'on
les avait faites pour lui.
17 Tous ceux qui étaient avec Jésus
quand il avait appelé Lazare à sortir
du tombeau et l'avait ressuscité lui
rendaient témoignage. 18 C'est aussi
la raison pour laquelle la foule vint à
sa rencontre: parce qu'elle avait ap-
pris qu'il avait fait ce signe miracu-
leux. 19 Les pharisiens se dirent donc
les uns aux autres: «Vous voyez que
vous ne gagnez rien; voici que tout
le monde se met à le suivre.»
20 Il y avait des non-Juifs parmi ceux
qui étaient montés pour adorer pen-
dant la fête. 21 Ils s'adressèrent à
Philippe, qui était de Bethsaïda en
Galilée, et lui demandèrent: «Sei-
gneur, nous voudrions voir Jésus.»
22 Philippe alla le dire à André, puis
André et Philippe le dirent à Jésus.
23 Jésus leur répondit: «L'heure où
le Fils de l'homme va être élevé
dans sa gloire est venue. 24 En vérité,
en vérité, je vous le dis, si le grain
de blé tombé en terre ne meurt pas,
il reste seul; mais s'il meurt, il porte
beaucoup de fruit. 25 Celui qui aime
sa vie la perdra et celui qui déteste
sa vie dans ce monde la conservera
pour la vie éternelle. 26 Si quelqu'un
me sert, qu'il me suive, et là où je
suis, là aussi sera mon serviteur. Si
quelqu'un me sert, le Père l'hono-
rera. 27 Maintenant *mon âme est*
troublée. Et que dirai-je? Père, *dé-*
livre-moi[n] de cette heure? Mais c'est
pour cela que je suis venu jusqu'à
cette heure. 28 Père, révèle la gloire
de ton nom!» Une voix vint alors du
ciel: «J'ai révélé sa gloire et je la ré-
vélerai encore.»
29 La foule qui était là, et qui avait
entendu, disait que c'était le ton-
nerre. D'autres disaient: «Un ange
lui a parlé.» 30 Jésus reprit la paro-
le: «Ce n'est pas à cause de moi que
cette voix s'est fait entendre, c'est à
cause de vous. 31 C'est maintenant
qu'a lieu le jugement de ce monde;
c'est maintenant que le prince de
ce monde va être jeté dehors. 32 Et
moi, quand j'aurai été élevé de la
terre, j'attirerai tous les hommes à
moi.» 33 – Par ces paroles, il indi-
quait de quelle mort il allait mou-
rir. – 34 La foule lui répondit: «Nous
avons appris par la loi que le Mes-
sie vivra éternellement. Comment
donc peux-tu dire: 'Il faut que le
Fils de l'homme soit élevé'? Qui est
ce Fils de l'homme?» 35 Jésus leur
dit: «La lumière est encore pour un

12.13 *Hosanna... Seigneur*: citation du Psaume 118.25, 26. *Hosanna* est la transcription d'une expression signifiant *sauve donc* et devenue une exclamation de joie ou un cri de bienvenue. **12.15** *N'aie pas... ânesse*: citation de Zacharie 9.9. **12.27** *Mon âme est troublée... délivre-moi*: citation du Psaume 6.4, 5.

peu de temps parmi vous. Marchez
pendant que vous avez la lumière
afin que les ténèbres ne vous sur-
prennent pas, car celui qui marche
dans les ténèbres ne sait pas où il
va. 36 Pendant que vous avez la lu-
mière, croyez en elle afin de deve-
nir des enfants de lumière.» Après
avoir dit cela, Jésus s'en alla et se
cacha loin d'eux.
37 Malgré tous les signes miracu-
leux qu'il avait faits devant eux,
ils ne croyaient pas en lui. 38 Ain-
si s'accomplit la parole annoncée
par le prophète Esaïe: *Seigneur, qui
a cru à notre prédication? Et à qui
le bras du Seigneur a-t-il été révélé?*[n]
39 Esaïe a dit encore pourquoi ils ne
pouvaient pas croire: 40 *Il a aveuglé
leurs yeux et il a endurci leur cœur
pour qu'ils ne voient pas de leurs
yeux, qu'ils ne comprennent pas
dans leur cœur, qu'ils ne se conver-
tissent pas et que je ne les guérisse
pas.*[n] 41 Esaïe dit cela lorsqu'il vit
sa gloire et qu'il parla de lui.
42 Cependant, même parmi les
chefs, beaucoup crurent en lui;
mais, à cause des pharisiens, ils ne
le déclaraient pas, de crainte d'être
exclus de la synagogue. 43 En effet,
ils aimèrent la gloire des hommes
plus que la gloire de Dieu.
44 Quant à Jésus, il s'écria: «Celui
qui croit en moi ne croit pas seule-
ment en moi, mais en celui qui m'a
envoyé, 45 et celui qui me voit voit
celui qui m'a envoyé. 46 Moi, la lu-
mière, je suis venu dans le monde
afin que quiconque croit en moi
ne reste pas dans les ténèbres. 47 Si
quelqu'un entend mes paroles mais
n'y croit pas, ce n'est pas moi qui le
juge, car je suis venu non pour ju-
ger le monde, mais pour le sauver.
48 Celui qui me rejette et qui n'ac-
cepte pas mes paroles a son juge: la
parole que j'ai annoncée, c'est elle
qui le jugera, le dernier jour. 49 En
effet, je n'ai pas parlé de ma propre
initiative, mais le Père, qui m'a en-
voyé, m'a prescrit lui-même ce que
je dois dire et annoncer, 50 et je sais
que son commandement est la vie
éternelle. C'est pourquoi ce que
j'annonce, je l'annonce comme le
Père me l'a dit.»

DERNIÈRES INSTRUCTIONS DE JÉSUS À SES DISCIPLES 13.1–17.26

Jésus lave les pieds de ses disciples

13 Avant la fête de la Pâque, Jé-
sus, sachant que son heure
était venue de passer de ce mon-
de au Père et ayant aimé ceux qui
lui appartenaient dans le monde,
les aima jusqu'à l'extrême. 2 C'était
pendant le souper. Le diable avait
déjà mis dans le cœur de Judas l'Is-
cariot, fils de Simon, l'intention de
le trahir. 3 Jésus savait que le Père
avait tout remis entre ses mains,
qu'il était venu de Dieu et qu'il re-
tournait vers Dieu. 4 Il se leva de ta-
ble, quitta ses vêtements et prit un
linge qu'il mit autour de sa taille.
5 Ensuite il versa de l'eau dans un
bassin et il commença à laver les
pieds des disciples et à les essuyer
avec le linge qu'il avait autour de
la taille. 6 Il arriva donc vers Simon
Pierre qui lui dit: «Toi, Seigneur, tu
me laves les pieds!» 7 Jésus lui ré-
pondit: «Ce que je fais, tu ne le sais
pas maintenant, mais tu le com-
prendras par la suite.» 8 Pierre lui
dit: «Non, jamais tu ne me laveras
les pieds.» Jésus lui répondit: «Si
je ne te lave pas, tu n'auras pas de
part avec moi.» 9 Simon Pierre lui
dit: «Seigneur, non seulement les
pieds, mais encore les mains et la

12.38 *Seigneur… révélé*: citation d'Esaïe 53.1. **12.40** *Il a aveuglé… guérisse pas*: citation d'Esaïe 6.9, 10.

tête!» 10 Jésus lui dit: «Celui qui s'est
baigné n'a besoin que de se laver les
pieds pour être entièrement pur, et
vous êtes purs, mais pas tous.» 11 En
effet, il connaissait celui qui était
prêt à le trahir; voilà pourquoi il dit:
«Vous n'êtes pas tous purs.»
12 Après leur avoir lavé les pieds, il
reprit ses vêtements, se remit à ta-
ble et leur dit: «Comprenez-vous ce
que je vous ai fait? 13 Vous m'appe-
lez Maître et Seigneur, et vous avez
raison, car je le suis. 14 Si donc je
vous ai lavé les pieds, moi, le Sei-
gneur et le Maître, vous devez aus-
si vous laver les pieds les uns aux
autres, 15 car je vous ai donné un
exemple afin que vous fassiez com-
me je vous ai fait. 16 En vérité, en vé-
rité, je vous le dis, le serviteur n'est
pas plus grand que son seigneur, ni
l'apôtre plus grand que celui qui l'a
envoyé. 17 Si vous savez cela, vous
êtes heureux, pourvu que vous le
mettiez en pratique.
18 »Je ne parle pas de vous tous: je
connais ceux que j'ai choisis. Mais
il faut que l'Ecriture s'accomplisse:
*Celui qui mange le pain avec moi
a levé son talon contre moi.*[n] 19 Je
vous le dis déjà maintenant, avant
que cela n'arrive, afin que, lors-
que cela arrivera, vous croyiez que
moi, je suis[n]. 20 En vérité, en vérité,
je vous le dis, qui reçoit celui que
j'aurai envoyé me reçoit, moi, et
qui me reçoit reçoit celui qui m'a
envoyé.»
21 Après avoir dit ces paroles, Jésus
fut profondément troublé, et il dé-
clara solennellement: «En vérité, en
vérité, je vous le dis, l'un de vous me
trahira.» 22 Les disciples se regar-
daient les uns les autres, sans savoir
de qui il parlait. 23 Un des disciples,
celui que Jésus aimait, était à table
à côté de Jésus. 24 Simon Pierre lui
fit donc signe de demander qui était
celui dont parlait Jésus. 25 Ce disci-
ple se pencha vers Jésus et lui dit:
«Seigneur, qui est-ce?» 26 Jésus ré-
pondit: «C'est celui à qui je donne-
rai le morceau que je vais tremper.»
Puis il trempa le morceau et le don-
na à Judas, fils de Simon, l'Iscariot.
27 Dès que Judas eut pris le morceau,
Satan entra en lui. Jésus lui dit: «Ce
que tu fais, fais-le rapidement.»
28 Aucun de ceux qui étaient à ta-
ble ne comprit pourquoi il lui disait
cela. 29 Comme Judas tenait la bour-
se, quelques-uns pensaient que Jé-
sus lui disait: «Achète ce dont nous
avons besoin pour la fête» ou qu'il
lui demandait de donner quelque
chose aux pauvres. 30 Après avoir
pris le morceau, Judas sortit aussi-
tôt. Il faisait nuit.
31 Lorsque Judas fut sorti, Jésus dit:
«Maintenant, la gloire du Fils de
l'homme a été révélée et la gloire
de Dieu a été révélée en lui. 32 [Si la
gloire de Dieu a été révélée en lui,]
Dieu aussi révélera sa gloire en lui-
même, et il la révélera très bientôt.
33 Mes petits enfants, je suis enco-
re avec vous pour un peu de temps.
Vous me chercherez, et ce que j'ai
dit aux Juifs: 'Vous ne pouvez pas
venir où je vais', je vous le dis à
vous aussi maintenant. 34 Je vous
donne un commandement nou-
veau: Aimez-vous les uns les autres.
Comme je vous ai aimés, vous aus-
si, aimez-vous les uns les autres.
35 C'est à cela que tous reconnaî-
tront que vous êtes mes disciples:
si vous avez de l'amour les uns pour
les autres.»
36 Simon Pierre lui dit: «Seigneur,
où vas-tu?» Jésus répondit: «Tu ne
peux pas me suivre maintenant

13.18 *Celui qui... contre moi*: citation du Psaume 41.10. **13.19** *Moi, je suis*: allusion au nom que Dieu s'est donné quand il s'est révélé à Moïse en Exode 3.14.

là où je vais, mais tu m'y suivras
plus tard.» 37 «Seigneur, lui dit Pier-
re, pourquoi ne puis-je pas te sui-
vre maintenant? Je donnerai ma
vie pour toi.» 38 Jésus répondit: «Tu
donneras ta vie pour moi? En véri-
té, en vérité, je te le dis, le coq ne
chantera pas avant que tu ne m'aies
renié trois fois.

Jésus encourage les siens

14 »Que votre cœur ne se trou-
ble pas! Croyez en Dieu,
croyez aussi en moi. 2 Il y a beau-
coup de demeures dans la maison
de mon Père. Si ce n'était pas le cas,
je vous l'aurais dit. Je vais vous pré-
parer une place. 3 Et puisque je vais
vous préparer une place, je revien-
drai et je vous prendrai avec moi
afin que, là où je suis, vous y soyez
aussi. 4 Vous savez où je vais et vous
en savez le chemin.»
5 Thomas lui dit: «Seigneur, nous
ne savons pas où tu vas. Comment
pouvons-nous en savoir le che-
min?» 6 Jésus lui dit: «C'est moi qui
suis le chemin, la vérité et la vie. On
ne vient au Père qu'en passant par
moi. 7 Si vous me connaissiez, vous
connaîtriez aussi mon Père. Et dès
maintenant vous le connaissez et
vous l'avez vu.»
8 Philippe lui dit: «Seigneur, montre-
nous le Père, et cela nous suffit.»
9 Jésus lui dit: «Il y a si longtemps
que je suis avec vous et tu ne me
connais pas, Philippe! Celui qui
m'a vu a vu le Père. Comment peux-
tu dire: 'Montre-nous le Père'? 10 Ne
crois-tu pas que je suis dans le Père
et que le Père est en moi? Les paro-
les que je vous dis, je ne les dis pas
de moi-même; c'est le Père qui vit
en moi qui fait lui-même ces œu-
vres. 11 Croyez-moi: je suis dans le
Père et le Père est en moi. Sinon,
croyez[-moi] au moins à cause de
ces œuvres!
12 »En vérité, en vérité, je vous le
dis, celui qui croit en moi fera aus-
si les œuvres que je fais, et il en fera
même de plus grandes, parce que
je vais vers mon Père. 13 Tout ce que
vous demanderez en mon nom, je le
ferai afin que la gloire du Père soit
révélée dans le Fils. 14 Si vous [me]
demandez quelque chose en mon
nom, je le ferai.

Promesse de l'envoi du Saint-Esprit

15 »Si vous m'aimez, respectez mes
commandements. 16 Quant à moi,
je prierai le Père et il vous donnera
un autre défenseur[n] afin qu'il res-
te éternellement avec vous: 17 l'Es-
prit de la vérité, que le monde ne
peut pas accepter parce qu'il ne le
voit pas et ne le connaît pas. [Mais]
vous, vous le connaissez, car il res-
te avec vous et il sera en vous. 18 Je
ne vous laisserai pas orphelins, je
reviens vers vous. 19 Encore un peu
de temps et le monde ne me ver-
ra plus; mais vous, vous me verrez
parce que je vis et que vous vivrez
aussi. 20 Ce jour-là, vous saurez que
je suis en mon Père, que vous êtes
en moi et moi en vous. 21 Celui qui
a mes commandements et qui les
garde, c'est celui qui m'aime; celui
qui m'aime sera aimé de mon Père
et moi aussi, je l'aimerai et je me fe-
rai connaître à lui.»
22 Jude – à distinguer de l'Iscariot –
lui dit: «Seigneur, comment se fait-
il que tu te feras connaître à nous et
non au monde?» 23 Jésus lui répon-
dit: «Si quelqu'un m'aime, il garde-
ra ma parole et mon Père l'aimera;

14.16 *Défenseur*: Segond traduisait *consolateur*; le mot grec employé, *paraklêtos*, désigne le défenseur en justice, l'ami qui vient plaider la cause de son ami devant le tribunal, le soutenir, parler pour lui.

nous viendrons vers lui et nous
établirons domicile chez lui. 24 Ce-
lui qui ne m'aime pas ne garde pas
mes paroles, et la parole que vous
entendez ne vient pas de moi, mais
du Père qui m'a envoyé.
25 »Je vous ai dit cela pendant que
je suis encore avec vous, 26 mais le
défenseur, l'Esprit saint que le Père
enverra en mon nom, vous ensei-
gnera toutes choses et vous rappel-
lera tout ce que je vous ai dit.
27 »Je vous laisse la paix, je vous
donne ma paix. Je ne vous la don-
ne pas comme le monde donne.
Que votre cœur ne se trouble pas
et ne se laisse pas effrayer. 28 Vous
avez entendu que je vous ai dit: 'Je
m'en vais et je reviens vers vous.' Si
vous m'aimiez, vous vous réjoui-
riez de ce que je vais auprès du
Père, car mon Père est plus grand
que moi. 29 Je vous ai dit ces choses
maintenant, avant qu'elles n'arri-
vent, afin que, lorsqu'elles arrive-
ront, vous croyiez. 30 Je ne parle-
rai plus beaucoup avec vous, car
le prince du monde vient, et il n'a
rien en moi. 31 Cependant, ainsi, le
monde saura que j'aime le Père et
que j'agis conformément à l'ordre
que le Père m'a donné. Levez-vous,
partons d'ici.

Le cep et les sarments

15 »C'est moi qui suis le vrai
cep, et mon Père est le vigne-
ron. 2 Tout sarment qui est en moi et
qui ne porte pas de fruit, il l'enlève;
et tout sarment qui porte du fruit,
il le taille afin qu'il porte encore
plus de fruit. 3 Déjà vous *êtes purs
à cause de la* parole que je vous ai
annoncée. 4 Demeurez en moi et
je demeurerai en vous. Le sarment
ne peut pas porter de fruit par lui-
même, sans rester attaché au cep;
il en va de même pour vous si vous
ne demeurez pas en moi. 5 Je suis le
cep, vous êtes les sarments. Celui
qui demeure en moi et en qui je de-
meure porte beaucoup de fruit, car
sans moi vous ne pouvez rien fai-
re. 6 Si quelqu'un ne demeure pas
en moi, il est jeté dehors comme le
sarment et il sèche; puis on ramas-
se les sarments, on les jette au feu
et ils brûlent. 7 Si vous demeurez en
moi et que mes paroles demeurent
en vous, vous demanderez ce que
vous voudrez et cela vous sera ac-
cordé. 8 Ce qui manifeste la gloire
de mon Père, c'est que vous portiez
beaucoup de fruit. Vous serez alors
vraiment mes disciples.
9 »Tout comme le Père m'a aimé,
moi aussi, je vous ai aimés. Demeu-
rez dans mon amour. 10 Si vous gar-
dez mes commandements, vous
demeurerez dans mon amour, de
même que j'ai gardé les comman-
dements de mon Père et que je de-
meure dans son amour. 11 Je vous
ai dit cela afin que ma joie demeu-
re en vous et que votre joie soit
complète.
12 »Voici mon commandement:
aimez-vous les uns les autres com-
me je vous ai aimés. 13 Il n'y a pas
de plus grand amour que de don-
ner votre vie pour vos amis. 14 Vous
êtes mes amis si vous faites ce que
je vous commande. 15 Je ne vous
appelle plus serviteurs parce que
le serviteur ne sait pas ce que fait
son seigneur, mais je vous ai ap-
pelés amis parce que je vous ai fait
connaître tout ce que j'ai appris de
mon Père. 16 Ce n'est pas vous qui
m'avez choisi, mais c'est moi qui
vous ai choisis, et je vous ai établis
afin que vous alliez, que vous por-
tiez du fruit et que votre fruit de-
meure. Alors, ce que vous deman-
derez au Père en mon nom, il vous
le donnera. 17 Ce que je vous com-
mande, c'est de vous aimer les uns
les autres.

L'œuvre du Saint-Esprit et la mort de Jésus

18 »Si le monde vous déteste, sa-
chez qu'il m'a détesté avant vous.
19 Si vous étiez du monde, le monde
vous aimerait car vous seriez à lui.
Vous n'êtes pas du monde, mais je
vous ai choisis du milieu du monde;
c'est pour cela que le monde vous
déteste. 20 Souvenez-vous de la pa-
role que je vous ai dite: 'Le servi-
teur n'est pas plus grand que son
seigneur.' S'ils m'ont persécuté, ils
vous persécuteront aussi; s'ils ont
gardé ma parole, ils garderont aussi
la vôtre. 21 Mais ils vous feront tout
cela à cause de moi, parce qu'ils ne
connaissent pas celui qui m'a en-
voyé. 22 Si je n'étais pas venu et ne
leur avais pas parlé, ils ne seraient
pas coupables, mais maintenant ils
n'ont aucune excuse pour leur pé-
ché. 23 Celui qui me déteste déteste
aussi mon Père. 24 Si je n'avais pas
fait parmi eux des œuvres qu'aucun
autre n'a faites, ils ne seraient pas
coupables, mais maintenant ils les
ont vues et ils nous ont détestés, moi
et mon Père. 25 C'est ainsi que s'ac-
complit la parole écrite dans leur loi:
Ils m'ont détesté sans raison.[n]

26 »Quand sera venu le défenseur
que je vous enverrai de la part du
Père, l'Esprit de la vérité qui vient
du Père, il rendra témoignage de
moi. 27 Et vous aussi, vous me ren-
drez témoignage, parce que vous
êtes avec moi depuis le début.

16 »Je vous ai dit cela afin que
vous ne trébuchiez pas. 2 On
vous exclura des synagogues, et
même l'heure vient où tous ceux
qui vous feront mourir croiront
offrir un culte à Dieu. 3 Ils agiront
ainsi parce qu'ils n'ont connu ni le
Père ni moi.
4 »Je vous ai dit cela afin que, l'heu-
re venue, vous vous souveniez que
je vous l'ai dit. Je ne vous en ai pas
parlé dès le début parce que j'étais
avec vous. 5 Maintenant je m'en
vais vers celui qui m'a envoyé et
aucun de vous ne me demande: 'Où
vas-tu?' 6 Mais parce que je vous ai
parlé ainsi, la tristesse a rempli vo-
tre cœur. 7 Cependant, je vous dis
la vérité: il vaut mieux pour vous
que je m'en aille. En effet, si je ne
m'en vais pas, le défenseur ne vien-
dra pas vers vous; mais, si je m'en
vais, je vous l'enverrai 8 et, quand
il sera venu, il convaincra le mon-
de en ce qui concerne le péché, la
justice et le jugement: 9 en ce qui
concerne le péché, parce qu'ils ne
croient pas en moi; 10 la justice, par-
ce que je vais auprès de mon Père et
que vous ne me verrez plus; 11 le ju-
gement, parce que le prince de ce
monde est jugé.

12 »J'ai encore beaucoup de choses à
vous dire, mais vous ne pouvez pas
les supporter maintenant. 13 Quand
le défenseur sera venu, l'Esprit de la
vérité, il vous conduira dans toute
la vérité, car il ne parlera pas de lui-
même, mais il dira tout ce qu'il aura
entendu et vous annoncera les cho-
ses à venir. 14 Il révélera ma gloire
parce qu'il prendra de ce qui est à
moi et vous l'annoncera. 15 Tout ce
que le Père possède est aussi à moi;
voilà pourquoi j'ai dit qu'il prend de
ce qui est à moi et qu'il vous l'an-
noncera. 16 Encore un peu de temps
et vous ne me verrez plus, et puis
encore un peu de temps et vous me
reverrez, [parce que je vais auprès
du Père].»

17 Alors quelques-uns de ses disci-
ples se dirent entre eux: «Que veut-
il nous dire par: 'Encore un peu de

15.25 *Ils m'ont détesté sans raison*: citation du Psaume 35.19 (= 69.5). Le terme de *loi* pouvait désigner l'ensemble de l'Ancien Testament.

temps et vous ne me verrez plus,
et puis encore un peu de temps et
vous me reverrez' et: 'Parce que je
vais auprès du Père'?» 18 Ils disaient
donc: «Que signifie ce qu'il dit: 'En-
core un peu de temps'? Nous ne sa-
vons pas de quoi il parle.»
19 Jésus comprit qu'ils voulaient
l'interroger et il leur dit: «Vous
vous interrogez les uns les autres
sur ce que j'ai dit: 'Encore un peu
de temps et vous ne me verrez plus,
et puis encore un peu de temps et
vous me reverrez.' 20 En vérité, en
vérité, je vous le dis, vous pleure-
rez et vous vous lamenterez, tan-
dis que le monde se réjouira; vous
serez dans la tristesse, mais vo-
tre tristesse se changera en joie.
21 Lorsqu'une femme accouche, elle
éprouve de la tristesse parce que
son heure de souffrance est venue,
mais, lorsqu'elle a donné le jour à
l'enfant, elle ne se souvient plus de
la douleur à cause de sa joie d'avoir
mis un enfant au monde. 22 Vous
donc aussi, vous êtes maintenant
dans la tristesse, mais je vous re-
verrai et votre cœur se réjouira, et
votre joie, personne ne vous l'enlè-
vera. 23 Ce jour-là, vous ne m'inter-
rogerez plus sur rien. En vérité, en
vérité, je vous le dis, [tout] ce que
vous demanderez au Père en mon
nom, il vous le donnera. 24 Jusqu'à
présent, vous n'avez rien deman-
dé en mon nom. Demandez et vous
recevrez, afin que votre joie soit
complète.
25 »Je vous ai parlé en paraboles.
L'heure vient où je ne vous parle-
rai plus en paraboles, mais où je
vous parlerai ouvertement du Père.
26 Ce jour-là, vous demanderez en
mon nom, et je ne vous dis pas que
je prierai le Père pour vous. 27 En
effet, le Père lui-même vous aime
parce que vous m'avez aimé et que
vous avez cru que je suis sorti de
Dieu. 28 Je suis sorti du Père et je
suis venu dans le monde; mainte-
nant je quitte le monde et je retour-
ne vers le Père.»
29 Ses disciples lui dirent: «Vois!
Maintenant tu parles ouvertement
et tu n'emploies aucune parabole.
30 Maintenant nous savons que tu
sais tout et que tu n'as pas besoin
qu'on t'interroge; c'est pourquoi
nous croyons que tu es sorti de
Dieu.» 31 Jésus leur répondit: «Vous
croyez juste maintenant? 32 Voici
que l'heure vient, et elle est [déjà]
venue, où vous serez dispersés
chacun de votre côté et me laisse-
rez seul. Cependant, je ne suis pas
seul, car le Père est avec moi. 33 Je
vous ai dit cela afin que vous ayez
la paix en moi. Vous aurez à souffrir
dans le monde, mais prenez coura-
ge: moi, j'ai vaincu le monde.»

La prière sacerdotale

17 Après ces paroles, Jésus leva
les yeux vers le ciel et dit:
«Père, l'heure est venue! Révèle la
gloire de ton Fils afin que ton Fils
[aussi] révèle ta gloire. 2 Tu lui as
donné pouvoir sur tout être hu-
main, afin qu'il accorde la vie éter-
nelle à tous ceux que tu lui as don-
nés. 3 Or, la vie éternelle, c'est qu'ils
te connaissent, toi, le seul vrai Dieu,
et celui que tu as envoyé, Jésus-
Christ. 4 J'ai révélé ta gloire sur la
terre, j'ai terminé ce que tu m'avais
donné à faire. 5 Maintenant, Père,
révèle toi-même ma gloire auprès
de toi en me donnant la gloire que
j'avais auprès de toi avant que le
monde existe.
6 »Je t'ai fait connaître aux hommes
que tu m'as donnés du milieu du
monde. Ils étaient à toi et tu me les
as donnés, et ils ont gardé ta paro-
le. 7 Maintenant ils savent que tout
ce que tu m'as donné vient de toi.
8 En effet, je leur ai donné les paro-

les que tu m'as données, ils les ont
acceptées et ils ont vraiment re-
connu que je suis sorti de toi, et ils
ont cru que tu m'as envoyé. 9 C'est
pour eux que je prie. Je ne prie pas
pour le monde, mais pour ceux que
tu m'as donnés, parce qu'ils sont à
toi. 10 Tout ce qui est à moi est à toi
et ce qui est à toi est à moi, et ma
gloire est manifestée en eux. 11 Dé-
sormais je ne suis plus dans le mon-
de, mais eux, ils sont dans le mon-
de, tandis que je vais vers toi. Père
saint, garde-les en ton nom, ce nom
que tu m'as donné, afin qu'ils soient
un comme nous. 12 Lorsque j'étais
avec eux [dans le monde], je les gar-
dais en ton nom. J'ai protégé ceux
que tu m'as donnés et aucun d'eux
ne s'est perdu, à part le fils de perdi-
tion afin que l'Ecriture soit accom-
plie. 13 Maintenant je vais vers toi
et je dis ces paroles dans le mon-
de afin qu'ils aient en eux ma joie,
une joie complète. 14 Je leur ai don-
né ta parole et le monde les a détes-
tés parce qu'ils ne sont pas du mon-
de, tout comme moi, je ne suis pas
du monde. 15 Je ne te demande pas
de les retirer du monde, mais de les
préserver du mal[n]. 16 Ils ne sont pas
du monde, tout comme moi, je ne
suis pas du monde. 17 Consacre-les
par ta vérité! Ta parole est la véri-
té. 18 Tout comme tu m'as envoyé
dans le monde, je les ai moi aussi
envoyés dans le monde, 19 et je me
consacre moi-même pour eux afin
qu'eux aussi soient consacrés par
la vérité.
20 »Je ne prie pas pour eux seule-
ment, mais encore pour ceux qui
croiront en moi à travers leur paro-
le, 21 afin que tous soient un comme
toi, Père, tu es en moi et comme je
suis en toi, afin qu'eux aussi soient
[un] en nous pour que le monde
croie que tu m'as envoyé. 22 Je leur
ai donné la gloire que tu m'as don-
née afin qu'ils soient un comme
nous sommes un 23 – moi en eux et
toi en moi –, afin qu'ils soient par-
faitement un et qu'ainsi le monde
reconnaisse que tu m'as envoyé et
que tu les as aimés comme tu m'as
aimé. 24 Père, je veux que là où je
suis ceux que tu m'as donnés soient
aussi avec moi afin qu'ils contem-
plent ma gloire, la gloire que tu
m'as donnée parce que tu m'as
aimé avant la création du monde.
25 Père juste, le monde ne t'a pas
connu, mais moi, je t'ai connu, et
ceux-ci ont reconnu que tu m'as
envoyé. 26 Je leur ai fait connaître
ton nom et je le leur ferai connaî-
tre encore, afin que l'amour dont
tu m'as aimé soit en eux et que moi
je sois en eux.»

MORT ET RÉSURRECTION DE JÉSUS
18.1–21.25

Arrestation de Jésus

18 Après avoir dit ces paroles,
Jésus alla avec ses disciples
de l'autre côté du torrent du Cédron
où se trouvait un jardin; il y entra,
lui et ses disciples. 2 Judas, celui
qui le trahissait, connaissait aus-
si l'endroit parce que Jésus et ses
disciples s'y étaient souvent réu-
nis. 3 Judas prit donc la troupe de
soldats romains ainsi que des gar-
des envoyés par les chefs des prê-
tres et les pharisiens, et il s'y ren-
dit avec des lanternes, des torches
et des armes.
4 Jésus, qui savait tout ce qui devait
lui arriver, s'avança alors et leur dit:
«Qui cherchez-vous?» 5 Ils lui répon-
dirent: «Jésus de Nazareth.» Jésus
leur dit: «C'est moi.» Judas, celui qui

17.15 *Du mal*: ou *du mauvais*, c'est-à-dire le diable.

le trahissait, était avec eux. 6 Lors-
que Jésus leur dit: «C'est moi», ils
reculèrent et tombèrent par terre.
7 Il leur demanda de nouveau: «Qui
cherchez-vous?» Ils dirent: «Jésus
de Nazareth.» 8 Jésus répondit: «Je
vous ai dit que c'est moi. Si donc
c'est moi que vous cherchez, laissez
partir ceux-ci.» 9 Il dit cela afin que
s'accomplisse la parole qu'il avait
prononcée: «Je n'ai perdu aucun de
ceux que tu m'as donnés.»
10 Alors Simon Pierre, qui avait une
épée, la tira, frappa le serviteur du
grand-prêtre et lui coupa l'oreille
droite. Ce serviteur s'appelait Mal-
chus. 11 Jésus dit à Pierre: «Remets
ton épée dans son fourreau. Ne
boirai-je pas la coupe que le Père
m'a donnée à boire?»

Jésus devant les autorités juives

12 La troupe, le commandant et les
gardes des Juifs s'emparèrent alors
de Jésus et l'attachèrent. 13 Ils l'em-
menèrent d'abord chez Anne, car
il était le beau-père de Caïphe qui
était grand-prêtre cette année-là.
14 Or Caïphe était celui qui avait
donné ce conseil aux Juifs: «Il vaut
mieux qu'un seul homme meure
pour le peuple.»
15 Simon Pierre et un autre disciple
suivaient Jésus. Ce disciple était
connu du grand-prêtre, et il entra
avec Jésus dans la cour de la mai-
son du grand-prêtre, 16 tandis que
Pierre restait dehors près de la por-
te. Alors l'autre disciple, qui était
connu du grand-prêtre, sortit, par-
la à la femme qui gardait la por-
te et fit entrer Pierre. 17 La servan-
te qui gardait la porte dit à Pierre:
«Ne fais-tu pas partie, toi aussi, des
disciples de cet homme?» Il répli-
qua: «Je n'en fais pas partie.» 18 Les
serviteurs et les gardes qui étaient
là avaient allumé un feu de brai-
ses pour se réchauffer, car il faisait
froid. Pierre se tenait avec eux et
se chauffait aussi.
19 Le grand-prêtre interrogea Jésus
sur ses disciples et sur son ensei-
gnement. 20 Jésus lui répondit: «J'ai
parlé ouvertement à tout le monde;
j'ai toujours enseigné dans les sy-
nagogues et dans le temple, où les
Juifs se réunissent constamment, et
je n'ai rien dit en secret. 21 Pourquoi
m'interroges-tu? Interroge ceux qui
m'ont entendu sur ce que je leur ai
dit; ils savent, eux, ce que j'ai dit.»
22 A ces mots, un des gardes qui se
trouvait là donna une gifle à Jésus
en disant: «C'est ainsi que tu ré-
ponds au grand-prêtre?» 23 Jésus
lui dit: «Si j'ai mal parlé, explique-
moi ce que j'ai dit de mal; et si j'ai
bien parlé, pourquoi me frappes-
tu?» 24 Alors Anne l'envoya attaché
à Caïphe, le grand-prêtre.
25 Simon Pierre était là et se chauf-
fait. On lui dit: «Ne fais-tu pas par-
tie, toi aussi, de ses disciples?» Il
le nia et dit: «Je n'en fais pas par-
tie.» 26 Un des serviteurs du grand-
prêtre, un parent de celui à qui
Pierre avait coupé l'oreille, dit: «Ne
t'ai-je pas vu avec lui dans le jar-
din?» 27 Pierre le nia de nouveau.
Et aussitôt un coq chanta.

Jésus devant les autorités romaines

28 De chez Caïphe, ils conduisirent
Jésus au prétoire; c'était le matin. Ils
n'entrèrent pas eux-mêmes dans le
prétoire afin de ne pas se souiller[n]
et de pouvoir manger le repas de la
Pâque. 29 Pilate sortit donc à leur
rencontre et dit: «De quoi accusez-
vous cet homme?» 30 Ils lui répondi-
rent: «Si ce n'était pas un malfaiteur,
nous ne te l'aurions pas livré.» 31 Sur

18.28 *Se souiller*: d'après la tradition, le contact avec des non-Juifs était source d'impureté rituelle.

quoi Pilate leur dit: «Prenez-le vous-
mêmes et jugez-le d'après votre loi.»
Les Juifs lui dirent: «Nous n'avons
pas le droit de mettre quelqu'un à
mort.» 32 C'était afin que s'accom-
plisse la parole que Jésus avait dite
pour indiquer de quelle mort il al-
lait mourir.
33 Pilate rentra dans le prétoire, ap-
pela Jésus et lui dit: «Es-tu le roi
des Juifs?» 34 Jésus [lui] répondit:
«Est-ce de toi-même que tu dis cela
ou d'autres te l'ont-ils dit de moi?»
35 Pilate répondit: «Suis-je un Juif,
moi? Ta nation et les chefs des prê-
tres t'ont livré à moi. Qu'as-tu fait?»
36 Jésus répondit: «Mon royau-
me n'est pas de ce monde. Si mon
royaume était de ce monde, mes
serviteurs auraient combattu pour
moi afin que je ne sois pas livré aux
Juifs; mais en réalité, mon royau-
me n'est pas d'ici-bas.» 37 Pilate lui
dit: «Tu es donc roi?» Jésus répondit:
«Tu le dis, je suis roi. Si je suis né et
si je suis venu dans le monde, c'est
pour rendre témoignage à la vérité.
Toute personne qui est de la vérité
écoute ma voix.» 38 Pilate lui répli-
qua: «Qu'est-ce que la vérité?»
Sur ces mots, il sortit de nouveau
à la rencontre des Juifs et leur dit:
«Pour ma part, je ne trouve en lui
aucun motif de le condamner.
39 Mais, comme c'est une coutu-
me parmi vous que je vous relâche
quelqu'un lors de la Pâque, voulez-
vous que je vous relâche le roi des
Juifs?» 40 Alors de nouveau ils criè-
rent [tous]: «Non, pas lui, mais Ba-
rabbas!» Or, Barabbas était un bri-
gand.

19 Alors Pilate ordonna de
prendre Jésus et de le fouet-
ter. 2 Les soldats tressèrent une cou-
ronne d'épines qu'ils posèrent sur
sa tête et lui mirent un manteau de
couleur pourpre. 3 Puis, [s'appro-
chant de lui] ils disaient: «Salut, roi
des Juifs!» et ils lui donnaient des
gifles.
4 Pilate sortit de nouveau et dit aux
Juifs: «Voilà, je vous l'amène de-
hors afin que vous sachiez que je
ne trouve en lui aucun motif de
le condamner.» 5 Jésus sortit donc,
portant la couronne d'épines et le
manteau de couleur pourpre. Pilate
leur dit: «Voici l'homme.» 6 Lorsque
les chefs des prêtres et les gardes
le virent, ils s'écrièrent: «Crucifie-le!
Crucifie-le!» Pilate leur dit: «Prenez-
le vous-mêmes et crucifiez-le, car
pour ma part, je ne trouve en lui
aucun motif de le condamner.»
7 Les Juifs lui répondirent: «Nous
avons une loi et, d'après notre loi, il
doit mourir parce qu'il s'est fait Fils
de Dieu.»
8 Quand il entendit cette parole, Pi-
late eut très peur. 9 Il rentra dans le
prétoire et dit à Jésus: «D'où es-tu?»
mais Jésus ne lui donna aucune ré-
ponse. 10 Pilate lui dit: «C'est à moi
que tu refuses de parler? Ne sais-tu
pas que j'ai le pouvoir de te relâcher
et que j'ai le pouvoir de te cruci-
fier?» 11 Jésus répondit: «Tu n'aurais
aucun pouvoir sur moi s'il ne t'avait
pas été donné d'en haut. C'est pour-
quoi celui qui me livre à toi est cou-
pable d'un plus grand péché.»
12 Dès ce moment-là, Pilate chercha
à le relâcher, mais les Juifs criaient:
«Si tu le relâches, tu n'es pas l'ami
de l'empereur. Tout homme qui se
fait roi se déclare contre l'empe-
reur.» 13 Après avoir entendu ces
paroles, Pilate amena Jésus dehors
et siégea au tribunal à l'endroit ap-
pelé «le Pavé», en hébreu Gabba-
tha. 14 C'était le jour de la prépa-
ration de la Pâque, il était environ
midi. Pilate dit aux Juifs: «Voici
votre roi.» 15 Ils s'écrièrent alors:
«A mort! A mort! Crucifie-le!» Pila-
te leur dit: «Dois-je crucifier votre
roi?» Les chefs des prêtres répondi-

rent: «Nous n'avons pas d'autre roi
que l'empereur.» 16 Alors il le leur li-
vra pour qu'il soit crucifié. Ils pri-
rent donc Jésus et l'emmenèrent.

Crucifixion et mort de Jésus

17 Jésus, portant sa croix, sortit de la
ville pour aller vers l'endroit appe-
lé «le Crâne», qui se dit en hébreu
Golgotha. 18 C'est là qu'ils le cruci-
fièrent, et avec lui deux autres, un
de chaque côté et Jésus au milieu.
19 Pilate rédigea aussi un écriteau
qu'il plaça sur la croix; il y était
écrit: «Jésus de Nazareth, le roi des
Juifs.» 20 Beaucoup de Juifs lurent
cette inscription parce que l'en-
droit où Jésus fut crucifié était près
de la ville. Elle était écrite en hé-
breu, en grec et en latin. 21 Les chefs
des prêtres des Juifs dirent à Pilate:
«N'écris pas: 'Le roi des Juifs', mais
plutôt: 'Cet homme a dit: Je suis le
roi des Juifs.'» 22 Pilate répondit: «Ce
que j'ai écrit, je l'ai écrit.»
23 Après avoir crucifié Jésus, les sol-
dats prirent ses vêtements et en fi-
rent quatre parts, une pour chaque
soldat. Ils prirent aussi sa tunique,
qui était sans couture, d'une seu-
le pièce depuis le haut jusqu'en bas.
Ils se dirent entre eux: 24 «Ne la dé-
chirons pas, mais tirons au sort pour
savoir à qui elle sera.» C'est ainsi que
s'accomplit cette parole de l'Ecri-
ture: *Ils se sont partagé mes vêtements
et ils ont tiré au sort mon habit.*[n] Voilà
ce que firent les soldats.
25 Près de la croix de Jésus se te-
naient sa mère, la sœur de sa mère,
Marie la femme de Clopas et Marie
de Magdala. 26 Jésus vit sa mère et,
près d'elle, le disciple qu'il aimait.
Il dit à sa mère: «Femme, voici ton
fils.» 27 Puis il dit au disciple: «Voici
ta mère.» Dès ce moment-là, le dis-
ciple la prit chez lui.
28 Après cela, Jésus, qui savait que
tout était déjà accompli, dit, afin
que l'Ecriture[n] se réalise pleine-
ment: «J'ai soif.» 29 Il y avait là un
vase plein de vinaigre. Les soldats
en remplirent une éponge, la fixè-
rent à une branche d'hysope et l'ap-
prochèrent de sa bouche. 30 Quand
Jésus eut pris le vinaigre, il dit:
«Tout est accompli.» Puis il baissa
la tête et rendit l'esprit.
31 C'était la préparation de la Pâ-
que[n] et ce sabbat allait être un jour
solennel. Craignant que les corps
ne restent en croix pendant le sab-
bat, les Juifs demandèrent à Pilate
qu'on brise les jambes aux cruci-
fiés et qu'on enlève les corps. 32 Les
soldats vinrent donc briser les jam-
bes du premier, puis du second des
condamnés qui avaient été cruci-
fiés avec Jésus. 33 Quand ils s'ap-
prochèrent de lui, ils virent qu'il
était déjà mort. Ils ne lui brisèrent
pas les jambes, 34 mais un des sol-
dats lui transperça le côté avec une
lance et aussitôt il en sortit du sang
et de l'eau. 35 Celui qui a vu ces cho-
ses en rend témoignage et son té-
moignage est vrai. Il sait qu'il dit la
vérité afin que vous croyiez aussi.
36 En effet, cela est arrivé afin que
ce passage de l'Ecriture soit accom-
pli: *Aucun de ses os ne sera brisé.*[n]
37 Ailleurs l'Ecriture dit encore: *Ils
verront celui qu'ils ont transpercé.*[n]

Mise au tombeau du corps de Jésus

38 Après cela, Joseph d'Arimathée,
qui était disciple de Jésus, mais en
secret par crainte des chefs juifs,

19.24 *Ils se sont... habit*: citation du Psaume 22.19. **19.28** *L'Ecriture*: probable allusion au Psaume 69.22; voir aussi Psaume 22.16. **19.31** *La préparation de la Pâque*: le vendredi; le sabbat juif va du vendredi soir au samedi soir. **19.36** *Aucun... brisé*: déclaration faite dans l'Ancien Testament à propos de l'agneau pascal (Exode 12.46; Nombres 9.12) et du juste (Psaume 34.21). **19.37** *Ils verront... transpercé*: citation de Zacharie 12.10.

demanda à Pilate la permission
d'enlever le corps de Jésus. Pila-
te le lui permit. Il vint donc et en-
leva le corps de Jésus. 39 Nicodè-
me, l'homme qui auparavant était
allé trouver Jésus de nuit, vint aus-
si. Il apportait un mélange d'envi-
ron 30 kilos de myrrhe et d'aloès.
40 Ils prirent donc le corps de Jésus
et l'enveloppèrent de bandelettes,
avec les aromates, comme c'est la
coutume d'ensevelir chez les Juifs.
41 Or, il y avait un jardin à l'endroit
où Jésus avait été crucifié, et dans
le jardin un tombeau neuf où per-
sonne encore n'avait été mis. 42 Ce
fut là qu'ils déposèrent Jésus par-
ce que c'était la préparation de la
Pâque des Juifs et que le tombeau
était proche.

Résurrection de Jésus

20 Le dimanche, Marie de Mag-
dala se rendit au tombeau
de bon matin, alors qu'il faisait en-
core sombre, et elle vit que la pier-
re avait été enlevée [de l'entrée] du
tombeau. 2 Elle courut trouver Si-
mon Pierre et l'autre disciple que
Jésus aimait et leur dit: «Ils ont en-
levé le Seigneur du tombeau et nous
ne savons pas où ils l'ont mis.»
3 Pierre et l'autre disciple sortirent
donc et allèrent au tombeau. 4 Ils
couraient tous les deux ensem-
ble, mais l'autre disciple courut
plus vite que Pierre et arriva le pre-
mier au tombeau. 5 Il se pencha et
vit les bandelettes posées par terre,
cependant il n'entra pas. 6 Simon
Pierre, qui le suivait, arriva et entra
dans le tombeau. Il vit les bandelet-
tes posées par terre; 7 le linge qu'on
avait mis sur la tête de Jésus n'était
pas avec les bandes, mais enrou-
lé dans un endroit à part. 8 Alors
l'autre disciple, qui était arrivé le
premier au tombeau, entra aussi, il
vit et il crut. 9 En effet, ils n'avaient
pas encore compris que, d'après
l'Ecriture, Jésus devait ressusciter.
10 Ensuite les disciples repartirent
chez eux.

11 Cependant, Marie se tenait de-
hors près du tombeau et pleurait.
Tout en pleurant, elle se pencha
pour regarder dans le tombeau, 12 et
elle vit deux anges habillés de blanc
assis à la place où avait été couché
le corps de Jésus, l'un à la tête et
l'autre aux pieds. 13 Ils lui dirent:
«Femme, pourquoi pleures-tu?»
Elle leur répondit: «Parce qu'ils ont
enlevé mon Seigneur et je ne sais
pas où ils l'ont mis.» 14 En disant
cela, elle se retourna et vit Jésus
debout, mais elle ne savait pas que
c'était lui. 15 Jésus lui dit: «Femme,
pourquoi pleures-tu? Qui cherches-
tu?» Pensant que c'était le jardinier,
elle lui dit: «Seigneur, si c'est toi qui
l'as emporté, dis-moi où tu l'as mis
et j'irai le prendre.» 16 Jésus lui dit:
«Marie!» Elle se retourna et lui dit
en hébreu: «Rabbouni!», c'est-à-
dire maître. 17 Jésus lui dit: «Ne me
retiens pas, car je ne suis pas en-
core monté vers mon Père, mais va
trouver mes frères et dis-leur que
je monte vers mon Père et votre
Père, vers mon Dieu et votre Dieu.»
18 Marie de Magdala alla annon-
cer aux disciples qu'elle avait vu le
Seigneur et qu'il lui avait dit cela.

Apparitions de Jésus ressuscité aux disciples

19 Le soir de ce même dimanche,
les portes de la maison où les dis-
ciples se trouvaient [rassemblés]
étaient fermées car ils avaient peur
des chefs juifs; Jésus vint alors se
présenter au milieu d'eux et leur
dit: «Que la paix soit avec vous!»
20 Après avoir dit cela, il leur mon-
tra ses mains et son côté. Les dis-
ciples furent remplis de joie en
voyant le Seigneur. 21 Jésus leur dit

de nouveau: «Que la paix soit avec
vous! Tout comme le Père m'a en-
voyé, moi aussi je vous envoie.»
22 Après ces paroles, il souffla sur
eux et leur dit: «Recevez le Saint-
Esprit! 23 Ceux à qui vous pardon-
nerez les péchés, ils leur seront
pardonnés; ceux à qui vous les re-
tiendrez, ils leur seront retenus.»
24 Thomas appelé Didyme, l'un des
douze, n'était pas avec eux lorsque
Jésus vint. 25 Les autres disciples lui
dirent donc: «Nous avons vu le Sei-
gneur.» Mais il leur dit: «Si je ne vois
pas dans ses mains la marque des
clous, si je n'y mets pas mon doigt
et si je ne mets pas ma main dans
son côté, je ne croirai pas.»
26 Huit jours après, les disciples de
Jésus étaient de nouveau dans la
maison et Thomas se trouvait avec
eux. Jésus vint alors que les por-
tes étaient fermées, se tint au mi-
lieu d'eux et dit: «Que la paix soit
avec vous!» 27 Puis il dit à Thomas:
«Avance ton doigt ici et regarde
mes mains. Avance aussi ta main et
mets-la dans mon côté. Ne sois pas
incrédule, mais crois!» 28 Thomas
lui répondit: «Mon Seigneur et mon
Dieu!» Jésus lui dit: 29 «Parce que tu
m'as vu, tu as cru. Heureux ceux qui
n'ont pas vu et qui ont cru!»

Objectif de l'auteur

30 Jésus a accompli encore, en pré-
sence de ses disciples, beaucoup
d'autres signes qui ne sont pas dé-
crits dans ce livre. 31 Mais ceux-
ci ont été décrits afin que vous
croyiez que Jésus est le Messie, le
Fils de Dieu, et qu'en croyant vous
ayez la vie en son nom.

La pêche miraculeuse

21 Après cela, Jésus se mon-
tra encore aux disciples sur
les rives du lac de Tibériade. Voi-
ci de quelle manière il se montra.
2 Simon Pierre, Thomas, appelé
Didyme, Nathanaël, qui venait de
Cana en Galilée, les fils de Zébédée
et deux autres disciples de Jésus se
trouvaient ensemble. 3 Simon Pier-
re leur dit: «Je vais pêcher.» Ils lui
dirent: «Nous allons aussi avec toi.»
Ils sortirent et montèrent [aussitôt]
dans une barque, mais cette nuit-là
ils ne prirent rien.
4 Le matin venu, Jésus se trouva sur
le rivage, mais les disciples ne sa-
vaient pas que c'était lui. 5 Il leur
dit: «Les enfants, n'avez-vous rien
à manger?» Ils lui répondirent:
«Non.» 6 Il leur dit: «Jetez le filet du
côté droit de la barque et vous trou-
verez.» Ils le jetèrent donc et ils ne
parvinrent plus à le retirer, tant il y
avait de poissons. 7 Alors le disciple
que Jésus aimait dit à Pierre: «C'est
le Seigneur!» Dès qu'il eut entendu
que c'était le Seigneur, Simon Pier-
re remit son vêtement et sa cein-
ture, car il s'était déshabillé, et se
jeta dans le lac. 8 Les autres disci-
ples vinrent avec la barque en ti-
rant le filet plein de poissons, car ils
n'étaient pas loin de la rive, à une
centaine de mètres.
9 Lorsqu'ils furent descendus à ter-
re, ils virent là un feu de braises
avec du poisson dessus et du pain.
10 Jésus leur dit: «Apportez quel-
ques-uns des poissons que vous
venez de prendre.» 11 Simon Pierre
monta dans la barque et tira le filet
plein de 153 gros poissons à terre;
malgré leur grand nombre, le filet
ne se déchira pas. 12 Jésus leur dit:
«Venez manger!» Aucun des dis-
ciples n'osait lui demander: «Qui
es-tu?» car ils savaient que c'était
le Seigneur. 13 Jésus s'approcha,
prit le pain et leur en donna; il fit
de même avec le poisson. 14 C'était
déjà la troisième fois que Jésus se
montrait à ses disciples depuis qu'il
était ressuscité.

15 Lorsqu'ils eurent mangé, Jésus dit
à Simon Pierre: «Simon, fils de Jo-
nas, m'aimes-tu plus que ceux-ci?»
Il lui répondit: «Oui, Seigneur, tu
sais que j'ai de l'amour pour toi.» Jé-
sus lui dit: «Nourris mes agneaux.»
16 Il lui dit une deuxième fois: «Si-
mon, fils de Jonas, m'aimes-tu?»
Pierre lui répondit: «Oui, Seigneur,
tu sais que j'ai de l'amour pour
toi.» Jésus lui dit: «Prends soin de
mes brebis.» 17 Il lui dit, la troisiè-
me fois: «Simon, fils de Jonas, as-
tu de l'amour pour moi?» Pierre
fut attristé de ce qu'il lui avait dit,
la troisième fois: «As-tu de l'amour
pour moi?» et il lui répondit: «Sei-
gneur, tu sais tout, tu sais que j'ai
de l'amour pour toi.» Jésus lui dit:
«Nourris mes brebis. 18 En vérité,
en vérité, je te le dis, quand tu étais
plus jeune, tu mettais toi-même ta
ceinture et tu allais où tu voulais;
mais quand tu seras vieux, tu ten-
dras les mains et c'est un autre qui
attachera ta ceinture et te conduira
où tu ne voudras pas.» 19 Il dit cela
pour indiquer par quelle mort Pierre
révélerait la gloire de Dieu. Puis il
lui dit: «Suis-moi.»
20 Pierre se retourna et vit venir
derrière eux le disciple que Jésus
aimait, celui qui, pendant le sou-
per, s'était penché vers Jésus et
avait dit: «Seigneur, qui est celui
qui va te trahir?» 21 En le voyant,
Pierre dit à Jésus: «Et lui, Seigneur,
que lui arrivera-t-il?» 22 Jésus lui
dit: «Si je veux qu'il vive jusqu'à
ce que je revienne, en quoi cela te
concerne-t-il? Toi, suis-moi.» 23 Là-
dessus, le bruit courut parmi les
frères[n] que ce disciple ne mourrait
pas. Cependant, Jésus n'avait pas
dit à Pierre qu'il ne mourrait pas,
mais: «Si je veux qu'il vive jusqu'à
ce que je revienne, en quoi cela te
concerne-t-il?»
24 C'est ce disciple qui rend témoi-
gnage de ces choses et qui les a
écrites, et nous savons que son té-
moignage est vrai. 25 Jésus a fait en-
core beaucoup d'autres choses. Si
on les écrivait en détail, je ne pen-
se pas que le monde entier pourrait
contenir les livres qu'on écrirait.

21.23 *Les frères*: c'est-à-dire les chrétiens.

Actes des apôtres

Prenant manifestement la suite de l'Evangile de Luc, les *Actes des apôtres* relatent les événements consécutifs à la mort et à l'ascension de Jésus et donc les débuts de l'Eglise, avec un intérêt particulier pour deux apôtres: Pierre puis Paul. L'auteur décrit la propagation de l'Evangile jusqu'aux extrémités du monde connu de l'époque, conformément au schéma indiqué par Jésus en 1.8. Il conclut avec le séjour de Paul à Rome (en 60-62/63 apr. J.-C.).

TÉMOIGNAGE À JÉRUSALEM 1.1–8.3

Ascension de Christ

1 Cher Théophile, dans mon pre-
mier livre[n], j'ai parlé de tout ce
que Jésus a commencé de faire et
d'enseigner 2 jusqu'au jour où il a
été enlevé au ciel après avoir donné
ses ordres, par le Saint-Esprit, aux
apôtres qu'il avait choisis. 3 Après
avoir souffert, il se présenta à eux
vivant et leur en donna de nom-
breuses preuves: pendant 40 jours,
il se montra à eux et parla de ce qui
concerne le royaume de Dieu.
4 Alors qu'il se trouvait en leur com-
pagnie[n], il leur recommanda de ne
pas s'éloigner de Jérusalem, mais
d'attendre ce que le Père avait pro-
mis, «ce que je vous ai annoncé, leur
dit-il, 5 car Jean a baptisé d'eau, mais
vous, dans peu de jours, vous serez
baptisés du Saint-Esprit.» 6 Alors
que les apôtres étaient réunis, ils
lui demandèrent: «Seigneur, est-
ce à ce moment-là que tu rétabli-
ras le royaume pour Israël?» 7 Il leur
répondit: «Ce n'est pas à vous de
connaître les temps ou les moments
que le Père a fixés de sa propre
autorité. 8 Mais vous recevrez une
puissance lorsque le Saint-Esprit
viendra sur vous, et vous serez mes
témoins à Jérusalem, dans toute la
Judée, dans la Samarie et jusqu'aux
extrémités de la terre.»
9 Après avoir dit cela, il s'éleva dans
les airs pendant qu'ils le regar-
daient et une nuée le cacha à leurs
yeux. 10 Et comme ils avaient les
regards fixés vers le ciel pendant
qu'il s'en allait, deux hommes ha-
billés de blanc leur apparurent 11 et
dirent: «Hommes de Galilée, pour-
quoi restez-vous à regarder le ciel?
Ce Jésus qui a été enlevé au ciel
du milieu de vous reviendra de la
même manière que vous l'avez vu
aller au ciel.»
12 Alors ils retournèrent à Jérusa-
lem, de la colline appelée mont des
Oliviers qui est près de Jérusalem, à
la distance d'un kilomètre environ.
13 Quand ils furent arrivés, ils mon-
tèrent à l'étage dans la pièce où ils
se tenaient d'ordinaire; il y avait là
Pierre, Jean, Jacques, André, Phi-
lippe, Thomas, Barthélémy, Mat-
thieu, Jacques, fils d'Alphée, Simon
le zélote[n] et Jude, fils de Jacques.
14 Tous persévéraient d'un commun
accord dans la prière avec les fem-
mes, avec Marie la mère de Jésus et
avec les frères de Jésus.

1.1 *Théophile... premier livre*: une comparaison avec Luc 1.1-4 montre que le livre des Actes est la suite de l'Evangile de Luc. **1.4** *Alors... compagnie*: ou *au cours d'un repas avec eux*. **1.13** *Zélote*: terme qui désignait une personne zélée pour la loi ou le membre d'un parti de patriotes juifs créé afin de résister aux Romains.

Matthias désigné à la place de Judas

15 A cette époque-là, Pierre se leva
au milieu des disciples; le nombre
des personnes réunies était d'envi-
ron 120. Il dit: 16 «Mes frères, il fal-
lait que s'accomplisse l'Ecriture[n],
ce que le Saint-Esprit avait annon-
cé d'avance par la bouche de David
au sujet de Judas, devenu le guide
de ceux qui ont arrêté Jésus. 17 Il
était l'un des nôtres et il avait part
au même ministère. 18 Cet homme a
acheté un champ avec le salaire du
crime; il y est tombé en avant, s'est
éventré et toutes ses entrailles sont
sorties. 19 Tous les habitants de Jé-
rusalem l'ont appris, c'est pourquoi
ce champ a été appelé dans leur
langue 'Hakeldama', c'est-à-dire
'le champ du sang'. 20 Or il est écrit
dans le livre des Psaumes: *Que sa
maison devienne déserte et que per-
sonne ne l'habite!* et: *Qu'un autre
prenne sa charge!*[n]
21 »Il faut donc choisir un homme
parmi ceux qui nous ont accom-
pagnés tout le temps où le Seigneur
Jésus a vécu avec nous, 22 depuis le
baptême de Jean jusqu'au jour où
il a été enlevé du milieu de nous. Il
nous sera associé comme témoin
de sa résurrection.»
23 Ils en présentèrent deux: Joseph
appelé Barsabbas, surnommé Jus-
tus, et Matthias. 24 Puis ils firent
cette prière: «Seigneur, toi qui
connais le cœur de tous, désigne
lequel de ces deux hommes tu as
choisi 25 pour prendre part à ce mi-
nistère et à cette charge d'apôtre
que Judas a abandonnés pour al-
ler à la place qui est la sienne.» 26 Ils
tirèrent au sort et le sort tomba
sur Matthias, qui fut associé aux
onze apôtres.

Venue de l'Esprit à la Pentecôte

2 Quand le jour de la Pentecôte
arriva, ils étaient tous ensem-
ble au même endroit. 2 Tout à coup
il vint du ciel un bruit comme ce-
lui d'un vent violent, qui remplit
toute la maison où ils étaient as-
sis. 3 Des langues qui semblaient
de feu leur apparurent, séparées
les unes des autres, et elles se po-
sèrent sur chacun d'eux. 4 Ils furent
tous remplis du Saint-Esprit et se
mirent à parler en d'autres lan-
gues, comme l'Esprit leur donnait
de s'exprimer.
5 Or il y avait en séjour à Jérusalem
des Juifs, hommes pieux venus de
toutes les nations qui sont sous le
ciel. 6 A ce bruit, ils accoururent en
foule, et ils furent stupéfaits par-
ce que chacun les entendait parler
dans sa propre langue. 7 Ils étaient
[tous] remplis d'étonnement et
d'admiration et ils se disaient [les
uns aux autres]: «Ces gens qui par-
lent ne sont-ils pas tous galiléens?
8 Comment se fait-il donc que nous
les entendions chacun dans notre
propre langue, notre langue ma-
ternelle? 9 Parthes, Mèdes, Elami-
tes, habitants de la Mésopotamie,
de la Judée, de la Cappadoce, du
Pont, de l'Asie, 10 de la Phrygie, de
la Pamphylie, de l'Egypte, du terri-
toire de la Libye voisine de Cyrène
et résidents venus de Rome, Juifs
de naissance ou par conversion,
11 Crétois et Arabes, nous les enten-
dons parler dans notre langue des
merveilles de Dieu!» 12 Tous rem-
plis d'étonnement et ne sachant
que penser, ils se disaient les uns
aux autres: «Qu'est-ce que cela
veut dire?» 13 Mais d'autres se mo-
quaient et disaient: «Ils sont pleins
de vin doux.»

1.16 *L'Ecriture*: c'est-à-dire l'Ancien Testament. **1.20** *Que sa maison... sa charge*: citation des Psaumes 69.26 et 109.8.

14 Alors Pierre, debout avec les onze
apôtres, s'exprima d'une voix forte
en ces termes: «Hommes de Judée
et vous tous qui séjournez à Jérusa-
lem, comprenez ce qui se passe et
prêtez l'oreille à mes paroles! 15 Ces
gens ne sont pas ivres, comme vous
le supposez, car il est neuf heures
du matin. 16 Mais maintenant se
réalise ce qu'a dit le prophète Joël:
17 *Dans les derniers jours,* dit Dieu,
je déverserai de mon Esprit sur tout
être humain; vos fils et vos filles pro-
phétiseront, vos jeunes gens auront
des visions et vos vieillards auront
des rêves. 18 *Oui, sur mes serviteurs et*
sur mes servantes, durant ces jours-
là, je déverserai de mon Esprit et ils
prophétiseront. 19 *Je ferai des pro-*
diges en haut dans le ciel et des si-
gnes miraculeux en bas sur la terre:
du sang, du feu et une vapeur de fu-
mée; 20 *le soleil se changera en ténè-*
bres et la lune en sang avant l'arri-
vée du jour du Seigneur, de ce jour
grand et glorieux. 21 *Alors toute per-*
sonne qui fera appel au nom du Sei-
gneur sera sauvée.[n]
22 »Israélites, écoutez ces paroles!
Dieu vous a désigné Jésus de Na-
zareth en accomplissant par lui, au
milieu de vous, des miracles, des
prodiges et des signes, comme vous
le savez vous-mêmes. 23 Cet homme
vous a été livré suivant le projet dé-
fini et la prescience de Dieu. [Vous
l'avez arrêté,] vous l'avez fait mou-
rir sur une croix par l'intermédiaire
d'hommes impies. 24 Mais Dieu a
brisé les liens de la mort, il l'a res-
suscité, parce qu'il n'était pas pos-
sible qu'elle le retienne. 25 En effet,
David dit à propos de lui: *Je voyais*
constamment le Seigneur devant
moi, parce qu'il est à ma droite afin
que je ne sois pas ébranlé. 26 *C'est*
pourquoi mon cœur est dans la
joie et ma langue dans l'allégresse;
même mon corps reposera avec es-
pérance, 27 *car tu n'abandonneras*
pas mon âme au séjour des morts,
tu ne permettras pas que ton saint
connaisse la décomposition. 28 *Tu*
m'as fait connaître les sentiers de la
vie, tu me rempliras de joie par ta
présence.[n]
29 »Mes frères, qu'il me soit permis
de vous parler en toute franchise
au sujet du patriarche David: il est
mort, il a été enseveli et son tom-
beau existe encore aujourd'hui
parmi nous! 30 Or il était prophète
et il savait que Dieu lui avait juré
par serment de faire surgir [le
Messie[n],] un de ses descendants,
pour le faire asseoir sur son trône.
31 C'est donc la résurrection du
Christ qu'il a prévue et annoncée
en disant qu'il ne serait pas *aban-*
donné au séjour des morts et que son
corps ne connaîtrait pas la décom-
position[n].
32 »C'est ce Jésus que Dieu a ressus-
cité, nous en sommes tous témoins.
33 Elevé à la droite de Dieu, il a reçu
du Père le Saint-Esprit qui avait
été promis et il l'a déversé, comme
vous le voyez et l'entendez [main-
tenant]. 34 David en effet n'est pas
monté au ciel, mais il dit lui-même:
Le Seigneur a dit à mon Seigneur:
'Assieds-toi à ma droite 35 *jusqu'à*
ce que j'aie fait de tes ennemis ton
marchepied.'[n] 36 Que toute la com-
munauté d'Israël sache donc avec
certitude que Dieu a fait Seigneur

2.17-21 *Dans les derniers... sauvée*: citation de Joël 3.1-5. **2.25-28** *Je voyais... présence*: citation du Psaume 16.8-11. **2.30** *Messie*: ou *oint de Dieu*, en grec *Christos*. Les Juifs attendaient, d'après les promesses de l'Ancien Testament, la venue d'une personne désignée par Dieu, qui leur apporterait la délivrance. **2.31** *Abandonné... décomposition*: renvoi au Psaume 16.10. **2.34-35** *Le Seigneur... marchepied*: Christ avait lui-même utilisé le passage cité ici (Psaume 110.1) dans une argumentation relative à son rôle en tant que Messie, libérateur envoyé par Dieu (Matthieu 22.41-45).

et Messie ce Jésus que vous avez
crucifié.»
37 Après avoir entendu ce discours,
ils eurent le cœur vivement touché
et dirent à Pierre et aux autres apô-
tres: «Frères, que ferons-nous?»
38 Pierre leur dit: «Changez d'atti-
tude et que chacun de vous soit
baptisé au nom de Jésus-Christ
pour le pardon de vos péchés, et
vous recevrez le don du Saint-Esprit.
39 En effet, la promesse est pour
vous, pour vos enfants et pour tous
ceux qui sont au loin, en aussi
grand nombre que le Seigneur
notre Dieu les appellera.» 40 Et par
beaucoup d'autres paroles, il ren-
dait témoignage et les encourageait
en disant: «Sauvez-vous de cette gé-
nération pervertie!»
41 Ceux qui acceptèrent sa parole
furent donc baptisés et, ce jour-là,
le nombre des disciples augmenta
d'environ 3000 personnes. 42 Ils per-
sévéraient dans l'enseignement des
apôtres, dans la communion fra-
ternelle, dans la fraction du pain[n]
et dans les prières. 43 La crainte
s'emparait de chacun et il se faisait
beaucoup de prodiges et de signes
miraculeux par l'intermédiaire des
apôtres. 44 Tous ceux qui croyaient
étaient ensemble et ils avaient tout
en commun. 45 Ils vendaient leurs
propriétés et leurs biens et ils en
partageaient le produit entre tous,
en fonction des besoins. 46 Chaque
jour, avec persévérance, ils se re-
trouvaient d'un commun accord
au temple; ils rompaient le pain
dans les maisons et ils prenaient
leur nourriture avec joie et sim-
plicité de cœur. 47 Ils louaient Dieu
et avaient la faveur de tout le peu-
ple. Le Seigneur ajoutait chaque
jour à l'Eglise ceux qui étaient
sauvés.

Guérison d'un boiteux

3 Il était trois heures de l'après-
midi, l'heure de la prière. Pier-
re et Jean montaient ensemble au
temple. 2 Or, on amenait un homme
boiteux de naissance, qu'on ins-
tallait tous les jours à la porte du
temple appelée la Belle pour qu'il
demande l'aumône à ceux qui en-
traient dans le temple. 3 Voyant
Pierre et Jean sur le point d'y entrer,
cet homme leur demanda l'aumône.
4 Pierre, accompagné de Jean, fixa
les yeux sur lui et dit: «Regarde-
nous!» 5 Il les regardait attentive-
ment, s'attendant à recevoir d'eux
quelque chose. 6 Alors Pierre lui dit:
«Je n'ai ni argent ni or, mais ce que
j'ai, je te le donne: au nom de Jésus-
Christ de Nazareth, [lève-toi et]
marche!» 7 Puis il le prit par la main
droite et le fit lever. Ses pieds et ses
chevilles s'affermirent immédiate-
ment; 8 d'un bond il fut debout et
se mit à marcher. Il entra avec eux
dans le temple, marchant, sautant
et adressant des louanges à Dieu.
9 Tout le peuple le vit marcher et
louer Dieu. 10 Ils reconnaissaient
que c'était bien celui qui était as-
sis à la Belle porte du temple pour
demander l'aumône, et ils furent
remplis d'étonnement et de stupeur
à cause de ce qui lui était arrivé.
11 Comme il ne quittait pas Pierre
et Jean, tout le peuple stupéfait
accourut vers eux au portique ap-
pelé portique de Salomon.
12 Quand Pierre vit cela, il dit au
peuple: «Israélites, pourquoi vous
étonnez-vous de ce qui s'est pas-
sé? Pourquoi fixez-vous les regards
sur nous, comme si c'était par no-
tre propre puissance ou par notre
piété que nous avions fait marcher
cet homme? 13 *Le Dieu d'Abraham,*
d'Isaac et de Jacob, le Dieu de nos

2.42 *Fraction du pain*: allusion à la cène, repas institué par Jésus en souvenir de sa mort (Luc 22.19).

ancêtres[n], a révélé la gloire de son
serviteur Jésus, celui que vous avez
fait arrêter et renié devant Pilate
qui était, lui, d'avis de le relâcher.
14 Mais vous, vous avez renié celui
qui était saint et juste et vous avez
demandé qu'on vous accorde la
grâce d'un meurtrier. 15 Vous avez
fait mourir le Prince de la vie que
Dieu a ressuscité, nous en sommes
témoins. 16 C'est par la foi en son
nom qu'il a raffermi celui que vous
voyez et connaissez; c'est la foi en
Jésus qui a donné à cet homme une
entière guérison en présence de
vous tous.
17 »Maintenant, frères, je sais que
vous avez agi par ignorance, tout
comme vos chefs. 18 Mais Dieu a
ainsi accompli ce qu'il avait annon-
cé d'avance par la bouche de tous
les prophètes, à savoir que son Mes-
sie devait souffrir.
19 »Changez donc d'attitude et con-
vertissez-vous pour que vos péchés
soient effacés! 20 Alors, des temps
de rafraîchissement viendront de
la part du Seigneur et il enverra le
Messie qui vous était destiné, Jé-
sus. 21 C'est lui que le ciel doit ac-
cueillir jusqu'au moment de la res-
tauration totale dont Dieu a parlé
depuis longtemps par la bouche de
[tous] ses saints prophètes. 22 Moï-
se a dit [en effet à nos ancêtres]:
Le Seigneur votre Dieu fera sur-
gir pour vous, parmi vos frères, un
prophète comme moi; vous l'écou-
terez dans tout ce qu'il vous dira;
23 *celui qui n'écoutera pas ce pro-*
phète sera exterminé du milieu du
peuple.[n] 24 Tous les prophètes qui
ont parlé depuis Samuel et ses suc-
cesseurs ont aussi annoncé ces
jours-là. 25 Vous êtes les héritiers[n]
des prophètes et de l'alliance que
Dieu a conclue avec nos ancêtres
en disant à Abraham: *Toutes les fa-*
milles de la terre seront bénies en ta
descendance.[n] 26 C'est pour vous
d'abord que Dieu a fait surgir son
serviteur [Jésus], et il l'a envoyé
pour vous bénir en détournant
chacun de vous de ses mauvaises
actions.»

Arrestation de Pierre et de Jean

4 Pierre et Jean parlaient enco-
re au peuple quand survinrent
les prêtres, le commandant des gar-
des du temple et les sadducéens[n].
2 Ils étaient excédés parce que les
apôtres enseignaient le peuple et
annonçaient la résurrection des
morts dans la personne de Jésus.
3 Ils les arrêtèrent et, comme c'était
déjà le soir, ils les mirent en prison
jusqu'au lendemain. 4 Cependant,
beaucoup de ceux qui avaient en-
tendu la parole crurent, ce qui por-
ta le nombre des hommes à 5000
environ.
5 Le lendemain, les chefs du peu-
ple, les anciens et les spécialistes
de la loi se rassemblèrent à Jéru-
salem 6 avec le grand-prêtre Anne,
Caïphe, Jean, Alexandre et tous
ceux qui étaient de la famille du
grand-prêtre. 7 Ils firent comparaî-
tre Pierre et Jean au milieu d'eux
et leur demandèrent: «Par quelle
puissance ou quel nom avez-vous
fait cela?»
8 Alors Pierre, rempli du Saint-
Esprit, leur dit: «Chefs du peuple
et anciens [d'Israël], 9 on nous in-
terroge aujourd'hui sur un bien-
fait accordé à un infirme, afin que
nous disions comment il a été gué-
ri. 10 Sachez-le bien, vous tous, et

3.13 *Le Dieu... ancêtres*: présentation de Dieu tirée d'Exode 3.6,15. **3.22-23** *Le Seigneur... peuple*: renvoi à Deutéronome 18.15,19. **3.25** *Héritiers*: littéralement *fils*. **3.25** *Toutes les familles... descendance*: citation de Genèse 22.18. **4.1** *Sadducéens*: membres d'un courant du judaïsme souvent associé aux prêtres et à l'aristocratie.

que tout le peuple d'Israël le sache:
c'est par le nom de Jésus-Christ de
Nazareth, celui que vous avez cru-
cifié et que Dieu a ressuscité, oui,
c'est par lui que cet homme se pré-
sente en pleine santé devant vous.
11 Jésus est *la pierre rejetée par vous*
qui construisez et qui est devenue la
pierre angulaire.[n] 12 Il n'y a de sa-
lut en aucun autre, car il n'y a sous
le ciel aucun autre nom qui ait
été donné parmi les hommes, par
lequel nous devions être sauvés.»
13 Lorsqu'ils virent l'assurance de
Pierre et de Jean, ils furent étonnés,
car ils savaient que c'étaient des
hommes du peuple sans instruc-
tion et ils les reconnaissaient pour
avoir été avec Jésus. 14 Mais comme
ils voyaient debout avec eux l'hom-
me qui avait été guéri, ils n'avaient
rien à répliquer. 15 Ils leur ordonnè-
rent de sortir du sanhédrin[n], puis
ils délibérèrent entre eux 16 en di-
sant: «Que faire à ces hommes? En
effet, ils ont accompli un signe mi-
raculeux évident, c'est clair pour
tous les habitants de Jérusalem et
nous ne pouvons pas le nier. 17 Mais,
afin que cela ne se propage pas da-
vantage parmi le peuple, défen-
dons-leur avec menaces de parler
désormais à qui que ce soit en ce
nom-là.» 18 Alors ils les appelèrent
et leur interdirent absolument de
parler ou d'enseigner au nom de Jé-
sus. 19 Pierre et Jean leur répondi-
rent: «Est-il juste, devant Dieu, de
vous écouter, vous, plutôt que Dieu?
Jugez-en vous-mêmes. 20 Quant à
nous, nous ne pouvons pas ne pas
annoncer ce que nous avons vu et
entendu.» 21 Les chefs du peuple leur
firent de nouvelles menaces et les
relâchèrent. A cause du peuple, ils
ne trouvaient pas le moyen de les
punir, parce que tous attribuaient à
Dieu la gloire de ce qui était arrivé.
22 En effet, l'homme qui avait béné-
ficié de cette guérison miraculeuse
était âgé de plus de 40 ans.
23 Une fois relâchés, Pierre et Jean
allèrent trouver les leurs et racon-
tèrent tout ce que les chefs des
prêtres et les anciens leur avaient
dit. 24 Après les avoir écoutés, ils
s'adressèrent tous ensemble à Dieu
en disant: «Maître, tu es le Dieu qui
as créé le ciel, la terre, la mer et
tout ce qui s'y trouve[n], 25 c'est toi qui
as dit [par le Saint-Esprit,] par la
bouche de [notre père,] ton servi-
teur David: *Pourquoi cette agita-*
tion parmi les nations et ces pré-
occupations dépourvues de sens
parmi les peuples? 26 *Les rois de la*
terre se sont soulevés et les chefs se
sont ligués ensemble contre le Sei-
gneur et contre celui qu'il a dési-
gné par onction.[n] 27 Il est bien vrai
qu'Hérode et Ponce Pilate se sont li-
gués [dans cette ville] avec les na-
tions et les peuples d'Israël contre
ton saint serviteur Jésus, que tu as
consacré par onction; 28 ils ont ac-
compli tout ce que ta main et ta vo-
lonté avaient décidé d'avance. 29 Et
maintenant, Seigneur, sois attentif
à leurs menaces et donne à tes ser-
viteurs d'annoncer ta parole avec
une pleine assurance, 30 déploie ta
puissance pour qu'il se produise
des guérisons, des signes miracu-
leux et des prodiges par le nom de
ton saint serviteur Jésus!»
31 Quand ils eurent prié, l'endroit où
ils étaient rassemblés trembla; ils
furent tous remplis du Saint-Esprit
et ils annonçaient la parole de Dieu
avec assurance.

4.11 *La pierre rejetée... angulaire*: citation du Psaume 118.22. **4.15** *Sanhédrin*: nom donné au conseil juif, présidé par le grand-prêtre, qui faisait office de gouvernement et de tribunal pour les affaires qui n'étaient pas du ressort des Romains. **4.24** *As créé... trouve*: présentation de Dieu tirée d'Exode 20.11 ou du Psaume 146.6. **4.25-26** *Pourquoi... onction*: citation du Psaume 2.1-2.

Solidarité des croyants

32 La foule de ceux qui avaient cru
n'était qu'un cœur et qu'une âme.
Personne ne disait que ses biens lui
appartenaient en propre, mais ils
mettaient tout en commun. 33 Avec
beaucoup de puissance, les apô-
tres rendaient témoignage de la
résurrection du Seigneur Jésus, et
une grande grâce reposait sur eux
tous. 34 Il n'y avait aucun nécessi-
teux parmi eux: tous ceux qui pos-
sédaient des champs ou des mai-
sons les vendaient, apportaient le
prix de ce qu'ils avaient vendu 35 et
le déposaient aux pieds des apô-
tres; et l'on faisait des distribu-
tions à chacun en fonction de ses
besoins.
36 Joseph – celui que les apôtres sur-
nommaient Barnabas, ce qui signi-
fie «fils d'encouragement» –, un Lé-
vite originaire de Chypre, 37 vendit
un champ qu'il possédait, apporta
l'argent et le déposa aux pieds des
apôtres.

5 Cependant, un homme appelé
Ananias, avec Saphira sa fem-
me, vendit une propriété 2 et garda
une partie du prix, en accord avec
sa femme. Il apporta le reste et le dé-
posa aux pieds des apôtres. 3 Pierre
lui dit: «Ananias, pourquoi Satan a-
t-il rempli ton cœur, au point que tu
aies menti au Saint-Esprit et gardé
une partie du prix du champ? 4 S'il
n'avait pas été vendu, ne te restait-il
pas? Et, après l'avoir vendu, n'avais-
tu pas le droit de disposer du prix?
Comment as-tu pu former dans
ton cœur un projet pareil? Ce n'est
pas à des hommes que tu as menti,
mais à Dieu.» 5 Quand Ananias en-
tendit ces paroles, il tomba et ex-
pira. Une grande crainte s'empara
de tous ceux qui l'apprirent. 6 Les
jeunes gens se levèrent pour enve-
lopper le corps, puis ils l'emportè-
rent pour l'enterrer.
7 Environ trois heures plus tard, sa
femme entra sans savoir ce qui était
arrivé. 8 Pierre lui adressa la paro-
le: «Dis-moi, est-ce bien à ce prix
que vous avez vendu le champ?»
«Oui, répondit-elle, c'est à ce prix-
là.» 9 Alors Pierre lui dit: «Comment
avez-vous pu vous mettre d'accord
pour provoquer l'Esprit du Sei-
gneur? Ceux qui ont enterré ton
mari sont à la porte et ils vont t'em-
porter, toi aussi.» 10 Elle tomba im-
médiatement aux pieds de l'apôtre
et expira. Quand les jeunes gens
rentrèrent, ils la trouvèrent morte et
l'emportèrent pour l'enterrer à côté
de son mari. 11 Une grande crainte
s'empara de toute l'Eglise et de tous
ceux qui apprirent ces événements.

Arrestation des apôtres

12 Beaucoup de signes miraculeux
et de prodiges se faisaient au mi-
lieu du peuple par l'intermédiaire
des apôtres. Ils se tenaient tous
d'un commun accord au portique
de Salomon. 13 Personne d'autre
n'osait se joindre à eux, mais le
peuple les tenait en grande estime.
14 Le nombre de ceux qui croyaient
au Seigneur, hommes et femmes,
augmentait de plus en plus. 15 On
en venait à sortir les malades dans
les rues et à les placer sur des civiè-
res et des brancards afin que, lors-
que Pierre passerait, son ombre
au moins couvre l'un d'eux. 16 Une
foule de gens accouraient aussi des
villes voisines vers Jérusalem; ils
amenaient des malades et des per-
sonnes tourmentées par des esprits
impurs, et tous étaient guéris.
17 Alors le grand-prêtre et tous ceux
qui étaient avec lui, c'est-à-dire le
parti des sadducéens, se levèrent,
remplis de jalousie. 18 Ils firent ar-
rêter les apôtres et les jetèrent dans
la prison publique. 19 Mais, pen-
dant la nuit, un ange du Seigneur

ouvrit les portes de la prison, les fit
sortir et leur dit: 20 «Allez-y, tenez-
vous dans le temple et annoncez au
peuple toutes les paroles de la vie
nouvelle[n].» 21 Après avoir entendu
cela, ils entrèrent de bonne heure
dans le temple et se mirent à ensei-
gner. Quand le grand-prêtre et ceux
qui étaient avec lui arrivèrent, ils
convoquèrent le sanhédrin et tout
le conseil des anciens d'Israël, et ils
envoyèrent chercher les apôtres à la
prison. 22 Cependant, les gardes, à
leur arrivée, ne les trouvèrent pas
dans la prison. Ils repartirent et fi-
rent leur rapport 23 en disant: «Nous
avons trouvé la prison soigneuse-
ment fermée, et les gardiens de-
vant les portes, mais quand nous
avons ouvert, nous n'avons trouvé
personne à l'intérieur.»
24 A l'écoute de ces paroles, le com-
mandant des gardes du temple et
les chefs des prêtres se montrèrent
perplexes, ne sachant que penser
de cette affaire. 25 Quelqu'un vint
leur dire: «Les hommes que vous
avez mis en prison sont dans le
temple et enseignent le peuple.»
26 Alors le commandant partit avec
les gardes et les ramena, mais sans
violence car ils avaient peur d'être
lapidés par le peuple. 27 Après les
avoir ramenés, ils les présentèrent
au sanhédrin. Le grand-prêtre les
interrogea 28 en disant: «Nous vous
avions formellement interdit d'en-
seigner en ce nom-là, et voilà que
vous avez rempli Jérusalem de vo-
tre enseignement et que vous vou-
lez faire retomber sur nous le sang
de cet homme!»
29 Pierre et les apôtres répondirent:
«Il faut obéir à Dieu plutôt qu'aux
hommes. 30 Le Dieu de nos ancê-
tres a ressuscité Jésus, que vous
avez tué en le clouant sur le bois.
31 Dieu l'a élevé à sa droite comme
Prince et Sauveur pour donner à Is-
raël la repentance[n] et le pardon des
péchés. 32 Nous sommes témoins
de ces événements, de même que
le Saint-Esprit que Dieu a donné à
ceux qui lui obéissent.»
33 Furieux de ces paroles, ils vou-
laient les faire mourir. 34 Mais un
pharisien[n] du nom de Gamaliel,
professeur de la loi estimé de tout
le peuple, se leva dans le sanhé-
drin et ordonna de faire sortir un
instant les apôtres. 35 Puis il leur
dit: «Israélites, faites attention à ce
que vous allez faire vis-à-vis de ces
hommes. 36 En effet, il y a quelque
temps, Theudas est apparu; il pré-
tendait être quelqu'un et environ
400 hommes se sont ralliés à lui. Il a
été tué et tous ses partisans ont été
mis en déroute, il n'en est rien resté.
37 Après lui est apparu Judas le Gali-
léen, à l'époque du recensement, et
il a attiré du monde à sa suite. Lui
aussi est mort et tous ses partisans
ont été dispersés. 38 Maintenant, je
vous le dis, ne vous occupez plus
de ces hommes et laissez-les faire.
Si cette entreprise ou cette activité
vient des êtres humains, elle se dé-
truira; 39 en revanche, si elle vient
de Dieu, vous ne pourrez pas la dé-
truire. Ne courez pas le risque de
combattre contre Dieu!»
40 Ils se rangèrent à son avis. Ils ap-
pelèrent les apôtres, les firent fouet-
ter, leur interdirent de parler au
nom de Jésus et les relâchèrent.

5.20 *La vie nouvelle*: littéralement *cette vie*. **5.31** *La repentance*: désignant littéralement un changement de pensée, le mot renvoie à une transformation radicale de la personne, qui renonce à ses attitudes fautives pour adopter un nouveau comportement et une nouvelle perspective, conformes à la volonté de Dieu. **5.34** *Pharisien*: membre d'un courant du judaïsme caractérisé par un fort intérêt pour les questions de pureté rituelle et par le souci de respecter le plus strictement possible la loi de Moïse ainsi que les traditions.

41 Les apôtres quittèrent le sanhé-
drin, joyeux d'avoir été jugés di-
gnes d'être maltraités pour le nom
[de Jésus]. 42 Et chaque jour, dans le
temple et dans les maisons, ils ne
cessaient pas d'enseigner et d'an-
noncer la bonne nouvelle de Jésus
le Messie.

Désignation de sept assistants

6 A cette époque-là, alors que le
nombre des disciples augmen-
tait, les Hellénistes[n] murmurè-
rent contre les Hébreux[n] parce que
leurs veuves étaient négligées lors
des distributions quotidiennes.
2 Les douze convoquèrent l'ensem-
ble des disciples et dirent: «Il ne
convient pas que nous délaissions
la parole de Dieu pour servir aux
tables. 3 C'est pourquoi, frères et
sœurs[n], choisissez parmi vous sept
hommes de qui l'on rende un bon
témoignage, remplis d'Esprit [saint]
et de sagesse, et nous les chargerons
de ce travail. 4 Quant à nous, nous
continuerons à nous consacrer à la
prière et au ministère de la parole.»
5 Cette proposition plut à toute l'as-
semblée. Ils choisirent Etienne, un
homme plein de foi et d'Esprit saint,
Philippe, Prochore, Nicanor, Timon,
Parménas et Nicolas, un non-Juif
d'Antioche converti. 6 Ils les présen-
tèrent aux apôtres et ils posèrent les
mains sur eux en priant.
7 La parole de Dieu se propageait
de plus en plus, le nombre des dis-
ciples augmentait beaucoup à Jéru-
salem et une grande foule de prê-
tres obéissaient à la foi.

Arrestation et exécution d'Etienne

8 Etienne, plein de foi et de puissan-
ce, accomplissait des prodiges et
de grands signes miraculeux par-
mi le peuple. 9 Quelques membres
de la synagogue appelée «synago-
gue des affranchis», des Cyrénéens,
des Alexandrins et des Juifs de Ci-
licie et d'Asie se mirent à discuter
avec lui; 10 mais ils ne pouvaient
pas résister à la sagesse et à l'Esprit
qui inspiraient ses paroles. 11 Alors
ils soudoyèrent des hommes qui
dirent: «Nous l'avons entendu pro-
férer des paroles blasphématoires
envers Moïse et envers Dieu.» 12 Ils
ameutèrent le peuple, les anciens
et les spécialistes de la loi, puis ils
se jetèrent sur lui, l'arrêtèrent et
l'emmenèrent au sanhédrin. 13 Ils
présentèrent de faux témoins qui
dirent: «Cet homme ne cesse de
proférer des paroles [blasphéma-
toires] contre le lieu saint et contre
la loi; 14 nous l'avons entendu dire
que Jésus, ce Nazaréen, détruira ce
lieu et changera les coutumes que
Moïse nous a transmises.»
15 Tous ceux qui siégeaient au san-
hédrin avaient les regards fixés sur
Etienne; ils virent que son visage
était comme celui d'un ange.

7 Le grand-prêtre dit: «Est-ce
exact?»
2 Etienne répondit: «Mes frères et
pères, écoutez! Le Dieu de gloire
est apparu à notre ancêtre Abra-
ham lorsqu'il était en Mésopota-
mie, avant qu'il ne s'installe à Cha-
ran, et lui a dit: 3 *Quitte ton pays et
ta famille et va dans le pays que je
te montrerai.*[n] 4 Il a alors quitté le
pays des Chaldéens et est allé habi-
ter à Charan. De là, après la mort de
son père, Dieu l'a fait passer dans
le pays que vous habitez mainte-
nant. 5 Il ne lui a donné aucun hé-
ritage dans ce pays, pas même de

6.1 *Hellénistes*: Juifs ayant vécu en dehors du territoire d'Israël et parlant le grec. **6.1** *Hébreux*: Juifs nés et élevés sur le territoire d'Israël, dont la langue était l'araméen, proche de l'hébreu. **6.3** *Frères et sœurs*: littéralement *frères* (idem ailleurs). **7.3** *Quitte… montrerai*: citation de Genèse 12.1.

quoi poser le pied, mais il a pro-
mis de lui en donner la posses-
sion, ainsi qu'à sa descendance
après lui, alors même qu'il n'avait
pas d'enfant. 6 Voici ce que Dieu a
dit: *Ses descendants séjourneront
dans un pays étranger; on les rédui-
ra en esclavage et on les maltraite-
ra pendant 400 ans.* 7 *Cependant, la
nation dont ils seront esclaves, c'est
moi-même qui la jugerai,* dit Dieu.
*Après cela, ils sortiront et ils me ser-
viront dans ce lieu-ci.*[n] 8 Puis Dieu
a donné à Abraham l'alliance de
la circoncision; ainsi, Abraham a
eu pour fils Isaac et l'a circoncis le
huitième jour, Isaac a fait de même
pour Jacob, et Jacob pour les douze
patriarches.
9 »Les patriarches, jaloux de Joseph,
l'ont vendu pour qu'il soit emmené
en Egypte, mais Dieu était avec lui
10 et l'a délivré de toutes ses détres-
ses. Il lui a donné la sagesse et la grâ-
ce devant le pharaon, le roi d'Egypte,
qui l'a établi gouverneur de l'Egypte
et de toute sa maison. 11 Il est alors
survenu une famine dans toute
l'Egypte et en Canaan. La détresse
était grande et nos ancêtres ne trou-
vaient pas de quoi manger. 12 Jacob
a appris qu'il y avait du blé en Egyp-
te et il y a envoyé nos ancêtres une
première fois. 13 La deuxième fois,
Joseph s'est fait reconnaître par ses
frères et le pharaon a ainsi appris
quelle était son origine. 14 Puis Jo-
seph a envoyé chercher son père Ja-
cob et toute sa famille, composée de
75 personnes. 15 Jacob est descendu
en Egypte, où il est mort, ainsi que
nos ancêtres. 16 Leurs corps ont été
transportés à Sichem et déposés
dans le tombeau qu'Abraham avait
acheté à prix d'argent aux fils d'Ha-
mor à Sichem.
17 »Le temps où devait s'accomplir
la promesse que Dieu avait faite à
Abraham approchait, et le peuple a
grandi et augmenté en nombre en
Egypte 18 *jusqu'à la venue d'un autre
roi, qui n'avait pas connu Joseph*[n].
19 Ce roi s'en est pris avec perfidie à
notre peuple et a maltraité nos an-
cêtres au point de leur faire aban-
donner leurs enfants pour qu'ils ne
survivent pas.
20 »A cette époque est né Moïse, qui
était beau aux yeux de Dieu. Il a été
nourri trois mois chez son père 21 et,
quand il a été abandonné, la fille
du pharaon l'a adopté et l'a élevé
comme son fils. 22 Moïse a été for-
mé avec toute la sagesse des Egyp-
tiens; il était puissant en paroles et
en actes.
23 »Il était âgé de 40 ans lorsqu'il
a eu à cœur de rendre visite à ses
frères, les Israélites. 24 Il en a vu un
qu'on maltraitait, a pris sa défense
et, pour venger l'homme malme-
né, a frappé l'Egyptien. 25 Ses frè-
res comprendraient que Dieu leur
accordait la délivrance par son in-
termédiaire, pensait-il, mais ils ne
l'ont pas compris. 26 Le jour suivant,
il est venu au milieu d'eux alors que
certains se battaient et il a essayé
de ramener la paix en leur disant:
'Vous êtes frères! Pourquoi vous
faites-vous du mal l'un à l'autre?'
27 Mais celui qui maltraitait son
prochain l'a repoussé en disant:
Qui t'a établi chef et juge sur nous?
28 *Veux-tu me tuer comme tu as tué
l'Egyptien hier?*[n] 29 A cette parole,
Moïse a pris la fuite et est allé ha-
biter dans le pays de Madian, où il
a eu deux fils.
30 »C'est 40 ans plus tard qu'*un ange
[du Seigneur] lui est apparu dans le
désert du mont Sinaï, dans la flamme*

7.6-7 *Ses descendants… ce lieu-ci*: citation de Genèse 15.13-14, 16. **7.18** *Jusqu'à… Joseph*: citation d'Exode 1.8. **7.27-28** *Qui t'a établi… hier*: citation d'Exode 2.14.

d'un buisson en feu[n]. 31 Voyant cela,
Moïse a été étonné de cette appari-
tion; comme il s'approchait pour re-
garder, la voix du Seigneur s'est fait
entendre: 32 *Je suis le Dieu de tes an-
cêtres, le Dieu d'Abraham, d'Isaac
et de Jacob.*[n] Moïse, tout tremblant,
n'osait pas regarder. 33 Le Seigneur
lui a dit: *Retire tes sandales, car l'en-
droit où tu te tiens est une terre sain-
te.* 34 *J'ai vu la souffrance de mon
peuple qui est en Egypte, j'ai enten-
du ses gémissements et je suis des-
cendu pour le délivrer. Maintenant,
vas-y, je t'enverrai en Egypte.*[n]
35 »Ce Moïse qu'ils avaient renié en
disant: *Qui t'a établi chef et juge?*[n]
c'est lui que Dieu a envoyé comme
chef et libérateur avec l'aide de l'an-
ge qui lui était apparu dans le buis-
son. 36 C'est lui qui les a fait sortir
d'Egypte en accomplissant des pro-
diges et des signes miraculeux en
Egypte, à la mer Rouge et au désert
pendant 40 ans. 37 C'est ce Moïse qui
a dit aux Israélites: *[Le Seigneur no-
tre] Dieu fera surgir pour vous, par-
mi vos frères, un prophète comme
moi.*[n] 38 C'est lui qui, lors de l'assem-
blée au désert, était avec l'ange qui
lui parlait sur le mont Sinaï et avec
nos ancêtres; il a reçu des oracles
de vie pour nous les transmettre.
39 »Nos ancêtres n'ont pas voulu
lui obéir, mais ils l'ont repoussé et,
dans leur cœur, ils se sont tournés
vers l'Egypte 40 en disant à Aaron:
*Fais-nous des dieux qui marchent
devant nous! En effet, ce Moïse qui
nous a fait sortir d'Egypte, nous
ignorons ce qu'il est devenu.*[n] 41 A ce
moment-là, ils ont fait un veau, ils
ont offert un sacrifice à l'idole et se
sont réjouis de ce que leurs mains
avaient fabriqué. 42 Alors Dieu s'est
détourné d'eux et les a laissés ado-
rer les corps célestes, comme cela
est écrit dans le livre des prophètes:
*M'avez-vous offert des victimes et
des sacrifices pendant 40 ans au dé-
sert, communauté d'Israël?* 43 *Vous
avez porté la tente de Moloc et l'étoi-
le de votre dieu Remphan, ces ima-
ges que vous avez faites pour les ado-
rer! Aussi, je vous déporterai au-delà
de Babylone.*[n]
44 »Dans le désert, nos ancêtres
avaient la tente du témoignage;
celui qui parlait à Moïse lui avait
ordonné de la faire d'après le mo-
dèle qu'il avait vu. 45 Nos ancêtres
l'ont reçue et l'ont introduite, sous
la conduite de Josué, dans le pays
conquis sur les nations que Dieu
a chassées devant eux; et elle y
est restée jusqu'à l'époque de Da-
vid. 46 David a trouvé grâce devant
Dieu et a demandé la permission
de trouver une habitation pour le
Dieu de Jacob, 47 mais c'est Salo-
mon qui lui a construit un temple.
48 Cependant le Très-Haut n'habi-
te pas dans des temples faits par
la main de l'homme, comme le dit
le prophète: 49 *Le ciel est mon trône,
et la terre mon marchepied. Quelle
maison pourrez-vous me construire,
dit le Seigneur, ou quel endroit pour-
ra être mon lieu de repos?* 50 *N'est-ce
pas ma main qui a fait tout cela?*[n]
51 »Hommes réfractaires, incircon-
cis de cœur et d'oreilles! Vous vous
opposez toujours au Saint-Esprit;
vous êtes bien comme vos ancêtres.
52 Lequel des prophètes vos ancê-
tres n'ont-ils pas persécuté? Ils ont
tué ceux qui annonçaient d'avance
la venue du Juste, et c'est lui que

7.30 *Un ange... en feu*: citation d'Exode 3.2. **7.32** *Je suis... Jacob*: citation d'Exode 3.6. **7.33-34** *Retire... Egypte*: citation d'Exode 3.7-8, 10. **7.35** *Qui t'a établi chef et juge*: citation d'Exode 2.14. **7.37** *Le Seigneur... moi*: citation de Deutéronome 18.15. **7.40** *Fais-nous... devenu*: citation d'Exode 32.1. **7.42-43** *M'avez-vous... au-delà de Babylone*: citation d'Amos 5.25-27. **7.49-50** *Le ciel... tout cela*: citation d'Esaïe 66.1-2.

vous avez fait maintenant arrêter
et dont vous êtes devenus les meur-
triers, 53 vous qui avez reçu la loi par
l'intermédiaire des anges et qui ne
l'avez pas gardée!»
54 En entendant ces paroles, ils
avaient le cœur plein de rage et ils
grinçaient des dents contre lui.
55 Mais Etienne, rempli du Saint-
Esprit, fixa les regards vers le ciel
et vit la gloire de Dieu et Jésus de-
bout à la droite de Dieu. 56 Il dit: «Je
vois le ciel ouvert et le Fils de l'hom-
me debout à la droite de Dieu.» 57 Ils
poussèrent alors de grands cris en
se bouchant les oreilles, se préci-
pitèrent tous ensemble sur lui, 58 le
traînèrent à l'extérieur de la ville et
se mirent à le lapider. Les témoins
avaient déposé leurs vêtements
aux pieds d'un jeune homme ap-
pelé Saul. 59 Ils jetaient des pierres
à Etienne qui priait et disait: «Sei-
gneur Jésus, accueille mon esprit!»
60 Puis il se mit à genoux et s'écria
d'une voix forte: «Seigneur, ne les
charge pas de ce péché!» Après
avoir dit cela, il s'endormit.

8 Saul approuvait l'exécution
d'Etienne. Ce jour-là, une gran-
de persécution éclata contre l'Egli-
se de Jérusalem et tous, à l'excep-
tion des apôtres, se dispersèrent
dans les diverses régions de Judée
et de Samarie. 2 Des hommes pieux
enterrèrent Etienne et le pleurèrent
beaucoup. 3 Quant à Saul, il cher-
chait à détruire l'Eglise: il péné-
trait dans les maisons, en arrachait
hommes et femmes et les faisait
jeter en prison.

TÉMOIGNAGE EN JUDÉE ET ENVIRONS
8.4–12.25

L'Evangile en Samarie

4 Ceux qui avaient été dispersés
allaient de lieu en lieu et annon-
çaient la bonne nouvelle de la paro-
le. 5 Philippe descendit dans la vil-
le de Samarie et y prêcha le Christ.
6 Les foules tout entières étaient
attentives à ce que disait Philip-
pe, lorsqu'elles apprirent et virent
les signes miraculeux qu'il accom-
plissait. 7 En effet, des esprits im-
purs sortaient de beaucoup de dé-
moniaques en poussant de grands
cris et beaucoup de paralysés et de
boiteux étaient guéris. 8 Il y eut une
grande joie dans cette ville.
9 Un homme du nom de Simon se
trouvait déjà dans la ville. Se pré-
sentant comme un personnage
important, il exerçait la magie et
provoquait l'étonnement du peu-
ple samaritain. 10 Tous, du plus
petit jusqu'au plus grand, l'écou-
taient attentivement et disaient:
«Cet homme est la puissance de
Dieu, [celle qui s'appelle] la gran-
de.» 11 Ils l'écoutaient attentivement
parce qu'il les avait depuis long-
temps étonnés par ses actes de ma-
gie. 12 Mais, quand ils eurent cru à
Philippe qui leur annonçait la bon-
ne nouvelle du royaume de Dieu et
du nom de Jésus-Christ, hommes et
femmes se firent baptiser. 13 Simon
lui-même crut aussi et, après avoir
été baptisé, il ne quittait plus Phi-
lippe; il voyait avec étonnement les
[grands] miracles et signes qui s'ac-
complissaient.
14 Les apôtres qui étaient à Jérusa-
lem apprirent que les habitants de
la Samarie avaient fait bon accueil
à la parole de Dieu, et ils leur en-
voyèrent Pierre et Jean. 15 Ceux-ci
descendirent et prièrent pour eux
afin qu'ils reçoivent le Saint-Esprit.
16 En effet, il n'était encore descen-
du sur aucun d'eux; ils avaient seu-
lement été baptisés au nom du Sei-
gneur Jésus. 17 Alors Pierre et Jean
posèrent les mains sur eux et ils re-
çurent le Saint-Esprit.

18 Voyant que l'Esprit [saint] était
donné lorsque les apôtres posaient
les mains sur les gens, Simon leur
offrit de l'argent 19 en disant: «Ac-
cordez-moi aussi ce pouvoir afin
que celui sur lequel je poserai les
mains reçoive le Saint-Esprit.»
20 Mais Pierre lui dit: «Que ton ar-
gent soit perdu avec toi, puisque tu
as cru que le don de Dieu s'achète
à prix d'argent! 21 Tu n'as ni part ni
héritage dans cette affaire, car ton
cœur n'est pas droit devant Dieu.
22 Renonce donc à ta méchanceté
et prie le Seigneur pour que cette
pensée de ton cœur te soit pardon-
née, si c'est possible. 23 En effet, je
vois que tu es rempli d'amertume et
prisonnier du mal.» 24 Simon répon-
dit: «Priez vous-mêmes le Seigneur
pour moi, afin qu'il ne m'arrive rien
de ce que vous avez dit.»
25 Après avoir rendu témoignage
et prêché la parole du Seigneur,
Pierre et Jean retournèrent à Jéru-
salem, annonçant la bonne nou-
velle dans beaucoup de villages des
Samaritains.

L'Evangile annoncé à un eunuque éthiopien

26 Un ange du Seigneur s'adressa à
Philippe en disant: «Lève-toi et va
en direction du sud, sur le chemin
qui descend de Jérusalem à Gaza,
celui qui est désert.» 27 Il se leva et
partit. Or un eunuque éthiopien,
haut fonctionnaire de Candace, la
reine d'Ethiopie, et administrateur
de tous ses trésors, était venu à Jé-
rusalem pour adorer. 28 Il repartait,
assis sur son char, et lisait le pro-
phète Esaïe. 29 L'Esprit dit à Philip-
pe: «Avance et approche-toi de ce
char.» 30 Philippe accourut et en-
tendit l'Ethiopien lire le prophète
Esaïe. Il lui dit: «Comprends-tu ce
que tu lis?» 31 L'homme répondit:
«Comment le pourrais-je, si per-
sonne ne me l'explique?» et invi-
ta Philippe à monter et à s'asseoir
avec lui. 32 Le passage de l'Ecriture
qu'il lisait était celui-ci: *Il a été
conduit comme une brebis à l'abat-
toir et, pareil à un agneau muet de-
vant celui qui le tond, il n'ouvre pas
la bouche.* 33 *Dans son humiliation,
la justice lui a été refusée. Et sa gé-
nération, qui en parlera? En effet, sa
vie a été supprimée de la terre.*[n]
34 L'eunuque dit à Philippe: «Je t'en
prie, à propos de qui le prophète
dit-il cela? Est-ce à propos de lui-
même ou de quelqu'un d'autre?»
35 Alors Philippe prit la parole et,
en partant de ce texte de l'Ecriture,
il lui annonça la bonne nouvelle de
Jésus.
36 Comme ils continuaient leur
chemin, ils arrivèrent à un point
d'eau. L'eunuque dit: «Voici de
l'eau. Qu'est-ce qui empêche que
je sois baptisé?» 37 [Philippe dit: «Si
tu crois de tout ton cœur, cela est
possible.» L'eunuque répondit: «Je
crois que Jésus-Christ est le Fils de
Dieu.»] 38 Il fit arrêter le char. Phi-
lippe et l'eunuque descendirent
tous les deux dans l'eau et Philippe
baptisa l'eunuque. 39 Quand ils fu-
rent sortis de l'eau, l'Esprit du Sei-
gneur enleva Philippe et l'eunuque
ne le vit plus. Il poursuivit sa route
tout joyeux. 40 Philippe se retrouva
dans Azot, puis il alla jusqu'à Césa-
rée en évangélisant toutes les villes
par lesquelles il passait.

Conversion de Saul

9 Quant à Saul, il respirait tou-
jours la menace et le meurtre
contre les disciples du Seigneur.
Il se rendit chez le grand-prêtre
2 et lui demanda des lettres pour

8.32-33 *Il a été… la terre*: citation d'Esaïe 53.7-8.

les synagogues de Damas afin de
pouvoir arrêter et amener à Jérusa-
lem les partisans de cet enseigne-
ment[n] qu'il trouverait, hommes ou
femmes.
3 Comme il était en chemin et qu'il
approchait de Damas, tout à coup,
une lumière qui venait du ciel res-
plendit autour de lui. 4 Il tomba par
terre et entendit une voix lui dire:
«Saul, Saul, pourquoi me persé-
cutes-tu?» 5 Il répondit: «Qui es-tu,
Seigneur?» Et le Seigneur dit: «Moi,
je suis Jésus, celui que tu persécu-
tes. 6 Lève-toi, entre dans la ville et
on te dira ce que tu dois faire.» 7 Les
hommes qui l'accompagnaient s'ar-
rêtèrent, muets de stupeur; ils en-
tendaient bien la voix, mais ils ne
voyaient personne. 8 Saul se releva
de terre. Malgré ses yeux ouverts, il
ne voyait rien; on le prit par la main
pour le conduire à Damas. 9 Il resta
trois jours sans voir et il ne mangea
ni ne but rien.
10 Or, il y avait à Damas un disciple
du nom d'Ananias. Le Seigneur lui
dit dans une vision: «Ananias!» Il
répondit: «Me voici, Seigneur!» 11 Le
Seigneur lui dit alors: «Lève-toi, va
dans la rue qu'on appelle la droi-
te et, dans la maison de Judas, de-
mande un dénommé Saul de Tarse.
En effet, il prie 12 et il a vu en vision
un homme appelé Ananias entrer
et poser les mains sur lui afin qu'il
retrouve la vue.» 13 Ananias répon-
dit: «Seigneur, j'ai appris de beau-
coup tout le mal que cet homme a
fait à tes saints[n] à Jérusalem, 14 et ici
il a pleins pouvoirs, de la part des
chefs des prêtres, pour arrêter tous
ceux qui font appel à toi.» 15 Mais
le Seigneur lui dit: «Vas-y, car cet
homme est un instrument que j'ai
choisi pour faire connaître mon
nom aux non-Juifs, aux rois et aux
Israélites. 16 Je lui montrerai tout ce
qu'il doit souffrir pour moi.»
17 Ananias partit. Une fois entré
dans la maison, il posa les mains
sur Saul en disant: «Saul mon frè-
re, le Seigneur, [le Jésus] qui t'est
apparu sur le chemin par lequel tu
venais, m'a envoyé pour que tu re-
trouves la vue et que tu sois rem-
pli du Saint-Esprit.» 18 Aussitôt il
tomba comme des écailles de ses
yeux et il retrouva la vue. Il se leva
et fut baptisé; 19 après avoir pris de
la nourriture, il retrouva des forces.
Il resta quelques jours avec les dis-
ciples qui étaient à Damas 20 et se
mit aussitôt à proclamer dans les
synagogues que Jésus est le Fils
de Dieu. 21 Tous ceux qui l'enten-
daient étaient stupéfaits et disaient:
«N'est-ce pas l'homme qui persécu-
tait à Jérusalem ceux qui font appel
à ce nom-là et n'est-il pas venu ici
pour les arrêter et les conduire de-
vant les chefs des prêtres?» 22 Ce-
pendant Saul se fortifiait de plus
en plus, et il confondait les Juifs
qui habitaient Damas en démon-
trant que Jésus est le Messie.
23 Au bout d'un certain temps, les
Juifs se concertèrent pour le suppri-
mer, 24 mais leur complot parvint à
la connaissance de Saul. On gardait
les portes jour et nuit afin de pou-
voir le tuer. 25 Cependant, une nuit,
les disciples le prirent et le descen-
dirent le long de la muraille, assis
dans une corbeille.
26 Arrivé à Jérusalem, Saul essaya
de se joindre aux disciples, mais
tous avaient peur de lui car ils ne
croyaient pas qu'il était un disci-
ple. 27 Alors Barnabas le prit avec

9.2 *Cet enseignement*: littéralement *la voie.* **9.13** *Tes saints*: manière de désigner les chrétiens en tant que personnes consacrées à Dieu et appelées à avoir le comportement qui découle de leur appartenance à ce Dieu.

lui, le conduisit vers les apôtres et
leur raconta comment, sur le che-
min, Saul avait vu le Seigneur qui
lui avait parlé et avec quelle assu-
rance il avait prêché à Damas au
nom de Jésus. 28 Saul allait et venait
avec eux dans Jérusalem et s'expri-
mait en toute assurance au nom du
Seigneur. 29 Il parlait aussi et dis-
cutait avec les Hellénistes[n], mais
ceux-ci cherchaient à le supprimer.
30 L'ayant appris, les frères l'emme-
nèrent à Césarée et le firent partir
pour Tarse.

Miracles à Lydde et Jaffa

31 L'Eglise était en paix dans toute la
Judée, la Galilée et la Samarie; elle
s'édifiait, marchait dans la crainte
du Seigneur et grandissait grâce à
l'aide du Saint-Esprit.
32 Comme Pierre parcourait tout le
pays, il descendit aussi rendre visi-
te aux saints qui habitaient à Lyd-
de. 33 Il y trouva un homme appe-
lé Enée, qui était couché sur un lit
depuis 8 ans parce qu'il était para-
lysé. 34 Pierre lui dit: «Enée, Jésus-
Christ te guérit. Lève-toi et fais toi-
même ton lit!» Aussitôt il se leva.
35 Tous les habitants de Lydde et du
Saron le virent et se convertirent au
Seigneur.
36 Il y avait à Jaffa, parmi les disci-
ples, une femme appelée Tabitha,
ce qui signifie «gazelle». Elle faisait
beaucoup de bien et donnait de
son argent aux autres. 37 Elle tomba
malade à cette époque-là et mou-
rut. Après l'avoir lavée, on la dépo-
sa dans une chambre à l'étage. 38 Or
Lydde est près de Jaffa et les disci-
ples avaient appris que Pierre s'y
trouvait; ils envoyèrent donc [deux
hommes] vers lui pour le supplier
de venir jusque chez eux sans tar-
der. 39 Pierre se leva et partit avec
eux. A son arrivée, on le conduisit
dans la chambre à l'étage. Toutes
les veuves l'entourèrent en pleurant
et lui montrèrent toutes les robes
et les manteaux que faisait Tabitha
quand elle était avec elles. 40 Pierre
fit sortir tout le monde, se mit à ge-
noux et pria. Puis il se tourna vers
le corps et dit: «Tabitha, lève-toi!»
Elle ouvrit les yeux et, quand elle vit
Pierre, elle s'assit. 41 Il lui donna la
main et la fit lever. Il appela ensui-
te les saints et les veuves et la leur
présenta vivante. 42 Cela fut connu
de tout Jaffa et beaucoup crurent
au Seigneur. 43 Pierre resta quelque
temps à Jaffa, chez un tanneur qui
s'appelait Simon.

L'Evangile annoncé aux non-Juifs

10 Il y avait à Césarée un hom-
me appelé Corneille qui était
officier dans la troupe romaine ap-
pelée «cohorte italienne». 2 Il était
pieux et craignait Dieu avec tou-
te sa maison; il donnait beaucoup
d'argent au peuple et ne cessait de
prier Dieu.
3 Vers trois heures de l'après-midi,
il vit clairement dans une vision un
ange de Dieu entrer chez lui et lui
dire: «Corneille!» 4 Il fixa les regards
sur lui et, rempli de crainte, répon-
dit: «Qu'y a-t-il, Seigneur?» L'ange
lui dit: «Tes prières et les dons que
tu as faits sont montés devant Dieu
et il s'en est souvenu. 5 Maintenant,
envoie des hommes à Jaffa et fais
venir Simon, surnommé Pierre; 6 il
est logé chez un certain Simon, un
tanneur dont la maison se trouve
près de la mer.»
7 Dès que l'ange qui lui avait par-
lé fut parti, Corneille appela deux
de ses serviteurs et un soldat pieux
parmi ceux qui étaient attachés à
son service; 8 il leur raconta tout

9.29 *Hellénistes*: Juifs ayant vécu en dehors du territoire d'Israël et parlant le grec.

ce qui s'était passé et les envoya à
Jaffa.
9 Le lendemain, alors que ces hom-
mes étaient en route et qu'ils ap-
prochaient de la ville, Pierre monta
sur le toit vers midi pour prier. 10 Il
eut faim et voulut manger. Pendant
qu'on préparait le repas, il tomba
en extase. 11 Il vit le ciel ouvert et
un objet ressemblant à une gran-
de nappe attachée aux quatre
coins qui descendait et s'abaissait
vers la terre. 12 A l'intérieur se trou-
vaient tous les quadrupèdes et rep-
tiles de la terre ainsi que les oiseaux
du ciel[n]. 13 Une voix lui dit: «Lève-
toi, Pierre, tue et mange!» 14 Mais
Pierre dit: «Certainement pas, Sei-
gneur, car je n'ai jamais rien mangé
de souillé ni d'impur.» 15 A nouveau,
pour la deuxième fois, la voix lui
parla: «Ce que Dieu a déclaré pur,
toi, ne le considère pas comme im-
pur!» 16 Cela se produisit trois fois
et, aussitôt après, l'objet disparut
dans le ciel.
17 Pierre restait perplexe sur le sens
de la vision qu'il avait eue. Pendant
ce temps, les hommes envoyés par
Corneille avaient demandé où était
la maison de Simon. Ils se présentè-
rent à la porte 18 et appelèrent pour
savoir si c'était bien là que logeait
Simon, surnommé Pierre. 19 Pier-
re réfléchissait encore à la vision
quand l'Esprit lui dit: «Il y a trois
hommes qui te cherchent. 20 Lève-
toi, descends et pars avec eux sans
hésiter, car c'est moi qui les ai en-
voyés.» 21 Pierre descendit et dit à
ces hommes: «Me voici, je suis ce-
lui que vous cherchez. Quelle est
la raison qui vous amène ici?» 22 Ils
répondirent: «L'officier romain Cor-
neille est un homme juste et craint
Dieu. Toute la nation des Juifs
lui rend un bon témoignage. Or,
il a été divinement averti par un
saint ange de te faire venir dans
sa maison et d'écouter tes paroles.»
23 Alors Pierre les fit entrer et les
logea. Le lendemain, il [se leva et]
partit avec eux. Quelques-uns des
frères de Jaffa l'accompagnèrent.
24 Ils arrivèrent à Césarée le jour
suivant. Corneille les attendait. Il
avait invité sa parenté et ses amis
intimes. 25 Lorsque Pierre entra,
Corneille, qui était venu à sa ren-
contre, se jeta à ses pieds et se pros-
terna. 26 Mais Pierre le releva en di-
sant: «Lève-toi! Moi aussi, je suis un
être humain.» 27 Tout en conversant
avec lui, il entra et trouva beaucoup
de personnes réunies. 28 «Vous sa-
vez, leur dit-il, qu'il est interdit à un
Juif de se lier à un étranger ou d'en-
trer chez lui, mais Dieu m'a mon-
tré qu'il ne faut déclarer aucun être
humain souillé ou impur. 29 C'est
pourquoi je n'ai pas eu d'objection
à venir quand vous m'avez appelé.
Je vous demande donc pour quelle
raison vous m'avez fait venir.»
30 Corneille répondit: «Il y a trois
jours, [je jeûnais] jusqu'à cette
heure-ci [et] je priais dans ma mai-
son à trois heures de l'après-midi;
un homme aux vêtements resplen-
dissants s'est alors présenté devant
moi et a dit: 31 'Corneille, ta prière
a été exaucée et Dieu s'est souve-
nu des dons que tu as faits. 32 En-
voie donc quelqu'un à Jaffa et fais
venir Simon, surnommé Pierre. Il
est logé dans la maison de Simon le
tanneur, près de la mer. [Lorsqu'il
sera venu, il te parlera.]' 33 J'ai alors
tout de suite envoyé quelqu'un vers
toi et tu as bien fait de venir. Main-

10.12 *Quadrupèdes… reptiles… oiseaux du ciel*: la loi mosaïque définissait clairement quels étaient les animaux purs, que les Juifs pouvaient consommer, et quels étaient les animaux impurs, qu'il leur était défendu de manger.

tenant donc nous sommes tous de-
vant Dieu pour écouter tout ce que
le Seigneur t'a ordonné de nous
dire.»
34 Alors Pierre prit la parole et dit:
«En vérité, je reconnais que Dieu
ne fait pas de favoritisme 35 et que
dans toute nation celui qui le craint
et qui pratique la justice lui est
agréable. 36 Il a envoyé sa parole
aux Israélites en leur annonçant la
paix par Jésus-Christ, qui est le Sei-
gneur de tous. 37 Vous savez ce qui
est arrivé dans toute la Judée, après
avoir commencé en Galilée suite au
baptême que Jean a prêché. 38 Vous
savez comment Dieu a déversé une
onction de Saint-Esprit et de puis-
sance sur Jésus de Nazareth, qui
allait de lieu en lieu en faisant le
bien et en guérissant tous ceux qui
étaient sous la domination du dia-
ble, parce que Dieu était avec lui.
39 Nous sommes témoins de tout ce
qu'il a fait dans le pays des Juifs et
à Jérusalem. Lui qu'ils ont tué en le
clouant sur la croix, 40 Dieu l'a res-
suscité le troisième jour et a permis
qu'il apparaisse, 41 non à tout le
peuple, mais aux témoins choisis
d'avance par Dieu, à nous qui avons
mangé et bu avec lui après sa résur-
rection. 42 Jésus nous a ordonné de
prêcher au peuple et d'attester que
c'est lui que Dieu a désigné juge des
vivants et des morts. 43 Tous les pro-
phètes rendent de lui le témoignage
que toute personne qui croit en lui
reçoit par son nom le pardon des
péchés.»
44 Pierre parlait encore quand le
Saint-Esprit descendit sur tous ceux
qui écoutaient la parole. 45 Tous les
croyants circoncis[n] qui étaient ve-
nus avec Pierre furent stupéfaits de
ce que le don du Saint-Esprit était
déversé même sur les non-Juifs.
46 En effet, ils les entendaient parler
en langues et célébrer la grandeur
de Dieu. Alors Pierre dit: 47 «Peut-on
refuser l'eau du baptême à ceux qui
ont reçu le Saint-Esprit tout comme
nous?» 48 et il ordonna de les bapti-
ser au nom du Seigneur. Ils lui de-
mandèrent alors de rester quelques
jours avec eux.
11 Les apôtres et les frères qui
étaient en Judée apprirent
que les non-Juifs avaient eux aussi
fait bon accueil à la parole de Dieu.
2 Et lorsque Pierre monta à Jérusa-
lem, ceux qui étaient circoncis lui
adressèrent des reproches 3 en di-
sant: «Tu es entré chez des incircon-
cis et tu as mangé avec eux!»
4 Pierre se mit à leur exposer dans
l'ordre tout ce qui s'était passé. Il
dit: 5 «J'étais dans la ville de Jaffa
et, pendant que je priais, j'ai eu en
extase une vision: un objet qui res-
semblait à une grande nappe atta-
chée aux quatre coins descendait
du ciel et venait jusqu'à moi. 6 Je
l'ai examiné attentivement et j'ai vu
les quadrupèdes de la terre, les bê-
tes sauvages et les reptiles ainsi que
les oiseaux du ciel. 7 Puis j'ai enten-
du une voix qui me disait: 'Lève-
toi, Pierre, tue et mange!' 8 Mais j'ai
dit: 'Certainement pas, Seigneur,
car jamais rien de souillé ni d'im-
pur n'est entré dans ma bouche.'
9 Pour la deuxième fois la voix s'est
fait entendre du ciel: 'Ce que Dieu
a déclaré pur, toi, ne le considère
pas comme impur.' 10 Cela est ar-
rivé trois fois, puis tout a été reti-
ré dans le ciel. 11 Et voilà qu'à l'ins-
tant même, trois hommes envoyés
de Césarée vers moi sont arrivés à
la maison où j'étais. 12 L'Esprit m'a
dit de partir avec eux sans hésiter.
Les six frères que voici m'ont ac-
compagné et nous sommes entrés

10.45 *Les croyants circoncis*: c'est-à-dire les Juifs devenus disciples de Christ.

dans la maison de Corneille. 13 Cet
homme nous a raconté comment
il avait vu l'ange se présenter à lui
dans sa maison et [lui] dire: 'En-
voie quelqu'un à Jaffa et fais ve-
nir Simon, surnommé Pierre; 14 il
te dira un message par lequel tu
seras sauvé, toi et toute ta famille.'
15 Lorsque j'ai commencé à par-
ler, le Saint-Esprit est descendu sur
eux, comme sur nous au début. 16 Et
je me suis souvenu de cette parole
du Seigneur: 'Jean a baptisé d'eau,
mais vous, vous serez baptisés du
Saint-Esprit.' 17 Puisque Dieu leur a
accordé le même don qu'à nous qui
avons cru au Seigneur Jésus-Christ,
qui étais-je, moi, pour m'opposer à
Dieu?»
18 Après avoir entendu cela, ils se
calmèrent et se mirent à célébrer
la gloire de Dieu en disant: «Dieu
a donc aussi accordé aux non-Juifs
la possibilité de changer d'attitude
afin d'avoir la vie.»

L'Evangile à Antioche de Syrie

19 Ceux qui avaient été dispersés lors
de la persécution survenue après
la mort d'Etienne allèrent jusqu'en
Phénicie, dans l'île de Chypre et à
Antioche; mais ils n'annonçaient la
parole qu'aux Juifs. 20 Cependant,
certains d'entre eux, qui étaient
originaires de Chypre et de Cyrè-
ne, vinrent à Antioche et s'adressè-
rent [aussi] aux non-Juifs pour leur
annoncer la bonne nouvelle du Sei-
gneur Jésus. 21 La main du Seigneur
était avec eux et un grand nombre
de personnes crurent et se tournè-
rent vers le Seigneur.
22 La nouvelle en parvint aux oreil-
les des membres de l'Eglise de Jé-
rusalem et ils envoyèrent Bar-
nabas jusqu'à Antioche. 23 A son
arrivée, lorsqu'il vit la grâce de
Dieu, il en éprouva de la joie. Il les
encourageait tous à rester attachés
au Seigneur d'un cœur ferme, 24 car
c'était un homme de bien, plein
d'Esprit saint et de foi. Une foule
assez nombreuse s'attacha au Sei-
gneur. 25 Barnabas se rendit ensui-
te à Tarse pour aller chercher Saul.
26 Quand il l'eut trouvé, il l'amena
à Antioche. Pendant toute une an-
née, ils participèrent aux réunions
de l'Eglise et ils enseignèrent beau-
coup de personnes. C'est à Antio-
che que, pour la première fois, les
disciples furent appelés chrétiens.
27 A cette époque-là, des prophètes
descendirent de Jérusalem à Antio-
che. 28 L'un d'eux, du nom d'Agabus,
se leva et annonça par l'Esprit qu'il
y aurait une grande famine sur tou-
te la terre. Elle arriva, en effet, sous
l'empereur Claude. 29 Les disciples
décidèrent d'envoyer, chacun selon
ses moyens, un secours aux frères
et sœurs qui habitaient la Judée.
30 C'est ce qu'ils firent en l'envoyant
aux anciens par l'intermédiaire de
Barnabas et de Saul.

Arrestation et libération de Pierre

12 A cette époque-là, le roi Hé-
rode se mit à maltraiter des
membres de l'Eglise, 2 et il fit mou-
rir par l'épée Jacques, le frère de
Jean. 3 Quand il vit que cela plaisait
aux Juifs, il fit encore arrêter Pierre.
– C'était pendant la fête des pains
sans levain. – 4 Après l'avoir fait
arrêter et jeter en prison, il le mit
sous la garde de quatre escouades
de quatre soldats chacune; il avait
l'intention de le faire comparaître
devant le peuple après la Pâque.
5 Pierre était donc gardé dans la pri-
son et l'Eglise adressait d'ardentes
prières à Dieu pour lui.
6 La nuit qui précédait le jour où
Hérode allait le faire comparaître,
Pierre, attaché avec deux chaînes,
dormait entre deux soldats; des sen-
tinelles postées devant la porte gar-

daient la prison. 7 Soudain, un ange
du Seigneur survint et une lumière
resplendit dans la cellule. L'ange ré-
veilla Pierre en le frappant au côté
et lui dit: «Lève-toi vite!» Les chaî-
nes tombèrent de ses mains. 8 Puis
l'ange lui dit: «Mets ta ceinture et
tes sandales.» C'est ce qu'il fit. L'an-
ge lui dit encore: «Mets ton man-
teau et suis-moi.» 9 Pierre sortit et le
suivit, sans savoir que ce que l'ange
faisait était réel: il croyait avoir une
vision. 10 Ils passèrent la première
garde, puis la seconde, et ils arrivè-
rent à la porte de fer qui mène à la
ville. La porte s'ouvrit d'elle-même
devant eux; ils sortirent et s'avan-
cèrent dans une rue. Aussitôt l'an-
ge quitta Pierre.
11 Revenu à lui-même, Pierre dit:
«Maintenant, je sais vraiment que
le Seigneur a envoyé son ange et
qu'il m'a délivré du pouvoir d'Hé-
rode et de tout ce que le peuple juif
attendait.» 12 Après avoir réfléchi, il
se dirigea vers la maison de Marie,
la mère de Jean, surnommé Marc,
où beaucoup de personnes étaient
réunies et priaient. 13 Il frappa à la
porte d'entrée et une servante ap-
pelée Rhode s'approcha pour écou-
ter. 14 Elle reconnut la voix de Pier-
re et, dans sa joie, au lieu d'ouvrir,
elle courut annoncer que Pierre se
tenait devant la porte. 15 Ils lui di-
rent: «Tu es folle», mais elle soute-
nait que c'était bien vrai. Ils dirent
alors: «C'est son ange.» 16 Cepen-
dant Pierre continuait à frapper. Ils
ouvrirent et furent stupéfaits de le
voir. 17 De la main, il leur fit signe de
se taire et il [leur] raconta comment
le Seigneur l'avait tiré de la prison.
Il ajouta: «Annoncez-le à Jacques
et aux frères et sœurs.» Puis il sortit
et s'en alla dans un autre endroit.
18 Quand il fit jour, il y eut une
grande agitation parmi les sol-
dats: qu'était donc devenu Pierre?
19 Hérode le fit rechercher, mais on
ne le trouva pas. Il interrogea les
gardes et donna l'ordre de les fai-
re exécuter. Ensuite il quitta la Ju-
dée et descendit à Césarée pour y
séjourner.
20 Hérode était en conflit avec les
Tyriens et les Sidoniens. Mais ils
vinrent le trouver d'un commun
accord et, après avoir gagné Blas-
tus, le responsable de sa chambre,
ils demandèrent la paix parce que
leur région dépendait de celle du
roi pour son ravitaillement. 21 Le
jour fixé, Hérode, habillé de sa te-
nue royale, était assis sur son trône
et leur adressait publiquement un
discours. 22 Le peuple s'écria: «C'est
la voix d'un dieu et non d'un être
humain!» 23 Un ange du Seigneur le
frappa immédiatement parce qu'il
n'avait pas donné gloire à Dieu. Il
mourut rongé par des vers.
24 Quant à la parole de Dieu, elle se
propageait de plus en plus.
25 Une fois leur mission à Jérusalem
accomplie, Barnabas et Saul repar-
tirent, emmenant avec eux Jean,
surnommé Marc.

PREMIER VOYAGE MISSIONNAIRE
13.1–15.35

Envoi de Barnabas et Saul

13 Il y avait dans l'Eglise d'An-
tioche des prophètes et des
enseignants: Barnabas, Siméon ap-
pelé le Noir, Lucius de Cyrène, Ma-
nahen, qui avait été élevé avec Hé-
rode le tétrarque[n], et Saul. 2 Pendant
qu'ils rendaient un culte au Seigneur
et qu'ils jeûnaient, le Saint-Esprit

13.1 *Tétrarque*: titre donné par les Romains aux princes de moins grande importance que les rois. Il s'agit ici d'Hérode Antipas.

dit: «Mettez-moi à part Barnabas
et Saul pour la tâche à laquelle je
les ai appelés.» 3 Alors, après avoir
jeûné, prié et posé les mains sur eux,
ils les laissèrent partir.
4 Envoyés par le Saint-Esprit, Bar-
nabas et Saul descendirent à Sé-
leucie, d'où ils embarquèrent pour
l'île de Chypre. 5 Arrivés à Salamine,
ils annoncèrent la parole de Dieu
dans les synagogues des Juifs. Ils
avaient aussi Jean pour aide.
6 Ensuite, ils traversèrent [toute]
l'île jusqu'à Paphos, où ils trou-
vèrent un magicien, un prétendu
prophète juif appelé Bar-Jésus. 7 Il
faisait partie de l'entourage du gou-
verneur Sergius Paulus, un homme
intelligent. Ce dernier fit appeler
Barnabas et Saul et exprima le désir
d'entendre la parole de Dieu. 8 Mais
Elymas le magicien – c'est en effet
ce que signifie son nom – s'oppo-
sait à eux et cherchait à détourner
le gouverneur de la foi. 9 Alors Saul,
appelé aussi Paul, rempli du Saint-
Esprit, fixa les regards sur lui et dit:
10 «Homme plein de toute sorte de
ruse et de méchanceté, fils du dia-
ble, ennemi de toute justice, ne vas-
tu pas cesser de pervertir les voies
droites du Seigneur? 11 Maintenant,
voici que la main du Seigneur est
sur toi: tu seras aveugle et pour un
temps tu ne verras pas le soleil.»
L'obscurité et les ténèbres tombè-
rent immédiatement sur lui et il se
tournait de tous côtés en cherchant
quelqu'un pour le guider. 12 Quand
il vit ce qui était arrivé, le gouver-
neur crut, frappé qu'il était par l'en-
seignement du Seigneur.
13 Paul et ses compagnons embar-
quèrent à Paphos pour se rendre à
Perge en Pamphylie, mais Jean se
sépara d'eux et retourna à Jérusa-
lem.

L'Evangile à Antioche de Pisidie

14 De Perge ils poursuivirent leur
route et arrivèrent à Antioche de Pi-
sidie. Ils entrèrent dans la synago-
gue le jour du sabbat et s'assirent.
15 Après la lecture de la loi et des
prophètes, les chefs de la synagogue
leur firent dire: «Frères, si vous avez
quelques mots d'encouragement
à adresser au peuple, parlez!»
16 Paul se leva, fit un signe de la
main et dit: «Israélites et vous qui
craignez Dieu, écoutez! 17 Le Dieu
de ce peuple, [d'Israël,] a choisi nos
ancêtres. Il a fait grandir le peuple
pendant son séjour en Egypte et il
l'en a fait sortir par sa puissance.
18 Il les a supportés près de 40 ans
dans le désert 19 et, après avoir dé-
truit sept nations dans le pays de
Canaan, il [leur] a accordé leur ter-
ritoire comme propriété. 20 Après
cela, durant 450 ans environ, il leur
a donné des juges, jusqu'au pro-
phète Samuel. 21 Ils ont alors de-
mandé un roi, et Dieu leur a donné
pendant 40 ans Saül, fils de Kis,
de la tribu de Benjamin. 22 Puis il
l'a rejeté et leur a donné pour roi
David, auquel il a rendu ce témoi-
gnage: *J'ai trouvé David, fils d'Isaï,*
un homme selon mon cœur, qui ac-
complira toutes mes volontés.[n]
23 »C'est de la descendance de Da-
vid que Dieu, conformément à sa
promesse, a amené à Israël un Sau-
veur qui est Jésus. 24 Avant sa venue,
Jean avait prêché le baptême de re-
pentance à tout le peuple d'Israël.
25 Et, lorsqu'il terminait sa course,
Jean disait: 'Je ne suis pas celui que
vous pensez, mais le voici qui vient
après moi et je ne suis pas digne de
détacher ses sandales.'
26 »Mes frères, descendants d'Abra-
ham et vous qui craignez Dieu, c'est
à vous que cette parole de salut a

13.22 *J'ai trouvé… volontés*: citation de 1 Samuel 13.14.

été envoyée. 27 En effet, les habi-
tants de Jérusalem et leurs chefs
n'ont pas reconnu qui était Jésus,
mais en le condamnant ils ont ac-
compli les paroles des prophètes
qu'on lit chaque sabbat. 28 Bien que
n'ayant rien trouvé en lui qui méri-
te la mort, ils ont demandé à Pila-
te de le faire mourir. 29 Après avoir
accompli tout ce qui est écrit à son
sujet, ils l'ont descendu de la croix
et l'ont déposé dans un tombeau.
30 Mais Dieu l'a ressuscité. 31 Il est
apparu pendant plusieurs jours à
ceux qui étaient montés avec lui de
la Galilée à Jérusalem et qui sont
[maintenant] ses témoins auprès
du peuple.

32 »Et nous, nous vous annonçons
cette bonne nouvelle: la promesse
faite à nos ancêtres, 33 Dieu l'a ac-
complie pour nous, leurs descen-
dants, en ressuscitant Jésus, confor-
mément à ce qui est écrit dans le
Psaume 2: *Tu es mon Fils, je t'ai en-
gendré aujourd'hui.*[n] 34 Il l'a ressus-
cité, de telle sorte qu'il ne retour-
nera pas à la décomposition; c'est
ce qu'il a déclaré en disant: *Je vous
donnerai les grâces saintes et sûres
promises à David.*[n] 35 C'est pourquoi
il dit encore ailleurs: *Tu ne permet-
tras pas que ton saint connaisse la
décomposition.*[n] 36 Or, après avoir
dans sa propre génération été au
service de la volonté de Dieu, Da-
vid est mort, a rejoint ses ancêtres
et a connu la décomposition. 37 En
revanche, celui que Dieu a ressus-
cité ne l'a pas connue.

38 »Sachez-le donc, mes frères: c'est
par lui que le pardon des péchés
vous est annoncé 39 et c'est par lui
que toute personne qui croit est li-
bérée de toutes les fautes dont vous
ne pouviez pas être libérés par la
loi de Moïse. 40 Ainsi, faites atten-
tion qu'il ne vous arrive pas ce qui
est dit dans les prophètes: 41 *Regar-
dez, vous qui êtes pleins de mépris,
soyez étonnés et disparaissez, car je
vais faire à votre époque une œuvre
que vous ne croiriez pas si on vous
la racontait.*[n]»

42 Lorsqu'ils sortirent [de la synago-
gue des Juifs], les non-Juifs les in-
vitèrent à parler du même sujet le
sabbat suivant. 43 Quand l'assem-
blée se dispersa, beaucoup de Juifs
et de non-Juifs pieux convertis au
judaïsme suivirent Paul et Barna-
bas, qui s'entretinrent avec eux et
les convainquirent de rester atta-
chés à la grâce de Dieu.

44 Le sabbat suivant, presque toute
la ville se rassembla pour écouter la
parole de Dieu. 45 Quand ils virent
cette foule, les Juifs furent rem-
plis de jalousie, et ils s'opposaient
à ce que disait Paul [en le contre-
disant et] en l'insultant. 46 Paul et
Barnabas leur dirent avec assu-
rance: «C'était à vous d'abord que
la parole de Dieu devait être an-
noncée mais, puisque vous la re-
jetez et que vous vous jugez vous-
mêmes indignes de la vie éternelle,
nous nous tournons vers les non-
Juifs. 47 En effet, tel est l'ordre que
le Seigneur nous a donné: *Je t'ai éta-
bli pour être la lumière des nations,
pour apporter le salut jusqu'aux ex-
trémités de la terre.*[n]»

48 Les non-Juifs se réjouissaient en
entendant cela, ils célébraient la
parole du Seigneur, et tous ceux
qui étaient destinés à la vie éter-
nelle crurent. 49 La parole du Sei-
gneur se propageait dans tout le
pays. 50 Mais les Juifs excitèrent

13.33 *Tu es… aujourd'hui*: citation du Psaume 2.7. **13.34** *Je vous donnerai… David*: citation d'Esaïe 55.3. **13.35** *Tu ne permettras… décomposition*: citation du Psaume 16.10. **13.41** *Regardez… racontait*: citation d'Habakuk 1.5. **13.47** *Je t'ai établi… terre*: citation d'Esaïe 49.6.

les femmes pieuses de la haute so-
ciété et les personnalités de la vil-
le, ils provoquèrent une persécu-
tion contre Paul et Barnabas et les
chassèrent de leur territoire. 51 Paul
et Barnabas secouèrent contre eux
la poussière de leurs pieds[n] et allè-
rent à Iconium. 52 Quant aux disci-
ples, ils étaient remplis de joie et du
Saint-Esprit.

L'Evangile à Iconium, Lystre et Derbe

14 A Iconium de même, Paul et
Barnabas entrèrent dans la
synagogue des Juifs, et ils parlè-
rent de telle manière qu'une gran-
de foule de Juifs et de non-Juifs
crurent. 2 Mais les Juifs restés in-
crédules excitèrent l'esprit des
non-Juifs et provoquèrent leur hos-
tilité contre les frères. 3 Paul et Bar-
nabas restèrent donc assez long-
temps à Iconium; ils parlaient avec
assurance, appuyés sur le Seigneur
qui rendait témoignage à la parole
de sa grâce en permettant qu'il se
fasse par leur intermédiaire des si-
gnes miraculeux et des prodiges.
4 La population de la ville se divisa:
les uns étaient du côté des Juifs, les
autres du côté des apôtres. 5 Alors
que les non-Juifs et les Juifs, avec
leurs chefs, se préparaient à les
maltraiter et à les lapider, 6 Paul et
Barnabas, avertis de la situation,
se réfugièrent dans les villes de la
Lycaonie, à Lystre, à Derbe et dans
les environs. 7 Là aussi, ils annoncè-
rent la bonne nouvelle.
8 A Lystre, un homme impotent des
pieds se tenait assis; il était infir-
me de naissance et n'avait jamais
marché. 9 Il écoutait Paul parler.
Celui-ci fixa les regards sur lui et,
voyant qu'il avait la foi pour être
sauvé[n], 10 il lui dit d'une voix for-
te: «Lève-toi droit sur tes pieds!» Il
se leva d'un bond et se mit à mar-
cher.
11 A la vue de ce que Paul avait fait,
la foule se mit à dire tout haut en
lycaonien: «Les dieux sont descen-
dus vers nous sous une forme hu-
maine.» 12 Ils appelaient Barna-
bas Zeus, et Paul Hermès[n], parce
que c'était lui qui prenait la parole.
13 Le prêtre de Zeus, dont le tem-
ple était à l'entrée de la ville, ame-
na des taureaux avec des guirlan-
des vers les portes. Il voulait, de
même que la foule, offrir un sacri-
fice. 14 Quand ils apprirent cela, les
apôtres Barnabas et Paul déchirè-
rent leurs vêtements et se précipi-
tèrent vers la foule 15 en s'écriant:
«Pourquoi faites-vous cela? Nous
aussi, nous sommes des êtres hu-
mains de la même nature que vous,
et nous vous apportons une bonne
nouvelle en vous appelant à renon-
cer à ces idoles sans consistance
pour vous tourner vers le Dieu vi-
vant *qui a fait le ciel, la terre, la mer
et tout ce qui s'y trouve*[n]. 16 Dans les
générations passées, il a laissé tou-
tes les nations suivre leurs propres
voies. 17 Pourtant, il n'a pas cessé
de rendre témoignage à ce qu'il est
par le bien qu'il fait: il vous envoie
du ciel les pluies et les saisons ferti-
les, il vous comble de nourriture et
remplit votre cœur de joie.» 18 C'est
à peine s'ils purent, par ces paroles,
empêcher la foule de leur offrir un
sacrifice.
19 Alors arrivèrent d'Antioche et
d'Iconium des Juifs qui gagnèrent
la foule. Après avoir lapidé Paul, ils

13.51 *Secouèrent... pieds*: les Juifs avaient l'habitude de secouer la poussière de leurs pieds en quittant une ville non juive; ils exprimaient ainsi leur séparation d'avec ceux qui n'adoraient pas Dieu. **14.9** *Sauvé*: ou *guéri*, avec possible jeu sur le double sens. **14.12** *Zeus... Hermès*: respectivement le dieu suprême et le messager des dieux, dans la mythologie grecque. **14.15** *Qui a fait... trouve*: présentation de Dieu tirée d'Exode 20.11 et du Psaume 146.6.

le traînèrent hors de la ville, pen-
sant qu'il était mort. 20 Cependant,
quand les disciples l'entourèrent, il
se leva et entra dans la ville. Le len-
demain, il partit pour Derbe avec
Barnabas. 21 Après avoir évangélisé
cette ville et fait un certain nom-
bre de disciples, ils retournèrent
à Lystre, à Iconium et à Antioche.
22 Ils fortifiaient l'esprit des disci-
ples, les encourageaient à persé-
vérer dans la foi et disaient: «C'est
à travers beaucoup de difficul-
tés qu'il nous faut entrer dans le
royaume de Dieu.» 23 Ils désignè-
rent des anciens dans chaque Egli-
se et, après avoir prié et jeûné, ils
les confièrent au Seigneur en qui
ils avaient cru. 24 Traversant en-
suite la Pisidie, ils vinrent en Pam-
phylie. 25 Ils annoncèrent la paro-
le à Perge, puis ils descendirent à
Attalie. 26 De là ils embarquèrent
pour Antioche, leur point de dé-
part, où on les avait confiés à la
grâce de Dieu pour la tâche qu'ils
venaient d'accomplir.
27 Après leur arrivée, Paul et Barna-
bas réunirent l'Eglise et racontèrent
tout ce que Dieu avait fait avec eux
et comment il avait ouvert la porte
de la foi aux non-Juifs. 28 Ils restè-
rent assez longtemps avec les dis-
ciples.

La question des non-Juifs et de la loi

15 Quelques hommes venus de
Judée enseignaient les frères
en disant: «Si vous n'êtes pas cir-
concis selon la coutume de Moïse,
vous ne pouvez pas être sauvés.»
2 Paul et Barnabas eurent un vif dé-
bat et une vive discussion avec eux.
Les frères décidèrent alors que Paul,
Barnabas et quelques-uns d'entre
eux monteraient à Jérusalem vers
les apôtres et les anciens pour trai-
ter cette question. 3 Envoyés donc
par l'Eglise, ils traversèrent la Phé-
nicie et la Samarie en racontant la
conversion des non-Juifs, et ils cau-
sèrent une grande joie à tous les frè-
res et sœurs. 4 Arrivés à Jérusalem,
ils furent accueillis par l'Eglise, les
apôtres et les anciens, et ils rappor-
tèrent tout ce que Dieu avait fait
avec eux. 5 Alors quelques croyants
issus du parti des pharisiens se le-
vèrent en disant qu'il fallait circon-
cire les non-Juifs et leur ordonner
de respecter la loi de Moïse.
6 Les apôtres et les anciens se réu-
nirent pour examiner cette ques-
tion. 7 Il y eut une longue discus-
sion. Pierre se leva alors et leur dit:
«Mes frères, vous savez que, dès
les premiers jours, Dieu a fait un
choix parmi nous: il a décidé que
les non-Juifs entendraient par ma
bouche la parole de l'Evangile et
croiraient. 8 Et Dieu, qui connaît les
cœurs, leur a rendu témoignage en
leur donnant le Saint-Esprit com-
me à nous. 9 Il n'a fait aucune diffé-
rence entre eux et nous, puisqu'il a
purifié leur cœur par la foi. 10 Main-
tenant donc, pourquoi provoquer
Dieu en imposant aux disciples
des exigences que ni nos ancêtres
ni nous n'avons été capables de
remplir? 11 Nous croyons au con-
traire que c'est par la grâce du Sei-
gneur Jésus que nous sommes sau-
vés, tout comme eux.»
12 Toute l'assemblée garda le silence
et l'on écouta Barnabas et Paul ra-
conter tous les signes miraculeux et
les prodiges que Dieu avait accom-
plis par leur intermédiaire au mi-
lieu des non-Juifs.
13 Lorsqu'ils eurent fini de parler,
Jacques prit la parole et dit: «Mes
frères, écoutez-moi! 14 Simon a ra-
conté comment dès le début Dieu
est intervenu pour choisir parmi
les nations un peuple qui porte son
nom. 15 Cela s'accorde avec les pa-
roles des prophètes, puisqu'il est

écrit: 16 *Après cela, je reviendrai, je*
relèverai de sa chute la tente de Da-
vid, je réparerai ses ruines et je la re-
dresserai; 17 *alors le reste des hom-*
mes cherchera le Seigneur, ainsi que
toutes les nations appelées de mon
nom, dit le Seigneur qui fait [tout]
cela[n] 18 et de qui cela est connu de
toute éternité.
19 »C'est pourquoi, je pense qu'on
ne doit pas créer de difficultés aux
non-Juifs qui se tournent vers Dieu,
20 mais qu'il faut leur écrire d'éviter
les souillures des idoles, l'immo-
ralité sexuelle, les animaux étouf-
fés et le sang. 21 En effet, depuis
bien des générations, dans chaque
ville des hommes prêchent la loi
de Moïse, puisqu'on la lit chaque
sabbat dans les synagogues.»
22 Alors il parut bon aux apôtres
et aux anciens, ainsi qu'à toute
l'Eglise, de choisir parmi eux Jude,
appelé Barsabbas, et Silas, des
hommes estimés parmi les frères,
et de les envoyer à Antioche avec
Paul et Barnabas. 23 Ils les char-
gèrent du message que voici:
«Les apôtres, les anciens et les frè-
res aux frères et sœurs d'origine
non juive qui sont à Antioche, en
Syrie et en Cilicie, salut! 24 Nous
avons appris que des hommes par-
tis de chez nous, mais sans aucun
ordre de notre part, vous ont trou-
blés par leurs discours et vous ont
ébranlés [en vous disant de vous
faire circoncire et de respecter la
loi]. 25 C'est pourquoi nous avons
décidé, d'un commun accord, de
choisir des délégués et de vous les
envoyer avec nos bien-aimés Bar-
nabas et Paul, 26 ces hommes qui
ont livré leur vie pour le nom de no-
tre Seigneur Jésus-Christ. 27 Nous
avons donc envoyé Jude et Silas qui
vous annonceront de vive voix les
mêmes choses. 28 En effet, il a paru
bon au Saint-Esprit et à nous de ne
pas vous imposer d'autre charge
que ce qui est nécessaire: 29 vous
abstenir des viandes sacrifiées
aux idoles, du sang, des animaux
étouffés et de l'immoralité sexuelle.
Vous agirez bien en évitant tout
cela. Adieu.»
30 Ils prirent donc congé de l'Eglise
et allèrent à Antioche, où ils réuni-
rent l'assemblée et lui remirent la
lettre. 31 On en fit la lecture et tous
se réjouirent de l'encouragement
qu'elle leur apportait. 32 Jude et Si-
las, qui étaient eux-mêmes prophè-
tes, encouragèrent les frères et les
fortifièrent en leur parlant longue-
ment. 33 Au bout de quelque temps,
ceux-ci les laissèrent retourner en
paix vers ceux qui les avaient en-
voyés. 34 [Toutefois Silas trouva bon
de rester.]
35 Paul et Barnabas restèrent à An-
tioche; ils enseignaient et annon-
çaient avec beaucoup d'autres la
bonne nouvelle de la parole du Sei-
gneur.

DEUXIÈME VOYAGE MISSIONNAIRE 15.36–18.22

De nouvelles équipes

36 Quelques jours plus tard, Paul dit
à Barnabas: «Retournons visiter nos
frères et sœurs dans toutes les villes
où nous avons annoncé la parole
du Seigneur, pour voir comment
ils vont.» 37 Barnabas voulait em-
mener aussi Jean, surnommé Marc,
38 mais Paul estimait qu'il ne fallait
pas prendre avec eux celui qui les
avait quittés depuis la Pamphylie et
ne les avait pas accompagnés dans
leur tâche. 39 Ce désaccord fut assez
vif pour qu'ils se séparent l'un de

15.16-17 *Après cela… tout cela*: citation d'Amos 9.11-12.

l'autre. Barnabas prit Marc avec lui
et embarqua pour l'île de Chypre.
40 Paul choisit Silas et partit, confié
par les frères à la grâce du Seigneur.
41 Il traversa la Syrie et la Cilicie en
fortifiant les Eglises.

16 Il se rendit ensuite à Derbe et
à Lystre. Il y avait là un dis-
ciple appelé Timothée, fils d'une
femme juive croyante et d'un père
grec. 2 Les frères de Lystre et d'Ico-
nium rendaient un bon témoi-
gnage de lui. 3 Paul voulut l'emme-
ner avec lui; il le prit et le circoncit
à cause des Juifs qui étaient dans
ces régions, car tous savaient que
son père était grec. 4 Dans les villes
où ils passaient, ils transmettaient
aux frères les décisions prises par
les apôtres et les anciens de Jérusa-
lem en recommandant de les res-
pecter. 5 Les Eglises se fortifiaient
dans la foi et augmentaient en
nombre chaque jour.
6 Empêchés par le Saint-Esprit d'an-
noncer la parole en Asie, ils tra-
versèrent la Phrygie et la Galatie.
7 Arrivés près de la Mysie, ils se
préparaient à entrer en Bithynie,
mais l'Esprit [de Jésus] ne le leur
permit pas. 8 Ils traversèrent alors
la Mysie et descendirent à Troas.
9 Pendant la nuit, Paul eut une vi-
sion; un Macédonien lui apparut
et le supplia: «Passe en Macédoine,
secours-nous!»

L'Evangile à Philippes

10 Suite à cette vision de Paul, nous
avons aussitôt cherché à nous ren-
dre en Macédoine, concluant que le
Seigneur nous appelait à y annon-
cer la bonne nouvelle. 11 Après avoir
embarqué à Troas, nous avons fait
voile directement vers Samothrace,
et le lendemain vers Néapolis. 12 De
là nous sommes allés à Philippes
qui est la première ville du district
de Macédoine et une colonie. Nous
avons passé quelques jours dans
la ville même. 13 Le jour du sabbat,
nous nous sommes rendus à l'ex-
térieur de la ville, au bord d'une ri-
vière où nous pensions trouver un
lieu de prière. Nous nous sommes
assis et avons parlé aux femmes qui
étaient réunies. 14 L'une d'elles s'ap-
pelait Lydie. C'était une marchan-
de de pourpre[n] originaire de la ville
de Thyatire, qui craignait Dieu. Elle
nous écoutait et le Seigneur a ouvert
son cœur pour qu'elle soit attentive
à ce que disait Paul. 15 Après avoir
été baptisée avec sa famille, elle
nous a invités en disant: «Si vous
me jugez fidèle au Seigneur, entrez
dans ma maison et logez-y», et elle
a fortement insisté pour que nous
acceptions.
16 Alors que nous nous rendions au
lieu de prière, une jeune esclave qui
avait un esprit de divination est ve-
nue à notre rencontre. Par ses pré-
dictions, elle procurait un grand
profit à ses maîtres. 17 Elle s'est mise
à nous suivre, Paul et nous, en criant:
«Ces hommes sont les serviteurs du
Dieu très-haut et ils nous annon-
cent le chemin du salut.» 18 Elle a
fait cela pendant plusieurs jours.
Paul, agacé, s'est retourné et a dit
à l'esprit: «Je t'ordonne, au nom de
Jésus-Christ, de sortir d'elle.» Il est
sorti au moment même.
19 Quand les maîtres de la servante
ont vu disparaître l'espoir de leur
gain, ils se sont emparés de Paul
et Silas et les ont traînés sur la pla-
ce publique devant les magistrats.
20 Ils les ont présentés aux juges
en disant: «Ces hommes sèment
le trouble dans notre ville. Ce sont

16.14 *Pourpre*: substance colorante extraite de mollusques, utilisée pour teindre des étoffes et des vêtements chers.

des Juifs 21 et ils annoncent des coutumes qu'il ne nous est pas permis d'accepter ni de suivre, à nous qui sommes romains.» 22 La foule s'est aussi soulevée contre eux, et les juges ont fait arracher leurs vêtements et ordonné qu'on les batte à coups de fouet. 23 Après les avoir roués de coups, ils les ont jetés en prison en recommandant au gardien de la prison de les surveiller de près. 24 Face à une telle consigne, le gardien les a jetés dans la prison intérieure et a emprisonné leurs pieds dans des entraves[n].

25 Vers le milieu de la nuit, Paul et Silas priaient et chantaient les louanges de Dieu, et les prisonniers les écoutaient. 26 Tout à coup, il y a eu un tremblement de terre si violent que les fondations de la prison ont été ébranlées. Toutes les portes se sont immédiatement ouvertes et les liens de tous les prisonniers ont été détachés. 27 Lorsque le gardien de la prison s'est réveillé et a vu les portes de la prison ouvertes, il a tiré son épée, prêt à se tuer car il croyait que les prisonniers s'étaient enfuis. 28 Mais Paul a crié d'une voix forte: «Ne te fais pas de mal, car nous sommes tous ici.» 29 Alors le gardien a demandé de la lumière, est entré précipitamment et s'est jeté tout tremblant aux pieds de Paul et de Silas. 30 Il les a fait sortir et a dit: «Seigneurs, que faut-il que je fasse pour être sauvé?» 31 Paul et Silas ont répondu: «Crois au Seigneur Jésus[-Christ] et tu seras sauvé, toi et ta famille.» 32 Et ils lui ont annoncé la parole du Seigneur, ainsi qu'à tous ceux qui étaient dans sa maison. 33 A cette heure-là de la nuit, le gardien les a emmenés pour laver leurs plaies. Il a immédiatement été baptisé, lui et tous les siens. 34 Après les avoir conduits chez lui, il leur a servi à manger. Il se réjouissait avec toute sa famille d'avoir cru en Dieu.

35 Quand il a fait jour, les juges ont envoyé leurs agents dire au gardien de la prison: «Relâche ces hommes.» 36 Le gardien a rapporté ces paroles à Paul: «Les juges ont fait dire de vous relâcher. Sortez donc maintenant et partez dans la paix!» 37 Mais Paul a dit aux agents: «Après nous avoir fait battre en public et sans jugement alors que nous sommes romains, ils nous ont jetés en prison, et maintenant ils nous feraient sortir en secret? Il n'en est pas question. Qu'ils viennent eux-mêmes nous remettre en liberté!» 38 Les agents ont rapporté ces paroles aux juges, qui ont été effrayés en apprenant que Paul et Silas étaient romains. 39 Ils sont venus leur présenter des excuses et les ont libérés en leur demandant de quitter la ville. 40 Une fois sortis de la prison, ils sont entrés chez Lydie et, après avoir vu et encouragé les frères et sœurs, ils sont partis.

L'Evangile à Thessalonique et à Bérée

17 Paul et Silas passèrent par Amphipolis et Apollonie et arrivèrent à Thessalonique, où les Juifs avaient une synagogue. 2 Paul y entra, conformément à son habitude. Pendant trois sabbats, il discuta avec eux à partir des Ecritures[n] 3 en expliquant et démontrant que le Messie devait souffrir et ressusciter. «Ce Jésus que je vous annonce, disait-il, c'est lui qui est le Messie.» 4 Quelques-uns d'entre eux furent convaincus et se joignirent à Paul et

16.24 *Entraves*: cadres de bois dans lesquels on enfermait les pieds et qui maintenaient le prisonnier assis. **17.2** *Ecritures*: c'est-à-dire l'Ancien Testament; il était disponible en hébreu et dans sa traduction grecque.

à Silas, ainsi qu'un grand nombre
de non-Juifs qui craignaient Dieu
et beaucoup de femmes impor-
tantes. 5 Cependant, les Juifs restés
incrédules prirent avec eux quel-
ques vauriens qui traînaient sur
les places, provoquèrent des at-
troupements et semèrent ainsi le
trouble dans la ville. Puis ils se ren-
dirent à la maison de Jason et cher-
chèrent Paul et Silas pour les ame-
ner vers le peuple. 6 Ne les ayant pas
trouvés, ils traînèrent Jason et quel-
ques frères devant les magistrats de
la ville en criant: «Ces gens qui ont
bouleversé le monde sont aussi ve-
nus ici, 7 et Jason les a accueillis. Ils
agissent tous contre les édits de
l'empereur en prétendant qu'il y a
un autre roi, Jésus.» 8 Par ces paro-
les ils troublèrent la foule et les ma-
gistrats, 9 qui ne relâchèrent Jason
et les autres qu'après avoir obtenu
d'eux une caution.
10 Aussitôt les frères firent partir
de nuit Paul et Silas pour Bérée.
Dès leur arrivée, ils entrèrent dans
la synagogue des Juifs. 11 Ces der-
niers avaient des sentiments plus
nobles que ceux de Thessalonique.
Ils accueillirent la parole avec beau-
coup d'empressement, et ils exami-
naient chaque jour les Ecritures
pour voir si ce qu'on leur disait était
exact. 12 Beaucoup d'entre eux cru-
rent donc ainsi que, parmi les non-
Juifs, un grand nombre de femmes
en vue et d'hommes. 13 Mais quand
les Juifs de Thessalonique appri-
rent que Paul annonçait la parole de
Dieu aussi à Bérée, ils y vinrent pour
agiter [et troubler] la foule. 14 Alors
les frères firent aussitôt partir Paul
du côté de la mer, tandis que Silas et
Timothée restaient à Bérée.

L'Evangile à Athènes

15 Ceux qui accompagnaient Paul le
conduisirent jusqu'à Athènes. Puis
ils repartirent, chargés de trans-
mettre à Silas et à Timothée l'ordre
de le rejoindre au plus tôt.
16 Pendant que Paul les attendait à
Athènes, son esprit était profondé-
ment indigné à la vue de cette vil-
le pleine d'idoles. 17 Il s'entretenait
donc dans la synagogue avec les
Juifs et les non-Juifs qui craignaient
Dieu, et chaque jour sur la place pu-
blique avec ceux qu'il rencontrait.
18 Quelques philosophes épicuriens
et stoïciens se mirent à parler avec
lui. Les uns disaient: «Que veut dire
ce discoureur?» D'autres, parce qu'il
annonçait Jésus et la résurrection,
disaient: «Il semble qu'il annonce
des divinités étrangères.» 19 Alors
ils l'attrapèrent et le conduisirent
à l'Aréopage en disant: «Pourrions-
nous savoir quel est ce nouvel ensei-
gnement que tu apportes? 20 En ef-
fet, tu nous fais entendre des choses
étranges. Nous voudrions donc sa-
voir ce que cela veut dire.» 21 Or tous
les Athéniens et les étrangers qui
résidaient là ne passaient leur temps
qu'à dire ou à écouter les dernières
nouveautés.
22 Paul, debout au milieu de l'Aréo-
page, dit: «Athéniens, je vous trou-
ve à tout point de vue extrêmement
religieux. 23 En effet, en parcou-
rant votre ville et en examinant
les objets de votre culte, j'ai même
découvert un autel avec cette ins-
cription: 'A un dieu inconnu'! Celui
que vous révérez sans le connaî-
tre, c'est celui que je vous annonce.
24 Le Dieu qui a fait le monde et tout
ce qui s'y trouve est le Seigneur du
ciel et de la terre, et il n'habite pas
dans des temples faits par la main
de l'homme. 25 Il n'est pas servi par
des mains humaines, comme s'il
avait besoin de quoi que ce soit,
lui qui donne à tous la vie, le souf-
fle et toute chose. 26 Il a fait en sor-
te que tous les peuples, issus d'un

seul homme, habitent sur toute la
surface de la terre, et il a détermi-
né la durée des temps et les limi-
tes de leur lieu d'habitation. 27 Il a
voulu qu'ils cherchent le Seigneur
et qu'ils s'efforcent de le trouver
en tâtonnant, bien qu'il ne soit pas
loin de chacun de nous. 28 En effet,
c'est en lui que nous avons la vie, le
mouvement et l'être, comme l'ont
aussi dit quelques-uns de vos poè-
tes: 'Nous sommes aussi de sa race.'
29 Ainsi donc, puisque nous som-
mes de la race de Dieu, nous ne de-
vons pas croire que la divinité res-
semble à de l'or, à de l'argent ou à de
la pierre, sculptés par l'art et l'ima-
gination de l'être humain. 30 Sans
tenir compte des temps d'igno-
rance, Dieu annonce maintenant à
tous les êtres humains, partout où
ils se trouvent, qu'ils doivent chan-
ger d'attitude, 31 parce qu'il a fixé
un jour où il jugera le monde avec
justice par l'homme qu'il a désigné.
Il en a donné à tous une preuve cer-
taine en le ressuscitant.»
32 Lorsqu'ils entendirent parler de
résurrection des morts, les uns
se moquèrent et les autres dirent:
«Nous t'entendrons là-dessus une
autre fois.» 33 Ainsi Paul se retira
du milieu d'eux. 34 Quelques-uns
cependant se joignirent à lui et cru-
rent. Parmi eux figuraient Denys
l'aréopagite, une femme du nom de
Damaris et d'autres avec eux.

L'Evangile à Corinthe

18 Après cela, Paul partit d'Athè-
nes et se rendit à Corinthe.
2 Il y trouva un Juif du nom d'Aqui-
las, originaire du Pont, qui venait
d'arriver d'Italie avec sa femme
Priscille parce que Claude avait
ordonné à tous les Juifs de quitter
Rome. Il se lia avec eux; 3 comme il
avait le même métier, il resta chez
eux et ils travaillèrent ensemble: ils
étaient fabricants de tentes.
4 Chaque sabbat, Paul discourait
dans la synagogue et persuadait
des Juifs et des Grecs. 5 Quand Silas
et Timothée arrivèrent de la Macé-
doine, pressé par l'Esprit[n], il attes-
tait aux Juifs que Jésus est le Messie.
6 Mais comme ils s'opposaient à lui
et l'insultaient, Paul secoua ses vê-
tements et leur dit: «Que votre sang
retombe sur votre tête! J'en suis
pur. Dès maintenant, j'irai vers les
non-Juifs.» 7 Il sortit de là et se ren-
dit chez un dénommé [Titius] Jus-
tus, un homme qui craignait Dieu
et dont la maison était contiguë à
la synagogue. 8 Cependant Crispus,
le chef de la synagogue, crut au Sei-
gneur, ainsi que toute sa famille.
Beaucoup de Corinthiens écoutè-
rent Paul; ils crurent aussi et furent
baptisés.
9 Le Seigneur dit à Paul dans une
vision pendant la nuit: «N'aie pas
peur, mais parle et ne te tais pas,
10 car je suis moi-même avec toi et
personne ne s'attaquera à toi pour
te faire du mal. En effet, j'ai un
peuple nombreux dans cette ville.»
11 Il s'établit là un an et six mois,
enseignant la parole de Dieu parmi
les Corinthiens.
12 Pendant que Gallion était gouver-
neur de l'Achaïe, les Juifs se soule-
vèrent d'un commun accord contre
Paul et le conduisirent devant le tri-
bunal 13 en disant: «Cet homme in-
cite les gens à servir Dieu d'une ma-
nière contraire à la loi.» 14 Paul allait
ouvrir la bouche lorsque Gallion dit
aux Juifs: «S'il s'agissait d'une injus-
tice ou d'une mauvaise action, je
vous écouterais comme il convient,
Juifs. 15 Mais s'il s'agit de discus-
sions sur une parole, sur des noms

18.5 *Pressé par l'Esprit*: certains manuscrits portent «occupé à la parole».

et sur votre loi, cela vous regarde: je ne veux pas être juge de ces affaires.» 16 Et il les renvoya du tribunal. 17 Alors tous [les Grecs] s'emparèrent de Sosthène, le chef de la synagogue, et le frappèrent devant le tribunal sans que Gallion ne s'en soucie.

18 Paul resta encore assez longtemps à Corinthe. Ensuite il prit congé des frères et sœurs et embarqua pour la Syrie avec Priscille et Aquilas. Il s'était fait raser la tête à Cenchrées, car il avait fait un vœu.

19 Ils arrivèrent à Ephèse où Paul laissa ses compagnons. Lui-même entra dans la synagogue et s'entretint avec les Juifs, 20 qui lui demandèrent de prolonger son séjour [chez eux]. Mais il refusa 21 et prit congé d'eux en disant: «[Il faut absolument que je célèbre la fête prochaine à Jérusalem.] Je reviendrai vers vous, si Dieu le veut.» Et il partit d'Ephèse en bateau. 22 Il débarqua à Césarée et monta à Jérusalem pour saluer l'Eglise, puis il descendit à Antioche.

TROISIÈME VOYAGE MISSIONNAIRE 18.23–21.25

L'Evangile à Ephèse

23 Après avoir passé quelque temps à Antioche, Paul se mit en route et parcourut successivement la Galatie et la Phrygie en fortifiant tous les disciples.

24 Un Juif originaire d'Alexandrie du nom d'Apollos était arrivé à Ephèse. C'était un homme éloquent et versé dans les Ecritures. 25 Il était instruit quant à la voie du Seigneur et, plein de ferveur, il annonçait et enseignait avec exactitude ce qui concerne Jésus, bien que ne connaissant que le baptême de Jean[n]. 26 Il se mit à parler avec assurance dans la synagogue. Après l'avoir écouté, Aquilas et Priscille le prirent avec eux et lui exposèrent plus exactement la voie de Dieu. 27 Comme il voulait aller en Achaïe, les frères l'y encouragèrent et écrivirent aux disciples de lui faire bon accueil. Dès son arrivée, il se rendit, par la grâce de Dieu, très utile aux croyants. 28 En effet, il réfutait avec force les Juifs en public et il démontrait par les Ecritures que Jésus est le Messie.

19 Pendant qu'Apollos était à Corinthe, Paul arriva à Ephèse après avoir traversé les hautes provinces de l'Asie. Il rencontra quelques disciples 2 et leur dit: «Avez-vous reçu le Saint-Esprit lorsque vous avez cru?» Ils lui répondirent: «Nous n'avons même pas entendu parler d'un Saint-Esprit.» 3 Il demanda: «Quel baptême avez-vous donc reçu?» Ils répondirent: «Le baptême de Jean.» 4 Alors Paul dit: «Jean a baptisé du baptême de repentance, en disant au peuple de croire en celui qui venait après lui, c'est-à-dire en Jésus [le Messie].» 5 Sur ces paroles, ils furent baptisés au nom du Seigneur Jésus. 6 Lorsque Paul posa les mains sur eux, le Saint-Esprit vint sur eux et ils se mirent à parler en langues et à prophétiser. 7 Il y avait une douzaine d'hommes en tout.

8 Ensuite Paul entra dans la synagogue où il parla avec assurance. Pendant 3 mois, il discuta de ce qui concerne le royaume de Dieu et il s'efforça de persuader ceux qui l'écoutaient. 9 Cependant, quelques-uns restaient endurcis et in-

18.25 *Le baptême de Jean*: précurseur de Jésus, Jean-Baptiste avait baptisé en signe de repentance et annoncé la venue du Christ, Agneau de Dieu qui devait enlever le péché du monde.

crédules et disaient du mal de la
voie du Seigneur devant la fou-
le. Alors il les quitta, prit les disci-
ples à part et enseigna chaque jour
dans l'école d'un dénommé Tyran-
nus. 10 Cela dura 2 ans, si bien que
tous les habitants de l'Asie, juifs et
non juifs, entendirent la parole du
Seigneur. 11 Dieu faisait des mira-
cles extraordinaires par l'intermé-
diaire de Paul, 12 au point qu'on ap-
pliquait sur les malades des linges
ou des mouchoirs qui avaient tou-
ché son corps; les maladies les quit-
taient et les esprits mauvais sor-
taient [d'eux].
13 Quelques exorcistes juifs ambu-
lants essayèrent de prononcer le
nom du Seigneur Jésus sur ceux
qui avaient des esprits mauvais; ils
disaient: «Nous vous conjurons par
le Jésus que Paul prêche!» 14 Ceux
qui faisaient cela étaient sept fils
de Scéva, un Juif chef des prêtres.
15 L'esprit mauvais leur répondit: «Je
connais Jésus et je sais qui est Paul;
mais vous, qui êtes-vous?» 16 Alors
l'homme qui avait l'esprit mauvais
en lui se jeta sur eux, les maîtrisa
tous et les maltraita de telle sorte
qu'ils s'enfuirent de cette maison
nus et blessés. 17 Cela fut connu de
tous les habitants d'Ephèse, juifs
et non juifs; la crainte s'empara de
tous et on célébrait la grandeur du
nom du Seigneur Jésus. 18 Beaucoup
de croyants venaient reconnaître
publiquement ce qu'ils avaient fait.
19 Un grand nombre de ceux qui
avaient pratiqué la magie apportè-
rent leurs livres et les brûlèrent de-
vant tout le monde. On en estima
la valeur à 50'000 pièces d'argent.
20 C'est ainsi que la parole du Sei-
gneur se propageait et gagnait en
puissance.
21 Après ces événements, Paul for-
ma le projet d'aller à Jérusalem en
traversant la Macédoine et l'Achaïe.
«Quand j'y serai allé, disait-il, il fau-
dra aussi que je me rende à Rome.»
22 Il envoya en Macédoine deux de
ses aides, Timothée et Eraste, et
resta lui-même encore quelque
temps en Asie.
23 A cette époque, il se produisit un
grand trouble au sujet de la voie
du Seigneur. 24 En effet, un orfèvre
du nom de Démétrius fabriquait
des temples d'Artémis en argent
et procurait un gain considéra-
ble aux artisans. 25 Il les rassembla
avec ceux qui exerçaient une activi-
té similaire et dit: «Vous savez que
notre prospérité dépend de cette
industrie. 26 Or, vous voyez et en-
tendez dire que non seulement à
Ephèse, mais dans presque tou-
te l'Asie, ce Paul a persuadé et dé-
tourné une grande foule en disant
que les dieux fabriqués par la main
de l'homme ne sont pas des dieux.
27 Cela risque non seulement de
discréditer notre activité, mais aus-
si de réduire à néant l'importance
du temple de la grande déesse Ar-
témis et même de dépouiller de sa
majesté celle que toute l'Asie et le
monde entier vénèrent.»
28 A ces mots, ils furent remplis de
colère et se mirent à crier: «Gran-
de est l'Artémis des Ephésiens!»
29 Toute la ville fut dans l'agitation.
Ils se précipitèrent tous ensemble
au théâtre en entraînant avec eux
Gaïus et Aristarque, des Macédo-
niens compagnons de voyage de
Paul. 30 Paul voulait se présenter
devant le peuple, mais les disciples
l'en empêchèrent, 31 et même quel-
ques Asiarques[n] qui étaient ses
amis envoyèrent quelqu'un vers

19.31 *Asiarques*: délégués nommés annuellement par plusieurs villes de la province d'Asie, ils étaient chargés de la surveillance des affaires religieuses et des jeux publics (notamment du culte impérial).

lui pour l'inviter à ne pas se rendre au théâtre. 32 Les uns criaient une chose, les autres une autre, car la confusion régnait dans l'assemblée et la plupart ne savaient pas pourquoi ils s'étaient réunis. 33 Alors on fit sortir de la foule Alexandre, que les Juifs poussaient en avant, et Alexandre fit signe de la main qu'il voulait parler au peuple. 34 Mais quand ils reconnurent qu'il était juif, tous crièrent d'une seule voix pendant près de deux heures: «Grande est l'Artémis des Ephésiens!»

35 Cependant le secrétaire de la ville put calmer la foule: «Ephésiens, dit-il, quelle est la personne qui ignore que la ville d'Ephèse est la gardienne du temple de la grande [déesse] Artémis et de sa statue tombée du ciel? 36 C'est un fait incontestable! Vous devez vous calmer et ne rien faire avec précipitation. 37 En effet, vous avez amené ces hommes ici alors qu'ils ne sont coupables ni de sacrilège ni de blasphème envers notre déesse. 38 Si donc Démétrius et les artisans qui l'accompagnent ont à se plaindre de quelqu'un, il y a des jours d'audience et des gouverneurs: qu'ils portent plainte. 39 Et si vous avez d'autres réclamations, cela se réglera dans une assemblée légale. 40 Nous risquons en effet d'être accusés de révolte pour ce qui s'est passé aujourd'hui, puisqu'il n'existe aucun motif qui nous permette de justifier cet attroupement.» Avec ces paroles, il congédia l'assemblée.

L'Evangile à Troas

20 Lorsque le tumulte eut cessé, Paul fit venir les disciples [et les encouragea], puis il prit congé d'eux et partit pour la Macédoine. 2 Il parcourut cette région en adressant de nombreuses paroles d'encouragement aux croyants et se rendit en Grèce 3 où il séjourna trois mois. Il était sur le point d'embarquer pour la Syrie, mais comme les Juifs formaient un complot contre lui, il décida de repartir par la Macédoine. 4 Il avait pour l'accompagner [jusqu'en Asie] Sopater de Bérée, [fils de Pyrrhus,] Aristarque et Secundus de Thessalonique, Gaïus de Derbe, Timothée, ainsi que Tychique et Trophime, originaires d'Asie. 5 Ceux-ci prirent les devants et nous attendirent à Troas.

6 De notre côté, après la fête des pains sans levain, nous avons embarqué à Philippes et, au bout de 5 jours, nous les avons rejoints à Troas où nous avons passé 7 jours.

7 Le dimanche, nous étions réunis pour rompre le pain. Comme il devait partir le lendemain, Paul s'entretenait avec les disciples, et il a prolongé son discours jusqu'à minuit. 8 Il y avait beaucoup de lampes dans la chambre à l'étage où nous étions rassemblés. 9 Or, un jeune homme du nom d'Eutychus était assis sur le bord de la fenêtre. Il s'est profondément endormi pendant le long discours de Paul et, entraîné par le sommeil, il est tombé du troisième étage. Quand on a cherché à le relever, il était mort. 10 Mais Paul est descendu, s'est penché sur lui et l'a pris dans ses bras en disant: «Ne vous inquiétez pas, car son âme est en lui.» 11 Ensuite il est remonté, a rompu le pain et a mangé. Il a poursuivi ses entretiens jusqu'à l'aube, puis il est parti. 12 Le jeune homme a été ramené vivant, à leur grande consolation.

13 Quant à nous, nous avons pris les devants pour embarquer sur un bateau à destination d'Assos. Nous devions y reprendre Paul, conformément à ses instructions,

car il voulait faire la route à pied.
14 Lorsqu'il nous a rejoints à Assos,
nous l'avons pris à bord et sommes
allés à Mytilène. 15 De là, conti-
nuant par la mer, nous sommes ar-
rivés le lendemain en face de Chios.
Le jour suivant nous sommes pas-
sés par Samos, et le jour d'après
nous sommes arrivés à Milet.

Paul et les anciens d'Ephèse

16 Paul avait décidé de passer au lar-
ge d'Ephèse sans s'y arrêter afin de
ne pas perdre de temps en Asie; il se
dépêchait en effet pour être, si pos-
sible, le jour de la Pentecôte à Jéru-
salem. 17 Cependant, de Milet, il a
envoyé chercher à Ephèse les an-
ciens de l'Eglise. 18 Lorsqu'ils sont
arrivés vers lui, il leur a dit:
«Vous savez de quelle manière je me
suis toujours comporté avec vous,
depuis le jour où j'ai mis le pied en
Asie: 19 j'ai servi le Seigneur en tou-
te humilité, avec [beaucoup de] lar-
mes et au milieu des épreuves que
provoquaient pour moi les com-
plots des Juifs. 20 Vous savez que,
sans rien cacher, je vous ai annon-
cé et enseigné tout ce qui vous était
utile, en public et dans les mai-
sons, 21 en appelant les Juifs et les
non-Juifs à changer d'attitude en
se tournant vers Dieu et à croire en
notre Seigneur Jésus[-Christ].
22 »Et maintenant, voici que, lié
par l'Esprit, je vais à Jérusalem
sans savoir ce qui m'y arrivera. 23 Je
sais seulement que, de ville en vil-
le, l'Esprit saint m'avertit que des
liens et des souffrances m'atten-
dent. 24 Mais je n'y attache aucune
importance et je ne considère pas
ma vie comme précieuse, pourvu
que j'accomplisse [avec joie] ma
course et le ministère que le Sei-
gneur Jésus m'a confié: annoncer
la bonne nouvelle de la grâce de
Dieu.
25 »Désormais, je le sais, vous ne
verrez plus mon visage, vous tous au
milieu de qui j'ai passé en prêchant
le royaume [de Dieu]. 26 C'est pour-
quoi je vous déclare aujourd'hui
que je suis pur du sang de vous
tous, 27 car je vous ai annoncé tout
le plan de Dieu sans rien en cacher.
28 Faites donc bien attention à vous-
mêmes et à tout le troupeau dont le
Saint-Esprit vous a confié la res-
ponsabilité; prenez soin de l'Eglise
de Dieu qu'il s'est acquise par son
propre sang. 29 Je sais qu'après mon
départ des loups cruels s'introdui-
ront parmi vous, et ils n'épargne-
ront pas le troupeau; 30 de vos pro-
pres rangs surgiront des hommes
qui donneront des enseignements
pervertis pour entraîner les disci-
ples à leur suite. 31 Restez donc vi-
gilants et souvenez-vous que du-
rant 3 ans, nuit et jour, je n'ai pas
cessé d'avertir avec larmes chacun
de vous.
32 »Et maintenant, [frères,] je vous
confie à Dieu et au message de sa
grâce, lui qui a le pouvoir d'édi-
fier et de [vous] donner un héri-
tage avec tous les saints. 33 Je n'ai
désiré ni l'argent, ni l'or, ni les ha-
bits de personne. 34 Vous le savez
vous-mêmes, les mains que voici
ont pourvu à mes besoins et à ceux
de mes compagnons. 35 En tout, je
vous ai montré qu'il faut travailler
ainsi pour soutenir les faibles et se
rappeler les paroles du Seigneur Jé-
sus, puisqu'il a lui-même dit: 'Il y a
plus de bonheur à donner qu'à re-
cevoir.'»
36 Après avoir dit cela, il s'est mis
à genoux et a prié avec eux tous.
37 Tous ont alors fondu en larmes;
ils se jetaient au cou de Paul et l'em-
brassaient, 38 attristés surtout par-
ce qu'il avait dit qu'ils ne verraient
plus son visage. Puis ils l'ont ac-
compagné jusqu'au bateau.

Retour en Judée

21 Après nous être séparés,
nous avons pris la mer pour
aller directement à Cos, puis le len-
demain à Rhodes, et de là à Pata-
ra. 2 Ayant trouvé un bateau qui
faisait la traversée vers la Phéni-
cie, nous sommes montés à bord et
sommes partis. 3 Arrivés en vue de
l'île de Chypre, nous l'avons laissée
à gauche, poursuivant notre rou-
te du côté de la Syrie pour débar-
quer à Tyr. Le bateau devait en effet
décharger sa cargaison. 4 Comme
nous avons trouvé des disciples,
nous sommes restés 7 jours avec
eux. Poussés par l'Esprit, les disci-
ples disaient à Paul de ne pas mon-
ter à Jérusalem 5 mais, une fois les
7 jours passés, nous sommes re-
partis pour continuer notre route.
Tous nous ont accompagnés avec
leur femme et leurs enfants jusqu'à
l'extérieur de la ville. Nous nous
sommes agenouillés sur le riva-
ge et avons prié. 6 Puis, après avoir
pris congé les uns des autres, nous
sommes montés sur le bateau tan-
dis qu'ils retournaient chez eux.
7 Mettant un terme à notre navi-
gation, nous sommes allés de Tyr
à Ptolémaïs où nous avons salué
les frères et sœurs et passé un jour
avec eux.
8 Nous sommes repartis le lende-
main pour Césarée. Là, nous som-
mes entrés chez Philippe l'évan-
géliste, qui était l'un des sept[n], et
nous avons logé chez lui. 9 Il avait
quatre filles vierges qui prophéti-
saient. 10 Nous étions là depuis plu-
sieurs jours lorsqu'un prophète du
nom d'Agabus est descendu de Ju-
dée 11 et est venu nous trouver. Il
a pris la ceinture de Paul, s'est at-
taché les pieds et les mains et a
dit: «Voici ce que déclare le Saint-
Esprit: 'L'homme à qui appartient
cette ceinture, les Juifs l'attache-
ront de la même manière à Jérusa-
lem et le livreront entre les mains
des non-Juifs.'» 12 En entendant cela,
nous-mêmes et les croyants de Cé-
sarée, nous avons supplié Paul de
ne pas monter à Jérusalem. 13 Il a
alors répondu: «Que faites-vous là
à pleurer et à me briser le cœur? Je
suis prêt non seulement à être em-
prisonné, mais encore à mourir à
Jérusalem pour le nom du Seigneur
Jésus.» 14 Comme il ne se laissait
pas persuader, nous n'avons pas
insisté et avons dit: «Que la volonté
du Seigneur soit faite!»

Arrivée à Jérusalem

15 A la fin de ces quelques jours,
nous avons fait nos préparatifs
et sommes montés à Jérusalem.
16 Quelques disciples de Césarée
sont aussi venus avec nous et nous
ont conduits chez un certain Mna-
son, originaire de l'île de Chypre.
Il était disciple depuis longtemps
et nous devions loger chez lui. 17 A
notre arrivée à Jérusalem, les frè-
res et sœurs nous ont accueillis
avec joie.
18 Le lendemain, Paul s'est rendu
avec nous chez Jacques, où tous
les anciens se sont réunis. 19 Après
les avoir salués, il a raconté en dé-
tail ce que Dieu avait fait au milieu
des non-Juifs à travers son minis-
tère. 20 Après l'avoir entendu, ils se
sont mis à célébrer la gloire du Sei-
gneur. Puis ils lui ont dit: «Tu vois,
frère, combien de milliers de Juifs
on compte parmi les croyants, et
tous sont zélés pour la loi. 21 Or, ils
ont entendu dire que tu enseignes à
tous les Juifs vivant parmi les non-

21.8 *L'un des sept*: c'est-à-dire un des sept hommes élus à Jérusalem dans les débuts de l'Eglise (voir 6.3).

Juifs d'abandonner la loi de Moïse;
tu leur dirais de ne pas circoncire
leurs enfants et de ne pas se confor-
mer aux coutumes. 22 Que faire
donc? Sans aucun doute [une foule
se rassemblera, car] on apprendra
que tu es venu. 23 C'est pourquoi,
fais ce que nous allons te dire. Il y a
parmi nous quatre hommes qui ont
fait un vœu. 24 Prends-les avec toi,
accomplis la cérémonie de purifi-
cation avec eux et pourvois à leurs
dépenses afin qu'ils se rasent la tê-
te. Ainsi, tous sauront que ce qu'ils
ont entendu dire sur ton compte
est faux, mais que toi aussi tu vis
en respectant la loi. 25 Quant aux
croyants d'origine non juive, nous
leur avons communiqué par écrit
notre décision: ils doivent [seule-
ment] s'abstenir des viandes sacri-
fiées aux idoles, du sang, des ani-
maux étouffés et de l'immoralité
sexuelle.»

DE JÉRUSALEM À ROME 21.26–28.31

Arrestation de Paul

26 Paul prit alors ces hommes, se pu-
rifia avec eux et entra le lendemain
dans le temple pour annoncer à
quelle date la période de purifica-
tion prendrait fin et l'offrande serait
présentée pour chacun d'eux. 27 Vers
la fin des 7 jours, les Juifs d'Asie qui
avaient vu Paul dans le temple sou-
levèrent toute la foule et s'empare-
rent de lui. 28 Ils criaient: «Israélites,
au secours! Voici l'homme qui don-
ne partout et à tout le monde un en-
seignement dirigé contre le peuple,
contre la loi et contre cet endroit.
Il a même introduit des non-Juifs
dans le temple et profané ce saint
lieu.» 29 En effet, ils avaient vu Tro-
phime d'Ephèse avec lui dans la vil-
le et croyaient que Paul l'avait fait
entrer dans le temple.
30 Toute la ville fut dans l'agitation
et le peuple accourut de tous côtés.
Ils s'emparèrent de Paul et le traî-
nèrent à l'extérieur du temple, dont
on ferma aussitôt les portes. 31 Ils
cherchaient à le tuer quand on in-
forma le commandant de la gar-
nison romaine que tout Jérusalem
était dans le désordre. 32 Il prit im-
médiatement des soldats et des offi-
ciers et courut vers la foule. Quand
ils virent le commandant et les sol-
dats, ils arrêtèrent de frapper Paul.
33 Alors le commandant s'approcha,
s'empara de lui et ordonna qu'on
l'attache avec deux chaînes. Puis il
demanda qui il était et ce qu'il avait
fait. 34 Cependant, dans la foule les
uns criaient une chose, les autres
une autre. Comme il ne pouvait
rien apprendre de certain à cause
du tumulte, il ordonna de condui-
re Paul dans la forteresse. 35 Lors-
que celui-ci arriva sur les marches
de l'escalier, il dut être porté par les
soldats à cause de la violence de la
foule, 36 car l'ensemble du peuple
suivait en criant: «A mort!»
37 Au moment où on allait le fai-
re entrer dans la forteresse, Paul
demanda au commandant: «M'est-
il permis de te dire quelque chose?»
Le commandant répondit: «Tu sais
le grec? 38 Tu n'es donc pas cet
Egyptien qui s'est révolté dernière-
ment et qui a emmené 4000 rebel-
les dans le désert?» 39 Paul reprit:
«Je suis juif de Tarse en Cilicie, ci-
toyen d'une ville qui n'est pas sans
importance. Je t'en prie, permets-
moi de parler au peuple!» 40 Le
commandant le lui permit et Paul,
debout sur les marches, fit signe de
la main au peuple. Un profond si-
lence s'établit. Paul leur adressa la
parole en langue hébraïque:

22 «Mes frères et mes pères,
écoutez ce que j'ai mainte-
nant à vous dire pour ma défense!»

2 Lorsqu'ils entendirent qu'il leur
parlait en langue hébraïque, ils
redoublèrent de calme. Paul dit
alors:
3 «Je suis juif, né à Tarse en Cilicie,
mais j'ai été élevé à Jérusalem et
formé aux pieds de Gamaliel dans
la connaissance exacte de la loi hé-
ritée de nos ancêtres; j'étais plein de
zèle pour Dieu, comme vous l'êtes
tous aujourd'hui. 4 J'ai combattu à
mort cet enseignement[n], enchaî-
nant et mettant en prison hommes
et femmes. 5 Le grand-prêtre et tout
le collège des anciens m'en sont té-
moins, puisque j'ai même reçu
d'eux des lettres pour les frères de
Damas, où je me suis rendu afin
d'arrêter ceux qui s'y trouvaient et
de les ramener à Jérusalem pour les
faire punir.
6 »J'étais en chemin et j'approchais
de Damas quand tout à coup, vers
midi, une grande lumière venue du
ciel a resplendi autour de moi. 7 Je
suis tombé par terre et j'ai entendu
une voix qui me disait: 'Saul, Saul,
pourquoi me persécutes-tu?' 8 J'ai
répondu: 'Qui es-tu, Seigneur?' Il
m'a dit: 'Je suis Jésus de Nazareth,
celui que tu persécutes.' 9 Ceux qui
étaient avec moi ont bien vu la lu-
mière [et ont été effrayés], mais
ils n'ont pas compris celui qui me
parlait. 10 Alors j'ai dit: 'Que dois-
je faire, Seigneur?' Et le Seigneur
m'a dit: 'Lève-toi, va à Damas et là
on te dira tout ce que tu dois faire.'
11 Comme je ne voyais plus à cause
de l'éclat de cette lumière, ceux qui
étaient avec moi m'ont pris par la
main et je suis arrivé à Damas.
12 »Or un certain Ananias, un hom-
me pieux, fidèle à la loi et estimé
de tous les Juifs qui résidaient à
Damas, 13 est venu me trouver. Il
m'a dit: 'Saul, mon frère, retrouve
la vue.' Au même instant, j'ai pu le
voir. 14 Il a ajouté: 'Le Dieu de nos
ancêtres t'a destiné à connaître sa
volonté, à voir le juste et à entendre
les paroles de sa bouche, 15 car tu
seras son témoin, devant tous les
hommes, de ce que tu as vu et en-
tendu. 16 Et maintenant, pourquoi
tarder? Lève-toi, sois baptisé et sois
lavé de tes péchés en faisant appel
au nom du Seigneur.'
17 »De retour à Jérusalem, comme je
priais dans le temple, je suis tom-
bé en extase 18 et j'ai vu le Seigneur
qui me disait: 'Dépêche-toi, sors
rapidement de Jérusalem parce
qu'ils n'accueilleront pas ton témoi-
gnage à mon sujet.' 19 J'ai répondu:
'Seigneur, ils savent bien que j'allais
de synagogue en synagogue pour
faire mettre en prison et fouetter
ceux qui croyaient en toi. 20 De plus,
lorsqu'on a versé le sang d'Etienne,
ton témoin, j'étais moi-même pré-
sent, approuvant [son exécution] et
gardant les vêtements de ceux qui
le faisaient mourir.' 21 Alors le Sei-
gneur m'a dit: 'Vas-y, car je t'enver-
rai au loin vers les non-Juifs.'»
22 La foule l'avait écouté jusqu'à
ces mots, mais ils se mirent alors
à crier: «Fais disparaître de la ter-
re un pareil homme! Il n'est pas di-
gne de vivre.» 23 Ils poussaient des
cris, jetaient leurs vêtements et
lançaient de la poussière en l'air.
24 Le commandant ordonna de fai-
re entrer Paul dans la forteresse et
de procéder à son interrogatoire
par le fouet afin de savoir pour
quel motif ils criaient ainsi contre
lui. 25 Alors qu'ils l'attachaient
avec des courroies, Paul dit à l'of-
ficier qui était présent: «Avez-vous
le droit de fouetter un citoyen ro-
main qui n'est pas même condam-
né?» 26 A ces mots, l'officier alla

22.4 *Cet enseignement*: littéralement *cette voie*.

avertir le commandant en disant:
«Attention à ce que tu vas faire, car
cet homme est romain.» 27 S'appro-
chant de Paul, le commandant lui
demanda: «Dis-moi, es-tu romain?»
«Oui», répondit-il. 28 Le comman-
dant reprit: «C'est avec beaucoup
d'argent que j'ai acquis ce droit de
citoyen.» «Quant à moi, dit Paul, je
l'ai de naissance.» 29 Aussitôt ceux
qui devaient procéder à l'interro-
gatoire se retirèrent, et le comman-
dant eut peur en prenant conscien-
ce que Paul était romain et qu'il
l'avait fait enchaîner.
30 Le lendemain, le commandant
voulut savoir avec certitude de quoi
les Juifs l'accusaient. Il le fit déta-
cher et donna l'ordre aux chefs des
prêtres et à tout le sanhédrin[n] de
se réunir; puis il fit venir Paul et le
plaça au milieu d'eux.
23 Les regards fixés sur le san-
hédrin, Paul dit: «Mes frè-
res, c'est en toute bonne conscience
que je me suis conduit devant Dieu
jusqu'à aujourd'hui.» 2 Le grand-
prêtre Ananias ordonna à ceux
qui étaient près de lui de le frap-
per sur la bouche. 3 Alors Paul lui
dit: «C'est toi que Dieu va frapper,
muraille blanchie! Tu sièges pour
me juger conformément à la loi et
tu violes la loi en ordonnant qu'on
me frappe!» 4 Ceux qui étaient près
de lui dirent: «Tu insultes le grand-
prêtre de Dieu!» 5 Paul répondit:
«Frères, je ne savais pas que c'était
le grand-prêtre. En effet, il est écrit:
*Tu ne parleras pas mal du chef de
ton peuple.*[n]»
6 Sachant qu'une partie de l'as-
semblée était composée de saddu-
céens et l'autre de pharisiens, Paul
s'écria dans le sanhédrin: «Mes frè-
res, je suis pharisien, fils de phari-
sien. C'est à cause de l'espérance
de la résurrection des morts que je
suis mis en jugement.» 7 Quand il
eut dit cela, un débat surgit entre
les pharisiens et les sadducéens, et
l'assemblée se divisa. 8 En effet, les
sadducéens disent qu'il n'y a ni ré-
surrection, ni ange, ni esprit, tandis
que les pharisiens affirment le con-
traire. 9 Il y eut une grande clameur
et les spécialistes de la loi membres
du parti des pharisiens se levèrent.
Ils s'engagèrent avec force dans le
débat en disant: «Nous ne trouvons
rien de mal chez cet homme. Et si
un esprit ou un ange lui avait parlé?
[Ne combattons pas contre Dieu.]»
10 Comme le débat devenait vif, le
commandant eut peur que Paul ne
soit mis en pièces par ces hommes,
et il ordonna aux soldats de descen-
dre pour l'enlever du milieu d'eux
et le conduire à la forteresse.

Transfert de Paul à Césarée

11 La nuit suivante, le Seigneur ap-
parut à Paul et dit: «Prends courage,
[Paul]: de même que tu as rendu té-
moignage de ce qui me concerne à
Jérusalem, il faut aussi que tu ren-
des témoignage à Rome.» 12 Le jour
venu, quelques Juifs formèrent un
complot et s'engagèrent, sous pei-
ne de malédiction contre eux-
mêmes, à ne rien manger ni boire
tant qu'ils n'auraient pas tué Paul.
13 Ceux qui formèrent cette conspi-
ration étaient plus de 40. 14 Ils allè-
rent trouver les chefs des prêtres et
les anciens pour leur dire: «Nous
nous sommes engagés, sous peine
de malédiction contre nous-mêmes,
à ne rien manger avant d'avoir tué
Paul. 15 Vous donc, maintenant,
adressez-vous avec le sanhédrin
au commandant romain pour qu'il
l'amène [demain] devant vous, sous
prétexte d'examiner son cas plus en

22.30 *Sanhédrin*: voir la note 4.15. **23.5** *Tu ne… peuple*: citation d'Exode 22.27.

détail; de notre côté, nous sommes
prêts à le mettre à mort avant qu'il
n'arrive ici.»
16 Mais le fils de la sœur de Paul
entendit parler du guet-apens et
il alla dans la forteresse en infor-
mer Paul. 17 Paul appela l'un des
officiers romains et dit: «Conduis
ce jeune homme vers le comman-
dant, car il a quelque chose à lui
rapporter.» 18 L'officier prit le jeu-
ne homme avec lui, le conduisit
vers le commandant et dit: «Le pri-
sonnier Paul m'a appelé et m'a prié
de t'amener ce jeune homme qui a
quelque chose à te dire.» 19 Le com-
mandant prit le jeune homme par
la main, se retira à l'écart et l'in-
terrogea: «Qu'as-tu à m'annoncer?»
20 Il répondit: «Les Juifs ont conve-
nu de te demander d'amener Paul
demain devant le sanhédrin, sous
prétexte d'enquêter plus en détail
sur son cas. 21 Ne te fie pas à eux,
car plus de 40 d'entre eux lui dres-
sent un guet-apens et se sont en-
gagés, sous peine de malédiction
contre eux-mêmes, à ne rien man-
ger ni boire avant de l'avoir tué;
maintenant ils sont prêts et n'at-
tendent que ton accord.»
22 Le commandant renvoya le jeu-
ne homme après lui avoir recom-
mandé: «Ne dis à personne que tu
m'as dévoilé cela.» 23 Ensuite il ap-
pela deux officiers et dit: «Tenez
prêts, dès neuf heures du soir, 200
soldats, 70 cavaliers et 200 archers
pour aller jusqu'à Césarée. 24 Prépa-
rez aussi des chevaux pour condui-
re Paul sain et sauf au gouverneur
Félix.» 25 Il écrivit la lettre suivante:
26 «Claude Lysias au très excellent
gouverneur Félix, salut! 27 Cet hom-
me dont les Juifs s'étaient emparés
allait être tué par eux. Je suis alors
intervenu avec des soldats et le leur
ai arraché, car j'avais appris qu'il
était romain. 28 Voulant connaître
le motif pour lequel ils l'accusaient,
je l'ai amené devant leur tribunal.
29 J'ai découvert qu'il était accu-
sé au sujet de questions relatives à
leur loi, mais qu'il n'avait commis
aucune faute qui mérite la mort ou
la prison. 30 Puis, informé que les
Juifs préparaient un complot contre
lui, je te l'ai immédiatement envoyé
en faisant savoir à ses accusateurs
qu'ils devront porter plainte contre
lui devant toi. [Adieu.]»
31 Conformément à l'ordre qu'ils
avaient reçu, les soldats prirent
Paul et le conduisirent pendant la
nuit jusqu'à Antipatris. 32 Le len-
demain, ils laissèrent les cavaliers
poursuivre la route avec lui et re-
tournèrent à la forteresse. 33 Arri-
vés à Césarée, les cavaliers remi-
rent la lettre au gouverneur et lui
présentèrent Paul. 34 Après avoir
lu la lettre, le gouverneur deman-
da de quelle province venait Paul.
Apprenant qu'il était originaire de
la Cilicie, 35 il lui dit: «Je t'entendrai
quand tes accusateurs seront ve-
nus.» Puis il ordonna de le garder
dans le prétoire d'Hérode.

Paul devant le gouverneur Félix

24 Cinq jours après, le grand-
prêtre Ananias descendit
à Césarée avec des anciens et un
avocat du nom de Tertulle. Ils por-
tèrent plainte contre Paul devant
le gouverneur. 2 Paul fut convoqué
et Tertulle se mit à l'accuser en di-
sant: «Grâce à toi, très excellent Fé-
lix, nous jouissons d'une paix pro-
fonde et cette nation a obtenu des
réformes salutaires grâce à tes
soins prévoyants; 3 partout et tou-
jours, nous les accueillons avec
une entière reconnaissance. 4 Mais,
pour ne pas te déranger davantage,
je te prie, dans ta bienveillance,
de nous écouter quelques instants.
5 Nous avons découvert que cet

homme est une peste; il provoque
des révoltes parmi tous les Juifs du
monde. C'est un chef de la secte des
Nazaréens, 6 et il a même tenté de
profaner le temple. Nous l'avons
arrêté [et nous avons voulu le juger
d'après notre loi, 7 mais le comman-
dant Lysias est arrivé. Il l'a arraché
de nos mains avec une grande vio-
lence 8 et a donné l'ordre à ses ac-
cusateurs de venir devant toi.] Tu
pourras toi-même, en l'interro-
geant, reconnaître le bien-fondé
de toutes les accusations que nous
portons contre lui.» 9 Les Juifs ap-
puyèrent ce réquisitoire en décla-
rant que c'était bien exact.
10 Lorsque le gouverneur lui fit
signe de parler, Paul répondit: «Je
sais que tu es juge de cette nation
depuis de nombreuses années, et
c'est avec confiance que je prends
la parole pour défendre ma cause.
11 Comme tu peux le vérifier, il n'y
a pas plus de 12 jours que je suis
monté à Jérusalem pour adorer
Dieu. 12 Ni dans le temple, ni dans
les synagogues, ni dans la ville on
ne m'a trouvé en train de discuter
avec quelqu'un ou de provoquer
un soulèvement de la foule. 13 Ils
ne peuvent pas prouver ce dont
ils m'accusent maintenant. 14 Je
t'avoue bien que je sers le Dieu de
mes ancêtres selon la voie qu'ils ap-
pellent une secte. Je crois tout ce
qui est écrit dans la loi et dans les
prophètes, 15 et j'ai en Dieu l'espé-
rance, comme ils l'ont eux-mêmes,
qu'il y aura une résurrection des
justes et des injustes. 16 C'est pour-
quoi je m'efforce d'avoir constam-
ment une conscience sans reproche
devant Dieu et devant les hommes.
17 Après une absence de plusieurs
années, je suis venu pour appor-
ter des dons à ma nation et présen-
ter des offrandes. 18 C'est alors que
quelques Juifs d'Asie m'ont trouvé
dans le temple; j'avais accompli la
cérémonie de purification et il n'y
avait ni attroupement ni tumulte.
19 C'était à eux de se présenter de-
vant toi et de m'accuser, s'ils avaient
quelque chose contre moi. 20 Ou
bien, que ceux qui sont ici décla-
rent de quel crime ils m'ont trouvé
coupable lorsque j'ai comparu de-
vant le sanhédrin, 21 à moins qu'il
ne s'agisse uniquement de la paro-
le que j'ai lancée au milieu d'eux:
'C'est à cause de la résurrection des
morts que je suis aujourd'hui mis
en jugement devant vous.'»
22 Félix, qui était parfaitement au
courant de ce qui concernait cet
enseignement[n], les renvoya en di-
sant: «Quand le commandant Ly-
sias sera venu, j'examinerai votre
affaire.» 23 Il donna l'ordre à l'offi-
cier de garder Paul tout en lui lais-
sant une certaine liberté et de n'em-
pêcher aucun de ses proches de lui
rendre des services [ou de venir le
voir].
24 Quelques jours plus tard, Félix
vint avec sa femme Drusille, qui
était juive, et il fit appeler Paul. Il
l'écouta parler de la foi en Christ.
25 Mais lorsque Paul discuta de la
justice, de la maîtrise de soi et du
jugement à venir, Félix fut effrayé
et lui dit: «Retire-toi pour le mo-
ment. Quand j'en trouverai l'occa-
sion, je te rappellerai.» 26 Il espérait
en même temps que Paul lui don-
nerait de l'argent [pour qu'il le relâ-
che]; c'est pourquoi il le faisait ve-
nir assez souvent pour s'entretenir
avec lui.
27 Deux ans passèrent ainsi et Félix
eut pour successeur Porcius Festus.
Dans le désir de plaire aux Juifs, Fé-
lix laissa Paul en prison.

24.22 *Cet enseignement*: littéralement *la voie*.

Paul devant le gouverneur Festus

25 Trois jours après son arri-
vée dans la province, Fes-
tus monta de Césarée à Jérusalem.
2 Les chefs des prêtres et les per-
sonnalités juives portèrent plain-
te contre Paul devant lui. Ils lui
demandèrent avec insistance 3 la
faveur de le faire venir à Jérusalem.
Ils préparaient un guet-apens pour
le tuer en chemin. 4 Festus répondit
alors que Paul était gardé à Césarée
et que lui-même devait bientôt re-
partir. 5 «Que ceux parmi vous qui
sont compétents descendent avec
moi, dit-il, et si cet homme a com-
mis une faute, qu'ils l'accusent.»
6 Festus ne passa que huit à dix
jours parmi eux, puis il redescen-
dit à Césarée. Le lendemain, il prit
place au tribunal et donna l'ordre
d'amener Paul. 7 Quand celui-ci fut
arrivé, les Juifs venus de Jérusalem
l'entourèrent et portèrent contre
lui de nombreuses et graves accu-
sations qu'ils n'étaient pas en me-
sure de prouver. 8 Paul présenta sa
défense en disant: «Je n'ai commis
aucune faute, ni contre la loi des
Juifs, ni contre le temple, ni contre
l'empereur.» 9 Dans le désir de plai-
re aux Juifs, Festus répondit à Paul:
«Acceptes-tu de monter à Jérusalem
pour y être jugé sur cette affaire en
ma présence?» 10 Paul dit: «C'est de-
vant le tribunal de l'empereur que
je comparais, et c'est là que je dois
être jugé. Je n'ai fait aucun tort aux
Juifs, comme tu le sais très bien.
11 Si j'ai commis une injustice ou
un crime digne de mort, je ne refu-
se pas de mourir, mais si leurs ac-
cusations contre moi sont fausses,
personne n'a le droit de me livrer
à eux. J'en appelle à l'empereur.»
12 Alors Festus répondit, après déli-
bération avec le conseil: «Tu en as
appelé à l'empereur, tu iras devant
l'empereur.»
13 Quelques jours plus tard, le roi
Agrippa et Bérénice arrivèrent à Cé-
sarée pour saluer Festus. 14 Comme
ils passaient là plusieurs jours, Fes-
tus exposa le cas de Paul au roi et
dit: «Il y a ici un homme que Félix
a laissé en prison. 15 Lorsque j'étais
à Jérusalem, les chefs des prêtres
et les anciens des Juifs ont porté
plainte contre lui en demandant sa
condamnation. 16 Je leur ai répon-
du que ce n'est pas la coutume des
Romains de livrer un homme [à la
mort] avant que l'accusé n'ait été
confronté avec ses accusateurs et
qu'il n'ait eu l'occasion de se défen-
dre contre leurs accusations. 17 Ils
sont donc venus ici et, sans plus at-
tendre, j'ai siégé le lendemain au
tribunal en donnant l'ordre d'ame-
ner cet homme. 18 Les accusateurs
se sont alors présentés, mais ils ne
l'ont chargé d'aucun des délits que
je supposais: 19 ils avaient avec lui
des discussions relatives à leur re-
ligion particulière et à un certain
Jésus qui est mort et que Paul affir-
mait être vivant. 20 Ne sachant quel
parti prendre dans ce débat, je lui ai
demandé s'il voulait aller à Jérusa-
lem pour y être jugé sur cette affai-
re, 21 mais Paul a fait appel pour que
sa cause soit portée à la connais-
sance d'Auguste; j'ai donc donné
l'ordre de le garder jusqu'à ce que
je l'envoie à l'empereur.» 22 Agrippa
dit à Festus: «Je voudrais entendre
moi-même cet homme.» «Demain
tu l'entendras», répondit-il.
23 Le lendemain donc, Agrippa et
Bérénice vinrent en grande pompe
et entrèrent dans la salle d'audience
avec les commandants romains et
les hommes importants de la ville.
Sur l'ordre de Festus, Paul fut ame-
né. 24 Alors Festus dit: «Roi Agrippa,
et vous tous qui êtes présents avec
nous, vous voyez cet homme au su-
jet duquel toute la foule des Juifs

s'est adressée à moi, tant à Jérusa-
lem qu'ici, en criant qu'il ne devait
plus vivre. 25 Or, pour ma part, j'ai
constaté qu'il n'a rien fait qui méri-
te la mort; mais comme il en a ap-
pelé lui-même à Auguste, j'ai décidé
de le faire partir. 26 Cependant, je
n'ai rien de précis à écrire à l'empe-
reur sur son compte; c'est pourquoi
je l'ai fait comparaître devant vous
et surtout devant toi, roi Agrippa,
afin d'avoir quelque chose à écrire
après cet interrogatoire. 27 En effet,
il me semble absurde d'envoyer un
prisonnier sans indiquer de quoi on
l'accuse.»

26 Agrippa dit à Paul: «Il t'est
permis de parler pour ta
défense.» Paul tendit la main et
plaida sa cause ainsi: 2 «Je m'esti-
me heureux, roi Agrippa, d'avoir
aujourd'hui à me défendre devant
toi de toutes les accusations por-
tées contre moi par des Juifs, 3 car
tu connais parfaitement leurs cou-
tumes et leurs discussions. Je te prie
donc de m'écouter avec patience.
4 »Comment je me suis comporté
dès ma jeunesse, tous les Juifs le
savent, puisque j'ai vécu dès le dé-
but au milieu de mon peuple à Jé-
rusalem. 5 Me connaissant depuis
longtemps, ils savent, s'ils veulent
bien en témoigner, que j'ai vécu
en pharisien, selon le parti le plus
strict de notre religion. 6 Et mainte-
nant je suis traduit en justice par-
ce que j'espère en la promesse que
Dieu a faite à nos ancêtres. 7 Cette
promesse, nos douze tribus espè-
rent en obtenir l'accomplissement
en rendant nuit et jour avec ardeur
un culte à Dieu. Et c'est à cause de
cette espérance, roi, que je suis ac-
cusé par des Juifs! 8 Pourquoi donc
vous semble-t-il incroyable que
Dieu ressuscite des morts?
9 »Pour ma part, j'avais cru de-
voir agir vigoureusement contre le
nom de Jésus de Nazareth. 10 C'est
ce que j'ai fait à Jérusalem. J'ai jeté
en prison beaucoup de chrétiens[n],
car j'en avais reçu le pouvoir des
chefs des prêtres, et quand on les
condamnait à mort, je votais contre
eux. 11 Dans toutes les synagogues,
je les ai souvent fait punir et je les
forçais à blasphémer. Dans l'excès
de ma fureur contre eux, je les ai
même persécutés jusque dans les
villes étrangères. 12 C'est ainsi que
je me suis rendu à Damas avec les
pleins pouvoirs et un mandat des
chefs des prêtres. 13 Vers le milieu
du jour, roi, alors que j'étais en che-
min, j'ai vu resplendir autour de
moi et de mes compagnons de rou-
te une lumière venant du ciel, plus
éblouissante que le soleil. 14 Nous
sommes tous tombés par terre et
j'ai entendu une voix qui me disait
en langue hébraïque: 'Saul, Saul,
pourquoi me persécutes-tu? Il te
serait dur de te rebeller contre les
aiguillons.' 15 J'ai répondu: 'Qui es-
tu, Seigneur?' Et le Seigneur a dit:
'Je suis Jésus, celui que tu persécu-
tes. 16 Mais lève-toi et tiens-toi de-
bout, car je te suis apparu pour fai-
re de toi le serviteur et le témoin
de ce que tu as vu et de ce que je
te montrerai. 17 Je t'ai choisi du mi-
lieu de ce peuple et des non-Juifs,
vers qui je t'envoie. 18 Je t'envoie
leur ouvrir les yeux pour qu'ils pas-
sent des ténèbres à la lumière et de
la puissance de Satan à Dieu, pour
qu'ils reçoivent, par la foi en moi, le
pardon des péchés et une part d'hé-
ritage avec les saints.'
19 »C'est pourquoi, roi Agrippa, je
n'ai pas résisté à la vision céleste.
20 Aux habitants de Damas d'abord,
puis à ceux de Jérusalem, dans

26.10 *Chrétiens*: littéralement *saints*.

toute la Judée et aux non-Juifs, j'ai
annoncé qu'ils devaient se repentir
et se tourner vers Dieu en adoptant
une manière d'agir qui confirme
leur changement d'attitude. 21 Voi-
là pourquoi les Juifs m'ont arrêté
dans le temple et ont essayé de me
tuer. 22 Mais, grâce à l'aide de Dieu,
j'ai continué jusqu'à aujourd'hui de
rendre témoignage devant les petits
et les grands. Je ne dis rien d'autre
que ce que les prophètes et Moïse
ont déclaré devoir arriver: 23 que
le Messie souffrirait, qu'il serait le
premier à ressusciter et qu'il an-
noncerait la lumière au peuple juif
et aux non-Juifs.»
24 Alors qu'il parlait ainsi pour sa
défense, Festus dit à haute voix: «Tu
es fou, Paul! Ton grand savoir te fait
déraisonner.» 25 «Je ne suis pas fou,
très excellent Festus, répliqua Paul.
Ce sont au contraire des paroles
de vérité et de bon sens que je pro-
nonce. 26 Le roi est au courant de
ces faits et je lui en parle librement
car je suis persuadé qu'il n'en igno-
re rien. En effet, ce n'est pas en ca-
chette que cela s'est passé. 27 Crois-
tu aux prophètes, roi Agrippa? Je
sais que tu y crois.» 28 Agrippa dit
à Paul: «Tu vas bientôt me persua-
der de devenir chrétien!» 29 Paul ré-
pondit: «Que ce soit pour bientôt ou
que ce soit pour plus tard, je prie
Dieu que non seulement toi, mais
encore tous ceux qui m'écoutent
aujourd'hui, vous deveniez comme
moi, à l'exception de ces chaînes!»
30 [Quand Paul eut dit cela,] le roi,
le gouverneur, Bérénice et ceux qui
étaient assis avec eux se levèrent
31 et se retirèrent. Ils se disaient
les uns aux autres: «Cet homme
n'a rien fait qui mérite la mort ou
la prison.» 32 Agrippa dit à Festus:
«Cet homme aurait pu être relâché
s'il n'en avait pas appelé à l'empe-
reur.»

Départ de Paul pour Rome

27 Quand notre embarque-
ment pour l'Italie a été dé-
cidé, on a confié Paul et quelques
autres prisonniers à un dénommé
Julius, officier de la cohorte impé-
riale. 2 Nous sommes montés sur un
bateau d'Adramytte qui devait faire
voile vers les côtes de l'Asie et nous
sommes partis. Aristarque, un Ma-
cédonien de Thessalonique, était
avec nous.
3 Le jour suivant, nous avons abor-
dé à Sidon; Julius, qui traitait Paul
avec bienveillance, lui a permis
d'aller chez ses amis et de recevoir
leurs soins. 4 Partis de là, nous
avons longé l'île de Chypre, parce
que les vents étaient contraires.
5 Après avoir traversé la mer qui
baigne la Cilicie et la Pamphy-
lie, nous sommes arrivés à Myra
en Lycie. 6 Là, ayant trouvé un ba-
teau d'Alexandrie qui allait en Italie,
l'officier nous y a fait monter.
7 Pendant plusieurs jours nous
avons navigué lentement, et ce n'est
pas sans difficulté que nous som-
mes parvenus à la hauteur de Cni-
de, où le vent ne nous a pas permis
d'aborder. Nous avons alors doublé
le cap Salmoné pour passer au sud
de la Crète. 8 Nous avons longé l'île
avec peine et sommes arrivés à un
endroit appelé Beaux-Ports près de
la ville de Lasée.
9 Un temps assez long s'était écou-
lé et la navigation devenait dange-
reuse, car l'époque même du jeûne[n]
était déjà passée. C'est pourquoi
Paul a donné cet avertissement:
10 «Mes amis, je vois que la naviga-

27.9 *Jeûne*: allusion au jour des expiations (Yom Kippour), célébré le 10e jour du 7e mois, c'est-à-dire fin septembre.

tion ne se fera pas sans dommages
et qu'il y aura beaucoup de pertes,
non seulement pour la cargaison et
pour le bateau, mais encore pour
nous-mêmes.» 11 Mais l'officier se
fiait plus au capitaine et au patron
du bateau qu'aux paroles de Paul.
12 Comme le port n'était pas appro-
prié pour hiverner, la plupart ont
été d'avis de le quitter pour essayer
d'atteindre Phénix, un port de Crète
orienté vers le sud-ouest et le nord-
ouest, afin d'y passer l'hiver.
13 Un léger vent du sud s'est mis à
souffler et, se croyant maîtres de
leur projet, ils ont levé l'ancre et ont
longé de près l'île de Crète.
14 Mais bientôt un vent violent,
qu'on appelle Euraquilon, s'est dé-
chaîné. 15 Le bateau a été entraî-
né sans pouvoir résister au vent et
nous nous sommes laissé emporter
à la dérive. 16 Alors que nous pas-
sions au sud d'une petite île appe-
lée Cauda, nous avons eu beaucoup
de peine à nous rendre maîtres du
canot de sauvetage. 17 Après l'avoir
hissé à bord, ils ont utilisé les cor-
dages de secours pour ceinturer le
bateau. Dans la crainte d'échouer
sur la Syrte[n], ils ont abaissé les voi-
les, et c'est ainsi qu'ils se sont lais-
sé emporter par le vent. 18 Comme
nous étions violemment battus par
la tempête, le lendemain ils ont jeté
la cargaison à la mer, 19 et le troisiè-
me jour ils ont jeté de leurs propres
mains les agrès du bateau. 20 Le so-
leil et les étoiles ne nous sont pas
apparus pendant plusieurs jours et
la tempête a été si forte que, fina-
lement, nous avions perdu tout es-
poir d'être sauvés.
21 On n'avait pas mangé depuis
longtemps. Alors Paul, debout au
milieu d'eux, leur a dit: «Mes amis,
il aurait fallu m'écouter et ne pas
quitter la Crète, afin d'éviter ces
dommages et ces pertes. 22 Mais
maintenant, je vous invite à pren-
dre courage, car aucun de vous ne
perdra la vie; seul le bateau sera
perdu. 23 En effet, un ange du Dieu
auquel j'appartiens et que je sers
m'est apparu cette nuit 24 et m'a
dit: 'Paul, n'aie pas peur! Il faut
que tu comparaisses devant l'em-
pereur, et voici que Dieu t'accorde
la vie de tous ceux qui naviguent
avec toi.' 25 C'est pourquoi, mes
amis, prenez courage! J'ai confian-
ce en Dieu: tout se passera comme
cela m'a été dit. 26 Nous devons tou-
tefois échouer sur une île.»
27 La quatorzième nuit, vers le mi-
lieu de la nuit, alors que nous étions
ballottés sur l'Adriatique, les ma-
rins ont supposé que l'on appro-
chait d'une terre. 28 Ils ont jeté la
sonde et trouvé 36 mètres de pro-
fondeur. Un peu plus loin, ils l'ont
de nouveau jetée et ont trouvé 27
mètres. 29 Dans la crainte d'échouer
sur des récifs, ils ont jeté quatre an-
cres à l'arrière du bateau et atten-
du le jour avec impatience. 30 Mais,
alors que les marins cherchaient à
s'échapper du bateau et mettaient
le canot à la mer sous prétexte de
jeter les ancres situées à l'avant,
31 Paul a dit à l'officier et aux sol-
dats: «Si ces hommes ne restent pas
sur le bateau, vous ne pouvez pas
être sauvés.» 32 Alors les soldats ont
coupé les cordages du canot et l'ont
laissé tomber.
33 Avant que le jour se lève, Paul a
encouragé tout le monde à pren-
dre de la nourriture en disant:
«C'est aujourd'hui le quatorzième
jour que vous êtes dans l'attente
sans manger, sans rien prendre.

27.17 *La Syrte*: ou *les Syrtes*, deux célèbres bancs de sables mouvants redoutés des navigateurs, sur la côte nord de l'Afrique, aujourd'hui le golfe de la Sidre et le golfe de Gabès.

34 Je vous invite donc à prendre
de la nourriture, car cela est né-
cessaire pour votre salut et aucun
de vous ne perdra un cheveu de
sa tête.» 35 Après avoir dit cela, il a
pris du pain, a remercié Dieu de-
vant tous, puis il l'a rompu et s'est
mis à manger. 36 Alors tous ont re-
pris courage et ont eux aussi man-
gé. 37 Nous étions 276 personnes en
tout sur le bateau. 38 Une fois rassa-
siés, ils ont allégé le bateau en je-
tant le blé à la mer.
39 Au lever du jour, sans reconnaî-
tre l'endroit, ils ont aperçu un gol-
fe avec une plage et décidé, si pos-
sible, d'y faire échouer le bateau.
40 Ils ont détaché les ancres pour
les laisser aller dans la mer et ont
en même temps relâché les atta-
ches des gouvernails. Puis ils ont
mis au vent la voile d'artimon et se
sont dirigés vers le rivage, 41 mais
ils sont tombés sur un banc de sa-
ble où ils ont fait échouer le bateau.
L'avant du bateau s'y est enfoncé et
a été immobilisé, tandis que l'ar-
rière se brisait sous la violence [des
vagues]. 42 Les soldats étaient d'avis
de tuer les prisonniers de peur que
l'un d'eux ne s'échappe à la nage,
43 mais l'officier, qui voulait sauver
Paul, les a empêchés de mettre ce
projet à exécution. Il a ordonné à
ceux qui savaient nager de se jeter
les premiers à l'eau pour gagner la
terre 44 et aux autres de s'agripper à
des planches ou à des débris du ba-
teau. C'est ainsi que tous sont par-
venus sains et saufs à terre.

Sur l'île de Malte

28 Une fois hors de danger,
nous avons appris que l'île
s'appelait Malte. 2 Ses habitants
nous ont témoigné une bienveil-
lance peu courante; ils nous ont
tous accueillis près d'un grand feu
qu'ils avaient allumé, car la pluie
tombait et il faisait très froid. 3 Paul
avait ramassé un tas de broussailles
et il était en train de les mettre sur
le feu quand, sous l'effet de la cha-
leur, une vipère en est sortie et s'est
accrochée à sa main. 4 Lorsque les
habitants de l'île ont vu l'animal
suspendu à sa main, ils se sont
dit les uns aux autres: «Cet hom-
me est certainement un meurtrier,
puisque la justice n'a pas voulu le
laisser vivre bien qu'il ait été sau-
vé de la mer.» 5 Mais Paul a secoué
l'animal dans le feu et n'a ressenti
aucun mal. 6 Ces gens s'attendaient
à le voir enfler ou tomber mort su-
bitement. Après avoir longtemps
attendu, voyant qu'il ne lui arrivait
aucun mal, ils ont changé d'avis et
ont déclaré que c'était un dieu.
7 Il y avait dans les environs des ter-
res qui appartenaient à un dénom-
mé Publius, principale personna-
lité de l'île. Il nous a accueillis et
nous a logés de manière très amica-
le pendant trois jours. 8 Le père de
Publius était alors retenu au lit par
la fièvre et la dysenterie. Paul s'est
rendu vers lui, a prié, posé les mains
sur lui et l'a guéri. 9 Là-dessus, les
autres malades de l'île sont venus,
et ils ont été guéris. 10 Ils nous ont
rendu de grands honneurs et, à no-
tre départ, nous ont fourni ce dont
nous avions besoin.

L'Evangile à Rome

11 Après un séjour de 3 mois, nous
avons embarqué sur un bateau
d'Alexandrie qui avait passé l'hiver
dans l'île et qui portait pour ensei-
gne les Dioscures. 12 Nous avons
abordé à Syracuse où nous sommes
restés 3 jours. 13 De là, en suivant la
côte, nous avons atteint Reggio. Le
lendemain, le vent du sud s'est levé
et en 2 jours nous avons fait le tra-
jet jusqu'à Pouzzoles. 14 Là, nous
avons trouvé des frères qui nous

ont invités à passer 7 jours avec eux.
Et c'est ainsi que nous sommes al-
lés jusqu'à Rome. 15 Les frères de
Rome, qui avaient reçu de nos nou-
velles, sont venus à notre rencon-
tre jusqu'au Forum d'Appius et aux
Trois-Tavernes. En les voyant, Paul
a remercié Dieu et pris courage.
16 A notre arrivée à Rome, [l'officier
a remis les prisonniers au chef de
la garde, mais] on a permis à Paul
d'habiter dans un logement parti-
culier avec le soldat qui le gardait.
17 Au bout de 3 jours, Paul a convo-
qué les chefs des Juifs. Quand ils
ont été réunis, il leur a adressé
ces paroles: «Mes frères, bien que
n'ayant rien fait contre notre peu-
ple ni contre les coutumes de nos
ancêtres, j'ai été mis en prison à Jé-
rusalem et livré entre les mains des
Romains. 18 Après m'avoir interro-
gé, ils voulaient me relâcher, parce
qu'il n'y avait chez moi rien qui mé-
rite la mort, 19 mais les Juifs s'y sont
opposés et j'ai été forcé d'en appeler
à l'empereur, sans aucune intention
d'accuser ma nation. 20 Voilà pour-
quoi j'ai demandé à vous voir et à
vous parler. En effet, c'est à cause
de l'espérance d'Israël que je porte
cette chaîne.»
21 Ils lui ont répondu: «Nous n'avons
reçu de Judée aucune lettre à ton
sujet et aucun frère n'est venu rap-
porter ou dire du mal de toi. 22 Ce-
pendant, nous voudrions t'enten-
dre dire toi-même ce que tu penses,
car nous savons que cette secte ren-
contre de l'opposition partout.»
23 Ils lui ont fixé un jour et sont ve-
nus en plus grand nombre le trou-
ver dans son logement. Paul leur
a fait un exposé: il a rendu témoi-
gnage du royaume de Dieu et a
cherché, à partir de la loi de Moïse
et des prophètes, à les persuader de
ce qui concerne Jésus. L'entretien a
duré depuis le matin jusqu'au soir.
24 Les uns ont été convaincus par ce
qu'il disait, les autres n'ont pas cru.
25 Comme ils se retiraient en désac-
cord, Paul n'a ajouté que ces mots:
«C'est avec raison que le Saint-Es-
prit a dit à nos ancêtres par l'inter-
médiaire du prophète Esaïe: 26 *Va
vers ce peuple et dis: 'Vous aurez
beau entendre, vous ne comprendrez
pas; vous aurez beau regarder, vous
ne verrez pas.'* 27 *En effet, le cœur de
ce peuple est devenu insensible; ils
se sont bouché les oreilles et ils ont
fermé les yeux de peur que leurs yeux
ne voient, que leurs oreilles n'enten-
dent, que leur cœur ne compren-
ne, de peur qu'ils ne se convertissent
et que je ne les guérisse.*[n] 28 Sachez
donc que le salut de Dieu a été en-
voyé aux non-Juifs, et eux, ils l'écou-
teront.»
29 [Lorsqu'il a dit cela, les Juifs sont
partis en discutant vivement en-
tre eux.] 30 Paul est resté deux an-
nées entières dans une maison qu'il
avait louée. Il accueillait tous ceux
qui venaient le voir. 31 Il prêchait
le royaume de Dieu et enseignait
ce qui concerne le Seigneur Jésus-
Christ avec une pleine assurance et
sans obstacle.

28.26-27 *Va... guérisse*: citation d'Esaïe 6.9-10.

Romains

L'*Epître aux Romains* se présente comme l'œuvre de l'apôtre Paul, un Juif qui ne faisait pas partie des disciples de Jésus-Christ durant son ministère terrestre. Sur la base d'indices internes, on situe généralement sa rédaction entre 56 et 58 apr. J.-C., à Corinthe. Elle expose ce qu'est la foi chrétienne, les raisons de la venue et de la mort de Jésus-Christ.

UNE JUSTICE OBTENUE PAR LA FOI
1.1–8.39

Salutation et louange

1 De la part de Paul, serviteur
de Jésus-Christ, appelé à être
apôtre, mis à part pour annoncer
l'Evangile de Dieu. 2 – Cet Evangile,
Dieu l'avait promis auparavant
par ses prophètes dans les saintes
Ecritures. 3 Il concerne son Fils qui,
en tant qu'homme[n], est né de la des-
cendance de David 4 et qui, du point
de vue de l'Esprit saint, a été décla-
ré Fils de Dieu avec puissance par
sa résurrection: Jésus-Christ notre
Seigneur. 5 C'est par lui que nous
avons reçu la grâce d'exercer le mi-
nistère d'apôtre pour conduire en
son nom des hommes de toutes les
nations à l'obéissance de la foi; 6 et
vous en faites partie vous aussi, qui
avez été appelés par Jésus-Christ. –
7 A tous ceux qui sont à Rome bien-
aimés de Dieu, appelés à être saints:
que la grâce et la paix vous soient
données de la part de Dieu notre
Père et du Seigneur Jésus-Christ!
8 Tout d'abord, je dis à mon Dieu
par Jésus-Christ toute ma recon-
naissance au sujet de vous tous
parce que dans le monde entier on
parle de votre foi. 9 Dieu, que je sers
de tout mon cœur en annonçant
l'Evangile de son Fils, m'est témoin
que je fais sans cesse mention de
vous dans mes prières. 10 Constam-
ment je lui demande d'avoir enfin,
dans le cadre de sa volonté, le bon-
heur d'aller chez vous. 11 Je désire en
effet vous voir pour vous communi-
quer un don spirituel afin que vous
soyez affermis, 12 ou plutôt afin que
nous soyons encouragés ensemble
chez vous par la foi qui nous est
commune, à vous et à moi.
13 Je ne veux pas que vous ignoriez,
frères et sœurs, que j'ai souvent for-
mé le projet d'aller vous voir afin
de récolter du fruit parmi vous tout
comme parmi les autres nations,
mais j'en ai été empêché jusqu'ici.
14 Je me dois à tous, civilisés ou non,
sages ou ignorants. 15 Ainsi j'ai un
vif désir de vous annoncer aussi
l'Evangile, à vous qui êtes à Rome.
16 En effet, je n'ai pas honte de
l'Evangile [de Christ]: c'est la puis-
sance de Dieu pour le salut de tout
homme qui croit, du Juif d'abord,
mais aussi du non-Juif. 17 En effet,
c'est l'Evangile qui révèle la justi-
ce de Dieu par la foi et pour la foi,
comme cela est écrit: *Le juste vivra
par la foi.*[n]

Culpabilité des non-Juifs

18 La colère de Dieu se révèle du ciel
contre toute impiété et toute injus-
tice des hommes qui par leur in-

1.3 *En tant qu'homme*: littéralement *selon (la) chair.* **1.17** *Le juste vivra par la foi*: citation d'Habakuk 2.4.

justice tiennent la vérité prison-
nière, 19 car ce qu'on peut connaître
de Dieu est évident pour eux, puis-
que Dieu le leur a fait connaître.
20 En effet, les perfections invisi-
bles de Dieu, sa puissance éter-
nelle et sa divinité, se voient de-
puis la création du monde, elles se
comprennent par ce qu'il a fait. Ils
sont donc inexcusables, 21 puisque
tout en connaissant Dieu, ils ne lui
ont pas donné la gloire qu'il méri-
tait en tant que Dieu et ne lui ont
pas montré de reconnaissance; au
contraire, ils se sont égarés dans
leurs raisonnements et leur cœur
sans intelligence a été plongé dans
les ténèbres. 22 Ils se vantent d'être
sages, mais ils sont devenus fous,
23 et ils ont remplacé la gloire du
Dieu incorruptible par des images
qui représentent l'homme corrup-
tible, des oiseaux, des quadrupèdes
et des reptiles.
24 C'est pourquoi Dieu les a livrés
à l'impureté par les désirs de leur
cœur, de sorte qu'ils déshonorent
eux-mêmes leur propre corps,
25 eux qui ont remplacé la vérité
de Dieu par le mensonge et qui ont
adoré et servi la créature au lieu
du Créateur, qui est béni éternelle-
ment. Amen!
26 C'est pour cette raison que Dieu
les a livrés à des passions désho-
norantes: leurs femmes ont rem-
placé les rapports sexuels naturels
par des relations contre nature;
27 de même, les hommes ont aban-
donné les rapports naturels avec la
femme et se sont enflammés dans
leurs désirs les uns pour les autres;
ils ont commis homme avec hom-
me des actes scandaleux et ont reçu
en eux-mêmes le salaire que méri-
tait leur égarement.
28 Comme ils n'ont pas jugé bon de
connaître Dieu, Dieu les a livrés à
leur intelligence dérégléeⁿ, de sor-
te qu'ils commettent des actes in-
dignes. 29 Ils sont remplis de tou-
te sorte d'injustice, [d'immoralité
sexuelle,] de méchanceté, de soif
de posséder et de mal. Leur être
est plein d'envie, de meurtres, de
querelles, de ruses, de fraudes et
de perversité. Rapporteurs, 30 ils
sont aussi médisants, ennemis de
Dieu, arrogants, orgueilleux, van-
tards, ingénieux pour faire le mal,
rebelles à leurs parents. 31 Dépour-
vus d'intelligence, de loyauté, d'af-
fection, ils sont [irréconciliables,]
sans pitié. 32 Et bien qu'ils connais-
sent le verdict de Dieu déclarant
dignes de mort les auteurs de tels
actes, non seulement ils les com-
mettent, mais encore ils approu-
vent ceux qui agissent de même.

2 Qui que tu sois, homme, toi
qui juges, tu es donc inexcusa-
ble. En effet, en jugeant les autres
tu te condamnes toi-même, puis-
que toi qui juges tu agis comme eux.
2 Nous savons que le jugement de
Dieu contre ceux qui agissent ainsi
est conforme à la vérité. 3 Et penses-
tu, toi qui juges les auteurs de tels
actes et qui les fais aussi, que tu
échapperas au jugement de Dieu?
4 Ou méprises-tu les richesses de sa
bonté, de sa patience et de sa géné-
rosité en ne reconnaissant pas que
la bonté de Dieu te pousse à chan-
ger d'attitude? 5 Par ton endurcisse-
ment et ton refus de te repentir, tu
t'amasses un trésor de colère pour
le jour où Dieu révélera sa colère
et son juste jugement. 6 Il *traitera
chacun conformément à ses actes*[n]:
7 à ceux qui, par leur persévérance
à faire le bien, recherchent l'hon-

1.28 *Déréglée*: ou *désapprouvée*; jeu de mots en grec, puisqu'il s'agit d'un adjectif de la même famille que le verbe traduit par *juger bon*. **2.6** *Traitera... actes*: principe tiré du Psaume 62.13.

neur, la gloire et l'incorruptibilité,
il donnera la vie éternelle; 8 mais
il réserve son indignation et sa colère à ceux qui, par esprit de révolte, rejettent la vérité et obéissent à
l'injustice. 9 La détresse et l'angoisse atteindront tout être humain qui
fait le mal, le Juif d'abord, mais aussi le non-Juif. 10 La gloire, l'honneur
et la paix seront pour tout homme
qui fait le bien, le Juif d'abord, mais
aussi le non-Juif, 11 car devant Dieu
il n'y a pas de favoritisme.
12 Tous ceux qui ont péché sans la
loi périront aussi sans la loi, et tous
ceux qui ont péché sous la loi seront jugés au moyen de la loi. 13 En
effet, ce ne sont pas ceux qui écoutent la loi qui sont justes devant
Dieu, mais ce sont ceux qui la mettent en pratique qui seront déclarés
justes. 14 Quand des non-Juifs qui
n'ont pas la loi font naturellement
ce que prescrit la loi, ils se tiennent lieu de loi à eux-mêmes, bien
qu'ils n'aient pas la loi. 15 Ils montrent que l'œuvre de la loi est écrite
dans leur cœur, car leur conscience en rend témoignage et leurs pensées les accusent ou les défendent
tour à tour. 16 C'est ce qui paraîtra le
jour où, conformément à l'Evangile
que je prêche, Dieu jugera par Jésus-Christ le comportement secret des
hommes.

Culpabilité des Juifs

17 Toi qui te donnes le nom de Juif,
tu te reposes sur la loi, tu places ta
fierté dans ton Dieu, 18 tu connais
sa volonté et tu discernes ce qui
est important, car tu es instruit par
la loi. 19 Tu es convaincu d'être le
conducteur des aveugles, la lumière de ceux qui sont dans les ténèbres, 20 l'éducateur des ignorants,
le maître des enfants parce que tu
possèdes dans la loi l'expression
de la connaissance et de la vérité.
21 Toi donc qui enseignes les autres,
tu ne t'enseignes pas toi-même! Toi
qui prêches de ne pas voler, tu voles! 22 Toi qui dis de ne pas commettre d'adultère, tu commets l'adultère! Toi qui as les idoles en horreur,
tu pilles les temples! 23 Toi qui places ta fierté dans la loi, tu déshonores Dieu en la transgressant! 24 En
effet, *le nom de Dieu est blasphémé
parmi les nations à cause de vous*[n],
comme cela est écrit.
25 Certes, la circoncision[n] est utile
si tu mets en pratique la loi; mais
si tu la violes, ta circoncision devient incirconcision. 26 Si donc l'incirconcis[n] respecte les commandements de la loi, son incirconcision
ne sera-t-elle pas comptée comme
circoncision? 27 Ainsi, l'homme qui
accomplit la loi sans être circoncis
physiquement ne te condamnera-t-il pas, toi qui la transgresses tout
en ayant la loi écrite et la circoncision? 28 Le Juif, ce n'est pas celui
qui en a l'apparence, et la circoncision, ce n'est pas celle qui est visible
dans le corps. 29 Mais le Juif, c'est
celui qui l'est intérieurement, et
la circoncision, c'est celle du cœur,
accomplie par l'Esprit et non par la
loi écrite. La louange que reçoit ce
Juif ne vient pas des hommes, mais
de Dieu.

3 Quel est donc l'avantage des
Juifs ou quelle est l'utilité de
la circoncision? 2 Cet avantage
est grand de toute manière. Tout
d'abord, c'est à eux que les paroles
révélées de Dieu ont été confiées.
3 Que dire si quelques-uns n'ont

2.24 *Le nom… de vous*: citation d'Esaïe 52.5. **2.25** *La circoncision*: ordonnée par Dieu à Abraham comme signe de son alliance avec lui et avec ses descendants, cette opération consistant à enlever le prépuce était obligatoire pour les étrangers qui souhaitaient participer à la Pâque et intégrer la communauté d'Israël. **2.26** *L'incirconcis*: c'est-à-dire le non-Juif.

pas cru? Leur incrédulité[n] annu-
lera-t-elle la fidélité de Dieu? 4 Cer-
tainement pas! Reconnaissons que
Dieu est vrai et tout homme men-
teur, comme cela est écrit: *Ainsi
tu as été trouvé juste dans tes paro-
les et tu triomphes dans ton juge-
ment.*[n]
5 Mais si notre injustice met en évi-
dence la justice de Dieu, que dirons-
nous? Dieu est-il injuste quand il
déchaîne sa colère? – Je parle ici à
la manière des hommes. – 6 Certai-
nement pas! Autrement, comment
Dieu pourrait-il juger le monde?
7 Et si mon mensonge fait d'autant
plus éclater la vérité de Dieu pour
sa gloire, pourquoi donc serais-
je moi-même encore jugé comme
pécheur? 8 Et pourquoi ne ferions-
nous pas le mal afin qu'il en résulte
du bien? Quelques-uns, pour nous
calomnier, prétendent que c'est ce
que nous disons. La condamnation
de ces gens est juste.
9 Que dire donc? Sommes-nous su-
périeurs aux autres? Pas du tout. En
effet, nous avons déjà prouvé que
Juifs et non-Juifs sont tous sous
la domination du péché, 10 com-
me cela est écrit: *Il n'y a pas de jus-
te, pas même un seul;* 11 *aucun n'est
intelligent, aucun ne cherche Dieu;*
12 *tous se sont détournés, ensemble
ils se sont pervertis; il n'y en a aucun
qui fasse le bien, pas même un seul;*
13 *leur gosier est une tombe ouverte,
ils se servent de leur langue pour
tromper. Ils ont sur les lèvres un ve-
nin de vipère;* 14 *leur bouche est plei-
ne de malédiction et d'amertume.*
15 *Leurs pieds courent pour verser
le sang,* 16 *la destruction et le mal-
heur marquent leur passage,* 17 *ils ne
connaissent pas le chemin de la paix.*
18 *Il n'y a aucune crainte de Dieu de-
vant leurs yeux.*[n]
19 Or nous savons que tout ce que
dit la loi, c'est à ceux qui vivent sous
la loi qu'elle le dit, afin que toute
bouche soit fermée et que le mon-
de entier soit reconnu coupable de-
vant Dieu. 20 En effet, personne ne
sera considéré comme juste devant
lui sur la base des œuvres de la loi,
puisque c'est par l'intermédiaire de
la loi que vient la connaissance du
péché.

Déclarés justes par la foi en Christ

21 Mais maintenant, la justice de
Dieu dont témoignent la loi et les
prophètes a été manifestée indé-
pendamment de la loi: 22 c'est la
justice de Dieu par la foi en Jésus-
Christ pour tous ceux qui croient.
Il n'y a pas de différence: 23 tous
ont péché et sont privés de la gloire
de Dieu, 24 et ils sont gratuitement
déclarés justes par sa grâce, par le
moyen de la libération qui se trou-
ve en Jésus-Christ. 25 C'est lui que
Dieu a destiné à être par son sang
une victime expiatoire[n] pour ceux
qui croiraient. Il démontre ainsi sa
justice, puisqu'il avait laissé impu-
nis les péchés commis auparavant,
à l'époque de sa patience. 26 Il la
démontre dans le temps présent de
manière à être juste tout en décla-
rant juste celui qui a la foi en Jésus.
27 Où est donc la raison de se mon-
trer fier? Elle a été exclue. Par quelle
loi? Par celle des œuvres? Non, par
la loi de la foi. 28 En effet, nous esti-
mons que l'homme est déclaré jus-
te par la foi, indépendamment des
œuvres de la loi. 29 Ou bien Dieu est-
il seulement le Dieu des Juifs? N'est-
il pas aussi celui des non-Juifs? Oui,

3.3 *N'ont... incrédulité*: ou *n'ont pas été fidèles? Leur infidélité.* **3.4** *Ainsi... jugement*: citation du Psaume 51.6. **3.10-18** *Il n'y a... yeux*: citation combinant successivement Psaume 14.1-3 (= 53.2-4); 5.10; 140.4; 10.7; Esaïe 59.7-8; Psaume 36.2. **3.25** *Victime expiatoire*: victime offerte en sacrifice pour satisfaire les exigences de la justice divine.

il est aussi le Dieu des non-Juifs,
30 puisqu'il y a un seul Dieu, qui
déclarera les circoncis justes sur la
base de la foi et qui déclarera aus-
si les incirconcis justes au moyen
de la foi.
31 Cela signifie-t-il donc que, par
l'intermédiaire de la foi, nous an-
nulions la loi? Certainement pas!
Au contraire, nous confirmons la
loi.

Exemples de justice par la foi dans l'Ancien Testament

4 Que dirons-nous donc d'Abra-
ham, notre ancêtre? Qu'a-t-il
obtenu par ses propres efforts?
2 Si Abraham a été considéré com-
me juste sur la base de ses œuvres,
il a de quoi se montrer fier, mais
non devant Dieu. 3 En effet, que dit
l'Ecriture? *Abraham a eu confian-
ce en Dieu et cela lui a été compté
comme justice.*[n] 4 Or, si quelqu'un
accomplit quelque chose, le salai-
re est porté à son compte non com-
me une grâce, mais comme un dû.
5 Par contre, si quelqu'un ne fait
rien mais croit en celui qui déclare
juste l'impie, sa foi lui est comptée
comme justice.
6 De même, David exprime le bon-
heur de l'homme à qui Dieu at-
tribue la justice sans les œuvres:
7 *Heureux ceux dont les fautes sont
pardonnées et dont les péchés sont
couverts,* 8 *heureux l'homme à qui
le Seigneur ne tient pas compte de
son péché!*[n]
9 Ce bonheur n'est-il que pour les
circoncis, ou bien est-il également
pour les incirconcis? En effet, nous
disons que la *foi d'Abraham lui a été
comptée comme justice*[n]. 10 Quand
donc a-t-elle été portée à son compte?
Etait-ce après ou avant sa circonci-
sion? Ce n'était pas après sa circon-
cision, mais bien alors qu'il était in-
circoncis. 11 Et il a reçu le signe de
la circoncision comme le gage de
la justice qu'il avait obtenue par la
foi alors qu'il était incirconcis. Il
est ainsi le père de tous les incir-
concis qui croient, afin que la jus-
tice soit aussi portée à leur compte.
12 Il est aussi le père des circoncis
qui ne se contentent pas d'être cir-
concis mais qui marchent aussi sur
les traces de la foi de notre ancêtre
Abraham quand il était encore in-
circoncis.
13 En effet, ce n'est pas par la loi que
la promesse de recevoir le monde
en héritage a été faite à Abraham ou
à sa descendance, mais c'est par la
justice de la foi, 14 car si l'on devient
héritier par la loi, la foi est dépour-
vue de sens et la promesse[n] sans ef-
fets. 15 En fait, la loi produit la colè-
re de Dieu, puisque là où il n'y a pas
de loi, il n'y a pas non plus de trans-
gression. 16 C'est donc par la foi que
l'on devient héritier, pour que ce
soit par grâce et que la promesse
soit assurée à toute la descendance,
non seulement à celle qui dépend
de la loi, mais aussi à celle qui a la
foi d'Abraham. En effet, Abraham
est notre père à tous, comme cela
est d'ailleurs écrit: 17 *Je t'ai établi
père d'un grand nombre de nations.*[n]
Il est notre père devant le Dieu en
qui il a cru, le Dieu qui donne la vie
aux morts et appelle ce qui n'existe
pas à l'existence. 18 Espérant contre
toute espérance, Abraham a cru et
est ainsi devenu *le père d'un grand
nombre de nations,* conformément
à ce qui lui avait été dit: *Telle sera
ta descendance.*[n] 19 Sans faiblir dans

4.3 *Abraham... justice*: citation de Genèse 15.6. **4.7-8** *Heureux ceux... péché*: citation du Psaume 32.1-2. **4.9** *Foi... justice*: reprise de la citation de Genèse 15.6 (voir verset 3). **4.14** *La promesse*: c'est-à-dire la promesse de Dieu. **4.17** *Je t'ai établi... nations*: citation de Genèse 17.5. **4.18** *Telle sera ta descendance*: citation de Genèse 15.5.

la foi, il n'a pas considéré que son
corps était déjà usé, puisqu'il avait
près de 100 ans, ni que Sara n'était
plus en état d'avoir des enfants. 20 Il
n'a pas douté, par incrédulité, de la
promesse de Dieu, mais il a été for-
tifié par la foi et il a rendu gloire à
Dieu, 21 car il avait la pleine convic-
tion que ce que Dieu promet, il peut
aussi l'accomplir. 22 C'est pourquoi
cela lui a été compté comme justice[n].
23 Or ce n'est pas pour lui seulement
qu'il est écrit que la foi a été por-
tée à son compte, 24 mais c'est aus-
si pour nous. Elle sera portée à no-
tre compte, puisque nous croyons
en celui qui a ressuscité Jésus no-
tre Seigneur, 25 lui qui a été don-
né à cause de nos fautes et qui est
ressuscité à cause de notre justifi-
cation.

Fruits de la justice obtenue par la foi

5 Ainsi donc, déclarés justes sur
la base de la foi, nous avons la
paix avec Dieu par l'intermédiaire
de notre Seigneur Jésus-Christ;
2 c'est aussi par son intermédiaire
que nous avons accès par la foi à
cette grâce, dans laquelle nous te-
nons ferme, et nous plaçons notre
fierté dans l'espérance de prendre
part à la gloire de Dieu. 3 Bien plus,
nous sommes fiers même de nos
détresses, sachant que la détresse
produit la persévérance, 4 la persé-
vérance la victoire dans l'épreuve,
et la victoire dans l'épreuve l'espé-
rance. 5 Or cette espérance ne trom-
pe pas, parce que l'amour de Dieu
est déversé dans notre cœur par le
Saint-Esprit qui nous a été donné.
6 En effet, alors que nous étions
encore sans force, Christ est mort
pour des pécheurs au moment
fixé. 7 A peine mourrait-on pour
un juste; peut-être accepterait-on
de mourir pour quelqu'un de bien.
8 Mais voici comment Dieu prou-
ve son amour envers nous: alors
que nous étions encore des pé-
cheurs, Christ est mort pour nous.
9 Puisque nous sommes mainte-
nant considérés comme justes grâ-
ce à son sang, nous serons à bien
plus forte raison sauvés par lui de
la colère de Dieu. 10 En effet, si nous
avons été réconciliés avec Dieu grâ-
ce à la mort de son Fils lorsque nous
étions ses ennemis, nous serons à
bien plus forte raison sauvés par sa
vie maintenant que nous sommes
réconciliés. 11 Bien plus, nous pla-
çons notre fierté en Dieu par no-
tre Seigneur Jésus-Christ, par qui
maintenant nous avons reçu la ré-
conciliation.
12 C'est pourquoi, de même que par
un seul homme le péché est en-
tré dans le monde, et par le péché
la mort, de même la mort a atteint
tous les hommes parce que tous ont
péché. 13 En effet, avant que la loi
ne soit donnée, le péché était déjà
dans le monde. Or, le péché n'est
pas pris en compte quand il n'y a
pas de loi. 14 Pourtant la mort a ré-
gné depuis Adam jusqu'à Moïse,
même sur ceux qui n'avaient pas
péché par une transgression sem-
blable à celle d'Adam, qui est l'ima-
ge de celui qui devait venir. 15 Mais
il y a une différence entre le don
gratuit et la faute. En effet, si beau-
coup sont morts par la faute d'un
seul, la grâce de Dieu et le don de
la grâce qui vient d'un seul homme,
Jésus-Christ, ont bien plus abon-
damment été déversés sur beau-
coup. 16 Et il y a une différence en-
tre ce don et les conséquences du
péché d'un seul. En effet, c'est après
un seul péché que le jugement a
entraîné la condamnation, tandis

4.22 *Cela… justice*: reprise de la citation de Genèse 15.6 (voir verset 3).

que le don gratuit entraîne l'ac-
quittement après un grand nom-
bre de fautes. 17 Si par un seul hom-
me, par la faute d'un seul, la mort
a régné, ceux qui reçoivent avec
abondance la grâce et le don de la
justice régneront à bien plus forte
raison dans la vie par Jésus-Christ
lui seul.
18 Ainsi donc, de même que par une
seule faute la condamnation a at-
teint tous les hommes, de même par
un seul acte d'acquittement la jus-
tification qui donne la vie s'étend
à tous les hommes. 19 En effet, tout
comme par la désobéissance d'un
seul homme beaucoup ont été ren-
dus pécheurs, beaucoup seront
rendus justes par l'obéissance d'un
seul. 20 L'intervention de la loi a en-
traîné la multiplication des fautes,
mais là où le péché s'est multiplié,
la grâce a surabondé. 21 Ainsi, de
même que le péché a régné par la
mort, de même la grâce règne par
la justice pour la vie éternelle, par
Jésus-Christ notre Seigneur.

Le péché et la grâce

6 Que dirons-nous donc? Allons-
nous persister dans le péché
afin que la grâce se multiplie? 2 Cer-
tainement pas! Nous qui sommes
morts pour le péché, comment
pourrions-nous encore vivre dans
le péché?
3 Ignorez-vous que nous tous qui
avons été baptisés en Jésus-Christ,
c'est en sa mort que nous avons été
baptisés? 4 Par le baptême en sa
mort nous avons donc été enseve-
lis avec lui afin que, comme Christ
est ressuscité par la gloire du Père,
de même nous aussi nous menions
une vie nouvelle. 5 En effet, si nous
avons été unis à lui par une mort
semblable à la sienne, nous le se-
rons aussi par une résurrection
semblable à la sienne. 6 Nous sa-
vons que notre vieil homme a été
crucifié avec lui afin que le corps
du péché soit réduit à l'impuis-
sance et qu'ainsi nous ne soyons
plus esclaves du péché. 7 En effet,
celui qui est mort est libéré du pé-
ché. 8 Or, si nous sommes morts
avec Christ, nous croyons que nous
vivrons aussi avec lui, 9 car nous sa-
vons que Christ ressuscité ne meurt
plus; la mort n'a plus de pouvoir sur
lui. 10 Christ est mort, et c'est pour
le péché qu'il est mort une fois pour
toutes; maintenant qu'il est vivant,
c'est pour Dieu qu'il vit. 11 De la
même manière, vous aussi, consi-
dérez-vous comme morts pour le
péché et comme vivants pour Dieu
en Jésus-Christ [notre Seigneur].
12 Que le péché ne règne donc plus
dans votre corps mortel pour vous
soumettre à lui par ses désirs. 13 Ne
mettez plus vos membres au ser-
vice du péché comme des instru-
ments de l'injustice, mais au con-
traire livrez-vous vous-mêmes à
Dieu comme des morts revenus à
la vie et mettez vos membres à son
service comme des instruments de
la justice. 14 En effet, le péché n'aura
pas de pouvoir sur vous, puisque
vous n'êtes plus sous la loi mais
sous la grâce.
15 Quoi donc! Allons-nous pécher
parce que nous ne sommes pas
sous la loi mais sous la grâce? Cer-
tainement pas! 16 Ne savez-vous pas
que si vous vous livrez à quelqu'un
comme esclaves pour lui obéir,
vous êtes les esclaves du maître à
qui vous obéissez, soit du péché
qui conduit à la mort, soit de l'obéis-
sance qui conduit à la justice?
17 Mais que Dieu soit remercié: alors
que vous étiez esclaves du péché,
vous avez obéi de tout cœur au mo-
dèle d'enseignement auquel vous
avez été confiés. 18 Et une fois libé-
rés du péché, vous êtes devenus es-

claves de la justice. 19 – Je parle à la
manière des hommes, à cause de vo-
tre faiblesse naturelle. – De même
que vous avez mis vos membres
comme esclaves au service de l'im-
pureté et de l'injustice pour arriver
à plus d'injustice, de même main-
tenant, mettez vos membres com-
me esclaves au service de la justi-
ce pour progresser dans la sainteté.
20 En effet, lorsque vous étiez escla-
ves du péché, vous étiez libres par
rapport à la justice. 21 Quels fruits
portiez-vous alors? Des fruits dont
vous avez honte aujourd'hui, car
leur fin, c'est la mort. 22 Mais main-
tenant que vous avez été libérés du
péché et que vous êtes devenus es-
claves de Dieu, vous avez pour fruit
la progression dans la sainteté et
pour fin la vie éternelle. 23 En effet,
le salaire du péché, c'est la mort,
mais le don gratuit de Dieu, c'est la
vie éternelle en Jésus-Christ notre
Seigneur.

Le péché et la loi

7 Ignorez-vous, frères et sœurs
– je parle ici à des gens qui
connaissent la loi – que la loi n'exer-
ce son pouvoir sur l'homme qu'aus-
si longtemps qu'il vit? 2 Ainsi, une
femme mariée est liée par la loi à
son mari tant qu'il est vivant, mais
si son mari meurt, elle est dégagée
de la loi qui la liait à lui. 3 Si donc
elle devient la femme d'un autre
homme du vivant de son mari, elle
sera considérée comme adultère.
Mais si son mari meurt, elle est li-
bérée de cette loi, de sorte qu'elle
n'est pas adultère en devenant la
femme d'un autre.
4 De même, mes frères et sœurs,
vous aussi vous avez été mis à
mort par rapport à la loi à travers
le corps de Christ pour appartenir
à un autre, à celui qui est ressusci-
té afin que nous portions des fruits
pour Dieu. 5 En effet, lorsque nous
étions livrés à notre nature propre[n],
les passions pécheresses éveillées
par la loi agissaient dans nos mem-
bres, de sorte que nous portions des
fruits pour la mort. 6 Mais mainte-
nant nous avons été libérés de la loi,
car nous sommes morts à ce qui
nous retenait prisonniers, de sor-
te que nous servons sous le régime
nouveau de l'Esprit et non sous le
régime périmé de la loi écrite.
7 Que dirons-nous donc? La loi est-
elle péché? Certainement pas! Mais
je n'ai connu le péché que par l'in-
termédiaire de la loi. En effet, je
n'aurais pas su ce qu'est la convoi-
tise si la loi n'avait pas dit: *Tu ne
convoiteras pas.*[n] 8 Saisissant l'occa-
sion offerte par ce commandement,
le péché a produit en moi toutes
sortes de désirs. En effet, sans loi
le péché est mort. 9 Pour ma part,
sans la loi, je vivais autrefois; mais
quand le commandement est venu,
le péché a repris vie et moi, je suis
mort. 10 Il s'est trouvé que le com-
mandement qui devait conduire à
la vie m'a conduit à la mort. 11 En
effet, le péché, saisissant l'occa-
sion offerte par le commandement,
m'a trompé et par lui m'a donné la
mort. 12 Ainsi donc, la loi est sainte,
et le commandement est saint, jus-
te et bon.
13 Ce qui est bon est-il donc deve-
nu synonyme de mort pour moi?
Certainement pas! Au contraire,
c'est la faute du péché. Il s'est ma-
nifesté comme péché en me don-
nant la mort par ce qui est bon[n], et

7.5 *Notre nature propre*: littéralement *la chair* (idem ailleurs). **7.7** *Tu ne convoiteras pas*: citation du dernier des dix commandements (Exode 20.17; Deutéronome 5.21). **7.13** *Ce qui est bon*: c'est-à-dire la loi.

ainsi, par l'intermédiaire du com-
mandement, il montre son carac-
tère extrêmement mauvais. 14 Nous
savons, en effet, que la loi est spiri-
tuelle; mais moi, je suis marqué par
ma nature, vendu au péché. 15 Je ne
comprends pas ce que je fais: je ne
fais pas ce que je veux et je fais ce
que je déteste. 16 Or, si je fais ce que
je ne veux pas, je reconnais par là
que la loi est bonne. 17 En réalité, ce
n'est plus moi qui agis ainsi, mais
le péché qui habite en moi. 18 En ef-
fet, je sais que le bien n'habite pas
en moi, c'est-à-dire dans ma natu-
re propre: j'ai la volonté de faire le
bien, mais je ne parviens pas à l'ac-
complir. 19 En effet, je ne fais pas
le bien que je veux mais je fais au
contraire le mal que je ne veux pas.
20 Or, si je fais ce que je ne veux pas,
ce n'est plus moi qui le fais, mais le
péché qui habite en moi.
21 Je découvre donc cette loi: alors
que je veux faire le bien, c'est le
mal qui est à ma portée. 22 En ef-
fet, je prends plaisir à la loi de Dieu,
dans mon être intérieur, 23 mais je
constate qu'il y a dans mes mem-
bres une autre loi; elle lutte contre
la loi de mon intelligence et me rend
prisonnier de la loi du péché qui est
dans mes membres. 24 Malheureux
être humain que je suis! Qui me dé-
livrera de ce corps de mort? 25 J'en
remercie Dieu, c'est possible par
Jésus-Christ notre Seigneur. Ainsi
donc, par mon intelligence, je suis
esclave de la loi de Dieu, mais par
ma nature propre je suis esclave de
la loi du péché.

La vie animée par l'Esprit

8 Il n'y a donc maintenant aucu-
ne condamnation pour ceux
qui sont en Jésus-Christ, [qui ne vi-
vent pas conformément à leur na-
ture propre mais conformément
à l'Esprit]. 2 En effet, la loi de l'Es-
prit qui donne la vie en Jésus-Christ
m'a libéré de la loi du péché et de la
mort, 3 car ce qui était impossible à
la loi parce que la nature humaine
la rendait impuissante, Dieu l'a fait:
il a condamné le péché dans la na-
ture humaine en envoyant à cause
du péché son propre Fils dans une
nature semblable à celle de l'hom-
me pécheur. 4 Ainsi, la justice ré-
clamée par la loi est accomplie en
nous qui vivons non conformément
à notre nature propre mais confor-
mément à l'Esprit.
5 En effet, ceux qui se conforment à
leur nature propre se préoccupent
des réalités de la nature humaine,
tandis que ceux qui se conforment
à l'Esprit sont préoccupés par ce
qui est de l'Esprit. 6 De fait, la natu-
re humaine tend vers la mort, tan-
dis que l'Esprit tend vers la vie et la
paix. 7 En effet, la nature humaine
tend à la révolte contre Dieu, parce
qu'elle ne se soumet pas à la loi de
Dieu et qu'elle n'en est même pas
capable. 8 Or, ceux qui sont animés
par leur nature propre ne peuvent
pas plaire à Dieu.
9 Quant à vous, vous n'êtes pas ani-
més par votre nature propre mais
par l'Esprit, si du moins l'Esprit de
Dieu habite en vous. Si quelqu'un
n'a pas l'Esprit de Christ, il ne lui
appartient pas. 10 Et si Christ est
en vous, votre corps, il est vrai, est
mort à cause du péché, mais votre
esprit[n] est vie à cause de la justice.
11 Et si l'Esprit de celui qui a ressus-
cité Jésus habite en vous, celui qui
a ressuscité Christ rendra aussi la
vie à votre corps mortel par son
Esprit qui habite en vous.
12 Ainsi donc, frères et sœurs, nous
avons une dette, mais pas envers

8.10 *Votre esprit*: ou *l'Esprit*.

notre nature propre pour nous
conformer à ses exigences. 13 Si
vous vivez en vous conformant à
votre nature propre, vous allez
mourir, mais si par l'Esprit vous
faites mourir les manières d'agir
du corps, vous vivrez. 14 En effet,
tous ceux qui sont conduits par
l'Esprit de Dieu sont fils de Dieu.
15 Et vous n'avez pas reçu un esprit
d'esclavage pour être encore dans
la crainte, mais vous avez reçu un
Esprit d'adoption, par lequel nous
crions: «Abba! Père!» 16 L'Esprit lui-
même rend témoignage à notre es-
prit que nous sommes enfants de
Dieu. 17 Or, si nous sommes en-
fants, nous sommes aussi héritiers:
héritiers de Dieu et cohéritiers de
Christ, si toutefois nous souffrons
avec lui afin de prendre aussi part
à sa gloire.
18 J'estime que les souffrances du
moment présent ne sont pas dignes
d'être comparées à la gloire qui va
être révélée pour nous[n]. 19 De fait,
la création attend avec un ardent
désir la révélation des fils de Dieu.
20 En effet, la création a été soumise
à l'inconsistance, non de son pro-
pre gré, mais à cause de celui qui
l'y a soumise[n]. 21 Toutefois, elle a
l'espérance d'être elle aussi libé-
rée de l'esclavage de la corruption
pour prendre part à la glorieuse
liberté des enfants de Dieu. 22 Or
nous savons que, jusqu'à mainte-
nant, la création tout entière sou-
pire et souffre les douleurs de l'ac-
couchement. 23 Et ce n'est pas elle
seule qui soupire, mais nous aus-
si, qui avons pourtant dans l'Esprit
un avant-goût de cet avenir, nous
soupirons en nous-mêmes en at-
tendant l'adoption, la libération de
notre corps. 24 En effet, c'est en es-
pérance que nous avons été sau-
vés. Or l'espérance qu'on voit n'est
plus de l'espérance: ce que l'on voit,
peut-on l'espérer encore? 25 Mais
si nous espérons ce que nous ne
voyons pas, nous l'attendons avec
persévérance.
26 De même l'Esprit aussi nous
vient en aide dans notre faiblesse.
En effet, nous ne savons pas ce qu'il
convient de demander dans nos
prières, mais l'Esprit lui-même in-
tercède [pour nous] par des soupirs
que les mots ne peuvent exprimer.
27 Et Dieu qui examine les cœurs sait
quelle est la pensée de l'Esprit, par-
ce que c'est en accord avec lui qu'il
intercède en faveur des saints[n].
28 Du reste, nous savons que tout
contribue au bien de ceux qui
aiment Dieu, de ceux qui sont appe-
lés conformément à son plan. 29 En
effet, ceux qu'il a connus d'avan-
ce, il les a aussi prédestinés à deve-
nir conformes à l'image de son Fils,
afin que celui-ci soit le premier-né
d'un grand nombre de frères.
30 Ceux qu'il a prédestinés, il les a
aussi appelés; ceux qu'il a appelés,
il les a aussi déclarés justes; et ceux
qu'il a déclarés justes, il leur a aussi
accordé la gloire.
31 Que dirons-nous donc de plus?
Si Dieu est pour nous, qui sera
contre nous? 32 Lui qui n'a pas épar-
gné son propre Fils mais l'a donné
pour nous tous, comment ne nous
accorderait-il pas aussi tout avec
lui? 33 Qui accusera ceux que Dieu
a choisis? C'est Dieu qui les décla-
re justes! 34 Qui les condamnera?
[Jésus-]Christ est mort, bien plus,
il est ressuscité, il est à la droite
de Dieu et il intercède pour nous!

8.18 *Pour nous*: ou *en nous*. **8.20** *Celui… soumise*: c'est-à-dire Dieu, en sanction de la faute d'Adam, ou Adam lui-même. **8.27** *Saints*: manière de désigner les chrétiens en tant que personnes consacrées à Dieu et appelées à avoir le comportement qui découle de leur appartenance à ce Dieu.

35 Qui nous séparera de l'amour de
Christ? Serait-ce la détresse, l'an-
goisse, la persécution, la faim, le
dénuement, le danger ou l'épée?
36 De fait, il est écrit: *C'est à cause
de toi qu'on nous met à mort à lon-
gueur de journée, qu'on nous consi-
dère comme des brebis destinées à la
boucherie.*[n]
37 Au contraire, dans tout cela nous
sommes plus que vainqueurs grâce
à celui qui nous a aimés. 38 En effet,
j'ai l'assurance que ni la mort ni la
vie, ni les anges ni les dominations,
ni le présent ni l'avenir, ni les puis-
sances, 39 ni la hauteur, ni la pro-
fondeur, ni aucune autre créature
ne pourra nous séparer de l'amour
de Dieu manifesté en Jésus-Christ
notre Seigneur.

ISRAËL ET LES NON-JUIFS DANS LE PLAN DE DIEU 9.1–11.36

Israël et la promesse de Dieu

9 Je dis la vérité en Christ, je
ne mens pas, ma conscience
m'en rend témoignage par le Saint-
Esprit: 2 j'éprouve une grande tris-
tesse et j'ai dans le cœur un cha-
grin continuel. 3 Oui, je voudrais
être moi-même maudit et séparé de
Christ pour mes frères, mes propres
compatriotes, 4 les Israélites; c'est à
eux qu'appartiennent l'adoption, la
gloire, les alliances, la loi, le culte,
les promesses 5 et les patriarches;
c'est d'eux que le Christ est issu
dans son humanité, lui qui est au-
dessus de tout, Dieu béni éternelle-
ment. Amen!
6 Ce n'est pas que la parole de Dieu
soit sans effet. Non, car ceux qui
sont issus d'Israël[n] ne sont pas tous
Israël, 7 et bien qu'étant de la des-
cendance d'Abraham, ils ne sont
pas tous ses enfants. Au contrai-
re, il est dit: *C'est par Isaac qu'une
descendance te sera assurée.*[n] 8 Cela
signifie que ce ne sont pas les des-
cendants simplement biologiques
qui sont enfants de Dieu, mais que
ce sont les enfants de la promesse
qui sont considérés comme sa des-
cendance. 9 La parole que voici était
en effet une promesse: *Je revien-
drai à la même époque et Sara aura
un fils.*[n] 10 De plus, tel a aussi été le
cas pour Rebecca qui a eu des en-
fants d'un seul homme, notre ancê-
tre Isaac: 11 les enfants n'étaient pas
encore nés et n'avaient donc fait ni
bien ni mal – afin que le plan de
Dieu subsiste, conformément à son
choix et sans dépendre des œuvres
mais de celui qui appelle – 12 quand
il a été dit à Rebecca: *L'aîné sera as-
servi au plus jeune.*[n] De même, il est
écrit: 13 *J'ai aimé Jacob et j'ai détes-
té Esaü.*[n]
14 Que dirons-nous donc? Dieu serait-
il injuste? Certainement pas! 15 En
effet, il dit à Moïse: *Je ferai grâce
à qui je veux faire grâce, et j'aurai
compassion de qui je veux avoir
compassion.*[n] 16 Ainsi donc, cela ne
dépend ni de la volonté ni des ef-
forts de l'homme, mais de Dieu qui
fait grâce. 17 L'Ecriture dit en effet
au pharaon: *Voilà pourquoi je t'ai
suscité: c'est pour montrer en toi ma
puissance et afin que mon nom soit
proclamé sur toute la terre.*[n] 18 Ainsi,

8.36 *C'est à cause... boucherie*: citation du Psaume 44.23. **9.6** *Israël*: nom donné par Dieu à Jacob, le fils d'Isaac et le petit-fils d'Abraham. **9.7** *C'est par... assurée*: citation de Genèse 21.12. **9.9** *Je reviendrai... fils*: citation de Genèse 18.14. **9.12** *L'aîné... jeune*: citation de Genèse 25.23. **9.13** *J'ai aimé... Esaü*: citation de Ml 1.2-3. Hébraïsme que l'on pourrait rendre par «j'ai préféré Jacob à Esaü». **9.15** *Je ferai grâce... avoir compassion*: citation d'Exode 33.19. **9.17** *Voilà... terre*: citation d'Exode 9.16, en rapport avec les fléaux qui ont frappé l'Egypte pour permettre le départ des Israélites sous la conduite de Moïse.

Dieu fait grâce à qui il veut et il en-
durcit qui il veut.
19 Tu me diras: «Pourquoi fait-il
[donc] encore des reproches? Qui
peut en effet résister à sa volonté?»
20 Mais toi, homme, qui es-tu pour
entrer en contestation avec Dieu?
L'objet dira-t-il à celui qui l'a façon-
né: «Pourquoi m'as-tu fait ainsi?»
21 Le potier n'est-il pas le maître
de l'argile pour faire avec la même
pâte un ustensile d'un usage noble
et un ustensile d'un usage mépri-
sable? 22 Que dire si Dieu, voulant
montrer sa colère et faire connaître
sa puissance, a supporté avec une
grande patience des vases de colè-
re tout prêts pour la perdition? 23 Et
que dire s'il a voulu faire connaître
la richesse de sa gloire envers des
vases de compassion qu'il a d'avan-
ce préparés pour la gloire? 24 Ainsi il
nous a appelés non seulement d'en-
tre les Juifs, mais encore d'entre les
non-Juifs. 25 C'est aussi ce qu'il dit
dans le livre d'Osée: *J'appellerai*
'mon peuple' celui qui n'était pas
mon peuple, et 'bien-aimée' celle
qui n'était pas la bien-aimée. 26 *Et*
là où on leur disait: 'Vous n'êtes pas
mon peuple', ils seront appelés fils
du Dieu vivant.[n]
27 Esaïe, de son côté, s'écrie au su-
jet d'Israël: *Même si les Israélites, de*
par leur nombre, étaient pareils au
sable de la mer, un reste seulement
sera sauvé. 28 *En effet, le Seigneur*
accomplira pleinement et rapide-
ment sa parole [avec justice, en effet
le Seigneur accomplira rapidement
sa parole] sur la terre.[n] 29 Et comme
Esaïe l'avait prédit, *si le Seigneur*
de l'univers ne nous avait pas lais-
sé une descendance, nous serions de-
venus comme Sodome, nous aurions
été semblables à Gomorrhe.[n]

L'erreur d'Israël

30 Que dirons-nous donc? Des non-
Juifs qui ne recherchaient pas la
justice ont obtenu la justice, celle
qui vient de la foi, 31 tandis qu'Is-
raël, qui cherchait une loi de jus-
tice, n'est pas parvenu à cette loi.
32 Pourquoi? Parce qu'Israël l'a
cherchée non par la foi, mais par
les œuvres [de la loi]. Ils se sont
heurtés à la pierre qui fait obstacle,
33 comme il est écrit: *Je mets dans*
Sion une pierre qui fait obstacle, un
rocher propre à faire trébucher, mais
celui qui croit en lui ne sera pas cou-
vert de honte.[n]

10 Frères et sœurs, le vœu de
mon cœur et ma prière à
Dieu pour les Israélites, c'est qu'ils
soient sauvés. 2 En effet, je leur
rends ce témoignage: ils ont du
zèle pour Dieu, mais pas conformé-
ment à la vraie connaissance. 3 Ils
ignorent la justice de Dieu et cher-
chent à établir la leur propre; ils ne
se sont donc pas soumis à la justice
de Dieu, 4 car Christ est la fin de la
loi pour que tous ceux qui croient
reçoivent la justice.
5 En effet, Moïse décrit ainsi la jus-
tice qui vient de la loi: *L'homme qui*
mettra ces prescriptions en pratique
vivra par elles.[n] 6 Mais voici com-
ment parle la justice qui vient de
la foi: «Ne dis pas dans ton cœur:
'Qui montera au ciel?' ce serait en
faire descendre Christ; 7 ou: 'Qui
descendra dans l'abîme?' ce se-
rait faire remonter Christ de chez
les morts.» 8 Que dit-elle donc? *La*
parole est tout près de toi, dans ta

9.25-26 *J'appellerai... vivant*: reprise des termes d'Osée 2.25, 1. **9.27-28** *Même si... la terre*: citation d'Esaïe 10.22-23. **9.29** *Si le Seigneur... Gomorrhe*: citation d'Esaïe 1.9. *Sodome* et *Gomorrhe* étaient des villes connues pour leur immoralité et punies par Dieu à l'époque d'Abraham. **9.33** *Je mets... honte*: citation combinant Esaïe 8.14 et 28.16 . **10.5** *L'homme... par elles*: citation de Lévitique 18.5.

bouche et dans ton cœur.[n] Or cette
parole est celle de la foi, que nous
prêchons. 9 Si tu reconnais publi-
quement de ta bouche que Jésus
est le Seigneur et si tu crois dans
ton cœur que Dieu l'a ressuscité, tu
seras sauvé. 10 En effet, c'est avec le
cœur que l'on croit et parvient à la
justice, et c'est avec la bouche que
l'on affirme une conviction et par-
vient au salut, comme le dit l'Ecri-
ture: 11 *Celui qui croit en lui ne sera
pas couvert de honte.*[n]
12 Ainsi, il n'y a aucune différence
entre le Juif et le non-Juif, puisqu'ils
ont tous le même Seigneur, qui se
montre généreux pour tous ceux
qui font appel à lui. 13 En effet, *toute
personne qui fera appel au nom du
Seigneur sera sauvée*[n]. 14 Mais com-
ment donc feront-ils appel à celui
en qui ils n'ont pas cru? Et com-
ment croiront-ils en celui dont ils
n'ont pas entendu parler? Et com-
ment entendront-ils parler de lui, si
personne ne l'annonce? 15 Et com-
ment l'annoncera-t-on, si person-
ne n'est envoyé? Comme il est écrit:
*Qu'ils sont beaux les pieds [de ceux
qui annoncent la paix,] de ceux qui
annoncent de bonnes nouvelles!*[n]
16 Mais tous n'ont pas obéi à la bon-
ne nouvelle. En effet, Esaïe dit: *Sei-
gneur, qui a cru à notre prédication?*[n]
17 Ainsi la foi vient de ce qu'on en-
tend et ce qu'on entend vient de la
parole de Dieu. 18 Je demande alors:
«N'auraient-ils pas entendu?» Au
contraire! *Leur voix est allée par tou-
te la terre, et leurs discours jusqu'aux
extrémités du monde.*[n]
19 Je demande encore: «Israël n'aurait-
il pas compris?» Moïse, le premier,
dit: *Je provoquerai votre jalousie
par ceux qui ne sont pas une na-
tion, je provoquerai votre irritation
par une nation sans intelligence.*[n]
20 Quant à Esaïe, il pousse la har-
diesse jusqu'à déclarer: *Je me suis
laissé trouver par ceux qui ne me
cherchaient pas, je me suis révélé à
ceux qui ne me demandaient rien.*
21 Mais au sujet d'Israël il dit: *A
longueur de journée, j'ai tendu mes
mains vers un peuple désobéissant
et rebelle.*[n]

Une mise à l'écart ni totale ni définitive

11 Je demande donc: «Dieu
aurait-il rejeté son peuple?»
Certainement pas! En effet, je suis
moi-même israélite, de la descen-
dance d'Abraham, de la tribu de
Benjamin. 2 Dieu n'a pas rejeté son
peuple, qu'il a connu d'avance. Ne
savez-vous pas ce que l'Ecriture
rapporte au sujet d'Elie, quand
le prophète adresse à Dieu cette
plainte contre Israël: 3 *Seigneur, ils
ont tué tes prophètes, ils ont démoli
tes autels; moi seul, je suis resté, et ils
cherchent à m'enlever la vie* ? 4 Mais
quelle réponse Dieu lui donne-
t-il? *Je me suis réservé 7000 hommes
qui n'ont pas plié les genoux devant
Baal.*[n] 5 De même, dans le temps
présent aussi, il y a un reste confor-
mément à l'élection de la grâce.
6 Or, si c'est par grâce, ce n'est plus
par les œuvres, autrement la grâce
n'est plus une grâce. [Et si c'est par
les œuvres, ce n'est plus une grâce,
autrement l'œuvre n'est plus une
œuvre.]
7 Qu'en est-il donc? Ce qu'Israël re-

10.8 *La parole... cœur*: citation de Deutéronome 30.14. **10.11** *Celui... honte*: reprise de la citation d'Esaïe 28.16 (voir 9.33 et la note). **10.13** *Toute personne... sauvée*: citation de Joël 3.5. **10.15** *Qu'ils sont beaux... nouvelles*: citation d'Esaïe 52.7. **10.16** *Seigneur... prédication*: citation d'Esaïe 53.1. **10.18** *Leur voix... du monde*: citation du Psaume 19.5. **10.19** *Je provoquerai... intelligence*: citation de Deutéronome 32.21. **10.20-21** *Je me suis... et rebelle*: citation d'Esaïe 65.1,2. **11.3-4** *Seigneur... Baal*: citation de 1 Rois 19.10, 18.

cherche, il ne l'a pas obtenu, mais
ceux qui ont été choisis l'ont obtenu
et les autres ont été endurcis. 8 Com-
me il est écrit, *Dieu leur a donné
un esprit de torpeur, des yeux pour
ne pas voir et des oreilles pour ne
pas entendre, jusqu'à aujourd'hui*[n].
9 David aussi dit: *Que leur table soit
pour eux un piège, un filet, un obsta-
cle et un moyen de punition!* 10 *Que
leurs yeux soient obscurcis pour ne
pas voir, fais-leur courber constam-
ment le dos!*[n]
11 Je demande donc: «Serait-ce pour
tomber que les Israélites ont trébu-
ché?» Certainement pas! Mais grâ-
ce à leur faux pas, les non-Juifs ont
eu accès au salut afin de provoquer
leur jalousie. 12 Or, si leur faux pas
a fait la richesse du monde et leur
déchéance la richesse des non-Juifs,
cela sera d'autant plus le cas avec
leur complet rétablissement. 13 Je
vous le dis, à vous qui êtes d'origi-
ne non juive: en tant qu'apôtre des
non-Juifs, je me montre fier de mon
ministère 14 afin, si possible, de pro-
voquer la jalousie de mon peuple et
d'en sauver quelques-uns. 15 En ef-
fet, si leur mise à l'écart a entraî-
né la réconciliation du monde, que
produira leur réintégration, sinon
le passage de la mort à la vie?
16 Or si la première part de pain est
sainte, tout le pain l'est aussi; et si
la racine est sainte, les branches
le sont aussi. 17 Mais si quelques-
unes des branches ont été coupées
et si toi, qui étais un olivier sauva-
ge, tu as été greffé parmi les bran-
ches restantes et tu es devenu par-
ticipant de la racine et de la sève de
l'olivier, 18 ne te vante pas aux dé-
pens de ces branches. Si tu te van-
tes, sache que ce n'est pas toi qui
portes la racine, mais que c'est la
racine qui te porte.
19 Tu diras alors: «Des branches ont
été coupées afin que moi je sois
greffé.» 20 C'est vrai. Elles ont été re-
tranchées à cause de leur incrédu-
lité et toi, c'est par la foi que tu sub-
sistes. Ne fais pas preuve d'orgueil,
mais aie de la crainte, 21 car si Dieu
n'a pas épargné les branches natu-
relles, il ne t'épargnera pas non plus.
22 Considère donc la bonté et la sé-
vérité de Dieu: sévérité envers ceux
qui sont tombés et bonté envers
toi, si tu demeures dans sa bonté;
autrement, toi aussi tu seras retran-
ché. 23 Quant aux Israélites, s'ils ne
persistent pas dans l'incrédulité, ils
seront greffés, car Dieu est puissant
pour les greffer de nouveau. 24 Si toi,
tu as été coupé de l'olivier sauvage
auquel tu appartenais par nature
et greffé contrairement à ta natu-
re sur l'olivier cultivé, à plus forte
raison eux seront-ils greffés confor-
mément à leur nature sur leur pro-
pre olivier.
25 En effet, je ne veux pas, frères et
sœurs, que vous ignoriez ce mys-
tère, afin que vous ne vous preniez
pas pour des sages: une partie d'Is-
raël est tombée dans l'endurcis-
sement jusqu'à ce que l'ensemble
des non-Juifs soit entré. 26 Et ainsi
tout Israël sera sauvé, comme le dit
l'Ecriture: *Le libérateur viendra de
Sion et il écartera de Jacob les im-
piétés.* 27 *Et telle sera mon alliance
avec eux, lorsque j'enlèverai leurs
péchés.*[n]
28 En ce qui concerne l'Evangile,
ils sont ennemis à cause de vous;
mais en ce qui concerne l'élection,
ils sont aimés à cause de leurs an-
cêtres. 29 En effet, les dons et l'appel

11.8 *Dieu... aujourd'hui*: citation combinant Esaïe 29.10 et Deutéronome 29.3. **11.9-10** *Que leur table... le dos*: citation du Psaume 69.23-24. **11.26-27** *Le libérateur... péchés*: citation d'Esaïe 59.20-21 complétée par Esaïe 27.9.

de Dieu sont irrévocables. 30 De
même que vous avez autrefois dé-
sobéi à Dieu et que vous avez main-
tenant obtenu grâce à cause de leur
désobéissance, 31 de même ils ont
maintenant désobéi afin d'obtenir
eux aussi grâce à cause de la grâ-
ce qui vous a été faite, 32 car Dieu
a enfermé tous les hommes dans
la désobéissance pour faire grâce
à tous.
33 Quelle profondeur ont la richesse,
la sagesse et la connaissance de
Dieu! Que ses jugements sont in-
sondables, et ses voies impénétra-
bles! En effet, 34 *qui a connu la pen-*
sée du Seigneur, ou qui a été son
conseiller?[n] 35 *Qui lui a donné le*
premier, pour être payé en retour?[n]
36 C'est de lui, par lui et pour lui que
sont toutes choses. A lui la gloire
dans tous les siècles! Amen!

LA VIE NOUVELLE 12.1–16.27

De nouveaux comportements

12 Je vous encourage donc, frè-
res et sœurs, par les compas-
sions de Dieu, à offrir votre corps
comme un sacrifice vivant, saint,
agréable à Dieu. Ce sera de vo-
tre part un culte raisonnable. 2 Ne
vous conformez pas au monde ac-
tuel, mais soyez transformés par
le renouvellement de l'intelligence
afin de discerner quelle est la vo-
lonté de Dieu, ce qui est bon, agréa-
ble et parfait.
3 Par la grâce qui m'a été donnée,
je dis à chacun de vous de ne pas
avoir une trop haute opinion de
lui-même, mais de garder des sen-
timents modestes, chacun selon la
mesure de foi que Dieu lui a don-
née. 4 En effet, de même que nous
avons plusieurs membres dans un
seul corps et que tous les membres
n'ont pas la même fonction, 5 de
même, nous qui sommes plusieurs,
nous formons un seul corps en
Christ et nous sommes tous mem-
bres les uns des autres, chacun pour
sa part. 6 Nous avons des dons dif-
férents, selon la grâce qui nous a été
accordée. Si quelqu'un a le don de
prophétie, qu'il l'exerce en accord
avec la foi; 7 si un autre est appelé à
servir, qu'il se consacre à son servi-
ce. Que celui qui enseigne se donne
à son enseignement, 8 et celui qui a
le don d'encourager à l'encourage-
ment. Que celui qui donne le fasse
avec générosité, celui qui préside,
avec zèle, et que celui qui exerce la
bienveillance le fasse avec joie.
9 Que l'amour soit sans hypocrisie.
Ayez le mal en horreur, attachez-
vous au bien. 10 Par amour frater-
nel soyez pleins d'affection les uns
pour les autres et rivalisez d'estime
réciproque. 11 Ayez du zèle, et non
de la paresse. Soyez fervents d'es-
prit et servez le Seigneur. 12 Réjouis-
sez-vous dans l'espérance et soyez
patients dans la détresse. Persévé-
rez dans la prière. 13 Pourvoyez aux
besoins des saints et exercez l'hos-
pitalité avec empressement.
14 Bénissez ceux qui vous persécu-
tent, bénissez et ne maudissez pas.
15 Réjouissez-vous avec ceux qui se
réjouissent, pleurez avec ceux qui
pleurent. 16 Vivez en plein accord
les uns avec les autres. N'aspirez
pas à ce qui est élevé, mais laissez-
vous attirer par ce qui est humble.
Ne vous prenez pas pour des sages.[n]
17 Ne rendez à personne le mal pour
le mal. Recherchez ce qui est bien
devant tous les hommes. 18 Si cela
est possible, dans la mesure où cela

11.34 *Qui a connu… conseiller*: citation d'Esaïe 40.13.
11.35 *Qui lui a donné… retour*: citation de Job 41.3.
12.16 *Ne vous… sages*: citation de Proverbes 3.7.

dépend de vous, soyez en paix avec
tous les hommes. 19 Ne vous vengez
pas vous-mêmes, bien-aimés, mais
laissez agir la colère de Dieu, car il
est écrit: *C'est à moi qu'appartient
la vengeance, c'est moi qui donne-
rai à chacun ce qu'il mérite, dit le
Seigneur.*[n] 20 *Mais si ton ennemi a
faim, donne-lui à manger, s'il a soif,
donne-lui à boire, car en agissant
ainsi, tu amasseras des charbons
ardents sur sa tête.*[n] 21 Ne te laisse
pas vaincre par le mal, mais sois
vainqueur du mal par le bien.

Devoirs envers les autorités

13 Que chacun se soumette
aux autorités qui nous gou-
vernent, car toute autorité vient de
Dieu, et celles qui existent ont été
établies par Dieu. 2 C'est pourquoi
celui qui s'oppose à l'autorité ré-
siste à l'ordre que Dieu a établi, et
ceux qui résistent attireront une
condamnation sur eux-mêmes. 3 En
effet, on n'a pas à craindre les ma-
gistrats quand on fait le bien, mais
quand on fait le mal. Veux-tu ne
pas avoir à craindre l'autorité? Fais
le bien et tu auras son approbation,
4 car le magistrat est serviteur de
Dieu pour ton bien. Mais si tu fais
le mal, sois dans la crainte. En ef-
fet, ce n'est pas pour rien qu'il por-
te l'épée[n], puisqu'il est serviteur de
Dieu pour manifester sa colère en
punissant celui qui fait le mal. 5 Il
est donc nécessaire de se soumet-
tre aux autorités, non seulement à
cause de cette colère, mais encore
par motif de conscience.
6 C'est aussi pour cela que vous
payez des impôts, car les magis-
trats sont des serviteurs de Dieu qui
s'appliquent entièrement à cette
fonction. 7 Rendez à chacun ce qui
lui est dû: l'impôt à qui vous devez
l'impôt, la taxe à qui vous devez la
taxe, le respect à qui vous devez le
respect, l'honneur à qui vous devez
l'honneur.

Devoirs envers les autres

8 Ne devez rien à personne, si ce
n'est de vous aimer les uns les au-
tres, car celui qui aime les autres a
accompli la loi. 9 En effet, les com-
mandements: *Tu ne commettras pas
d'adultère, tu ne commettras pas de
meurtre, tu ne commettras pas de
vol, [tu ne porteras pas de faux té-
moignage,] tu ne convoiteras pas*[n],
ainsi que tous les autres, se résu-
ment dans cette parole: *Tu aime-
ras ton prochain comme toi-même.*[n]
10 L'amour ne fait pas de mal au pro-
chain; l'amour est donc l'accomplis-
sement de la loi.
11 Cela est d'autant plus important
que vous savez quel temps nous vi-
vons: c'est l'heure de vous réveiller
enfin du sommeil, car maintenant
le salut est plus près de nous qu'au
moment où nous avons cru. 12 La
nuit est bien avancée, le jour appro-
che. Débarrassons-nous donc des
œuvres des ténèbres et revêtons les
armes de la lumière. 13 Conduisons-
nous honnêtement, comme en
plein jour, sans orgies ni ivrognerie,
sans immoralité ni débauche, sans
dispute ni jalousie. 14 Mais revêtez-
vous du Seigneur Jésus-Christ et
ne vous préoccupez pas de votre
nature propre pour satisfaire ses
convoitises.
14 Accueillez celui qui est fai-
ble dans la foi sans discuter
ses opinions. 2 L'un a la conviction
de pouvoir manger de tout; l'autre,

12.19 *C'est à moi… Seigneur*: citation de Deutéronome 32.35. **12.20** *Mais si… tête*: citation de Proverbes 25.21-22. **13.4** *Porte l'épée*: c'est-à-dire dispose du pouvoir de punir. **13.9** *Tu ne commettras… convoiteras pas*: citation de cinq des dix commandements (Exode 20.13-17; Deutéronome 5.17-21). **13.9** *Tu aimeras… toi-même*: citation de Lévitique 19.18.

qui est faible dans la foi, ne man-
ge que des légumes[n]. 3 Que celui
qui mange de tout ne méprise pas
celui qui ne le fait pas, et que celui
qui ne mange pas de tout ne juge
pas celui qui le fait, car Dieu l'a ac-
cueilli. 4 Qui es-tu pour juger le ser-
viteur d'un autre? Qu'il tienne bon
ou qu'il tombe, cela regarde son sei-
gneur. Mais il tiendra bon, car Dieu
a le pouvoir de l'affermir.
5 L'un fait une différence entre
les jours, un autre les estime tous
égaux. Que chacun ait dans son
esprit une pleine conviction.
6 Celui qui fait une distinction en-
tre les jours le fait pour le Seigneur
[et celui qui ne fait pas de distinc-
tion le fait aussi pour le Seigneur].
Celui qui mange de tout, c'est pour
le Seigneur qu'il le fait, puisqu'il
exprime sa reconnaissance à Dieu.
Celui qui ne mange pas de tout le
fait aussi pour le Seigneur, et il est
reconnaissant envers Dieu. 7 En ef-
fet, aucun de nous ne vit pour lui-
même et aucun ne meurt pour lui-
même: 8 si nous vivons, c'est pour le
Seigneur que nous vivons, et si nous
mourons, c'est pour le Seigneur que
nous mourons. Ainsi, soit que nous
vivions, soit que nous mourions,
nous appartenons au Seigneur. 9 En
effet, Christ est mort et [il est res-
suscité,] il est revenu à la vie pour
être le Seigneur des morts et des vi-
vants. 10 Mais toi, pourquoi juges-
tu ton frère? Ou toi, pourquoi mé-
prises-tu ton frère? Nous compa-
raîtrons tous, en effet, devant le
tribunal de Christ, 11 car il est écrit:
*Je suis vivant, dit le Seigneur, cha-
cun pliera le genou devant moi et
toute langue rendra gloire à Dieu.*[n]
12 Ainsi donc, chacun de nous ren-
dra compte à Dieu pour lui-même.
13 Ne nous jugeons donc plus les
uns les autres, mais veillez plutôt à
ne pas placer d'obstacle ou de piège
devant votre frère.
14 Je sais et je suis convaincu dans
le Seigneur Jésus que rien n'est im-
pur en soi, mais si quelqu'un consi-
dère telle chose comme impure,
alors elle est impure pour lui. 15 Si
ton frère est attristé à cause de ce
que tu manges, tu ne marches plus
selon l'amour. Ne cause pas, par ta
nourriture, la perte de celui pour
lequel Christ est mort. 16 Que ce
qui est bon pour vous ne devienne
pas un sujet de calomnie. 17 En effet,
le royaume de Dieu, ce n'est pas le
manger et le boire, mais la justice,
la paix et la joie, par le Saint-Esprit.
18 Celui qui sert Christ de cette ma-
nière est agréable à Dieu et approu-
vé des hommes.
19 Ainsi donc, recherchons ce qui
contribue à entretenir la paix et à
nous faire grandir mutuellement
dans la foi. 20 Pour de la nourriture,
ne détruis pas l'œuvre de Dieu. Cer-
tes, tout est pur, mais il est mal de
manger quelque chose si cela repré-
sente un obstacle pour quelqu'un.
21 Il est bien de ne pas manger de
viande, de ne pas boire de vin et de
t'abstenir de ce qui peut être pour
ton frère un obstacle, [un piège ou
une source de faiblesse]. 22 Cette
foi que tu as, garde-la pour toi de-
vant Dieu. Heureux celui qui ne
se condamne pas lui-même par ce
qu'il approuve! 23 Mais celui qui
a des doutes au sujet de ce qu'il
mange est condamné, parce qu'il
n'agit pas par une conviction de foi.
Tout ce qui ne provient pas d'une
conviction de foi est péché.

14.2 *Manger de tout… des légumes*: allusion probable aux personnes qui respectaient, ou non, les règles de la loi de Moïse relatives à la nourriture, ou à celles qui répugnaient, ou non, à consommer des viandes sacrifiées aux idoles. **14.11** *Je suis… à Dieu*: citation d'Esaïe 45.23.

15 Nous qui sommes forts, nous
avons le devoir de supporter
les faiblesses de ceux qui ne le sont
pas et de ne pas rechercher ce qui
nous plaît. 2 Que chacun de nous
cherche à plaire à son prochain
pour son bien, en vue de le faire
grandir dans la foi. 3 En effet, Christ
n'a pas recherché ce qui lui plaisait,
mais, comme il est écrit, *les injures
de ceux qui t'insultent sont tombées
sur moi*[n].
4 Or tout ce qui a été écrit d'avance
l'a été pour notre instruction afin
que, par la persévérance et par le
réconfort que donnent les Ecritu-
res, nous possédions l'espérance.
5 Que le Dieu de la persévérance
et du réconfort vous donne de vi-
vre en plein accord les uns avec
les autres comme le veut Jésus-
Christ, 6 afin que tous ensemble,
d'une seule voix, vous rendiez gloi-
re au Dieu et Père de notre Seigneur
Jésus-Christ.
7 Accueillez-vous donc les uns les
autres comme Christ vous a ac-
cueillis, pour la gloire de Dieu.
8 J'affirme [en effet] que [Jésus-]
Christ est devenu le serviteur des
circoncis pour prouver que Dieu
est vrai en confirmant les promes-
ses faites à leurs ancêtres. 9 Quant
aux non-Juifs, ils célèbrent Dieu
à cause de sa bonté, comme le dit
l'Ecriture: *C'est pourquoi je te loue-
rai parmi les nations et je chan-
terai à la gloire de ton nom.*[n] 10 Il
est dit encore: *Nations, réjouissez-
vous avec son peuple!*[n] 11 et enco-
re: *Louez le Seigneur, vous toutes les
nations, célébrez-le, vous tous les
peuples!*[n] 12 Esaïe dit aussi: *Il paraî-
tra, le rejeton d'Isaï, il se lèvera pour
régner sur les nations; les nations
espéreront en lui.*[n]
13 Que le Dieu de l'espérance vous
remplisse de toute joie et de toute
paix dans la foi, pour que vous dé-
bordiez d'espérance, par la puis-
sance du Saint-Esprit!

Ministère et projets de Paul

14 En ce qui vous concerne, mes
frères et sœurs, je suis personnel-
lement convaincu que vous êtes
pleins de bonnes dispositions,
remplis de toute connaissance et
capables de vous avertir les uns
les autres. 15 Cependant, [frères
et sœurs,] c'est avec une certaine
audace que je vous ai écrit par en-
droits, comme pour réveiller vos
souvenirs, et cela à cause de la grâ-
ce que Dieu m'a faite 16 d'être servi-
teur de Jésus-Christ pour les non-
Juifs. Je m'acquitte ainsi du service
sacré de la prédication de l'Evan-
gile de Dieu afin que les non-Juifs
soient une offrande agréable, de-
venue sainte par l'action de l'Esprit
saint.
17 Je peux donc me montrer fier en
Jésus-Christ de l'œuvre de Dieu.
18 En effet, je n'oserais rien men-
tionner si Christ ne l'avait pas ac-
compli par moi pour amener les
non-Juifs à l'obéissance par la pa-
role et par les actes, 19 par la puis-
sance des signes et des prodiges
et par la puissance de l'Esprit de
Dieu. Ainsi, depuis Jérusalem et
en rayonnant jusqu'en Illyrie, j'ai
abondamment propagé l'Evangile
de Christ. 20 Je me suis fait un point
d'honneur d'annoncer l'Evangile
là où Christ n'avait pas été annon-
cé, afin de ne pas construire sur

15.3 *Les injures… sur moi*: citation du Psaume 69.10. **15.9** *C'est pourquoi… nom*: citation de 2 Samuel 22.50 (= Psaume 18.50). **15.10** *Nations… peuple*: citation de Deutéronome 32.43. **15.11** *Louez… peuples*: citation du Psaume 117.1. **15.12** *Il paraîtra… en lui*: citation d'Esaïe 11.1, 10. *Isaï* était le père de David, le deuxième roi d'Israël, auquel Dieu a fait la promesse d'un descendant, le Messie. Il figure dans la généalogie de Jésus-Christ (Matthieu 1.6).

les fondations posées par un autre,
mais comme il est écrit: 21 *Ceux à
qui il n'avait pas été annoncé ver-
ront, et ceux qui n'en avaient pas en-
tendu parler comprendront.*[n]
22 C'est aussi ce qui m'a souvent
empêché d'aller chez vous. 23 Mais
maintenant, comme je n'ai plus rien
qui me retienne dans ces régions et
que, depuis bien des années, j'ai le
vif désir de vous rendre visite, 24 [je
le ferai] quand je me rendrai en Es-
pagne. J'espère en effet vous voir
en passant et recevoir votre aide
pour me rendre là-bas une fois que
j'aurai satisfait, du moins en partie,
mon désir d'être avec vous.
25 Maintenant je vais à Jérusalem
pour servir les saints. 26 En effet, les
Eglises de la Macédoine et l'Achaïe
ont bien voulu organiser une col-
lecte en faveur de ceux qui sont
pauvres parmi les saints de Jérusa-
lem. 27 Elles l'ont bien voulu et elles
le leur devaient, car si les non-Juifs
ont eu part aux avantages spirituels
des Juifs, ils doivent aussi les assis-
ter dans leurs besoins matériels.
28 Dès que j'aurai réglé cette affaire
et que je leur aurai remis ces dons,
je partirai pour l'Espagne et je pas-
serai chez vous. 29 Je sais qu'en ve-
nant vous rendre visite, c'est avec
une pleine bénédiction de [l'Evan-
gile de] Christ que je le ferai.
30 Je vous en supplie, frères et sœurs,
par notre Seigneur Jésus-Christ et
par l'amour de l'Esprit, combat-
tez avec moi en adressant à Dieu
des prières en ma faveur. 31 Priez
afin que je sois protégé des incré-
dules de la Judée et que l'aide que
j'apporte à Jérusalem soit bien ac-
cueillie par les saints. 32 Ainsi je
pourrai venir chez vous dans la joie,
si c'est la volonté de Dieu, et trouver
un peu de repos au milieu de vous.
33 Que le Dieu de la paix soit avec
vous tous! Amen!

Salutations

16 Je vous recommande notre
sœur Phœbé, qui est diaco-
nesse de l'Eglise de Cenchrées. 2 Ac-
cueillez-la dans le Seigneur d'une
manière digne des saints et aidez-
la pour toute affaire où elle pourrait
avoir besoin de vous, car elle en a
aidé beaucoup, moi y compris.
3 Saluez Prisca et Aquilas, mes col-
laborateurs en Jésus-Christ. 4 Ils ont
risqué leur tête pour me sauver la
vie. Je ne suis pas le seul à leur être
reconnaissant, c'est aussi le cas
de toutes les Eglises des non-Juifs.
5 Saluez aussi l'Eglise qui est dans
leur maison. Saluez Epaïnète, mon
bien-aimé, qui a été le premier fruit
pour Christ en Asie. 6 Saluez Marie,
qui a beaucoup travaillé pour vous.
7 Saluez Andronicus et Junia, mes
compatriotes et mes compagnons
de détention; ils sont très esti-
més parmi les apôtres et ils se sont
même convertis à Christ avant moi.
8 Saluez Amplias, mon bien-aimé
dans le Seigneur. 9 Saluez Urbain,
notre collaborateur en Christ, et
mon bien-aimé Stachys. 10 Saluez
Apellès, qui a fait ses preuves en
Christ. Saluez ceux de l'entourage
d'Aristobule. 11 Saluez Hérodion,
mon compatriote. Saluez ceux de
l'entourage de Narcisse qui appar-
tiennent au Seigneur. 12 Saluez Try-
phène et Tryphose, elles qui tra-
vaillent pour le Seigneur. Saluez la
bien-aimée Perside, qui a beaucoup
travaillé pour le Seigneur. 13 Saluez
Rufus, celui qui a été choisi dans le
Seigneur, et sa mère, qui est aussi la
mienne. 14 Saluez Asyncrite, Phlé-
gon, Hermès, Patrobas, Hermas et
les frères et sœurs qui sont avec eux.

15.21 *Ceux à qui… comprendront*: citation d'Esaïe 52.15.

15 Saluez Philologue et Julie, Nérée
et sa sœur, ainsi qu'Olympe et tous
les saints qui sont avec eux. 16 Sa-
luez-vous les uns les autres par un
saint baiser. [Toutes] les Eglises de
Christ vous saluent.
17 Je vous en supplie, frères et sœurs,
méfiez-vous de ceux qui provoquent
des divisions et font trébucher les
autres en s'opposant à l'enseigne-
ment que vous avez reçu. Eloignez-
vous d'eux, 18 car de tels hommes
ne servent pas Christ notre Sei-
gneur, mais leur propre ventre. Par
des paroles douces et flatteuses, ils
trompent le cœur des gens simples.
19 Quant à vous, votre obéissance
est connue de tous. Je me réjouis
donc à votre sujet et je désire que
vous soyez sages en ce qui concer-
ne le bien et sans compromis en ce
qui concerne le mal. 20 Le Dieu de
la paix écrasera bientôt Satan sous
vos pieds. Que la grâce de notre Sei-
gneur Jésus[-Christ] soit avec vous!
21 Timothée, mon collaborateur,
vous salue, ainsi que Lucius, Ja-
son et Sosipater, mes compatriotes.
22 Je vous salue dans le Seigneur,
moi Tertius, qui ai écrit cette lettre.
23 Gaïus, qui m'accueille et chez qui
toute l'Eglise se réunit, vous salue.
Eraste, le trésorier de la ville, vous
salue, ainsi que le frère Quartus.
24 [Que la grâce de notre Seigneur
Jésus-Christ soit avec vous tous!
Amen!]
25 Dieu peut vous affermir selon
l'Evangile que j'annonce, la prédi-
cation de Jésus-Christ, conformé-
ment à la révélation du mystère qui
a été tenu secret pendant des siè-
cles. 26 Ce mystère a maintenant
été manifesté et porté à la connais-
sance de toutes les nations par les
écrits des prophètes d'après l'ordre
du Dieu éternel, afin qu'elles obéis-
sent à la foi. 27 A ce Dieu, seul sage,
soit la gloire aux siècles des siècles,
par Jésus-Christ! Amen!

1 Corinthiens

D'après les Actes (18.1-22), l'Eglise de Corinthe a été fondée par l'apôtre Paul lors de son 2e voyage missionnaire. On date généralement de 4 ou 5 ans plus tard (55 apr. J.-C.) la rédaction de la *Première épître aux Corinthiens*, qui expose les réponses de l'apôtre à certains problèmes et désordres auxquels cette assemblée était confrontée.

DISCORDES ET DÉSORDRES DANS L'ÉGLISE 1.1–6.20

Salutation et louange

1 De la part de Paul, appelé à être
un apôtre de Jésus-Christ par la
volonté de Dieu, et du frère Sosthè-
ne 2 à l'Eglise de Dieu qui est à Co-
rinthe, à ceux qui ont été conduits
à la sainteté par[n] Jésus-Christ, ap-
pelés à être saints, et à tous ceux
qui, partout, font appel au nom de
notre Seigneur Jésus-Christ, leur
Seigneur et le nôtre: 3 que la grâce
et la paix vous soient données de la
part de Dieu notre Père et du Sei-
gneur Jésus-Christ!
4 Je dis constamment à mon Dieu

1.2 *Conduits à la sainteté par*: ou *déclarés saints en* ou *consacrés par.*

toute ma reconnaissance à votre
sujet pour la grâce de Dieu qui vous
a été accordée en Jésus-Christ. 5 En
effet, en lui vous avez été comblés
de toutes les richesses, en particu-
lier en ce qui concerne la parole et
la connaissance, 6 dans la mesure
où le témoignage de Christ a été so-
lidement établi parmi vous. 7 Ain-
si, il ne vous manque aucun don,
à vous qui attendez le moment où
notre Seigneur Jésus-Christ appa-
raîtra. 8 C'est lui aussi qui vous af-
fermira jusqu'à la fin pour que vous
soyez irréprochables le jour de no-
tre Seigneur Jésus-Christ. 9 Dieu est
fidèle, lui qui vous a appelés à vivre
en communion avec son Fils, Jésus-
Christ notre Seigneur.

Rivalités humaines et sagesse divine

10 Je vous supplie, frères et sœurs,
par le nom de notre Seigneur Jésus-
Christ, de tenir tous le même lan-
gage. Qu'il n'y ait pas de divisions
parmi vous, mais soyez parfai-
tement unis dans le même état
d'esprit et dans la même pensée.
11 En effet, mes frères et sœurs, j'ai
appris à votre sujet, par l'entourage
de Chloé, qu'il y a des rivalités
entre vous. 12 Je veux dire par là
que chacun de vous affirme: «Moi,
je me rattache à Paul!» «Et moi, à
Apollos!» «Et moi, à Céphas[n]!» «Et
moi, à Christ!» 13 Christ est-il di-
visé? Paul a-t-il été crucifié pour
vous ou est-ce au nom de Paul que
vous avez été baptisés? 14 Je remer-
cie [Dieu] de ce que je n'ai bapti-
sé aucun de vous, excepté Crispus
et Gaïus. 15 Ainsi, personne ne peut
dire que j'ai baptisé en mon nom.
16 J'ai encore baptisé la famille de
Stéphanas. Pour le reste, que je sa-
che, je n'ai baptisé personne d'autre.
17 De fait, ce n'est pas pour bapti-
ser que Christ m'a envoyé, c'est
pour annoncer l'Evangile, et cela
sans recourir à la sagesse du lan-
gage, afin que la croix de Christ ne
soit pas vidée de sa force. 18 En ef-
fet, le message de la croix est une
folie pour ceux qui périssent, mais
pour nous qui sommes sauvés, il est
la puissance de Dieu. 19 Du reste, il
est écrit: *Je ferai disparaître la sages-*
se des sages et j'anéantirai l'intelli-
gence des intelligents.[n]
20 Où est le sage? Où est le spécia-
liste de la loi? Où est le discoureur
de l'ère actuelle? Dieu n'a-t-il pas
convaincu de folie la sagesse de ce
monde? 21 Puisque à travers cette
sagesse le monde n'a pas connu
Dieu en voyant sa sagesse, il a plu
à Dieu de sauver les croyants à tra-
vers la folie de la prédication. 22 Les
Juifs demandent un signe miracu-
leux et les Grecs recherchent la sa-
gesse. 23 Or nous, nous prêchons
un Messie crucifié, scandale pour
les Juifs et folie pour les non-Juifs,
24 mais puissance de Dieu et sagesse
de Dieu pour ceux qui sont appelés,
qu'ils soient juifs ou non. 25 En effet,
la folie de Dieu est plus sage que les
hommes et la faiblesse de Dieu est
plus forte que les hommes.
26 Considérez, frères et sœurs, votre
propre appel: il n'y a parmi vous ni
beaucoup de sages selon les cri-
tères humains[n], ni beaucoup de
puissants, ni beaucoup de nobles.
27 Mais Dieu a choisi les choses fol-
les du monde pour couvrir de honte
les sages, et Dieu a choisi les choses
faibles du monde pour couvrir de
honte les fortes. 28 Dieu a choisi les
choses basses et méprisées du mon-
de, celles qui ne sont rien, pour ré-

1.12 *Céphas*: nom de l'apôtre Pierre en araméen. **1.19** *Je ferai… intelligents*: citation d'Esaïe 29.14.
1.26 *Selon les critères humains*: littéralement *selon (la) chair.*

duire à néant celles qui sont, 29 afin
que personne ne puisse faire le fier
devant Dieu. 30 C'est grâce à lui que
vous êtes en Jésus-Christ, lui qui est
devenu, par la volonté de Dieu, no-
tre sagesse, notre justice, la source
de notre sainteté et notre libérateur,
31 afin, comme il est écrit, *que celui
qui veut éprouver de la fierté mette
sa fierté dans le Seigneur*[n].

L'exemple de Paul

2 Pour ma part, frères et sœurs,
lorsque je suis venu chez vous,
ce n'est pas avec une supériorité de
langage ou de sagesse que je suis
venu vous annoncer le témoignage
de Dieu, 2 car j'avais décidé de ne
connaître parmi vous rien d'autre
que Jésus-Christ, et Jésus-Christ
crucifié. 3 J'ai été faible, craintif et
tout tremblant chez vous. 4 Ma pa-
role et ma prédication ne reposaient
pas sur les discours persuasifs de
la sagesse [humaine], mais sur une
démonstration d'Esprit et de puis-
sance, 5 afin que votre foi soit fon-
dée non sur la sagesse des hommes,
mais sur la puissance de Dieu.
6 C'est pourtant bien une sagesse
que nous enseignons parmi les hom-
mes mûrs, mais une sagesse qui
n'est pas de ce temps ni des chefs
de ce temps, qui sont voués à la des-
truction. 7 Non, nous annonçons la
sagesse de Dieu mystérieuse et ca-
chée, celle que Dieu, avant tous
les temps, avait préparée d'avance
pour notre gloire. 8 Cette sagesse,
aucun des chefs de ce temps ne l'a
connue, car, s'ils l'avaient connue,
ils n'auraient pas crucifié le Sei-
gneur de la gloire. 9 Mais, comme il
est écrit, *ce que l'œil n'a pas vu, ce
que l'oreille n'a pas entendu, ce qui
n'est pas monté au cœur de l'hom-
me, Dieu l'a préparé pour ceux qui
l'aiment*[n]. 10 Or, c'est à nous que
Dieu l'a révélé, par son Esprit, car
l'Esprit examine tout, même les
profondeurs de Dieu. 11 En effet,
qui parmi les hommes connaît les
pensées de l'homme, si ce n'est l'es-
prit de l'homme qui est en lui? De
même, personne ne peut connaître
les pensées de Dieu, si ce n'est l'Es-
prit de Dieu.
12 Or nous, nous n'avons pas reçu
l'esprit du monde, mais l'Esprit qui
vient de Dieu, afin de connaître les
bienfaits que Dieu nous a donnés
par sa grâce. 13 Et nous en parlons
non avec les paroles qu'enseigne la
sagesse humaine, mais avec celles
qu'enseigne l'Esprit [saint]. Ainsi
nous employons un langage spiri-
tuel pour exprimer ce qui est spiri-
tuel. 14 Mais l'homme naturel n'ac-
cepte pas ce qui vient de[n] l'Esprit
de Dieu, car c'est une folie pour lui;
il est même incapable de le com-
prendre, parce que c'est spirituelle-
ment qu'on en juge. 15 L'homme di-
rigé par l'Esprit, au contraire, juge
de tout et n'est lui-même jugé par
personne. 16 En effet, *qui a connu
la pensée du Seigneur et pourrait
l'instruire?*[n] Or nous, nous avons la
pensée de Christ.

Le rôle de Paul et des serviteurs de Dieu

3 Pour ma part, frères et sœurs,
je n'ai pas pu vous parler com-
me à des personnes dirigées par
l'Esprit, mais comme à des person-
nes dirigées par leur nature pro-
pre, comme à de petits enfants en
Christ. 2 Je vous ai donné du lait,
non de la nourriture solide, car

1.31 *Que celui… le Seigneur*: citation de Jérémie 9.23. **2.9** *Ce que… l'aiment*: citation d'Esaïe 64.3. **2.14** *Ce qui vient de*: ou *les pensées de* ou *ce qui concerne*. **2.16** *Qui a connu… l'instruire*: citation d'Esaïe 40.13.

vous ne pouviez pas la supporter.
D'ailleurs, même maintenant vous
ne le pouvez pas 3 parce que vous
êtes encore animés par votre natu-
re. En effet, puisqu'il y a parmi vous
de la jalousie, des disputes [et des
divisions], n'êtes-vous pas dirigés
par votre nature propre et ne vous
conduisez-vous pas d'une maniè-
re tout humaine? 4 Quand l'un dit:
«Moi, je me rattache à Paul» et un
autre: «Moi, à Apollos», n'êtes-vous
pas animés par votre nature?
5 Qui est donc Apollos et qui est
Paul? Ce sont des serviteurs par
le moyen desquels vous avez cru,
conformément à ce que le Seigneur
a accordé à chacun. 6 J'ai planté,
Apollos a arrosé[n], mais c'est Dieu
qui a fait grandir. 7 Ainsi, ce n'est
pas celui qui plante ni celui qui
arrose qui compte, mais Dieu,
qui donne la croissance. 8 Celui
qui plante et celui qui arrose sont
égaux, et chacun recevra sa pro-
pre récompense en fonction de
son propre travail.
9 En effet, nous sommes ouvriers
avec Dieu. Vous êtes le champ
de Dieu, la construction de Dieu.
10 Conformément à la grâce que
Dieu m'a donnée, j'ai posé le fonde-
ment comme un sage architecte, et
un autre construit dessus. Cepen-
dant, que chacun fasse attention à
la manière dont il construit dessus,
11 car personne ne peut poser un
autre fondement que celui qui a été
posé, à savoir Jésus-Christ. 12 Que
l'on construise sur ce fondement
avec de l'or, de l'argent, des pierres
précieuses, du bois, du foin ou de
la paille, 13 l'œuvre de chacun sera
dévoilée: le jour du jugement la fera
connaître, car elle se révélera dans
le feu et l'épreuve du feu indiquera
ce que vaut l'œuvre de chacun. 14 Si
l'œuvre que quelqu'un a construite
sur le fondement subsiste, il rece-
vra une récompense. 15 Si son œu-
vre brûle, il perdra sa récompense;
lui-même sera sauvé, mais comme
au travers d'un feu.
16 Ne savez-vous pas que vous êtes
le temple de Dieu et que l'Esprit de
Dieu habite en vous? 17 Si quelqu'un
détruit le temple de Dieu, Dieu le
détruira, car le temple de Dieu est
saint, et c'est ce que vous êtes.
18 Que personne ne se trompe lui-
même: si quelqu'un parmi vous
pense être sage selon les critères
de l'ère actuelle, qu'il devienne fou
afin de devenir sage, 19 car la sa-
gesse de ce monde est une folie de-
vant Dieu. En effet, il est écrit: *Il
prend les sages à leur propre ruse.*[n]
20 Et encore: *Le Seigneur connaît les
pensées des sages, il sait qu'elles sont
sans valeur.*[n]
21 Que personne ne mette donc sa
fierté dans des hommes, car tout
vous appartient, 22 que ce soit Paul,
Apollos, Céphas, le monde, la vie,
la mort, le présent ou l'avenir. Tout
est à vous, 23 et vous êtes à Christ, et
Christ est à Dieu.

4 Ainsi donc, qu'on nous consi-
dère comme des serviteurs de
Christ et des administrateurs des
mystères de Dieu. 2 Du reste, ce
qu'on demande des administra-
teurs, c'est qu'ils soient trouvés fi-
dèles. 3 Pour ma part, il m'impor-
te très peu d'être jugé par vous ou
par un tribunal humain. Bien plus,
je ne me juge pas non plus moi-
même. 4 Ma conscience, il est vrai,
ne me reproche rien, mais ce n'est
pas pour autant que je peux être

3.6 *Planté... arrosé*: allusion au fait que Paul était l'un des fondateurs de l'Eglise de Corinthe et qu'Apollos y avait exercé par la suite un ministère d'enseignement (Actes 18). **3.19** *Il prend... ruse*: citation de Job 5.13. **3.20** *Le Seigneur... valeur*: citation du Psaume 94.11.

considéré comme juste. Celui qui
me juge, c'est le Seigneur. 5 C'est
pourquoi ne portez aucun jugement avant le moment fixé, avant le retour du Seigneur, car il mettra en lumière ce qui est caché dans les ténèbres et il dévoilera les intentions des cœurs. Chacun recevra alors de Dieu la louange qui lui revient.

Orgueil et humilité

6 Frères et sœurs, c'est à cause de vous que j'ai appliqué ces images à Apollos et à moi-même, afin que vous appreniez par notre exemple à ne pas aller [dans vos pensées] au-delà de ce qui est écrit et que personne ne s'enfle d'orgueil en prenant parti pour l'un contre
l'autre. 7 En effet, qui est celui qui
te distingue? Qu'as-tu que tu n'aies pas reçu? Et si tu l'as reçu, pourquoi faire le fier comme si tu ne l'avais pas reçu?
8 Déjà vous êtes rassasiés, déjà vous êtes riches, vous avez commencé à régner sans nous. Si seulement vous pouviez régner en effet, pour que nous aussi nous puissions régner
avec vous! 9 En effet, il me semble
que Dieu a fait de nous, apôtres, les derniers des hommes, des condamnés à mort en quelque sorte, puisque nous avons été donnés en spectacle au monde, aux anges et aux
hommes. 10 Nous sommes fous à
cause de Christ, mais vous, vous êtes sages en Christ; nous sommes faibles, mais vous êtes forts. Vous êtes honorés et nous sommes mé-
prisés! 11 Jusqu'à cette heure, nous
souffrons de la faim, de la soif, du dénuement; nous sommes maltrai-
tés, errants; 12 nous nous fatiguons
à travailler de nos propres mains. Injuriés, nous bénissons; persé-
cutés, nous supportons; 13 calom-
niés, nous répondons avec bonté. Nous sommes devenus comme les balayures du monde, le déchet de tous, jusqu'à maintenant.
14 Ce n'est pas pour vous faire honte que j'écris cela, mais je vous avertis comme mes enfants bien-aimés.
15 En effet, même si vous aviez 10'000 maîtres en Christ, vous n'avez cependant pas plusieurs pères, puisque c'est moi qui vous ai donné la vie en Jésus-Christ par l'Evangile.
16 Je vous en supplie donc: soyez
mes imitateurs. 17 Pour cela je vous
ai envoyé Timothée, qui est mon enfant bien-aimé et fidèle dans le Seigneur. Il vous rappellera quels sont mes principes de vie en Christ, tels que je les enseigne partout, dans toutes les Eglises.
18 Quelques-uns se sont enflés d'orgueil en pensant que je ne vien-
drais pas chez vous. 19 Mais je vien-
drai bientôt, si c'est la volonté du Seigneur, et je prendrai connaissance non des paroles, mais de la puissance de ceux qui se sont en-
flés d'orgueil. 20 En effet, le royau-
me de Dieu ne consiste pas en pa-
roles, mais en puissance. 21 Que
voulez-vous? Que je vienne chez vous avec un bâton, ou avec amour et dans un esprit de douceur?

Désordres sexuels et moraux dans l'Eglise

5 On entend généralement dire qu'il y a de l'immoralité sexuelle parmi vous, et une immoralité telle qu'on ne la mentionne même pas chez les non-croyants; c'est au point que l'un de vous a pris la fem-
me de son père. 2 Et vous êtes en-
flés d'orgueil! Vous auriez dû plutôt prendre le deuil, de sorte que l'auteur de cet acte soit exclu du mi-
lieu de vous! 3 Quant à moi, absent
de corps mais présent en esprit, j'ai déjà jugé l'auteur d'un tel acte
comme si j'étais présent. 4 Quand
vous vous rassemblerez au nom de

[notre] Seigneur Jésus[-Christ] – je
serai avec vous en esprit –, avec la
puissance de notre Seigneur Jésus-
Christ 5 livrez un tel homme à Satan
pour la destruction de la nature pé-
cheresse afin que l'esprit soit sauvé
le jour du Seigneur Jésus.
6 Vous n'avez vraiment pas de
quoi être fiers! Ne savez-vous pas
qu'un peu de levain fait lever tou-
te la pâte? 7 Purifiez-vous [donc]
du vieux levain afin d'être une
pâte nouvelle, puisque vous êtes
sans levain. En effet, Christ, notre
agneau pascal, a été sacrifié [pour
nous]. 8 Célébrons donc la fête[n],
non avec du vieux levain, le levain
du mal et de la méchanceté, mais
avec les pains sans levain de la pu-
reté et de la vérité.
9 Je vous ai écrit dans ma lettre de
ne pas entretenir de relations avec
ceux qui vivent dans l'immoralité
sexuelle. 10 Je ne parlais pas d'une
manière absolue des gens de ce
monde qui vivent dans l'immora-
lité ou sont toujours désireux de
posséder plus, voleurs, idolâtres;
autrement, il vous faudrait sor-
tir du monde. 11 En fait, ce que je
vous ai écrit, c'est de ne pas entre-
tenir de relations avec quelqu'un
qui, tout en se disant votre frère,
vit dans l'immoralité sexuelle, est
toujours désireux de posséder plus,
idolâtre, calomniateur, ivrogne ou
voleur, de ne pas même manger
avec un tel homme. 12 Est-ce à moi,
en effet, de juger les gens de l'exté-
rieur? N'est-ce pas ceux de l'inté-
rieur que vous devez juger? 13 Les
gens de l'extérieur, Dieu les juge-
ra. *Chassez le méchant du milieu
de vous.*[n]

Scandale des procès entre chrétiens

6 Lorsque l'un d'entre vous a
un litige avec un autre, com-
ment ose-t-il demander justice de-
vant les injustes, et non devant les
saints[n]? 2 Ne savez-vous pas que
les saints jugeront le monde? Et si
c'est par vous que le monde doit
être jugé, êtes-vous incapables de
rendre des jugements de faible im-
portance? 3 Ne savez-vous pas que
nous jugerons les anges? Combien
plus les affaires de la vie courante!
4 Or si vous avez des litiges concer-
nant les affaires de la vie couran-
te, vous prenez pour juges des gens
dont l'Eglise ne fait aucun cas! 5 Je
le dis à votre honte. Ainsi, il n'y a
parmi vous pas un seul homme
sage qui puisse juger entre ses frè-
res et sœurs! 6 Au contraire, un frè-
re est en procès contre un frère, et
cela devant des incroyants! 7 C'est
déjà pour vous un échec complet
que d'avoir des procès les uns avec
les autres. Pourquoi ne supportez-
vous pas plutôt une injustice? Pour-
quoi ne vous laissez-vous pas plu-
tôt dépouiller? 8 Mais c'est vous au
contraire qui commettez l'injustice
et qui dépouillez les autres, et c'est
envers des frères et sœurs que vous
agissez ainsi!
9 Ne savez-vous pas que les injus-
tes n'hériteront pas du royaume
de Dieu? Ne vous y trompez pas:
ni ceux qui vivent dans l'immora-
lité sexuelle, ni les idolâtres, ni les
adultères, ni les travestis, ni les ho-
mosexuels, 10 ni les voleurs, ni les
hommes toujours désireux de pos-
séder plus, ni les ivrognes, ni les
calomniateurs, ni les exploiteurs
n'hériteront du royaume de Dieu.

5.8 *La fête*: renvoi à la Pâque, fête juive qui célébrait le départ d'Egypte des Israélites et leur libération de l'oppression qu'ils y subissaient; on mangeait du pain sans levain, et un agneau – dont le sang avait écarté la menace de mort – était sacrifié. **5.13** *Chassez... de vous*: citation de Deutéronome 13.6. **6.1** *Les injustes... les saints*: respectivement les non-croyants, qui n'ont pas reçu la justice de Dieu, et les croyants.

11 Et c'est là ce que vous étiez, cer-
tains d'entre vous. Mais vous avez
été lavés, mais vous avez été décla-
rés saints, mais vous avez été dé-
clarés justes au nom du Seigneur
Jésus[-Christ] et par l'Esprit de no-
tre Dieu.

Liberté chrétienne et appartenance à Christ

12 Tout m'est permis, mais tout n'est
pas utile; tout m'est permis, mais
je ne me laisserai pas dominer par
quoi que ce soit. 13 Les aliments
sont pour le ventre et le ventre pour
les aliments, et Dieu détruira l'un
comme les autres. Mais le corps
n'est pas pour l'immoralité sexuel-
le: il est pour le Seigneur, et le Sei-
gneur est pour le corps. 14 Or Dieu,
qui a ressuscité le Seigneur, nous
ressuscitera aussi par sa puissance.
15 Ne savez-vous pas que vos corps
sont les membres de Christ? Pren-
drai-je les membres de Christ pour
en faire les membres d'une prosti-
tuée? Certainement pas! 16 Ne savez-
vous pas que celui qui s'unit à la
prostituée est un seul corps avec
elle? En effet, il est dit: *Les deux ne
feront qu'un.*[n] 17 Mais celui qui s'unit
au Seigneur est un seul esprit avec
lui. 18 Fuyez l'immoralité sexuelle.
Tout autre péché qu'un homme
commet est extérieur à son corps,
mais celui qui se livre à l'immorali-
té sexuelle pèche contre son propre
corps. 19 Ne le savez-vous pas? Votre
corps est le temple du Saint-Esprit
qui est en vous et que vous avez reçu
de Dieu. Vous ne vous appartenez
pas à vous-mêmes, 20 car vous avez
été rachetés à un grand prix. Rendez
donc gloire à Dieu dans votre corps
[et dans votre esprit qui appartien-
nent à Dieu].

RÉPONSES À DES QUESTIONS 7.1–16.24

Sur le mariage et le célibat

7 Au sujet de ce que vous m'avez
écrit, il est bon pour l'homme
de ne pas prendre de femme. 2 Tou-
tefois, pour éviter toute immoralité
sexuelle, que chaque homme ait sa
femme et que chaque femme ait son
mari. 3 Que le mari rende à sa fem-
me l'affection qu'il lui doit et que la
femme agisse de même envers son
mari. 4 Ce n'est pas la femme qui est
maîtresse de son corps, mais son
mari. De même, ce n'est pas le mari
qui est maître de son corps, mais sa
femme. 5 Ne vous privez pas l'un de
l'autre, si ce n'est d'un commun ac-
cord pour un temps, afin de vous
consacrer [au jeûne et] à la prière;
puis retournez ensemble, de peur
que Satan ne vous tente à cause
de votre manque de maîtrise. 6 Je
dis cela comme une concession, et
non comme un ordre. 7 Je voudrais
que tous soient comme moi; mais
chacun tient de Dieu un don par-
ticulier, l'un d'une manière, l'autre
d'une autre.

8 A ceux qui ne sont pas mariés et
aux veuves, je dis qu'il est bien pour
eux de rester comme moi. 9 Mais
s'ils ne peuvent pas se maîtriser,
qu'ils se marient, car il vaut mieux
se marier que de brûler de désir.

10 A ceux qui sont mariés j'adres-
se, non pas moi, mais le Seigneur,
cette instruction: que la femme ne
se sépare pas de son mari 11 – si elle
est séparée de lui, qu'elle reste sans
se remarier ou qu'elle se réconcilie
avec son mari – et que le mari ne di-
vorce pas de sa femme.

12 Aux autres, ce n'est pas le Sei-
gneur[n], c'est moi qui dis: si un frè-
re a une femme non croyante et

6.16 *Les deux... qu'un*: citation de Genèse 2.24. **7.12** *Ce n'est pas le Seigneur*: contrairement au verset 10, Paul ne renvoie pas ici à un enseignement de Jésus.

qu'elle soit d'accord d'habiter avec
lui, qu'il ne divorce pas d'elle;
13 et si une femme a un mari non
croyant et qu'il soit d'accord d'ha-
biter avec elle, qu'elle ne divorce
pas de son mari. 14 En effet, le mari
non croyant bénéficie de la sain-
teté de sa femme, et la femme non
croyante bénéficie de la sainteté de
son mari; autrement, vos enfants
ne seraient pas purs, alors qu'en
réalité ils sont saints. 15 Si le non-
croyant veut se séparer, qu'il le fas-
se; le frère ou la sœur n'est pas lié
dans un tel cas. Dieu nous a appe-
lés à vivre en paix. 16 En effet, com-
ment peux-tu savoir, femme, si tu
sauveras ton mari? Ou comment
peux-tu savoir, mari, si tu sauveras
ta femme?
17 Par ailleurs, que chacun vive se-
lon la part que le Seigneur lui a
attribuée, selon l'appel qu'il a reçu
de Dieu. C'est ce que je prescris
dans toutes les Eglises. 18 Quelqu'un
était-il circoncis quand il a été ap-
pelé? Qu'il ne cherche pas à le ca-
cher. Quelqu'un était-il incircon-
cis quand il a été appelé? Qu'il ne
se fasse pas circoncire. 19 La cir-
concision n'est rien et l'incircon-
cision n'est rien non plus, mais ce
qui compte, c'est le respect des
commandements de Dieu. 20 Que
chacun reste dans la condition qui
était la sienne lorsqu'il a été appelé.
21 Etais-tu esclave quand tu as été
appelé? Ne t'en inquiète pas mais,
si tu peux devenir libre, profites-en
plutôt. 22 En effet, l'esclave qui a
été appelé par le Seigneur est un
affranchi du Seigneur; de même,
l'homme libre qui a été appelé est
un esclave de Christ. 23 Vous avez
été rachetés à un grand prix: ne
devenez pas esclaves des hommes.
24 Frères et sœurs, que chacun reste
devant Dieu dans la condition qui
était la sienne lorsqu'il a été ap-
pelé.
25 Au sujet des personnes non ma-
riées, je n'ai pas d'ordre du Seigneur,
mais je donne un avis, en hom-
me qui a reçu du Seigneur la grâce
d'être digne de confiance. 26 Voici
donc ce que j'estime bon, à cause
des temps actuels de détresse: il est
bon pour chacun de rester comme
il est. 27 Es-tu lié à une femme? Ne
cherche pas à rompre ce lien. N'es-
tu pas lié à une femme? Ne cher-
che pas de femme. 28 Si toutefois tu
te maries, tu ne pèches pas, et si la
jeune fille se marie, elle ne pèche
pas. Cependant, les personnes ma-
riées connaîtront des souffrances
dans leur vie[n], et je voudrais vous
les épargner.
29 Ce que je veux dire, frères et sœurs,
c'est que le temps est court. Désor-
mais, que ceux qui ont une femme
soient comme s'ils n'en avaient
pas, 30 ceux qui pleurent comme
s'ils ne pleuraient pas, ceux qui se
réjouissent comme s'ils ne se ré-
jouissaient pas, ceux qui achètent
comme s'ils ne possédaient pas,
31 et ceux qui jouissent de ce monde
comme s'ils n'en jouissaient pas,
car le monde dans sa forme actuelle
passe. 32 Or, je voudrais que vous
soyez sans inquiétude. Celui qui
n'est pas marié se préoccupe des af-
faires du Seigneur, des moyens de
plaire au Seigneur, 33 alors que ce-
lui qui est marié se préoccupe des
affaires de ce monde, des moyens
de plaire à sa femme. 34 Il y a aussi
une différence entre la femme ma-
riée et la jeune fille: celle qui n'est
pas mariée se préoccupe des af-
faires du Seigneur, afin d'être sainte
de corps et d'esprit, alors que celle
qui est mariée se préoccupe des af-

7.28 *Vie*: littéralement *chair.*

faires de ce monde, des moyens de
plaire à son mari.
35 Je dis cela dans votre intérêt; ce
n'est pas pour vous imposer des
contraintes, mais pour vous mon-
trer ce qui est convenable et à même
de vous attacher au Seigneur sans
tiraillements.
36 Si quelqu'un estime agir de façon
inconvenante envers sa fiancée[n]
en la laissant dépasser la fleur de
l'âge[n] et si tel doit être le cas, qu'il
fasse comme il le veut. Il ne pèche
pas, qu'ils se marient. 37 Quant à
celui qui tient ferme dans son cœur,
sans contrainte et avec l'exercice
de sa propre volonté[n], et qui a dé-
cidé en lui-même de garder le cé-
libat[n], il fait bien. 38 Ainsi, celui
qui se marie [avec sa fiancée] fait
bien, et celui qui ne se marie pas
fait mieux.
39 Une femme est liée [par la loi] à
son mari aussi longtemps qu'il est
vivant; mais si le mari meurt, elle
est libre de se remarier avec qui elle
veut, à condition que ce soit dans le
Seigneur. 40 Cependant, à mon avis,
elle est plus heureuse si elle res-
te comme elle est. Et moi aussi, je
crois avoir l'Esprit de Dieu.

Sur les viandes sacrifiées aux idoles

8 En ce qui concerne les vian-
des sacrifiées aux idoles, nous
savons que nous avons tous la
connaissance. – La connaissance
rend orgueilleux, mais l'amour édi-
fie. 2 Si quelqu'un croit savoir quel-
que chose, il ne connaît encore rien
comme il faudrait connaître. 3 Mais
si quelqu'un aime Dieu, il est connu
de lui. – 4 Donc, pour ce qui est de
manger des viandes sacrifiées aux
idoles, nous savons qu'une idole
n'est rien dans le monde et qu'il n'y
a qu'un seul Dieu. 5 En effet, il est
vrai qu'il y a des êtres appelés dieux,
soit dans le ciel, soit sur la terre, et
de fait il y a beaucoup de dieux et
de seigneurs. 6 Néanmoins, pour
nous il n'y a qu'un seul Dieu, le
Père, de qui viennent toutes choses
et pour qui nous vivons, et un seul
Seigneur, Jésus-Christ, par qui tout
existe et par qui nous vivons.
7 Mais tous n'ont pas cette connais-
sance. Quelques-uns, marqués par
la manière dont ils perçoivent enco-
re les idoles, mangent de ces vian-
des comme leur étant sacrifiées, et
leur conscience, qui est faible, en
est souillée. 8 Or ce n'est pas un ali-
ment qui nous rapproche de Dieu:
si nous en mangeons, nous n'avons
rien de plus; si nous n'en mangeons
pas, nous n'avons rien de moins.
9 Veillez, toutefois, à ce que votre
liberté ne devienne pas un obsta-
cle pour les faibles. 10 En effet, si
quelqu'un te voit, toi qui as de la
connaissance, assis à table dans
un temple d'idoles, lui qui est fai-
ble, ne sera-t-il pas encouragé dans
sa conscience à manger des vian-
des sacrifiées aux idoles? 11 Ainsi, à
cause de ta connaissance le faible
ira à sa perte, ce frère pour lequel
Christ est mort! 12 En péchant ainsi
contre les frères et sœurs et en bles-
sant leur conscience, qui est faible,
c'est contre Christ que vous péchez.
13 C'est pourquoi, si un aliment re-
présente un piège pour mon frè-
re, je ne mangerai jamais de vian-
de afin de ne pas faire trébucher
mon frère.

7.36 *Sa fiancée*: littéralement *sa vierge*; il est aussi possible de comprendre que Paul parle non du choix d'un fiancé d'épouser sa fiancée, mais de celui d'un père de donner sa fille en mariage. **7.36** *En la laissant… l'âge*: ou *s'il* (ou *si elle*) *déborde de passion*. **7.37** *Avec… volonté*: ou *est maître de ses désirs*. **7.37** *Garder le célibat*: ou *respecter sa fiancée* ou *garder sa fille vierge*.

Exemple de Paul

9 Ne suis-je pas libre? Ne suis-
je pas apôtre? N'ai-je pas vu
Jésus[-Christ] notre Seigneur?
N'êtes-vous pas mon œuvre dans
le Seigneur? 2 Si pour d'autres je ne
suis pas apôtre, je le suis au moins
pour vous, car vous êtes l'emprein-
te[n] qui authentifie mon service en
tant qu'apôtre dans le Seigneur.
3 C'est là ma défense contre ceux
qui m'accusent.
4 N'avons-nous pas le droit de man-
ger et de boire? 5 N'avons-nous pas
le droit d'emmener avec nous une
sœur qui soit notre femme, comme
le font les autres apôtres, les frères
du Seigneur et Céphas[n]? 6 Ou bien
sommes-nous les seuls, Barnabas
et moi, à ne pas avoir le droit de ne
pas travailler? 7 Qui donc sert dans
une armée à ses propres frais? Qui
plante une vigne et n'en mange pas
le fruit? Qui prend soin d'un trou-
peau et ne se nourrit pas du lait du
troupeau?
8 Est-ce purement d'un point de
vue humain que je dis cela? La loi
ne le dit-elle pas aussi? 9 En effet, il
est écrit dans la loi de Moïse: *Tu ne
mettras pas de muselière au bœuf
quand il foule le grain.*[n] Dieu s'in-
quiète-t-il des bœufs 10 ou bien est-
ce principalement à cause de nous
qu'il parle? Oui, c'est à cause de
nous que cela a été écrit, car celui
qui laboure doit labourer avec es-
pérance, et celui qui bat le blé doit
le faire avec l'espoir de recevoir sa
part. 11 Si nous avons semé pour
vous les biens spirituels, est-ce
trop si nous récoltons une part de
vos biens matériels? 12 Si d'autres
exercent ce droit sur vous, n'est-ce
pas plutôt à nous d'en jouir? Mais
nous n'avons pas recouru à ce droit;
au contraire, nous supportons tout
afin de ne pas créer d'obstacle à
l'Evangile de Christ.
13 Ne savez-vous pas que ceux qui
assurent le service du culte sont
nourris par le temple, que ceux qui
servent à l'autel reçoivent une part
de ce qui est offert sur l'autel? 14 De
même aussi, le Seigneur a prescrit
à ceux qui annoncent l'Evangile de
vivre de l'Evangile.
15 Quant à moi, je n'ai eu recours à
aucun de ces droits, et je n'écris pas
cela pour qu'ils me soient accordés,
car j'aimerais mieux mourir plu-
tôt que de me laisser enlever ce su-
jet de fierté. 16 Si j'annonce l'Evan-
gile, il n'y a pour moi aucun sujet
de fierté, car c'est une nécessité qui
m'est imposée, et malheur à moi si
je n'annonce pas l'Evangile! 17 Si je
le fais de bon cœur, j'en ai la récom-
pense; mais si je le fais malgré moi,
c'est une charge qui m'est confiée.
18 Quelle est donc ma récompense?
C'est d'offrir gratuitement l'Evan-
gile [de Christ] que j'annonce, sans
faire usage de mon droit de prédi-
cateur de l'Evangile.
19 En effet, bien que libre vis-à-vis de
tous, je me suis fait l'esclave de tous
afin de gagner le plus grand nom-
bre. 20 Avec les Juifs, j'ai été comme
un Juif afin de gagner les Juifs; avec
ceux qui sont sous la loi de Moïse,
comme si j'étais sous la loi [– bien
que n'étant pas moi-même sous la
loi –] afin de gagner ceux qui sont
sous la loi; 21 avec ceux qui sont
sans la loi, comme si j'étais sans la
loi – bien que je ne sois pas sans la
loi de Dieu, puisque je me confor-
me à la loi de Christ – afin de ga-
gner ceux qui sont sans la loi. 22 J'ai

9.2 *L'empreinte*: l'empreinte d'un sceau (bague ou objet cylindrique), apposée sur un document, servait à le protéger, à l'authentifier ou à signaler son propriétaire. **9.5** *Céphas*: nom de Pierre en araméen. **9.9** *Tu ne mettras… grain*: citation de Deutéronome 25.4.

été [comme] faible avec les faibles
afin de gagner les faibles. Je me suis
fait tout à tous afin d'en sauver de
toute manière quelques-uns, 23 et je
fais cela à cause de l'Evangile afin
d'avoir part à ses bénédictions.
24 Ne savez-vous pas que les concur-
rents dans le stade courent tous,
mais qu'un seul remporte le prix?
Courez de manière à le rempor-
ter. 25 Tous les athlètes s'imposent
toutes sortes de privations, et ils
le font pour obtenir une couronne
qui va se détruire; mais nous, c'est
pour une couronne indestructi-
ble. 26 Moi donc, je cours, mais pas
comme à l'aventure; je boxe, mais
non pour battre l'air. 27 Au contrai-
re, je traite durement mon corps et
je le discipline, de peur d'être moi-
même disqualifié après avoir prê-
ché aux autres.

Exemple d'Israël dans le désert

10 Frères et sœurs, je ne veux
pas vous laisser ignorer que
nos ancêtres ont tous été sous la
nuée et qu'ils ont tous passé à tra-
vers la mer; 2 ils ont tous été bapti-
sés en Moïse dans la nuée et dans la
mer, 3 ils ont tous mangé la même
nourriture spirituelle 4 et ils ont
tous bu la même boisson spirituelle.
En effet, ils buvaient à un rocher
spirituel qui les accompagnait, et
ce rocher était Christ. 5 Mais la plu-
part d'entre eux n'ont pas été ap-
prouvés par Dieu, puisqu'ils sont
morts dans le désert.
6 Or ces faits sont arrivés pour nous
servir d'exemples, afin que nous
n'ayons pas de mauvais désirs com-
me eux en ont eu. 7 Ne devenez pas
idolâtres comme certains d'entre
eux. En effet, il est écrit: *Le peuple
s'assit pour manger et pour boire;
puis ils se levèrent pour s'amuser.*[n]
8 Ne nous livrons pas non plus à
l'immoralité sexuelle comme cer-
tains d'entre eux l'ont fait, de sorte
que 23'000 sont tombés en un seul
jour. 9 Ne provoquons pas Christ
comme certains d'entre eux l'ont
fait, si bien qu'ils sont morts, victi-
mes des serpents. 10 Ne murmurez
pas comme certains d'entre eux
l'ont fait, de sorte qu'ils sont morts
sous les coups du destructeur.
11 Tous ces faits leur sont arrivés
pour servir d'exemples, et ils ont
été écrits pour notre instruction, à
nous qui sommes parvenus à la fin
des temps. 12 Ainsi donc, que celui
qui croit être debout fasse atten-
tion à ne pas tomber!

Conclusion: agir pour la gloire de Dieu

13 Aucune tentation ne vous est sur-
venue qui n'ait été humaine. Dieu
est fidèle, et il ne permettra pas que
vous soyez tentés au-delà de vos
forces; mais avec la tentation[n] il
préparera aussi le moyen d'en sor-
tir, afin que vous puissiez la sup-
porter.
14 C'est pourquoi, mes bien-aimés,
fuyez l'idolâtrie. 15 Je vous parle
comme à des personnes intelligen-
tes; jugez vous-mêmes de ce que je
dis. 16 La coupe de bénédiction que
nous bénissons n'est-elle pas la
communion au sang de Christ? Le
pain que nous rompons n'est-il pas
la communion au corps de Christ?
17 Puisqu'il y a un seul pain, nous qui
sommes nombreux, nous formons
un seul corps, car nous participons
tous à un même pain. 18 Voyez les
Israélites: ceux qui mangent les
animaux offerts en sacrifice ne
sont-ils pas en communion avec

10.7 *Le peuple… s'amuser*: citation d'Exode 32.6 et renvoi à l'épisode du veau d'or. **10.13** *Tentations… tentés… tentation*: ou *épreuves… mis à l'épreuve… épreuve.*

l'autel? 19 Que veux-je donc dire?
Que la viande sacrifiée aux idoles
aurait de l'importance, ou qu'une
idole serait quelque chose? Pas du
tout. 20 Mais ce que les non-Juifs
sacrifient, ils le sacrifient à des dé-
mons, et non à Dieu; or, je ne veux
pas que vous soyez en communion
avec les démons. 21 Vous ne pouvez
pas boire à la coupe du Seigneur
et à la coupe des démons; vous ne
pouvez pas participer à la table du
Seigneur et à la table des démons.
22 Ou bien voulons-nous provoquer
la jalousie du Seigneur? Sommes-
nous plus forts que lui?
23 Tout [m']est permis, mais tout
n'est pas utile; tout [m']est permis,
mais tout n'édifie pas. 24 Que per-
sonne ne cherche son propre in-
térêt, mais plutôt celui de l'autre.
25 Mangez de tout ce qui se vend au
marché sans vous poser de ques-
tion par motif de conscience, 26 *car*
la terre avec tout ce qu'elle contient
appartient au Seigneur[n]. 27 Si un
non-croyant vous invite et que
vous acceptiez d'y aller, mangez de
tout ce qu'on vous présentera sans
vous poser de question par motif
de conscience. 28 Mais si quelqu'un
vous dit: «C'est de la viande offerte
aux idoles», n'en mangez pas à cau-
se de celui qui vous a informés et
par motif de conscience. 29 Je parle
ici non de votre conscience, mais de
celle de l'autre personne. Pourquoi,
en effet, ma liberté serait-elle jugée
par une conscience étrangère? 30 Si
moi, je mange avec reconnaissance,
pourquoi devrais-je être blâmé à
propos d'un aliment pour lequel je
remercie Dieu?
31 Ainsi donc, que vous mangiez,
que vous buviez ou quoi que vous
fassiez, faites tout pour la gloire de
Dieu. 32 Ne soyez une cause de faux
pas ni pour les non-Juifs, ni pour
les Juifs, ni pour l'Eglise de Dieu.
33 Faites comme moi: je m'effor-
ce en tout de plaire à tous, recher-
chant non mon avantage mais ce-
lui du plus grand nombre afin qu'ils
soient sauvés.

11 Soyez mes imitateurs, com-
me je le suis moi-même de
Christ.

Attitudes dans l'Eglise

2 Je vous félicite de ce que vous vous
souvenez de moi à tout point de
vue et de ce que vous retenez mes
instructions telles que je vous les
ai transmises. 3 Je veux cependant
que vous sachiez ceci: Christ est le
chef de tout homme, l'homme est le
chef de la femme, et Dieu est le chef
de Christ. 4 Tout homme qui prie ou
qui prophétise la tête couverte dés-
honore son chef. 5 Toute femme, en
revanche, qui prie ou qui prophé-
tise la tête non couverte déshonore
son chef à elle. En effet, c'est exacte-
ment comme si elle était rasée. 6 Si
une femme n'a pas la tête couverte,
qu'elle se tonde aussi les cheveux.
Et s'il est honteux pour une femme
d'avoir les cheveux tondus ou d'être
rasée, qu'elle se couvre donc la tête.
7 L'homme n'est pas tenu de se cou-
vrir la tête, puisqu'il est l'image et
la gloire de Dieu; la femme, elle, est
la gloire de l'homme. 8 En effet, ce
n'est pas l'homme qui a été tiré de
la femme, mais la femme de l'hom-
me; 9 et ce n'est pas l'homme qui a
été créé à cause de la femme, mais
la femme à cause de l'homme.
10 Voilà pourquoi, à cause des an-
ges, la femme doit porter sur la tête
une marque d'autorité. 11 Toutefois,
dans le Seigneur, la femme n'exis-
te pas sans l'homme, ni l'homme
sans la femme, 12 car, de même que

10.26 *Car la terre... Seigneur*: citation du Psaume 24.1.

la femme a été tirée de l'homme, de
même l'homme naît de la femme,
et tout vient de Dieu.
13 Jugez-en vous-mêmes: est-il con-
venable pour une femme de prier
Dieu sans avoir la tête couverte?
14 La nature elle-même ne vous en-
seigne-t-elle pas que c'est une hon-
te pour l'homme de porter des che-
veux longs, 15 alors que c'est une
gloire pour la femme d'en por-
ter parce que la chevelure lui a été
donnée pour servir de voile? 16 Si
quelqu'un se plaît à contester, nous
n'avons pas une telle habitude, et
les Eglises de Dieu non plus.
17 En faisant la remarque suivante, je
ne peux pas vous féliciter, car vous
vous rassemblez non pour devenir
meilleurs, mais pour devenir pires.
18 Tout d'abord, j'apprends que, lors-
que vous vous réunissez en assem-
blée, il y a parmi vous des divisions
– et je le crois en partie. 19 Il faut
bien en effet qu'il y ait aussi des di-
visions parmi vous, afin que l'on
puisse reconnaître ceux qui sont
approuvés de Dieu au milieu de
vous. – 20 Ainsi donc, lorsque vous
vous réunissez, ce n'est pas pour
prendre part au repas du Seigneur,
21 car, dès que vous vous mettez à
table, chacun s'empresse de pren-
dre son propre repas, de sorte que
l'un a faim, tandis que l'autre est
ivre. 22 N'avez-vous pas des maisons
pour manger et boire? Ou bien
méprisez-vous l'Eglise de Dieu et
voulez-vous faire honte à ceux qui
n'ont rien? Que vous dire? Faut-il
vous féliciter? Sur ce point, je ne
vous félicite pas.
23 En effet, j'ai reçu du Seigneur ce
que je vous ai transmis. Le Seigneur
Jésus, la nuit où il a été arrêté, a pris
du pain. 24 Après avoir remercié
Dieu, il l'a rompu et a dit: [«Prenez,
mangez.] Ceci est mon corps qui
est [rompu] pour vous. Faites ceci
en souvenir de moi.» 25 De même,
après le repas, il a pris la coupe
et a dit: «Cette coupe est la nou-
velle alliance en mon sang. Faites
ceci en souvenir de moi toutes les
fois que vous en boirez.» 26 En effet,
toutes les fois que vous mangez ce
pain et que vous buvez cette coupe,
vous annoncez la mort du Seigneur
jusqu'à ce qu'il vienne.
27 C'est pourquoi, celui qui man-
ge ce pain ou boit la coupe du Sei-
gneur indignement sera coupable
envers le corps et le sang du Sei-
gneur. 28 Que chacun donc s'exami-
ne lui-même, et qu'ainsi il mange
du pain et boive de la coupe, 29 car
celui qui mange et boit [indigne-
ment], sans discerner le corps [du
Seigneur], mange et boit un juge-
ment contre lui-même.
30 C'est pour cela qu'il y a parmi vous
beaucoup d'infirmes et de malades,
et que plusieurs sont morts. 31 Si
nous nous examinions nous-mêmes,
nous ne serions pas jugés. 32 Mais
quand nous sommes jugés, c'est le
Seigneur qui nous corrige afin que
nous ne soyons pas condamnés
avec le monde. 33 Ainsi, mes frères
et sœurs, lorsque vous vous réunis-
sez pour le repas, attendez-vous les
uns les autres. 34 Si quelqu'un a faim,
qu'il mange chez lui, afin que vous
ne vous réunissiez pas pour attirer
un jugement sur vous.
Quant aux autres questions, je les
réglerai quand je viendrai chez
vous.

Les dons spirituels et leur diversité

12 En ce qui concerne les réa-
lités spirituelles, je ne veux
pas, frères et sœurs, que vous soyez
dans l'ignorance. 2 Vous savez com-
ment, lorsque vous étiez étrangers
au peuple de Dieu, vous vous lais-
siez irrésistiblement entraîner vers
les idoles muettes. 3 C'est pourquoi

je vous le déclare, personne, s'il
parle par l'Esprit de Dieu, ne dit:
«Jésus est maudit!» Et personne ne
peut dire: «Jésus est le Seigneur!» si
ce n'est par le Saint-Esprit.
4 Il y a diversité de dons, mais le
même Esprit; 5 diversité de services,
mais le même Seigneur; 6 diversité
d'actes, mais le même Dieu qui ac-
complit tout en tous.
7 Or, à chacun la manifestation de
l'Esprit est donnée pour le bien de
tous. 8 En effet, à l'un est donnée
par l'Esprit une parole de sagesse;
à un autre une parole de connais-
sance, selon le même Esprit; 9 à un
autre la foi, par le même Esprit; à
un autre des dons de guérisons[n],
par le même Esprit; 10 à un autre la
possibilité de faire des miracles; à
un autre la prophétie; à un autre
le discernement des esprits; à un
autre diverses langues; à un autre
l'interprétation des langues. 11 Mais
toutes ces choses, c'est un seul et
même Esprit qui les accomplit, en
les distribuant à chacun en parti-
culier comme il le veut.
12 Le corps forme un tout mais a
pourtant plusieurs organes, et tous
les organes du corps, malgré leur
grand nombre, ne forment qu'un
seul corps. Il en va de même pour
Christ. 13 En effet, que nous soyons
juifs ou grecs, esclaves ou libres,
nous avons tous été baptisés dans
un seul Esprit pour former un seul
corps et nous avons tous bu à un
seul Esprit.
14 Ainsi, le corps n'est pas formé
d'un seul organe, mais de plu-
sieurs. 15 Si le pied disait: «Puisque
je ne suis pas une main, je n'appar-
tiens pas au corps», ne ferait-il pas
partie du corps pour autant? 16 Et si
l'oreille disait: «Puisque je ne suis
pas un œil, je n'appartiens pas au
corps», ne ferait-elle pas partie
du corps pour autant? 17 Si tout le
corps était un œil, où serait l'ouïe?
S'il était tout entier l'ouïe, où se-
rait l'odorat? 18 En fait, Dieu a placé
chacun des organes dans le corps
comme il l'a voulu. 19 S'ils étaient
tous un seul organe, où serait le
corps? 20 Il y a donc plusieurs orga-
nes, mais un seul corps. 21 L'œil ne
peut pas dire à la main: «Je n'ai pas
besoin de toi», ni la tête dire aux
pieds: «Je n'ai pas besoin de vous.»
22 Bien plus, les parties du corps qui
paraissent être les plus faibles sont
nécessaires, 23 et celles que nous es-
timons être les moins honorables
du corps, nous les entourons d'un
plus grand honneur. Ainsi nos or-
ganes les moins décents sont trai-
tés avec plus d'égards, 24 tandis
que ceux qui sont décents n'en ont
pas besoin. Dieu a disposé le corps
de manière à donner plus d'hon-
neur à ce qui en manquait, 25 afin
qu'il n'y ait pas de division dans le
corps mais que tous les membres
prennent également soin les uns
des autres. 26 Si un membre souffre,
tous les membres souffrent avec lui;
si un membre est honoré, tous les
membres se réjouissent avec lui.
27 Vous êtes le corps de Christ et
vous êtes ses membres, chacun
pour sa part. 28 Dieu a établi dans
l'Eglise premièrement des apôtres,
deuxièmement des prophètes, troi-
sièmement des enseignants, ensui-
te viennent les miracles, puis les
dons de guérisons, les aptitudes à
secourir, à diriger, à parler diverses
langues. 29 Tous sont-ils apôtres?
Tous sont-ils prophètes? Tous sont-
ils enseignants? Tous font-ils des
miracles? 30 Tous ont-ils des dons
de guérisons? Tous parlent-ils en
langues? Tous interprètent-ils?

12.9 *Des dons de guérisons*: ou *des dons, c'est-à-dire des guérisons*; idem versets 28, 30.

31 Aspirez aux dons les meilleurs. Je
vais encore vous montrer la voie par
excellence.

Les dons spirituels et l'amour

13 Si je parle les langues des
hommes, et même celles des
anges, mais que je n'ai pas l'amour,
je suis un cuivre qui résonne ou
une cymbale qui retentit. 2 Si j'ai le
don de prophétie, la compréhen-
sion de tous les mystères et toute la
connaissance, si j'ai même toute la
foi jusqu'à transporter des monta-
gnes, mais que je n'ai pas l'amour, je
ne suis rien. 3 Et si je distribue tous
mes biens aux pauvres, si même je
livre mon corps aux flammes, mais
que je n'ai pas l'amour, cela ne me
sert à rien.
4 L'amour est patient, il est plein de
bonté; l'amour n'est pas envieux;
l'amour ne se vante pas, il ne s'enfle
pas d'orgueil, 5 il ne fait rien de mal-
honnête, il ne cherche pas son inté-
rêt, il ne s'irrite pas, il ne soupçon-
ne pas le mal[n], 6 il ne se réjouit pas
de l'injustice, mais il se réjouit de
la vérité; 7 il pardonne tout, il croit
tout, il espère tout, il supporte tout.
8 L'amour ne meurt jamais. Les pro-
phéties disparaîtront, les langues
cesseront, la connaissance dispa-
raîtra. 9 En effet, nous connaissons
partiellement et nous prophétisons
partiellement, 10 mais quand ce qui
est parfait sera venu, ce qui est par-
tiel disparaîtra. 11 Lorsque j'étais
enfant, je parlais comme un en-
fant, je pensais comme un enfant,
je raisonnais comme un enfant;
lorsque je suis devenu un homme,
j'ai mis fin à ce qui était de l'en-
fant. 12 Aujourd'hui nous voyons au
moyen d'un miroir, de manière peu
claire[n], mais alors nous verrons
face à face; aujourd'hui je connais
partiellement, mais alors je connaî-
trai complètement, tout comme j'ai
été connu.
13 Maintenant donc ces trois choses
restent: la foi, l'espérance, l'amour;
mais la plus grande des trois, c'est
l'amour.

Objectif et exercice des dons

14 Recherchez l'amour. Aspi-
rez aussi aux dons spirituels,
mais surtout à la prophétie.
2 En effet, celui qui parle en langue
ne parle pas aux hommes mais à
Dieu, car personne ne le comprend,
et c'est en esprit qu'il dit des paro-
les mystérieuses. 3 Celui qui pro-
phétise, au contraire, parle aux
hommes, les édifie, les encourage,
les réconforte. 4 Celui qui parle en
langue s'édifie lui-même, alors que
celui qui prophétise édifie l'Eglise.
5 Je désire que vous parliez tous
en langues, mais encore plus que
vous prophétisiez. Celui qui pro-
phétise est plus important que ce-
lui qui parle en langues, à moins
que ce dernier n'interprète pour
que l'Eglise reçoive une édification.
6 Et maintenant, frères et sœurs, en
quoi vous serais-je utile si je venais
chez vous en parlant en langues au
lieu de vous apporter une parole
de révélation, de connaissance, de
prophétie ou d'enseignement?
7 Si les objets inanimés qui ren-
dent un son, comme une flûte ou
une harpe, ne rendent pas des sons
distincts, comment reconnaîtra-
t-on la mélodie jouée sur eux? 8 Et
si la trompette rend un son confus,
qui se préparera au combat? 9 Il
en va de même pour vous: si votre

13.5 *Ne soupçonne pas le mal*: ou *ne médite pas de faire du mal* ou *ne comptabilise pas le mal qu'on lui fait.* **13.12** *De manière peu claire*: autrefois faits de métal poli, les miroirs rendaient une image imparfaite.

langue ne donne pas une parole in-
telligible, comment saura-t-on ce
que vous dites? En effet, vous par-
lerez en l'air.
10 Si nombreuses que puissent être
les diverses langues dans le mon-
de, aucune [d'entre elles] n'est dé-
pourvue de signification. 11 Si donc
je ne connais pas le sens d'une lan-
gue, je serai un étranger pour ce-
lui qui parle, et celui qui parle sera
un étranger pour moi. 12 Vous de
même, puisque vous aspirez aux
dons spirituels, cherchez à possé-
der avec abondance ceux qui édi-
fient[n] l'Eglise!
13 C'est pourquoi, que celui qui par-
le en langue prie afin de pouvoir
interpréter. 14 En effet, si je prie en
langue, mon esprit est en prière,
mais mon intelligence est stérile.
15 Que faire donc? Je prierai avec
mon esprit, mais je prierai aussi
avec mon intelligence; je chanterai
avec mon esprit, mais je chanterai
aussi avec mon intelligence. 16 En
effet, si tu prononces une béné-
diction avec ton esprit seulement,
comment celui qui fait partie des
simples auditeurs pourra-t-il ré-
pondre «Amen!» à ta prière de re-
connaissance, puisqu'il ne sait pas
ce que tu dis? 17 Certes, tu pronon-
ces une belle prière de reconnais-
sance, mais l'autre n'est pas édifié.
18 Je remercie [mon] Dieu de ce que
je parle en langues plus que vous
tous. 19 Mais, dans l'Eglise, j'aime
mieux dire 5 paroles avec mon in-
telligence afin d'instruire aussi les
autres, plutôt que 10'000 paroles en
langue.
20 Frères et sœurs, ne raisonnez pas
comme des enfants. Au contraire,
pour le mal, soyez des bébés, mais
par rapport au raisonnement, soyez
des adultes. 21 Il est écrit dans la loi:
*C'est par des hommes d'une autre
langue et par des lèvres étrangères
que je parlerai à ce peuple, et même
ainsi, ils ne m'écouteront pas*[n], dit le
Seigneur.
22 Par conséquent, les langues sont
un signe non pour les croyants,
mais pour les non-croyants; la pro-
phétie, quant à elle, est un signe
non pour les non-croyants, mais
pour les croyants. 23 Si donc, alors
que l'Eglise entière est rassemblée,
tous parlent en langues et qu'il en-
tre de simples auditeurs ou des
non-croyants, ne diront-ils pas
que vous êtes fous? 24 En revanche,
si tous prophétisent et qu'un non-
croyant ou un simple auditeur en-
tre, il est convaincu de péché par
tous, il est jugé par tous; 25 [ain-
si] les secrets de son cœur sont dé-
voilés, et il tombera alors le visage
contre terre pour adorer Dieu en
déclarant que *Dieu est réellement
au milieu de vous*[n].
26 Que faire donc, frères et sœurs?
Lorsque vous vous réunissez, cha-
cun [de vous] peut apporter un
cantique, un enseignement, une
révélation, une langue ou une in-
terprétation. Que tout se fasse pour
l'édification. 27 Y en a-t-il qui par-
lent en langue, que deux ou trois
au plus parlent, chacun à son tour,
et que quelqu'un interprète. 28 S'il
n'y a pas d'interprète, qu'on se tai-
se dans l'Eglise et qu'on parle à
soi-même et à Dieu. 29 Quant aux
prophètes, que deux ou trois par-
lent, et que les autres évaluent leur
message. 30 Et si un autre mem-
bre de l'assistance a une révéla-
tion, que le premier se taise. 31 En

14.12 *A posséder... édifient*: ou *à (les) posséder avec abondance pour l'édification de*. **14.21** *C'est par... m'écouteront pas*: citation d'Esaïe 28.11, 12. **14.25** *Dieu est... vous*: citation d'Esaïe 45.14 qui prophétise cette réaction de la part des peuples étrangers vis-à-vis d'Israël.

effet, vous pouvez tous prophéti-
ser l'un après l'autre, afin que tous
soient instruits et que tous soient
encouragés.
32 L'esprit des prophètes est soumis
aux prophètes, 33 car Dieu n'est pas
un Dieu de désordre, mais de paix.
Comme dans toutes les Eglises des
saints, 34 que vos femmes se taisent
dans les assemblées, car il ne leur
est pas permis d'y parler, mais
elles doivent se soumettre[n], com-
me le dit aussi la loi. 35 Si elles veu-
lent s'instruire sur quelque chose,
qu'elles interrogent leur mari à la
maison, car il est inconvenant pour
une femme de parler dans l'Eglise[n].
36 Serait-ce de chez vous que la pa-
role de Dieu est sortie? Ou est-ce à
vous seuls qu'elle est parvenue?
37 Si quelqu'un croit être prophète
ou dirigé par l'Esprit, qu'il recon-
naisse dans ce que je vous écris un
commandement du Seigneur. 38 Et
si quelqu'un l'ignore, qu'il l'ignore!
39 Ainsi donc, frères et sœurs, as-
pirez au don de prophétie et n'em-
pêchez pas de parler en langues,
40 mais que tout se fasse convena-
blement et avec ordre.

Rappel de l'Evangile: la résurrection

15 Je vous rappelle, frères et
sœurs, l'Evangile que je vous
ai annoncé, que vous avez reçu et
dans lequel vous tenez ferme. 2 C'est
aussi par lui que vous êtes sauvés si
vous le retenez dans les termes où
je vous l'ai annoncé; autrement, vo-
tre foi aurait été inutile.
3 Je vous ai transmis avant tout le
message que j'avais moi aussi reçu:
Christ est mort pour nos péchés,
conformément aux Ecritures; 4 il
a été enseveli et il est ressuscité le
troisième jour, conformément aux
Ecritures. 5 Ensuite il est apparu
à Céphas, puis aux douze. 6 Après
cela, il est apparu à plus de 500 frè-
res et sœurs à la fois, dont la plu-
part sont encore vivants et dont
quelques-uns sont morts. 7 Ensuite,
il est apparu à Jacques, puis à tous
les apôtres. 8 Après eux tous, il m'est
apparu à moi aussi, comme à un
enfant né hors terme. 9 En effet, je
suis le plus petit des apôtres et je
ne mérite même pas d'être appe-
lé apôtre, parce que j'ai persécuté
l'Eglise de Dieu. 10 Mais par la grâ-
ce de Dieu je suis ce que je suis, et
sa grâce envers moi n'a pas été sans
résultat. Au contraire, j'ai travaillé
plus qu'eux tous, non pas moi tou-
tefois, mais la grâce de Dieu [qui
est] avec moi. 11 Ainsi donc, que ce
soit moi ou que ce soient eux, voilà
le message que nous prêchons, et
voilà aussi ce que vous avez cru.
12 Or, si l'on prêche que Christ est
ressuscité, comment quelques-uns
parmi vous peuvent-ils dire qu'il
n'y a pas de résurrection des morts?
13 S'il n'y a pas de résurrection des
morts, Christ non plus n'est pas res-
suscité. 14 Et si Christ n'est pas res-
suscité, alors notre prédication est
vide, et votre foi aussi. 15 Il se trou-
ve même que nous sommes de faux
témoins vis-à-vis de Dieu, puisque
nous avons témoigné contre Dieu
qu'il a ressuscité Christ. Or il ne l'a
pas fait si les morts ne ressuscitent
pas. 16 En effet, si les morts ne res-
suscitent pas, Christ non plus n'est
pas ressuscité. 17 Or, si Christ n'est
pas ressuscité, votre foi est inutile,
vous êtes encore dans vos péchés,
18 et par conséquent ceux qui sont
morts en Christ sont aussi perdus.
19 Si c'est pour cette vie seulement
que nous espérons en Christ, nous

14.34 *Permis… soumettre*: littéralement *confié (la tâche) d'y parler mais de se soumettre*. **14.35** *Inconvenant… dans l'Eglise*: ou *honteux… dans une assemblée (politique)*.

sommes les plus à plaindre de tous
les hommes.
20 Mais en réalité, Christ est ressus-
cité, précédant ainsi ceux qui sont
morts. 21 En effet, puisque la mort
est venue à travers un homme, c'est
aussi à travers un homme[n] qu'est
venue la résurrection des morts.
22 Et comme tous meurent en Adam,
de même aussi tous revivront en
Christ, 23 mais chacun à son propre
rang: Christ en premier, puis ceux
qui appartiennent à Christ lors de
son retour. 24 Ensuite viendra la fin,
quand il remettra le royaume à ce-
lui qui est Dieu et Père, après avoir
anéanti toute domination, toute
autorité et toute puissance. 25 En
effet, il faut qu'il règne jusqu'à ce
qu'il ait mis tous ses ennemis sous
ses pieds[n]. 26 Le dernier ennemi qui
sera anéanti, c'est la mort. 27 *Dieu*,
en effet, *a tout mis sous ses pieds.*[n]
Mais lorsque Dieu dit que tout lui a
été soumis, il est évident que c'est à
l'exception de celui qui lui a soumis
toute chose. 28 Lorsque tout lui aura
été soumis, alors le Fils lui-même
se soumettra à celui qui lui a sou-
mis toute chose, afin que Dieu soit
tout en tous.
29 S'il en était autrement, que fe-
raient ceux qui se font baptiser
pour les morts? Si les morts ne res-
suscitent en aucun cas, pourquoi
se font-ils baptiser pour eux? 30 Et
nous, pourquoi affrontons-nous
à toute heure le danger? 31 Cha-
que jour je risque la mort, aussi
vrai, frères et sœurs, que vous fai-
tes ma fierté en Jésus-Christ notre
Seigneur. 32 Si c'est dans une pers-
pective purement humaine que j'ai
combattu contre les bêtes à Ephè-
se, quel avantage m'en revient-il? Si
les morts ne ressuscitent pas, alors
mangeons et buvons, puisque de-
main nous mourrons[n].
33 Ne vous y trompez pas, «les mau-
vaises compagnies corrompent les
bonnes mœurs». 34 Revenez à vo-
tre bon sens, comme il convient, et
ne péchez pas; car certains d'entre
vous ne connaissent pas Dieu, je le
dis à votre honte.
35 Mais quelqu'un dira: «Comment
les morts ressuscitent-ils et avec
quel corps reviennent-ils?» 36 Hom-
me dépourvu de bon sens! Ce que
tu sèmes ne peut reprendre vie que
s'il meurt. 37 Et ce que tu sèmes, ce
n'est pas la plante qui poussera;
c'est une simple graine, un grain
de blé peut-être, ou d'une autre se-
mence. 38 Puis Dieu lui donne un
corps, comme il le veut, et à cha-
que semence il donne un corps qui
lui est propre.
39 Les êtres vivants n'ont pas tous
la même nature, mais autre est la
nature des hommes, autre celle
des quadrupèdes, autre celle des
oiseaux, autre celle des poissons.
40 Il y a aussi des corps célestes et
des corps terrestres, mais l'éclat
des corps célestes est différent de
celui des corps terrestres. 41 Autre
est l'éclat du soleil, autre l'éclat de
la lune, et autre l'éclat des étoiles;
chaque étoile diffère même en
éclat d'une autre étoile.
42 C'est aussi le cas pour la résur-
rection des morts. Le corps est
semé corruptible, il ressuscite in-
corruptible. 43 Il est semé mépri-
sable, il ressuscite glorieux. Il est
semé faible, il ressuscite plein de
force. 44 Il est semé corps naturel,
il ressuscite corps spirituel. [S']il y
a un corps naturel, il y a aussi un

15.21 *Un homme… un homme*: respectivement Adam et Jésus-Christ. **15.25** *Qu'il ait mis… pieds*: citation du Psaume 110.1. **15.27** *Dieu… pieds*: citation du Psaume 8.7. **15.32** *Mangeons… mourrons*: citation d'Esaïe 22.13.

corps spirituel[n]. 45 C'est pourquoi il
est écrit: *Le premier homme, Adam,*
devint un être vivant.[n] Le dernier
Adam est un esprit qui commu-
nique la vie. 46 Mais ce n'est pas le
spirituel qui vient en premier, c'est
le naturel; ce qui est spirituel vient
ensuite. 47 Le premier homme, tiré
de la terre, est fait de poussière, le
second homme, [le Seigneur,] est
du ciel. 48 Tel est l'homme terrestre,
tels sont aussi les hommes terres-
tres; et tel est l'homme céleste, tels
seront aussi les hommes célestes.
49 Et de même que nous avons por-
té l'image de l'homme fait de pous-
sière, nous porterons aussi l'image
de celui qui est venu du ciel.
50 Ce que je veux dire, frères et
sœurs, c'est que notre nature ac-
tuelle[n] ne peut pas hériter du
royaume de Dieu, et que ce qui est
corruptible n'hérite pas non plus
de l'incorruptibilité. 51 Voici, je vous
dis un mystère: nous ne mourrons
pas tous, mais tous nous serons
transformés, 52 en un instant, en
un clin d'œil, au son de la dernière
trompette. La trompette sonnera,
alors les morts ressusciteront in-
corruptibles et nous, nous serons
transformés. 53 Il faut en effet que
ce corps corruptible revête l'incor-
ruptibilité et que ce corps mortel
revête l'immortalité.
54 Lorsque ce corps corruptible
aura revêtu l'incorruptibilité et que
ce corps mortel aura revêtu l'im-
mortalité, alors s'accomplira cette
parole de l'Ecriture: *La mort a été*
engloutie dans la victoire.[n] 55 *Mort,*
où est ton aiguillon? Enfer, où est ta
victoire?[n] 56 L'aiguillon de la mort,
c'est le péché; et ce qui donne sa
puissance au péché, c'est la loi.
57 Mais que Dieu soit remercié, lui
qui nous donne la victoire par no-
tre Seigneur Jésus-Christ!
58 Ainsi, mes frères et sœurs bien-
aimés, soyez fermes, inébranla-
bles. Travaillez de mieux en mieux
à l'œuvre du Seigneur, sachant que
votre travail n'est pas sans résultat
dans le Seigneur.

Sur la collecte organisée

16 En ce qui concerne la collec-
te en faveur des saints, fai-
tes, vous aussi, comme je l'ai pres-
crit aux Eglises de la Galatie: 2 que
chacun de vous, le dimanche, met-
te de côté chez lui ce qu'il pourra,
en fonction de ses moyens, afin
qu'on n'attende pas mon arrivée
pour récolter les dons. 3 Quand je
serai chez vous, j'enverrai avec des
lettres ceux que vous aurez choisis
pour porter vos dons à Jérusalem.
4 S'il est approprié que j'y aille moi
aussi, ils feront le voyage avec moi.

Projets de Paul et salutations

5 Je viendrai chez vous après avoir
traversé la Macédoine, car je vais
passer par là. 6 Il est possible que je
séjourne quelque temps chez vous
ou même que j'y passe l'hiver. Ain-
si vous pourrez m'aider à poursui-
vre mon voyage là où je dois me
rendre. 7 Je ne veux pas, cette fois-
ci, vous voir seulement en passant,
mais j'espère rester quelque temps
avec vous, si le Seigneur le permet.
8 Cependant je resterai à Ephèse
jusqu'à la Pentecôte, 9 car une por-
te m'y est largement ouverte pour

15.44 *Naturel... spirituel*: littéralement *caractérisé par l'âme... caractérisé par l'Esprit*. Nous recevons un corps à la naissance; les chrétiens recevront un corps, toujours physique, semblable à celui de Christ lors de la résurrection des corps. **15.45** *Le premier... vivant*: citation de Genèse 2.7. **15.50** *Notre nature actuelle*: littéralement *chair et sang*. **15.54** *La mort... victoire*: renvoi à Esaïe 25.8. **15.55** *Mort... victoire*: citation d'Osée 13.14. *L'aiguillon* était le bâton qui servait à piquer les bêtes pour les diriger et a désigné, par la suite, un instrument de torture.

un travail efficace, et les adversai-
res sont nombreux.
10 Si Timothée arrive, veillez à ce
qu'il soit sans crainte parmi vous,
car il travaille tout comme moi à
l'œuvre du Seigneur. 11 Que per-
sonne donc ne le méprise. Aidez-le
à poursuivre en paix son voyage de
retour vers moi, car je l'attends avec
les frères.
12 Quant au frère Apollos, je l'ai
beaucoup encouragé à venir aussi
chez vous avec les frères, mais ce
n'était décidément pas sa volonté
de le faire maintenant; il viendra
quand il en aura l'occasion.
13 Restez vigilants, tenez ferme
dans la foi, soyez courageux, for-
tifiez-vous. 14 Que tout ce que vous
faites soit fait avec amour.
15 Voici encore une recomman-
dation, frères et sœurs. Vous sa-
vez que la famille de Stéphanas
est le premier fruit de l'Achaïe[n] et
qu'elle s'est consacrée au service
des saints. 16 Soumettez-vous à de
telles personnes ainsi qu'à tous
ceux qui travaillent et peinent avec
elles.
17 Je me réjouis de la présence
de Stéphanas, de Fortunatus et
d'Achaïcus; ils ont suppléé à votre
absence, 18 car ils ont tranquillisé
mon esprit et le vôtre. Sachez donc
apprécier de telles personnes.
19 Les Eglises d'Asie vous saluent.
Aquilas et Priscille, ainsi que l'Egli-
se qui se réunit dans leur maison,
vous saluent chaleureusement
dans le Seigneur. 20 Tous les frères
et sœurs vous saluent. Saluez-vous
les uns les autres par un saint bai-
ser. 21 Moi Paul, je vous salue de ma
propre main.
22 Si quelqu'un n'aime pas le Sei-
gneur [Jésus-Christ], qu'il soit mau-
dit! Maranatha[n]. 23 Que la grâce du
Seigneur Jésus[-Christ] soit avec
vous! 24 Mon amour est avec vous
tous en Jésus-Christ.

16.15 *L'Achaïe*: la province dont Corinthe était la capitale. **16.22** *Maranatha*: expression araméenne qui signifie *le Seigneur vient* ou *viens Seigneur!*

2 Corinthiens

La rédaction de la *Deuxième épître aux Corinthiens* semble de quelques mois postérieure à celle de 1 Corinthiens (fin 55-début 56 apr. J.-C.) et à une visite plutôt pénible de l'apôtre Paul dans cette Eglise qu'il avait fondée mais où son autorité était remise en question. Certains estiment que ce texte rassemble en fait deux lettres ou a été écrit en deux temps (les chapitres 10–13 étant considérés à part des 9 premiers).

PAUL ET LES CORINTHIENS 1.1–7.16

Salutation et louange

1 De la part de Paul, apôtre de
Jésus-Christ par la volonté de
Dieu, et du frère Timothée à l'Egli-
se de Dieu qui est à Corinthe et à
tous les saints[n] qui sont dans toute
l'Achaïe: 2 que la grâce et la paix
vous soient données de la part de
Dieu notre Père et du Seigneur Jésus-
Christ!
3 Béni soit Dieu, le Père de notre
Seigneur Jésus-Christ, le Père plein
de compassion et le Dieu de tout
réconfort! 4 Il nous réconforte dans
toutes nos détresses afin que nous
puissions réconforter ceux qui
se trouvent dans la détresse, grâ-
ce à l'encouragement que nous re-
cevons nous-mêmes de la part de
Dieu. 5 En effet, de même que les
souffrances de Christ abondent
pour nous, de même aussi, c'est par
Christ que notre réconfort abonde.
6 Si nous sommes dans la détresse,
c'est pour votre réconfort et pour
votre salut; si nous sommes encou-
ragés, c'est pour votre encourage-
ment, pour vous permettre de sup-
porter les mêmes souffrances que
celles que nous endurons. 7 Et notre
espérance à votre sujet est ferme,
parce que nous savons que si vous
avez part aux souffrances, vous
avez part aussi au réconfort.
8 En ce qui concerne la détresse
que nous avons connue en Asie,
nous ne voulons en effet pas vous
laisser ignorer, frères et sœurs, que
nous avons été accablés à l'extrême,
au-delà de nos forces, au point que
nous désespérions[n] même de res-
ter en vie. 9 Nous avions intérieure-
ment accepté notre arrêt de mort
afin de ne pas placer notre confian-
ce en nous-mêmes mais en Dieu
qui ressuscite les morts. 10 C'est lui
qui nous a délivrés d'une telle mort
et qui nous en délivre encore. Oui,
nous avons en lui cette espérance
qu'il nous en délivrera encore, 11 et
vous y contribuerez vous-mêmes
par la prière. Ainsi, la grâce obte-
nue pour nous par beaucoup de
personnes sera pour beaucoup
une occasion de remercier Dieu à
notre sujet.

Motivations et projets de Paul

12 En effet, voici notre sujet de
fierté et le témoignage de notre
conscience: nous nous sommes
conduits dans le monde, et plus

1.1 *Saints*: manière de désigner les chrétiens en tant que personnes consacrées à Dieu et appelées à avoir le comportement qui découle de leur appartenance à ce Dieu. **1.8** *Désespérions*: ou *étions incertains*.

particulièrement vis-à-vis de vous,
avec la sincérité et la pureté qui
viennent de Dieu, non pas avec
une sagesse humaine, mais avec la
grâce de Dieu. 13 Nous ne vous écri-
vons rien d'autre que ce que vous
lisez et comprenez. Et j'espère que
vous comprendrez complètement,
14 puisque vous l'avez déjà compris
en partie, que nous sommes votre
sujet de fierté, de même que vous
serez aussi le nôtre, le jour du Sei-
gneur Jésus.
15 C'est avec cette assurance que
je voulais d'abord aller chez vous,
afin que vous puissiez avoir une
double grâce. 16 Je voulais passer
chez vous en me rendant en Macé-
doine, puis revenir de la Macédoine
chez vous, avec l'espoir d'être sou-
tenu par vous pour mon voyage en
Judée. 17 En formant ce projet, ai-
je donc fait preuve de légèreté? Ou
bien mes décisions sont-elles pu-
rement humaines[n], de sorte qu'il y
aurait en moi à la fois le «oui» et le
«non»? 18 Aussi vrai que Dieu est fi-
dèle, la parole que nous vous avons
adressée n'a pas été «oui» et «non».
19 En effet, le Fils de Dieu, Jésus-
Christ, que nous avons prêché au
milieu de vous, Silvain, Timothée
et moi, n'a pas été «oui» et «non». Au
contraire, en lui il n'y a que le «oui».
20 En effet, pour toutes les promes-
ses de Dieu, c'est en lui que se trou-
ve le «oui», et c'est [donc] aussi par
lui que nous disons «amen» à Dieu,
pour sa gloire. 21 Or, celui qui nous
affermit avec vous en Christ et qui
nous a consacrés par son onction,
c'est Dieu; 22 il nous a aussi mar-
qués de son empreinte[n] et a mis
l'Esprit comme un gage dans notre
cœur.
23 Quant à moi, j'en prends Dieu à
témoin sur ma vie, c'est pour vous
ménager que je ne suis pas reve-
nu à Corinthe. 24 Ce n'est pas que
nous voulions dominer sur votre foi,
mais plutôt que nous contribuons
à votre joie, car vous êtes fermes
dans la foi.
2 J'ai donc décidé en moi-même
de ne pas retourner chez vous
dans la tristesse. 2 En effet, si je vous
attriste, qui peut me réjouir, sinon
celui que j'ai attristé? 3 J'ai écrit
comme je l'ai fait pour ne pas être
attristé, à mon arrivée, par ceux
qui devaient me donner de la joie;
car en ce qui vous concerne, je suis
convaincu que ma joie est aussi la
vôtre, à vous tous. 4 C'est dans une
grande souffrance, le cœur an-
goissé et avec beaucoup de larmes
que je vous ai écrit, non pas afin de
vous attrister, mais afin que vous
sachiez quel amour débordant j'ai
pour vous.
5 Si quelqu'un a été une cause de
tristesse, ce n'est pas moi qu'il a
attristé, c'est vous tous, du moins
dans une certaine mesure, pour
ne rien exagérer. 6 Le blâme qui lui
a été infligé par la majorité d'entre
vous est suffisant pour cet homme.
7 Maintenant, au contraire, vous de-
vez plutôt lui pardonner et l'encou-
rager, de peur qu'il ne soit accablé
par une tristesse excessive. 8 Je vous
engage donc à faire preuve d'amour
envers lui, 9 car je vous ai aussi écrit
dans le but de savoir, en vous met-
tant à l'épreuve, si vous êtes obéis-
sants à tout point de vue. 10 Or à qui
vous pardonnez, je pardonne aus-
si; et si j'ai pardonné quelque cho-
se à quelqu'un, je l'ai fait à cause de
vous, en présence de Christ, 11 afin

1.17 *Purement humaines*: littéralement *selon (la) chair.* **1.22** *Son empreinte*: l'empreinte d'un sceau (bague ou objet cylindrique), apposée sur un document, servait à le protéger, à l'authentifier ou à signaler son propriétaire.

de ne pas laisser à Satan l'avantage
sur nous, car nous n'ignorons pas
ses intentions.
12 Quand je suis arrivé à Troas pour
annoncer l'Evangile de Christ, bien
que le Seigneur m'y ait ouvert une
porte, je n'avais pas l'esprit en re-
pos parce que je n'avais pas trou-
vé mon frère Tite. 13 C'est pourquoi
j'ai pris congé d'eux et je suis parti
pour la Macédoine.

Le ministère de la nouvelle alliance

14 Que Dieu soit remercié, lui qui
nous fait toujours triompher en
Christ et qui propage partout, à tra-
vers nous, le parfum de sa connais-
sance! 15 Nous sommes en effet pour
Dieu la bonne odeur de Christ par-
mi ceux qui sont sauvés et parmi
ceux qui périssent: 16 pour les uns,
un parfum de mort qui donne la
mort, pour les autres, un parfum de
vie qui donne la vie. – Et pour cette
mission, qui donc est qualifié? –
17 En effet, nous ne falsifions pas la
parole de Dieu, comme le font les
autres, mais c'est avec pureté, c'est
de la part de Dieu, en Christ et de-
vant Dieu que nous parlons.

3 Commençons-nous de nou-
veau à nous recommander
nous-mêmes? Ou avons-nous be-
soin, comme certains, de lettres
de recommandation pour vous, ou
alors de votre part? 2 C'est vous qui
êtes notre lettre, écrite dans no-
tre cœur, connue et lue de tous les
hommes. 3 Il est clair que vous êtes
une lettre de Christ écrite par notre
ministère, non avec de l'encre mais
avec l'Esprit du Dieu vivant, non
sur des tables de pierre mais sur
des tables de chair, sur les cœurs.
4 Telle est l'assurance que nous
avons par Christ auprès de Dieu.
5 Je ne dis pas que nous soyons ca-
pables, par nous-mêmes, de conce-
voir quelque chose comme si cela
venait de nous. Notre capacité, au
contraire, vient de Dieu. 6 Il nous a
aussi rendus capables d'être servi-
teurs d'une nouvelle alliance, non
de la lettre, mais de l'Esprit; car la
lettre tue, mais l'Esprit fait vivre.
7 Or, si le ministère de la mort[n], gra-
vé avec des lettres sur des pierres, a
été glorieux au point que les Israé-
lites ne pouvaient pas fixer les re-
gards sur le visage de Moïse à cause
de la gloire dont il rayonnait et qui,
pourtant, était passagère, 8 com-
bien le ministère de l'Esprit sera
plus glorieux! 9 En effet, si le mi-
nistère de la condamnation a été
glorieux, le ministère de la justi-
ce est bien plus glorieux encore.
10 Et même, de ce point de vue, ce
qui était glorieux a perdu son éclat
à cause de la gloire qui lui est su-
périeure. 11 En effet, si ce qui était
passager a été marqué par la gloi-
re, ce qui est permanent sera bien
plus glorieux.
12 Puisque nous avons une telle es-
pérance, nous faisons preuve d'une
grande assurance. 13 Nous ne fai-
sons pas comme Moïse, qui mettait
un voile sur son visage pour que les
Israélites ne fixent pas les regards
sur la fin d'une réalité passagère.
14 Mais leur intelligence s'est obs-
curcie. Jusqu'à aujourd'hui en effet,
le même voile reste lorsqu'ils font
la lecture de l'Ancien Testament,
et il ne se lève pas parce que c'est
en Christ qu'il disparaît. 15 Jusqu'à
aujourd'hui, quand les écrits de
Moïse sont lus, un voile recouvre
leur cœur; 16 mais lorsque quel-
qu'un se convertit au Seigneur, le

3.7 *Le ministère de la mort*: la loi promulguée par Moïse était porteuse de mort car personne n'est capable, par lui-même, de satisfaire à ses exigences; chacun mérite donc la condamnation à mort.

voile est enlevé. 17 Or le Seigneur,
c'est l'Esprit, et là où est l'Esprit du
Seigneur, là est la liberté. 18 Nous
tous qui, sans voile sur le visa-
ge, contemplons comme dans un
miroir la gloire du Seigneur, nous
sommes transformés à son image,
de gloire en gloire[n], par l'Esprit du
Seigneur.

Un ministère parsemé de difficultés

4 Ainsi donc, puisque par la
bonté de Dieu nous avons ce
ministère, nous ne perdons pas
courage. 2 Nous rejetons les ac-
tions honteuses qui se font en se-
cret, nous ne nous conduisons pas
avec ruse et nous ne falsifions pas
la parole de Dieu. Au contraire, en
faisant connaître clairement la vé-
rité, nous nous recommandons à
toute conscience d'homme devant
Dieu. 3 Si notre Evangile est enco-
re voilé, il l'est pour ceux qui pé-
rissent, 4 pour les incrédules dont
le dieu de ce monde a aveuglé l'in-
telligence afin qu'ils ne voient pas
briller l'éclat que projette l'Evan-
gile de la gloire de Christ, qui est
l'image de Dieu. 5 Nous ne nous
prêchons pas nous-mêmes: c'est
Jésus-Christ le Seigneur que nous
prêchons, et nous nous déclarons
vos serviteurs à cause de Jésus.
6 En effet, le Dieu qui a ordonné
que la lumière brille du sein des
ténèbres[n] a aussi fait briller sa lu-
mière dans notre cœur pour fai-
re resplendir la connaissance de
la gloire de Dieu dans la personne
de [Jésus-]Christ.
7 Nous portons ce trésor dans des
vases de terre afin que cette puis-
sance extraordinaire soit attribuée
à Dieu, et non à nous. 8 Nous som-
mes pressés de toutes parts, mais
non écrasés; inquiets, mais non
désespérés; 9 persécutés, mais non
abandonnés; abattus, mais non
anéantis. 10 Nous portons toujours
avec nous dans notre corps l'ago-
nie du [Seigneur] Jésus afin que la
vie de Jésus soit aussi manifestée
dans notre corps. 11 En effet, nous
qui vivons, nous sommes sans ces-
se livrés à la mort à cause de Jésus
afin que la vie de Jésus soit elle aus-
si révélée dans notre corps mor-
tel. 12 Ainsi la mort est à l'œuvre en
nous, et la vie en vous.
13 Et comme nous avons le même
esprit de foi que celui exprimé
dans cette parole de l'Ecriture: *J'ai
cru, c'est pourquoi j'ai parlé*[n], nous
aussi nous croyons, et c'est pour
cela que nous parlons. 14 Nous sa-
vons en effet que celui qui a ressus-
cité le Seigneur Jésus nous ressus-
citera aussi par Jésus et nous fera
paraître avec vous dans sa présen-
ce. 15 Oui, tout cela arrive à cause de
vous afin que la grâce, en se multi-
pliant, fasse abonder la reconnais-
sance d'un plus grand nombre, à la
gloire de Dieu.

L'espérance du ciel

16 Voilà pourquoi nous ne perdons
pas courage. Et même si notre être
extérieur se détruit, notre être in-
térieur se renouvelle de jour en
jour. 17 En effet, nos légères diffi-
cultés du moment présent produi-
sent pour nous, au-delà de toute
mesure, un poids éternel de gloi-
re. 18 Ainsi nous regardons non pas
à ce qui est visible, mais à ce qui
est invisible, car les réalités visi-
bles sont passagères et les invisi-
bles sont éternelles.

3.18 *De gloire en gloire*: c'est-à-dire en progressant dans la sainteté ou bien en passant de la gloire terrestre à la gloire à venir. **4.6** *Que la lumière… ténèbres*: renvoi à Genèse 1.3 (récit de la création). **4.13** *J'ai cru… parlé*: citation du Psaume 116.10.

5 Nous savons, en effet, que si
notre habitation terrestre, qui
n'est qu'une tente, est détruite,
nous avons dans le ciel un édifice
qui est l'œuvre de Dieu, une habita-
tion éternelle qui n'est pas faite par
la main de l'homme. 2 Et nous gé-
missons dans cette tente, avec l'ar-
dent désir de revêtir notre domicile
céleste, 3 puisque, après avoir été
ainsi revêtus, nous ne serons pas
trouvés nus. 4 En effet, nous qui
sommes dans cette tente, nous gé-
missons, accablés, parce que nous
voulons non pas nous dévêtir, mais
au contraire nous revêtir, afin que
ce qui est mortel soit englouti par
la vie. 5 Et celui qui nous a prépa-
rés pour cela, c'est Dieu, qui nous a
donné le gage de l'Esprit.
6 Nous sommes donc toujours
pleins de confiance et nous savons
que, tant que nous habitons dans ce
corps, nous sommes loin de notre
patrie, loin du Seigneur, 7 car nous
marchons par la foi et non par la
vue. 8 Oui, nous sommes pleins de
confiance et nous aimerions mieux
quitter ce corps pour aller vivre
auprès du Seigneur. 9 C'est aussi
pour cela que nous nous efforçons
de lui être agréables, soit que nous
vivions dans ce corps, soit que nous
le quittions. 10 En effet, il nous fau-
dra tous comparaître devant le tri-
bunal de Christ afin que chacun re-
çoive le salaire de ce qu'il aura fait,
bien ou mal, alors qu'il était dans
son corps.

Un ministère de réconciliation

11 Ainsi donc, puisque nous savons
ce qu'est la crainte du Seigneur,
nous cherchons à convaincre les
hommes. Quant à Dieu, il nous
connaît, et j'espère que dans votre
conscience vous nous connaissez
aussi. 12 Nous n'allons pas de nou-
veau nous recommander nous-
mêmes auprès de vous, mais nous
voulons vous donner l'occasion de
vous montrer fiers à notre sujet, afin
que vous puissiez répondre à ceux
qui mettent leur fierté dans les ap-
parences et non dans ce qui relève
du cœur. 13 En effet, si nous avons
fait preuve de folie, c'était pour
Dieu; si nous sommes raisonnables,
c'est pour vous. 14 C'est que l'amour
de Christ nous presse, parce que
nous sommes convaincus que si un
seul est mort pour tous, tous donc
sont morts. 15 Et s'il est mort pour
tous, c'était afin que ceux qui vi-
vent ne vivent plus pour eux-mêmes,
mais pour celui qui est mort et res-
suscité pour eux. 16 Ainsi, désormais,
nous ne percevons plus personne de
manière humaine; et si nous avons
connu Christ de manière purement
humaine[n], maintenant nous ne le
connaissons plus ainsi.
17 Si quelqu'un est en Christ, il est
une nouvelle créature. Les choses
anciennes sont passées; voici, tou-
tes choses sont devenues nouvelles.
18 Et tout cela vient de Dieu qui nous
a réconciliés avec lui par [Jésus-]
Christ et qui nous a donné le mi-
nistère de la réconciliation. 19 En
effet, Dieu était en Christ: il récon-
ciliait le monde avec lui-même en
ne chargeant pas les hommes de
leurs fautes, et il a mis en nous la
parole de la réconciliation. 20 Nous
sommes donc des ambassadeurs
pour Christ, comme si Dieu adres-
sait par nous son appel. Nous sup-
plions au nom de Christ: «Soyez ré-
conciliés avec Dieu! 21 [En effet,]
celui qui n'a pas connu le péché,
il l'a fait devenir péché pour nous

5.16 *De manière humaine... de manière purement humaine*: littéralement *selon (la) chair... selon (la) chair.*

afin qu'en lui nous devenions jus-
tice de Dieu.»
6 Puisque nous travaillons avec
Dieu[n], nous vous encoura-
geons vivement à ne pas accueillir
la grâce de Dieu sans résultat. 2 En
effet, il dit: *Au moment favorable
je t'ai exaucé, le jour du salut je t'ai
secouru.*[n] Voici maintenant le mo-
ment favorable, voici maintenant
le jour du salut. 3 En rien et pour
personne nous ne voulons repré-
senter un obstacle, afin que no-
tre service soit sans reproche. 4 Au
contraire, nous nous recomman-
dons nous-mêmes à tout point de
vue comme serviteurs de Dieu par
une grande persévérance dans les
souffrances, les détresses, les an-
goisses, 5 sous les coups, dans les
prisons, les émeutes, les travaux
pénibles, les privations de som-
meil et de nourriture. 6 Nous nous
recommandons aussi par la pu-
reté, la connaissance, la patien-
ce, la bonté, par l'Esprit saint, par
un amour sincère, 7 par la parole
de vérité, par la puissance de Dieu,
par les armes offensives et défensi-
ves de la justice, 8 que ce soit au mi-
lieu de la gloire ou du déshonneur,
au milieu d'une mauvaise ou d'une
bonne réputation. Nous sommes
considérés comme des imposteurs,
quoique disant la vérité; 9 com-
me des inconnus, quoique bien
connus; comme des mourants, et
pourtant nous vivons. Nous som-
mes comme condamnés, et pour-
tant pas mis à mort; 10 comme at-
tristés, et pourtant nous sommes
toujours joyeux; comme pauvres,
et pourtant nous en enrichissons
beaucoup; comme n'ayant rien,
alors que nous possédons tout.

Appel à la sainteté

11 Nous vous avons parlé ouverte-
ment, Corinthiens, nous vous
avons largement ouvert notre
cœur. 12 Vous n'y êtes pas à l'étroit,
mais c'est votre cœur qui s'est rétré-
ci. 13 Rendez-nous la pareille – je
vous parle comme à mes enfants –
ouvrez-nous, vous aussi, votre
cœur!
14 Ne formez pas un attelage dis-
parate avec des incroyants. En ef-
fet, quelle relation y a-t-il entre la
justice et le mal? Ou qu'y a-t-il de
commun entre la lumière et les té-
nèbres? 15 Quel accord y a-t-il entre
Christ et le diable[n]? Ou quelle part
le croyant a-t-il avec l'incroyant?
16 Quel rapport peut-il y avoir entre
le temple de Dieu et les idoles? En
effet, vous êtes le temple du Dieu
vivant, comme Dieu l'a dit: *J'habi-
terai et je marcherai au milieu d'eux;
je serai leur Dieu et ils seront mon
peuple.*[n] 17 C'est pourquoi, *sortez du
milieu d'eux et séparez-vous, dit le
Seigneur; ne touchez pas à ce qui est
impur et je vous accueillerai.*[n] 18 *Je
serai pour vous un père et vous serez
pour moi des fils et des filles*[n], dit le
Seigneur tout-puissant.
7 Puisque nous avons de telles
promesses, bien-aimés, puri-
fions-nous de tout ce qui souille no-
tre corps et notre esprit et poursui-
vons jusqu'au bout la sainteté dans
la crainte de Dieu.

Des nouvelles encourageantes

2 Faites-nous une place dans votre
cœur! Nous n'avons fait de tort à
personne, nous n'avons ruiné per-
sonne, nous n'avons exploité per-
sonne. 3 Ce n'est pas pour vous
condamner que je parle ainsi, car

6.1 *Avec Dieu*: ou *ensemble*. **6.2** *Au moment… secouru*: citation d'Esaïe 49.8. **6.15** *Le diable*: grec *beliar*, équivalent de l'hébreu *belial*. **6.16** *J'habiterai… peuple*: citation de Lévitique 26.11,12. **6.17** *Sortez… accueillerai*: citation combinant Esaïe 52.11 et Ezéchiel 20.41. **6.18** *Je serai… filles*: adaptation de 2 Samuel 7.14.

j'ai déjà dit que vous êtes dans no-
tre cœur à la vie et à la mort. 4 J'ai
une grande confiance en vous, j'ai
toute raison d'être fier de vous; je
suis pleinement réconforté, débor-
dant de joie au milieu de toutes
nos difficultés. 5 Depuis notre ar-
rivée en Macédoine en effet, nous
n'avons connu aucun repos; nous
étions au contraire pressés de tou-
tes parts: luttes au-dehors, crain-
tes au-dedans. 6 Mais Dieu, qui
réconforte ceux qui sont abattus,
nous a encouragés par l'arrivée de
Tite, 7 et non seulement par son ar-
rivée, mais encore par le réconfort
qu'il avait reçu de vous. Il nous a
raconté votre vive affection, vos
larmes, votre zèle pour moi, de sor-
te que ma joie a été d'autant plus
grande.
8 Même si je vous ai attristés par ma
lettre, je ne le regrette pas. Et si je
l'ai regretté – car je vois que cette
lettre vous a momentanément at-
tristés – 9 je me réjouis mainte-
nant, non pas de ce que vous avez
été attristés, mais de ce que votre
tristesse vous a amenés à chan-
ger d'attitude, car vous avez été at-
tristés selon Dieu, si bien que vous
n'avez subi aucun dommage de no-
tre part. 10 En effet, la tristesse se-
lon Dieu produit une repentance[n]
qui conduit au salut et que l'on ne
regrette jamais, tandis que la tris-
tesse du monde produit la mort.
11 Cette même tristesse selon Dieu,
voyez quel empressement elle a
produit en vous! Quelles excuses,
quelle indignation, quelle crainte,
quel désir ardent, quel zèle, quel-
le punition! Vous avez démontré
à tout point de vue que vous étiez
purs dans cette affaire.
12 Si donc je vous ai écrit, ce n'était
ni à cause de celui qui a commis le
tort, ni à cause de celui qui l'a subi;
c'était afin de rendre évident à vo-
tre esprit, devant Dieu, votre em-
pressement pour nous. 13 Voilà ce
qui nous a réconfortés. Mais nous
n'avons pas seulement été récon-
fortés: nous avons été beaucoup
plus encore réjouis de constater la
joie de Tite, qui a eu l'esprit tran-
quillisé par vous tous. 14 Si je me
suis quelque peu vanté à votre sujet
devant lui, je n'ai pas eu à en rou-
gir; mais, comme nous vous avons
toujours dit la vérité, ce dont nous
nous sommes montrés fiers auprès
de Tite s'est aussi trouvé être la vé-
rité. 15 Et son affection pour vous
est d'autant plus grande quand il
se souvient de votre obéissance
à tous et de l'accueil que vous lui
avez réservé avec crainte et profond
respect. 16 Je me réjouis de pouvoir
entièrement compter sur vous.

INSTRUCTIONS POUR LA COLLECTE
8.1–9.15

Exemple des Eglises de Macédoine et mission de Tite

8 Par ailleurs, frères et sœurs,
nous vous faisons connaître
la grâce que Dieu a accordée aux
Eglises de la Macédoine: 2 au mi-
lieu même de la grande épreuve
de leur souffrance, leur joie débor-
dante et leur pauvreté profonde les
ont conduits à faire preuve d'une
très grande générosité. 3 Je l'atteste,
ils ont donné volontairement selon
leurs moyens, et même au-delà de
leurs moyens, 4 et c'est avec beau-
coup d'insistance qu'ils nous ont

7.10 *Repentance*: même mot grec que *changer d'attitude* (verset 9); désignant littéralement un changement de pensée, le mot renvoie à une transformation radicale de la personne, qui renonce à ses attitudes fautives pour adopter un nouveau comportement et une nouvelle perspective, conformes à la volonté de Dieu.

demandé la grâce de prendre part
à ce service en faveur des saints.
5 Ils ont fait plus que ce que nous
espérions, car ils se sont d'abord
donnés eux-mêmes au Seigneur,
puis à nous, par la volonté de Dieu.
6 Nous avons donc encouragé Tite
à parachever, chez vous aussi, ce
geste de générosité[n], comme il
l'avait d'ailleurs commencé. 7 De
votre côté, vous avez tout en abon-
dance: la foi, la parole, la connais-
sance, le zèle à tout point de vue et
l'amour pour nous. Faites en sorte
que la même abondance se mani-
feste dans cet acte de grâce. 8 Je ne
dis pas cela pour donner un ordre,
mais pour éprouver la sincérité
de votre amour par l'exemple du
zèle des autres. 9 En effet, vous
connaissez la grâce de notre Sei-
gneur Jésus-Christ: pour vous il
s'est fait pauvre alors qu'il était ri-
che, afin que par sa pauvreté vous
soyez enrichis.
10 C'est un avis que je donne à ce
sujet et c'est ce qui vous convient,
puisque dès l'année dernière vous
avez été les premiers non seule-
ment à faire une collecte, mais
aussi à la vouloir. 11 Menez-la donc
maintenant à bien afin que sa réali-
sation corresponde, en fonction de
vos moyens, à l'empressement que
vous avez mis à la vouloir. 12 Quand
la bonne volonté existe, on est bien
accueilli en fonction de ce que l'on
a, et non de ce que l'on n'a pas. 13 En
effet, il ne s'agit pas de vous expo-
ser à la détresse pour en soulager
d'autres, mais de suivre un prin-
cipe d'égalité: 14 dans les circons-
tances actuelles votre abondance
pourvoira à leurs besoins, afin que
leur abondance aussi pourvoie à
vos besoins. C'est ainsi qu'il y aura
égalité, 15 conformément à ce qui
est écrit: *Celui qui avait ramassé
beaucoup n'avait rien de trop et ce-
lui qui avait ramassé peu ne man-
quait de rien.*[n]
16 Que Dieu soit remercié, lui qui a
mis dans le cœur de Tite le même
zèle pour vous! 17 En effet, il a ac-
cepté notre demande et c'est même
avec un nouveau zèle et de son plein
gré qu'il part chez vous. 18 Nous en-
voyons avec lui le frère dont toutes
les Eglises font l'éloge pour son an-
nonce de l'Evangile. 19 Il a de plus
été choisi par les Eglises pour être
notre compagnon de voyage dans
ce geste de générosité que nous ac-
complissons à la gloire du Seigneur
[lui-même] et en témoignage de no-
tre bonne volonté. 20 Nous voulons
en effet éviter qu'on nous critique
au sujet de la forte somme dont
nous avons la charge, 21 car nous re-
cherchons ce qui est bien non seu-
lement devant le Seigneur, mais
aussi devant les hommes. 22 Avec
eux nous envoyons notre frère,
dont nous avons souvent, à bien
des occasions, pu apprécier le zèle,
et il en montre plus encore cette
fois à cause de sa grande confiance
en vous. 23 En ce qui concerne Tite,
il est mon associé et mon collabo-
rateur auprès de vous; quant à nos
frères, ils sont les envoyés des Egli-
ses, la gloire de Christ. 24 A la vue
des Eglises, donnez-leur donc la
preuve de votre amour et montrez-
leur que nous avons raison d'être
fiers de vous.

Fruits de la générosité

9 Il est superflu que je vous écri-
ve au sujet de ce service en fa-
veur des saints. 2 Je connais, en effet,
votre bonne volonté: je m'en mon-
tre fier pour vous auprès des Macé-
doniens en affirmant que l'Achaïe

8.6 *Ce geste de générosité*: littéralement *cette grâce.* **8.15** *Celui qui... de rien*: citation d'Exode 16.18.

est prête depuis l'année dernière,
et votre zèle a stimulé la plupart
d'entre eux. 3 J'envoie cependant
les frères afin que l'éloge que nous
avons fait de vous ne soit pas dé-
menti sur ce point et que vous soyez
prêts, comme je l'ai affirmé. 4 Je ne
voudrais pas, si les Macédoniens
m'accompagnent et ne vous trou-
vent pas prêts, que cette belle assu-
rance tourne à notre honte, pour ne
pas dire à la vôtre. 5 J'ai donc jugé
nécessaire d'encourager les frères à
se rendre chez vous avant moi pour
s'occuper de l'offrande que vous
aviez promise. Ainsi, elle sera prê-
te comme une vraie bénédiction, et
non comme une manifestation de
votre soif de posséder.
6 Sachez-le, celui qui sème peu
moissonnera peu et celui qui sème
abondamment moissonnera abon-
damment. 7 Que chacun donne
comme il l'a décidé dans son cœur,
sans regret ni contrainte, car Dieu
aime celui qui donne avec joie.
8 Dieu peut vous combler de toutes
ses grâces afin que vous possédiez
toujours à tout point de vue de quoi
satisfaire à tous vos besoins et que
vous ayez encore en abondance
pour toute œuvre bonne, 9 comme
il est écrit: *Il a distribué ses bienfaits,
il a donné aux pauvres; sa justice
subsiste à toujours.*[n]
10 Que celui qui *fournit de la se-
mence au semeur et du pain pour
sa nourriture*[n] vous fournisse et
vous multiplie la semence, et qu'il
augmente les fruits de votre jus-
tice. 11 Ainsi vous serez enrichis à
tout point de vue pour toutes sor-
tes d'actes de générosité qui, par
notre intermédiaire, feront mon-
ter des prières de reconnaissance
vers Dieu. 12 En effet, le service de
cette collecte ne pourvoit pas seu-
lement aux besoins des saints, il
fait aussi abonder les prières de re-
connaissance envers Dieu. 13 A tra-
vers l'expérience qu'ils font de ce
service, ils célèbrent la gloire de
Dieu à cause de l'obéissance dont
vous faites preuve dans votre adhé-
sion à l'Evangile de Christ et de
votre générosité dans la solidarité
avec eux et avec tous. 14 Et ils prient
pour vous parce qu'ils ont une vive
affection pour vous, à cause de la
grâce surabondante que Dieu vous
a faite. 15 Que Dieu soit remercié
pour son don incomparable!

DÉFENSE DE L'APOSTOLAT DE PAUL 10.1–13.13

Faiblesse et autorité de Paul

10 Moi Paul, je vous adresse un
appel par la douceur et la
bonté de Christ, moi qui suis hum-
ble quand je suis parmi vous mais
plein de hardiesse envers vous
quand je suis loin: 2 je vous en prie,
ne me forcez pas, lorsque je serai
présent, à recourir avec hardiesse
à l'assurance dont je compte faire
preuve contre quelques-uns, contre
ceux qui estiment que nous nous
conduisons de façon purement hu-
maine.
3 Si en effet nous vivons dans la
réalité humaine, nous ne combat-
tons pas de façon purement hu-
maine. 4 En effet, les armes avec
lesquelles nous combattons ne
sont pas humaines, mais elles sont
puissantes, grâce à Dieu, pour ren-
verser des forteresses. 5 Nous ren-
versons les raisonnements et tout
obstacle qui s'élève avec orgueil
contre la connaissance de Dieu, et
nous faisons toute pensée prison-
nière pour qu'elle obéisse à Christ.

9.9 *Il a distribué… toujours*: citation du Psaume 112.9. **9.10** *Fournit… nourriture*: citation d'Esaïe 55.10.

6 Nous sommes aussi prêts à pu-
nir toute désobéissance dès que
votre obéissance sera entière.
7 Regardez les choses en face![n] Si
quelqu'un est convaincu d'appar-
tenir à Christ, qu'il se dise bien en
lui-même que, tout comme il est
de Christ, nous le sommes aussi.
8 Et même si je me montre un peu
trop fier de l'autorité que le Sei-
gneur nous a donnée, pour votre
édification et non pour votre ruine,
je n'en aurai pas honte. 9 De fait, je
ne veux pas avoir l'air de vous in-
timider par mes lettres. 10 En effet,
«ses lettres sont sévères et fortes
– dit-on – mais quand il est présent,
il est faible et sa parole est méprisa-
ble.» 11 Que celui qui parle ainsi s'en
rende bien compte: nous sommes
dans nos actes, une fois présents,
exactement tels que nous sommes
en paroles dans nos lettres quand
nous sommes absents.
12 Nous n'oserions pas nous décla-
rer égaux ou nous comparer à quel-
ques-uns de ceux qui se recomman-
dent eux-mêmes. Mais en fait, en se
mesurant à leur propre mesure et
en se comparant à eux-mêmes, ils
manquent d'intelligence. 13 Quant
à nous, nous ne voulons pas nous
montrer excessivement fiers, mais
seulement dans la limite du champ
d'action que Dieu nous a attribué
en nous faisant parvenir jusqu'à
vous. 14 Nous ne dépassons pas nos
limites, comme si nous n'étions pas
venus jusqu'à vous; car c'est bien
jusqu'à vous que nous sommes
arrivés avec l'Evangile de Christ.
15 Ainsi nous ne nous vantons pas
des travaux d'autrui qui sont en
dehors de nos limites. Mais nous
avons l'espérance, si votre foi aug-
mente, de voir notre œuvre grandir
encore parmi vous, dans notre pro-
pre champ d'action. 16 Nous pour-
rons alors évangéliser les régions
situées au-delà de chez vous sans
nous vanter du travail déjà fait par
d'autres dans leur propre champ
d'action. 17 *Que celui qui veut éprou-
ver de la fierté mette sa fierté dans
le Seigneur.*[n] 18 En effet, ce n'est pas
celui qui se recommande lui-même
qui est approuvé, c'est celui que le
Seigneur recommande.

Comparaison entre Paul et les prétendus apôtres

11 Si seulement vous pouviez
supporter de ma part un peu
de folie! Mais oui, supportez-moi!
2 En effet, je suis jaloux de vous,
de la jalousie de Dieu, parce que
je vous ai fiancés à un seul époux
pour vous présenter à Christ com-
me une vierge pure. 3 Cependant,
de même que le serpent a trompé
Eve par sa ruse, j'ai peur que vos
pensées ne se corrompent et ne se
détournent de la simplicité [et de la
pureté] vis-à-vis de Christ. 4 En ef-
fet, si quelqu'un vient vous prêcher
un autre Jésus que celui que nous
avons prêché, ou si vous recevez un
autre esprit que celui que vous avez
reçu ou un autre évangile que ce-
lui que vous avez accepté, vous le
supportez très bien. 5 Or j'estime
n'avoir été en rien inférieur à ces
super-apôtres. 6 Si je suis incompé-
tent du point de vue de l'éloquence,
je ne le suis pas pour ce qui est de la
connaissance, et nous l'avons clai-
rement démontré parmi vous à tout
point de vue et en toute occasion.
7 Ou bien ai-je commis un péché en
m'abaissant moi-même pour que
vous soyez élevés quand je vous ai
annoncé gratuitement l'Evangile

10.7 *Regardez les choses en face*: ou *voyez-vous les choses superficiellement* ou *vous regardez à l'apparence*. **10.17** *Que celui… Seigneur*: citation de Jérémie 9.23.

de Dieu? 8 J'ai dépouillé d'autres
Eglises en recevant d'elles un sa-
laire pour vous servir. 9 Et lorsque
j'étais chez vous et que je me suis
trouvé dans le besoin, je n'ai été à
la charge de personne, car les frè-
res venus de Macédoine ont pour-
vu à ce qui me manquait. En tout,
je me suis bien gardé d'être à votre
charge, et je m'en garderai enco-
re. 10 Par la vérité de Christ qui est
en moi, j'affirme que personne ne
m'enlèvera ce sujet de fierté dans
les régions de l'Achaïe. 11 Pourquoi?
Parce que je ne vous aime pas? Dieu
le sait! 12 Mais j'agis ainsi, et je le fe-
rai encore, pour enlever toute occa-
sion à ceux qui en cherchent une de
se montrer nos égaux sur un point
dont ils se vantent. 13 Ces hommes-
là sont de prétendus apôtres, des
ouvriers trompeurs déguisés en
apôtres de Christ. 14 Et ce n'est pas
étonnant, puisque Satan lui-même
se déguise en ange de lumière. 15 Il
n'est donc pas étrange que ses ser-
viteurs aussi se déguisent en ser-
viteurs de la justice. Leur fin sera
conforme à leurs actes.

16 Je le répète, que personne ne me
prenne pour un homme dépourvu
de bon sens. Ou alors, acceptez-moi
comme fou afin que moi aussi, je
puisse me vanter un peu. 17 Ce que
je vais dire, je ne le dirai pas selon
le Seigneur, mais comme par folie,
avec l'assurance d'avoir des raisons
de me vanter. 18 Puisque beaucoup
se vantent selon des critères pure-
ment humains[n], je me vanterai aus-
si. 19 En effet, vous supportez vo-
lontiers les hommes dépourvus de
bon sens, vous qui êtes raisonna-
bles: 20 vous supportez qu'on fasse
de vous des esclaves, qu'on vous ex-
ploite, qu'on vous dépouille, qu'on
vous traite avec arrogance, qu'on
vous frappe au visage. 21 J'ai hon-
te de le dire, nous avons montré de
la faiblesse pour cela. Cependant,
tout ce qu'on peut oser dire – je par-
le comme un fou – moi aussi, j'ose le
dire! 22 Sont-ils[n] hébreux? Moi aus-
si. Sont-ils israélites? Moi aussi. Ils
sont de la descendance d'Abraham?
Moi aussi. 23 Ils sont serviteurs de
Christ? – Je parle comme un fou. –
Je le suis plus encore: j'ai bien plus
connu les travaux pénibles, infini-
ment plus les coups, bien plus enco-
re les emprisonnements, et j'ai sou-
vent été en danger de mort. 24 Cinq
fois j'ai reçu des Juifs les quarante
coups moins un[n], 25 trois fois j'ai
été fouetté, une fois j'ai été lapidé,
trois fois j'ai fait naufrage, j'ai pas-
sé un jour et une nuit dans la mer.
26 Fréquemment en voyage, j'ai été
en danger sur les fleuves, en dan-
ger de la part des brigands, en dan-
ger de la part de mes compatriotes,
en danger de la part des non-Juifs,
en danger dans les villes, en dan-
ger dans les déserts, en danger sur
la mer, en danger parmi les préten-
dus frères. 27 J'ai connu le travail et
la peine, j'ai été exposé à de nom-
breuses privations de sommeil, à la
faim et à la soif, à de nombreux jeû-
nes, au froid et au dénuement. 28 Et,
sans parler du reste, je suis assailli
chaque jour par le souci que j'ai de
toutes les Eglises. 29 Qui est faible
sans que je sois faible? Qui vient à
tomber sans que je brûle?

30 S'il faut se vanter, c'est de ma fai-
blesse que je me vanterai! 31 Dieu,
qui est le Père du Seigneur Jésus[-
Christ] et qui est béni éternel-
lement, sait que je ne mens pas.

11.18 *Selon… humains*: littéralement *selon la chair.* **11.22** *Ils*: c'est-à-dire «les super-apôtres» mentionnés au verset 5. **11.24** *Quarante coups moins un*: la loi mosaïque (Deutéronome 25.3) fixait à 40 coups les peines corporelles maximales. Pour être certains de ne pas dépasser ce nombre, les Juifs s'arrêtaient à 39.

32 A Damas, le gouverneur du roi
Arétas faisait garder la ville des
Damascéniens parce qu'il voulait
m'arrêter. 33 Cependant, on m'a fait
descendre par une fenêtre dans
une corbeille le long de la muraille
et je lui ai échappé.

Une nécessaire humilité

12 Faut-il se vanter? Cela ne
[m']est pas utile. J'en vien-
drai cependant à des visions et à
des révélations du Seigneur. 2 Je
connais un homme en Christ qui,
il y a 14 ans, a été enlevé jusqu'au
troisième ciel. Etait-ce dans son
corps ou à l'extérieur de son corps,
je l'ignore, mais Dieu le sait. 3 Et
je sais que cet homme –était-ce
dans son corps ou à l'extérieur de
son corps, je l'ignore, mais Dieu le
sait– 4 a été enlevé au paradis et a
entendu des paroles inexprimables
qu'il n'est pas permis à un homme
de redire. 5 Je me vanterai d'un tel
homme, mais de moi-même je ne
me vanterai pas, sinon de mes fai-
blesses. 6 Si je voulais me vanter, je
ne serais pas déraisonnable, car je
dirais la vérité, mais je m'en abs-
tiens afin que personne n'ait à mon
sujet une opinion supérieure à ce
qu'il voit en moi ou à ce qu'il en-
tend de moi.
7 Et pour que je ne sois pas rem-
pli d'orgueil à cause de ces révéla-
tions extraordinaires, j'ai reçu une
écharde[n] dans le corps, un ange de
Satan pour me frapper et m'empê-
cher de m'enorgueillir. 8 Trois fois
j'ai supplié le Seigneur de l'éloi-
gner de moi, 9 et il m'a dit: «Ma grâ-
ce te suffit, car ma puissance s'ac-
complit dans la faiblesse.» Aussi,
je me montrerai bien plus volon-
tiers fier de mes faiblesses afin que
la puissance de Christ repose sur
moi. 10 C'est pourquoi je me plais
dans les faiblesses, dans les insul-
tes, dans les détresses, dans les per-
sécutions, dans les angoisses pour
Christ, car quand je suis faible, c'est
alors que je suis fort.
11 J'ai été fou [en me vantant ain-
si], mais vous m'y avez contraint.
C'est par vous que j'aurais dû être
recommandé, car je n'ai en rien été
inférieur à ces super-apôtres, bien
que je ne sois rien. 12 Les marques
de mon ministère d'apôtre ont été
produites au milieu de vous par
une persévérance à toute épreuve,
par des signes, des prodiges et des
miracles. 13 En quoi avez-vous été
moins bien traités que les autres
Eglises, sinon en ce que je n'ai pas
été à votre charge? Pardonnez-moi
cette injustice!

Projets de visite et salutations

14 Voici que pour la troisième fois
je suis prêt à aller chez vous, et je
ne serai pas à votre charge, car ce
ne sont pas vos biens que je recher-
che, c'est vous-mêmes. En effet, ce
n'est pas aux enfants de faire des
réserves pour leurs parents, mais
aux parents pour leurs enfants.
15 Quant à moi, je ferai très volon-
tiers des dépenses et je me dépen-
serai moi-même pour vous même
si plus je vous aime, moins je suis
aimé de vous.
16 Soit! Je n'ai pas été à votre char-
ge, mais, fourbe comme je suis, je
vous aurais pris par ruse[n]! 17 Vous
ai-je exploités par l'un de ceux que
je vous ai envoyés? 18 J'ai encouragé
Tite à aller chez vous et avec lui j'ai
envoyé le frère: est-ce que Tite a exi-

12.7 *Echarde*: Paul parle probablement d'une infirmité corporelle douloureuse, mais on ignore sa nature précise; peut-être s'agissait-il d'un problème relatif aux yeux (voir Galates 4.14-15).
12.16 *Ruse*: d'après les adversaires de Paul.

gé quelque chose de vous? N'avons-
nous pas marché dans le même es-
prit, sur les mêmes traces?
19 Vous vous imaginez depuis long-
temps que nous cherchons à nous
justifier devant vous. C'est devant
Dieu, en Christ, que nous parlons,
et tout cela, bien-aimés, pour votre
édification. 20 J'ai peur, en effet,
qu'à mon arrivée je ne vous trou-
ve pas tels que je le voudrais et que
vous ne me trouviez pas tel que
vous le voudriez. J'ai peur de trou-
ver des querelles, de la jalousie, de
la colère, des rivalités, des médi-
sances, des calomnies, de l'orgueil,
des troubles. 21 J'ai peur qu'à mon
arrivée mon Dieu ne m'humilie de
nouveau à votre sujet et que je n'aie
à pleurer sur plusieurs de ceux qui
ont péché précédemment et qui ne
se sont pas détournés de l'impureté,
l'immoralité sexuelle et la débau-
che auxquelles ils se sont livrés.
13 Je vais venir chez vous pour
la troisième fois. *Toute affai-
re se réglera sur la déclaration de
deux ou de trois témoins.*[n] 2 Je l'ai
déjà dit et je le répète, comme je
l'ai fait lors de ma deuxième visite,
et aujourd'hui que je suis absent [je
l'écris encore] à ceux qui ont péché
précédemment et à tous les autres:
si je reviens chez vous, je ne mé-
nagerai personne, 3 puisque vous
cherchez une preuve que Christ
parle en moi. En effet, lui n'est pas
faible envers vous, mais il est puis-
sant parmi vous. 4 Oui, Christ a été
crucifié à cause de sa faiblesse[n],
mais il vit par la puissance de Dieu.
Nous aussi, nous sommes faibles en
lui, mais nous vivrons avec lui par
la puissance de Dieu pour agir en-
vers vous.
5 Examinez-vous vous-mêmes pour
savoir si vous êtes dans la foi;
mettez-vous vous-mêmes à l'épreu-
ve. Ne reconnaissez-vous pas que
Jésus-Christ est en vous? A moins
peut-être que vous ne soyez dis-
qualifiés. 6 Mais j'espère bien que
vous reconnaîtrez que nous, nous
ne sommes pas disqualifiés. 7 Ce-
pendant, je prie Dieu que vous ne
fassiez rien de mal, non pour que
nous paraissions nous-mêmes avoir
réussi, mais afin que vous, vous
pratiquiez le bien même si nous,
nous semblons disqualifiés. 8 En
effet, nous n'avons pas de puissan-
ce contre la vérité, nous n'en avons
que pour la vérité. 9 Nous nous ré-
jouissons chaque fois que nous
sommes faibles alors que vous
êtes forts. Ce que nous deman-
dons dans nos prières, c'est votre
perfectionnement. 10 Voilà pour-
quoi j'écris cela étant absent: afin
que, une fois présent, je n'aie pas
à faire preuve de sévérité, confor-
mément à l'autorité que le Seigneur
m'a donnée pour construire et non
pour démolir.
11 Pour le reste, frères et sœurs,
soyez dans la joie, travaillez à vous
perfectionner, encouragez-vous,
vivez en plein accord, dans la paix,
et le Dieu d'amour et de paix sera
avec vous. 12 Saluez-vous les uns les
autres par un saint baiser. Tous les
saints vous saluent.
13 Que la grâce du Seigneur Jésus-
Christ, l'amour de Dieu et la com-
munion du Saint-Esprit soient avec
vous tous!

13.1 *Toute affaire... témoins*: reprise du principe de Deutéronome 19.15. **13.4** *A cause de sa faiblesse*: dans son humanité, on peut dire que Christ a été sujet à la faiblesse.

Galates

Se présentant comme l'œuvre de l'apôtre Paul, probablement écrite en 47/48 apr. J.-C. et adressée aux Eglises de Galatie du sud (région évangélisée par Paul lors de son 1er voyage missionnaire) ou – selon une autre interprétation – écrite en 49/50 apr. J.-C. et adressée aux Eglises de Galatie du nord (région qu'il aurait parcourue lors de son 2e voyage missionnaire), l'*Epître aux Galates* cherche à démontrer que les non-Juifs n'ont pas besoin de se soumettre à la loi de Moïse et aux rites juifs pour devenir chrétiens.

Salutation et reproche

1 De la part de Paul, apôtre éta-
bli non par des hommes ni par
l'intermédiaire d'un homme, mais
par Jésus-Christ et par Dieu le Père
qui l'a ressuscité, 2 et de tous les
frères qui sont avec moi aux Egli-
ses de la Galatie: 3 que la grâce et
la paix vous soient données de la
part de Dieu notre Père et du Sei-
gneur Jésus-Christ. 4 Il s'est don-
né lui-même pour nos péchés afin
de nous arracher à l'actuel monde
mauvais, conformément à la vo-
lonté de notre Dieu et Père 5 à qui
soit la gloire aux siècles des siècles!
Amen!
6 Je m'étonne que vous vous détour-
niez si vite de celui qui vous a appe-
lés par la grâce de Christ pour pas-
ser à un autre évangile. 7 Ce n'est pas
qu'il y ait un autre évangile, mais il
y a des gens qui vous troublent et
qui veulent déformer l'Evangile de
Christ. 8 Mais si quelqu'un – même
nous ou même un ange venu du
ciel – vous annonçait un évangile
différent de celui que nous vous
avons prêché, qu'il soit maudit!
9 Nous l'avons déjà dit, et je le répète
maintenant: si quelqu'un vous an-
nonce un autre évangile que celui
que vous avez reçu, qu'il soit mau-
dit! 10 Maintenant, est-ce la faveur
des hommes que je recherche ou
celle de Dieu? Est-ce que je cherche
à plaire aux hommes? Si je plaisais
encore aux hommes, je ne serais pas
serviteur de Christ.

Paul et les autres apôtres: un même Evangile

11 Je vous le déclare, frères et sœurs:
l'Evangile que j'ai annoncé ne vient
pas de l'homme. 12 En effet, je ne
l'ai moi-même ni reçu ni appris
d'un homme, mais par une révé-
lation de Jésus-Christ. 13 Vous avez
d'ailleurs entendu parler de mon
comportement autrefois dans le
judaïsme: je persécutais à outran-
ce l'Eglise de Dieu, je cherchais à
la détruire 14 et j'étais plus avancé
dans le judaïsme que beaucoup de
ceux de mon âge parmi mon peu-
ple, car j'étais animé d'un zèle ex-
cessif pour les traditions de mes
ancêtres. 15 Mais Dieu m'avait mis
à part dès le ventre de ma mère et
m'a appelé par sa grâce. 16 Lorsqu'il
a trouvé bon de révéler son Fils en
moi afin que je l'annonce parmi les
non-Juifs, je n'ai consulté personne,
17 je ne suis même pas monté à Jéru-
salem vers ceux qui étaient apôtres
avant moi, mais je suis aussitôt par-
ti pour l'Arabie; puis je suis retour-
né à Damas.
18 Trois ans plus tard, je suis monté
à Jérusalem pour faire la connais-

sance de Pierre, et je suis resté
quinze jours chez lui. 19 Mais je n'ai
vu aucun autre apôtre, si ce n'est
Jacques, le frère du Seigneur. 20 En
vous écrivant cela, je l'affirme de-
vant Dieu, je ne mens pas.
21 Je suis allé ensuite dans les ré-
gions de la Syrie et de la Cilicie.
22 Or, mon visage était inconnu des
Eglises de Judée qui sont en Christ.
23 Elles avaient seulement enten-
du dire: «Celui qui nous persécu-
tait auparavant annonce mainte-
nant la foi qu'il s'efforçait alors de
détruire» 24 et elles rendaient gloire
à Dieu à cause de moi.

2 Quatorze ans plus tard, je suis
monté de nouveau à Jérusalem
avec Barnabas; j'avais aussi pris Tite
avec moi. 2 J'y suis monté à la suite
d'une révélation et je leur ai présen-
té l'Evangile que je prêche parmi
les non-Juifs; je l'ai exposé en privé
à ceux qui sont les plus considérés
afin de ne pas courir ou avoir cou-
ru pour rien. 3 Or Tite, qui était avec
moi et qui est grec, n'a même pas
été contraint de se faire circoncire,
4 malgré les prétendus frères qui
s'étaient furtivement glissés parmi
nous pour épier la liberté que nous
avons en Jésus-Christ, avec l'inten-
tion de nous asservir. 5 Nous ne leur
avons pas cédé un seul instant, afin
que la vérité de l'Evangile soit main-
tenue pour vous. 6 Quant à ceux qui
sont les plus considérés – ce qu'ils
étaient autrefois m'importe peu,
Dieu ne fait pas de favoritisme – ils
ne m'ont rien imposé de plus. 7 Au
contraire, ils ont vu que l'Evangile
m'avait été confié pour les incircon-
cis comme à Pierre pour les circon-
cis[n] 8 – car celui qui a fait de Pierre
l'apôtre des circoncis a aussi fait de
moi l'apôtre des non-Juifs – 9 et ils
ont reconnu la grâce qui m'avait
été accordée. Jacques, Céphas[n] et
Jean, qui sont considérés comme
des piliers, nous ont alors donné la
main d'association, à Barnabas et
à moi, afin que nous allions, nous
vers les non-Juifs, eux vers les cir-
concis. 10 Ils nous ont seulement re-
commandé de nous souvenir des
pauvres, ce que j'ai eu bien soin de
faire.
11 Mais lorsque Pierre est venu à An-
tioche, je me suis ouvertement op-
posé à lui, parce qu'il était condam-
nable. 12 En effet, avant la venue de
quelques personnes de l'entourage
de Jacques, il mangeait avec les
non-Juifs, mais après leur arrivée,
il s'est esquivé et s'est tenu à l'écart
par crainte des circoncis. 13 Les au-
tres Juifs ont pratiqué avec lui ce
double jeu, de telle sorte que même
Barnabas a été entraîné dans leur
hypocrisie. 14 Quand j'ai vu qu'ils ne
marchaient pas droit, puisqu'ils ne
respectaient pas la vérité de l'Evan-
gile, j'ai dit à Pierre devant tous: «Si
toi, qui es juif, tu vis à la manière
des non-Juifs et non à la manière
des Juifs, pourquoi veux-tu forcer
les non-Juifs à se comporter com-
me des Juifs?
15 »Nous, nous sommes des Juifs de
naissance, et non des pécheurs is-
sus des autres nations. 16 Cepen-
dant, nous savons que ce n'est pas
sur la base des œuvres de la loi que
l'homme est déclaré juste, mais
au moyen de la foi en Jésus-Christ.
Ainsi, nous aussi nous avons cru
en Jésus-Christ afin d'être décla-
rés justes sur la base de la foi en
Christ et non des œuvres de la loi,
puisque personne ne sera considé-
ré comme juste sur la base des œu-
vres de la loi.

2.7 *Les incirconcis… les circoncis*: c'est-à-dire les non-Juifs… les Juifs. **2.9** *Céphas*: autre nom de l'apôtre Pierre.

17 »Mais si, en cherchant à être dé-
clarés justes en Christ, nous avons
été trouvés pécheurs nous aussi,
cela signifie-t-il que Christ serait
un serviteur du péché? Certaine-
ment pas! 18 En effet, si je recons-
truis ce que j'ai détruit[n], je me pré-
sente moi-même comme coupable,
19 puisque c'est la loi qui m'a ame-
né à mourir à la loi afin de vivre
pour Dieu. 20 J'ai été crucifié avec
Christ; ce n'est plus moi qui vis,
c'est Christ qui vit en moi; et ce que
je vis maintenant dans mon corps,
je le vis dans la foi au Fils de Dieu
qui m'a aimé et qui s'est donné lui-
même pour moi. 21 Je ne rejette pas
la grâce de Dieu; en effet, si la jus-
tice s'obtient par la loi, alors Christ
est mort pour rien.»

Justifiés par la foi, non par la loi

3 Galates sans intelligence! Qui
vous a fascinés [pour que vous
n'obéissiez plus à la vérité], vous
aux yeux de qui Jésus-Christ a été
décrit comme crucifié? 2 Voici seu-
lement ce que je veux apprendre de
vous: est-ce en pratiquant les œu-
vres de la loi que vous avez reçu
l'Esprit ou en écoutant l'Evangile
avec foi? 3 Manquez-vous à ce point
de bon sens? Après avoir commen-
cé par l'Esprit, voulez-vous mainte-
nant finir par vos propres forces[n]?
4 Avez-vous tant souffert pour rien?
Si du moins c'est pour rien. 5 Celui
qui vous accorde l'Esprit et qui ac-
complit des miracles parmi vous le
fait-il donc parce que vous prati-
quez les œuvres de la loi ou parce
que vous écoutez avec foi?
6 Tout comme Abraham *eut confian-*
ce en Dieu et que *cela lui fut comp-*
té comme justice[n], 7 reconnaissez
donc que ce sont ceux qui ont la
foi qui sont les fils d'Abraham. 8 Or
l'Ecriture prévoyait que Dieu consi-
dérerait les non-Juifs comme justes
sur la base de la foi, et elle a d'avan-
ce annoncé cette bonne nouvelle
à Abraham: *Toutes les nations se-*
ront bénies en toi![n] 9 Ainsi ceux qui
croient sont bénis avec Abraham
le croyant. 10 En effet tous ceux qui
dépendent des œuvres de la loi sont
sous la malédiction, car il est écrit:
Maudit soit tout homme qui ne reste
pas fidèle à tout ce qui est écrit dans
le livre de la loi pour le mettre en
pratique.[n] 11 De plus, il est évident
que personne n'est déclaré juste
devant Dieu dans le cadre de la loi,
puisqu'il est dit: *Le juste vivra par la*
foi.[n] 12 Or, la loi ne s'appuie pas sur
la foi; elle dit au contraire: *L'hom-*
me qui mettra ces règles en pratique
vivra par elles.[n] 13 Christ nous a ra-
chetés de la malédiction de la loi en
devenant malédiction pour nous,
puisqu'il est écrit: *Tout homme pen-*
du au bois est maudit.[n] 14 C'est ain-
si qu'en Jésus-Christ la bénédiction
d'Abraham[n] touche aussi les non-
Juifs et que nous recevons par la foi
l'Esprit qui avait été promis[n].

Le rôle de la loi et le statut des croyants

15 Frères et sœurs –je parle ici se-
lon les règles humaines– quand un
testament est établi par un homme,
personne ne peut l'annuler ni lui
ajouter quelque chose. 16 Or les pro-

2.18 *Ce que j'ai détruit*: c'est-à-dire le faux système de la justification par la loi. **3.3** *Vos propres forces*: littéralement *(la) chair.* **3.6** *Eut confiance... justice*: citation de Genèse 15.6. **3.8** *Toutes... en toi*: citation de Genèse 12.3. **3.10** *Maudit... en pratique*: citation de Deutéronome 27.26. **3.11** *Le juste vivra par la foi*: citation d'Habakuk 2.4. **3.12** *L'homme... par elles*: citation de Lévitique 18.5. **3.13** *Tout homme... maudit*: citation de Deutéronome 21.23. **3.14** *La bénédiction d'Abraham*: Dieu avait annoncé que toutes les familles de la terre seraient bénies en Abraham. **3.14** *L'Esprit... promis*: ou *ce que l'Esprit a promis.*

messes ont été faites à Abraham et
à sa descendance. Il n'est pas dit:
«et aux descendances», comme s'il
s'agissait de plusieurs, mais c'est
d'une seule qu'il s'agit: *à ta descen-
dance*[n], c'est-à-dire à Christ. 17 Voi-
ci ce que je veux dire: un testament
que Dieu a établi, la loi survenue
430 ans plus tard ne peut l'annu-
ler et rendre ainsi la promesse sans
effet. 18 En effet, si l'héritage venait
de la loi, il ne viendrait plus de la
promesse, or c'est par une promes-
se que Dieu a accordé sa grâce à
Abraham.
19 Pourquoi donc la loi? Elle a été
ajoutée ensuite à cause des trans-
gressions, jusqu'à ce que vienne
la descendance à qui la promesse
avait été faite; elle a été promul-
guée par des anges, au moyen d'un
médiateur. 20 Un médiateur n'in-
tervient pas quand il y a une seule
partie, or là, Dieu est seul.
21 La loi est-elle donc contre les pro-
messes de Dieu? Certainement pas!
Si une loi qui puisse procurer la vie
avait été donnée, la justice vien-
drait réellement de la loi. 22 Mais
l'Ecriture a déclaré le monde en-
tier prisonnier du péché afin que
ce qui avait été promis soit accordé
par la foi en Jésus-Christ à ceux qui
croient. 23 Avant que la foi vienne,
nous étions prisonniers sous la gar-
de de la loi en vue de la foi qui de-
vait être révélée. 24 Ainsi la loi a été
le guide chargé de nous conduire à
Christ afin que nous soyons décla-
rés justes sur la base de la foi. 25 De-
puis que la foi est venue, nous ne
sommes plus soumis à ce guide.
26 Vous êtes tous fils de Dieu par la
foi en Jésus-Christ; 27 en effet, vous
tous qui avez été baptisés en Christ,
vous vous êtes revêtus de Christ.
28 Il n'y a plus ni Juif ni non-Juif, il
n'y a plus ni esclave ni libre, il n'y a
plus ni homme ni femme, car vous
êtes tous un en Jésus-Christ. 29 Si
vous appartenez à Christ, vous êtes
donc la descendance d'Abraham
[et] vous êtes héritiers conformé-
ment à la promesse.

4 Voici ce que je veux dire: aussi
longtemps que l'héritier est un
enfant, il ne diffère en rien d'un
esclave, quoiqu'il soit le maître de
tout: 2 il est soumis à des tuteurs et
à des administrateurs jusqu'au mo-
ment fixé par son père. 3 Nous aussi,
de la même manière, lorsque nous
étions des enfants, nous étions es-
claves des principes élémentai-
res qui régissent le monde[n]. 4 Mais,
lorsque le moment est vraiment
venu, Dieu a envoyé son Fils, né
d'une femme, né sous la loi, 5 pour
racheter ceux qui étaient sous la loi
afin que nous recevions le statut
d'enfants adoptifs. 6 Et parce que
vous êtes ses fils, Dieu a envoyé
dans votre cœur l'Esprit de son Fils
qui crie: «Abba! Père!» 7 Ainsi tu
n'es plus esclave, mais fils; et si tu
es fils, tu es aussi héritier de Dieu
par Christ.

L'inquiétude de Paul pour les Galates

8 Autrefois vous ne connaissiez pas
Dieu, vous serviez des dieux qui
par nature ne le sont pas. 9 Mais
maintenant que vous avez connu
Dieu, ou plutôt que vous avez été
connus de Dieu, comment pouvez-
vous retourner à ces principes
élémentaires sans force et sans va-
leur auxquels vous voulez vous as-
servir encore? 10 Vous faites très

3.16 *A ta descendance*: renvoi à Genèse 12.7; 13.15. **4.3** *Principes… le monde*: littéralement *éléments du monde*, c'est-à-dire les éléments et rites des religions humaines ou les puissances spirituelles, selon les interprétations.

attention aux jours, aux mois, aux
saisons et aux années! 11 J'ai peur
d'avoir inutilement travaillé pour
vous.
12 Frères et sœurs, je vous en sup-
plie, soyez comme moi, car moi
aussi j'ai été comme vous. Vous ne
m'avez fait aucun tort 13 mais, vous
le savez, c'est à cause d'un problè-
me physique que je vous ai annon-
cé l'Evangile pour la première fois.
14 Et mis à l'épreuve par mon corps,
vous n'avez montré ni mépris ni
dégoût; au contraire, vous m'avez
accueilli comme un ange de Dieu,
comme Jésus-Christ lui-même.
15 Où donc est l'expression de votre
bonheur? En effet, je vous rends ce
témoignage: si cela avait été pos-
sible, vous vous seriez arraché les
yeux pour me les donner. 16 Suis-je
donc devenu votre ennemi en vous
disant la vérité?
17 Le zèle que ces gens[n] manifes-
tent pour vous n'est pas pur, mais
ils veulent vous détacher de nous
afin que vous soyez zélés pour eux.
18 Il est beau d'avoir constamment
du zèle pour ce qui est bien, et pas
seulement quand je suis présent
parmi vous. 19 Mes enfants, j'éprou-
ve de nouveau les douleurs de l'ac-
couchement pour vous, jusqu'à
ce que Christ soit formé en vous.
20 Je voudrais être en ce moment
auprès de vous et pouvoir changer
de ton, car je suis dans l'embarras
à votre sujet.

Les deux descendances d'Abraham

21 Dites-moi, vous qui voulez être
sous la loi, ne comprenez-vous pas
la loi? 22 En effet, il est écrit qu'Abra-
ham a eu deux fils[n], un de la femme
esclave et un de la femme libre.
23 Mais celui de l'esclave est né par
volonté humaine, et celui de la fem-
me libre est le fruit de la promesse.
24 Ces faits ont une valeur allégori-
que, car ces femmes représentent
deux alliances. L'une vient du mont
Sinaï[n] et donne naissance à des es-
claves: c'est Agar. 25 En effet, Agar,
c'est le mont Sinaï en Arabie, et elle
correspond à la Jérusalem actuelle
qui vit dans l'esclavage avec ses
enfants. 26 Mais la Jérusalem d'en
haut est libre, c'est elle qui est notre
mère. 27 De fait, il est écrit: *Réjouis-
toi, stérile, toi qui n'as pas eu d'en-
fant! Eclate de joie et pousse des cris
de triomphe, toi qui n'as pas connu
les douleurs de l'accouchement! En
effet, les enfants de la femme délais-
sée seront plus nombreux que ceux
de la femme mariée.*[n]
28 Nous, frères et sœurs, comme
Isaac[n] nous sommes les enfants
de la promesse. 29 Le fils né par vo-
lonté humaine persécutait alors
celui qui était né grâce à l'Esprit,
et il en va de même maintenant
encore. 30 Mais que dit l'Ecriture?
*Chasse l'esclave et son fils, car le fils
de l'esclave n'héritera pas avec le
fils de la femme libre.*[n] 31 Ainsi, frè-
res et sœurs, nous ne sommes pas
les enfants de l'esclave, mais de la
femme libre.

Une liberté à conserver

5 C'est pour la liberté que Christ
nous a affranchis. Tenez donc
ferme dans cette liberté et ne vous
placez pas de nouveau sous la
contrainte d'un esclavage.
2 Moi Paul, je vous le dis: si vous
vous faites circoncire, Christ ne

4.17 *Ces gens*: ceux qui troublent les Galates et cherchent à les détourner du véritable Evangile (voir 1.7). **4.22** *Deux fils*: Ismaël, né de l'esclave égyptienne Agar, et Isaac, né de Sara, la femme d'Abraham. **4.24** *Mont Sinaï*: l'endroit où la loi de Moïse a été donnée aux Israélites. **4.27** *Réjouis-toi… mariée*: citation d'Esaïe 54.1. **4.28** *Comme Isaac*: littéralement *selon Isaac* ou *du côté d'Isaac*. **4.30** *Chasse… libre*: citation de Genèse 21.10.

vous servira à rien. 3 Et j'affirme
encore une fois à tout homme qui
se fait circoncire qu'il est tenu de
mettre en pratique la loi tout en-
tière. 4 Vous êtes séparés de Christ,
vous tous qui cherchez à être consi-
dérés comme justes dans le cadre
de la loi, vous êtes déchus de la grâ-
ce. 5 Nous, c'est de la foi et par l'Es-
prit que nous attendons la justice
espérée. 6 En effet, en Jésus-Christ,
ce qui a de l'importance, ce n'est ni
la circoncision ni l'incirconcision,
mais seulement la foi qui agit à tra-
vers l'amour.
7 Vous couriez bien. Qui vous a ar-
rêtés pour vous empêcher d'obéir
à la vérité? 8 Cette influence ne
vient pas de celui qui vous appel-
le. 9 Un peu de levain fait lever tou-
te la pâte. 10 J'ai confiance dans le
Seigneur qu'en ce qui vous concer-
ne vous ne penserez pas autrement.
Mais celui qui vous trouble, quel
qu'il soit, en subira la condamna-
tion. 11 Quant à moi, frères et sœurs,
pourquoi suis-je encore persécuté,
si je prêche encore la circoncision?
Le scandale de la croix est alors
supprimé! 12 Puissent-ils même se
castrer[n], ceux qui jettent le trouble
parmi vous!
13 Frères et sœurs, c'est à la liber-
té que vous avez été appelés. Seu-
lement, ne faites pas de cette li-
berté un prétexte pour suivre les
désirs de votre nature propre[n]. Au
contraire, soyez par amour servi-
teurs les uns des autres. 14 En effet,
toute la loi est accomplie dans cet-
te seule parole: *Tu aimeras ton pro-
chain comme toi-même.*[n] 15 Mais si
vous vous mordez et vous dévorez
les uns les autres, attention: vous fi-
nirez par vous détruire les uns les
autres.
16 Voici donc ce que je dis: marchez
par l'Esprit et vous n'accomplirez
pas les désirs de votre nature pro-
pre. 17 En effet, la nature humaine a
des désirs contraires à ceux de l'Es-
prit, et l'Esprit a des désirs contrai-
res à ceux de la nature humaine.
Ils sont opposés entre eux, de sor-
te que vous ne pouvez pas faire ce
que vous voudriez. 18 Cependant, si
vous êtes conduits par l'Esprit, vous
n'êtes pas sous la loi.
19 Les œuvres de la nature humai-
ne sont évidentes: ce sont [l'adul-
tère,] l'immoralité sexuelle, l'im-
pureté, la débauche, 20 l'idolâtrie,
la magie, les haines, les querelles,
les jalousies, les colères, les rivali-
tés, les divisions, les sectes, 21 l'en-
vie, [les meurtres,] l'ivrognerie, les
excès de table et les choses sem-
blables. Je vous préviens, comme
je l'ai déjà fait: ceux qui ont un tel
comportement n'hériteront pas du
royaume de Dieu.
22 Mais le fruit de l'Esprit, c'est
l'amour, la joie, la paix, la patien-
ce, la bonté, la bienveillance, la
foi, la douceur, la maîtrise de soi.
23 Contre de telles attitudes, il n'y a
pas de loi.
24 Ceux qui appartiennent à [Jésus-]
Christ ont crucifié leur nature pro-
pre avec ses passions et ses désirs.
25 Si nous vivons par l'Esprit, laissons-
nous aussi conduire par l'Esprit.
26 Ne soyons pas vaniteux en nous
provoquant les uns les autres, en
nous portant envie les uns aux
autres.

Mise en pratique de la vie nouvelle

6 Frères et sœurs, si un homme
vient à être surpris en faute,
vous qui êtes spirituels, redres-
sez-le dans un esprit de douceur.

5.12 *Se castrer*: ou *être exclus*. **5.13** *Votre nature propre*: littéralement *la chair* (idem ailleurs).
5.14 *Tu aimeras... toi-même*: citation de Lévitique 19.18.

Veille sur toi-même, de peur que
toi aussi, tu ne sois tenté. 2 Portez
les fardeaux les uns des autres et
accomplissez ainsi la loi de Christ.
3 Si quelqu'un pense être quelque
chose alors qu'il n'est rien, il se
trompe lui-même. 4 Que chacun
examine ses propres œuvres, et
alors il aura de quoi être fier par
rapport à lui seul, et non par com-
paraison avec un autre, 5 car cha-
cun portera sa propre responsa-
bilité.
6 Que celui à qui l'on enseigne la
parole donne une part de tous ses
biens à celui qui l'enseigne. 7 Ne
vous y trompez pas: on ne se mo-
que pas de Dieu. Ce qu'un homme
aura semé, il le récoltera aussi. 8 Ce-
lui qui sème pour satisfaire sa na-
ture propre récoltera d'elle la ruine,
mais celui qui sème pour l'Esprit
récoltera de l'Esprit la vie éternelle.
9 Ne négligeons pas[n] de faire le bien,
car nous moissonnerons au mo-
ment convenable, si nous ne nous
relâchons pas. 10 Ainsi donc, pen-
dant que nous en avons l'occasion,
pratiquons le bien envers tous et
en particulier envers nos proches
dans la foi.

Conclusion et salutations

11 Voyez avec quelles grosses lettres
je vous ai écrit de ma propre main.
12 Tous ceux qui veulent se fai-
re bien voir par les hommes vous
obligent à vous faire circoncire uni-
quement afin de ne pas être eux-
mêmes persécutés pour la croix
de Christ. 13 En effet, les circoncis
eux-mêmes ne respectent pas la loi,
mais ils veulent que vous soyez cir-
concis afin de pouvoir tirer fierté de
votre corps. 14 En ce qui me concer-
ne, jamais je ne tirerai fierté d'autre
chose que de la croix de notre Sei-
gneur Jésus-Christ. Par elle le mon-
de est crucifié pour moi, comme je
le suis pour le monde. 15 En effet,
[en Jésus-Christ,] ce qui a de l'im-
portance, ce n'est ni la circoncision
ni l'incirconcision, mais c'est le fait
d'être une nouvelle créature. 16 Paix
et grâce sur tous ceux qui suivront
cette règle et sur l'Israël de Dieu!
17 Que personne désormais ne me
fasse de peine, car je porte sur mon
corps les marques du [Seigneur]
Jésus.
18 Frères et sœurs, que la grâce de
notre Seigneur Jésus-Christ soit
avec votre esprit! Amen!

6.9 *Ne négligeons pas*: ou *ne nous décourageons pas*.

Ephésiens

Généralement considérée comme une lettre circulaire adressée aux diverses Eglises d'Asie Mineure, l'*Epître aux Ephésiens* se présente comme écrite par l'apôtre Paul alors qu'il était en prison (ce qui situe sa date de rédaction probable entre 60 et 62 apr. J.-C., à Rome). Elle expose notamment les bénédictions dont les croyants jouissent en Christ.

Adresse et salutation

1 De la part de Paul, apôtre de
Jésus-Christ par la volonté de
Dieu, aux saints[n] qui sont [à Ephèse]
et qui sont fidèles en Jésus-Christ:
2 que la grâce et la paix vous soient
données de la part de Dieu notre
Père et du Seigneur Jésus-Christ!

Les merveilleuses bénédictions du salut en Christ

3 Béni soit le Dieu et Père de notre
Seigneur Jésus-Christ, qui nous
a bénis de toute bénédiction spi-
rituelle dans les lieux célestes en
Christ!
4 En lui, Dieu nous a choisis avant la
création du monde pour que nous
soyons saints et sans défaut devant
lui. Dans son amour, 5 il nous a pré-
destinés à être ses enfants adoptifs
par Jésus-Christ. C'est ce qu'il a vou-
lu, dans sa bienveillance, 6 pour
que nous célébrions la gloire de
sa grâce, dont il nous a comblés
dans le bien-aimé[n].
7 En lui, par son sang, nous som-
mes rachetés, pardonnés de nos
fautes, conformément à la richesse
de sa grâce. 8 Dieu nous l'a accordée
avec abondance, en toute sagesse et
intelligence. 9 Il nous a fait connaî-
tre le mystère de sa volonté, confor-
mément au projet bienveillant qu'il
avait formé en Christ 10 pour le
mettre à exécution lorsque le mo-
ment serait vraiment venu, à savoir
de tout réunir sous l'autorité du
Messie[n], aussi bien ce qui est dans
le ciel que ce qui est sur la terre.
11 En lui nous avons été désignés
comme héritiers, ayant été prédes-
tinés suivant le plan de celui qui
met tout en œuvre conformément
aux décisions de sa volonté 12 pour
servir à célébrer sa gloire, nous qui
avons par avance espéré dans le
Messie.
13 En lui vous aussi, après avoir en-
tendu la parole de la vérité, l'Evan-
gile qui vous sauve, en lui vous
avez cru et vous avez été marqués
de l'empreinte du Saint-Esprit qui
avait été promis. 14 Il est le gage
de notre héritage en attendant la
libération de ceux que Dieu s'est
acquis pour célébrer sa gloire.

Prière de Paul pour les Ephésiens

15 C'est pourquoi moi aussi, après
avoir entendu parler de votre foi
dans le Seigneur Jésus [et de votre

1.1 *Saints*: manière de désigner les chrétiens en tant que personnes consacrées à Dieu et appelées à avoir le comportement qui découle de leur appartenance à ce Dieu. **1.6** *Le bien-aimé*: c'est-à-dire Jésus-Christ. **1.10** *Messie*: ou *Christ*, en grec *Christos*, *oint*, équivalent de l'hébreu *mashiach (Messie)*, terme qui pouvait s'appliquer à un roi, un prêtre ou un prophète désigné par Dieu. L'Ancien Testament annonçait la venue de l'oint de Dieu qui apporterait la délivrance et exercerait une autorité universelle.

amour] pour tous les saints, 16 je
ne cesse de dire toute ma recon-
naissance pour vous lorsque je fais
mention de vous dans mes prières.
17 Je prie que le Dieu de notre Sei-
gneur Jésus-Christ, le Père de gloi-
re, vous donne un esprit de sages-
se et de révélation qui vous le fasse
connaître. 18 Je prie qu'il illumine
les yeux de votre cœur pour que
vous sachiez quelle est l'espérance
qui s'attache à son appel, quelle est
la richesse de son glorieux héritage
au milieu des saints[n] 19 et quelle est
l'infinie grandeur de sa puissan-
ce, qui se manifeste avec efficaci-
té par le pouvoir de sa force envers
nous qui croyons. 20 Cette puissan-
ce, il l'a déployée en Christ quand
il l'a ressuscité et l'a fait asseoir à sa
droite dans les lieux célestes, 21 au-
dessus de toute domination, de tou-
te autorité, de toute puissance, de
toute souveraineté et de tout nom
qui peut être nommé, non seule-
ment dans le monde présent, mais
encore dans le monde à venir. 22 *Il
a tout mis sous ses pieds*[n] et il l'a
donné pour chef suprême à l'Eglise
23 qui est son corps, la plénitude de
celui qui remplit tout en tous.

Un salut accordé par grâce

2 Quant à vous, vous étiez morts
à cause de vos fautes et de vos
péchés, 2 que vous pratiquiez autre-
fois conformément à la façon de
vivre de ce monde, conformément
au prince de la puissance de l'air[n],
de l'esprit qui est actuellement à
l'œuvre parmi les hommes rebelles.
3 Nous tous aussi, nous étions de
leur nombre: notre conduite était
dictée par les désirs de notre natu-
re propre, puisque nous accomplis-
sions les volontés de la nature hu-
maine[n] et de nos pensées, et nous
étions, par notre condition même,
destinés à la colère, tout comme
les autres.
4 Mais Dieu est riche en compas-
sion. A cause du grand amour dont
il nous a aimés, 5 nous qui étions
morts en raison de nos fautes, il
nous a rendus à la vie avec Christ
– c'est par grâce que vous êtes sau-
vés –, 6 il nous a ressuscités et fait
asseoir avec lui dans les lieux cé-
lestes, en Jésus-Christ. 7 Il a fait cela
afin de montrer dans les temps à
venir l'infinie richesse de sa grâce
par la bonté qu'il a manifestée en-
vers nous en Jésus-Christ.
8 En effet, c'est par la grâce que vous
êtes sauvés, par le moyen de la foi.
Et cela ne vient pas de vous, c'est le
don de Dieu. 9 Ce n'est pas par les
œuvres, afin que personne ne puis-
se se vanter. 10 En réalité, c'est lui qui
nous a faits; nous avons été créés en
Jésus-Christ pour des œuvres bon-
nes que Dieu a préparées d'avance
afin que nous les pratiquions.

Juifs et non-Juifs unis en Christ

11 C'est pourquoi, souvenez-vous
qu'autrefois vous étiez identifiés
comme non juifs dans votre corps,
appelés incirconcis par ceux qui se
disent circoncis et qui le sont dans
leur corps, par la main de l'homme.
12 Souvenez-vous qu'à ce moment-
là vous étiez sans Messie, exclus du
droit de cité en Israël, étrangers aux
alliances de la promesse, sans es-
pérance et sans Dieu dans le mon-
de. 13 Mais maintenant, en Jésus-
Christ, vous qui autrefois étiez loin,
vous êtes devenus proches par le
sang de Christ.

1.18 *Au milieu des saints*: ou *qu'il réserve aux saints* ou *qu'il a dans la personne des saints.* **1.22** *Il a… pieds*: citation du Psaume 8.7. **2.2** *Prince… de l'air*: c'est-à-dire Satan, qui contrôle l'ambiance spirituelle de ce monde. **2.3** *Nature propre… nature humaine*: littéralement *chair… chair.*

14 En effet, il est notre paix, lui qui
des deux groupes[n] n'en a fait qu'un
et qui a renversé le mur qui les sé-
parait, la haine. 15 Par sa mort[n], il a
rendu sans effet la loi avec ses com-
mandements et leurs règles, afin de
créer en lui-même un seul homme
nouveau à partir des deux, établis-
sant ainsi la paix. 16 Il a voulu les ré-
concilier l'un et l'autre avec Dieu en
les réunissant dans un seul corps
au moyen de la croix, en détruisant
par elle la haine. 17 Il est venu an-
noncer *la paix à vous qui étiez loin*
et à ceux qui étaient près[n]. 18 A tra-
vers lui, en effet, nous avons les uns
et les autres accès auprès du Père
par le même Esprit.
19 Ainsi donc, vous n'êtes plus des
étrangers ni des résidents tem-
poraires; vous êtes au contraire
concitoyens des saints, membres
de la famille de Dieu. 20 Vous avez
été édifiés sur le fondement des
apôtres et prophètes, Jésus-Christ
lui-même étant la pierre angulaire.
21 C'est en lui que tout l'édifice,
bien coordonné, s'élève pour être
un temple saint dans le Seigneur.
22 C'est en lui que vous aussi, vous
êtes édifiés avec eux pour former
une habitation de Dieu en Esprit.

Rôle de Paul

3 Moi Paul, je suis le prisonnier
de Jésus-Christ pour vous, les
non-Juifs, 2 si du moins vous avez
appris comment je fais part de la
grâce de Dieu qui m'a été confiée
pour vous. 3 C'est par révélation
qu'il m'a fait connaître ce mystè-
re tel que je l'ai déjà décrit en quel-
ques mots. 4 En les lisant, vous
pouvez vous rendre compte de la
compréhension que j'ai du mystère
de Christ. 5 Il n'a pas été porté à
la connaissance des hommes des
générations passées comme il a
maintenant été révélé par l'Esprit à
ses saints apôtres et prophètes. 6 Ce
mystère, c'est que les non-Juifs sont
cohéritiers des Juifs, qu'ils forment
un corps avec eux et participent
à la même promesse [de Dieu] en
[Jésus-]Christ par l'Evangile. 7 J'en
suis devenu le serviteur conformé-
ment au don de la grâce de Dieu,
qui m'a été accordé en raison de
l'efficacité de sa puissance.
8 Moi qui suis le plus petit de tous
les saints, j'ai reçu la grâce d'annon-
cer parmi les non-Juifs les richesses
infinies de Christ 9 et de mettre en
lumière [pour tous les hommes]
comment se réalise le mystère ca-
ché de toute éternité en Dieu, qui a
tout créé [par Jésus-Christ]. 10 Ain-
si, les dominations et les autorités
dans les lieux célestes connaissent
maintenant par le moyen de l'Egli-
se la sagesse infiniment variée de
Dieu, 11 conformément au plan éter-
nel qu'il a accompli en Jésus-Christ
notre Seigneur. 12 C'est en Christ,
par la foi en lui, que nous avons la
liberté de nous approcher de Dieu
avec confiance.
13 Aussi, je vous demande de ne pas
perdre courage à cause des souf-
frances que j'endure pour vous:
elles sont votre gloire.

Prière de Paul pour les Ephésiens

14 Voilà pourquoi je plie les genoux
devant le Père [de notre Seigneur
Jésus-Christ], 15 de qui toute famille
dans le ciel et sur la terre tient son
nom. 16 Je prie qu'il vous donne,
conformément à la richesse de sa
gloire, d'être puissamment forti-

2.14 *Des deux groupes*: c'est-à-dire des non-Juifs et des Juifs. **2.15** *Par sa mort*: littéralement *dans sa chair.* **2.17** *La paix... près*: citation d'Esaïe 57.19 pour désigner respectivement les non-Juifs et les Juifs.

fiés par son Esprit dans votre être
intérieur, 17 de sorte que le Christ
habite dans votre cœur par la foi.
Je prie que vous soyez enracinés
et fondés dans l'amour 18 pour être
capables de comprendre avec tous
les saints quelle est la largeur, la
longueur, la profondeur et la hau-
teur de l'amour de Christ, 19 et de
connaître cet amour qui surpasse
toute connaissance, afin que vous
soyez remplis de toute la plénitude
de Dieu.
20 A celui qui peut faire, par la puis-
sance qui agit en nous, infiniment
plus que tout ce que nous deman-
dons ou pensons, 21 à lui soit la gloi-
re dans l'Eglise [et] en Jésus-Christ,
pour toutes les générations, aux
siècles des siècles! Amen!

L'unité de l'Esprit

4 Je vous encourage donc, moi,
le prisonnier dans le Seigneur,
à vous conduire d'une manière di-
gne de l'appel que vous avez reçu.
2 En toute humilité et douceur, avec
patience, supportez-vous les uns
les autres dans l'amour. 3 Efforcez-
vous de conserver l'unité de l'Esprit
par le lien de la paix. 4 Il y a un seul
corps et un seul Esprit, de même
que vous avez été appelés à une
seule espérance par votre vocation.
5 Il y a un seul Seigneur, une seule
foi, un seul baptême, 6 un seul Dieu
et Père de tous. Il est au-dessus de
tous, agit à travers tous et habite en
[nous] tous.
7 Cependant, à chacun de nous la
grâce a été donnée à la mesure du
don de Christ. 8 C'est pourquoi il est
dit: *Il est monté sur les hauteurs, il a
emmené des prisonniers et il a fait
des dons aux hommes.*[n] 9 Or, que si-
gnifie: *Il est monté*, sinon qu'il est
aussi [d'abord] descendu dans les
régions les plus basses de la terre?
10 Celui qui est descendu, c'est ce-
lui qui est monté au-dessus de tous
les cieux afin de remplir tout l'uni-
vers. 11 C'est lui qui a donné les uns
comme apôtres, les autres comme
prophètes, les autres comme évan-
gélistes, les autres comme bergers
et enseignants. 12 Il l'a fait pour for-
mer les saints aux tâches du service
en vue de l'édification du corps de
Christ, 13 jusqu'à ce que nous par-
venions tous à l'unité de la foi et de
la connaissance du Fils de Dieu, à
la maturité de l'adulte, à la mesu-
re de la stature parfaite de Christ.
14 Ainsi, nous ne serons plus de pe-
tits enfants, ballottés et empor-
tés par tout vent de doctrine, par
la ruse des hommes et leur habi-
leté dans les manœuvres d'éga-
rement. 15 Mais en disant la véri-
té dans l'amour, nous grandirons
à tout point de vue vers celui qui
est la tête, Christ. 16 C'est de lui que
le corps tout entier, bien coordon-
né et solidement uni grâce aux ar-
ticulations dont il est muni, tire sa
croissance en fonction de l'activi-
té qui convient à chacune de ses
parties et s'édifie lui-même dans
l'amour.

La vie nouvelle en Christ

17 Voici donc ce que je dis et ce que
j'affirme dans le Seigneur: vous ne
devez plus vous conduire comme
les non-croyants, qui se laissent
guider par la sottise de leurs pen-
sées. 18 Ils ont l'intelligence obs-
curcie, ils sont étrangers à la vie
de Dieu à cause de l'ignorance qui
est en eux, à cause de l'endurcisse-
ment de leur cœur. 19 Ils ont perdu
tout sens moral et se sont livrés à
la débauche pour commettre avec
avidité toutes sortes d'impuretés.

4.8 *Il est monté… aux hommes*: citation du Psaume 68.19.

20 Mais vous, ce n'est pas ainsi que
vous avez appris à connaître Christ,
21 si du moins c'est lui que vous avez
écouté et si c'est en lui que vous
avez été enseignés conformément
à la vérité qui est en Jésus. 22 On
vous a enseigné à vous débarras-
ser du vieil homme qui correspond
à votre ancienne manière de vivre
et se détruit sous l'effet de ses dé-
sirs trompeurs, 23 à vous laisser re-
nouveler par l'Esprit dans votre
intelligence 24 et à vous revêtir de
l'homme nouveau, créé selon Dieu
dans la justice et la sainteté que
produit la vérité.
25 C'est pourquoi, vous débarrassant
du mensonge, *dites chacun la véri-
té à votre prochain*[n], car nous som-
mes membres les uns des autres.
26 *Si vous vous mettez en colère, ne
péchez pas.*[n] Que le soleil ne se cou-
che pas sur votre colère, 27 et ne lais-
sez aucune place au diable. 28 Que
celui qui volait cesse de voler; qu'il
se donne plutôt la peine de travailler
honnêtement de ses [propres] mains
pour avoir de quoi donner à celui
qui est dans le besoin. 29 Qu'aucune
parole malsaine ne sorte de votre
bouche, mais seulement de bonnes
paroles qui, en fonction des besoins,
servent à l'édification et transmet-
tent une grâce à ceux qui les en-
tendent. 30 N'attristez pas le Saint-
Esprit de Dieu, par lequel vous
avez été marqués d'une emprein-
te pour le jour de la libération.
31 Que toute amertume, toute fu-
reur, toute colère, tout éclat de voix,
toute calomnie et toute forme de
méchanceté disparaissent du mi-
lieu de vous. 32 Soyez bons et pleins
de compassion les uns envers les
autres; pardonnez-vous récipro-
quement comme Dieu nous a par-
donné en Christ.

5 Soyez donc les imitateurs de
Dieu, puisque vous êtes ses
enfants bien-aimés, 2 et vivez dans
l'amour en suivant l'exemple de
Christ, qui nous a aimés et qui s'est
donné lui-même pour nous comme
une offrande et un sacrifice dont
l'odeur est agréable à Dieu.
3 Que l'immoralité sexuelle, l'im-
pureté sous toutes ses formes ou
la soif de posséder ne soient même
pas mentionnées parmi vous, com-
me il convient à des saints. 4 Qu'on
n'entende pas de paroles grossiè-
res, de propos stupides ou équi-
voques – c'est inconvenant – mais
plutôt des paroles de reconnais-
sance. 5 Vous le savez bien en effet,
aucun être immoral, impur ou tou-
jours désireux de posséder plus
– c'est-à-dire idolâtre – n'a d'héri-
tage dans le royaume de Christ et
de Dieu.
6 Que personne ne vous trompe
par des paroles sans fondement,
car c'est pour cela que la colère de
Dieu vient sur les hommes rebelles.
7 N'ayez donc aucune part avec eux,
8 car si autrefois vous étiez ténè-
bres, maintenant vous êtes lumière
dans le Seigneur. Conduisez-vous
comme des enfants de lumière!
9 Le fruit de l'Esprit consiste en ef-
fet dans toute forme de bonté, de
justice et de vérité. 10 Discernez ce
qui est agréable au Seigneur 11 et ne
participez pas aux œuvres stériles
des ténèbres, mais démasquez-les
plutôt. 12 En effet, ce que ces hom-
mes font en secret, il est même hon-
teux d'en parler; 13 mais tout ce qui
est démasqué par la lumière ap-
paraît clairement, car tout ce qui
apparaît ainsi est lumière. 14 C'est
pourquoi il est dit: «Réveille-toi,
toi qui dors, relève-toi d'entre les
morts, et Christ t'éclairera.»

4.25 *Dites... prochain*: citation de Zacharie 8.16. **4.26** *Si vous... péchez pas*: citation du Psaume 4.5.

15 Faites donc bien attention à la fa-
çon dont vous vous conduisez: ne
vous comportez pas comme des
fous, mais comme des sages: 16 ra-
chetez le temps, *car les jours sont*
mauvais[n]. 17 C'est pourquoi ne
soyez pas stupides, mais compre-
nez quelle est la volonté du Sei-
gneur.

Les relations mutuelles

18 Ne vous enivrez pas de vin: cela
mène à la débauche. Soyez au con-
traire remplis de l'Esprit: 19 dites-
vous des psaumes, des hymnes et
des cantiques spirituels; chantez
et célébrez de tout votre cœur les
louanges du Seigneur; 20 remerciez
constamment Dieu le Père pour
tout, au nom de notre Seigneur
Jésus-Christ; 21 soumettez-vous les
uns aux autres dans la crainte de
Dieu.
22 Femmes, [soumettez-vous] à vo-
tre mari comme au Seigneur, 23 car
le mari est le chef de la femme,
comme Christ est le chef de l'Egli-
se qui est son corps et dont il est le
Sauveur. 24 Mais tout comme l'Egli-
se se soumet à Christ, que les fem-
mes aussi se soumettent en tout à
leur mari.
25 Maris, aimez votre femme com-
me Christ a aimé l'Eglise. Il s'est
donné lui-même pour elle 26 afin
de la conduire à la sainteté après
l'avoir purifiée et lavée par l'eau de
la parole, 27 pour faire paraître de-
vant lui cette Eglise glorieuse, sans
tache, ni ride, ni rien de sembla-
ble, mais sainte et irréprochable.
28 C'est ainsi que les maris doivent
aimer leur femme comme leur pro-
pre corps. Celui qui aime sa femme
s'aime lui-même. 29 En effet, jamais
personne n'a détesté son propre
corps. Au contraire, il le nourrit et
en prend soin, tout comme le Sei-
gneur le fait pour l'Eglise 30 parce
que nous sommes les membres de
son corps, [formés de sa chair et de
ses os]. 31 *C'est pourquoi l'homme*
quittera son père et sa mère, s'atta-
chera à sa femme, et les deux ne fe-
ront qu'un.[n] 32 Ce mystère est grand,
et je dis cela par rapport à Christ et
à l'Eglise. 33 Du reste, que chacun
de vous aime sa femme comme
lui-même et que la femme respec-
te son mari.

6 Enfants, obéissez à vos parents,
[dans le Seigneur,] car cela est
juste. 2 *Honore ton père et ta mère*
– c'est le premier commandement
accompagné d'une promesse – 3 *afin*
que tu sois heureux et que tu vives
longtemps sur la terre.[n]
4 Quant à vous, pères, n'irritez pas
vos enfants mais élevez-les en leur
donnant une éducation et des aver-
tissements qui viennent du Sei-
gneur.
5 Esclaves, obéissez à vos maîtres
terrestres avec crainte et profond
respect, avec sincérité de cœur,
comme à Christ. 6 Ne le faites pas
seulement sous leurs yeux, com-
me le feraient des êtres désireux
de plaire aux hommes, mais obéis-
sez comme des serviteurs de Christ
qui font de tout leur cœur la volon-
té de Dieu. 7 Servez-les avec bonne
volonté, comme si vous serviez le
Seigneur et non des hommes, 8 sa-
chant que chacun, esclave ou hom-
me libre, recevra du Seigneur le
bien qu'il aura lui-même fait.
9 Quant à vous, maîtres, agissez
de même envers eux et abstenez-
vous de menaces, sachant que leur

5.16 *Car... mauvais*: citation d'Amos 5.13 (même texte en Michée 2.3). **5.31** *C'est pourquoi... qu'un*: citation de Genèse 2.24. **6.2-3** *Honore... terre*: citation du 5e des dix commandements (Exode 20.12; Deutéronome 5.16).

maître et le vôtre est dans le ciel et
que devant lui il n'y a pas de favo-
ritisme.

L'armure du chrétien

10 Enfin, mes frères et sœurs, forti-
fiez-vous dans le Seigneur et dans
sa force toute-puissante. 11 Revêtez-
vous de toutes les armes de Dieu
afin de pouvoir tenir ferme contre
les manœuvres du diable. 12 En ef-
fet, ce n'est pas contre l'homme que
nous avons à lutter, mais contre les
puissances, contre les autorités,
contre les souverains de ce monde
de ténèbres, contre les esprits du
mal dans les lieux célestes.
13 C'est pourquoi, prenez toutes les
armes de Dieu afin de pouvoir ré-
sister dans le jour mauvais et tenir
ferme après avoir tout surmonté[n].
14 Tenez donc ferme: ayez autour
de votre taille la vérité en guise de
ceinture; enfilez la cuirasse de la
justice; 15 mettez comme chaussu-
res à vos pieds le zèle pour annon-
cer[n] l'Evangile de paix; 16 prenez
en toute circonstance le bouclier
de la foi, avec lequel vous pourrez
éteindre toutes les flèches enflam-
mées du mal[n]; 17 faites aussi bon ac-
cueil au casque du salut et à l'épée
de l'Esprit, c'est-à-dire la parole de
Dieu.
18 Faites en tout temps par l'Esprit
toutes sortes de prières et de suppli-
cations. Veillez à cela avec une en-
tière persévérance et en priant pour
tous les saints. 19 Priez pour moi
afin que, lorsque j'ouvre la bouche,
la parole me soit donnée pour faire
connaître avec assurance le mystè-
re de l'Evangile. 20 C'est pour lui que
je suis ambassadeur dans les chaî-
nes. Priez que j'en parle avec assu-
rance comme je dois le faire.

Salutations

21 Afin que vous connaissiez vous
aussi quelle est ma situation et ce
que je fais, Tychique, le frère bien-
aimé qui est un fidèle serviteur
dans le Seigneur, vous informe-
ra de tout. 22 Je l'envoie exprès vers
vous pour que vous ayez de nos
nouvelles et pour qu'il réconforte
votre cœur.
23 Que la paix et l'amour avec la foi
soient donnés aux frères et sœurs
de la part de Dieu le Père et du Sei-
gneur Jésus-Christ! 24 Que la grâce
soit avec tous ceux qui aiment notre
Seigneur Jésus-Christ d'un amour
que rien ne peut corrompre!

6.13 *Surmonté*: ou *mis en œuvre*. **6.15** *Pour annoncer*: ou *que procure*, littéralement *de*. **6.16** *Du mal*: ou *du mauvais*, c'est-à-dire du diable.

Philippiens

Fondée par Paul lors de son 2e voyage missionnaire, l'Eglise macédonienne de Philippes avait fait parvenir un don à l'apôtre alors qu'il se trouvait en prison, à Ephèse (55 apr. J.-C.?), à Césarée (58-59 apr. J.-C.) ou à Rome (60-62 apr. J.-C.) selon les hypothèses. Ecrite pour les remercier, l'*Epître aux Philippiens* est très personnelle et paradoxalement, au vu des circonstances, caractérisée par la joie.

Salutation et louange

1 De la part de Paul et Timothée,
serviteurs de Jésus-Christ, à
tous les saints[n] en Jésus-Christ qui
sont à Philippes, aux responsables[n]
et aux diacres: 2 que la grâce et la
paix vous soient données de la part
de Dieu notre Père et du Seigneur
Jésus-Christ!
3 Je dis à mon Dieu ma reconnais-
sance de tout le souvenir que j'ai
de vous. 4 Dans toutes mes prières
pour vous tous, je ne cesse d'expri-
mer ma joie 5 à cause de la part que
vous prenez à l'Evangile depuis le
premier jour jusqu'à maintenant.
6 Je suis persuadé que celui qui a
commencé en vous cette bonne œu-
vre la poursuivra jusqu'à son terme,
jusqu'au jour de Jésus-Christ. 7 Il est
juste que je pense cela de vous tous
parce que je vous porte dans mon
cœur, vous qui participez tous à
la même grâce que moi, aussi bien
dans ma détention que dans la dé-
fense et l'affermissement de l'Evan-
gile. 8 En effet, Dieu m'est témoin
que je vous chéris tous avec la ten-
dresse de Jésus-Christ. 9 Et voici ce
que je demande dans mes prières:
c'est que votre amour augmente
de plus en plus en connaissance et
en pleine intelligence 10 pour que
vous puissiez discerner ce qui est
essentiel. Ainsi vous serez purs
et irréprochables pour le jour de
Christ, 11 remplis du fruit de justice
qui vient par Jésus-Christ à la gloi-
re et à la louange de Dieu.

Nouvelles de Paul

12 Je désire que vous le sachiez, frè-
res et sœurs, ce qui m'est arrivé a
plutôt contribué aux progrès de
l'Evangile. 13 En effet, dans tout le
prétoire[n] et partout ailleurs, per-
sonne n'ignore que c'est pour
Christ que je suis en prison. 14 Et
la plupart des frères et sœurs, en-
couragés dans le Seigneur par mes
chaînes, ont plus d'assurance pour
annoncer sans crainte la parole.
15 Certains, il est vrai, proclament
Christ par jalousie, avec un esprit
de rivalité, mais d'autres le procla-
ment avec de bonnes intentions.
16 Les uns agissent par amour, sa-
chant que je suis là pour la défense
de l'Evangile; 17 les autres, animés
d'un esprit de rivalité, annoncent
Christ avec des intentions qui ne
sont pas pures et avec la pensée

1.1 *Saints*: manière de désigner les chrétiens en tant que personnes consacrées à Dieu et appelées à avoir le comportement qui découle de leur appartenance à ce Dieu. **1.1** *Responsables*: grec *episkopos* (qui a donné le français *évêque*), terme désignant des gardiens, des protecteurs, des personnes qui veillent sur d'autres. **1.13** *Le prétoire*: si Paul était à Rome à ce moment-là, il peut s'agir de la garde prétorienne, attachée à la personne de l'empereur; sinon, le terme désigne la résidence officielle du gouverneur d'une province.

d'augmenter les souffrances de ma
détention. 18 Qu'importe? De toute
manière, que ce soit pour de mau-
vaises raisons, que ce soit sincère-
ment, Christ est annoncé. Je m'en
réjouis et je m'en réjouirai enco-
re, 19 car je sais que cela aboutira
à mon salut, grâce à vos prières et
à l'assistance de l'Esprit de Jésus-
Christ. 20 Conformément à ma fer-
me attente et à mon espérance, je
n'aurai honte de rien, mais mainte-
nant comme toujours, la grandeur
de Christ sera manifestée avec une
pleine assurance dans mon corps,
soit par ma vie, soit par ma mort.
21 En effet, Christ est ma vie et mou-
rir représente un gain.
22 Cependant, s'il est utile pour ma
tâche que je vive ici-bas[n], je ne sau-
rais dire ce que je dois préférer.
23 Je suis tiraillé des deux côtés: j'ai
le désir de m'en aller et d'être avec
Christ, ce qui est de beaucoup le
meilleur, 24 mais à cause de vous il
est plus nécessaire que je continue
à vivre ici-bas. 25 Persuadé de cela,
je sais que je resterai et demeurerai
avec vous tous, pour votre progrès
et votre joie dans la foi. 26 Grâce à
mon retour auprès de vous, vous
aurez alors dans ma personne une
raison d'éprouver encore plus de
fierté en Jésus-Christ.

Appel à suivre l'exemple de Christ

27 Seulement, conduisez-vous d'une
manière digne de l'Evangile du
Christ. Ainsi, que je vienne vous
voir ou que je sois absent, j'enten-
drai dire de vous que vous tenez
ferme dans un même esprit, com-
battant d'un même cœur pour la
foi de l'Evangile, 28 sans vous lais-
ser effrayer en rien par les adver-
saires. Pour eux c'est une preuve
de perdition, mais pour vous de sa-
lut, et cela vient de Dieu. 29 En effet,
il vous a été fait la grâce non seule-
ment de croire en Christ, mais en-
core de souffrir pour lui 30 en me-
nant le même combat que celui que
vous m'avez vu mener et que, vous
l'apprenez maintenant, je mène
encore.

2 S'il y a donc de l'encouragement
en Christ, s'il y a de la consola-
tion dans l'amour, s'il y a une com-
munion de l'Esprit, s'il y a de la ten-
dresse et de la compassion, 2 rendez
ma joie parfaite en vivant en plein
accord. Ayez un même amour, un
même cœur, une unité de pensée.
3 Ne faites rien par esprit de riva-
lité ou par désir d'une gloire sans
valeur, mais avec humilité consi-
dérez les autres comme supérieurs
à vous-mêmes. 4 Que chacun de
vous, au lieu de regarder à ses pro-
pres intérêts[n], regarde aussi à ceux
des autres.
5 Que votre attitude soit identique
à celle de Jésus-Christ: 6 lui qui est
de condition divine, il n'a pas regar-
dé son égalité avec Dieu comme un
butin à préserver, 7 mais il s'est dé-
pouillé lui-même en prenant une
condition de serviteur, en devenant
semblable aux êtres humains. Re-
connu comme un simple homme,
8 il s'est humilié lui-même en fai-
sant preuve d'obéissance jusqu'à
la mort, même la mort sur la croix.
9 C'est aussi pourquoi Dieu l'a éle-
vé à la plus haute place et lui a don-
né le nom qui est au-dessus de tout
nom 10 afin qu'au nom de Jésus cha-
cun plie le genou dans le ciel, sur la
terre et sous la terre 11 et que tou-
te langue reconnaisse que Jésus-
Christ est le Seigneur, à la gloire de
Dieu le Père.

1.22 *Ici-bas*: littéralement *dans (la) chair* (idem verset 24). **2.4** *Ses propres intérêts*: ou *ses expériences spirituelles* ou *ses qualités*, littéralement *ses choses propres*.

12 Ainsi, mes bien-aimés, vous qui
avez toujours obéi, non seulement
quand j'étais présent, mais bien
plus encore maintenant que je suis
absent, mettez en œuvre votre sa-
lut avec crainte et profond respect.
13 En effet, c'est Dieu qui produit en
vous le vouloir et le faire pour son
projet bienveillant.
14 Faites tout sans murmures ni con-
testations 15 afin d'être irréprocha-
bles et purs, des enfants de Dieu
sans défaut au milieu d'une géné-
ration perverse et corrompue. C'est
comme des flambeaux dans le mon-
de que vous brillez parmi eux 16 en
portant la parole de vie. Je pourrai
alors être fier, le jour de Christ, de
n'avoir pas couru ni travaillé pour
rien. 17 Et même si mon sang doit
couler pour le sacrifice et le servi-
ce de votre foi, j'en suis heureux et
je me réjouis avec vous tous. 18 Vous
aussi, soyez de même heureux et
réjouissez-vous avec moi.

Envoi à Philippes de Timothée et d'Epaphrodite

19 J'espère dans le Seigneur Jésus
vous envoyer bientôt Timothée afin
d'être moi-même encouragé par les
nouvelles que j'aurai de vous, 20 car
je n'ai personne qui partage mes
sentiments pour prendre vraiment
votre situation à cœur. 21 Tous, en
effet, cherchent leurs propres in-
térêts, et non ceux de Jésus-Christ.
22 Vous savez que Timothée a fait
ses preuves en se consacrant au
service de l'Evangile avec moi com-
me un enfant avec son père. 23 J'es-
père donc vous l'envoyer dès que je
serai au clair sur ma situation. 24 Et
j'ai confiance dans le Seigneur que
moi aussi, je viendrai bientôt.
25 J'ai cependant estimé nécessaire
de vous renvoyer mon frère Epa-
phrodite, mon collaborateur et
mon compagnon de combat, que
vous aviez envoyé afin de pourvoir
à mes besoins. 26 Il désirait vous re-
voir tous et se tourmentait parce
que vous aviez appris sa maladie.
27 Il a été malade en effet, tout près
de la mort, mais Dieu a eu pitié de
lui, et non seulement de lui mais
aussi de moi, afin que je n'aie pas
tristesse sur tristesse. 28 Je m'em-
presse donc de le renvoyer pour que
vous puissiez vous réjouir de le re-
voir et que je sois moi-même moins
triste. 29 Accueillez-le dans le Sei-
gneur avec une joie sans réserve[n] et
ayez de l'estime pour de tels hom-
mes. 30 En effet, c'est pour l'œuvre
de Christ qu'il a été près de la mort;
il a risqué sa vie afin de vous rem-
placer dans le service que vous ne
pouviez pas me rendre.

Appel à suivre l'exemple de Paul

3 Maintenant donc, mes frères
et sœurs, réjouissez-vous dans
le Seigneur! Je n'hésite pas à vous
écrire les mêmes choses, et cela
contribue à votre sécurité.
2 Faites attention aux chiens[n], fai-
tes attention aux mauvais ouvriers[n],
faites attention aux faux circoncis.
3 En effet, les vrais circoncis, c'est
nous, qui rendons notre culte à
Dieu par l'Esprit de Dieu, qui pla-
çons notre fierté en Jésus-Christ et
qui ne mettons pas notre confiance
dans notre condition.
4 Pourtant, moi-même je pourrais
mettre ma confiance dans ma con-
dition. Si quelqu'un croit pouvoir
se confier dans sa condition, je le
peux plus encore: 5 j'ai été circoncis

2.29 *Une joie sans réserve*: littéralement *toute joie*. **3.2** *Chiens*: c'est-à-dire les adversaires sans scrupules, dangereux; les chiens étaient considérés comme des animaux impurs et les Juifs appelaient ainsi ceux qui ne respectaient pas la loi de Moïse. **3.2** *Ouvriers*: c'est-à-dire ici des personnes exerçant un ministère dans l'Eglise.

le huitième jour, je suis issu du
peuple d'Israël, de la tribu de Ben-
jamin, hébreu né d'Hébreux; en
ce qui concerne la loi, j'étais pha-
risien[n]; 6 du point de vue du zèle,
j'étais persécuteur de l'Eglise; par
rapport à la justice de la loi, j'étais
irréprochable.
7 Mais ces qualités qui étaient pour
moi des gains, je les ai regardées
comme une perte à cause de Christ.
8 Et je considère même tout comme
une perte à cause du bien suprême
qu'est la connaissance de Jésus-
Christ mon Seigneur. A cause de
lui je me suis laissé dépouiller de
tout et je considère tout cela com-
me des ordures afin de gagner
Christ 9 et d'être trouvé en lui non
avec ma justice, celle qui vient de la
loi, mais avec celle qui s'obtient par
la foi en Christ, la justice qui vient
de Dieu et qui est fondée sur la foi.
10 Ainsi je connaîtrai Christ, la puis-
sance de sa résurrection et la com-
munion à ses souffrances en deve-
nant conforme à lui dans sa mort
11 pour parvenir, d'une manière ou
d'une autre, à la résurrection des
morts.
12 Ce n'est pas que j'aie déjà rem-
porté le prix ou que j'aie déjà at-
teint la perfection, mais je cours
pour tâcher de m'en emparer, puis-
que de moi aussi, Jésus-Christ s'est
emparé. 13 Frères et sœurs, je n'es-
time pas m'en être moi-même déjà
emparé, mais je fais une chose:
oubliant ce qui est derrière et me
portant vers ce qui est devant, 14 je
cours vers le but pour remporter le
prix de l'appel céleste de Dieu en
Jésus-Christ.
15 Nous tous donc qui sommes mûrs,
adoptons cette attitude et, si vous
êtes d'un autre avis sur un point,
Dieu vous éclairera aussi là-dessus.
16 Seulement, là où nous en sommes,
marchons dans la même direction
[et vivons en plein accord].
17 Soyez tous mes imitateurs, frè-
res et sœurs, et portez les regards
sur ceux qui se conduisent suivant
le modèle que vous avez en nous.
18 En effet, beaucoup se conduisent
en ennemis de la croix de Christ; je
vous ai souvent parlé d'eux, et je le
fais maintenant encore en pleurant.
19 Leur fin, c'est la perdition; ils ont
pour dieu leur ventre, ils mettent
leur gloire dans ce qui fait leur hon-
te, ils ne pensent qu'aux réalités de
ce monde. 20 Quant à nous, notre
droit de cité est dans le ciel, d'où
nous attendons aussi comme Sau-
veur le Seigneur Jésus-Christ. 21 Il
transformera notre corps de mi-
sère pour le rendre conforme à son
corps glorieux par le pouvoir qu'il a
de tout soumettre à son autorité.

4 C'est pourquoi, mes très chers
frères et sœurs que je désire
tant revoir, vous qui êtes ma joie et
ma couronne, tenez ferme dans le
Seigneur, mes bien-aimés!

Recommandations diverses

2 J'encourage Evodie et Syntyche à
vivre en plein accord dans le Sei-
gneur. 3 Toi aussi, mon fidèle col-
lègue, je te demande de les aider,
elles qui ont combattu pour l'Evan-
gile avec moi ainsi qu'avec Clément
et mes autres collaborateurs dont
le nom figure dans le livre de vie.
4 Réjouissez-vous toujours dans le
Seigneur! Je le répète: réjouissez-
vous!
5 Que votre douceur soit connue de
tous les hommes. Le Seigneur est
proche.
6 Ne vous inquiétez de rien, mais
en toute chose faites connaître vos
besoins à Dieu par des prières et des

3.5 *Pharisien*: c'est-à-dire membre du parti le plus strict du judaïsme, très attaché à la loi de Moïse.

supplications, dans une attitude
de reconnaissance. 7 Et la paix
de Dieu, qui dépasse tout ce que
l'on peut comprendre, gardera vo-
tre cœur et vos pensées en Jésus-
Christ.
8 Enfin, frères et sœurs, portez vos
pensées sur tout ce qui est vrai, tout
ce qui est honorable, tout ce qui est
juste, tout ce qui est pur, tout ce qui
est digne d'être aimé, tout ce qui
mérite l'approbation, ce qui est sy-
nonyme de qualité morale et ce qui
est digne de louange. 9 Ce que vous
avez appris, reçu et entendu de
moi et ce que vous avez vu en moi,
mettez-le en pratique. Et le Dieu de
la paix sera avec vous.

Reconnaissance et salutations

10 J'ai éprouvé une grande joie dans
le Seigneur de ce que vous avez
enfin pu renouveler l'expression
de votre intérêt[n] pour moi. Vous y
pensiez bien, mais l'occasion vous
manquait. 11 Ce n'est pas à cause de
mes besoins que je dis cela, car j'ai
appris à être satisfait de ma situa-
tion. 12 Je sais vivre dans la pauvre-
té et je sais vivre dans l'abondance.
Partout et en toutes circonstances
j'ai appris à être rassasié et à avoir
faim, à être dans l'abondance et à
être dans le besoin. 13 Je peux tout
par celui qui me fortifie, [Christ].
14 Cependant vous avez bien fait de
prendre part à ma détresse.
15 Vous le savez vous-mêmes, Phi-
lippiens, au début de la prédica-
tion de l'Evangile, lorsque j'ai quit-
té la Macédoine, aucune Eglise n'a
pris part avec moi à un tel échange
de contributions. Vous avez été les
seuls à le faire: 16 à Thessalonique
déjà, et à plus d'une reprise, vous
m'avez envoyé de quoi pourvoir à
mes besoins. 17 Ce n'est pas que je
recherche les dons, mais je dési-
re qu'un fruit abondant soit porté
sur votre compte. 18 J'ai tout reçu
et je suis dans l'abondance. J'ai été
comblé en recevant d'Epaphrodite
ce que vous m'avez envoyé comme
un parfum de bonne odeur, un sa-
crifice que Dieu accepte et qui lui
est agréable. 19 Et mon Dieu pour-
voira à tous vos besoins conformé-
ment à sa richesse, avec gloire, en
Jésus-Christ. 20 A notre Dieu et Père
soit la gloire aux siècles des siècles!
Amen!
21 Saluez chacun des saints en Jésus-
Christ. Les frères qui sont avec moi
vous saluent. 22 Tous les saints vous
saluent, en particulier ceux de l'en-
tourage de l'empereur.
23 Que la grâce du Seigneur Jésus-
Christ soit avec vous tous!

4.10 *L'expression de votre intérêt*: allusion probable au don que les Philippiens avaient fait parvenir à Paul.

Colossiens

Se présentant comme écrite par l'apôtre Paul alors qu'il était en prison (ce qui situe sa date de rédaction probable entre 60 et 62 apr. J.-C., à Rome), l'*Epître aux Colossiens* semble avoir été écrite pour répondre à des enseignements erronés; elle place un accent particulier sur la personne de Jésus-Christ et sur l'œuvre de salut qu'il a accomplie.

Salutation et louange

1 De la part de Paul, apôtre de
Jésus-Christ par la volonté de
Dieu, et du frère Timothée 2 aux
saints[n] qui sont à Colosses, nos fi-
dèles frères et sœurs en Christ:
que la grâce et la paix vous soient
données de la part de Dieu notre
Père et du Seigneur Jésus-Christ!
3 Nous disons constamment tou-
te notre reconnaissance à Dieu,
le Père de notre Seigneur Jésus-
Christ, lorsque nous prions pour
vous. 4 En effet, nous avons été in-
formés de votre foi en Jésus-Christ
et de l'amour que vous avez pour
tous les saints 5 à cause de l'espé-
rance qui vous est réservée au ciel.
Cette espérance, vous en avez déjà
entendu parler par la parole de la
vérité, l'Evangile. 6 Il est parvenu
jusqu'à vous tout comme dans le
monde entier, où il porte des fruits
et progresse. C'est d'ailleurs aussi
le cas parmi vous depuis le jour où
vous avez entendu et connu la grâ-
ce de Dieu dans la vérité, 7 suivant
l'enseignement que vous avez reçu
d'Epaphras, notre bien-aimé com-
pagnon de service. Il est pour vous
un fidèle serviteur de Christ, 8 et il
nous a appris de quel amour l'Es-
prit vous anime.
9 Voilà pourquoi nous aussi, depuis
le jour où nous en avons été infor-
més, nous ne cessons de prier Dieu
pour vous. Nous demandons que
vous soyez remplis de la connais-
sance de sa volonté, en toutes sa-
gesse et intelligence spirituelles,
10 pour marcher d'une manière di-
gne du Seigneur et lui plaire en-
tièrement. Vous aurez pour fruits
toutes sortes d'œuvres bonnes et
vous progresserez dans la connais-
sance de Dieu, 11 vous serez forti-
fiés à tout point de vue par sa puis-
sance glorieuse pour être toujours
et avec joie persévérants et pa-
tients, 12 et vous exprimerez votre
reconnaissance au Père qui nous
a rendus capables de prendre part
à l'héritage des saints dans la lu-
mière. 13 Il nous a délivrés de la
puissance des ténèbres et nous a
transportés dans le royaume de
son Fils bien-aimé, 14 en qui nous
sommes rachetés, pardonnés de
nos péchés.

La prééminence et l'œuvre de Christ

15 Le Fils est l'image du Dieu invisi-
ble, le premier-né de toute la créa-
tion. 16 En effet, c'est en lui que tout
a été créé dans le ciel et sur la terre,

1.2 *Saints*: manière de désigner les chrétiens en tant que personnes consacrées à Dieu et appelées à avoir le comportement qui découle de leur appartenance à ce Dieu.

le visible et l'invisible, trônes, sou-
verainetés, dominations, autori-
tés. Tout a été créé par lui et pour
lui. 17 Il existe avant toutes choses[n]
et tout subsiste en lui. 18 Il est la
tête du corps qu'est l'Eglise; il est
le commencement, le premier-né
d'entre les morts, afin d'être en tout
le premier. 19 En effet, Dieu a vou-
lu que toute sa plénitude habite en
lui. 20 Il a voulu par Christ tout ré-
concilier avec lui-même, aussi bien
ce qui est sur la terre que ce qui est
dans le ciel, en faisant la paix à
travers lui, par son sang versé sur
la croix.
21 Et vous qui étiez autrefois étran-
gers[n] et ennemis de Dieu par vos
pensées et par vos œuvres mauvai-
ses, il vous a maintenant réconci-
liés 22 par la mort [de son Fils] dans
son corps de chair pour vous faire
paraître devant lui saints, sans dé-
faut et sans reproche. 23 Mais il faut
que vous restiez fondés et inébran-
lables dans la foi, sans vous détour-
ner de l'espérance de l'Evangile que
vous avez entendu, qui a été procla-
mé à toute créature[n] sous le ciel et
dont moi, Paul, je suis devenu le
serviteur.

Le combat de Paul pour l'Eglise

24 Je me réjouis maintenant dans
mes souffrances pour vous et je
supplée dans ma vie à ce qui man-
que aux peines infligées à Christ[n]
pour son corps, c'est-à-dire l'Egli-
se. 25 C'est d'elle que je suis devenu
le serviteur, conformément à la
charge que Dieu m'a confiée pour
vous: annoncer pleinement la pa-
role de Dieu, 26 le mystère caché de
tout temps et à toutes les généra-
tions, mais révélé maintenant à ses
saints. 27 En effet, Dieu a voulu leur
faire connaître la glorieuse richesse
de ce mystère parmi les non-Juifs,
c'est-à-dire Christ en vous, l'espé-
rance de la gloire.
28 C'est lui que nous annonçons, en
avertissant et en instruisant tou-
te personne en toute sagesse, afin
de présenter à Dieu toute personne
devenue adulte en [Jésus-]Christ.
29 C'est à cela que je travaille en
combattant avec sa force qui agit
puissamment en moi.

2 Je veux, en effet, que vous sa-
chiez à quel point il est grand,
le combat que je soutiens pour vous,
pour ceux qui sont à Laodicée et
pour tous ceux qui n'ont jamais vu
mon visage. 2 Je combats ainsi afin
que, unis dans l'amour, ils soient
encouragés dans leur cœur et qu'ils
soient enrichis d'une pleine intelli-
gence pour connaître le mystère
de Dieu, aussi bien du Père que de
Christ. 3 C'est en lui que sont cachés
tous les trésors de la sagesse et de la
connaissance.
4 Je dis cela afin que personne ne
vous trompe par des discours sé-
duisants. 5 En effet, même si je suis
absent de corps, je suis avec vous
en esprit, et je vois avec joie le bon
ordre qui règne parmi vous et la
fermeté de votre foi en Christ.
6 Ainsi donc, tout comme vous avez
accueilli le Seigneur Jésus-Christ,
marchez en lui[n]; 7 soyez enracinés
et fondés en lui, affermis dans la foi
telle qu'elle vous a été enseignée, et
soyez-en riches en exprimant votre
reconnaissance à Dieu.

1.17 *Existe avant toutes choses*: ou *est au premier rang de tout*. **1.21** *Etrangers*: les non-Juifs étaient exclus des privilèges de la relation avec Dieu auxquels les Juifs avaient accès. **1.23** *A toute créature*: ou *dans toute la création*. **1.24** *Ce qui manque… Christ*: le mot grec utilisé ici désigne l'hostilité qu'a subie Christ et que ses disciples subissent à leur tour lorsqu'ils prêchent l'Evangile. Christ est solidaire des persécutions infligées aux siens: elles l'atteignent autant qu'eux (voir Actes 9.4-5). **2.6** *Marchez en lui*: ou *vivez dans l'union avec lui*, c'est-à-dire en menant une vie modelée par lui.

L'œuvre de Christ et la liberté qui en découle

8 Faites attention: que personne ne
vous prenne au piège par la phi-
losophie, par des tromperies sans
fondement qui s'appuient sur la
tradition des hommes, sur les prin-
cipes élémentaires qui régissent le
monde[n], et non sur Christ. 9 En ef-
fet, c'est en lui qu'habite corporelle-
ment toute la plénitude de la divini-
té. 10 Vous avez tout pleinement en
lui, qui est le chef de toute domina-
tion et de toute autorité. 11 C'est en
lui aussi que vous avez été circon-
cis d'une circoncision qui n'est pas
faite par la main de l'homme, mais
de la circoncision de Christ, qui
consiste à vous dépouiller du corps
de votre nature pécheresse. 12 Vous
avez en effet été ensevelis avec lui
par le baptême et vous êtes aussi
ressuscités en lui et avec lui, par la
foi en la puissance du Dieu qui l'a
ressuscité.
13 Vous qui étiez morts en raison de
vos fautes et de l'incirconcision de
votre corps, il vous a rendus à la vie
avec lui. Il nous a pardonné toutes
nos fautes, 14 il a effacé l'acte[n] rédi-
gé contre nous qui nous condam-
nait par ses prescriptions, et il l'a
annulé en le clouant à la croix. 15 Il
a ainsi dépouillé les dominations
et les autorités et les a données pu-
bliquement en spectacle en triom-
phant d'elles par la croix.
16 Que personne donc ne vous juge
au sujet du manger ou du boire,
ou à propos d'une fête, d'un nou-
veau mois ou du sabbat: 17 tout cela
n'était que l'ombre des choses à ve-
nir, mais la réalité est en Christ.
18 Que personne, par son goût
d'une fausse humilité et du culte
des anges, ne vous prive de la vic-
toire. Plongé dans ses visions, un tel
homme est sans raison enflé d'or-
gueil sous l'effet de ses pensées tout
humaines, 19 et il ne s'attache pas à
celui qui est la tête[n]. C'est pourtant
d'elle que tout le corps, bien nourri
et solidement assemblé par ses ar-
ticulations et ses liens, tire la crois-
sance que Dieu donne.
20 Si vous êtes morts avec Christ aux
principes élémentaires qui régis-
sent le monde, pourquoi, comme
si vous viviez dans le monde, vous
soumettez-vous à toutes ces règles:
21 «Ne prends pas! Ne goûte pas! Ne
touche pas!»? 22 Elles ne concernent
que des choses destinées à dispa-
raître dès qu'on en fait usage. Il
s'agit bien là de commandements
et d'enseignements humains! 23 Ils
ont, en vérité, une apparence de sa-
gesse, car ils indiquent un culte vo-
lontaire, de l'humilité et le mépris
du corps, mais ils sont sans aucune
valeur et ne servent qu'à la satisfac-
tion personnelle.

La vie nouvelle en Christ

3 Si donc vous êtes ressuscités
avec Christ, recherchez les
choses d'en haut, où Christ est as-
sis à la droite de Dieu. 2 Attachez-
vous aux réalités d'en haut, et non
à celles qui sont sur la terre. 3 En ef-
fet, vous avez connu la mort et vo-
tre vie est cachée avec Christ en
Dieu. 4 Quand Christ, notre vie, ap-
paraîtra, alors vous apparaîtrez
aussi avec lui dans la gloire.
5 Faites donc mourir en vous ce qui
est terrestre: l'immoralité sexuelle,
l'impureté, les passions, les mau-
vais désirs et la soif de posséder,
qui est une idolâtrie. 6 C'est à cause

2.8 *Les principes… le monde*: c'est-à-dire les éléments et rites des religions humaines ou les puissances spirituelles, selon les interprétations. **2.14** *L'acte*: c'est-à-dire la loi divine. **2.19** *Celui qui est la tête*: c'est-à-dire Christ.

de cela que la colère de Dieu vient
[sur les hommes rebelles]. 7 Vous
aussi autrefois, lorsque vous viviez
parmi eux, vous marchiez dans ces
péchés. 8 Mais maintenant, renon-
cez à tout cela, à la colère, à la fu-
reur, à la méchanceté, à la calom-
nie, aux grossièretés qui pourraient
sortir de votre bouche.

Les relations dans l'Eglise

9 Ne vous mentez pas les uns aux
autres, car vous vous êtes dépouil-
lés du vieil homme et de ses maniè-
res d'agir, 10 vous avez revêtu l'hom-
me nouveau qui se renouvelle pour
parvenir à la vraie connaissance,
conformément à l'image de celui
qui l'a créé. 11 Il n'y a plus ni Juif ni
non-Juif, ni circoncis ni incircon-
cis, ni étranger, ni sauvage, ni es-
clave ni homme libre, mais Christ
est tout et en tous.
12 Ainsi donc, en tant qu'êtres choi-
sis par Dieu, saints et bien-aimés,
revêtez-vous de sentiments de com-
passion, de bonté, d'humilité, de
douceur, de patience. 13 Supportez-
vous les uns les autres et, si l'un de
vous a une raison de se plaindre
d'un autre, pardonnez-vous réci-
proquement. Tout comme Christ
vous a pardonné, pardonnez-vous
aussi. 14 Mais par-dessus tout cela,
revêtez-vous de l'amour, qui est le
lien de la perfection. 15 Que la paix
de Christ, à laquelle vous avez été
appelés pour former un seul corps,
règne dans votre cœur. Et soyez re-
connaissants.
16 Que la parole de Christ habite
en vous[n] dans toute sa richesse!
Instruisez-vous et avertissez-vous
les uns les autres en toute sagesse
par des psaumes, par des hymnes,
par des cantiques spirituels, chan-
tez pour le Seigneur de tout votre
cœur sous l'inspiration de la grâ-
ce[n]. 17 Et quoi que vous fassiez, en
parole ou en acte, faites tout au
nom du Seigneur Jésus en expri-
mant par lui votre reconnaissance
à Dieu le Père.

Les relations à la maison

18 Femmes, soumettez-vous à votre
mari comme il convient dans le Sei-
gneur. 19 Maris, aimez votre femme
et ne vous aigrissez pas contre elle.
20 Enfants, obéissez en tout à vos
parents, car cela est agréable au
Seigneur. 21 Pères, n'exaspérez pas
vos enfants, de peur qu'ils ne se dé-
couragent.
22 Esclaves, obéissez en tout à vos
maîtres terrestres, et pas seule-
ment sous leurs yeux, comme le
feraient des êtres désireux de plai-
re aux hommes, mais avec sincéri-
té de cœur, dans la crainte de Dieu.
23 Tout ce que vous faites, faites-le
de tout votre cœur, comme pour le
Seigneur et non pour des hommes,
24 sachant que vous recevrez du
Seigneur un héritage pour récom-
pense. [En effet,] le Seigneur que
vous servez, c'est Christ. 25 Mais
celui qui agit injustement recevra
le salaire de son injustice, et il n'y
a pas de favoritisme.

4 Maîtres, accordez à vos escla-
ves ce qui est juste et équita-
ble, sachant que vous aussi vous
avez un maître dans le ciel.

Dernières instructions

2 Persévérez dans la prière, veillez-y
dans une attitude de reconnais-
sance. 3 Priez en même temps pour
nous: que Dieu nous ouvre une por-
te pour la parole afin que je puisse
annoncer le mystère de Christ, à

3.16 *En vous*: ou *parmi vous*. **3.16** *Sous l'inspiration de la grâce*: ou *avec reconnaissance*.

cause duquel je suis emprisonné,
4 et que je le fasse connaître de la
façon dont je dois en parler.
5 Conduisez-vous avec sagesse en-
vers les gens de l'extérieur et ra-
chetez le temps. 6 Que votre parole
soit toujours pleine de grâce et as-
saisonnée de sel, afin que vous sa-
chiez comment il faut répondre à
chacun.

Salutations

7 Tychique, qui est notre frère bien-
aimé, un serviteur fidèle et mon
compagnon de service dans le Sei-
gneur, vous informera de tout ce
qui me concerne. 8 Je vous l'envoie
exprès pour qu'il prenne de vos
nouvelles et réconforte votre cœur.
9 Je l'envoie avec Onésime, le fidèle
et bien-aimé frère qui est l'un des
vôtres. Ils vous informeront de tout
ce qui se passe ici.
10 Aristarque, mon compagnon de
détention, vous salue, ainsi que
Marc, le cousin de Barnabas, au
sujet duquel vous avez reçu des
instructions: s'il vient chez vous,
faites-lui bon accueil. 11 Jésus, ap-
pelé Justus, vous salue aussi. Ils
sont parmi les circoncis les seuls
qui travaillent avec moi pour le
royaume de Dieu et ils ont été un
grand encouragement pour moi.
12 Epaphras, qui est l'un des vôtres,
vous salue. Serviteur de [Jésus-]
Christ, il ne cesse de combattre
pour vous dans ses prières afin
que vous teniez bon, comme des
hommes mûrs, pleinement dispo-
sés à faire toute la volonté de Dieu.
13 Je lui rends en effet ce témoi-
gnage: il se dépense sans compter
pour vous, pour ceux de Laodicée
et pour ceux de Hiérapolis. 14 Luc,
le médecin bien-aimé, vous salue,
ainsi que Démas.
15 Saluez les frères et sœurs qui sont
à Laodicée, ainsi que Nymphas et
l'Eglise qui est dans sa maison.
16 Lorsque cette lettre aura été lue
chez vous, faites en sorte qu'elle
soit aussi lue dans l'Eglise des Lao-
dicéens. Lisez à votre tour celle qui
vous arrivera de Laodicée. 17 Dites à
Archippe: «Veille sur le service que
tu as reçu dans le Seigneur afin de
bien l'accomplir.»
18 Je vous salue, moi Paul, de ma
propre main. Souvenez-vous de ma
condition de prisonnier. Que la grâ-
ce soit avec vous!

1 Thessaloniciens

Se présentant comme écrite par Paul, la *Première épître aux Thessaloniciens* est traditionnellement datée de 50/51 apr. J.-C. et sa rédaction située à Corinthe. Elle vise à dissiper certains malentendus surgis dans la jeune Eglise (dont l'apôtre était le fondateur) sur divers points de doctrine, notamment en rapport avec le retour de Christ.

Salutation et louange

1 De la part de Paul, Silvain et Ti-
mothée à l'Eglise des Thessa-
loniciens qui est en Dieu le Père et
dans le Seigneur Jésus-Christ: que
la grâce et la paix vous soient don-
nées [de la part de Dieu notre Père
et du Seigneur Jésus-Christ]!
2 Nous disons constamment à Dieu
toute notre reconnaissance pour
vous tous en faisant mention de
vous dans nos prières. 3 Nous nous
rappelons sans cesse l'œuvre de vo-
tre foi, le travail de votre amour et la
fermeté de votre espérance en notre
Seigneur Jésus-Christ, devant Dieu
notre Père. 4 Nous savons, frères et
sœurs aimés de Dieu, qu'il vous a
choisis 5 parce que notre Evangile
ne vous a pas été prêché en paro-
les seulement, mais avec puissan-
ce, avec l'Esprit saint et avec une
pleine conviction. Vous savez en
effet comment nous nous sommes
comportés parmi vous à cause de
vous. 6 Vous-mêmes, vous êtes de-
venus nos imitateurs et ceux du Sei-
gneur en accueillant la parole au
milieu de grandes difficultés, avec
la joie du Saint-Esprit. 7 Ainsi, vous
êtes devenus un modèle pour tous
les croyants de la Macédoine et de
l'Achaïe. 8 En effet, non seulement
la parole du Seigneur a retenti de-
puis chez vous en Macédoine et en
Achaïe, mais c'est aussi partout que
votre foi en Dieu s'est fait connaî-
tre, de sorte que nous n'avons pas
besoin d'en parler. 9 De fait, on ra-
conte à notre sujet quel accueil
nous avons eu auprès de vous et
comment vous vous êtes tournés
vers Dieu en abandonnant les ido-
les pour servir le Dieu vivant et vrai
10 et pour attendre du ciel son Fils
qu'il a ressuscité, Jésus, celui qui
nous délivre de la colère à venir.

Ministère de Paul à Thessalonique

2 Vous savez vous-mêmes, frè-
res et sœurs, que notre arrivée
chez vous n'a pas été sans résultat.
2 Après avoir souffert et avoir été
maltraités à Philippes, comme vous
le savez, nous avons pris de l'assu-
rance en notre Dieu pour vous an-
noncer l'Evangile de Dieu à travers
bien des combats. 3 En effet, notre
prédication ne repose ni sur l'er-
reur, ni sur des motifs impurs, ni
sur la ruse. 4 Mais, puisque Dieu
nous a jugés dignes de nous confier
l'Evangile, nous parlons, non dans
l'idée de plaire à des hommes, mais
pour plaire à Dieu qui éprouve no-
tre cœur.
5 Jamais, en effet, nous n'avons eu
recours à des paroles flatteuses,
comme vous le savez; jamais nous
n'avons eu la soif de posséder pour
mobile, Dieu en est témoin. 6 Nous
n'avons pas recherché la gloire qui
vient des hommes, ni de vous ni des
autres. Nous aurions pu nous im-

poser en tant qu'apôtres de Christ,
7 mais nous avons été pleins de
bienveillance au milieu de vous. De
même qu'une mère prend un tendre
soin de ses enfants, 8 nous aurions
voulu, dans notre vive affection
pour vous, non seulement vous don-
ner l'Evangile de Dieu, mais enco-
re notre propre vie, tant vous nous
étiez devenus chers. 9 Vous vous rap-
pelez, frères et sœurs, notre peine et
notre fatigue: c'est en travaillant
nuit et jour, pour n'être à la charge
d'aucun d'entre vous, que nous vous
avons prêché l'Evangile de Dieu.
10 Vous en êtes témoins, et Dieu l'est
aussi: nous nous sommes compor-
tés envers vous qui croyez d'une ma-
nière sainte, juste et irréprochable.
11 Vous savez aussi que nous avons
été pour chacun de vous ce qu'un
père est pour ses enfants: 12 nous
vous avons encouragés, réconfortés
et suppliés de marcher d'une maniè-
re digne de Dieu, qui vous appelle
à son royaume et à sa gloire.
13 C'est pourquoi nous disons sans
cesse à Dieu toute notre reconnais-
sance de ce que, en recevant la pa-
role de Dieu que nous vous avons
fait entendre, vous l'avez accueillie
non comme la parole des hommes,
mais comme ce qu'elle est vrai-
ment: la parole de Dieu agissant en
vous qui croyez. 14 De fait, vous, frè-
res et sœurs, vous êtes devenus les
imitateurs des Eglises de Dieu qui
sont en Jésus-Christ en Judée, par-
ce que vous aussi, vous avez endu-
ré de la part de vos propres com-
patriotes les mêmes souffrances
qu'elles de la part des Juifs. 15 Ils
ont fait mourir le Seigneur Jésus et
leurs prophètes, ils nous ont persé-
cutés, ils ne plaisent pas à Dieu, ils
se comportent en adversaires de
tous les hommes: 16 ils nous empê-
chent de parler aux non-Juifs pour
qu'ils soient sauvés et portent ainsi
constamment leurs péchés à leur
comble. Mais la colère[n] a fini par
les atteindre.

Mission de Timothée

17 Quant à nous, frères et sœurs, sé-
parés de vous pour un peu de temps
– de corps mais non de cœur – nous
avons redoublé d'efforts pour vous
revoir, car c'était notre grand désir.
18 C'est ainsi que nous avons voulu
aller vers vous, du moins moi Paul,
à une ou deux reprises, mais Sa-
tan nous en a empêchés. 19 En effet,
quelle est notre espérance, ou no-
tre joie, ou notre couronne de gloi-
re? N'est-ce pas vous aussi, devant
notre Seigneur Jésus, lors de son re-
tour? 20 Oui, vous êtes notre gloire
et notre joie.

3 C'est pourquoi, n'y tenant plus,
nous avons jugé bon de rester
seuls à Athènes 2 et vous avons
envoyé notre frère Timothée, ser-
viteur de Dieu [et notre collabo-
rateur] dans l'Evangile de Christ,
pour vous affermir et [vous] encou-
rager dans votre foi, 3 afin que per-
sonne ne soit ébranlé au milieu des
difficultés présentes. En effet, vous
le savez vous-mêmes, c'est à cela
que nous sommes destinés. 4 De
fait, lorsque nous étions chez vous,
nous vous annoncions d'avance
que nous allions connaître la per-
sécution, et c'est ce qui est arrivé,
comme vous le savez. 5 Voilà pour-
quoi, n'y tenant plus, je l'ai envoyé
pour m'informer de votre foi, dans
la crainte que le tentateur ne vous
ait tentés et que nous n'ayons tra-
vaillé pour rien.
6 Mais Timothée vient de nous ar-
river de chez vous, et il nous a don-
né de bonnes nouvelles de votre

2.16 *La colère*: c'est-à-dire la colère de Dieu.

foi et de votre amour; il nous a dit
que vous avez toujours de nous un
bon souvenir et que vous désirez
nous revoir autant que nous le dé-
sirons aussi. 7 C'est pourquoi, frè-
res et sœurs, dans nos angoisses et
nos épreuves, nous avons été en-
couragés à votre sujet par votre foi.
8 En effet, maintenant nous vivons,
puisque vous tenez ferme dans le
Seigneur. 9 Comment exprimer en
retour toute notre reconnaissance à
Dieu à votre sujet pour toute la joie
que nous éprouvons à cause de vous
devant notre Dieu? 10 Nuit et jour,
nous le prions avec beaucoup d'in-
sistance de nous permettre de vous
revoir et de compléter ce qui man-
que à votre foi. 11 Que Dieu lui-même,
notre Père, et notre Seigneur Jésus[-
Christ] dirigent notre parcours jus-
que chez vous! 12 Que le Seigneur
fasse grandir et déborder l'amour
que vous avez les uns pour les autres
et pour tous les hommes, à l'exemple
de celui que nous avons pour vous!
13 Qu'il affermisse ainsi votre cœur
pour qu'il soit irréprochable dans
la sainteté devant Dieu notre Père,
lors du retour de notre Seigneur
Jésus avec tous ses saints[n]!

Appel à la sainteté

4 Maintenant donc, frères et
sœurs, vous avez appris de
nous comment vous devez vous
conduire et plaire à Dieu, [et c'est
ce que vous faites]; de même nous
vous le demandons et nous vous y
encourageons dans le Seigneur Jé-
sus: progressez encore. 2 Vous savez,
en effet, quelles instructions nous
vous avons données de la part du
Seigneur Jésus. 3 Ce que Dieu veut,
c'est votre progression dans la sain-
teté: c'est que vous vous absteniez
de l'immoralité sexuelle, 4 c'est
que chacun de vous sache garder
son corps dans la consécration et
la dignité, 5 sans le livrer à la pas-
sion du désir comme les membres
des autres peuples qui ne connais-
sent pas Dieu; 6 c'est que personne
dans ce domaine ne fasse de tort à
son frère ou ne porte atteinte à ses
droits, parce que le Seigneur fait
justice de tous ces actes, comme
nous vous l'avons déjà dit et attesté.
7 En effet, Dieu ne nous a pas appe-
lés à l'impureté, mais à la consécra-
tion. 8 Celui donc qui rejette ces ins-
tructions ne rejette pas un homme,
mais Dieu, qui vous a aussi donné
son Saint-Esprit.
9 Vous n'avez pas besoin qu'on vous
écrive au sujet de l'amour fraternel,
car vous avez vous-mêmes appris
de Dieu à vous aimer les uns les
autres, 10 et c'est aussi ce que vous
faites envers tous les frères et sœurs
dans la Macédoine entière. Mais
nous vous encourageons, frères et
sœurs, à progresser encore, 11 à vous
efforcer de vivre en paix, à vous oc-
cuper de vos propres affaires et à
travailler de vos mains, comme nous
vous l'avons recommandé. 12 Ainsi
votre conduite sera honorable aux
yeux des gens de l'extérieur et vous
ne serez dépendants de personne.

Résurrection des croyants et retour du Seigneur

13 Nous ne voulons pas, frères et
sœurs, que vous soyez dans l'igno-
rance au sujet de ceux qui sont
morts, afin que vous ne soyez pas
dans la tristesse comme les autres,
qui n'ont pas d'espérance. 14 En ef-
fet, si nous croyons que Jésus est
mort et qu'il est ressuscité, nous
croyons aussi que Dieu ramènera

3.13 *Saints*: manière de désigner les chrétiens en tant que personnes consacrées à Dieu et appelées à avoir le comportement qui découle de leur appartenance à ce Dieu.

par Jésus et avec lui ceux qui sont
morts. 15 Voici ce que nous vous dé-
clarons d'après la parole du Sei-
gneur: nous les vivants, restés pour
le retour du Seigneur, nous ne de-
vancerons pas ceux qui sont morts.
16 En effet, le Seigneur lui-même, à
un signal donné, à la voix d'un ar-
change et au son de la trompette de
Dieu, descendra du ciel et ceux qui
sont morts en Christ ressusciteront
d'abord. 17 Ensuite, nous qui serons
encore en vie, nous serons tous en-
semble enlevés avec eux sur des
nuées à la rencontre du Seigneur
dans les airs, et ainsi nous serons
toujours avec le Seigneur. 18 Encou-
ragez-vous donc les uns les autres
par ces paroles.

5 En ce qui concerne les temps et
les moments, vous n'avez pas
besoin, frères et sœurs, qu'on vous
écrive à ce sujet. 2 En effet, vous sa-
vez bien vous-mêmes que le jour
du Seigneur viendra comme un vo-
leur dans la nuit. 3 Quand les hom-
mes diront: «Paix et sécurité!» alors
une ruine soudaine fondra sur eux,
comme les douleurs sur la femme
enceinte; ils n'y échapperont pas.
4 Mais vous, frères et sœurs, vous
n'êtes pas dans les ténèbres pour
que ce jour vous surprenne com-
me un voleur. 5 Vous êtes tous des
enfants de la lumière et des enfants
du jour. Nous ne sommes pas de la
nuit ni des ténèbres. 6 Ne dormons
donc pas comme les autres, mais
veillons et soyons sobres. 7 En effet,
ceux qui dorment dorment la nuit,
et ceux qui s'enivrent s'enivrent la
nuit. 8 Mais nous qui sommes du
jour, soyons sobres, enfilons la cui-
rasse de la foi et de l'amour et ayons
pour casque l'espérance du salut.
9 En effet, Dieu ne nous a pas desti-
nés à la colère, mais à la possession
du salut par notre Seigneur Jésus-
Christ, 10 qui est mort pour nous
afin que, soit que nous veillions,
soit que nous dormions, nous vi-
vions ensemble avec lui. 11 C'est
pourquoi encouragez-vous les uns
les autres et édifiez-vous mutuelle-
ment, comme vous le faites déjà.

Dernières recommandations

12 Nous vous demandons, frères et
sœurs, de reconnaître ceux qui tra-
vaillent parmi vous, qui vous diri-
gent dans le Seigneur et qui vous
avertissent. 13 Ayez beaucoup d'es-
time et d'amour pour eux à cause
de leur travail. Soyez en paix en-
tre vous.
14 Nous vous y invitons, frères et
sœurs: avertissez ceux qui vivent
dans le désordre, réconfortez ceux
qui sont abattus, soutenez les fai-
bles, faites preuve de patience envers
tous. 15 Veillez à ce que personne ne
rende à autrui le mal pour le mal,
mais recherchez toujours le bien, soit
entre vous, soit envers tous les hom-
mes. 16 Soyez toujours joyeux. 17 Priez
sans cesse, 18 exprimez votre recon-
naissance en toute circonstance, car
c'est la volonté de Dieu pour vous en
Jésus-Christ. 19 N'éteignez pas l'Es-
prit, 20 ne méprisez pas les prophé-
ties, 21 mais examinez tout et retenez
ce qui est bon. 22 Abstenez-vous de
toute forme de mal.
23 Que le Dieu de la paix vous
conduise lui-même à une sainteté
totale et que tout votre être, l'esprit,
l'âme et le corps, soit conservé ir-
réprochable lors du retour de notre
Seigneur Jésus-Christ! 24 Celui qui
vous appelle est fidèle, c'est aussi
lui qui le fera.
25 Frères et sœurs, priez pour nous.
26 Saluez tous les frères et sœurs par
un saint baiser. 27 Je vous en supplie
par le Seigneur: que cette lettre soit
lue à tous les frères et sœurs!
28 Que la grâce de notre Seigneur
Jésus-Christ soit avec vous!

2 Thessaloniciens

Apparemment écrite quelques mois après 1 Thessaloniciens, la *Deuxième épître aux Thessaloniciens* peut être datée de 51 apr. J.-C., durant le séjour de Paul à Corinthe. La situation ne semble pas s'être améliorée dans l'Eglise de Thessalonique, d'où la nécessité pour l'apôtre de repréciser certains points de doctrine et les comportements qui devraient en découler.

Salutation et louange

1 De la part de Paul, Silvain et Ti-
mothée à l'Eglise des Thessalo-
niciens qui est en Dieu notre Père
et dans le Seigneur Jésus-Christ:
2 que la grâce et la paix vous soient
données de la part de Dieu notre
Père et du Seigneur Jésus-Christ!
3 Frères et sœurs, nous devons cons-
tamment dire à Dieu toute notre re-
connaissance à votre sujet, et cela
est juste, parce que votre foi fait
de grands progrès et que l'amour
mutuel que vous vous portez tous
augmente de plus en plus. 4 Aussi
sommes-nous fiers de vous dans
les Eglises de Dieu à cause de vo-
tre persévérance et de votre foi au
milieu de toutes les persécutions
et les difficultés que vous suppor-
tez. 5 C'est une preuve du juste ju-
gement de Dieu, pour que vous
soyez trouvés dignes du royaume
de Dieu, pour lequel vous souffrez
aussi. 6 En effet, il est juste aux yeux
de Dieu de rendre la souffrance à
ceux qui vous font souffrir 7 et de
vous donner, à vous qui souffrez,
du repos avec nous lorsque le Sei-
gneur Jésus apparaîtra du ciel avec
les anges de sa puissance, 8 au mi-
lieu d'une flamme de feu, pour pu-
nir ceux qui ne connaissent pas
Dieu et ceux qui n'obéissent pas à
l'Evangile de notre Seigneur Jésus[-
Christ]. 9 Ils auront pour peine
une ruine éternelle, loin de la pré-
sence du Seigneur et de la gloire
de sa force 10 lorsqu'il viendra, ce
jour-là, pour être célébré parmi ses
saints[n] et admiré parmi tous ceux
qui auront cru; or vous avez cru à
notre témoignage.
11 C'est pourquoi nous prions cons-
tamment pour vous, afin que notre
Dieu vous trouve dignes de son ap-
pel et que par sa puissance il mène
à leur accomplissement tout désir
de faire le bien et toute œuvre de
la foi. 12 Ainsi la gloire du nom de
notre Seigneur Jésus[-Christ] sera
révélée en vous et la vôtre en lui,
conformément à la grâce de notre
Dieu et Seigneur Jésus-Christ.

Retour du Seigneur

2 En ce qui concerne le retour
de notre Seigneur Jésus-Christ
et notre rassemblement auprès de
lui, nous vous le demandons, frè-
res et sœurs: 2 ne vous laissez pas
facilement ébranler dans votre bon
sens ni troubler par une révélation,
par une parole, ou par une lettre
qui semblerait venir de nous, com-
me si le jour du Seigneur était déjà
là. 3 Que personne ne vous trompe
d'aucune manière. En effet, il faut

1.10 *Saints*: manière de désigner les chrétiens en tant que personnes consacrées à Dieu et appelées à avoir le comportement qui découle de leur appartenance à ce Dieu.

que l'apostasie arrive d'abord et
qu'apparaisse l'homme de péché,
le fils de la perdition, 4 l'adversaire
qui s'élève contre tout ce qu'on
appelle Dieu ou qu'on adore; il va
jusqu'à s'asseoir [comme Dieu]
dans le temple de Dieu en se pro-
clamant lui-même Dieu.
5 Ne vous rappelez-vous pas que
je vous disais cela, lorsque j'étais
encore chez vous? 6 Et maintenant
vous savez ce qui le retient, afin
qu'il n'apparaisse que lorsque le
moment sera venu pour lui. 7 En
effet, le mystère de l'impiété agit
déjà. Il faut seulement que celui
qui le retient encore ait disparu.
8 Alors apparaîtra l'impie que le Sei-
gneur [Jésus] détruira par le souf-
fle de sa bouche et qu'il anéantira
par la manifestation de son retour.
9 La venue de cet impie se fera par
la puissance de Satan, avec tou-
tes sortes de miracles, de signes et
de prodiges mensongers 10 et avec
toutes les séductions de l'injustice
pour ceux qui périssent parce qu'ils
n'ont pas accueilli l'amour de la vé-
rité pour être sauvés. 11 C'est pour-
quoi Dieu leur envoie une puissan-
ce d'égarement pour qu'ils croient
au mensonge, 12 afin que tous ceux
qui n'ont pas cru à la vérité mais
ont pris plaisir à l'injustice soient
condamnés.

Appel à la fermeté, à la prière et au travail

13 Quant à nous, frères et sœurs
bien-aimés du Seigneur, nous de-
vons constamment dire à Dieu tou-
te notre reconnaissance à votre su-
jet, parce que Dieu vous a choisis
dès le commencement pour le sa-
lut par la sainteté que procure l'Es-
prit et par la foi en la vérité. 14 C'est
à cela qu'il vous a appelés par notre
Evangile, pour que vous possédiez
la gloire de notre Seigneur Jésus-
Christ. 15 Ainsi donc, frères et sœurs,
tenez ferme et retenez les enseigne-
ments que nous vous avons trans-
mis, soit oralement, soit par notre
lettre. 16 Que notre Seigneur Jésus-
Christ lui-même et Dieu notre Père,
qui nous a aimés et qui nous a don-
né par sa grâce une consolation
éternelle et une bonne espérance,
17 encouragent votre cœur et vous
affermissent dans toute bonne œu-
vre et dans toute bonne parole!

3 Maintenant donc, frères et
sœurs, priez pour nous afin que
la parole du Seigneur se propage
et soit honorée comme elle l'est
chez vous, 2 et que nous soyons déli-
vrés des hommes méchants et per-
vers, car tous n'ont pas la foi. 3 Le
Seigneur est fidèle, il vous affermi-
ra et vous protégera du mal[n]. 4 Nous
avons confiance dans le Seigneur à
votre sujet, car vous faites et vous
ferez ce que nous [vous] recom-
mandons. 5 Que le Seigneur dirige
votre cœur vers l'amour de Dieu et
vers la patience de Christ!
6 Nous vous recommandons, frères
et sœurs, au nom de notre Seigneur
Jésus-Christ, de vous éloigner de
tout frère qui mène une vie désor-
donnée et ne suit pas les instruc-
tions reçues de nous. 7 Vous savez
vous-mêmes comment il faut nous
imiter, car nous ne nous sommes
pas livrés au désordre parmi vous
8 et nous n'avons mangé gratuite-
ment le pain de personne; au con-
traire, nuit et jour, dans la fatigue et
dans la peine, nous avons travaillé
pour n'être à la charge d'aucun de
vous. 9 Non que nous n'en ayons
pas le droit, mais nous avons vou-
lu vous donner en nous-mêmes un
modèle à imiter. 10 En effet, lorsque

3.3 *Du mal*: autres traductions *du méchant* (voir verset 2) ou *du mauvais* (c'est-à-dire du diable).

nous étions chez vous, nous vous
recommandions ceci: si quelqu'un
ne veut pas travailler, qu'il ne man-
ge pas non plus. 11 Nous apprenons
cependant que quelques-uns parmi
vous mènent une vie désordonnée:
ils ne travaillent pas mais se mêlent
des affaires des autres. 12 Nous invi-
tons ces gens-là, et nous les encou-
rageons par notre Seigneur Jésus-
Christ, à travailler paisiblement
pour manger leur propre pain.
13 Quant à vous, frères et sœurs, ne
négligez pas de faire le bien. 14 Si
quelqu'un n'obéit pas à ce que nous
disons par cette lettre, notez-le et
n'ayez pas de relations avec lui, afin
qu'il en éprouve de la honte. 15 Ne le
considérez pas comme un ennemi,
mais avertissez-le comme un frère.

Bénédiction et salutation

16 Que le Seigneur de la paix vous
donne lui-même la paix en tout
temps et de toute manière! Que le
Seigneur soit avec vous tous!
17 Moi Paul, je vous salue de ma
propre main. C'est là ma signature
dans toutes mes lettres, c'est ainsi
que j'écris.
18 Que la grâce de notre Seigneur
Jésus-Christ soit avec vous tous!

1 Timothée

Se présentant comme la lettre pleine de conseils d'un apôtre (Paul) à son fils spirituel (Timothée) alors responsable de l'Eglise d'Ephèse, la *Première épître à Timothée* est traditionnellement considérée comme ayant été écrite après les deux ans de détention de Paul à Rome dont parlent les Actes, entre 62 et 65 apr. J.-C., peut-être de Philippes en Macédoine.

Salutation et instructions de Paul

1 De la part de Paul, apôtre de
Jésus-Christ par ordre de Dieu
notre Sauveur et du [Seigneur]
Jésus-Christ notre espérance, 2 à Ti-
mothée, mon enfant véritable dans
la foi: que la grâce, la compassion
et la paix te soient données de la
part de Dieu notre Père et de Jésus-
Christ notre Seigneur!
3 A mon départ pour la Macédoine,
je t'ai encouragé à rester à Ephèse
pour donner instruction à certai-
nes personnes de ne pas ensei-
gner d'autres doctrines 4 et de ne
pas s'attacher à des fables et des
généalogies sans fin, qui produi-
sent des controverses au lieu de
servir le projet de Dieu qui s'accom-
plit dans la foi. 5 Le but de ces ins-
tructions, c'est un amour qui pro-
vienne d'un cœur pur, d'une bonne
conscience et d'une foi sincère.
6 Certains se sont écartés de cette
ligne et se sont égarés dans des
discours creux. 7 Ils veulent être
des professeurs de la loi[n], mais ils
ne comprennent rien à ce qu'ils
disent ni à ce qu'ils affirment avec
assurance. 8 Nous savons que la loi
est bonne, pourvu qu'on en fasse
un usage légitime, 9 en sachant

1.7 *Des professeurs de la loi*: c'est-à-dire des spécialistes de la loi de Moïse et de son interprétation.

bien qu'elle n'est pas faite pour les
justes mais pour les malfaiteurs
et les rebelles, les impies et les pé-
cheurs, les sacrilèges et les profa-
nateurs, ceux qui tueraient père
et mère, les meurtriers, 10 ceux qui
vivent dans l'immoralité sexuelle,
les homosexuels, les trafiquants
d'esclaves, les menteurs, les par-
jures et tout ce qui est contraire
à la saine doctrine. 11 Voilà ce qui
est conforme au glorieux Evangile
du Dieu bienheureux tel qu'il m'a
été confié.
12 Je suis reconnaissant envers celui
qui m'a fortifié, Jésus-Christ notre
Seigneur, car il m'a jugé digne de
confiance en m'établissant à son
service, 13 moi qui étais aupara-
vant un blasphémateur, un persé-
cuteur[n], un homme violent. Cepen-
dant, il m'a été fait grâce parce que
j'agissais par ignorance, dans mon
incrédulité. 14 Et la grâce de notre
Seigneur a surabondé, avec la foi et
l'amour qui sont en Jésus-Christ.
15 Cette parole est certaine et di-
gne d'être acceptée sans réserve:
Jésus-Christ est venu dans le mon-
de pour sauver des pécheurs. Je suis
moi-même le premier[n] d'entre eux,
16 mais il m'a été fait grâce afin que
Jésus-Christ montre en moi le pre-
mier toute sa patience et que je ser-
ve ainsi d'exemple à ceux qui croi-
raient en lui pour la vie éternelle.
17 Au roi des siècles, au Dieu immor-
tel, invisible et seul [sage] soient
honneur et gloire aux siècles des
siècles! Amen!
18 Timothée, mon enfant, voici
l'instruction que je t'adresse, con-
formément aux prophéties faites
précédemment à ton sujet: t'ap-
puyant sur elles, combats le bon
combat 19 en gardant la foi et une
bonne conscience. Cette conscien-
ce, quelques-uns l'ont rejetée, et
ils ont fait naufrage par rapport à
la foi. 20 C'est le cas d'Hyménée et
d'Alexandre, que j'ai livrés à Satan[n]
afin qu'ils apprennent à ne plus
blasphémer[n].

Prière et attitude dans l'Eglise

2 J'encourage donc avant tout à
faire des demandes, des priè-
res, des supplications, des prières
de reconnaissance pour tous les
hommes, 2 pour les rois et pour tous
ceux qui exercent l'autorité, afin
que nous puissions mener une vie
paisible et tranquille, en toute pié-
té[n] et en tout respect. 3 Voilà ce qui
est bon et agréable devant Dieu no-
tre Sauveur, 4 lui qui désire que tous
les hommes soient sauvés et par-
viennent à la connaissance de la
vérité. 5 En effet, il y a un seul Dieu
et il y a aussi un seul médiateur en-
tre Dieu et les hommes: un hom-
me, Jésus-Christ, 6 qui s'est don-
né lui-même en rançon pour tous.
Tel est le témoignage rendu au mo-
ment voulu 7 et pour lequel j'ai été
établi prédicateur et apôtre – je dis
la vérité [devant Christ], je ne mens
pas – chargé d'enseigner les non-
Juifs dans la foi et la vérité.
8 Je veux donc que les hommes
prient en tout lieu en élevant des
mains pures[n], sans colère ni ar-
rière-pensées. 9 De même, je veux
[aussi] que les femmes, habillées[n]

1.13 *Un persécuteur*: attitude de Paul envers Christ et envers l'Eglise avant sa conversion. **1.15** *Le premier*: c'est-à-dire le pire. **1.20** *Livrés à Satan*: c'est-à-dire exclus de la communion de l'Eglise. **1.20** *Blasphémer*: c'est-à-dire avoir une attitude ou des propos insultants vis-à-vis de Dieu. **2.2** *Piété*: le mot grec désigne une attitude de respect et d'amour envers Dieu ou envers les parents qui s'exprime par l'accomplissement des devoirs religieux et une conduite appropriée. **2.8** *En élevant des mains pures*: c'est-à-dire dans de saines dispositions; les Juifs levaient les mains pour prier. **2.9** *De même… habillées*: ou *je veux que les femmes aussi prient de même, qu'habillées*.

d'une manière décente, se parent
avec pudeur et simplicité, non avec
des tresses, de l'or, des perles ou des
toilettes somptueuses, 10 mais plu-
tôt avec des œuvres bonnes, com-
me cela convient à des femmes qui
affirment honorer Dieu. 11 Que la
femme s'instruise paisiblement,
dans une entière soumission. 12 Je
ne lui permets pas d'enseigner et
de dominer sur l'homme, mais je
lui demande de garder une atti-
tude paisible.[n] 13 En effet, Adam a
été formé le premier, Eve ensuite.
14 Et Adam n'a pas été trompé, alors
que la femme, trompée, s'est ren-
due coupable d'une transgression.
15 Cependant, elle sera sauvée à
travers sa descendance[n] si elle per-
sévère[n] avec simplicité dans la foi,
l'amour et la progression dans la
sainteté.

Qualifications des responsables de l'Eglise

3 Cette parole est certaine: si
quelqu'un aspire à la charge
de responsable, c'est une belle tâ-
che qu'il désire. 2 Il faut donc que
le responsable soit irréprocha-
ble, fidèle à sa femme, sobre, ré-
fléchi, réglé dans sa conduite, hos-
pitalier, capable d'enseigner. 3 Il ne
doit pas être buveur, violent [ni at-
tiré par le gain], mais au contrai-
re doux, pacifique et désintéressé.
4 Il faut qu'il dirige bien sa propre
maison et qu'il tienne ses enfants
dans la soumission et un entier res-
pect. 5 En effet, si quelqu'un ne sait
pas diriger sa propre maison, com-
ment prendra-t-il soin de l'Eglise
de Dieu? 6 Il ne doit pas non plus
être un nouveau converti, de peur
qu'aveuglé par l'orgueil il ne tom-
be sous le même jugement que le
diable. 7 Il faut enfin qu'il reçoive
un bon témoignage de la part des
gens de l'extérieur, afin de ne pas
tomber dans le discrédit et dans les
pièges du diable.
8 Les diacres eux aussi doivent être
respectables, n'avoir qu'une paro-
le et ne pas s'adonner à la boisson
ni être attirés par le gain. 9 Ils doi-
vent garder le mystère[n] de la foi
avec une conscience pure. 10 Qu'on
les mette d'abord à l'épreuve et
qu'ils exercent ensuite leur minis-
tère, s'ils sont sans reproche. 11 De
même, les femmes doivent être
respectables, non médisantes, so-
bres, fidèles en tout. 12 Les diacres
doivent être fidèles à leur femme
et bien diriger leurs enfants et leur
propre maison. 13 En effet, ceux
qui ont bien rempli leur service ga-
gnent l'estime de tous et une gran-
de assurance dans la foi en Jésus-
Christ.
14 Je t'écris cela avec l'espoir de te
rejoindre bientôt. 15 Cependant, si
j'ai du retard, tu sauras ainsi com-
ment il faut se conduire dans la
maison de Dieu qui est l'Eglise du
Dieu vivant, pilier et soutien de la
vérité. 16 Et tous le reconnaissent,
le mystère de la piété est grand:
Dieu est apparu comme un hom-
me, sa justice a été révélée par l'Es-
prit, il a été vu des anges, proclamé
parmi les nations, on a cru en lui
dans le monde, il a été élevé dans
la gloire.

2.12 *Je ne lui... paisible*: littéralement *à une femme (la tâche) d'enseigner je ne confie pas ni dominer sur un homme* (ou *mari*), *mais au contraire d'être en tranquillité. Et de dominer* peut aussi se traduire *en exerçant un pouvoir absolu* ou *en prenant autorité*. **2.15** *Sauvée à travers sa descendance*: ou *préservée en devenant mère*. **2.15** *Si elle persévère*: littéralement *si elles restent*; Paul passe d'Eve (*elle sera sauvée*, singulier en grec) aux femmes en général. **3.9** *Le mystère*: terme tiré du vocabulaire religieux des Grecs, qui désigne dans le Nouveau Testament la vérité ou l'action de Dieu tenue cachée pendant des siècles pour être enfin portée à la connaissance de tous.

Conseils à propos des fausses doctrines

4 Mais l'Esprit dit expressément
que, dans les derniers temps,
certains abandonneront la foi pour
s'attacher à des esprits trompeurs
et à des doctrines de démons, 2 car
ils seront égarés par l'hypocrisie
de menteurs dont la conscience est
marquée au fer rouge[n]. 3 Ces gens-
là interdisent de se marier et de
consommer des aliments que Dieu
a pourtant créés pour qu'ils soient
pris avec reconnaissance par ceux
qui sont croyants et qui ont connu
la vérité. 4 Tout ce que Dieu a créé
est bon et rien ne doit être rejeté,
pourvu qu'on le prenne dans une
attitude de reconnaissance, 5 car
cela est rendu saint par la parole
de Dieu et la prière.
6 En exposant cela aux frères et
sœurs, tu seras un bon serviteur de
Jésus-Christ, nourri des paroles de
la foi et du bon enseignement que
tu as fidèlement suivi. 7 Rejette les
contes profanes de vieilles femmes.
Exerce-toi plutôt à la piété. 8 En ef-
fet, l'exercice physique est utile à
peu de chose, tandis que la piété
est utile à tout, car elle a la pro-
messe de la vie présente et de la vie
à venir. 9 Voilà une parole certaine,
digne d'être acceptée sans réser-
ve. 10 C'est dans cette perspective
en effet que nous travaillons et que
nous nous laissons insulter, parce
que nous avons mis notre espé-
rance dans le Dieu vivant qui est
le Sauveur de tous les hommes, et
en particulier des croyants.
11 Transmets ces instructions et
enseigne-les. 12 Que personne ne
méprise ta jeunesse, mais sois un
modèle pour les croyants par tes
paroles, ta conduite, ton amour,
[ton esprit,] ta foi, ta pureté. 13 En
attendant que je vienne, applique-
toi à lire les Ecritures dans l'as-
semblée, à encourager, à ensei-
gner. 14 Ne néglige pas le don que
tu as reçu, celui qui t'a été don-
né d'après une prophétie lorsque
le conseil des anciens a posé les
mains sur toi. 15 Occupe-toi de ces
choses, donne-toi tout entier à elles,
afin que tes progrès soient évidents
pour tous. 16 Veille sur toi-même et
sur ton enseignement. Mets-y de la
persévérance, car en agissant ainsi,
tu te sauveras toi-même ainsi que
ceux qui t'écoutent.

Conseils à propos des membres de l'Eglise

5 Ne reprends pas le vieillard
avec dureté, mais encourage-
le comme un père. Encourage les
jeunes gens comme des frères, 2 les
femmes âgées comme des mères,
celles qui sont jeunes comme des
sœurs, en toute pureté.
3 Honore les veuves qui sont vrai-
ment veuves. 4 Si une veuve a des
enfants ou des petits-enfants, qu'ils
apprennent à exercer la piété
d'abord envers leur propre famille
et à rendre à leurs parents ce qu'ils
ont reçu d'eux, car cela est agréa-
ble à Dieu. 5 La vraie veuve, celle
qui est restée toute seule, a mis son
espérance en Dieu et persévère
nuit et jour dans les supplications
et les prières. 6 Par contre, celle qui
vit dans les plaisirs est morte, bien
que vivante. 7 Donne-leur ces ins-
tructions afin qu'elles soient irré-
prochables. 8 Si quelqu'un ne prend
pas soin des siens, et en particulier
des membres de sa famille proche,
il a renié la foi et il est pire qu'un
non-croyant.

4.2 *Marquée au fer rouge*: on marquait au fer rouge les esclaves fugitifs et les criminels.

9 Pour être inscrite sur la liste[n], une
veuve ne doit pas avoir moins de 60
ans. Il faut qu'elle ait été fidèle à son
mari 10 et qu'elle soit connue pour
de belles œuvres: qu'elle ait élevé
ses enfants, exercé l'hospitalité, la-
vé les pieds des saints[n], porté se-
cours aux opprimés, cherché à fai-
re le bien en toute occasion.
11 Par contre, écarte de la liste les
jeunes veuves, car lorsque leurs dé-
sirs les dressent contre Christ, elles
veulent se remarier 12 et se rendent
ainsi coupables d'avoir rompu leur
engagement initial. 13 De plus, étant
désœuvrées, elles prennent l'habi-
tude d'aller de maison en maison.
Et non contentes d'être désœuvrées,
elles se montrent encore bavardes
et indiscrètes en parlant de ce qu'il
ne faut pas. 14 Je veux donc que les
jeunes veuves se marient, qu'elles
aient des enfants, qu'elles dirigent
leur maison, qu'elles ne donnent
à l'adversaire aucune occasion de
dire du mal de nous. 15 En effet, cer-
taines se sont déjà détournées pour
suivre Satan.
16 Si un croyant, homme ou fem-
me, a des veuves dans sa famille,
qu'il les assiste et que l'Eglise n'en
ait pas la charge, afin qu'elle puis-
se aider celles qui sont vraiment
veuves.
17 Que les anciens qui dirigent bien
soient jugés dignes d'une double
marque d'honneur, surtout ceux
qui travaillent à la prédication et
à l'enseignement. 18 En effet, l'Ecri-
ture dit: *Tu ne mettras pas de mu-
selière au bœuf quand il foule le
grain*[n] et: «*L'ouvrier mérite son
salaire.»[n] 19 N'accepte pas d'accu-
sation contre un ancien, *si ce n'est
sur la déposition de deux ou trois
témoins*[n]. 20 Ceux qui pèchent, re-
prends-les devant tous, afin que les
autres aussi éprouvent de la crainte.
21 Je t'en supplie devant Dieu, de-
vant [le Seigneur] Jésus-Christ et
devant les anges élus: suis ces ins-
tructions sans préjugé et ne fais
rien par favoritisme.
22 Ne pose les mains sur personne
avec précipitation et ne t'associe
pas aux péchés d'autrui. Toi-même,
garde-toi pur. 23 Cesse de ne boire
que de l'eau, prends un peu de vin
à cause de ton estomac et de tes
fréquents malaises. 24 Les péchés
de certains hommes sont évidents
avant même qu'on les juge, mais
chez d'autres ils ne se découvrent
que par la suite. 25 De même, les
belles œuvres sont évidentes et
celles qui ne le sont pas ne peuvent
rester cachées.

6 Que tous ceux qui vivent sous
la contrainte de l'esclavage con-
sidèrent leurs maîtres comme di-
gnes d'un plein respect, afin que
le nom de Dieu et sa doctrine ne
soient pas calomniés. 2 Quant à
ceux qui ont des maîtres croyants,
ils ne doivent pas les mépriser sous
prétexte qu'ils sont des frères, mais
les servir d'autant mieux que ce sont
des croyants et des bien-aimés qui
bénéficient de leurs services. Ensei-
gne ces choses et recommande-les.

Les dangers de se détourner de la foi

3 Si quelqu'un enseigne une autre
doctrine et ne s'attache pas aux
saines paroles de notre Seigneur
Jésus-Christ et à l'enseignement qui
est conforme à la piété, 4 il est aveu-
glé par l'orgueil, il ne sait rien, il a

5.9 *La liste*: celle des veuves qui s'engageaient à un service pour Dieu et bénéficiaient d'une assistance matérielle de l'Eglise. **5.10** *Saints*: manière de désigner les chrétiens en tant que personnes consacrées à Dieu et appelées à avoir le comportement qui découle de leur appartenance à ce Dieu. **5.18** *Tu ne… grain*: citation de Deutéronome 25.4. **5.18** *L'ouvrier… salaire*: citation de Luc 10.7. **5.19** *Si ce n'est… témoins*: principe repris de l'Ancien Testament (Deutéronome 19.15).

la maladie des controverses et des
querelles de mots. C'est de là que
naissent les jalousies, les disputes,
les calomnies, les mauvais soup-
çons, 5 les discussions violentes
entre des hommes à l'intelligence
corrompue, privés de la vérité, qui
croient que la piété est une source
de profit. [Eloigne-toi de telles per-
sonnes.]
6 La piété est pourtant une grande
source de profit quand on se con-
tente de ce que l'on a. 7 En effet,
nous n'avons rien apporté dans le
monde et [il est évident que] nous
ne pouvons rien en emporter. 8 Si
donc nous avons de la nourriture
et des vêtements, cela nous suffira.
9 Quant à ceux qui veulent s'enri-
chir, ils tombent dans la tentation,
dans un piège et dans une foule
de désirs stupides et nuisibles qui
plongent les hommes dans la ruine
et provoquent leur perte. 10 L'amour
de l'argent est en effet à la racine de
tous les maux. En s'y livrant, cer-
tains se sont égarés loin de la foi et
se sont infligé eux-mêmes bien des
tourments.
11 Quant à toi, homme de Dieu, fuis
ces choses et recherche la justice,
la piété, la foi, l'amour, la persévé-
rance, la douceur. 12 Combats le bon
combat de la foi, saisis la vie éter-
nelle. C'est à elle que tu as été appe-
lé et c'est pour elle que tu as fait une
belle profession de foi en présence
d'un grand nombre de témoins.
13 Devant Dieu qui donne vie à tou-
te chose et devant Jésus-Christ qui
a rendu témoignage par sa belle
déclaration face à Ponce Pilate,
je t'ordonne 14 de garder le comman-
dement reçu en vivant sans tache
et sans reproche jusqu'à l'appa-
rition de notre Seigneur Jésus-
Christ. 15 Cette apparition, le bien-
heureux et seul souverain, le Roi
des rois et le Seigneur des sei-
gneurs, la révélera au moment vou-
lu. 16 Il est le seul à posséder l'im-
mortalité[n], lui qui habite une
lumière inaccessible et qu'aucun
homme n'a vu ni ne peut voir. A lui
soient l'honneur et la puissance
éternelle. Amen!
17 Aux riches de ce monde, ordonne
de ne pas être orgueilleux et de ne
pas mettre leur espérance dans des
richesses incertaines, mais dans le
Dieu [vivant,] qui nous donne tout
avec abondance pour que nous en
jouissions. 18 Ordonne-leur de faire
le bien, d'être riches en belles œu-
vres, de se montrer généreux, prêts
à partager. 19 Ils s'assureront ainsi
en guise de trésor de bonnes fon-
dations pour l'avenir, afin de saisir
la vie éternelle.
20 Cher Timothée, garde le dépôt
qui t'a été confié[n], évite les bavar-
dages profanes et les objections
de la pseudo-connaissance. 21 En
s'y engageant, certains se sont dé-
tournés de la foi. Que la grâce soit
avec toi!

6.16 *Le seul à posséder l'immortalité*: Dieu est le seul qui soit immortel par essence. **6.20** *Le dépôt qui t'a été confié*: c'est-à-dire le véritable Evangile.

2 Timothée

Considérée par plusieurs comme le testament de l'apôtre Paul à son fils spirituel et collaborateur Timothée, la *Deuxième épître à Timothée* apparaît comme le dernier de ses écrits. On situe généralement sa rédaction dans une prison de Rome, au cours d'une seconde détention qui devait déboucher sur l'exécution de l'apôtre (entre 66 et 68 apr. J.-C.).

Salutation et louange

1 De la part de Paul, apôtre de
Jésus-Christ par la volonté de
Dieu pour annoncer la promesse
de la vie qui est en Jésus-Christ, 2 à
Timothée, mon enfant bien-aimé:
que la grâce, la compassion et la
paix te soient données de la part de
Dieu le Père et de Jésus-Christ no-
tre Seigneur!
3 Je suis reconnaissant envers Dieu
– que je sers, à l'exemple de mes an-
cêtres, avec une conscience pure –
lorsque sans cesse, nuit et jour, je
me souviens de toi dans mes priè-
res. 4 Je me rappelle tes larmes et je
désire te voir afin d'être rempli de
joie. 5 Je garde en effet le souvenir
de la foi sincère qui est en toi. Elle a
d'abord habité ta grand-mère Loïs
et ta mère Eunice, et je suis persua-
dé qu'elle habite aussi en toi.

Encouragement à la fidélité

6 C'est pourquoi, je te le rappelle,
ranime la flamme du don de Dieu
que tu as reçu lorsque j'ai posé mes
mains sur toi. 7 En effet, ce n'est
pas un esprit[n] de timidité que Dieu
nous a donné, mais un esprit de for-
ce, d'amour et de sagesse. 8 N'aie
donc pas honte du témoignage à
rendre à notre Seigneur, ni de moi
son prisonnier, mais souffre avec
moi pour l'Evangile en comptant
sur la puissance de Dieu. 9 Il nous
a sauvés et nous a adressé un saint
appel[n]. Et il ne l'a pas fait à cause
de nos œuvres, mais à cause de son
propre plan et de sa grâce, qui nous
a été accordée en Jésus-Christ de
toute éternité 10 et qui a maintenant
été révélée par la venue de notre
Sauveur Jésus-Christ. C'est lui qui
a réduit la mort à l'impuissance et
a mis en lumière la vie et l'immor-
talité par l'Evangile, 11 pour lequel
j'ai été établi prédicateur et apôtre,
chargé d'enseigner [les non-Juifs].
12 Voilà pourquoi j'endure ces souf-
frances, mais je n'en ai pas honte,
car je sais en qui j'ai cru et je suis
persuadé qu'il a la puissance de
garder le dépôt qu'il m'a confié
jusqu'à ce jour-là[n].
13 Prends pour modèle les saines
paroles que tu as entendues de
moi, dans la foi et l'amour qui sont
en Jésus-Christ. 14 Grâce au Saint-
Esprit qui habite en nous, garde
le beau dépôt qui t'a été confié.
15 Tu sais que tous ceux qui sont en
Asie m'ont abandonné, notamment
Phygelle et Hermogène. 16 Que le
Seigneur accorde sa compassion à
la famille d'Onésiphore, car il m'a
souvent réconforté et n'a pas eu
honte de ma situation de prison-

1.7 *Un esprit*: ou *un Esprit*. **1.9** *Nous a adressé un saint appel*: ou *nous a appelés à la sainteté*.
1.12 *Ce jour-là*: c'est-à-dire le jour du jugement et des récompenses.

nier. 17 Au contraire, lorsqu'il est
venu à Rome, il m'a cherché avec
beaucoup d'empressement et m'a
trouvé. 18 Que le Seigneur lui don-
ne d'obtenir grâce auprès du Sei-
gneur ce jour-là. Tu sais mieux que
personne combien de services il
a rendus à Ephèse.

Conseils pour le service dans l'Eglise

2 Toi donc, mon enfant, fortifie-
toi dans la grâce qui est en
Jésus-Christ. 2 Ce que tu as entendu
de moi en présence de nombreux
témoins, confie-le à des personnes
fidèles qui soient capables de l'en-
seigner aussi à d'autres. 3 Souffre
[avec moi] comme un bon soldat
de Jésus-Christ. 4 Aucun soldat en
service ne s'embarrasse des affai-
res de la vie courante s'il veut plai-
re à celui qui l'a recruté. 5 L'athlète
n'est pas couronné s'il n'a pas lutté
en respectant les règles. 6 Le culti-
vateur qui travaille dur doit être le
premier à récolter les fruits. 7 Com-
prends ce que je dis, et que le Sei-
gneur te donne en effet de l'intelli-
gence en toute chose.
8 Souviens-toi de Jésus, le Messie
ressuscité, issu de la descendance
de David[n], conformément à l'Evan-
gile que je prêche 9 et pour lequel je
souffre au point d'être enchaîné
comme un malfaiteur. Mais la pa-
role de Dieu n'est pas enchaînée.
10 C'est pourquoi je supporte tout
à cause de ceux qui ont été choisis,
afin qu'eux aussi obtiennent le sa-
lut qui est en Jésus-Christ, avec la
gloire éternelle.
11 Cette parole est certaine: si nous
sommes morts avec lui, nous vi-
vrons aussi avec lui; 12 si nous per-
sévérons, nous régnerons aussi
avec lui; si nous le renions, lui aus-
si nous reniera; 13 si nous sommes
infidèles, lui reste fidèle, [car] il ne
peut se renier lui-même.
14 Rappelle ces vérités aux croyants
en les suppliant devant le Seigneur
de ne pas se livrer à des disputes de
mots: elles ne servent à rien, si ce
n'est à la ruine de ceux qui écou-
tent. 15 Efforce-toi de te présenter
devant Dieu comme un homme
qui a fait ses preuves, un ouvrier
qui n'a pas à rougir mais qui expose
avec droiture la parole de la vérité.
16 Evite les bavardages profanes,
car ceux qui s'y livrent avanceront
toujours plus dans l'impiété 17 et
leur parole propagera son infec-
tion comme la gangrène. C'est le
cas d'Hyménée et de Philète. 18 Ils
se sont détournés de la vérité en
affirmant que la résurrection[n] est
déjà arrivée, et ils ébranlent la foi
de certains.
19 Cependant, les solides fondations
posées par Dieu subsistent, porteu-
ses de cette inscription: *Le Seigneur
connaît ceux qui lui appartiennent*[n]
et: *Tout homme qui prononce le
nom du Seigneur, qu'il se détourne
du mal*[n]. 20 Dans une grande mai-
son, il n'y a pas seulement des us-
tensiles d'or et d'argent, mais il y en
a aussi en bois et en terre. Les uns
sont d'un usage noble, les autres
d'un usage méprisable. 21 Si donc
quelqu'un se purifie de ces choses,
il sera un vase d'usage noble, saint,
utile à son maître, prêt pour toute
œuvre bonne.
22 Fuis les passions de la jeunesse et
recherche la justice, la foi, l'amour,
la paix avec ceux qui font appel

2.8 *David*: Dieu avait promis à ce grand roi d'Israël qu'un de ses descendants aurait un trône éternel. **2.18** *La résurrection*: celle des croyants. Ces hommes affirmaient probablement, à tort, que les chrétiens n'avaient pas à attendre de résurrection physique, puisqu'ils étaient déjà morts et ressuscités spirituellement avec Christ. **2.19** *Le Seigneur... appartiennent*: citation de Nombres 16.5. **2.19** *Tout homme... mal*: reprise du Psaume 97.10.

au Seigneur d'un cœur pur. 23 Re-
pousse les spéculations folles et
stupides, sachant qu'elles font naî-
tre des conflits. 24 Or, il ne faut pas
qu'un serviteur du Seigneur ait des
conflits. Il doit au contraire être
plein de bienveillance envers tous,
capable d'enseigner et de suppor-
ter l'opposition. 25 Il doit corriger
avec douceur les adversaires: peut-
être Dieu leur donnera-t-il de chan-
ger d'attitude pour connaître la vé-
rité. 26 Revenus à leur bon sens, ils
se dégageront alors des pièges du
diable, qui s'est emparé d'eux pour
les soumettre à sa volonté.

Conseils pour les temps difficiles

3 Sache que dans les derniers
jours il y aura des temps diffi-
ciles, 2 car les hommes seront égoïs-
tes, amis de l'argent, vantards, or-
gueilleux, blasphémateurs, rebelles
à leurs parents, ingrats, impies, 3 in-
sensibles, implacables, calomnia-
teurs, violents, cruels, ennemis du
bien, 4 traîtres, emportés, aveuglés
par l'orgueil, amis du plaisir plu-
tôt que de Dieu. 5 Ils auront l'appa-
rence de la piété mais renieront ce
qui en fait la force. Eloigne-toi de
ces gens-là.
6 Certains d'entre eux s'introdui-
sent dans les maisons et prennent
dans leurs filets des femmes crédu-
les, chargées de péchés, entraînées
par toutes sortes de désirs, 7 qui
sont toujours en train d'apprendre
mais ne peuvent jamais arriver à
la connaissance de la vérité. 8 De
même que Jannès et Jambrès se
sont opposés à Moïse, de même
ces hommes s'opposent à la véri-
té. Ils ont l'intelligence pervertie et
sont disqualifiés en ce qui concer-
ne la foi. 9 Mais ils n'iront pas plus
loin, car leur folie sera évidente
pour tous, comme l'a été celle de
ces deux hommes.
10 De ton côté, tu as suivi de près
mon enseignement, ma conduite,
mes projets, ma foi, ma patience,
mon amour, ma persévérance,
11 ainsi que les persécutions et les
souffrances que j'ai connues à An-
tioche, à Iconium, à Lystre. Quel-
les persécutions n'ai-je pas sup-
portées! Et le Seigneur m'a délivré
de toutes. 12 Du reste, tous ceux qui
veulent vivre avec piété en Jésus-
Christ seront persécutés, 13 tandis
que les hommes méchants et im-
posteurs avanceront toujours plus
dans le mal en égarant les autres et
en s'égarant eux-mêmes.
14 Quant à toi, tiens ferme dans ce
que tu as appris et reconnu comme
certain, sachant de qui tu l'as appris.
15 Depuis ton enfance, tu connais
les saintes Ecritures qui peuvent te
rendre sage en vue du salut par la
foi en Jésus-Christ. 16 Toute l'Ecri-
ture est inspirée de Dieu et utile
pour enseigner, pour convaincre,
pour corriger, pour instruire dans
la justice, 17 afin que l'homme de
Dieu soit formé et équipé pour tou-
te œuvre bonne.
4 [C'est pourquoi] je t'en sup-
plie, devant Dieu et devant [le
Seigneur] Jésus-Christ qui doit ju-
ger les vivants et les morts au mo-
ment de sa venue et de son règne[n]:
2 prêche la parole, insiste en toute
occasion, qu'elle soit favorable ou
non, réfute, reprends et encourage.
Fais tout cela avec une pleine pa-
tience et un entier souci d'instrui-
re. 3 En effet, un temps viendra où
les hommes ne supporteront pas la
saine doctrine. Au contraire, ayant
la démangeaison d'entendre des
choses agréables, ils se donneront
une foule d'enseignants confor-

4.1 *Au moment… règne*: ou *lorsqu'il apparaîtra pour régner.*

mes à leurs propres désirs. 4 Ils dé-
tourneront l'oreille de la vérité et se
tourneront vers les fables. 5 Mais
toi, sois sobre en tout, supporte
les souffrances, accomplis la tâche
d'un évangéliste, remplis bien ton
ministère.
6 Pour ma part, en effet, je suis déjà
comme sacrifié et le moment de
mon départ approche. 7 J'ai com-
battu le bon combat, j'ai terminé la
course, j'ai gardé la foi. 8 Désormais,
la couronne de justice m'est réser-
vée. Le Seigneur, le juste juge, me la
remettra ce jour-là[n], et non seule-
ment à moi, mais aussi à tous ceux
qui auront attendu avec amour sa
venue.

Dernières informations et salutations

9 Tâche de me rejoindre au plus vite,
10 car Démas m'a abandonné par
amour pour le monde présent et il
est parti pour Thessalonique, tan-
dis que Crescens est allé en Galatie
et Tite en Dalmatie. 11 Luc seul est
avec moi. Prends Marc et amène-
le avec toi, car il m'est utile pour
le ministère. 12 Par ailleurs, j'ai en-
voyé Tychique à Ephèse. 13 Quand
tu viendras, rapporte-moi le man-
teau que j'ai laissé à Troas chez Car-
pus et les livres, surtout les parche-
mins.
14 Alexandre, le forgeron, m'a fait
beaucoup de mal. *Le Seigneur le
traitera conformément à ses actes.*[n]
15 Méfie-toi aussi de lui, car il s'est
fortement opposé à nos paroles.
16 La première fois que j'ai présenté
ma défense, personne ne m'a sou-
tenu, tous m'ont au contraire aban-
donné. Qu'il ne leur en soit pas tenu
compte! 17 C'est le Seigneur qui m'a
soutenu et fortifié afin que, par
mon intermédiaire, le message
soit pleinement proclamé et enten-
du de toutes les nations; c'est ainsi
que j'ai été délivré de la gueule du
lion. 18 Le Seigneur me délivrera de
toute œuvre mauvaise et me sau-
vera pour me faire entrer dans son
royaume céleste. A lui soit la gloire
aux siècles des siècles! Amen!
19 Salue Prisca et Aquilas ainsi que
la famille d'Onésiphore. 20 Eraste
est resté à Corinthe et j'ai laissé
Trophime malade à Milet. 21 Tâche
de venir avant l'hiver. Eubulus, Pu-
dens, Linus, Claudia et tous les frè-
res et sœurs te saluent.
22 Que le Seigneur [Jésus-Christ]
soit avec ton esprit! Que la grâce
soit avec vous!

4.8 *Ce jour-là*: c'est-à-dire le jour du jugement et des récompenses. **4.14** *Le Seigneur... actes*: citation du Psaume 62.13; principe présent aussi au Psaume 28.4 et en Proverbes 24.12.

Tite

Se présentant comme adressée par l'apôtre Paul à son collaborateur Tite, alors responsable de l'Eglise de Crète, l'*Epître à Tite* est traditionnellement considérée comme ayant été écrite en même temps que 1 Timothée, soit après les deux ans de détention de Paul à Rome dont parlent les Actes, entre 62 et 65 apr. J.-C., peut-être de Philippes en Macédoine.

Adresse et salutation

1 De la part de Paul, serviteur de
Dieu et apôtre de Jésus-Christ.
– J'ai été chargé d'amener ceux que
Dieu a choisis à la foi et à la connais-
sance de la vérité qui est conforme
à la piété, 2 afin qu'ils aient l'espé-
rance[n] de la vie éternelle. Le Dieu
qui ne ment pas l'avait promise
avant tous les temps, 3 et au moment
voulu il a révélé sa parole par la pré-
dication qui m'a été confiée sur or-
dre de Dieu notre Sauveur. – 4 A
Tite, mon véritable enfant dans la
foi qui nous est commune: que la
grâce, [la compassion] et la paix te
soient données de la part de Dieu
le Père et [du Seigneur] Jésus-Christ
notre Sauveur!

Mission de Tite

5 Je t'ai laissé en Crète afin que tu
mettes en ordre ce qui reste à ré-
gler et que tu établisses des anciens
dans chaque ville en suivant mes
instructions: 6 des hommes[n] irré-
prochables, fidèles à leur femme,
dont les enfants soient croyants et
ne soient pas accusés de débau-
che ou insoumis. 7 En effet, en tant
qu'intendant de Dieu, il faut que le
responsable soit irréprochable. Il
ne doit pas être arrogant, colérique,
buveur, violent ni attiré par le gain.
8 Il doit au contraire être hospitalier,
ami du bien, réfléchi, juste, saint,
maître de lui, 9 attaché à la parole
digne de confiance telle qu'elle a
été enseignée, afin d'être capable
à la fois d'encourager les autres par
la saine doctrine et de réfuter les
contradicteurs.
10 Il y a en effet beaucoup d'hommes
insoumis, des discoureurs creux et
trompeurs, surtout parmi les circon-
cis[n]. 11 Il faut leur fermer la bouche,
car ils bouleversent des familles en-
tières en enseignant ce qu'il ne faut
pas pour un gain honteux. 12 L'un
d'eux, leur propre prophète, a dit:
«Les Crétois? Toujours menteurs,
de méchantes bêtes, des goinfres
paresseux.»[n] 13 Ce témoignage est
bien vrai. C'est pourquoi reprends-
les sévèrement afin qu'ils aient
une foi saine 14 et qu'ils ne s'atta-
chent pas à des fables juives et à
des commandements émis par des
hommes qui se détournent de la
vérité. 15 Tout est pur pour ceux qui
sont purs, mais rien n'est pur pour
ceux qui sont souillés et incrédules;
bien plus, leur intelligence et leur
conscience sont souillées. 16 Ils pré-
tendent connaître Dieu, mais ils le
renient par leur manière d'agir. Ils

1.2 *Afin qu'ils aient l'espérance*: ou *qui reposent sur l'espérance*. **1.6** *Des hommes*: littéralement *si quelqu'un est*. **1.10** *Les circoncis*: c'est-à-dire les personnes issues du judaïsme. **1.12** *Les... paresseux*: citation attribuée à Epiménide, poète crétois du 6e siècle av. J.-C.

sont abominables, rebelles et in-
compétents pour la moindre œu-
vre bonne.

Instructions à transmettre aux chrétiens

2 Quant à toi, dis ce qui corres-
pond à la saine doctrine. 2 Dis
que les vieillards doivent être so-
bres, respectables, réfléchis, soli-
des dans la foi, l'amour et la per-
sévérance. 3 De même, les femmes
âgées doivent se comporter comme
il convient à des servantes de Dieu.
Elles ne doivent pas être médisan-
tes ni esclaves de la boisson, mais
enseigner ce qui est bien. 4 Ainsi
elles apprendront aux jeunes fem-
mes à aimer leur mari et leurs en-
fants, 5 à se montrer réfléchies et pu-
res, à s'occuper de leur foyer, être
pleines de bonté et se soumettre à
leur mari, afin que la parole de Dieu
ne soit pas calomniée.
6 Encourage de même les jeunes
gens à se montrer réfléchis 7 en
étant toi-même à tout point de vue
un modèle de belles œuvres. Dans
ton enseignement, fais preuve de
pureté, de sérieux [et d'intégrité].
8 Que ta parole soit saine et irré-
prochable, afin que nos opposants
soient couverts de honte, n'ayant
aucun mal à dire de nous.
9 Encourage les esclaves à se sou-
mettre à leurs maîtres, à leur être
agréables en tout, à ne pas les
contredire 10 ni commettre le moin-
dre vol, mais à se montrer toujours
dignes de confiance, afin d'honorer
pleinement la doctrine de Dieu no-
tre Sauveur.
11 En effet, la grâce de Dieu, source
de salut pour tous les hommes, a
été révélée. 12 Elle nous enseigne
à renoncer à un mode de vie impie
et aux convoitises de ce monde et à
vivre dans le temps présent confor-
mément à la sagesse, la justice et la
piété 13 en attendant notre bienheu-
reuse espérance, la manifestation
de la gloire de notre grand Dieu
et Sauveur Jésus-Christ. 14 Il s'est
donné lui-même pour nous afin de
nous racheter de toute faute et de
se faire un peuple qui lui appar-
tienne, purifié et zélé pour de bel-
les œuvres.
15 Dis ces choses, encourage et re-
prends avec une pleine autorité.
Que personne ne te méprise.

3 Rappelle-leur de se soumettre
aux magistrats et aux autorités,
de leur obéir, d'être prêts pour tou-
te œuvre bonne, 2 de ne calomnier
personne, d'être pacifiques, conci-
liants, pleins de douceur envers
tous les hommes.
3 Nous aussi, en effet, nous étions
autrefois stupides, rebelles, égarés,
esclaves de toutes sortes de pas-
sions et de plaisirs. Nous vivions
dans la méchanceté et dans l'envie,
nous étions odieux et nous nous
détestions les uns les autres. 4 Mais
lorsque la bonté de Dieu notre Sau-
veur et son amour pour les hommes
ont été révélés, 5 il nous a sauvés.
Et il ne l'a pas fait à cause des ac-
tes de justice que nous aurions pu
accomplir, mais conformément à
sa compassion, à travers le bain de
la nouvelle naissance et le renou-
vellement[n] du Saint-Esprit 6 qu'il a
déversé avec abondance sur nous
par Jésus-Christ notre Sauveur.
7 Ainsi, déclarés justes par sa grâ-
ce, nous sommes devenus ses hé-
ritiers conformément à l'espérance
de la vie éternelle.
8 Cette parole est certaine, et je
veux que tu te montres affirmatif
là-dessus, afin que ceux qui ont cru
en Dieu s'appliquent à pratiquer de

3.5 *Et le renouvellement*: ou *c'est-à-dire le renouvellement*.

belles œuvres. Voilà ce qui est bon
et utile aux hommes. 9 Mais les fol-
les spéculations, les généalogies,
les disputes, les conflits relatifs à la
loi, évite-les, car ils sont nuisibles et
sans valeur. 10 Si quelqu'un provo-
que des divisions, éloigne-le de toi
après un premier puis un second
avertissement. 11 Sache qu'un tel
homme est perverti et qu'il pèche,
se condamnant ainsi lui-même.

Dernières instructions et salutations

12 Lorsque je t'enverrai Artémas ou
Tychique, empresse-toi de venir
me rejoindre à Nicopolis, car c'est
là que j'ai décidé de passer l'hiver.
13 Aide avec empressement Zénas,
l'expert de la loi, et Apollos dans
leur voyage, en faisant en sorte
qu'il ne leur manque rien. 14 Il faut
que les nôtres aussi apprennent à
pratiquer de belles œuvres pour
subvenir aux besoins les plus im-
portants, afin de ne pas rester sans
fruits.
15 Tous ceux qui sont avec moi te
saluent. De ton côté, salue ceux
qui nous aiment dans la foi. Que la
grâce soit avec vous tous!

Philémon

Adressée par l'apôtre Paul, alors prisonnier (ce qui situe sa date de rédaction probable entre 60 et 62 apr. J.-C., à Rome), à des membres de l'Eglise de Colosses, l'*Epître à Philémon* traite le cas d'un esclave fugitif devenu chrétien. Elle appelle son ancien maître, chrétien lui aussi, à lui faire grâce et à l'accueillir comme un frère.

Salutation et louange

1 De la part de Paul, prisonnier de
Jésus-Christ, et de la part du frère
Timothée à Philémon, notre bien-
aimé collaborateur, 2 à notre bien-
aimée Apphia, à Archippe, notre
compagnon de combat, et à l'Eglise
qui se réunit dans ta maison: 3 que
la grâce et la paix vous soient don-
nées de la part de Dieu notre Père
et du Seigneur Jésus-Christ!
4 Je dis constamment à mon Dieu
toute ma reconnaissance en fai-
sant mention de toi dans mes priè-
res, 5 car j'entends parler de ta foi
dans le Seigneur Jésus et de ton
amour pour tous les saints[n]. 6 Je lui
demande que ta participation à la
foi soit efficace et fasse reconnaî-
tre tout le bien que nous accom-
plissons pour la cause de [Jésus-]
Christ. 7 Nous éprouvons en effet
beaucoup de reconnaissance et de
réconfort au sujet de ton amour, car
grâce à toi, frère, le cœur des saints
a été tranquillisé.

Demande de Paul

8 C'est pourquoi, bien que j'aie en
Christ toute liberté de te prescri-
re ce qui convient, 9 c'est au nom
de l'amour que je préfère t'adres-

5 *Saints*: manière de désigner les chrétiens en tant que personnes consacrées à Dieu et appelées à avoir le comportement qui découle de leur appartenance à ce Dieu.

ser une requête, moi Paul, qui suis
un vieillard et de plus, maintenant,
un prisonnier de Jésus-Christ. 10 Je
t'adresse cette requête à propos
de mon enfant, celui qui est deve-
nu mon fils en prison, Onésime[n].
11 Autrefois il t'a été inutile, mais
maintenant il nous est bien utile, à
toi comme à moi. 12 Je te le renvoie,
[et toi, accueille-le,] lui qui est une
partie de moi-même. 13 J'aurais dé-
siré le garder près de moi pour qu'il
me serve à ta place pendant que
je suis en prison pour l'Evangile,
14 mais je n'ai rien voulu faire sans
ton avis, afin que ton bienfait ne
paraisse pas forcé, mais qu'il soit
volontaire.

15 Peut-être a-t-il été séparé de toi
pour un temps afin que tu le retrou-
ves pour toujours, 16 non plus com-
me un esclave, mais bien mieux en-
core, comme un frère bien-aimé. Il
l'est particulièrement pour moi, il
le sera d'autant plus pour toi dans
vos rapports humains[n] et dans le
Seigneur.
17 Si donc tu me considères comme
ton ami, accueille-le comme si
c'était moi. 18 Et s'il t'a fait du tort
ou te doit quelque chose, mets-
le sur mon compte. 19 Moi Paul, je
l'écris de ma propre main, je te
rembourserai, sans vouloir te rap-
peler que toi aussi, tu as une dette
envers moi: c'est toi-même[n]. 20 Oui,
frère, rends-moi ce service dans le
Seigneur: tranquillise mon cœur en
Christ.

21 C'est en comptant sur ton obéis-
sance que je t'ai écrit, sachant
que tu feras même plus que je
ne demande. 22 En même temps,
prépare-moi un logement, car j'es-
père vous être rendu grâce à vos
prières.

Salutations

23 Epaphras, mon compagnon de
détention en Jésus-Christ, te salue,
24 ainsi que Marc, Aristarque, Dé-
mas et Luc, mes collaborateurs.
25 Que la grâce de notre Seigneur
Jésus-Christ soit avec votre esprit!

10 *Onésime*: esclave de Philémon qui s'était enfui de chez son maître et avait dû terminer son parcours de fugitif à Rome, où il s'était converti au contact de Paul. **16** *Dans vos rapports humains*: littéralement *dans (la) chair.* **19** *Toi-même*: allusion au fait que Paul avait conduit Philémon au salut.

Hébreux

Ecrit anonyme dont la rédaction est traditionnellement située avant la destruction de Jérusalem et de son temple (survenue en 70 apr. J.-C.), l'*Epître aux Hébreux* s'adressait probablement à des Juifs convertis au christianisme mais tentés de retourner au judaïsme. Point par point, l'auteur montre que Jésus-Christ et son œuvre sont supérieurs aux anges, à Moïse et à tout le système de sacrifices instauré par la loi de Moïse.

SUPÉRIORITÉ DE CHRIST LE FILS 1.1–4.13

Christ supérieur aux anges

1 Après avoir autrefois, à de nombreuses reprises et de bien des manières, parlé à nos ancêtres par les prophètes, 2 Dieu, dans ces jours qui sont les derniers, nous a parlé par le Fils. Il l'a établi héritier de toute chose et c'est par lui aussi qu'il a créé l'univers. 3 Le Fils est le reflet de sa gloire et l'expression de sa personne, il soutient tout par sa parole puissante. Après avoir accompli [au travers de lui-même] la purification de nos péchés, il s'est assis à la droite de la majesté divine dans les lieux très hauts. 4 Il est ainsi devenu d'autant supérieur aux anges qu'il a hérité d'un nom bien plus remarquable encore que le leur. 5 En effet, auquel des anges Dieu a-t-il déjà dit: *Tu es mon Fils, je t'ai engendré aujourd'hui*[n]? Et encore: *Je serai pour lui un père et il sera pour moi un fils*[n]? 6 Par contre, lorsqu'il introduit[n] le premier-né[n] dans le monde, il dit: *Que tous les anges de Dieu se prosternent devant lui!*[n]

7 De plus, au sujet des anges, il dit: *Il fait de ses anges des esprits, et de ses serviteurs une flamme de feu.*[n]

8 Mais il dit au Fils: *Ton trône, ô Dieu, est éternel. Le sceptre de ton règne est un sceptre de justice.* 9 *Tu as aimé la justice et tu as détesté la méchanceté; c'est pourquoi, ô Dieu, ton Dieu t'a désigné par onction comme roi, de préférence à tes compagnons, avec une huile de joie.*[n]

10 Et: *C'est toi, Seigneur, qui au commencement as fondé la terre, et le ciel est l'œuvre de tes mains.* 11 *Eux, ils disparaîtront, tandis que toi, tu restes là. Ils vieilliront tous comme un vêtement.* 12 *Tu les enrouleras comme un manteau, ils seront remplacés [comme un vêtement]. Mais toi, tu es toujours le même et ton existence n'aura pas de fin.*[n]

13 Enfin, auquel des anges a-t-il déjà dit: *Assieds-toi à ma droite jusqu'à ce que j'aie fait de tes ennemis ton marchepied*[n]? 14 Les anges ne sont-ils pas tous des esprits au service de Dieu, envoyés pour apporter de l'aide à ceux qui vont hériter du salut?

2 C'est pourquoi nous devons d'autant plus nous attacher au message que nous avons entendu, de peur d'être entraînés à no-

1.5 *Tu es... aujourd'hui*: citation du Psaume 2.7. **1.5** *Je serai... un fils*: citation de 2 Samuel 7.14. **1.6** *Par contre... introduit*: ou *lorsqu'il introduit de nouveau*. **1.6** *Le premier-né*: c'est-à-dire Jésus-Christ. **1.6** *Que tous... lui*: citation du Psaume 97.7. **1.7** *Il fait... feu*: citation du Psaume 104.4. **1.8-9** *Ton trône... joie*: citation du Psaume 45.7-8. **1.10-12** *C'est toi... pas de fin*: citation du Psaume 102.26-28. **1.13** *Assieds-toi... marchepied*: citation du Psaume 110.1.

tre perte. 2 En effet, puisque la pa-
role annoncée par l'intermédiaire
des anges a été confirmée et que
toute transgression et toute déso-
béissance ont reçu une juste sanc-
tion, 3 comment échapperons-nous
si nous négligeons un si grand sa-
lut? Ce salut, annoncé d'abord par
le Seigneur, nous a été confirmé
par ceux qui l'ont entendu. 4 Dieu
a appuyé leur témoignage par des
signes, des prodiges et divers mi-
racles, ainsi que par les dons du
Saint-Esprit distribués conformé-
ment à sa volonté.
5 En effet, ce n'est pas à l'autorité
d'anges que Dieu a soumis le mon-
de à venir dont nous parlons. 6 Quel-
qu'un a d'ailleurs rendu quelque
part ce témoignage: *Qu'est-ce que*
l'homme, pour que tu te souviennes
de lui, ou le fils de l'homme, pour
que tu prennes soin de lui? 7 *Tu l'as*
abaissé pour un peu de temps[n] *au-*
dessous des anges, tu l'as couron-
né de gloire et d'honneur [et tu lui
as donné la domination sur ce que
tes mains ont fait], 8 *tu as tout mis*
sous ses pieds.[n] En effet, en lui sou-
mettant toute chose, Dieu n'a rien
laissé qui échappe à son autori-
té. Maintenant pourtant, nous ne
voyons pas encore que tout lui soit
soumis. 9 Toutefois, celui qui a été
abaissé pour un peu de temps au-
dessous des anges, Jésus, nous le
voyons *couronné de gloire et d'hon-*
neur à cause de la mort qu'il a souf-
ferte. Ainsi, par la grâce de Dieu,
il a connu la mort pour tout être
humain.
10 En effet, celui pour qui et par qui
toute chose existe voulait condui-
re à la gloire beaucoup de fils; il
lui convenait donc de qualifier
parfaitement par des souffrances
l'auteur de leur salut. 11 De fait, ce-
lui qui procure la sainteté et ceux
qui en bénéficient ont tous une seu-
le et même origine, c'est pourquoi il
n'a pas honte de les appeler ses frè-
res 12 lorsqu'il dit: *J'annoncerai ton*
nom à mes frères, je te célébrerai au
milieu de l'assemblée.[n] 13 Et encore:
Je me confierai en lui. Et enfin: *Me*
voici, moi et les enfants que Dieu
m'a donnés.[n]
14 Puisque ces enfants ont en com-
mun la condition humaine, lui-
même l'a aussi partagée, de façon
similaire. Ainsi, par sa mort, il a pu
rendre impuissant celui qui exer-
çait le pouvoir de la mort, c'est-à-
dire le diable, 15 et libérer tous ceux
que la peur de la mort retenait leur
vie durant dans l'esclavage. 16 En
effet, assurément, ce n'est pas à
des anges qu'il vient en aide, mais
bien à la descendance d'Abraham.
17 Par conséquent, il devait deve-
nir semblable en tout à ses frères
afin d'être un grand-prêtre rem-
pli de compassion et fidèle dans le
service de Dieu pour faire l'expia-
tion des péchés du peuple. 18 En ef-
fet, comme il a souffert lui-même
lorsqu'il a été tenté, il peut secourir
ceux qui sont tentés.

Christ supérieur à Moïse et Josué

3 Ainsi donc, frères et sœurs
saints, vous qui avez part à
l'appel céleste, portez vos pensées
sur l'apôtre et le grand-prêtre de
la foi que nous professons, Jésus[-
Christ]. 2 Il est resté fidèle à celui
qui l'a établi tout comme Moïse
l'a été dans [toute] sa maison.
3 En effet, il a été jugé digne d'une
gloire supérieure à celle de Moïse,

2.7 *Pour un peu de temps*: ou *un peu*. **2.6-8** *Qu'est-ce… pieds*: citation du Psaume 8.5-7. **2.12** *J'annoncerai… l'assemblée*: citation du Psaume 22.23. **2.13** *Je me confierai… m'a donnés*: citation d'Esaïe 8.17-18.

dans la mesure où celui qui a cons-
truit une maison reçoit plus d'hon-
neur que la maison elle-même.
4 Toute maison est construite par
quelqu'un, mais celui qui a cons-
truit toute chose, c'est Dieu. 5 *Moïse*
a été fidèle dans toute la maison de
Dieu comme serviteur[n], pour témoi-
gner de ce qui allait être dit, 6 mais
Christ l'est comme Fils à la tête de
sa maison. Or sa maison, c'est nous,
pourvu que nous retenions [ferme-
ment jusqu'à la fin] la confiance et
l'espérance dont nous tirons notre
fierté.
7 C'est pourquoi, comme le dit le
Saint-Esprit, *aujourd'hui, si vous en-*
tendez sa voix, 8 *n'endurcissez pas*
votre cœur comme lors de la révolte,
comme le jour de la tentation dans
le désert: 9 *là, vos ancêtres m'ont*
provoqué, ils m'ont mis à l'épreu-
ve et ils m'ont vu agir pendant 40
ans. 10 *C'est pourquoi j'ai été irrité*
contre cette génération et j'ai dit: 'Ils
ont toujours un cœur qui s'égare, ils
n'ont pas connu mes voies.' 11 *Aussi,*
j'ai juré dans ma colère: 'Ils n'entre-
ront pas dans mon repos!'[n]
12 Faites attention, frères et sœurs:
qu'aucun de vous n'ait un cœur mau-
vais et incrédule qui le détourne du
Dieu vivant. 13 Au contraire, encou-
ragez-vous les uns les autres chaque
jour, aussi longtemps qu'on peut
dire: «Aujourd'hui», afin qu'aucun
de vous ne s'endurcisse, trompé par
le péché. 14 En effet, nous sommes
devenus les compagnons de Christ,
pourvu que nous retenions ferme-
ment jusqu'à la fin notre position
première, 15 aussi longtemps qu'il
est dit: *Aujourd'hui, si vous enten-*
dez sa voix, n'endurcissez pas votre
cœur comme lors de la révolte. 16 Qui
s'est en effet révolté après avoir en-
tendu? N'est-ce pas tous ceux qui
étaient sortis d'Egypte sous la
conduite de Moïse? 17 Contre qui
Dieu a-t-il été irrité pendant 40
ans? N'est-ce pas contre ceux qui
avaient péché et dont les cadavres
sont tombés dans le désert? 18 Et à
qui a-t-il juré qu'ils n'entreraient
pas dans son repos, sinon à ceux
qui avaient désobéi? 19 Ainsi nous
voyons qu'ils n'ont pas pu y entrer
à cause de leur incrédulité.

4 Redoutons donc, alors que la
promesse d'entrer dans son re-
pos reste valable, que l'un de vous
ne semble être resté en arrière. 2 En
effet, cette bonne nouvelle nous a
été annoncée aussi bien qu'à eux,
mais la parole qu'ils ont entendue
ne leur a servi à rien parce qu'ils
n'étaient pas unis dans la foi à ceux
qui ont écouté. 3 Quant à nous qui
avons cru, nous entrons dans le re-
pos, dans la mesure où Dieu a dit:
J'ai juré dans ma colère: 'Ils n'entre-
ront pas dans mon repos!'[n] Pourtant,
son travail était terminé depuis la
création du monde. 4 En effet, il a
parlé quelque part ainsi au sujet du
septième jour: *Et Dieu se reposa de*
toute son activité le septième jour.[n]
5 Et dans ce passage il dit encore:
Ils n'entreront pas dans mon repos!
6 Ainsi, certains ont encore la pos-
sibilité d'y entrer, et les premiers
à recevoir cette bonne nouvelle
n'ont pas accédé au repos à cause
de leur désobéissance. 7 C'est pour-
quoi Dieu fixe de nouveau un jour
– aujourd'hui – en disant bien long-
temps après par David cette paro-
le déjà citée: *Aujourd'hui, si vous*
entendez sa voix, n'endurcissez pas
votre cœur.[n]

3.5 *Moïse… serviteur*: citation de Nombres 12.7. **3.7-11** *Aujourd'hui… repos*: citation du Psaume 95.7-11. **4.3** *J'ai juré… repos*: reprise de la citation du Psaume 95.11 (voir 3.11). **4.4** *Et Dieu… jour*: citation de Genèse 2.2. **4.7** *Aujourd'hui… cœur*: reprise de la citation du Psaume 95.7-8 (voir 3.7-8).

8 Si Josué[n] leur avait effectivement
donné le repos, Dieu ne parlerait
pas après cela d'un autre jour. 9 Il
reste donc un repos de sabbat pour
le peuple de Dieu. 10 En effet, celui
qui entre dans le repos de Dieu
se repose lui aussi de son activité,
tout comme Dieu s'est reposé de la
sienne.
11 Empressons-nous donc d'entrer
dans ce repos afin que personne ne
tombe en donnant le même exem-
ple de désobéissance. 12 En effet, la
parole de Dieu est vivante et effica-
ce, plus tranchante que toute épée
à deux tranchants, pénétrante
jusqu'à séparer âme et esprit[n], join-
tures et moelles; elle juge les sen-
timents et les pensées du cœur.
13 Aucune créature n'est cachée de-
vant lui: tout est nu et découvert
aux yeux de celui à qui nous devons
rendre compte.

SUPÉRIORITÉ DE CHRIST LE GRAND-PRÊTRE
4.14–10.22

Christ supérieur aux grands-prêtres lévitiques

14 Ainsi, puisque nous avons un
souverain grand-prêtre qui a tra-
versé le ciel, Jésus, le Fils de Dieu,
restons fermement attachés à la
foi que nous professons. 15 En effet,
nous n'avons pas un grand-prêtre
incapable de compatir à nos fai-
blesses; au contraire, il a été tenté
en tout point comme nous, mais
sans commettre de péché. 16 Ap-
prochons-nous donc avec assuran-
ce du trône de la grâce afin d'obte-
nir compassion et de trouver grâce
pour être secourus au moment op-
portun.

5 En effet, tout grand-prêtre pris
parmi les hommes est établi
en faveur des hommes dans le ser-
vice de Dieu afin de présenter des
offrandes et des sacrifices pour les
péchés. 2 Il peut avoir de la com-
préhension pour les personnes
ignorantes et égarées, puisqu'il est
lui-même aussi sujet à la faiblesse.
3 C'est d'ailleurs à cause de cette
faiblesse qu'il doit offrir des sacri-
fices pour ses propres péchés aussi
bien que pour ceux du peuple.
4 Personne ne peut s'attribuer l'hon-
neur de cette charge à moins d'être
appelé par Dieu comme l'a été
Aaron. 5 Christ non plus ne s'est pas
attribué la gloire de devenir grand-
prêtre, il la tient de celui qui lui a
dit: *Tu es mon Fils, je t'ai engendré
aujourd'hui!*[n] 6 Il dit aussi ailleurs:
*Tu es prêtre pour toujours à la ma-
nière de Melchisédek.*[n]
7 Pendant sa vie terrestre, Christ a
présenté avec de grands cris et avec
larmes des prières et des supplica-
tions à celui qui pouvait le sauver
de la mort, et il a été exaucé à cau-
se de sa piété. 8 Ainsi, bien qu'étant
Fils, il a appris l'obéissance par ce
qu'il a souffert. 9 Et parfaitement
qualifié, il est devenu pour tous
ceux qui lui obéissent l'auteur d'un
salut éternel, 10 car Dieu l'a déclaré
grand-prêtre à la manière de Mel-
chisédek.
11 Nous avons beaucoup à dire à ce
sujet, et des choses difficiles à ex-
pliquer parce que vous êtes deve-
nus lents à comprendre. 12 Alors
que vous devriez avec le temps
être des enseignants, vous en êtes
au point d'avoir besoin qu'on vous
enseigne les éléments de base de
la révélation de Dieu; vous en êtes

4.8 *Josué*: successeur de Moïse à la tête d'Israël; c'est lui qui a fait entrer le peuple dans le pays promis. **4.12** *Pénétrante... esprit*: ou *elle pénètre jusqu'au domaine de l'âme et de l'esprit.* **5.5** *Tu es... aujourd'hui*: reprise de la citation du Psaume 2.7 (voir 1.5). **5.6** *Tu es... Melchisédek*: citation du Psaume 110.4.

arrivés à avoir besoin de lait et non
d'une nourriture solide. 13 Or celui
qui en est au lait est inexpérimen-
té dans la parole de justice, car il
est un petit enfant. 14 Mais la nour-
riture solide est pour les adultes,
pour ceux qui, en raison de leur
expérience, ont le jugement exer-
cé à discerner ce qui est bien et ce
qui est mal.

6 C'est pourquoi, laissant les ba-
ses de l'enseignement relatif
au Messie[n], tendons vers la matu-
rité sans avoir à reposer le fonde-
ment du renoncement aux œuvres
mortes, de la foi en Dieu, 2 de l'en-
seignement concernant les baptê-
mes[n] et l'imposition des mains, de
la résurrection des morts et du ju-
gement éternel. 3 C'est ce que nous
ferons, si Dieu le permet.
4 En effet, ceux qui ont été une fois
éclairés, qui ont goûté au don céles-
te, qui ont eu part au Saint-Esprit,
5 qui ont goûté à la bonne parole de
Dieu et aux puissances du monde
à venir, 6 et qui pourtant sont tom-
bés, il est impossible de les amener
une nouvelle fois à changer d'atti-
tude, puisqu'ils crucifient de nou-
veau pour eux-mêmes le Fils de
Dieu et le déshonorent publique-
ment. 7 Lorsqu'une terre arrosée
de pluies fréquentes produit des
plantes utiles à ceux pour qui elle
est cultivée, elle reçoit de Dieu sa
part de bénédiction. 8 Mais si elle
produit des ronces et des chardons,
elle est jugée sans valeur, bien près
d'être maudite, et on finit par y
mettre le feu.
9 Même si nous parlons ainsi, bien-
aimés, nous sommes convaincus
qu'en ce qui vous concerne vous
avez la meilleure part, celle qui est
favorable au salut. 10 En effet, Dieu
n'est pas injuste pour oublier vo-
tre œuvre et [le travail de] votre
amour. Vous avez démontré votre
amour pour son nom par les ser-
vices que vous avez rendus et que
vous rendez encore aux saints[n], 11 et
nous désirons que chacun de vous
fasse preuve du même zèle pour
conserver jusqu'à la fin une pleine
espérance. 12 Ainsi vous ne vous
relâcherez pas, mais vous imiterez
ceux qui, par la foi et la patience,
reçoivent l'héritage promis.
13 Lorsque Dieu a fait la promesse
à Abraham, comme il ne pouvait
pas prêter serment par plus grand
que lui, *il a juré par lui-même* 14 en
disant: *Certainement, je te comble-*
rai de bénédictions et je multiplie-
rai ta descendance[n]. 15 C'est ainsi
qu'après une attente patiente Abra-
ham a obtenu ce qui lui avait été
promis.
16 Or, les hommes jurent par plus
grand qu'eux et le serment est une
garantie qui met fin à toute contes-
tation. 17 C'est pourquoi Dieu, vou-
lant montrer plus clairement en-
core aux héritiers de la promesse
le caractère irrévocable de sa déci-
sion, est intervenu par un serment.
18 Ainsi, par deux actes irrévocables
dans lesquels il est impossible que
Dieu mente, nous sommes puis-
samment encouragés, nous dont
le seul refuge a été de saisir l'es-
pérance qui nous était proposée.
19 Cette espérance, nous la possé-
dons comme une ancre solide et
sûre de l'âme; elle pénètre derrière

6.1 *Messie*: ou *oint de Dieu*, en grec *Christos*. Les Juifs attendaient, d'après les promesses de l'Ancien Testament, la venue d'une personne désignée par Dieu, qui leur apporterait la délivrance. **6.2** *Baptêmes*: possible allusion aux différents baptêmes juifs, au baptême de Jean et au baptême chrétien. **6.10** *Saints*: manière de désigner les chrétiens en tant que personnes consacrées à Dieu et appelées à avoir le comportement qui découle de leur appartenance à ce Dieu. **6.13-14** *Il a juré… descendance*: citation de Genèse 22.16, 17.

le voile[n], 20 là où Jésus, établi *grand-
prêtre pour toujours à la manière de
Melchisédek*, est entré pour nous en
précurseur.

Supériorité de Melchisédek sur les Lévites

7 Ce Melchisédek était roi de Sa-
lem et prêtre du Dieu très-haut.
Il est allé à la rencontre d'Abraham
alors que celui-ci revenait de la dé-
faite infligée aux rois; il l'a béni 2 et
*Abraham lui a donné la dîme de
tout*[n]. D'après la signification de
son nom, Melchisédek est d'abord
roi de justice; ensuite il est roi de
Salem, c'est-à-dire roi de paix. 3 On
ne lui connaît ni père ni mère, ni
généalogie, ni commencement de
jours ni fin de vie, mais, rendu sem-
blable au Fils de Dieu, il reste prêtre
pour toujours.
4 Remarquez quelle est la grandeur
de ce personnage, puisque le patriar-
che Abraham lui a donné [même]
le dixième de son butin. 5 D'après
la loi, ceux des descendants de Lévi
qui remplissent la fonction de prê-
tre ont l'ordre de prélever la dîme
sur le peuple, c'est-à-dire sur leurs
frères, qui sont pourtant issus d'Abra-
ham. 6 Mais Melchisédek, bien que
ne figurant pas dans leur généalo-
gie, a prélevé la dîme sur Abraham,
et il a béni celui qui avait les pro-
messes. 7 Or, indiscutablement,
c'est l'inférieur qui est béni par le
supérieur. 8 De plus, dans le cas des
descendants de Lévi, ceux qui per-
çoivent la dîme sont des hommes
mortels, tandis que dans le cas de
Melchisédek, c'est quelqu'un dont
on atteste qu'il est vivant. 9 En outre
Lévi, qui perçoit la dîme, l'a pour
ainsi dire aussi payée par l'intermé-
diaire d'Abraham. 10 Il était en effet
encore dans les reins de son ancê-
tre lorsque Melchisédek est allé à la
rencontre d'Abraham.
11 Si donc la perfection avait été
possible à travers le ministère des
prêtres lévitiques – car c'est bien
sur lui que repose la loi donnée au
peuple – était-il encore nécessaire
que surgisse un autre prêtre, éta-
bli à la manière de Melchisédek, et
qu'il soit présenté comme n'étant
pas établi à la manière d'Aaron?
12 Puisque le ministère de prêtre a
été changé, il y a nécessairement
aussi un changement de loi. 13 En
effet, celui que visent les passages
cités appartient à une autre tribu,
dont aucun membre n'a fait le ser-
vice de l'autel. 14 De fait, il est par-
faitement clair que notre Seigneur
est issu de Juda, tribu dont Moïse
n'a absolument pas parlé concer-
nant la fonction de prêtre. 15 C'est
plus évident encore quand cet autre
prêtre qui surgit est semblable à
Melchisédek, 16 établi non d'après
un principe de filiation prescrit
par la loi, mais d'après la puissan-
ce d'une vie impérissable. 17 De fait,
ce témoignage lui est rendu: *Tu es
prêtre pour toujours à la manière de
Melchisédek*.[n] 18 Il y a ainsi aboli-
tion de la règle précédente à cause
de son impuissance et de son inu-
tilité, 19 puisque la loi n'a rien ame-
né à la perfection. Mais par ailleurs,
il y a l'introduction d'une meilleure
espérance, par laquelle nous nous
approchons de Dieu.
20 Cela ne s'est pas fait sans pres-
tation de serment. 21 En effet, si les
Lévites sont devenus prêtres sans
qu'un serment soit prêté, Jésus l'est
devenu à travers le serment prêté

6.19 *Voile*: allusion au rideau qui séparait le lieu saint du lieu très saint, où seul le grand-prêtre pouvait entrer une fois par an. **7.2** *Abraham… tout*: citation de Genèse 14.20. **7.17** *Tu es… Melchisédek*: reprise de la citation du Psaume 110.4 (voir 5.6).

par Dieu qui lui a dit: *Le Seigneur*
l'a juré, et il ne se rétractera pas: 'Tu
es prêtre pour toujours [à la manière
de Melchisédek].' 22 C'est pour cela
que Jésus est le garant d'une bien
meilleure alliance.
23 De plus, il y a eu des prêtres léviti-
ques en assez grand nombre, parce
que la mort les empêchait de rester
en fonction; 24 mais lui, parce qu'il
demeure éternellement, possède la
fonction de prêtre qui ne se trans-
met pas. 25 Par conséquent, il peut
aussi sauver parfaitement ceux qui
s'approchent de Dieu à travers lui,
puisqu'il est toujours vivant pour
intercéder en leur faveur.
26 C'est bien un tel grand-prêtre
qu'il nous fallait: saint, irréprocha-
ble, sans souillure, séparé des pé-
cheurs et plus élevé que le ciel. 27 Il
n'a pas besoin comme les autres
grands-prêtres d'offrir chaque jour
des sacrifices, d'abord pour ses pro-
pres péchés, ensuite pour ceux du
peuple, car il a accompli ce service
une fois pour toutes en s'offrant lui-
même en sacrifice. 28 En effet, la loi
établit comme grands-prêtres des
hommes sujets à la faiblesse, tan-
dis que la parole du serment pro-
noncé après l'instauration de la
loi[n] établit le Fils, qui est parfait
pour l'éternité.

Imperfection de l'ancienne alliance

8 Le point capital de ce qui vient
d'être dit, c'est que nous avons
bien un tel grand-prêtre, qui s'est
assis à la droite du trône de la ma-
jesté divine dans le ciel 2 et accom-
plit son service dans le sanctuaire,
dans le véritable tabernacle[n], celui
qui a été dressé par le Seigneur et
non par un être humain.
3 Tout grand-prêtre est établi pour
présenter des offrandes et des sa-
crifices; il est donc nécessaire que
Jésus lui aussi ait quelque chose à
présenter. 4 Certes, s'il était sur la
terre, il ne serait même pas prêtre,
car là se trouvent les prêtres qui
présentent les offrandes conformé-
ment à la loi. 5 Or, ils célèbrent un
culte qui n'est que la copie et l'om-
bre des réalités célestes. Moïse en
avait été averti alors qu'il allait
construire le tabernacle: *Regarde*,
lui dit en effet le Seigneur, *et fais*
tout d'après le modèle qui t'a été
montré sur la montagne[n]. 6 Mais
en réalité, Jésus possède un servi-
ce bien supérieur, et ce d'autant
plus qu'il est le médiateur d'une
meilleure alliance, fondée sur de
meilleures promesses.
7 En effet, si la première alliance
avait été irréprochable, il n'aurait
pas été question de la remplacer
par une seconde. 8 De fait, c'est
bien comme un reproche que le Sei-
gneur dit à son peuple: *Voici que les*
jours viennent, dit le Seigneur, où je
conclurai avec la communauté d'Is-
raël et la communauté de Juda une
alliance nouvelle. 9 *Elle ne sera pas*
comme l'alliance que j'ai conclue
avec leurs ancêtres le jour où je les
ai pris par la main pour les faire
sortir d'Egypte. Comme ils n'ont pas
persévéré dans mon alliance, moi
non plus je ne me suis pas soucié
d'eux, dit le Seigneur. 10 *Mais voici*
l'alliance que je ferai avec la com-
munauté d'Israël après ces jours-là,
dit le Seigneur: je mettrai mes lois

7.28 *Serment... loi*: écrit par David vers 1000 av. J.-C., le Psaume 110 où apparaît ce serment (voir la citation au verset 21) est en effet postérieur de 300 à 500 ans à la révélation de la loi à Moïse.
8.2 *Tabernacle*: allusion à la tente que Dieu avait ordonné de dresser en guise de temple pendant le séjour des Israélites dans le désert. **8.5** *Regarde... montagne*: citation d'Exode 25.40, épisode situé au mont Sinaï après la conclusion de l'alliance entre l'Eternel et Israël, lors des instructions pour la construction du tabernacle.

dans leur esprit, je les écrirai dans
leur cœur, je serai leur Dieu et ils se-
ront mon peuple. 11 *Personne n'en-*
seignera plus son concitoyen ni son
frère en disant: 'Tu dois connaître le
Seigneur!' car tous me connaîtront,
depuis le plus petit jusqu'au plus
grand d'entre eux. 12 *En effet, je par-*
donnerai leurs injustices et je ne me
souviendrai plus de leurs péchés [ni
de leurs fautes].[n] 13 En parlant d'une
alliance *nouvelle,* le Seigneur a dé-
claré ancienne la première. Or ce
qui est ancien, ce qui a vieilli, est
près de disparaître.

Le sanctuaire de la nouvelle alliance

9 La première alliance avait donc
des règles relatives au culte et
un sanctuaire terrestre. 2 En effet,
un tabernacle avait été édifié. La
première partie de cette tente, ap-
pelée le lieu saint, abritait le chan-
delier, la table et les pains consa-
crés. 3 Derrière le second voile se
trouvait la partie du tabernacle ap-
pelée le lieu très saint; 4 elle abritait
l'encensoir en or pour les parfums
ainsi que l'arche de l'alliance, en-
tièrement recouverte d'or. Ce cof-
fre contenait un vase d'or rempli
de manne[n], le bâton d'Aaron qui
avait fleuri et les tables de l'allian-
ce[n]. 5 Au-dessus de l'arche se trou-
vaient les glorieux chérubins qui
couvraient le propitiatoire[n] de leur
ombre. Ce n'est pas le moment de
parler en détail là-dessus. 6 L'en-
semble étant ainsi disposé, les prê-
tres qui font le service entrent en
tout temps dans la première partie
du tabernacle. 7 Mais dans la secon-
de, seul le grand-prêtre entre, et ce
une fois par an, non sans y apporter
du sang qu'il offre pour lui-même
et pour les péchés du peuple.
8 Le Saint-Esprit montrait par là que
le chemin du lieu très saint n'était
pas révélé tant que le premier taber-
nacle était dressé. 9 C'est une illus-
tration pour le temps présent; elle
signifie que les dons et les sacrifices
présentés ne peuvent pas rendre
parfait, sur le plan de la conscien-
ce, celui qui prend part à ce culte.
10 Avec les aliments, les boissons,
les diverses ablutions et les règles
relatives au corps, c'étaient des
prescriptions imposées seulement
jusqu'à une époque de réforme.
11 Quant à Christ, il est venu comme
grand-prêtre des biens à venir. Il a
traversé le tabernacle plus grand et
plus parfait qui n'est pas construit
par la main de l'homme – c'est-à-
dire qui n'appartient pas à cette
création – 12 et il est entré une fois
pour toutes dans le lieu très saint,
non pas avec le sang de boucs et
de jeunes taureaux, mais avec son
propre sang. Il nous a ainsi obte-
nu un rachat éternel. 13 En effet, le
sang des boucs et des taureaux ain-
si que la cendre d'une vache, dont
on asperge ceux qui sont souillés,
les rendent saints en leur procu-
rant une pureté rituelle. 14 Si tel est
le cas, le sang de Christ, qui s'est
offert lui-même à Dieu par l'Esprit
éternel comme une victime sans
défaut, purifiera d'autant plus votre
conscience des œuvres mortes afin
que vous serviez le Dieu vivant!
15 Voici pourquoi il est le média-
teur d'une alliance nouvelle: sa
mort est intervenue pour le rachat
des transgressions commises sous
la première alliance afin que ceux

8.8-12 *Voici... leurs fautes*: citation de Jérémie 31.31-34. **9.4** *Manne*: nourriture miraculeuse des Israélites dans le désert, dont Dieu avait ordonné de conserver une certaine quantité. **9.4** *Tables de l'alliance*: tablettes de pierre portant les dix commandements, données par Dieu à Moïse lors de la conclusion de la première alliance au mont Sinaï. **9.5** *Propitiatoire*: couvercle du coffre de l'arche de l'alliance; deux chérubins, créatures ailées, avaient été façonnés et placés sur ce couvercle.

qui ont été appelés reçoivent l'hé-
ritage éternel promis. 16 En effet, là
où il y a un testament[n], il est néces-
saire que la mort du testateur soit
constatée. 17 Un testament n'entre
en vigueur qu'en cas de décès, puis-
qu'il n'a aucun effet tant que le tes-
tateur vit. 18 C'est pourquoi, même
la première alliance a été inaugu-
rée avec du sang. 19 Après avoir pro-
noncé devant le peuple entier tous
les commandements conformé-
ment à la loi, Moïse a pris le sang
des jeunes taureaux et des boucs
ainsi que de l'eau, de la laine écar-
late et de l'hysope, et il a aspergé le
livre lui-même et tout le peuple en
disant: 20 *Voici le sang de l'alliance
que Dieu a prescrite pour vous.*[n] 21 Il
a aussi aspergé avec le sang le ta-
bernacle et tous les ustensiles du
culte. 22 Or, d'après la loi, presque
tout est purifié avec du sang et, s'il
n'y a pas de sang versé, il n'y a pas
de pardon.
23 S'il était nécessaire de purifier
de cette manière ce qui n'était que
l'image des réalités célestes, il fal-
lait que les réalités célestes elles-
mêmes soient purifiées par des
sacrifices meilleurs encore que
ceux-là. 24 En effet, Christ n'est pas
entré dans un sanctuaire fait par la
main de l'homme, dans une simple
copie du véritable, mais il est entré
dans le ciel même afin de se pré-
senter maintenant pour nous de-
vant Dieu. 25 Et ce n'est pas pour
s'offrir lui-même plusieurs fois
qu'il y est entré, comme le grand-
prêtre qui entre chaque année
dans le sanctuaire pour offrir un
autre sang que le sien; 26 si tel avait
été le cas, il aurait dû souffrir plu-
sieurs fois depuis la création du
monde. Mais maintenant, à la fin
des temps, il s'est révélé une seu-
le fois pour abolir le péché par son
sacrifice.
27 Il est réservé aux êtres humains
de mourir une seule fois, après
quoi vient le jugement. 28 De même,
Christ s'est offert une seule fois
pour porter les péchés de beau-
coup d'hommes, puis il apparaî-
tra une seconde fois, sans rapport
avec le péché[n], à ceux qui l'atten-
dent pour leur salut.

Le sacrifice de la nouvelle alliance

10 La loi, en effet, possède une
ombre des biens à venir, et
non l'exacte représentation de la
réalité; elle ne peut jamais, par l'of-
frande annuelle et toujours répé-
tée des mêmes sacrifices, conduire
à la perfection ceux qui y partici-
pent. 2 Sinon, n'aurait-on pas ces-
sé de les offrir? Ceux qui rendent
ce culte, purifiés une fois pour tou-
tes, n'auraient en effet plus du tout
conscience de leurs péchés. 3 Mais
en réalité, le souvenir des péchés
est rappelé chaque année par ces
sacrifices, 4 car il est impossible que
le sang de taureaux et de boucs en-
lève les péchés.
5 C'est pourquoi, en entrant dans le
monde, Christ dit: *Tu n'as voulu ni
sacrifices ni offrandes, mais tu m'as
formé un corps;* 6 *tu n'as accepté ni
holocaustes ni sacrifices pour le pé-
ché,* 7 *alors j'ai dit: 'Me voici, je viens
– dans le rouleau du livre il est écrit
à mon sujet – pour faire, ô Dieu, ta
volonté.'*[n]
8 Il a d'abord dit: *Tu n'as voulu et tu
n'as accepté ni sacrifices ni offran-
des, ni holocaustes ni sacrifices pour
le péché* – qui sont pourtant offerts

9.16 *Testament*: même mot grec que *alliance*. **9.20** *Voici... vous*: citation d'Exode 24.8. **9.28** *Sans... péché*: c'est-à-dire pas pour abolir le péché, contrairement à l'objectif de sa première venue. **10.5-7** *Tu n'as voulu... ta volonté*: citation du Psaume 40.7-9.

conformément à la loi – 9 et ensuite
il a déclaré: *Me voici, je viens, [ô
Dieu,] pour faire ta volonté.* Il abolit
ainsi le premier culte pour établir le
second. 10 Et c'est en raison de cette
volonté que nous avons été rendus
saints par l'offrande du corps de
Jésus-Christ une fois pour toutes.
11 Tout prêtre se tient chaque jour
debout pour faire le service et offrir
fréquemment les mêmes sacrifices,
qui ne peuvent jamais enlever les
péchés, 12 tandis que Christ, après
avoir offert un seul sacrifice pour
les péchés, s'est assis pour toujours
à la droite de Dieu. 13 Il attend dé-
sormais que ses ennemis soient ré-
duits à lui servir de marchepied.
14 En effet, par une seule offrande il
a conduit à la perfection pour tou-
jours ceux qu'il rend saints. 15 C'est
ce que le Saint-Esprit nous attes-
te aussi, car après avoir dit: 16 *Voici
l'alliance que je ferai avec eux après
ces jours-là, dit le Seigneur: je met-
trai mes lois dans leur cœur et je les
écrirai dans leur esprit,* 17 il ajoute:
*Je ne me souviendrai plus de leurs
péchés ni de leurs fautes.*[n]
18 Or là où il y a pardon des péchés,
il n'y a plus à présenter d'offran-
de pour le péché. 19 Ainsi, frères et
sœurs, nous avons par le sang de Jé-
sus l'assurance d'un libre accès au
sanctuaire. 20 Cette route nouvelle
et vivante, il l'a inaugurée pour nous
au travers du voile, c'est-à-dire de
son propre corps. 21 De plus, nous
avons un souverain prêtre établi
sur la maison de Dieu. 22 Appro-
chons-nous donc avec un cœur sin-
cère, une foi inébranlable, le cœur
purifié d'une mauvaise conscience
et le corps lavé d'une eau pure.

PERSÉVÉRANCE DANS LA FOI 10.23–13.25

Persévérer dans l'espérance

23 Retenons fermement l'espérance
que nous proclamons, car celui
qui a fait la promesse est fidèle.
24 Veillons les uns sur les autres
pour nous inciter à l'amour et à de
belles œuvres. 25 N'abandonnons
pas notre assemblée, comme cer-
tains en ont l'habitude, mais en-
courageons-nous mutuellement.
Faites cela d'autant plus que vous
voyez s'approcher le jour. 26 En ef-
fet, si nous péchons volontairement
après avoir reçu la connaissance
de la vérité, il ne reste plus de sa-
crifice pour les péchés, 27 mais une
terrible attente du jugement et l'ar-
deur du *feu qui dévorera les adver-
saires de Dieu*[n]. 28 Celui qui a violé
la loi de Moïse *est mis à mort* sans
pitié, *sur la déposition de deux ou
de trois témoins*[n]. 29 Quelle peine
bien plus sévère méritera-t-il donc,
à votre avis, celui qui aura foulé
aux pieds le Fils de Dieu, qui aura
jugé sans valeur le sang de l'allian-
ce grâce auquel il a été déclaré saint
et aura insulté l'Esprit de la grâce?
30 Nous connaissons en effet celui
qui a dit: *C'est à moi qu'appartient
la vengeance, c'est moi qui donnerai
à chacun ce qu'il mérite!* Il a ajou-
té: *Le Seigneur jugera son peuple.*[n]
31 Oui, c'est une chose terrible que
de tomber entre les mains du Dieu
vivant.
32 Souvenez-vous des premiers
jours: après avoir été éclairés[n], vous
avez supporté un grand et doulou-
reux combat. 33 Tantôt vous étiez
publiquement exposés aux injures
et aux persécutions, tantôt vous

10.16-17 *Voici... fautes*: reprise de la citation de Jérémie 31.33, 34 (voir 8.10, 12). **10.27** *Feu... de Dieu*: citation d'Esaïe 26.11. **10.28** *Est mis... témoins*: citation de Deutéronome 17.6. **10.30** *C'est à moi... peuple*: citation de Deutéronome 32.35, 36. **10.32** *Après avoir été éclairés*: c'est-à-dire après que Dieu a ouvert leurs yeux à la vérité et qu'ils se sont convertis.

vous montriez solidaires de ceux
qui se trouvaient dans la même si-
tuation. 34 En effet, vous avez eu de
la compassion pour moi dans ma
prison et vous avez accepté avec
joie qu'on prenne vos biens, sa-
chant que vous aviez [au ciel] des
richesses meilleures et qui durent
toujours.
35 N'abandonnez donc pas votre
assurance, qui est porteuse d'une
grande récompense. 36 Oui, vous
avez besoin de persévérance pour
accomplir la volonté de Dieu et ob-
tenir ainsi ce qui vous est promis.
37 Encore bien peu, bien peu de
temps, et *celui qui doit venir vien-
dra, il ne tardera pas.* 38 *Et le juste vi-
vra par la foi; mais s'il revient en ar-
rière, je ne prends pas plaisir en lui.*[n]
39 Quant à nous, nous ne faisons
pas partie de ceux qui reviennent
en arrière pour leur perte, mais de
ceux qui ont la foi pour le salut de
leur âme.

Exemples de foi

11 Or la foi, c'est la ferme assu-
rance des choses qu'on espè-
re, la démonstration de celles qu'on
ne voit pas. 2 C'est à cause d'elle que
les anciens ont reçu un témoignage
favorable. 3 Par la foi, nous compre-
nons que l'univers a été formé par
la parole de Dieu, de sorte que le
monde visible n'a pas été fait à par-
tir des choses visibles.
4 C'est par la foi qu'Abel a offert à
Dieu un sacrifice plus grand que
celui de Caïn; c'est grâce à elle qu'il
a été déclaré juste, car Dieu approu-
vait ses offrandes, et c'est par elle
qu'il parle encore bien qu'étant
mort.
5 C'est à cause de sa foi qu'Hénoc
a été enlevé pour échapper à la
mort, et *on ne l'a plus retrouvé par-
ce que Dieu l'avait enlevé*[n]. Avant
d'être enlevé, il avait en effet reçu
le témoignage qu'il était agréable à
Dieu. 6 Or, sans la foi, il est impos-
sible d'être agréable à Dieu, car il
faut que celui qui s'approche de lui
croie que Dieu existe et qu'il récom-
pense ceux qui le cherchent.
7 C'est par la foi que Noé, averti des
événements que l'on ne voyait pas
encore et rempli d'une crainte res-
pectueuse, a construit une arche
pour sauver sa famille. C'est par
elle qu'il a condamné le monde
et est devenu héritier de la justice
qui s'obtient par la foi.
8 C'est par la foi qu'Abraham a obéi
lorsque Dieu l'a appelé et qu'il est
parti pour le pays qu'il devait rece-
voir en héritage. Et il est parti sans
savoir où il allait. 9 C'est par la foi
qu'il est venu s'installer dans le
pays promis comme dans un pays
étranger. Il y a habité sous des ten-
tes, ainsi qu'Isaac et Jacob, les cohé-
ritiers de la même promesse, 10 car
il attendait la cité qui a de solides
fondations, celle dont Dieu est l'ar-
chitecte et le constructeur.
11 C'est aussi par la foi que Sara elle-
même a été rendue capable d'avoir
une descendance. Malgré son âge
avancé, elle a donné naissance à
un enfant parce qu'elle a cru à la fi-
délité de celui qui avait fait la pro-
messe. 12 C'est pourquoi d'un seul
homme, pourtant déjà marqué par
la mort, est née une descendance
*aussi nombreuse que les étoiles du
ciel, pareille au sable qui est au bord
de la mer et qu'on ne peut comp-
ter*[n].
13 C'est dans la foi qu'ils sont tous
morts, sans avoir reçu les biens
promis, mais ils les ont vus et sa-

10.37-38 *Celui... en lui*: citation d'Habakuk 2.3-4. **11.5** *On ne l'a plus... enlevé*: citation de Genèse 5.24 d'après la Septante. **11.12** *Aussi... compter*: citation de Genèse 22.17 complétée par Genèse 32.13.

lués de loin, et ils ont reconnu qu'ils
étaient étrangers et voyageurs sur
la terre. 14 Ceux qui parlent ainsi
montrent qu'ils cherchent une pa-
trie. 15 S'ils avaient eu la nostalgie
de celle qu'ils avaient quittée, ils
auraient eu le temps d'y retourner.
16 Mais en réalité, ils désirent une
meilleure patrie, c'est-à-dire la pa-
trie céleste. C'est pourquoi Dieu n'a
pas honte d'être appelé leur Dieu,
car il leur a préparé une cité[n].
17 C'est par la foi qu'Abraham a
offert Isaac lorsqu'il a été mis à
l'épreuve. Oui, il a offert son fils
unique en sacrifice, bien qu'il ait
reçu les promesses 18 et que Dieu
lui ait dit: *C'est par Isaac qu'une des-
cendance te sera assurée.*[n] 19 Il pen-
sait que Dieu était capable même
de le ressusciter des morts. C'est
pourquoi il a retrouvé son fils par
une sorte de résurrection.
20 C'est par la foi qu'Isaac a béni
Jacob et Esaü en vue de l'avenir.
21 C'est par la foi que Jacob, au mo-
ment de sa mort, a béni chacun des
fils de Joseph et *s'est prosterné, ap-
puyé sur l'extrémité de son bâton*[n].
22 C'est par la foi que Joseph, à la fin
de sa vie, a fait mention de la sor-
tie d'Egypte des Israélites et a don-
né des ordres au sujet de ses osse-
ments.
23 C'est par la foi que Moïse, à sa
naissance, a été caché pendant trois
mois par ses parents. Ils avaient en
effet vu que l'enfant était beau, et
ils n'ont pas eu peur de l'ordre du
roi[n].
24 C'est par la foi que Moïse, deve-
nu grand, a refusé d'être appelé fils
de la fille du pharaon. 25 Il préfé-
rait être maltraité avec le peuple de
Dieu plutôt que d'avoir momenta-
nément la jouissance du péché. 26 Il
considérait l'humiliation attachée
au Messie comme une richesse plus
grande que les trésors de l'Egypte,
car il avait le regard fixé sur la ré-
compense à venir. 27 C'est par la foi
qu'il a quitté l'Egypte sans craindre
la colère du roi, car il s'est montré
déterminé, comme s'il voyait celui
qui est invisible.
28 C'est par la foi qu'il a célébré la
Pâque et versé du sang afin que le
destructeur[n] ne touche pas aux pre-
miers-nés des Israélites. 29 C'est par
la foi qu'ils ont traversé la mer Rou-
ge comme un terrain sec, tandis
que les Egyptiens ont été engloutis
lorsqu'ils ont tenté de passer.
30 C'est par la foi que les murailles
de Jéricho sont tombées après que
le peuple en avait fait le tour pen-
dant sept jours.
31 C'est par la foi que Rahab, la
prostituée, n'est pas morte avec les
non-croyants, parce qu'elle avait
accueilli les espions avec bien-
veillance.
32 Et que dirais-je encore? Le temps
me manquerait en effet pour par-
ler de Gédéon, de Barak, de Sam-
son, de Jephthé, de David, de Sa-
muel et des prophètes. 33 Par la foi,
ils ont vaincu des royaumes, exer-
cé la justice, obtenu la réalisation
de promesses, fermé la gueule de
lions, 34 éteint la puissance du feu,
échappé au tranchant de l'épée,
repris des forces après une mala-
die, été vaillants à la guerre, mis en
fuite des armées étrangères. 35 Des
femmes ont retrouvé leurs morts
par la résurrection. D'autres ont
été torturés et n'ont pas accepté de

11.16 *Une cité*: c'est-à-dire la Jérusalem céleste (voir 12.22; Apocalypse 21). **11.18** *C'est par... assurée*: citation de Genèse 21.12. **11.21** *S'est... bâton*: citation de Genèse 47.31 d'après la Septante. **11.23** *L'ordre du roi*: le roi d'Egypte avait ordonné de tuer tous les enfants de sexe masculin qui naissaient parmi les Israélites. **11.28** *Le destructeur*: probablement un ange chargé d'exécuter le jugement de Dieu.

délivrance afin d'obtenir une meil-
leure résurrection. 36 D'autres enco-
re ont subi les moqueries et le fouet,
les chaînes et la prison. 37 Ils ont été
lapidés, sciés, [mis à l'épreuve]. Ils
sont morts tués par l'épée. Ils sont
allés d'un endroit à l'autre, habillés
de peaux de brebis ou de chèvre,
privés de tout, persécutés, maltrai-
tés, 38 eux dont le monde n'était pas
digne. Ils erraient dans les déserts
et les montagnes, dans les grottes et
les abris de la terre. 39 Tous ceux-là,
bien qu'ayant reçu un bon témoi-
gnage grâce à leur foi, n'ont pas ob-
tenu ce qui leur était promis, 40 car
Dieu avait en vue quelque chose
de meilleur pour nous. Ainsi, ils
ne devaient pas parvenir sans nous
à la perfection.

Persévérer dans la vie chrétienne

12 Nous donc aussi, puisque
nous sommes entourés
d'une si grande nuée de témoins,
rejetons tout fardeau et le péché
qui nous enveloppe si facilement,
et courons avec persévérance
l'épreuve qui nous est proposée.
2 Faisons-le en gardant les regards
sur Jésus, qui fait naître la foi et la
mène à la perfection. En échan-
ge de la joie qui lui était réservée,
il a souffert la croix en méprisant
la honte qui s'y attachait et il s'est
assis à la droite du trône de Dieu.
3 Pensez en effet à celui qui a sup-
porté une telle opposition contre
lui de la part des pécheurs, afin
de ne pas vous laisser abattre par le
découragement.
4 Vous n'avez pas encore résisté
jusqu'au sang dans votre combat
contre le péché 5 et vous avez ou-
blié l'encouragement qui vous est
adressé comme à des fils: *Mon
fils, ne méprise pas la correction
du Seigneur et ne perds pas coura-
ge lorsqu'il te reprend.* 6 *En effet, le
Seigneur corrige celui qu'il aime et il
punit tous ceux qu'il reconnaît com-
me ses fils.*[n]
7 Supportez la correction: c'est com-
me des fils que Dieu vous traite.
Quel est le fils qu'un père ne corri-
ge pas? 8 Mais si vous êtes dispen-
sés de la correction à laquelle tous
ont part, c'est donc que vous êtes
des enfants illégitimes et non des
fils. 9 D'ailleurs, puisque nos pères
terrestres nous ont corrigés et que
nous les avons respectés, ne devons-
nous pas d'autant plus nous sou-
mettre à notre Père céleste[n] pour
avoir la vie? 10 Nos pères nous corri-
geaient pour un peu de temps, com-
me ils le trouvaient bon, tandis que
Dieu le fait pour notre bien, afin
que nous participions à sa sainte-
té. 11 Certes, au premier abord, tou-
te correction semble un sujet de
tristesse, et non de joie, mais elle
produit plus tard chez ceux qu'elle
a ainsi exercés un fruit porteur de
paix: la justice.
12 *Fortifiez donc vos mains défail-
lantes et vos genoux flageolants*[n]
13 et *faites des voies droites pour vos
pieds*[n], afin que ce qui est boiteux
ne se démette pas mais plutôt soit
guéri. 14 Recherchez la paix avec
tous et la progression dans la sain-
teté: sans elle, personne ne verra le
Seigneur. 15 Veillez à ce que person-
ne ne se prive de la grâce de Dieu,
à ce qu'aucune racine d'amertu-
me, produisant des rejetons, ne
cause du trouble et que beaucoup
n'en soient infectés. 16 Veillez à ce
qu'aucun de vous ne fasse preuve

12.5-6 *Mon fils... ses fils*: citation de Proverbes 3.11-12. **12.9** *A notre Père céleste*: littéralement *au père des esprits*. **12.12** *Fortifiez... flageolants*: renvoi à Esaïe 35.3. **12.13** *Faites... pieds*: citation de Proverbes 4.26.

d'immoralité sexuelle ou ne se
montre profanateur comme Esaü,
qui pour un seul repas a vendu son
droit d'aînesse[n]. 17 Vous savez que
plus tard il a voulu obtenir la béné-
diction mais a été rejeté; en effet, il
n'a pas pu amener son père à chan-
ger d'attitude, bien qu'il l'ait cher-
ché avec larmes.
18 Vous ne vous êtes pas approchés
d'une montagne qu'on pouvait tou-
cher et qui était embrasée par le
feu, ni de l'obscurité, ni des ténè-
bres, ni de la tempête, 19 ni du re-
tentissement de la trompette, ni du
bruit des paroles. Ce bruit était tel
que ceux qui l'ont entendu ont refu-
sé qu'il leur soit adressé un mot de
plus. 20 Ils ne supportaient pas, en
effet, cette consigne: *Si même une
bête touche la montagne, elle sera
lapidée.*[n] 21 Le spectacle était si ter-
rifiant que Moïse a dit: *Je suis épou-
vanté et tremblant de peur!*[n]
22 Au contraire, vous vous êtes ap-
prochés du mont Sion, de la cité du
Dieu vivant, la Jérusalem céleste,
et ses dizaines de milliers d'anges
23 en fête, de l'assemblée des pre-
miers-nés inscrits dans le ciel. Vous
vous êtes approchés de Dieu qui est
le juge de tous, des esprits des jus-
tes parvenus à la perfection, 24 de
Jésus, qui est le médiateur d'une al-
liance nouvelle, et du sang purifica-
teur porteur d'un meilleur message
que celui d'Abel.
25 Faites attention! Ne refusez pas
d'écouter celui qui parle. En ef-
fet, les hommes qui ont rejeté ce-
lui qui les avertissait sur la terre
n'en ont pas réchappé. Combien
moins échapperons-nous si nous
nous détournons de celui qui parle
du haut du ciel! 26 Lui dont la voix
avait alors ébranlé la terre, il a
maintenant fait cette promesse:
*Une fois encore je fais trembler non
seulement la terre, mais aussi le
ciel.*[n] 27 Les mots *une fois encore* in-
diquent bien que les choses qui,
appartenant au monde créé, peu-
vent être ébranlées disparaîtront,
afin que celles qui sont inébranla-
bles subsistent. 28 C'est pourquoi,
puisque nous recevons un royau-
me inébranlable, attachons-nous
à la grâce qui nous permet de ren-
dre à Dieu un culte qui lui soit
agréable, avec respect et avec pié-
té. 29 Notre *Dieu est* en effet *un feu
dévorant*[n].

Instructions diverses et salutations

13 Persévérez dans l'amour fra-
ternel. 2 N'oubliez pas l'hos-
pitalité, car en l'exerçant certains
ont sans le savoir logé des anges.
3 Souvenez-vous des prisonniers
comme si vous étiez prisonniers
avec eux, et de ceux qui sont mal-
traités comme si vous étiez dans
leur corps.
4 Que le mariage soit honoré de
tous et le lit conjugal épargné par
la souillure: ceux qui se livrent à
l'immoralité sexuelle et à l'adultère,
Dieu les jugera.
5 Que votre conduite ne soit pas
guidée par l'amour de l'argent, con-
tentez-vous de ce que vous avez. En
effet, Dieu lui-même a dit: *Je ne te
délaisserai pas et je ne t'abandon-
nerai pas.*[n] 6 C'est donc avec assu-
rance que nous pouvons dire: *Le
Seigneur est mon secours, je n'aurai
peur de rien. Que peut me faire un
homme?*[n]

12.16 *Droit d'aînesse*: privilège du premier-né dans une famille. **12.20** *Si... lapidée*: citation d'Exode 19.12-13. **12.21** *Je suis... peur*: citation de Deutéronome 9.19. **12.26** *Une fois... ciel*: citation d'Aggée 2.6. **12.29** *Dieu... dévorant*: citation de Deutéronome 4.24. **13.5** *Je ne te... t'abandonnerai pas*: citation de Josué 1.5. **13.6** *Le Seigneur... homme*: citation du Psaume 118.6.

7 Souvenez-vous de vos conduc-
teurs qui vous ont annoncé la pa-
role de Dieu. Considérez quel est
le bilan de leur vie et imitez leur
foi.
8 Jésus-Christ est le même hier,
aujourd'hui et pour l'éternité. 9 Ne
vous laissez pas entraîner par tou-
tes sortes de doctrines étrangères.
Il est bon en effet que le cœur soit
affermi par la grâce, et non par des
aliments qui n'ont été d'aucun pro-
fit à ceux qui s'en sont fait une rè-
gle. 10 Nous avons un autel dont
ceux qui accomplissent le service
du tabernacle n'ont pas le droit de
tirer leur nourriture. 11 En ce qui
concerne les animaux dont le sang
est apporté par le grand-prêtre
dans le sanctuaire pour l'expia-
tion du péché, leur corps est brûlé
à l'extérieur du camp. 12 Voilà pour-
quoi Jésus aussi, afin de procurer la
sainteté au peuple au moyen de son
propre sang, a souffert à l'extérieur
de la ville. 13 Sortons donc pour aller
à lui à l'extérieur du camp, en sup-
portant d'être humiliés comme lui.
14 En effet, ici-bas nous n'avons pas
de cité permanente, mais nous re-
cherchons celle qui est à venir.
15 Par Christ, offrons [donc] sans
cesse à Dieu un sacrifice de louan-
ge, c'est-à-dire le fruit de lèvres qui
reconnaissent publiquement lui
appartenir. 16 Et n'oubliez pas de
faire le bien et de vous entraider,
car c'est à de tels sacrifices que
Dieu prend plaisir.
17 Obéissez à vos conducteurs et
soumettez-vous à eux, car ils veil-
lent sur votre âme en hommes qui
devront rendre des comptes. Ils
pourront ainsi le faire avec joie et
non en soupirant, ce qui ne vous
serait d'aucun avantage.
18 Priez pour nous. Nous sommes en
effet convaincus d'avoir une bon-
ne conscience, puisque nous vou-
lons bien nous conduire en toute
circonstance. 19 Je vous invite plus
particulièrement à prier pour que
je vous sois rendu plus tôt.
20 Le Dieu de la paix a ramené d'en-
tre les morts notre Seigneur Jésus,
devenu le grand berger des brebis
grâce au sang d'une alliance éter-
nelle. 21 Qu'il vous rende capables
de toute bonne œuvre pour l'ac-
complissement de sa volonté, qu'il
fasse en vous ce qui lui est agréable
par Jésus-Christ, à qui soit la gloire
aux siècles des siècles! Amen!
22 Je vous invite, frères et sœurs, à
faire bon accueil à ces paroles d'en-
couragement, car je vous ai écrit
brièvement.
23 Sachez que notre frère Timo-
thée a été relâché; s'il vient assez
tôt, j'irai vous voir avec lui. 24 Sa-
luez tous vos conducteurs ainsi
que tous les saints. Ceux d'Italie
vous saluent.
25 Que la grâce soit avec vous tous!

Jacques

L'*Epître de Jacques* est généralement attribuée à un demi-frère de Jésus, que les Actes présentent comme l'un des responsables de l'Eglise à Jérusalem et dont la mort est située en 62 apr. J.-C. Plusieurs évoquent une rédaction au début des années 40 apr. J.-C. Apparemment adressée à des Juifs convertis au christianisme, la lettre souligne qu'une foi véritable doit se traduire dans des actes.

Adresse et salutation

1 De la part de Jacques, serviteur
de Dieu et du Seigneur Jésus-
Christ, aux douze tribus disper-
sées: salut!

La mise à l'épreuve de la foi

2 Mes frères et sœurs, considérez
comme un sujet de joie complète les
diverses épreuves auxquelles vous
pouvez être exposés, 3 sachant que la
mise à l'épreuve de votre foi produit
la persévérance. 4 Mais il faut que la
persévérance accomplisse parfaite-
ment sa tâche afin que vous soyez
parfaitement qualifiés, sans défaut,
et qu'il ne vous manque rien.
5 Si l'un de vous manque de sagesse,
qu'il la demande à Dieu, qui don-
ne à tous simplement et sans fai-
re de reproche, et elle lui sera don-
née. 6 Mais qu'il la demande avec
foi, sans douter, car celui qui doute
ressemble aux vagues de la mer que
le vent soulève et agite de tous cô-
tés. 7 Qu'un tel homme ne s'imagine
pas qu'il recevra quelque chose du
Seigneur: 8 c'est un homme partagé,
instable dans toute sa conduite.
9 Que le frère de condition humble
tire fierté de son élévation. 10 Que
le riche, au contraire, se montre
fier de son abaissement, car il dis-
paraîtra comme la fleur de l'herbe.
11 Le soleil se lève avec son ardente
chaleur, il dessèche l'herbe, sa fleur
tombe et toute sa beauté s'évanouit.
De même, le riche se flétrira dans
ses entreprises.

Appel à vivre la parole de vérité

12 Heureux l'homme qui tient bon
face à la tentation car, après avoir
fait ses preuves, il recevra la cou-
ronne de la vie que le Seigneur a
promise à ceux qui l'aiment.
13 Que personne, lorsqu'il est ten-
té, ne dise: «C'est Dieu qui me ten-
te», car Dieu ne peut pas être tenté
par le mal et il ne tente lui-même
personne. 14 Mais chacun est ten-
té quand il est attiré et entraîné par
ses propres désirs. 15 Puis le désir,
lorsqu'il est encouragé, donne nais-
sance au péché et le péché, parvenu
à son plein développement, a pour
fruit la mort.
16 Ne vous y trompez pas, mes frè-
res et sœurs bien-aimés: 17 tout bien-
fait et tout don parfait viennent d'en
haut; ils descendent du Père des lu-
mières[n], en qui il n'y a ni change-
ment ni l'ombre d'une variation.
18 Conformément à sa volonté, il
nous a donné la vie par la parole de
vérité afin que nous soyons en quel-

1.17 *Père des lumières*: c'est-à-dire Dieu, peut-être par allusion à son activité de créateur des astres et luminaires.

que sorte les premières de ses créa-
tures.
19 Ainsi donc, mes frères et sœurs
bien-aimés, que chacun soit prompt
à écouter, lent à parler, lent à se
mettre en colère, 20 car la colère de
l'homme n'accomplit pas la justice
de Dieu. 21 C'est pourquoi, rejetez
toute souillure et tout débordement
dû à la méchanceté, et accueillez
avec douceur la parole qui a été
plantée en vous et qui peut sauver
votre âme.
22 Mettez en pratique la parole et ne
vous contentez pas de l'écouter en
vous trompant vous-mêmes par de
faux raisonnements. 23 En effet, si
quelqu'un écoute la parole et ne la
met pas en pratique, il ressemble à
un homme qui regarde son visage
dans un miroir 24 et qui, après s'être
observé, s'en va et oublie aussitôt
comment il était. 25 Mais celui qui
a plongé les regards dans la loi par-
faite, la loi de la liberté, et qui a per-
sévéré, celui qui n'a pas oublié ce
qu'il a entendu mais qui se met au
travail, celui-là sera heureux dans
son activité.
26 Si quelqu'un [parmi vous] croit
être religieux alors qu'il ne tient pas
sa langue en bride mais trompe son
propre cœur, sa religion est sans va-
leur. 27 La religion pure et sans ta-
che devant Dieu notre Père consis-
te à s'occuper des orphelins et des
veuves dans leur détresse et à ne
pas se laisser souiller par le monde.

L'impartialité de la foi

2 Mes frères et sœurs, que votre
foi en notre glorieux Seigneur
Jésus-Christ soit libre de tout favo-
ritisme. 2 Supposez en effet qu'en-
tre dans votre assemblée un hom-
me portant un anneau d'or et des
habits somptueux, et qu'entre aussi
un pauvre aux habits crasseux. 3 Si
vous tournez les regards vers ce-
lui qui porte les habits somptueux
pour lui dire: «Toi, assieds-toi ici à
cette place d'honneur» et que vous
disiez au pauvre: «Toi, tiens-toi là
debout» ou bien: «Assieds-toi par
terre, à mes pieds», 4 ne faites-vous
pas en vous-mêmes une distinction
et ne devenez-vous pas des juges
aux mauvais raisonnements?
5 Ecoutez, mes frères et sœurs bien-
aimés: Dieu n'a-t-il pas choisi ceux
qui sont pauvres aux yeux du mon-
de pour les rendre riches dans la foi
et héritiers du royaume qu'il a pro-
mis à ceux qui l'aiment? 6 Et vous,
vous méprisez le pauvre! N'est-ce
pas les riches qui vous oppriment et
qui vous traînent devant les tribu-
naux? 7 N'est-ce pas eux qui insul-
tent le beau nom que vous portez?
8 Si vous accomplissez la loi roya-
le d'après l'Ecriture: *Tu aimeras ton
prochain comme toi-même*[n], vous
faites bien. 9 Mais si vous faites du
favoritisme, vous commettez un
péché; la loi vous dénonce comme
étant coupables. 10 De fait, la per-
sonne qui obéit à toute la loi mais
qui pèche contre un seul comman-
dement est en faute vis-à-vis de
l'ensemble. 11 En effet, celui qui a
dit: *Tu ne commettras pas d'adul-
tère* a aussi dit: *Tu ne commettras
pas de meurtre*[n]. Si tu ne commets
pas d'adultère mais que tu com-
mettes un meurtre, tu es coupable
d'infraction à la loi.
12 Parlez et agissez comme des per-
sonnes appelées à être jugées par
une loi de liberté, 13 car le jugement
est sans compassion pour qui n'a
pas fait preuve de compassion. La
compassion triomphe du jugement.

2.8 *Tu aimeras… toi-même*: citation de Lévitique 19.18. **2.11** *Tu ne commettras… adultère… meurtre*: citation du 7e et du 6e des dix commandements (Exode 20.13-14; Deutéronome 5.17-18).

Les œuvres de la foi

14 Mes frères et sœurs, que sert-il à
quelqu'un de dire qu'il a la foi, s'il
n'a pas les œuvres? Cette foi peut-
elle le sauver? 15 Si un frère ou une
sœur sont nus et manquent de la
nourriture de chaque jour, 16 et que
l'un de vous leur dise: «Partez en
paix, mettez-vous au chaud et ras-
sasiez-vous» sans pourvoir à leurs
besoins physiques, à quoi cela sert-
il? 17 Il en va de même pour la foi:
si elle ne produit pas d'œuvres, elle
est morte en elle-même.
18 Mais quelqu'un dira: «Toi, tu as la
foi, et moi, j'ai les œuvres.» Montre-
moi ta foi sans les œuvres, et moi,
c'est par mes œuvres que je te mon-
trerai ma foi. 19 Tu crois qu'il y a un
seul Dieu? Tu fais bien; les démons
aussi le croient, et ils tremblent.
20 Veux-tu reconnaître, homme sans
intelligence, que la foi sans les œu-
vres est morte? 21 Notre ancêtre
Abraham n'a-t-il pas été considéré
comme juste sur la base de ses ac-
tes, lorsqu'il a offert[n] son fils Isaac
sur l'autel? 22 Tu vois bien que sa
foi agissait avec ses œuvres et que
par les œuvres sa foi a été menée à
la perfection. 23 Ainsi s'est accom-
pli ce que dit l'Ecriture: *Abraham
eut confiance en Dieu et cela lui fut
compté comme justice*[n]. Et il a été
appelé ami de Dieu. 24 Vous voyez
[donc] que l'homme est déclaré jus-
te sur la base de ses actes, et pas
seulement de la foi. 25 Rahab la pros-
tituée n'a-t-elle pas, de la même ma-
nière, été considérée comme juste
sur la base de ses actes, lorsqu'elle a
accueilli[n] les messagers et les a fait
partir par un autre chemin? 26 En ef-
fet, de même que le corps sans es-
prit est mort, de même la foi sans
[les] œuvres est morte.

L'usage de la parole

3 Ne soyez pas nombreux à vou-
loir devenir des enseignants
car, vous le savez, mes frères et
sœurs, nous serons jugés plus sé-
vèrement. 2 En effet, nous trébu-
chons tous de bien des manières.
Si quelqu'un ne trébuche pas en
paroles, c'est un homme mûr, capa-
ble de tenir tout son corps en bride.
3 Quand nous mettons le mors dans
la bouche des chevaux pour qu'ils
nous obéissent, nous dirigeons ain-
si leur corps tout entier. 4 Voyez aus-
si les bateaux: même très grands et
poussés par des vents impétueux,
ils sont conduits par un tout pe-
tit gouvernail là où le pilote le veut.
5 De même, la langue est un petit
membre et elle peut se vanter de
grandes choses. Voyez comme un
petit feu peut embraser une gran-
de forêt! 6 La langue aussi est un feu,
c'est le monde de la méchanceté.
[Ainsi,] la langue se trouve parmi
nos membres; elle souille tout no-
tre corps et enflamme le cours de
notre existence, étant elle-même
enflammée par l'enfer[n].
7 Toutes les espèces de bêtes, d'oi-
seaux, de reptiles et d'animaux ma-
rins peuvent être domptées et ont
été domptées par l'homme. 8 La
langue en revanche, aucun hom-
me ne peut la dompter; c'est un mal
qu'on ne peut pas maîtriser, elle est
pleine d'un venin mortel. 9 Par elle
nous bénissons Dieu notre Père, et
par elle nous maudissons les hom-
mes faits à l'image de Dieu. 10 De la
même bouche sortent la bénédic-
tion et la malédiction. Mes frères et
sœurs, il ne faut pas que tel soit le
cas. 11 Une source fait-elle jaillir par
la même ouverture de l'eau dou-
ce et de l'eau amère? 12 Un figuier,

2.21 *Lorsqu'il a offert*: ou *parce qu'il avait offert*. **2.23** *Abraham… justice*: citation de Genèse 15.6.
2.25 *Lorsqu'elle a accueilli*: ou *parce qu'elle avait accueilli*. **3.6** *L'enfer*: littéralement *la géhenne*.

mes frères et sœurs, peut-il pro-
duire des olives, ou une vigne des
figues? [De même,] aucune source
ne peut produire de l'eau salée et de
l'eau douce.

Sagesse et mauvais désirs

13 Lequel parmi vous est sage et
intelligent? Qu'il montre, par un
bon comportement, ses œuvres em-
preintes de douceur et de sagesse.
14 Mais si vous avez dans votre cœur
une jalousie amère et un esprit de
rivalité, ne faites pas les fiers et ne
mentez pas contre la vérité. 15 Une
telle sagesse ne vient pas d'en
haut, elle est au contraire terrestre,
purement humaine, démoniaque.
16 En effet, là où il y a de la jalousie
et un esprit de rivalité, il y a du
désordre et toutes sortes de prati-
ques mauvaises. 17 La sagesse d'en
haut est tout d'abord pure, ensuite
porteuse de paix, douce, conci-
liante, pleine de compassion et de
bons fruits, elle est sans parti pris et
sans hypocrisie. 18 Le fruit de la jus-
tice est semé dans la paix par ceux
qui travaillent à la paix.

4 D'où viennent les conflits et
d'où viennent les luttes parmi
vous? N'est-ce pas de vos passions
qui combattent dans vos membres?
2 Vous désirez et vous ne possédez
pas; vous êtes meurtriers et jaloux,
et vous ne pouvez rien obtenir; vous
avez des luttes et des conflits. Vous
ne possédez pas parce que vous ne
demandez pas. 3 Quand vous de-
mandez, vous ne recevez pas par-
ce que vous demandez mal, dans
le but de satisfaire vos passions.
4 Adultères que vous êtes! Ne savez-
vous pas que l'amour pour le mon-
de est synonyme de haine contre
Dieu? Celui donc qui veut être l'ami
du monde se fait l'ennemi de Dieu.
5 Croyez-vous que l'Ecriture par-
le sans raison? C'est avec jalousie
que Dieu aime l'Esprit qui habi-
te en nous[n]. 6 Cependant, la grâce
qu'il accorde est plus grande en-
core, c'est pourquoi l'Ecriture dit:
Dieu s'oppose aux orgueilleux, mais
il fait grâce aux humbles.[n]
7 Soumettez-vous donc à Dieu, mais
résistez au diable et il fuira loin de
vous. 8 Approchez-vous de Dieu et
il s'approchera de vous. Nettoyez
vos mains, pécheurs; purifiez vo-
tre cœur, hommes partagés. 9 Ayez
conscience de votre misère, soyez
dans le deuil et dans les larmes,
que votre rire se change en deuil et
votre joie en tristesse. 10 Humiliez-
vous devant le Seigneur et il vous
élèvera.
11 Ne dites pas du mal les uns des
autres, frères et sœurs. Celui qui
parle contre un frère ou qui juge
son frère parle contre la loi et juge
la loi. Or, si tu juges la loi, tu ne
la mets pas en pratique, mais tu
t'en fais le juge. 12 Un seul est légis-
lateur [et juge]: c'est celui qui peut
sauver et perdre. Mais toi, qui es-
tu pour juger ton prochain?

Avertissement aux riches

13 A vous maintenant qui dites:
«Aujourd'hui ou demain nous irons
dans telle ville, nous y passerons
une année, nous y ferons des affai-
res et nous gagnerons de l'argent»,
14 vous qui ne savez pas ce qui ar-
rivera demain! En effet, qu'est-ce
que votre vie? C'est une vapeur qui
paraît pour un instant et qui dispa-
raît ensuite. 15 Vous devriez dire, au
contraire: «Si Dieu le veut, nous vi-
vrons et nous ferons ceci ou cela.»
16 Mais en réalité, vous vous mon-

4.5 *C'est… en nous*: ou *l'esprit qui habite en nous a des désirs jaloux.* **4.6** *Dieu s'oppose… humbles*: citation de Proverbes 3.34.

trez fiers de vos fanfaronnades.
Toute fierté de ce genre est mau-
vaise. 17 Si donc quelqu'un sait fai-
re ce qui est bien et ne le fait pas, il
commet un péché.

5 A vous maintenant, les riches!
Pleurez et gémissez à cause
des malheurs qui viendront sur
vous! 2 Vos richesses sont pourries
et vos vêtements sont rongés par
les mites. 3 Votre or et votre argent
sont rouillés, et leur rouille s'élè-
vera en témoignage contre vous
et dévorera votre chair comme un
feu. Vous avez amassé des trésors
dans les derniers jours! 4 Le salai-
re des ouvriers qui ont moissonné
vos champs et dont vous les avez
frustrés crie, et les cris des mois-
sonneurs sont parvenus jusqu'aux
oreilles du Seigneur de l'univers.
5 Vous avez vécu sur la terre dans
les plaisirs et dans le luxe, vous
avez rassasié votre cœur [comme]
le jour de la boucherie. 6 Vous avez
condamné, tué le juste sans qu'il
vous résiste.

Appel à la patience et à la foi

7 Soyez donc patients, frères et
sœurs, jusqu'au retour du Seigneur.
Voyez le cultivateur: il attend le
précieux fruit de la terre en fai-
sant preuve de patience envers lui
jusqu'à ce qu'il ait reçu les premiè-
res et les dernières pluies. 8 Vous
aussi, soyez patients, affermissez
votre cœur, car le retour du Sei-
gneur est proche.
9 Ne vous plaignez pas les uns des
autres, frères et sœurs, afin de ne
pas être jugés. Voici que le juge se
tient à la porte. 10 Mes frères et sœurs,
prenez pour modèles de patience
dans la souffrance les prophètes
qui ont parlé au nom du Seigneur.
11 Nous disons heureux ceux qui
persévèrent. Vous avez entendu par-
ler de la persévérance de Job et vous
avez vu la fin que le Seigneur lui a
accordée[n], car le Seigneur est plein
de tendresse et de compassion.
12 Avant tout, mes frères et sœurs,
ne jurez pas, que ce soit par le ciel,
par la terre ou par une autre forme
de serment. Mais que votre oui soit
oui, et que votre non soit non, afin
que vous ne tombiez pas sous le ju-
gement.
13 Quelqu'un parmi vous est-il dans
la souffrance? Qu'il prie. Quelqu'un
est-il dans la joie? Qu'il chante des
cantiques. 14 Quelqu'un parmi vous
est-il malade? Qu'il appelle les an-
ciens de l'Eglise et que les anciens
prient pour lui en lui appliquant de
l'huile au nom du Seigneur. 15 La
prière de la foi sauvera le malade et
le Seigneur le relèvera. S'il a com-
mis des péchés, le pardon lui sera
accordé.
16 Avouez-vous [donc] vos fautes
les uns aux autres et priez les uns
pour les autres afin d'être guéris. La
prière du juste agit avec une gran-
de force[n]. 17 Elie était un homme de
la même nature que nous. Il a prié
avec insistance pour qu'il ne pleu-
ve pas et il n'est pas tombé de pluie
sur la terre pendant 3 ans et 6 mois.
18 Puis il a de nouveau prié, et le ciel
a donné de la pluie et la terre a pro-
duit son fruit.
19 Mes frères et sœurs, si quelqu'un
parmi vous s'est égaré loin de la vé-
rité et qu'un autre l'y ramène, 20 sa-
chez que celui qui ramènera un pé-
cheur de la voie où il s'était égaré
sauvera une âme de la mort et cou-
vrira une foule de péchés.

5.11 *La fin… accordée*: ou *le but du Seigneur.* **5.16** *La prière… force*: ou *la prière agissante du juste a une grande force* ou *la prière produite (par Dieu) dans le juste est d'une grande efficacité* ou *la prière du juste a une grande force dans ses effets.*

1 Pierre

Se présentant comme écrite par l'apôtre Pierre, un des douze disciples de Jésus-Christ, la *Première épître de Pierre* s'adresse aux chrétiens d'Asie Mineure pour les conseiller et les encourager à tenir ferme au milieu de l'opposition. D'après la tradition, Pierre est mort martyr à Rome, en 64/65 ou 66/67 apr. J.-C.

Adresse et salutation

1 De la part de Pierre, apôtre de
Jésus-Christ, à ceux qui sont
étrangers et dispersés dans le Pont,
la Galatie, la Cappadoce, l'Asie et la
Bithynie. A vous qui avez été choi-
sis 2 conformément à la prescien-
ce de Dieu le Père et conduits à la
sainteté par[n] l'Esprit afin de deve-
nir obéissants et d'être purifiés par
le sang de Jésus-Christ: que la grâce
et la paix vous soient multipliées!

L'espérance du salut

3 Béni soit Dieu, le Père de notre
Seigneur Jésus-Christ! Conformé-
ment à sa grande bonté, il nous a
fait naître de nouveau à travers la
résurrection de Jésus-Christ pour
une espérance vivante, 4 pour un
héritage qui ne peut ni se détruire,
ni se souiller, ni perdre son éclat. Il
vous est réservé dans le ciel, à vous
5 qui êtes gardés par la puissance
de Dieu, au moyen de la foi, pour
le salut prêt à être révélé dans les
derniers temps.
6 C'est ce qui fait votre joie, même si
maintenant, puisqu'il le faut, vous
êtes pour un peu de temps attris-
tés par diverses épreuves. 7 Ain-
si, la valeur éprouvée de votre foi
– beaucoup plus précieuse que l'or,
qui est périssable et que l'on sou-
met pourtant à l'épreuve du feu –
aura pour résultat la louange, la
gloire et l'honneur lorsque Jésus-
Christ apparaîtra. 8 Vous l'aimez
sans l'avoir vu, vous croyez en lui
sans le voir encore et vous vous
réjouissez d'une joie indescriptible
et glorieuse 9 parce que vous obte-
nez le salut de votre âme pour prix
de votre foi.
10 Les prophètes qui ont parlé de la
grâce qui vous était réservée ont
fait de ce salut l'objet de leurs re-
cherches et de leurs investigations.
11 Ils cherchaient à découvrir l'épo-
que et les circonstances indiquées
par l'Esprit de Christ qui était en
eux lorsqu'il attestait d'avance les
souffrances du Messie et la gloire
dont elles seraient suivies. 12 Il leur
a été révélé que ce n'était pas pour
eux-mêmes, mais pour vous, qu'ils
étaient au service de ce message.
Les hommes qui vous ont prêché
l'Evangile par le Saint-Esprit en-
voyé du ciel vous ont maintenant
annoncé ce message, dans lequel
les anges eux-mêmes désirent plon-
ger leurs regards!

Invitation à une conduite sainte

13 C'est pourquoi, tenez votre in-
telligence en éveil, soyez sobres et
mettez toute votre espérance dans
la grâce qui vous sera apportée lors-
que Jésus-Christ apparaîtra.

1.2 *Et conduits à la sainteté par*: ou *par la consécration de* ou *et par la sainteté que procure*.

14 En enfants obéissants, ne vous
conformez pas aux désirs que vous
aviez autrefois, quand vous étiez
dans l'ignorance. 15 Au contraire,
puisque celui qui vous a appelés est
saint, vous aussi soyez saints dans
toute votre conduite. 16 En effet, il
est écrit: *Vous serez saints car moi,*
je suis saint.[n]
17 Et si c'est comme à un Père que
vous faites appel à celui qui *juge*
chacun conformément à sa maniè-
re d'agir[n] sans faire de favoritisme,
conduisez-vous avec une crainte
respectueuse pendant le temps de
votre séjour sur la terre. 18 Vous le
savez en effet, ce n'est pas par des
choses corruptibles comme l'argent
ou l'or que vous avez été rachetés
de la manière de vivre dépourvue
de sens que vous avaient transmi-
se vos ancêtres, 19 mais par le sang
précieux de Christ, qui s'est sacri-
fié comme un agneau sans défaut
et sans tache. 20 Prédestiné avant
la création du monde, il a été révé-
lé dans les derniers temps à cause
de vous. 21 Par lui, vous croyez en
Dieu qui l'a ressuscité et lui a don-
né la gloire, de sorte que votre foi et
votre espérance reposent sur Dieu.
22 Vous avez purifié votre âme en
obéissant [par l'Esprit] à la vérité
pour avoir un amour fraternel sin-
cère; aimez-vous donc ardemment
les uns les autres d'un cœur pur.
23 En effet, vous êtes nés de nouveau,
non pas d'une semence corruptible,
mais d'une semence incorruptible,
grâce à la parole vivante et perma-
nente de Dieu, 24 car *toute créature*
est comme l'herbe, et toute sa gloire
comme la fleur des champs. L'herbe
sèche et la fleur tombe, 25 *mais la*
parole du Seigneur subsiste éternel-
lement[n]. Cette parole est justement
celle qui vous a été annoncée par
l'Evangile.

2 Débarrassez-vous donc de tou-
te méchanceté et toute ruse, de
l'hypocrisie, l'envie et toute mé-
disance, 2 et comme des enfants
nouveau-nés désirez le lait pur de
la parole. Ainsi, grâce à lui vous
grandirez [pour le salut], 3 si du
moins vous avez *goûté que le Sei-*
gneur est bon[n].

Christ, la pierre angulaire

4 Approchez-vous de Christ, la pier-
re vivante rejetée par les hommes
mais choisie et précieuse devant
Dieu, 5 et vous-mêmes, en tant que
pierres vivantes, laissez-vous édifier
pour former une maison spirituelle,
un groupe de prêtres saints, afin
d'offrir des sacrifices spirituels que
Dieu peut accepter par Jésus-Christ.
6 En effet, il est dit dans l'Ecriture:
Je mets dans Sion une pierre angulaire,
choisie, précieuse. Celui qui croit en
elle n'en aura jamais honte.[n]
7 Elle est donc précieuse[n] pour vous
qui croyez. Quant à ceux qui déso-
béissent, *la pierre rejetée par ceux*
qui construisaient est devenue la
pierre angulaire[n]. 8 Elle est aus-
si *une pierre qui fait obstacle et un*
rocher propre à faire trébucher[n]. Ils
s'y heurtent parce qu'ils désobéis-
sent à la parole, et c'est à cela qu'ils
ont été destinés. 9 Vous, au contrai-
re, vous êtes *un peuple choisi, des*
prêtres royaux, une nation sainte,
un peuple racheté afin de procla-
mer les louanges[n] de celui qui vous

1.16 *Vous serez... saint*: citation de Lévitique 11.44. **1.17** *Juge... manière d'agir*: présentation tirée du Psaume 62.13. **1.24-25** *Toute créature... éternellement*: citation d'Esaïe 40.6-8. **2.3** *Goûté... bon*: citation du Psaume 34.9. **2.6** *Je mets... honte*: citation d'Esaïe 28.16. **2.7** *Elle est donc précieuse*: ou *l'honneur est donc*. **2.7** *La pierre rejetée... angulaire*: citation du Psaume 118.22. **2.8** *Une pierre... trébucher*: citation d'Esaïe 8.14. **2.9** *Un peuple... louanges*: citation d'Exode 19.5-6 et Esaïe 43.20-21.

a appelés des ténèbres à sa mer-
veilleuse lumière. 10 Vous qui autre-
fois n'étiez *pas un peuple, vous êtes*
maintenant *le peuple de Dieu*; vous
qui n'aviez *pas obtenu compassion,*
vous avez maintenant *obtenu com-*
passion[n].

Les relations dans le monde

11 Bien-aimés, je vous encourage,
en tant que résidents temporai-
res et étrangers sur la terre, à vous
abstenir des désirs de votre nature
propre[n] qui font la guerre à l'âme.
12 Ayez une bonne conduite au mi-
lieu des non-croyants, afin que, là
même où ils vous calomnient com-
me si vous faisiez le mal, ils remar-
quent votre belle manière d'agir et
rendent gloire à Dieu le jour où il
interviendra.
13 A cause du Seigneur, soumettez-
vous à toutes les institutions éta-
blies parmi les hommes: soit au roi
parce qu'il est au-dessus de tous,
14 soit aux gouverneurs parce qu'ils
sont envoyés par lui pour punir
ceux qui font le mal et approuver
ceux qui font le bien. 15 En effet, c'est
la volonté de Dieu qu'en pratiquant
le bien vous réduisiez au silence
l'ignorance des hommes dépour-
vus de bon sens. 16 Comportez-vous
en hommes libres, sans faire de la
liberté un voile qui couvre la mé-
chanceté mais en agissant au con-
traire comme des serviteurs de
Dieu. 17 Respectez chacun, aimez
les frères et sœurs, craignez Dieu,
honorez le roi.
18 Serviteurs, soumettez-vous avec
le plus grand respect à vos maî-
tres, non seulement à ceux qui font
preuve de bonté et de douceur, mais
aussi à ceux qui ont l'esprit per-
vers, 19 car c'est une grâce de sup-
porter des difficultés en souffrant
injustement pour garder bonne
conscience envers Dieu. 20 En effet,
quelle gloire y a-t-il à endurer de
mauvais traitements si vous com-
mettez des fautes? Mais si vous en-
durez la souffrance alors que vous
faites ce qui est bien, c'est une grâce
aux yeux de Dieu. 21 De fait, c'est à
cela que vous avez été appelés, par-
ce que Christ aussi a souffert pour
nous, vous laissant un exemple afin
que vous suiviez ses traces, 22 *lui*
qui n'a pas commis de péché et dans
la bouche duquel on n'a pas trouvé
de tromperie[n], 23 lui qui insulté ne
rendait pas l'insulte, maltraité ne
faisait pas de menaces mais s'en re-
mettait à celui qui juge justement,
24 lui qui a lui-même porté nos pé-
chés dans son corps à la croix afin
que, libérés du péché, nous vivions
pour la justice. *C'est par ses blessu-*
res que vous avez été guéris.[n] 25 Vous
étiez en effet *comme des brebis éga-*
rées[n], mais maintenant vous êtes
retournés vers le berger et le pro-
tecteur de votre âme.

3 Vous de même, femmes, sou-
mettez-vous à votre mari. Ain-
si, ceux qui refusent de croire à la
parole pourront être gagnés sans
parole par la conduite de leur fem-
me, 2 en observant votre maniè-
re de vivre pure et respectueuse:
3 que votre parure ne soit pas une
parure extérieure – cheveux tres-
sés, ornements d'or ou vêtements
élégants – 4 mais plutôt celle inté-
rieure et cachée du cœur, la pure-
té incorruptible d'un esprit doux et
paisible, qui est d'une grande va-
leur devant Dieu. 5 C'est ainsi que
les femmes saintes qui espéraient

2.10 *Pas un peuple… compassion*: extraits d'Osée 2.1, 25. **2.11** *De votre nature propre*: littéralement *charnels*. **2.22** *Lui qui… tromperie*: citation d'Esaïe 53.9. **2.24** *C'est par… guéris*: citation d'Esaïe 53.5. **2.25** *Comme des brebis égarées*: image présente en Esaïe 53.6.

en Dieu se paraient autrefois. Elles
se soumettaient à leur mari 6 com-
me Sara, qui a obéi à Abraham en
l'appelant son seigneur. Vous êtes
devenues ses filles en faisant ce qui
est bien, sans vous laisser troubler
par aucune crainte.
7 Maris, vivez de même en mon-
trant de la compréhension à votre
femme, en tenant compte de sa na-
ture plus délicate; montrez-lui de
l'estime, car elle doit hériter avec
vous de la grâce de la vie. Agissez
ainsi afin que rien ne fasse obsta-
cle à vos prières.
8 Enfin, ayez tous les mêmes pen-
sées et les mêmes sentiments,
soyez pleins d'amour fraternel, de
compassion, de bienveillance. 9 Ne
rendez pas le mal pour le mal, ni
l'insulte pour l'insulte; bénissez
au contraire. Vous le savez, c'est à
cela que vous avez été appelés afin
d'hériter de la bénédiction. 10 *Si
quelqu'un, en effet, veut aimer la vie
et voir des jours heureux, qu'il pré-
serve sa langue du mal et ses lèvres
des paroles trompeuses,* 11 *qu'il se dé-
tourne du mal et fasse le bien, qu'il
recherche la paix et la poursuive,*
12 *car les yeux du Seigneur sont sur
les justes et ses oreilles sont attenti-
ves à leur prière, mais il se tourne
contre ceux qui font le mal.*[n]
13 Qui vous fera du mal, si vous
avez pour modèle ce qui est bien?
14 D'ailleurs, même si vous deviez
souffrir pour la justice, vous seriez
heureux. *N'ayez d'eux aucune crain-
te et ne soyez pas troublés,* 15 *mais
respectez* dans votre cœur *la sain-
teté de Dieu le Seigneur.*[n] Soyez tou-
jours prêts à défendre l'espérance
qui est en vous, devant tous ceux qui
vous en demandent raison, 16 [mais]
faites-le avec douceur et respect, en
gardant une bonne conscience, afin
que là même où ils vous calomnient
[comme si vous faisiez le mal], ceux
qui critiquent votre bonne conduite
en Christ soient couverts de honte.
17 En effet, il vaut mieux souffrir, si
telle est la volonté de Dieu, en fai-
sant le bien qu'en faisant le mal.

Christ, un exemple dans la souffrance

18 Christ aussi a souffert, et ce une
fois pour toutes, pour les péchés.
Lui le juste, il a souffert pour des
injustes afin de vous conduire à
Dieu. Il a souffert une mort humai-
ne, mais il a été rendu à la vie par
l'Esprit. 19 C'est alors aussi qu'il est
allé faire une proclamation aux es-
prits en prison, 20 ceux-là mêmes
qui avaient été rebelles autrefois,
lorsque la patience de Dieu se pro-
longeait à l'époque de Noé, pendant
la construction de l'arche. Un petit
nombre de personnes, à savoir huit,
sont entrées dans ce bateau et ont
été sauvées à travers l'eau. 21 C'était
une figure: nous aussi maintenant,
nous sommes sauvés par un baptê-
me qui ne consiste pas dans la pu-
rification d'une impureté physique,
mais dans l'engagement d'une bon-
ne conscience envers Dieu. Il nous
sauve à travers la résurrection de
Jésus-Christ 22 qui est monté au ciel,
a reçu la soumission des anges, des
autorités et des puissances et se
trouve à la droite de Dieu.

4 Ainsi donc, puisque Christ a
souffert [pour nous] dans son
corps, vous aussi armez-vous de la
même pensée: celui qui a souffert
dans son corps en a fini avec le pé-
ché 2 afin de ne plus vivre en sui-
vant les désirs des hommes, mais la
volonté de Dieu, pendant le temps

3.10-12 *Si quelqu'un... le mal*: citation du Psaume 34.13-17. **3.14-15** *N'ayez... le Seigneur*: citation d'Esaïe 8.12-13.

qu'il lui reste à vivre ici-bas. 3 C'est
déjà bien suffisant d'avoir par le
passé accompli la volonté des non-
croyants en marchant dans les dé-
sordres, les convoitises, l'ivrogne-
rie, les orgies et autres beuveries
ainsi que dans les idolâtries crimi-
nelles. 4 Aussi trouvent-ils étrange
que vous ne vous précipitiez plus
avec eux dans le même déborde-
ment de débauche, et ils vous ca-
lomnient. 5 Ils rendront des comptes
à celui qui est prêt à juger les vi-
vants et les morts. 6 En effet, l'Evan-
gile a aussi été annoncé aux morts[n]
afin qu'après avoir été jugés com-
me tous les hommes ici-bas ils vi-
vent selon Dieu par l'Esprit.
7 La fin de toutes choses est proche.
Soyez donc sages et sobres afin de
vous livrer à la prière. 8 Avant tout,
ayez un amour ardent les uns pour
les autres, car *l'amour couvrira une*
foule de péchés[n]. 9 Exercez l'hospi-
talité les uns envers les autres sans
murmurer.
10 Comme de bons intendants des
diverses grâces de Dieu, mettez
chacun au service des autres le don
que vous avez reçu. 11 Si quelqu'un
parle, qu'il annonce les paroles ré-
vélées de Dieu; si quelqu'un accom-
plit un service, qu'il le fasse avec la
force que Dieu communique, afin
qu'en tout[n] Dieu reçoive la gloi-
re qui lui est due à travers Jésus-
Christ. C'est à lui qu'appartiennent
la gloire et la puissance, aux siècles
des siècles. Amen!
12 Mes bien-aimés, ne soyez pas sur-
pris de la fournaise qui sévit par-
mi vous pour vous éprouver, com-
me s'il vous arrivait quelque chose
d'étrange. 13 Réjouissez-vous, au
contraire, de la part que vous pre-
nez aux souffrances de Christ, afin
d'être aussi dans la joie et dans
l'allégresse lorsque sa gloire sera
dévoilée.
14 Si vous êtes insultés à cause du
nom de Christ, vous êtes heureux,
parce que l'Esprit de gloire, l'Esprit
de Dieu, repose sur vous. [Eux, ils
blasphèment l'Esprit, tandis que
vous, vous lui rendez gloire.] 15 Que
personne parmi vous n'ait à souf-
frir pour avoir tué, volé, fait le mal
ou pour s'être mêlé des affaires
d'autrui. 16 Mais si quelqu'un souf-
fre parce qu'il est chrétien, qu'il n'en
ait pas honte. Au contraire, qu'il
rende gloire à Dieu dans cette situa-
tion. 17 En effet, c'est le moment où
le jugement commence, et il com-
mence par la maison de Dieu. Or,
si c'est par nous qu'il débute, quel-
le sera la fin de ceux qui n'obéis-
sent pas à l'Evangile de Dieu? 18 *Et*
si le juste est sauvé avec peine, que
deviendront l'impie et le pécheur?[n]
19 Ainsi, que ceux qui souffrent se-
lon la volonté de Dieu s'en remet-
tent à lui comme au fidèle Créateur,
en faisant ce qui est bien.

Les relations dans l'Eglise

5 Voici [donc] les recommanda-
tions que j'adresse à ceux qui
sont anciens parmi vous, moi qui
suis ancien comme eux, témoin
des souffrances de Christ et parti-
cipant de la gloire qui doit être ré-
vélée: 2 prenez soin du troupeau de
Dieu qui est sous votre garde [en
veillant sur lui] non par contrain-
te, mais de bon gré, [selon Dieu].
Faites-le non par recherche d'un
gain, mais avec dévouement, 3 non
en dominant sur ceux qui vous sont
confiés, mais en étant les modèles

4.6 *Aux morts*: c'est-à-dire à ceux qui sont maintenant décédés, après avoir entendu et accepté l'Evangile. **4.8** *L'amour... péchés*: citation de Proverbes 10.12. **4.11** *En tout*: ou *en tous*. **4.18** *Et si... pécheur*: citation de Proverbes 11.31.

du troupeau. 4 Ainsi, lorsque le sou-
verain berger apparaîtra, vous re-
cevrez la couronne de gloire qui ne
perd jamais son éclat.
5 De même, vous qui êtes jeunes,
soumettez-vous aux anciens[n]. Et
vous soumettant tous les uns aux
autres, revêtez-vous d'humilité, car
*Dieu s'oppose aux orgueilleux, mais
il fait grâce aux humbles*[n]. 6 Humi-
liez-vous donc sous la puissante
main de Dieu, afin qu'il vous élè-
ve au moment voulu. 7 Déchargez-
vous sur lui de tous vos soucis, car
lui-même prend soin de vous.
8 Soyez sobres, restez vigilants: vo-
tre adversaire, le diable, rôde com-
me un lion rugissant, cherchant qui
dévorer. 9 Résistez-lui avec une foi
inébranlable, sachant que les mê-
mes souffrances sont imposées à
vos frères et sœurs dans le monde.
10 Le Dieu de toute grâce vous a ap-
pelés en [Jésus-]Christ à sa gloi-
re éternelle. Après que vous aurez
souffert un peu de temps, il vous
rétablira lui-même, vous affermi-
ra, vous fortifiera, vous rendra iné-
branlables. 11 A lui soient [la gloire
et] la puissance aux siècles des siè-
cles! Amen!

Salutations

12 C'est par Silvain, qui est à mes
yeux un frère fidèle, que je vous ai
écrit ces quelques mots pour vous
encourager et pour vous attester
que c'est bien à la véritable grâce
de Dieu que vous êtes attachés.
13 Ceux qui ont été choisis com-
me vous et sont à Babylone vous
saluent, ainsi que Marc, mon fils.
14 Saluez-vous les uns les autres par
un baiser plein d'amour. Que la
paix soit avec vous tous qui êtes en
[Jésus-]Christ!

5.5 *Anciens*: ou *plus âgés que vous*. **5.5** *Dieu... humbles*: citation de Proverbes 3.34

2 Pierre

Se présentant comme une seconde lettre écrite par l'apôtre Pierre alors qu'il attend la mort (située en 64/65 ou 66/67 apr. J.-C.), la *Deuxième épître de Pierre* ne mentionne pas de destinataires précis. Elle met en garde contre les enseignements erronés et invite à s'appuyer sur la Parole de Dieu transmise par les apôtres.

Adresse et salutation

1 De la part de Simon Pierre, ser-
viteur et apôtre de Jésus-Christ,
à ceux qui ont reçu, par la justice de
notre Dieu et Sauveur Jésus-Christ,
une foi du même prix que la nôtre:
2 que la grâce et la paix vous soient
multipliées par la connaissance de
Dieu et de Jésus notre Seigneur!

Les fruits de l'appel de Dieu

3 Sa divine puissance nous a donné
tout ce qui est nécessaire à la vie et
à la piété en nous faisant connaître
celui qui nous a appelés par sa [pro-
pre] gloire et par sa force. 4 Celles-
ci nous assurent les plus grandes et
les plus précieuses promesses. Ain-
si, grâce à elles, vous pouvez fuir la

corruption qui existe dans le mon-
de par la convoitise et devenir par-
ticipants de la nature divine.
5 Pour cette raison même, faites
tous vos efforts afin d'ajouter à
votre foi la qualité morale, à la qua-
lité morale la connaissance, 6 à la
connaissance la maîtrise de soi, à
la maîtrise de soi la persévérance, à
la persévérance la piété, 7 à la piété
l'amitié fraternelle, à l'amitié frater-
nelle l'amour. 8 En effet, si ces qua-
lités sont en vous et se développent,
elles ne vous laissent pas inactifs ni
stériles pour la connaissance de no-
tre Seigneur Jésus-Christ. 9 Quant à
celui qui ne possède pas ces quali-
tés, il est aveuglé par sa myopie: il
oublie qu'il a été purifié de ses an-
ciens péchés.
10 C'est pourquoi, frères et sœurs,
appliquez-vous d'autant plus à af-
fermir l'appel et le choix dont vous
avez été l'objet, car si vous faites
cela, vous ne trébucherez jamais.
11 C'est ainsi en effet que l'entrée
dans le royaume éternel de notre
Seigneur et Sauveur Jésus-Christ
vous sera largement accordée.

Véritable enseignement et prétendus enseignants

12 Voilà pourquoi je prendrai soin
de toujours vous rappeler ces cho-
ses, bien que vous les connaissiez
déjà et que vous soyez affermis
dans la vérité présente. 13 Oui, j'es-
time juste de vous tenir en éveil par
mes rappels aussi longtemps que je
suis dans cette tente[n], 14 car je sais
que je quitterai bientôt ce corps,
comme notre Seigneur Jésus-Christ
me l'a fait connaître. 15 Mais je ferai
en sorte qu'après mon départ vous
puissiez en toute occasion vous
souvenir de ces enseignements.
16 En effet, ce n'est pas en suivant
des fables habilement conçues que
nous vous avons fait connaître la
puissante venue[n] de notre Seigneur
Jésus-Christ, mais c'est après avoir
vu sa majesté de nos propres yeux.
17 Oui, il a reçu de Dieu le Père hon-
neur et gloire quand la gloire ma-
gnifique lui a fait entendre une voix
qui disait: «Celui-ci est mon Fils
bien-aimé, qui a toute mon appro-
bation.» 18 Cette voix, nous l'avons
nous-mêmes entendue venir du
ciel lorsque nous étions avec lui
sur la sainte montagne[n], 19 et nous
considérons comme d'autant plus
certaine la parole des prophètes.
Vous faites bien de lui prêter atten-
tion comme à une lampe qui brille
dans un lieu obscur jusqu'à ce que
le jour commence à poindre et que
l'étoile du matin se lève dans votre
cœur. 20 Sachez avant tout qu'aucu-
ne prophétie de l'Ecriture n'est une
affaire d'interprétation person-
nelle, 21 car ce n'est jamais par une
volonté d'homme qu'une prophétie
a été apportée, mais c'est poussés
par le Saint-Esprit que des hommes
ont parlé de la part de Dieu.

2 Cependant, il y a eu parmi le
peuple de prétendus prophè-
tes; de même, il y aura parmi vous
de prétendus enseignants. Ils intro-
duiront sournoisement des doctri-
nes qui conduisent à la perdition,
allant jusqu'à renier le maître qui
les a rachetés, et ils attireront ainsi
sur eux une ruine soudaine. 2 Beau-
coup les suivront dans leur immo-
ralité, et la voie de la vérité sera ca-
lomniée à cause d'eux. 3 Dans leur
soif de posséder, ils vous exploite-
ront avec des paroles trompeuses,

1.13 *Dans cette tente*: c'est-à-dire dans ce corps, sur la terre. **1.16** *La puissante venue*: littéralement *la puissance et venue*. **1.18** *Sur la sainte montagne*: allusion à l'épisode de la transfiguration, relaté en Matthieu 17.1-9.

mais leur condamnation menace
depuis longtemps et leur ruine ne
tardera pas.
4 En effet, Dieu n'a pas épargné les
anges qui ont péché, mais il les a
précipités et enchaînés dans l'abî-
me, là où règnent les ténèbres, pour
qu'ils y soient gardés en vue du ju-
gement. 5 Il n'a pas épargné non
plus l'ancien monde, bien qu'il ait
sauvé huit personnes dont Noé, ce
prédicateur de la justice, lorsqu'il a
fait venir le déluge sur un monde
impie. 6 Par ailleurs, il a condamné
[à la destruction] et réduit en cen-
dres les villes de Sodome et de Go-
morrhe pour les donner en exem-
ple à ceux qui par la suite vivraient
dans l'impiété, 7 et il a délivré Lot le
juste, qui était profondément attris-
té de la conduite immorale de ces
hommes débauchés. 8 – Ce juste,
qui habitait au milieu d'eux, tour-
mentait en effet jour après jour son
âme juste à cause de ce qu'il voyait
et entendait de leurs agissements
criminels. –
9 Ainsi donc, le Seigneur sait déli-
vrer de l'épreuve les hommes pieux
et garder les injustes pour le jour du
jugement où ils seront punis. 10 C'est
le cas notamment de ceux qui, dans
un désir d'impureté, courent après
les plaisirs de la chair et méprisent
toute autorité[n]. Présomptueux et ar-
rogants, ils ne craignent pas d'insul-
ter les êtres glorieux, 11 alors que les
anges, pourtant supérieurs en force
et en puissance, ne portent pas de
jugement insultant contre eux de-
vant le Seigneur. 12 Mais eux, pa-
reils à des animaux dépourvus de
raison qui sont destinés à être cap-
turés et abattus, ils calomnient ce
qu'ils ignorent; ils mourront aus-
si comme des bêtes 13 et recevront
alors le salaire de leur injustice, eux
qui trouvent leur plaisir à se livrer à
la débauche en plein jour. Hommes
pervers et souillés, ils se délectent
de leurs tromperies quand ils pren-
nent part à vos festins. 14 Les yeux
pleins d'adultère et jamais rassa-
siés de péchés, ils prennent au piè-
ge les personnes mal affermies; ils
ont le cœur entraîné par l'exercice à
la soif de posséder, et ce sont des en-
fants de malédiction. 15 Ils ont quit-
té le droit chemin et se sont égarés
en suivant la voie de Balaam, le fils
de Béor, qui a aimé recevoir un sa-
laire pour son injustice. 16 Il a ce-
pendant été repris pour sa violation
des règles: une ânesse muette a fait
entendre une voix humaine et s'est
opposée à la folie du prophète.
17 Ces gens-là sont des sources sans
eau, des nuages poussés par la
tempête; l'obscurité des ténèbres
leur est réservée [pour l'éternité].
18 Avec de grands discours pleins
de vide, ils prennent au piège des
plaisirs de la chair, de leurs débau-
ches, ceux qui ont en réalité échap-
pé aux hommes vivant dans l'éga-
rement. 19 Ils leur promettent la
liberté alors qu'ils sont eux-mêmes
esclaves de la corruption, puis-
que chacun est esclave de ce qui l'a
dominé. 20 En effet si, après avoir
échappé aux souillures du monde
par la connaissance de notre Sei-
gneur et Sauveur Jésus-Christ, ils
se laissent reprendre et dominer
par elles, leur dernière condition
est pire que la première. 21 Il aurait
mieux valu pour eux ne pas connaî-
tre la voie de la justice plutôt que de
la connaître et de se détourner en-
suite du saint commandement qui
leur avait été donné. 22 Il leur est
arrivé ce que disent avec raison
les proverbes: *Le chien est retourné
à ce qu'il avait vomi*[n] et: «La truie

2.10 *Toute autorité*: ou *l'autorité du Seigneur*. **2.22** *Le chien… vomi*: citation de Proverbes 26.11.

à peine lavée s'est vautrée dans le
bourbier.»

Le retour du Seigneur

3 Bien-aimés, voici déjà la deuxiè-
me lettre que je vous écris.
Dans l'une et dans l'autre je fais ap-
pel à vos souvenirs pour éveiller en
vous une saine intelligence, 2 afin
que vous vous rappeliez les paroles
prononcées autrefois par les saints
prophètes ainsi que le commande-
ment du Seigneur et Sauveur ensei-
gné par vos apôtres.
3 Sachez avant tout que *dans les der-
niers jours viendront des moqueurs
[pleins de raillerie]. Ces hommes
vivront en suivant leurs propres dé-
sirs[n] 4 et diront: «Où est la promes-
se de son retour? En effet, depuis
que nos ancêtres sont morts, tout
reste dans le même état qu'au dé-
but de la création.» 5 De fait, ils veu-
lent ignorer que des cieux ont existé
autrefois par la parole de Dieu, ainsi
qu'une terre tirée des eaux et au mi-
lieu d'elles. 6 Ils oublient volontaire-
ment que le monde d'alors a dispa-
ru de la même manière, submergé
par l'eau. 7 Or, par la parole de Dieu,
le ciel et la terre actuels sont gardés
pour le feu, réservés pour le jour
du jugement et de la perdition des
hommes impies.
8 Mais s'il y a une chose, bien-aimés,
que vous ne devez pas oublier, c'est
qu'aux yeux du Seigneur un jour est
comme 1000 ans et *1000 ans sont
comme un jour*[n]. 9 Le Seigneur ne
tarde pas dans l'accomplissement
de la promesse, comme certains le
pensent; au contraire, il fait preu-
ve de patience envers nous, vou-
lant qu'aucun ne périsse mais que
tous parviennent à la repentance[n].
10 Le jour du Seigneur viendra com-
me un voleur [dans la nuit]. Ce jour-
là, le ciel disparaîtra avec fracas,
les éléments embrasés se désagré-
geront et la terre avec les œuvres
qu'elle contient sera brûlée.
11 Puisque tout notre monde doit
être dissous, combien votre condui-
te et votre piété doivent-elles être
saintes! 12 Attendez et hâtez la ve-
nue du jour de Dieu, jour où le ciel
enflammé se désagrégera et où les
éléments embrasés fondront.
13 Mais nous attendons, conformé-
ment à sa promesse, un nouveau
ciel et une nouvelle terre où la jus-
tice habitera.
14 C'est pourquoi, bien-aimés, dans
cette attente, faites tous vos efforts
pour qu'il vous trouve sans tache et
irréprochables dans la paix. 15 Con-
sidérez bien que la patience de no-
tre Seigneur est votre salut. Notre
bien-aimé frère Paul vous l'a aus-
si écrit, conformément à la sagesse
qui lui a été donnée. 16 C'est ce qu'il
fait dans toutes les lettres où il par-
le de ces choses; il s'y trouve certes
des points difficiles à comprendre,
et les personnes ignorantes et mal
affermies en tordent le sens, com-
me elles le font des autres Ecritures,
pour leur propre ruine.
17 Bien-aimés, vous voilà avertis.
Tenez-vous donc sur vos gardes de
peur qu'entraînés par l'égarement
des impies vous ne perdiez la fer-
me position qui est la vôtre. 18 Mais
grandissez dans la grâce et dans la
connaissance de notre Seigneur et
Sauveur Jésus-Christ. A lui soit la
gloire, maintenant et pour l'éterni-
té! Amen!

3.3 *Dans les... désirs*: probable citation en Jude 18. **3.8** *1000... jour*: idée tirée du Psaume 90.4.
3.9 *La repentance*: désignant littéralement un changement de pensée, le mot renvoie à une transformation radicale de la personne, qui renonce à ses attitudes fautives pour adopter un nouveau comportement et une nouvelle perspective, conformes à la volonté de Dieu.

1 Jean

Ecrit anonyme, la *Première épître de Jean* a été attribuée, et ce au 2e siècle déjà, à l'apôtre Jean, un des douze disciples de Jésus, retiré vers la fin de sa vie à Ephèse en Asie Mineure. On peut situer sa rédaction dans la dernière décennie du 1er siècle apr. J.-C., à un moment où apparaissaient des hérésies niant, en particulier, l'humanité de Jésus. L'apôtre mentionne un certain nombre de critères qui permettent de déterminer si l'on a bien la vraie foi.

Introduction: la parole de la vie

1 Ce qui était dès le commence-
ment, ce que nous avons enten-
du, ce que nous avons vu de nos
yeux, ce que nous avons contem-
plé et que nos mains ont touché
concernant la parole de la vie, nous
vous l'annonçons. 2 La vie, en effet,
s'est manifestée[n]; nous l'avons vue,
nous en sommes témoins et nous
vous l'annonçons, cette vie éter-
nelle qui était auprès du Père et qui
s'est manifestée à nous. 3 Ce que
nous avons vu et entendu, nous
vous l'annonçons [à vous aussi] afin
que vous aussi, vous soyez en com-
munion avec nous. Or, c'est avec le
Père et avec son Fils Jésus-Christ
que nous sommes en communion,
4 et nous vous écrivons cela afin que
notre joie soit complète.

La vie dans la lumière

5 Voici le message que nous avons
entendu de lui et que nous vous an-
nonçons: Dieu est lumière et il n'y
a pas de ténèbres en lui. 6 Si nous
disons que nous sommes en com-
munion avec lui tout en marchant
dans les ténèbres, nous mentons
et nous ne mettons pas la vérité en
pratique. 7 Mais si nous marchons
dans la lumière, tout comme Dieu
lui-même est dans la lumière, nous
sommes en communion les uns
avec les autres et le sang de Jésus[-
Christ] son Fils nous purifie de tout
péché.
8 Si nous disons que nous n'avons
pas de péché, nous nous trom-
pons nous-mêmes et la vérité n'est
pas en nous. 9 Si nous reconnais-
sons nos péchés, il est fidèle et jus-
te pour nous les pardonner et pour
nous purifier de tout mal. 10 Si nous
disons que nous n'avons pas péché,
nous faisons de Dieu un menteur,
et sa parole n'est pas en nous.

2 Mes petits enfants, je vous écris
cela afin que vous ne péchiez
pas. Mais si quelqu'un a péché,
nous avons un défenseur auprès
du Père, Jésus-Christ le juste. 2 Il
est lui-même la victime expiatoire[n]
pour nos péchés, et non seulement
pour les nôtres, mais aussi pour
ceux du monde entier.
3 Si nous gardons les commande-
ments de Christ, nous savons par
là que nous l'avons connu. 4 Ce-
lui qui prétend l'avoir connu alors
qu'il ne garde pas ses commande-
ments est un menteur, et la vérité
n'est pas en lui. 5 Mais l'amour de
Dieu est vraiment parfait en celui
qui garde sa parole: c'est à cela que

1.2 *La vie... s'est manifestée*: allusion à l'incarnation de Jésus-Christ. **2.2** *Victime expiatoire*: victime offerte en sacrifice pour satisfaire les exigences de la justice divine, déjà dans la loi de Moïse.

nous reconnaissons que nous som-
mes en lui. 6 Celui qui affirme de-
meurer en Christ doit aussi vivre
comme il a lui-même vécu.
7 Frères et sœurs, ce n'est pas un
commandement nouveau que je
vous écris, mais un commande-
ment ancien, celui que vous avez
reçu depuis le début. Ce comman-
dement ancien, c'est la parole que
vous avez entendue [dès le com-
mencement]. 8 Toutefois, c'est aus-
si un commandement nouveau que
je vous écris; sa nouveauté se véri-
fie en lui et en vous, car les ténè-
bres se dissipent et la vraie lumiè-
re brille déjà.
9 Celui qui prétend être dans la lu-
mière tout en détestant son frère
est encore dans les ténèbres. 10 Ce-
lui qui aime son frère reste dans la
lumière, et il n'y a en lui rien qui
puisse le faire trébucher. 11 En re-
vanche, celui qui déteste son frè-
re est dans les ténèbres; il marche
dans les ténèbres, sans savoir où il
va, parce que les ténèbres ont aveu-
glé ses yeux.
12 Je vous écris, petits enfants, par-
ce que vos péchés vous sont par-
donnés à cause de son nom. 13 Je
vous écris, pères, parce que vous
connaissez celui qui est dès le
commencement. Je vous écris, jeu-
nes gens, parce que vous avez vain-
cu le mauvais[n]. Je vous écris, petits
enfants, parce que vous connais-
sez le Père. 14 Je vous ai écrit, pè-
res, parce que vous connaissez ce-
lui qui est dès le commencement.
Je vous ai écrit, jeunes gens, parce
que vous êtes forts, que la parole de
Dieu demeure en vous et que vous
avez vaincu le mauvais[n].
15 N'aimez pas le monde ni ce qui
est dans le monde. Si quelqu'un
aime le monde, l'amour du Père
n'est pas en lui. 16 En effet, tout ce
qui est dans le monde – la convoiti-
se qui est dans l'homme, la convoi-
tise des yeux et l'orgueil dû aux ri-
chesses – vient non du Père, mais
du monde. 17 Or le monde passe, sa
convoitise aussi, mais celui qui fait
la volonté de Dieu demeure éternel-
lement.

Le retour du Seigneur et les antichrists

18 Petits enfants, c'est la dernière
heure. Vous avez appris que l'Anti-
christ[n] vient. Or, déjà maintenant,
il y a plusieurs antichrists; par là
nous reconnaissons que c'est la
dernière heure. 19 Ils sont sortis du
milieu de nous, mais ils n'étaient
pas des nôtres, car s'ils avaient été
des nôtres, ils seraient restés avec
nous. Mais cela est arrivé afin qu'il
soit bien clair que tous ne sont pas
des nôtres.
20 Quant à vous, vous avez l'onction[n]
donnée par celui qui est saint et
vous avez toute connaissance. 21 Si
je vous ai écrit, ce n'est pas parce
que vous ignorez la vérité, mais
parce que vous la connaissez et
qu'aucun mensonge ne provient de
la vérité. 22 Qui est menteur? N'est-
ce pas celui qui nie que Jésus est
le Messie[n]? Tel est l'Antichrist, ce-
lui qui nie le Père et le Fils. 23 Si
quelqu'un nie le Fils, il n'a pas non
plus le Père; [celui qui se déclare
publiquement pour le Fils a aussi
le Père.]
24 Pour votre part, retenez [donc] ce
que vous avez entendu dès le com-
mencement. Si ce que vous avez en-
tendu depuis le début demeure en

2.13-14 *Le mauvais*: c'est-à-dire le diable. **2.18** *L'Antichrist*: terme signifiant *contre* ou *à la place de Christ*. **2.20** *L'onction*: c'est-à-dire le Saint-Esprit ou la Parole de Dieu. **2.22** *Le Messie*: c'est-à-dire l'oint (en grec *Christ*) de Dieu qui, d'après l'Ancien Testament, devait apporter la délivrance et exercer une autorité universelle.

vous, vous demeurerez vous aus-
si dans le Fils et dans le Père. 25 Et
voici ce qu'il nous a lui-même pro-
mis: c'est la vie éternelle.
26 Je vous ai écrit cela par rapport
à ceux qui vous égarent. 27 Quant
à vous, l'onction que vous avez re-
çue de Christ demeure en vous et
vous n'avez pas besoin qu'on vous
enseigne. Au contraire, puisque la
même onction vous enseigne sur
toute chose, qu'elle est véridique et
dépourvue de mensonge, vous de-
meurerez en lui comme elle vous
l'a appris.
28 Et maintenant, petits enfants, de-
meurez en lui. Ainsi, nous aurons
de l'assurance lorsqu'il apparaîtra,
nous n'aurons pas la honte d'être
loin de lui[n] lors de son retour. 29 Si
vous savez qu'il est juste, recon-
naissez que toute personne qui
pratique la justice est [aussi] née
de lui.

Caractéristiques des enfants de Dieu

3 Voyez quel amour le Père nous
a témoigné pour que nous
soyons appelés enfants de Dieu!
[Et nous le sommes!] Si le monde ne
vous connaît pas, c'est qu'il ne l'a
pas connu, lui. 2 Bien-aimés, nous
sommes maintenant enfants de
Dieu, et ce que nous serons un jour
n'a pas encore été révélé. [Mais]
nous savons que, lorsque Christ ap-
paraîtra[n], nous serons semblables
à lui parce que nous le verrons tel
qu'il est. 3 Toute personne qui pos-
sède cette espérance en lui se puri-
fie comme lui-même est pur.
4 Tous ceux qui pratiquent le péché
violent la loi, puisque le péché, c'est
la violation de la loi. 5 Or, vous le sa-
vez, Jésus est apparu pour enlever
nos péchés et il n'y a pas de péché
en lui. 6 Ceux qui demeurent en lui
ne pèchent pas; si quelqu'un pèche,
il ne l'a pas vu et ne l'a pas connu.
7 Petits enfants, que personne ne
vous égare. Celui qui pratique la
justice est juste comme Christ lui-
même est juste. 8 Celui qui pratique
le péché est du diable, car le dia-
ble pèche dès le commencement.
Or, c'est pour détruire les œuvres
du diable que le Fils de Dieu est
apparu.
9 Quiconque est né de Dieu ne pra-
tique pas le péché, parce que la
semence de Dieu demeure en lui et
il ne peut pas pécher, parce qu'il est
né de Dieu. 10 C'est à cela que l'on
reconnaît les enfants de Dieu et
les enfants du diable: celui qui ne
pratique pas la justice n'est pas de
Dieu, tout comme celui qui n'aime
pas son frère. 11 En effet, le message
qui vous a été annoncé et que vous
avez entendu dès le commence-
ment, c'est que nous devons nous
aimer les uns les autres. 12 N'imi-
tons pas Caïn[n]: il était du mal[n] et
il a tué son frère. Et pourquoi l'a-
t-il tué? Parce que sa manière
d'agir était mauvaise tandis que
celle de son frère était juste. 13 Ne
vous étonnez pas, mes frères et
sœurs, si le monde vous déteste.
14 Quant à nous, nous savons que
nous sommes passés de la mort à
la vie parce que nous aimons les
frères et sœurs. Celui qui n'aime
pas [son frère] reste dans la mort.
15 Tout homme qui déteste son frè-
re est un meurtrier, et vous savez
qu'aucun meurtrier n'a la vie éter-
nelle en lui.
16 Voici comment nous avons connu
l'amour: Christ a donné sa vie pour

2.28 *N'aurons pas... loin de lui*: ou *ne serons pas remplis de honte devant lui.* **3.2** *Lorsque Christ apparaîtra*: ou *lorsque cela sera révélé.* **3.12** *Caïn*: fils aîné d'Adam et Eve, qui a tué son frère Abel. **3.12** *Du mal*: ou *du mauvais*, c'est-à-dire du diable.

nous; nous aussi, nous devons
donner notre vie pour les frères et
sœurs. 17 Si quelqu'un qui possède
les biens de ce monde voit son frè-
re dans le besoin et lui ferme son
cœur, comment l'amour de Dieu
peut-il demeurer en lui?
18 Petits enfants, n'aimons pas en
paroles et avec la langue, mais en
actes et avec vérité. 19 Par là nous
saurons que nous sommes de la vé-
rité et nous rassurerons notre cœur
devant lui. 20 En effet, même si no-
tre cœur nous condamne, Dieu
est plus grand que notre cœur et il
connaît tout.
21 Bien-aimés, si notre cœur ne nous
condamne pas, nous avons de l'as-
surance devant Dieu. 22 Quoi que
nous demandions, nous le recevons
de lui, parce que nous gardons ses
commandements et faisons ce qui
lui est agréable. 23 Et voici quel est
son commandement: c'est que nous
croyions au nom de son Fils Jésus-
Christ et que nous nous aimions
les uns les autres, comme il [nous]
l'a ordonné. 24 Celui qui garde ses
commandements demeure en Dieu
et Dieu demeure en lui; et nous
reconnaissons qu'il demeure en
nous à l'Esprit qu'il nous a donné.

Caractéristiques de l'Esprit de vérité

4 Bien-aimés, ne vous fiez pas à
tout esprit mais mettez les es-
prits à l'épreuve pour savoir s'ils
sont de Dieu, car plusieurs pré-
tendus prophètes sont venus dans
le monde. 2 Voici comment identi-
fier l'Esprit de Dieu: tout esprit qui
reconnaît que Jésus est le Messie
venu en homme[n] est de Dieu. 3 Et si
un esprit ne reconnaît pas que Jé-
sus est le Messie venu en homme,
il n'est pas de Dieu: c'est l'esprit de
l'Antichrist. Vous avez appris sa ve-
nue, et maintenant déjà il est dans
le monde.
4 Vous, petits enfants, vous êtes de
Dieu et vous avez vaincu ces préten-
dus prophètes parce que celui qui
est en vous est plus grand que ce-
lui qui est dans le monde. 5 Eux, ils
sont du monde; voilà pourquoi ils
parlent d'après le monde et le mon-
de les écoute. 6 Nous, nous sommes
de Dieu; celui qui connaît Dieu
nous écoute, celui qui n'est pas de
Dieu ne nous écoute pas. C'est ain-
si que nous identifions l'Esprit de
la vérité et l'esprit de l'erreur.

L'amour de Dieu et l'amour mutuel

7 Bien-aimés, aimons-nous les uns
les autres, car l'amour vient de Dieu,
et toute personne qui aime est née
de Dieu et connaît Dieu. 8 Celui qui
n'aime pas n'a pas connu Dieu, car
Dieu est amour. 9 Voici comment
l'amour de Dieu s'est manifesté en-
vers nous: Dieu a envoyé son Fils
unique dans le monde afin que par
lui nous ayons la vie. 10 Et cet amour
consiste non pas dans le fait que
nous, nous avons aimé Dieu, mais
dans le fait que lui nous a aimés et a
envoyé son Fils comme victime ex-
piatoire pour nos péchés. 11 Bien-
aimés, puisque Dieu nous a tant
aimés, nous devons nous aussi nous
aimer les uns les autres.
12 Personne n'a jamais vu Dieu. Si
nous nous aimons les uns les autres,
Dieu demeure en nous et son amour
est parfait en nous. 13 Nous recon-
naissons que nous demeurons en
lui et qu'il demeure en nous au fait
qu'il nous a donné de son Esprit.
14 Et nous, nous avons vu et nous at-
testons que le Père a envoyé le Fils
comme Sauveur du monde. 15 Celui
qui déclare publiquement que Jésus
est le Fils de Dieu, Dieu demeure en

4.2 *Reconnaît… homme*: litt. *reconnaît publiquement Jésus Christ venu (étant) dans (la) chair.*

lui et lui en Dieu. 16 Or nous, nous
avons connu l'amour que Dieu
a pour nous et nous y avons cru.
Dieu est amour et celui qui demeu-
re dans l'amour demeure en Dieu,
et Dieu demeure en lui. 17 C'est en
cela que l'amour est parfait en nous,
de sorte que nous aurons de l'assu-
rance le jour du jugement parce
que nous sommes dans ce monde
tels que lui, il est. 18 Il n'y a pas de
peur dans l'amour; au contraire,
l'amour parfait chasse la peur, car
la peur implique une punition. Ce-
lui qui éprouve de la peur n'est pas
parfait dans l'amour. 19 Quant à
nous, nous [l']aimons parce qu'il
nous a aimés le premier.
20 Si quelqu'un dit: «J'aime Dieu»,
alors qu'il déteste son frère, c'est
un menteur. En effet, si quelqu'un
n'aime pas son frère qu'il voit, com-
ment peut-il aimer Dieu qu'il ne
voit pas? 21 Or, voici le commande-
ment que nous avons reçu de lui:
celui qui aime Dieu doit aussi aimer
son frère.

La foi en Christ et ses effets

5 Quiconque croit que Jésus est
le Messie est né de Dieu, et si
quelqu'un aime un père, il aime
aussi son enfant. 2 Nous reconnais-
sons que nous aimons les enfants
de Dieu au fait que nous aimons
Dieu et respectons ses comman-
dements. 3 En effet, l'amour envers
Dieu consiste à respecter ses com-
mandements. Or, ses commande-
ments ne représentent pas un far-
deau, 4 puisque tout ce qui est né de
Dieu remporte la victoire contre le
monde, et la victoire qui a triomphé
du monde, c'est votre foi. 5 Qui est
victorieux du monde? N'est-ce pas
celui qui croit que Jésus est le Fils
de Dieu?
6 C'est lui, Jésus-Christ, qui est venu
à travers l'eau et le sang; non avec
l'eau seulement, mais avec l'eau et
le sang[n]. Et c'est l'Esprit qui en rend
témoignage, parce que l'Esprit est
la vérité. 7 Ainsi, ils sont trois à ren-
dre témoignage: 8 l'Esprit, l'eau et le
sang, et les trois sont d'accord.
9 Si nous recevons le témoignage
des hommes, reconnaissons que
le témoignage de Dieu est plus
grand car c'est le témoignage de
Dieu, celui qu'il a rendu à propos de
son Fils. 10 Celui qui croit au Fils de
Dieu possède ce témoignage en lui-
même; celui qui ne croit pas Dieu
fait de lui un menteur, puisqu'il ne
croit pas au témoignage que Dieu a
rendu au sujet de son Fils. 11 Or, voi-
ci ce témoignage: Dieu nous a don-
né la vie éternelle, et cette vie est
dans son Fils. 12 Celui qui a le Fils
a la vie, celui qui n'a pas le Fils de
Dieu n'a pas la vie.
13 Je vous ai écrit cela, à vous qui
croyez au nom du Fils de Dieu, afin
que vous sachiez que vous avez la
vie éternelle [et que vous conti-
nuiez à croire au nom du Fils de
Dieu].
14 Nous avons auprès de lui cette as-
surance: si nous demandons quel-
que chose conformément à sa vo-
lonté, il nous écoute. 15 Et si nous
savons qu'il nous écoute, quelle
que soit notre demande, nous sa-
vons que nous possédons ce que
nous lui avons demandé.
16 Si quelqu'un voit son frère com-
mettre un péché qui ne mène pas
à la mort, qu'il prie, et Dieu don-
nera la vie à ce frère; je parle ici de
ceux qui commettent un péché ne

5.6 *L'eau et le sang*: probables allusions au baptême et à la crucifixion de Christ. Certains enseignaient que Jésus était un simple homme et que le Christ, le Fils de Dieu, s'était uni à lui lors de son baptême pour le quitter avant sa mort. Jean insiste sur l'unité de Jésus-Christ le Fils de Dieu, à la fois homme et Dieu du début à la fin de sa carrière terrestre et de son œuvre de salut.

conduisant pas à la mort. Il y a un
péché qui mène à la mort[n], et ce
n'est pas pour ce péché-là que je
dis de prier. 17 Toute injustice est
un péché, mais tous les péchés ne
conduisent pas jusqu'à la mort.
18 Nous savons que, si quelqu'un
est né de Dieu, il ne pèche pas. Au
contraire, celui qui est né de Dieu
se garde lui-même et le mauvais[n]
ne le touche pas. 19 Nous savons
que nous sommes de Dieu et que le
monde entier est sous la puissance
du mal[n], 20 mais nous savons aussi
que le Fils de Dieu est venu et nous
a donné l'intelligence pour connaî-
tre le vrai Dieu; et nous sommes
unis au vrai Dieu si nous sommes
unis à son Fils Jésus-Christ. C'est
lui qui est le vrai Dieu et la vie éter-
nelle. 21 Petits enfants, gardez-vous
des idoles!

5.16 *Qui mène à la mort*: possible allusion à l'attitude de persistance dans le péché et le rejet de la vérité relative à Jésus-Christ qui caractérisait les hommes dont l'auteur combattait les enseignements erronés. **5.18** *Le mauvais*: c'est-à-dire le diable. **5.19** *Est sous la puissance du mal*: ou *est sous le contrôle du mauvais* ou *est plongé dans le mal*.

2 Jean

Généralement considérée comme de la même plume que 1 Jean, la *Deuxième épître de Jean* est donc elle aussi attribuée à ce disciple de Jésus, probablement le dernier apôtre encore en vie à la fin du 1er siècle apr. J.-C. Cette brève missive invite les chrétiens à faire preuve de discernement dans l'accueil des prédicateurs itinérants.

Salutation et louange

1 De la part de l'ancien à la dame
qui a été choisie et à ses enfants
que j'aime dans la vérité. Et ce n'est
pas moi seulement qui les aime,
mais aussi tous ceux qui ont connu
la vérité. 2 Nous vous aimons à
cause de la vérité qui demeure en
nous et qui sera avec nous pour
l'éternité. 3 Oui, la grâce, la com-
passion et la paix seront avec
nous dans la vérité et l'amour.
Elles viennent de Dieu le Père et
[du Seigneur] Jésus-Christ, le Fils
du Père.
4 J'ai éprouvé une très grande joie à
rencontrer quelques-uns de tes en-
fants qui marchent dans la vérité,
conformément au commandement
que nous avons reçu du Père.

Appel à un amour doublé de vigilance

5 Et maintenant, voici ce que je te
demande, chère dame: c'est que
nous nous aimions les uns les
autres. Ce n'est pas un comman-
dement nouveau que je t'écris,
mais celui que nous avons reçu dès
le commencement. 6 Or l'amour
consiste à vivre conformément à
ses commandements. Tel est le
commandement dans lequel vous
devez marcher, comme vous l'avez
appris depuis le début.
7 En effet, de nombreux impos-

teurs sont venus dans le monde;
ils ne reconnaissent pas que Jé-
sus est le Messie[n] venu en homme[n].
Voilà ce qui caractérise l'impos-
teur et l'Antichrist. 8 Faites atten-
tion à vous-mêmes. Ainsi nous ne
perdrons pas le fruit de notre tra-
vail mais recevrons une pleine ré-
compense. 9 Quiconque s'écarte de
ce chemin et ne demeure pas dans
l'enseignement de Christ n'a pas
Dieu; celui qui demeure dans l'en-
seignement [de Christ] a le Père et le
Fils. 10 Si quelqu'un vient chez vous
et n'apporte pas cet enseignement,
ne le prenez pas chez vous et ne le
saluez pas, 11 car celui qui le salue[n]
s'associe à ses mauvaises œuvres.
12 J'ai beaucoup de choses à vous
écrire, mais je n'ai pas voulu le fai-
re avec le papier et l'encre. J'espè-
re venir chez vous et vous parler
de vive voix afin que notre joie soit
complète.
13 Les enfants de ta sœur, choisie
elle aussi, te saluent.

7 *Le Messie*: c'est-à-dire l'oint (ou *Christ*) de Dieu qui, d'après l'Ancien Testament, devait apporter la délivrance et exercer une autorité universelle. **7** *Venu en homme*: litt. *venant (étant) dans (la) chair.* **10, 11** *Ne le saluez pas… le salue*: probablement au sens d'une bienvenue officielle.

3 Jean

A l'instar de 2 Jean, la *Troisième épître de Jean* est attribuée à celui qui était un des douze disciples de Jésus, le dernier apôtre encore en vie dans la dernière décennie du 1er siècle apr. J.-C., et aborde en quelques versets la question de l'hospitalité. Une tradition a identifié son destinataire au «Gaïus de Derbe» dont parlent les Actes (20.4), probablement parce qu'il était originaire d'Asie Mineure où Jean se trouvait.

Salutation et louange

1 De la part de l'ancien au bien-aimé
Gaïus que j'aime dans la vérité.
2 Bien-aimé, je souhaite que tu
prospères à tout point de vue et
sois en bonne santé, à l'image de
ton âme. 3 J'ai en effet éprouvé une
très grande joie lorsque des frères
sont arrivés et ont rendu témoi-
gnage de ta sincérité, de la maniè-
re dont tu marches dans la vérité.
4 Je n'ai pas de plus grande joie que
d'apprendre que mes enfants mar-
chent dans la vérité.
5 Bien-aimé, tu agis avec fidélité
dans ce que tu fais pour les frères,
notamment pour des frères étran-
gers. 6 Ils ont du reste rendu témoi-
gnage à ton amour devant l'Eglise.
Tu feras bien de les aider d'une ma-
nière digne de Dieu dans leur voya-
ge, 7 car c'est pour le nom de Jésus-
Christ qu'ils sont partis, sans rien
recevoir des non-croyants. 8 Nous
devons donc accueillir de tels hom-
mes afin de travailler avec eux pour
la vérité.

Diotrèphe et Démétrius

9 J'ai écrit [quelques mots] à l'Eglise,
mais Diotrèphe, qui aime être le pre-
mier parmi eux, ne nous accueille

pas. 10 C'est pourquoi, si je viens, je
rappellerai les actes qu'il commet
en bavardant contre nous de façon
malveillante. Non content de cela,
il n'accueille pas les frères, et ceux
qui voudraient le faire, il les en
empêche et les chasse de l'Eglise.
11 Bien-aimé, n'imite pas le mal,
mais le bien. Celui qui fait le bien
est de Dieu; celui qui fait le mal n'a
pas vu Dieu.
12 Quant à Démétrius, tous lui ren-
dent un bon témoignage, et la vérité
elle-même témoigne pour lui. Nous
aussi, nous lui rendons témoignage,
et tu sais que notre témoignage est
vrai.
13 J'aurais beaucoup de choses à
[t']écrire, mais je ne veux pas le fai-
re avec l'encre et la plume. 14 J'espè-
re te voir très bientôt, et nous parle-
rons de vive voix. 15 Que la paix soit
avec toi! Les amis te saluent. Salue
les amis, chacun en particulier.

Jude

Se présentant comme écrite par Jude le frère de Jacques, l'*Epître de Jude* est de ce fait attribuée au demi-frère de Jésus porteur de ce nom dont parle Matthieu (13.55). Elle paraît avoir été rédigée après 2 Pierre, dans un contexte similaire de propagation d'enseignements erronés, ce qui permet de situer sa rédaction entre 64/66 et 80 apr. J.-C.

Adresse et salutation

1 De la part de Jude, serviteur de
Jésus-Christ et frère de Jacques, à
ceux qui ont été appelés, qui sont
saints en Dieu le Père et gardés
pour Jésus-Christ[n]: 2 que la com-
passion, la paix et l'amour vous
soient multipliés!

Avertissements contre les prétendus enseignants

3 Bien-aimés, alors que j'avais le vif
désir de vous écrire au sujet du sa-
lut qui nous est commun, j'ai été
contraint de vous envoyer cette let-
tre afin de vous encourager à com-
battre pour la foi transmise aux
saints[n] une fois pour toutes. 4 Il s'est
en effet glissé parmi vous certains
hommes dont la condamnation est
écrite depuis longtemps. Ces im-
pies transforment la grâce de notre
Dieu en débauche et renient Dieu,
le seul maître, et notre Seigneur
Jésus-Christ[n].
5 Je veux vous rappeler – à vous
qui le savez bien – que le Seigneur,
après avoir sauvé le peuple en le fai-
sant sortir d'Egypte, a fait ensuite
mourir ceux qui s'étaient montrés
incrédules. 6 Quant aux anges qui
n'ont pas conservé leur rang mais
ont abandonné leur demeure pro-
pre, il les a enchaînés éternellement
dans les ténèbres pour le jugement
du grand jour. 7 De même, Sodome

1 *Pour Jésus-Christ*: ou *par Jésus-Christ*. **3** *Saints*: manière de désigner les chrétiens en tant que personnes consacrées à Dieu et appelées à avoir le comportement qui découle de leur appartenance à ce Dieu. **4** *Dieu… Jésus-Christ*: ou *le seul Dieu souverain, qui est aussi notre Seigneur, Jésus-Christ*.

et Gomorrhe et les villes voisines,
qui se sont livrées comme eux à
l'immoralité sexuelle et à des rela-
tions contre nature, sont données
en exemple et subissent la peine
d'un feu éternel.
8 Malgré cela, ces hommes adop-
tent une attitude semblable: entraî-
nés par leurs rêveries, ils souillent
leur corps, rejettent toute autorité[n]
et insultent les êtres glorieux. 9 Or,
lorsqu'il discutait avec le diable et
lui disputait le corps de Moïse, l'ar-
change Michel n'a pas osé porter
de jugement insultant contre lui
mais a dit: «Que le Seigneur te pu-
nisse!» 10 Eux, par contre, parlent
d'une manière insultante de ce
qu'ils ne connaissent pas et se dé-
truisent par tout ce qu'ils savent
d'instinct, comme des bêtes sans
raison. 11 Malheur à eux, car ils ont
suivi la voie de Caïn, ils se sont je-
tés pour un salaire dans l'égare-
ment de Balaam, ils se sont perdus
en se révoltant comme Koré.
12 Ce sont des écueils dans vos aga-
pes, où ils festoient sans scrupu-
le et ne prennent soin que d'eux-
mêmes. Ce sont des nuages sans
eau emportés par les vents, des ar-
bres d'automne sans fruits, deux
fois morts, déracinés, 13 des vagues
furieuses de la mer qui rejettent
l'écume de leurs impuretés, des
astres errants auxquels l'obscuri-
té des ténèbres est réservée pour
l'éternité.
14 C'est aussi pour eux qu'Hénoc,
le septième depuis Adam, a pro-
phétisé en ces termes: «Voici que
le Seigneur est venu avec ses sain-
tes troupes 15 pour exercer un juge-
ment contre tous et pour faire ren-
dre compte à tous les impies [qui
sont parmi eux] de tous les actes
d'impiété qu'ils ont commis et de
toutes les paroles dures qu'en pé-
cheurs impies ils ont proférées
contre lui.»
16 Toujours mécontents, ces hom-
mes se plaignent sans cesse de leur
sort et marchent suivant leurs dé-
sirs; ils tiennent de grands discours
et flattent les gens par intérêt.
17 Quant à vous, bien-aimés, sou-
venez-vous de ce que les apôtres de
notre Seigneur Jésus-Christ ont an-
noncé. 18 Ils vous disaient: «*A la fin
des temps il y aura des moqueurs
qui vivront en suivant leurs désirs
impies.»[n] 19 Ce sont ceux qui pro-
voquent des divisions, sont domi-
nés par leur nature propre et n'ont
pas l'Esprit.

Recommandations aux chrétiens

20 Quant à vous, bien-aimés, édifiez-
vous vous-mêmes sur votre très
sainte foi et priez par le Saint-Esprit.
21 Maintenez-vous dans l'amour
de Dieu en attendant le jour où
la compassion de notre Seigneur
Jésus-Christ sera manifestée pour
la vie éternelle. 22 Ayez compassion
des uns en faisant preuve de discer-
nement. 23 Quant aux autres, sauvez-
les avec crainte en les arrachant
au feu, en détestant jusqu'au vê-
tement souillé par leur contact.
24 A celui qui peut vous garder de
toute chute et vous faire paraître
devant sa gloire irréprochables
et dans l'allégresse, 25 oui, à Dieu
seul [sage], qui nous a sauvés [par
Jésus-Christ notre Seigneur], ap-
partiennent gloire, majesté, for-
ce et puissance [avant tous les
temps,] maintenant et pour l'éter-
nité! Amen!

8 *Toute autorité*: ou *l'autorité du Seigneur*. **18** *A la fin… impies*: probable renvoi à 2 Pierre 3.3.

Apocalypse

L'*Apocalypse* se présente comme une révélation de Jésus-Christ à son serviteur Jean durant un séjour (forcé?) sur l'île de Patmos. On estime traditionnellement qu'elle a été rédigée par ce disciple et apôtre de Jésus pendant la persécution déclenchée contre les chrétiens par l'empereur Domitien, vers 95 apr. J.-C. Adressée à sept Eglises d'Asie Mineure, elle évoque la victoire de Jésus-Christ en dépit de l'opposition des hommes et du diable.

MESSAGE À SEPT ÉGLISES 1.1–3.22

Titre et salutation

1 *Révélation*[n] *de Jésus-Christ*
Dieu la lui a donnée pour mon-
trer à ses serviteurs ce qui doit ar-
river bientôt et l'a fait connaître en
envoyant son ange à son serviteur
Jean. 2 Celui-ci l'a attesté, tout ce
qu'il a vu est la parole de Dieu et le
témoignage de Jésus-Christ. 3 Heu-
reux celui qui lit et ceux qui écou-
tent les paroles de la prophétie et
gardent ce qui s'y trouve écrit, car
le moment est proche!
4 De la part de Jean aux sept Eglises
qui sont en Asie: que la grâce et la
paix vous soient données de la part
de [Dieu,] celui qui est, qui était et
qui vient, de la part des sept esprits[n]
qui sont devant son trône 5 et de la
part de Jésus-Christ, le témoin fidè-
le, le premier-né d'entre les morts et
le chef des rois de la terre! A celui
qui nous aime, qui nous a lavés[n] de
nos péchés par son sang 6 et qui a
fait de nous un royaume, des prê-
tres pour Dieu son Père, à lui soient
la gloire et la domination aux siè-
cles des siècles! Amen!
7 Le voici qui vient avec les nuées.
Tout œil le verra, même ceux qui
l'ont transpercé, et toutes les fa-
milles de la terre pleureront amère-
ment sur lui. Oui. Amen! 8 «Je suis
l'Alpha et l'Oméga[n], dit le Seigneur
Dieu, celui qui est, qui était et qui
vient, le Tout-Puissant.»

Vision du Fils de l'homme

9 Moi Jean, votre frère et votre
compagnon dans la persécution,
le royaume et la persévérance en
Jésus-Christ, j'étais dans l'île ap-
pelée Patmos à cause de la parole
de Dieu et du témoignage de Jésus-
Christ. 10 Je fus saisi par l'Esprit le
jour du Seigneur et j'entendis der-
rière moi une voix forte comme le
son d'une trompette. 11 Elle disait:
«Ce que tu vois, écris-le dans un li-
vre et envoie-le aux sept Eglises:
à Ephèse, à Smyrne, à Pergame, à
Thyatire, à Sardes, à Philadelphie
et à Laodicée.»
12 Je me retournai pour savoir quelle
était la voix qui me parlait. M'étant
donc retourné, je vis sept chande-
liers d'or, 13 et au milieu des [sept]
chandeliers quelqu'un qui ressem-
blait à un fils d'homme. Il était ha-
billé d'une longue robe et portait
une écharpe en or sur la poitri-
ne. 14 Sa tête et ses cheveux étaient

1.1 *Révélation*: le mot grec a donné le français Apocalypse. **1.4** *Sept esprits*: c'est-à-dire le Saint-Esprit. **1.5** *Lavés*: certains manuscrits portent «délivrés». **1.8** *L'Alpha et l'Oméga*: première et dernière lettres de l'alphabet grec.

blancs comme de la laine blan-
che, comme de la neige. Ses yeux
étaient comme une flamme de feu,
15 ses pieds étaient semblables à du
bronze ardent, comme s'ils avaient
été embrasés dans une fournaise,
et sa voix ressemblait au bruit de
grandes eaux. 16 Il tenait dans sa
main droite sept étoiles, de sa bou-
che sortait une épée aiguë à deux
tranchants et son visage était com-
me le soleil lorsqu'il brille dans tou-
te sa force.
17 Quand je le vis, je tombai à ses
pieds comme mort. Il posa alors
sa main droite sur moi en disant:
«N'aie pas peur. Je suis le premier et
le dernier, 18 le vivant. J'étais mort
et voici, je suis vivant aux siècles
des siècles. Je détiens les clés de la
mort et du séjour des morts. 19 Ecris
donc ce que tu as vu, ce qui est et
ce qui doit arriver ensuite. 20 Quant
au mystère des sept étoiles que tu
as vues dans ma main droite et des
sept chandeliers d'or, le voici: les
sept étoiles sont les anges des sept
Eglises et les sept chandeliers sont
les sept Eglises.

Lettre à l'Eglise d'Ephèse

2 »Ecris à l'ange de l'Eglise d'Ephè-
se: 'Voici ce que dit celui qui
tient les sept étoiles dans sa main
droite, celui qui marche au mi-
lieu des sept chandeliers d'or: 2 Je
connais tes œuvres, ton travail et
ta persévérance. Je sais que tu ne
peux pas supporter les méchants.
Tu as mis à l'épreuve ceux qui se
prétendent apôtres sans l'être, et tu
les as trouvés menteurs. 3 Oui, tu as
de la persévérance, tu as souffert à
cause de mon nom et tu ne t'es pas
lassé. 4 Mais ce que j'ai contre toi,
c'est que tu as abandonné ton pre-
mier amour. 5 Souviens-toi donc
d'où tu es tombé, repens-toi et pra-
tique tes premières œuvres. Sinon,
je viendrai [bientôt] à toi et j'enlè-
verai ton chandelier de sa place, à
moins que tu ne changes d'attitu-
de[n]. 6 Cependant, tu as ceci pour
toi: tu détestes les œuvres des Ni-
colaïtes, tout comme je les détes-
te, moi aussi. 7 Que celui qui a des
oreilles écoute ce que l'Esprit dit
aux Eglises: Au vainqueur je don-
nerai à manger du fruit de l'arbre
de vie, qui est dans le paradis de
Dieu.'

Lettre à l'Eglise de Smyrne

8 »Ecris à l'ange de l'Eglise de Smyr-
ne: 'Voici ce que dit le premier et le
dernier, celui qui était mort et qui
est revenu à la vie: 9 Je connais [tes
œuvres,] ta détresse et ta pauvreté
– et pourtant tu es riche – ainsi que
les calomnies de ceux qui se disent
juifs et ne le sont pas mais qui sont
une synagogue de Satan. 10 Ne re-
doute pas ce que tu vas souffrir.
Voici, le diable va jeter quelques-
uns d'entre vous en prison afin que
vous soyez mis à l'épreuve, et vous
aurez dix jours de détresse. Sois fi-
dèle jusqu'à la mort et je te donne-
rai la couronne de vie. 11 Que ce-
lui qui a des oreilles écoute ce que
l'Esprit dit aux Eglises: Le vain-
queur n'aura pas à souffrir de la
seconde mort.'

Lettre à l'Eglise de Pergame

12 »Ecris à l'ange de l'Eglise de Per-
game: 'Voici ce que dit celui qui
tient l'épée aiguë à deux tran-
chants: 13 Je connais [tes œuvres et]
l'endroit où tu es établi: là se trouve

2.5 *Repens-toi... changes d'attitude*: même verbe grec; il désigne littéralement un changement de pensée et renvoie à une transformation radicale de la personne, qui renonce à ses attitudes fautives pour adopter un nouveau comportement et une nouvelle perspective, conformes à la volonté de Dieu.

le trône de Satan. Tu es fermement
attaché à mon nom et tu n'as pas re-
nié la foi en moi, même durant les
jours où Antipas, mon témoin fidè-
le, a été mis à mort chez vous, là où
Satan est établi. 14 Mais j'ai certai-
nes choses contre toi: tu as là des
gens attachés à la doctrine de Ba-
laam, qui enseignait à Balak à ten-
dre un piège aux Israélites pour
qu'ils mangent des viandes sacri-
fiées aux idoles et se livrent à l'im-
moralité sexuelle. 15 Ainsi, toi aussi,
tu as des gens attachés de la même
manière à la doctrine des Nico-
laïtes. 16 Repens-toi donc, sinon je
viendrai bientôt à toi et je les com-
battrai avec l'épée de ma bouche.
17 Que celui qui a des oreilles écou-
te ce que l'Esprit dit aux Eglises:
Au vainqueur je donnerai [à man-
ger] de la manne[n] cachée, et je lui
donnerai un caillou blanc. Sur ce
caillou est écrit un nom nouveau
que personne ne connaît, si ce n'est
celui qui le reçoit.'

Lettre à l'Eglise de Thyatire

18 »Ecris à l'ange de l'Eglise de Thya-
tire: 'Voici ce que dit le Fils de Dieu,
celui qui a les yeux comme une
flamme de feu et dont les pieds sont
semblables à du bronze ardent: 19 Je
connais tes œuvres, ton amour, ta
foi, ton service et ta persévérance. Je
sais que tes dernières œuvres sont
plus nombreuses que les premières.
20 Mais ce que j'ai contre toi, c'est
que tu laisses faire Jézabel, cette
femme qui se prétend prophétesse.
Elle enseigne et égare mes servi-
teurs pour qu'ils se livrent à l'im-
moralité sexuelle et mangent des
viandes sacrifiées aux idoles. 21 Je
lui ai donné du temps pour chan-
ger d'attitude, mais elle ne veut pas
se détourner de son immoralité.
22 Voici, je vais la jeter sur un lit et
envoyer un grand tourment à ceux
qui commettent l'adultère avec elle,
s'ils ne se repentent pas de leurs
œuvres. 23 Je frapperai de mort ses
enfants, et toutes les Eglises recon-
naîtront que je suis celui qui exa-
mine les reins et les cœurs, et je
traiterai chacun de vous conformé-
ment à ses œuvres. 24 Quant à vous,
les autres croyants de Thyatire, qui
n'acceptez pas cet enseignement
et qui n'avez pas connu les profon-
deurs de Satan – comme ils les ap-
pellent – je vous dis: Je ne mettrai
pas sur vous d'autre fardeau. 25 Seu-
lement, ce que vous avez, tenez-le
fermement jusqu'à ce que je vien-
ne. 26 Au vainqueur, à celui qui ac-
complit mes œuvres jusqu'à la fin,
je donnerai autorité sur *les nations.*
27 *Il les dirigera avec un sceptre de*
fer, comme on brise les vases d'argi-
le[n], ainsi que moi-même j'en ai reçu
le pouvoir de mon Père, 28 et je lui
donnerai l'étoile du matin. 29 Que
celui qui a des oreilles écoute ce
que l'Esprit dit aux Eglises.'

Lettre à l'Eglise de Sardes

3 »Ecris à l'ange de l'Eglise de
Sardes: 'Voici ce que dit celui
qui a les sept esprits de Dieu et les
sept étoiles: Je connais tes œuvres.
Je sais que tu passes pour être vi-
vant, mais tu es mort. 2 Sois vigi-
lant et affermis le reste, qui est sur
le point de mourir, car je n'ai pas
trouvé tes œuvres parfaites de-
vant mon Dieu. 3 Rappelle-toi donc
comment tu as accepté et entendu
la parole, garde-la et repens-toi. Si
tu ne restes pas vigilant, je vien-

2.17 *Manne*: allusion à la nourriture accordée chaque jour, durant 40 ans, par Dieu aux Israélites après leur sortie d'Egypte, pendant leur parcours dans le désert (voir Exode 16). Jésus s'était comparé à ce pain descendu du ciel (voir Jean 6.30-31, 47-58). **2.26-27** *Je donnerai... argile*: citation du Psaume 2.8-9.

drai comme un voleur, sans que tu
saches à quelle heure je viendrai
te surprendre. 4 Cependant, tu as
à Sardes quelques personnes qui
n'ont pas souillé leurs vêtements;
elles marcheront avec moi en vête-
ments blancs parce qu'elles en sont
dignes. 5 Le vainqueur sera habillé
de vêtements blancs; je n'efface-
rai pas son nom du livre de vie et
je le reconnaîtrai devant mon Père
et devant ses anges. 6 Que celui qui
a des oreilles écoute ce que l'Esprit
dit aux Eglises.'

Lettre à l'Eglise de Philadelphie

7 »Ecris à l'ange de l'Eglise de Phi-
ladelphie: 'Voici ce que dit le Saint,
le Véritable, celui qui a la clé de Da-
vid, celui qui ouvre et personne
ne pourra fermer, celui qui ferme
et personne ne pourra ouvrir: 8 Je
connais tes œuvres. Voici, j'ai mis
devant toi une porte ouverte que
personne ne peut refermer, parce
que tu as peu de puissance et que tu
as gardé ma parole sans renier mon
nom. 9 Je te donne des membres de
la synagogue de Satan qui se pré-
tendent juifs sans l'être et qui men-
tent. Je les ferai venir se prosterner
à tes pieds et reconnaître que je t'ai
aimé. 10 Parce que tu as gardé mon
ordre de persévérer[n], je te garderai
aussi à l'heure de la tentation qui va
venir sur le monde entier pour met-
tre à l'épreuve les habitants de la
terre. 11 Je viens bientôt. Tiens fer-
me ce que tu as, afin que personne
ne prenne ta couronne. 12 Du vain-
queur je ferai un pilier dans le tem-
ple de mon Dieu, et il n'en sorti-
ra plus jamais. J'écrirai sur lui le
nom de mon Dieu, celui de la ville
de mon Dieu, la nouvelle Jérusa-
lem qui descend du ciel, d'auprès
de mon Dieu, ainsi que mon nom
nouveau. 13 Que celui qui a des oreil-
les écoute ce que l'Esprit dit aux
Eglises.'

Lettre à l'Eglise de Laodicée

14 »Ecris à l'ange de l'Eglise de Lao-
dicée: 'Voici ce que dit l'Amen, le
témoin fidèle et véritable, l'auteur
de la création de Dieu: 15 Je connais
tes œuvres. Je sais que tu n'es ni
froid ni bouillant. Si seulement
tu étais froid ou bouillant! 16 Ain-
si, parce que tu es tiède et que tu
n'es ni froid ni bouillant, je vais te
vomir de ma bouche. 17 En effet, tu
dis: Je suis riche, je me suis enrichi
et je n'ai besoin de rien, et tu ne
sais pas que tu es malheureux, mi-
sérable, pauvre, aveugle et nu. 18 Je
te conseille donc d'acheter chez
moi de l'or purifié par le feu afin
que tu deviennes vraiment riche,
des vêtements blancs afin que tu
sois habillé et qu'on ne voie plus la
honte de ta nudité, ainsi qu'un re-
mède à appliquer sur tes yeux afin
que tu voies. 19 Moi, je reprends et
je corrige tous ceux que j'aime. Aie
donc du zèle et repens-toi! 20 Voi-
ci, je me tiens à la porte et je frap-
pe. Si quelqu'un entend ma voix et
ouvre la porte, j'entrerai chez lui,
je souperai avec lui et lui avec moi.
21 Le vainqueur, je le ferai asseoir
avec moi sur mon trône, tout com-
me moi aussi j'ai vaincu et me suis
assis avec mon Père sur son trône.
22 Que celui qui a des oreilles écou-
te ce que l'Esprit dit aux Eglises.'»

SEPT SCEAUX 4.1–8.5

Le trône de Dieu

4 Après cela, je regardai et voici,
une porte était ouverte dans
le ciel. La première voix que j'avais

3.10 *Mon ordre de persévérer*: ou *ma parole avec persévérance*.

entendue me parler avec la force
d'une trompette dit alors: «Monte
ici et je te ferai voir ce qui doit ar-
river par la suite.» 2 Aussitôt je fus
saisi par l'Esprit. Et voici, il y avait
un trône dans le ciel, et sur ce trô-
ne quelqu'un était assis. 3 Celui qui
était assis avait l'aspect d'une pier-
re de jaspe et de sardoine, et le trô-
ne était entouré d'un arc-en-ciel
semblable à de l'émeraude. 4 Au-
tour du trône se trouvaient vingt-
quatre trônes, et sur ces trônes
vingt-quatre anciens étaient assis.
Ils étaient habillés de vêtements
blancs et portaient des couronnes
d'or sur la tête.
5 Du trône sortent des éclairs, des
voix et des coups de tonnerre, et de-
vant lui brûlent sept lampes arden-
tes qui sont les sept esprits de Dieu.
6 Devant le trône, il y a aussi comme
une mer de verre qui a la transpa-
rence du cristal. Au milieu et autour
du trône se tiennent quatre êtres
vivants couverts d'yeux devant et
derrière. 7 Le premier être vivant
ressemble à un lion, le deuxième
à un taureau, le troisième a le visa-
ge d'un homme et le quatrième res-
semble à un aigle en plein vol. 8 Les
quatre êtres vivants ont chacun six
ailes et ils sont couverts d'yeux tout
autour et à l'intérieur. Ils ne cessent
de dire, jour et nuit: «*Saint, saint,
saint est le Seigneur*[n] Dieu, le Tout-
Puissant, celui qui était, qui est et
qui vient!»
9 Chaque fois que les êtres vivants
donnent gloire, honneur et recon-
naissance à celui qui est assis sur
le trône, à celui qui vit aux siècles
des siècles, 10 les vingt-quatre an-
ciens se prosternent devant celui
qui est assis sur le trône, adorent
celui qui vit aux siècles des siècles
et déposent leur couronne devant
le trône en disant: 11 «Tu es digne,
notre Seigneur et notre Dieu, [toi le
Saint,] de recevoir la gloire, l'hon-
neur et la puissance, car tu as créé
toutes choses et c'est par ta volon-
té qu'elles ont été créées et qu'elles
existent.»

L'Agneau et le livre scellé

5 Puis je vis dans la main droite
de celui qui était assis sur le
trône un livre écrit à l'intérieur et
à l'extérieur, fermé grâce à sept
sceaux[n]. 2 Je vis aussi un ange puis-
sant proclamer d'une voix forte:
«Qui est digne d'ouvrir le livre et
d'en briser les sceaux?» 3 Mais per-
sonne, ni dans le ciel ni sur la terre
ni sous la terre, ne pouvait ouvrir
le livre ni le regarder. 4 Je pleurais
beaucoup parce que personne
n'avait été trouvé digne d'ouvrir le
livre et de le regarder. 5 Alors l'un
des anciens me dit: «Ne pleure pas,
car le lion de la tribu de Juda, le re-
jeton de la racine de David, a vain-
cu pour ouvrir le livre et ses sept
sceaux.»
6 Puis je vis, au milieu du trône et
des quatre êtres vivants et au mi-
lieu des anciens, un agneau debout
comme offert en sacrifice. Il avait
sept cornes et sept yeux, qui sont
les sept esprits de Dieu envoyés par
toute la terre. 7 Il vint prendre [le li-
vre] de la main droite de celui qui
était assis sur le trône.
8 Quand il eut pris le livre, les
quatre êtres vivants et les vingt-
quatre anciens se prosternèrent
devant l'agneau. Chacun tenait une
harpe et des coupes d'or remplies
de parfums, qui sont les prières

4.8 *Saint… le Seigneur*: citation d'Esaïe 6.3. **5.1** *Sceaux*: l'empreinte d'un sceau (bague ou objet cylindrique) apposée sur un document servait à le protéger, à l'authentifier ou à signaler son propriétaire.

des saints[n], 9 et ils chantaient un
cantique nouveau en disant: «Tu
es digne de prendre le livre et d'en
ouvrir les sceaux, car tu as été offert
en sacrifice et tu as racheté pour
Dieu par ton sang des hommes
de toute tribu, de toute langue, de
tout peuple et de toute nation. 10 Tu
as fait d'eux des rois et des prêtres
pour notre Dieu, et ils régneront sur
la terre.»
11 Je regardai et j'entendis la voix de
nombreux anges rassemblés autour
du trône, des êtres vivants et des
anciens; ils étaient des myriades
de myriades et des milliers de mil-
liers. 12 Ils disaient d'une voix for-
te: «L'Agneau qui a été offert en
sacrifice est digne de recevoir la
puissance, la richesse, la sagesse,
la force, l'honneur, la gloire et la
louange.»
13 Toutes les créatures qui sont dans
le ciel, sur la terre, sous la terre, sur
la mer, tous les êtres qui s'y trou-
vent, je les entendis s'écrier: «A ce-
lui qui est assis sur le trône et à
l'Agneau soient la louange, l'hon-
neur, la gloire et la domination, aux
siècles des siècles!» 14 Les quatre
êtres vivants répondaient: «Amen!»
Et les anciens se prosternèrent et
adorèrent.

Ouverture des six premiers sceaux

6 Je vis alors l'Agneau ouvrir un
des sept sceaux et j'entendis
l'un des quatre êtres vivants dire
d'une voix de tonnerre: «Viens.» 2 Je
regardai et je vis apparaître un che-
val blanc. Celui qui le montait avait
un arc; une couronne lui fut don-
née et il partit en vainqueur et pour
remporter la victoire.
3 Quand il ouvrit le deuxième sceau,
j'entendis le deuxième être vivant
dire: «Viens.» 4 Et un autre che-
val, rouge feu, apparut. Celui qui
le montait reçut le pouvoir d'enle-
ver la paix de la terre afin que les
hommes s'entretuent, et une gran-
de épée lui fut donnée.
5 Quand l'Agneau ouvrit le troisiè-
me sceau, j'entendis le troisième
être vivant dire: «Viens.» Je regar-
dai et je vis apparaître un cheval
noir. Celui qui le montait tenait
une balance à la main. 6 Et j'enten-
dis [comme] une voix dire, au mi-
lieu des quatre êtres vivants: «Une
mesure de blé pour une pièce d'ar-
gent et trois mesures d'orge pour
une pièce d'argent[n], mais ne tou-
che pas à l'huile et au vin.»
7 Quand il ouvrit le quatrième
sceau, j'entendis le quatrième être
vivant dire: «Viens.» 8 Je regardai et
je vis un cheval verdâtre. Celui qui
le montait avait pour nom «la Mort»,
et le séjour des morts l'accompa-
gnait. Ils reçurent le pouvoir, sur le
quart de la terre, de faire mourir les
hommes par l'épée, par la famine,
par la peste et par les bêtes sauva-
ges de la terre.
9 Quand il ouvrit le cinquième
sceau, je vis sous l'autel l'âme de
ceux qui avaient été mis à mort à
cause de la parole de Dieu et à cau-
se du témoignage qu'ils avaient
rendu. 10 Ils crièrent d'une voix for-
te: «Jusqu'à quand, Maître saint et
véritable, tarderas-tu à faire jus-
tice et à venger notre sang sur les
habitants de la terre?» 11 Une robe
blanche fut donnée à chacun d'eux
et ils reçurent l'ordre de rester en
repos un petit moment encore,
jusqu'à ce que le nombre de leurs
compagnons de service et de leurs

5.8 *Saints*: manière de désigner les chrétiens en tant que personnes consacrées à Dieu et appelées à avoir le comportement qui découle de leur appartenance à ce Dieu. **6.6** Les denrées citées coûtent 10 à 12 fois plus cher que leur prix normal.

frères et sœurs qui devaient être
mis à mort comme eux soit au com-
plet.
12 Je regardai quand l'Agneau ouvrit
le sixième sceau, et il y eut un grand
tremblement de terre. Le soleil de-
vint noir comme un sac de crin, la
lune entière devint comme du sang,
13 et les étoiles du ciel tombèrent
sur la terre, comme les figues ver-
tes d'un figuier secoué par un vent
violent. 14 Le ciel se retira comme
un livre qu'on enroule et toutes les
montagnes et les îles furent écar-
tées de leur place. 15 Les rois de la
terre, les grands, les chefs militai-
res, les riches, les puissants, tous
les esclaves et les hommes libres
se cachèrent dans les cavernes et
dans les rochers des montagnes.
16 Et *ils disaient aux montagnes* et
aux rochers: «*Tombez sur nous*[n] et
cachez-nous loin de celui qui est
assis sur le trône et loin de la colè-
re de l'Agneau. 17 En effet, le grand
jour de sa colère est venu, et qui
peut résister?»

Le peuple de Dieu et le septième sceau

7 Après cela, je vis quatre anges
debout aux quatre coins de la
terre. Ils retenaient les quatre vents
de la terre afin qu'il ne souffle pas
de vent, ni sur la terre, ni sur la mer,
ni sur aucun arbre. 2 Et je vis un
autre ange qui montait du côté du
soleil levant et qui tenait le sceau
du Dieu vivant. Il cria d'une voix
forte aux quatre anges qui avaient
reçu le pouvoir de faire du mal à la
terre et à la mer: 3 «Ne faites pas de
mal à la terre, ni à la mer, ni aux ar-
bres, avant que nous ayons marqué
d'une empreinte le front des servi-
teurs de notre Dieu.»
4 Puis j'entendis le nombre de ceux
qui avaient été marqués de cette
empreinte. Ils étaient 144'000, de
toutes les tribus d'Israël: 5 de la tri-
bu de Juda, 12'000 marqués de cette
empreinte; de la tribu de Ruben,
12'000; de la tribu de Gad, 12'000;
6 de la tribu d'Aser, 12'000; de la tri-
bu de Nephthali, 12'000; de la tribu
de Manassé, 12'000; 7 de la tribu de
Siméon, 12'000; de la tribu de Lévi,
12'000; de la tribu d'Issacar, 12'000;
8 de la tribu de Zabulon, 12'000; de
la tribu de Joseph, 12'000; de la tri-
bu de Benjamin, 12'000, tous mar-
qués de cette empreinte.
9 Après cela, je regardai et je vis
une foule immense que personne
ne pouvait compter. C'étaient des
hommes de toute nation, de toute
tribu, de tout peuple et de toute lan-
gue. Ils se tenaient debout devant
le trône et devant l'Agneau, habillés
de robes blanches, des feuilles de
palmiers à la main, 10 et ils criaient
d'une voix forte: «Le salut est à no-
tre Dieu qui est assis sur le trône et
à l'Agneau.» 11 Tous les anges qui se
tenaient autour du trône, des an-
ciens et des quatre êtres vivants se
prosternèrent, le visage contre ter-
re, devant le trône et ils adorèrent
Dieu 12 en disant: «Amen! La louan-
ge, la gloire, la sagesse, la recon-
naissance, l'honneur, la puissan-
ce et la force sont à notre Dieu, aux
siècles des siècles! Amen!»
13 L'un des anciens prit la parole
et me dit: «Ceux qui sont habillés
d'une robe blanche, qui sont-ils
et d'où sont-ils venus?» 14 Je lui ré-
pondis: «[Mon] seigneur, tu le
sais.» Il me dit alors: «Ce sont ceux
qui viennent de la grande tribula-
tion. Ils ont lavé leur robe, ils l'ont
blanchie dans le sang de l'Agneau.
15 C'est pourquoi ils se tiennent de-
vant le trône de Dieu et le servent

6.16 *Ils disaient... sur nous*: renvoi à Osée 10.8.

jour et nuit dans son temple. Celui
qui est assis sur le trône les abrite-
ra sous sa tente. 16 *Ils n'auront plus
faim, ils n'auront plus soif, le soleil
ne les frappera plus, ni aucune cha-
leur brûlante.*[n] 17 En effet, l'Agneau
qui est au milieu du trône prendra
soin d'eux et les conduira aux sour-
ces des eaux de la vie, et Dieu es-
suiera toute larme de leurs yeux.»

Ouverture du septième sceau

8 Quand l'Agneau ouvrit le sep-
tième sceau, il y eut dans le
ciel un silence d'environ une
demi-heure.
2 Puis je vis les sept anges qui se
tiennent devant Dieu; sept trom-
pettes leur furent données. 3 Un
autre ange vint. Il se plaça vers[n]
l'autel, tenant un encensoir d'or. On
lui donna beaucoup de parfums
afin qu'il les offre, avec les prières
de tous les saints, sur l'autel d'or
qui est devant le trône. 4 La fumée
des parfums monta de la main de
l'ange devant Dieu avec les prières
des saints. 5 L'ange prit l'encensoir,
le remplit du feu de l'autel et le jeta
sur la terre. Il y eut alors des coups
de tonnerre, des voix, des éclairs et
un tremblement de terre.

SEPT TROMPETTES 8.6–11.19

Les six premières trompettes

6 Puis les sept anges qui avaient les
sept trompettes se préparèrent à en
sonner.
7 Le premier sonna de la trompet-
te, et de la grêle et du feu mêlés de
sang s'abattirent sur la terre. Le
tiers de la terre fut brûlé, le tiers
des arbres fut brûlé et toute herbe
verte fut brûlée.
8 Le deuxième ange sonna de la
trompette, et quelque chose qui
ressemblait à une grande monta-
gne embrasée [par le feu] fut préci-
pité dans la mer. Le tiers de la mer
devint du sang, 9 le tiers des créatu-
res qui vivaient dans la mer mourut,
et le tiers des bateaux fut détruit.
10 Le troisième ange sonna de la
trompette, et du ciel tomba une
grande étoile qui brûlait comme
un flambeau; elle tomba sur le tiers
des fleuves et sur les sources d'eau.
11 Le nom de cette étoile est «Ab-
sinthe». Le tiers des eaux fut chan-
gé en absinthe et beaucoup d'hom-
mes moururent à cause de ces
eaux, parce qu'elles étaient deve-
nues amères.
12 Le quatrième ange sonna de la
trompette, et le tiers du soleil fut
frappé, ainsi que le tiers de la lune
et le tiers des étoiles, de sorte qu'ils
s'obscurcirent d'un tiers; le jour
perdit un tiers de sa clarté, et la nuit
de même.
13 Je regardai et j'entendis un aigle
qui volait très haut dans le ciel et
qui disait d'une voix forte: «Mal-
heur, malheur, malheur aux habi-
tants de la terre à cause des autres
sonneries de trompette, celles que
les trois anges vont encore faire re-
tentir!»

9 Le cinquième ange sonna de
la trompette et je vis une étoi-
le qui était tombée du ciel sur la
terre. La clé du puits de l'abîme lui
fut donnée. 2 Elle ouvrit le puits
de l'abîme et une fumée pareille à
celle d'une grande fournaise monta
du puits; le soleil et l'air furent obs-
curcis par la fumée du puits. 3 Des
sauterelles sortirent de la fumée et
couvrirent la terre, et un pouvoir
semblable à celui des scorpions de
la terre leur fut donné. 4 Elles reçu-
rent l'ordre de ne pas faire de mal à

7.16 *Ils n'auront... brûlante*: renvoi à Esaïe 49.10. **8.3** *Vers*: ou *sur*.

l'herbe de la terre, ni à aucune ver-
dure, ni à aucun arbre, mais seu-
lement aux hommes qui n'avaient
pas l'empreinte de Dieu sur le front.
5 Il leur fut permis, non de les tuer,
mais de les tourmenter pendant
cinq mois. Le tourment qu'elles
causaient était comme celui causé
par le scorpion quand il pique un
homme.
6 Durant ces jours-là, les hommes
rechercheront la mort et ne la trou-
veront pas. Ils désireront mourir,
mais la mort fuira loin d'eux. 7 Ces
sauterelles ressemblaient à des che-
vaux préparés pour le combat. Elles
avaient sur la tête comme une cou-
ronne d'or, et leur visage était pareil
à celui d'un homme. 8 Elles avaient
des cheveux semblables à des che-
veux de femme et leurs dents étaient
comme celles des lions. 9 Leur poi-
trine était comme une cuirasse
de fer et le bruit de leurs ailes res-
semblait à celui de chars tirés par
plusieurs chevaux qui courent au
combat. 10 Elles avaient des queues
armées de dards comme les scor-
pions, et c'est dans leur queue que
se trouvait leur pouvoir de faire du
mal aux hommes durant cinq mois.
11 A leur tête, elles avaient comme
roi l'ange de l'abîme, appelé en hé-
breu Abaddon et en grec Apollyon.
12 Le premier malheur est passé.
Voici que deux malheurs viennent
encore après cela.
13 Le sixième ange sonna de la trom-
pette, et j'entendis une voix venant
des quatre cornes de l'autel d'or
qui est devant Dieu. 14 Elle disait
au sixième ange qui tenait la trom-
pette: «Relâche les quatre anges
qui sont enchaînés près du grand
fleuve, l'Euphrate.» 15 Ainsi les qua-
tre anges qui étaient prêts pour
l'heure, le jour, le mois et l'année
furent relâchés afin de faire mourir
le tiers des hommes. 16 Le nombre
des troupes de la cavalerie était de
200 millions; j'en entendis le nom-
bre. 17 Voici comment, dans la vi-
sion, je vis les chevaux et ceux qui
les montaient: ils avaient des cui-
rasses couleur de feu, d'hyacin-
the et de soufre. Les têtes des che-
vaux étaient comme des têtes de
lions, et de leur bouche sortaient
du feu, de la fumée et du soufre.
18 Le tiers des hommes fut tué par
ces trois fléaux: le feu, la fumée et
le soufre, qui sortaient de leur bou-
che. 19 En effet, le pouvoir des che-
vaux se trouvait dans leur bouche
et dans leur queue. Leurs queues
ressemblaient à des serpents;
elles avaient des têtes, et c'est par
elles qu'ils faisaient du mal. 20 Les
autres hommes, ceux qui n'avaient
pas été tués par ces fléaux, ne se
détournèrent pas de ce que leurs
mains avaient fait: ils ne cessèrent
pas d'adorer les démons et les ido-
les en or, en argent, en bronze, en
pierre et en bois qui ne peuvent ni
voir, ni entendre, ni marcher, 21 et
ils ne se repentirent pas de leurs
meurtres, ni de leur sorcellerie, ni
de leur immoralité sexuelle, ni de
leurs vols.

Le petit livre

10 Puis je vis un [autre] ange
puissant descendre du ciel,
enveloppé d'une nuée. Au-dessus
de sa tête était l'arc-en-ciel; son
visage était comme le soleil et ses
jambes comme des colonnes de feu.
2 Il tenait dans sa main un petit li-
vre ouvert. Il posa son pied droit sur
la mer et son pied gauche sur la ter-
re, 3 et il cria d'une voix forte, com-
me un lion qui rugit. Quand il eut
crié, les sept tonnerres firent enten-
dre leur voix. 4 Quand les sept ton-
nerres eurent fini de parler, j'allais
écrire, mais j'entendis du ciel une
voix qui disait: «Marque du sceau

du secret ce qu'ont dit les sept ton-
nerres, ne l'écris pas.»
5 Alors l'ange que j'avais vu debout
sur la mer et sur la terre leva sa main
[droite] vers le ciel 6 et jura par ce-
lui qui vit aux siècles des siècles, qui
a créé le ciel et ce qui s'y trouve, la
terre et ce qui s'y trouve ainsi que la
mer et ce qui s'y trouve: «Il n'y aura
plus de délai, 7 mais quand vien-
dront les jours où l'on entendra le
septième ange sonner de la trom-
pette, le mystère de Dieu s'accom-
plira, comme il l'a annoncé à ses
serviteurs les prophètes.»
8 La voix que j'avais entendue du
ciel me parla de nouveau et me
dit: «Va, prends le petit livre ouvert
dans la main de l'ange qui se tient
debout sur la mer et sur la terre.»
9 J'allai donc vers l'ange et lui de-
mandai de me donner le petit livre.
Il me dit: «Prends-le et avale-le; il
sera amer dans ton ventre, mais
dans ta bouche il sera doux com-
me du miel.» 10 Je pris le petit livre
de la main de l'ange et *je l'avalai.*
Dans ma bouche, il fut doux comme
du miel[n], mais quand je l'eus avalé,
mon ventre fut rempli d'amertume.
11 Puis on me dit: «Il faut que tu pro-
phétises de nouveau sur un grand
nombre de peuples, de nations, de
langues et de rois.»

Les deux témoins

11 On me donna un roseau sem-
blable à une baguette en me
disant: «Lève-toi et mesure le tem-
ple de Dieu, l'autel et ceux qui y
adorent. 2 Quant au parvis extérieur
du temple, laisse-le de côté et ne le
mesure pas, car il a été donné aux
nations et elles piétineront la ville
sainte pendant 42 mois. 3 Je donne-
rai à mes deux témoins le pouvoir
de prophétiser, habillés de sacs[n],
pendant 1260 jours.» 4 Ce sont les
deux oliviers et les deux chande-
liers qui se tiennent devant le Sei-
gneur de la terre. 5 Si quelqu'un veut
leur faire du mal, du feu sort de
leur bouche et dévore leurs enne-
mis. Oui, si quelqu'un veut leur fai-
re du mal, c'est ainsi qu'il doit être
tué. 6 Ils ont le pouvoir de fermer le
ciel afin qu'il ne tombe pas de pluie
durant le temps de leur prophétie.
Ils ont aussi le pouvoir de changer
l'eau en sang et de frapper la terre
de toutes sortes de fléaux chaque
fois qu'ils le voudront.
7 Quand ils auront fini de rendre
leur témoignage, la bête qui mon-
te de l'abîme leur fera la guerre, les
vaincra et les tuera. 8 Leurs cada-
vres seront laissés sur la place de la
grande ville appelée symbolique-
ment Sodome et Egypte, là même
où leur Seigneur a été crucifié. 9 Des
hommes de divers peuples, tribus,
langues et nations verront leurs ca-
davres pendant trois jours et demi,
et ils ne permettront pas qu'on les
mette au tombeau. 10 Les habitants
de la terre se réjouiront à leur sujet,
ils feront la fête et ils échangeront
des cadeaux, parce que ces deux
prophètes leur auront causé bien
des tourments.
11 Après les trois jours et demi, un
esprit de vie venu de Dieu entra
en eux et ils se tinrent debout sur
leurs pieds; une grande crainte
s'empara alors de ceux qui les
voyaient. 12 J'entendis une voix
forte qui, du ciel, leur disait: «Mon-
tez ici!» Et ils montèrent au ciel
dans la nuée sous les yeux de leurs
ennemis. 13 A ce moment-là, il y
eut un grand tremblement de ter-
re et le dixième de la ville s'écrou-
la: 7000 hommes furent tués dans
ce tremblement de terre; les autres

10.10 *Je l'avalai... miel*: renvoi à Ezéchiel 3.3. **11.3** *Sacs*: tenue exprimant le deuil ou la tristesse.

furent effrayés et rendirent gloire
au Dieu du ciel.
14 Le deuxième malheur est passé.
Voici, le troisième malheur vient
bientôt.

La septième trompette

15 Le septième ange sonna de la
trompette et des voix fortes retenti-
rent dans le ciel. Elles disaient: «Le
royaume du monde est remis à no-
tre Seigneur et à son Messie[n], et il
régnera aux siècles des siècles.»
16 Les vingt-quatre anciens qui
étaient assis devant Dieu sur leur
trône se prosternèrent, le visage
contre terre, et ils adorèrent Dieu
17 en disant: «Nous te remercions,
Seigneur Dieu tout-puissant, toi qui
es et qui étais, parce que tu as exer-
cé ta grande puissance et établi ton
règne. 18 Les nations se sont irritées,
mais ta colère aussi est venue; voi-
ci le moment de juger les morts, de
récompenser tes serviteurs les pro-
phètes, les saints et ceux qui crai-
gnent ton nom, petits et grands, et
de détruire ceux qui détruisent la
terre.»
19 Alors le temple de Dieu qui est
dans le ciel fut ouvert et l'arche
de son alliance apparut dans son
temple. Il y eut des éclairs, des voix,
des coups de tonnerre, [un tremble-
ment de terre] et une forte grêle.

SEPT SIGNES 12.1–15.8

La femme, le dragon et l'enfant

12 Un grand signe apparut
dans le ciel: c'était une fem-
me enveloppée du soleil, la lune
sous les pieds et une couronne de
douze étoiles sur la tête. 2 Elle était
enceinte et elle criait, car elle était
en travail, dans les douleurs de
l'accouchement.
3 Un autre signe apparut dans le
ciel; c'était un grand dragon rouge
feu, qui avait sept têtes et dix cor-
nes, et sur ses têtes sept diadèmes.
4 Sa queue entraîna le tiers des étoi-
les du ciel et les jeta sur la terre.
Le dragon se plaça devant la fem-
me qui allait accoucher, afin de dé-
vorer son enfant dès qu'il serait né.
5 Elle mit au monde un fils, un en-
fant mâle qui doit *diriger toutes les
nations avec un sceptre de fer*[n], et
son enfant fut enlevé vers Dieu et
vers son trône. 6 Quant à la femme,
elle s'enfuit dans le désert, où Dieu
lui avait préparé une place, afin d'y
être nourrie pendant 1260 jours.
7 Il y eut alors une bataille dans le
ciel. Michel et ses anges combatti-
rent contre le dragon. Le dragon et
ses anges combattirent aussi, 8 mais
ils ne furent pas les plus forts, et il
n'y eut plus de place pour eux dans
le ciel. 9 Il fut jeté dehors, le grand
dragon, le serpent ancien, appelé le
diable et Satan, celui qui égare tou-
te la terre; il fut jeté sur la terre et
ses anges furent jetés avec lui.
10 Puis j'entendis dans le ciel une
voix forte qui disait: «Maintenant
le salut est arrivé, ainsi que la puis-
sance, le règne de notre Dieu et
l'autorité de son Messie. En effet,
il a été jeté dehors, l'accusateur de
nos frères et sœurs, celui qui les
accusait jour et nuit devant notre
Dieu. 11 Ils l'ont vaincu grâce au
sang de l'Agneau et grâce à la pa-
role de leur témoignage, et ils n'ont
pas aimé leur vie au point de crain-
dre la mort. 12 C'est pourquoi ré-
jouis-toi, ciel, et vous qui habitez

11.15 *Son Messie*: ou *son Christ*, ou *celui qu'il a oint*, c'est-à-dire le libérateur annoncé par l'Ancien Testament, qui devait exercer une autorité universelle (voir Esaïe 61.1; Psaume 2.2; Daniel 7.13-14; 9.25-26, etc.). **12.5** *Diriger... fer*: reprise de la citation du Psaume 2.9 (voir 2.27).

le ciel. Mais malheur à vous, habi-
tants de la terre et de la mer, car le
diable est descendu vers vous, ani-
mé d'une grande colère, sachant
qu'il lui reste peu de temps.»
13 Quand le dragon vit qu'il avait été
précipité sur la terre, il poursuivit la
femme qui avait mis au monde l'en-
fant mâle. 14 Mais les deux ailes du
grand aigle furent données à la fem-
me, afin qu'elle s'envole au désert,
vers l'endroit où elle doit être nour-
rie un temps, des temps et la moitié
d'un temps, loin du serpent. 15 Alors
le serpent vomit de sa gueule com-
me un fleuve d'eau derrière la fem-
me, afin qu'elle soit entraînée par
le courant. 16 Mais la terre secourut
la femme: elle s'ouvrit et engloutit
le fleuve que le dragon avait lancé
de sa gueule. 17 Furieux contre la
femme, le dragon s'en alla faire la
guerre au reste de sa descendance,
à ceux qui respectent les comman-
dements de Dieu et qui gardent le
témoignage de Jésus. 18 Et je me tins
sur le sable de la mer.

Les bêtes

13 Puis je vis monter de la mer
une bête qui avait sept têtes
et dix cornes, et sur ses cornes dix
diadèmes, et sur ses têtes des noms
blasphématoires.
2 La bête que je vis ressemblait à un
léopard; ses pattes étaient comme
celles d'un ours et sa gueule com-
me une gueule de lion. Le dragon
lui donna sa puissance, son trône et
une grande autorité. 3 L'une de ses
têtes était comme blessée à mort,
mais sa blessure mortelle fut guérie.
Remplie d'admiration, la terre en-
tière suivit alors la bête. 4 On ado-
ra le dragon parce qu'il avait donné
l'autorité à la bête; on adora aussi
la bête en disant: «Qui est sembla-
ble à la bête et qui peut combattre
contre elle?»
5 Il lui fut donné une bouche qui
proférait des paroles arrogantes
et des blasphèmes, et elle reçut
le pouvoir de faire la guerre pen-
dant 42 mois. 6 Elle ouvrit la bou-
che pour proférer des blasphèmes
contre Dieu, pour insulter son nom
et son tabernacle, ceux qui habi-
tent dans le ciel. 7 Il lui fut permis
de faire la guerre aux saints et de
les vaincre. Elle reçut l'autorité sur
toute tribu, tout peuple, toute lan-
gue et toute nation, 8 et tous les ha-
bitants de la terre l'adoreront, tous
ceux dont le nom n'a pas été inscrit
dans le livre de vie de l'Agneau of-
fert en sacrifice, et ce dès la créa-
tion du monde.
9 Si quelqu'un a des oreilles, qu'il
écoute. 10 Si quelqu'un fait des pri-
sonniers, il sera emmené prison-
nier. Si quelqu'un tue par l'épée, il
doit être tué par l'épée. C'est ici que
sont nécessaires[n] la persévérance
et la foi des saints.
11 Ensuite je vis monter de la terre
une autre bête; elle avait deux
cornes semblables à celles d'un
agneau, mais elle parlait comme un
dragon. 12 Elle exerçait toute l'auto-
rité de la première bête en sa pré-
sence, et elle obligeait la terre et ses
habitants à adorer la première bête,
celle dont la blessure mortelle avait
été guérie. 13 Elle accomplissait de
grands signes miraculeux, jusqu'à
faire descendre le feu du ciel sur la
terre, à la vue des hommes. 14 Elle
égarait les habitants de la terre par
les signes qu'il lui était donné d'ac-
complir en présence de la bête; elle
leur disait de faire une image de la
bête qui avait été blessée par l'épée
et qui avait survécu. 15 Elle reçut
le pouvoir d'animer l'image de la

13.10 *C'est ici que sont nécessaires*: ou *c'est là que réside* ou *c'est le temps de*.

bête, afin que cette image puisse
parler et faire tuer tous ceux qui ne
l'adoreraient pas. 16 Elle fit en sorte
qu'on impose à tous les hommes,
petits et grands, riches et pauvres,
libres et esclaves, une marque sur
leur main droite ou sur leur front.
17 Ainsi, personne ne pouvait ache-
ter ni vendre sans avoir la marque,
c'est-à-dire le nom de la bête ou le
nombre de son nom.
18 Il faut ici de la sagesse. Que celui
qui a de l'intelligence déchiffre le
nombre de la bête, car c'est un nom-
bre d'homme. Son nombre est 666.

L'Agneau et les rachetés

14 Je regardai et je vis l'Agneau
debout sur le mont Sion, et
avec lui 144'000 personnes qui
avaient son nom et le nom de son
Père écrits sur leur front. 2 J'enten-
dis du ciel une voix qui ressemblait
au bruit de grosses eaux, au gronde-
ment d'un fort coup de tonnerre. Le
son que j'entendis était aussi com-
me celui de joueurs de harpe jouant
de leur instrument. 3 Ils chantaient
un cantique nouveau devant le trô-
ne, devant les quatre êtres vivants
et les anciens. Personne ne pouvait
apprendre ce cantique, excepté les
144'000 qui avaient été rachetés de
la terre. 4 Ce sont ceux qui ne se
sont pas souillés avec des femmes.
En effet, ils sont vierges. Ils suivent
l'Agneau partout où il va. Ils ont été
rachetés d'entre les hommes com-
me la première part réservée à Dieu
et à l'Agneau. 5 Il ne s'est pas trou-
vé de mensonge dans leur bouche,
[car] ils sont irréprochables.

Les trois anges proclamant le jugement

6 Je vis ensuite un [autre] ange voler
haut dans le ciel. Il avait un Evangile
éternel pour l'annoncer aux habi-
tants de la terre, à toute nation, à
toute tribu, à toute langue et à tout
peuple. 7 Il disait d'une voix forte:
«Craignez Dieu et rendez-lui gloire,
car l'heure de son jugement est ve-
nue. Adorez celui qui a fait le ciel, la
terre, la mer et les sources d'eau.»
8 Un autre, un deuxième ange, le
suivit en disant: «Elle est tombée,
[elle est tombée,] Babylone la gran-
de, elle qui a fait boire à toutes les
nations le vin de la fureur de sa
prostitution!»
9 Et un autre, un troisième ange, les
suivit en disant d'une voix forte:
«Si quelqu'un adore la bête et son
image et s'il reçoit la marque sur
son front ou sur sa main, 10 il boi-
ra, lui aussi, du vin de la fureur de
Dieu, versé sans mélange dans la
coupe de sa colère, et il sera tour-
menté dans le feu et le soufre, de-
vant les saints anges et devant
l'Agneau. 11 La fumée de leur tour-
ment monte aux siècles des siè-
cles et ils n'ont de repos ni jour ni
nuit, ceux qui adorent la bête et son
image, et tous ceux qui reçoivent la
marque de son nom.» 12 C'est ici
qu'est nécessaire[n] la persévérance
des saints qui gardent les comman-
dements de Dieu et la foi en Jésus.
13 Puis j'entendis du ciel une voix
qui disait: «Ecris: 'Heureux les
morts qui meurent dans le Sei-
gneur, et ce dès maintenant! Oui,
dit l'Esprit, ainsi ils se reposent de
leurs travaux, mais leurs œuvres
les suivent.'»

La moisson et la vendange

14 Je regardai et je vis une nuée
blanche, et sur la nuée était assis
quelqu'un qui ressemblait à un fils
d'homme. Il avait sur la tête une
couronne d'or, et à la main une fau-

14.12 *C'est ici qu'est nécessaire*: ou *c'est le temps de*.

cille tranchante. 15 Un autre ange
sortit alors du temple et cria d'une
voix forte à celui qui était assis sur
la nuée: «Lance ta faucille et mois-
sonne, car l'heure de moissonner
est venue, la récolte de la terre est
mûre.» 16 Celui qui était assis sur la
nuée jeta sa faucille sur la terre et la
terre fut moissonnée.
17 Un autre ange sortit du temple
qui est dans le ciel, tenant lui aussi
une faucille tranchante. 18 Puis un
autre ange, qui avait autorité sur
le feu, sortit de l'autel et s'adressa
d'une voix forte à celui qui avait la
faucille tranchante en disant: «Lan-
ce ta faucille tranchante et vendan-
ge les grappes de la vigne de la terre,
car ses raisins sont mûrs.» 19 L'ange
jeta sa faucille sur la terre. Il ven-
dangea la vigne de la terre et versa
cette vendange dans la grande cuve
de la colère de Dieu. 20 Le raisin fut
écrasé dans la cuve à l'extérieur de
la ville. Du sang en sortit et mon-
ta jusqu'aux mors des chevaux, sur
une étendue de 300 kilomètres[n].

Les sept fléaux

15 Puis je vis dans le ciel un
autre signe, grand et extra-
ordinaire: sept anges qui tenaient
sept fléaux, les derniers, car la co-
lère de Dieu s'accomplit par eux.
2 Je vis aussi comme une mer
de verre mêlée de feu. Ceux qui
avaient vaincu la bête, son image
et le nombre de son nom étaient
debout sur cette mer, tenant des
harpes de Dieu. 3 Ils chantaient le
cantique de Moïse, le serviteur de
Dieu, et le cantique de l'Agneau en
disant: «Tes œuvres sont grandes
et extraordinaires, Seigneur Dieu
tout-puissant! Tes voies sont justes
et véritables, *roi des nations!* 4 *Qui
pourrait ne pas [te] craindre*[n], Sei-
gneur, et rendre gloire à ton nom?
Oui, toi seul, tu es saint, et toutes
les nations viendront t'adorer, par-
ce que tes actes de justice ont été
révélés.»
5 Après cela, je regardai et le tem-
ple, le tabernacle du témoignage,
fut ouvert dans le ciel. 6 Les sept an-
ges qui tenaient les sept fléaux sor-
tirent du temple; ils étaient revêtus
d'un lin pur, éclatant, et portaient
des écharpes en or autour de la poi-
trine. 7 L'un des quatre êtres vivants
donna aux sept anges sept coupes
d'or pleines de la colère du Dieu
qui vit aux siècles des siècles. 8 Le
temple fut rempli de fumée à cau-
se de la gloire de Dieu et de sa puis-
sance, et personne ne pouvait en-
trer dans le temple tant que les sept
fléaux des [sept] anges n'étaient pas
accomplis.

SEPT COUPES 16.1–18.24

Les sept coupes versées

16 Puis j'entendis une voix forte
qui venait du temple et disait
aux sept anges: «Allez verser sur la
terre les [sept] coupes de la colère
de Dieu.»
2 Le premier ange partit et versa sa
coupe sur la terre, et un ulcère mau-
vais et douloureux frappa les hom-
mes qui portaient la marque de la
bête et qui adoraient son image.
3 Le deuxième ange versa sa cou-
pe sur la mer et elle devint du sang,
comme le sang d'un mort; tous les
êtres vivants qui étaient dans la
mer moururent.
4 Le troisième ange versa sa cou-
pe sur les fleuves et sur les sour-
ces d'eau, et ils devinrent du sang.
5 Alors j'entendis l'ange en charge
des eaux dire: «Tu es juste, toi qui es

14.20 *300 kilomètres*: littéralement *1600 stades*. **15.3-4** *Roi des… craindre*: renvoi à Jérémie 10.7.

et qui étais, toi le saint, parce que
tu as exercé ce jugement. 6 Ils ont
versé le sang des saints et des pro-
phètes, et tu leur as donné du sang à
boire; ils le méritent.» 7 Et j'entendis,
de l'autel, une voix qui disait: «Oui,
Seigneur Dieu tout-puissant, tes ju-
gements sont vrais et justes.»
8 Le quatrième ange versa sa cou-
pe sur le soleil et il lui fut donné de
brûler les hommes par son feu. 9 Les
hommes furent brûlés par une gran-
de chaleur et ils blasphémèrent le
nom du Dieu qui a autorité sur ces
fléaux, ils ne changèrent pas d'atti-
tude pour lui rendre gloire.
10 Le cinquième ange versa sa coupe
sur le trône de la bête et son royau-
me fut plongé dans les ténèbres. Les
hommes se mordaient la langue de
douleur, 11 et ils blasphémèrent le
Dieu du ciel à cause de leurs dou-
leurs et de leurs ulcères, ils ne se re-
pentirent pas de leurs actes.
12 Le sixième ange versa sa coupe
sur le grand fleuve, l'Euphrate, et
le fleuve s'assécha pour préparer
la voie aux rois qui viennent de
l'Orient. 13 Je vis sortir de la gueule
du dragon, de la gueule de la bête
et de la bouche du prétendu pro-
phète trois esprits impurs sembla-
bles à des grenouilles. 14 Ce sont
des esprits de démons qui accom-
plissent des signes miraculeux et
qui vont vers les rois de toute la ter-
re afin de les rassembler pour la ba-
taille de ce grand jour du Dieu tout-
puissant. 15 – «Voici, je viens comme
un voleur. Heureux celui qui reste
vigilant et qui garde ses vêtements,
afin de ne pas marcher nu et de ne
pas laisser voir sa honte!» – 16 Ils les
rassemblèrent à l'endroit appelé en
hébreu Harmaguédon.
17 Le septième ange versa sa coupe
dans l'air, et du temple du ciel sortit
une voix forte; elle venait du trône
et dit: «C'est fait!» 18 Et il y eut des
éclairs, des voix, des coups de ton-
nerre et un grand tremblement de
terre, tel qu'il n'y en avait jamais eu
de pareil depuis que l'homme est
sur la terre.
19 La grande ville fut divisée en trois
parties et les villes des nations
s'écroulèrent. Dieu se souvint de
Babylone la grande pour lui faire
boire la coupe du vin de son arden-
te colère. 20 Toutes les îles s'enfui-
rent et l'on ne retrouva plus les mon-
tagnes. 21 Une grosse grêle, dont les
grêlons pesaient environ 40 kilos,
tomba du ciel sur les hommes. Et
les hommes blasphémèrent Dieu à
cause du fléau de la grêle, parce que
ce fléau était terrible.

La chute de Babylone

17 Puis un des sept anges qui
tenaient les sept coupes vint
me parler et dit: «Viens, je te mon-
trerai le jugement de la grande pros-
tituée qui est assise sur les grandes
eaux. 2 C'est avec elle que les rois de
la terre se sont livrés à l'immorali-
té, et c'est du vin de sa prostitution
que les habitants de la terre se sont
enivrés.»
3 Alors il me transporta en esprit
dans un désert et je vis une femme
assise sur une bête écarlate, couver-
te de noms blasphématoires et qui
avait sept têtes et dix cornes. 4 Cette
femme était habillée de pourpre et
d'écarlate et parée d'or, de pierres
précieuses et de perles. Elle tenait
dans sa main une coupe d'or rem-
plie d'abominations et des souillu-
res de sa prostitution. 5 Sur son
front était écrit un nom, un mystè-
re: «Babylone la grande, la mère des
prostituées et des abominations de
la terre.» 6 Je vis cette femme ivre
du sang des saints, du sang des té-
moins de Jésus. En la voyant, je fus
saisi d'un grand étonnement.
7 L'ange me dit: «Pourquoi t'éton-

nes-tu? Je te dirai le mystère de la
femme et de la bête qui la porte,
celle qui a les sept têtes et les dix
cornes. 8 La bête que tu as vue exis-
tait et elle n'existe plus. Elle va
monter de l'abîme et s'en aller à la
perdition. Les habitants de la terre,
ceux dont le nom n'a pas été inscrit
dès la création du monde dans le
livre de vie, s'étonneront en voyant
que la bête existait, qu'elle n'exis-
te plus et qu'elle reparaîtra. 9 C'est
ici qu'il faut une intelligence éclai-
rée par la sagesse. Les sept têtes
sont sept montagnes sur lesquelles
la femme est assise. 10 Ce sont aus-
si sept rois: cinq sont tombés, l'un
règne, l'autre n'est pas encore venu.
Et quand il sera venu, il ne doit res-
ter que peu de temps. 11 Quant à la
bête qui existait et qui n'existe plus,
elle est elle-même un huitième roi;
elle fait partie des sept et s'en va à la
perdition. 12 Les dix cornes que tu
as vues sont dix rois qui n'ont pas
encore reçu de royaume, mais ils
reçoivent le pouvoir de régner pen-
dant une heure avec la bête. 13 Ils
ont une même pensée et ils don-
nent leur puissance et leur pouvoir
à la bête. 14 Ils combattront contre
l'Agneau et l'Agneau les vaincra
parce qu'il est le Seigneur des sei-
gneurs et le Roi des rois. Ceux qui
ont été appelés, choisis et fidèles et
sont avec lui les vaincront aussi.»
15 Puis il me dit: «Les eaux que tu
as vues, sur lesquelles la prostituée
est assise, ce sont des peuples, des
foules, des nations et des langues.
16 Les dix cornes que tu as vues et
la bête détesteront la prostituée;
elles la dépouilleront et la mettront
à nu, elles mangeront sa chair et
la détruiront par le feu. 17 En effet,
Dieu leur a mis à cœur de réaliser
son propre projet en ayant la même
pensée et en donnant leur royauté
à la bête jusqu'à ce que les paroles
de Dieu soient accomplies. 18 Et la
femme que tu as vue, c'est la gran-
de ville qui exerce la royauté sur les
rois de la terre.»

18 Après cela, je vis un autre
ange descendre du ciel. Il
avait un grand pouvoir et la terre
fut illuminée de sa gloire. 2 Il cria
d'une voix forte: «Elle est tombée,
[elle est tombée,] Babylone la gran-
de! Elle est devenue une habitation
de démons, un repaire pour tout
esprit impur, un repaire pour tout
oiseau impur et détestable. 3 En ef-
fet, toutes les nations ont bu du vin
de la fureur de sa prostitution, les
rois de la terre se sont livrés avec
elle à l'immoralité et les marchands
de la terre se sont enrichis grâce à la
démesure de son luxe.»
4 Puis j'entendis une autre voix ve-
nant du ciel qui disait: «*Sortez du
milieu d'elle, mon peuple*[n], afin de
ne pas vous associer à ses péchés
et de ne pas être victimes de ses
fléaux. 5 En effet, ses péchés se sont
accumulés jusqu'au ciel et Dieu
s'est souvenu de ses crimes. 6 Payez-
la comme elle a payé et donnez-lui
le double salaire de ses actes. Dans
la coupe où elle a versé, versez-lui
le double. 7 Donnez-lui autant de
tourment et de deuil qu'elle a fait
la fière et s'est plongée dans le luxe.
Parce qu'elle dit dans son cœur:
'Je siège en reine, je ne suis pas veu-
ve et jamais je ne verrai le deuil',
8 à cause de cela, en un seul jour, les
fléaux qui lui sont réservés s'abat-
tront sur elle: la mort, le deuil, la
famine, et elle sera réduite en cen-
dres. En effet, il est puissant, le Sei-
gneur Dieu qui l'a jugée.»
9 Tous les rois de la terre qui se sont
livrés avec elle à la prostitution et

18.4 *Sortez… peuple*: citation de Jérémie 51.45.

au luxe pleureront et se lamente-
ront à cause d'elle, quand ils ver-
ront la fumée de la ville incendiée.
10 Ils se tiendront à distance, par
crainte de son tourment, et ils di-
ront: «Malheur! Malheur! La gran-
de ville, Babylone, la ville puissan-
te! En une seule heure ton jugement
est venu!»
11 Les marchands de la terre pleu-
rent aussi et sont dans le deuil à
cause d'elle, parce que plus person-
ne n'achète leur cargaison, 12 car-
gaison d'or, d'argent, de pierres
précieuses, de perles, de fin lin, de
pourpre, de soie, d'écarlate, de tou-
tes sortes de bois de senteur, de tou-
tes sortes d'objets en ivoire, en bois
très précieux, en bronze, en fer et
en marbre, 13 de cannelle, [d'aroma-
tes,] de parfums, de myrrhe, d'en-
cens, de vin, d'huile, de fine farine,
de blé, de bœufs, de brebis, de che-
vaux, de chars, de corps et d'âmes
humaines. 14 «Les fruits que tu dési-
rais profondément sont partis loin
de toi; toutes ces richesses et ces
splendeurs sont perdues pour toi
et tu ne les retrouveras plus.» 15 Les
marchands de ces produits, qui se
sont enrichis en commerçant avec
elle, se tiendront à distance, par
crainte de son tourment. Ils pleure-
ront et seront dans le deuil; 16 ils di-
ront: «Malheur! Malheur! La grande
ville qui était habillée de fin lin, de
pourpre et d'écarlate, et parée d'or,
de pierres précieuses et de perles!
En une seule heure tant de riches-
ses ont été détruites!»
17 Tous les capitaines, tous ceux qui
naviguent, les marins et tous ceux
qui vivent de la mer se tenaient
à distance 18 et ils s'écriaient, en
voyant la fumée de l'incendie:
«Quelle ville pouvait se comparer
à la grande ville?» 19 Ils se jetaient
de la poussière sur la tête et ils
criaient, dans les pleurs et le deuil:
«Malheur! Malheur! La grande vil-
le dont la prospérité a enrichi tous
ceux qui possèdent des bateaux sur
la mer, en une seule heure elle a
été dévastée!»
20 Ciel, réjouis-toi à cause d'elle! Et
vous, les saints, les apôtres et les
prophètes, réjouissez-vous aussi,
car Dieu vous a fait justice en la ju-
geant.
21 Alors, un ange puissant prit une
pierre qui ressemblait à une grande
meule et il la jeta dans la mer en di-
sant: «C'est avec la même violence
que Babylone, la grande ville, sera
jetée à bas, et on ne la retrouvera
plus. 22 On n'entendra plus chez toi
les sons des joueurs de harpe, des
musiciens, des joueurs de flûte et
de trompette. On ne trouvera chez
toi plus aucun artisan d'un quel-
conque métier et l'on n'y entendra
plus le bruit de la meule. 23 La lu-
mière de la lampe ne brillera plus
chez toi et l'on n'y entendra plus la
voix des jeunes mariés. Cela arrive-
ra parce que tes marchands étaient
les grands de la terre et que toutes
les nations ont été égarées par ta
sorcellerie, 24 parce que l'on a trou-
vé chez toi le sang des prophètes,
des saints et de tous ceux qui ont
été mis à mort sur la terre.»

LES NOCES DE L'AGNEAU 19.1–22.21

Louanges et festin de noces

19 Après cela, j'entendis dans
le ciel comme la voix forte
d'une foule immense qui disait:
«Alléluia[n]! Le salut, la gloire et la
puissance sont à notre Dieu. 2 Oui,
ses jugements sont vrais et jus-
tes, car il a jugé la grande prosti-

19.1 *Alléluia*: transcription d'une expression hébraïque signifiant *louez l'Eternel.*

tuée qui corrompait la terre par
son immoralité et il a vengé ses
serviteurs en lui redemandant leur
sang, qu'elle avait versé.» 3 Ils dirent
une seconde fois: «Alléluia! Et la
fumée de cette ville s'élève aux siè-
cles des siècles.» 4 Les vingt-quatre
anciens et les quatre êtres vivants
se prosternèrent alors et adorèrent
le Dieu qui est assis sur le trône en
disant: «Amen! Alléluia!»
5 Une voix sortit du trône et dit:
«Louez notre Dieu, vous tous ses
serviteurs, vous qui le craignez, pe-
tits et grands!» 6 Et j'entendis com-
me la voix d'une foule immense.
Elle ressemblait au bruit de grosses
eaux, au grondement de forts coups
de tonnerre, et elle disait: «Alléluia!
Car le Seigneur, notre Dieu tout-
puissant, a établi son règne. 7 Ré-
jouissons-nous, soyons dans la joie
et rendons-lui gloire, car voici venu
le moment des noces de l'Agneau, et
son épouse s'est préparée. 8 Il lui a
été donné de s'habiller d'un fin lin,
éclatant, pur.» En effet, le fin lin, ce
sont les œuvres justes des saints.
9 L'ange me dit alors: «Ecris: 'Heu-
reux ceux qui sont invités au fes-
tin des noces de l'Agneau!'» Puis
il ajouta: «Ces paroles sont les vé-
ritables paroles de Dieu.» 10 Je tom-
bai à ses pieds pour l'adorer, mais il
me dit: «Garde-toi bien de le faire!
Je suis ton compagnon de service et
celui de tes frères et sœurs qui gar-
dent le témoignage de Jésus. Adore
Dieu, car le témoignage de Jésus est
l'esprit de la prophétie.»

Victoire sur la bête et le prétendu prophète

11 Ensuite, je vis le ciel ouvert, et
voici qu'un cheval blanc apparut.
Celui qui le montait s'appelle «Fi-
dèle et Véritable», il juge et com-
bat avec justice. 12 Ses yeux étaient
comme une flamme de feu et il y
avait de nombreuses couronnes
sur sa tête. Il portait un nom écrit,
que personne d'autre que lui ne
connaît. 13 Il était habillé d'un vête-
ment trempé de sang. Son nom est
«la Parole de Dieu». 14 Les armées
célestes le suivaient, montées sur
des chevaux blancs et habillées
d'un fin lin, blanc et pur. 15 De sa
bouche sortait une épée aiguë [à
deux tranchants] pour frapper les
nations. *Il les dirigera avec un scep-
tre de fer*[n] et il écrasera lui-même le
raisin dans la cuve à vin de l'arden-
te colère du Dieu tout-puissant. 16 Il
portait sur son vêtement et sur sa
cuisse un nom écrit: «Roi des rois
et Seigneur des seigneurs».
17 Je vis un [autre] ange debout dans
le soleil. Il cria d'une voix forte à
tous les oiseaux qui volaient haut
dans le ciel: «Venez, rassemblez-
vous pour le grand festin de Dieu
18 afin de manger la chair des rois,
la chair des chefs militaires, la chair
des guerriers, la chair des chevaux
et de ceux qui les montent, la chair
de tous les hommes, libres et escla-
ves, petits et grands.»
19 Alors je vis la bête, les rois de la
terre et leurs armées rassemblés
pour faire la guerre à celui qui mon-
tait le cheval et à son armée. 20 La
bête fut capturée, ainsi que le pré-
tendu prophète qui avait accompli
devant elle des signes miraculeux
pour égarer ceux qui avaient reçu
la marque de la bête et adoré son
image. Tous les deux furent je-
tés vivants dans l'étang ardent de
feu et de soufre. 21 Les autres fu-
rent tués par l'épée qui sortait de
la bouche de celui qui montait le
cheval, et tous les oiseaux se rassa-
sièrent de leur chair.

19.15 *Il les dirigera… fer*: reprise de la citation du Psaume 2.9 (voir 2.26-27; 12.5).

Satan enchaîné et relâché

20 Puis je vis un ange descen-
dre du ciel. Il tenait à la
main la clé de l'abîme et une gran-
de chaîne. 2 Il s'empara du dragon,
le serpent ancien, qui est le diable
et Satan, l'enchaîna pour 1000 ans
3 et le jeta dans l'abîme. Il ferma
et scella l'entrée au-dessus de lui
afin qu'il n'égare plus les nations,
jusqu'à ce que les 1000 ans soient
passés. Après cela, il faut qu'il soit
relâché pour un peu de temps.
4 Ensuite je vis des trônes, et ceux
qui s'y assirent reçurent le pouvoir
de juger. Je vis aussi l'âme de ceux
qui avaient été décapités à cause
du témoignage de Jésus et à cause
de la parole de Dieu, tous ceux qui
n'avaient pas adoré la bête ni son
image et qui n'avaient pas reçu sa
marque sur le front ni sur la main.
Ils revinrent à la vie et ils régnèrent
avec Christ pendant 1000 ans. 5 [Les
autres morts ne revinrent pas à la
vie avant que les 1000 ans soient
passés.] C'est la première résurrec-
tion. 6 Heureux et saints ceux qui
ont part à la première résurrection!
La seconde mort n'a pas de pouvoir
sur eux, mais ils seront prêtres de
Dieu et de Christ et ils régneront
avec lui pendant 1000 ans.
7 Quand les 1000 ans seront passés,
Satan sera relâché de sa prison 8 et
il sortira pour égarer les nations qui
sont aux quatre coins de la terre,
Gog et Magog, afin de les rassem-
bler pour la guerre; elles sont aussi
nombreuses que le sable de la mer.
9 Ils montèrent sur toute la surfa-
ce de la terre et ils encerclèrent le
camp des saints et la ville bien-
aimée. Mais un feu [venu de Dieu]
descendit du ciel et les dévora. 10 Le
diable, qui les égarait, fut jeté dans
l'étang de feu et de soufre où sont
la bête et le prétendu prophète. Et
ils seront tourmentés jour et nuit,
aux siècles des siècles.

Le jugement dernier

11 Je vis alors un grand trône blanc
et celui qui y était assis. La terre et
le ciel s'enfuirent loin de lui et l'on
ne trouva plus de place pour eux.
12 Je vis les morts, les grands et les
petits, debout devant le trône. Des
livres furent ouverts. Un autre li-
vre fut aussi ouvert: le livre de vie.
Les morts furent jugés conformé-
ment à leurs œuvres, d'après ce qui
était écrit dans ces livres. 13 La mer
rendit les morts qu'elle contenait,
la mort et le séjour des morts ren-
dirent aussi leurs morts, et chacun
fut jugé conformément à sa maniè-
re d'agir. 14 Puis la mort et le séjour
des morts furent jetés dans l'étang
de feu. L'étang de feu, c'est la secon-
de mort. 15 Tous ceux qui ne furent
pas trouvés inscrits dans le livre de
vie furent jetés dans l'étang de feu.

Un nouveau ciel et une nouvelle terre

21 Puis je vis un nouveau ciel
et une nouvelle terre, car
le premier ciel et la première terre
avaient disparu et la mer n'exis-
tait plus. 2 Je vis descendre du ciel,
d'auprès de Dieu, la ville sainte, la
nouvelle Jérusalem, préparée com-
me une mariée qui s'est faite belle
pour son époux. 3 J'entendis une
voix forte venant du ciel qui disait:
«Voici le tabernacle de Dieu parmi
les hommes! *Il habitera avec eux, ils
seront son peuple*[n] et Dieu lui-même
sera avec eux, [il sera leur Dieu]. 4 Il
essuiera toute larme de leurs yeux,
la mort ne sera plus et il n'y aura
plus ni deuil, ni cri, ni douleur, car
ce qui existait avant a disparu.»

21.3 *Il habitera… peuple*: citation d'Ezéchiel 37.27.

5 Celui qui était assis sur le trône
dit: «Voici que je fais toutes choses
nouvelles.» Il ajouta: «Ecris cela, car
ces paroles sont dignes de confian-
ce et vraies.» 6 Puis il me dit: «Je suis
l'Alpha et l'Oméga, le commence-
ment et la fin. A celui qui a soif, je
donnerai à boire gratuitement de la
source de l'eau de la vie. 7 Le vain-
queur recevra cet héritage, je serai
son Dieu et il sera mon fils. 8 Quant
aux lâches, aux incrédules, [aux
pécheurs,] aux abominables, aux
meurtriers, à ceux qui vivent dans
l'immoralité sexuelle, aux sorciers,
aux idolâtres et à tous les menteurs,
leur part sera dans l'étang ardent
de feu et de soufre. C'est la secon-
de mort.»

La nouvelle Jérusalem

9 Puis un des sept anges qui tenaient
les sept coupes remplies des sept
derniers fléaux vint m'adresser la
parole et dit: «Viens, je te montre-
rai la femme, l'épouse de l'Agneau.»
10 Il me transporta en esprit sur une
grande et haute montagne et me
montra la ville sainte, Jérusalem,
qui descendait du ciel, d'auprès de
Dieu. 11 Elle rayonnait de la gloi-
re de Dieu. Son éclat ressemblait
à celui d'une pierre très précieuse,
d'une pierre de jaspe transparente
comme du cristal. 12 Elle était en-
tourée d'une grande et haute mu-
raille avec douze portes, et à ces
portes douze anges; des noms y
étaient inscrits: ceux des douze tri-
bus d'Israël. 13 Il y avait à l'est trois
portes, au nord trois portes, au sud
trois portes et à l'ouest trois portes.
14 La muraille de la ville avait douze
fondations qui portaient les noms
des douze apôtres de l'Agneau.
15 Celui qui me parlait avait pour
mesure un roseau d'or afin de me-
surer la ville, ses portes et sa mu-
raille. 16 La ville avait la forme d'un
carré et sa longueur était égale à
sa largeur. L'ange mesura la ville
avec le roseau et trouva 2200 kilo-
mètres[n]; sa longueur, sa largeur et
sa hauteur étaient égales. 17 Il me-
sura aussi la muraille et trouva 72
mètres[n], selon la mesure humaine
qu'employait l'ange.
18 La muraille était construite en
jaspe et la ville était en or pur, trans-
parent comme du verre pur. 19 Les
fondations de la muraille de la ville
étaient ornées de pierres précieu-
ses de toutes sortes: la première
fondation était ornée de jaspe, la
deuxième de saphir, la troisième
de calcédoine, la quatrième d'éme-
raude, 20 la cinquième de sardoine,
la sixième de cornaline, la septième
de chrysolithe, la huitième de béryl,
la neuvième de topaze, la dixième
de chrysoprase, la onzième d'hya-
cinthe, la douzième d'améthyste.
21 Les douze portes étaient dou-
ze perles; chaque porte était fai-
te d'une seule perle. La place de la
ville était en or pur, comme du ver-
re transparent.
22 Je ne vis pas de temple dans la
ville, car le Seigneur, le Dieu tout-
puissant, est son temple, ainsi que
l'Agneau. 23 La ville n'a besoin ni
du soleil ni de la lune pour l'éclai-
rer, car la gloire de Dieu l'éclaire et
l'Agneau est son flambeau. 24 Les
nations marcheront à sa lumière
et les rois de la terre y apporteront
leur gloire. 25 Ses portes ne seront
pas fermées de toute la journée,
car il n'y aura plus de nuit. 26 On y
apportera la gloire et l'honneur des
nations. 27 Il n'entrera chez elle rien
de souillé, ni personne qui se livre
à des pratiques abominables et au
mensonge; il n'entrera que ceux qui

21.16 *2200 kilomètres*: littéralement *12'000 stades*. **21.17** *72 mètres*: littéralement *144 coudées*.

sont inscrits dans le livre de vie de
l'Agneau.

22 Puis il me montra le fleuve
d'eau de la vie, limpide com-
me du cristal, qui sortait du trône
de Dieu et de l'Agneau. 2 Au milieu
de la place de la ville et entre les
deux bras du fleuve se trouvait l'ar-
bre de vie qui produit douze récol-
tes; il donne son fruit chaque mois
et ses feuilles servent à la guérison
des nations. 3 Il n'y aura plus de
malédiction. Le trône de Dieu et de
l'Agneau sera dans la ville; ses ser-
viteurs lui rendront un culte. 4 Ils
verront son visage et son nom sera
sur leur front. 5 Il n'y aura plus de
nuit et ils n'auront besoin ni de la
lumière d'une lampe ni de celle du
soleil, parce que le Seigneur Dieu
les éclairera. Et ils régneront aux
siècles des siècles.

Conclusion

6 Il me dit: «Ces paroles sont dignes
de confiance et vraies; et le Sei-
gneur, le Dieu de l'esprit des pro-
phètes[n], a envoyé son ange pour
montrer à ses serviteurs ce qui doit
arriver bientôt.»
7 «Voici, je viens bientôt. Heureux
celui qui garde les paroles de la pro-
phétie de ce livre!»
8 Moi, Jean, j'ai entendu et vu ces
choses. Après les avoir entendues
et vues, je tombai aux pieds de l'an-
ge qui me les montrait pour l'adorer.
9 Mais il me dit: «Garde-toi bien de
le faire! Je suis ton compagnon de
service, celui de tes frères les pro-
phètes et de ceux qui gardent les
paroles de ce livre. Adore Dieu.»
10 Puis *il* ajouta: «Ne marque pas
du sceau du secret les paroles de la
prophétie de ce livre, car le temps
est proche. 11 Que celui qui est in-
juste commette encore des injus-
tices et que celui qui est sale se
salisse encore, mais que le juste
pratique encore la justice et que
celui qui est saint progresse enco-
re dans la sainteté.»
12 «Voici, je viens bientôt et j'appor-
te avec moi ma récompense pour
traiter chacun conformément à son
œuvre. 13 Je suis l'Alpha et l'Oméga,
le premier et le dernier, le commen-
cement et la fin. 14 Heureux ceux qui
lavent leur robe[n]: ils auront droit à
l'arbre de vie et pourront entrer par
les portes dans la ville! 15 Dehors
les chiens, les sorciers, ceux qui vi-
vent dans l'immoralité sexuelle, les
meurtriers, les idolâtres et tous ceux
qui aiment et pratiquent le men-
songe! 16 Moi Jésus, j'ai envoyé mon
ange pour vous attester ces choses
dans les Eglises. Je suis le rejeton
de la racine de David et son descen-
dant, l'étoile brillante du matin.»
17 L'Esprit et l'épouse disent: «Viens!»
Que celui qui entend dise: «Viens!»
Que celui qui a soif vienne! Que ce-
lui qui veut de l'eau de la vie la
prenne gratuitement!
18 Je le déclare à toute personne
qui écoute les paroles de prophé-
tie de ce livre: si quelqu'un y ajou-
te quelque chose, Dieu lui ajoutera
les fléaux décrits dans ce livre; 19 et
si quelqu'un enlève quelque chose
aux paroles du livre de cette pro-
phétie, Dieu enlèvera sa part de
l'arbre de la vie et de la ville sainte
décrits dans ce livre.
20 Celui qui atteste ces choses dit:
«Oui, je viens bientôt.»
Amen! Viens, Seigneur Jésus!
21 Que la grâce du Seigneur Jésus[-
Christ] soit avec tous les saints!

22.6 *De l'esprit des prophètes*: ou *qui anime les prophètes* ou *qui donne le souffle aux prophètes*.
22.14 *Qui lavent leur robe*: certains manuscrits portent «qui font ses commandements».

L'Ancien Testament

extraits

Les Psaumes
Les Proverbes

Psaumes

Appelés *tehillim* («louanges») en hébreu, les 150 *Psaumes* sont autant de cantiques ou prières de louange, de supplication ou d'imprécation. Apparemment composés entre les 15e et 6e siècles av. J.-C. dans des circonstances très diverses et attribués à des auteurs différents (Moïse, le roi David, Asaph, les descendants de Koré, Héman, Ethan et des anonymes), ils pouvaient être utilisés dans le culte familial ou au temple, parfois lors de fêtes religieuses.

PREMIER LIVRE 1–41

Deux hommes, deux destinées

1 Heureux l'homme qui ne suit
pas le conseil des méchants,
qui ne s'arrête pas sur la voie des
pécheurs
et ne s'assied pas en compagnie des
moqueurs,
2 mais qui trouve son plaisir dans la
loi de l'Eternel
et la médite jour et nuit!
3 Il ressemble à un arbre planté près
d'un cours d'eau:
il donne son fruit en sa saison,
et son feuillage ne se flétrit pas.
Tout ce qu'il fait lui réussit.
4 Les méchants, au contraire,
ressemblent à la paille que le vent
disperse.
5 Voilà pourquoi les méchants ne
résistent pas lors du jugement,
ni les pécheurs dans l'assemblée
des justes.
6 En effet, l'Eternel connaît la voie
des justes,
mais la voie des méchants mène à
la ruine.

Consécration et règne du divin roi

2 *Pourquoi cette agitation parmi
les nations
et ces préoccupations dépourvues
de sens parmi les peuples?
2 Les rois de la terre se soulèvent
et les chefs se liguent ensemble
contre l'Eternel et contre celui qu'il
a désigné par onction[n]:
3 «Arrachons leurs liens,
jetons leurs chaînes loin de nous!»
4 Celui qui siège dans le ciel rit,
le Seigneur se moque d'eux.
5 Puis il leur parle dans sa colère,
il les épouvante dans sa fureur:
6 «C'est moi qui ai établi mon roi
sur Sion, ma montagne sainte!»
7 Je veux proclamer le décret de
l'Eternel.
Il m'a dit: «*Tu es mon fils,
je t'ai engendré aujourd'hui![n]
8 Demande-le-moi, et *je te donne-
rai les nations[n] en héritage,
les extrémités de la terre en pos-
session.
9 *Tu les briseras avec un sceptre de
fer, tu les briseras comme le vase
d'un potier.[n]»

2.1-2 *Pourquoi… onction*: cité en Actes 4.25-26, avec application aux autorités romaines et juives dans leur attitude vis-à-vis de Jésus-Christ. **2.7** *Tu es… aujourd'hui*: paroles citées en Actes 13.33; Hébreux 1.5; 5.5 à propos de la relation entre Dieu le Père et Jésus-Christ et évoquant les formules d'intronisation du Proche-Orient ancien: le nouveau roi était considéré comme adopté par Dieu. **2.8** *Je te donnerai les nations*: repris en Apocalypse 2.26 avec application au vainqueur dans les Eglises. **2.9** *Tu les briseras… potier*: cité en Apocalypse 2.27 avec application au vainqueur dans les Eglises; la première partie du verset seulement est citée en Apocalypse 12.5; 19.15 avec application à Jésus-Christ.

10 Et maintenant, rois, conduisez-
vous avec sagesse!
Juges de la terre, laissez-vous ins-
truire!
11 Servez l'Eternel avec crainte
et réjouissez-vous tout en trem-
blant.
12 Rendez hommage au fils, de peur
qu'il ne s'irrite
et que vous n'alliez à votre perte,
car sa colère s'enflamme rapide-
ment.
Heureux tous ceux qui se confient
en lui!

Confiance malgré la persécution

3 *Psaume de David, lorsqu'il fuyait devant son fils Absalom.*

2 Eternel, que mes ennemis sont
nombreux!
Beaucoup se dressent contre moi,
3 beaucoup disent à mon sujet:
«Pas de salut pour lui auprès de
Dieu!» *– Pause.*

4 Mais toi, Eternel, tu es mon bou-
clier,
tu es ma gloire, et tu relèves ma
tête.
5 A pleine voix je crie à l'Eternel,
et il me répond de sa montagne
sainte. *– Pause.*

6 Je me couche, et je m'endors;
je me réveille, car l'Eternel est mon
soutien.
7 Je n'ai pas peur de ces milliers de
personnes
qui m'assiègent de tous côtés.
8 Lève-toi, Eternel, sauve-moi, mon
Dieu!
Tu gifles tous mes ennemis,
tu brises les dents des méchants.
9 Le salut appartient à l'Eternel.
Que ta bénédiction soit sur ton
peuple! *– Pause.*

La sécurité qu'accorde l'Eternel

4 *Au chef de chœur, avec instruments à cordes. Psaume de David.*

2 Quand je crie, réponds-moi, Dieu
de ma justice!
Quand j'étais dans la détresse, tu
m'as mis au large.
Aie pitié de moi, écoute ma prière!
3 Vous les hommes, jusqu'à quand
mépriserez-vous ma gloire?
Jusqu'à quand aimerez-vous ce qui
est sans valeur
et rechercherez-vous le mensonge?
– Pause.

4 Sachez que l'Eternel s'est choisi un
homme fidèle.
L'Eternel entend quand je crie à lui.
5 *Si vous vous mettez en colère, ne
péchez pas![n]
Parlez dans votre cœur, sur votre lit,
et faites silence. *– Pause.*

6 Offrez des sacrifices conformes à
la justice
et confiez-vous en l'Eternel.
7 Beaucoup disent: «Qui nous fera
voir le bonheur?»
Fais briller la lumière de ton visage
sur nous, Eternel!
8 Tu mets dans mon cœur plus de
joie qu'ils n'en éprouvent
quand abondent leur blé, leur vin
[et leur huile].
9 Je me couche et aussitôt je m'en-
dors en paix,
car c'est toi seul, Eternel, qui me
donnes la sécurité dans ma de-
meure.

La justice et la bonté de Dieu

5 *Au chef de chœur, avec les flûtes. Psaume de David.*

2 Prête l'oreille à mes paroles, Eternel,
écoute mes gémissements!

4.5 *Si… péchez pas*: cité en Ephésiens 4.26.

[3] Sois attentif à mes cris, mon roi
et mon Dieu!
C'est à toi que j'adresse ma prière.
[4] Eternel, le matin tu entends ma
voix,
le matin je me tourne vers toi et j'at-
tends,
[5] car tu n'es pas un Dieu qui prenne
plaisir à la méchanceté.
Le mal n'a pas sa place auprès de
toi,
[6] les vantards ne peuvent résister
devant ton regard.
Tu détestes tous ceux qui commet-
tent l'injustice,
[7] tu fais disparaître les menteurs;
l'Eternel a horreur des assassins et
des trompeurs.
[8] Mais moi, par ta grande bonté, je
vais à ta maison,
je me prosterne dans ton saint tem-
ple avec la crainte qui t'est due.
[9] Eternel, conduis-moi dans ta jus-
tice, à cause de mes adversaires,
aplanis ta voie devant moi,
[10] car il n'y a pas de sincérité dans
leur bouche;
ils ne pensent qu'à détruire,
*leur gosier est une tombe ouverte,
leur langue prononce des paroles
flatteuses[n].
[11] Traite-les comme des coupables,
ô Dieu,
que leurs projets provoquent leur
chute!
Chasse-les à cause de leurs nom-
breux péchés,
de leur révolte contre toi.
[12] Alors tous ceux qui se confient en
toi se réjouiront,
ils seront pour toujours dans l'allé-
gresse, et tu les protégeras;
tu seras un sujet de joie
pour ceux qui aiment ton nom,
[13] car tu bénis le juste, Eternel,
tu l'entoures de ta grâce comme
d'un bouclier.

Appel à la bonté de Dieu

6 *Au chef de chœur, avec instruments à cordes, sur la harpe à huit cordes. Psaume de David.*

[2] Eternel, ne me punis pas dans ta
colère
et ne me corrige pas dans ta fureur.
[3] Aie pitié de moi, Eternel, car je
suis sans force!
Guéris-moi, Eternel, car je tremble
de tous mes os!
[4] *Mon âme est toute troublée.
Et toi, Eternel, jusqu'à quand me
traiteras-tu ainsi?
[5] Reviens, Eternel, délivre-moi[n],
sauve-moi à cause de ta bonté,
[6] car dans la mort on n'évoque plus
ton souvenir:
qui te louera dans le séjour des
morts?
[7] Je m'épuise à force de gémir;
chaque nuit mon lit est trempé de
mes larmes,
il est inondé de mes pleurs.
[8] Mes yeux sont usés par le chagrin:
tous ceux qui me persécutent les
affaiblissent.
[9] *Eloignez-vous de moi, vous tous
qui commettez l'injustice[n],
car l'Eternel entend mes pleurs!
[10] L'Eternel exauce mes supplications,
l'Eternel accueille ma prière.
[11] Tous mes ennemis sont remplis
de confusion et d'effroi;
ils reculent, soudain couverts de
honte.

Prière du juste persécuté

7 *Complainte de David chantée à l'Eternel au sujet de Cush, le Benjaminite.*

5.10 *Leur gosier… flatteuses*: cité en Romains 3.13a. **6.4, 5** *Mon âme est toute troublée… délivre-moi*: cité par Jésus peu avant son arrestation en Jean 12.27. **6.9** *Eloignez-vous… l'injustice*: cité par Jésus dans un enseignement sur le jugement dernier en Matthieu 7.23.

2 Eternel, mon Dieu, je cherche re-
fuge en toi:
sauve-moi de tous mes persécu-
teurs et délivre-moi,
3 sinon ils vont me déchirer com-
me un lion,
ils vont me dévorer, sans personne
pour me délivrer.
4 Eternel, mon Dieu, si j'ai fait cela,
si mes mains ont commis l'injustice,
5 si j'ai rendu le mal à celui qui était
en paix avec moi,
si j'ai dépouillé celui qui s'opposait
à moi sans raison,
6 que l'ennemi me poursuive et m'at-
teigne,
qu'il me terrasse et traîne ma gloire
dans la poussière! *–Pause.*

7 Lève-toi, Eternel, dans ta colère,
dresse-toi contre la fureur de mes
adversaires,
réveille-toi pour me secourir, toi
qui établis le droit!
8 Que l'assemblée des peuples vien-
ne t'entourer,
reviens dominer sur elle dans les
hauteurs!
9 L'Eternel exerce son jugement sur
les peuples:
juge-moi, Eternel,
conformément à ma justice et à
mon intégrité!
10 Mets un terme aux méfaits des
méchants
et affermis le juste,
toi qui examines les cœurs et les
reins, Dieu juste!
11 Mon bouclier est auprès de Dieu:
il sauve ceux dont le cœur est droit.
12 Dieu est un juste juge,
un Dieu qui fait chaque jour sentir
sa colère.
13 Si le méchant ne revient pas à lui,
il aiguise son épée,
il bande son arc, et il vise;
14 il dirige sur lui des traits meur-
triers,
il rend ses flèches brûlantes.
15 Le méchant prépare le mal,
il conçoit la misère et il accouche
de la fausseté.
16 Il ouvre une fosse, il la creuse,
mais il tombe dans le trou qu'il a
fait.
17 Sa misère retombe sur sa tête,
et sa violence descend sur son front.
18 Je louerai l'Eternel à cause de sa
justice,
je chanterai le nom de l'Eternel, le
Très-Haut.

La gloire de Dieu dans la création

8 *Au chef de chœur, sur la guit-
thith. Psaume de David.*

2 Eternel, notre Seigneur,
que ton nom est magnifique sur
toute la terre!
Ta majesté domine le ciel.
3 *Par la bouche des enfants et des
nourrissons,
tu as fondé ta gloire[n] pour confon-
dre tes adversaires,
pour réduire au silence l'ennemi,
l'homme avide de vengeance.
4 Quand je contemple le ciel, œuvre
de tes mains,
la lune et les étoiles que tu y as pla-
cées,
5 je dis: *«Qu'est-ce que l'homme,
pour que tu te souviennes de lui,
et le fils de l'homme, pour que tu
prennes soin de lui?»
6 Tu l'as fait de peu inférieur à Dieu
et tu l'as couronné de gloire et
d'honneur.
7 Tu lui as donné la domination sur
ce que tes mains ont fait,
tu as tout mis sous ses pieds,[n]

8.3 *Par la bouche… gloire*: cité par Jésus aux autorités religieuses dans le temple en Matthieu 21.16.
8.5-7 *Qu'est-ce que l'homme… ses pieds*: cité en Hébreux 2.6-8 et partiellement en 1Corinthiens 15.27; Ephésiens 1.22.

8 les brebis comme les bœufs, et
même les animaux sauvages,
9 les oiseaux du ciel et les poissons
de la mer,
tout ce qui parcourt les sentiers des
mers.
10 Eternel, notre Seigneur,
que ton nom est magnifique sur
toute la terre!

Le jugement de Dieu sur les nations

9 *Au chef de chœur, sur la mélodie de «Meurs pour le fils». Psaume de David.*

2 Je te louerai, Eternel, de tout mon
cœur,
je raconterai toutes tes merveilles.
3 Je ferai de toi le sujet de ma joie et
de mon allégresse,
je chanterai ton nom, Dieu très-
haut.
4 Mes ennemis reculent,
ils trébuchent, ils disparaissent de-
vant toi,
5 car tu soutiens mon droit et ma
cause,
tu sièges sur ton trône en juste juge.
6 Tu réprimandes les nations, tu dé-
truis le méchant,
tu effaces leur nom pour toujours
et à perpétuité.
7 Plus d'ennemis! Des ruines éter-
nelles!
Tu as détruit des villes, et leur sou-
venir est perdu.
8 L'Eternel règne pour toujours,
il a dressé son trône pour le juge-
ment.
9 Il juge le monde avec justice,
il juge les peuples avec droiture.
10 L'Eternel est une forteresse pour
l'opprimé,
une forteresse dans les moments de
détresse.
11 Ceux qui connaissent ton nom se
confient en toi,
car tu n'abandonnes pas ceux qui
te cherchent, Eternel!
12 Chantez en l'honneur de l'Eternel,
qui siège à Sion,
proclamez ses hauts faits parmi les
peuples,
13 car il venge le sang versé, il s'en
souvient,
il n'oublie pas le cri des malheu-
reux!
14 Fais-moi grâce, Eternel,
vois la misère où me réduisent mes
ennemis!
Retire-moi des portes de la mort,
15 afin que je raconte toutes tes
louanges
dans les portes de Sion
et que je me réjouisse de ton salut!
16 Les nations tombent dans la fosse
qu'elles ont creusée,
leur pied se prend dans le filet
qu'elles ont caché.
17 L'Eternel se fait connaître, il fait
droit,
il prend le méchant à son propre
piège. *– Jeu d'instruments. Pause.*

18 Que les méchants rejoignent le
séjour des morts
avec toutes les nations qui oublient
Dieu,
19 car le pauvre n'est pas oublié dé-
finitivement,
l'espérance des malheureux n'est
pas perdue pour toujours!
20 Lève-toi, Eternel, que l'homme
ne triomphe pas,
que les nations soient jugées de-
vant toi!
21 Frappe-les d'épouvante, Eternel,
que les peuples sachent qu'ils ne
sont que des hommes! *– Pause.*

Le méchant et son sort

10 Pourquoi, Eternel, te tiens-tu éloigné?
Pourquoi te caches-tu dans les mo-
ments de détresse?
2 Le méchant, dans son orgueil,
poursuit les malheureux:

ils sont pris dans les pièges qu'il a
conçus.
3 Le méchant se vante de ses mau-
vais désirs,
le profiteur maudit et méprise
l'Eternel.
4 Le méchant dit, dans son arrogan-
ce: «Il ne punit pas!
Il n'y a pas de Dieu!» Voilà toutes
ses pensées.
5 Ses entreprises réussissent en tout
temps;
tes jugements passent au-dessus
de sa tête,
il disperse tous ses adversaires.
6 Il dit dans son cœur: «Je ne suis
pas ébranlé,
je suis pour toujours à l'abri du
malheur!»
7 *Sa bouche est pleine de malédic-
tions, de tromperies[n] et de fraudes;
il y a sous sa langue la méchanceté
et le malheur.
8 Il se tient en embuscade près des
villages,
il assassine l'innocent dans des en-
droits retirés;
ses yeux épient le malheureux.
9 Il est aux aguets dans sa cachette
comme le lion dans sa tanière,
il est aux aguets pour attraper le
malheureux;
il l'attrape en l'attirant dans son
piège.
10 Il s'accroupit, il se tapit,
et les malheureux tombent dans
ses griffes.
11 Il dit dans son cœur: «Dieu ou-
blie,
il se cache, il ne regarde jamais!»
12 Lève-toi, Eternel, ô Dieu, inter-
viens,
n'oublie pas les malheureux!
13 Pourquoi le méchant méprise-
t-il Dieu?
Pourquoi dit-il en son cœur que tu
ne punis pas?
14 Tu vois cependant leur peine et
leur souffrance,
tu regardes, pour prendre en main
leur cause.
C'est à toi que le malheureux s'aban-
donne,
c'est toi qui viens en aide à l'orphe-
lin.
15 Brise la force du méchant,
punis sa méchanceté, et qu'il dis-
paraisse à tes yeux!
16 L'Eternel est roi pour toujours et
à perpétuité;
les autres nations disparaissent de
son pays.
17 Tu entends les désirs de ceux qui
souffrent, Eternel,
tu leur redonnes courage, tu prê-
tes l'oreille
18 pour rendre justice à l'orphelin et
à l'opprimé,
afin que l'homme tiré de la terre
cesse d'inspirer de la crainte.

Confiance dans l'intervention de Dieu

11 *Au chef de chœur. De David.*
C'est en l'Eternel que je cherche un
refuge.
Comment pouvez-vous me dire:
«Fuis dans les montagnes comme
un oiseau»?
2 Les méchants bandent leur arc,
ils ajustent leur flèche sur la corde
pour tirer dans l'ombre sur ceux
dont le cœur est droit.
3 Quand les fondements sont ren-
versés,
que peut faire le juste?
4 L'Eternel est dans son saint temple,
l'Eternel a son trône dans le ciel.
Ses yeux regardent,
il examine les hommes.
5 L'Eternel examine le juste;
il déteste le méchant et celui qui
aime la violence.

10.7 *Sa bouche... tromperies*: cité en Romains 3.14 dans une description de l'homme en général.

[6]Il fait pleuvoir sur les méchants
des charbons, du feu et du soufre.
Un vent brûlant, tel est le lot qu'ils
ont en partage,
[7]car l'Eternel est juste, il aime la
justice;
les hommes droits contemplent
son visage.

Les paroles mensongères

12 *Au chef de chœur, sur la harpe à huit cordes. Psaume de David.*

[2]Sauve-nous, Eternel, car il n'y a
plus d'hommes loyaux!
Les fidèles disparaissent du milieu
des hommes.
[3]On se dit des mensonges les uns
aux autres,
on a sur les lèvres des paroles flat-
teuses,
on parle avec un cœur double.
[4]Que l'Eternel extermine toutes les
lèvres flatteuses,
la langue qui parle avec arrogance,
[5]ceux qui disent: «Nous sommes
forts par notre langue,
nous avons nos lèvres avec nous.
Qui pourrait devenir notre maître?»
[6]«Parce que les malheureux sont
opprimés et que les pauvres gémis-
sent,
maintenant, dit l'Eternel, je me lève,
j'apporte le salut à ceux qui soupi-
rent après lui.»
[7]Les paroles de l'Eternel sont des
paroles pures,
un argent affiné dans un creuset
en argile
et sept fois épuré.
[8]Toi, Eternel, tu les garderas,
tu les préserveras pour toujours de
ces gens.
[9]Les méchants rôdent partout
quand la bassesse règne parmi les
hommes.

Appel à l'intervention de Dieu

13 *Au chef de chœur. Psaume de David.*

[2]Jusqu'à quand, Eternel, m'oublie-
ras-tu sans cesse?
Jusqu'à quand me cacheras-tu ton
visage?
[3]Jusqu'à quand aurai-je des soucis
dans mon âme,
et chaque jour des chagrins dans
mon cœur?
Jusqu'à quand mon ennemi s'atta-
quera-t-il à moi?
[4]Regarde, réponds-moi, Eternel,
mon Dieu!
Donne la lumière à mes yeux,
afin que je ne m'endorme pas du
sommeil de la mort!
[5]En effet, mon ennemi pourrait
dire: «Je l'ai vaincu»,
et mes adversaires se réjouir en me
voyant ébranlé.
[6]Moi, j'ai confiance en ta bonté,
j'ai de la joie dans le cœur à cause
de ton salut.
Je veux chanter en l'honneur de
l'Eternel, car il m'a fait du bien.

Portrait de l'homme impie

14 *Au chef de chœur. De David.*

Le fou dit dans son cœur: «Il n'y a
pas de Dieu!»
*Ils se sont corrompus, ils ont com-
mis des actions abominables;
il n'y en a aucun qui fasse le bien.
[2]Du haut du ciel, l'Eternel observe
les hommes
pour voir s'il y en a un qui est in-
telligent,
qui cherche Dieu:
[3]tous se sont éloignés, ensemble ils
se sont pervertis;
il n'y en a aucun qui fasse le bien,
pas même un seul.[n]
[4]Tous ceux qui commettent l'in-

14.1-3 *Ils se sont corrompus… un seul*: cité en Romains 3.10-12 dans une description de l'homme en général.

justice n'ont-ils aucune connaissance?
Ils dévorent mon peuple, ils le prennent pour nourriture;
ils ne font pas appel à l'Eternel.
5 C'est alors qu'ils trembleront d'épouvante,
car Dieu est au milieu des justes.
6 Vous bafouez l'espoir du malheureux?
Sachez que l'Eternel est son refuge.
7 Oh! qui accordera depuis Sion la délivrance à Israël?
Quand l'Eternel rétablira son peuple,
Jacob sera dans l'allégresse, Israël se réjouira.

Portrait du juste

15 *Psaume de David.*

Eternel, qui séjournera dans ta tente?
Qui demeurera sur ta montagne sainte?
2 Celui qui marche dans l'intégrité, pratique la justice
et dit ce qu'il pense vraiment.
3 Il ne calomnie pas avec sa langue,
il ne fait pas de mal à son semblable,
et il ne jette pas le déshonneur sur son prochain.
4 Il regarde avec répulsion l'homme au comportement méprisable,
mais il honore ceux qui craignent l'Eternel.
Il ne se rétracte pas, s'il fait un serment à son préjudice,
5 il n'exige pas d'intérêt de son argent,
et il n'accepte pas de don contre l'innocent.
Celui qui se conduit ainsi ne sera jamais ébranlé.

Récompense et certitude du juste

16 *Hymne de David.*

Garde-moi, ô Dieu, car *je cherche refuge en toi[n]!
2 Je dis à l'Eternel: «Tu es mon Seigneur,
tu es mon bien suprême.»
3 Les saints qui sont dans le pays,
les hommes pieux, sont l'objet de toute mon affection.
4 On multiplie les idoles, on court après les dieux étrangers,
mais moi, je ne verse pas d'offrandes de sang en leur honneur,
je ne mets pas leur nom sur mes lèvres.
5 Eternel, c'est toi qui es ma part et la coupe où je bois,
c'est toi qui m'assures mon lot.
6 Un héritage délicieux m'est attribué,
une belle possession m'est accordée.
7 Je bénis l'Eternel, car il me conseille;
même la nuit mon cœur m'instruit.
8 *J'ai constamment l'Eternel devant moi;
quand il est à ma droite, je ne suis pas ébranlé.
9 C'est pourquoi mon cœur est dans la joie, et mon esprit dans l'allégresse.
Même mon corps reposera en sécurité,
10 car tu *n'abandonneras pas mon âme au séjour des morts,
tu ne permettras pas que ton bien-aimé connaisse la décomposition[n].
11 Tu me fais connaître le sentier de la vie;
il y a d'abondantes joies dans ta présence[n],
un bonheur éternel à ta droite.

16.1 *Je cherche refuge en toi*: placé dans la bouche de Christ en Hébreux 2.13; cf. Es 8.17 et n. **16.10** *N'abandonneras… décomposition*: cité en Actes 2.31; 13.35. **16.8-11** *J'ai constamment… dans ta présence*: cité en Actes 2.25-28 comme annonçant la résurrection de Jésus.

Prière du juste persécuté

17 *Prière de David.*

Eternel, écoute la justice, sois atten-
tif à mes cris!
Prête l'oreille à ma prière: elle vient
de lèvres sincères!
2 Que mon droit paraisse devant toi,
que tes yeux voient où est l'intégrité!
3 Tu examines mon cœur, tu le vi-
sites la nuit,
tu me mets à l'épreuve, et tu ne
trouves rien:
ma pensée n'est pas différente de
ce qui sort de ma bouche.
4 J'ai vu les actions des hommes,
mais je reste fidèle à la parole de
tes lèvres
et je me tiens en garde contre la
voie des violents;
5 mes pas sont fermes dans tes sen-
tiers,
mes pieds ne trébuchent pas.
6 Je fais appel à toi car tu m'exau-
ces, ô Dieu.
Penche l'oreille vers moi, écoute ma
parole!
7 Montre tes bontés, toi qui inter-
viens et sauves de leurs adversaires
ceux qui cherchent refuge en toi!
8 Garde-moi comme la prunelle de
l'œil,
protège-moi à l'ombre de tes ailes
9 contre les méchants qui me per-
sécutent,
contre mes ennemis qui me cer-
nent, pleins d'acharnement.
10 Ils ferment leur cœur à la pitié,
ils ont des paroles hautaines à la
bouche.
11 Ils sont sur nos pas, déjà ils nous
entourent,
ils nous épient pour nous terrasser.
12 On dirait un lion avide de dé-
chirer,
un lionceau aux aguets dans son
repaire.
13 Lève-toi, Eternel, marche à leur
rencontre, renverse-les,
délivre-moi des méchants par ton
épée!
14 Délivre-moi des hommes par ta
main, Eternel, des hommes de ce
monde!
Leur part est dans cette vie,
et tu remplis leur ventre de tes
biens;
leurs enfants sont rassasiés,
et ils laissent leur superflu à leurs
petits-enfants.
15 Quant à moi, couvert de justice,
je te verrai;
dès le réveil, je me rassasierai de
ton image.

Louanges après la délivrance

18 *Au chef de chœur. Du servi-
teur de l'Eternel, de David.
Il adressa les paroles de ce chant à
l'Eternel après qu'il l'eut délivré de
tous ses ennemis et de Saül. Il dit:*

2 Je t'aime, Eternel, ma force,
3 Eternel, mon rocher, ma forteresse,
mon libérateur,
mon Dieu, mon rocher où je trou-
ve un abri,
mon bouclier, la force qui me sauve,
mon rempart!
4 Loué soit l'Eternel! Je crie à lui
et je suis délivré de mes ennemis.
5 Les liens de la mort m'avaient en-
serré,
et les torrents dévastateurs m'avaient
épouvanté;
6 les liens du séjour des morts m'a-
vaient entouré,
les pièges de la mort m'avaient sur-
pris.
7 Dans ma détresse, j'ai fait appel à
l'Eternel,
j'ai crié à mon Dieu;
de son palais, il a entendu ma voix,
mon cri est parvenu à ses oreilles.
8 La terre a été ébranlée, elle a
tremblé;
les fondements des montagnes
ont vacillé,

ils ont été ébranlés, parce qu'il était
irrité.
9 Une fumée s'élevait de ses narines,
et un feu dévorant sortait de sa
bouche,
avec des charbons embrasés.
10 Il a incliné le ciel et il est descendu,
une épaisse nuée sous ses pieds.
11 Il était monté sur un chérubin, et
il volait,
il planait sur les ailes du vent.
12 Il faisait des ténèbres sa retraite,
sa tente autour de lui:
c'étaient des eaux obscures, de
sombres nuages.
13 Une lumière éclatante le précé-
dait, d'où provenaient ses nuées,
de la grêle et des charbons de feu.
14 L'Eternel a tonné dans le ciel,
le Très-Haut a fait retentir sa voix,
avec la grêle et les charbons de feu.
15 Il a lancé ses flèches et dispersé
mes ennemis,
il a multiplié les éclairs et les a mis
en déroute.
16 Le fond des océans est apparu,
les fondements du monde ont été
découverts
à ta menace, Eternel,
au souffle de tes narines.
17 Il est intervenu d'en haut, il m'a
pris,
il m'a retiré des grandes eaux,
18 il m'a délivré de mon adversaire
puissant,
de mes ennemis qui étaient plus
forts que moi.
19 Ils m'avaient surpris lorsque
j'étais dans la détresse,
mais l'Eternel a été mon appui.
20 Il m'a mis au large,
il m'a sauvé, parce qu'il m'aime.
21 L'Eternel m'a récompensé de ma
justice,
il m'a traité conformément à la pu-
reté de mes mains,
22 car j'ai suivi les voies de l'Eternel,
je n'ai pas été coupable envers mon
Dieu.
23 Toutes ses règles ont été devant
moi
et je ne me suis pas écarté de ses
prescriptions.
24 J'ai été intègre envers lui
et je me suis tenu en garde contre
mon péché.
25 Alors l'Eternel m'a traité confor-
mément à ma justice,
à la pureté qu'il a vue sur mes
mains.
26 Avec celui qui est fidèle tu te
montres fidèle,
avec l'homme intègre tu agis avec
intégrité,
27 avec celui qui est pur tu te mon-
tres pur,
et avec l'homme faux tu te montres
habile.
28 Tu sauves le peuple qui s'humi-
lie,
et tu abaisses les regards hautains.
29 Oui, tu fais briller ma lumière.
L'Eternel, mon Dieu, éclaire mes té-
nèbres.
30 Avec toi je me précipite sur une
troupe tout armée,
avec mon Dieu je franchis une mu-
raille.
31 Les voies de Dieu sont parfaites,
la parole de l'Eternel est pure;
il est un bouclier pour tous ceux qui
se confient en lui.
32 Qui est Dieu en dehors de l'Eternel,
et qui est un rocher, sinon notre
Dieu?
33 C'est Dieu qui me donne de la
force
et qui me trace une voie droite.
34 Il rend mes pieds aussi agiles que
ceux des biches,
et il me fait tenir debout sur les
hauteurs.
35 Il exerce mes mains au combat,
et mes bras tendent l'arc de bronze.
36 Tu me donnes le bouclier de ton
salut,
ta main droite me soutient,
et je deviens grand par ta bonté.

37 Tu élargis le chemin sous mes pas,
et mes pieds ne trébuchent pas.
38 Je poursuis mes ennemis, je les
atteins,
et je ne reviens pas avant de les
avoir exterminés.
39 Je les frappe, et ils ne peuvent
plus se relever,
ils tombent sous mes pieds.
40 Tu me donnes de la force pour le
combat,
tu fais plier sous moi mes adver-
saires.
41 Tu mets mes ennemis en fuite de-
vant moi,
et je réduis au silence ceux qui me
détestent.
42 Ils crient, et personne pour les
sauver!
Ils crient à l'Eternel, et il ne leur ré-
pond pas!
43 Je les réduis en miettes, je les
rends pareils à la poussière que le
vent emporte,
je les balaie comme la boue des
rues.
44 Tu me délivres des révoltes du
peuple,
tu me mets à la tête des nations;
un peuple que je ne connaissais pas
m'est soumis.
45 Ils m'obéissent au premier ordre;
les étrangers me flattent,
46 les étrangers perdent courage,
ils sortent en tremblant de leurs
forteresses.
47 L'Eternel est vivant! Béni soit mon
rocher!
Que l'on dise la grandeur du Dieu
de mon salut!
48 C'est le Dieu qui m'accorde la
vengeance,
qui me soumet les peuples,
49 qui me délivre de mes ennemis!
Tu m'élèves au-dessus de mes ad-
versaires,
tu me sauves de l'homme violent.
50 *C'est pourquoi je te louerai par-
mi les nations, Eternel,
et je chanterai à la gloire de ton
nom.[n]
51 Il accorde de grandes délivran-
ces à son roi,
il agit avec bonté envers celui qu'il
a désigné par onction,
envers David et sa descendance,
pour toujours.

Les œuvres et la parole de Dieu

19 *Au chef de chœur. Psaume de David.*

2 Le ciel raconte la gloire de Dieu
et l'étendue révèle l'œuvre de ses
mains.
3 Le jour en instruit un autre jour,
la nuit en donne connaissance à
une autre nuit.
4 Ce n'est pas un langage, ce ne sont
pas des paroles,
on n'entend pas leur son.
5 Cependant, *leur voix parcourt
toute la terre,
leurs discours vont jusqu'aux ex-
trémités du monde[n]
où il a dressé une tente pour le
soleil.
6 Et le soleil, pareil à un époux qui
sort de sa chambre,
s'élance dans la course avec la joie
d'un héros;
7 il se lève à une extrémité du ciel
et termine sa course à l'autre ex-
trémité:
rien n'échappe à sa chaleur.
8 La loi de l'Eternel est parfaite, elle
donne du réconfort;
le témoignage de l'Eternel est vrai,
il rend sage celui qui manque d'ex-
périence.
9 Les décrets de l'Eternel sont droits,
ils réjouissent le cœur;

18.50 *C'est pourquoi… ton nom*: cité en Romains 15.9 comme annonçant la louange des non-Juifs.
19.5 *Leur voix… du monde*: cité en Romains 10.18 pour illustrer l'annonce de l'Evangile.

les commandements de l'Eternel
sont clairs, ils éclairent la vue.
10 La crainte de l'Eternel est pure,
elle subsiste pour toujours;
les jugements de l'Eternel sont vrais,
ils sont tous justes.
11 Ils sont plus précieux que l'or, que
beaucoup d'or fin;
ils sont plus doux que le miel, même
le miel qui coule des rayons.
12 Ton serviteur aussi est éclairé par
eux;
pour celui qui les respecte, la ré-
compense est grande.
13 Qui discerne ses erreurs?
Pardonne-moi celles que j'ignore.
14 Préserve aussi ton serviteur du
sentiment d'orgueil:
qu'il ne domine pas sur moi!
Alors je serai intègre, je ne commet-
trai pas de grands péchés.
15 Fais bon accueil aux paroles de
ma bouche
et aux sentiments de mon cœur,
Eternel, mon rocher, toi qui me ra-
chètes!

Prière pour le roi

20 *Au chef de chœur. Psaume de David.*

2 Que l'Eternel te réponde lorsque
tu es dans la détresse,
que le nom du Dieu de Jacob te
protège!
3 Qu'il t'envoie du secours depuis le
sanctuaire,
depuis Sion qu'il te soutienne!
4 Qu'il se souvienne de toutes tes of-
frandes
et qu'il accepte tes holocaustes!
– Pause.

5 Qu'il te donne ce que ton cœur
désire
et qu'il accomplisse tous tes pro-
jets!
6 Nous nous réjouirons de ton sa-
lut, nous dresserons l'étendard
au nom de notre Dieu;
l'Eternel exaucera tous tes vœux.
7 Je sais maintenant que l'Eter-
nel sauve celui qu'il a désigné par
onction;
il lui répond du ciel, de sa sainte de-
meure,
par le secours puissant de sa main
droite.
8 Les uns s'appuient sur leurs chars,
les autres sur leurs chevaux;
nous, nous célébrons l'Eternel, no-
tre Dieu.
9 Eux, ils plient et tombent;
nous, nous tenons ferme, nous res-
tons debout.
10 Eternel, sauve le roi!
Réponds-nous, quand nous faisons
appel à toi!

Reconnaissance du roi

21 *Au chef de chœur. Psaume de David.*

2 Eternel, le roi se réjouit de ta force.
Combien ton secours le remplit de
joie!
3 Tu lui as donné ce que son cœur
désirait,
et tu n'as pas refusé ce que ses lè-
vres demandaient. *– Pause.*

4 Oui, tu es venu à lui, chargé des
bénédictions de ta grâce,
tu as mis sur sa tête une couronne
d'or pur.
5 Il te demandait la vie, tu la lui as
donnée;
tu prolonges ses jours pour tou-
jours et à perpétuité.
6 Sa gloire est grande à cause de ton
secours;
tu places sur lui éclat et splendeur.
7 Tu fais de lui pour toujours une
source de bénédictions,
tu le combles de joie par ta pré-
sence.
8 Le roi se confie en l'Eternel;
grâce à la bonté du Très-Haut, il
n'est pas ébranlé.

9 Ta main atteindra tous tes ennemis,
ta main droite frappera ceux qui te détestent.
10 Tu feras d'eux une fournaise ardente,
le jour où tu te montreras;
l'Eternel les engloutira dans sa colère,
et le feu les dévorera.
11 Tu feras disparaître leur lignée de la terre
et leur descendance du milieu des hommes.
12 Ils ont projeté du mal contre toi,
ils ont formé des complots, mais ils ne pourront rien faire,
13 car tu les mettras en fuite,
avec ton arc tu tireras sur eux.
14 Lève-toi, Eternel, dans toute ta force!
Nous voulons chanter, célébrer ta puissance.

Les souffrances et la gloire du Sauveur

22 *Au chef de chœur, sur la mélodie de «Biche de l'aurore». Psaume de David.*

2 *Mon Dieu, mon Dieu, pourquoi m'as-tu abandonné?[n]
Pourquoi t'éloignes-tu sans me secourir, sans écouter mes plaintes?
3 Mon Dieu, je crie le jour, et tu ne réponds pas,
la nuit, et je ne trouve pas de repos.
4 Pourtant tu es le Saint,
tu sièges au milieu des louanges d'Israël.
5 C'est en toi que nos ancêtres se confiaient:
ils se confiaient en toi, et tu les délivrais;
6 ils criaient à toi, et ils étaient sauvés;
ils se confiaient en toi, et ils n'étaient pas déçus.
7 Mais moi, je suis un ver et non un homme,
la honte de l'humanité, celui que le peuple méprise.
8 Tous ceux qui me voient se moquent de moi,
ils ricanent, ils hochent la tête:
9 *«Recommande ton sort à l'Eternel!
L'Eternel le sauvera,
il le délivrera, puisqu'il l'aime!»[n]
10 Oui, tu m'as fait sortir du ventre de ma mère,
tu m'as mis en sécurité contre sa poitrine;
11 dès ma conception j'ai été sous ta garde,
dès le ventre de ma mère tu as été mon Dieu.
12 Ne t'éloigne pas de moi quand la détresse est proche,
quand personne ne vient à mon secours!
13 De nombreux taureaux sont autour de moi,
des taureaux du Basan m'encerclent.
14 Ils ouvrent leur gueule contre moi,
pareils au lion qui déchire et rugit.
15 Mes forces s'en vont comme l'eau qui s'écoule,
et tous mes os se disloquent;
mon cœur est comme de la cire,
il se liquéfie au fond de moi.
16 Ma force se dessèche comme l'argile,
et ma langue s'attache à mon palais;
tu me réduis à la poussière de la mort.
17 Oui, des chiens m'environnent,
une bande de scélérats rôdent autour de moi;

22.2 *Mon Dieu… abandonné*: cité par Jésus sur la croix en Matthieu 27.46; Marc 15.34. **22.9** *Recommande… l'aime*: cité par ceux qui se moquaient de Jésus en Matthieu 27.43.

ils ont percé mes mains et mes
pieds.
18 Je pourrais compter tous mes os;
eux, ils observent, ils me regar-
dent,
19 *ils se partagent mes vêtements,
ils tirent au sort mon habit.[n]
20 Mais toi, Eternel, ne t'éloigne
pas!
Toi qui es ma force, viens vite à mon
secours!
21 Protège mon âme contre l'épée,
ma vie contre le pouvoir des chiens!
22 Sauve-moi de la gueule du lion
et des cornes du buffle!
Tu m'as répondu!
23 *J'annoncerai ton nom à mes frè-
res,
je te célébrerai au milieu de l'as-
semblée.[n]
24 Vous qui craignez l'Eternel,
louez-le!
Vous tous, descendants de Jacob,
honorez-le!
Tremblez devant lui, vous tous, des-
cendants d'Israël!
25 En effet, il ne méprise pas, il ne
repousse pas le malheureux dans
sa misère
et il ne lui cache pas son visage,
mais il l'écoute quand il crie à lui.
26 Tu seras dans la grande assem-
blée l'objet de mes louanges,
j'accomplirai mes vœux en présen-
ce de ceux qui te craignent.
27 Les malheureux mangeront et se-
ront rassasiés,
ceux qui cherchent l'Eternel le cé-
lébreront.
Que votre cœur vive à perpétuité!
28 Tous les peuples de la terre se
souviendront de l'Eternel et se tour-
neront vers lui,
toutes les familles des nations se
prosterneront devant toi,
29 car c'est à l'Eternel qu'appartient
le règne:
il domine sur les nations.
30 Tous les grands de la terre man-
geront et se prosterneront;
devant lui s'inclineront tous ceux
qui retournent à la poussière,
ceux qui ne peuvent pas conserver
leur vie.
31 Leur descendance le servira;
on parlera du Seigneur à la généra-
tion future,
32 et quand elle viendra, elle annon-
cera sa justice,
elle annoncera son œuvre au peu-
ple à naître.

Le divin berger

23 *Psaume de David.*
L'Eternel est mon berger: je ne man-
querai de rien.
2 Il me fait prendre du repos dans
des pâturages bien verts,
il me dirige près d'une eau paisible.
3 Il me redonne des forces,
il me conduit dans les sentiers de
la justice
à cause de son nom.
4 Même quand je marche dans la
sombre vallée de la mort,
je ne redoute aucun mal car tu es
avec moi.
Ta conduite et ton appui: voilà ce
qui me réconforte.
5 Tu dresses une table devant moi,
en face de mes adversaires;
tu verses de l'huile sur ma tête
et tu fais déborder ma coupe.
6 Oui, le bonheur et la grâce m'ac-
compagneront
tous les jours de ma vie
et je reviendrai dans la maison de
l'Eternel
jusqu'à la fin de mes jours.

22.19 *Ils se partagent… habit*: cité en Matthieu 27.35; Jean 19.24 comme réalisé par les soldats qui assistaient à la crucifixion de Jésus. **22.23** *J'annoncerai… l'assemblée*: cité comme une parole de Jésus en Hébreux 2.12.

Le roi de gloire dans son temple

24 *Psaume de David.*

*C'est à l'Eternel qu'appartient la terre avec tout ce qu'elle contient[n],
le monde avec tous ceux qui l'habitent,
2 car il l'a fondée sur les mers
et affermie sur les fleuves.
3 Qui pourra monter à la montagne de l'Eternel?
Qui pourra se tenir dans son lieu saint?
4 Celui qui a les mains innocentes
et le cœur pur,
celui qui ne se livre pas au mensonge
et qui ne fait pas de serments trompeurs.
5 Il obtiendra la bénédiction de l'Eternel,
la justice du Dieu de son salut.
6 Telle est la génération de ceux qui te cherchent,
qui aspirent après toi, Dieu de Jacob!
–*Pause.*

7 Portes, élevez vos linteaux!
Elevez-vous, portes éternelles!
Que le roi de gloire fasse son entrée!
8 Qui est ce roi de gloire?
L'Eternel, si fort et si puissant,
l'Eternel puissant dans les combats!
9 Portes, élevez vos linteaux!
Elevez-les, portes éternelles!
Que le roi de gloire fasse son entrée!
10 Qui donc est ce roi de gloire?
L'Eternel, le maître de l'univers:
c'est lui le roi de gloire! –*Pause.*

Recherche du pardon de Dieu

25 *De David.*

Eternel, je me tourne vers toi,
2 mon Dieu, en toi je me confie.
Que je ne sois pas couvert de honte!
Que mes ennemis ne se réjouissent pas à mon sujet!
3 Aucun de ceux qui espèrent en toi
ne sera couvert de honte,
mais la honte est pour ceux qui sont infidèles sans raison.
4 Eternel, fais-moi connaître tes voies,
enseigne-moi tes sentiers!
5 Conduis-moi dans ta vérité et instruis-moi,
car tu es le Dieu de mon salut:
je m'attends à toi chaque jour.
6 Eternel, souviens-toi de ta compassion et de ta bonté,
car elles sont éternelles!
7 Ne te souviens pas des fautes de ma jeunesse, de mes péchés!
Souviens-toi de moi en fonction de ton amour,
à cause de ta bonté, Eternel!
8 L'Eternel est bon et droit,
c'est pourquoi il montre aux pécheurs la voie à suivre.
9 Il conduit les humbles dans la justice,
il leur enseigne sa voie.
10 Tous les sentiers de l'Eternel sont bonté et fidélité
pour ceux qui gardent son alliance
et ses commandements.
11 C'est à cause de ton nom, Eternel,
que tu pardonneras ma faute, car elle est grande.
12 Quel est l'homme qui craint l'Eternel?
L'Eternel lui montre la voie qu'il doit choisir.
13 Son âme reposera dans le bonheur,
et sa descendance héritera le pays.
14 L'Eternel confie ses secrets à ceux qui le craignent,
il leur fait connaître son alliance.
15 Je tourne constamment les yeux vers l'Eternel,

24.1 *C'est à l'Eternel... contient*: même idée au Psaume 50.12; cité en 1Corinthiens 10.26 comme argument pour inviter les chrétiens à tout considérer comme pur.

car il dégagera mes pieds du piège.
16 Regarde-moi, aie pitié de moi,
car je suis abandonné et malheu-
reux!
17 Les angoisses de mon cœur aug-
mentent:
délivre-moi de ma détresse!
18 Vois ma misère et ma peine,
et pardonne tous mes péchés!
19 Vois combien mes ennemis sont
nombreux
et de quelle haine violente ils me
poursuivent!
20 Garde mon âme et sauve-moi!
Que je ne sois pas couvert de honte,
car je cherche refuge auprès de toi.
21 Que l'intégrité et la droiture me
protègent,
car je mets mon espérance en toi.
22 O Dieu, délivre Israël
de toutes ses détresses!

Prière de l'homme intègre

26 *De David.*
Rends-moi justice, Eternel, car je
marche dans l'intégrité!
Je me confie en l'Eternel: je ne fai-
blis pas.
2 Examine-moi, Eternel, mets-moi
à l'épreuve,
purifie au creuset mes reins et mon
cœur,
3 car ta grâce est devant mes yeux,
et je marche dans ta vérité.
4 Je ne m'assieds pas avec les hom-
mes faux,
je ne vais pas avec les hypocrites.
5 Je déteste l'assemblée de ceux qui
font le mal,
je ne m'assieds pas avec les méchants.
6 Je lave mes mains en signe d'in-
nocence,
et je fais le tour de ton autel, Eternel,
7 pour exprimer ma reconnaissance
et raconter toutes tes merveilles.
8 Eternel, j'aime la maison où tu ré-
sides,
le lieu où ta gloire habite.
9 N'entraîne pas mon âme dans la
ruine des pécheurs,
ni ma vie dans celle des hommes
sanguinaires.
10 Leurs mains sont souillées de cri-
mes,
leur main droite est pleine de pots-
de-vin,
11 mais moi, je marche dans l'inté-
grité.
Délivre-moi et aie pitié de moi!
12 Mon pied tient ferme dans la
droiture;
je bénirai l'Eternel dans les assem-
blées.

Le triomphe de la foi

27 *De David.*
L'Eternel est ma lumière et mon
salut:
de qui aurais-je peur?
L'Eternel est le soutien de ma vie:
qui devrais-je redouter?
2 Quand des méchants s'avancent
contre moi
pour faire de moi leur proie,
ce sont eux, mes persécuteurs et
mes ennemis,
qui trébuchent et tombent.
3 Si une armée prend position
contre moi,
mon cœur n'éprouve aucune crainte.
Si une guerre s'élève contre moi,
je reste malgré cela plein de con-
fiance.
4 Je demande à l'Eternel une chose,
que je désire ardemment:
je voudrais habiter toute ma vie
dans la maison de l'Eternel,
pour contempler la beauté de
l'Eternel
et pour admirer son temple,
5 car il me protégera dans son ta-
bernacle, le jour du malheur,
il me cachera sous l'abri de sa tente,
il m'élèvera sur un rocher.
6 Déjà ma tête se dresse au-dessus
des ennemis qui m'entourent.

J'offrirai des sacrifices dans sa tente avec des cris de joie,
je chanterai, je célébrerai l'Eternel.
7 Eternel, écoute ma voix, car je fais appel à toi,
aie pitié de moi et exauce-moi!
8 Mon cœur dit de ta part:
«Recherchez-moi!»
Je te recherche, Eternel!
9 Ne me cache pas ton visage,
ne repousse pas avec colère ton serviteur!
Tu es mon secours: ne me laisse pas,
ne m'abandonne pas,
Dieu de mon salut!
10 Même si mon père et ma mère viennent à m'abandonner,
l'Eternel m'accueillera.
11 Eternel, enseigne-moi ta voie,
conduis-moi dans le sentier de la droiture,
à cause de mes ennemis.
12 Ne me livre pas à la merci de mes adversaires,
car de faux témoins s'attaquent à moi,
des hommes qui ne respirent que la violence.
13 Oh! si je n'étais pas sûr de voir la bonté de l'Eternel
au pays des vivants…
14 Espère en l'Eternel!
Fortifie-toi et que ton cœur s'affermisse!
Espère en l'Eternel!

Certitude de l'exaucement

28 *De David.*

Eternel, c'est à toi que je crie.
Mon rocher, ne reste pas sourd à ma voix!
Si tu t'éloignes sans me répondre,
je deviendrai pareil à ceux qui descendent dans la tombe.
2 Ecoute mes supplications quand je crie à toi,
quand je lève mes mains vers ton sanctuaire.
3 Ne m'entraîne pas dans la ruine des méchants et des hommes injustes!
Ils parlent de paix à leur prochain,
et ils ont la méchanceté dans le cœur:
4 traite-les conformément à leurs actes et à la méchanceté de leurs agissements,
donne-leur ce que vaut l'œuvre de leurs mains,
paie-leur le salaire qu'ils méritent,
5 car ils ne font pas attention aux actes de l'Eternel,
à l'œuvre de ses mains.
Qu'il les abatte et ne les relève pas!
6 Béni soit l'Eternel,
car il a entendu mes supplications!
7 L'Eternel est ma force et mon bouclier.
C'est en lui que mon cœur se confie,
et je suis secouru.
Mon cœur est dans la joie,
et je le loue par mes chants.
8 L'Eternel est la force de son peuple,
il est une forteresse pour sauver celui qu'il a désigné par onction.
9 Sauve ton peuple et bénis ton héritage!
Sois leur berger et leur soutien pour toujours!

La toute-puissance de Dieu

29 *Psaume de David.*

Fils de Dieu, rendez à l'Eternel,
rendez à l'Eternel gloire et honneur!
2 Rendez à l'Eternel la gloire due à son nom,
prosternez-vous devant l'Eternel avec des ornements sacrés!
3 La voix de l'Eternel retentit sur l'eau,
le Dieu de gloire fait gronder le tonnerre;
l'Eternel domine les grandes eaux.
4 La voix de l'Eternel est puissante,
la voix de l'Eternel est majestueuse.

5 La voix de l'Eternel brise les cè-
dres,
l'Eternel brise les cèdres du Liban.
6 Il fait bondir le Liban comme un
veau,
et le Sirion comme un jeune buffle.
7 La voix de l'Eternel fait jaillir des
éclairs.
8 La voix de l'Eternel fait trembler
le désert,
l'Eternel fait trembler le désert de
Kadès.
9 La voix de l'Eternel fait mettre bas
les biches,
elle dénude les forêts.
Dans son palais, tout s'écrie: «Gloi-
re!»
10 L'Eternel était sur son trône lors
du déluge,
l'Eternel règne éternellement sur
son trône.
11 L'Eternel donne de la force à son
peuple,
l'Eternel bénit son peuple en lui
procurant la paix.

Louange après la délivrance

30 *Psaume, chant pour la dédicace de la maison. De David.*

2 Je proclame ta grandeur, Eternel,
car tu m'as relevé,
tu n'as pas voulu que mes ennemis
se réjouissent à mon sujet.
3 Eternel, mon Dieu, j'ai crié à toi, et
tu m'as guéri.
4 Eternel, tu as fait remonter mon
âme du séjour des morts,
tu m'as fait revivre loin de ceux qui
descendent dans la tombe.
5 Chantez en l'honneur de l'Eternel,
vous qui l'aimez,
célébrez par vos louanges sa sain-
teté,
6 car sa colère dure un instant,
mais sa grâce toute la vie:
le soir arrivent les pleurs,
et le matin l'allégresse.
7 Je disais dans ma tranquillité:
«Je ne serai jamais ébranlé!»
8 Eternel, par ta grâce tu avais affer-
mi ma montagne.
Tu t'es caché, et j'ai été épouvanté.
9 Eternel, j'ai crié à toi,
j'ai imploré l'Eternel:
10 «Que gagnes-tu à verser mon
sang,
à me faire descendre dans la tombe?
La poussière te célèbre-t-elle?
Raconte-t-elle ta fidélité?
11 Ecoute, Eternel, aie pitié de moi!
Eternel, secours-moi!»
12 Et tu as changé mes lamentations
en allégresse,
tu m'as retiré mes habits de deuil
pour me donner un habit de fête.
13 Ainsi mon cœur chante tes louan-
ges et ne reste pas muet.
Eternel, mon Dieu, je te louerai tou-
jours.

Prière confiante dans l'épreuve

31 *Au chef de chœur. Psaume de David.*

2 Eternel, je cherche refuge en toi:
que jamais je ne sois déçu!
Délivre-moi dans ta justice,
3 tends ton oreille vers moi, viens
vite à mon secours!
Sois pour moi un rocher protecteur,
une forteresse
où je trouve le salut!
4 Oui, tu es mon rocher, ma forte-
resse;
à cause de ton nom tu me condui-
ras, tu me dirigeras.
5 Tu me feras sortir du piège qu'ils
m'ont tendu,
car tu es mon protecteur.
6 *Je remets mon esprit entre tes
mains[n]:

31.6 *Je remets… mains*: cité par Jésus sur la croix (Luc 23.46) et repris d'une certaine manière par Etienne (Actes 7.59).

tu me délivres, Eternel, Dieu de
vérité!
7 Je déteste ceux qui s'attachent à
des idoles sans consistance;
moi, c'est en l'Eternel que je me
confie.
8 Je serai par ta grâce dans l'allé-
gresse et dans la joie,
car tu vois ma misère, tu connais
les angoisses de mon âme.
9 Tu ne m'as pas livré aux mains de
l'ennemi,
tu as mis mes pieds au large.
10 Aie pitié de moi, Eternel, car je
suis dans la détresse;
j'ai les yeux, l'âme et le corps rongés
par le chagrin.
11 Ma vie s'épuise dans la douleur,
et mes années dans les soupirs;
ma force faiblit à cause de ma faute,
et mes os dépérissent.
12 Tous mes adversaires ont fait de
moi un objet de honte,
de grande honte pour mes voisins,
et je fais peur à mes amis;
ceux qui me voient dans la rue s'en-
fuient loin de moi.
13 Je suis oublié, effacé des mémoi-
res, comme un mort,
je suis comme un objet qui a disparu.
14 J'apprends les mauvais propos de
plusieurs,
je suis assailli de terreur
quand ils se concertent contre moi
et complotent de m'enlever la vie.
15 Mais moi, je me confie en toi,
Eternel!
Je dis: «Tu es mon Dieu!»
16 Mes destinées sont dans ta main:
délivre-moi de mes ennemis et de
mes persécuteurs!
17 Fais briller ton visage sur ton ser-
viteur,
sauve-moi par ta grâce!
18 Eternel, que je ne sois pas déçu
quand je fais appel à toi!
Que les méchants le soient, eux,
qu'ils soient réduits au silence dans
le séjour des morts!
19 Qu'elles deviennent muettes, les
lèvres menteuses
qui parlent avec insolence contre
le juste,
avec arrogance et dédain!
20 Oh! combien ta bonté est grande!
Tu la tiens en réserve pour ceux qui
te craignent,
tu la témoignes à ceux qui cher-
chent refuge en toi
face aux hommes.
21 Tu les caches dans l'abri de ta pré-
sence contre ceux qui les persécu-
tent,
tu les protèges dans ta tente contre
les langues hostiles.
22 Béni soit l'Eternel,
car il a démontré sa grâce envers
moi,
comme si j'avais été dans une vil-
le fortifiée.
23 Je disais dans mon trouble:
«Je suis chassé loin de ton regard»,
mais tu as entendu mes supplica-
tions
quand j'ai crié vers toi.
24 Aimez l'Eternel, vous, tous ses fi-
dèles!
L'Eternel garde les croyants,
mais il punit sévèrement les or-
gueilleux.
25 Fortifiez-vous et que votre cœur
s'affermisse,
vous tous qui espérez en l'Eternel!

Le bonheur du pécheur pardonné

32 *De David, cantique.*
*Heureux celui dont la transgres-
sion est enlevée
et dont le péché est pardonné!
2 Heureux l'homme à qui l'Eternel
ne tient pas compte de sa faute[n]

32.1-2 *Heureux… sa faute*: cité en Romains 4.7-8 dans l'argumentation de Paul en faveur de la justification sans les œuvres.

et dont l'esprit ne connaît pas la
ruse!
3 Tant que je me taisais, mon corps
dépérissait;
je gémissais toute la journée,
4 car nuit et jour ta main pesait
lourdement sur moi.
Ma vigueur avait fait place à la sé-
cheresse de l'été. *– Pause.*

5 Je t'ai fait connaître mon péché, je
n'ai pas caché ma faute.
J'ai dit: «J'avouerai mes transgres-
sions à l'Eternel»,
et tu as pardonné mon péché.
– Pause.

6 C'est ainsi que tout fidèle peut te
prier au moment convenable.
Si de grandes eaux débordent, elles
ne l'atteindront pas.
7 Tu es un abri pour moi, tu me pré-
serves de la détresse,
tu m'entoures de chants de déli-
vrance. *– Pause.*

8 Je t'instruirai et te montrerai la
voie que tu dois suivre;
je te conseillerai, j'aurai le regard
sur toi.
9 Ne soyez pas comme un cheval
ou un mulet sans intelligence:
on les freine avec un mors et une
bride, dont on les orne,
afin qu'ils ne te bousculent pas.
10 Beaucoup de douleurs sont le lot
du méchant,
mais celui qui se confie en l'Eternel
est environné de sa grâce.
11 Justes, réjouissez-vous en l'Eter-
nel et soyez dans l'allégresse!
Poussez des cris de joie, vous tous
qui avez le cœur droit!

La joie de ceux qui se confient en Dieu

33 Justes, réjouissez-vous en
l'Eternel!
La louange convient aux hommes
droits.
2 Célébrez l'Eternel avec la harpe,
louez-le sur le luth à dix cordes!
3 Chantez-lui un cantique nouveau,
faites retentir vos instruments et
vos voix,
4 car la parole de l'Eternel est droite
et toute son œuvre s'accomplit avec
fidélité!
5 Il aime la justice et le droit;
la bonté de l'Eternel remplit la terre.
6 Le ciel a été fait par la parole de
l'Eternel,
et toute son armée par le souffle de
sa bouche.
7 Il amoncelle les eaux de la mer,
il garde les océans dans des réser-
voirs.
8 Que toute la terre craigne l'Eternel,
que tous les habitants du monde
tremblent devant lui,
9 car il parle, et la chose arrive,
il ordonne, et elle existe.
10 L'Eternel renverse les plans des
nations,
il anéantit les projets des peuples,
11 mais les plans de l'Eternel subsis-
tent éternellement,
et les projets de son cœur de géné-
ration en génération.
12 Heureuse la nation dont l'Eternel
est le Dieu,
heureux le peuple qu'il choisit com-
me son héritage!
13 L'Eternel regarde du haut du ciel,
il voit tous les hommes.
14 Du lieu où il habite, il observe
tous les habitants de la terre.
15 Lui qui a façonné leur cœur à tous,
il est attentif à toutes leurs actions.
16 Ce n'est pas une grande armée
qui sauve le roi,
ce n'est pas sa grande force qui dé-
livre le guerrier.
17 Le cheval est impuissant pour as-
surer le salut,
et toute sa vigueur est incapable de
procurer la délivrance,
18 mais le regard de l'Eternel est sur
ceux qui le craignent,

Athlétisme (400m haies)

RACHEL PELLAUD

"Je savais que la vie avec Jésus ne serait pas parfaite ou moins dure : j'ai perdu mon père, je suis atteinte d'endométriose, mais avec Lui à mes côtés, je n'ai rien à craindre."

Elle n'a que 3 semaines lorsque ses futurs parents l'aperçoivent pour la première fois dans un orphelinat à l'Ile Maurice. Ils l'adoptent officiellement 2 ans après. « *Pour moi, cela n'avait aucune importance : c'était mes parents et je les aimais si fort !* » Vers 6 ans, son papa décède malheureusement du diabète alors que la famille a quitté l'île paradisiaque pour la Suisse afin qu'il se fasse soigner. « *Souvent loin de la maison à cause de sa santé, il m'avait déjà un peu habitué à son absence, mais c'est en grandissant que j'ai clairement ressenti ce manque.* » Pas facile pour une petite fille de grandir sans son papa !

Vers 12 ans, c'est sa maman qui tombe gravement malade à son tour. C'est le moment où Rachel prend une première décision importante : celle de persévérer en allant à l'église seule tous les dimanches. Ces moments la rapprochent de Dieu et la remplissent de paix alors que son caractère rebelle cherche à s'exprimer de plus en plus. « *A 17-18 ans, je décide de me faire baptiser. Peu de temps après, d'énormes douleurs au bas du ventre font leur apparition. C'est aussi le moment où je commence à performer sur 400m au niveau national.* » Elle apprend des années plus tard qu'elle est atteinte d'endométriose. À cause de cette maladie qui touche 1 femme sur 10 dans le monde, elle rate énormément d'entraînements mais continue de combattre la douleur avec l'aide de Dieu. Il guide la course de sa vie durant toutes ces années difficiles et l'amène à être une athlète professionnelle participant aux championnats internationaux et aux Jeux Olympiques de Tokyo en 2021. « *Je savais que la vie avec Jésus ne serait pas moins dure, mais avec Lui à mes côtés, je n'ai rien à craindre. Comme le dit Esaïe 41.10 : 'N'aie pas peur car je suis avec toi !' Je pense souvent à mon papa et je me dis qu'il doit être heureux auprès de Dieu. J'espère au fond de mon cœur qu'il est fier de moi.* »

PALMARÈS

3 fois vice-championne de Suisse sur 400 m (2018, 2019 & 2020) / Vice-championne de Suisse 2023 en salle sur 800 m / Détentrice du record de Suisse du relais 4 x 400 m féminin

Hockey sur glace
HC Lugano

SANDRINE RAY

"À 8 ans, j'ai rêvé que je participais aux Jeux Olympiques, Dieu a rendu l'impossible possible, mais j'ai surtout rencontré Jésus !"

Sandrine Ray est quasiment née les patins aux pieds. Dès 4 ans, elle se passionne pour le hockey sur glace dans son pays natal, la Suisse. « *Une nuit, vers 8 ans, j'ai rêvé que je participais aux Jeux Olympiques... En 1991, le hockey-sur-glace féminin n'était même pas une discipline olympique ! Mon rêve semblait si réel que j'y ai cru de tout mon cœur.* » Ce rêve devient vite sa priorité n°1, son but ultime. Prête à tout donner pour y arriver, elle empile les sélections : équipe Suisse Junior à 15 ans, équipe Suisse Senior à 16 ans, elle est retenue pour jouer les Championnats du Monde 1999 en Finlande. Un an plus tard, elle a l'opportunité de concrétiser son rêve inaccessible : un seul match à gagner et les Suissesses seront qualifiées pour les Jeux Olympiques de Salt Lake City de 2002. « *Le moment dont j'avais rêvé était enfin arrivé après tant de travail et de sacrifices. Ma vie personnelle n'était pas au mieux, avec beaucoup de stress lié au travail et à mon père qui était très malade. Gagner ce match était plutôt devenu une réponse à tous mes soucis plus que l'accomplissement de mon rêve !* » Tous ses espoirs s'effondrent en un instant. La Suisse s'incline face au Japon, une équipe pourtant plus faible sur le papier et rate sa qualification. « *Je suis sortie complètement détruite de la patinoire. Dans ma tête, j'avais raté ma vie... Puis, je me suis rappelé d'un Nouveau Testament pour sportifs que j'avais lu quelques temps auparavant. Je m'étais posé quelques questions sur Jésus et ce qu'Il pouvait faire pour moi, mais j'avais choisi de tout miser seule sur les JO !* » Le soir de son plus grand échec, elle lève la tête au ciel et crie : « *Jésus, prends ma vie et fais ce que tu veux avec !* » Une paix incroyable l'envahit tout à coup et elle perçoit une petite voix bien réelle : « *Non, tu n'as pas tout perdu, car Je t'aime encore.* » Réaliser que Dieu l'aime malgré sa vie supposée de perdante transforme complètement sa vie. Ce jour là, elle accepte Jésus et comprend que son amour ne la quittera jamais, qu'elle réussisse ou non. « *Comme dans Romains 8.38-39, j'avais l'absolue certitude, que rien ne pourra jamais me séparer de l'amour que Dieu nous a manifesté en Jésus-Christ.* » Ses priorités changent. Le hockey sur glace reste une passion, mais ce n'est plus le centre de sa vie. Quatre ans plus tard, une nouvelle occasion de qualification se présente : les JO de Turin. 19 après ses débuts, le rêve de Sandrine devient réalité ! « *Représenter mon pays lors de la Cérémonie d'ouverture a été pour moi un énorme cadeau de Dieu. Il a rendu l'impossible possible. Mais aujourd'hui, je peux affirmer qu'avoir participé aux Jeux n'a rien de comparable à la joie que Dieu nous donne lorsque nous Le suivons ! Croire en Lui et Lui laisser le contrôle de ma vie est bien plus grand qu'une participation aux Jeux Olympiques.* » Depuis Sandrine est devenue aumônière officielle aux Jeux Paralympiques de Rio en 2016.

PALMARÈS

Championne de Suisse 2005-2006 avec le HC Lugano.

Basket-ball

MALICK DAHO

"La célébrité et l'argent facile m'ont conduit dans une vie déréglée, c'était la rançon de la gloire."

Aujourd'hui consultant TV pour Canal+ Afrique pour les matchs de NBA, Malick est un homme aux multiples casquettes (entraîneur, consultant, journaliste...) qui a arpenté les terrains de basket d'Afrique, de France et Navarre. Né en Côte d'Ivoire dans une famille musulmane il a été élevé dans l'Islam dès sa tendre enfance, en participant pendant ses vacances d'été à une école coranique. *« Il fallait que je grandisse selon les préceptes de l'Islam où chaque croyant devait faire ses efforts pour mériter le paradis, Inch'Allah, sans certitude. Le Coran était le livre de référence en matière de religion, le seul livre digne de foi. »* Au collège, il découvre le basket-ball et un vrai sentiment de liberté vis-à-vis de ce qu'il vit dans sa famille. Son père ne cesse de consulter des marabouts en quête du bonheur. Il sacrifie régulièrement des animaux à Allah et avale des mixtures bizarres. Malgré cela, la famille de Malick s'appauvrit de plus en plus : *« Petit à petit, il a basculé dans l'occultisme et la sorcellerie. Les sacrifices sont devenus humains. Tous les deux ans, il y avait un décès dans ma famille. En dix ans j'ai perdu quatre frères et sœurs ainsi que ma mère. Vu que l'Islam n'interdisait pas d'autres pactes avec d'autres divinités mon père était devenu à notre insu, un sorcier. Mon père faisait quelques bonnes actions, pour qu'Allah oublie toutes les mauvaises ! »*

Peu après ses 18 ans, Malick devient la star du basket ivoirien des années 80-90 et prend le capitanat de son équipe nationale : *« La célébrité et l'argent facile m'ont conduit dans une vie déréglée. J'errais dans les boîtes de nuit d'Abidjan, l'âme en peine, en buvant de l'alcool et en draguant toutes les filles que je croisais. J'avais créé mon propre concept de l'Islam. J'étais un musulman moderne. En vérité, j'étais perdu et malheureux. »* Malick décide d'étudier le Coran afin d'y trouver des réponses. Il y fait une découverte étonnante : *« Plus je le lisais, plus je connaissais Issa, Jésus. Une sourate disait que Jésus serait l'instrument de la résurrection et que ceux qui Le suivraient vivraient éternellement (Sourate 3.55). Dieu avait commencé à travailler mon cœur. »* À la même période, il rencontre une jeune femme dont la mère est une chrétienne engagée. *« Ses prières étaient remplies de foi. Ce n'était pas un devoir pour elle de prier, mais une joie de le faire. Lorsqu'elle a su que j'étais musulman, en couple avec sa fille, elle a même prié pour moi ! »*

PALMARÈS

Vainqueur de la coupe " clubs champions d'Afrique", en 1989 avec l'ASEC d'Abidjan

Champion de Côte d'Ivoire en 1997 en tant qu'entraineur de l'ASEC d'Abidjan

Côté basket, un jeune chrétien du Libéria signe dans son club et lui offre sa première Bible. *« Plus je la lisais, plus j'avais envie de lire. Je revivais. Ce jour est arrivé où j'ai reconnu que seul Jésus pouvait me pardonner mes péchés et me donner la vraie liberté que je recherchais depuis tant d'années. »* Cette décision amène son père à le renier, mais Malick continue à le soutenir financièrement pour ses vieux jours. Quelques années après, c'est au tour de son père de demander le pardon de ses péchés et de recevoir Jésus comme Sauveur.

Football
Entraîneur adjoint OL

CLAUDIO CAÇAPA

"Beaucoup de Brésiliens se disent croyants mais peu ont une relation personnelle avec Jésus ! J'ai réalisé que j'avais besoin de Lui !"

Arrivé à Lyon en 2000, Claudio Caçapa devient vite l'un des artisans majeurs des six titres consécutifs de Champions de France de l'OL. Le défenseur intraitable, ex-capitaine du club poursuit ensuite sa carrière dans un anonymat relatif, avant de revenir en 2016, cette fois en tant qu'entraîneur adjoint en charge de la défense. L'homme, discret, fait peu de vagues et peu nombreux sont ceux qui connaissent ses débuts : *« En tant que footballeur au Brésil dans les années 90, j'avais tout : les titres, l'argent, une belle voiture, les filles... Je me prenais pour quelqu'un d'important, mais je ne me sentais pas heureux. »* En 1997, un Claudio en croise un autre, Taffarel celui-ci. L'ex-gardien de la Seleçao brésilienne, l'invite à une soirée de prière évangélique à Belo Horizonte. « *Je me sentais tellement bien dans l'église que j'aurais pu y rester des heures ! Beaucoup de Brésiliens se disent croyants mais peu ont une relation personnelle avec Jésus ! J'ai réalisé que j'avais besoin de ça !* » Sur un petit nuage, Claudio est vite rattrapé par son quotidien, qui le fait retomber dans ses travers. « *Je me sentais si faible. À genoux, j'ai crié à Dieu : je n'arrive pas à te suivre ! Aide-moi !* » La réponse de Dieu est étonnante. Dès son arrivée en France, en 2000, il rencontre son compère de défense centrale Edmilson, chrétien engagé. Ensemble, ils vont à l'église, et ce qu'il y entend l'incite à un changement de vie radical. Il ne veut plus retomber dans sa vie d'avant. « *Jésus a changé ma vie. Mais il a encore beaucoup à faire ! Je sais qu'Il est le seul qui peut me rendre heureux* » Malgré son aisance financière, il sait désormais où placer sa confiance : « *Mon cœur ne réside pas dans l'argent. Bien sûr, c'est plus difficile de croire quand on a rien. Mais moi, c'est sans la Bible que je n'ai rien...* » Claudio aime particulièrement ce verset dans Jean 8.32 : « *La vérité vous rendra libre.* » « *Dans le monde du football professionnel, les tentations sont quotidiennes. Je connais mes faiblesses et je m'appuie sur Dieu pour avoir la sagesse et le discernement : j'évite certains endroits, je préfère rester à la maison avec ma famille.* » C'est d'ailleurs au sein de son foyer, qu'il connaît sa plus dure épreuve. Pendant 3 ans, le couple Caçapa n'arrive pas à avoir d'enfant et le verdict des médecins est catégorique ! D'abord révolté, Claudio apprend à louer Dieu même dans l'adversité. « *Cela m'a rappelé tout ce que Jésus a enduré pour nous. Il a été tenté sans jamais pécher, Il a souffert la Croix pour moi.* » *Dans sa grâce, Dieu leur accorde un enfant unique, Mattheus,* « *un vrai cadeau divin* » qui fait aujourd'hui le bonheur de ses parents.

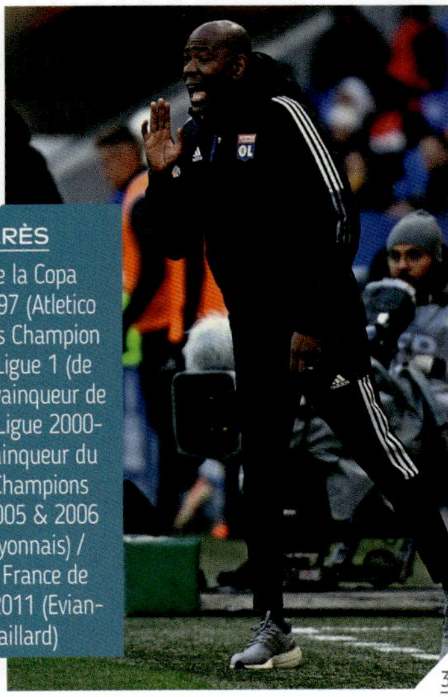

PALMARÈS

Vainqueur de la Copa CONMEBOL 1997 (Atletico Mineiro) / 6 fois Champion de France de Ligue 1 (de 2002 à 2007), vainqueur de la Coupe de la Ligue 2000-2001, 4 fois vainqueur du Trophée des Champions 2002, 2004, 2005 & 2006 (Olympique Lyonnais) / Champion de France de Ligue 2 2010-2011 (Evian-Thonon-Gaillard)

Taekwondo
Entraîneur national pour l'Angleterre

TORANN MAIZEROI

"J'ai dit à Jésus que j'avais besoin de lui pour combler le vide en moi."

À l'adolescence, Torann, un garçon hyperactif et débordant d'énergie, quitte sa famille et la région parisienne pour le centre de formation de taekwondo, dans le Sud de la France. Il raconte ce déchirement : *« Comme j'ai grandi dans une famille catholique, avec la séparation familiale j'ai senti le besoin de prier tous les soirs ; c'était mon engagement envers Jésus pour qu'il m'aide à bien vivre les entraînements difficiles et la solitude ! Ma vie de sportif de haut niveau était rythmée par des voyages dans le monde entier pour représenter la France, et cela me donnait une pression énorme, mais j'essayais de la gérer en sortant très souvent le soir, en fréquentant beaucoup de filles et en buvant parfois de l'alcool pour oublier. Les blessures sont arrivées, et les non-sélections aussi. La pression augmentait, ce qui entraînait une perte de confiance en moi. En 2015, au lendemain d'une médaille internationale, j'ai ressenti une sensation étrange en moi, une émotion négative qui contrastait avec mes habitudes un soir de bonne performance, où je suis souriant et satisfait. Ce soir-là, cela a été un vide complet en moi, qui m'empêchait de sourire et de dormir ! Mes pensées devenaient de plus en plus noires : 'Torann, arrête ton sport, tu as trop de pression, ta famille et tes amis ne t'aiment que parce que tu es un champion, la pression est trop forte sur toi, arrête ta vie, arrête tout.' Je luttais avec ces pensées en me disant : 'Non, j'aime ce sport, j'aime cette vie, j'aime cette persévérance face aux différentes épreuves', mais les pensées s'intensifiaient. Moi qui aimais ma vie, à ce moment-là, soudainement, je ne l'aimais plus. J'ai alors prié dans ma chambre d'hôtel en demandant à Jésus de m'aider, de me guider, d'enlever ces pensées de mensonge sur ma raison d'être, ces pensées qui n'ont rien de moi ni de Dieu ! Je lui ai dit que j'avais besoin de lui pour combler ce vide et avoir un but dans la vie. Les jours suivants, alors que je combattais, ce vide était complètement rempli, c'était impressionnant ! Les compétitions suivantes, j'ai combattu sans ressentir de pression ni de gêne dans tous les tournois qui ont suivi. Au retour en France, j'ai décidé de retourner à l'église, de me faire baptiser et de vivre cette relation de manière plus intense. Je suis heureux de vivre avec Jésus, de lui parler, de m'entretenir avec lui. J'ai compris qu'en aimant Jésus, mon comportement changeait car ma manière de penser changeait ! La Bible ne parle pas de religion mais d'une relation avec Dieu ! Jésus me guide, et je veux être un de ces sportifs qui prônent ses valeurs d'amour et de respect ! »*

PALMARÈS

Vice-champion d'Europe 2014
Champion du monde universitaire 2012
Champion de France (2007, 2009,
2011, 2014)

Football
ex OL, Chicago

MORGAN BRIAN

"Lors de la Coupe du Monde, mon cœur était vide !"

En 2015, Morgan Brian devient, à 22 ans, la plus jeune joueuse de l'effectif des USA à devenir championne du Monde. Au-delà du titre, cette année a été décisive dans sa vie personnelle : *« Lors de cette Coupe du Monde, mon cœur était vide ! Mes co-équipières m'ont beaucoup encouragé par leur exemple. On se réunissait, on priait et on partageait avec l'aumônier. D'un seul coup, tout a pris sens. »* Aujourd'hui, elle ne sait même pas comment elle pourrait vivre sans Jésus. Elle s'appuie sur Lui et lit sa Bible avant chaque match, pour se concentrer. *« Qu'importe le match, qu'importent tes performances sportives, ce n'est pas l'exploit qui définit ta valeur ! On connaît tous des hauts et des bas dans notre carrière mais l'amour de Jésus-Christ, lui, reste constant. Je m'efforce donc de garder les yeux fixés sur Lui. »* C'est notamment grâce à la solidité de sa foi qu'elle a réussi à gérer sa très difficile période lyonnaise (janvier à juin 2018) : *« Parfois, on ne comprend pas pourquoi les choses arrivent mais Dieu a toujours une bonne raison de nous les faire vivre. J'ai grandi dans la foi en m'appuyant sur Romains 8.28 : Nous savons d'autre part que tout concourt au bien de ceux qui aiment Dieu, qui sont appelés selon son dessein. »* Cette période a même été fondatrice pour son jeune couple. Et la double championne du monde de conclure : *« C'est bien Dieu qui menait le jeu ! »*

PALMARÈS

2 fois vainqueur de la Coupe du Monde 2015 & 2019, Vainqueur de la Coupe du Monde U20 2012 (Equipe Nationale des Etats-Unis)

Football
ex Portsmouth

AMINE LINGANZI

Le rêve d'Amine prend forme à 15 ans, lorsqu'il intègre le centre de formation de l'AS Cannes *« où son idole Zidane a brillé à ses débuts ! »* Passé par l'équipe pro de St Etienne, il part à 20 ans aux Blackburn Rovers. Cette réussite professionnelle marque le début de sa descente aux enfers personnelle. Un jour, Amine découvre dans le Nouveau Testament offert par son grand frère, le sens du mot Emmanuel *« Dieu avec nous. »* Peu de temps après, lors d'un stage de pré-saison à l'étranger, il s'arrête, hésitant, devant un établissement appelé *« Emmanuel »* bien différent de celui de la Bible. Influencé par un coéquipier, il n'écoute pas la petite voix intérieure qui lui souffle de ne pas y entrer : *« Dans cette maison close, j'ai été happé par une vie qui m'a mené d'infidélité en infidélité… »* Les blessures s'enchaînent et l'amènent en 4ème division. L'échec est dur à encaisser : conduite en état d'ivresse, drogues, adultère, addiction à la pornographie, aux jeux vidéos sont son pain quotidien. Le déclic a lieu lorsqu'il réalise son égoïsme profond en lisant le Psaume 51 du Roi David. *« Chaque jour, je me repentais en pleurant, demandant aussi pardon à mon épouse. Je n'arrivais plus à jouer ni m'entraîner. »* En 2015, il rentre à Saint-Etienne. Le pasteur de la première église qu'il visite s'appelle… Emmanuel ! *« J'ai su que j'étais au bon endroit, au bon moment. Je cherchais un refuge et je l'ai trouvé… »* Depuis, Amine a connu un beau succès avec Portsmouth et malgré les galères, il sait avec certitude qu'Emmanuel, l'autre prénom de Jésus, est avec lui jusqu'à la fin des temps.

PALMARÈS

Champion de League Two (D4 anglaise) 2016-2017 (Portsmouth FC)

VOIR LA VIDÉO →

Basket-ball
Golden State Warriors, NBA

STEPHEN CURRY

Stephen Curry, superstar de la NBA a grandi en allant à l'église. Ses parents ont toujours considéré la foi chrétienne comme fondamentale et se sont assurés d'inculquer les mêmes valeurs à leurs enfants. *« Mes parents ont lu beaucoup d'histoires bibliques avec moi. C'est comme ça que j'ai appris ma foi et que la Bible est toujours mon livre préféré. »* Chaque mercredi, il assiste au service des jeunes à l'église, puis le dimanche, toute sa famille va au culte. Pourtant, jusqu'à son adolescence, Stephen considère davantage le christianisme comme la foi de ses parents. *« Je n'avais pas vraiment compris que c'était une décision que je devais prendre pour moi-même. Je suivais un peu le courant. »* Jusqu'à ce qu'il soit en 4e, Stephen n'avait pas de relation personnelle avec Dieu : *« Je m'en souviens comme si c'était hier, le jour où j'ai donné ma vie à Christ. J'étais au lycée et je me souviens d'avoir entendu et compris l'Évangile de Jésus-Christ et d'avoir marché dans l'allée pour lui donner ma vie. C'est devenu le début de mon propre voyage personnel. »* Personnelle, justement, comme sa relation avec Dieu, qui s'exprime bien plus fort qu'une tradition ou qu'une simple pratique religieuse : *« Il y a tellement de choses que nous devons surmonter dans cette vie mais Jésus a payé le prix ultime pour nous. Donc, je suis fier d'être un enfant de Dieu ! »*

S'il considère que c'est Dieu qui lui a donné des talents pour jouer au basket, il sait qu'il doit encore travailler dur pour s'améliorer chaque jour. *« Je sais que dans le grand schéma des choses, ce n'est qu'un jeu qui peut m'être enlevé à tout moment. Mais j'aime que le basket-ball me donne l'occasion de faire de bonnes choses pour les gens et de les orienter vers Jésus qui est mort pour nos péchés sur la croix. Je sais que j'ai une place au paradis qui m'attend grâce à lui, et c'est quelque chose qu'aucun prix ou trophée terrestre ne pourrait jamais surpasser. Il y a plus pour moi que ce maillot que je porte, et c'est le Christ qui vit en moi. »*

PALMARÈS

4 fois Champion NBA 2015, 2017, 2018 & 2022, 2 fois MVP de la saison 2015 & 2016, MVP de la finale NBA 2022 (Golden State Warriors) / 2 fois Champion du Monde 2010 & 2014 (Equipe Nationale des Etats-Unis)

Rugby
Racing 92

JOE ROKOCOKO

“Mon succès vient de Dieu, ce qui m’a appris à être humble et plus reconnaissant envers Lui.”

Élu meilleur joueur du Monde en 2003 avec les All Blacks, Joe Rokocoko est un parfait inconnu deux ans plus tôt. « *J’ai seulement commencé à être sélectionné dans l’équipe de rugby à sept en 2002. Il y avait une culture très festive au sein de l’équipe et je me suis mis à boire beaucoup lors des troisièmes mi-temps.* » Issu d’une famille fidjienne évangélique, Joe fréquente pourtant l’église depuis son plus jeune âge. « *J’y allais sans vraiment réfléchir au sens profond de ma pratique.* » Sa carrière prend rapidement le pas sur sa vie spirituelle très fluctuante. Fin 2004, il réalise pourtant qu’il a besoin de plus. « *J’ai prié avec un jeune pasteur que je connaissais pour donner ma vie au Christ. À partir de ce moment-là, Dieu m’a aidé à grandir dans ma relation avec Lui.* » Joe a choisi de s’appuyer sur Dieu en toutes circonstances et cela a même des répercussions sur sa manière de jouer : « *L’intégrité pour moi, c’est considérer Dieu comme mon seul spectateur, tout donner aux entraînements comme aux matchs, respecter tous mes coéquipiers sans complaisance et m’efforcer d’être le meilleur que Dieu veut que je sois.* » Aujourd’hui, Joe a un autre regard sur l’église, même s’il ne peut pas y aller tous les dimanches : « *j’aime cette communion dans les chants, surtout quand je suis au Fidji.* »

PALMARÈS

Champion de France 2015-2016 (Racing 92)

Football
46 sélections avec Les Eléphants
FC Zurich (2014-2018)
Entraîneur en Suisse

GILLES YAPI YAPO

"J'ai commencé à être dépressif, on m'a proposé d'aller voir des marabouts. J'ai été escroqué de 200 000 euros !"

Formé à l'ASEC d'Abidjan, Gilles a été international avec la Côte d'Ivoire pendant 10 ans. Avec elle, il a été finaliste de la Coupe d'Afrique des nations 2006, puis a participé à la Coupe du monde 2006. En novembre 2014, il a fait le buzz sur Internet en raison du grave tacle dont il a été victime et qui l'a éloigné des terrains pendant 10 mois. Il joue actuellement au FC Zurich. *« J'ai fondé toute mon identité dans le football ; je suis devenu professionnel à 16 ans à l'ASEC, et 3 ans après, en 2001, j'ai signé en Belgique. J'ai gagné très tôt beaucoup d'argent, et j'ai connu beaucoup de filles : je ne pouvais pas passer une semaine sans avoir une nouvelle copine. Je gérais très mal mes ressources ; je voulais toujours avoir les plus beaux vêtements, les plus belles voitures, les plus belles copines. Et puis, en 2005, au FC Nantes, j'ai commencé à me blesser. J'ai perdu ma place de titulaire, je gagnais moins d'argent, j'avais moins la cote avec les filles... C'est devenu difficile à vivre pour moi ! Tout ce que m'apportait le football se retirait de moi. J'ai commencé à être dépressif, et on m'a proposé d'aller voir des marabouts, des féticheurs, pour que ma situation s'améliore. En réalité, cela allait de mal en pis ! Cette situation a duré 2 ans. J'ai été escroqué de 200'000 euros. J'étais de plus en plus dépressif, et il fallait que je gère tout ça à côté de ma carrière. J'étais isolé ; personne ne connaissait vraiment ma situation avec le monde occulte ni les allers-retours que je faisais à Paris ou en Côte d'Ivoire pour voir des marabouts. J'ai eu des pensées de suicide.*

À ce moment-là, j'ai rencontré une jeune fille chrétienne qui m'a invité à l'église. Aujourd'hui, elle est devenue mon épouse. À l'église, j'ai ressenti une paix et une joie que je n'avais jamais expérimentées avant. J'ai pris conscience que Jésus était mort pour mes péchés afin que je sois vraiment libre ! Depuis que je lui ai donné ma vie en 2008, il m'a pardonné, et il m'a délivré de ma sexualité débridée. Je n'ai plus regardé de films pornographiques, je me suis marié et je suis resté fidèle à ma femme. J'ai dû prendre position pour mener une vie saine et ne plus aller dans des soirées en compagnie d'autres filles avec certains collègues footballeurs. J'ai été transformé par l'amour de Dieu. Il a changé ma mentalité de footballeur : je ne jalouse plus les autres, je me sens coéquipier et je veux aider du mieux que je peux mon équipe. Je ne recherche plus ma gloire personnelle, mais je veux remercier Dieu pour le talent qu'il m'a donné. Il m'arrive d'être moins bon pendant certains matches, mais je sais que j'ai une valeur inestimable aux yeux de Dieu, et c'est lui qui me relève par son amour. Avant, je croyais que l'argent, le matérialisme, c'était ça, le bonheur, mais avec l'expérience, je me suis rendu compte que seul Jésus pouvait me combler ! Et cela fait toute la différence dans ma carrière ! »

PALMARÈS

Finaliste de la Coupe de la Ligue avec le FC Nantes en 2004
Finaliste de la CAN avec la Côte d'Ivoire en 2006
3 fois champion de Suisse avec le FC Bâle (2011 à 2013)

VOIR LA VIDÉO →
plusquesportifs.org

Rugby
Springboks
Racing Paris 92 Top 14

SIYA KOLISI

"Je buvais, que je sois heureux ou triste. Boire était le seul moyen que je connaissais pour traverser une épreuve."

Siya a grandi dans le township de Zwide, un quartier pauvre d'Afrique du Sud. Élevé par sa grand-mère, il vit dans un deux pièces avec 6 autres personnes, dort sur le sol et ne va à l'école que pour prendre son repas quotidien. « *Le rugby me permettait de rester à l'écart de toutes les mauvaises choses autour de moi. J'ai perdu beaucoup d'amis qui, alors que j'aspirais à me surpasser dans mon sport, étaient en proie aux difficultés et aux tentations de la vie du ghetto.* »

À 12 ans, il joue un match contre une école voisine. La défaite de 50 points n'empêche par leur entraîneur renommé de le repérer. « *À partir de là, il m'a pris sous son aile, devenant pour moi une figure paternelle comme je n'en avais jamais connue. Il m'a fait participer à mon premier match régional où j'ai joué en boxer parce que je n'avais pas les moyens de m'offrir un short !* » La suite est fulgurante : il passe professionnel à 19 ans puis international sud-africain la veille de ses 21 ans. Sa grand-mère lui ayant donné une éducation religieuse, il partage sa foi chrétienne sur les réseaux sociaux. Mais un ami n'est pas dupe et le confronte : « *Siya, tu bois beaucoup, tu trompes ta femme, tu vas dans des strip-clubs. Tu te mens à toi-même, comme tu mens aux autres.* » Ces échanges lui font prendre conscience qu'il n'est pas au clair devant Dieu : « *J'ai su que je devais changer de vie ou risquer de tout perdre. J'ai donc décidé de confier entièrement ma vie au Seigneur Jésus-Christ et d'arrêter de boire.* »

Alors qu'il se débat avec ses addictions, il découvre dans Esaïe 43.2-3 un texte qui le marque profondément : « *Quand tu passeras par les eaux, je serai avec toi, quand tu traverseras les fleuves, ils ne te submergeront pas. Quand tu marcheras dans le feu, il ne te fera pas de mal et tu ne seras pas brûlé. Puisque moi, l'Éternel, je suis ton Dieu le Saint d'Israël, ton Sauveur.* » En 2018, il est nommé capitaine de l'équipe d'Afrique du Sud, devenant ainsi le premier capitaine noir en 126 ans d'histoire des Springboks. En 2019, il conduit son pays à la victoire lors de la Coupe du Monde de rugby.

PALMARÈS

Vainqueur de la Coupe du Monde 2019 (Equipe d'Afrique du Sud)

sur ceux qui espèrent en sa bonté,
19 afin de les délivrer de la mort
et de les faire vivre, même en temps de famine.
20 Nous espérons en l'Eternel:
notre secours et notre bouclier, c'est lui.
21 Oui, c'est en lui que notre cœur se réjouit,
c'est en son saint nom que nous avons confiance.
22 Eternel, que ta grâce soit sur nous
lorsque nous espérons en toi!

Le salut de l'Eternel pour le juste

34 *De David, lorsqu'il se fit passer pour un fou en présence d'Abimélec et qu'il s'en alla chassé par lui.*

2 Je veux bénir l'Eternel en tout temps:
sa louange sera toujours dans ma bouche.
3 Que mon âme fasse toute sa fierté de l'Eternel!
Que les humbles écoutent et se réjouissent!
4 Dites avec moi la grandeur de l'Eternel,
célébrons tous son nom!
5 J'ai cherché l'Eternel, et il m'a répondu,
il m'a délivré de toutes mes frayeurs.
6 Quand on tourne les regards vers lui, on est rayonnant de joie,
et le visage ne rougit pas de honte.
7 Quand un malheureux crie, l'Eternel entend,
et il le sauve de toutes ses détresses.
8 L'ange de l'Eternel campe autour de ceux qui le craignent,
et il les arrache au danger.
9 *Goûtez et voyez combien l'Eternel est bon![n]
Heureux l'homme qui cherche refuge en lui!
10 Craignez l'Eternel, vous ses saints,
car rien ne manque à ceux qui le craignent.
11 Les lionceaux connaissent la disette et la faim,
mais ceux qui cherchent l'Eternel
ne sont privés d'aucun bien.
12 Venez, mes fils, écoutez-moi:
je vous enseignerai la crainte de l'Eternel.
13 *Qui donc aime la vie
et désire voir des jours heureux?
14 Alors préserve ta langue du mal
et tes lèvres des paroles trompeuses,
15 détourne-toi du mal et fais le bien,
recherche la paix et poursuis-la.
16 Les yeux de l'Eternel sont sur les justes
et ses oreilles sont attentives à leur cri,
17 mais il se tourne contre ceux qui font le mal[n]
pour effacer leur souvenir de la terre.
18 Quand les justes crient, l'Eternel entend,
et il les délivre de toutes leurs détresses.
19 L'Eternel est près de ceux qui ont le cœur brisé,
et il sauve ceux dont l'esprit est abattu.
20 Beaucoup de malheurs atteignent le juste,
mais l'Eternel l'en délivre toujours:
21 il garde tous ses os,
*aucun d'eux n'est brisé[n].
22 Mais le malheur fait mourir le méchant,
les ennemis du juste sont condamnés.
23 L'Eternel rachète l'âme de ses serviteurs,

34.9 *Goûtez... bon*: cité en 1 Pierre 2.3. **34.13-17** *Qui donc... font le mal*: cité en 1 Pierre 3.10-12.
34.21 *Aucun... brisé*: cité comme accompli par Jésus en Jean 19.36, qui peut aussi faire allusion aux règles relatives à l'agneau de la Pâque (Exode 12.46; Nombres 9.12).

et tous ceux qui cherchent refuge
en lui échappent à la condamna-
tion.

Prière de David contre ses ennemis

35 *De David.*

Eternel, accuse ceux qui m'accu-
sent,
combats ceux qui me combattent!
2 Empare-toi du petit et du grand
boucliers,
et lève-toi pour me secourir!
3 Brandis la lance et le javelot contre
mes persécuteurs,
dis à mon âme: «Je suis ton salut!»
4 Qu'ils soient honteux et déçus,
ceux qui en veulent à ma vie,
qu'ils reculent et rougissent, ceux
qui méditent ma perte!
5 Qu'ils soient comme la paille em-
portée par le vent,
et que l'ange de l'Eternel les chasse!
6 Que leur route soit sombre et glis-
sante,
et que l'ange de l'Eternel les pour-
suive!
7 En effet, c'est sans raison qu'ils
m'ont tendu un piège,
c'est sans raison qu'ils ont creusé
un trou pour m'enlever la vie.
8 Que la ruine les atteigne à l'im-
proviste,
qu'ils soient pris dans le piège qu'ils
ont tendu,
qu'ils y tombent pour leur ruine!
9 Alors j'exulterai de joie en l'Eternel,
je me réjouirai à cause de son salut.
10 Tout mon être dira: «Eternel, qui
peut, comme toi,
délivrer le malheureux d'un plus
fort que lui,
le malheureux et le pauvre de celui
qui les dépouille?»
11 De faux témoins se lèvent:
ils m'interrogent sur des faits que
j'ignore;
12 ils me rendent le mal pour le bien,
je suis abandonné de tous.
13 Moi, quand ils étaient malades,
je mettais une tenue de deuil,
j'humiliais mon âme par le jeûne,
je priais, la tête penchée sur la poi-
trine.
14 Comme pour un ami, pour un
frère, je marchais lentement,
comme pour le deuil d'une mère,
j'étais accablé de tristesse.
15 Et maintenant que je trébuche, ils
se rassemblent pour se réjouir,
ils se rassemblent à mon insu pour
me calomnier,
ils me déchirent sans arrêt.
16 Avec les impies et les moqueurs,
ils grincent des dents contre moi.
17 Seigneur, combien de temps le
supporteras-tu?
Protège-moi contre leurs actes de
violence,
protège ma vie contre les lion-
ceaux!
18 Je te louerai dans la grande as-
semblée,
je te célébrerai au milieu d'un peu-
ple nombreux.
19 Ils sont à tort mes ennemis: qu'ils
ne se réjouissent pas à mon sujet!
*Ils me détestent sans raison[n]: qu'ils
ne m'insultent pas du regard!
20 Oui, leur langage n'est pas celui
de la paix,
ils inventent des mensonges contre
les gens tranquilles du pays.
21 Ils ouvrent leur bouche contre
moi,
ils disent: «Ah! ah! Nous l'avons vu
de nos yeux!»
22 Eternel, tu as tout vu: ne reste
pas silencieux!
Seigneur, ne t'éloigne pas de moi!
23 Réveille-toi, lève-toi pour me fai-
re justice,
mon Dieu et mon Seigneur, défends
ma cause!

35.19 *Ils me détestent sans raison*: repris au Psaume 69.5 et cité comme accompli par Jésus en Jean 15.25.

24 Juge-moi conformément à ta justice, Eternel, mon Dieu!
Qu'ils ne se réjouissent pas à mon sujet,
25 qu'ils ne disent pas dans leur cœur:
«Ah! voilà ce que nous voulions!»
Qu'ils ne disent pas: «Nous l'avons anéanti.»
26 Que tous ensemble ils soient honteux et rougissent,
ceux qui se réjouissent de mon malheur!
Qu'ils soient couverts de honte et de confusion,
ceux qui s'attaquent à moi!
27 Qu'ils aient de l'allégresse et de la joie,
ceux qui prennent plaisir à me voir justifié!
Ils pourront dire sans cesse: «Que l'Eternel est grand,
lui qui veut la paix de son serviteur!»
28 Alors ma langue célébrera ta justice
et ta louange tous les jours.

Le méchant et sa punition

36 *Au chef de chœur. Du serviteur de l'Eternel, de David.*

2 La parole de révolte du méchant pénètre au fond de mon cœur:
*la crainte de Dieu n'est pas devant ses yeux[n],
3 car il se voit d'un œil trop flatteur pour reconnaître son crime et le détester.
4 Les paroles de sa bouche sont fausses et trompeuses;
il renonce à être sage, à faire le bien.
5 Il médite l'injustice sur son lit,
il s'engage sur une voie qui n'est pas bonne,
il ne repousse pas le mal.
6 Eternel, ta bonté s'élève jusqu'au ciel,
ta fidélité atteint les nuages.
7 Ta justice est aussi haute que les montagnes de Dieu,
tes jugements sont profonds comme le grand océan.
Eternel, tu secours les hommes et les bêtes.
8 Combien ta bonté est précieuse, ô Dieu!
A l'ombre de tes ailes les hommes cherchent un refuge.
9 Ils se rassasient de l'abondance de ta maison,
et tu les fais boire au torrent de tes délices,
10 car c'est auprès de toi qu'est la source de la vie,
et c'est par ta lumière que nous voyons la lumière.
11 Etends ta bonté sur ceux qui te connaissent,
et ta justice sur ceux dont le cœur est droit!
12 Que le pied de l'orgueilleux ne m'atteigne pas,
et que la main des méchants ne me fasse pas fuir!
13 Ils tombent déjà, ceux qui commettent l'injustice;
ils sont renversés, et ils ne peuvent pas se relever.

Contraste entre le juste et l'impie

37 *De David.*

Ne t'irrite pas contre les méchants,
n'envie pas ceux qui font le mal,
2 car ils sont fauchés aussi vite que l'herbe,
et ils se flétrissent comme le gazon vert.
3 Confie-toi en l'Eternel et fais le bien,
aie le pays pour demeure, et que la fidélité soit ta nourriture!
4 Fais de l'Eternel tes délices,
et il te donnera ce que ton cœur désire.

36.2 *La crainte… yeux*: cité en Romains 3.18 dans la description de l'humanité coupable.

5 Recommande ton sort à l'Eternel,
mets ta confiance en lui, et il agira:
6 il fera paraître ta justice comme
la lumière,
et ton droit comme le soleil en plein
midi.
7 Garde le silence devant l'Eternel
et espère en lui,
ne t'irrite pas contre celui qui réus-
sit dans ses entreprises,
contre l'homme qui réalise ses mé-
chants projets!
8 Laisse la colère, abandonne la
fureur,
ne t'irrite pas: ce serait mal faire,
9 car les méchants seront exterminés,
mais ceux qui espèrent en l'Eternel
possèdent le pays.
10 Encore un peu de temps, et le mé-
chant n'existe plus;
tu regardes l'endroit où il était, et
il a disparu.
11 Les humbles possèdent le pays,
et ils jouissent d'une paix abon-
dante.
12 Le méchant complote contre le
juste,
et il grince des dents contre lui,
13 mais le Seigneur se moque du
méchant,
car il voit que son jour arrive.
14 Les méchants tirent l'épée,
ils bandent leur arc
pour faire tomber le malheureux
et le pauvre,
pour égorger ceux dont la voie est
droite.
15 Mais leur épée transperce leur
propre cœur,
et leur arc se brise.
16 Mieux vaut le peu du juste
que l'abondance de nombreux mé-
chants,
17 car la force des méchants sera
brisée,
tandis que l'Eternel soutient les jus-
tes.
18 L'Eternel connaît les jours des
hommes intègres,
et leur héritage dure éternellement.
19 Ils ne sont pas couverts de honte
quand vient le malheur
et ils sont rassasiés quand la fami-
ne est là,
20 tandis que les méchants dispa-
raissent,
les ennemis de l'Eternel connais-
sent le même sort que les plus
beaux pâturages:
ils s'évanouissent, ils s'évanouis-
sent comme une fumée.
21 Le méchant emprunte, et il ne
rend pas;
le juste est compatissant, et il don-
ne,
22 car ceux que l'Eternel bénit pos-
sèdent le pays,
et ceux qu'il maudit sont exter-
minés.
23 L'Eternel affermit les pas de l'hom-
me,
et il prend plaisir à sa voie;
24 s'il tombe, il n'est pas rejeté,
car l'Eternel lui prend la main.
25 J'ai été jeune, j'ai vieilli,
et je n'ai pas vu le juste être aban-
donné
ni ses descendants mendier leur
pain.
26 Il est toujours compatissant, il
prête,
et sa descendance est bénie.
27 Détourne-toi du mal, fais le bien,
et tu auras pour toujours une de-
meure,
28 car l'Eternel aime ce qui est droit,
et il n'abandonne pas ses fidèles:
ils sont toujours sous sa garde,
tandis que la descendance des mé-
chants est exterminée.
29 Les justes posséderont le pays,
et ils y demeureront définitivement.
30 La bouche du juste annonce la
sagesse,
et sa langue proclame la justice.
31 La loi de son Dieu est dans son
cœur,
ses pas ne faiblissent pas.

32 Le méchant épie le juste
et cherche à le faire mourir,
33 mais l'Eternel ne le livre pas entre ses mains,
et il ne le laisse pas condamner quand il est jugé.
34 Espère en l'Eternel, suis sa voie,
et il t'élèvera pour que tu possèdes le pays,
tandis que tu verras les méchants exterminés.
35 J'ai vu l'homme violent dans toute sa puissance:
il s'étendait comme un arbre verdoyant,
36 mais il est passé et il n'existe plus;
je le cherche, et je ne le trouve plus.
37 Observe celui qui est intègre et regarde celui qui est droit,
car il y a un avenir pour l'homme de paix,
38 tandis que les rebelles sont tous détruits,
l'avenir des méchants est réduit à néant.
39 Le salut des justes vient de l'Eternel:
il est leur forteresse dans les moments de détresse.
40 L'Eternel les secourt et les délivre,
il les délivre des méchants et les sauve,
parce qu'ils cherchent refuge en lui.

Demande de grâce

38 *Psaume de David, comme mémorial.*

2 Eternel, ne me punis pas dans ta colère
et ne me corrige pas dans ta fureur,
3 car tes flèches m'ont atteint,
et ta main a pesé lourdement sur moi.
4 Il n'y a plus rien d'intact dans mon corps à cause de ta colère,
il n'y a plus rien de sain dans mes os à cause de mon péché,
5 car mes fautes s'élèvent au-dessus de ma tête;
pareilles à un lourd fardeau, elles sont trop pesantes pour moi.
6 Mes plaies sont infectes et purulentes
à cause de ma folie.
7 Je suis courbé, complètement abattu;
tout le jour je marche dans la tristesse,
8 car un mal brûle mes reins,
et il n'y a plus rien d'intact dans mon corps.
9 Je suis sans force, entièrement brisé;
le trouble de mon cœur m'arrache des gémissements.
10 Seigneur, tu connais tous mes désirs,
et mes soupirs ne te sont pas cachés.
11 Mon cœur est agité, ma force m'abandonne,
même la lumière de mes yeux disparaît.
12 Mes amis, mes compagnons, reculent devant ma plaie,
mes proches se tiennent à l'écart!
13 Ceux qui en veulent à ma vie tendent leurs pièges,
ceux qui cherchent mon malheur disent des méchancetés
et méditent toute la journée des tromperies.
14 Mais moi, pareil à un sourd, je n'entends pas;
je suis comme un muet: je n'ouvre pas la bouche.
15 Je suis pareil à un homme qui n'entend pas
et qui n'oppose aucune réplique.
16 Eternel, c'est en toi que j'espère;
tu répondras, Seigneur, mon Dieu,
17 car j'ai dit: «Ne permets pas qu'ils se réjouissent à mon sujet,
qu'ils s'attaquent à moi quand mon pied trébuche!»
18 Je suis près de tomber,

et ma douleur est toujours pré-
sente.
19 Oui, je reconnais ma faute,
je suis dans la crainte à cause de
mon péché.
20 Cependant mes ennemis sont
pleins de vie, pleins de force;
ceux qui me détestent sans raison
sont nombreux.
21 Ils me rendent le mal pour le bien,
ils sont mes adversaires parce que
je recherche le bien.
22 Ne m'abandonne pas, Eternel,
mon Dieu, ne t'éloigne pas de moi!
23 Viens vite à mon secours,
Seigneur, mon salut!

La fragilité de l'homme

39 *Au chef de chœur, à Jeduthun. Psaume de David.*

2 Je disais: «Je veillerai sur ma con-
duite
de peur de pécher en paroles;
je mettrai un frein à mes lèvres
tant que le méchant sera devant
moi.»
3 Je suis resté muet, dans le silence,
je me suis tu, quoique malheureux,
et ma douleur était vive.
4 Mon cœur brûlait au fond de moi,
mes pensées étaient comme un feu
brûlant,
et la parole est venue sur ma langue:
5 «Eternel, fais-moi connaître quand
finira ma vie,
quel est le nombre de mes jours,
afin que je sache combien je suis
peu de chose.
6 Voici, tu as donné à mes jours la
largeur de la main,
et ma vie est comme un rien de-
vant toi.»
Oui, même vigoureux, l'homme
n'est qu'un souffle. *– Pause.*

7 Oui, l'homme va et vient comme
une ombre:
il s'agite, mais c'est pour du vent;
il amasse des richesses, et il ignore
qui les recevra.
8 Maintenant, Seigneur, que puis-
je espérer?
C'est en toi qu'est mon espérance.
9 Délivre-moi de toutes mes trans-
gressions!
Ne m'expose pas aux insultes du
fou!
10 Je reste muet, je n'ouvre pas la
bouche,
car c'est toi qui agis.
11 Détourne tes coups de moi!
Je m'épuise sous les attaques de ta
main.
12 Tu corriges l'homme en le punis-
sant de sa faute,
tu détruis comme la teigne ce qu'il
a de plus cher.
Oui, tout homme n'est qu'un souf-
fle. *– Pause.*

13 Ecoute ma prière, Eternel, et prê-
te l'oreille à mes cris!
Ne sois pas insensible à mes larmes,
car je suis un étranger chez toi,
un résident temporaire, comme
tous mes ancêtres.
14 Détourne ton regard de moi et
laisse-moi respirer,
avant que je m'en aille et que je dis-
paraisse!

Louange à Dieu pour son intervention

40 *Au chef de chœur. Psaume de David.*

2 J'avais mis mon espérance en
l'Eternel,
et il s'est penché vers moi, il a écou-
té mes cris.
3 Il m'a retiré de la fosse de destruc-
tion,
du fond de la boue,
et il a établi mes pieds sur le rocher,
il a affermi mes pas.
4 Il a mis dans ma bouche un canti-
que nouveau,
une louange à notre Dieu.

Beaucoup l'ont vu; ils ont eu de la
crainte
et se sont confiés en l'Eternel.
5 Heureux l'homme qui place sa
confiance en l'Eternel
et qui ne se tourne pas vers les or-
gueilleux et les menteurs!
6 Eternel, mon Dieu, tu as multiplié
tes merveilles et tes plans en notre
faveur.
Personne n'est comparable à toi.
Je voudrais les raconter et les pro-
clamer,
mais leur nombre est trop grand
pour en faire le compte.
7 *Tu ne désires ni sacrifice ni of-
frande,
mais tu m'as ouvert les oreilles;
tu ne demandes ni holocauste ni
sacrifice pour le péché,
8 alors j'ai dit: «Me voici, je viens
– dans le rouleau du livre il est écrit
à mon sujet –
9 pour faire ta volonté, mon Dieu.[n]
C'est ce que je désire,
et ta loi est gravée au fond de mon
cœur.»
10 J'annonce la justice dans la gran-
de assemblée,
je ne ferme pas mes lèvres, Eternel,
tu le sais.
11 Je ne dissimule pas ta justice dans
mon cœur,
je proclame ta vérité et ton salut;
je ne cache pas ta bonté et ta fidélité
dans la grande assemblée.
12 Toi, Eternel, tu ne me refuseras
pas tes compassions;
ta bonté et ta fidélité me garderont
toujours.
13 Oui, des maux sans nombre m'en-
vironnent:
je subis les conséquences de mes
fautes,
et je n'en supporte pas la vue;
elles sont plus nombreuses que les
cheveux de ma tête,
et mon courage m'abandonne.
14 Veuille me délivrer, Eternel!
Eternel, viens vite à mon secours!
15 Que tous ensemble ils soient hon-
teux et rougissent,
ceux qui cherchent à m'enlever la
vie!
Qu'ils reculent et rougissent,
ceux qui désirent ma perte!
16 Qu'ils soient pétrifiés de honte,
ceux qui me disent: «Ha! ha!»
17 Que tous ceux qui te cherchent
soient dans l'allégresse et se réjouis-
sent en toi!
Que ceux qui aiment ton salut
disent sans cesse: «Que l'Eternel est
grand!»
18 Moi, je suis pauvre et malheureux,
mais le Seigneur pense à moi.
Tu es mon aide et mon libérateur,
mon Dieu, ne tarde pas!

Prière d'un homme trahi par son ami

41 *Au chef de chœur. Psaume de David.*

2 Heureux celui qui se soucie du
pauvre!
Le jour du malheur, l'Eternel le dé-
livre,
3 l'Eternel le garde et lui conserve
la vie.
Il est heureux sur la terre,
et tu ne le livres pas au pouvoir de
ses ennemis.
4 L'Eternel le soutient sur son lit de
souffrance,
il le soulage dans toutes ses maladies.
5 Je dis: «Eternel, aie pitié de moi,
guéris mon âme, car j'ai péché
contre toi.»
6 Mes ennemis disent mécham-
ment de moi:
«Quand mourra-t-il? Quand s'étein-
dra son nom?»
7 Si quelqu'un vient me voir, il adop-
te un langage faux;

40.7-9 *Tu ne désires… mon Dieu*: cité en Hébreux 10.5-9 à propos de l'entrée de Christ dans le monde.

il récolte des sujets de médire,
puis il s'en va et en parle à l'extérieur.
8 Tous mes ennemis chuchotent entre eux contre moi,
ils méditent sur mon malheur:
9 «Il est gravement atteint.
Le voilà couché, il ne se relèvera pas.»
10 Même celui avec qui j'étais en paix,
en qui j'avais confiance et *qui mangeait mon pain,
lève le talon contre moi[n].
11 Mais toi, Eternel, aie pitié de moi et relève-moi,
et je leur rendrai ce qu'ils méritent.
12 Je saurai que tu m'aimes,
si mon ennemi ne triomphe pas de moi.
13 Tu m'as soutenu à cause de mon intégrité,
et tu m'établis pour toujours dans ta présence.

14 Béni soit l'Eternel, le Dieu d'Israël,
d'éternité en éternité. Amen! Amen!

DEUXIÈME LIVRE 42–72

L'espérance en Dieu

42 *Au chef de chœur. Cantique des descendants de Koré.*

2 Comme une biche soupire après des cours d'eau,
ainsi mon âme soupire après toi, ô Dieu!
3 Mon âme a soif de Dieu, du Dieu vivant.
Quand donc pourrai-je me présenter devant Dieu?
4 Mes larmes sont ma nourriture jour et nuit,
car on me dit sans cesse: «Où est ton Dieu?»
5 Je me rappelle avec émotion
l'époque où je marchais entouré de la foule,
où j'avançais à sa tête vers la maison de Dieu,
au milieu des cris de joie et de reconnaissance
d'une multitude en fête.
6 Pourquoi être abattue, mon âme, et gémir en moi?
Espère en Dieu, car je le louerai encore!
Il est mon salut et mon Dieu.
7 Mon âme est abattue en moi;
aussi, c'est à toi que je pense depuis le pays du Jourdain,
depuis l'Hermon, depuis le mont Mitsear.
8 L'abîme appelle un autre abîme
au fracas de tes cascades,
toutes tes vagues et tous tes flots passent sur moi.
9 Le jour, l'Eternel m'accordait sa grâce;
la nuit, je chantais ses louanges,
j'adressais ma prière au Dieu de ma vie.
10 Je dis à Dieu, mon rocher: «Pourquoi m'as-tu oublié?
Pourquoi dois-je marcher dans la tristesse,
sous l'oppression de l'ennemi?»
11 Mes os se brisent quand mes persécuteurs m'insultent
et me disent sans cesse: «Où est ton Dieu?»
12 Pourquoi être abattue, mon âme,
et pourquoi gémir en moi?
Espère en Dieu, car je le louerai encore!
Il est mon salut et mon Dieu.

Attente de l'intervention divine

43 Rends-moi justice, ô Dieu, défends ma cause contre une nation infidèle!
Délivre-moi des hommes trompeurs et criminels!

41.10 *Qui mangeait… contre moi*: cité en Jean 13.18 par Jésus à propos de la trahison de Judas.

2 Toi, mon Dieu protecteur, pourquoi me repousses-tu?
Pourquoi dois-je marcher dans la tristesse,
sous l'oppression de l'ennemi?
3 Envoie ta lumière et ta vérité!
Qu'elles me guident
et me conduisent à ta montagne sainte et à ta demeure!
4 J'irai vers l'autel de Dieu, vers Dieu, ma joie et mon allégresse,
et je te célébrerai sur la harpe, ô Dieu, mon Dieu!
5 Pourquoi être abattue, mon âme, et pourquoi gémir en moi?
Espère en Dieu, car je le louerai encore!
Il est mon salut et mon Dieu.

Prière d'Israël opprimé

44 *Au chef de chœur. Des descendants de Koré, cantique.*
2 O Dieu, nous avons entendu de nos oreilles,
nos pères nous ont raconté
tout ce que tu as accompli à leur époque, par le passé.
3 De ta main tu as chassé des nations pour qu'ils puissent s'établir,
tu as frappé des peuples pour qu'ils puissent s'étendre.
4 En effet, ce n'est pas par leur épée qu'ils se sont emparés du pays,
ce n'est pas leur bras qui les a sauvés,
mais c'est ta main droite, c'est ton bras, c'est la lumière de ton visage,
parce que tu les aimais.
5 O Dieu, tu es mon roi:
ordonne la délivrance de Jacob!
6 Grâce à toi nous renversons nos ennemis,
grâce à ton nom nous écrasons nos adversaires,
7 car ce n'est pas en mon arc que je me confie,
ce n'est pas mon épée qui me sauvera,
8 mais c'est toi qui nous délivres de nos ennemis
et qui fais rougir de honte ceux qui nous détestent.
9 Nous chantons la louange de Dieu chaque jour,
et nous célébrerons éternellement ton nom. *–Pause.*

10 Cependant tu nous as repoussés,
tu nous as couverts de honte,
tu ne sors plus avec nos armées.
11 Tu nous fais reculer devant l'ennemi,
et ceux qui nous détestent se partagent nos dépouilles.
12 Tu nous livres comme des brebis de boucherie,
tu nous disperses parmi les nations.
13 Tu vends ton peuple pour rien,
tu ne l'estimes pas à une grande valeur.
14 Tu nous exposes aux insultes de nos voisins,
à la moquerie et aux railleries de ceux qui nous entourent.
15 Tu fais de nous le sujet d'un proverbe parmi les nations,
on hoche la tête sur nous parmi les peuples.
16 Mon humiliation est toujours devant moi,
et la honte couvre mon visage
17 à la voix de celui qui m'insulte et me déshonore,
à la vue de l'ennemi avide de vengeance.
18 Tout cela nous arrive alors que nous ne t'avons pas oublié
et que nous n'avons pas violé ton alliance.
19 Nous n'avons pas fait marche arrière dans notre cœur,
nous ne nous sommes pas écartés de ton sentier.
20 Pourtant, tu nous as écrasés dans le territoire des chacals
et tu nous as couverts de l'ombre de la mort.
21 Si nous avions oublié le nom de notre Dieu

et tendu nos mains vers un dieu
étranger,
22 Dieu ne le saurait-il pas,
lui qui connaît les secrets du cœur?
23 Mais *c'est à cause de toi qu'on
nous met à mort à longueur de
journée,
qu'on nous considère comme des
brebis destinées à la boucherie[n].
24 Lève-toi! Pourquoi dors-tu, Sei-
gneur?
Réveille-toi, ne nous repousse pas
pour toujours!
25 Pourquoi te caches-tu?
Pourquoi oublies-tu notre misère et
notre oppression
26 quand nous sommes affalés dans
la poussière,
quand nous rampons par terre?
27 Lève-toi pour nous secourir,
délivre-nous à cause de ta bonté!

Les noces du roi

45 *Au chef de chœur, sur la mé-
lodie «Les lis». Des descen-
dants de Koré. Cantique, chant
d'amour.*

2 De belles paroles bouillonnent
dans mon cœur.
Je dis: «Mon œuvre est pour le roi.
Que ma langue soit comme la plu-
me d'un habile écrivain!»
3 Tu es le plus beau des hommes,
la grâce coule de tes lèvres;
c'est pourquoi Dieu t'a béni pour
toujours.
4 Vaillant guerrier, mets ton épée
au côté,
signe de ta grandeur et de ta ma-
jesté,
5 oui, de ta majesté! Sois vainqueur,
monte sur ton char,
défends la vérité, la douceur et la
justice,
et que ta main droite se signale
par de merveilleux exploits!
6 Tes flèches sont aiguës,
des peuples tomberont sous toi;
elles frapperont au cœur les enne-
mis du roi.
7 *Ton trône, ô Dieu, est éternel.
Le sceptre de ton règne est un scep-
tre de justice.
8 Tu aimes la justice et tu détestes la
méchanceté;
c'est pourquoi, ô Dieu, ton Dieu t'a
désigné par onction comme roi,
de préférence à tes compagnons,
avec une huile de joie.[n]
9 La myrrhe, l'aloès et la cannelle
parfument tous tes vêtements;
dans les palais d'ivoire les instru-
ments à cordes te réjouissent.
10 Des filles de roi figurent parmi tes
bien-aimées;
la reine est à ta droite, parée d'un or
venu d'Ophir.
11 Ecoute, ma fille, regarde et tends
l'oreille,
oublie ton peuple et la maison de
ton père.
12 Le roi porte ses désirs sur ta beauté.
Puisqu'il est ton seigneur, prosterne-
toi devant lui!
13 Avec des offrandes, les habitants
de Tyr
et les plus riches du peuple recher-
cheront ta faveur.
14 La fille du roi est toute resplendis-
sante à l'intérieur du palais,
elle porte un vêtement tissé d'or.
15 Elle est présentée au roi, revêtue
de ses habits brodés;
à sa suite, des jeunes filles, ses
compagnes, sont amenées auprès
de toi.
16 On les introduit au milieu des ré-
jouissances et de l'allégresse,
elles entrent dans le palais du roi.
17 Tes enfants prendront la place de
tes pères,

44.23 *C'est à cause... boucherie*: cité en Romains 8.36. **45.7-8** *Ton trône... huile de joie*: cité en Hébreux 1.8-9 comme se rapportant à Christ.

tu les établiras princes dans tout le pays.
18 Je rappellerai ton nom de génération en génération;
c'est pourquoi les peuples te loueront pour toujours et à perpétuité.

Dieu, le souverain refuge

46 *Au chef de chœur. Des descendants de Koré, pour sopranos, chant.*

2 Dieu est pour nous un refuge et un appui,
un secours toujours présent dans la détresse.
3 C'est pourquoi nous sommes sans crainte quand la terre est bouleversée,
quand les montagnes sont ébranlées au cœur des mers
4 et que les flots de la mer mugissent, écument,
se soulèvent jusqu'à faire trembler les montagnes. *– Pause.*

5 Les bras d'un fleuve réjouissent la ville de Dieu,
le sanctuaire des demeures du Très-Haut.
6 Dieu est au milieu d'elle: elle n'est pas ébranlée;
Dieu la secourt dès le point du jour.
7 Des nations s'agitent, des royaumes sont ébranlés:
il fait entendre sa voix, et la terre tombe en défaillance.
8 L'Eternel, le maître de l'univers, est avec nous,
le Dieu de Jacob est une forteresse pour nous. *– Pause.*

9 Venez contempler ce que l'Eternel a fait,
les actes dévastateurs qu'il a accomplis sur la terre!
10 C'est lui qui a fait cesser les combats jusqu'aux extrémités de la terre;
il a brisé l'arc et rompu la lance,
il a détruit par le feu les chars de guerre.
11 «Arrêtez, et sachez que je suis Dieu!
Je domine sur les nations, je domine sur la terre.»
12 L'Eternel, le maître de l'univers, est avec nous,
le Dieu de Jacob est pour nous une forteresse. *– Pause.*

La souveraineté de Dieu

47 *Au chef de chœur. Psaume des descendants de Koré.*

2 Vous, tous les peuples, battez des mains,
poussez vers Dieu des cris de joie,
3 car l'Eternel, le Très-Haut, est redoutable,
il est un grand roi sur toute la terre.
4 Il nous soumet des peuples,
il met des nations sous nos pieds;
5 il choisit pour nous un héritage
qui fait la fierté de Jacob, son bien-aimé. *– Pause.*

6 Dieu monte au milieu des cris de triomphe,
l'Eternel s'avance au son de la trompette.
7 Chantez en l'honneur de Dieu, chantez,
chantez en l'honneur de notre roi, chantez,
8 car Dieu est le roi de toute la terre!
Chantez un cantique!
9 Dieu règne sur les nations,
Dieu siège sur son saint trône.
10 Les princes des peuples s'unissent au peuple du Dieu d'Abraham,
car les puissants de la terre appartiennent à Dieu:
il est souverainement élevé.

La beauté de Sion

48 *Chant, psaume des descendants de Koré.*

2 L'Eternel est grand, il est l'objet de toutes les louanges
dans la ville de notre Dieu, sur sa montagne sainte.
3 Elle est belle, la colline qui fait la joie de toute la terre, le mont Sion;
du côté nord, c'est la ville du grand roi.
4 Dieu, dans ses palais, est connu comme une forteresse.
5 Les rois s'étaient ligués,
ensemble ils se sont avancés.
6 Ils ont regardé, tout stupéfaits,
saisis de peur ils ont pris la fuite.
7 Un tremblement s'est emparé d'eux sur place,
comme la douleur s'empare d'une femme qui accouche.
8 Ils ont été chassés comme par le vent d'est
qui brise les bateaux long-courriers.
9 Ce que nous avions entendu dire, nous l'avons vu
dans la ville de l'Eternel, le maître de l'univers,
dans la ville de notre Dieu:
Dieu l'affermira pour toujours.
– Pause.

10 O Dieu, nous pensons à ta bonté au milieu de ton temple.
11 Ton nom, ô Dieu, et ta louange retentissent jusqu'aux extrémités de la terre;
ta main droite est pleine de justice.
12 Le mont Sion se réjouit,
les villes de Juda sont dans l'allégresse,
à cause de tes jugements.
13 Parcourez Sion, parcourez son enceinte,
comptez ses tours,
14 observez son rempart,
examinez ses palais,
pour annoncer à la génération future:
15 «Voilà le Dieu qui est notre Dieu pour toujours et à perpétuité;
il sera notre guide jusqu'à la mort.»

Futilité des richesses

49 *Au chef de chœur. Psaume des descendants de Koré.*

2 Ecoutez ceci, vous, tous les peuples,
prêtez l'oreille, vous, tous les habitants du monde,
3 petits et grands,
riches et pauvres!
4 Ma bouche va faire entendre des paroles sages,
et mon cœur a des pensées pleines de bon sens.
5 J'écoute les proverbes,
j'explique mon énigme au son de la harpe.
6 Pourquoi aurais-je peur quand vient le malheur,
lorsque je suis entouré par la méchanceté de mes adversaires?
7 Ils ont confiance en leurs biens
et se vantent de leur grande richesse,
8 mais ils ne peuvent se racheter l'un l'autre
ni donner à Dieu le prix de leur rançon.
9 Le rachat de leur âme est cher
et n'aura jamais lieu.
10 Ils ne vivront pas toujours,
ils n'éviteront pas la tombe,
11 car ils le verront bien: les sages meurent,
l'homme stupide et l'idiot disparaissent aussi,
et ils laissent leurs biens à d'autres.
12 Ils s'imaginent que leurs maisons seront éternelles,
que leurs résidences dureront toujours,
eux qui avaient donné leur propre nom à leurs terres.
13 Mais l'homme qui est honoré ne dure pas:
il ressemble aux bêtes qu'on extermine.
14 Telle est leur voie, telle est leur folie,

et ceux qui les suivent se plaisent à
leurs discours. *–Pause.*

15 Comme un troupeau, ils sont
poussés dans le séjour des morts;
la mort est leur berger.
Le matin, les hommes droits les
foulent aux pieds,
leur beauté s'évanouit, le séjour des
morts est leur demeure.
16 Mais Dieu rachètera mon âme
du séjour des morts,
oui, il me prendra. *–Pause.*

17 Ne sois pas dans la crainte parce
qu'un homme s'enrichit,
parce que les trésors de sa maison
augmentent,
18 car il n'emporte rien en mourant:
ses trésors ne le suivront pas.
19 Il aura beau s'estimer heureux
pendant sa vie,
on aura beau le louer pour le bon-
heur qu'il se donne,
20 il rejoindra pourtant la généra-
tion de ses ancêtres
qui ne reverront jamais la lumière.
21 L'homme qui est honoré mais qui
n'a pas d'intelligence
ressemble aux bêtes qu'on exter-
mine.

Les sacrifices agréables à Dieu

50 *Psaume d'Asaph.*

Dieu, Dieu, l'Eternel, parle et convo-
que la terre
du lever du soleil jusqu'à son cou-
cher.
2 De Sion, beauté parfaite,
Dieu resplendit.
3 Il vient, notre Dieu, il ne reste pas
silencieux;
devant lui est un feu dévorant,
autour de lui une violente tempête.
4 Il convoque le ciel en haut,
il convoque aussi la terre, pour le
jugement de son peuple:
5 «Rassemblez-moi mes fidèles,
ceux qui ont fait alliance avec moi
par un sacrifice!»
6 Le ciel proclamera sa justice,
car c'est Dieu qui est juge. *–Pause.*

7 «Ecoute, mon peuple, et je parlerai,
Israël, et je t'avertirai.
Je suis Dieu, ton Dieu.
8 Ce n'est pas pour tes sacrifices que
je te fais des reproches:
tes holocaustes sont constamment
devant moi.
9 Je ne prendrai pas un taureau
dans ta maison,
ni des boucs dans tes bergeries,
10 car tous les animaux des forêts
sont à moi,
toutes les bêtes des montagnes par
milliers.
11 Je connais tous les oiseaux des
montagnes,
et tous les animaux sauvages m'ap-
partiennent.
12 Si j'avais faim, je ne te le dirais pas,
car le monde est à moi, avec tout ce
qu'il contient.
13 Est-ce que je mange la viande des
taureaux?
Est-ce que je bois le sang des
boucs?
14 Offre en sacrifice à Dieu ta recon-
naissance,
et accomplis tes vœux envers le
Très-Haut.
15 Fais appel à moi quand tu es dans
la détresse:
je te délivrerai, et tu m'honoreras.»
16 Dieu dit au méchant:
«Quoi donc! Tu énumères mes pres-
criptions
et tu as mon alliance à la bouche,
17 toi qui détestes l'instruction
et qui rejettes mes paroles derriè-
re toi!
18 Si tu vois un voleur, tu te plais en
sa compagnie,
et tu prends place avec les adultè-
res.
19 Tu livres ta bouche au mal,

et ta langue est un tissu de tromperies.
20 Si tu t'assieds, c'est pour parler contre ton frère,
pour dénigrer le fils de ta mère.
21 Voilà ce que tu as fait et, parce que je n'ai rien dit,
tu t'es imaginé que je te ressemblais;
mais je vais te reprendre et tout mettre sous tes yeux.
22 Comprenez donc bien cela, vous qui oubliez Dieu,
de peur que je ne vous déchire sans personne pour vous délivrer.
23 Celui qui offre en sacrifice sa reconnaissance m'honore,
et à celui qui veille sur sa conduite je ferai voir le salut de Dieu.»

Psaume de retour à Dieu

51 *Au chef de chœur. Psaume de David,* 2 *lorsque le prophète Nathan vint chez lui après son adultère avec Bath-Shéba.*

3 O Dieu, fais-moi grâce conformément à ta bonté!
Conformément à ta grande compassion, efface mes transgressions!
4 Lave-moi complètement de ma faute
et purifie-moi de mon péché,
5 car je reconnais mes transgressions
et mon péché est constamment devant moi.
6 J'ai péché contre toi, contre toi seul,
j'ai fait ce qui est mal à tes yeux.
*C'est pourquoi tu es juste dans tes paroles,
sans reproche dans ton jugement.[n]
7 Oui, depuis ma naissance, je suis coupable;
quand ma mère m'a conçu, j'étais déjà marqué par le péché.
8 Mais tu veux que la vérité soit au fond du cœur:
fais-moi connaître la sagesse dans le secret de mon être!
9 Purifie-moi avec l'hysope, et je serai pur,
lave-moi, et je serai plus blanc que la neige!
10 Fais-moi entendre des chants d'allégresse et de joie,
et les os que tu as brisés se réjouiront.
11 Détourne ton regard de mes péchés,
efface toutes mes fautes!
12 O Dieu, crée en moi un cœur pur,
renouvelle en moi un esprit bien disposé!
13 Ne me rejette pas loin de toi,
ne me retire pas ton Esprit saint!
14 Rends-moi la joie de ton salut,
et qu'un esprit de bonne volonté me soutienne!
15 J'enseignerai tes voies à ceux qui les transgressent
et les pécheurs reviendront à toi.
16 O Dieu, Dieu de mon salut, délivre-moi du sang versé,
et ma langue célébrera ta justice.
17 Seigneur, ouvre mes lèvres,
et ma bouche proclamera ta louange.
18 Si tu avais voulu des sacrifices, je t'en aurais offert,
mais tu ne prends pas plaisir aux holocaustes.
19 Les sacrifices agréables à Dieu, c'est un esprit brisé.
O Dieu, tu ne dédaignes pas un cœur brisé et humilié.
20 Dans ta grâce, fais du bien à Sion,
construis les murs de Jérusalem!
21 Alors tu prendras plaisir aux sacrifices de justice,
aux holocaustes et aux victimes tout entières;

51.6 *C'est pourquoi... jugement*: cité en Romains 3.4.

alors on offrira des taureaux sur
ton autel.

Punition du trompeur

52 *Au chef de chœur. Cantique
de David, 2 lorsque Doëg,
l'Edomite, vint dire à Saül: «David
s'est rendu dans la maison d'Achi-
mélec.»*

3 Pourquoi te vantes-tu de ce qui est
mal, toi l'homme fort?
La bonté de Dieu subsiste toujours.
4 Ta langue n'invente que le crime,
elle est coupante comme un rasoir,
fourbe que tu es!
5 Tu préfères le mal au bien,
le mensonge à la vérité. *– Pause.*

6 Tu aimes toutes les paroles qui dé-
truisent,
langue trompeuse!
7 C'est pourquoi Dieu t'abattra pour
toujours,
il s'emparera de toi et t'arrachera de
ta tente,
il te déracinera de la terre des vi-
vants. *– Pause.*

8 Les justes le verront, ils éprouve-
ront de la crainte,
et ils se moqueront de lui:
9 «Voilà l'homme qui ne prenait
pas Dieu pour protecteur,
mais qui se confiait dans ses gran-
des richesses
et cherchait refuge dans sa mé-
chanceté.»
10 Mais moi, je suis pareil à un oli-
vier verdoyant dans la maison de
Dieu,
je me confie dans la bonté de Dieu
pour toujours et à perpétuité.
11 Je te louerai toujours pour ce que
tu as fait.
Je veux espérer en ton nom, car tu
es bon envers tes fidèles.

Portrait de l'impie

53 *Au chef de chœur, sur la flûte.
Cantique de David.*

2 Le fou dit dans son cœur: «Il n'y a
pas de Dieu!»
*Ils se sont corrompus, ils ont com-
mis des injustices abominables;
il n'y en a aucun qui fasse le bien.
3 Du haut du ciel, Dieu observe les
hommes
pour voir s'il y en a un qui est in-
telligent,
qui cherche Dieu.
4 Tous se sont détournés, ensemble
ils se sont pervertis;
il n'y en a aucun qui fasse le bien,
pas même un seul.[n]
5 Ceux qui commettent l'injustice
n'ont-ils aucune connaissance?
Ils dévorent mon peuple, ils le pren-
nent pour nourriture,
ils ne font pas appel à Dieu.
6 Alors ils trembleront d'épouvante
sans qu'il y ait de raison d'avoir
peur.
Dieu dispersera les os de ceux qui
t'assiègent;
tu les couvriras de honte, car Dieu
les a rejetés.
7 Oh! qui accordera depuis Sion la
délivrance à Israël?
Quand Dieu rétablira son peuple,
Jacob sera dans l'allégresse, Israël
se réjouira.

Prière confiante pour la délivrance

54 *Au chef de chœur, avec ins-
truments à cordes. Canti-
que de David, 2 lorsque les Ziphiens
vinrent dire à Saül: «David est caché
parmi nous.»*

3 O Dieu, sauve-moi par ton nom
et rends-moi justice par ta puis-
sance!
4 O Dieu, écoute ma prière,

53.2-4 *Ils se sont corrompus... un seul*: similaire au Psaume 14.1-3, cité en Romains 3.10-12.

prête l'oreille aux paroles de ma bouche,
5 car des étrangers se sont attaqués à moi,
des hommes violents en veulent à ma vie.
Ils ne tiennent pas compte de Dieu. *– Pause.*

6 Mais Dieu est mon secours,
le Seigneur est le soutien de ma vie.
7 Le mal retombera sur mes adversaires.
Réduis-les au silence, dans ta fidélité!
8 Je t'offrirai de bon cœur des sacrifices,
je louerai ton nom, Eternel, car tu es bon.
9 Oui, il me délivre de toute détresse,
et je regarde mes ennemis en face.

Confiance du psalmiste trahie par un ami

55 *Au chef de chœur, avec instruments à cordes. Cantique de David.*

2 O Dieu, prête l'oreille à ma prière
et ne te dérobe pas à mes supplications!
3 Ecoute-moi et réponds-moi!
J'erre çà et là dans mon chagrin et je m'agite
4 à cause de la voix de l'ennemi et de l'oppression du méchant,
car ils m'accablent de maux,
ils me poursuivent avec colère.
5 Mon cœur tremble au fond de moi,
et les terreurs de la mort fondent sur moi.
6 La peur et l'épouvante m'assaillent,
et la terreur m'envahit.
7 Je dis: «Si seulement j'avais les ailes de la colombe!
Je m'envolerais et je trouverais le repos.
8 Oui, je fuirais bien loin,
j'irais habiter au désert. *– Pause.*

9 »Je m'échapperais bien vite,
plus rapide que le vent impétueux,
que la tempête.»
10 Sème la confusion, Seigneur, brouille leur langage,
car je ne vois dans la ville que violence et querelles:
11 jour et nuit elles font le tour de ses murailles.
L'injustice et la misère y habitent,
12 les crimes sont au milieu d'elle,
la fraude et la tromperie ne quittent pas ses places.
13 Ce n'est pas un ennemi qui m'insulte: je le supporterais;
ce n'est pas mon adversaire qui s'attaque à moi:
je me cacherais devant lui;
14 c'est toi, un homme de mon rang,
toi, mon confident et mon ami!
15 Ensemble nous vivions dans une douce intimité,
nous allions avec la foule à la maison de Dieu!
16 Que la mort les surprenne,
qu'ils descendent vivants au séjour des morts,
car la méchanceté est dans leur demeure, elle est dans leur cœur!
17 Quant à moi, je crie à Dieu,
et l'Eternel me sauvera.
18 Le soir, le matin, à midi, je soupire et je gémis,
et il entendra ma voix.
19 Il me délivrera de leurs assauts et me rendra la paix,
car ils sont nombreux contre moi.
20 Dieu entendra, et il les humiliera,
lui qui siège de toute éternité.
– Pause.

En effet, il n'y a pas de changement en eux,
ils ne craignent pas Dieu.
21 Cet homme porte la main contre

ceux qui étaient en paix avec lui,
il viole son alliance.
22 Sa bouche est plus douce que la crème,
mais la guerre est dans son cœur;
ses paroles sont plus onctueuses que l'huile,
mais ce sont des épées dégainées.
23 Remets ton sort à l'Eternel, et il te soutiendra.
Il ne laissera jamais trébucher le juste.
24 Et toi, ô Dieu, tu les feras descendre au fond de la tombe,
ces hommes sanguinaires et trompeurs;
ils n'atteindront pas la moitié de leur vie.
Quant à moi, je me confie en toi.

Confiance dans la détresse

56 *Au chef de chœur, sur la mélodie de «Colombe des térébinthes lointains». Hymne de David, lorsque les Philistins s'emparèrent de lui à Gath.*

2 Fais-moi grâce, ô Dieu, car des hommes me harcèlent;
tout le jour, ils me font la guerre, ils me tourmentent.
3 Tout le jour, mes adversaires me harcèlent;
ils sont nombreux, ils me font la guerre avec arrogance.
4 Quand je suis dans la crainte,
je me confie en toi.
5 Je loue Dieu pour sa parole.
Je me confie en Dieu, je n'ai peur de rien:
que peuvent me faire des créatures?
6 Sans cesse ils déforment mes propos,
ils n'ont que de mauvaises pensées envers moi.
7 Ils complotent, ils épient, ils sont sur mes talons
parce qu'ils en veulent à ma vie.
8 Est-ce par un crime qu'ils pourraient être délivrés?
Dans ta colère, ô Dieu, abats ces gens!
9 Tu comptes les pas de ma vie errante.
Recueille mes larmes dans ton outre:
ne sont-elles pas inscrites dans ton livre?
10 Mes ennemis reculent, le jour où je crie à toi;
je sais que Dieu est pour moi.
11 Je loue Dieu pour sa parole,
je loue l'Eternel pour sa parole.
12 Je me confie en Dieu, je n'ai peur de rien:
que peuvent me faire des hommes?
13 O Dieu, je dois accomplir les vœux que je t'ai faits;
je t'offrirai ma reconnaissance,
14 car tu as délivré mon âme de la mort,
tu as préservé mes pieds de la chute,
afin que je marche devant toi, ô Dieu, à la lumière des vivants.

Confiance dans la difficulté

57 *Au chef de chœur, sur la mélodie de «Ne détruis pas». Hymne de David, lorsqu'il se réfugia dans la grotte, poursuivi par Saül.*

2 Fais-moi grâce, ô Dieu, fais-moi grâce,
car c'est en toi que mon âme cherche un refuge;
je cherche un refuge à l'ombre de tes ailes
jusqu'à ce que le malheur soit passé.
3 Je crie au Dieu très-haut,
au Dieu qui agit en ma faveur.
4 Il m'enverra du ciel le secours,
car celui qui me harcèle me couvre d'insultes. *– Pause.*

Dieu enverra sa bonté et sa vérité.
5 Mon âme est au milieu de lions;
je suis entouré d'hommes qui crachent le feu,

d'hommes dont les dents sont des
lances et des flèches,
et la langue une épée tranchante.
6 Elève-toi au-dessus du ciel, ô
Dieu,
que ta gloire soit sur toute la terre!
7 Ils avaient tendu un piège sous
mes pas
pour me faire plier;
ils avaient creusé une fosse devant
moi:
ils y sont tombés. *– Pause.*

8 Mon cœur est rassuré, ô Dieu, mon
cœur est rassuré;
je chanterai, je ferai retentir mes
instruments.
9 Réveille-toi, mon âme, réveillez-
vous, mon luth et ma harpe!
Je veux réveiller l'aurore.
10 Je te louerai parmi les peuples,
Seigneur,
je te chanterai parmi les nations,
11 car ta bonté s'élève jusqu'au ciel,
et ta vérité atteint les nuages.
12 Elève-toi au-dessus du ciel, ô
Dieu,
que ta gloire resplendisse sur tou-
te la terre!

Condamnation des juges injustes

58 *Au chef de chœur, sur la mélodie de «Ne détruis pas». Hymne de David.*

2 Est-ce donc en vous taisant que
vous rendez la justice?
Est-ce ainsi que vous jugez les hom-
mes avec droiture?
3 Vous commettez volontairement
des crimes;
dans tout le pays, vous propagez la
violence de vos mains.
4 Les méchants sont pervertis dès le
ventre de leur mère,
les menteurs s'égarent dès leur
naissance.
5 Ils ont un venin pareil à celui du
serpent,
ils sont sourds comme la vipère qui
ferme son oreille
6 pour ne pas entendre la voix des
charmeurs,
du plus habile des magiciens.
7 O Dieu, brise-leur les dents!
Eternel, arrache les mâchoires de
ces lions!
8 Qu'ils disparaissent comme l'eau
qui coule,
qu'ils ne lancent que des flèches
émoussées!
9 Qu'ils soient pareils à la limace
qui fond en avançant,
qu'ils ne voient pas le soleil, comme
l'enfant mort-né!
10 Avant que vos marmites ne puis-
sent sentir le feu de broussailles,
qu'elles soient vertes ou sèches, le
tourbillon les emportera.
11 Le juste sera dans la joie, car il
verra la vengeance;
il lavera ses pieds dans le sang des
méchants,
12 et les hommes diront: «Oui, il y a
une récompense pour le juste.
Oui, il y a un Dieu qui exerce la jus-
tice sur la terre.»

Prière pour le jugement des impies

59 *Au chef de chœur, sur la mélodie de «Ne détruis pas». Hymne de David, lorsque Saül envoya cerner sa maison pour le faire mourir.*

2 Mon Dieu, délivre-moi de mes en-
nemis,
protège-moi contre mes adversaires!
3 Délivre-moi de ceux qui commet-
tent l'injustice
et sauve-moi des hommes sangui-
naires,
4 car les voici aux aguets pour m'en-
lever la vie.
Des hommes puissants complotent
contre moi
sans que je sois coupable, sans que
j'aie péché, Eternel!

5 Malgré mon innocence ils accou-
rent, prêts à m'attaquer.
Réveille-toi, viens vers moi et re-
garde!
6 Toi, Eternel, Dieu de l'univers,
Dieu d'Israël,
lève-toi pour corriger toutes les na-
tions,
ne fais grâce à aucun de ces traîtres
impies! *– Pause.*

7 Ils reviennent chaque soir, ils hur-
lent comme des chiens,
ils font le tour de la ville.
8 De leur bouche ils font jaillir l'in-
jure,
leurs paroles sont des épées.
Ils disent: «Qui est-ce qui entend?»
9 Mais toi, Eternel, tu te ris d'eux,
tu te moques de toutes les nations.
10 Toi qui es ma force, c'est en toi
que j'espère,
car Dieu est ma forteresse.
11 Mon Dieu m'accueille dans sa
bonté,
Dieu me fait contempler mes ad-
versaires.
12 Ne les tue pas, sinon mon peuple
les oublierait;
fais-les trembler par ta puissance et
jette-les à bas,
Seigneur, notre bouclier!
13 Leur bouche pèche à chaque pa-
role de leurs lèvres:
qu'ils soient pris dans leur propre
orgueil!
Ils ne profèrent que malédictions et
mensonges:
14 détruis-les, dans ta fureur, détruis-
les, et qu'ils n'existent plus!
Qu'on sache que Dieu règne sur Ja-
cob jusqu'aux extrémités de la terre!
– Pause.

15 Ils reviennent chaque soir, ils
hurlent comme des chiens,
ils font le tour de la ville.
16 Ils errent çà et là, cherchant leur
nourriture,
et ils passent la nuit sans être ras-
sasiés.
17 Quant à moi, je chanterai ta force,
dès le matin je célébrerai ta bonté,
car tu es pour moi une forteresse,
un refuge quand je suis dans la dé-
tresse.
18 Toi qui es ma force, c'est pour toi
que je veux chanter,
car Dieu, mon Dieu si bon, est ma
forteresse.

Prière après la défaite

60 *Au chef de chœur, sur la mé-*
lodie «Le lis du témoignage».
Hymne de David pour enseigner,
2 lorsqu'il fit la guerre aux Syriens
de Mésopotamie et de Tsoba et que
Joab, à son retour, battit 12'000 Edo-
mites dans la vallée du sel.

3 O Dieu, tu nous as repoussés, dis-
persés,
tu t'es irrité: relève-nous!
4 Tu as ébranlé la terre, tu l'as fen-
due:
répare ses brèches, car elle est va-
cillante!
5 Tu as fait voir de dures épreuves
à ton peuple,
tu nous as fait boire un vin qui nous
a étourdis.
6 Tu as donné à ceux qui te crai-
gnent le signal
de la fuite devant les archers.
– Pause.

7 Afin que tes bien-aimés soient dé-
livrés,
sauve-nous par ta main droite et
exauce-nous!
8 Dieu a dit dans sa sainteté: «Je
triompherai,
je partagerai Sichem, je mesurerai
la vallée de Succoth.
9 Galaad est à moi, Manassé est à
moi,
Ephraïm est le casque de ma tête,
et Juda mon sceptre.

10 Moab est le bassin où je me lave,
je jette ma sandale sur Edom.
Pays des Philistins, pousse des cris
contre moi!»
11 Qui me mènera dans la ville for-
tifiée?
Qui me conduira jusqu'en Edom?
12 N'est-ce pas toi, ô Dieu, qui nous
avais repoussés
et qui ne sortais plus, ô Dieu, avec
nos armées?
13 Viens nous aider contre notre ad-
versaire!
Le secours de l'homme n'est qu'il-
lusion.
14 Avec Dieu, nous ferons des ex-
ploits:
c'est lui qui écrasera nos adversai-
res.

Prière du roi qui cherche un refuge

61 *Au chef de chœur, sur instruments à cordes. De David.*

2 O Dieu, écoute mes cris,
sois attentif à ma prière!
3 Des extrémités de la terre, dans
ma faiblesse, je crie à toi:
conduis-moi sur le rocher trop éle-
vé pour moi!
4 Oui, tu es pour moi un refuge,
une tour fortifiée, en face de l'en-
nemi.
5 Je voudrais habiter éternellement
dans ta tente,
me réfugier sous l'abri de tes ailes.
– Pause.

6 Oui, c'est toi, ô Dieu, qui écoutes
mes vœux;
tu me donnes l'héritage réservé à
ceux qui craignent ton nom.
7 Ajoute des jours à la vie du roi,
que ses années se prolongent de
génération en génération,
8 qu'il siège éternellement devant
Dieu!
Fais que ta bonté et ta fidélité veil-
lent sur lui!
9 Alors je chanterai sans cesse ton
nom
en accomplissant chaque jour mes
vœux.

Dieu le seul refuge

62 *Au chef de chœur, d'après Jeduthun. Psaume de David.*

2 Oui, c'est en Dieu que mon âme
se confie;
de lui vient mon salut.
3 Oui, c'est lui mon rocher et mon
salut,
ma forteresse: je ne serai guère
ébranlé.
4 Jusqu'à quand vous jetterez-vous
sur un homme
pour chercher tous à l'abattre
comme un mur qui penche,
comme une clôture qui s'écroule?
5 Ils conspirent pour le faire tomber
de son poste élevé;
ils prennent plaisir au mensonge.
Ils bénissent de leur bouche,
et ils maudissent dans leur cœur.
– Pause.

6 Oui, mon âme, repose-toi sur
Dieu,
car c'est de lui que vient mon espé-
rance.
7 Oui, c'est lui mon rocher et mon
salut,
ma forteresse: je ne serai pas ébran-
lé.
8 Sur Dieu reposent mon salut et ma
gloire;
le rocher de ma force, mon refuge,
est en Dieu.
9 En tout temps, peuples, confiez-
vous en lui,
épanchez votre cœur devant lui!
Dieu est notre refuge. *– Pause.*

10 Oui, les fils d'Adam ne sont qu'un
souffle,
les hommes ne sont que mensonge.
S'ils montaient sur une balance,

tous ensemble ils seraient plus
légers qu'un souffle.
11 Ne comptez pas sur l'oppression
et ne mettez pas un espoir illusoire
dans le pillage!
Quand les richesses augmentent,
n'y attachez pas votre cœur!
12 Dieu a parlé une fois,
deux fois j'ai entendu ceci:
c'est que la force appartient à Dieu.
13 A toi aussi, Seigneur, appartient
la bonté,
car *tu traites chacun conformément à ses actes[n].

La soif de Dieu

63 *Psaume de David, lorsqu'il était dans le désert de Juda.*

2 O Dieu, tu es mon Dieu, je te cherche.
Mon âme a soif de toi, mon corps
soupire après toi,
dans une terre aride, desséchée,
sans eau.
3 C'est pourquoi je t'ai contemplé
dans le sanctuaire
pour voir ta force et ta gloire,
4 car ta bonté vaut mieux que la vie.
Mes lèvres célèbrent tes louanges.
5 Ainsi je te bénirai toute ma vie,
je lèverai mes mains en faisant appel à toi.
6 Je serai rassasié comme par une
nourriture succulente et abondante,
et, avec des cris de joie sur les lèvres, je te célébrerai,
7 lorsque je penserai à toi sur mon
lit,
lorsque je méditerai sur toi pendant
les heures de la nuit.
8 Oui, tu es mon secours,
et je crie de joie à l'ombre de tes ailes.
9 Mon âme est attachée à toi.
Ta main droite me soutient,
10 mais ceux qui cherchent à ruiner
ma vie
iront dans les profondeurs de la
terre.
11 Ils seront livrés à l'épée,
ils seront la proie des chacals.
12 Le roi se réjouira en Dieu;
tout homme qui prête serment par
lui pourra s'en féliciter,
car la bouche des menteurs sera
fermée.

Punition des méchants

64 *Au chef de chœur. Psaume de David.*

2 O Dieu, écoute-moi quand je gémis,
protège ma vie contre l'ennemi que
je redoute!
3 Mets-moi à l'abri des complots des
méchants,
de la troupe bruyante des hommes
injustes!
4 Ils aiguisent leur langue comme
une épée,
ils lancent leurs paroles amères
comme des flèches
5 pour tirer en cachette sur celui qui
est intègre.
Soudain ils tirent sur lui, sans
éprouver la moindre crainte.
6 Ils se fortifient dans leur méchanceté,
ils se concertent pour tendre des
pièges,
ils disent: «Qui les verra?»
7 Ils combinent des crimes:
«Nous sommes prêts, le plan est au
point!»
La pensée intime, le cœur, de chacun est un abîme.
8 Dieu lance ses flèches contre eux:
soudain les voilà frappés.
9 Leur langue a causé leur chute;
tous ceux qui les voient hochent la
tête.
10 Tous les hommes sont saisis de
crainte;

62.13 *Tu traites... actes*: principe cité en Matthieu 16.27; Romains 2.6; 2 Timothée 4.14; 1 Pierre 1.17.

ils proclament ce que Dieu fait,
ils prêtent attention à son œuvre.
11 Le juste se réjouit en l'Eternel et
se réfugie en lui;
tous ceux dont le cœur est droit s'en
félicitent.

Louange à Dieu pour ses bienfaits

65 *Au chef de chœur. Psaume de David, chant.*

2 A toi, ô Dieu qui résides à Sion,
va notre attente confiante, notre
louange.
Pour toi, nous accomplirons nos
vœux.
3 Toi qui écoutes la prière,
tous les hommes viendront à toi.
4 Mes fautes m'accablent,
mais tu pardonnes nos transgres-
sions.
5 Heureux celui que tu choisis et
que tu fais approcher de toi
pour qu'il habite dans tes parvis!
Nous nous rassasierons des biens
de ta maison,
de la sainteté de ton temple.
6 Dans ta justice, tu nous réponds par
des prodiges, Dieu de notre salut.
En toi se confient les extrémités de
la terre et les mers lointaines.
7 Il affermit les montagnes par sa force,
il a la puissance pour ceinture.
8 Il apaise le tapage des mers, le ta-
page de leurs vagues
et le grondement des peuples.
9 Ceux qui habitent aux extrémités
du monde s'effraient des signes que
tu accomplis;
tu remplis d'allégresse le levant et
le couchant.
10 Tu prends soin de la terre et tu lui
donnes l'abondance,
tu la combles de richesses.
Le ruisseau de Dieu est plein d'eau;
tu prépares le blé, quand tu la fer-
tilises ainsi.
11 Tu arroses ses sillons, tu aplanis
ses mottes,
tu la détrempes par des pluies, tu
bénis ses pousses.
12 Tu couronnes l'année de tes biens,
et ton passage apporte l'abon-
dance;
13 les plaines du désert sont arro-
sées
et les collines sont entourées d'al-
légresse;
14 les pâturages se couvrent de
brebis
et les vallées se revêtent de blé.
Les cris de joie et les chants reten-
tissent.

Bénédictions après l'épreuve

66 *Au chef de chœur. Chant, psaume.*

Poussez vers Dieu des cris de joie,
vous, tous les habitants de la terre!
2 Chantez la gloire de son nom,
célébrez sa gloire par vos louanges!
3 Dites à Dieu: «Que ta manière
d'agir est redoutable!
A cause de la grandeur de ta force,
tes ennemis te flattent.
4 Toute la terre t'adore et chante en
ton honneur,
elle chante ton nom.» *–Pause.*

5 Venez voir ce que Dieu a fait!
Il est redoutable quand il agit en-
vers les hommes.
6 Il a changé la mer en terre ferme:
on a traversé le fleuve à pied;
alors nous nous sommes réjouis
en lui.
7 Il domine éternellement par sa
puissance;
ses yeux observent les nations:
que les rebelles ne fassent pas les
fiers! *–Pause.*

8 Peuples, bénissez notre Dieu,
faites retentir sa louange!
9 Il nous a conservé la vie,
et il n'a pas permis que notre pied
trébuche.

10 En effet, tu nous as mis à l'épreu-
ve, ô Dieu,
tu nous as purifiés au creuset com-
me l'argent.
11 Tu nous as amenés dans un piège,
tu as mis sur nos reins un fardeau
pesant,
12 tu as fait monter des hommes sur
notre tête;
nous avons traversé le feu et l'eau,
mais tu nous en as tirés pour nous
donner l'abondance.
13 J'irai dans ta maison avec des ho-
locaustes,
j'accomplirai mes vœux envers toi:
14 mes lèvres se sont ouvertes pour
les exprimer,
ma bouche les a prononcés quand
j'étais dans la détresse.
15 Je t'offrirai des bêtes grasses en
holocauste,
des béliers avec de l'encens;
je sacrifierai des taureaux avec des
boucs. *– Pause.*

16 Venez, écoutez, vous tous qui
craignez Dieu, et je raconterai
ce qu'il a fait pour moi.
17 J'ai crié à lui de ma bouche,
et ma langue a célébré sa louange.
18 Si j'avais eu l'injustice en vue
dans mon cœur,
le Seigneur ne m'aurait pas exaucé,
19 mais Dieu m'a exaucé,
il a été attentif à ma prière.
20 Béni soit Dieu,
car il n'a pas rejeté ma prière,
il ne m'a pas retiré sa bonté!

Louange universelle à Dieu

67 *Au chef de chœur, avec instruments à cordes. Psaume, chant.*

2 Que Dieu nous fasse grâce et nous
bénisse,
qu'il fasse briller son visage sur
nous! *– Pause.*

3 Ainsi l'on connaîtra ta voie sur la
terre
et ton salut parmi toutes les na-
tions.
4 Les peuples te louent, ô Dieu,
tous les peuples te louent.
5 Les nations se réjouissent, elles
sont dans l'allégresse,
car tu juges les peuples avec droi-
ture
et tu conduis les nations sur la
terre. *– Pause.*

6 Les peuples te louent, ô Dieu,
tous les peuples te louent.
7 La terre donne ses produits;
Dieu, notre Dieu, nous bénit.
8 Dieu nous bénit,
et toutes les extrémités de la terre
le craignent.

Chant de triomphe et de gloire

68 *Au chef de chœur. Psaume, chant de David.*

2 *Dieu se lève, ses ennemis se dis-
persent
et ses adversaires prennent la fuite
devant lui.[n]
3 Comme la fumée se dissipe, tu les
dissipes;
comme la cire fond au feu,
les méchants disparaissent devant
Dieu.
4 Mais les justes se réjouissent, ils
triomphent devant Dieu,
ils sont transportés de joie.
5 Chantez en l'honneur de Dieu, cé-
lébrez son nom,
préparez le chemin à celui qui
s'avance à travers les déserts!
L'Eternel est son nom: réjouissez-
vous devant lui!

68.2 *Dieu se lève… devant lui*: correspond aux paroles de Moïse lors du départ de l'arche de l'alliance (Nombres 10.35).

6 Le père des orphelins, le défen-
seur des veuves,
c'est Dieu dans sa sainte demeure.
7 Dieu donne un foyer à ceux qui
sont solitaires,
il délivre les prisonniers et les rend
heureux;
seuls les rebelles habitent des lieux
arides.
8 O Dieu, tu es sorti à la tête de ton
peuple,
tu as marché dans le désert.
–Pause.

9 Alors la terre a tremblé, le ciel aus-
si a déversé son eau devant Dieu;
le Sinaï lui-même a tremblé devant
Dieu, le Dieu d'Israël.
10 Tu as fait tomber une pluie bien-
faisante, ô Dieu,
tu as fortifié ton peuple épuisé.
11 Ton troupeau a habité dans le pays
que dans ta bonté, ô Dieu, tu avais
préparé pour les malheureux.
12 Le Seigneur dit une parole,
et les messagères de bonnes nou-
velles sont légion.
13 Les rois des armées fuient, ils
fuient,
et celle qui reste à la maison par-
tage le butin.
14 Tandis que vous êtes couchés au
milieu des étables,
les ailes de la colombe sont couver-
tes d'argent
et son plumage est d'un jaune d'or.
15 Lorsque le Tout-Puissant a dis-
persé les rois dans le pays,
il neigeait sur le Tsalmon.
16 Montagne de Dieu, montagne du
Basan,
montagne aux nombreuses cimes,
montagne du Basan,
17 pourquoi, montagnes aux nom-
breuses cimes, êtes-vous jalouses
de la montagne que Dieu a choisie
pour résidence?
Cependant, l'Eternel en fera sa de-
meure à perpétuité.
18 Les chars de Dieu se comptent
par dizaines de milliers,
par milliers de milliers;
le Seigneur est au milieu d'eux sur
le Sinaï, dans le sanctuaire.
19 *Tu es monté sur les hauteurs, tu
as emmené des prisonniers,
tu as pris des dons parmi les hom-
mes[n];
les rebelles aussi habiteront près de
l'Eternel Dieu.
20 Béni soit le Seigneur chaque
jour!
Dieu porte nos fardeaux, il nous
sauve. *–Pause.*

21 Dieu est pour nous le Dieu des
délivrances,
c'est l'Eternel, le Seigneur, qui peut
nous préserver de la mort.
22 Oui, Dieu brisera la tête de ses
ennemis,
le crâne chevelu de ceux qui vivent
dans le péché.
23 Le Seigneur dit: «Je les ramène-
rai du Basan,
je les ramènerai du fond de la mer,
24 afin que tu plonges ton pied dans
le sang
et que la langue de tes chiens ait
part au carnage des ennemis.»
25 Ils voient ta marche, ô Dieu,
la marche de mon Dieu, de mon roi,
dans le sanctuaire.
26 En tête vont les chanteurs, puis
ceux qui jouent des instruments,
au milieu des jeunes filles qui bat-
tent du tambourin.
27 Bénissez Dieu dans les assem-
blées,
bénissez le Seigneur, descendants
d'Israël!
28 Voilà Benjamin, le plus jeune, qui
domine sur eux,
les chefs de Juda et leur troupe,

68.19 *Tu es monté… les hommes*: cité en Ephésiens 4.8, 9 à propos du don de la grâce.

les chefs de Zabulon, les chefs de
Nephthali.
29 Ton Dieu ordonne que tu sois fort:
fortifie, ô Dieu, ce que tu as fait
pour nous!
30 De ton temple tu règnes sur Jé-
rusalem.
Les rois t'apporteront des présents.
31 Menace l'animal des roseaux,
la troupe des taureaux avec les
veaux des peuples,
qui se prosternent avec des pièces
d'argent!
Disperse les peuples qui aiment la
guerre!
32 Des grands viennent de l'Egypte;
l'Ethiopie accourt, les mains ten-
dues vers Dieu.
33 Royaumes de la terre, chantez en
l'honneur de Dieu,
célébrez le Seigneur! *–Pause.*

34 Chantez celui qui s'avance dans
le ciel, le ciel ancien!
Voici qu'il fait retentir sa voix, sa
voix puissante.
35 Proclamez la force de Dieu!
Sa majesté s'étend sur Israël, et sa
force éclate dans le ciel.
36 De ton sanctuaire, ô Dieu, tu es
redoutable.
Le Dieu d'Israël donne force et
puissance à son peuple.
Béni soit Dieu!

Prière du juste opprimé

69 *Au chef de chœur, sur la mé-
lodie «Les lis». De David.*

2 Sauve-moi, ô Dieu,
car l'eau menace ma vie.
3 J'enfonce dans la boue, sans trou-
ver de terrain stable;
je suis tombé dans l'eau profonde,
et le courant m'emporte.
4 Je m'épuise à crier, mon gosier se
dessèche,
mes yeux se fatiguent dans l'attente
de mon Dieu.
5 Ils sont plus nombreux que les
cheveux de ma tête,
*ceux qui me détestent sans raison[n];
ils sont puissants, ceux qui veulent
me réduire au silence,
qui sont à tort mes ennemis.
Ce que je n'ai pas volé, il faut que
je le rende.
6 O Dieu, tu connais ma folie,
et mes fautes ne te sont pas ca-
chées.
7 Que ceux qui espèrent en toi ne
soient pas honteux à cause de moi,
Seigneur, Eternel, maître de l'uni-
vers!
Que ceux qui te cherchent ne rou-
gissent pas à cause de moi, Dieu
d'Israël!
8 En effet, c'est pour toi que je sup-
porte l'insulte,
que la honte couvre mon visage.
9 Je suis devenu un étranger pour
mes frères,
un inconnu pour les fils de ma
mère,
10 car *le zèle de ta maison me dé-
vore[n],
et *les injures de ceux qui t'insul-
tent tombent sur moi[n].
11 Je pleure et je jeûne,
et c'est ce qui m'attire les insultes.
12 Je prends un sac pour habit
et je suis l'objet de leurs moque-
ries.
13 Ceux qui sont assis à la porte par-
lent contre moi,
et les buveurs de liqueurs fortes se
moquent de moi dans leurs chan-
sons.
14 Mais moi je t'adresse ma prière,
Eternel!

69.5 *Ceux... raison*: même idée au Psaume 35.19, cité en Jean 15.25. **69.10** *Le zèle... dévore*: cité en Jean 2.17 à propos de la purification du temple par Jésus. **69.10** *Les injures... sur moi*: cité en Romains 15.3 à propos de l'attitude de Christ.

C'est le moment favorable, ô Dieu,
par ta grande bonté:
réponds-moi en m'accordant ton fidèle secours!
15 Retire-moi de la boue, et que je
n'enfonce plus,
que je sois délivré de mes ennemis
et de l'eau profonde!
16 Que le courant ne m'emporte
plus,
que le gouffre ne m'engloutisse pas
et que la tombe ne se referme pas
sur moi!
17 Réponds-moi, Eternel, car ta bonté est immense!
Dans tes grandes compassions,
tourne les regards vers moi
18 et ne cache pas ton visage à ton
serviteur!
Je suis dans la détresse: réponds-moi vite!
19 Approche-toi de moi, rachète-moi,
libère-moi, à cause de mes ennemis!
20 Tu sais qu'on m'insulte, qu'on
me déshonore, qu'on me couvre de
honte;
tous mes adversaires sont devant
toi.
21 L'insulte me brise le cœur, et je
suis anéanti;
j'attends de la pitié, mais il n'y en
a pas,
des consolateurs, et je n'en trouve
aucun.
22 Ils mettent du poison dans ma
nourriture,
et pour apaiser ma soif ils me donnent du vinaigre.
23 *Que leur table soit pour eux un
piège,
et leur prospérité une entrave!
24 Que leurs yeux s'obscurcissent
pour ne plus voir!
Fais-leur constamment courber le
dos![n]
25 Déverse ta fureur sur eux
et que ton ardente colère les atteigne!
26 *Que leur domaine devienne désert,
que plus personne n'habite[n] dans
leurs tentes!
27 En effet, ils poursuivent celui que
tu frappes,
ils racontent les souffrances de
ceux que tu as blessés.
28 Ajoute cette faute à leurs fautes
et qu'ils n'aient aucune part à ta
justice!
29 Qu'ils soient effacés du livre
de vie
et ne soient pas inscrits avec les
justes!
30 Moi, je suis malheureux et souffrant.
O Dieu, que ton secours me mette
en sécurité!
31 Je célébrerai le nom de Dieu par
un chant,
je proclamerai ta grandeur par des
louanges:
32 voilà ce qui est agréable à l'Eternel, plus qu'un bœuf, un taureau
avec cornes et sabots.
33 Les humbles le voient et se réjouissent.
Vous qui cherchez Dieu, que votre
cœur vive,
34 car l'Eternel écoute les pauvres,
et il ne méprise pas les siens quand
ils sont prisonniers.
35 Que le ciel et la terre le célèbrent,
ainsi que les mers et tout ce qui
y vit,
36 car Dieu sauvera Sion, et il reconstruira les villes de Juda;
on s'y établira et on les possédera.
37 La descendance de ses serviteurs
en fera son héritage,
et ceux qui aiment son nom y habiteront.

69.23-24 *Que leur table... le dos*: cité en Romains 11.9-10 d'après la Septante. **69.26** *Que leur... n'habite*: cité en Actes 1.20.

Prière pour la délivrance

70 *Au chef de chœur. De David, comme mémorial.*

2 O Dieu, délivre-moi sans tarder!
Eternel, viens vite à mon aide!
3 Qu'ils soient honteux et remplis de confusion, ceux qui en veulent à ma vie!
Qu'ils reculent et rougissent, ceux qui désirent ma perte!
4 Qu'ils fassent demi-tour, saisis de honte,
ceux qui disent: «Ha! ha!»
5 Que tous ceux qui te cherchent soient dans l'allégresse et se réjouissent en toi!
Que ceux qui aiment ton salut disent sans cesse: «Que Dieu est grand!»
6 Moi, je suis malheureux et pauvre:
ô Dieu, viens vite à mon secours!
Tu es mon aide et mon libérateur,
Eternel, ne tarde pas!

Prière confiante d'un vieil homme persécuté

71 Eternel, je cherche refuge en toi:
que jamais je ne sois déçu!
2 Dans ta justice, secours-moi et délivre-moi,
tends ton oreille vers moi et sauve-moi!
3 Sois pour moi un rocher où je trouve un refuge,
où je puisse toujours me retirer!
Tu as décidé de me sauver,
car tu es mon rocher et ma forteresse.
4 Mon Dieu, délivre-moi du méchant,
de l'homme injuste et violent,
5 car tu es mon espérance, Seigneur, Eternel,
l'objet de ma confiance depuis ma jeunesse.
6 Depuis ma naissance je m'appuie sur toi:
c'est toi qui m'as fait sortir du ventre de ma mère.
Tu es sans cesse l'objet de mes louanges.
7 Je suis pour beaucoup un cas étrange,
mais toi, tu es mon puissant refuge.
8 Que ma bouche soit remplie de tes louanges,
que chaque jour elle dise ta beauté!
9 Ne me rejette pas au moment de la vieillesse!
Quand mes forces s'en vont, ne m'abandonne pas!
10 En effet, mes ennemis parlent de moi,
et ceux qui guettent ma vie tiennent conseil ensemble.
11 Ils disent: «Dieu l'abandonne.
Poursuivez-le, attrapez-le! Il n'y a personne pour le délivrer.»
12 O Dieu, ne t'éloigne pas de moi!
Mon Dieu, viens vite à mon secours!
13 Qu'ils soient honteux et disparaissent, ceux qui m'accusent,
qu'ils soient couverts de honte et de déshonneur, ceux qui cherchent mon malheur!
14 Quant à moi, j'espérerai toujours,
je te louerai de plus en plus.
15 Ma bouche proclamera ta justice,
ton salut, chaque jour,
car j'ignore le nombre de tes bienfaits.
16 Je raconterai tes hauts faits, Seigneur Eternel,
je rappellerai ta justice, la tienne seule.
17 O Dieu, tu m'as instruit dès ma jeunesse,
et jusqu'à présent j'annonce tes merveilles.
18 Ne m'abandonne pas, ô Dieu, malgré ma vieillesse et mes cheveux blancs,
afin que j'annonce ta force à la génération présente,
ta puissance à tous ceux qui viendront!

19 Ta justice, ô Dieu, atteint les som-
mets.
Tu as accompli de grandes choses:
ô Dieu, qui est semblable à toi?
20 Tu nous as fait éprouver bien des
détresses et des malheurs,
mais tu nous redonneras la vie,
tu nous feras remonter des abîmes
de la terre.
21 Tu augmenteras mon honneur,
tu me consoleras encore,
22 et je te louerai au son du luth, je
chanterai ta fidélité, mon Dieu,
je te célébrerai avec la harpe, Saint
d'Israël.
23 Pour te célébrer, j'aurai la joie sur
les lèvres
et dans mon âme que tu as libérée.
24 Ma langue proclamera chaque
jour ta justice,
car ceux qui cherchent mon mal-
heur sont honteux et rougissent.

La gloire d'un royaume juste

72 *De Salomon.*

O Dieu, donne au roi de juger com-
me toi,
donne ton esprit de justice au fils
du roi!
2 Qu'il juge ton peuple avec justice,
et les malheureux qui t'appartien-
nent conformément au droit.
3 Que les montagnes apportent la
paix au peuple,
et les collines aussi, par l'effet de ta
justice!
4 Il fera droit aux malheureux du
peuple,
il sauvera les enfants du pauvre
et il écrasera l'oppresseur.
5 On te craindra, tant que le soleil
brillera,
tant que la lune éclairera, de géné-
ration en génération.
6 Il sera pareil à une pluie qui tom-
be sur un terrain fauché,
à des ondées qui arrosent la cam-
pagne.
7 Sous son règne, le juste fleurira,
et la paix sera grande tant que la
lune éclairera.
8 Il dominera d'une mer à l'autre,
et de l'Euphrate aux extrémités de
la terre.
9 Devant lui les habitants du désert
plieront le genou
et ses ennemis lécheront la pous-
sière.
10 Les rois de Tarsis et des îles amè-
neront des offrandes,
les rois de Séba et de Saba apporte-
ront leur tribut.
11 Tous les rois se prosterneront de-
vant lui,
toutes les nations le serviront,
12 car il délivrera le pauvre qui crie
et le malheureux que personne
n'aide.
13 Il aura pitié du faible et du pau-
vre,
et il sauvera la vie des pauvres;
14 il les rachètera de l'oppression
et de la violence,
et leur sang aura de la valeur à ses
yeux.
15 Que le roi vive! On lui donnera de
l'or de Séba,
on priera pour lui sans cesse, on le
bénira tout le jour.
16 Les blés abonderont dans le pays,
au sommet des montagnes,
et leurs épis s'agiteront comme les
arbres du Liban;
les hommes fleuriront dans les vil-
les comme l'herbe de la terre.
17 Que son nom subsiste toujours,
qu'il se perpétue aussi longtemps
que le soleil!
Par lui on se bénira mutuellement,
et toutes les nations le diront heu-
reux.

18 Béni soit l'Eternel Dieu, le Dieu
d'Israël,
qui seul fait des merveilles!
19 Que son nom glorieux soit béni
éternellement,

que toute la terre soit remplie de
sa gloire!
Amen! Amen!

20 *Fin des prières de David, fils d'Isaï.*

TROISIÈME LIVRE 73–89

Perplexité face au bonheur des impies

73 *Psaume d'Asaph.*

Oui, Dieu est bon pour Israël,
pour ceux qui ont le cœur pur.
2 Toutefois, mon pied allait trébucher,
mes pas étaient sur le point de glisser,
3 car j'étais jaloux des vantards
en voyant le bien-être des méchants:
4 rien ne les tourmente jusqu'à leur mort,
et leur corps prend de l'embonpoint;
5 ils n'ont aucune part aux souffrances humaines,
ils ne sont pas frappés comme le reste des hommes.
6 C'est pourquoi ils se parent de l'orgueil comme d'un collier,
la violence les enveloppe comme un manteau.
7 Leurs yeux ressortent dans un visage plein de graisse,
les mauvaises pensées de leur cœur débordent.
8 Ils ricanent et parlent méchamment d'opprimer,
ils profèrent des discours hautains,
9 leur bouche s'attaque au ciel
et leur langue balaie la terre.
10 Voilà pourquoi son peuple se tourne de leur côté,
il boit leurs paroles avidement comme de l'eau,
11 et il dit: «Comment Dieu pourrait-il savoir?
Y a-t-il de la connaissance chez le Très-Haut?
12 Voici comment sont les méchants:
toujours tranquilles, ils augmentent leurs richesses.
13 C'est donc pour rien que j'ai purifié mon cœur
et que j'ai lavé mes mains en signe d'innocence!
14 Chaque jour je suis frappé,
tous les matins je suis repris.»
15 Si je disais: «Je veux parler comme eux»,
alors je trahirais tes enfants.
16 Quand j'ai réfléchi pour comprendre cela,
la difficulté a été grande à mes yeux,
17 jusqu'au moment où je suis entré dans les sanctuaires de Dieu
et où j'ai prêté attention au sort final des méchants:
18 oui, tu les places sur un terrain glissant,
tu les fais tomber dans la ruine.
19 Et voilà, en un instant ils sont détruits,
ils ont disparu, anéantis par l'épouvante!
20 Comme un rêve qui se dissipe au réveil,
Seigneur, à ton réveil, tu repousses leur image.
21 Lorsque mon cœur était aigri
et mes reins transpercés,
22 j'étais idiot et je ne comprenais rien,
j'étais devant toi comme une bête.
23 Cependant je suis toujours avec toi:
tu m'as empoigné la main droite,
24 tu me conduiras par ton conseil,
puis tu me prendras dans la gloire.
25 Qui d'autre ai-je au ciel?
Et sur la terre je ne prends plaisir qu'en toi.
26 Mon corps et mon cœur peuvent s'épuiser,
Dieu sera toujours le rocher de mon cœur et ma bonne part.

27 Oui, ceux qui s'éloignent de toi
vont à leur perte,
tu réduis au silence tous ceux qui
te sont infidèles.
28 Pour moi, mon bonheur, c'est de
m'approcher de Dieu.
Je place mon refuge en toi, Seigneur,
Eternel,
afin de raconter tout ce que tu fais.

Supplication après la destruction du temple

74 *Cantique d'Asaph.*
Pourquoi, ô Dieu, nous rejettes-tu
définitivement?
Pourquoi t'irrites-tu contre le trou-
peau dont tu es le berger?
2 Souviens-toi de ton peuple que tu
as acquis autrefois,
que tu as racheté pour en faire une
tribu qui t'appartienne!
Souviens-toi du mont Sion où tu
faisais ta résidence!
3 Porte tes pas vers ces endroits tou-
jours en ruine!
L'ennemi a tout dévasté dans le
sanctuaire,
4 tes adversaires ont rugi au milieu
de ton temple;
ils ont établi pour signes leurs si-
gnes[n].
5 On les a vus pareils à ceux qui lèvent
la hache dans une épaisse forêt,
6 quand ils ont brisé toutes les sculp-
tures
à coups de masses et de marteaux.
7 Ils ont mis le feu à ton sanctuaire,
ils ont abattu, profané la demeure
de ton nom.
8 Ils disaient dans leur cœur:
«Traitons-les tous avec violence!»
Ils ont brûlé dans le pays tous les
lieux saints.
9 Nous ne voyons plus nos signes,
il n'y a plus de prophète,
et personne parmi nous qui sache
jusqu'à quand…
10 Jusqu'à quand, ô Dieu, l'adversai-
re va-t-il proférer ses insultes,
et l'ennemi mépriser sans cesse ton
nom?
11 Pourquoi retires-tu ta main, ta
main droite?
Sors-la! Détruis l'adversaire!
12 Dieu est mon roi depuis les temps
anciens,
lui qui accomplit des délivrances
sur toute la terre.
13 Tu as fendu la mer par ta puis-
sance,
tu as brisé les têtes des monstres
sur les eaux;
14 tu as écrasé la tête du léviathan[n],
tu l'as donné pour nourriture aux
habitants du désert.
15 Tu as fait jaillir des sources et des
torrents,
tu as mis à sec des fleuves qui n'ar-
rêtaient jamais de couler.
16 A toi appartient le jour, à toi ap-
partient la nuit;
tu as établi la lune et le soleil.
17 Tu as fixé toutes les limites de la
terre,
tu as formé l'été et l'hiver.
18 Souviens-toi que l'ennemi insul-
te l'Eternel
et qu'un peuple rempli de folie mé-
prise ton nom!
19 Ne livre pas aux bêtes la vie de ta
tourterelle,
n'oublie pas définitivement le sort
des malheureux qui t'appartien-
nent,
20 prête attention à ton alliance,
car les endroits retirés du pays sont
pleins de repaires de brigands!
21 Que l'opprimé ne fasse pas demi-
tour, couvert de honte,
que le malheureux et le pauvre cé-
lèbrent ton nom!

74.4 Ces *signes* sont soit les étendards des ennemis, soit les statues de leurs dieux. **74.14** *Léviathan*: monstre marin redoutable.

22 Lève-toi, ô Dieu, défends ta cau-
se,
souviens-toi des insultes que le
fou t'adresse chaque jour!
23 N'oublie pas les cris de tes adver-
saires,
le tapage sans cesse grandissant de
ceux qui s'attaquent à toi!

Dieu, le juge souverain

75 *Au chef de chœur, sur la mélodie de «Ne détruis pas». Psaume, chant d'Asaph.*

2 Nous te louons, ô Dieu, nous te
louons.
Ton nom est dans nos bouches,
nous proclamons tes merveilles.
3 Au moment que j'aurai fixé,
je jugerai avec droiture.
4 La terre tremble avec tous ceux
qui l'habitent,
mais moi, j'affermis ses piliers.
– Pause.

5 Je dis à ceux qui se vantent: «Ne
vous vantez pas!»
et aux méchants: «Ne levez pas la
tête!»
6 Ne levez pas si haut votre tête,
ne parlez pas avec tant d'arrogance,
7 car ce n'est ni de l'est, ni de l'ouest,
ni du désert que vient la grandeur.
8 En effet, c'est Dieu qui juge:
il abaisse l'un et il élève l'autre.
9 Il y a dans la main de l'Eternel une
coupe
où fermente un vin plein de liqueurs
mêlées.
Il en verse, et tous les méchants de
la terre
boivent, ils vident la coupe jusqu'à
la lie.
10 Quant à moi, je ne cesserai d'an-
noncer cela,
je chanterai en l'honneur du Dieu
de Jacob.
11 J'abattrai toutes les forces des
méchants,
mais les forces du juste seront re-
levées.

Victoire de la puissance de Dieu

76 *Au chef de chœur, avec instruments à cordes. Psaume, chant d'Asaph.*

2 Dieu s'est fait connaître en Juda,
son nom est grand en Israël.
3 Sa tente est à Salem,
et sa demeure à Sion.
4 C'est là qu'il a brisé les flèches,
le bouclier, l'épée et les armes de
guerre. *– Pause.*

5 Tu es plus majestueux, plus puis-
sant
que les montagnes riches en proies.
6 Ils ont été dépouillés, ces héros
pleins de courage,
ils se sont endormis de leur dernier
sommeil;
ils n'ont pas su se défendre, tous ces
vaillants hommes.
7 A ta menace, Dieu de Jacob,
cavaliers et chevaux se sont figés.
8 Toi, tu es redoutable.
Qui peut te résister quand ta colè-
re éclate?
9 Du haut du ciel tu as proclamé ta
sentence;
la terre, effrayée, s'est tenue tran-
quille
10 lorsque Dieu s'est levé pour faire
justice,
pour sauver tous les humbles de la
terre. *– Pause.*

11 La fureur de l'homme te célèbre,
tu t'attaches ceux qui échappent à
ta colère.
12 Faites des vœux à l'Eternel, votre
Dieu, et accomplissez-les!
Que tous ceux qui l'entourent ap-
portent des dons au Dieu terrible!
13 Il abat l'orgueil des princes,
il est redoutable pour les rois de
la terre.

Les hauts faits de Dieu dans le passé

77 *Au chef de chœur, d'après Jeduthun. Psaume d'Asaph.*

2 Ma voix s'élève vers Dieu, et je crie;
ma voix s'élève vers Dieu, et il m'écoutera.
3 Quand je suis dans la détresse, je cherche le Seigneur;
la nuit, mes mains se tendent vers lui, sans se lasser;
je refuse toute consolation.
4 Je me souviens de Dieu et je gémis;
je médite, et mon esprit est abattu.
– Pause.

5 Tu tiens mes paupières ouvertes;
je suis troublé, incapable de parler.
6 Je pense aux jours lointains,
aux années passées.
7 Je me souviens de mes chants pendant la nuit,
je médite dans mon cœur,
et mon esprit s'interroge:
8 «Le Seigneur me rejettera-t-il pour toujours?
Ne se montrera-t-il plus favorable?
9 Sa bonté est-elle définitivement épuisée?
Sa parole a-t-elle disparu pour l'éternité?
10 Dieu a-t-il oublié de faire grâce?
A-t-il, dans sa colère, retiré sa compassion?»
– Pause.

11 Je me dis: «Ce qui fait ma souffrance,
c'est que la main droite du Très-Haut n'est plus la même.»
12 Je me rappelle la manière d'agir de l'Eternel.
Oui, je veux me souvenir de tes miracles passés.
13 Je réfléchis à toute ton activité,
je veux méditer tes hauts faits.
14 O Dieu, tes voies sont saintes.
Quel dieu est grand comme Dieu?
15 Tu es le Dieu qui fait des miracles.
Tu as fait connaître ta puissance parmi les peuples;
16 par ton bras tu as racheté ton peuple,
les descendants de Jacob et de Joseph.
– Pause.

17 L'eau t'a vu, ô Dieu,
l'eau t'a vu: elle a tremblé,
les abîmes ont été ébranlés.
18 Les nuages ont déversé des torrents d'eau,
le tonnerre a retenti dans le ciel,
et tes flèches ont volé de tous côtés.
19 Ton tonnerre a éclaté dans le tourbillon,
les éclairs ont illuminé le monde;
la terre a été ébranlée, elle a tremblé.
20 Tu as fait ton chemin dans la mer,
ton sentier au fond de l'eau,
et personne n'a reconnu tes traces.
21 Tu as conduit ton peuple comme un troupeau
par l'intermédiaire de Moïse et d'Aaron.

Fidélité de Dieu au cours de l'histoire d'Israël

78 *Cantique d'Asaph.*

Mon peuple, écoute mes instructions!
Prête l'oreille aux paroles de ma bouche!
2 *J'ouvre la bouche pour parler en paraboles,
j'annonce la sagesse du passé.[n]
3 Ce que nous avons entendu, ce que nous savons,
ce que nos pères nous ont raconté,
4 nous ne le cacherons pas à leurs enfants;
nous redirons à la génération future les louanges de l'Eternel,

78.2 *J'ouvre... passé*: cité en Matthieu 13.35.

sa puissance et les merveilles qu'il
a accomplies.
5 Il a établi un témoignage en Jacob,
il a mis une loi en Israël,
et il a ordonné à nos ancêtres de
l'enseigner à leurs enfants
6 pour que la génération future,
celle des enfants à naître, la connaisse,
et que, devenus grands, ils en parlent à leurs enfants.
7 Ainsi, ils mettraient leur confiance en Dieu,
ils n'oublieraient pas la manière
d'agir de Dieu
et respecteraient ses commandements.
8 Ainsi, ils ne seraient pas comme
leurs ancêtres:
une génération désobéissante et rebelle,
une génération dont le cœur était
inconstant
et dont l'esprit n'était pas fidèle à
Dieu.
9 Les hommes d'Ephraïm, armés de
leur arc,
ont tourné le dos, le jour du combat.
10 Ils n'ont pas gardé l'alliance de
Dieu,
ils ont refusé de se conformer à sa
loi.
11 Ils ont oublié ses actes,
les merveilles qu'il leur avait fait
voir.
12 Devant leurs ancêtres, il avait fait
des miracles
en Egypte, dans les campagnes de
Tsoan*n*:
13 il avait fendu la mer pour les faire passer,
il avait dressé l'eau comme une muraille.
14 Il les avait guidés le jour par la nuée,
et toute la nuit par un feu éclatant.
15 Il avait fendu des rochers dans le
désert,
et il leur avait donné à boire en
abondance.
16 Du rocher il avait fait jaillir des
sources
et couler de l'eau, comme des fleuves.
17 Mais ils ont continué à pécher
contre lui,
à se révolter contre le Très-Haut
dans le désert.
18 Ils ont provoqué Dieu dans leur
cœur
en demandant de la nourriture à
leur goût.
19 Ils ont parlé contre Dieu,
ils ont dit: «Dieu pourrait-il
dresser une table dans le désert?
20 Voici, il a frappé le rocher et l'eau
a coulé,
des torrents se sont déversés.
Pourra-t-il aussi donner du pain
ou fournir de la viande à son peuple?»
21 L'Eternel a entendu cela, et il a
été irrité;
un feu s'est allumé contre Jacob,
et la colère a éclaté contre Israël
22 parce qu'ils n'ont pas cru en
Dieu,
parce qu'ils n'ont pas eu confiance
dans son secours.
23 Il a donné ses ordres aux nuages
d'en haut,
et il a ouvert les portes du ciel;
24 il a fait pleuvoir sur eux de la
manne comme nourriture,
*il leur a donné le pain du ciel*n*.
25 Ils ont tous mangé ce pain des
grands,
il leur a envoyé de la nourriture à
satiété.
26 Il a fait souffler dans le ciel le
vent d'est,

78.12 *Tsoan*: ou *Tanis*, ville d'Egypte à l'est du delta du Nil. **78.24** *Il leur... du ciel*: cité en Jean 6.31 par les adversaires de Jésus pour réclamer un miracle de sa part.

et il a amené par sa puissance le
vent du sud.
27 Il a fait pleuvoir sur eux la viande
comme de la poussière,
et les oiseaux ailés comme le sable
de la mer;
28 il les a fait tomber au milieu de
leur camp,
tout autour de leurs tentes.
29 Ils ont mangé et ont été pleine-
ment rassasiés:
Dieu leur a donné ce qu'ils avaient
désiré.
30 Mais ils n'avaient pas encore as-
souvi leur désir,
ils avaient encore la nourriture
dans la bouche,
31 quand la colère de Dieu a éclaté
contre eux:
il a fait mourir les plus vigoureux,
il a abattu les jeunes hommes d'Is-
raël.
32 Malgré tout cela, ils ont continué
à pécher
et n'ont pas cru à ses merveilles.
33 Il a mis un terme à leurs jours
d'un seul souffle,
à leurs années par une fin sou-
daine.
34 Quand il les frappait de mort, ils
le cherchaient,
ils revenaient à Dieu, ils se tour-
naient vers lui.
35 Ils se souvenaient que Dieu était
leur rocher,
que le Dieu très-haut était celui qui
les rachetait.
36 Cependant, ils le trompaient de
la bouche,
ils lui mentaient de la langue.
37 Leur cœur ne lui était pas ferme-
ment attaché
et ils n'étaient pas fidèles à son al-
liance.
38 Pourtant lui, dans sa compas-
sion, il pardonne la faute et ne dé-
truit pas,
il retient souvent sa colère et ne
s'abandonne pas à toute sa fureur.
39 Il s'est souvenu qu'ils n'étaient
que des créatures,
un souffle qui s'en va et ne revient
pas.
40 Que de fois ils se sont révoltés
contre lui dans le désert!
Que de fois ils l'ont irrité dans les
lieux arides!
41 Ainsi, ils ont recommencé à pro-
voquer Dieu,
à attrister le Saint d'Israël.
42 Ils ne se sont pas souvenus de sa
puissance,
du jour où il les avait délivrés de
l'ennemi,
43 des miracles qu'il avait accomplis
en Egypte
et de ses prodiges dans les campa-
gnes de Tsoan:
44 il avait changé leurs fleuves en
sang,
et ils n'avaient pu en boire l'eau.
45 Il avait envoyé contre eux des
mouches venimeuses qui les dé-
voraient
et des grenouilles qui leur appor-
taient la dévastation.
46 Il avait livré leurs récoltes aux cri-
quets,
le produit de leur travail aux sau-
terelles.
47 Il avait détruit leurs vignes par la
grêle,
et leurs sycomores par la gelée.
48 Il avait abandonné leur bétail à
la grêle,
et leurs troupeaux à la foudre.
49 Il avait lâché contre eux son ar-
dente colère,
la fureur, la rage et la détresse,
une troupe d'anges de malheur.
50 Il avait donné libre cours à sa co-
lère:
il ne les avait pas sauvés de la
mort,
il avait livré leur vie à la peste.
51 Il avait frappé tous les premiers-
nés de l'Egypte,
ceux qui étaient les aînés des en-

fants sous les tentes de Cham[n].
52 Il avait fait partir son peuple comme des brebis,
il les avait conduits comme un troupeau dans le désert.
53 Il les avait guidés en toute sécurité, pour qu'ils soient sans crainte,
et la mer avait recouvert leurs ennemis.
54 Il les avait amenés sur son saint territoire,
jusqu'à la montagne que sa main droite avait conquise.
55 Il avait chassé des nations devant eux,
leur avait distribué le pays en héritage
et avait fait habiter les tribus d'Israël dans les tentes de ces peuples.
56 Mais ils ont provoqué le Dieu très-haut et se sont révoltés contre lui,
ils n'ont pas respecté ses instructions.
57 Ils se sont éloignés et ont été infidèles comme leurs ancêtres,
ils se sont retournés comme un arc trompeur.
58 Ils l'ont irrité par leurs hauts lieux,
ils ont excité sa jalousie par leurs idoles.
59 Dieu a entendu cela, et il a été irrité,
il a durement rejeté Israël.
60 Il a abandonné la demeure de Silo,
la tente où il habitait parmi les hommes.
61 Il a livré sa puissance à l'exil,
et sa parure entre les mains de l'ennemi.
62 Il a livré son peuple à l'épée,
il s'est irrité contre son héritage:
63 le feu a dévoré ses jeunes gens,
et ses vierges n'ont plus été célébrées;
64 ses prêtres sont tombés par l'épée,
et ses veuves n'ont pas pleuré leurs morts.
65 Le Seigneur s'est éveillé comme un homme qui a dormi,
comme un héros ragaillardi par le vin.
66 Il a frappé ses adversaires et les a fait reculer,
il les a couverts d'une honte éternelle.
67 Il a rejeté la tente de Joseph,
il n'a pas choisi la tribu d'Ephraïm,
68 mais il a choisi la tribu de Juda,
le mont Sion qu'il aimait.
69 Il y a construit son sanctuaire,
solide comme les hauteurs,
comme la terre qu'il a établie pour toujours.
70 Il a choisi David, son serviteur,
et l'a fait sortir des bergeries;
71 il l'a pris derrière les brebis qui allaitent
pour faire de lui le berger de Jacob, son peuple,
d'Israël, son héritage.
72 David les a dirigés avec un cœur intègre
et les a guidés avec des mains habiles.

Supplication en faveur de Jérusalem

79

Psaume d'Asaph.

O Dieu, les nations ont envahi ton héritage;
elles ont rendu impur ton saint temple,
elles ont fait de Jérusalem un tas de ruines.
2 Elles ont donné le cadavre de tes serviteurs
en pâture aux oiseaux du ciel,
le corps de tes fidèles aux bêtes de la terre.

78.51 *Cham*: désignation de l'Egypte.

3 Elles ont versé leur sang comme
de l'eau
tout autour de Jérusalem,
et personne n'était là pour les en-
terrer.
4 Nous sommes devenus un objet de
mépris pour nos voisins,
de moquerie et de raillerie pour
ceux qui nous entourent.
5 Jusqu'à quand, Eternel, t'irriteras-
tu sans cesse
et ta colère s'embrasera-t-elle com-
me le feu?
6 Déverse ta fureur sur les nations
qui ne te connaissent pas
et sur les royaumes qui ne font pas
appel à ton nom!
7 En effet, on a dévoré Jacob
et dévasté son domaine.
8 Ne te souviens plus de nos fautes
passées!
Que tes compassions viennent sur
nous sans tarder,
car nous sommes bien malheureux!
9 Secours-nous, Dieu de notre salut,
pour la gloire de ton nom!
Délivre-nous et pardonne nos pé-
chés, à cause de ton nom!
10 Pourquoi les nations diraient-
elles:
«Où est leur Dieu?»
Qu'on sache parmi les nations, et
puissions-nous le voir,
que tu venges le sang de tes servi-
teurs, le sang versé!
11 Que les gémissements des prison-
niers parviennent jusqu'à toi!
Par ton bras puissant, sauve ceux
qui sont destinés à la mort!
12 Rends sept fois à nos voisins
les insultes qu'ils t'ont faites, Sei-
gneur!
13 Et nous, ton peuple, le troupeau
dont tu es le berger,
nous te célébrerons éternellement;
de génération en génération nous
proclamerons tes louanges.

Plaidoyer pour la restauration d'Israël

80 *Au chef de chœur, sur la mélodie «Les lis du témoignage». Psaume d'Asaph.*

2 Prête l'oreille, berger d'Israël,
toi qui conduis Joseph comme un
troupeau!
Interviens dans ta splendeur,
toi qui sièges entre les chérubins[n]!
3 Devant Ephraïm, Benjamin et Ma-
nassé, déploie ta force
et viens à notre secours!
4 O Dieu, relève-nous!
Fais briller ton visage, et nous se-
rons sauvés!
5 Eternel, Dieu de l'univers,
jusqu'à quand t'irriteras-tu contre
la prière de ton peuple?
6 Tu les as nourris d'un pain trem-
pé de larmes,
tu leur as fait boire des larmes à
pleine mesure.
7 Tu fais de nous une source de
conflits pour nos voisins
et nos ennemis se moquent de nous.
8 Dieu de l'univers, relève-nous!
Fais briller ton visage, et nous se-
rons sauvés!
9 Tu avais arraché de l'Egypte une
vigne:
tu as chassé des nations et tu l'as
plantée.
10 Tu as déblayé le sol devant elle:
elle a pris racine et rempli la terre.
11 Les montagnes étaient couvertes
de son ombre,
et ses rameaux étaient comme des
cèdres de Dieu.
12 Elle étendait ses branches jusqu'à
la mer,
et ses rejets jusqu'au fleuve.
13 Pourquoi as-tu renversé ses clô-
tures?
Voilà que tous les passants la dé-
pouillent.

80.2 Des *chérubins* étaient façonnés sur l'arche de l'alliance.

14 Le sanglier de la forêt y sème la
dévastation,
et les bêtes des champs s'en nour-
rissent.
15 Dieu de l'univers, reviens donc,
regarde du haut du ciel et constate
la situation, interviens pour cette
vigne!
16 Protège ce que ta main droite a
planté,
le fils que tu t'es choisi!
17 Ta vigne est brûlée par le feu, elle
est saccagée;
ton visage menaçant provoque leur
perte.
18 Que ta main soit sur l'homme qui
est à ta droite,
sur le fils de l'homme que tu as toi-
même fortifié!
19 Alors nous ne nous éloignerons
plus de toi.
Fais-nous revivre et nous ferons ap-
pel à ton nom!
20 Eternel, Dieu de l'univers, relève-
nous!
Fais briller ton visage, et nous se-
rons sauvés!

Invitation à écouter le Seigneur

81 *Au chef de chœur, sur la guitthith. D'Asaph.*

2 Chantez avec allégresse vers Dieu,
notre force,
poussez des cris de joie vers le Dieu
de Jacob!
3 Entonnez un chant, faites réson-
ner le tambourin,
la harpe mélodieuse et le luth!
4 Sonnez de la trompette au début
du mois, à la pleine lune, pour le
jour de notre fête!
5 En effet, c'est une prescription
pour Israël,
une règle pour le Dieu de Jacob.
6 Il en a fait une instruction pour
Joseph,
quand il s'est attaqué à l'Egypte.
J'entends un langage qui m'est in-
connu:
7 «J'ai déchargé son épaule du far-
deau,
et ses mains ont lâché la corbeille.»
8 Tu as crié dans la détresse, et je
t'ai délivré;
je t'ai répondu au cœur de l'orage,
je t'ai mis à l'épreuve près des eaux
de Meriba. *– Pause.*

9 Ecoute, mon peuple, et je t'avertirai!
Israël, si seulement tu m'écoutais!
10 Qu'il n'y ait au milieu de toi aucun
autre dieu!
Ne te prosterne pas devant des
dieux étrangers!
11 *Je suis l'Eternel, ton Dieu, qui t'ai
fait sortir d'Egypte.[n]
Ouvre ta bouche, et je la remplirai!
12 Mais mon peuple ne m'a pas écouté,
Israël n'a pas voulu de moi.
13 Alors je les ai livrés aux penchants
de leur cœur,
et ils ont suivi leurs propres projets.
14 Si seulement mon peuple m'écou-
tait,
si seulement Israël marchait dans
mes voies!
15 En un instant j'humilierais leurs
ennemis,
je tournerais ma main contre leurs
adversaires.
16 Ceux qui détestent l'Eternel le
flatteraient,
et le bonheur d'Israël durerait tou-
jours.
17 Je le nourrirais du meilleur blé,
et je le rassasierais de miel sauvage.

Condamnation des oppresseurs et de leur injustice

82 *Psaume d'Asaph.*

Dieu se tient dans l'assemblée de
Dieu,

81.11 *Je suis… d'Egypte*: voir Deutéronome 5.6.

il juge au milieu des dieux: 2 «Jus-
qu'à quand jugerez-vous de façon
injuste
et favoriserez-vous les méchants?
– Pause.

3 »Rendez justice au faible et à l'or-
phelin,
faites droit au malheureux et à l'in-
digent,
4 sauvez le faible et le pauvre,
délivrez-les des méchants!
5 Ils ne savent rien, ils ne compren-
nent rien,
ils marchent dans les ténèbres;
toutes les fondations de la terre
sont ébranlées.
6 *J'avais dit: 'Vous êtes des dieux[n],
vous êtes tous des fils du Très-Haut.'
7 Cependant vous mourrez comme
des hommes,
vous tomberez comme un prince
quelconque.»
8 Lève-toi, ô Dieu, juge la terre,
car toutes les nations t'appartien-
nent!

Prière contre les ennemis d'Israël

83

Chant, psaume d'Asaph.

2 O Dieu, ne garde pas le silence!
Ne te tais pas et ne reste pas inac-
tif, ô Dieu!
3 En effet, tes ennemis s'agitent,
ceux qui te détestent relèvent la
tête.
4 Ils forment de perfides complots
contre ton peuple,
ils conspirent contre ceux que tu
protèges:
5 «Venez, disent-ils, exterminons-
les du milieu des nations,
et qu'on ne se souvienne plus du
nom d'Israël!»
6 Ils intriguent tous d'un même
cœur,
ils font une alliance contre toi:
7 les Edomites et les Ismaélites,
les Moabites et les Hagaréniens,
8 Guebal, Ammon, Amalek,
les Philistins avec les habitants de
Tyr.
9 L'Assyrie aussi se joint à eux,
elle prête main forte aux descen-
dants de Lot. *– Pause.*

10 Traite-les comme Madian,
comme Sisera, comme Jabin au
torrent du Kison!
11 Ils ont été détruits à En-Dor,
ils sont devenus du fumier pour la
terre.
12 Traite leurs chefs comme Oreb
et Zeeb,
et tous leurs princes comme Zé-
bach et Tsalmunna,
13 car ils disent: «Emparons-nous
des domaines de Dieu!»
14 Mon Dieu, fais-les tourbillonner
comme la paille emportée par le
vent!
15 Comme le feu brûle la forêt,
comme la flamme embrase les mon-
tagnes,
16 poursuis-les de ta tempête
et épouvante-les par ton ouragan!
17 Couvre leur visage de honte
afin qu'ils cherchent ton nom, Eter-
nel!
18 Qu'ils soient confondus et épou-
vantés pour toujours,
qu'ils soient honteux et perdus!
19 Qu'ils reconnaissent que toi seul,
toi dont le nom est l'Eternel,
tu es le Très-Haut sur toute la terre!

Bénédiction dans la maison de Dieu

84

*Au chef de chœur, sur la guit-
thith. Psaume des descen-
dants de Koré.*

2 Combien tes résidences sont ai-
mées,
Eternel, maître de l'univers!

82.6 *J'avais... dieux*: cité par Jésus en Jean 10.34.

3 Mon âme soupire et même lan-
guit après les parvis de l'Eternel.
Tout mon être pousse des cris de
joie vers le Dieu vivant.
4 Même le moineau trouve une mai-
son,
et l'hirondelle un nid où elle dépo-
se ses petits.
Moi, je soupire après tes autels,
Eternel, maître de l'univers,
mon roi et mon Dieu!
5 Heureux ceux qui habitent ta mai-
son:
ils peuvent te célébrer sans cesse.
– Pause.

6 Heureux ceux qui trouvent leur
force en toi:
ils trouvent dans leur cœur des che-
mins tout tracés.
7 Lorsqu'ils traversent la vallée des
pleurs,
ils la transforment en un lieu plein
de sources,
et la pluie la couvre aussi de béné-
dictions.
8 Leur force augmente pendant la
marche,
et ils se présentent devant Dieu à
Sion.
9 Eternel, Dieu de l'univers, écoute
ma prière!
Prête l'oreille, Dieu de Jacob!
– Pause.

10 Toi qui es notre bouclier, vois, ô
Dieu,
regarde le visage de celui que tu as
désigné par onction!
11 Mieux vaut un jour dans tes par-
vis que 1000 ailleurs.
Je préfère me tenir sur le seuil de
la maison de mon Dieu
plutôt que d'habiter sous les tentes
des méchants,
12 car l'Eternel Dieu est un soleil et
un bouclier.
L'Eternel donne la grâce et la gloire,
il ne refuse aucun bien à ceux
qui marchent dans l'intégrité.
13 Eternel, maître de l'univers,
heureux l'homme qui se confie en
toi!

Prière pour le rétablissement d'Israël

85 *Au chef de chœur. Psaume des descendants de Koré.*

2 Tu as été favorable à ton pays,
Eternel,
tu as rétabli Jacob.
3 Tu as pardonné la faute de ton
peuple,
tu as couvert tous ses péchés.
– Pause.

4 Tu as retiré toute ta fureur,
tu as renoncé à ton ardente colère.
5 Rétablis-nous, Dieu de notre sa-
lut,
mets fin à ton indignation contre
nous!
6 Es-tu irrité contre nous pour tou-
jours?
Ta colère durera-t-elle de généra-
tion en génération?
7 Ne veux-tu pas nous rendre la vie,
afin que ton peuple se réjouisse en
toi?
8 Eternel, fais-nous voir ta bonté
et accorde-nous ton salut!
9 J'écouterai ce que dit Dieu, l'Eter-
nel,
car il parle de paix à son peuple et
à ses fidèles,
pourvu qu'ils ne retombent pas
dans la folie.
10 Oui, son salut est près de ceux qui
le craignent,
et ainsi la gloire habitera notre pays.
11 La bonté et la fidélité se rencon-
trent,
la justice et la paix s'embrassent;
12 la fidélité pousse de la terre,
et la justice se penche du haut du
ciel.
13 L'Eternel lui-même accordera le
bonheur,

et notre terre donnera ses produits.
14 La justice marchera devant lui
et tracera le chemin devant ses pas.

Appel à la grâce de Dieu

86 *Prière de David.*

Eternel, prête l'oreille, exauce-moi,
car je suis malheureux et pauvre.
2 Garde mon âme, car je suis fidèle!
Mon Dieu, sauve ton serviteur qui
se confie en toi!
3 Fais-moi grâce, Seigneur,
car je crie à toi tout le jour.
4 Réjouis l'âme de ton serviteur,
Seigneur, car c'est vers toi que je me
tourne.
5 Oui, tu es bon, Seigneur, tu par-
donnes,
tu es plein d'amour pour tous ceux
qui font appel à toi.
6 Eternel, prête l'oreille à ma prière,
sois attentif à mes supplications!
7 Je fais appel à toi lorsque je suis
dans la détresse,
car tu m'exauces.
8 Personne n'est comme toi parmi
les dieux, Seigneur,
et rien n'est comparable à ta ma-
nière d'agir.
9 Toutes les nations que tu as faites
viendront
se prosterner devant toi, Seigneur,
pour rendre gloire à ton nom,
10 car tu es grand, tu accomplis des
merveilles.
Toi seul, tu es Dieu.
11 Enseigne-moi tes voies, Eternel,
et je marcherai dans ta vérité.
Dispose mon cœur à craindre ton
nom!
12 Je te louerai de tout mon cœur,
Seigneur, mon Dieu,
et j'honorerai toujours ton nom,
13 car ta bonté envers moi est grande,
et tu délivres mon âme des profon-
deurs du séjour des morts.
14 O Dieu, des arrogants s'attaquent
à moi,
une bande d'hommes violents en
veulent à ma vie;
ils ne tiennent pas compte de toi.
15 Mais toi, Seigneur, tu es un *Dieu
de grâce et de compassion,
lent à la colère, riche en bonté et en
vérité[n];
16 tourne-toi vers moi et fais-moi
grâce,
donne ta force à ton serviteur,
sauve le fils de ta servante!
17 Accomplis un signe en ma faveur!
Que ceux qui me détestent le voient
et soient honteux,
car tu me secours et tu me conso-
les, Eternel!

Sion, la ville de Dieu

87 *Psaume, chant des descendants de Koré.*

La ville qu'il a fondée sur les mon-
tagnes saintes,
2 la ville de Sion, l'Eternel l'aime
plus que toutes les demeures de
Jacob.
3 On a dit sur toi des choses glo-
rieuses,
ville de Dieu! *–Pause.*

4 Je mentionne l'Egypte et Babylone
parmi ceux qui me connaissent.
Voici le pays des Philistins, Tyr,
ainsi que l'Ethiopie:
c'est là qu'ils sont nés.
5 Mais de Sion il est dit: «Tous y sont
nés,
et c'est le Très-Haut qui l'a fondée.»
6 L'Eternel compte en inscrivant les
peuples:
«C'est là qu'ils sont nés.» *–Pause.*

7 Ceux qui chantent et ceux qui dan-
sent s'écrient:
«Toutes mes sources sont en toi.»

86.15 *Dieu… vérité*: même présentation de l'Eternel à Moïse en Exode 34.6.

Lamentation dans le malheur

88 *Chant, psaume des descendants de Koré. Au chef de chœur, à chanter sur la flûte. Cantique d'Héman l'Ezrachite.*

2 Eternel, Dieu de mon salut,
jour et nuit je crie devant toi.
3 Que ma prière parvienne jusqu'à toi!
Prête l'oreille à mes supplications,
4 car mon âme est saturée de malheurs,
et ma vie s'approche du séjour des morts.
5 On me compte parmi ceux qui descendent dans la tombe,
je suis comme un homme qui n'a plus de force.
6 Je suis étendu parmi les morts,
semblable à ceux qui sont tués et couchés dans la tombe,
à ceux dont tu ne te souviens plus
et qui sont séparés de toi.
7 Tu m'as jeté dans un gouffre profond,
dans les ténèbres, dans les abîmes.
8 Ta fureur pèse lourdement sur moi,
et tu m'accables des vagues de ta colère. *– Pause.*

9 Tu as éloigné mes intimes de moi,
tu as fait de moi un objet d'horreur pour eux;
je suis enfermé et je ne peux pas sortir.
10 Mes yeux sont usés par la souffrance;
tous les jours, je fais appel à toi, Eternel,
je tends les mains vers toi.
11 Est-ce pour les morts que tu fais des miracles?
Les défunts se lèvent-ils pour te louer? *– Pause.*

12 Parle-t-on de ta bonté dans la tombe,
de ta fidélité dans le gouffre de perdition?
13 Tes miracles sont-ils connus dans les ténèbres,
et ta justice au pays de l'oubli?
14 Et moi, c'est toi, Eternel, que j'appelle au secours.
Le matin, ma prière s'adresse à toi.
15 Pourquoi, Eternel, me rejettes-tu?
Pourquoi me caches-tu ton visage?
16 Je suis malheureux et mourant depuis ma jeunesse,
je subis tes terreurs et je suis bouleversé.
17 Tes fureurs passent sur moi,
tes terreurs me réduisent au silence;
18 elles m'encerclent tout le jour comme de l'eau,
elles me cernent de tous côtés.
19 Tu as éloigné mes amis et mes proches de moi;
mes intimes, ce sont les ténèbres.

Alliance de Dieu avec David

89 *Cantique d'Ethan l'Ezrachite.*

2 Je chanterai toujours les bontés de l'Eternel,
ma bouche fera connaître ta fidélité de génération en génération.
3 Oui, je le dis: «La bonté est édifiée pour toujours;
tu fondes ta fidélité dans le ciel.»
4 J'ai fait alliance avec celui que j'ai choisi,
j'ai fait ce serment à mon serviteur David:
5 «J'affermirai ta descendance pour toujours
et j'établirai ton trône pour l'éternité.» *– Pause.*

6 Le ciel célèbre tes merveilles, Eternel,
et ta fidélité dans l'assemblée des saints.
7 En effet, qui, dans le ciel, peut se comparer à l'Eternel?

Qui est semblable à toi parmi les
fils de Dieu?
8 Dieu est redoutable dans la gran-
de assemblée des saints,
il est terrible pour tous ceux qui
l'entourent.
9 Eternel, Dieu de l'univers, qui est
puissant comme toi?
Eternel, ta fidélité t'environne.
10 C'est toi qui maîtrises l'orgueil de
la mer;
quand ses vagues se soulèvent, c'est
toi qui les calmes.
11 Tu as écrasé l'Egypte, tu l'as trans-
percée,
tu as dispersé tes ennemis par la
puissance de ton bras.
12 C'est à toi qu'appartient le ciel, à
toi aussi la terre;
c'est toi qui as fondé le monde et ce
qu'il contient.
13 Tu as créé le nord et le sud;
le Thabor et l'Hermon acclament
ton nom.
14 Ton bras est puissant,
ta main forte, ta droite élevée.
15 La justice et le droit forment la
base de ton trône,
la bonté et la vérité sont devant toi.
16 Heureux le peuple qui sait t'ac-
clamer:
il marche à ta lumière, Eternel,
17 il se réjouit sans cesse à cause de
ton nom
et tire gloire de ta justice,
18 car c'est toi qui fais sa beauté et
sa puissance;
c'est ta faveur qui relève notre for-
ce.
19 Notre protecteur est à l'Eternel,
notre roi appartient au Saint d'Is-
raël.
20 Tu as parlé à tes fidèles dans une
vision,
tu as dit: «J'ai prêté secours à un hé-
ros,
j'ai choisi du milieu du peuple un
jeune homme.
21 J'ai trouvé mon serviteur David,
je l'ai désigné par onction avec mon
huile sainte.
22 Ma main le soutiendra
et mon bras le fortifiera.
23 L'ennemi ne pourra pas le trom-
per,
ni le méchant l'opprimer.
24 J'écraserai ses adversaires de-
vant lui
et je frapperai ceux qui le détes-
tent.
25 Ma fidélité et ma bonté l'accom-
pagneront,
et sa force grandira par mon nom.
26 J'étendrai sa domination sur la
mer,
et son pouvoir sur les fleuves.
27 Lui-même fera appel à moi: 'Tu es
mon père,
mon Dieu et le rocher de mon
salut!'
28 Et moi, je ferai de lui le premier-
né,
le plus haut placé des rois de la terre.
29 Je lui conserverai toujours ma
bonté,
et mon alliance lui sera assurée.
30 Je lui donnerai une descendance
éternelle,
et son trône durera autant que le
ciel.
31 Si ses fils abandonnent ma loi
et ne marchent pas suivant mes rè-
gles,
32 s'ils violent mes prescriptions
et ne respectent pas mes comman-
dements,
33 je punirai leurs transgressions
avec le bâton
et leurs fautes par des coups,
34 mais je ne lui retirerai pas ma
bonté
et je ne trahirai pas ma fidélité,
35 je ne violerai pas mon alliance
et je ne changerai pas ce qui est sor-
ti de mes lèvres.
36 J'ai prêté une fois serment par ma
sainteté,
je ne mentirai pas à David.

[37] Sa descendance subsistera toujours;
son trône sera pareil au soleil devant moi,
[38] comme la lune il sera établi éternellement.
Le témoin qui est dans le ciel est fidèle.» *– Pause.*

[39] Et pourtant, tu as rejeté, tu as repoussé celui que tu avais désigné par onction,
tu t'es irrité contre lui!
[40] Tu as rompu l'alliance avec ton serviteur,
tu as déshonoré sa couronne en la jetant par terre.
[41] Tu as détruit toutes ses murailles,
tu as mis en ruine ses forteresses.
[42] Tous les passants le dépouillent,
il est un objet de mépris pour ses voisins.
[43] Tu as fortifié ses adversaires,
tu as réjoui tous ses ennemis;
[44] tu as fait reculer le tranchant de son épée
et tu ne l'as pas soutenu dans le combat.
[45] Tu as mis fin à sa splendeur
et tu as jeté son trône à terre;
[46] tu as abrégé sa jeunesse,
tu l'as couvert de honte. *– Pause.*

[47] Jusqu'à quand, Eternel, resteras-tu caché?
Jusqu'à quand ta fureur brûlera-t-elle comme le feu?
[48] Rappelle-toi quelle est la durée de ma vie
et pour quel néant tu as créé tous les hommes.
[49] Quel homme peut vivre sans voir la mort?
Qui peut sauver son âme du séjour des morts? *– Pause.*

[50] Où sont, Seigneur, tes bontés d'autrefois,
celles que, dans ta fidélité, tu avais promises par serment à David?
[51] Souviens-toi, Seigneur, de la honte de tes serviteurs!
Souviens-toi que j'ai la charge de tous ces peuples nombreux!
[52] Souviens-toi des insultes de tes ennemis, Eternel,
de leurs insultes contre les pas de celui que tu as désigné par onction!

[53] Béni soit éternellement l'Eternel!
Amen! Amen!

QUATRIÈME LIVRE 90–106

La brièveté de la vie humaine

90 *Prière de Moïse, homme de Dieu.*

Seigneur, tu as été pour nous un refuge
de génération en génération.
[2] Avant que les montagnes soient nées,
avant que tu aies créé la terre et le monde,
d'éternité en éternité tu es Dieu.
[3] Tu fais retourner les hommes à la poussière
et tu leur dis: «Fils d'Adam, retournez à la terre!»
[4] car *1000 ans sont à tes yeux
comme la journée[n] d'hier: elle passe
comme le quart de la nuit.
[5] Tu les emportes, semblables à un rêve
qui, le matin, passe comme l'herbe:
[6] elle fleurit le matin et elle passe;
on la coupe le soir et elle sèche.
[7] Nous sommes consumés par ta colère,
et ta fureur nous épouvante.
[8] Tu mets devant toi nos fautes,
et ta lumière éclaire nos secrets.
[9] Tous nos jours disparaissent à cause de ta colère;

90.4 *1000 ans… la journée*: cité en 2 Pierre 3.8.

nous voyons nos années s'éteindre
comme un soupir.
10 La durée de notre vie s'élève à 70
ans,
et pour les plus robustes à 80 ans,
mais l'orgueil qu'ils en tirent n'est
que peine et misère,
car le temps passe vite et nous nous
envolons.
11 Qui a conscience de la force de ta
colère
et de ton courroux pour te craindre?
12 Enseigne-nous à bien compter
nos jours,
afin que notre cœur parvienne à la
sagesse!
13 Reviens, Eternel! Jusqu'à quand?
Aie pitié de tes serviteurs!
14 Rassasie-nous chaque matin de
ta bonté,
et nous serons toute notre vie dans
la joie et l'allégresse.
15 Réjouis-nous autant de jours que
tu nous as humiliés,
autant d'années que nous avons
connu le malheur.
16 Que ton activité soit visible pour
tes serviteurs,
et ta splendeur pour leurs enfants!
17 Que la grâce de l'Eternel, notre
Dieu, soit sur nous!
Affermis l'œuvre de nos mains!
Oui, affermis l'œuvre de nos mains!

La protection pleinement suffisante de Dieu

91 Celui qui habite sous l'abri
du Très-Haut
repose à l'ombre du Tout-Puissant.
2 Je dis à l'Eternel: «Tu es mon refu-
ge et ma forteresse,
mon Dieu en qui je me confie!»
3 Oui, c'est lui qui te délivre du piè-
ge de l'oiseleur
et de la peste dévastatrice.
4 Il te couvrira de ses ailes
et tu trouveras un refuge sous son
plumage.
Sa fidélité est un bouclier et une
cuirasse.
5 Tu ne redouteras ni les terreurs de
la nuit
ni la flèche qui vole durant le jour,
6 ni la peste qui rôde dans les ténè-
bres
ni le fléau qui frappe en plein midi.
7 Si 1000 tombent à côté de toi
et 10'000 à ta droite,
tu ne seras pas atteint.
8 Ouvre seulement les yeux,
et tu verras la punition des mé-
chants.
9 «Oui, tu es mon refuge, Eternel!»
Tu fais du Très-Haut ta retraite?
10 Aucun mal ne t'arrivera,
aucun fléau n'approchera de ta tente,
11 car *il donnera ordre à ses anges
de te garder dans toutes tes voies.
12 Ils te porteront sur les mains,
de peur que ton pied ne heurte une
pierre[n].
13 Tu marcheras sur le lion et sur la
vipère,
tu piétineras le lionceau et le dra-
gon.
14 Puisqu'il est attaché à moi, je le
délivrerai;
je le protégerai, puisqu'il connaît
mon nom.
15 Il fera appel à moi et je lui répon-
drai.
Je serai avec lui dans la détresse,
je le délivrerai et je l'honorerai.
16 Je le comblerai de longs jours
et je lui ferai voir mon salut.

Louange et prospérité du juste

92 *Psaume, chant pour le jour
du sabbat.*

2 Il est bon de te louer, Eternel,
et de célébrer ton nom, Très-Haut,
3 d'annoncer le matin ta bonté

91.11-12 *Il donnera… une pierre*: cité par Satan lors de la tentation de Jésus en Matthieu 4.6; Luc 4.10-11.

et pendant les nuits ta fidélité,
4 sur l'instrument à dix cordes, sur le luth
et au son de la harpe.
5 Tu me réjouis par ce que tu accomplis, Eternel,
et je chante avec allégresse les œuvres de tes mains.
6 Que tes œuvres sont grandes, Eternel,
que tes pensées sont profondes!
7 L'idiot n'y connaît rien,
l'homme stupide n'y comprend rien.
8 Si les méchants poussent comme l'herbe,
si tous ceux qui commettent l'injustice sont florissants,
c'est pour être détruits à perpétuité.
9 Mais toi, tu es le Très-Haut
pour toujours, Eternel,
10 car voici tes ennemis, Eternel,
voici tes ennemis: ils vont à leur perte,
tous ceux qui commettent l'injustice sont dispersés.
11 Mais tu me donnes la force du buffle,
je suis arrosé avec une huile fraîche.
12 Mon œil voit ceux qui m'espionnent,
et mon oreille entend les méchants qui s'attaquent à moi.
13 Les justes poussent comme le palmier,
ils grandissent comme le cèdre du Liban.
14 Plantés dans la maison de l'Eternel,
ils prospèrent dans les parvis de notre Dieu;
15 ils portent encore des fruits dans la vieillesse,
ils sont pleins de sève et verdoyants,
16 pour annoncer que l'Eternel est droit.
Il est mon rocher, et il n'y a aucune injustice en lui.

Le règne de Dieu sur l'univers

93 L'Eternel règne, il est revêtu de majesté.
L'Eternel a la force en guise de vêtement, en guise de ceinture.
Aussi, le monde est ferme, il n'est pas ébranlé.
2 Ton trône est établi depuis longtemps,
tu existes de toute éternité.
3 Les fleuves font entendre, Eternel,
les fleuves font entendre leur voix,
les fleuves font entendre le grondement de leurs flots.
4 Plus encore que la voix des grandes eaux,
des flots puissants de la mer,
l'Eternel est puissant dans les lieux célestes.
5 Tes instructions sont entièrement vraies;
la sainteté convient à ta maison,
Eternel, jusqu'à la fin du monde.

Jugement des méchants

94 Dieu des vengeances, Eternel,
Dieu des vengeances, révèle-toi!
2 Lève-toi, juge de la terre,
paie aux orgueilleux le salaire qu'ils méritent!
3 Jusqu'à quand les méchants, Eternel,
jusqu'à quand les méchants vont-ils triompher?
4 Ils fanfaronnent, ils parlent avec arrogance,
tous ceux qui commettent l'injustice se vantent.
5 Eternel, ils écrasent ton peuple,
ils humilient ton héritage,
6 ils égorgent la veuve et l'étranger,
ils assassinent les orphelins,
7 et ils disent: «L'Eternel ne le voit pas.
Le Dieu de Jacob n'y fait pas attention.»
8 Faites attention, idiots!
Hommes stupides, quand ferez-vous preuve de bon sens?

9 Celui qui a fixé l'oreille n'entendrait-il pas?
Celui qui a formé l'œil ne verrait-il pas?
10 Celui qui corrige les nations ne punirait-il pas,
lui qui enseigne à l'homme la connaissance?
11 *L'Eternel connaît les pensées de l'homme:
il sait qu'elles sont sans valeur.[n]
12 Heureux l'homme que tu corriges, Eternel,
et que tu enseignes, par ta loi,
13 pour lui donner de la tranquillité quand vient le malheur,
tandis que la tombe est creusée pour le méchant!
14 L'Eternel ne délaisse pas son peuple,
il n'abandonne pas son héritage;
15 car on rendra de nouveau un jugement juste,
et tous ceux dont le cœur est droit s'y conformeront.
16 Qui se lèvera pour moi contre ceux qui font le mal?
Qui me soutiendra contre ceux qui commettent l'injustice?
17 Si l'Eternel n'était pas mon secours,
j'habiterais bien vite dans le monde du silence.
18 Quand je dis: «Mon pied est en train de glisser»,
ta bonté, Eternel, me sert d'appui.
19 Quand mon cœur est agité par une foule de pensées,
tes consolations me rendent la joie.
20 Comment pourrais-tu être le complice de mauvais juges
qui commettent des crimes au mépris de la loi?
21 Ils se liguent contre le juste,
ils condamnent l'innocent,
22 mais l'Eternel est ma forteresse,
mon Dieu est le rocher où je trouve un refuge.
23 Il fera retomber leur crime sur eux,
il les réduira au silence par leur méchanceté.
L'Eternel, notre Dieu, les réduira au silence.

Invitation à l'adoration

95 Venez, crions de joie en l'honneur de l'Eternel,
poussons des cris de joie en l'honneur du rocher de notre salut!
2 Allons au-devant de lui avec des louanges,
faisons retentir des chants en son honneur,
3 car l'Eternel est un grand Dieu,
il est un grand roi au-dessus de tous les dieux.
4 Il tient dans sa main les profondeurs de la terre,
et les sommets des montagnes sont à lui.
5 La mer est à lui: c'est lui qui l'a faite;
la terre aussi: ses mains l'ont formée.
6 Venez, prosternons-nous et humilions-nous,
plions le genou devant l'Eternel, notre créateur,
7 car il est notre Dieu
et nous sommes le peuple dont il est le berger,
le troupeau que sa main conduit.
*Aujourd'hui, si vous entendez sa voix,
8 n'endurcissez pas votre cœur comme à Meriba,
comme lors de la journée de Massa, dans le désert:
9 là vos ancêtres m'ont provoqué,
ils m'ont mis à l'épreuve, bien qu'ils m'aient vu agir.
10 Pendant 40 ans j'ai eu cette génération en dégoût
et j'ai dit: «C'est un peuple dont le cœur s'égare,

94.11 *L'Eternel… valeur*: cité en 1 Corinthiens 3.20 à propos de la prétendue sagesse du monde.

ils ne connaissent pas mes voies.»
11 Aussi, j'ai juré dans ma colère:
«Ils n'entreront pas dans mon re-
pos!»[n]

Hymne à la grandeur et à la gloire de Dieu

96 Chantez en l'honneur de
l'Eternel un cantique nou-
veau,
chantez en l'honneur de l'Eternel,
habitants de toute la terre!
2 Chantez en l'honneur de l'Eternel,
bénissez son nom,
annoncez de jour en jour son sa-
lut!
3 Racontez sa gloire parmi les na-
tions,
ses merveilles parmi tous les peu-
ples!
4 Oui, l'Eternel est grand et digne de
recevoir toute louange;
il est redoutable, plus que tous les
dieux.
5 En effet, tous les dieux des peu-
ples ne sont que des faux dieux,
alors que l'Eternel a fait le ciel.
6 La splendeur et la magnificence
sont devant lui,
la force et la gloire remplissent son
sanctuaire.
7 Familles des peuples, rendez à
l'Eternel,
rendez à l'Eternel gloire et hon-
neur!
8 Rendez à l'Eternel la gloire due à
son nom,
apportez-lui des offrandes et entrez
dans ses parvis!
9 Prosternez-vous devant l'Eternel
avec des ornements sacrés,
tremblez devant lui, habitants de
toute la terre!
10 Dites parmi les nations: «L'Eter-
nel règne.
Aussi, le monde est ferme, il n'est
pas ébranlé.
L'Eternel juge les peuples avec droi-
ture.»
11 Que le ciel se réjouisse, que la ter-
re soit dans l'allégresse,
que la mer retentisse avec tout ce
qu'elle contient,
12 que la campagne et tout ce qui s'y
trouve soient en fête,
que tous les arbres des forêts pous-
sent des cris de joie
13 devant l'Eternel, car il vient.
Oui, il vient pour juger la terre.
Il jugera le monde avec justice,
et les peuples suivant sa fidélité.

Les jugements de Dieu

97 L'Eternel règne: que la terre
soit dans l'allégresse,
que les îles nombreuses se réjouis-
sent!
2 Les nuages et l'obscurité l'envi-
ronnent,
la justice et le droit forment la base
de son trône.
3 Le feu marche devant lui
et embrase de tous côtés ses adver-
saires;
4 ses éclairs illuminent le monde.
La terre le voit et tremble.
5 Les montagnes fondent comme de
la cire devant l'Eternel,
devant le Seigneur de toute la terre.
6 Le ciel proclame sa justice,
et tous les peuples voient sa gloire.
7 Ils sont couverts de honte, tous
ceux qui servent les sculptures sa-
crées,
qui se vantent de leurs faux dieux.
*Que tous les dieux se prosternent
devant lui![n]
8 Sion l'entend et se réjouit,
les villes de Juda sont dans l'allé-
gresse

95.7-11 *Aujourd'hui… mon repos*: cité en Hébreux 3.7-11, avec reprise partielle en Hébreux 3.15; 4.3, 5, 7.
97.7 *Que tous… lui*: cité en Hébreux 1.6 (d'après la Septante), avec mention des anges de Dieu et non des dieux.

à cause de tes jugements, Eternel,
9 car toi, Eternel, tu es le Très-Haut
qui domines toute la terre,
tu es bien au-dessus de tous les
dieux.
10 *Vous qui aimez l'Eternel, ayez
le mal en horreur![n]
Il garde ses fidèles,
il les délivre des méchants.
11 La lumière est semée pour le juste,
et la joie pour ceux dont le cœur est
droit.
12 Justes, réjouissez-vous en l'Eter-
nel
et célébrez sa sainteté par vos lou-
anges!

Louange universelle au juste Juge

98 *Psaume.*

Chantez en l'honneur de l'Eternel
un cantique nouveau,
car il a fait des merveilles!
Sa main droite et son bras saint lui
ont assuré la victoire.
2 L'Eternel a fait connaître son sa-
lut,
il a révélé sa justice sous les yeux
des nations.
3 *Il s'est souvenu de sa bonté[n] et de
sa fidélité envers la communauté
d'Israël.
Jusqu'aux extrémités de la terre, on
a vu le salut de notre Dieu.
4 Poussez des cris de joie en l'hon-
neur de l'Eternel, habitants de tou-
te la terre!
Faites éclater votre allégresse et
chantez!
5 Chantez en l'honneur de l'Eternel
avec la harpe,
avec la harpe, au son de tous les
instruments!
6 Au son des trompettes et du cor,
poussez des cris de joie en présence
du roi, de l'Eternel!
7 Que la mer retentisse avec tout
ce qu'elle contient,
le monde et ceux qui l'habitent,
8 que les fleuves battent des mains,
qu'avec eux les montagnes pous-
sent des cris de joie
9 devant l'Eternel, car il vient pour
juger la terre.
Il jugera le monde avec justice,
et les peuples avec droiture.

Dieu, le Roi juste et saint

99 L'Eternel règne: les peuples
tremblent;
il siège entre les chérubins: la terre
tremble.
2 L'Eternel est grand dans Sion,
il domine tous les peuples.
3 Qu'on célèbre ton nom grand et
redoutable:
il est saint!
4 Qu'on célèbre la force du roi qui
aime le droit!
Tu établis l'équité,
tu exerces le droit et la justice en
Jacob.
5 Proclamez la grandeur de l'Eter-
nel, notre Dieu,
et prosternez-vous à ses pieds:
il est saint!
6 Moïse et Aaron parmi ses prêtres,
et Samuel parmi ceux qui faisaient
appel à son nom,
s'adressaient à l'Eternel, et il les
exauçait.
7 Il leur parlait dans la colonne de
nuée;
ils ont respecté ses commande-
ments
et la loi qu'il leur avait donnée.
8 Eternel, notre Dieu, tu les as exau-
cés,
tu as été pour eux un Dieu de pardon,
mais tu les as punis de leurs fautes.
9 Proclamez la grandeur de l'Eter-
nel, notre Dieu,

97.10 *Vous qui… horreur*: cité en 2 Timothée 2.19. **98.3** *Il s'est souvenu de sa bonté*: cité dans le cantique de Marie en Luc 1.54.

et prosternez-vous sur sa montagne sainte,
car il est saint, l'Eternel, notre Dieu!

Appel à louer l'Eternel

100 *Psaume de reconnaissance.*
Poussez des cris de joie en l'honneur de l'Eternel,
habitants de toute la terre!
2 Servez l'Eternel avec joie,
venez avec allégresse en sa présence!
3 Sachez que l'Eternel est Dieu!
C'est lui qui nous a faits, et nous lui appartenons:
nous sommes son peuple, le troupeau dont il est le berger.
4 Entrez dans ses portes avec reconnaissance,
dans ses parvis avec des chants de louange!
Célébrez-le, bénissez son nom,
5 car l'Eternel est bon: sa bonté dure éternellement,
et sa fidélité de génération en génération.

Règne d'un roi intègre

101 *Psaume de David.*
Je chanterai la bonté et le droit;
c'est toi, Eternel, que je célébrerai.
2 Je serai attentif à la voie des hommes intègres.
Quand viendras-tu vers moi?
Je marcherai avec un cœur intègre
au milieu des miens.
3 Je ne mettrai rien de mauvais devant mes yeux.
Je déteste la conduite des pécheurs:
elle n'aura aucune prise sur moi.
4 Le cœur pervers s'éloignera de moi;
je ne veux pas connaître le méchant.
5 Celui qui dénigre en secret son prochain, je le réduirai au silence;
celui qui a le regard hautain et un cœur orgueilleux, je ne le supporterai pas.
6 J'aurai les yeux sur les fidèles du pays
pour qu'ils habitent près de moi;
celui qui marche dans la voie des hommes intègres sera à mon service.
7 Celui qui se livre à la fraude n'habitera pas dans ma maison;
celui qui dit des mensonges ne se tiendra pas devant moi.
8 Chaque matin, je réduirai au silence tous les méchants du pays,
pour supprimer de la ville de l'Eternel
tous ceux qui commettent l'injustice.

Prière dans la détresse

102 *Prière d'un malheureux, lorsqu'il est abattu et qu'il expose sa plainte à l'Eternel.*

2 Eternel, écoute ma prière
et que mon cri parvienne jusqu'à toi!
3 Ne me cache pas ton visage lorsque je suis dans la détresse,
tends ton oreille vers moi quand je crie,
réponds-moi vite,
4 car mes jours s'évanouissent comme une fumée
et mes os sont enflammés comme un brasier.
5 Mon cœur est frappé et se dessèche comme l'herbe;
j'en oublie même de manger mon pain.
6 A force de gémir,
je n'ai plus que la peau sur les os.
7 Je ressemble au pélican du désert,
je suis comme le chat-huant des ruines.
8 Je suis privé de sommeil et je ressemble

à l'oiseau resté tout seul sur un toit.
9 Chaque jour, mes ennemis m'in-
sultent;
ils se moquent de moi, ils emploient
mon nom dans leurs serments.
10 Je mange de la cendre au lieu de
pain,
et je mêle des larmes à ma boisson
11 à cause de ta colère et de ta fu-
reur.
Oui, tu t'es emparé de moi et m'as
rejeté.
12 Mes jours déclinent comme l'om-
bre du soir,
et je me dessèche comme l'herbe,
13 mais toi, Eternel, tu règnes éter-
nellement,
et l'on se souvient de toi de généra-
tion en génération.
14 Tu te lèveras, tu auras compas-
sion de Sion,
car il est temps de lui faire grâce.
Oui, le moment fixé est arrivé,
15 car tes serviteurs en aiment les
pierres,
ils sont attachés à sa poussière.
16 Alors les nations craindront le
nom de l'Eternel,
tous les rois de la terre craindront
ta gloire.
17 Quand l'Eternel reconstruira Sion,
il se montrera dans sa gloire.
18 Il est attentif à la prière de celui
qu'on a dépouillé,
il ne méprise pas sa prière.
19 Que cela soit écrit pour la géné-
ration future,
et que le peuple ainsi créé célèbre
l'Eternel,
20 car il regarde du haut de sa de-
meure sainte.
Du haut du ciel, l'Eternel observe
la terre
21 pour écouter les gémissements
des prisonniers,
pour délivrer ceux qui sont destinés
à la mort.
22 Alors on proclamera dans Sion le
nom de l'Eternel,
et ses louanges dans Jérusalem,
23 quand tous les peuples et tous les
royaumes
se rassembleront pour servir l'Eter-
nel.
24 Il a brisé ma force en chemin,
il a abrégé mes jours.
25 Je dis: «Mon Dieu, ne m'enlève
pas au milieu de ma vie,
toi dont l'existence traverse les gé-
nérations!»
26 *Autrefois tu as fondé la terre,
et le ciel est l'œuvre de tes mains.
27 Eux, ils disparaîtront, tandis que
toi, tu restes là.
Ils vieilliront tous comme un vête-
ment;
tu les remplaceras comme un habit,
et ils céderont la place,
28 mais toi, tu es toujours le même
et ton existence n'aura pas de fin.[n]
29 Les fils de tes serviteurs pourront
s'établir
et leur descendance s'affermira de-
vant toi.

Hymne de louange

103 *De David.*

Bénis l'Eternel, mon âme!
Que tout ce qui est en moi bénisse
son saint nom!
2 Bénis l'Eternel, mon âme,
et n'oublie aucun de ses bienfaits!
3 C'est lui qui pardonne toutes tes
fautes,
qui guérit toutes tes maladies.
4 C'est lui qui délivre ta vie de la
tombe,
qui te couronne de bonté et de com-
passion.
5 C'est lui qui rassasie de biens ta
vieillesse,
qui te fait rajeunir comme l'aigle.
6 L'Eternel fait justice,

102.26-28 *Autrefois… fin*: cité en Hébreux 1.10-12 comme s'adressant à Jésus-Christ.

il fait droit à tous les opprimés.
7 Il a fait connaître ses voies à
Moïse,
ses hauts faits aux enfants d'Israël.
8 L'Eternel fait grâce, il est rempli de
compassion,
il est lent à la colère et riche en
bonté.
9 Il ne conteste pas sans fin,
il ne garde pas éternellement sa co-
lère.
10 Il ne nous traite pas conformé-
ment à nos péchés,
il ne nous punit pas comme le mé-
riteraient nos fautes,
11 mais autant le ciel est élevé au-
dessus de la terre,
autant sa bonté est grande pour
ceux qui le craignent;
12 autant l'orient est éloigné de l'oc-
cident,
autant il éloigne de nous nos trans-
gressions.
13 Comme un père a compassion de
ses enfants,
l'Eternel a compassion de ceux qui
le craignent,
14 car il sait de quoi nous sommes
faits,
il se souvient que nous sommes
poussière.
15 L'homme? Ses jours sont comme
l'herbe,
il fleurit comme la fleur des champs:
16 lorsqu'un vent souffle sur elle,
elle disparaît,
et la place qu'elle occupait ne la re-
connaît plus.
17 *Mais la bonté de l'Eternel dure
d'éternité en éternité pour ceux qui
le craignent[n],
et sa justice demeure pour les en-
fants de leurs enfants,
18 pour ceux qui gardent son al-
liance
et se souviennent de ses comman-
dements pour les mettre en prati-
que.
19 L'Eternel a établi son trône dans
le ciel,
et son règne domine tout l'univers.
20 Bénissez l'Eternel, vous ses anges,
qui êtes puissants et forts et qui
exécutez ses ordres
en obéissant à sa parole!
21 Bénissez l'Eternel, toutes ses ar-
mées,
vous qui êtes ses serviteurs et qui
faites sa volonté!
22 Bénissez l'Eternel, vous, toutes
ses œuvres,
dans tous les lieux où il domine!
Bénis l'Eternel, mon âme!

Louange au Dieu de la création

104 Bénis l'Eternel, mon âme!
Eternel, mon Dieu, tu es
infiniment grand,
tu es revêtu de splendeur et de ma-
gnificence.
2 L'Eternel s'enveloppe de lumière
comme d'un manteau,
il étend le ciel comme une tente.
3 Il construit sa demeure au-dessus
de l'eau,
il fait des nuages son char,
il s'avance sur les ailes du vent.
4 *Il fait des vents ses messagers,
des éclairs ses serviteurs.[n]
5 Il a établi la terre sur ses fonde-
ments:
elle ne sera jamais ébranlée.
6 Tu l'avais couverte de l'océan com-
me d'un vêtement,
l'eau recouvrait les montagnes;
7 elle a fui à ta menace,
elle s'est sauvée au son de ton ton-
nerre.
8 Des montagnes se sont élevées,
des vallées se sont abaissées,

103.17 *Mais la bonté... craignent*: cité dans le cantique de Marie en Luc 1.50. **104.4** *Il fait... serviteurs*: ou (choix de la traduction des Septante) *il fait de ses anges des esprits, et de ses serviteurs une flamme de feu*; cité sous cette dernière forme en Hébreux 1.7.

à la place que tu leur avais fixée.
9 Tu as posé une limite que l'eau ne doit pas franchir,
afin qu'elle ne revienne plus couvrir la terre.
10 Il conduit les sources vers des torrents
qui parcourent les montagnes.
11 Tous les animaux sauvages y boivent,
les ânes y étanchent leur soif.
12 Les oiseaux du ciel nichent sur leurs rives
et chantent dans les feuillages.
13 Du haut de sa demeure, Dieu arrose les montagnes.
La terre est rassasiée du fruit de ton travail.
14 Il fait pousser l'herbe pour le bétail
et les plantes pour les besoins de l'homme
afin que la terre produise de la nourriture:
15 le vin qui réjouit le cœur de l'homme
et fait plus que l'huile resplendir son visage,
et le pain qui fortifie le cœur de l'homme.
16 Ils sont bien nourris, les arbres de l'Eternel,
les cèdres du Liban, qu'il a plantés.
17 C'est là que les oiseaux font leurs nids.
La cigogne a sa demeure dans les cyprès,
18 les hautes montagnes sont pour les bouquetins,
les rochers sont le refuge des damans.
19 Il a fait la lune pour marquer les temps;
le soleil sait quand il doit se coucher.
20 Tu fais venir les ténèbres, et c'est la nuit.
Tous les animaux des forêts se mettent alors en mouvement;
21 les lionceaux rugissent après leur proie,
ils demandent leur nourriture à Dieu.
22 Le soleil se lève: ils se retirent
et se couchent dans leurs tanières.
23 Quant à l'homme, il sort pour se rendre à son activité
et à son travail jusqu'au soir.
24 Que tes œuvres sont nombreuses, Eternel!
Tu les as toutes faites avec sagesse.
La terre est remplie de tes biens.
25 Voici la mer, immense et vaste: là vivent,
innombrables, des animaux, petits et grands.
26 Les bateaux la sillonnent,
tout comme le léviathan[n], que tu as formé pour qu'il y joue.
27 Tous ces animaux espèrent en toi
pour que tu leur donnes la nourriture au moment voulu.
28 Tu la leur donnes, et ils la prennent;
tu ouvres ta main, et ils sont rassasiés de biens.
29 Tu te caches, et ils sont épouvantés;
tu leur retires le souffle, et ils expirent,
ils retournent à la poussière.
30 Tu envoies ton souffle, et ils sont créés;
tu renouvelles ainsi la surface de la terre.
31 Que la gloire de l'Eternel dure éternellement!
Que l'Eternel se réjouisse de ses œuvres!
32 Il regarde la terre, et elle tremble;
il touche les montagnes, et elles fument.
33 Je veux chanter en l'honneur de l'Eternel tant que je vivrai,

104.26 *Le léviathan*: monstre marin.

je veux célébrer mon Dieu tant que
j'existerai.
34 Que ma louange lui soit agréa-
ble!
Je veux me réjouir en l'Eternel.
35 Que les pécheurs disparaissent
de la terre
et qu'il n'y ait plus de méchants!
Bénis l'Eternel, mon âme!
Louez l'Eternel!

La fidélité de Dieu envers Israël

105 Louez l'Eternel, faites ap-
pel à son nom,
faites connaître ses hauts faits par-
mi les peuples!
2 Chantez en son honneur, jouez de
vos instruments en son honneur,
célébrez toutes ses merveilles!
3 Placez votre fierté dans son saint
nom!
Que le cœur de ceux qui cherchent
l'Eternel se réjouisse!
4 Ayez recours à l'Eternel et à sa force,
recherchez constamment sa pré-
sence!
5 Souvenez-vous des merveilles
qu'il a accomplies,
de ses miracles et de ses jugements,
6 descendants d'Abraham, son ser-
viteur,
enfants de Jacob, qu'il a choisis!
7 L'Eternel est notre Dieu;
ses jugements s'exercent sur toute
la terre.
8 Il se rappelle toujours son alliance,
son mot d'ordre pour 1000 généra-
tions,
9 le pacte qu'il a traité avec Abraham,
le serment qu'il a fait à Isaac.
10 Il l'a érigé en prescription pour
Jacob,
en alliance éternelle pour Israël,
11 quand il a dit: «Je te donnerai le
pays de Canaan,
c'est l'héritage qui vous est attri-
bué.»
12 Ils étaient alors peu nombreux,
très peu nombreux, et étrangers
dans le pays.
13 Ils erraient d'une nation à l'autre
et d'un royaume vers un autre peu-
ple,
14 mais il n'a laissé personne les op-
primer,
et il a puni des rois à cause d'eux:
15 «Ne touchez pas à ceux que j'ai
désignés par onction
et ne faites pas de mal à mes
prophètes!»[n]
16 Il a appelé la famine sur le pays,
il a coupé tout moyen de subsis-
tance.
17 Il a envoyé un homme devant eux:
Joseph, qui a été vendu comme es-
clave.
18 On a attaché ses pieds avec des
chaînes,
on a enserré son cou dans du fer,
19 jusqu'au moment où est arrivé ce
qu'il avait annoncé
et où la parole de l'Eternel l'a jus-
tifié:
20 le roi l'a fait libérer,
le dominateur des peuples l'a relâ-
ché;
21 il l'a établi seigneur sur sa maison
et maître de tous ses biens,
22 afin qu'il puisse à son gré diriger
ses princes
et enseigner la sagesse à ses an-
ciens.
23 Ensuite, Israël est venu en Egypte,
Jacob a séjourné dans le pays de
Cham.
24 Dieu a donné de nombreux en-
fants à son peuple
et l'a rendu plus puissant que ses
adversaires.
25 Il a changé le cœur des Egyptiens,
au point qu'ils ont détesté son
peuple
et qu'ils ont traité ses serviteurs
avec perfidie.

105.1-15 Texte quasi identique en 1 Chroniques 16.8-22.

26 Il a envoyé Moïse, son serviteur,
et Aaron, qu'il avait choisi.
27 Ils ont accompli par son pouvoir
des prodiges en Egypte,
ils ont fait des miracles dans le pays
de Cham.
28 Il a envoyé des ténèbres et fait ve-
nir l'obscurité,
et ils n'ont pas été rebelles à sa pa-
role.
29 Il a changé leur eau en sang
et fait mourir leurs poissons.
30 Le pays a pullulé de grenouilles,
jusque dans les chambres de leurs
rois.
31 Sur son ordre, les mouches veni-
meuses
et les moustiques ont envahi tout
leur territoire.
32 Au lieu de pluie, il a envoyé de la
grêle,
de la foudre dans leur pays.
33 Il a frappé leurs vignes et leurs fi-
guiers,
et brisé les arbres de leur territoire.
34 Sur son ordre, les sauterelles sont
arrivées,
des sauterelles innombrables.
35 Elles ont dévoré toute l'herbe dans
leur pays,
elles ont dévoré tous les produits
des champs.
36 Il a frappé tous les premiers-nés
dans leur pays,
les aînés de tous leurs enfants.
37 Il a fait sortir son peuple avec de
l'argent et de l'or,
et personne ne trébuchait parmi
ses tribus.
38 Les Egyptiens se sont réjouis de
leur départ,
car ils étaient saisis de terreur de-
vant les Israélites.
39 Il a étendu la nuée pour les pro-
téger,
et le feu pour éclairer la nuit.
40 A leur demande, il a fait venir des
cailles,
et il les a rassasiés du pain du ciel.
41 Il a ouvert le rocher et de l'eau a
coulé,
elle s'est déversée comme un fleu-
ve dans les lieux arides,
42 car il s'est souvenu de sa parole
sainte
et d'Abraham, son serviteur.
43 Il a fait sortir son peuple dans
l'allégresse,
ceux qu'il a choisis au milieu des
cris de joie.
44 Il leur a donné les terres des na-
tions,
et ils ont tiré profit du travail des
peuples,
45 afin qu'ils gardent ses prescrip-
tions
et qu'ils respectent ses lois.
Louez l'Eternel!

L'infidélité d'Israël et la bonté de Dieu

106 Louez l'Eternel!
Célébrez l'Eternel, car il
est bon!
Oui, sa bonté dure éternellement.
2 Qui pourra dire l'extraordinaire
façon d'agir de l'Eternel
et proclamer toute sa louange?
3 Heureux ceux qui respectent le
droit,
qui pratiquent la justice en tout
temps!
4 Eternel, souviens-toi de moi dans
ta bienveillance pour ton peuple,
interviens pour moi en accordant
ton secours!
5 Ainsi je pourrai voir le bonheur de
ceux que tu as choisis,
me réjouir de la joie de ton peuple
et partager les louanges de ton hé-
ritage!
6 Nous avons péché comme nos an-
cêtres,
nous avons fait le mal, nous som-
mes coupables.
7 Nos ancêtres en Egypte n'ont pas
compris tes miracles,
ils ne se sont pas rappelé le grand
nombre de tes bontés,

ils se sont révoltés près de la mer,
près de la mer des Roseaux.
8 Mais il les a sauvés à cause de son nom,
pour faire connaître sa puissance.
9 Il a menacé la mer des Roseaux, et elle s'est desséchée,
et il les a fait marcher à travers les abîmes comme dans un désert.
10 Il les a sauvés de celui qui les détestait,
il les a rachetés du pouvoir de l'ennemi.
11 L'eau a recouvert leurs adversaires:
pas un seul n'a survécu.
12 Alors ils ont cru à ses paroles,
ils ont chanté ses louanges,
13 mais bien vite ils ont oublié ce qu'il avait fait,
ils n'ont pas attendu la réalisation de ses plans.
14 Ils ont été saisis de convoitise dans le désert,
ils ont provoqué Dieu dans les lieux arides.
15 Il leur a accordé ce qu'ils demandaient,
puis il a envoyé le dépérissement dans leur corps.
16 Dans le camp, ils se sont montrés jaloux de Moïse
et d'Aaron, le saint de l'Eternel:
17 la terre s'est ouverte, elle a englouti Dathan
et s'est refermée sur la troupe d'Abiram;
18 le feu a embrasé leur troupe,
la flamme a dévoré les méchants.
19 Ils ont fabriqué un veau à Horeb,
ils se sont prosternés devant une image en métal fondu.
20 Ils ont échangé leur gloire
contre la représentation d'un bœuf qui mange l'herbe!
21 Ils ont oublié Dieu, leur sauveur,
qui avait fait de grandes choses en Egypte,
22 des miracles dans le pays de Cham,
des prodiges à la mer des Roseaux.
23 Il parlait de les exterminer,
mais Moïse, celui qu'il avait choisi,
s'est tenu à la brèche devant lui
pour détourner sa fureur et l'empêcher de les détruire.
24 Ils ont méprisé le pays des délices,
ils n'ont pas cru à la parole de l'Eternel,
25 ils ont murmuré dans leurs tentes,
ils n'ont pas écouté l'Eternel.
26 Alors il a levé la main pour jurer
de les faire tomber dans le désert,
27 de faire tomber leur descendance parmi les nations
et de les disperser dans tous les pays.
28 Ils se sont attachés au dieu Baal-Peor
et ont mangé des sacrifices offerts à des morts.
29 Ils ont offensé l'Eternel par leurs agissements,
et un fléau a éclaté parmi eux.
30 Phinées s'est levé pour intervenir,
et le fléau s'est arrêté;
31 cela lui a été compté comme justice
de génération en génération, pour toujours.
32 Ils ont irrité l'Eternel près des eaux de Meriba,
et Moïse a été puni à cause d'eux,
33 car ils l'ont exaspéré
et il a parlé sans réfléchir.
34 Ils n'ont pas exterminé les peuples
que l'Eternel leur avait ordonné de détruire;
35 ils se sont mêlés aux autres nations
et ont imité leur manière de faire.
36 Ils ont servi leurs idoles,
qui ont été un piège pour eux;
37 ils ont sacrifié leurs fils
et leurs filles aux démons,
38 ils ont versé le sang innocent,
le sang de leurs fils et de leurs filles
qu'ils ont offerts en sacrifice aux idoles de Canaan,

et le pays a été souillé par ces meur-
tres.
39 Ils se sont rendus impurs par
leurs actes,
ils se sont prostitués par leurs agis-
sements.
40 La colère de l'Eternel s'est enflam-
mée contre son peuple,
il a pris son héritage en horreur.
41 Il les a livrés au pouvoir des nations:
ceux qui les détestaient ont domi-
né sur eux,
42 leurs ennemis les ont opprimés,
et ils ont été humiliés sous leur main.
43 Plusieurs fois, il les a délivrés,
mais eux, ils s'obstinaient dans leur
révolte,
et ils se sont enfoncés dans leur faute.
44 Il a vu leur détresse
lorsqu'il a écouté leurs plaintes.
45 Il s'est souvenu en leur faveur de
son alliance,
il a eu pitié d'eux, conformément à
sa grande bonté,
46 et il a éveillé pour eux la compas-
sion
de tous ceux qui les retenaient pri-
sonniers.
47 Sauve-nous, Eternel, notre Dieu,
et rassemble-nous du milieu des
nations!
Ainsi nous célébrerons ton saint
nom
et nous mettrons notre gloire à te
louer:
48 «Béni soit l'Eternel, le Dieu d'Is-
raël, d'éternité en éternité!»
Et tout le peuple dira: «Amen! Louez
l'Eternel![n]»

CINQUIÈME LIVRE 107–150

La grâce divine

107 Louez l'Eternel, car il est
bon!
Oui, sa bonté dure éternellement.
2 Que les rachetés de l'Eternel le di-
sent,
ceux qu'il a rachetés du pouvoir de
l'ennemi
3 et qu'il a rassemblés de tous les
pays,
de l'est et de l'ouest, du nord et du
sud!
4 Ils erraient dans le désert, en che-
min dans les lieux arides,
sans trouver de ville où ils puissent
habiter.
5 Ils souffraient de la faim et de la
soif;
leur âme était abattue.
6 Dans leur détresse, ils ont crié à
l'Eternel,
et il les a délivrés de leurs angoisses:
7 il les a conduits par un chemin
bien droit,
pour qu'ils arrivent dans une ville
où ils puissent habiter.
8 Qu'ils louent l'Eternel pour sa bonté
et pour ses merveilles en faveur des
hommes,
9 car il a désaltéré les assoiffés,
il a comblé de biens les affamés.
10 Ceux qui habitaient dans les té-
nèbres et l'ombre de la mort
étaient prisonniers de la misère et
des chaînes
11 parce qu'ils s'étaient révoltés
contre les paroles de Dieu,
parce qu'ils avaient méprisé le
conseil du Très-Haut.
12 Il a humilié leur cœur par la souf-
france:
ils trébuchaient, et personne ne les
secourait.
13 Dans leur détresse, ils ont crié à
l'Eternel,
et il les a délivrés de leurs angoisses:
14 il les a fait sortir des ténèbres et
de l'ombre de la mort,
il a arraché leurs liens.
15 Qu'ils louent l'Eternel pour sa
bonté

106.47-48 *Nous mettrons… l'Eternel*: voir 1 Chroniques 16.34-36.

et pour ses merveilles en faveur des hommes,
16 car il a mis les portes de bronze en pièces,
il a brisé les verrous en fer.
17 Les fous! Par leur conduite coupable
et par leurs fautes, ils s'étaient rendus malheureux.
18 Ils avaient en horreur toute nourriture
et touchaient aux portes de la mort.
19 Dans leur détresse, ils ont crié à l'Eternel,
et il les a délivrés de leurs angoisses:
20 il a envoyé sa parole et les a guéris,
il les a fait échapper à la tombe.
21 Qu'ils louent l'Eternel pour sa bonté
et pour ses merveilles en faveur des hommes!
22 Qu'ils offrent des sacrifices de reconnaissance
et qu'ils racontent quelle est sa façon d'agir avec des cris de joie!
23 Ceux qui étaient partis en mer sur leur bateau
et travaillaient sur les grandes eaux,
24 ceux-là ont vu la façon d'agir de l'Eternel
et ses merveilles en haute mer.
25 D'un mot, il a fait souffler un vent de tempête
qui a soulevé les vagues de la mer.
26 Ils montaient vers le ciel, ils descendaient dans l'abîme,
ils étaient angoissés face au danger;
27 saisis de vertige, ils titubaient comme un homme ivre,
et toute leur habileté était réduite à néant.
28 Dans leur détresse, ils ont crié à l'Eternel,
et il les a délivrés de leurs angoisses:
29 il a arrêté la tempête, ramené le calme,
et les vagues se sont calmées.
30 Ils se sont réjouis de ce qu'elles s'étaient apaisées,
et l'Eternel les a conduits au port désiré.
31 Qu'ils louent l'Eternel pour sa bonté
et pour ses merveilles en faveur des hommes!
32 Qu'ils proclament sa grandeur dans l'assemblée du peuple
et qu'ils le célèbrent dans la réunion des anciens!
33 Il change les fleuves en désert,
les sources d'eau en zone aride,
34 le pays fertile en pays salé[n],
à cause de la méchanceté de ses habitants.
35 Il change le désert en étang,
la terre aride en sources d'eau,
36 et il y établit ceux qui sont affamés.
Ils fondent une ville pour l'habiter,
37 ils ensemencent des champs, plantent des vignes,
et ils en récoltent les fruits.
38 Il les bénit, ils deviennent très nombreux,
et il ne fait pas diminuer leur bétail.
39 D'autres sont diminués et humiliés
par l'oppression, le malheur et le tourment.
40 Dieu déverse le mépris sur les grands
et les fait errer dans des déserts sans chemin,
41 mais il délivre le pauvre de sa misère.
Il rend les familles aussi nombreuses que des troupeaux.
42 Les hommes droits le voient et se réjouissent,
tandis que toute injustice est réduite au silence.
43 Que celui qui est sage observe cela,
et qu'il soit attentif aux bontés de l'Eternel!

107.34 *Salé*: et donc stérile.

Prière et reconnaissance

108 *Chant, psaume de David.*

2 Mon cœur est rassuré, ô Dieu;
je chanterai, je ferai retentir mes instruments: voilà ma gloire!
3 Réveillez-vous, mon luth et ma harpe!
Je veux réveiller l'aurore.
4 Je te louerai parmi les peuples, Eternel,
je te chanterai parmi les nations,
5 car ta bonté s'élève au-dessus du ciel,
et ta vérité atteint les nuages.
6 Elève-toi au-dessus du ciel, ô Dieu,
et que ta gloire soit sur toute la terre!
7 Afin que tes bien-aimés soient délivrés,
sauve-les par ta main droite et exauce-moi!
8 Dieu a dit dans sa sainteté: «Je triompherai,
je partagerai Sichem, je mesurerai la vallée de Succoth.
9 Galaad est à moi, Manassé est à moi,
Ephraïm est le casque de ma tête,
et Juda mon sceptre.
10 Moab est le bassin où je me lave,
je jette ma sandale sur Edom,
je pousse des cris contre le pays des Philistins!»
11 Qui me mènera dans la ville fortifiée?
Qui me conduira jusqu'en Edom?
12 N'est-ce pas toi, ô Dieu, qui nous avais repoussés
et qui ne sortais plus, ô Dieu, avec nos armées?
13 Viens nous aider contre notre adversaire!
Le secours de l'homme n'est qu'illusion.
14 Avec Dieu, nous ferons des exploits:
c'est lui qui écrasera nos adversaires.

Imprécation contre le méchant

109 *Au chef de chœur. Psaume de David.*

Dieu que je célèbre, ne te tais pas,
2 car le méchant et le trompeur ouvrent la bouche contre moi,
ils me parlent avec une langue mensongère,
3 ils m'enveloppent de discours haineux
et me font la guerre sans raison.
4 Alors que je les aime, ils sont mes adversaires,
mais moi, je recours à la prière.
5 Ils me rendent le mal pour le bien,
et de la haine pour mon amour.
6 Place-le sous l'autorité d'un méchant,
et qu'un accusateur se tienne à sa droite!
7 Quand on le jugera, qu'il soit déclaré coupable,
et que sa prière passe pour un péché!
8 Que sa vie dure peu longtemps,
et *qu'un autre prenne sa charge[n]!
9 Que ses enfants deviennent orphelins,
et sa femme veuve!
10 Que ses enfants soient vagabonds et mendiants,
qu'ils cherchent leur nourriture loin de leur maison en ruine!
11 Que le créancier s'empare de tout ce qui lui appartient
et que les étrangers pillent le fruit de son travail!
12 Que personne ne lui montre plus de bonté,
que personne ne fasse grâce à ses orphelins!
13 Que ses descendants soient exterminés
et que leur nom disparaisse dans la génération suivante!

109.8 *Qu'un autre… charge*: cité en Actes 1.20 en faveur de la désignation d'un remplaçant de Judas dans le collège des apôtres.

14 Que la faute de ses ancêtres soit
rappelée devant l'Eternel
et que le péché de sa mère ne soit
pas effacé,
15 qu'ils soient toujours présents de-
vant l'Eternel,
et qu'il supprime leur souvenir de
la terre!
16 En effet, il ne s'est pas souvenu
d'exercer la bonté,
il a persécuté le malheureux et le
pauvre,
jusqu'à faire mourir l'homme au
cœur brisé.
17 Il aimait la malédiction: qu'elle
tombe sur lui!
Il ne voulait pas de la bénédiction:
qu'elle s'éloigne de lui!
18 Qu'il revête la malédiction com-
me un habit,
qu'elle pénètre en lui comme de
l'eau,
comme de l'huile dans ses os!
19 Qu'elle l'enveloppe comme un vê-
tement,
qu'elle l'enserre constamment com-
me une ceinture!
20 Voilà, de la part de l'Eternel, le sa-
laire de mes ennemis
et de ceux qui disent du mal de moi!
21 Et toi, Eternel, Seigneur, inter-
viens en ma faveur à cause de ton
nom,
car ta bonté est grande, et délivre-
moi!
22 Je suis malheureux et pauvre,
et mon cœur est blessé au fond de
moi.
23 Je m'en vais comme l'ombre à son
déclin,
je suis chassé comme la sauterelle.
24 Mes genoux sont affaiblis par le
jeûne,
mon corps est épuisé et amaigri.
25 Je suis pour eux un sujet de mo-
querie;
ils me regardent et secouent la tête.
26 Secours-moi, Eternel, mon Dieu,
sauve-moi par ta bonté!
27 Qu'ils sachent que c'est ta main,
que c'est toi, Eternel, qui es inter-
venu!
28 S'ils maudissent, toi tu béniras;
s'ils se lèvent, ils seront couverts de
honte,
et ton serviteur se réjouira.
29 Que mes adversaires soient cou-
verts de confusion,
qu'ils s'enveloppent de leur honte
comme d'un manteau!
30 Je louerai l'Eternel de ma bouche,
à voix haute,
je le célébrerai au milieu de la foule,
31 car il se tient à la droite du pauvre
pour le délivrer de ceux qui le con-
damnent.

Le Messie, roi et prêtre

110

Psaume de David.

*L'Eternel a déclaré à mon Seigneur:
«Assieds-toi à ma droite
jusqu'à ce que j'aie fait de tes enne-
mis ton marchepied.»[n]
2 L'Eternel étendra de Sion le scep-
tre de ta puissance:
domine au milieu de tes ennemis!
3 Ton peuple est plein d'ardeur,
quand tu rassembles ton armée;
avec des ornements sacrés, du sein
de l'aurore,
ta jeunesse vient à toi comme une
rosée.
4 *L'Eternel l'a juré, et il ne se rétrac-
tera pas:
«Tu es prêtre pour toujours
à la manière de Melchisédek.»[n]
5 Le Seigneur est à ta droite,

110.1 *L'Eternel... marchepied*: cité à de multiples reprises dans le Nouveau Testament en rapport avec Christ (Matthieu 22.44; 26.64; Marc 12.36; 14.62; Luc 20.42-43; 22.69; Actes 2.34-35; 1 Corinthiens 15.25; Hébreux 1.13; 5.6; etc.). **110.4** *L'Eternel... Melchisédek*: cité en Hébreux 5.6; 6.20; 7.17, 21 comme s'appliquant à Christ, dont le ministère de prêtre est supérieur à celui des prêtres lévitiques. *Melchisédek*: roi de Salem et prêtre du Dieu très-haut qui a béni Abram (Genèse 14.18-20).

il écrase des rois le jour de sa colère.
6 Il exerce la justice parmi les nations: tout est rempli de cadavres,
il écrase des chefs sur tout le territoire.
7 Il boit au torrent pendant la marche,
c'est pourquoi il relève la tête.

Perfection de l'action de Dieu

111 Louez l'Eternel!
Je louerai l'Eternel de tout mon cœur,
dans la réunion des hommes droits
et dans l'assemblée.
2 Les œuvres de l'Eternel sont grandes,
recherchées par tous ceux qui les aiment.
3 Son activité n'est que splendeur et magnificence,
et sa justice subsiste à perpétuité.
4 Il a laissé le souvenir de ses merveilles.
L'Eternel fait grâce, il est rempli de compassion.
5 Il a donné de la nourriture à ceux qui le craignent,
il se souvient toujours de son alliance.
6 Il a montré à son peuple la puissance de ses œuvres
en lui donnant l'héritage d'autres nations.
7 Les œuvres de ses mains, c'est la vérité et la justice;
tous ses décrets sont dignes de confiance,
8 bien établis pour toute l'éternité,
faits avec vérité et droiture.
9 Il a envoyé la libération à son peuple,
il a prescrit son alliance pour toujours;
son nom est saint et redoutable.
10 La crainte de l'Eternel est le commencement de la sagesse.
Tous ceux qui respectent ses décrets
ont une raison saine.
Sa gloire subsiste à perpétuité.

Le bonheur du juste

112 Louez l'Eternel!
Heureux l'homme qui craint l'Eternel,
qui trouve un grand plaisir à ses commandements.
2 Sa descendance sera puissante sur la terre,
la génération des hommes droits sera bénie.
3 Le bien-être et la richesse sont dans sa maison,
et sa justice subsiste toujours.
4 La lumière se lève dans les ténèbres pour les hommes droits,
pour celui qui fait preuve de grâce,
de compassion et de justice.
5 Il est bon que l'homme fasse grâce et qu'il prête,
qu'il règle ses affaires conformément au droit,
6 car il ne sera jamais ébranlé;
on se souviendra toujours du juste.
7 Il ne redoute pas les mauvaises nouvelles,
son cœur est ferme, plein de confiance dans l'Eternel.
8 Son cœur est affermi, il n'éprouve aucune crainte,
au point qu'il regarde ses adversaires en face.
9 *Il distribue ses bienfaits, il donne aux pauvres,
sa justice subsiste à toujours[n],
il relève la tête avec gloire.
10 Le méchant le voit et s'irrite,
il grince des dents et perd courage.
Les désirs des méchants sont réduits à néant.

Bonté de Dieu pour les faibles

113 Louez l'Eternel!
Serviteurs de l'Eternel, louez,
louez le nom de l'Eternel!
2 Que le nom de l'Eternel soit béni,
dès maintenant et pour toujours!

112.9 *Il distribue… toujours*: cité en 2 Corinthiens 9.9.

3 Du lever du soleil jusqu'à son coucher,
que le nom de l'Eternel soit célébré!
4 L'Eternel domine toutes les nations,
sa gloire s'élève plus haut que le ciel.
5 Qui est semblable à l'Eternel, notre Dieu?
Il a sa demeure en haut,
6 et il s'abaisse pour regarder
le ciel et la terre.
7 De la poussière il relève le faible,
du fumier il retire le pauvre,
8 pour les faire asseoir avec les grands,
avec les grands de son peuple.
9 Il donne une famille à celle qui était stérile,
il fait d'elle une mère joyeuse au milieu de ses enfants.
Louez l'Eternel!

Rappel des délivrances passées

114 Quand Israël est sorti d'Egypte,
quand la famille de Jacob s'est éloignée d'un peuple étranger,
2 Juda est devenu le sanctuaire de Dieu,
Israël a été son domaine.
3 La mer l'a vu et s'est enfuie,
le Jourdain est retourné en arrière;
4 les montagnes ont sauté comme des béliers,
les collines comme des agneaux.
5 Qu'as-tu, mer, pour t'enfuir,
et toi, Jourdain, pour retourner en arrière?
6 Qu'avez-vous, montagnes, pour sauter comme des béliers,
et vous, collines, comme des agneaux?
7 Tremble donc, terre, devant le Seigneur,
devant le Dieu de Jacob!
8 Il change le rocher en étang,
le roc en source d'eau.

A Dieu seul la gloire

115 Non pas à nous, Eternel, non pas à nous,
mais à ton nom donne gloire,
à cause de ta bonté, à cause de ta vérité!
2 Pourquoi les nations diraient-elles:
«Où donc est leur Dieu?»
3 Notre Dieu est au ciel,
il fait tout ce qu'il veut.
4 Leurs idoles, ce n'est que de l'argent et de l'or;
elles sont faites par la main des hommes.
5 Elles ont une bouche mais ne parlent pas,
elles ont des yeux mais ne voient pas,
6 elles ont des oreilles mais n'entendent pas,
elles ont un nez mais ne sentent pas,
7 elles ont des mains mais ne touchent pas,
des pieds mais ne marchent pas;
leur gosier ne produit aucun son.
8 Ils leur ressemblent, ceux qui les fabriquent,
tous ceux qui se confient en elles.[n]
9 Israël, confie-toi en l'Eternel!
Leur secours et leur bouclier, c'est lui.
10 Famille d'Aaron, confie-toi en l'Eternel!
Leur secours et leur bouclier, c'est lui.
11 Vous qui craignez l'Eternel, confiez-vous en l'Eternel!
Leur secours et leur bouclier, c'est lui.
12 L'Eternel se souvient de nous: il bénira.
Il bénira la communauté d'Israël,
il bénira la famille d'Aaron,
13 il bénira ceux qui craignent l'Eternel, petits et grands.
14 L'Eternel vous fera prospérer,
vous et vos enfants.
15 Soyez bénis par l'Eternel,
qui a fait le ciel et la terre!

115.4-8 *Leurs idoles… en elles*: texte presque identique au Psaume 135.15-18.

16 Le ciel appartient à l'Eternel,
mais il a donné la terre aux hommes.
17 Ce ne sont pas les morts qui célèbrent l'Eternel,
ce ne sont pas ceux qui descendent
dans le monde du silence,
18 mais nous, nous bénirons l'Eternel,
dès maintenant et pour toujours.
Louez l'Eternel!

Louange pour la délivrance accordée

116 J'aime l'Eternel, car il entend
ma voix, mes supplications.
2 Oui, il a penché son oreille vers moi
et je ferai appel à lui toute ma vie.
3 Les liens de la mort m'avaient enserré,
et les angoisses du séjour des morts
s'étaient emparées de moi;
j'étais accablé par la détresse et la douleur,
4 mais j'ai fait appel au nom de l'Eternel:
«Eternel, sauve-moi!»
5 L'Eternel fait grâce et il est juste,
notre Dieu est rempli de compassion.
6 L'Eternel garde ceux qui manquent d'expérience;
j'étais affaibli, et il m'a sauvé.
7 Retrouve le repos, mon âme,
car l'Eternel t'a fait du bien!
8 Oui, tu as délivré mon âme de la mort,
mes yeux des larmes,
mes pieds de la chute.
9 Je marcherai devant l'Eternel
au pays des vivants.
10 *J'avais confiance, même lorsque je disais[n]:
«Je suis plongé dans le malheur!»
11 Dans mon angoisse, je disais:
«Tous les hommes sont des menteurs.»
12 Comment pourrais-je rendre à l'Eternel
tous ses bienfaits envers moi?
13 Je lèverai la coupe des délivrances
et je ferai appel au nom de l'Eternel,
14 j'accomplirai mes vœux envers l'Eternel
en présence de tout son peuple.
15 Elle a du prix aux yeux de l'Eternel,
la mort de ses fidèles.
16 Ecoute-moi, Eternel, car je suis ton serviteur,
ton serviteur, le fils de ta servante!
Tu as détaché mes liens:
17 je t'offrirai un sacrifice de reconnaissance
et je ferai appel au nom de l'Eternel;
18 j'accomplirai mes vœux envers l'Eternel
en présence de tout son peuple,
19 dans les parvis de la maison de l'Eternel,
au milieu de toi, Jérusalem.
Louez l'Eternel!

Louange universelle à Dieu

117 *Louez l'Eternel, vous, toutes les nations,
célébrez-le, vous, tous les peuples[n],
2 car sa bonté est grande envers nous
et sa vérité dure éternellement!
Louez l'Eternel!

Louange à Dieu pour sa bonté

118 Louez l'Eternel, car il est bon!
Oui, sa bonté dure éternellement!
2 Qu'Israël le dise:
«Oui, sa bonté dure éternellement!»
3 Que la famille d'Aaron le dise:
«Oui, sa bonté dure éternellement!»
4 Que ceux qui craignent l'Eternel le disent:
«Oui, sa bonté dure éternellement!»
5 Du fond de la détresse j'ai fait appel à l'Eternel.

116.10 *J'avais... disais*: cité en 2 Corinthiens 4.13 d'après la Septante. **117.1** *Louez... peuples*: cité en Romains 15.11.

L'Eternel m'a répondu, il m'a délivré.
6 *L'Eternel est pour moi, je n'ai peur de rien:
que peuvent me faire des hommes?[n]
7 L'Eternel est mon secours,
et je regarde mes ennemis en face.
8 Mieux vaut chercher un refuge en l'Eternel
que de mettre votre confiance dans l'homme;
9 mieux vaut chercher un refuge en l'Eternel
que de mettre votre confiance dans les grands.
10 Toutes les nations m'entouraient:
au nom de l'Eternel, je les taille en pièces.
11 Elles m'entouraient, m'encerclaient:
au nom de l'Eternel, je les taille en pièces.
12 Elles m'entouraient comme des abeilles:
elles s'éteignent comme un feu de ronces,
au nom de l'Eternel, je les taille en pièces.
13 Tu me bousculais pour me faire tomber,
mais l'Eternel m'a secouru.
14 *L'Eternel est ma force et le sujet de mes louanges,
c'est lui qui m'a sauvé.[n]
15 Des cris de triomphe et de délivrance s'élèvent dans les tentes des justes:
la main droite de l'Eternel agit avec puissance!
16 La main droite de l'Eternel est élevée,
la main droite de l'Eternel agit avec puissance!
17 Je ne mourrai pas, je vivrai,
et je raconterai ce que l'Eternel a fait.
18 L'Eternel m'a corrigé,
mais il ne m'a pas livré à la mort.
19 Ouvrez-moi les portes de la justice:
j'entrerai et je louerai l'Eternel.
20 Voici la porte de l'Eternel:
c'est par elle que les justes entrent.
21 Je te loue, parce que tu m'as répondu,
parce que tu m'as sauvé.
22 *La pierre qu'ont rejetée ceux qui construisaient
est devenue la pierre angulaire.
23 C'est l'œuvre de l'Eternel
et c'est un prodige à nos yeux.[n]
24 Voici le jour que l'Eternel a fait:
qu'il soit pour nous un sujet d'allégresse et de joie!
25 Eternel, *accorde donc le salut!
Eternel, donne le succès!
26 Béni soit celui qui vient au nom de l'Eternel![n]
Nous vous bénissons de la maison de l'Eternel.
27 L'Eternel est Dieu, et il nous éclaire.
Attachez la victime de la fête avec des liens
aux cornes de l'autel!
28 Tu es mon Dieu et je te louerai,
mon Dieu, je proclamerai ta grandeur.
29 Louez l'Eternel, car il est bon!
Oui, sa bonté dure éternellement!

La Parole de Dieu

119 Heureux ceux dont la conduite est intègre,
ceux qui marchent suivant la loi de l'Eternel!
2 Heureux ceux qui gardent ses instructions,
qui le cherchent de tout leur cœur,

118.6 *L'Eternel... hommes*: cité en Hébreux 13.6. **118.14** *L'Eternel... sauvé*: paroles du cantique de Moïse et des Israélites après la traversée de la mer en Exode 15.2. **118.22-23** *La pierre... nos yeux*: cité entièrement en Matthieu 21.42; Marc 12.10-11 et partiellement (verset 22) en Luc 20.17; Actes 4.11; 1 Pierre 2.7 pour présenter Jésus-Christ comme pierre angulaire rejetée par la majorité des Juifs de son époque. **118.25-26** *Accorde... l'Eternel*: cité par les foules pour acclamer Jésus en Matthieu 21.9; Marc 11.9; Luc 13.35; 19.38; Jean 12.13 ainsi qu'en Matthieu 23.39. *Accorde donc le salut* se transcrit *hosanna*.

3 qui ne commettent aucune injustice
et qui marchent dans ses voies!
4 Tu as promulgué tes décrets
pour qu'on les respecte avec soin.
5 Que mes actions soient bien réglées,
afin que je respecte tes prescriptions!
6 Alors je ne rougirai pas de honte
devant tous tes commandements.
7 Je te louerai avec un cœur droit
en étudiant tes justes sentences.
8 Je veux respecter tes prescriptions:
ne m'abandonne pas totalement!

9 Comment le jeune homme rendra-t-il pur son sentier?
En se conformant à ta parole.
10 Je te cherche de tout mon cœur:
ne me laisse pas m'égarer loin de tes commandements!
11 Je serre ta parole dans mon cœur
afin de ne pas pécher contre toi.
12 Béni sois-tu, Eternel,
enseigne-moi tes prescriptions!
13 De mes lèvres j'énumère
toutes les sentences que tu as prononcées.
14 J'ai autant de joie à suivre tes instructions
que si je possédais tous les trésors.
15 Je médite tes décrets,
j'ai tes sentiers sous les yeux.
16 Je fais mes délices de tes prescriptions,
je n'oublie pas ta parole.

17 Fais du bien à ton serviteur, pour que je vive
et que je me conforme à ta parole!
18 Ouvre mes yeux, pour que je contemple
les merveilles de ta loi!
19 Je suis un étranger sur la terre:
ne me cache pas tes commandements!
20 Mon âme est rongée par le désir
qui la porte constamment vers tes lois.
21 Tu menaces les hommes arrogants, ces maudits
qui s'égarent loin de tes commandements.
22 Décharge-moi du déshonneur et du mépris,
car j'observe tes instructions.
23 Des princes ont beau siéger pour parler contre moi,
ton serviteur médite tes prescriptions.
24 Tes instructions font mon plaisir,
ce sont mes conseillères.

25 Je suis affalé dans la poussière.
Rends-moi la vie conformément à ta parole!
26 J'expose mes voies, et tu me réponds;
enseigne-moi tes prescriptions!
27 Fais-moi comprendre la voie de tes décrets,
et je méditerai sur tes merveilles!
28 Mon âme est accablée de tristesse:
relève-moi conformément à ta parole!
29 Eloigne-moi de la voie du mensonge
et accorde-moi la grâce de suivre ta loi!
30 Je choisis la voie de la fidélité,
je place tes lois sous mes yeux.
31 Je m'attache à tes instructions,
Eternel, ne me couvre pas de honte!
32 Je cours sur la voie de tes commandements,
car tu épanouis mon cœur.

33 Enseigne-moi, Eternel, la voie de tes prescriptions,
pour que je la suive jusqu'à la fin!
34 Donne-moi l'intelligence, pour que je garde ta loi
et que je la respecte de tout mon cœur!
35 Conduis-moi dans le sentier de tes commandements,
car je l'aime.

36 Pousse mon cœur vers tes ins-
tructions,
et non vers le profit!
37 Détourne mes yeux de ce qui est
sans valeur,
fais-moi vivre dans ta voie!
38 Accomplis envers ton serviteur
ce que tu as promis à ceux qui te
craignent!
39 Eloigne de moi l'insulte que je re-
doute,
car tes sentences sont pleines de
bonté.
40 Je désire vraiment appliquer tes
décrets:
fais-moi vivre dans ta justice!

41 Eternel, que ta bonté vienne sur
moi,
avec ton salut, conformément à ta
promesse!
42 Alors je pourrai répondre à celui
qui m'insulte,
car je me confie en ta parole.
43 N'arrache pas la parole de vérité
de ma bouche,
car j'espère en tes jugements.
44 Je respecterai constamment ta
loi,
pour toujours et à perpétuité.
45 Je marcherai en toute liberté,
car je recherche tes décrets.
46 Je parlerai de tes instructions de-
vant des rois
et je ne rougirai pas de honte.
47 Je fais mes délices de tes com-
mandements,
je les aime.
48 Je tends les mains vers tes com-
mandements que j'aime,
et je veux méditer tes prescrip-
tions.

49 Souviens-toi de ta promesse à ton
serviteur,
puisque tu m'as donné l'espérance!
50 C'est ma consolation dans ma
misère,
car ta promesse me rend la vie.
51 Des hommes arrogants m'acca-
blent de moqueries,
mais je ne m'écarte pas de ta loi.
52 Je me souviens de tes sentences
passées, Eternel,
et c'est ce qui me console.
53 Une colère ardente s'empare de
moi à cause des méchants
qui abandonnent ta loi.
54 Tes prescriptions sont le sujet de
mes chants
dans la maison où je suis étranger.
55 La nuit je me rappelle ton nom,
Eternel,
et je respecte ta loi.
56 La part qui me revient,
c'est de garder tes décrets.

57 Mon lot, Eternel, je le dis,
c'est d'obéir à tes paroles.
58 Je t'implore de tout mon cœur:
fais-moi grâce, conformément à ta
promesse!
59 Je réfléchis à mes voies
et je conduis mes pas vers tes ins-
tructions.
60 Je fais preuve d'empressement,
je n'attends pas
pour obéir à tes commandements.
61 Les pièges des méchants m'en-
tourent,
mais je n'oublie pas ta loi.
62 Au milieu de la nuit je me lève
pour te louer
à cause de tes justes sentences.
63 Je suis l'ami de tous ceux qui te
craignent
et qui se conforment à tes décrets.
64 Eternel, la terre est pleine de ta
bonté.
Enseigne-moi tes prescriptions!

65 Tu as fait du bien à ton serviteur,
Eternel, conformément à ta parole.
66 Enseigne-moi le bon sens et la
connaissance,
car je crois à tes commandements.
67 Avant d'être humilié, je m'éga-
rais;

maintenant je me conforme à ta
parole.
68 Tu es bon et bienfaisant,
enseigne-moi tes prescriptions!
69 Des hommes arrogants imagi-
nent contre moi des mensonges;
moi, de tout mon cœur je garde tes
décrets.
70 Leur cœur est aussi insensible
que la graisse,
mais moi, je fais mes délices de ta
loi.
71 Il est bon pour moi d'être humilié
afin d'apprendre tes prescriptions.
72 Mieux vaut pour moi la loi de ta
bouche
que 1000 objets en or et en argent.

73 Tes mains m'ont créé, elles m'ont
fortifié;
donne-moi l'intelligence pour que
j'apprenne tes commandements!
74 Ceux qui te craignent me voient
et se réjouissent,
car j'espère en tes promesses.
75 Je sais, Eternel, que tes sentences
sont justes;
c'est par fidélité que tu m'as humilié.
76 Que ta bonté soit ma consolation,
comme tu l'as promis à ton serviteur.
77 Que tes compassions viennent
sur moi pour que je vive,
car ta loi fait mon plaisir.
78 Qu'ils soient couverts de honte,
les hommes arrogants qui me mal-
traitent sans raison!
Moi, je médite sur tes décrets.
79 Qu'ils reviennent vers moi, ceux
qui te craignent
et qui connaissent tes instructions!
80 Que mon cœur soit intègre pour
suivre tes prescriptions,
afin que je ne sois pas couvert de
honte!

81 Mon âme languit après ton salut;
j'espère en ta promesse.
82 Mes yeux se fatiguent à attendre
ce que tu as promis;
je demande: «Quand me console-
ras-tu?»
83 Je suis racorni comme une outre
dans la fumée,
mais je n'oublie pas tes prescrip-
tions.
84 Quelle est la durée de la vie de ton
serviteur?
Quand jugeras-tu ceux qui me per-
sécutent?
85 Des hommes arrogants creusent
des fosses devant moi,
ils ne se conforment pas à ta loi.
86 Tous tes commandements ne
sont que fidélité.
On me persécute sans raison:
secours-moi!
87 Ils ont failli me terrasser,
mais moi, je n'abandonne pas tes
décrets.
88 Rends-moi la vie conformément
à ta bonté,
afin que je respecte les instructions
de ta bouche!

89 Ta parole, Eternel,
est pour toujours établie dans le ciel.
90 Ta fidélité dure de génération en
génération;
tu as fondé la terre, et elle subsiste.
91 C'est d'après tes lois que tout sub-
siste aujourd'hui,
car tout l'univers est à ton service.
92 Si ta loi n'avait pas fait mon plaisir,
je serais mort dans ma misère.
93 Je n'oublierai jamais tes décrets,
car c'est par eux que tu me fais vivre.
94 Je t'appartiens: sauve-moi,
car je recherche tes décrets.
95 Des méchants espèrent me fai-
re mourir,
mais je suis attentif à tes instructions.
96 Je vois un terme à tout ce qui est
parfait,
mais tes commandements sont
sans limite.

97 Combien j'aime ta loi!
Je la médite toute la journée.

98 Tes commandements me rendent plus sage que mes ennemis,
car je les ai toujours avec moi.
99 Je suis plus perspicace que tous mes maîtres,
car je médite tes instructions.
100 J'ai plus d'intelligence que les vieillards,
car je respecte tes décrets.
101 J'écarte mes pas de tout mauvais chemin
afin de me conformer à ta parole.
102 Je ne me détourne pas de tes sentences,
car c'est toi qui me les as enseignées.
103 Que tes paroles sont douces pour mon palais!
Elles sont plus douces que le miel à ma bouche.
104 Grâce à tes décrets je deviens intelligent,
c'est pourquoi je déteste toute voie de mensonge.

105 Ta parole est une lampe à mes pieds
et une lumière sur mon sentier.
106 Je jure, et je tiendrai ma promesse,
de respecter tes justes sentences.
107 Je suis profondément humilié.
Eternel, rends-moi la vie conformément à ta parole!
108 Accueille favorablement les sentiments que j'exprime, Eternel,
et enseigne-moi tes lois!
109 Ma vie est constamment en danger,
mais je n'oublie pas ta loi.
110 Des méchants me tendent des pièges,
mais je ne m'égare pas loin de tes décrets.
111 Tes instructions sont pour toujours mon héritage,
car elles font la joie de mon cœur.
112 Je pousse mon cœur à mettre tes prescriptions en pratique,
et ce toujours, jusqu'à la fin.

113 Je déteste les hommes indécis
mais j'aime ta loi.
114 Mon refuge et mon bouclier, c'est toi.
J'espère en ta promesse.
115 Eloignez-vous de moi, méchants,
afin que j'observe les commandements de mon Dieu!
116 Soutiens-moi conformément à ta promesse, afin que je vive,
et ne me déçois pas dans mon espérance!
117 Sois mon appui! Ainsi je serai sauvé
et je ne perdrai pas de vue tes prescriptions.
118 Tu méprises tous ceux qui s'écartent de tes prescriptions,
car leur tromperie est sans effet.
119 Tu enlèves comme des impuretés tous les méchants de la terre,
c'est pourquoi j'aime tes instructions.
120 Ma chair frissonne de l'épouvante que tu m'inspires,
et je crains tes sentences.

121 J'applique le droit et la justice.
Ne m'abandonne pas à mes oppresseurs!
122 Garantis le bien de ton serviteur!
Ne me laisse pas opprimer par des hommes arrogants!
123 Mes yeux se fatiguent à attendre ton salut
et la promesse de ta justice.
124 Agis envers ton serviteur conformément à ta bonté
et enseigne-moi tes prescriptions!
125 Je suis ton serviteur: donne-moi l'intelligence
pour que je comprenne tes instructions!
126 Il est temps d'agir pour toi, Eternel,
car on viole ta loi.
127 Voilà pourquoi j'aime tes commandements
plus que l'or, plus que l'or fin,

128 voilà pourquoi je trouve justes tous tes décrets
et je déteste toute voie de mensonge.
129 Tes instructions sont admirables,
c'est pourquoi je les garde.
130 La révélation de tes paroles éclaire,
elle donne de l'intelligence à ceux qui manquent d'expérience.
131 J'ouvre la bouche et je soupire,
car j'ai soif de tes commandements.
132 Tourne-toi vers moi et fais-moi grâce
comme tu le fais pour ceux qui aiment ton nom!
133 Affermis mes pas dans ta parole
et ne laisse aucun mal dominer sur moi!
134 Libère-moi de l'oppression des hommes
afin que je garde tes décrets!
135 Fais briller ton visage sur ton serviteur
et enseigne-moi tes prescriptions!
136 Mes yeux versent des torrents de larmes
parce qu'on ne respecte pas ta loi.

137 Tu es juste, Eternel,
et tes sentences sont équitables.
138 Tu fondes tes instructions sur la justice
et sur une grande fidélité.
139 Je suis rongé par mon zèle
quand je vois mes adversaires oublier tes paroles.
140 Ta parole est entièrement pure,
et ton serviteur l'aime.
141 Je suis petit et méprisé,
mais je n'oublie pas tes décrets.
142 Ta justice est une justice éternelle,
et ta loi est la vérité.
143 La détresse et l'angoisse se sont emparées de moi,
mais tes commandements font mon plaisir.
144 Tes instructions sont éternellement justes,
donne-moi l'intelligence pour que je vive!
145 Je fais appel à toi de tout mon cœur. Réponds-moi, Eternel,
afin que je garde tes prescriptions!
146 Je fais appel à toi. Sauve-moi,
afin que je respecte tes instructions!
147 Je devance l'aurore pour implorer ton aide,
j'espère en tes promesses.
148 Avant la fin de la nuit, j'ouvre les yeux
pour méditer ta parole.
149 Ecoute-moi conformément à ta bonté,
rends-moi la vie conformément à ta sentence!
150 Ils s'approchent, ceux qui poursuivent le crime,
ils s'éloignent de la loi.
151 Mais toi, tu es près de moi, Eternel,
et tous tes commandements sont la vérité.
152 Je sais depuis longtemps
que tu as établi tes instructions pour toujours.

153 Regarde ma misère et délivre-moi,
car je n'oublie pas ta loi.
154 Défends ma cause et rachète-moi,
rends-moi la vie par ta promesse!
155 Le salut est loin des méchants,
car ils ne recherchent pas tes prescriptions.
156 Tes compassions sont grandes, Eternel,
rends-moi la vie conformément à tes sentences!
157 Mes persécuteurs et mes adversaires sont nombreux,
mais je ne m'écarte pas de tes instructions.
158 Je vois avec dégoût des traîtres
qui ne se conforment pas à ta parole.
159 Considère combien j'aime tes décrets,
Eternel, rends-moi la vie conformément à ta bonté!

160 Le fondement de ta parole, c'est
la vérité,
et toutes tes justes sentences sont
éternelles.

161 Des princes me persécutent sans
raison,
mais mon cœur ne tremble qu'à tes
paroles.
162 Je me réjouis de tes promesses
comme celui qui trouve un grand
butin.
163 Je déteste, j'ai en horreur le men-
songe,
mais j'aime ta loi.
164 Sept fois par jour je te célèbre
à cause de tes justes sentences.
165 Il y a beaucoup de paix pour
ceux qui aiment ta loi,
et rien ne les fait trébucher.
166 J'attends ton salut, Eternel,
et je mets en pratique tes comman-
dements.
167 Je respecte tes instructions
et je les aime beaucoup.
168 Je respecte tes décrets et tes ins-
tructions.
Oui, toutes mes voies sont devant toi.

169 Que ma prière parvienne jusqu'à
toi, Eternel!
Donne-moi de l'intelligence confor-
mément à ta parole!
170 Que ma supplication arrive jus-
qu'à toi!
Délivre-moi conformément à ta
promesse!
171 Que mes lèvres proclament ta
louange,
car tu m'enseignes tes prescrip-
tions!
172 Que ma langue célèbre ta parole,
car tous tes commandements sont
justes!
173 Que ta main vienne à mon aide,
car j'ai choisi tes décrets!
174 Je soupire après ton salut, Eter-
nel,
et ta loi fait mon plaisir.
175 Que je puisse vivre et te louer,
et que tes sentences viennent à
mon aide!
176 Je suis errant comme une brebis
perdue: viens à la recherche de ton
serviteur,
car je n'oublie pas tes commande-
ments.

La souffrance de l'exilé

120 *Chant des montées.*
Dans ma détresse, c'est à l'Eternel
que j'ai crié, et il m'a répondu.
2 Eternel, délivre-moi des lèvres
fausses,
de la langue trompeuse!
3 Que te donnera l'Eternel et que
t'ajoutera-t-il,
langue trompeuse?
4 Les flèches aiguës du guerrier
avec des charbons ardents de ge-
nêt!
5 Malheur à moi! J'ai dû séjourner
à Méshec,
habiter parmi les tentes de Kédar!
6 J'ai habité trop longtemps
avec ceux qui détestent la paix.
7 Je suis pour la paix, mais quand
j'en parle,
ils sont pour la guerre.

Secours et protection de Dieu

121 *Chant des montées.*
Je lève mes yeux vers les montagnes:
d'où me viendra le secours?
2 Le secours me vient de l'Eternel,
qui a fait le ciel et la terre.
3 Qu'il ne permette pas à ton pied
de trébucher,
qu'il ne somnole pas, celui qui te
garde!
4 Non, il ne somnole pas, il ne dort
pas,
celui qui garde Israël.
5 L'Eternel est celui qui te garde,
l'Eternel est ton ombre protectrice,
il se tient à ta droite.

6 Pendant le jour le soleil ne te fera pas de mal,
ni la lune pendant la nuit.
7 L'Eternel te gardera de tout mal,
il gardera ta vie.
8 L'Eternel gardera ton départ et ton arrivée
dès maintenant et pour toujours.

Vœux pour la paix de Jérusalem

122 *Chant des montées, [de David.]*

Je suis dans la joie quand on me dit:
«Allons à la maison de l'Eternel!»
2 Nos pas se sont arrêtés
dans tes portes, Jérusalem!
3 Jérusalem, tu es construite
comme une ville qui forme un ensemble parfait.
4 C'est là que montent les tribus, les tribus de l'Eternel
– c'est la règle en Israël –
pour louer le nom de l'Eternel,
5 car là se trouvent les trônes réservés à la justice,
les trônes de la famille de David.
6 Demandez la paix de Jérusalem!
Que ceux qui t'aiment jouissent du repos!
7 Que la paix règne dans tes murs,
et la tranquillité dans tes palais!
8 A cause de mes frères et de mes amis,
je dirai: «Que la paix règne chez toi!»
9 A cause de la maison de l'Eternel, notre Dieu,
je fais des vœux pour ton bonheur.

Prière pour le peuple opprimé

123 *Chant des montées.*

J'ai levé les yeux vers toi,
qui sièges dans le ciel.
2 Oui, tout comme les yeux des serviteurs sont fixés sur la main de leur maître,
et les yeux de la servante sur la main de sa maîtresse,
ainsi nos yeux se tournent vers l'Eternel, notre Dieu,
jusqu'à ce qu'il nous fasse grâce.
3 Fais-nous grâce, Eternel, fais-nous grâce,
car nous n'en pouvons plus d'être méprisés,
4 nous en avons plus qu'assez
des moqueries des orgueilleux, du mépris des hautains!

Dieu protège et délivre les siens

124 *Chant des montées, de David.*

Si l'Eternel n'avait pas été pour nous
– qu'Israël le dise –
2 si l'Eternel n'avait pas été pour nous
lorsque des hommes sont venus nous attaquer,
3 ils nous auraient engloutis vivants
quand leur colère s'est enflammée contre nous.
4 Oui, l'eau nous aurait emportés,
les torrents nous auraient submergés.
5 Oui, ils nous auraient submergés,
les flots impétueux.
6 Béni soit l'Eternel
qui ne nous a pas livrés en pâture à leurs dents!
7 Nous nous sommes échappés comme l'oiseau du piège des oiseleurs:
le filet s'est rompu, et nous nous sommes échappés.
8 Notre secours est dans le nom de l'Eternel,
qui a fait le ciel et la terre.

Dieu, un rempart pour son peuple

125 *Chant des montées.*

Ceux qui se confient en l'Eternel
sont comme le mont Sion: il est inébranlable,
il demeure pour toujours.
2 Pareil aux montagnes qui entourent Jérusalem,
l'Eternel entoure son peuple,

dès maintenant et pour toujours.
3 Un pouvoir méchant ne pèsera pas sur la part des justes,
afin qu'ils ne tendent pas les mains vers le mal.
4 Eternel, montre-toi bon pour les hommes bons,
pour ceux dont le cœur est droit!
5 Mais ceux qui s'engagent dans des voies tortueuses,
que l'Eternel les détruise avec ceux qui font le mal!
Que la paix soit sur Israël!

Prière pour la restauration d'Israël

126 *Chant des montées.*
Quand l'Eternel a ramené les déportés de Sion,
nous étions pareils à ceux qui font un rêve.
2 Alors notre bouche était remplie de rires,
et notre langue poussait des cris de joie.
Alors on disait parmi les nations:
«L'Eternel a fait de grandes choses pour eux!»
3 Oui, l'Eternel a fait de grandes choses pour nous,
et nous sommes dans la joie.
4 Eternel, ramène nos déportés
comme tu ramènes les ruisseaux dans le Néguev!
5 Ceux qui sèment avec larmes
moissonneront dans la joie,
6 celui qui marche en pleurant avec un sac de semence
reviendra avec joie en portant ses gerbes.

Le foyer que Dieu construit

127 *Chant des montées, de Salomon.*
Si une maison n'est pas construite par l'Eternel,
ceux qui la construisent travaillent inutilement;
si une ville n'est pas gardée par l'Eternel,
celui qui la garde veille inutilement.
2 C'est inutilement que vous vous levez tôt, que vous vous couchez tard
et que vous mangez un pain gagné avec peine:
il en donne autant à ses bien-aimés pendant leur sommeil.
3 L'héritage que l'Eternel donne, ce sont des fils;
les enfants sont une récompense.
4 Les fils qu'un homme a dans sa jeunesse sont pareils
à des flèches dans la main d'un guerrier:
5 heureux l'homme qui en a rempli son carquois!
Il n'aura pas honte quand il parlera
avec des ennemis à la porte de la ville.

Bénédiction du foyer de l'homme fidèle

128 *Chant des montées.*
Heureux tout homme qui craint l'Eternel,
qui marche dans ses voies!
2 Tu profites alors du travail de tes mains,
tu es heureux, tu prospères.
3 Ta femme est comme une vigne porteuse de fruits
dans ton foyer,
tes fils sont comme des plants d'olivier
autour de ta table.
4 C'est ainsi qu'est béni
l'homme qui craint l'Eternel.
5 L'Eternel te bénira de Sion,
et tu verras le bonheur de Jérusalem
tous les jours de ta vie,
6 tu verras les fils de tes fils.
Que la paix soit sur Israël!

Jugement des oppresseurs

129 *Chant des montées.*

On m'a souvent combattu depuis ma jeunesse
– qu'Israël le dise –
2 on m'a souvent combattu depuis ma jeunesse,
mais on ne m'a pas vaincu.
3 Des laboureurs ont labouré mon dos,
ils y ont tracé de longs sillons.
4 L'Eternel est juste:
il a coupé les cordes de ces méchants.
5 Qu'ils soient couverts de honte et qu'ils reculent,
tous ceux qui détestent Sion!
6 Qu'ils soient comme l'herbe des toits
qui sèche avant qu'on l'arrache:
7 le moissonneur n'en remplit pas sa main,
celui qui lie les gerbes n'en fait pas une brassée
8 et les passants ne disent pas:
«Que la bénédiction de l'Eternel soit sur vous!»
Nous vous bénissons au nom de l'Eternel!

Attente de l'intervention de Dieu

130 *Chant des montées.*

Du fond du gouffre, je fais appel à toi, Eternel!
2 Seigneur, écoute-moi!
Que tes oreilles soient attentives
à mes supplications!
3 Si tu tenais compte de nos fautes, Eternel,
Seigneur, qui pourrait subsister?
4 Mais le pardon se trouve auprès de toi
afin qu'on te craigne.
5 J'espère en l'Eternel de toute mon âme
et je m'attends à sa promesse.
6 Je compte sur le Seigneur
plus que les gardes n'attendent le matin,
oui, plus que les gardes n'attendent le matin.
7 Israël, mets ton espoir en l'Eternel,
car c'est auprès de l'Eternel que se trouve la bonté,
c'est auprès de lui que se trouve une généreuse libération.
8 C'est lui qui rachètera Israël
de toutes ses fautes.

Paix en Dieu

131 *Chant des montées, de David.*

Eternel, je n'ai pas un cœur orgueilleux ni des regards hautains,
et je ne m'engage pas dans des projets trop grands et trop élevés pour moi.
2 Au contraire, je suis calme et tranquille
comme un enfant sevré qui se trouve avec sa mère,
je suis comme un enfant sevré.
3 Israël, mets ton espoir en l'Eternel
dès maintenant et pour toujours!

Rappel des promesses de Dieu à David

132 *Chant des montées.*

Eternel, souviens-toi de David,
de tout ce qu'il a souffert!
2 Il a fait un serment à l'Eternel,
il a fait ce vœu au puissant de Jacob:
3 «Je n'entrerai pas dans ma maison,
je ne monterai pas sur mon lit,
4 je ne donnerai pas de sommeil à mes yeux
ni de repos à mes paupières
5 avant d'avoir trouvé un endroit pour l'Eternel,
une demeure pour le puissant de Jacob.»
6 Oui, nous avons appris que l'arche était à Ephrata,
nous l'avons trouvée dans les champs de Jaar.

7 Allons à la demeure du Seigneur, prosternons-nous à ses pieds!
8 *Lève-toi, Eternel, viens à ton lieu de repos,
toi et l'arche où réside ta force!
9 Que tes prêtres aient la justice pour habit
et que tes fidèles poussent des cris de joie!
10 A cause de ton serviteur David, ne repousse pas celui que tu as désigné par onction![n]
11 L'Eternel a fait ce serment véridique à David,
et il ne reviendra pas sur ce qu'il a promis:
«Je mettrai sur ton trône un de tes enfants.
12 Si tes fils respectent mon alliance
et les instructions que je leur donne,
leurs fils aussi seront assis
pour toujours sur ton trône.»
13 Oui, l'Eternel a choisi Sion,
il l'a désirée pour lieu d'habitation:
14 «C'est mon lieu de repos pour toujours.
J'y habiterai, car je l'ai désiré.
15 Je bénirai sa nourriture,
je rassasierai de pain ses pauvres,
16 je revêtirai ses prêtres de salut,
et ses fidèles pousseront des cris de joie.
17 Là je ferai grandir la puissance de David,
je préparerai un successeur pour celui que j'ai désigné par onction.
18 Je donnerai la honte pour vêtement à ses ennemis,
tandis que sur son front brillera sa couronne.»

L'amour fraternel

133 *Chant des montées, de David.*

Oh! Qu'il est agréable, qu'il est doux pour des frères de demeurer ensemble!
2 C'est comme l'huile précieuse versée sur la tête
qui descend sur la barbe, sur la barbe d'Aaron,
et sur le col de ses vêtements.
3 C'est comme la rosée de l'Hermon
qui descend sur les hauteurs de Sion.
En effet, c'est là que l'Eternel envoie la bénédiction,
la vie, pour l'éternité.

Appel à la louange

134 *Chant des montées.*

Oh! Bénissez l'Eternel, vous tous, serviteurs de l'Eternel,
qui vous tenez dans la maison de l'Eternel pendant les nuits!
2 Levez vos mains vers le sanctuaire
et bénissez l'Eternel!
3 Que l'Eternel te bénisse de Sion,
lui qui a fait le ciel et la terre!

Le Dieu véritable et les idoles

135 Louez l'Eternel!
Louez le nom de l'Eternel,
louez-le, serviteurs de l'Eternel,
2 qui vous tenez dans la maison de l'Eternel,
dans les parvis de la maison de notre Dieu!
3 Louez l'Eternel, car il est bon,
chantez en l'honneur de son nom,
car il est beau!
4 L'Eternel s'est choisi Jacob,
Israël, pour qu'il lui appartienne.
5 Oui, je sais que l'Eternel est grand,
que notre Seigneur surpasse tous les dieux.
6 Tout ce que l'Eternel veut, il le fait,
dans le ciel et sur la terre,
dans les mers et dans tous les abîmes.
7 Il fait monter les nuages des extrémités de la terre,
il produit les éclairs et la pluie,
il tire le vent de ses trésors.

132.8-10 Texte quasi identique en 2 Chroniques 6.41-42.

8 Il a frappé les premiers-nés de l'Egypte,
depuis les hommes jusqu'aux animaux.
9 Il a réalisé des signes et des miracles au milieu de toi, Egypte,
contre le pharaon et contre tous ses serviteurs.
10 Il a frappé des nations nombreuses
et tué des rois puissants:
11 Sihon, le roi des Amoréens,
Og, le roi du Basan,
et tous les rois de Canaan.
12 Puis il a donné leur pays en héritage,
en héritage à Israël, son peuple.
13 Eternel, ton nom subsiste éternellement.
Eternel, ton souvenir dure de génération en génération.
14 Oui, *l'Eternel jugera son peuple,
et il aura pitié de ses serviteurs[n].
15 Les idoles des nations, ce n'est que de l'argent et de l'or;
elles sont faites par la main des hommes.
16 Elles ont une bouche mais ne parlent pas,
elles ont des yeux mais ne voient pas,
17 elles ont des oreilles mais n'entendent pas,
elles n'ont pas de souffle dans leur bouche.
18 Ils leur ressemblent, ceux qui les fabriquent,
tous ceux qui se confient en elles.[n]
19 Communauté d'Israël, bénissez l'Eternel!
Famille d'Aaron, bénissez l'Eternel!
20 Famille de Lévi, bénissez l'Eternel!
Vous qui craignez l'Eternel, bénissez l'Eternel!
21 De Sion, que l'on bénisse l'Eternel
qui habite Jérusalem!
Louez l'Eternel!

La bonté éternelle de Dieu

136 Louez l'Eternel, car il est bon!
– Oui, sa bonté dure éternellement. –
2 Louez le Dieu des dieux!
– Oui, sa bonté dure éternellement. –
3 Louez le Seigneur des seigneurs!
– Oui, sa bonté dure éternellement. –
4 Lui seul fait de grands miracles.
– Oui, sa bonté dure éternellement. –
5 Il a fait le ciel avec intelligence.
– Oui, sa bonté dure éternellement. –
6 Il a disposé la terre sur l'eau.
– Oui, sa bonté dure éternellement. –
7 Il a fait les grands luminaires:
– Oui, sa bonté dure éternellement. –
8 le soleil pour présider au jour,
– Oui, sa bonté dure éternellement. –
9 la lune et les étoiles pour présider à la nuit.
– Oui, sa bonté dure éternellement. –
10 Il a frappé les Egyptiens à travers leurs premiers-nés,
– Oui, sa bonté dure éternellement. –
11 il a fait sortir Israël du milieu d'eux,
– Oui, sa bonté dure éternellement. –
12 avec puissance et force.
– Oui, sa bonté dure éternellement. –
13 Il a coupé en deux la mer des Roseaux,
– Oui, sa bonté dure éternellement. –

135.14 *L'Eternel… serviteurs*: paroles du cantique de Moïse en Deutéronome 32.36; première partie du verset citée en Hébreux 10.30. **135.15-18** *Les idoles… en elles*: texte presque identique au Psaume 115.4-8.

14 il a fait passer Israël en plein milieu,
– Oui, sa bonté dure éternellement. –
15 puis il a précipité le pharaon et son armée dans la mer des Roseaux.
– Oui, sa bonté dure éternellement. –
16 Il a conduit son peuple dans le désert,
– Oui, sa bonté dure éternellement. –
17 il a frappé de grands rois,
– Oui, sa bonté dure éternellement. –
18 il a tué des rois puissants:
– Oui, sa bonté dure éternellement. –
19 Sihon, le roi des Amoréens,
– Oui, sa bonté dure éternellement. –
20 et Og, le roi du Basan.
– Oui, sa bonté dure éternellement. –
21 Il a donné leur pays en héritage,
– Oui, sa bonté dure éternellement. –
22 en héritage à Israël, son serviteur.
– Oui, sa bonté dure éternellement. –
23 Il s'est souvenu de nous quand nous étions humiliés,
– Oui, sa bonté dure éternellement. –
24 il nous a délivrés de nos adversaires.
– Oui, sa bonté dure éternellement. –
25 Il donne la nourriture à tout être vivant.
– Oui, sa bonté dure éternellement. –
26 Louez le Dieu du ciel!
– Oui, sa bonté dure éternellement. –

Souffrance des exilés

137 Sur les bords des fleuves de Babylone,
nous étions assis et nous pleurions en nous souvenant de Sion.
2 Nous avions suspendu nos harpes aux saules du voisinage.
3 Là, ceux qui nous avaient déportés nous demandaient des chants,
nos oppresseurs nous demandaient de la joie:
«Chantez-nous quelques-uns des chants de Sion!»
4 Comment chanterions-nous les chants de l'Eternel
sur une terre étrangère?
5 Si je t'oublie, Jérusalem,
que ma main droite m'oublie!
6 Que ma langue reste collée à mon palais,
si je ne me souviens plus de toi,
si je ne place pas Jérusalem
au-dessus de toutes mes joies!
7 Eternel, souviens-toi des Edomites!
Le jour de la prise de Jérusalem,
ils disaient: «Rasez-la, rasez-la jusqu'aux fondations!»
8 Toi, ville de Babylone, tu seras dévastée.
Heureux celui qui te rendra
le mal que tu nous as fait!
9 Heureux celui qui prendra tes enfants
pour les écraser contre un rocher!

Louange pour l'accomplissement des promesses

138 *De David.*
Je te célèbre de tout mon cœur,
je chante tes louanges en face des dieux.
2 Je me prosterne dans ton saint temple
et je célèbre ton nom à cause de ta bonté et de ta vérité.
Oui, tu as surpassé ta réputation
dans l'accomplissement de tes promesses.
3 Lorsque je t'ai appelé, tu m'as répondu,
tu m'as encouragé, tu m'as fortifié.
4 Tous les rois de la terre te loueront, Eternel,

en entendant les paroles de ta bouche;
5 ils célébreront les voies de l'Eternel,
car la gloire de l'Eternel est grande.
6 L'Eternel est élevé, mais il voit les humbles
et il reconnaît de loin les orgueilleux.
7 Quand je marche dans la détresse,
tu me rends la vie,
tu portes la main contre la colère de mes ennemis
et ta main droite me sauve.
8 L'Eternel terminera ce qu'il a commencé pour moi.
Eternel, ta bonté dure éternellement:
n'abandonne pas les œuvres de tes mains!

Science infinie de Dieu

139 *Au chef de chœur. Psaume de David.*

Eternel, tu m'examines et tu me connais,
2 tu sais quand je m'assieds et quand je me lève,
tu discernes de loin ma pensée.
3 Tu sais quand je marche et quand je me couche,
et toutes mes voies te sont familières.
4 La parole n'est pas encore sur ma langue
que déjà, Eternel, tu la connais entièrement.
5 Tu m'entoures par-derrière et par-devant,
et tu mets ta main sur moi.
6 Une telle connaissance est trop extraordinaire pour moi,
elle est trop élevée pour que je puisse l'atteindre.
7 Où pourrais-je aller loin de ton Esprit,
où pourrais-je fuir loin de ta présence?
8 Si je monte au ciel, tu es là;
si je me couche au séjour des morts, te voilà.
9 Si je prends les ailes de l'aurore
pour habiter à l'extrémité de la mer,
10 là aussi ta main me conduira,
ta main droite m'empoignera.
11 Si je me dis: «Au moins les ténèbres me couvriront»,
la nuit devient lumière autour de moi!
12 Même les ténèbres ne sont pas obscures pour toi:
la nuit brille comme le jour,
et les ténèbres comme la lumière.
13 C'est toi qui as formé mes reins,
qui m'as tissé dans le ventre de ma mère.
14 Je te loue de ce que je suis une créature si merveilleuse.
Tes œuvres sont admirables,
et je le reconnais bien.
15 Mon corps n'était pas caché devant toi
lorsque j'ai été fait dans le secret,
tissé dans les profondeurs de la terre.
16 Je n'étais encore qu'une masse informe, mais tes yeux me voyaient,
et sur ton livre étaient inscrits
tous les jours qui m'étaient destinés
avant qu'un seul d'entre eux n'existe.
17 Que tes pensées, ô Dieu, me semblent impénétrables!
Que leur nombre est grand!
18 Comment les compter? Elles sont plus nombreuses que les grains de sable.
Je me réveille, et je suis encore avec toi.
19 O Dieu, si seulement tu faisais mourir le méchant!
Hommes sanguinaires, éloignez-vous de moi!
20 Ils parlent de toi pour appuyer leurs projets criminels,
ils utilisent ton nom pour mentir,
eux, tes ennemis!
21 Eternel, comment pourrais-je ne pas détester ceux qui te détestent,
ne pas éprouver du dégoût pour ceux qui te combattent?
22 Je les déteste de façon absolue,
ils sont pour moi des ennemis.
23 Examine-moi, ô Dieu, et connais mon cœur,

mets-moi à l'épreuve et connais mes pensées!
24 Regarde si je suis sur une mauvaise voie
et conduis-moi sur la voie de l'éternité!

Prière pour être protégé des persécuteurs

140 *Au chef de chœur. Psaume de David.*

2 Eternel, délivre-moi des hommes méchants,
préserve-moi des hommes violents!
3 Ils méditent le mal dans leur cœur
et sont toujours prêts à faire la guerre.
4 Ils aiguisent leur langue comme un serpent,
*ils ont sur les lèvres un venin de vipère[n]. – *Pause.*

5 Eternel, garde-moi des mains du méchant,
préserve-moi des hommes violents!
Ils méditent de me faire tomber.
6 Des orgueilleux me préparent un piège avec des cordes,
ils déploient un filet le long du chemin,
ils me tendent une embuscade.
– *Pause.*

7 Je dis à l'Eternel: «Tu es mon Dieu!»
Eternel, prête l'oreille à mes supplications!
8 Eternel, Seigneur, mon puissant Sauveur,
tu protèges ma tête le jour du combat.
9 Eternel, n'accomplis pas les désirs du méchant,
ne laisse pas réussir ses projets, car il en tirerait de l'orgueil. – *Pause.*

10 Que le péché de leurs lèvres retombe
sur la tête de ceux qui m'encerclent!
11 Que des charbons ardents soient déversés sur eux!
Qu'ils soient précipités dans le feu,
dans des gouffres d'où ils ne se relèvent plus!
12 Le calomniateur ne subsistera pas sur la terre,
et l'homme violent sera sans répit pourchassé par le malheur.
13 Je le sais, l'Eternel fait droit au malheureux,
il rend justice aux pauvres.
14 Oui, les justes célébreront ton nom,
les hommes droits habiteront en ta présence.

Prière pour être délivré des hommes violents

141 *Psaume de David.*

Eternel, je fais appel à toi. Viens vite à mon secours,
écoute-moi quand je fais appel à toi!
2 Que ma prière soit devant toi comme de l'encens,
et mes mains tendues vers toi comme l'offrande du soir!
3 Eternel, garde ma bouche,
veille sur la porte de mes lèvres!
4 Ne permets pas que mon cœur se livre au mal,
à des actions coupables avec les hommes qui commettent l'injustice!
Que je ne prenne aucune part à leurs festins!
5 Si le juste me frappe, c'est une faveur;
s'il me corrige, c'est de l'huile sur ma tête:
elle ne s'y refusera pas,
mais je continuerai de prier face à leurs méchancetés.
6 Que leurs juges soient précipités contre les rochers,

140.4 *Ils ont… vipère*: cité en Romains 3.13 dans la description de l'humanité coupable.

et l'on écoutera mes paroles, car
elles sont agréables.
7 Tout comme lorsqu'on laboure et
fend la terre,
nos os sont dispersés devant le séjour des morts.
8 C'est vers toi, Eternel, Seigneur,
que je tourne le regard,
c'est en toi que je cherche un refuge:
n'abandonne pas ma vie!
9 Garde-moi du piège qu'ils me tendent,
des embuscades de ceux qui commettent l'injustice!
10 Que les méchants tombent dans
leurs filets
et que moi-même, pendant ce temps,
j'y échappe!

Prière dans la détresse

142 *Cantique de David, lorsqu'il se trouvait dans la grotte. Prière.*

2 A pleine voix je crie à l'Eternel,
à pleine voix j'implore l'Eternel.
3 Je lui expose ma plainte,
je lui raconte ma détresse.
4 Quand mon esprit est abattu en
moi,
toi, tu connais mon sentier.
Sur la route où je marche,
on m'a tendu un piège.
5 Regarde à droite et constate-le:
personne ne me reconnaît,
je ne sais plus où trouver refuge,
personne ne s'inquiète pour ma vie.
6 Eternel, c'est à toi que je crie.
Je dis: «Tu es mon abri,
ma part au pays des vivants.»
7 Sois attentif à mes cris,
car je suis bien faible!
Délivre-moi de ceux qui me poursuivent,
car ils sont plus forts que moi!
8 Fais-moi sortir de ma prison
afin que je célèbre ton nom!
Les justes viendront m'entourer
quand tu m'auras fait du bien.

Prière pour la délivrance

143 *Psaume de David.*

Eternel, écoute ma prière, prête
l'oreille à mes supplications,
réponds-moi dans ta fidélité, dans
ta justice!
2 N'entre pas en jugement avec ton
serviteur,
car aucun vivant n'est juste devant toi.
3 L'ennemi me poursuit,
il veut me terrasser;
il me fait habiter dans les ténèbres
comme ceux qui sont morts depuis
longtemps.
4 Mon esprit est abattu en moi,
mon cœur est consterné au fond
de moi.
5 Je me souviens des jours passés,
je pense à toute ton activité,
je réfléchis au travail de tes mains.
6 Je tends les mains vers toi,
je soupire après toi comme une
terre assoiffée. *–Pause.*

7 Réponds-moi vite, Eternel,
car mon esprit s'épuise.
Ne me cache pas ton visage,
car je deviendrais pareil à ceux qui
descendent dans la tombe.
8 Dès le matin, fais-moi entendre
ta bonté,
car je me confie en toi!
Fais-moi connaître le chemin où je
dois marcher,
car je me tourne vers toi!
9 Délivre-moi de mes ennemis,
Eternel!
C'est en toi que je cherche un refuge.
10 Enseigne-moi à faire ta volonté,
car c'est toi qui es mon Dieu.
Que ton bon Esprit me conduise sur
le terrain de la droiture!
11 A cause de ton nom, Eternel, rends-moi la vie!
Dans ta justice, délivre-moi de la
détresse!
12 Dans ta bonté, réduis mes ennemis au silence

et fais disparaître tous mes adversaires,
car je suis ton serviteur!

Prière pour la libération du peuple

144 *De David.*

Béni soit l'Eternel, mon rocher,
qui exerce mes mains pour le combat,
mes doigts pour la bataille.
2 Il est mon bienfaiteur et ma forteresse,
mon refuge et mon libérateur.
Il est mon bouclier: c'est en lui que je me réfugie.
Il me soumet mon peuple.
3 Eternel, qu'est-ce que l'homme pour que tu le connaisses,
le fils de l'homme pour que tu penses à lui?
4 L'homme est pareil à un souffle,
sa vie passe comme une ombre.
5 Eternel, incline ton ciel et descends,
touche les montagnes, et qu'elles soient fumantes!
6 Fais briller les éclairs, disperse mes ennemis,
lance tes flèches et mets-les en déroute!
7 Interviens d'en haut, délivre-moi,
sauve-moi des grandes eaux, des étrangers
8 dont la bouche est menteuse
et la main droite[n] parjure!
9 O Dieu, je chanterai en ton honneur un cantique nouveau,
je te célébrerai sur le luth à dix cordes.
10 Toi qui donnes la victoire aux rois,
qui sauves ton serviteur David de l'épée meurtrière,
11 délivre-moi, sauve-moi des étrangers
dont la bouche est menteuse et la main droite parjure!
12 Ainsi nos fils seront comme des plantes
qui poussent dans leur jeunesse,
nos filles ressembleront aux colonnes sculptées
qui font l'ornement des palais.
13 Nos greniers seront pleins,
ils regorgeront de toutes sortes de provisions.
Nos troupeaux se multiplieront par milliers,
par dizaines de milliers, dans nos campagnes,
14 nos bœufs seront bien gros.
Pas de brèche dans nos murs ni de déportation,
pas de cris dans nos rues!
15 Heureux le peuple comblé de ces bienfaits,
heureux le peuple dont l'Eternel est le Dieu!

Hymne à la puissance et à la bonté de Dieu

145 *Louange, de David.*

Je proclamerai ta grandeur, mon Dieu, mon roi,
et je bénirai ton nom pour toujours et à perpétuité.
2 Chaque jour je te bénirai,
et je célébrerai ton nom pour toujours et à perpétuité.
3 L'Eternel est grand et digne de recevoir toute louange,
sa grandeur est insondable.
4 Que chaque génération célèbre tes œuvres
et proclame ton extraordinaire façon d'agir!
5 Je dirai la splendeur glorieuse de ta majesté,
je chanterai tes merveilles.
6 On parlera de ta puissance redoutable
et je raconterai ta grandeur.
7 On proclamera le souvenir de ton immense bonté,
on célébrera ta justice.

144.8 *La main droite*: celle que l'on a levée pour faire un serment.

8 L'Eternel fait grâce, il est rempli de compassion,
il est lent à la colère et plein de bonté.
9 L'Eternel est bon envers tous,
sa compassion s'étend à toutes ses œuvres.
10 Toutes tes œuvres te loueront, Eternel,
et tes fidèles te béniront;
11 ils diront la gloire de ton règne,
ils proclameront ta puissance,
12 pour faire connaître aux hommes ta puissance
et la splendeur glorieuse de ton règne.
13 Ton règne est un règne éternel,
et ta domination subsiste dans toutes les générations.[n]
14 L'Eternel soutient tous ceux qui tombent,
il redresse tous ceux qui sont courbés.
15 Tous regardent avec espoir vers toi,
et tu leur donnes la nourriture au moment voulu.
16 Tu ouvres ta main
et tu combles de biens tout ce qui vit.
17 L'Eternel est juste dans toutes ses voies
et bon dans toutes ses œuvres.
18 L'Eternel est près de tous ceux qui font appel à lui,
de tous ceux qui font appel à lui avec sincérité.
19 Il accomplit les désirs de ceux qui le craignent,
il entend leur cri et les sauve.
20 L'Eternel garde tous ceux qui l'aiment,
mais il détruira tous les méchants.
21 Que ma bouche dise la louange de l'Eternel
et que toute créature bénisse son saint nom,
pour toujours et à perpétuité!

Louange à Dieu pour son secours

146 Louez l'Eternel!
Loue l'Eternel, mon âme!
2 Je louerai l'Eternel tant que je vivrai,
je célébrerai mon Dieu tant que j'existerai.
3 Ne placez pas votre confiance dans les grands,
dans les hommes qui sont incapables de sauver.
4 Leur souffle s'en va, ils retournent à la terre
et leurs projets meurent avec eux.
5 Heureux celui qui a pour secours le Dieu de Jacob,
qui met son espoir en l'Eternel, son Dieu!
6 *Il a fait le ciel et la terre,
la mer et tout ce qui s'y trouve[n];
il protège éternellement la vérité.
7 Il fait droit aux opprimés,
il donne du pain aux affamés.
L'Eternel délivre les prisonniers,
8 l'Eternel ouvre les yeux des aveugles,
l'Eternel redresse ceux qui sont courbés,
l'Eternel aime les justes.
9 L'Eternel protège les étrangers,
il soutient l'orphelin et la veuve,
mais il fait dévier la voie des méchants.
10 L'Eternel règne éternellement.
Il est ton Dieu, Sion, de génération en génération!
Louez l'Eternel!

La puissance de Dieu en faveur d'Israël

147 Louez l'Eternel!
Oui, il est bon de célébrer notre Dieu.
Oui, il est agréable, il est convenable de le louer.

145.13 Après ce verset, les versions anciennes ajoutent «L'Eternel est digne de confiance dans tout ce qu'il dit, il est saint dans tout ce qu'il fait». **146.6** *Il a fait… trouve*: cité en Actes 4.24; 14.15 (cf. Exode 20.11).

2 L'Eternel reconstruit Jérusalem,
il rassemble les exilés d'Israël;
3 il guérit ceux qui ont le cœur brisé
et panse leurs blessures.
4 Il compte le nombre des étoiles
et leur donne à toutes un nom.
5 Notre Seigneur est grand, puissant
par sa force.
Son intelligence est sans limite.
6 L'Eternel soutient les malheureux,
mais il abaisse les méchants jusqu'à
terre.
7 Chantez en l'honneur de l'Eternel
avec reconnaissance,
célébrez notre Dieu avec la harpe!
8 Il couvre le ciel de nuages,
il prépare la pluie pour la terre,
il fait pousser l'herbe sur les mon-
tagnes.
9 Il donne la nourriture au bétail
et aux petits du corbeau quand ils
crient.
10 Ce n'est pas la vigueur du cheval
qu'il apprécie,
ce n'est pas aux mollets de l'homme
qu'il prend plaisir:
11 l'Eternel prend plaisir en ceux qui
le craignent,
en ceux qui s'attendent à sa bonté.
12 Jérusalem, célèbre l'Eternel,
Sion, loue ton Dieu,
13 car il renforce les verrous de tes
portes,
il bénit tes fils au milieu de toi;
14 il donne la paix à ton territoire,
il te rassasie du meilleur blé.
15 Il envoie ses ordres sur la terre:
sa parole court avec rapidité.
16 Il fait tomber la neige pareille à
de la laine,
il répand la gelée blanche comme
de la cendre.
17 Il lance sa glace sous forme de
grêlons:
qui peut résister devant ce froid
qu'il provoque?
18 Il envoie sa parole et il les fait fondre,
il fait souffler son vent et l'eau coule.
19 Il révèle sa parole à Jacob,
ses prescriptions et ses jugements
à Israël.
20 Il n'a pas agi de cette manière
pour toutes les nations
et elles ne connaissent pas ses ju-
gements.
Louez l'Eternel!

Louange universelle de la création

148 Louez l'Eternel!
Louez l'Eternel du haut
du ciel!
Louez-le dans les hauteurs!
2 Louez-le, vous tous ses anges!
Louez-le, vous toutes ses armées!
3 Louez-le, soleil et lune!
Louez-le, vous toutes, étoiles lumi-
neuses!
4 Louez-le, cieux des cieux,
et vous, les eaux qui êtes au-dessus
du ciel!
5 Qu'ils louent le nom de l'Eternel,
car il a donné ses ordres et ils ont
été créés!
6 Il les a établis pour toujours et à
perpétuité;
il a donné des lois et il ne les viole-
ra pas.
7 Louez l'Eternel depuis la terre,
vous, monstres marins, et vous
tous, océans,
8 foudre et grêle, neige et brouil-
lards,
vents de tempête qui exécutez ses
ordres,
9 montagnes et toutes les collines,
arbres fruitiers et tous les cèdres,
10 animaux sauvages et tout le bétail,
reptiles et oiseaux ailés,
11 rois du monde et tous les peuples,
princes et tous les juges de la terre,
12 jeunes gens et jeunes filles,
vieillards et enfants!
13 Qu'ils louent le nom de l'Eternel,
car son nom seul est élevé,
sa majesté domine la terre et le ciel.
14 Il a relevé la force de son peuple:
c'est un sujet de louange pour tous
ses fidèles,

pour les Israélites, pour le peuple
qui est près de lui.
Louez l'Eternel!

Louange à Dieu pour ses jugements

149 Louez l'Eternel!
Chantez en l'honneur de
l'Eternel un cantique nouveau,
chantez sa louange dans l'assem-
blée des fidèles!
2 Qu'Israël se réjouisse en son créa-
teur,
que les habitants de Sion soient
dans l'allégresse à cause de leur
roi!
3 Qu'ils louent son nom avec des
danses,
qu'ils le célèbrent avec le tambou-
rin et la harpe!
4 En effet, l'Eternel prend plaisir en
son peuple,
il accorde aux humbles le salut pour
parure.
5 Que les fidèles exultent dans la
gloire,
qu'ils poussent des cris de joie sur
leur lit!
6 Que les louanges de Dieu soient
dans leur bouche,
et l'épée à deux tranchants dans
leur main!
7 Ainsi ils tireront vengeance des
nations,
ils puniront les peuples;
8 ils attacheront leurs rois avec des
chaînes,
et leurs grands avec des entraves
en fer;
9 ils accompliront contre eux le ju-
gement qui est écrit.
Quel honneur pour tous ses fidèles!
Louez l'Eternel!

Appel à une louange universelle

150 Louez l'Eternel!
Louez Dieu dans son sanc-
tuaire!
Louez-le dans l'étendue céleste où
éclate sa puissance!
2 Louez-le pour son extraordinaire
façon d'agir!
Louez-le pour l'immensité de sa
grandeur!
3 Louez-le au son de la trompette!
Louez-le avec le luth et la harpe!
4 Louez-le avec le tambourin et avec
des danses!
Louez-le avec les instruments à cor-
des et la flûte!
5 Louez-le avec les cymbales sono-
res!
Louez-le avec les cymbales reten-
tissantes!
6 Que tout ce qui respire loue l'Eter-
nel!
Louez l'Eternel!

Proverbes

Le *Livre des Proverbes* se compose de plusieurs collections explicitement attribuées à trois personnes au moins (le roi Salomon, Agur et Lemuel), ce qui implique une période de rédaction allant du 10e au 7e voire au 5e siècle av. J.-C. Il s'agit de dictons, avertissements et paroles de sagesse en rapport avec l'expérience humaine.

A PROPOS DE LA SAGESSE 1.1–9.18

Objectif de l'enseignement

1 *Proverbes de Salomon*[n], *fils de
David, roi d'Israël,* 2 *pour con-
naître la sagesse et l'instruction,
pour comprendre les paroles de l'in-
telligence,* 3 *pour recevoir des leçons
de bon sens, de justice, d'équité et de
droiture,* 4 *pour donner du discerne-
ment à ceux qui manquent d'expé-
rience, de la connaissance et de la ré-
flexion aux jeunes.*

5 Que le sage écoute, et il augmen-
tera son savoir! Celui qui est intel-
ligent gagnera en habileté 6 pour
comprendre les proverbes et les pa-
raboles, les paroles des sages et
leurs énigmes.
7 La connaissance commence par
la crainte[n] de l'Eternel. Il faut être
fou pour mépriser la sagesse et l'ins-
truction. 8 Mon fils, écoute l'ins-
truction de ton père et ne rejette
pas l'enseignement de ta mère!
9 En effet, ce sera une couronne de
grâce pour ta tête et un collier pour
ton cou.

Les mauvaises compagnies

10 Mon fils, si des pécheurs veulent
t'entraîner, ne cède pas! 11 Peut-être
te diront-ils: «Viens avec nous! Dres-
sons des embuscades pour verser
du sang, tendons sans raison un piè
ge aux innocents! 12 Engloutissons-
les vivants, comme le séjour des
morts! Oui, engloutissons-les tout
entiers comme ceux qui descen
dent dans la tombe! 13 Nous trouve
rons toutes sortes de biens précieux
et nous remplirons nos maisons de
butin. 14 Tu auras ta part avec nous,
il n'y aura qu'une bourse pour nous
tous!» 15 Mon fils, ne te mets pas en
chemin avec eux, écarte ton pied de
leur sentier! 16 En effet, leurs pieds
courent au mal et ils sont pressés de
verser le sang. 17 Or, il ne sert à rien
de poser un piège sous les yeux de
tout ce qui peut voler. 18 Eux, c'est
contre leur propre vie qu'ils dressent
des embuscades, c'est à eux-mêmes
qu'ils tendent un piège. 19 Tel est le
sentier de tout homme assoiffé de
profit: le gain malhonnête cause la
perte de son propriétaire.

L'appel de la sagesse

20 La sagesse crie dans les rues, elle
parle tout haut sur les places, 21
appelle à l'entrée des endroits
bruyants. Aux portes, dans la ville,
elle fait entendre ses paroles: 22 «Jus-
qu'à quand, vous qui manquez d'ex-
périence, aimerez-vous la naïve
té? Jusqu'à quand les moqueurs

1.1 *Salomon*: roi d'Israël de 970 à 931 av. J.-C., réputé pour sa sagesse. **1.7** *Crainte*: c'est-à-dire une attitude de profond respect et de révérence qui pousse à se conformer à la volonté divine.

trouveront-ils leur plaisir dans la
moquerie et les hommes stupides
détesteront-ils la connaissance?
23 Revenez pour écouter mes repro-
ches! Je veux déverser mon Esprit
sur vous, je veux vous faire connaî-
tre mes paroles.
24 »Puisque j'appelle et que vous ré-
sistez, puisque je tends la main et
que personne n'y prête attention,
25 puisque vous négligez tous mes
conseils et n'acceptez pas mes re-
proches, 26 moi aussi je rirai quand
vous serez dans le malheur, je me
moquerai quand la terreur fondra
sur vous, 27 quand la terreur fon-
dra sur vous comme une tempête
et que le malheur vous enveloppe-
ra comme un tourbillon, quand la
détresse et l'angoisse s'empareront
de vous.
28 »Alors ils m'appelleront et je ne
répondrai pas, ils me chercheront
et ils ne me trouveront pas. 29 Parce
qu'ils ont détesté la connaissance et
n'ont pas choisi la crainte de l'Eter-
nel, 30 parce qu'ils n'ont pas accep-
té mes conseils et ont méprisé tous
mes reproches, 31 ils se nourriront
du fruit de leur conduite et ils se ras-
sasieront de leurs propres conseils.
32 En effet, l'égarement de ceux qui
manquent d'expérience les tue et
l'insouciance des hommes stupi-
des provoque leur perte. 33 En re-
vanche, celui qui m'écoute habi-
tera en sécurité. Il vivra tranquille
et n'aura à redouter aucun mal.»

Les bienfaits de la sagesse

2 Mon fils, si tu fais bon accueil à
mes paroles et si tu retiens mes
commandements 2 en prêtant une
oreille attentive à la sagesse et en
inclinant ton cœur à l'intelligence,
3 oui, si tu appelles la sagesse et si
tu élèves ta voix vers l'intelligence,
4 si tu la cherches comme l'argent,
si tu la poursuis comme un trésor,
5 alors tu comprendras ce qu'est la
crainte de l'Eternel et tu trouveras
la connaissance de Dieu.
6 En effet, c'est l'Eternel qui donne
la sagesse, c'est de sa bouche que
sortent la connaissance et l'intelli-
gence. 7 Il tient le succès en réser-
ve pour les hommes droits, il est un
bouclier pour ceux qui marchent
dans l'intégrité. 8 Il protège ainsi les
sentiers de l'équité et il veille sur le
chemin de ses fidèles.
9 Tu comprendras alors ce que sont
la justice, l'équité, la droiture, tou-
tes les routes qui mènent au bien.
10 En effet, la sagesse viendra dans
ton cœur et la connaissance fera les
délices de ton âme; 11 la réflexion
veillera sur toi, l'intelligence te pro-
tégera, 12 et ainsi tu seras délivré de
la voie du mal, de l'homme qui tient
des discours pervers, 13 de ceux qui
abandonnent les sentiers de la droi-
ture pour marcher dans des che-
mins ténébreux, 14 qui éprouvent
de la joie à faire le mal, qui mettent
leur plaisir dans la perversité, 15 qui
suivent des sentiers tortueux et des
routes pleines de détours. 16 Tu se-
ras délivré de la femme étrangère,
de l'inconnue au discours flatteur
17 qui abandonne l'ami de sa jeu-
nesse et qui oublie l'alliance de son
Dieu. 18 En effet, sa maison penche
vers la mort et sa route conduit vers
les défunts: 19 aucun de ceux qui
vont vers elle ne revient ni ne re-
trouve les sentiers de la vie.
20 Tu marcheras ainsi sur la voie
des hommes de bien, tu persévére-
ras sur les sentiers des justes. 21 En
effet, les hommes droits habiteront
le pays, les hommes intègres y res-
teront, 22 tandis que les méchants
seront exclus du pays, les infidèles
en seront arrachés.
3 Mon fils, n'oublie pas mon en-
seignement et que ton cœur
garde mes commandements, 2 car

ils prolongeront la durée de tes
jours, les années de ta vie, et ils aug-
menteront ta paix.
3 Que la bonté et la vérité ne t'aban-
donnent pas: attache-les à ton cou,
écris-les sur la table de ton cœur.
4 Tu trouveras ainsi grâce et bon
sens aux yeux de Dieu et des hom-
mes.
5 Confie-toi en l'Eternel de tout ton
cœur et ne t'appuie pas sur ton in-
telligence! 6 Reconnais-le dans tou-
tes tes voies et il rendra tes sentiers
droits.
7 *Ne te prends pas pour un sage[n],
crains l'Eternel et détourne-toi du
mal: 8 cela apportera la guérison à
ton corps et un rafraîchissement à
tes os.
9 Honore l'Eternel avec tes biens et
avec les premiers de tous tes pro-
duits! 10 Alors tes greniers seront
abondamment remplis et tes cuves
déborderont de vin nouveau.
11 *Mon fils, ne méprise pas la cor-
rection de l'Eternel et ne sois pas
dégoûté lorsqu'il te reprend, 12 car
l'Eternel reprend celui qu'il aime,
comme un père l'enfant qui a sa
faveur.[n]
13 Heureux l'homme qui a trouvé
la sagesse et l'homme qui possède
l'intelligence! 14 En effet, le bénéfice
qu'elle procure est préférable à celui
de l'argent et le profit qu'on en tire
vaut mieux que l'or. 15 Elle est plus
précieuse que les perles, elle a plus
de valeur que tout ce que tu pour-
rais désirer. 16 Une longue vie est
dans sa main droite, dans sa gauche
se trouvent la richesse et la gloire.
17 Ses voies sont des voies agréables
et tous ses sentiers sont des sentiers
de paix. 18 Elle est un arbre de vie
pour ceux qui s'attachent à elle, et
ceux qui la possèdent sont heureux.
19 C'est par la sagesse que l'Eternel
a fondé la terre, c'est par l'intelli-
gence qu'il a affermi le ciel; 20 c'est
par sa connaissance que les abî-
mes se sont ouverts et que les nua-
ges distillent la rosée.
21 Mon fils, que ces conseils ne
s'éloignent pas de tes yeux! Garde
le discernement et la réflexion!
22 Ils seront la vie de ton âme et
l'ornement de ton cou. 23 Alors tu
marcheras en sécurité sur ton che-
min et ton pied ne heurtera pas
d'obstacle. 24 Si tu te couches, tu
n'auras rien à redouter et, quand
tu seras couché, ton sommeil sera
doux. 25 N'aie pas peur d'une cau-
se de terreur soudaine ni d'une
attaque de la part des méchants,
26 car l'Eternel sera ton assurance
et il préservera ton pied de tout
piège.
27 Ne refuse pas un bienfait à ceux
qui y ont droit quand tu as le pou-
voir de l'accorder. 28 Ne dis pas à
ton prochain: «Va-t'en puis reviens,
c'est demain que je donnerai»
quand tu as de quoi donner.
29 Ne médite pas le mal contre ton
prochain alors qu'il habite en toute
confiance près de toi, 30 ne te dispu-
te pas sans raison avec quelqu'un
lorsqu'il ne t'a fait aucun mal.
31 Ne sois pas jaloux de l'homme
violent et ne choisis aucune de ses
voies, 32 car l'Eternel a horreur de
l'homme perverti, mais il est un
ami pour les hommes droits.
33 La malédiction de l'Eternel frap-
pe la maison du méchant, mais il
bénit le domaine des justes. 34 *Il se
moque des moqueurs, mais il fait
grâce aux humbles.[n]
35 Les sages hériteront de la gloire,
mais les hommes stupides récolte-
ront le déshonneur.

3.7 *Ne te… sage*: cité en Romains 12.16. **3.11-12** *Mon fils… faveur*: cité en Hébreux 12.5-6. **3.34** *Il se moque… humbles*: cité en Jacques 4.6; 1 Pierre 5.5.

L'acquisition de la sagesse

4 Ecoutez, mes fils, l'instruction
d'un père, et soyez attentifs
pour connaître l'intelligence, 2 car
je vous transmets un bon savoir. Ne
rejetez pas mon enseignement!
3 J'étais un fils pour mon père, un
fils tendre et unique aux yeux de
ma mère. 4 Il m'enseignait alors et
me disait: «Que ton cœur retienne
mes paroles! Obéis à mes comman-
dements et tu vivras. 5 Acquiers la
sagesse, acquiers l'intelligence!
N'oublie pas les paroles de ma bou-
che et ne t'en détourne pas! 6 Ne
l'abandonne pas et elle te gardera.
Aime-la et elle te protégera.»
7 Voici le commencement de la sa-
gesse: acquiers la sagesse et avec
tout ce que tu possèdes acquiers
l'intelligence. 8 Tiens-la en haute
estime et elle t'élèvera. Elle fera
ta gloire, quand tu l'embrasseras.
9 Elle mettra sur ta tête une couron-
ne de grâce, elle t'ornera d'un ma-
gnifique diadème.
10 Ecoute-moi, mon fils, fais bon ac-
cueil à mes paroles et les années de
ta vie seront nombreuses. 11 Je t'en-
seigne la voie de la sagesse, je te
conduis dans les sentiers de la droi-
ture. 12 Pendant ta marche, ton pas
ne sera pas gêné, et si tu cours, tu
ne trébucheras pas.
13 Attache-toi à l'instruction, ne la
délaisse pas! Garde-la, car elle est
ta vie. 14 N'emprunte pas le sentier
des méchants et ne t'avance pas sur
le chemin des hommes mauvais.
15 Evite-le, n'y passe pas! Détourne-
toi de lui et passe plus loin! 16 En ef-
fet, ils ne dorment pas tant qu'ils
n'ont pas fait le mal, le sommeil leur
est enlevé s'ils n'ont pas fait trébu-
cher quelqu'un. 17 Oui, le pain qu'ils
mangent, c'est la méchanceté, le vin
qu'ils boivent, c'est la violence.
18 Le sentier des justes ressemble à
la lumière de l'aube: son éclat gran-
dit jusqu'au milieu du jour. 19 La
voie des méchants ressemble aux
ténèbres: ils n'aperçoivent pas ce
qui les fera trébucher.
20 Mon fils, sois attentif à mes pa-
roles, tends l'oreille vers mes dis-
cours! 21 Qu'ils ne s'éloignent pas
de tes yeux! Garde-les au fond de
ton cœur, 22 car ils apportent la vie
à ceux qui les trouvent, la guérison
à tout leur corps.
23 Garde ton cœur plus que toute
autre chose, car de lui jaillissent les
sources de la vie.
24 Ecarte de ta bouche la fausseté,
éloigne de tes lèvres les détours!
25 Que tes yeux regardent bien en
face et que tes paupières se dirigent
droit devant toi.
26 *Fais une route droite pour tes
pieds[n] et que toutes tes voies soient
bien sûres! 27 Ne dévie ni à droite ni à
gauche et détourne ton pied du mal.

L'adultère

5 Mon fils, sois attentif à ma sa-
gesse, tends l'oreille vers mon in-
telligence, 2 afin que tu conserves la
réflexion et que tes lèvres gardent la
connaissance.
3 Certes, les lèvres de l'étrangère ruis-
sellent de miel et son palais est plus
doux que l'huile, 4 mais à la fin elle
est amère comme l'absinthe, cou-
pante comme une épée à deux tran-
chants. 5 Ses pieds descendent vers
la mort, ses pas aboutissent au sé-
jour des morts. 6 Elle se garde bien
d'examiner le chemin de la vie. Ses
voies sont des voies d'errance, mais
elle ne le sait pas.
7 Et maintenant, mes fils, écoutez-
moi et ne vous détournez pas des
paroles de ma bouche!
8 Passe loin de chez elle et ne t'ap-

4.26 *Fais… pieds*: cité en Hébreux 12.13.

proche pas de la porte de sa mai-
son! 9 Sinon tu livreras ta dignité
à d'autres et tes années à un mari
sans pitié; 10 sinon des étrangers
se rassasieront de ton bien et du
produit de ton travail dans la mai-
son d'un autre; 11 sinon tu gémiras,
près de ta fin, quand ta chair et ton
corps dépériront. 12 Tu diras alors:
«Comment donc ai-je pu détester
l'instruction et comment mon
cœur a-t-il pu mépriser le reproche?
13 Comment ai-je pu ne pas écouter
la voix de mes maîtres, ne pas ten-
dre l'oreille vers ceux qui m'instrui-
saient? 14 Encore un peu et j'aurais
été au comble du malheur au mi-
lieu du peuple et de l'assemblée.»
15 Bois l'eau de ta citerne, l'eau qui
sort de ton puits! 16 Tes sources doi-
vent-elles se déverser à l'extérieur?
Tes ruisseaux doivent-ils couler sur
les places publiques? 17 Qu'ils soient
pour toi seul, et non pour des étran-
gers avec toi.
18 Que ta source soit bénie, fais ta
joie de la femme de ta jeunesse,
19 biche des amours, gazelle pleine
de grâce! Que ses seins te rassasient
constamment, enivre-toi sans ces-
se de son amour! 20 Pourquoi, mon
fils, t'enivrerais-tu d'une étrangère
et embrasserais-tu la poitrine d'une
inconnue?
21 En effet, les voies de l'homme
sont devant les yeux de l'Eternel: il
examine tous ses sentiers.
22 Le méchant est prisonnier de ses
propres fautes, il est retenu par les
liens de son péché. 23 Il mourra fau-
te d'instruction, c'est de l'excès de
sa folie qu'il s'enivrera.

Le danger de se porter garant

6 Mon fils, si tu t'es porté garant
pour ton prochain, si tu t'es en-
gagé pour autrui, 2 si tu te trouves
piégé par les paroles de ta bouche, si
tu es prisonnier de tes propres paro-
les, 3 fais donc ceci, mon fils: dégage-
toi, puisque tu es tombé au pouvoir
de ton prochain. Va le supplier et in-
sister auprès de lui, 4 n'accorde ni
sommeil à tes yeux ni repos à tes
paupières, 5 dégage-toi comme la ga-
zelle de la main du chasseur, com-
me l'oiseau de la main de l'oiseleur.

La paresse

6 Va vers la fourmi, paresseux! Ob-
serve son comportement et deviens
sage: 7 elle n'a ni chef, ni inspecteur,
ni supérieur; 8 en été elle prépare sa
nourriture, pendant la moisson elle
récolte de quoi manger.
9 Paresseux, jusqu'à quand resteras-
tu couché? Quand te lèveras-tu de
ton sommeil? 10 Tu veux somnoler
un peu, te reposer encore, juste croi-
ser les mains pour dormir? 11 Voilà
que la pauvreté te surprend comme
un rôdeur, et la misère comme un
homme armé.

L'homme double

12 Le vaurien, l'homme injuste, mar-
che la fausseté aux lèvres. 13 Il lan-
ce des clins d'œil, s'exprime du pied,
fait des signes avec ses doigts. 14 La
perversité est dans son cœur, il mé-
dite constamment le mal, il provo-
que des conflits. 15 C'est pourquoi
la ruine le surprendra soudain, tout
d'un coup il sera brisé sans remède.
16 Il y a six choses que l'Eternel dé-
teste, et même sept dont il a horreur:
17 les yeux hautains, la langue men-
teuse, les mains qui versent le sang
innocent, 18 le cœur qui médite des
projets injustes, les pieds qui se dé-
pêchent de courir au mal, 19 le faux
témoin qui dit des mensonges et
celui qui provoque des conflits en-
tre frères.

Les conséquences de l'adultère

20 Mon fils, garde le commande-
ment de ton père et ne rejette pas

l'enseignement de ta mère! 21 Lie-
les constamment sur ton cœur,
attache-les à ton cou! 22 Ils te di-
rigeront dans ta marche, ils te gar-
deront dans ton lit, ils te parleront
à ton réveil.
23 En effet, le commandement est
une lampe et l'enseignement une
lumière, et les avertissements de
l'instruction sont le chemin de la
vie. 24 Ils te préserveront de la fem-
me mauvaise, des flatteries de l'in-
connue.
25 Ne convoite pas sa beauté dans
ton cœur, ne te laisse pas prendre
par ses œillades! 26 En effet, pour la
femme prostituée on se réduit à un
morceau de pain et la femme ma-
riée capture une vie précieuse.
27 Peut-on prendre du feu contre
soi sans que les habits ne s'enflam-
ment? 28 Peut-on marcher sur des
charbons ardents sans se brûler les
pieds? 29 Il en va de même pour ce-
lui qui s'approche de la femme de
son prochain: celui qui la touche ne
restera pas impuni.
30 On ne méprise pas le voleur qui
vole pour s'alimenter, parce qu'il a
faim, 31 mais, si on le trouve, il fait
une restitution au septuple, il don-
ne tous les biens de sa maison.
32 Celui qui commet un adultère
avec une femme manque de bon
sens. Il veut se détruire lui-même,
celui qui agit de cette manière: 33 il
ne trouvera que blessures et dés-
honneur, et sa honte ne s'effacera
pas. 34 En effet, la jalousie rend un
homme furieux, et il est sans pitié,
le jour de la vengeance; 35 il n'ac-
cepte aucune rançon et il ne cède
pas, même si tu multiplies les ca-
deaux.

La femme débauchée

7 Mon fils, retiens mes paroles
et garde mes commandements
avec toi! 2 Retiens mes commande-
ments et tu vivras. Garde mon en-
seignement comme la prunelle de
tes yeux! 3 Attache-les sur tes doigts,
écris-les sur la table de ton cœur!
4 Dis à la sagesse: «Tu es ma sœur»
et appelle l'intelligence ton amie
5 pour qu'elles te préservent de la
femme étrangère, de l'inconnue au
discours flatteur.
6 Alors que j'étais à la fenêtre de ma
maison et que je regardais à travers
mon treillis, 7 j'ai vu parmi ceux qui
manquent d'expérience, j'ai remar-
qué parmi les jeunes gens, un gar-
çon dépourvu de bon sens. 8 Il pas-
sait dans la rue, près de l'angle où se
tenait une de ces femmes, et il pre-
nait le chemin de sa maison; 9 c'était
au crépuscule, en fin de journée,
au moment où viennent la nuit et
l'obscurité.
10 La femme est venue à sa rencon-
tre, habillée comme une prostituée,
la ruse dans le cœur. 11 Elle était
bruyante et sans pudeur. Ses pieds
ne tenaient pas en place chez elle:
12 tantôt dans la rue, tantôt sur les
places, à tous les carrefours elle
était aux aguets.
13 Elle l'a agrippé et embrassé et,
d'un air effronté, lui a dit: 14 «Je de-
vais un sacrifice de communion,
aujourd'hui j'ai accompli mes vœux.
15 Voilà pourquoi je suis sortie à ta
rencontre pour te chercher, et je
t'ai trouvé. 16 J'ai orné mon divan de
couvertures, de tissus en lin d'Egyp-
te. 17 J'ai parfumé mon lit de myrrhe,
d'aloès et de cinnamome. 18 Viens,
enivrons-nous d'amour jusqu'au
matin, livrons-nous aux jouissan-
ces de la passion! 19 En effet, mon
mari n'est pas à la maison, il est par-
ti pour un voyage lointain; 20 il a pris
la bourse avec lui, il ne reviendra
à la maison qu'à la pleine lune.»
21 Elle l'a attiré à force de persua-
sion, elle l'a séduit par la flatterie
de ses lèvres. 22 Il s'est tout à coup

mis à la suivre, pareil au bœuf qui
va à la boucherie, au fou qu'on at-
tache pour le corriger, 23 jusqu'à
ce qu'une flèche lui transperce le
foie. Il était pareil à l'oiseau qui se
précipite dans un piège sans savoir
que c'est au prix de sa vie.
24 Et maintenant, mes fils, écoutez-
moi et soyez attentifs aux paroles
de ma bouche!
25 Que ton cœur ne se tourne pas
vers les voies d'une telle femme!
Ne t'égare pas dans ses sentiers!
26 En effet, elle a fait beaucoup de
victimes. Ils sont nombreux, tous
ceux qu'elle a détruits. 27 Sa mai-
son, c'est le chemin du séjour des
morts qui descend vers les cham-
bres de la mort.

L'activité de la sagesse

8 La sagesse ne crie-t-elle pas?
L'intelligence ne parle-t-elle
pas tout haut? 2 C'est au sommet des
hauteurs dominant la route, c'est
à la croisée des chemins qu'elle se
place. 3 A côté des portes, à l'entrée
de la ville, à l'intérieur des portes,
elle crie:
4 «Hommes, c'est vous que j'appelle,
et ma voix s'adresse aux êtres hu-
mains. 5 Vous qui manquez d'expé-
rience, apprenez le discernement!
Vous qui êtes stupides, apprenez
le bon sens! 6 Ecoutez, car ce que je
dis est capital et j'ouvre mes lèvres
avec droiture. 7 Oui, c'est la vérité
que ma bouche proclame et mes lè-
vres ont horreur de la méchanceté.
8 Toutes les paroles de ma bouche
sont justes, elles ne contiennent
rien qui soit faux ou perverti. 9 Tou-
tes sont exactes pour celui qui est
intelligent, et droites pour ceux qui
ont trouvé la connaissance. 10 Pré-
férez mes instructions à l'argent, et
la connaissance à l'or le plus pré-
cieux! 11 En effet, la sagesse vaut
mieux que les perles, elle a plus de
valeur que tout ce qu'on pourrait
désirer.
12 »Moi, la sagesse, j'habite le dis-
cernement et je possède l'art de la
réflexion. 13 Craindre l'Eternel, c'est
détester le mal. L'arrogance, l'or-
gueil, la voie du mal et la bouche
perverse, voilà ce que je déteste.
14 »C'est à moi qu'appartiennent le
conseil et le succès. Je suis l'intel-
ligence, la puissance m'appartient.
15 Par moi les rois règnent et les di-
rigeants ordonnent ce qui est juste,
16 par moi gouvernent les chefs, les
grands, tous les juges de la terre.
17 »J'aime ceux qui m'aiment, et
ceux qui me cherchent me trouvent.
18 Avec moi sont la richesse et la
gloire, les valeurs élevées et la jus-
tice. 19 Mon fruit est meilleur que
l'or, que l'or pur, et le profit qu'on
tire de moi est préférable à l'argent.
20 Je marche sur le chemin de la jus-
tice, au milieu des sentiers du droit,
21 pour donner des biens en héri-
tage à ceux qui m'aiment et pour
remplir leurs trésors.
22 »L'Eternel me possédait au com-
mencement[n] de son activité, avant
ses œuvres les plus anciennes.
23 J'ai été établie depuis l'éternité,
dès le début, avant même que la
terre existe.
24 »J'ai été mise au monde quand il
n'y avait pas de mer, pas de source
chargée d'eau. 25 Avant que les mon-
tagnes ne soient formées, avant
que les collines n'existent, j'ai été
mise au monde. 26 Il n'avait enco-
re fait ni la terre, ni les campagnes,
ni le premier grain de poussière du
monde.
27 »Lorsqu'il a disposé le ciel, j'étais
là; lorsqu'il a tracé un cercle à la sur-
face de l'abîme, 28 lorsqu'il a placé

8.22 *Au commencement*: ou *comme commencement*.

les nuages en haut et que les sour-
ces de l'abîme ont jailli avec force,
29 lorsqu'il a fixé une limite à la mer
pour que l'eau n'en franchisse pas
les bords, lorsqu'il a tracé les fonda-
tions de la terre, 30 j'étais à l'œuvre
à ses côtés. Je faisais tous les jours
son plaisir, jouant constamment
devant lui, 31 jouant dans le monde,
sur sa terre, et trouvant mon plaisir
parmi les hommes.
32 »Et maintenant, mes fils, écoutez-
moi! Heureux ceux qui persévèrent
dans mes voies! 33 Ecoutez l'instruc-
tion pour devenir sages, ne la négli-
gez pas! 34 Heureux l'homme qui
m'écoute, qui veille chaque jour sur
mes portes et qui garde l'entrée de
ma maison!
35 »En effet, celui qui me trouve a
trouvé la vie, il a obtenu la faveur
de l'Eternel. 36 En revanche, celui
qui pèche contre moi se fait du tort
à lui-même. Tous ceux qui me dé-
testent aiment la mort.»

La sagesse et la folie

9 La sagesse a construit sa mai-
son, elle a taillé ses sept colon-
nes. 2 Elle a abattu son bétail, mélan-
gé son vin et dressé sa table. 3 Elle a
envoyé ses servantes, elle crie sur
le sommet des hauteurs de la ville:
4 «Qui manque d'expérience? Qu'il
entre ici!» Elle dit à ceux qui sont dé-
pourvus de bon sens: 5 «Venez man-
ger de mon pain et boire du vin que
j'ai mélangé! 6 Abandonnez la naï-
veté et vous vivrez, avancez sur la
voie de l'intelligence!
7 »Celui qui instruit le moqueur ré-
colte le mépris, et celui qui reprend
le méchant s'attire ses insultes. 8 Ne
reprends pas le moqueur si tu ne
veux pas qu'il te déteste, mais re-
prends le sage et il t'aimera. 9 Don-
ne au sage et il deviendra encore
plus sage, enseigne le juste et il aug-
mentera son savoir.
10 »Le commencement de la sages-
se, c'est la crainte de l'Eternel. La
connaissance du Dieu saint, voi-
là en quoi consiste l'intelligence.
11 Oui, c'est grâce à moi que tes
jours se multiplieront et que les an-
nées de ta vie augmenteront. 12 Si tu
es sage, tu l'es pour toi; si tu es mo-
queur, tu en supporteras les consé-
quences tout seul.»
13 La folie est une femme bruyante,
naïve, qui ne sait rien. 14 Elle s'as-
sied à l'entrée de sa maison, sur un
siège, dans les hauteurs de la ville,
15 pour interpeller les passants qui
vont droit leur chemin: 16 «Qui man-
que d'expérience? Qu'il entre ici!»
Elle dit à celui qui est dépourvu de
bon sens: 17 «L'eau volée est douce
et le pain mangé en cachette est
agréable.» 18 Et il ne sait pas que là
se trouvent les défunts, que ceux
qu'elle a invités sont dans les val-
lées du séjour des morts.

PROVERBES DE SALOMON 10.1–22.16

Le méchant et le juste

10 *Proverbes de Salomon.*
Un fils sage fait la joie d'un père,
et un fils stupide le chagrin de sa
mère.
2 Les trésors acquis par la méchan-
ceté ne sont d'aucun profit, mais la
justice délivre de la mort.
3 L'Eternel ne laisse pas le juste souf-
frir de la faim, mais il repousse l'avi-
dité des méchants.
4 Celui qui agit avec nonchalance
s'appauvrit, mais la main des person-
nes actives est source de richesse.
5 Celui qui moissonne pendant l'été
est un fils avisé, celui qui dort pen-
dant la moisson est un fils qui fait
honte.
6 Les bénédictions reposent sur la
tête du juste, mais la violence ac-

compagne tout ce que disent les
méchants.
7 Le souvenir du juste est en béné-
diction, tandis que le nom des mé-
chants tombe en pourriture.
8 L'homme au cœur sage fait bon
accueil aux commandements, mais
celui qui parle comme un fou court
à sa perte.
9 Celui qui marche dans l'intégrité
marche en sécurité, mais celui qui
emprunte des voies tortueuses sera
découvert.
10 Celui qui cligne de l'œil est cau-
se de souffrance, et celui qui parle
comme un fou court à sa perte.
11 La bouche du juste est une sour-
ce de vie, mais la violence accom-
pagne tout ce que disent les mé-
chants.
12 La haine fait surgir des conflits,
alors que *l'amour couvre toutes les
fautes[n].
13 On trouve la sagesse sur les lèvres
de l'homme intelligent, mais le bâ-
ton sur le dos de celui qui est dé-
pourvu de bon sens.
14 Les sages retiennent la connais-
sance, mais quand un fou parle, la
ruine est proche.
15 La fortune du riche est sa ville for-
tifiée, mais ce qui fait la ruine des
faibles, c'est leur pauvreté.
16 Le salaire du juste sert à la vie, le
revenu du méchant sert au péché.
17 Celui qui garde l'instruction prend
le chemin de la vie, mais celui qui
délaisse l'avertissement s'égare.
18 Celui qui dissimule de la haine a
des lèvres menteuses, et celui qui
propage des racontars est stupide.
19 Celui qui parle beaucoup ne
manque pas de pécher, mais celui
qui met un frein à ses lèvres est un
homme avisé.
20 La langue du juste est un argent
affiné, mais le cœur des méchants
ne vaut pas grand-chose.
21 Par ses lèvres, le juste est le ber-
ger d'un grand nombre, tandis que
les fous meurent par manque de
bon sens.
22 C'est la bénédiction de l'Eternel
qui enrichit, et il ne la fait suivre
d'aucun chagrin[n].
23 Commettre le crime paraît un jeu
à l'homme stupide, mais la sagesse
appartient à l'homme intelligent.
24 Ce que redoute le méchant, c'est
ce qui lui arrive, tandis que les jus-
tes reçoivent ce qu'ils désirent.
25 Quand la tempête passe, le mé-
chant disparaît, tandis que le juste
a un fondement éternel.
26 Ce que le vinaigre est pour les dents
et la fumée pour les yeux, le pares-
seux l'est pour celui qui l'envoie.
27 La crainte de l'Eternel prolonge la
vie, tandis que les années des mé-
chants sont abrégées.
28 L'espérance des justes, c'est la
joie, tandis que l'attente des mé-
chants meurt avec eux.
29 La voie de l'Eternel est un rem-
part pour l'intégrité, mais elle pro-
voque la ruine de ceux qui com-
mettent l'injustice.
30 Le juste ne sera jamais ébranlé,
tandis que les méchants n'habite-
ront pas le pays.
31 La bouche du juste a pour fruit
la sagesse, mais la langue perverse
sera coupée.
32 Les lèvres du juste connaissent la
grâce, et la bouche des méchants la
perversité.

11 La balance faussée fait hor-
reur à l'Eternel, mais un poids
exact lui est agréable.
2 Quand vient l'orgueil, vient aussi
le mépris, mais la sagesse est avec
les humbles.

10.12 *L'amour... fautes*: cité en 1 Pierre 4.8; renvoi à ce principe en Jacques 5.20. **10.22** *Il ne la fait suivre d'aucun chagrin*: ou *l'effort n'y ajoutera rien.*

3 L'intégrité des hommes droits est
leur guide, mais les tromperies des
traîtres causent leur ruine.
4 Le jour de la colère, la richesse ne
sert à rien: c'est la justice qui déli-
vre de la mort.
5 La justice de l'homme intègre
rend sa voie droite, mais le méchant
tombe par sa méchanceté.
6 La justice des hommes droits les
délivre, mais les traîtres sont pri-
sonniers de leur avidité.
7 A la mort du méchant, son atten-
te meurt avec lui; c'est en pure per-
te qu'il plaçait son espoir dans les
richesses.
8 Le juste est délivré de la détresse
et le méchant y prend sa place.
9 Par sa bouche, l'impie perd son
prochain, tandis que les justes sont
délivrés par leur connaissance.
10 Quand les justes sont heureux, la
ville est dans la joie, et quand les
méchants disparaissent, on pous-
se des cris d'allégresse.
11 La ville prospère grâce à la béné-
diction des hommes droits, mais
elle est démolie par la bouche des
méchants.
12 Celui qui méprise son prochain
manque de bon sens, mais l'hom-
me qui a de l'intelligence se tait.
13 Celui qui propage des calom-
nies dévoile des secrets, tandis que
l'homme digne de confiance les
garde.
14 En l'absence de directives, le peu-
ple tombe; le salut réside dans un
grand nombre de conseillers.
15 Celui qui se porte garant pour
autrui se retrouvera en mauvaise
posture, mais celui qui déteste les
engagements est en sécurité.
16 Une femme qui a de la grâce ob-
tient la gloire, et les hommes vio-
lents la richesse.
17 L'homme bon se fait du bien à lui-
même, mais l'homme cruel provo-
que son propre trouble.
18 Le méchant réalise un gain trom-
peur, mais semer la justice procu-
re un vrai salaire.
19 Ainsi, la justice
conduit à la vie, mais celui qui pour-
suit le mal trouve la mort.
20 Ceux dont le cœur est perverti
font horreur à l'Eternel, mais les
hommes intègres dans leur condui-
te lui sont agréables.
21 C'est certain,
le méchant ne restera pas impuni,
tandis que la descendance des jus-
tes sera sauvée.
22 Un anneau d'or au groin d'un porc,
voilà ce qu'est une femme belle mais
dépourvue de discernement.
23 Tout ce que désirent les justes,
c'est le bien; ce que peuvent atten-
dre les méchants, c'est la colère.
24 L'un, qui donne avec largesse, de-
vient encore plus riche; l'autre, qui
épargne à l'excès, ne fait que s'ap-
pauvrir.
25 L'âme généreuse sera comblée, ce-
lui qui arrose sera lui-même arrosé.
26 Le peuple maudit celui qui lui re-
fuse le blé, mais la bénédiction re-
pose sur la tête de celui qui le vend.
27 Celui qui recherche le bien s'atti-
re la faveur, mais celui qui poursuit
le mal en devient la victime.
28 Celui qui se confie dans ses ri-
chesses tombera, tandis que les jus-
tes verdiront comme le feuillage.
29 Celui qui trouble sa maison héri-
tera du vent, et le fou sera l'esclave
de l'homme sage.
30 Le fruit que porte le juste est un ar-
bre de vie et le sage gagne des âmes.
31 *Si le juste est rétribué sur la terre,
d'autant plus le méchant et le pé-
cheur![n]

12 Celui qui aime l'instruction
aime la connaissance, celui
qui déteste le reproche est un idiot.
2 L'homme de bien obtient la faveur

11.31 *Si… pécheur*: cité en 1 Pierre 4.18.

de l'Eternel, mais le conspirateur
est condamné.
3 L'homme ne s'affermit pas par la
méchanceté, et le juste ne sera pas
déraciné.
4 Une femme de valeur est une cou-
ronne pour son mari, mais celle
qui fait honte est comme une carie
dans ses os.
5 Les justes ne pensent qu'à respec-
ter le droit, les intentions des mé-
chants ne sont que tromperie.
6 Les paroles des méchants sont des
embuscades meurtrières, tandis
que la bouche des hommes droits
les délivre.
7 On renverse les méchants et ils ne
sont plus là, tandis que la maison
des justes reste debout.
8 Un homme est estimé en raison
de son bon sens, et celui qui a l'es-
prit pervers est l'objet du mépris.
9 Mieux vaut être de condition mo-
deste et avoir un serviteur que de
faire l'important et de manquer de
pain.
10 Le juste connaît bien son bétail,
mais le cœur des méchants est
cruel.
11 Celui qui cultive son terrain est
rassasié de pain, mais celui qui
poursuit des réalités sans valeur
manque de bon sens.
12 Le méchant convoite la part des
hommes mauvais, tandis que la ra-
cine des justes est généreuse.
13 Le péché des lèvres prend l'hom-
me mauvais au piège, tandis que le
juste peut sortir de la détresse.
14 Grâce au fruit de la bouche on est
rassasié de biens, et chacun sera
récompensé de ses actes.

Le fou et le sage

15 La voie qu'emprunte le fou est
droite à ses yeux, mais il est sage
d'écouter les conseils.
16 Un fou manifeste immédiatement
sa colère, mais celui qui couvre un
affront est un homme prudent.
17 Celui qui dit la vérité proclame la
justice, et le faux témoin la trom-
perie.
18 Celui qui parle à la légère blesse
comme une épée, tandis que la lan-
gue des sages apporte la guérison.
19 La lèvre qui dit la vérité est af-
fermie pour toujours, tandis que
la langue mensongère ne subsiste
qu'un instant.
20 La tromperie est dans le cœur de
ceux qui méditent le mal, mais la
joie est pour ceux qui conseillent
la paix.
21 Aucun trouble n'atteint le juste,
tandis que les méchants sont acca-
blés de maux.
22 Les lèvres mensongères font hor-
reur à l'Eternel, tandis que ceux qui
agissent avec fidélité lui sont agréa-
bles.
23 L'homme prudent cache sa con-
naissance, tandis que le cœur des
hommes stupides proclame leur
folie.
24 La main des personnes actives
dominera, tandis que la main non-
chalante sera astreinte à la corvée.
25 L'homme peut rabattre l'inquié-
tude qui est dans son cœur, mais
une bonne parole la fera tourner
en joie.
26 Le juste apprend de son prochain,
mais la voie qu'empruntent les mé-
chants les égare.
27 L'homme nonchalant ne rôtit pas
son gibier, mais l'activité procure à
l'homme des biens précieux.
28 La vie est dans le sentier de la jus-
tice, son chemin ne conduit pas à
la mort.
13 Un fils sage écoute l'instruc-
tion de son père, mais le mo-
queur n'écoute pas la menace.
2 Grâce au fruit de la bouche on
jouit du bien; mais ce que désirent
les traîtres, c'est la violence.
3 Celui qui veille sur sa bouche se

garde lui-même, mais celui qui
ouvre de grandes lèvres court à sa
perte.
4 Le paresseux a des désirs qu'il ne
peut satisfaire, tandis que les per-
sonnes actives sont comblées.
5 Le juste déteste les paroles men-
songères; le méchant se rend odieux
et se couvre de honte.
6 La justice garde celui dont la con-
duite est intègre, mais la méchan-
ceté cause la ruine du pécheur.
7 L'un fait le riche et n'a rien du tout,
l'autre fait le pauvre et a de grands
biens.
8 La richesse d'un homme peut ser-
vir de rançon pour sa vie, mais le
pauvre n'a pas à subir la menace.
9 La lumière des justes brille joyeu-
sement, tandis que la lampe des
méchants s'éteint.
10 Ce n'est que par orgueil qu'on at-
tise les querelles, mais la sagesse est
avec ceux qui écoutent les conseils.
11 Une fortune mal acquise dimi-
nue, mais celui qui amasse peu à
peu augmente son bien.
12 Un espoir différé rend le cœur
malade, mais un désir accompli est
un arbre de vie.
13 Celui qui méprise la parole se
perd, mais celui qui craint le com-
mandement est récompensé.
14 L'enseignement du sage est une
source de vie pour détourner des
pièges de la mort.
15 Le bon sens a pour fruit la grâce,
mais la voie des traîtres est sans is-
sue.
16 Tout homme prudent agit en
connaissance de cause, mais l'hom-
me stupide fait étalage de sa folie.
17 Un envoyé méchant tombe dans
le malheur, mais un messager fidè-
le apporte la guérison.
18 La pauvreté et la honte sont pour
qui néglige l'instruction, l'honneur
pour qui tient compte du reproche.
19 Il est agréable de voir un désir se
réaliser, mais s'éloigner du mal fait
horreur aux hommes stupides.
20 Celui qui marche en compagnie
des sages devient sage et celui qui
fréquente des hommes stupides se
retrouvera en mauvaise posture.
21 Le malheur poursuit les pécheurs,
tandis que le bonheur récompense
les justes.
22 L'homme de bien laisse un hé-
ritage aux enfants de ses enfants,
tandis que les richesses du pécheur
sont en réserve pour le juste.
23 Le champ que défriche le pauvre
donne une nourriture abondante,
mais l'absence d'équité provoque
la perte de certains.
24 Il déteste son fils, celui qui ména-
ge son bâton; celui qui l'aime cher-
che à le discipliner.
25 Le juste mange et satisfait son ap-
pétit, tandis que le ventre des mé-
chants n'a jamais assez.

14 La femme sage construit sa
maison, la folle la démolit de
ses propres mains.
2 Celui qui marche dans la droiture
craint l'Eternel, mais celui qui em-
prunte des voies tortueuses le mé-
prise.
3 La bouche du fou émet des paroles
orgueilleuses, tandis que les lèvres
des sages les en préservent.
4 S'il n'y a pas de bétail, la mangeoire
est propre, mais c'est à la vigueur
des bœufs qu'on doit l'abondance
des récoltes.
5 Un témoin fidèle ne ment pas, tan-
dis qu'un faux témoin dit des men-
songes.
6 Le moqueur cherche la sagesse et
ne la trouve pas, mais pour l'hom-
me intelligent la connaissance est
chose facile.
7 Eloigne-toi de l'homme stupide:
ce n'est pas sur ses lèvres que tu
aperçois la connaissance.
8 La sagesse de l'homme avisé,
c'est de discerner sa voie; la folie

des hommes stupides, c'est la trom-
perie.
9 Les fous se moquent du péché,
mais parmi les hommes droits se
trouve la bienveillance.
10 Le cœur connaît ses propres cha-
grins et un étranger est incapable
de s'associer vraiment à sa joie.
11 La maison des méchants sera dé-
truite, tandis que la tente des hom-
mes droits sera florissante.
12 La voie qui paraît droite à un
homme peut finalement conduire
à la mort.
13 Au milieu même du rire le cœur
peut être dans la peine, et la joie
peut finir en tristesse.
14 Celui dont le cœur s'égare se ras-
sasie de ses voies, et l'homme de
bien se rassasie de ce qui est en lui.
15 Celui qui manque d'expérience
croit tout ce qu'on dit, mais l'hom-
me avisé est attentif à ses pas.
16 Le sage craint le mal et s'en dé-
tourne, tandis que l'homme stupi-
de se montre arrogant et plein d'as-
surance.
17 Le colérique fait des bêtises et le
conspirateur s'attire la haine.
18 Ceux qui manquent d'expérien-
ce ont la folie en héritage, mais les
hommes prudents se font une cou-
ronne de la connaissance.
19 Les mauvais doivent s'incliner de-
vant les bons, et les méchants aux
portes du juste.
20 Le pauvre est détesté même par
son prochain, tandis que les amis
du riche sont nombreux.
21 Celui qui méprise son prochain
commet un péché, mais celui qui
a pitié des plus humbles connaît le
bonheur.
22 Ceux qui méditent le mal ne
s'égarent-ils pas? La bonté et la vé-
rité sont la part de ceux qui médi-
tent le bien.
23 Tout travail procure un profit,
mais les paroles en l'air ne mènent
qu'à la misère.
24 La richesse est une couronne
pour les sages; la folie des hommes
stupides est toujours de la folie.
25 Le témoin qui dit la vérité peut
sauver des vies, mais le trompeur
ne peut que dire des mensonges.
26 Celui qui craint l'Eternel possè-
de un puissant appui, et ses enfants
ont un refuge auprès de lui.
27 La crainte de l'Eternel est une sour-
ce de vie pour détourner des pièges
de la mort.
28 Quand le peuple est nombreux,
c'est un honneur pour le roi; quand
la population manque, c'est la rui-
ne du prince.
29 Celui qui est lent à la colère fait
preuve d'une grande intelligence,
tandis que celui qui s'énerve facile-
ment proclame sa folie.
30 Un cœur paisible est la vie du
corps, tandis que l'envie est la carie
des os.
31 Exploiter le faible, c'est insulter
son créateur, mais faire grâce au
pauvre, c'est l'honorer.
32 Le méchant est renversé par sa mé-
chanceté[n], tandis que le juste trouve
un refuge même dans sa mort.
33 Dans un cœur intelligent, la sa-
gesse repose tranquillement, mais
au milieu d'hommes stupides elle
se fait remarquer.
34 La justice fait la grandeur d'une
nation, mais le péché est le déshon-
neur des peuples.
35 La faveur du roi est pour le servi-
teur avisé, et sa colère pour celui qui
fait honte.

Paroles et attitudes

15 Une réponse douce calme la
fureur, tandis qu'une parole
dure augmente la colère.

14.32 *Par sa méchanceté*: ou *par son malheur* ou *par le mal qu'il a commis.*

2 La langue des sages rend la con-
naissance plaisante, tandis que la
bouche des hommes stupides dé-
verse la folie.
3 Les yeux de l'Eternel sont partout,
observant les méchants autant que
les bons.
4 Une parole porteuse de guérison
est un arbre de vie, tandis que la
langue perverse brise le cœur.
5 Le fou méprise l'instruction de
son père, mais celui qui tient comp-
te du reproche fait preuve de sa-
gesse.
6 Il y a de grandes richesses dans la
maison du juste, alors qu'il y a du
trouble dans les profits que le mé-
chant réalise.
7 Les lèvres des sages propagent la
connaissance, mais le cœur des
hommes stupides n'est pas sûr.
8 Le sacrifice qu'offrent les mé-
chants fait horreur à l'Eternel, tan-
dis que la prière des hommes droits
lui est agréable.
9 La conduite du méchant fait hor-
reur à l'Eternel, alors qu'il aime
l'homme qui poursuit la justice.
10 Celui qui abandonne le sentier
doit s'attendre à une sévère correc-
tion; celui qui déteste le reproche
mourra.
11 Le séjour des morts et le gouffre
de perdition sont devant l'Eternel.
C'est d'autant plus le cas du cœur
des hommes!
12 Le moqueur n'aime pas qu'on le
reprenne, il ne va pas vers les sages.
13 Un cœur joyeux rend le visage
plaisant, mais quand le cœur est
triste, l'esprit est abattu.
14 Un cœur intelligent recherche la
connaissance, tandis que la bou-
che des hommes stupides se nour-
rit de folie.
15 Tous les jours du malheureux
sont mauvais, mais le cœur content
est un festin continu.
16 Mieux vaut peu avec la crainte
de l'Eternel qu'un grand trésor avec
le trouble.
17 Mieux vaut un plat de légumes là
où règne l'amour qu'un bœuf en-
graissé dans la maison de la haine.
18 Un homme violent pousse au
conflit, tandis que celui qui est lent
à la colère apaise les disputes.
19 Le chemin du paresseux ressem-
ble à une haie de ronces, tandis
que le sentier des hommes droits
est tout préparé.
20 Un fils sage fait la joie de son
père et un homme stupide mépri-
se sa mère.
21 La folie est une joie pour celui qui
est dépourvu de bon sens, mais un
homme intelligent suit le droit che-
min.
22 Les projets échouent en l'absen-
ce de délibération, mais ils se réali-
sent quand il y a de nombreux con-
seillers.
23 On éprouve de la joie à bien ré-
pondre, et qu'une parole dite à pro-
pos est agréable!
24 Le sentier de la vie mène en haut,
il est pour l'homme avisé afin qu'il
se détourne du séjour des morts qui
est en bas.
25 L'Eternel démolit la maison des
orgueilleux, mais il préserve le do-
maine de la veuve.
26 Les mauvaises intentions font
horreur à l'Eternel, mais les paro-
les bienveillantes sont pures à ses
yeux.
27 Celui qui est assoiffé de profit
trouble sa maison, mais celui qui
déteste les pots-de-vin vivra.
28 Le cœur du juste médite avant
de répondre, tandis que la bouche
des méchants déverse des méchan-
cetés.
29 L'Eternel se tient loin des méchants,
mais il écoute la prière des justes.
30 Un regard lumineux réjouit le
cœur, une bonne nouvelle fortifie
le corps.

31 Certains reproches mènent à la
vie; celui qui les écoute séjournera
parmi les sages.
32 Celui qui néglige l'instruction se
méprise lui-même, celui qui écoute
un reproche acquiert du bon sens.
33 La crainte de l'Eternel enseigne
la sagesse et l'humilité précède la
gloire.

16 Les projets que forme le cœur
dépendent de l'homme, mais
la réponse que donne la bouche
vient de l'Eternel.
2 Toutes les voies d'un homme sont
pures à ses yeux, mais celui qui éva-
lue les dispositions d'esprit, c'est
l'Eternel.
3 Recommande ton activité à l'Eter-
nel et tes projets seront affermis.
4 L'Eternel a tout fait pour un but,
même le méchant pour le jour du
malheur.
5 Tous ceux dont le cœur est or-
gueilleux font horreur à l'Eternel.
C'est certain, ils ne resteront pas
impunis.
6 Par la bonté et la vérité on expie la
faute, et par la crainte de l'Eternel
on se détourne du mal.
7 Quand l'Eternel approuve les
voies d'un homme, il dispose mê-
me ses ennemis à faire la paix avec
lui.
8 Mieux vaut peu, honnêtement ga-
gné, que de grands revenus acquis
injustement.
9 Le cœur de l'homme peut méditer
sa voie, mais c'est l'Eternel qui di-
rige ses pas.
10 Des oracles sont sur les lèvres du
roi: que sa bouche ne soit pas infi-
dèle quand il juge!
11 Le poids et la balance justes ap-
partiennent à l'Eternel, tous les
poids du sac[n] sont son œuvre.
12 Les rois ont horreur des actes de
méchanceté, car c'est par la justice
que le trône s'affermit.
13 Les rois sont favorables aux lèvres
justes et ils aiment celui qui parle
avec droiture.
14 La fureur du roi est messagère de
mort, mais un homme sage l'apaise.
15 Quand le visage du roi s'éclaire,
c'est un gage de vie; sa faveur est
pareille aux dernières pluies.
16 Acquérir la sagesse vaut bien
mieux que l'or, acquérir l'intelli-
gence est préférable à l'argent.
17 La route des hommes droits évite
le mal. Celui qui veille sur sa con-
duite se préserve lui-même.
18 L'arrogance précède la ruine et
l'orgueil précède la chute.
19 Mieux vaut être humble avec les
gens modestes que de partager un
butin avec les orgueilleux.
20 Celui qui se montre attentif à ce
qui est dit trouve le bonheur, et
celui qui se confie en l'Eternel est
heureux.
21 L'homme au cœur sage est appe-
lé intelligent, et la douceur des lè-
vres augmente la force de persua-
sion.
22 Le bon sens est une source de vie
pour celui qui le possède, mais la
punition des fous, c'est leur folie.
23 Le cœur du sage rend sa bouche
prudente et augmente la force de
persuasion sur ses lèvres.
24 Les paroles agréables sont un
rayon de miel: elles sont douces
pour l'âme et porteuses de guérison
pour le corps.
25 La voie qui paraît droite à un
homme peut finalement conduire
à la mort.
26 Celui qui travaille[n] travaille pour
lui, car sa bouche l'y incite.

16.11 *Les poids du sac*: le marchand transportait toujours un sac avec les poids, nécessaires pour le commerce. **16.26** *Celui qui travaille*: ou *l'appétit du travailleur*; l'idée est que c'est la faim qui fait travailler.

27 Le vaurien prépare le malheur, et
il y a sur ses lèvres comme un feu
dévorant.
28 L'homme pervers provoque des
conflits et le critiqueur divise les
amis.
29 L'homme violent entraîne son
prochain et le fait marcher sur une
voie qui n'est pas bonne.
30 Celui qui ferme les yeux pour mé-
diter des pensées perverses, qui se
mord les lèvres, a déjà accompli le
mal.
31 Les cheveux blancs sont une cou-
ronne d'honneur: c'est sur le che-
min de la justice qu'on la trouve.
32 La lenteur à la colère vaut mieux
que l'héroïsme; mieux vaut être maî-
tre de soi que s'emparer de villes.
33 On jette les sorts dans le pan de
l'habit, mais c'est de l'Eternel que
vient toute décision.

17 Mieux vaut un morceau de
pain sec avec la tranquillité
qu'une maison pleine de viande
avec des disputes.
2 Un serviteur avisé domine sur le
fils qui fait honte, et il aura une part
d'héritage au milieu des frères.
3 Le creuset est pour l'argent, et le
fourneau pour l'or, mais celui qui
met les cœurs à l'épreuve, c'est
l'Eternel.
4 Le méchant est attentif à la lèvre
injuste, le menteur prête l'oreille à
la langue criminelle.
5 Se moquer du pauvre, c'est insul-
ter son créateur. Celui qui se ré-
jouit d'un malheur ne restera pas
impuni.
6 Les petits-enfants sont la couron-
ne des vieillards, et les pères sont
la gloire de leurs enfants.
7 Si les paroles distinguées ne con-
viennent pas à un fou, les paroles
mensongères conviennent d'autant
moins à un noble.
8 Le pot-de-vin est un outil pré-
cieux aux yeux de celui qui s'en sert:
où qu'il se tourne, il a du succès.
9 Celui qui couvre une offense re-
cherche l'amour, celui qui la rap-
pelle dans ses discours divise les
amis.
10 Une menace a plus d'effet sur un
homme intelligent que 100 coups
sur un homme stupide.
11 Le méchant ne cherche que révol-
te; un messager sans pitié sera en-
voyé contre lui.
12 Il vaut mieux rencontrer une our-
se privée de ses petits qu'un hom-
me stupide dans sa folie.
13 Si quelqu'un rend le mal pour
le bien, le mal ne quittera pas sa
maison.
14 S'engager dans un conflit, c'est
ouvrir une vanne; avant que la dis-
pute n'éclate, retire-toi!
15 Celui qui acquitte le coupable et
celui qui condamne le juste font
tous deux horreur à l'Eternel.
16 A quoi sert un salaire entre les
mains de l'homme stupide? Il ne
peut acheter la sagesse et le bon
sens!
17 L'ami aime en toute circonstance,
et dans le malheur il se montre un
frère.
18 L'homme dépourvu de bon sens
prend des engagements, il se porte
garant pour son prochain.
19 Celui qui aime les querelles aime
la révolte; celui qui rehausse sa por-
te cherche la ruine.
20 Un cœur faux ne trouve pas le
bonheur, et celui dont la langue est
perverse tombe dans le malheur.
21 Celui qui donne naissance à un
homme stupide aura du chagrin, le
père d'un fou ne pourra pas se ré-
jouir.
22 Un cœur joyeux est un bon re-
mède, mais un esprit abattu dessè-
che les os.
23 Le méchant accepte des pots-de-
vin offerts sous le manteau pour
tordre les voies du droit.

24 La sagesse est en face de l'homme
intelligent, mais les yeux de l'hom-
me stupide s'en vont à l'extrémité
de la terre.
25 Un fils stupide est une source
de chagrin pour son père, et d'amer-
tume pour celle qui l'a mis au mon-
de.
26 Il n'est pas bon de condamner le
juste à une amende, ni de frapper
les hommes généreux à cause de
leur droiture.
27 Celui qui met un frein à ses paro-
les possède la connaissance, l'hom-
me à l'esprit calme fait preuve d'in-
telligence.
28 Même le fou, quand il se tait, pas-
se pour sage; celui qui ferme ses
lèvres est un homme intelligent.
18 Celui qui se tient à l'écart cher-
che ce qui lui plaît, il s'irrite
contre tout ce qui est raisonnable.
2 Ce n'est pas à l'intelligence que
l'homme stupide prend plaisir, c'est
à l'étalage de ses pensées.
3 Quand vient le méchant, vient aus-
si le mépris, et avec la honte vient
l'insulte.
4 Les paroles d'un homme sont des
eaux profondes, la source de la sa-
gesse est un torrent qui jaillit.
5 Il n'est pas bon de favoriser le mé-
chant en faisant tort au juste lors
d'un jugement.
6 Les lèvres de l'homme stupide se
mêlent aux querelles, et sa bouche
appelle les coups.
7 La bouche de l'homme stupide
provoque sa ruine, et ses lèvres sont
un piège pour lui-même.
8 Les paroles du critiqueur sont com-
me des friandises: elles descendent
au plus profond de l'être.
9 Celui qui se relâche dans son tra-
vail est frère de celui qui détruit.
10 Le nom de l'Eternel est une tour
fortifiée: le juste s'y réfugie et se
trouve en sécurité. 11 La fortune
du riche est sa forteresse: dans son
imagination, elle est comme une
haute muraille.
12 Avant la ruine, le cœur de l'hom-
me se montre fier, mais avant la
gloire se trouve l'humilité.
13 Celui qui répond avant d'avoir
écouté fait un acte de folie et se cou-
vre de honte.
14 L'esprit de l'homme le soutient
dans sa maladie mais, si l'esprit est
abattu, qui le relèvera?
15 Un cœur intelligent acquiert la
connaissance, et l'oreille des sages
la recherche.
16 Les cadeaux qu'offre un homme
lui ouvrent la voie et le conduisent
auprès des grands.
17 Le premier qui défend sa cause
paraît avoir raison; vient sa par-
tie adverse et on lui demande des
preuves.
18 Le tirage au sort met fin aux con-
flits et tranche entre les puissants.
19 Un frère offensé est pire qu'une
forteresse et les conflits sont pareils
aux verrous d'un château.
20 C'est grâce au fruit de sa bouche
que l'homme rassasie son ventre,
c'est du produit de ses lèvres qu'il
se rassasie.
21 La langue a pouvoir de vie et de
mort; ceux qui aiment parler en
goûteront les fruits.
22 Celui qui trouve une femme a
trouvé le bonheur; c'est une faveur
qu'il a reçue de l'Eternel.
23 Le pauvre parle en suppliant,
mais le riche répond avec dureté.
24 Celui qui a beaucoup de compa-
gnons les a pour son malheur, mais
il y a des amis plus attachés que des
frères.
19 Mieux vaut le pauvre qui
marche dans l'intégrité que
l'homme stupide aux lèvres fausses.
2 Le manque de connaissance n'est
bon pour personne, et celui qui pré-
cipite ses pas tombe dans le péché.
3 C'est la folie de l'homme qui per-

vertit sa voie, mais c'est contre
l'Eternel que son cœur s'irrite.
4 La richesse procure un grand
nombre d'amis, alors que le faible
se retrouve séparé de son ami.
5 Le faux témoin ne restera pas im-
puni, celui qui dit des mensonges
n'échappera pas à la sanction.
6 Ils sont nombreux, ceux qui flat-
tent l'homme généreux. Tous sont
les amis de celui qui fait des ca-
deaux.
7 Si tous les frères du pauvre le dé-
testent, ses amis s'éloigneront d'au-
tant plus volontiers de lui. Il aura
beau les poursuivre de ses paroles,
ils auront disparu.
8 Celui qui acquiert du bon sens
s'aime lui-même; celui qui garde
l'intelligence trouve le bonheur.
9 Le faux témoin ne restera pas im-
puni, celui qui dit des mensonges
va à sa perte.
10 Il ne convient pas qu'un homme
stupide vive dans les délices, enco-
re moins qu'un esclave domine sur
des chefs.
11 L'homme avisé est lent à la colère,
il met sa gloire à passer par-dessus
une offense.
12 La colère du roi est comme le ru-
gissement d'un lion, et sa faveur
comme la rosée sur l'herbe.
13 Un fils stupide est une calamité
pour son père, et les querelles d'une
femme sont une gouttière sans fin.
14 On peut hériter des parents une
maison et des richesses, mais une
femme prudente est un don de
l'Eternel.
15 La paresse fait tomber dans un
profond sommeil, et l'homme non-
chalant connaîtra la faim.
16 Celui qui garde le commandement
se garde lui-même; celui qui ne
veille pas sur sa conduite mourra.
17 Celui qui accorde une faveur au
pauvre prête à l'Eternel, qui lui ren-
dra son bienfait.
18 Corrige ton fils, car il y a encore
de l'espoir. Ne désire pas le faire
mourir!
19 Celui que la colère emporte doit
subir une sanction. Si tu la lui épar-
gnes, tu l'encourages à recommen-
cer.
20 Ecoute les conseils et accepte l'ins-
truction! Ainsi tu seras sage dans la
suite de ta vie.
21 Il y a dans le cœur de l'homme
beaucoup de projets, mais c'est le
plan de l'Eternel qui s'accomplit.
22 Ce qui fait le charme d'un hom-
me, c'est sa bonté. Mieux vaut un
pauvre qu'un menteur.
23 La crainte de l'Eternel mène à la
vie; on passe la nuit rassasié, sans
être visité par le malheur.
24 Le paresseux plonge sa main dans
le plat, et il ne la ramène même pas
à sa bouche.
25 Frappe le moqueur, et celui qui
manque d'expérience se montrera
prudent; reprends l'homme intelli-
gent, il comprendra alors ce qu'est
la connaissance.
26 Celui qui ruine son père et qui
fait fuir sa mère est un fils qui fait
honte, on rougit de lui.
27 Arrête, mon fils, d'écouter l'ins-
truction, si c'est pour t'éloigner des
paroles de la connaissance!
28 Un témoin sans valeur se moque
du droit et la bouche des méchants
est avide d'injustice.
29 Les jugements sont prêts pour les
moqueurs, et les coups pour le dos
des hommes stupides.

20 Le vin est moqueur, les bois-
sons fortes sont bruyantes;
s'en enivrer n'est pas sage.
2 La terreur qu'inspire le roi est pa-
reille au rugissement d'un lion. L'ir-
riter, c'est pécher contre soi-même.
3 C'est une gloire pour l'homme
d'éviter les disputes, mais un fou
s'y engage.
4 A cause du froid, le paresseux ne

laboure pas; au moment de la mois-
son il voudrait récolter, mais il n'y
a rien.
5 Les projets dans le cœur de l'hom-
me sont des eaux profondes, mais
l'homme intelligent sait y puiser.
6 Beaucoup proclament leur bonté,
mais l'homme fidèle, qui le trou-
vera?
7 Le juste marche dans l'intégrité;
heureux ses enfants après lui!
8 Le roi qui siège pour rendre la jus-
tice disperse tout mal par son re-
gard. 9 Qui pourra dire: «J'ai purifié
mon cœur, je suis pur de mon pé-
ché»?
10 Deux poids différents et deux me-
sures différentes font l'un et l'autre
horreur à l'Eternel.
11 L'enfant se fait déjà connaître par
sa manière d'agir: on devine si sa
conduite sera pure et droite.
12 L'oreille qui entend et l'œil qui
voit, c'est l'Eternel qui les a faits
l'un et l'autre.
13 N'aime pas le sommeil! Tu risque-
rais de t'appauvrir. Garde les yeux
ouverts et tu seras rassasié de pain.
14 «Mauvais! Mauvais!» affirme
l'acheteur mais, une fois parti, il se
félicite.
15 Il existe des objets en or et des
perles en quantité, mais la parure
vraiment précieuse, ce sont des lè-
vres qui transmettent la connais-
sance.
16 Quelqu'un s'est porté garant pour
un étranger? Prends son habit! Il
s'est engagé en faveur d'une incon-
nue? Exige de lui des gages!
17 Le pain du mensonge est doux à
l'homme, mais plus tard sa bouche
est comme remplie de gravier.
18 Les projets s'affermissent par le
conseil: fais la guerre avec prudence.
19 Celui qui propage des calomnies
dévoile des secrets. Ne fréquente
pas l'homme trop bavard!
20 Si quelqu'un maudit son père et
sa mère, sa lampe s'éteindra au mi-
lieu d'épaisses ténèbres.
21 Une possession trop vite acquise
au départ ne sera pas bénie à la fin.
22 Ne dis pas: «Je rendrai le mal.»
Compte sur l'Eternel, et il te sau-
vera.
23 Deux poids différents font hor-
reur à l'Eternel, et la balance faus-
sée n'est pas une bonne chose.
24 C'est l'Eternel qui dirige les pas
de l'homme: que peut comprendre
l'être humain à sa voie?
25 C'est un piège pour l'homme que
de prendre à la légère un engage-
ment envers Dieu et de ne réfléchir
qu'après avoir fait des vœux.
26 Un roi sage disperse les méchants
et fait passer les roues[n] sur eux.
27 L'esprit de l'homme est une lam-
pe de l'Eternel: il explore le plus
profond de l'être.
28 La bonté et la vérité protègent le
roi, et il soutient son trône par la
bonté.
29 La force est la gloire des jeunes
gens, et les cheveux blancs sont l'or-
nement des vieillards.
30 Les plaies d'une blessure sont
un remède au mal, tout comme
les coups pour les profondeurs de
l'être.

21 Le cœur du roi est un simple
courant d'eau dans la main
de l'Eternel: il l'oriente comme il le
désire.
2 Toutes les voies d'un homme sont
droites à ses yeux, mais celui qui
évalue les cœurs, c'est l'Eternel.
3 La pratique de la justice et de l'é-
quité, voilà ce que l'Eternel préfère
aux sacrifices.
4 Des regards hautains, un cœur

20.26 *Les roues*: il s'agit des roues du chariot que l'on faisait passer sur l'aire de battage pour séparer le grain des épis; le bon roi doit distinguer bons et méchants.

orgueilleux: l'éclat des méchants
n'est que péché.
5 Les projets de l'homme actif sont
tout profit, mais celui qui agit avec
précipitation n'arrive qu'à la misère.
6 Des trésors amassés par une lan-
gue mensongère, c'est un souffle
qui s'évanouit, une recherche de la
mort.
7 La violence des méchants les em-
porte parce qu'ils refusent de prati-
quer l'équité.
8 L'homme malhonnête emprunte
une voie tortueuse, tandis que ce-
lui qui est pur agit avec droiture.
9 Mieux vaut habiter à l'angle d'un
toit que faire maison commune
avec une femme querelleuse.
10 Le méchant désire le mal; même
son ami ne trouve pas grâce à ses
yeux.
11 Quand on punit le moqueur, celui
qui manque d'expérience devient
sage, et quand on instruit le sage, il
fait bon accueil à la connaissance.
12 Le juste examine la maison du mé-
chant et il précipite les méchants
dans le malheur.
13 Celui qui ferme son oreille au cri
du plus faible criera lui aussi, et il
n'aura pas de réponse.
14 Un cadeau fait en secret apaise la
colère, un pot-de-vin donné sous le
manteau calme une fureur violente.
15 C'est une joie pour le juste de pra-
tiquer l'équité, mais la ruine est ré-
servée à celui qui commet l'injus-
tice.
16 L'homme qui s'égare loin de la
voie de la prudence reposera dans
l'assemblée des défunts.
17 Celui qui aime la joie connaîtra
la misère, celui qui aime le vin et
l'huile[n] ne s'enrichira pas.
18 Le méchant sert de rançon pour
le juste, et le traître pour les hom-
mes droits.
19 Mieux vaut habiter dans une terre
déserte qu'avec une femme querel-
leuse et irritable.
20 On trouve de précieux trésors et
de l'huile dans le domaine du sage;
l'homme stupide, lui, les engloutit.
21 Celui qui poursuit la justice et la
bonté trouvera la vie, la justice et la
gloire.
22 Le sage monte contre une ville de
héros et abat la force dans laquelle
elle plaçait sa confiance.
23 Celui qui veille sur sa bouche et
sa langue se préserve de bien des
angoisses.
24 L'orgueilleux, l'insolent, voilà ce
qu'on appelle un moqueur; il agit
avec une arrogance débordante.
25 Les désirs du paresseux le tuent
parce que ses mains se refusent à
l'action; 26 toute la journée il éprou-
ve des désirs; le juste, en revanche,
donne sans retenue.
27 Le sacrifice qu'offrent les mé-
chants fait horreur, car ils l'offrent
avec des pensées criminelles.
28 Le témoin menteur va à sa perte,
mais l'homme qui sait écouter pour-
ra parler indéfiniment.
29 Le méchant prend des airs effron-
tés, tandis que l'homme droit affer-
mit sa voie.
30 Il n'y a ni sagesse, ni intelligence,
ni conseil qui tienne contre l'Eter-
nel.
31 On prépare le cheval pour le jour
du combat, mais c'est à l'Eternel
qu'appartient la victoire.

22 Une bonne réputation est
préférable à de grandes ri-
chesses, et la grâce vaut mieux que
l'or et l'argent.
2 Le riche et le pauvre se rencon-
trent: c'est l'Eternel qui les a faits
l'un et l'autre.
3 L'homme prudent voit le mal et
se met à l'abri, mais ceux qui man-

21.17 *Le vin et l'huile*: signes d'une vie d'abondance et de luxe.

quent d'expérience vont de l'avant
et en subissent les conséquences.
4 Le fruit de l'humilité, de la crainte
de l'Eternel, c'est la richesse, la gloi-
re et la vie.
5 Des épines et des pièges sont sur
la voie de l'homme faux; celui qui
veille sur lui-même s'en éloigne.
6 Eduque l'enfant d'après la voie
qu'il doit suivre! Même quand il
sera vieux, il ne s'en écartera pas.
7 Le riche domine sur les pauvres, et
celui qui emprunte est l'esclave de
celui qui prête.
8 Celui qui sème l'injustice mois-
sonnera le malheur, et le bâton de
sa colère sera brisé.
9 L'homme au regard bienveillant
sera béni parce qu'il donne de son
pain au plus faible.
10 Chasse le moqueur et le conflit
s'en ira avec lui, la contestation et
le mépris prendront fin.
11 Celui qui aime la pureté du cœur
a la grâce sur les lèvres et le roi pour
ami.
12 Les yeux de l'Eternel veillent sur la
connaissance, mais il s'oppose aux
propos du traître.
13 Le paresseux dit: «Il y a un lion
dehors! Je serai tué dans les rues!»
14 La bouche des inconnues est une
fosse profonde; celui contre qui
l'Eternel est irrité y tombera.
15 La folie est attachée au cœur de
l'enfant; le bâton de la discipline
l'éloignera de lui.
16 Celui qui exploite le faible pour
augmenter son bien ou qui donne
au riche n'arrive qu'à la misère.

PAROLES DES SAGES 22.17–24.34

Attention aux relations

17 Tends l'oreille, écoute les paro-
les des sages! Applique ton cœur
à ma connaissance!
18 En effet, il
est bon que tu les gardes au fond
de toi et qu'elles soient toutes pré-
sentes sur tes lèvres.
19 Pour que ta
confiance soit placée en l'Eternel,
je veux t'instruire aujourd'hui, oui,
toi.
20 N'ai-je pas déjà mis par écrit
à ton intention des conseils et des
paroles de connaissance
21 pour
t'enseigner des choses sûres, des
paroles vraies, afin que tu répon-
des par des paroles vraies à celui
qui t'envoie?
22 Ne dépouille pas le faible parce
qu'il est faible et n'écrase pas le
malheureux à la porte de la ville[n],
23 car l'Eternel défendra leur cause
et dépouillera de leur vie ceux qui
les auront dépouillés.
24 Ne fréquente pas l'homme colé-
rique, ne va pas avec l'homme vio-
lent!
25 Tu risquerais de t'habituer à
ses sentiers et ils deviendraient un
piège pour toi.
26 Ne figure pas parmi ceux qui
prennent des engagements, qui se
portent garants pour des dettes:
27 si tu n'as pas de quoi payer, pour-
quoi voudrais-tu qu'on enlève le lit
sur lequel tu te couches?
28 Ne déplace pas la limite ancienne,
celle que tes ancêtres ont fixée.
29 Si tu vois un homme habile dans
son travail, c'est au service des rois
qu'il se tiendra, il ne restera pas au
service de gens obscurs.

23 Si tu es à table avec un grand,
fais attention à ce qui est de-
vant toi!
2 Place un couteau devant
ta gorge, si tu as trop d'appétit!
3 Ne
convoite pas ses bons plats: c'est
une nourriture trompeuse.
4 Ne te fatigue pas à acquérir la ri-
chesse, n'y applique pas ton intel-
ligence.
5 Veux-tu la poursuivre
du regard? La voilà disparue! En
effet, la richesse se fait des ailes et,

22.22 *A la porte de la ville*: c'était le lieu des délibérations, des affaires et du tribunal.

comme l'aigle, elle prend son envol
vers le ciel.
6 Ne mange pas le pain de l'homme
au regard malveillant, ne convoite
pas ses bons plats, 7 car il calcule au
fond de lui: «Mange et bois», te dira-
t-il, mais son cœur n'est pas avec
toi. 8 Tu vomiras le morceau que tu
as mangé et tu auras tenu en pure
perte des propos agréables.
9 Ne parle pas aux oreilles de l'hom-
me stupide, car il méprise le bon
sens de tes discours.
10 Ne déplace pas la limite ancienne
et n'empiète pas sur le champ des
orphelins, 11 car *celui qui les rachè-
te est puissant. C'est lui qui défen-
dra leur cause[n] contre toi.
12 Ouvre ton cœur à l'instruction et
tes oreilles aux paroles de la con-
naissance!
13 Ne refuse pas de corriger l'enfant!
Si tu le frappes avec un bâton, il ne
mourra pas. 14 Certes, tu le frappes
avec un bâton, mais tu arraches
son âme au séjour des morts.

Appels d'un père à son fils

15 Mon fils, si ton cœur est sage,
mon cœur à moi sera dans la joie.
16 Tout mon être sera dans l'allé-
gresse quand tes lèvres parleront
avec droiture.
17 Que ton cœur n'envie pas les pé-
cheurs, mais qu'il ait toujours la
crainte de l'Eternel, 18 car il y a un
avenir et ton espérance ne pourra
pas être brisée.
19 Ecoute, mon fils, et montre-toi
sage! Dirige ton cœur sur la voie
droite!
20 Ne figure pas parmi les buveurs
de vin, parmi ceux qui font des ex-
cès de viande, 21 car l'ivrogne et ce-
lui qui se livre à des excès s'appau-
vrissent, et la somnolence fait por-
ter des haillons.
22 Ecoute ton père, lui qui t'a don-
né naissance! Ne méprise pas ta
mère quand elle est devenue vieille!
23 Acquiers la vérité et ne la vends
pas, la sagesse, l'instruction et l'in-
telligence.
24 Le père du juste est dans l'allé-
gresse, celui qui donne naissance
à un sage en aura de la joie. 25 Que
ton père et ta mère se réjouissent,
que celle qui t'a mis au monde soit
dans l'allégresse!
26 Mon fils, donne-moi ton cœur
et que tes yeux prennent plaisir à
mes voies! 27 En effet, la prostituée
est une fosse profonde, et l'incon-
nue un puits étroit. 28 Elle se tient
en embuscade comme un brigand
et elle augmente le nombre d'infi-
dèles parmi les hommes.
29 Pour qui les «ah»? Pour qui les
«hélas»? Pour qui les disputes? Pour
qui les plaintes? Pour qui les bles-
sures sans raison? Pour qui les yeux
rouges? 30 Pour ceux qui s'attardent
auprès du vin, pour ceux qui vont
déguster du vin mélangé.
31 Ne regarde pas le vin parce qu'il
est d'un beau rouge et qu'il fait des
perles dans la coupe: il s'avale d'un
trait 32 et il finit par mordre comme
un serpent, par piquer comme une
vipère. 33 Tes yeux auraient alors
d'étranges visions et ton cœur ex-
primerait le dérèglement. 34 Tu se-
rais pareil à un homme couché en
pleine mer, à un homme couché au
sommet d'un mât: 35 «On m'a frap-
pé et je n'ai pas mal! On m'a battu
et je ne sens rien! Quand me réveil-
lerai-je? J'en veux encore!»
24 Ne sois pas jaloux des hom-
mes méchants et ne désire
pas être en leur compagnie, 2 car
leur cœur médite la ruine et leurs
lèvres ne cherchent qu'à provoquer
le trouble.

23.11 *Celui... cause*: probable citation en Jérémie 50.34.

3 C'est par la sagesse qu'une mai-
son est construite et par l'intelli-
gence qu'elle s'affermit; 4 c'est par
la connaissance que les chambres
se remplissent de toutes sortes de
biens précieux et agréables.
5 Un homme sage est plein de for-
ce, et celui qui a de la connaissance
consolide sa puissance.
6 Oui, il te faut de bonnes directi-
ves pour faire la guerre, et la victoi-
re tient au grand nombre de con-
seillers.
7 La sagesse est inaccessible au fou,
il n'ouvrira pas la bouche à la porte
de la ville.
8 Celui qui médite de faire le mal,
on l'appelle un conspirateur.
9 L'intention de la folie, c'est le pé-
ché, et le moqueur fait horreur aux
hommes.
10 Si tu faiblis, le jour de la détresse,
ta force est bien dérisoire.

Appel à la justice

11 Délivre ceux qu'on traîne à la
mort, retiens ceux qu'on amène
tout tremblants pour les tuer! 12 Si
tu dis: «Ah, nous ne savions pas!»
celui qui évalue les cœurs n'a-t-il
rien compris? Celui qui veille sur
toi ne sait-il pas tout? Il paiera à
chacun le salaire de ses actes.
13 Mon fils, mange du miel, car il est
bon. Un rayon de miel sera doux
à ton palais. 14 De même, connais
la sagesse pour le bien de ton âme:
si tu la trouves, il y a un avenir et
ton espérance ne pourra pas être
brisée.
15 Ne te tiens pas comme le mé-
chant en embuscade devant le do-
maine du juste, ne dévaste pas son
habitation! 16 En effet, sept fois
le juste tombe, mais il se relève.
Quand les méchants trébuchent,
en revanche, ils sont précipités
dans le malheur.
17 Ne te réjouis pas lorsque ton en-
nemi tombe, et que ton cœur ne soit
pas dans l'allégresse quand il tré-
buche! 18 L'Eternel le verrait, cela
lui déplairait et il détournerait sa
colère de lui.
19 Ne t'irrite pas à cause de ceux qui
font le mal, ne porte pas envie aux
méchants, 20 car il n'y a pas d'avenir
pour celui qui fait le mal, la lampe
des méchants s'éteindra.
21 Mon fils, crains l'Eternel et le roi!
Ne fréquente pas les hommes re-
muants, 22 car leur ruine survien-
dra soudain, et qui connaît le mal-
heur des uns et des autres?
23 Voici encore ce qui vient des sa-
ges: il n'est pas bien d'être partial
dans un jugement. 24 Celui qui dit
au méchant: «Tu es juste», les peu-
ples le maudissent, les nations s'in-
dignent contre lui. 25 Ainsi, ceux qui
le punissent s'en trouvent bien et le
bonheur vient sur eux comme une
bénédiction.
26 Une réponse franche est comme
une embrassade.
27 Arrange tes affaires à l'extérieur,
prends soin de ton champ! Ensuite
tu construiras ta maison.
28 Ne témoigne pas sans raison con-
tre ton prochain! Voudrais-tu em-
ployer tes lèvres à tromper? 29 Ne
dis pas: «Je lui rendrai la pareille,
je paierai à chacun le salaire de ses
actes.»
30 Je suis passé près du champ d'un
paresseux, près de la vigne d'un
homme dépourvu de bon sens:
31 les épines y poussaient partout,
les ronces couvraient le sol et son
mur de pierres était écroulé. 32 J'ai
regardé bien attentivement et j'ai
tiré instruction de ce que j'ai vu:
33 tu veux somnoler un peu, te re-
poser encore, juste croiser les
mains pour dormir? 34 Voilà que
la pauvreté te surprend comme
un rôdeur, et la misère comme un
homme armé.

PROVERBES DE SALOMON 25.1–29.27

Les relations

25 *Voici encore des proverbes de*
Salomon rassemblés par l'en-
tourage d'Ezéchias[n], *le roi de Juda.*
2 La gloire de Dieu, c'est de cacher
les choses; la gloire des rois, c'est
d'examiner les choses.
3 Le ciel dans sa hauteur, la terre
dans sa profondeur et le cœur des
rois sont impénétrables.
4 Retire les impuretés de l'argent et
le fondeur en sortira un vase. 5 Re-
tire tout méchant de l'entourage du
roi et son trône s'affermira par la
justice.
6 Ne fais pas l'important devant le roi,
ne prends pas la place des grands!
7 En effet, il vaut mieux qu'on te
dise: «Monte ici!» et qu'on n'ait pas
à t'abaisser devant le prince, après
que tes yeux l'ont vu.
8 Ne sois pas pressé de t'engager
dans un procès, de peur qu'à la fin
tu ne saches que faire lorsque ton
prochain te confondra.
9 Défends ta cause contre ton pro-
chain, mais ne révèle pas le secret
d'un autre! 10 En l'apprenant il te
couvrirait de honte et ta mauvaise
réputation ne s'effacerait pas.
11 Des pommes en or décorées d'ar-
gent, voilà ce que sont des paroles
dites à propos.
12 Un anneau en or, un collier en
or fin, voilà ce qu'est le reproche
d'un sage pour l'oreille qui sait
écouter.
13 L'effet rafraîchissant de la neige
un jour de moisson, voilà l'effet
d'un messager fidèle pour celui
qui l'envoie: il réconforte son maî-
tre.
14 Des nuages et du vent sans pluie,
voilà ce qu'est l'homme qui se van-
te à tort de sa générosité.
15 Par la patience on peut persuader
un dirigeant et une langue douce
peut briser toute résistance.
16 Si tu trouves du miel, n'en mange
pas trop! Tu risquerais d'être satu-
ré et de le vomir. 17 Mets rarement
le pied chez ton prochain! Il risque-
rait d'être saturé et de te détester.
18 Une massue, une épée ou une flè-
che aiguë, voilà ce qu'est un hom-
me qui porte un faux témoignage
contre son prochain.
19 Une dent prête à se casser et un
pied branlant, voilà ce qu'est, le jour
de la détresse, la confiance placée
dans un traître.
20 Enlever un habit un jour de froid,
verser du vinaigre sur du salpêtre,
c'est entonner des chansons pour
un cœur attristé.
21 *Si ton ennemi a faim, donne-
lui à manger, s'il a soif, donne-lui
à boire, 22 car ce sont des charbons
ardents que tu amasses sur sa tête[n]
et l'Eternel te récompensera.
23 Le vent du nord amène la pluie,
et la langue cachottière un visage
irrité.
24 Mieux vaut habiter à l'angle d'un
toit que faire maison commune
avec une femme querelleuse.
25 De l'eau fraîche pour une person-
ne fatiguée, voilà ce qu'est une bon-
ne nouvelle venant d'une terre loin-
taine.
26 Une fontaine trouble, une source
polluée, voilà ce qu'est un juste qui
tremble devant le méchant.
27 Il n'est pas bon de manger trop de
miel, mais rechercher la gloire des
autres est un honneur.
28 Une ville démantelée, sans mu-
railles, voilà ce qu'est l'homme qui
n'est pas maître de lui-même.

25.1 *Ezéchias*: son règne est situé un peu plus de 2 siècles après celui de Salomon (voir la note 1.1).
25.21-22 *Si… tête*: cité en Romains 12.20.

Les relations avec le stupide

26 La gloire ne convient pas
plus à un homme stupide
que la neige en été ou la pluie pen-
dant la moisson.
2 De même que l'oiseau s'échappe,
que l'hirondelle s'envole, de même
maudire sans raison n'a pas d'effet.
3 Le fouet est pour le cheval, le mors
pour l'âne et le bâton pour le dos
des hommes stupides.
4 Ne réponds pas à un homme stu-
pide suivant sa folie, si tu ne veux
pas lui ressembler toi-même! 5 Ré-
ponds à un homme stupide suivant
sa folie, si tu ne veux pas qu'il se
considère comme sage!
6 Il se coupe les pieds, il boit la vio-
lence, celui qui confie des messages
à un homme stupide.
7 Aussi faible que les jambes d'un
boiteux, voilà ce qu'est un prover-
be dans la bouche d'hommes stu-
pides.
8 Accorder des honneurs à un hom-
me stupide, c'est comme ficeler une
pierre à la fronde.
9 Une épine brandie par un homme
ivre, voilà ce qu'est un proverbe
dans la bouche d'hommes stupides.
10 Celui qui engage un homme stu-
pide ou le premier venu ressemble à
un archer qui blesse tout le monde.
11 Comme *un chien retourne à ce
qu'il a vomi[n], l'homme stupide re-
produit sa folie.
12 Si tu vois un homme qui se croit
sage, il y a plus à attendre d'un hom-
me stupide que de lui.
13 Le paresseux dit: «Il y a un lion
sur le chemin, il y a un lion dans
les rues!» 14 La porte tourne sur ses
gonds et le paresseux sur son lit.
15 Le paresseux plonge sa main
dans le plat, et il trouve pénible de
la ramener à sa bouche.
16 Le paresseux se croit plus sage
que sept hommes qui répondent
avec discernement.
17 Il attrape un chien par les oreilles,
le passant qui se mêle à une dispute
qui ne le concerne pas.
18 Pareil à un fou qui lance projecti-
les et flèches et sème la mort, 19 voi-
là ce qu'est un homme qui trompe
son prochain et qui dit: «N'était-ce
pas pour plaisanter?»
20 Quand il n'y a plus de bois, le feu
s'éteint. Quand il n'y a personne
pour critiquer, le conflit s'apaise.
21 Il faut du charbon pour alimen-
ter un brasier, du bois pour alimen-
ter un feu, et un homme querelleur
pour attiser une dispute.
22 Les paroles du critiqueur sont
comme des friandises: elles des-
cendent au plus profond de l'être.
23 De l'argent non purifié plaqué sur
un vase de terre, voilà ce que sont
des paroles chaleureuses associées
à un cœur mauvais.
24 Celui qui éprouve de la haine se
déguise avec ses paroles, et il cache
au fond de lui la tromperie. 25 Lors-
qu'il prend une voix douce, ne le
crois pas, car il y a sept horreurs
dans son cœur. 26 Il a beau cacher sa
haine par l'hypocrisie, sa méchan-
ceté se révélera dans l'assemblée.
27 Celui qui creuse une fosse y tom-
bera, et la pierre reviendra sur celui
qui la roule.
28 La langue menteuse déteste ceux
qu'elle écrase et la bouche flatteuse
provoque la chute.

27 Ne te vante pas du lende-
main, car tu ne sais pas ce
qu'un jour peut amener.
2 Que ce soit un autre qui fasse ton
éloge, et non ta bouche, un étran-
ger, et non tes lèvres.
3 La pierre est pesante, le sable est
lourd, mais l'irritation du fou pèse
plus que l'un et l'autre.

26.11 *Un chien... vomi*: cité en 2 Pierre 2.22.

4 La fureur est cruelle et la colère
sans retenue, mais qui tiendra de-
vant la jalousie?
5 Mieux vaut un reproche ouvert
qu'une amitié cachée.
6 Les blessures d'un ami prouvent
sa fidélité, tandis que les baisers
d'un ennemi sont trompeurs.
7 Celui qui est rassasié piétine le
rayon de miel, tandis que celui qui
a faim trouve doux tout ce qui est
amer.
8 L'homme qui erre loin de chez lui
est pareil à l'oiseau qui erre loin de
son nid.
9 L'huile et les parfums réjouissent
le cœur, et la douceur d'un ami vaut
mieux que nos propres conseils.
10 N'abandonne pas ton ami, ni ce-
lui de ton père, et n'entre pas dans
la maison de ton frère, le jour où tu
es dans la détresse! Mieux vaut un
voisin proche qu'un frère éloigné.
11 Mon fils, sois sage et réjouis mon
cœur, et je pourrai répondre à celui
qui m'insulte.
12 L'homme prudent voit le mal et
se met à l'abri, mais ceux qui man-
quent d'expérience vont de l'avant
et en subissent les conséquences.
13 Quelqu'un s'est porté garant pour
un étranger? Prends son habit! Il
s'est engagé en faveur d'une incon-
nue? Exige de lui des gages!
14 Si quelqu'un bénit son prochain à
haute voix et de grand matin, c'est
tenu pour une malédiction.
15 Une gouttière qui coule sans ces-
se un jour de pluie et une femme
querelleuse se ressemblent: 16 celui
qui les retient retient du vent et sa
main cherche à attraper de l'huile.
17 Tout comme le fer aiguise le fer,
l'homme s'aiguise au contact de
son prochain.
18 Celui qui soigne un figuier en
mangera le fruit, et celui qui veille
sur son maître sera honoré.
19 Tout comme l'eau reflète un vi-
sage, le cœur de l'homme reflète
l'homme.
20 Le séjour des morts et le gouffre
de perdition ne sont jamais rassa-
siés; les yeux de l'homme non plus
ne sont jamais rassasiés.
21 On juge la qualité de l'argent à
l'aide du creuset et celle de l'or à
l'aide du fourneau, mais celle d'un
homme d'après le bien que les au-
tres disent de lui.
22 Même si tu broyais le fou dans un
mortier, au milieu des grains avec
le pilon, sa folie ne se séparerait pas
de lui.

Appel à l'intégrité

23 Connais bien chacune de tes bre-
bis, donne tes soins à tes troupeaux,
24 car la richesse ne dure pas tou-
jours. Une couronne se transmet-
elle indéfiniment? 25 Le foin est ré-
colté, la verdure reparaît et les her-
bes des montagnes sont rassem-
blées. 26 Les agneaux servent à t'ha-
biller, les boucs à payer un champ,
27 et le lait des chèvres suffit à ta
nourriture, à celle de ta maison et
à l'entretien de tes servantes.

28 Le méchant prend la fuite
sans même qu'on le pour-
suive, tandis que le juste a autant
de confiance qu'un jeune lion.
2 Quand un pays est en révolte, ses
chefs sont nombreux, mais avec un
homme qui a de l'intelligence et de
la connaissance, l'ordre est main-
tenu.
3 Un homme pauvre qui opprime
les faibles est une pluie dévasta-
trice qui prive de récolte.
4 Ceux qui abandonnent la loi font
l'éloge du méchant, mais ceux qui
la respectent les combattent.
5 Les hommes adonnés au mal ne
comprennent pas ce qui est juste,
tandis que ceux qui cherchent
l'Eternel comprennent tout.
6 Mieux vaut un pauvre qui marche

dans l'intégrité qu'un riche qui em-
prunte des voies tortueuses.
7 Celui qui respecte la loi est un fils
intelligent, mais celui qui fréquente
des voyous fait honte à son père.
8 Celui qui augmente ses biens à
l'aide de l'intérêt et de taux exces-
sifs les amasse pour celui qui fait
grâce aux plus faibles.
9 Si quelqu'un détourne l'oreille
pour ne pas écouter la loi, sa prière
même fait horreur.
10 Celui qui égare les hommes droits
dans la mauvaise voie tombera dans
la fosse qu'il a creusée, mais les hom-
mes intègres hériteront du bonheur.
11 L'homme riche se croit sage, mais
le faible qui est intelligent vérifie sa
valeur.
12 Quand les justes triomphent, la
gloire est générale; quand les mé-
chants gagnent en importance, cha-
cun se cache.
13 Celui qui cache ses transgres-
sions ne réussira pas, mais on aura
compassion de celui qui les recon-
naît et les abandonne.
14 Heureux l'homme qui est cons-
tamment sur ses gardes! En revan-
che, celui qui endurcit son cœur
tombera dans le malheur.
15 Un lion rugissant, un ours affamé,
voilà ce qu'est le méchant qui domi-
ne sur un peuple sans ressources.
16 Un prince dépourvu d'intelli-
gence multiplie les actes d'extor-
sion, mais celui qui déteste le profit
malhonnête prolongera sa vie.
17 Un homme chargé du sang d'un
autre fuit-il jusqu'à la tombe? Qu'on
ne le retienne pas!
18 Celui qui marche dans l'intégrité
sera sauvé, mais celui qui suit deux
voies tortueuses tombera dans
l'une d'elles.
19 Celui qui cultive son terrain est
rassasié de pain, celui qui poursuit
des réalités sans valeur est rassasié
de pauvreté.
20 Un homme fidèle est comblé de
bénédictions, mais celui qui est
pressé de s'enrichir ne restera pas
impuni.
21 Il n'est pas bon de se montrer par-
tial. Pourtant, des hommes sont
prêts à la transgression en échange
d'un morceau de pain.
22 L'homme envieux est pressé de
s'enrichir, mais il ne sait pas que la
misère viendra sur lui.
23 Celui qui reprend les autres ga-
gne finalement plus leur faveur que
celui dont la langue est flatteuse.
24 Celui qui vole son père et sa mère
et qui dit: «Ce n'est pas une trans-
gression!» est le complice des bri-
gands.
25 L'homme trop ambitieux pous-
se au conflit, mais c'est celui qui se
confie en l'Eternel qui sera comblé.
26 Celui qui a confiance en son pro-
pre cœur est stupide, mais celui
qui marche dans la sagesse sera dé-
livré.
27 Celui qui donne au pauvre ne con-
naît pas la misère, mais ceux qui
fuient son regard sont chargés de
malédictions.
28 Quand les méchants gagnent en
importance, chacun se cache, et
quand ils disparaissent, les justes
se multiplient.

Des attitudes opposées

29 L'homme qui mérite des re-
proches et qui se montre ré-
fractaire sera brisé tout d'un coup,
sans remède.
2 Quand les justes se multiplient,
le peuple est dans la joie; quand le
méchant domine, le peuple gémit.
3 L'homme qui aime la sagesse ré-
jouit son père, mais celui qui fré-
quente des prostituées gaspille sa
fortune.
4 Un roi affermit son pays par le
droit, mais celui qui multiplie les
impôts le ruine.

5 L'homme qui flatte son prochain
pose un piège sous ses pas.
6 La transgression de l'homme mé-
chant tend un piège, mais le juste
triomphe et se réjouit.
7 Le juste connaît la cause des plus
faibles, tandis que le méchant ne
comprend pas la connaissance.
8 Des moqueurs enflamment une
ville, tandis que des sages calment
la colère.
9 Si un homme sage entre en procès
avec un fou, il aura beau se fâcher
ou rire, la paix n'aura jamais lieu.
10 Les hommes sanguinaires détes-
tent l'homme intègre, tandis que
les hommes droits protègent sa vie.
11 L'homme stupide affiche toute sa
passion, tandis que le sage y met
un frein.
12 Quand celui qui domine prête at-
tention aux paroles mensongères,
tous ses serviteurs sont méchants.
13 Le pauvre et l'oppresseur se ren-
contrent: c'est l'Eternel qui éclaire
la vue de l'un et de l'autre.
14 Un roi qui juge les faibles en toute
vérité aura son trône affermi pour
toujours.
15 Le bâton et le reproche procurent
la sagesse, tandis que l'enfant livré
à lui-même fait honte à sa mère.
16 Quand les méchants prolifèrent,
le péché prolifère, mais les justes
verront leur chute.
17 Corrige ton fils et il te laissera en
repos, il fera tes délices.
18 Quand il n'y a pas de révélation, le
peuple ne connaît aucune retenue,
mais s'il respecte la loi, il est heureux.
19 Ce n'est pas par des paroles qu'on
corrige un esclave: même s'il com-
prend, il n'obéit pas.
20 Si tu vois un homme parler sans
réfléchir, il y a plus à attendre d'un
homme stupide que de lui.
21 Si on gâte un esclave dès l'enfan-
ce, il finit par se prendre pour un
fils.
22 Le colérique pousse au conflit,
l'homme plein de fureur commet
beaucoup de transgressions.
23 L'orgueil d'un homme le condui-
ra à l'humiliation, mais celui qui est
humble d'esprit obtiendra la gloire.
24 Celui qui partage avec un voleur
se déteste lui-même; il entend bien
la malédiction[n], mais il n'avoue
pas.
25 C'est un piège que de trembler
devant les hommes, mais se confier
en l'Eternel procure la sécurité.
26 Beaucoup recherchent la faveur
de celui qui domine, mais c'est
l'Eternel qui rend justice à chacun.
27 L'homme injuste fait horreur aux
justes, et celui dont la voie est droi-
te fait horreur aux méchants.

PROVERBES D'AGUR 30.1-33

La relation avec Dieu

30 *Paroles d'Agur, fils de Jaké.
Message[n] prononcé par cet
homme pour Ithiel et pour Ucal.*

2 Certes, je suis idiot plus que tout
autre et je n'ai pas l'intelligence
d'un homme, 3 je n'ai pas appris
la sagesse et je n'ai pas la connais-
sance du Saint[n]. 4 Qui est monté au
ciel et qui en est descendu? Qui a
rassemblé le vent dans le creux de
ses mains? Qui a serré l'eau dans
son manteau? Qui a fixé les limi-
tes de la terre? Quel est son nom
et quel est le nom de son fils? Le
sais-tu?
5 Toute parole de Dieu est pure. Il est
un bouclier pour ceux qui cherchent
refuge en lui. 6 N'ajoute rien à ses

29.24 *Malédiction*: celle qu'on lance contre le voleur inconnu (cf. Juges 17.2). **30.1** *Message*: ou *de Massa*, nom d'un royaume ismaélite (cf. Genèse 25.13-14). **30.3** *Du Saint*: ou *des saints*.

paroles! Il te reprendrait et tu appa-
raîtrais comme un menteur.
7 Je te demande deux choses. Ne me
les refuse pas avant que je meure:
8 éloigne de moi la fausseté et le men-
songe, et ne me donne ni pauvreté ni
richesse, mais accorde-moi le pain
qui m'est nécessaire! 9 Sinon je ris-
querais, une fois rassasié, de te re-
nier et de dire: «Qui est l'Eternel?» ou,
après avoir tout perdu, de voler et de
m'en prendre au nom de mon Dieu.

A propos des catégories

10 Ne dénigre pas un serviteur au-
près de son maître, de peur qu'il ne
te maudisse et que tu n'aies à en su-
bir les conséquences.
11 Il existe une génération qui mau-
dit son père et qui ne bénit pas sa
mère, 12 il existe une génération qui
se croit pure et qui n'est pas lavée
de sa souillure, 13 il existe une gé-
nération aux yeux hautains et aux
paupières insolentes, 14 il existe
une génération dont les dents sont
des épées et les mâchoires des cou-
teaux pour dévorer les plus hum-
bles sur la terre et les plus pauvres
parmi les hommes.
15 La sangsue a deux filles: «Don-
ne! Donne!» Trois choses sont in-
satiables, quatre ne disent jamais
«Assez»: 16 le séjour des morts, la
femme stérile, la terre qui n'est pas
saturée d'eau, et le feu qui ne dit ja-
mais «Assez».
17 L'œil qui se moque d'un père et
qui méprise l'obéissance envers
une mère, les corbeaux de la riviè-
re le crèveront et les petits de l'aigle
le mangeront.
18 Il y a trois choses qui sont trop
merveilleuses pour moi, même qua-
tre que je ne parviens pas à connaî-
tre: 19 la trace de l'aigle dans le ciel,
la trace du serpent sur le rocher, la
trace du bateau au milieu de la mer
et la trace de l'homme chez la jeu-
ne fille.
20 Voici quelle est la conduite de la
femme adultère: elle mange et s'es-
suie la bouche avant de dire: «Je n'ai
fait aucun mal.»
21 Il y a trois choses qui font trem-
bler la terre, même quatre qu'elle
ne peut pas supporter: 22 un escla-
ve qui devient roi, un fou qui a de
la nourriture à satiété, 23 une fem-
me détestée qui se marie et une ser-
vante qui dépossède sa maîtresse.
24 Il y a sur la terre quatre animaux
petits, et cependant particulière-
ment sages: 25 les fourmis, peuple
sans force, qui préparent leur nour-
riture en été; 26 les damans, peuple
sans puissance, qui font leur habi-
tation dans les rochers; 27 les sau-
terelles, qui n'ont pas de roi mais
sortent toutes en bon ordre; 28 le lé-
zard, que tu peux attraper avec tes
mains et qui se trouve dans les pa-
lais des rois. 29 Il y en a trois qui ont
une belle allure, même quatre qui
ont une belle démarche: 30 le lion, le
plus puissant des animaux, qui ne
recule devant personne, 31 le cheval
tout équipé, ou encore le bouc, et le
roi à qui personne ne résiste.
32 Si l'orgueil te pousse à des ac-
tes de folie et si tu as de mauvaises
pensées, mets la main sur la bou-
che! 33 En effet, battre le lait produit
du beurre, frapper le nez produit du
sang et provoquer la colère produit
des disputes.

PROVERBES DE LEMUEL 31.1-31

Conseils d'une mère

31 *Paroles du roi Lemuel. Mes-
sage*[n] *par lequel sa mère l'a
instruit.*

31.1 *Message*: voir la note 30.1.

2 Que te dirai-je, mon fils? Que te
dirai-je, fils de mon ventre? Que te
dirai-je, fils de mes vœux?
3 Ne livre pas ta force aux femmes,
ni tes voies à celles qui causent la
perte des rois!
4 Ce n'est pas aux rois, Lemuel, ce
n'est pas aux rois de boire du vin,
ni aux princes de rechercher des
boissons fortes. 5 En effet, en bu-
vant ils pourraient oublier les lois
et porter atteinte à la cause des plus
malheureux. 6 Donnez des liqueurs
fortes à celui qui va mourir, du vin
à celui qui est rempli d'amertume:
7 qu'il boive et oublie ainsi sa pau-
vreté, qu'il ne se souvienne plus de
sa peine.
8 Ouvre ta bouche pour celui qui ne
peut pas s'exprimer, pour la cau-
se de tous les délaissés! 9 Ouvre ta
bouche, juge avec justice et défends
le malheureux et le pauvre!

Une femme de valeur

10 Qui trouvera une femme de va-
leur? Elle vaut bien plus que des
perles.
11 Le cœur de son mari a confiance
en elle, et c'est tout bénéfice pour
lui. 12 Elle lui fait du bien, et non du
mal, tous les jours de sa vie.
13 Elle se procure de la laine et du
lin et travaille d'une main joyeuse.
14 Pareille à un navire marchand,
elle rapporte ses provisions de loin.
15 Elle se lève alors qu'il fait enco-
re nuit, et elle donne la nourriture
à sa famille et ses ordres à ses ser-
vantes.
16 Elle pense à un champ, et elle
l'achète. Avec le fruit de son travail
elle plante une vigne. 17 Avec la for-
ce en guise de ceinture, elle affer-
mit ses bras. 18 Elle constate que ce
qu'elle gagne est bon. Sa lampe ne
s'éteint pas pendant la nuit: 19 elle
file elle-même la laine, elle tisse
elle-même les habits.
20 Elle ouvre ses bras au malheu-
reux, elle tend la main au pauvre.
21 Elle ne redoute pas la neige pour
sa famille, car chacun y est habillé
de cramoisi. 22 Elle se fait des cou-
vertures, elle a des habits en fin lin
et en pourpre. 23 Son mari est recon-
nu aux portes de la ville, lorsqu'il
siège avec les anciens du pays.
24 Elle fait des chemises et les vend,
et elle livre des ceintures au mar-
chand. 25 La force et l'honneur, voi-
là ce qui l'habille. Elle rit en pen-
sant à l'avenir.
26 Elle ouvre la bouche avec sagesse
et un enseignement plein de bonté
est sur sa langue. 27 Elle veille à la
bonne marche de sa maison, elle ne
mange pas le pain de la paresse.
28 Ses fils se lèvent et la disent heu-
reuse, son mari aussi, et il chante
ses louanges: 29 «Bien des femmes
font preuve de valeur, mais toi, tu
leur es à toutes supérieure.»
30 La grâce est trompeuse et la
beauté est illusoire; c'est de la fem-
me qui craint l'Eternel qu'on chan-
tera les louanges. 31 Donnez-lui du
fruit de son travail et qu'aux por-
tes de la ville ses œuvres fassent
son éloge!

Football
53 sélections avec les Lions Indomptables
Ajax Amsterdam (2008-2014)

EYONG ENOH

Eyong a une personnalité atypique dans un milieu où les excès sont légion. Il s'est imposé comme un leader de vestiaire dans tous les clubs où il est passé, étant surnommé *« le sage »* ou *« le pasteur »* par son entourage sportif, même s'il est né dans une famille non-croyante : *« Je n'ai pas grandi dans une famille très pauvre, il y avait assez d'argent pour nous envoyer à l'école et nous nourrir. Je n'ai pas ressenti le stress de la pauvreté pendant mon enfance. »* Malgré cela, Eyong ressent un vide en lui, sans savoir pourquoi. En 2001, il change d'école et de ville, et rencontre un ami qui lui parle de Jésus. *« Je pensais que Dieu était très haut et très loin et que personne ne pouvait le rencontrer. Il m'a expliqué que Dieu était venu sur Terre nous rencontrer, qu'il était mort pour nous montrer notre péché. J'ai compris que j'avais besoin d'un sauveur... et que je n'avais aucun protocole religieux à réaliser pour l'obtenir. Ma vie a complètement changé à partir de là. »* Quand il rentre chez lui, sa famille constate qu'il lit beaucoup la Bible et ne sort plus comme avant. Ses amis l'invitent à aller en boîte de nuit, mais il n'a plus envie. Sélectionné avec l'équipe du Cameroun entre 2009 et 2016, il a disputé deux Coupes du Monde et côtoyé de grands joueurs comme Samuel Eto'o, devenant un des piliers de la sélection nationale. Pourtant, sa foi est durement mise à l'épreuve en 2012, lorsqu'il se blesse gravement. *« J'ai dû être éloigné des terrains pendant quatre mois. Quand je suis revenu, c'était difficile pour moi de rentrer dans l'équipe car elle tournait bien sans moi. Dieu a commencé à travailler en moi. Il m'a montré qu'il y avait beaucoup de choses qu'Il voulait me dire, mais que je n'écoutais pas toujours quand tout se passait bien. »* Irréprochable dans sa conduite, Eyong continue d'entretenir une relation personnelle avec Jésus : *« Je ne veux pas être un joueur ordinaire, je veux être un leader et donner l'exemple. Je veux que les gens voient que je suis un chrétien et que je suis différent. »*

PALMARÈS

2 fois Champion des Pays-Bas 2010-2011 & 2011-2012, Vainqueur de la Coupe des Pays-Bas 2009-2010 (Ajax Amsterdam) / Vainqueur de la Coupe d'Afrique du Sud 2007 (Ajax Cape Town) / Vainqueur de la Coupe de Belgique 2015-2016 (Standard de Liège)

VOIR LA VIDÉO →

Rugby
Springboks
Montpellier Hérault Rugby
Top 14

NICOLAAS JANSE VAN RENSBURG

Né dans une famille chrétienne, Nicolaas est, dès son plus jeune âge, confronté aux choses spirituelles. À 10 ans, on le surnomme « *le pasteur* », et on lui demande de prier pour ses proches. Mais le lycée arrive et il entre à l'internat. « *J'avais un colocataire athée dans l'école : il me posait tant de questions auxquelles je ne pouvais répondre que petit à petit, il m'a convaincu que Dieu n'existait pas ; ça n'avait plus aucun sens pour moi, alors j'ai cessé de croire.* » A 17 ans, il signe son premier contrat professionnel et pense qu'il peut réaliser ses rêves s'il les visualise comme il faut. « *Je croyais vraiment que j'avais ce pouvoir en moi, que mon succès était dû à cela !* » Il met alors en place une discipline de fer, où tout est centré sur lui, sa réussite et sa gloire. «*Tout ce que je devais manger, tout le monde à la maison devait le manger. Si j'avais besoin de me coucher tôt, tout le monde devait se coucher tôt.* » A 18 ans, il rencontre une femme, aujourd'hui son épouse. Elle l'intéresse... mais elle est chrétienne. Alors, il l'accompagne à l'église. Dès son entrée, il est frappé par la prédication : « *J'avais l'impression que le sermon s'adressait directement à moi, que j'étais la seule personne dans la pièce. C'est à ce moment précis que j'ai retrouvé Jésus.* » Il en fait un point d'ancrage important dans sa carrière. « *Je suis capable de gérer le succès et l'échec bien mieux que je ne le faisais avant d'avoir Jésus dans ma vie. C'est pour cela que mon passage préféré dans la Bible est le Psaume 23, qui parle de Dieu comme un berger.* » Un texte qui prend tout son sens, surtout quand les choses se compliquent : victime de plusieurs graves blessures, Nicolaas est proche d'arrêter sa carrière à plusieurs reprises. « *J'étais dévasté. Je me suis tourné vers Dieu et j'ai prié. J'étais prêt à tout lui confier et j'ai senti qu'Il me disait de jouer et de Lui faire confiance.* » Il sait que Dieu contrôle les bons, comme les mauvais moments. « *Son plan sera toujours meilleur que le mien, et je sais que j'ai une paix totale en Lui.* »

PALMARÈS

Champion de France 2021-2022. Vainqueur du Challenge Européen 2020-2021 (Montpellier Hérault Rugby)

Rugby
Springboks
Montpellier Hérault
Rugby Top 14

JAN SERFONTEIN

« Je me définis en mettant ma confiance en Dieu et en sachant qu'Il a un plan pour ma vie ! »

Issu d'une lignée de rugbymen professionnels par son père et son grand-père, ancien international des Springboks, Jan débute le rugby dès l'âge de 4 ans. Sa famille fréquente régulièrement une église évangélique mais c'est à 14 ans que Jan réalise qu'il a besoin d'une véritable rencontre avec Dieu : *« J'ai eu la révélation de la réalité de mon péché. C'était lors d'une étude biblique organisée par d'autres élèves du collège. Mon entraîneur de rugby était chrétien et il m'a vraiment aidé à grandir dans ma foi. »* À cette époque, il pense que ses bonnes œuvres lui permettront d'aller au ciel. Mais il se rend vite compte qu'il ne peut pas se sauver lui-même. *« Seul Jésus le peut par sa mort à la croix. Je ne peux rien faire pour l'obtenir, je ne mérite rien. C'est le cadeau de Dieu qui s'accepte par la foi. »* Quelques années après cette conversion, Jan devient rugbyman professionnel, puis champion du monde des moins de 20 ans et est élu meilleur junior au monde. Mais il reste humble car il sait que *« tout vient de Dieu et que c'est Lui seul qui (lui) a donné le talent et la capacité de faire ce qu'(il) fait. »* Pourtant, sa vie professionnelle n'est pas toute rose, comme cela arrive souvent chez un joueur de rugby : *« Il y a quelques années, je travaillais très dur pour être sélectionné pour un grand tournoi, et je n'ai pas été retenu. C'était très blessant, et j'ai lutté contre des pensées qui me prenaient la tête. Bien sûr, il y a toujours une petite déprime lorsque rien ne se déroule comme prévu, mais je refuse que le rugby me définisse en tant que personne : je me définis en mettant ma confiance en Dieu et en sachant qu'Il a un plan pour ma vie ! »* Les contrats professionnels sont courts et les blessures sont fréquentes. On ne peut jamais savoir ce que l'avenir nous réserve, mais Jan sait que Dieu est aux commandes. *« Dieu a un plan pour moi, et même si je ne le connais pas toujours ou ne le comprends pas, je sais juste qu'il est bon. »*

Son passage préféré : Jérémie 29:11

PALMARÈS

Champion de France 2021-2022, Vainqueur du Challenge Européen 2020-2021 (Montpellier Hérault Rugby) / Vainqueur de la Coupe du Monde U20 2012 (Equipe d'Afrique du Sud)

Football
16 sélections avec
la Squadra azzurra
Entraineur : ex Pescara
Série B

NICOLA LEGROTTAGLIE

"En tant qu'entraineur, j'ai été attaqué sur ma foi lorsque mon équipe perdait"

Après avoir évolué 9 ans dans le championnat italien, Nicola Legrottaglie signe enfin dans un top club en 2003, à la Juventus de Turin. C'est une véritable reconnaissance pour celui qui fut l'un des meilleurs défenseurs italiens de sa génération. En 2006, l'international aux 16 sélections amorce pourtant un changement radical de vie : « *Un jour, en sortant de discothèque, j'ai ressenti un profond vide intérieur. Le foot avait pris le dessus sur ma vie : gloire, relations amoureuses, dernières fringues à la mode, fêtes... A l'arrivée, tu finis quand même tout seul chez toi, à pleurer.* » L'arrivée au club d'un jeune coéquipier chrétien, Tomas Guzman, lui redonne goût à la vie : « *J'ai redécouvert la foi chrétienne de mon enfance. Plus je lisais la Bible, moins je ressentais ce besoin convulsif de coucher avec des femmes. J'ai été libéré de ma dépendance au sexe. J'ai décidé de faire voeu de chasteté jusqu'à mon mariage, en 2013.* » La transformation est impressionnante et elle interpelle même ses coéquipiers, dont Chiellini et Gilardino, célèbres défenseurs de la Squadra Azzurra. Devenu entraîneur dans son club formateur de Bari en 2014, Nicola ne cache pas sa foi, pour le meilleur comme pour le pire ! « *Quand vous dites la vérité, cela divise forcément. Il est arrivé la même chose à Jésus. Quand j'étais joueur, il y avait plus de retenue car on avait besoin de moi. Aujourd'hui, je suis attaqué sur ma foi lorsque mon équipe perd mais je refuse de laisser cet environnement entre les mains de personnes qui n'ont pas de principes. Vivre avec Dieu apporte équilibre et paix, mais les gens préfèrent ignorer cela. Ce sont ces principes de vie que je souhaite mettre en pratique !* »

PALMARÈS

Champion d'Italie 2010-2011 (Milan AC) / Champion de Serie B 2006-2007 (Juventus de Turin) / Champion de Serie C 2000-2001 (Modène FC)

VOIR LA VIDÉO →

Volleyball
Ajaccio Ligue B

ROGÉRIO BRIZOLA

Rogerio a débuté sa carrière professionnelle en 2004 au Brésil avant de déposer ses valises dans le Nord de la France en 2006. Ce changement de vie l'amène aussi à un cheminement spirituel personnel, loin de la religiosité de son enfance. Livré à lui-même il va prendre le chemin d'une église évangélique pour découvrir qui est vraiment Jésus. *« On est habitué à jouer, à être apprécié mais un jour on se retrouve sur la touche, sans pouvoir jouer ! Être remplaçant n'est pas toujours bien perçu. Comment aimer une personne qui ne vous fait plus confiance sur le terrain ? C'est dans ces moments, que j'ai connu des sentiments de rage, de rancœur contre des entraîneurs. J'ai appris à prier pour mes entraîneurs, non pas pour qu'ils me fassent jouer mais pour les aimer. Je remettais tout à Dieu pour ne pas cultiver l'amertume, et c'est le Saint-Esprit qui a débloqué cela dans mon cœur, par moi même je n'y arrivais pas. Dieu permet de garder ce regard d'amour sur les gens malgré les difficultés. Grâce à Jésus, ce regard reste possible. »* Aujourd'hui devenu entraîneur, Rogerio se sert de son expérience pour gérer l'unité du groupe et cultiver cette paix face aux nouvelles pressions. Il ne demande pas la victoire mais la patience, dans les moments difficiles en match. *« Je demande à Jésus d'être calme et serein en toute situation. La paix intérieure qu'IL me donne est une chose précieuse. Il faut remettre constamment son existence dans les mains de Dieu car le métier d'entraîneur est encore plus prenant que joueur. »*

PALMARÈS
Champion de Pro B
2007-2008 (Alès)

VOIR LA VIDÉO →
sur plusquesportifs.org

Rugby
Club Montpellier
2015-2017

CAMERON WRIGHT

"Pour tout oublier, j'ai mélangé un somnifère à de l'alcool. C'est ce soir-là que j'ai trompé ma petite amie."

En 2014, à l'âge de 18 ans seulement, Cameron obtient son premier contrat professionnel chez les Sharks, à Natal, en Afrique du Sud. Alors qu'il sort à peine du lycée, son obsession pour le rugby est enfin récompensée. *« J'aurais dû être heureux, mais j'étais tout tout l'inverse : déprimé, colérique et égoïste. Même le succès et la reconnaissance ne me comblaient pas. »* Un soir, après un dîner avec sa petite amie et des copains, il sort en boîte de nuit après avoir pris un antidépresseur mélangé avec un somnifère et de l'alcool, sa solution pour *« oublier ses problèmes personnels. »*

Cette nuit-là, tout dérape : il trompe sa petite amie et elle le surprend. C'est un moment dévastateur pour leur couple. *« Pourtant, elle m'a dit qu'elle m'aimait toujours et qu'elle était prête à me pardonner. Je ne pouvais pas le croire : je l'avais trahie ! »* Elle lui parle alors de sa relation avec Dieu, de Son amour et du pardon divin. Cameron l'accompagne à l'église : *« C'était incroyable... jusque-là, j'avais l'impression d'avoir un cœur de pierre. Il m'en a donné un nouveau, un cœur doux, qui pompait du sang. J'ai su au fond de moi que c'était ça que je voulais : donner complètement ma vie à Jésus. »* Il est l'axe autour duquel tout tourne. *« Je pensais que le monde entier tournait autour de ma petite personne et le fait d'être joueur de rugby professionnel n'a rien arrangé. Mais Jésus a quitté le ciel pour avoir un impact sur nos vies quotidiennes. J'aime cette phrase qui dit : 'Nous ne devrions pas être célestes au point d'être déconnectés du monde, mais nous ne pouvons pas non plus être tellement mondains que nous ne sommes plus concernés par les choses célestes'. Comme le dit Galates 2.20, 'ce n'est plus moi qui vis, c'est Lui qui vis en moi.' »* Cela permet à Cameron de rester humble et de se rappeler qu'il ne peut pas le faire tout seul !

PALMARÈS
Champion d'Afrique du Sud 2018

Athlète paralympique

STEF REID

"J'ai appris à être reconnaissante pour tout."

À 12 ans, Stef découvre le rugby et rêve de disputer des matches internationaux. Mais, à 15 ans, elle voit sa vie basculer dans un grave accident de bateau qui lui fait perdre une jambe. Elle raconte : « *J'étais terrifiée. Je savais dans mon cœur que si j'étais morte à ce moment-là, je ne serais pas allée au ciel.* » Dévastée par cette amputation, malgré un sentiment de colère, elle fait le choix de s'en remettre à Dieu. « *J'ai décidé d'accorder le bénéfice du doute au Créateur du monde et d'avoir confiance dans l'idée qu'il pouvait faire quelque chose de ma situation. J'ai prononcé, pour la première fois, une prière authentique et honnête. Je me souviens de cette chambre d'hôpital : c'était tellement bizarre d'avoir tant de colère et de frustration d'un côté, mais de l'autre de sentir l'amour et la paix de Dieu ! Cela a été mon point de départ.* » Stef décide de s'accrocher au cadeau de la vie en se lançant un défi : « *Je vais courir le mieux possible. C'est tellement merveilleux, la manière dont Dieu m'a rendu mon rêve, à une échelle encore plus grande que je n'aurais pu l'imaginer, avec les Jeux paralympiques. Je ne suis pas la même personne qu'avant cet accident. Ce que j'ai appris grâce à cet événement – ma relation avec Dieu – m'a littéralement transformée... J'ai appris à faire confiance à Dieu quelle que soit la situation, je sais qu'il est bon.* »

PALMARÈS

Médaillée d'argent du saut en longueur lors des Jeux paralympiques de Londres en 2012 et Rio 2016

Championne du monde 2017

Handball
50 sélections
avec les Bleues
Club Paris 92

ASTRIDE N'GOUAN

"*Les médecins ne comprennent toujours pas comment j'ai pu devenir professionnelle avec une déformation de la hanche. Je leur réponds que je suis bénie !*"

À 29 ans, Astride N'Gouan possède l'un des plus beaux palmarès de son sport. Championne du Monde, d'Europe et de France, rien ne prédestinait pourtant cette jeune étudiante en droit à une carrière professionnelle. « *J'ai commencé le handball tardivement, à 15 ans. Tout est allé très vite pour moi. En pleine adolescence, il m'a fallu gérer de front mes études d'avocate et le début de ma carrière professionnelle. Beaucoup de rigueur, de discipline mais aussi quelques sorties entre copines pour décompresser !!* » Jusqu'à ce que son corps lui dise stop. Un matin au réveil, impossible pour elle de courir. Après avoir consulté de nombreux médecins, tous lui disent la même chose, même si aucun n'en trouve la cause : il faut arrêter le sport de haut niveau. « *Je me sentais seule et malheureuse. Je pensais vraiment arrêter le hand car je ne prenais même plus de plaisir à jouer. Personne ne semblait croire que je m'en sortirai.* » Dans ce moment difficile, elle se souvient du témoignage d'une de ses tantes chrétiennes et décide de retourner dans une église, qu'elle avait découverte à l'adolescence.

« *J'ai compris que Dieu voulait que je lui fasse confiance dans tous les domaines de ma vie, et c'est ce que j'ai fait. J'ai prié pour qu'il me guérisse si son plan était que je continue ma carrière professionnelle de joueuse.* » La réponse à ses prières ne tarde pas, et elle reprend la compétition de manière miraculeuse, sans séquelles. Elle concrétise son engagement avec Dieu en 2010 en se faisant baptiser, avant de connaître sa première sélection en équipe de France, trois ans plus tard. Évoluant dans les tops clubs de première division française, elle empile les titres nationaux et internationaux jusqu'à, enfin, découvrir l'origine de son mal : « *Après de nombreuses saisons, on a découvert que je souffrais d'une déformation de naissance de la hanche. Tous les médecins et kinés que j'ai rencontrés depuis me disent que c'était impossible pour moi d'être une athlète professionnelle. Je sais que Dieu est grand et qu'Il m'a guérie.* » Dès que possible, elle partage autour d'elle de l'importance que ce Dieu miraculeux a dans sa vie. Son expérience lui montre que, dans la victoire comme dans la défaite, Dieu est à ses côtés pour agir quelles que soient les circonstances. « *Les choses sont simples : je ne peux pas imaginer ma vie sans Lui. J'aime Jésus de tout mon cœur !* »

Son verset préféré : Josué 1.9

PALMARÈS

Championne du Monde 2017

Championne d'Europe 2018

Championne de France 2019 et 2022

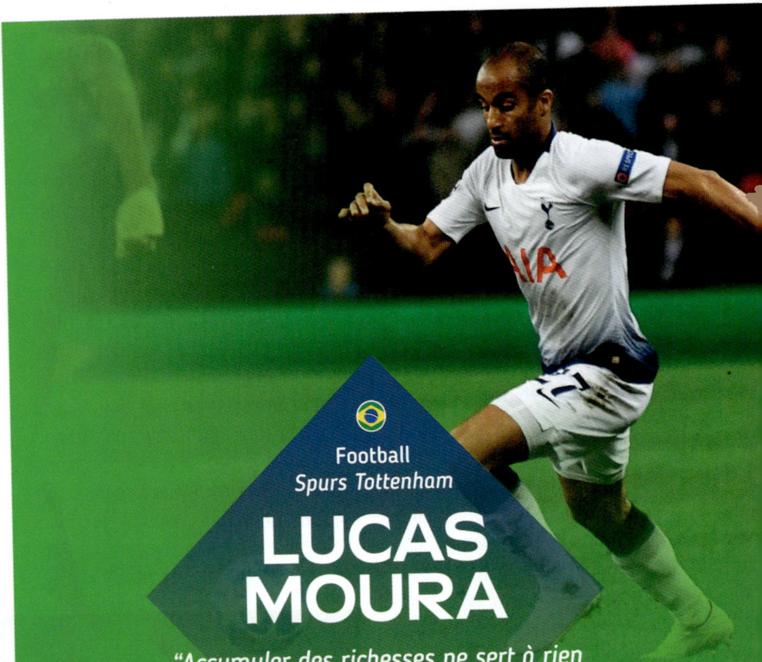

Football
Spurs Tottenham

LUCAS MOURA

"Accumuler des richesses ne sert à rien si on n'aime pas notre prochain."

Lucas est né dans un quartier violent de Sao Paulo au Brésil. Son rêve a toujours été de devenir footballeur professionnel pour sortir sa famille de la misère. « *Les valeurs de ma famille m'ont préservé des crimes, de la drogue et j'ai toujours eu cette certitude que j'allais y arriver. Malgré les nombreuses critiques sur ma petite taille, mon manque de puissance physique, je m'endormais et me réveillais avec un ballon de foot à côté de moi. Je jouais uniquement pour le plaisir, pour être content.* » À 13 ans, il quitte son quartier difficile et intègre le club de Sao Paulo. 4 ans après, il joue déjà son premier match avec l'équipe professionnelle avant d'être sélectionné pour l'équipe du Brésil. Son rêve d'enfant se réalise à 18 ans seulement en signant son premier contrat professionnel avec Sao Paulo. « *Je profitais beaucoup de ces moments, d'être reconnu, d'être même l'idole de certaines personnes. Tout est allé très vite !* » En août 2012, il reçoit une proposition du Paris Saint Germain et débarque 6 mois plus tard en Europe pour un transfert de 40 millions d'euros et un statut de star à assumer. Lorsqu'il arrive dans la capitale française, il pense que les choses vont encore s'améliorer. Malheureusement, la pression, les blessures et le mal du pays le fauchent en plein vol.

« Tout me manquait : mes amis, ma famille. Je n'arrivais pas à jouer correctement. J'avais de l'argent et un bon club mais je ressentais un vide intérieur. C'est alors que j'ai rencontré des amis qui m'ont parlé de Jésus. J'avais un arrière-plan familial catholique mais je ne pratiquais pas, je n'allais jamais à l'église et personne ne m'avait parlé de Lui d'une manière aussi simple et aussi sage. » La période compliquée avec le PSG l'isole et le pousse à prendre au sérieux ces partages. Il s'intéresse alors à la Bible. Sa lecture régulière lui apporte un autre regard sur la vie. *« En 2013, au milieu de mes difficultés et de mes angoisses, Jésus a commencé à me donner une paix que je n'avais jamais ressentie. J'ai commencé à comprendre que l'important était de vivre pour Lui. J'ai choisi d'avoir une relation avec Dieu à travers son fils Jésus, celui qui est le chemin, la vérité et la vie comme il est écrit dans Jean 14.6 »*

Aujourd'hui, son but premier n'est pas de gagner des championnats ou des titres personnels qui restent éphémères. *« Accumuler des richesses ne sert à rien si on n'aime pas notre prochain. Je veux aimer ma famille, être un exemple pour elle et les gens autour de moi. J'aime le football et j'y prends vraiment plaisir depuis que j'ai réalisé que c'est un don de Dieu. »* Depuis, Lucas joue pour les Spurs et malgré les critiques toujours présentes, il est entré dans l'histoire en marquant un triplé qualifiant son équipe pour la finale de Ligue des Champions. Dans la victoire comme dans la défaite, Lucas n'hésite pas à rendre gloire à Dieu sur son compte Instagram.

PALMARÈS

5 fois champion de Ligue 1 avec le PSG 2013-2018

Finaliste Ligue des Champions 2019

Football
AS Nancy - FC Tours

PASCAL BERENGUER

"Le Seigneur m'a montré sa puissance quand j'étais dans la détresse, mais je sais qu'il le fait au quotidien sans attendre que l'on souffre."

Pascal Bérenguer a plus de 400 matches en professionnel au compteur, dont une Coupe de la Ligue remportée en 2006 avec l'AS Nancy Lorraine. Mais derrière le joueur expérimenté se cache un écorché vif qui a constamment lutté pour devenir l'homme qu'il est aujourd'hui : *« Ma plus grande fierté, c'est d'avoir sauvé mon couple et ma famille ! Mon plus beau combat n'est pas une Coupe : c'est d'avoir manifesté le pardon de Dieu dans mes relations familiales. »* Tout au long de sa carrière, Pascal se souvient d'avoir été égoïste, auto-centré et négligeant avec son épouse et ses propres parents. Lorsqu'il intègre le centre de formation de Bastia à 16 ans, sa mère dont il est très proche est victime d'une rupture d'anévrisme. Effondré en la voyant entre la vie et la mort, Pascal crie vers Dieu pour un miracle. Elle reste en vie, mais garde de lourdes séquelles. *« Elle a été sauvée grâce à ses prières et sa foi en Jésus. Elle a pu vivre neuf ans de plus, et je sais que le Seigneur l'a gardée en vie pour qu'elle puisse vivre des moments merveilleux, comme le jour de mon mariage, par exemple. »*

PALMARÈS

Vainqueur Euro -18 ans en 2000 avec la France

Champion de Ligue 2 en 2005 avec Nancy

Vainqueur Coupe de la Ligue 2006 avec Nancy

Pour oublier, Pascal se réfugie dans le travail physique. À 19 ans seulement, après avoir goûté à la Ligue 1, il plaque tout alors qu'il est encore sous contrat pour reprendre des études de STAPS. Ses copains de beuverie l'encouragent à ne pas tout gâcher. Ce déclic relance sa carrière, mais l'éloigne à nouveau de sa famille. Pascal enchaîne les mauvais choix et des rencontres mal intentionnées le ruinent. Il tombe petit à petit en dépression. *« Aujourd'hui, je vis mieux avec 2000 € alors que j'émargeais à 45000 € mensuels. J'apprends à être heureux en m'accrochant à Jésus. Cela n'a pas été facile depuis ma rencontre avec Prince Oniangué et mon baptême en 2014... j'ai mis du temps à me décider, j'ai découvert une église évangélique à Tours avec beaucoup de joie. Je me suis accroché... »* Sa reconversion professionnelle est aussi tumultueuse que sa carrière sportive. Attiré par le milieu du foot, il passe ses diplômes d'entraîneur et s'occupe des U19, puis décroche un poste de responsable de communication au Tours FC. Lassé par un travail ennuyeux et sans directives précises, il étouffe et déprime au sein d'un club qui enchaîne les mauvais résultats. En milieu de saison, il démissionne et part vivre à Caen. D'expériences en expériences, il fait petit à petit le deuil de son métier de footballeur et se focalise aujourd'hui sur sa relation avec Dieu, sa famille et sa reconversion dans la finance.

Football

MOURAD*

“Quand j’avais 10 ans, mon rêve, c’était de me lever un matin et de trouver mon papa décédé.”

Né en Tunisie, dans une famille musulmane, Mourad a une enfance terrible, avec un père violent qui *« frappe (sa) mère, comme s’il frappait un homme. »* Battue, mais également seule source de revenus de sa famille, sa mère cumule les casquettes pour nourrir les siens : vente de gâteaux, ménages, petits boulots. *« Je n’ai aucun souvenir que mon père m’ait acheté quoique ce soit ou m’ait même accompagné à l’école alors qu’il ne travaillait pas. Pour mes frères et sœurs et moi, c’était un monstre dans la maison. Il n’a cessé de nous humilier et de nous frapper. »* Pour s’évader de cet environnement violent, Mourad se passionne pour le foot, au point d’obtenir à 19 ans son premier contrat professionnel. Il signe dans un club du pays, avec un petit salaire qui lui permet d’aider sa mère qui a enfin réussi à divorcer. Un de ses premiers entraîneurs s’appelle comme son père, mais il traite ses fils d’une manière qui touche le cœur de Mourad : *« Quand je dormais chez lui, je pleurais et je disais ‘Allah, pourquoi ce n’est pas lui, mon père ?’ »* En grandissant, il se plonge dans le Coran pour y trouver des réponses mais n’obtient que des nouvelles questions. Un jour, il tombe par hasard sur une chaîne chrétienne et est bouleversé par la première phrase qu’il entend : Dieu est ton père. Il t’aime et est avec toi. *« Plus je regardais, plus je ressentais une joie que je n’avais jamais ressentie. C’était comme si avant je voyais le monde en noir et blanc et tout à coup je voyais les couleurs. Je me suis converti seul devant mon écran, j’ai donné ma vie à Jésus et Il m’a rempli de paix et donné la force de pardonner à mon père. »* Il partage cette nouvelle à sa famille, qui le rejette totalement : *« Ma sœur pleurait et me disait qu’elle aurait préféré que je vole ou me drogue, plutôt que de devenir chrétien, de trahir la religion. Elle était très agressive avec moi. Un imam lui a dit de ne plus jamais me parler. »* Quelques temps après, c’est sa mère qui donne sa vie à Jésus, puis une autre de ses sœurs. Aujourd’hui, près de 15 ans après l’arrêt de sa carrière, Mourad et sa famille souhaitent toujours être artisans de paix en Tunisie…

**Nom d’emprunt*

GUIDE DE LECTURE

Saisons de la vie

Premiers pas dans la Bible ?
Nous vous recommandons la lecture de l'Évangile de Marc : court et succinct sur la vie de Jésus.

Pour les sportifs :

Quand tu es sous pression :
Philippiens 4.6-7
1 Pierre 5.7
Jean 16.33
2 Thessaloniciens 3.16

Quand tu as envie de te venger :
Matthieu 5.9
Éphésiens 4.26
Colossiens 3.8
Jacques 1.19-20 et 3.5
Romains 12.19-21

Quand on te demande de tricher :
Luc 6.31
Matthieu 26.41-42
Romains 12.21
1 Pierre 4.15

Quand tu es en désaccord avec ton entraîneur :
Romains 12.17-18, 13.1-3
1 Pierre 3.13-17
Colossiens 3.23
Éphésiens 6.5
1 Timothée 2.1-3

Quand tu te sens vide :
Romains 15.13
Jean 4.13-14
Psaume 107

Quand tu dois faire face à des décisions importantes :
Matthieu 6.33
Proverbes 11.14, 12.15, 15.22, 19.20

Quand ton talent est reconnu :
1 Pierre 4.10-11
Philippiens 2.3
Proverbes 18.12
1 Corinthiens 10.12
Colossiens 3.23

Quand tu manques de motivation :
Proverbes 24.10
Colossiens 3.23
Éphésiens 6.6-7

Quand tu as besoin du pardon de Dieu :
Psaumes 25.18, 51.3-6
1 Jean 1.9

Quand tu as peur de témoigner :
Romains 1.16
Éphésiens 6.15
2 Timothée 1.7

Pour les entraîneurs et dirigeants de clubs :

Quand tu dois faire face à des conflits :
Romains 12.17-18
Colossiens 4.1

Comment gérer ton groupe ?
1 Corinthiens 12.14 -26
1 Pierre 2 - 4
Colossiens 4.1
Éphésiens 6.9

1 • Un plan d'action pour ta vie

Un entraîneur prépare généralement un plan pour son équipe afin qu'elle puisse bien jouer et remporter des victoires. De la même manière, la Bible propose un plan pour notre vie, préparé par Dieu.

Elle nous montre un Dieu bien différent de l'image souvent faussée que nous avons de lui. Elle nous révèle que, plus qu'un bon entraîneur, Dieu nous aime et désire notre réussite.

« En effet, moi, je connais les projets que je forme pour vous, déclare l'Éternel, projets de paix et non de malheur, afin de vous donner un avenir et de l'espérance. » · Jérémie 29.11

Il veut prendre soin de nous

Un entraîneur aime voir ses athlètes au meilleur de leur forme. Dieu veut nous voir totalement épanouis. Jésus dit :

« Moi, je suis venu afin que les brebis (les hommes) aient la vie et qu'elles l'aient en abondance. » · Jean 10.10

Il veut que nous le connaissions

Dieu vient vers nous et désire construire une relation personnelle avec nous. Jésus a dit :

« Celui qui a mes commandements et qui les garde, c'est celui qui m'aime ; celui qui m'aime sera aimé de mon Père et moi aussi, je l'aimerai et je me ferai connaître à lui. » · Jean 14.21

« En effet, le Fils de l'homme est venu chercher et sauver ce qui était perdu. » · Luc 19.10

Si Dieu est amour et veut que nous le connaissions, pourquoi tout le monde ne fait-il pas l'expérience de cette relation avec lui ?

2 • Manquer le but

Il arrive que dans un match tout ne se passe pas comme l'entraîneur l'aurait voulu. En raison d'erreurs individuelles ou collectives, les joueurs peuvent passer à côté du but. Dieu avait également tout fait pour que nous puissions expérimenter son amour et construire une vraie relation avec lui. Mais une chose est venue briser ce plan initial !

« Tous ont péché et sont privés de la gloire (ou présence glorieuse) de Dieu. » · Romains 3.23

Pécher veut dire manquer le but ! Ce but est d'adorer Dieu (Marc 12.28-29)

« Eux qui ont remplacé la vérité de Dieu par le mensonge et qui ont adoré et servi la créature au lieu du Créateur, qui est béni éternellement. » · Romains 1.25

Notre premier péché est notre attitude d'indifférence vis-à-vis de lui, la volonté de mener notre vie sans lui. C'est une source de mal en nous.

« Il n'y a pas de juste, pas même un seul ; aucun n'est intelligent, aucun ne cherche Dieu ; tous se sont détournés, ensemble ils se sont pervertis ; il n'y en a aucun qui fasse le bien, pas même un seul. » · Romains 3.10-12

Dieu nous aime, mais il ne peut pas tolérer le péché.

Il est saint, c'est-à-dire qu'il est incapable de cohabiter avec le mal. L'abîme que nous percevons entre lui et nous est une réalité : nos péchés nous empêchent de connaître Dieu et d'expérimenter son amour dans la vie quotidienne.

« Ce sont vos fautes qui ont fait séparation entre vous et votre Dieu, ce sont vos péchés qui vous l'ont caché et l'ont empêché de vous écouter. » · Ésaïe 59.2

3 • L'action décisive

Dieu nous aime et, afin que nous puissions connaître son amour, il s'est fait homme en Jésus. *« En effet, Dieu a tant aimé le monde qu'il a donné son Fils unique afin que quiconque croit en lui ne périsse pas mais ait la vie éternelle. »* · Jean 3.16

Pleinement homme et pleinement Dieu, Jésus est un être unique dans l'histoire du monde. Il n'est pas venu proposer une religion mais une relation vivante et libre avec Dieu. Manifestant au cours de sa vie terrestre son amour pour les hommes, il a aussi démontré cet amour par sa mort.

Le carton rouge, il l'a pris pour nous, lui qui n'avait commis aucune faute.

Il est mort à notre place afin que nous n'ayons pas à subir la peine que méritait notre péché. Nous pouvons ainsi rester sur le terrain.

« Christ aussi a souffert, et ce une fois pour toutes, pour les péchés. Lui le juste, il a souffert pour des injustes afin de vous conduire à Dieu. » · 1 Pierre 3.18

Jésus est aussi ressuscité…

…montrant par là son pouvoir sur le péché et sur la mort. Il apporte ainsi l'espérance réelle d'une vie nouvelle.

« C'est ce Jésus que Dieu a ressuscité, nous en sommes tous témoins. » · Actes 2.32

Vivant aujourd'hui, Jésus permet à tous ceux qui croient en lui de faire partie de son équipe, d'être en relation avec Dieu.

Faire partie de la sélection ?

En connaître beaucoup sur un sport, parler du jeu avec passion, être un supporter zélé et ne manquer aucun match ne fait pas de vous le membre d'une équipe. De même, savoir beaucoup de choses sur Jésus-Christ ne suffit pas pour devenir un chrétien.

Cela demande de :

- comprendre que le péché nous sépare de Dieu ;
- croire que Jésus est mort pour nos péchés à notre place et qu'il est ressuscité pour nous donner la vraie vie ;
- désirer le suivre en nous détournant de nos péchés pour mener notre existence de façon différente.

Où te situes-tu ?

4 • Et toi ?

Ne compte pas sur tes qualifications : Jésus ne dit pas : « *Peux-tu être sauvé ?* », mais il dit : « *Veux-tu être sauvé ?* » Laisse tomber tes performances, arrête de comptabiliser tes mérites. As-tu besoin de Jésus ? Désires-tu Le connaître ?

Confier notre vie à Jésus-Christ et décider ainsi de faire partie de son équipe correspond à une décision qui s'exprime par la prière de repentance.

« Après avoir entendu ce discours, ils eurent le cœur vivement touché et dirent à Pierre et aux autres apôtres : 'Frères, que ferons-nous ?' Pierre leur dit : 'Changez d'attitude et que chacun de vous soit baptisé au nom de Jésus-Christ pour le pardon de vos péchés, et vous recevrez le don du Saint-Esprit.' »

· Actes 2.37-38

Prier, c'est tout simplement parler à Dieu avec sincérité. Voici un modèle de prière qui peut t'aider dans ta démarche :

« Dieu, je te remercie de ton amour. Je reconnais que j'ai dirigé jusqu'à présent ma propre existence et qu'ainsi j'ai péché contre toi. Merci d'avoir envoyé ton Fils Jésus dans le monde afin qu'il meure pour porter la punition de mon péché. Je crois que Jésus est Dieu, lui qui a vécu de façon sainte et sans péché. Je veux maintenant te recevoir dans ma vie, vivre avec toi et te suivre toujours. Je te demande pardon pour mes péchés. Je te remercie d'avoir entendu ma prière et de l'exaucer. Je reçois le pardon que tu m'accordes. Merci de me recevoir comme ton enfant ! Amen. »

Désires-tu prier Dieu ainsi ?

Si oui, fais-le maintenant et, conformément à sa promesse, Jésus viendra dans ta vie.

« Si tu reconnais publiquement de ta bouche que Jésus est le Seigneur et si tu crois dans ton cœur que Dieu l'a ressuscité, tu seras sauvé. En effet, c'est avec le cœur que l'on croit et parvient à la justice, et c'est avec la bouche que l'on affirme une conviction et parvient au salut... En effet, toute personne qui fera appel au nom du Seigneur sera sauvée. »

· Romains 10.9, 10, 13

5 • L'assurance d'être titulaire

Trop de personnes commettent l'erreur de mesurer la certitude de leur salut à ce qu'elles ressentent.
Accepte une victoire déjà remportée par Jésus Christ il y a plus de 2000 ans ! Par amour pour nous, il s'est offert volontairement pour porter nos péchés en son corps sur la croix. Et Dieu l'a ressuscité, parce qu'il a gagné son combat. *« Nous sommes plus que vainqueurs par Celui qui nous a aimés. »* · Romains 8. 37
Or, les sentiments varient suivant les circonstances de la vie.

La Bible contient les promesses suivantes :

- Dieu nous a adoptés et il nous aime (Éphésiens 2.4-5) ;
- nos péchés sont totalement pardonnés ; nous découvrons la vraie liberté (Galates 5.1) ;
- notre relation avec lui est basée sur sa grâce et non sur nos mérites (Romains 5.1-5) ;
- nous pouvons avoir l'assurance qu'après la mort nous passerons l'éternité dans sa présence (Apocalypse 21) ;
- il va se faire connaître à chacun de nous d'une façon intime et personnelle (Jean 1.12), puisque par son Fils nous sommes aimés et complètement acceptés.

6 • Ton coach : le Saint-Esprit

Nous avons besoin de la présence de Dieu pour nous savoir pleinement aimés et pouvoir aimer à son exemple.

C'est pourquoi Dieu envoie le Saint-Esprit habiter dans ceux qui croient en Jésus et lui ont donné leur vie. Le Saint-Esprit est Dieu lui-même. Par lui, nous pouvons expérimenter la présence divine dans notre quotidien, son amour et son aide pour les choix de l'existence.

« La même onction (c'est-à-dire le Saint-Esprit) vous enseigne sur toute chose, elle est véridique et dépourvue de mensonge. » · 1 Jean 2.27

Être chrétien, c'est avoir une relation vivante avec Dieu dans la vie de tous les jours.
Cette relation quotidienne permet de suivre l'exemple du Christ. Cela ne signifie pas que le chrétien soit meilleur qu'un autre. Le modèle à suivre est un standard très haut que seul le Saint-Esprit peut nous permettre d'atteindre.

7 •

Avoir un nouveau but, un nouvel objectif...

...Vivre pour honorer Dieu sur le terrain comme en dehors « *Je vous encourage donc, frères et sœurs, par les compassions de Dieu, à offrir votre corps comme un sacrifice vivant, saint, agréable à Dieu. Ce sera de votre part un culte raisonnable.* » · Romains 12 .1-3

Pour atteindre cet objectif, voici quelques conseils d'entraînement :

Pour développer tes muscles spirituels, voici quelques exercices importants :

- consacrer régulièrement du temps à la prière et à la lecture de la Bible pour apprendre à mieux connaître Dieu ; ainsi, tu pourras mieux te confier en lui (2 Timothée 3.14-17) ;
- te laisser remettre en question par le Saint-Esprit, confesser tes péchés et mettre en pratique ce que tu découvres dans la Bible ; ainsi, ta vie sera changée (Jacques 1.23-25) ;
- parler aux autres de sa bonté et de son action envers toi, car il veut que tout homme le connaisse et soit sauvé de ses péchés (1 Timothée 2.4).

La vie chrétienne ne se vit pas de façon isolée. Aucun champion n'a réussi à gagner seul ; il y a toujours une équipe autour de lui, que ce soit dans un sport collectif ou individuel. Dieu nous appelle à vivre notre foi en compagnie de tous ceux et celles qui ont aussi une relation personnelle avec lui (Hébreux 10.25).
Tu peux trouver amour, aide, enseignement dans cette grande famille...
C'est pourquoi, si tu ne l'as pas encore fait, il est important de te joindre à une église où la parole de Dieu est enseignée (voir p. 62).

← POUR ALLER + LOIN
Rubrique *Mise au vert*
sur **plusquesportifs.org**

Liens et adresses utiles

Trouver une Église Évangélique :

- En France : **eglises.org**
- En Suisse : **evangelique.ch/eglises**
- En Belgique : **cacpe.be/annuaires/lieux-de-culte**

Sites à visiter :

- **holisticsports.fr** : accompagnement des sportifs de haut-niveau : écoute, soutien, prière
- **apologia.fr** : ressources pour la défense de la foi chrétienne
- **www.plusquesportifs.org** : ressources en ligne pour les sportifs
- **www.maisonbible.fr** : librairie chrétienne en ligne

Vous êtes sportifs de haut niveau et vous avez besoin de soutien, d'écoute, d'un accompagnement spirituel ?

- Une ligne d'écoute gratuite est à votre disposition : +33 (0)9 80 80 01 77
- Contactez des aumôniers chrétiens du sport en francophonie en écrivant à **contact@holisticsports.fr**

Nous espérons que ce livre soit une source de réconfort et d'espérance à travers la découverte de ces parcours de vie de grands champions ainsi que des héros de la foi du Nouveau Testament !

Tel un athlète qui a besoin de s'entraîner quotidiennement, nous vous invitons à vous exercer à méditer la Parole de Dieu tous les jours. Un guide de lecture est à votre disposition page 63. Tel un athlète qui a besoin d'être encouragé régulièrement, nous vous invitons à lire les témoignages de ces sportifs qui, comme vous, ont une histoire unique ! À vous d'écrire la vôtre avec Dieu. Ce sont nos prières pour que vous deveniez plus que vainqueurs grâce à Jésus !

Bonne lecture,

Sportivement,

Pour l'équipe Holistic Sports, Aumônerie du sport,

– Joël Thibault (France)
Aumônier international (Jeux de RIO 2016, Mondiaux athlétisme Londres 2017) et mentor auprès de sportifs de haut niveau.

contact@holisticsports.fr

REMERCIEMENTS Nous remercions l'ensemble des athlètes et entraîneurs qui ont accepté de répondre à notre demande d'interview. Nous remercions *FCA* et *AIA USA* qui nous ont procuré les témoignages de Stephen Curry et d'Allyson Felix et à *Atletas de Cristo* pour le témoignage de Daniel Dias. Nous remercions *Go Sport Mag* et *Go+France* pour le témoignage de Siya Kolisi. Vous pouvez aller plus loin dans la découverte de ces témoignages en vidéos sur le site **plusquesportifs.org**. Nous remercions pour les photos de Grâce Zaadi, Bernard Le Roux et Paul Willemse les Fédérations Françaises de Handball et de Rugby.

CRÉDITS

Rédacteurs en chef : Joël Thibault et Jérémie Del Zotto
Supervision : Société Biblique de Genève et Holistic Sports
Graphisme et mise en page : Visuall Communication, visuall.ch
Conception pubs plusquesportifs et Décrassage : Jérémie Del Zotto - Yoan Michel
Crédits photo : Maxppp, AFP, FFTDA, Mark O'Brien, FF Handball, FF Rugby, Michaël Timmermans, D-Echelard, Howard Cleland, Peter N50Sports, Julien Bacot / Sport Emotions Shutterstock, Fotolia, iStockphoto
Traduction des témoignages anglais : Paul Hayter - Lance De Ruig

Première édition - mai 2023

LE SITE DE RÉFÉRENCE
DES SPORTIFS QUI ONT UNE ESPÉRANCE
WWW.PLUS QUE SPORTIFS.ORG
LIVRES
VIDÉOS
ENTRETIENS EXCLUSIFS
DOCUS
MEDITATIONS POUR SPORTIFS